한국근대소설사전

1890-1917

신소설/번역·번안소설

한국근대소설사전

신소설/번역·번안소설

송하춘

KOREA
UNIVERSITY
PRESS
고려대학교
출판문화원

머리말

대학에서 소설론을 가르치고 또 연구하는 사람으로서, 우리나라 소설을 한자리에 다 모아 보고 싶다는 생각을 갖지 않은 사람이 누가 있을까. 이 책은 이와 같이 아주 소박한 발상으로부터 시작되었지만, 그거야말로 학문하는 사람 본연의 욕심이 아니겠는가 생각된다.

때마침 대학원에서는 나와 함께 소설을 공부하겠다는 학생들이 많아졌고, 이 많은 제자들과 함께할 수 있는 보람된 연구가 무엇일까 궁리하지 않을 수 없었는데, 소설사전 편찬은 그렇게 기획된 내 공부의 한 방편이기도 하다. 우리는 천천히 그러나 쉬지 않고 작품을 수집하고, 자료를 확인하고, 목록을 작성하고, 그것들을 읽어 나갔다. 소설을 가르치고 연구하는 일은 내 평생의 업이다. 소설사전 편찬은 내 생업을 원활하게 수행하기 위한 준비 작업이고, 그 과정에서 얻어진 수확일 것이므로, 정년 퇴직할 때까지는 이 작업을 계속해야지, 퇴직을 하면 그때는 완성이 되겠지, 그렇게 마음먹고 편하게 진행하였다.

모든 우리나라의 소설을 다 찾아내어 일렬로 세워 보겠다는 나의 작업은, 가령 나의 사전에 게재할 모든 작품들을 미리 확정하고 그것들을 찾아 나선다는 말과 의미가 다르다. 이번 나의 작업은 그렇게 어디 가서 어떤 작품을 찾아오는 일이 아니라, 가령 어디 가면 어떤 새로운 작품이 있는지를 알아내는, 말하자면 작품 발굴의 의미를 지닌 것이다. 나아가 작품을 수집하고 그것들을 어떤 식으로든지 한 줄에 꿴다는 뜻은, 그것들을 일일이 내 손으로 만져 보고, 내 눈으로 읽고, 내용을 정리하고, 그리하여 내 나름의 설명을 덧붙이는 작업까지를 의미한다.

그러나 일단 그렇게 하기로 마음먹고 작업을 시작하였을 때, 그것이 한 권의 완성된 사전이 되려면 거기에 따르는 몇 가지 범례와 조건이 필요하다는 걸 알았고, 그때마다 우리는 가능한 방법을 찾아 오래 고심하였다. 그렇게 오랜 시간을 두고 우리의 작업은 한 발짝씩 구체화되어 오늘의 모습을 갖추기에 이르렀는데, 나는 여기 그동안 내 생각이 거쳐 온 과정을 밝힘으로써 이 책이 어떻게 구성되었는지를 대신 말하고자 한다.

시기를 구분하자면 이 책은 근대소설사전이다. 그것은 고전소설 이후의 시기를 의미하며, 그중에서도 다시 현대소설 이전까지를 의미한다. 근대소설의 시기는 어디서부터 어디까지인가. 편의상 1917년 「무정」을 현대소설의 기점으로 잡았을 때, 그것은 다시 어디까지 위로 거슬러 올라갈 것이냐, 아니면 내려갈 것이냐의 문제를 야기하였다. 위로 거슬러 올라가면 근대개화기소설이고, 아래로 내려오면 현대소설이다. 근대개화기소설은 위로 거슬러 올라갈 때까지 가다가 고전소설과 만나는 지점에서 멈추자, 그리고 현대소설은 해방 이후 해방공간까지 내려가다가 6·25 직전에 멈추자, 그렇게 임의로 절단하였다. 그 결과 근대개화기소설을 『한국근대소설사전』이라 이름 짓고, 현대소설을 『한국현대장편소설사전』이라 이름 지어 각각 두 책으로 기획하였는데, 그것은 어디까지나 편의상의 절차였음을 다시 한 번 확인하는 바이다.

장르를 구분하자면, 이 책은 원래 장편소설사전으로 기획된 것이다. 그러나 『한국현대장편소설사전』의 경우, 그것은 장·단편의 구분이 확실한 시기이니까 단편소설을 제외한 모든 소설을 장편이란 이름으로 수록할 수 있었지만, 근대소설의 경우는 장·단편의 개념이 모호하여 그럴 수 없었다. 말하자면 장편소설이 아직 태어나지 않은 시기를 말하는 것이다. 근대개화기소설은 가령 《매일신보》에 연재된 이야기나 단행본으로 출간된 딱지본으로, 이야기의 속성상 장·단편의 구분이 없는 것이 특징이다. 그러므로 여기서는 오히려 장·단편의 장르에 구애받지 않고, 이 시기 모든 소설을 다 포함하는 것을 원칙으로 하였다.

나아가 이 책은 해당 시기의 번역·번안소설까지도 모두 포함하였는데, 이것이야말로 이 책의 큰 자랑이 아닐 수 없다. 신소설, 번안소설, 번역소설은 우리나라 근대소설의 형성과정에 비추어볼 때 같은 뿌리 안에서 나고 자란 시대적 산물이라고 할 수 있을 만큼 그 상호관계가 밀접하다. 개화기소설을 정리하는 데에 이 시기 대표 장르로서 번역·번안소설을 제외할 수 없었던 점을 다시 한 번 실감하는 바이다.

정리하자면, 이 책은 1890년 고전소설 이후 1917년 「무정」까지의 모든 이야기, 신소설 또는 번역·번안소설을 총망라한 『한국근대소설사전』인데, 다음 몇 가지 예외를 묵과할 수 없었던 점도 미리 밝혀 둔다.

먼저, 우리 소설사는 1917년 이후 1950년대까지도 이른바 '신소설'이란 이름의 후기 신소설들이 계속해서 출판 유통되었는데, 그것들이 비록 1917년 이후의 작품이라 할지라도 신소설이란 이름의 모든 작품은 시기와 관계없이 이 책에 모두 실었다. 다시, 조선총독부가 금지한 불온서적 목록을 뒤늦게 발견하여 이 가운데 검열에 걸려 발표되지 못한 소설 목록 80편을 채록하였으나, 이들의 시기에 해당되는 『한국현대장편소설사전』이 이미 출간된 상태여서 이 책에 수록하였다. 물론 목록만 전할 뿐 작품이 없으므로 내용은 생략하였다. 또한 번역·번안소설의 경우도 원작이 모두 외국소설이고, 이미 널리 알려진 것들이 많으므로 여기서는 내용 정리를 생략하고 그 자리에 '원작 참조'할 것을 명기하였다. 마찬가지로 개화기소설 가운데 상당수를 차지하고 있는 역사소설이나 위인전기류도 이미 널리 알려진 사건이나 인물의 유명세를 감안하여 내용은 생략하였다.

이번 작업은 이 시기에 해당되는 모든 신문과 잡지를 섭렵하는 일로부터 시작되었다. 국내 각 대학 도서관, 국립중앙도서관, 국회도서관을 방문하여 소장된 신문과 잡지 목록을 샅샅이 훑어보고 또 장편소설 단행본으로는 무엇이 숨어 있는지 낱낱이 파헤쳐야 했다. 그리고 작업이 웬만큼 진척되었다고 판단했을 때 우리는 외국의 유명 대학 도서관을 찾아 나섰다. 대상이 현대소설인 만큼 주로 동북아시아의 주요 대학 도서관들을 집중적으로 조사하였는데, 일본에서는 덴리(天理) 대학, 리츠메이칸(立命館) 대학, 와세다 대학, 규슈 대학 도서관을 방문 조사하였고, 중국에서는 북경대학 인문학도서관과 홍콩의 시립대학 도서관, 미국에서는 하버드 대학교 연경도서관, 러시아에서는 상트페테르부르크 국립대학 도서관을 방문하여 다른 주요 대학 도서관과 연결하였다. 이번 작업의 특수성은 내가 찾고자 하는 작품을 미리 파악해 가지고 가서 거기 그것이 있는지 없는지를 확인하는 것이 아니라, 완전 백지상태에서 거기 가면 과연 어떤 장편소설이 있는지를 확인하는 일이기 때문에 비유하자면 마치 먼 바다 위에 외줄낚시를 하나 드리우는 만큼이나 막막한 작업이었다.

무엇보다도 지금은 전 세계적으로 온라인 시스템이 잘 구축되고, 특히 국내 각 도서관에서는 각기 소장하고 있는 도서들을 전산 처리하여 온라인 선상에 띄우는 등 그동안 휴면 상태에 있던 도서들을 일깨우는 작업이 한창이다. 이에 따라 최근에는 현지까지 직접 달려가지 않아도 앉은 자리에서 작품의 소재를 파악할 수 있고, 심지어 경상대학교 도서관, 영남대학교 도서관, 한국현대문학관 같은 경우에는 우리가 의뢰한 도서를 직접 소포로 보내 주기까지 하여 편의를 도모하였다. 그 고마움을 지금도 잊지 못한다고 전하고 싶다.

그러고도 앞으로 언제, 어디서, 또 어떤 작품이 우리의 손길을 기다리고 있다가 불쑥 튀어나올지, 자료 조사의 철저성에 대해서라면 나는 절대로 장담할 수 없다는 말씀을 남길 수밖에 없다. 더구나 방금 설명한 바와 같이 최근 각 대학 도서관에서는 각기 소장하고 있는 도서들을 전산처리하여 온라인 선상에 띄우는 작업이 활발하게 이루어지고 있는지라, 앞으로 얼마나 더 많은 자료들이 어떻게 쏟아져 나와 우리를 기쁘게 할지는 아무도 예측할 수 없기 때문이다. 따라서 오늘 나는 이 책이 지금까지 우리가 모은 작품들을 일단 엮어내는 것일 뿐 이것으로 나의 작업이 완벽하게 끝났다는 말은 절대로 하지 않을 것이며, 앞으로도 나의 작업은 계속될 것임을 약속하는 바이다.

이상, 나의 이번 작업이 학문하는 사람 본연의 원천적인 욕심으로부터 출발하였다고는 하지만, 그러나 이 사전이 완성되는 것을 계기로 우리의 근현대소설 연구는 한층 더 체계적이면서도 광범위하게 연구의 영역이 확대될 것을 기대하여 마지않는다. 그동안 우리 근현대소설연구는 연구대상으로서의 작가나 작품에 있어서 몹시 제한된 범주 안에서만 반복되어 온 것이 사실이다. 그리고 그것은 선학들의 문학사나 소설사 또는 작가작품론에서 선점한 작가와 작품을 뛰어넘지 못한 채 기왕의 인기작품, 기왕의 유명작가에만 집착하여 그것들을 반복적으로 거론해 온 결과라 하지 않을 수 없다. 이번 작업은 무엇보다도 그와 같은 제한된 연구풍토를 벗어나 자유롭게 모든 소설을 다 포함하고자 노력하였음을 자랑스럽게 여긴다.

이 책이 완성되기까지, 황경·최성윤·문한별·김영애·곽승숙·김준현·김휘열·양윤의·이수현·장혜련·조경덕·허연실·황정현·황태묵, 그리고 신종곤·박영준 교수가 십 년이 넘도록 함께 수고하였다. 이들은 모두 대학원에서 나와 함께 소설을 공부하고 연구하는 학문적인 동지들이다. 그동안 함께 동고동락해 온 노고에 깊이 감사한다.

2015년 1월 5일

無不惱巢 主人 宋河春

일러두기

이 사전의 구성 체제는 표제어 및 서지, 내용, 참고의 차례로 이루어져 있다. 표제어의 순서는 가나다순으로 하였다. 권말에 '신소설 작품 목록', '번역·번안소설 작품 목록', '신소설 연도별 작품 목록', '번역·번안소설 연도별 작품 목록'을 부록으로 수록해 두었다.

1. 표제어 및 서지

1) 표제어는 작품의 제목이다. 현대어 표기를 먼저 쓰고 ' / ' 뒤에 발표 당시의 표기를 부기하였다. 따라서 해당 작품의 원 제목은 빗금 뒤의 것이다. 2) 번역소설이나 번안소설로 간주되는 작품의 표제어 뒤에는 '(번)' 표시를 하여 창작소설과 구분하였다. 3) 기존의 연보나 연구서에서 표제어를 채록하였으나 책 속의 일부분에 해당하거나, 다양한 표기의 제목 중 하나일 경우는 독자의 편의를 고려하여 표제어에서 삭제하지 않고 참고할 수 있는 표제어를 찾을 수 있도록 안내했다. 4) 작가명은 확인되는 한 발표 당시의 것을 따랐으며 한글로만 제시했다. 한자 이름이나 본명, 필명 등의 상세한 정보는 참고를 통해 보충 설명하였다. 5) 딱지본 간행물 등 지은이가 불분명한 작품은 권말 간기에서 '저작 겸 발행자' 등의 정보를 채록하여 제시하였으며, 경우에 따라 '저작발행', '편집발행', '역술발행' 등을 부기하여 실제 작가가 명백한 경우의 표기와 구분했다. '저작 겸 발행' 등의 정보도 얻을 수 없는 경우에는 '작자미상'으로 표기했다. 6) 번역소설 및 번안소설은 가능한 원작자를 밝혀 표기하였으며, 번역자 및 번안자를 그 뒤에 표기했다. 원작자 및 원작이 불분명한 경우 '원작미상'으로 표기하였다. 원작자명은 작품 수록 지면의 표기를 따르되, 원어 철자를 확인할 수 있는 경우 외래어 표기법에 따라 수정했다. 7) 신문이나 잡지 등의 지면에 수록된 작품의 경우 해당 매체명과 발표 연월일을 밝혔다. 연재물일 경우 연재 시작과 종료 시점, 연재 횟수와 완결 여부를 표기했다. 단행본의 경우 출판사 및 발행연도, 면수, 가격 정보를 제시하였다. 자료의 미비나 유실·훼손으로 정확한 서지 확정이 어려운 경우, '서지 불명'의 경우, '미발표'의 경우에는 확인된 사항을 우선 기록하고, 그 사유를 참고에서 설명하였다. 8) 1950년 6월 이전의 판본만을 정리하여 간행연도순으로 나열했다. 본 사전의 대상 시기 이후에 출판된 것은 참고에 기록해 두었다. 같은 출판사에서 여러 번 판·쇄를 거듭한 경우는 초판의 정보만을 수록했다. 9) 1950년대, 1960년대에 세창서관에서 간행된 딱지본 등 현존하는 자료는 1950년대 이후의 것밖에 없으나 정황상 1950년 이전에 창작 및 발표된 것이 틀림없는 판본의 경우 우선 '서지 불명'으로 처리하고 참고를 통해 1950년대 이후의 출판 사항을 상세히 기록하였다.

2. 내용

1) 내용은 소설의 줄거리이다. 지면을 고려하여 길고 상세한 정보를 수록하지 못하였다. 원칙적으로 작품의 서사를 시간 순으로 정리하였다. 2) 내용 부분의 인명과 지명은 발표 당시의 표기를 따랐다. 참고 부분에서는 현대어 표기로 바꾸었다. 원칙적으로 내용은 한글로만 정리하였고, 불가피한 경우 한자를 괄호 안에 병기하였다. 3) 작품의 제목을 바꾸어 다른 매체에 수록한 경우 내용 정리를 생략하고 원 작품의 표제 항목을 참조할 수 있도록 안내했다. 이외에도 연작, 부분 출간 등의 이유로 동일 내용이 복수의 표제 항목에 중복될 경우 참고를 통해 설명하고 참조가 가능한 표제 항목을 제시했다. 4) 현대어 역으로 잘 알려진 번역 및 번안소설의 경우 원작자와 원작을 참조할 수 있도록 하고 내용 정리를 생략하였다. 잘 알려진 역사적 인물이나 사건을 다루어 제목만으로 줄거리 유추가 가능한 작품 또한 내용 정리를 생략하였다. 이외에 자료가 유실된 경우, 자료에의 접근이 불가능한 경우, 해독이 불가능할 정도로 자료의 상태가 좋지 않은 경우도 내용을 정리하지 않았다.

3. 참고

1) 참고는 서지사항과 내용 외에 해당 작가와 작품이 갖고 있는 다양한 특징을 서술했다. 게재 지면이나 단행본 등에 나타나는 제목 및 작가 표기 정보 등을 가능한 한 상세히 기록했다. 작품의 소재가 불분명한 경우에는 당시의 다른 매체에 수록된 신간 광고 등 2차 자료에서 채록한 정보를 상세히 제시했다. 해당 작품의 소장처를 가능한 한 밝혀 원본 자료에의 접근성을 높이도록 노력하였으며, 다양한 판본이 존재하는 작품의 경우 실제 내용 정리에 사용한 판본을 밝혀 두었다. 2) 기존의 연구나 연보에서 채록한 표제 작품의 실물을 확인하지 못한 경우 '작품 확인 불가' 사유를 기술하였다. 부득이하게 당시의 원본 자료가 아닌 1950년대 이후의 판본을 참고하였을 경우 내용 정리에 참고한 서적을 밝혔다. 3) 무서명 작품이나 미확인 필명으로 발표된 작품은 사전 편찬 과정에서 원저자를 고증하기 위해 수집한 여러 정보 중 긴요한 단서가 될 만한 것들을 빠짐없이 기록해 두었다. 특히 무수한 불법 복제본이 존재하는 해방기의 텍스트를 정리할 때는 해적판과 원본의 관계를 명시하고 출간 당시의 정황을 설명했다. 4) 서지 부분에서 충분히 제시하지 못한 아호, 필명 등 작가에 관한 정보와 확증할 수 없는 연재, 출판 등의 발행 정보는 참고에서 상세한 설명을 덧붙였다. 5) 번역소설 및 번안소설 작품의 경우 원저와 원저자, 출판연도 등을 밝히기 위해 노력하였으며, 중국이나 일본 등을 거쳐 중역된 작품은 그 과정까지 가능한 한 상세히 기록하였다.

4. 부록, 기타

1) 부록의 '신소설 작품 목록'과 '번역·번안소설 작품 목록'은 작품 제목과 작가, 최초 서지를 밝혀 작품 제목의 가나다순으로 정렬하였다. 2) 부록의 '신소설 연도별 작품 목록', '번역·번안소설 연도별 작품 목록'은 수록 작품을 발표 시기에 따라 나누고, 해당 연도 안에서 작품 제목의 가나다순으로 정렬하였다. 3) 작품명은 「」, 단행본은 『』, 신문, 잡지 등 연속간행물은 《 》로 묶었다.

차례

ㄱ

가난한 사람들(번)

【내용】「청춘의 사랑」 참조.

【참고】 김병철의 『한국근대번역문학사연구(1975)』(366쪽)에 1947년 완역되었다는 기록이 있으나 확인되지 않는다.

가락지 이야기(번)/가락지니야기

【내용】「세계문학걸작집」 참조.

가련한 끼스몬다의 죽음(번)/가련한씨스몬다의죽음

【내용】「세계문학걸작집」 참조.

가실전/가실전嘉實傳: 고병교 저작발행. 회동서관·신명서림1930.

【내용】 신라 말, 김유신이 한창 활약할 시기, 고구려가 쳐들어와 설 씨는 징집 대상이 된다. 설 씨는 나이가 17세 된 딸을 두고 전장에 나가는 것이 걱정되어 마을의 성실한 총각인 가실과 정혼을 해 두려 한다. 설 씨가 전장으로 나가는 날, 가실은 자신이 설 씨 대신 전장에 나가겠다고 말한다. 그리고 전장에서 돌아온 다음 설 씨의 딸과 결혼식을 올리겠다는 것이다. 설 씨와 설 씨의 딸은 가실의 말을 고맙게 받아들이고 그를 전송한다. 약 일 년을 예고한 전쟁은 삼 년째 지속된다. 그리고 그해 가을 가실은 설 씨의 딸이 자신을 기다리다 못해 결혼했다는 소식을 듣는다. 가실은 전투 중에 고구려 군사의 포로가 되었다가 나중에는 어떤 노

인의 종으로 팔려 가는 신세가 된다. 신라 태생이라 논농사에 밝을 뿐만 아니라 성실하고 손재주가 많은 가실은 고구려 사람들에게 환심을 산다. 그리고 가실의 주인인 노인은 그를 자신의 사위로 삼고자 한다. 하지만 가실은 자신의 사정을 노인에게 말하고, 떠난 지 6년째 되는 해에 고향을 찾는다. 노인은 떠나는 가실에게 설 씨의 딸이 만약 결혼을 했거든 다시 고구려로 돌아오라고 말한다. 고향에 돌아오니 설 씨는 이미 죽고 설 씨의 딸은 이웃 동네 박 씨의 아내가 되어 있다. 가실이 죽었다는 소식을 전해 듣고 혼인을 했던 것이다. 가실은 할 수 없이 고구려로 돌아간다. 그리고 그곳에서 노인의 딸과 결혼하여 삼남매의 아버지가 된다.

【참고】『신숙주부인전(회동서관·신명서림1930)』에 수록되어 있다. 이광수가 'Y生' 이라는 필명으로 《동아일보》에 연재한 「가실(嘉實)」(1923.2.12-1923.2.23)에다 가실이 고향에 돌아간 이후의 행적을 덧붙여 놓은 작품이다. 즉, 이광수는 「가실」에서 가실이 고향으로 돌아가 어떤 삶에 처하게 되었는지에 대해 미정(未定)으로 남겨 두었는데, 고병교 저작 겸 발행 『가실젼』은 설 씨 처녀가 이미 결혼한 것을 확인한 가실이 고구려로 돌아와 가정을 이루었다는 결말로 끝난다. 이광수의 「가실」은 《삼천리》 7권 1호(1935년 1월호)에 '半島 新文壇 二十年來 名作選集(1)' 로 재수록되었다. 《삼천리》에 실린 「가실」은 《동아일보》에 실린 「가실」과 비교하여 마지막 문장이 조금 다를 뿐 전체적으로 동일한 작품이다. 즉 「가실젼」의 뒷부분을 이광수 스스로 개작했을 개연성은 희박하다. 한편 『삼국사기』에 실린 가실에 관한 이야기는 가실의 행적보다는 가실을 기다리는 설 씨와 설 씨의 딸에 이야기의 초점을 맞추었다. 그리고 설 씨의 딸이 끝내 가실을 기다려 허름한 차림으로 돌아온 가실과 결혼한다는 결말로 끝난다. 작품의 정리는 1937년 재판본(32면, 25전)을 참고하였다.

가왕(번)/假王: 원작미상. 백안자 역. 조선일보1925.11.8-12.22(38회 완).

【내용】 영국 왕족 출신의 '나(라도빈 29세)'는 독일에서 대학을 마치고 형과 함께 살고 있다. 형수는 유학까지 다녀와서 빈둥대는 '나'를 한심하게 생각한다. 어느 날 '나'는 로국에서 대관식이 열릴 것이라는 소문을 접하고 여행 떠날 채비를 한다. 로국으로 향하던 중 '나'는 불란서 파리에 들러 지인 박대안을 통해 마도향이라는 여인을 알게 된다. 로국으로 향하던 기차 안에서 '나'는 도향을 보지만 그녀는 나를 보지 못하고 지나친다. 여관에 들른 '나'는 주인으로부터 '나'가 로국의 왕과 똑같이 생겼다는 말을 듣게 된다. '나'는 근위대에게 이끌려 궁궐로 들어가 왕과 함께 술자리를 갖는다. 그러나 독이 든 술잔을 들이켠 왕은 이튿날 자리에서 일어나지 못한다. 왕위 찬탈을 노린 공작이 왕의 술잔에 독을 탄 것이다. 왕위를 빼앗으려는 공작과 이를 저지하려는 사대좌 사이에서 '나'는 어쩔 줄을 모른다. 이때 사대좌는 왕과 똑같이 생긴 '나'에게 왕 대신 대관식을 거행해 달라고 요청한다. '나'는 위기에 빠진 로국을 구한다는 심정으로 대관식에서 왕 노릇을 한다. 대관식을 무사히 끝내고 궁궐로 돌아온 '나'는 왕이 공작에게 납치되었음을 알게 된다. '나'는 사대좌와 더불어 왕을 구하기 위해 공작과 대결한다. 그 와중에 '나'는 도향이 공작과 한패임을 알게 된다. 치열한 접전 끝에 '나'와 사대좌는 감금되어 있던 왕을 무사히 구출하고 도향과 공작을 체포한다. 형수의 말대로

假王 白眼子 譯 【一】

하로는아츰에일즉어니이러나 쒸식당에드러가 조반을 먹노라니까 형님은아즉 아니드러왓고 형수만 안졋는대 내가막술가락을들고 먹으려니까 내형수가나를츠어다보며

『쒸방님은 머데아모사업을아니하시고 앗가운청춘을 매일허송하시니 너무도딱해요』한다나는손에 들엇든술가락을 탁노코

『엇전말슴이요 내가무슨일을할필요가 어듸잇소 내취디가편하며 내일년수입이 넉넉해사회상으로 내가 남만못지아니하야 내형님이 공작이오 형수가큰부인이 집안살림을 잘하여주시니 그만하면 만족지아니하오』하고대답하엿다 형수는 물그럼이보더니『글세 올세스룰아홉이되셧지요 그리고도모지 하신일이업스니참…』

『참엇더탄말슴이오 쎈둥쎈둥논다는말슴이오 오른말슴이지오 우리가문에서는 일을아니해도관계업소』하고 가문을들추니 형수는 얼굴빗이 변하여지는것가탓다 왜그런고하니 형수의가문는 우리듸씨집만 못하엿던것은 세상이 다ㅣ아는사실이다 형수는외모가 미인이 될뿐아니라친뎡이 큰세산가이엇스니 형님에서 형수의가문래력을 불고하신면이 지혜스러운일이다 그

빈둥거리기만 하던 '나'는 로국을 구했다는 뿌듯함을 느끼며 영국으로 돌아온다.

【참고】 영국 왕족 출신의 주인공이 외국에 나가 영웅적 활동을 벌이는 내용을 담은 소설이다. 원작자와 작품, 번역자 백안자(白眼子)에 대한 정보는 밝혀져 있지 않다. 왕위 찬탈을 노리는 집단과 왕의 권위를 지키려는 집단 사이에서 주인공의 활약이 두드러진다. 중편 분량에 해당하는 작품이다.

가인기우/가인긔우佳人奇遇: 현공렴 저작발행. 대창서원·보급서관1918 ; 신명서림1924(54면, 25전).

【내용】 명나라 청주 형낭 땅에 사는 수후는 중앙 정부에서 승상의 지위까지 오른 인물이다. 세상 권세를 충분히 누린 수후의 유일한 근심거리는 부인 민 씨와의 사이에 혈육이 없다는 것이다. 어느 날 부인 민 씨는 꿈속에서 상제께 득죄하여 세상으로 쫓겨 왔다는 선관을 보고 잉태하여 아들 각을 낳는다. 수각은 자랄수록 총명한 빛이 두드러진다. 이에 하늘이 보낸 청운도사가 그를 가르치겠다며 데려간다. 청운도사는 그에게 갖가지 도술과 학문을 가르친 후, 편지 두 통을 써 주며 각각 허 처사, 유 승상에게 전달하라고 하고 그를 세상에 내보낸다. 편지의 내용은 허 처사, 유 승상의 딸을 수각과 혼인시키라는 것이다. 수각은 편지를 전달한 후 그들의 딸과 정혼한다. 그 즈음에 외적이 쳐들어 와 명나라는 큰 곤경에 처한다. 이에 수각은 참전하여 큰 공을 세우고 천자에게 초왕을 제수받는다. 초왕이 된 수각은 천자의 사위가 되고, 그 후로도 남만의 도발을 진압하는 등 명나라 황실에 혁혁한 공을 세운다. 그는 천자의 딸을 비롯하여 허 처사, 유 승상의 딸 등 세 명의 부인 사이에서 삼자이녀를 두고 다복한 가정을 꾸린다. 그러던 어느 날 하늘에서 선관과 선녀들이 내려와 수각과 세 부인을 하늘로 데려간다.

【참고】 표지에 '佳人奇遇', 본문 첫 장에 '古代小說 가인긔우'라고 표기되어 있다. 중국 배경 고전소설 「사각전」의 국문 활자본 이본이다. 1918년에 초판이 발행되었으며 1921년본(54면, 25전)을 텍스

트로 내용을 정리했다. 후사가 없어 걱정하던 여인이 하늘에서 쫓겨났다는 선관, 선녀를 꿈속에서 보고 잉태한다는 적강 모티프가 두드러지는 작품이다. 「절세가인」과 동일한 내용이다.

가필드전(번)/까퓌일트젼

나카자토야노스케 작. 현공렴 편찬발행. 현공렴1908(112면, 25전).

【내용】 원작 참조.

【참고】 표지에 '미국고대통령 까퓌일트젼 桂衕 玄公廉 發行', 본문 첫 장에 '미국고대통령 까퓌일트젼 편찬쟈 현공렴'이라고 표기되어 있다. 난외서명은 '까퓌일트젼'이다. 미국 대통령 James A. Garfield의 일대기를 다룬 작품이다. 순국문체로 표기되어 있다. '번역' 등의 표기 없이 편찬이라는 용어를 쓰고 있으나, 中里彌之助 저 日書 『ガーフィールド言行錄(1907)』의 번역물이라는 연구가 있다.

갈소사전(번)/匈加利愛國者噶蘇士傳

이시카와야스지로 작. 이보상 역. 조양보1906.11.10-? ; 중앙서관·박문서관1908.

【내용】 원작 참조.

【참고】 헝가리의 독립운동을 이끈 민족영웅 코슈트의 전기이다. 양계초가 일본 石川安次郎의 저작 『ルイ コッスート』를 '匈加利愛國者噶蘇士傳'이란 제목으로 번역했고, 이를 다시 이보상이 중역한 것이다. 제1절부터 3절까지 국한문으로 연재되었다. 일제에 의해 금서로 처분되었다.

감람나무 밭(번)/橄欖나무밭: 모파상 작. 최완복 역. 을유문화사1948(149면,150원).

【내용】 원작 참조.

【참고】 기 드 모파상(Guy de Maupassant)의 단편 「패물」, 「狂女-로벨 드 보니에르에게」, 「橄欖나무밭」, 「假華(原名 所用없는 美)」 네 편을 묶은 책으로 을유문고 13권이다. 목차와 첫 작품 사이에 '短篇作家로서의 모오팟상'이라는 서언이 있다.

감람산의 혈루(번)/橄欖山의血淚: 에밀루트비히 작. 김영의 역. 동광당서점1936.

【내용】 원작 참조.

【참고】 '역사적 예수'에 초점을 맞추어 예수의 일생을 전기적으로 기술한 작품이다. 에밀 루트비히(Emil Ludwig)의 「The Son of Man(1928)」이 원작이다. 서문에 "이 앞에 열니는 비극은 아무쪼록 인정과 역사를 따르고 싶어 에밀 류드비그 씨의 「인자」를 번역한 것이다. 예수의 죽엄과 같은 죽엄

은 우리가 역사상에서 수없이 목도하는 사실이다. 이는 곧 전통적 제도와 신선한 이상의 육혈전의 비극이 아닌가. 이러한 비극이 우리에게 어떠한 결론과 교훈을 주는지는 각자의 독자에게 맡기는 바이다"라고 기록되어 있다. 종교적인 성향이 강한 소설이며, 예루살렘편, 천명편, 복음편, 흑운편, 혈루편, 수난편으로 목차가 나뉘어 있다.

갑오시월지연/甲午十月之戀: 김동진 발행.

【내용】 미확인.

【참고】 단행본 원본 자료를 구할 수 없어 작품의 경개 및 세부 서지사항을 확인하지 못했다. 1930년 9월호 《조선출판경찰월보》 단행본 납본 목록에 수록되어 있다.

갓쥬사 애화 해당화(번)

【내용】 「해당화」 참조.

강감찬전/姜邯贊傳: 우기선 편집. 박정동 교열. 현공렴1908(33면, 25전).

【내용】 내용 생략.

【참고】 표지에 '禹基善 編輯 朴晶東 校閱 姜邯贊傳 全 發行人 玄公廉'이라고 표기되어 있다. 본문 앞에 현채의 서문이 수록되어 있다. 고소설 「강감찬전」을 구활자본으로 인쇄한 강감찬 장군의 이야기이다.

강릉추월 옥소전/강능츄월옥소젼江陵秋月玉簫傳 김동진 편집발행. 덕흥서림1915(107면).

【내용】 이춘백은 문장과 필법에 능통하고 옥피리를 잘 부는 인물이다. 춘백이 부는 옥피리는 선동(仙童)이 선사한 것이다. 춘백은 풍랑을 만나 낯선 곳에 표류하던 중 조 낭자를 만나는데, 옥피리를 불어 그녀가 자신의 천상배필임을 알게 된다. 조 낭자와 가연을 맺은 이춘백은 황해감사로 임명받아 선정에 힘쓰다가 왕명으로 황성으로 가던 중 해적을 만나 조 부인과 옥소를 빼앗기고 만다. 춘백은 중국의 자개산에서 백영도사에게 병법과 천문지리를 익힌다. 한편 소굴로 끌려간 조 부인은 임신 중

이던 아이를 낳게 되는데 그 아이가 운학이다. 도적 장수백은 아이를 유괴하여 그 이름을 해룡으로 개명하고 훌륭한 대장부로 만든다. 장성한 운학은 훌륭한 무술 솜씨로 도적 어천수에게서 잃어버린 옥소를 되찾고 그것을 불어 와병 중이던 어머니를 완쾌시킨다. 어머니와의 극적인 상봉을 즈음하여 춘백은 촉나라의 장수가 되고, 송나라를 공략하여 승승장구한다. 이에 송나라가 신라에 청병하니 운학이 출전하여 촉나라와 맞서게 된다. 촉과 송의 장수로 재회하게 된 이들 부자는 옥소를 매개로 서로를 알아본다. 춘백이 촉왕을 설득하여 귀순시키고 춘백의 온 가족이 극적으로 상봉한다. 그 후로 운학은 황제의 부마가 되어 세 부인과 복을 누린다.

【참고】 표지에 '江陵秋月玉簫傳 강릉츄월옥쇼전', 본문 첫 장에 '강능츄월옥소전 江陵秋月玉簫傳'이라고 표기되어 있다. 난외서명은 '강능츄월'이다. 총 10회로 구성된 회장체 소설이다. 「강릉추월」, 「소학사전」 등과 동일 계열의 신작 구소설이다. 『금강취류(동미서시1915)』, 『봉황금(회동서관1922)』 등과도 맥락이 일치한다.

강명화 실기 /康明花實記: 이해관 작. 회동서관1925(90면).

【내용】 장안을 떠들썩하게 했던 강명화와 장병천의 정사 이후, 명화와 친하게 지냈던 기생에게 한 손님이 찾아온다. 그는 강명화 사건에 대해 이야기하며, 병천이 명화 외에 다른 기생을 마음에 두었다는 소문이 있었다고 한다. 이야기를 듣던 기생은 오해라며 누군가가 병천의 자살에 관해 기록해 둔 두루마리를 꺼내 손님에게 보여 준다. 두루마리의 내용에 따르면, 홀로 남은 병천은 여러 가지 사회사업을 하려 했으나 뜻대로 되지 않은 데다 명화를 잃은 상심이 더해 자살했다는 것이다. 손님이 두 사람의 사정을 딱하게 여기자 그 기생은 기생들의 한 많은 사연을 적은 두루마리 두 개를 더 보여 준다. 두루마리 하나는 기생 강츈홍에 관한 것이다. 츈홍은 기개 있고 총명한 기생으로, 송 씨라는 남자를 정인으로 두고 있다가 못난 남자에게 첩으로 팔려 갈 처지가 되자 자살했고, 이후 송 씨는 새살림을 차렸다는 것이다. 또 다른 두루마리는 기생 이화연에 관한 것이다. 그는 양반인 아버지를 두었지만 우둔하고 욕심 많은 어머니 탓에 기생 노릇을 하게 되었다. 그러던 중 서덩찬이라는 남자와 사랑에 빠졌으나 모친의 반대를 이기지 못해 자살했고, 뎡찬 역시 화연의 뒤를 따라 목숨을 끊었다는 것이다. 기생과 손님의 대화가 있은 후 어느 날, 여성들이 한 절에 모여 강명화, 강츈홍, 이화연 세 기생을 불쌍히 여기는 추도회를 연다.

【참고】 표지에 '女의鬼 康明花實記(下)'라고 표기되어 있다. 제목에 '하편'이라는 표시가 있지만, '여의귀 강명화 실기(상)'이라는 제목의 작품은 발견되지 않는다. 그러나 동일하게 '이해관'이라는 필명으로 발표된 '女의鬼 康明花傳'이라는 작품이 있으며, '여의귀 강명화전'의 끝부분과 '여의귀 강명화 실기(하)'의 서두가 내용상 연결된다. '여의귀 강명화전'이 장병천의 죽음에 관한 내용으로 끝나고, '여의귀 강명화 실기(하)'는 장병천의 죽음을 둘러싼 소문에 관한 등장인물들의 대화로 시작

된다. 이러한 점으로 보아 두 작품이 내용상 상, 하편의 관계에 있는 것으로 보인다. 이 소설은 강명화의 절친한 친구였던 한 기생이 자신을 찾아온 손님과 함께 강명화 사건에 관한 얘기를 나누다 한 많은 기생들의 사연을 적은 두루마리를 보여 주고, 두루마리에 적힌 내용을 서술하는 액자 구조의 작품이다. 각 두루마리의 내용에는 '附康春紅小傳', '附李花蓮小傳' 이라는 소제목이 붙어 있다. 1925년에 초판이 발행되었으며, 동덕여대 소장 1926년본을 텍스트로 내용을 정리했다.

강명화의 설움/姜明花의설음

박철혼 편. 영창서관·한흥서림1925(56면, 40전).

【내용】 평양 출신 강명화는 본명이 확실인 기생이다. 그에게는 가정을 돌보지 않는 아버지와 남편을 대신해 살림을 꾸려온 어머니 윤 씨, 남동생 도선이 있다. 어린 나이에 어머니에 의해 평양 기적에 오른 명화는 그의 나이 열일곱에 가족을 데리고 경성으로 향한다. 장안의 이름난 기생이 된 명화는 영남 최고의 부호 장길상의 외아들 병텬과 깊은 사랑을 나누게 되고, 마침내 서로 부부가 되기를 맹세한다. 그러나 병텬은 작첩을 용납하지 않는 부친과의 갈등을 해결하지 못하고, 명화와 함께 일본으로 도피한다. 그곳 학교에서 고학을 하던 중 유학생들 사이에는 병텬이 기생을 데리고 와 풍기가 문란해졌다는 소문이 돌고, 급기야는 두 사람을 일본에서 내쫓기 위해 학생들이 몰려온다. 그들 앞에서 명화는 과도로 손가락 하나를 잘라 보이고, 잘린 손가락처럼 자신의 목이 동강 나도 남편을 떠나지 않겠다고 선언한다. 이에 유학생들은 두 사람을 단순히 불량자와 매음녀로 여겨 배척하려 했던 것을 사과한다. 그러나 이와 같은 사건들은 이후에도 계속 이어지고, 견디지 못한 두 사람은 조선으로 돌아오고 만다. 명화는 혼자 길상을 찾아가 자신을 며느리로 받아줄 것을 간청하지만 거절당한다. 경성에 살림을 차린 두 사람은 얼마 못 가 경제적인 어려움을 겪게 되고, 길상은 금전적인 도움을 미끼로 아들을 회유하여 문밖출입을 통제한다. 자신과 병텬에 대한 모욕적인 소문들이 나도는 것에 절망한 명화는 남편의 장래를 걱정하며 쥐약을 먹고 자살한다. 강명화의 죽음에 충격을 받은 병텬도 뒤따라 목숨을 끊는다. 그는 자신의 유언대로 명화의 무덤 옆에 묻힌다.

【참고】 하버드대 소장 영창서관·한흥서림본 표지에 '絶世美人 姜明花 설음', 본문 첫 장에 '絶世美人 姜明花의 설음' 이라고 표기되어 있다. 1923년에 일어난 실화를 바탕으로 한 이 작품은 서두에 두 사람의 죽음을 애도하는 글을 싣고 있다. 사회적인 반향이 컸던 만큼 같은 사건을 다룬 딱지본 소설들이 여러 권 출판되었다. 『강명화 실기(1924)』, 『강명화전(1925)』, 『절세미인 강명화전(1935)』, 『강명화의 애사(1935)』 등이 그것들이다. 이 중 『절세미인 강명화전(영창서관1935)』은 『강명화의

설움』과 동일한 작품이다. 「비련의 曲(1924)」, 「강명화(1967)」로 영화화되기도 했다.

강명화의 애사/康明花의哀史: 작자미상. 세창서관1935(56면).

【내용】 평양 사는 강긔덕의 딸 확실은 어려서부터 소문난 미모의 소유자이다. 확실의 모친은 딸을 공부시키고자 하나 학비가 없어 기생학교에 입학시킨다. 확실은 매우 총명하고 재주가 있어 이내 뛰어난 가무 실력을 갖춘다. 그는 십칠 세 되던 해 모친과 남동생을 데리고 서울로 가서 기생 노릇을 하기로 하고, 기명을 명화라 정한다. 그는 얼마 지나지 않아 서울 화류계의 일류 기생이 된다. 그는 생계를 위해 기생 노릇을 하지만, 좋은 남편을 만나 가정을 이루기 원한다. 어느 날 명화는 대부호 장길상의 외아들 병천을 알게 된다. 두 사람은 사랑하는 사이가 되지만, 병천이 경제력이 없는 데다 그 부친이 매우 엄격하여 가정을 이루지 못한다. 자신의 처지에 염증을 느낀 명화는 어느 날 머리를 자르고 기생 노릇을 그만둔다. 명화와 병천은 함께 동경으로 유학 가지만 생활고에 시달린다. 게다가 병천은 부자의 아들이 기생첩을 데리고 와 조선 유학생의 명예를 더럽혔다는 비난을 받는다. 견디다 못한 두 사람은 경성으로 돌아온다. 명화는 마지막 수단으로 병천의 부모를 찾아가 자기의 진심을 말하지만 박대받고 쫓겨난다. 절망한 그는 병천과 함께 온천 여행을 떠나고, 여행지에서 음독자살한다. 병천의 부친은 자신의 행동을 후회하며 명화를 후히 장사지내 준다. 얼마 후, 병천은 명화를 그리워하다 자살한다. 그 부친은 아들을 명화와 나란히 묻어 준다.

【참고】 당대 큰 화제가 되었던 기생 강명화와 부호의 아들 장병천의 이야기를 다룬 작품이다. 표지에 '康明花의哀史', 본문 첫 장에 '實情哀話 康明花의哀史'라고 표기되어 있다. 서강대 소장 세창서관본을 텍스트로 내용을 정리하였다.

강명화의 죽음/康明花의죽음: 향민사편집부 편. 향민사1972.

【내용】 「미인의 정사」 참조.

강명화전1/康明花傳: 해동초인 작. 신구서림·박문서관1925(81면, 40전).

【내용】 내용 생략.

【참고】 여타의 '강명화 실기'류와 내용은 대동소이하다. 표지에 '신소설 康明花傳 강명화전', 본문 첫 장에 '康明花傳 강명화전 海東樵人 著'라고 표기되어 있다.

강명화전2/강명화젼康明花傳: 이해관 작. 회동서관1927(93면, 40전).

【내용】 자살한 미기(美妓) 강명화는 원귀가 되어 산길에 나타나 행인들에게 자신의 억울한 사정을 하소연한다. 원귀 명화의 하소연은 생전 자신을 박대했던 시부모를 원망하는 내용이다. 빼어난 미모의 기생이었던 명화는 대구 부호의 외아들 장병천을 만나 그와 결혼을 한다. 병천의 부모는 명화의 신분이 기생임을 알고 그녀를 박대한다. 시부모의 박대를 견디지 못한 명화는 병천과 함께 일본으로 유학을 떠난다. 두 사람의 관계를 오해한 유학생들이 찾아와 행패를 부리고, 시부모는 학비 원조를 끊는다. 명화는 귀국하여 병천의 부모를 찾아가 설득하지만 소용이 없다. 시부모와의 불화를 끝내 견디지 못한 그녀는 자신이 남편의 앞길에 걸림돌이 될 뿐이라고 판단하고 결국 쥐약을 먹고 자살한다. 명화의 죽음에 충격을 받은 병천 또한 쥐약을 먹고 자살한다. 이러한 내용이 동아일보 기사로 소개된다.

【참고】 표지에 '女의鬼 康明花傳 강명화젼', '머리의 말' 이후 본문 첫 장(5면)에 '女의鬼 康明花傳 著作者 李解觀'이라고 표기되어 있다. 난외서명은 '녀의긔'이며 판권지의 서명은 '康明花傳'이다. 작품 서두에 4페이지 분량의 '머리의 말'이 있다. 여기서 작가는, 귀신의 존재 여부에 관한 논란으로 이야기를 시작하여, "남의게 젹악을 ᄒᆞ야 원억ᄒᆞᆫ 죽엄을 식인 사람"으로 하여금 "스ᄉᆞ로 반셩하야 ᄒᆞ로밧비 그 셜원을 통쾌케" 하도록 권고하고 있다. 강명화라는 이름의 기생이 자살하여 원귀가 된 사연을 밝히는 내용의 작품이다. 작품 말미에 "富豪의 獨子 張炳天 이의 自殺 작 이십구일 ᄉᆡ벽 셰 시에 ᄋᆡ인 강명화의 ᄌᆞ살ᄒᆞᆯ ᄯᅵ와 가치 쥐잡ᄂᆞᆫ 약을 먹고"라는 구절이 있다. 1920년대 당시 유명한 미기(美妓)였던 강명화는 양반 부호의 외아들 장병천과의 이룰 수 없는 사랑 때문에 쥐약을 먹고 자살했다. 그러자 사랑에 비관한 많은 젊은이들이 강명화를 따라하는 이른바 자살풍조가 유행하였다고 한다. 내용상 『女의 鬼 강명화 실기(회동서관1925)』의 상권에 해당한다.

강명화전3/康明花傳: 강의영 저작발행. 영창서관·한흥서림·진흥서관1935(56면, 40전).

【내용】 「강명화의 설움」 참조.

【참고】 표지에 '絶世美人 康明花傳 강명화전'이라고 표기되어 있다. 박철혼 편 『강명화의 설움(영창서관·한흥서림1925)』과 동일작이다.

강상기우/강상긔우江上奇遇: 민준호 저작발행. 동양서원1912(56면, 17전).

【내용】 몰락한 양반의 자손 정홍국이 전국 유람길에 오른다. 그는 배를 타고 '손돌목'을 지나다가 물에 빠진 한봉경을 구출해 주고 그 자리를 떠난다. 이후 봉경은 자신을 살려 준 사람을 찾아 은혜를 갚기 위해 남장을 하고 홍국을 수소문한다. 노력 끝에 홍국을 찾아낸 봉경은 자신을 아내로 맞아 달라고 부탁하지만 거절당한다. 무일푼이라 결혼을 할 수 없다고 생각하던 홍국은 봉경의 거듭된 간곡한 부탁에 재산을 모으게 되면 아내로 맞겠다고 약속한다.

부잣집 딸인 봉경은 홍국에게 밑천으로 천오백 원을 건네고 고향으로 돌아간다. 홍국은 그 돈을 장사밑천이 필요한 옛날 하인 오놈 아범에게 주어 버린다. 삶의 의미를 찾지 못한 홍국은 물에 빠져 죽을까 생각하다가 봉경의 모습이 떠올라 마음을 고쳐먹고 재산가의 회계 일을 맡는다. 알고 보니 그 재산가는 홍국의 아버지에게 오천 원을 빌린 일이 있었던 사람이다. 홍국은 그에게서 돈을 받아 봉경을 만나러 간다. 가는 길에 전라도 강진의 백성들을 만나 그들 고을의 서 군수가 관찰사의 모함으로 곤경에 처했다는 말을 듣는다. 홍국은 백성들의 서 군수를 대하는 태도가 마치 부모를 대하는 듯해 감탄하고 가진 돈 오천 원을 전부 내어 주며 척문까지 써 준다. 그는 다시 갈 곳을 잃고 헤매다가 북관의 서광사라는 절에 머무른다. 그러나 그곳에서 홍국은 민병의 두령이라는 오해를 받아 투옥되는데 마침 서 군수가 재판관이 되어 공명정대한 심판을 내리고 풀려난다. 서 군수는 홍국이 자신을 구해 준 사실에 감사하며 함께 지내기를 권하지만 홍국은 거절하고 길을 떠난다. 길에서 우연히 오놈 아범을 만나게 되어 함께 자신의 옛집으로 간다. 오놈 아범은 그동안 장사밑천을 한 푼도 쓰지 않았을 뿐 아니라 홍국의 옛집과 옛 땅을 되찾아 놓았다. 시간이 흘러 서 판사의 주선으로 강진군수가 된 홍국은 서울에 올라가 수첩을 한 후 부임지로 발행하는데, 문득 수로로 가고 싶은 생각이 들어 양화도로 가서 배를 탄다. 한편 봉경은 홍국의 소식을 기다리다 기분전환 겸 군산의 삼촌 집에 가려고 배를 탄다. 배 두 척이 강 위에서 마주치고 마침내 두 사람은 다시 만난다.

【참고】 국립중앙도서관 소장 동양서원본 표지에 '新小說 江上奇遇 강샹긔우' 라고 표기되어 있다. 본문과 판권지에는 제목이 '강산기우' 라고 잘못 표기되어 있다. 갑오경장 시기의 민병들에 대해 놀기 좋아하고 일하기 싫어하는 어중이떠중이라고 평가하는 등 부정적으로 묘사하고 있다.

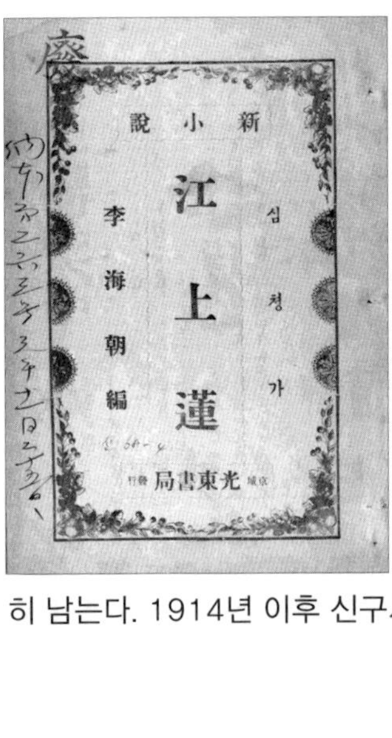

강상련 / 강샹련江上蓮: 해관자 산정.

매일신보1912.3.17-4.26 ; 광동서국1912(120면, 30전) ; 신구서림1914.

【내용】 판소리 「심청가」 참조.

【참고】 《매일신보》 연재 지면에 '江上蓮(沈淸歌) (講演) (禁轉載) 名唱 沈正淳 口述 解觀子 删正' 이라고 표기되어 있다. 광동서국본의 표지에 '新小說' 이라고 표기되어 있으며 '江上蓮' 이라는 표제 좌우에 '심청가' 와 '李海朝 編' 이 부기되어 있다. 본문 첫 장에 '강샹련(江上蓮)' 이라고 표기되어 있다. 판소리 「심청가」를 이해조가 채록, 편집한 작품이다. 신재효본 등 근대에 채록된 다른 판소리 이본들과 비교하여 살펴볼 필요가 있다. 신소설로 규정할 수 있는가 하는 문제는 여전히 남는다. 1914년 이후 신구서림에서 계속 발행되었으며 1922년의 11판까지를 확인할 수 있다.

강상루/江上淚: 김이태 작.

대창서원1919(164면, 80전) ; 영창서관1924(164면).

【내용】 경상북도 대구 동성정에 사는 부자 신경쥬는 아내 박 씨가 아들 쥰텩을 낳다가 죽자 후처 최 씨를 맞아들인다. 최 씨는 쥰텩이 장가들 때가 되자 신경쥬의 재산을 탐하여 자신의 친척 최셩긔의 딸 봉란을 며느리로 삼으려 하지만, 신경쥬는 현숙한 김 씨의 딸을 며느리로 들인다. 쥰텩이 동경 유학길에 오르자 최 씨는 며느리 김 씨를 내쫓기 위해 갖은 흉계를 꾸민다. 그러던 중 김 씨의 오빠가 가산을 탕진하고 쫓기는 신세가 되어 동생을 찾아오자 그녀는 오빠를 위해 반지를 팔아 돈을 마련해 준다. 이것이 화근이 되어 최 씨의 모진 구박을 받게 된 김 씨는 끝내 시댁에서 쫓겨난다. 잠시 몸을 의탁했던 노파의 불한당 아들에게 겁탈당할 위기에 처하자 김 씨는 강물에 투신하지만, 다행히 오빠의 친구 차영근에게 구출된다. 오빠를 만나 김 씨를 둘러싼 모든 의혹이 풀리고 김 씨를 음해한 최 씨와 그 일당은 모함과 살인미수 혐의로 잡혀간다. 김 씨는 남편을 만나 행복하게 산다.

【참고】 대창서원본의 표지와 본문 첫 장에 '新小說 江上淚'라고 표기되어 있으며, 전체 상·하권으로 구성되어 있다. 악한 서모의 핍박과 흉계로 인해 시댁에서 쫓겨난 며느리가 누명을 벗고 행복을 되찾는 이야기이다. 국립중앙도서관 원문 상하 합본을 텍스트로 내용을 정리했다.

강상월/江上月

고유상 저작발행. 회동서관1912(217면, 50전).

【내용】 고려 명종 때 어사중승 한은국은 정중부 등 무인 역신들에게 변을 당하여 무남독녀 봉아와 헤어진다. 봉아는 은국의 친구 임 시랑의 수양딸로 들어가 그의 딸 셩렴과의 우애가 깊다. 임 시랑은 신 상서의 차남 계진의 품행과 학덕이 높은 것을 보고 두 딸을 그에게 출가시킨다. 신 상서의 장남 계완과 그의 어미 박 부인은 며느리 임 씨와 한 씨를 시기한다. 계진은 과거급제 후 금의환향한다. 난봉꾼 계완은 홍녀에게 미혹되어 본부인 정 씨를 내치고 홍녀를 정실로 삼는다. 간악한 홍녀는 재산을 차지하고자 계진을 모함하고 임 씨와 한 씨를 해치려 한다. 한 씨는 절로 피신하고, 임 씨는 이의민의 아들 지광에게 욕을 볼 위기에 처하나 동생 셩규의 도움으로 화를 면한다. 임 씨로 변장하여 대신 끌려간 셩규는 지광의 누이에게 자신의 정체를 밝히고 풀려

나 이후 장원급제하여 그녀를 아내로 맞이한다. 두경승의 수하 장수는 계진의 덕행에 반해 임금에 청하여 그에게 중책을 맡긴다. 어사중승이 된 성규는 홍녀와 천가가 신 씨 집안의 재물을 들고 도주하는 것을 붙잡아 가둔다. 계진은 남쪽 지방 도적들을 평정하던 중 현암사에 기거하던 한 씨를 구출한다. 홍녀와 천가는 참수당하고, 신 씨 가문은 재산을 되찾는다.

【참고】 표지에 '江上月 강샹월', 본문 첫 장에 '강상월(江上月)'이라고 표기되어 있다. 무신 난을 일으킨 정중부, 이의민 등이 역신(逆臣)으로 그려지고 있다는 점이 흥미롭다. 고려 말 무신정권기를 시대적 배경으로 하는 고전소설이다. 정숙한 여인상과 입신양명, 형제간의 우애, 권선징악 등 전통적인 가치관을 보여 주고 있다.

강상촌/강샹촌江上村

청초당 작. 박학서원1912(141면, 30전) ; 동미서시1913 ; 덕흥서림1917.

【내용】 충주목게 강산촌에 사는 송 진사의 아들 슈창은 계모 어 씨의 학대를 못 이기고 물에 빠져 자살한다. 슈창의 부인 김 씨는 남편의 시신을 찾기 위해 슈창과 같이 배를 탔던 김 츈보와 함께 길을 떠난다. 김 씨 부인의 꿈에 피투성이가 된 슈창이 나타나 츈보를 가리키며 자신의 원수를 갚아 달라고 말한다. 의심이 든 김 씨 부인은 츈보가 슈창을 죽였다는 잠꼬대를 듣고 그의 짐 속에서 계모 어 씨의 쪽지를 발견한다. 김 씨 부인은 관아에 달려가 츈보의 소행을 고발한다. 츈보는 어 씨의 사주를 받았으나 차마 슈창을 죽일 수 없어 살려 주었노라 자백한다. 사실 츈보는 병든 어미를 위해 쌀을 훔치다가 어 씨에게 발각되어 할 수 없이 어 씨의 심부름을 받은 것이다. 한편, 슈창은 처가에 피신해 있으라는 츈보의 말을 듣지 않고 어떤 집에서 생활하고 있다. 어느 날 신문에서 츈보의 소식을 접한 슈창은 부모에게 화가 미칠 것을 우려해서 집으로 돌아와 부모를 피신시킨다. 친정집에 머물고 있던 김 씨 부인은 어 씨의 계략에 속아 다른 사람에게 욕을 보일 위험에 처한다. 김 씨는 고달픈 인생을 비관하며 죽기를 결심하지만 때마침 슈창이 나타나 말린다. 김 씨 부인과 슈창은 관아로 가서 그동안의 사정을 모두 말하지만 차마 계모 어 씨의 악행을 고하지 못한다. 어 씨가 슈창을 죽이려고 했음에도 불구하고 부모에 대한 도리를 저버릴 수 없어서이다. 그제야 어 씨는 자신의 죄상을 송 진사에게 낱낱이 자백하기에 이르고 슈창과 김 씨 부인에게도 용서를 구한다.

【참고】 청초당(聽蕉堂)의 박학서원본이 초판이며, 동미서시본과 덕흥서림본이 존재한다. 동미서시본은 박학서원 초판본과 활자가 동일하지만, 덕흥서림본은 박학서원본과 활자가 달라 중판으로 추정된다. 덕흥서림본은 이후 판을 거듭하여 발행되었으며 1928년 9판 발행본이 남아 있다. 국립중앙

도서관 소장 박학서원 초판본을 텍스트로 내용을 정리했다. 계모에 의한 전처소생 박해 모티프가 드러나고, 선악의 구분이 뚜렷하며 권선징악의 주제가 부각되고 있다.

강상혼/江上魂: 유석조 작. 황학서포·광문서관1925.

【내용】 미확인.

【참고】 단행본 원본 자료를 구할 수 없어 작품의 경개 및 세부 서지 사항을 확인하지 못했다. 『무정한동무(화광서림1931)』 권말 신소설 광고에 '家庭悲劇 江上魂'이라고 제목이 표기되어 있다. 사진 자료와 작가, 출판사항은 인터넷 서점 '신고서점'을 참조해 따랐다.

강철대왕전(번)/鋼鐵大王傳: 이사무이시이 작. 김용준 역. 현순 감수. 보급서관1912(84면, 20전).

【내용】 원작 참조.

【참고】 강철왕 카네기의 성공담이다. 번역의 대본은 이사무 이시이(石井勇)가 지은 『最近米國成功十傑(1903)』이라는 책에 수록된 「鋼鐵大王カーネギー」이며, 김용준의 역본은 충실한 축자역으로 평가된다. 보급서관의 사주인 김용준이 직접 번역한 것이 아니라 감수자인 玄楯이 실제 번역자일 것이라는 최근의 연구가 있다.

강태공 실기(번)/강태공실긔姜太公實記: 작자미상. 조선서관1913 ; 동미서시1916.

【내용】 원작 참조.

【참고】 「강태공전」의 국문 활자본 이본이다.

강태공전(번)/강틔공젼姜太公傳 작자미상. 대창서원·보급서관1920 ; 회동서관1925 ; 경성서적업조합1926.

【내용】 원작 참조.

【참고】 중국 명나라 때의 장편소설 「봉신연의(封神演義)」를 축역한 것으로 알려져 있으며 국문 필사본, 국문 경판본, 국문 활자본 등으로 전한다. 중국 주나라의 재상 강태공이 무왕을 도와 은나라를 정벌하고 주나라를 세울 때까지의 내력과 여러 장수가 도술(道術)을 부려 싸우는 전쟁 이야기를 서술한 작품이다. 역사적 사실로 전승되어 오던 강태공의 일화를 바탕으로 비현실적인 신이한 요소를

가미하여 소설로 꾸민 것이다. 은나라 주왕의 방탕한 생활과 학정에 관한 구체적인 묘사는 임진왜란 이후의 조선의 역사적 상황을 잘 반영하고 있어서 당대 지배층의 정치적 부패상을 알게 해 준다.

갱생(번)/更生: 톨스토이 작. 최남선 역. 청춘1914.11.

【내용】 원작 참조.

【참고】《청춘》지는 창간호로부터 '세계문학개관'이라는 이름으로 매호 세계의 걸작을 경개역하여 수록했다. 「갱생」은 그 두 번째 작품으로 《청춘》 제2호에 게재되었으며, 6면 분량으로 축약되어 있다. 원작은 '부활'이라는 번역명으로 익숙한 톨스토이(Лев Николаевич Толстой)의 장편소설 「Воскресение(1899)」이다. 해당 지면에 '更生 톨쓰토이 原著'라고 표기되어 있으며, 'Resurrection, by Lyov Nikolaievitch Tolstoy'라고 원저명과 작가를 영문으로 표기하고 있다. 동일 원작의 번역으로 춘계생의 「부활(1922)」, 심향산인의 「부활(1929)」, 이석훈의 「부활(1947)」, 흑조생의 「부활한 카츄사(1926)」, 이서구의 「부활 후의 카츄사(1926)」, 박현환의 「해당화(1918)」가 있다.

거인국 표류기(번)

【내용】 「걸리버 유람기」 참조.

걸리버 여행기(번)/썰리봐旅行記

스위프트 작. 고장환 역. 아희생활1927.9-1927.12(3회).

【내용】 원작 참조.

【참고】 연재 지면에 '썰리봐旅行記 高長煥'이라고 표기되어 있다. 원작은 영국 작가 스위프트(Jonathan Swift)의 「걸리버 여행기(The Gulliver's Travles, 1726)」이다. 작품 전체의 골격만을 번역한 경개역이다. 3회분(1927.12) 말미에 "작은 사람 나라에 갓든 이야기는 이것으로 슷을 막고 더욱 자미잇는 큰사람 나라에 갓든 이약이는 래월호에-쏙 기다리십쇼"라는 역자의 언급이 있는 것으로 보아 계속 연재되었을 가능성이 있으나, 그 이후의 잡지를 확인할 수 없어 정확한 연재 횟수를 가늠하기 어렵다.

걸리버 유람기(번)/썰늬버유람긔葛利寶遊覽記

스위프트 작. 최남선 역. 소년1908.11-12(2회) ; 신문관1909.

【내용】 원작 참조.

【참고】《소년》 1권 1호(1908.11)와 2호(1908.12)에 총 2회 연재되었다가 이듬해 2월 '十錢叢書'

라는 타이틀로 신문관에서 발간된 단행본 번역소설이다. 1회 연재 시 '巨人國漂流記(一) 썰리버 旅行記 下卷'으로, 2회 연재 시 '巨人國漂流記(二)'로 표기되어 있다. 단행본의 경우 표지 제목은 '썰늬버 유람긔 葛利寶遊覽記'이다. 걸리버의 표기는 갈리보(葛利寶)이며, 1부는 '소인국표착관광록', 2부는 '거인국표류관광록'으로 구분되어 있다. 본문에서는 '소인국', '거인국'이라 하지 않고 '알사람 나라'와 '왕사람 나라'라 했다. 원작은 영국 작가 스위프트의 「걸리버 여행기」이다. 巖谷小波의 일역본을 최남선이 경개역한 것이다.

검둥의 비애(번)

[내용] 「검둥의 설움」 참조.

검둥의 설움(번)/검둥의셜음

스토 작. 이광수 역. 신문관1913 ; 삼천리1935.9-1936.5(8회).

[내용] 원작 참조.

[참고] 원작은 스토(Harriet Beecher Stowe)의 「Uncle Tom's Cabin(1852)」이다. 신문관에서 '검둥의 셜음'이라는 제목의 단행본으로 발행된 후, 20여 년 후 《삼천리》에 '검둥의 비애(悲哀)'라고 제목만 바꾸고 본문은 수정 없이 다시 연재되었다. 신문관 발행 단행본에는 '피쳐 스토우', '리광슈'라고 저자와 역자를 표기하고 있다. 《삼천리》 연재분은 1회에 '피쳐 스토우 원작 이광수 초역', 4회에는 '스토우 작 춘원 초역', 이후에는 '스토우 작 이광수 초역'이라고 표기되어 있다. 최종회 연재분은 잡지 유실로 확인할 수 없으나, 1936년 4월호에 7회가 연재되고 1936년 6월호에는 이 작품이 수록되지 않은 것으로 보아 5월호에 완결되었으리라 추측할 수 있다.

검둥이 톰 아저씨(번)/검동이톰아저씨

스토 작. 새얼 번안. 어린이1948.5-12(7회 완).

[내용] 원작 참조.

[참고] 연재 지면에 '연속소설 검동이 톰 아저씨 새얼 번안'이라고 표기되어 있다. 원작은 미국 여류 작가 스토(Harriet Beecher Stowe)의 「Uncle Tom's Cabin(1852)」이다. 역자 '새얼'이 누구인지는 밝혀지지 않았다. 연재 첫 회 모두에 "미국 여자소설가 스토우 부인의 「엉클·톰스·캐빈」을 알기 쉽게 번역하여 드린다"는 역자의 말이 나와 있다. 일부 등장인물의 이름을 우리 상황에 맞게 번안한 작품으로 분량이나 내용으로 볼 때 발췌역이다. 원작은 미국 노예제도에 대한 인도주의적인 분노를 표현한 작품이다. 미국 남북전쟁을 일으키게 한 논쟁의 불씨가 되었다.

검중화/검즁화劒中花: 지송욱 저작발행.

신구서림1912(128면, 25전) ; 박문서관1924(65면, 20전).

【내용】 광주 송파강에 사는 장 동지의 딸 봉희는 열네 살 때 뚝섬 사는 김호식의 아들 갑동과 혼인을 한다. 그러나 첫날 밤 도적 두목 황구소가 집안에 난입하여 갑동을 죽이고 자신을 데려가려 하자, 봉희는 남편의 삼년상을 치른 후 따라가겠다고 꾀를 내어 화를 모면하고 복수를 다짐한다. 서울로 올라온 봉희는 주점을 낸 후 복수를 도와줄 위인을 기다린다. 윤 생원의 딸 계선과 혼인한 이담용은 꿈에서 원수를 갚아 달라는 갑동을 만난 후 봉희의 주점을 찾아 사연을 듣고 황구소를 죽여 내외의 원수를 갚는다. 서울로 돌아온 담용은 세상을 두루 살펴보라는 아내의 권유로 팔도유람을 떠나는데 남원 지리산에서 도적에게 잡힌 섬옥을 구하여 준다. 이후 담용은 팔도를 두루 살펴보고 일 년여 만에 서울로 돌아와 과거를 보고 양주 목사가 된다. 담용을 잊지 못하고 마음에 품고 있던 봉희는 북한산의 북한암에 머물며 담용을 만날 날을 기다린다. 섬옥 또한 담용을 잊지 못하고 북한암에 들어와 봉희와 서로 의지하며 담용을 기다린다. 마침 북한암에 도둑이 들어 양주 목사에게 보고를 하게 되고, 봉희와 섬옥은 담용이 바로 양주 목사임을 알게 된다. 봉희와 섬옥은 담용에게 편지를 써서 자신들의 마음을 밝히고 거처를 정하여 달라 청한다. 담용은 본처 계선의 질투심을 걱정하며 편지를 내보이는데 후덕한 계선은 둘을 받아들이고, 이후 세 부인은 의좋게 지낸다.

【참고】 신구서림본 표지에 '신소설 新小說 금즁화 劒中花', 본문 첫 장에 '劒中花 검즁화'라고 표기되어 있다. 비록 결혼한 몸이나 딱한 사정이 있는 여인들을 구하여 주고, 또 이들을 후처로 맞아들이는 의기남아의 활약을 그리고 있다. 박문서관본 5판(1924, 65면)까지 확인되는 것으로 보아 1920년대 중반에도 계속해서 발행되었음을 알 수 있다.

격야(번)/隔夜: 투르게네프 작. 현철 역. 개벽1920.6.25-1921.3.1(9회 완).

【내용】 원작 참조.

【참고】 연재 지면에 '脚本 隔夜 五幕 (無端興行을 禁함) 玄哲 譯補'라고 표기되어 있다. 러시아 작가 투르게네프(Ivan Sergeyevich Turgenev)의 「전야(Nakanune, 1860)」를 번역한 것이다. 역자는 본문 앞에 '로서아의 3대 소설가' 중 한 명인 '이완·툴게넵의 대표작 중 하나를 1915년(大正 4년), 예술좌의 연극학교 선생인 楠山正雄이 각색한 것'을 다시 각색하였다며 작품의 각색 배경을 설명하고 있다. 1859년에 출판된 영역본 『ON THE EVE』를 相馬御風이 '其の前夜'라는 제목으로 일역하였는데, 이를 楠山正雄이 각본으로 옮겨 「脚本 其の前夜」라 하였고, 다시 필자가 우리말로 번역한 것이 「脚本

隔夜」라는 것으로 정리된다. 필자는 연극학교 재학 시절 楠山正雄에게서 직접 작품을 번역하여도 좋다는 허락을 받았다며 '무단흥행'을 금한다고 덧붙였다. 또한 예술좌 시절 자신이 동경제국극장에서 상연된 극에 관계하여 작품을 번역하는 데 있어 그 누구보다 자신이 있다며 번역작에 대한 자신감을 드러냈다. 5막 2장으로 각본을 마치며 필자는 다음 회부터 "'쉑스피아' 원작 悲劇 '하무레트'"를 연재한다는 광고도 덧붙였다.

脚本 隔夜 五幕 (無斷興行을禁함)

玄哲 譯補

견우직녀/牽牛織女: 작자미상. 서지불명(77면).

【내용】 경성에 사는 김 참판은 무남독녀 숙자를 어렵게 얻는다. 죽마고우 리 승지는 아들 희영을 낳아 키우고 있다. 김 참판과 리 승지는 후일 자식들의 성례를 약혼한다. 어느 날 리 승지의 집에 물난리가 나서 일가족이 타지로 이사를 가게 되는데, 타향에서 병에 걸린 리 승지는 시름시름 앓다가 목숨을 잃고 만다. 아버지를 잃은 희영 모자의 사정을 딱하게 여긴 외삼촌이 그들을 거두어 보살핀다. 같은 마을에 사는 영국인 선교사가 사람을 구한다는 소식을 듣고 희영은 그 집으로 들어간다. 한편 김 참판의 부인은 실수로 낙마하여 크게 다쳐 결국 세상을 떠난다. 김 참판은 홀로 된 지 일 년 만에 과부를 소개받아 재가한다. 김 참판의 후실은 처음에는 숙자를 친자식처럼 여기더니 날이 갈수록 숙자를 미워하고 구박한다. 결혼을 구실로 숙자를 집 밖으로 내보내려고 갖은 노력을 하지만, 숙자는 희영을 기다리겠다고 하며 모든 제의를 거절하다가 급기야 무작정 집을 나온다. 도일하여 공부를 하려고 하였지만 사정이 여의치 않아 숙자는 중국으로 가는 기차를 탄다. 그는 평양 신의주를 지나 봉천에 도착하였으나 말이 통하지 않아 크게 당황한다. 이때 조선말을 하는 청년이 숙자를 꾀어 인육장사 하는 청인에게 팔아넘기려 한다. 감금당한 숙자는 청인에게 화를 당할 위험에 처하지만 가까스로 그곳에서 탈출하고, 우연히 마주친 오혜숙이라는 조선 여학생의 도움으로 무사히 상해에 도착한다. 숙자는 '상해○○여숙'에 입학하여 우수한 성적으로 학업을 마친다. 희영을 생각하고 여러 혼처를 마다하고 있는 숙자에게 일본에서 공부를 하고 상해에 머물고 있는 최긔셥이 구애작업을 펼친다. 긔셥은 재산을 탕진하고 놀기 좋아할 뿐 아니라 여자를 밝혀서 평판이 나쁜 남성이다. 숙자는 긔셥의 구애를 단호하게 거절한다. 한편 희영은 영국인 선교사를 따라 런던으로 가서 공부를 하고, 우등생으로 학업을 마친다. 희영은 숙자를 잊지 못하여 고국으로 편지를 보내지만, 편지가 반송되어 연락이 닿지 않는다. 그러던 중 영국인 선교사가 상해로 전근을 하게 되어, 희영도 함께 상해로 건너온다. 어느 날 희영이 기이한 꿈을 꾸고 잠에서 깨어 전전긍긍하다가 황포탄 공원을 산책하는데, 어디선가 도와 달라고 외치는 소리를 들린다. 그곳으로 달려간 희영은 여인을 겁탈하려는 사내를 제압하다가 사내가 찌른 칼에 크게 다치고 급히 병원으로 후송된다. 그날이 바로 칠월칠석이다.

신문에 살인미수 사건이 보도되고, 화를 당할 뻔한 여인이 숙자이며 숙자를 욕보이려던 남자가 긔셥임이 밝혀진다. 재판이 열리고 긔셥은 삼년 형을 언도받는다. 한편 숙자가 우등상을 받았다는 소식이 조선에도 전해지고 김 참판과 그 후실 모두 기뻐한다. 희영과 숙자는 함께 귀국하고, 김 참판은 큰 잔치를 열어 이 둘을 혼인시킨다. 희영과 숙자는 상해로 돌아가서 사고가 났던 공원을 거닐면서 영원한 사랑을 약속한다.

【참고】 조동일 소장 단행본 표지에 '七月七夕 牽牛織女 견우직녀', 본문 첫 장에 '七月七夕 牽牛織女'라고 표기되어 있다. 일견 견우직녀 모티프를 활용한 연애소설로 보일 수 있겠으나 사실상 최찬식의 『추월색(회동서관1912)』을 모방, 표절한 작품이다. 서두에 사건이 발생하는 장면이 극적으로 묘사되어 있고, 플래시백 기법을 사용하여 과거의 상황을 서술하는 역전 구성을 보여 준다.

결초보은/結草報恩

유연성 작. 대성서림1930(75면, 30전).

【내용】 경성의 회사 중역인 김두식은 지점 설치 문제로 원산에 갔다가 큰돈이 든 지갑을 잃어버린다. 마침 원산 부흥회를 마치고 돌아가던 리창구 목사가 지갑을 찾아 주는데, 그는 신분도 밝히지 않고 사라진다. 리 목사에게는 세 자녀가 있는데, 큰아들 길수는 연희전문에, 큰딸 정희는 이화여전에 다닌다. 어느 날 길수가 친구들과 물놀이를 갔다가 익사 위기에 빠졌는데 마침 그 주위에 있던 김 중역의 도움으로 목숨을 구한다. 이 일을 계기로 김 중역과 리 목사는 다시 만나게 되고, 김 중역의 아들 세창과 리 목사의 딸 정희의 혼약이 맺어진다. 세창과 정희는 결혼 후 즉시 유학길에 오르는데 그만 배가 난파되어 서로 헤어진다. 정희는 미국에서, 세창은 독일에서 각각 은인을 만나 공부를 계속할 수 있었지만, 서로의 소식은 물론 고국에 있는 가족의 생사마저 알 길이 없다. 학업을 마친 세창은 귀국하여 병원을 개업하고, 정희는 귀국 후 가족의 종적을 찾다가 세창을 만난다. 그동안 김 중역과 리 목사는 각각 기미와 홍수로 가산을 탕진하고 국경 내외로 유랑하며 살 길을 찾다가 결국 귀국을 선택한다. 정희는 여성운동 단체의 회장이 되어 전국을 순회하며 강연을 하던 중, 평양의 강연회에서 마침내 가족들을 만난다.

【참고】 서울대 도서관 소장 대성서림본 표지에 '新小說 結草報恩 결초보은', 본문 첫 장에 '家庭悲劇 結草報恩'이라고 표기되어 있다. 작가는 '劉鍊成'이라고 표기되어 있다. 원산과 서울, 일본, 미국, 독일, 만주, 평양 등을 오가며 서사가 진행되고 그만큼 등장인물의 수도 많은 작품이다. 작품 말미에 후일담을 덧붙여 두었는데, 거기에서 작중에서 종적을 감춘 인물인 길수가 죽었음을 알리고 있다.

경국미담(번)/經國美談

야노류케이 작. 일랑촌산인 역. 한성신보1904.10.4-11.2(16회 미완) ; 현공렴1908.

【내용】 원작 참조.

【참고】 16회에 걸쳐《한성신보》소설란에 게재된 국한문체 소설로서 일본 작가 야노 류케이(矢野龍溪)의 정치소설 「經國美談」을 번역한 것이다. 스토리 중심의 극적 구성이 아닌 설명과 주장 중심의 나열적 구성을 취하고 있다. 일본에서 간행된『경국미담』이 전편과 후편 두 권으로 구성되어 있는 데 반해《한성신보》에 실린「경국미담」은 전편의 일부만 수록되어 있다. 작품의 내용을 살펴보면 전제적 군주제를 타파하고 민권 중심의 새로운 정치체제를 수립해야 한다는 정치적 입장을 강조하고 있음이 드러난다. 이 작품은 신문의 편집자가 한국의 왕정을 배격하고 입헌주의의 도입을 추진하려는 당대 개혁파 정치인들의 정치적 입장을 강화할 목적에서 번역 게재한 것으로 보인다. 1908년 9월 현공렴 발행으로 권상 20회, 권하 22회로 출간되었다.

경세종/警世鐘: 김필수 작. 김상만1908(53면, 15전).

【내용】 유산객들이 숲 속에서 금수곤충들의 친목회를 우연히 엿보게 된다. 금수곤충들 중 회장직은 양이 맡고, 접빈위원은 원숭이, 다과위원은 다람쥐, 시간위원은 황계 등이 맡아서 각각 회의를 진행한다. 사슴은 자식 된 도리와 국민의 의무를 저버리는 인간의 모습을, 원숭이는 재판의 타락상을, 까마귀는 겉과 속이 다른 인심을, 제비는 하나님의 법도를 깨닫지 못하는 인간의 불신을, 올빼미는 현실을 똑바로 보지 못하는 인간의 모습과 교육 문제를, 고슴도치는 외모만 번지르르한 한량을 비난한다. 한편 박쥐는 아첨과 이간질을 일삼는 인간의 태도를, 공작은 사치스러운 치장을, 나비는 봉건 제도를, 개미는 게으른 자를, 자벌레는 얄팍한 소신과 이기심을, 나귀는 무익한 삶을, 캥거루는 사생아를 버리는 사회의 타락 현상을, 호랑이는 인간의 탐욕과 조급증을 비판한다. 회의를 마친 금수곤충이 모여 기념 촬영을 한다. 그리고 다 같이 기독교식의 찬송가를 부르고 '아멘'을 외친다. 금수곤충들이 헤어지면서 숨어서 엿듣고 있던 유산객들을 향해 조롱을 보낸다.

【참고】 표지에 '경셰죵'이라고 제목이 표기되어 있고, 서양 옷을 입은 동물들의 그림이 그려져 있다. 본문 첫 장에 목차가 나와 있다. 모두 6장으로 구성되어 있는데, 그 내용은 다음과 같다. "1장:

유산객들이 서로 만남, 2장: 금수곤충들이 친목회를 가짐, 3장: 양회장의 취지와 설명, 4장: 연회석의 차서(1차 사슴, 2차 원숭이, 3차 가마귀, 4차 제비, 5차 올뱀이, 6차 고슴도치, 7차 박쥐, 8차 공작, 9차 나비, 10차 개미, 11차 자벌레, 12차 나귀, 13차 캥거루, 14차 호랑이), 5장: 폐회, 6장: 촬영" 등이다. 판권지에 '져슐자 김필슈 교렬자 리승두 리명혁'이라고 표기되어 있다. '김상만 발행 광학서포 발매'이다. 외화-내화-외화의 액자 구성을 취하고 있으며, 액자 내부의 이야기는 독립된 열네 개의 에피소드로 이루어져 있다. 이 작품은 종교적 우화성을 짙게 깔면서 개화기 세태에 대한 비판을 강하게 드러낸 작품으로 평가되고 있다.

경중미인/鏡中美人: 벌가생 작. 대한민보1910.8.27-?.

【내용】 내용 생략.

【참고】 연재 지면에 '新小說 鏡中美人 伐柯生'이라고 표기되어 있다. 확인할 수 있는 자료는 1910년 8월 27일자(355호) 1회분뿐이다. 《대한민보》는 국치일인 1910년 8월 29일 이전까지 355호(27일)를 발행하고 8월 30일자부터 제호를 《민보》로 고쳤으나 이튿날인 8월 31일 제357호를 끝으로 폐간되었다. 즉 이 작품은 국치 직전에 1회분만을 싣고 이후 국내외 정황의 변화와 신문 폐간을 이유로 연재가 중단된 것이라고 판단할 수 있다. 1회 연재분은 장마철이라는 계절적 배경과 '장고셩'이라는 인물을 소개하는 것에서 끝난다.

경중화/경즁화鏡中花: 김교제 작. 보문관1923(71면, 25전).

【내용】 최순정은 아름답고 총명하며 학구열을 지닌 여성이다. 그는 리 진사와 한 씨 부부의 아들 범칠과 원치 않는 결혼을 하지만, 결혼 후에도 계속 학교에 다닌다. 완고한 리 진사 부부는 이를 못마땅히 여겨 며느리를 내쫓는다. 순정은 굴하지 않고 굳은 의지로 학문을 계속하여 미국에 유학 간다. 한편 리 진사는 금선이라는 여자를 새 며느리로 맞이하지만, 간통했다는 누명을 씌워 내쫓는다. 쫓겨난 금선은 친정으로 가던 중 인신매매 위기에 처한다. 마침 근처를 지나던 일본인 좌등이 금선을 구조하고, 수양딸로 삼아 일본 유학을 시킨다. 한편 리 진사의 집안은 이후 점차 가세가 기울어 온 식구가 뿔뿔이 흩어진다. 범칠은 노모 한 씨와 여동생 갑순을 데리고 서울에 올라오지만, 신학문을 배운 바 없어 취직하지 못하고 막노동으로 연명한다. 범칠이 집을 비운 사이 한 씨와 갑순은 집에서 쫓겨나 길거리를 떠도는 신세가 된다. 이후 범칠은 신학문이 필요하다고 느끼고 주경야독하여 큰 재산을 모으는 한편 존경받는 법률가가 된다. 한편 순정은 미국 유학을 마치고 귀국하여 국내는 물론 일본으로까지 강연하러 간다. 일본 신문에 순정의 과거가 소개되자, 이를 본 금선이 찾아온다. 서로 자신의 내력을 이야기한 두 사람은 의자매가 되어 일생을 독신으로 지내며 여성의 권리를 신장시킬 것을 맹세한다. 둘은 조선으로 돌아와 함께 살며 교사가 되어 각각 교장과 학감의 지위에 오른다. 어느 날 두 사람은 길에서 걸식하던 한 씨와 갑순을 만나지만 서로 알

아보지 못한다. 한 씨는 순정과 금선의 집 식모가 된다. 세월이 흐른 어느 날, 두 사람이 재직하는 학교의 졸업식에 범칠이 내빈으로 초대된다. 이 자리에서 범칠 일가와 순정, 금선은 재회한다. 두 여성은 범칠이 훌륭한 사람이 되었다는 것에 기뻐하지만, 그와 재결합하지 않고 일생을 교육자로만 지내겠다고 다짐한다. 범칠 역시 독신으로 살기로 맹세한다.

【참고】 본문 첫 장에 '경즁화(鏡中花) 啞俗先生 金敎濟 著' 라고 표기되어 있다. 순정과 금선 두 여인과 그들의 남편 범칠을 주요 인물로 삼아 구시대의 가치관에 의해 고난을 겪는 사람들이 신학문을 배움으로써 이를 극복한다는 내용을 담고 있다.

경포대 / 경포듸鏡浦臺

이종정 저작발행. 광동서국·동양서원1926(113면, 35전).

【내용】 강릉 경포대에 사는 라 의관은 슬하에 슉뎡이라는 딸을 하나 두고 있다. 그는 자신이 토반에 불과한 것을 못마땅하게 여겨 서울의 세도 있는 양반집과 사돈을 맺고자 한다. 마침 서울의 부유하고 세력 있는 가문 출신인 박 참의가 후취를 구한다고 하자 라 의관은 자기 딸 슉뎡을 시집보낸다. 그러나 박 참의는 우유부단한 인물로, 첩인 통영집의 질투를 두려워하여 슉뎡을 친정에 버려둔다. 통영집은 질투가 심하고 포악한 성격으로, 박 참의가 재혼했다는 사실을 알고 분노한다. 슉뎡이 서울로 올라와 아들을 낳자, 통영집은 자신의 종 옥단과 함께 슉정 모자를 해칠 음모를 꾸민다. 옥단은 자신의 간부 오 셔방에게 슉뎡 모자를 산속으로 유인하여 죽이라고 한다. 오 셔방이 슉뎡 모자를 죽이려는 찰나, 옥단의 남편 장돌이 나타나 오 셔방을 죽이고 두 사람을 구한다. 장돌은 간악한 옥단과 달리 충직한 성격으로, 우연히 음모를 알게 되어 슉뎡 모자를 구하러 온 것이다. 장돌은 관청에 가서 오 셔방을 죽였다고 자수하는 한편 통영집과 옥단의 음모를 폭로한다. 간악한 두 사람은 법에 의해 처벌받고, 박 참의는 첩의 말만 듣던 우유부단한 성격을 고쳐 슉뎡과 함께 행복하게 산다.

【참고】 표지에 '鏡浦臺 경포대', 본문 첫 장에는 '가정소설 경포듸(鏡浦臺)' 라고 표기되어 있다. 작품의 줄거리 구도가 위기 단계까지 이인직, 「귀의 성(만세보1906.10.14-1907.5.31)」과 흡사하고, 단지 행복한 결말을 채택함으로써만 서로 뚜렷이 구별되는바 모방작 혹은 표절작으로 간주할 수 있다.

계명산/계명산鷄鳴山: 강하형 저작발행. 태화서관1928(36면, 20전).

【내용】 진나라 시황이 한나라를 멸하자 선비 장량은 용사들과 사귀며 황제 암살을 준비한다. 그리고 박랑사에서 철퇴로 진시황의 수레를 공격하지만 위장 병사들이 타고 있었던 까닭에 암살 계획은 실패한다. 진시황은 자신의 암살 기도범을 잡아들이라는 체포령을 전국에 내리고, 장량은 쫓기는 신세가 된다. 장량은 성명을 바꾸고 여러 지역을 전전하다가 패국으로 옮겨 은둔한다. 그러던 어느 날, 장량은 은둔지에서 나와 눈길을 거닐다가 이교라는 다리에서 노인을 만나 병서를 얻는다. 장량은 이 책을 밤낮없이 깊이 연구하여 마침내 병법에 통달한다. 이후 세상에 다시 나온 장량은 한고조 유방을 도와 진나라를 멸망시키고 초나라 항우와의 전쟁을 승리로 이끈다. 천하의 제왕이 된 한고조는 장량을 유후로 봉하고 최고 관직인 대사도에 임명하지만, 공명심이 없던 장량은 관직을 내놓고 신선 적송자를 찾아 떠난다.

【참고】 서울대 도서관 소장 태화서관본 표지에 '鷄鳴山', 본문 첫 장에 '계명산'이라고 표기되어 있다. 모두 6회로 구성된 회장체 소설로 내용은 다음과 같다. "뎨일회: 張良求力士擊副事 圯橋逢老人得兵書, 뎨이회: 劉邦拔劍 白蛇 項伯眞心助劉邦, 뎨삼회: 魯公項羽設鴻門宴 張良樊噲求漢沛公, 뎨사회: 張良奉玉斗 項羽 沛公爲漢王都巴蜀, 뎨오회: 霸王帳下虞嬉 烏江自刎天下定, 뎨륙회: 漢王封功臣爵賞 張良尋訪赤松子." 중국 한나라 고조 유방을 도와 천하를 통일하는 데 기여한 일등공신 장량(장자방)의 활약상을 다루고 있는 작품이다.

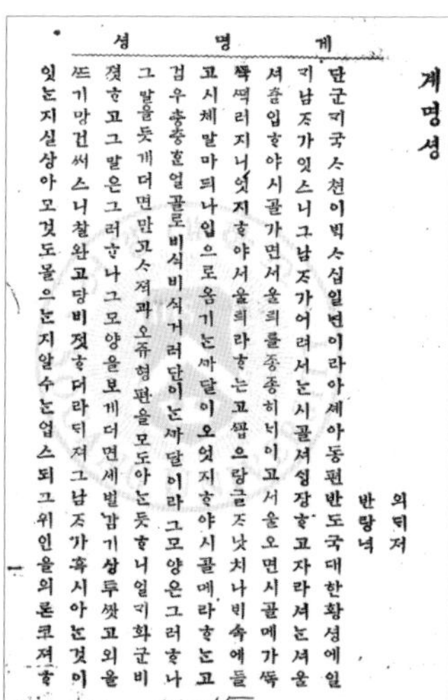
계명셩

의대 저

반랑 역

계 명 셩

단군긔국ᄉᆞ쳔이ᄇᆡᆨᄉᆞ십일년이라아셰아동편반도국대한황셩에일
긔남ᄌᆞ가잇스니그남ᄌᆞ가어려서ᄂᆞᆫ시골셔ᄉᆡᆼ장ᄒᆞ고자라셔ᄂᆞᆫ셔울
셔츌입ᄒᆞ야시골가면서울리를죵죵히너이고서울오면시골에가ᄯᅳᆨ
ᄯᅳᆨᄯᅥᆨ러지니엇지ᄒᆞ야서울리라ᄒᆞᄂᆞᆫ고ᄯᅢᆷ으랑글ᄌᆞ낫치나비속에들
고시체말마되나입으로옴기ᄂᆞᆫᄶᅡ달이오엇지ᄒᆞ야시골메라ᄒᆞᄂᆞᆫ고
검우충충ᄒᆞᆫ얼골로비식비식거러단이ᄂᆞᆫᄶᅡ달이라그모양은그러ᄒᆞ나
그발을듯개더면만고ᄉᆞ적과오쥬형편을모도아ᄂᆞᆫ듯ᄒᆞ니얼긔화군비
젓ᄒᆞ고그말은그러ᄒᆞ나그모양을보개더면세벌갑기샹투ᄶᅡᆺ고외올
ᄯᅳ기망건써스니철완고당비젓ᄒᆞ더라더져그남ᄌᆞ가혹시아ᄂᆞᆫ것이
잇ᄂᆞᆫ지실상아모것도몰으ᄂᆞᆫ지알수ᄂᆞᆫ업스되그위인을의론코져ᄒᆞ

一

55465

계명성(번)/계명셩啓明星

의대 작. 반랑 역. 광학서포1908(45면, 15전).

【내용】 몽싱은 사십 살 가까이 된 사람으로, 상투와 망건 등의 외양을 보면 완고한 사람처럼 보이기도 하나 구학문과 구식 생활, 신학문과 신식 생활을 모두 인정하는 인물이다. 그는 남의 말에 대하여 옳고 그름을 막론하고 꿈속에서 말하듯 긍정하는 버릇이 있어 친구들은 그의 별명을 몽몽 선싱이라 지어 주었고, 스스로는 몽싱이라고 부른다. 어느 날 저녁, 몽싱은 한 부인의 집에 초대를 받아 간다. 몽싱이 도착한 곳에는 두 명의 부인이 있다. 한 여자는 마흔 살 이상 되어 보이는 사람으로, 짧은 저고리와 긴 치마 차림의, 용모와 행동이 단정한 구 씨 부인이다. 그는 일남일녀를 낳고 과부가 되어 수십 년 동안 절개를 지키며 자식을 키웠다. 다른 한 부인은 스무 살쯤 된 사람으로, 반은 서양식의 옷을 입고 있는 명민한 신 씨 부인이다. 신 씨 부인은 일본에서 중학교를 졸업하고 조선의 어린 여자 교육을 위해 귀국한 사람으로, 예법에 통달하고 행실이 단정하다고 소문난 구 씨 부인을 몽싱과 함께 초대하여

조선 여자들의 현실에 대해 토론하는 자리를 마련한 것이다. 이후 토론은 구 씨 부인의 질문에 신 씨 부인이 답하는 형식으로 이루어진다. 두 사람은 개화의 개념, 여자의 교육, 과부 개가, 자유연애와 그에 의한 혼인, 동양법과 서양법에 대해서 의견을 나눈다. 구 씨 부인은 신학문과 서양에 대해서 부정적인 태도를 보이며, 신 씨 부인은 적극적으로 긍정한다. 몽싱은 때로는 구 씨 부인의 말에 동의하고, 때로는 신 씨 부인의 말에 동의하며 주로 이야기를 경청한다. 그러던 몽싱은 두 부인의 말에 대해서 마지막으로 논평을 한다. 몽싱은 구학문과 신학문, 동양과 서양을 체용(體用)에 비유하면서 두 가지를 견주어 의론할 것이 아니라 장점만을 선택하여 적용한다면 굳이 무엇이 옳고 그른지 따지지 않아도 될 것이라는 의견을 낸다. 두 부인 역시 몽싱의 말에 동의하고 다음날을 약속하며 자리를 떠난다.

【참고】 연세대 소장 광학서포본 본문 첫 장에 '계명셩 의듸 저 반랑 녁'이라고 표기되어 있다. 판권지에는 '著述者 李豊鎬'이라고 표기되어 있다. 신여성과 구여성을 등장시켜 신구 여성 세대 가치관의 차이를 보여 주는 작품이다. 제목인 '계명셩(啓明星)'은 신씨 여성의 이름 '계명'에서 따온 것으로, 신씨 여성의 주장이 조선 여성의 권리와 자유에 '샛별'과 같은, 선구적인 것임을 암시하고 있다. 작품의 말미에서 다음 권을 예고하고 있지만 실제로 작품을 찾을 수 없다.

고락의 눈물: 강하형 저작발행. 태화서관1927(98면).

【내용】 리봉희는 숙명여자고등보통학교를 우수한 성적으로 졸업한 신여성이다. 그는 아버지가 정한 혼처를 거절하고 공주자혜의원의 의사인 오빠 병규의 도움으로 동경여자고등학교로 유학한다. 병규는 봉희의 학비를 모두 감당할 수 없어 아버지 몰래 집문서를 저당잡히고 일본인에게 돈을 빌린다. 아버지는 이를 괘씸히 여겨 돈을 갚아 주지 않고, 병규는 사기죄로 고발당하여 결국 1년 6개월의 징역을 선고받는다. 한편, 봉희는 일본에서 백만장자의 아들 승일을 만나 사랑하는 사이가 된다. 그러나 병규가 실의에 빠져 보낸 유서를 받아보고 그만 실성하고 만다. 승일은 그의 병을 고쳐 보려고 노력하나 봉희의 친구임을 자처하는 경자의 계략에 걸려들게 된다. 경자는 숙명여고 시절 봉희에게 밀려 2등만을 도맡아, 그를 넘어서는 것을 지상 목표로 삼았던 인물이다. 그는 봉희가 이미 결혼한 상태라고 거짓말을 하고, 이에 속아 넘어간 승일은 자신의 아이를 가진 봉희를 버리고 대신 경자와 혼인하려 한다. 보살펴 줄 사람을 잃은 봉희는 조선으로 건너와 총독부 병원에 입원하여 6개월 만에 완쾌된다. 그리고 승일의 아이를 낳아 영일이라는 이름을 붙여 준다. 역시 숙명여고 동창인 옥희에 의해 경자의 음모가 드러나고, 봉희와 승일은 재회한다.

【참고】 동덕여대 도서관 소장 태화서관본 본문 첫 장에 '비련애화 고락의 눈물'이라고 표기되어 있다. '연애로 성립되지 못한 결혼은 강간의 결혼이고 매음의 결혼이지요'라는 승일의 대사에서 볼 수 있듯이 자유연애의 중요성을 역설하는 작품이다.

고려 강시중전/高麗姜侍中傳

박건회 저작발행. 조선서관1913(45면, 20전).

【내용】 내용 생략.

【참고】 고소설『강감찬전』을 구활자본으로 인쇄하여 단행본으로 출간한 것이다. 본문 중 서술자가 '사니총독' 즉 '데라우찌 총독'을 언급하는 등 출간 당시 시대적 표지를 발견할 수 있다.

고목화1/枯木花: 이해조 작. 제국신문1907.6.5-10.4 ; 박문서관1908 ; 동양서원1912(148면, 30전) ; 박문서관1922.

【내용】 권 진사는 하인 갑동이를 데리고 속리산을 유람하다 들른 절의 벽에 새의 몸통만 그려져 있는 것을 보고 머리를 그려 넣는다. 그리는 것을 마치자 도적들이 나타나 권 진사를 이름 모를 곳으로 붙잡아 간다. 권 진사는 오래전에 붙들려 와 있던 청쥬집에게서 그곳이 도적 소굴이라는 말을 듣는다. 마중군이라는 두목이 군수 윤영렬에게 붙잡혀 처형당한 후 남은 사람들끼리 새의 머리를 그리는 사람을 두목으로 뽑자고 결정했다는 것이다. 그러나 2인자 오 도령이 이미 두목 노릇을 하고 있는 상황에서 죽은 마중군의 첩 괴산집의 모함으로 권 진사는 죽음의 위기에 처하는데 이를 눈치챈 청쥬집이 권 진사를 빼내어 도망치게 한다. 권 진사는 청쥬집을 훗날 데리러 오기로 약속하고 서울로 떠난다. 한편 도적들에게서 도망쳤던 갑동이는 박 부장이라는 사람을 만난다. 도적에게 보쌈을 당한 딸을 찾아 헤매던 그는 갑동의 사연을 듣고 자신의 집으로 데려가 보살핀다. 시일이 흘러 박 부장과 갑동은 소식을 전하기 위해 권 진사의 옛집으로 가지만 집이 텅 비어 있다. 수소문한 끝에 권 진사가 초라한 몰골로 나타나 식솔을 데리고 어디론가 이사 갔다는 얘기만을 듣는다. 망연자실해 있는 갑동이를 집으로 돌려보내고 박 부장 혼자 서울로 향한다. 권 진사를 수소문하던 박 부장은 도적들에게 붙들리게 되고 끌려간 도적 소굴에서 딸을 만나게 되니 그가 바로 청쥬집이다. 갑동은 박 부장이 돌아오지 않자 서울로 뒤따라 나서고 수소문 끝에 병든 권 진사를 찾아낸다. 권 진사는 서울로 솔가한 후 병이 나서 청쥬집을 구할 엄두를 못 내었던 것인데, 갑동이가 데려온 의사 조 박사의 도움으로 병이 낫는다. 권 진사와 갑동은 도적 마을의 위치를 관아에 알리고 그곳에 쳐들어간 관졸들은 괴산집과 오 도령을 붙잡는다. 권 진사는 붙잡힌 괴산집과 오 도령을 용서해 주고 두 사람은 개과천선한다. 이후 서울로 올라오던 청쥬집이 여관 주인에게 겁탈당할 위기에

빠진 것을 괴산집과 오 도령이 구출해 내고, 무사히 서울에 도착한 청쥬집은 권 진사와 혼인한다.

【참고】 이해조가 '동농'이라는 필명으로 쓴 작품이다. 국립중앙도서관 소장 동양서원본의 본문 첫 장에 '최근 쇼셜 고목화 져작쟈 리동농'이라고 표기되어 있다. 1922년 박문서관에서 저자 표기를 삭제하여 다시 출판했다. 동명이작으로 유재익 저작 겸 발행, 『고목화(한성도서주식회사1923)』가 있다.

고목화2/枯木花: 유재익 저작발행. 한성도서주식회사1923(76면, 35전).

【내용】 리순열과 정희 남매는 조실부모한 뒤 김 목사의 집에서 자란다. 순열은 중학교를 우등으로 졸업하고 일본 유학을 준비한다. 순열의 친구 강돌쇠는 순열의 정혼녀인 익선을 짝사랑하고, 순열과 익선의 결혼을 막으려 한다. 송별회 날 돌쇠는 익선에게 애인이 있으며 익선과 그의 애인이 순열을 죽이려 한다고 거짓말을 한다. 순열은 일본으로 가는 배 위에서 괴한으로부터 습격을 받자 돌쇠의 말을 믿고 익선을 잊는다. 이어 돌쇠는 익선이 자신의 구애를 거절하자, 순열이 보내는 것처럼 가장하여 익선에게 파혼하자는 내용의 편지를 보낸다. 익선은 절망하지만 순열을 만나 직접 이야기를 듣겠다는 결심을 하고 순열의 귀국을 기다린다. 한편 순열은 휴양을 위해 찾아간 온천에서 일본 대판신문의 여기자인 등미자와 사랑에 빠져 결혼을 약속한다. 삼 년간의 공부를 마친 순열은 등미자와 결혼식을 올리고 조선으로 돌아온다. 순열의 소식이 신문에 실리고, 이를 본 익선은 가출하고 만다. 익선의 아버지 박 진사는 순열을 찾아 익선의 일을 말하고, 사실을 알게 된 순열은 애통해한다. 이때 정희의 애인인 임춘직가 순열을 찾아온다. 춘직는 자살하려던 익선을 자신이 구했고, 익선이 자신의 집에 머물고 있음을 알려준다. 순열은 익선과 등미자 중 누구를 아내로 삼고, 누구를 첩으로 삼을지 고민한다. 익선과 등미자는 서로 자신이 첩이 되겠다고 주장하며 아내 자리를 양보한다. 순열은 결국 제비뽑기를 하고, 익선이 아내가 된다. 한편 돌쇠를 용서한 순열은 신문에 그를 찾는 광고를 낸다. 중국으로 도망갔던 돌쇠는 강도들에게 위협을 받고 있던 김 목사를 구해 주고, 김 목사와 함께 조선으로 돌아온다. 순열과 돌쇠는 화해한다.

【참고】 표지에 '리샹소셜 고목화', 본문 첫 장에 '고목화(枯木花)'라고 표기되어 있다. 동명이작으로 이해조의 『고목화(동양서원1912)』가 있다.

고성의 비밀(번)/古城의秘密

원작미상. 김낭운 역안. 조선도서주식회사1928(223면, 80전).

【내용】 소문난 미인 리영애는 준오와 결혼하여 윤상호의 별장으로 신혼여행을 간다. 영애를

흠모하던 상호가 두 사람에게 별장을 빌려준 것이다. 신혼 첫날 준오를 위해 피아노를 치던 영애가 갑자기 사라진다. 영애를 찾던 준오는 의남매 혜경을 만나고, 자신을 짝사랑하던 순옥 또한 별장에 온 것을 알게 된다. 별장을 둘러보던 준오는 상호의 방과 연결되어 있는 비밀통로를 발견한다. 준오는 상호를 의심하지만 상호는 이를 강하게 부인한다. 상호가 범인이라고 생각한 준오는 사건을 경찰에 의뢰하고 서울에서 김 형사가 내려온다. 김 형사는 현장을 꼼꼼하게 살피지만 어떤 단서도 발견하지 못한다. 김 형사는 혜경의 행동이 어딘가 부자연스럽다고 판단하여 그녀를 추궁한다. 혜경은 영애의 살해에 가담했다고 자백하고 유치장에 갇힌다. 얼마 후 유치장에 있던 혜경이 사라진다. 준오와 함께 혜경의 집을 방문한 김 형사는 그녀가 어릴 적 헤어진 자신의 여동생임을 알게 된다. 김 형사는 동생을 되찾기 위해서라도 사건을 빨리 해결하려고 한다. 김 형사는 상호의 사촌동생이자 배우인 상국이 이번 사건과 관계가 있음을 알게 된다. 그리고 상국의 행방을 찾는 한편으로 별장 내부를 샅샅이 파헤친다. 결국 김 형사는 비밀의 방에서 하인으로 변장한 상국을 체포하고, 영애를 죽이려는 순옥을 붙잡는다. 또한 옆방에 감금되어 있던 혜경을 구출한다. 상국은 재산을 차지하기 위해 순옥을 꾀어 이 같은 범행을 저지른 것이다. 모든 사건이 해결된 후 준오와 영애는 김 형사에게 감사를 표하고 혜경은 김 형사와 해후한다.

【참고】 고려대 도서관 소장 조선도서주식회사본 본문 첫 장에 '金浪雲 譯案'이라고 표기되어 있으나 원작을 알 수 없다. 책의 뒷면에 '著作者 金光培' 라고 표기되어 있다. 탐정이 등장하여 사건의 전말을 파헤치는 전형적인 추리소설의 공식이 드러난다.

고요한 동(번): **숄로호프 작. 이홍종·현덕 역. 대학출판사1949(209면, 380원).**

【내용】 원작 참조.

【참고】 원작은 러시아 작가 숄로호프(Michail Aleksandrovich Sholokhov, 1905-1984)의 장편 대하소설 「고요한 돈강(Tikhii Don, 1928)」으로서, 러시아 공산혁명을 배경으로 남녀의 사랑과 운명을 묘사하고 있는 작품이다. 李洪鍾과 玄德이 제1권만을 번역한 것으로 전역은 아니다. 대학출판사 간 단행본을 확인할 수 없어 김병철의 『한국근대번역문학사연구(1975)』를 참고하여 서지사항을 정리했다.

고의 성/鼓의聲: **현공렴 저작발행. 대창서원1912(160면, 30전).**

【내용】 리 참봉은 아내와 아들을 차례로 잃은 후, 청상과부가 된 며느리와 서로를 의지하며 살아간다. 어느 날 리 참봉과 하인들이 외출한 사이, 어떤 중이 시주를 얻으러 왔다가 음심을 품고 며느리를 범하려 한다. 일이 여의치 않자 중은 며느리를 단도로 찔러 죽이고 달아난

다. 이 사건이 마을에 알려지자, 평소 리 참봉의 재산을 노리던 일가친척들은 리 참봉을 살해범으로 몰아 재산을 빼앗으려 한다. 리 참봉은 체포되어 옥에 갇힌다. 이때 조정에서 어사를 파견한다. 어사는 변장하고 부임지로 가는 도중 어느 중을 만나 친해진다. 함께 술을 마시던 중 어사는 중의 언행이 수상함을 눈치챈다. 어사는 다시 만날 약속을 정하고 중과 헤어진다. 리 참봉이 사는 마을에 도착한 어사는 사건 관련 소문을 듣는다. 어사는 이 사건을 수상하게 여겨 엿장수로 변장하고 조사에 착수한다. 아전들의 이야기를 듣던 어사는, 사건 현장에 떨어져 있었다는 편지의 내용을 전해 듣고 자신이 여행길에 만났던 중이 진범임을 깨닫는다. 어사는 중을 잡아들이고 리 참봉을 풀어 주는 한편, 못된 친척들을 벌하고 리 참봉의 양자를 들여 재산을 돌려준다. 모든 일을 바로 잡은 어사는 다시 길을 떠난다.

【참고】 표지에 '新小說 鼓의聲 고의셩', 본문 첫 장에 '고의셩(鼓의聲)'이라고 표기되어 있다. 홀로 된 노인 리 참봉이 며느리 살해의 누명을 쓰고 위기에 처하지만 현명한 어사의 활약으로 누명을 벗는다는 이야기이다.

고진감래/苦盡甘來: 신귀영 작. 광동서국1916(73면, 25전).

【내용】 이태리 씨실니에 사는 마틔는 뒤늦게 딸을 얻어 이름을 미륜으로 짓는다. 미륜이 8세가 되었을 때 병든 모친은 그녀에게 반지와 팔찌를 남기고 세상을 떠난다. 마틔는 빌나라는 여인을 후처로 들이는데, 빌나는 남동생 미라와 함께 미륜을 없앨 계획을 세운다. 미라는 마틔에게 미륜을 유학 보내자고 속이고, 파리로 향하는 배 안에서 미륜을 버린다. 배에 홀로 남겨진 미륜은 리스본에 도착하여 세무관 길니틔의 양녀가 된다. 세월이 흘러 19세가 된 미륜은 국왕 앞에서 거문고를 타는데, 이를 계기로 왕세자비가 된다. 몇 년 후 국왕이 세상을 뜨고, 왕비가 된 미륜은 왕에게 자신이 집을 떠나게 된 사정을 이야기한다. 왕은 미륜에게 이태리 방문을 허락하고, 미륜은 고향길에 오른다. 그러나 자신을 흠모했던 시종무관으로부터 겁탈 위기에 처하게 되고, 미륜은 가까스로 위기를 모면해 홀로 탈출한다. 힘겹게 씨실니에 도착한 미륜은 마틔를 찾아 자신이 예전에 은혜를 입었다며 부모로 모시고 싶다고 청한다. 딸을 알아보지 못한 마틔가 이를 허락하자, 미륜은 부친을 정성껏 모신다. 한편, 리스본 왕은 미륜을 찾기 위해 씨실니에 도착한다. 씨실니에 도착한 왕은 마틔의 집에 머물게 되고, 이에 미륜은 얼굴을 가린 채 왕에게 나가 자신이 당한 일을 이야기에 빗대어 고한다. 왕은 그녀가 미륜임을 확인하고 그녀와 해후한다. 이를 보고 있던 마틔 또한 자신의 딸

미륜임을 알아본다. 왕은 시종무관을 종신형에 처하고 미륜의 청에 따라 빌나와 미라를 용서한다. 미륜은 마틱를 모시고 왕과 함께 리스본으로 돌아가 행복한 삶을 살아간다.

【참고】 국립중앙도서관 소장 광동서국본 표지와 본문 첫 장에 '女子龜鑑 苦盡甘來' 라고 표기되어 있다. 판권지에 '著作者 申龜永' 이라고 표기되어 있다. 모두 12장으로 구성되어 있으며, 장별 제목은 달려 있지 않다. 서양을 배경으로 하여 여성인물의 파란만장한 삶을 그리고 있다.

고학생의 설음

【내용】 「청춘의 한」 참조.

공산명월/空山明月

박영운 작. 박문서관1912(148면, 30전).

【내용】 박운긔와 백경옥은 평북 의주에 사는 가난한 부부다. 경옥은 십 년째 남의 집일을 하여 남편 운긔의 글공부 뒷바라지를 하고 있다. 경옥은 용모가 매우 아름다웠다. 그래서 뭇 남성들이 부인에게 관심을 가졌으나 그녀는 오로지 남편 봉양에만 힘썼다. 이웃집의 음탕한 여자인 강게집은 질투심에 경옥 부인을 모함하고, 이에 운긔는 부인을 집에서 내쫓는다. 남편에게 쫓겨났을 뿐 아니라 림쥬동이라는 한량에게 몸을 빼앗기게 될 처지에 놓인 경옥은 급기야 압록강에 몸을 던진다. 아내를 잃은 운긔는 서울로 올라가 과거에 합격한다. 그는 승지의 벼슬까지 올랐으나, 아내 생각에 세상 낙을 모르고 산다. 그러는 중, 그는 아내의 결백함을 알게 되고, 죄책감을 이기지 못하여 압록강에 몸을 던진다. 그런데 마침 압록강을 오가며 장사를 하던 운긔의 처숙인 백 직장이 그를 발견하여 구한다. 이때 운긔는 아내 경옥도 자신과 똑같이 백 직장의 구조를 받아 살아났다는 사실을 알게 된다. 전북 칠보산에 아내가 살고 있다는 소식을 들은 운긔는 어렵게 그곳을 찾아간다. 그곳에 당도하여 처남을 만나니, 처남은 누이가 며칠 전에 세상을 달리했다고 하며 무덤에 그를 데리고 간다. 운긔는 졸도하여 의식을 잃는데, 사실은 처남이 일부러 운긔를 골탕 먹이려고 누이가 죽었다고 거짓말을 했던 것이다. 운긔는 앓는 중, 자신의 병구완을 하는 아내를 보고 깨어나 세상이 꿈 같고 꿈이 세상 같다고 생각한다.

【참고】 본문 첫 장에 '哀情小說 空山明月 全 공산명월 젼 박영운 뎌' 라고 표기되어 있다. 판권지에 '著作者 朴永運' 이라고 표기되어 있다. 총 11장으로 구성된 장회체 소설이다. 악인의 모함으로 인해 서

로 헤어지게 된 부부가 다시 상봉한다는 남녀이합형의 작품이다. 아내를 믿지 못한 박운긔를 질책하는 내용으로 결말이 이루어졌을 뿐만 아니라, "젼후ᄉᆞ가 모도 쉼 갓고 세샹 갓지를 아니ᄒᆞ고 세샹이 역시 쉼 갓튼 세샹이러라"라는 박운긔의 독백으로 끝나는 점에서는 기존 남녀이합형의 고소설과 그 성격이 구별된다.

공진회/共進會: 안국선 작. 안국선자택1915(92면, 25전).

【내용】「기생」, 「인력거군」, 「시골노인 이야기」가 수록된 단편집이다. 「기생」은 향운개라는 기생이 온갖 방해에도 불구하고 어린 시절 사랑을 약속한 유만과의 사랑을 지킨다는 이야기이다. 향운개라는 여인을 통해 절개와 성심을 드러내고 있다. 「인력거군」은 방탕한 생활을 하던 인물이 지혜로운 아내의 도움을 얻어 개과천선하고 부자가 된다는 이야기다. 근면하고 절용하면 그 끝에 보람이 있음을 깨우쳐 주는 소설이다. 「시골노인 이야기」는 남녀 주인공 김용필과 박명희가 어려움 속에서 주변인들의 도움을 얻어 고난을 극복하고 사랑을 이룬다는 이야기다.

【참고】 표지에 '短篇小說 共進會' 라고 표기되어 있다. 표지에는 '弄球室主人 安國善 著述' 로, 서문에는 '텬강 안국선 天江 安國善' 으로 저자 표기를 하고 있다. '이 보는 사ᄅᆞᆷ에게 쥬는 글' 이라고 시작되는 '작가의 말' 을 통해, 원래 '外國人의 語' 등이 더 수록될 예정이었으나 당시 경무총장의 명령으로 삭제하였다고 밝히고 있다. 작가가 밝힌 작품 의도를 참조할 때 이 책이 교훈성뿐만 아니라 오락성도 의도하고 있음을 알 수 있다.

과거의 죄

【내용】「형제」 참조.

곽랑애사/곽랑의ᄉᆞ霍娘哀史: 고유상 저작발행. 회동서관1921(93면, 30전).

【내용】 부유한 집안에서 태어난 곽연벽은 조실부모한 후 조모 부부, 오라비 빅거와 함께 살고 있다. 그녀는 총명하고 재주가 뛰어난데, 특히 시부와 자수에 능하다. 18세가 된 연벽은 우연히 죽허라는 남자가 배를 타고 노는 것을 보고 그에게 반한다. 죽허의 본명은 리영으로, 그는 학생들의 품행이 좋지 않기로 유명한 장산학교에서 그나마 시부와 거문고, 퉁소가

뛰어난 편이다. 죽허는 술집 출입과 오입질을 예사로 아나, 점차 가세가 기울어 마음대로 돈을 쓰지 못하는 처지가 된다. 그는 매음녀 왕벽도와 놀러 나온 길에 우연히 연벽을 만난다. 벽도는 본래 연벽의 집 종으로 있었으나 행실이 부정하여 쫓겨난 여자이다. 벽도는 곽씨 집안에 복수하기 위해 죽허가 그 집안 사위로 들어가 재산을 빼돌리게 할 계책을 세운다. 벽도는 죽허와 혼인까지 하는 등 죽허를 자기편으로 꾀어 놓은 후 계략을 꾸민다. 죽허는 벽도의 계획대로 곽씨 집안 사위가 되지만, 차차 그녀와 정이 든다. 벽도는 죽허와 연벽을 속여 자신의 이득을 꾀한다. 이로 인해 연벽과 죽허는 헤어지고, 연벽은 시름에 빠져 병석에 눕는다. 빅거의 도움으로 결국 벽도는 벌을 받고 연벽과 죽허는 재회한다.

【참고】 국립중앙도서관 소장 회동서관본 표지에 '신쇼셜 곽랑의ᄉᆞ 新小說 霍娘哀史' 라고 표기되어 있다. 연벽과 죽허의 관계를 통해, 정혼이 아닌 자유연애에 의한 혼인을 긍정적으로 묘사하고 있다.

관운장 실기(번)/관운장실긔關雲長實記

작자미상. 광동서국1917 ; 경성서적업조합1926 ; 박문서관·신구서림1929.

【내용】 원작 참조.

【참고】 「삼국지연의」의 서사를 바탕으로 한 작품이다. 따라서 「삼국지연의」의 일부분을 번역한 판본으로 간주할 수도 있다. 관운장 이야기에 초점을 맞추어 출생으로부터 사망에 이르기까지의 사적을 다루었다. 국문 활자본이다.

관음상/觀音像: 조일재 작. 매일신보1920.7.7-1921.3.23(193회 미완).

【내용】 빅광일은 부친이 가산을 탕진한 채 세상을 떠난 탓에 생활고를 겪는다. 이웃에 사는 부자 고시운은 광일이 양반의 자손인 데다 똑똑한 것을 보고, 훗날 사위 삼기로 하고 생활비를 대 준다. 광일은 조선 최고의 법률 전수 고등학교에 입학한다. 그는 류혜경이라는 여학생과 사랑하는 사이가 되지만 정혼한 자신의 처지를 생각하고 헤어진다. 그는 졸업 후 고향에 내려가 고시운의 딸과 결혼하고 변호사 사무소를 차린다. 그는 힘없고 가난한 사람들을 돕고자 하지만, 장인인 시운은 소작인을 법으로 구속할 궁리만 한다. 욕심 많고 우둔한 아내 역시 그의 뜻을 이해하지 못한다. 게다가 어릴 적 함께 자란 민홍식이란 청년은 광일이 시운과 마찬가지로 소작인을 못살게 굴려 한다고 오해하고 적대시한다. 광일은 사람들

이 자신을 이해해 주지 않자 불행하다고 생각하며 술집에 드나들다 여러 여성과 염문을 뿌린다. 이런 일들로 인해 광일이 방탕하다는 소문이 나자 그의 아내는 이혼을 통보한다. 광일 곁에는 예전에 그가 구해 준 적 있는 옥춘이라는 여성만이 남는다. 그녀는 온갖 소문에도 불구하고 광일 곁에 머물면서 은혜를 갚고자 한다. 어느 날 밤 광일이 옥춘에게 이성으로서 애정을 표현하자, 그녀는 자신 때문에 광일을 타락시킬 수 없다며 가출한다. 그제야 광일은 그간의 행동을 뉘우치고 새 삶을 살기로 한다. 그러던 어느 날, 홍식이 광일을 오해하여 폭행하는 사건이 일어난다. 이 소식을 들은 옥춘은 다시 돌아와 광일을 정성껏 간호한다. 홍식은 자신이 오해했다는 것을 깨닫고 광일에게 용서를 빈다. 건강을 회복한 광일은 미국으로부터 온 류혜경의 편지를 받고 유학을 떠나기로 결심한다. 그는 떠나기 전 자신의 토지를 전부 홍식에게 맡기고, 마을 사람들 모두 공동으로 경작하여 소작인 신분에서 벗어나라고 한다. 광일이 떠난 후 홍식은 옥춘과 함께 반신반의하는 마을 사람들을 설득하여 공동경작에 참여시키는 데 성공한다. 한편 광일의 전처는 개가하라는 부모의 권유를 받는다.

【참고】 연재 지면에 '觀音像 趙一齋 作' 이라고 표기되어 있다. 1920년 6월 30일부터 게재된 연재 예고에는 '칠월 오일부터 연속 게재' 라고 되어 있으나, 실제 연재가 시작된 것은 이틀 늦은 7월 7일부터이다. 《매일신보》 4면에 연재되었고, 193회까지 게재된 후 별다른 설명 없이 연재 중단되었다. 내용을 살펴볼 때 미완으로 판단된다. 광일의 말에서 식민지 지식인의 사회적 역할에 대한 문제의식이 드러난다. 또한 이 작품은 지주의 횡포와 소작인의 궁핍한 삶, 공동경작 등의 소재를 통해 사회적 빈부 격차의 문제를 다루고 있다. 그러나 대중의 흥미를 끌 만한 남녀간의 애정 행각이 줄거리에서 많은 비중을 차지하고 있어, 신문연재소설의 통속성을 보여 준다.

광악산: 박건병 작. 박문서관1912(64면, 20전).

【내용】 광악산 아래 광악리의 산중처사 목 동지는 나이 오십에 늦둥이 외동딸 태희를 얻는다. 태희가 열 살이 되던 해에 목 동지는 '군자의 좋은 짝'이 되게 하기 위하여 딸에게 공부를 시키기로 마음먹고 언문과 한문을 가르친다. 아름답고 총명하게 자라난 태희에게 영평 제비울 사는 강 감역 집안으로부터 혼담이 들어온다. 목 동지는 강 감역의 집안 내력을 알아본 후 그 집안의 가풍이 썩 내키지는 않았지만 신랑이 될 강 씨 집안 차남 을형의 재주와 인품만을 믿고 혼인을 결정한다. 그 외모와 재주가 쌍둥이처럼 닮은 태희와 을형은 잘 어울리는 짝이었지만 부부 생활은 순탄치 않았다. 시모의 괴벽과 동서 염 씨의 질투로 태희의 힘든 시집살이가 시작된 것이다. 시어머니와 동서의 괴롭힘에도 자신의 본분을 지켜 나가려 노력하던 태희는 결국 불륜의 누명을 쓰고 쫓겨나게 되

고, 자살을 기도한다. 배 첨지 내외의 도움으로 살아난 태희는 외삼촌의 집으로 찾아가 그의 도움으로 신교육의 기회를 얻는다. 한편 태희가 억울하게 쫓겨난 사실을 알게 된 을형은 태희를 찾아 나섰다가 그 역시 자신의 처지를 비관하여 자살을 기도하고, 천행으로 목숨을 구한 뒤 개화의 필요성을 깨닫는다. 태희는 외숙모가 재가시키려고 하자 다시 한 번 자살할 결심을 하는데, 이때 우연히 미국 유학에서 돌아온 을형과 재회하게 된다.

【참고】 국립중앙도서관 소장 박문서관본 표지에 '가정소설 광악산'이라고 표기되어 있다. 전형적인 선인-악인의 틀로 풍속개량을 의도한 소설이다. 여성의 신학문 수용을 긍정적으로 보는 작가의 의식이 나타나 있지만, 신학문을 배운 여성이 일부종사를 위해 자살한다는 설정은 인물의 모순성을 드러낸다.

광야/廣野: **남궁준 저작발행. 유일서관1912(66면, 20전).**

【내용】 가난한 맹인 박 씨는 장 주부에게 점술을 비롯한 각종 학문을 배우지만 장 주부의 계략으로 죽음 직전에 이르게 된다. 간신히 조력자의 도움으로 목숨을 구한 박 씨는 점술을 이용하여 돈을 모으고 헤어졌던 부인과 우여곡절 끝에 재회한다. 박 씨 내외는 우연히 전도사를 만나 교화되고, 지금까지 미신을 믿었던 자신들의 죄를 회개한다. 점술을 통해 벌어들였던 재물을 모두 버리고 박 씨는 목사가 된다.

【참고】 표지에 '新小說 廣野'라고 표기되어 있다. 맹인 박 씨가 서구적인 기독교를 통해 봉건적인 무속의식을 극복한다는 내용의 소설이다. 무속의식을 신봉하는 것을 부정적으로, 기독교를 긍정적으로 묘사하는 등 서구적 계몽사상을 고취하려는 목적이 드러난다.

광야를 가는 자(번)/曠野를가는者

원작미상. 김설월 번안. 중외일보1927.6.14-7.28(40완).

【내용】 문호와 문희는 남매이다. 문희는 상준이라는 청년과 사랑하는 사이였으나, 어떠한 일로 말미암아 순철이란 청년과 관계를 가진다. 상준은 문희가 변심했다고 생각하여 괴로워하고, 문희는 자신의 과오로 인해 더 이상 상준과 맺어질 수 없다고 여겨 자포자기한다. 두 사람을 지켜보던 문호는 서로 사랑하는 청춘남녀가 과거지사 때문에 결합할 수 없어서는 안 된다며 문희와 상준에게 구시대적 윤리에 얽매이지 말고 결합하라고 권유한다.

【참고】 연재 지면에 '曠野를가는者 金雪月 飜案'이라고 표기되어 있다. 원작이나 원작자에 대한 정보

는 밝혀져 있지 않다. 40회의 연재 지면에는 연재 계속이나 종료를 나타내는 표지가 없으나, 연재 종료 다음 날인 1927년 7월 29일 지면에 '「曠野를가는者」 四十回로 前編終'이란 제목의 안내가 실려 있다. 이로 보아 본래 이 작품은 전편과 후편으로 나누어 싣기로 기획되었던 것 같다. 그러나 후편의 연재 사실은 발견되지 않는다. 신문 유실로 인해 3회부터 29회까지는 지면을 확인할 수 없으나, 1, 2회와 30회 이후의 내용으로 미루어 보아, 여성의 정조와 자유연애 등을 주된 소재로 하고 있음을 알 수 있다. 여성인물 문희와 그의 오빠 문호의 언행을 통해, 여성의 육체적 순결을 강요하는 구시대적 윤리를 버리고 참된 애정을 기반으로 남녀간의 관계를 형성해야 한다는 생각을 보여주고 있다.

광한루/廣寒樓: 김용제 저작발행. 박문서관1917(85면, 20전, 재판).

【내용】 고전소설 「춘향전」 참조.

【참고】 서울대 도서관 소장 박문서관본 표지에 '倫理小說 廣寒樓 증정특별츈향전', 본문 첫 장에 '增訂特別春香傳 숲젼 倫理小說 廣寒樓(광한루)'라고 표기되어 있다. 고전소설 「춘향전」의 국문 활자본 이본이다. 1918년 재판본을 텍스트로 내용을 정리했다.

괴물(번)/怪物: 원작미상. 천리구 역. 동아일보1923.3.25-5.15(50완).

【내용】 영국 귀족 도민은 가세가 몰락하고 아내의 병이 깊어지자 아프리카를 십 년 동안 떠돈다. 사냥을 나갔다 사고를 당한 도민은 독일 군사령관 라가진에게 구출된다. 라가진은 본래 도민의 옥스퍼드 대학 동창 장인달로, 척숙의 양자가 된 후 헝가리 왕족의 아내 애등여왕과 사랑에 빠져 그녀의 남편을 살해하고 아프리카에 유배를 온다. 라가진은 자신과 외양이 흡사한 도민을 보고, 자신이 영국으로 가 도민으로 행세하면서 정탐 노릇하기를 자처한다. 그는 도민을 유인하여 살해한 뒤 독일인 김시만과 함께 영국으로 간다. 라가진은 김시만의 보조를 받아 정탐 활동을 벌인다. 도민의 아내는 자신을 짝사랑하던 원단구의 살해범이 도민이라고 생각하여 실성한다. 라가진은 도민의 아내를 돌보고 빚을 갚는 등 예전과 다른 모

습을 보인다. 도민의 아내는 점차 병에서 회복되어 남편이 다른 사람임을 알고 그를 사랑하게 된다. 라가진은 런던에서 우연히 애등여왕과 만나나 그녀를 외면한다. 애등여왕은 이후 라가진에게 전후사정을 듣지만 그의 태도에 의심을 품고 아프리카로 떠난다. 애등여왕은 라가진과 함께 생활했던 소 의사를 데려오고, 소 의사는 그가 라가진이 아닌 도민이라고 진술한다. 이에 라가진은 자신이 도민임을 밝힌다. 도민은 자신을 죽이려던 라가진을 죽이고, 영국에 돌아와 라가진이 정탐하는 것처럼 행동한 것이다. 도민은 부자가 되었을 뿐만 아니라 적국 정탐을 잡은 공로를 인정받아 영국 정부로부터 훈장을 받는다.

怪物 괴물 (二) 千里駒 譯

慶南道評議會 第四日

【참고】《동아일보》 연재 지면에 '怪物 괴물 千里駒 譯'이라고 표기되어 있다. 김동성의 번역소설로, 원작자 및 원작을 알 수 없다. 범죄, 범인, 명탐정이 등장하지 않지만 인물의 변장과 스파이 활동 등이 박진감 있게 그려져 있으며, 결말에 극적인 반전이 제시되어 있다.

괴상한 미인(번)/怪常한美人: 원작미상. 연성흠 역. 창신서관·예문사·백합사1927(70전).

【내용】 미확인.

【참고】 현재 단행본 자료를 찾을 수 없고, 그 내용에 대한 정보 또한 확인할 수 없다.《중외일보》 1927년 8월 23일자 신문 3면 '斷刊紹介' 난에 "怪常한 美人(延星欽 譯) 興味 잇는 探偵小說"이라고 소개되어 있다. 『꽃다운 청춘(백합사1927)』 권말 '백합사신간서적안내'에 '神出鬼沒 探偵小說 怪常한 美人'이라고 표기되어 있다. 『꽃다운 청춘(백합사1927)』 권말 소개란에는 다음과 같이 소개되어 있다. "한썰기 白合花와 가티 아름다운 美人이 그 姿態를 나타내엿슬 때에 놀나울 만한 큰 事件이 突發하엿다 陰謀! 革命! 爆發! 掠奪! 爭鬪! 이 무섭고 아슬아슬한 事件이 들씰어 이러나서 우리 쓧잇는 靑年男女로는 주먹을 부루쥐고 웨치지 안을 수업는 大小說이다 특히 쓧잇는 이의 一讀을 勸한다"

괴암성(번)/怪巖城: 르블랑 작. 김래성 번안. 조광1941.1-7,9(8회 미완).

【내용】 원작 참조.

【참고】 프랑스 작가 모리스 르블랑(Maurice Leblanc)의 「기암성(L' Aiguille Creuse, 1909)」을 번안한 것이다. 본문 앞에 '探偵小說 怪巖城'이라고 표기되어 있다. 김래성은 뤼팽 시리즈 가운데에서도 백미로 꼽히는 이 소설을 번안하면서 공간적 배경은 그대로 두고 인물의 이름은 동양 이름으로 바

꾸었다. 괴도 뤼팽은 '유판(柳判)' 으로 명명했다. 「괴암성」은 사정상 연재가 중단된 후 수정 보완하여 1948년 '보굴왕' 이라는 이름으로 단행본 출간되었다. 괴도 '유판(柳判)' 의 활약과 그를 쫓는 소년탐정 '이보돌(李保乭)' 의 대결이 중심 서사를 이룬다.

괴적(번)/怪賊: 스티븐슨 작. 김단정 번안. 중외일보?-1927.6.12(75회 완).

【내용】 박 형사는 대도(大盜) 장대진의 집에 갇혔다가 순사의 도움으로 풀려난다. 그는 원로 형법학자 김명환과 대진 사이에 모종의 관계가 있을 것이라 생각하고, 명환의 집에 위장 잠입한다. 박 형사가 관찰한 명환의 모습은 괴이하다. 명환은 오로지 화학 실험에만 몰두하며 저녁 일곱 시에 잠자리에 들어 오전 열한 시가 되어서야 일어난다. 어느 날 명환은 자신의 재산을 대진에게 물려주겠다고 발표한 후 며칠 동안 두문불출한다. 박 형사와 하인들이 문을 부수고 서재로 들어가자 대진은 죽어가고 있고, 책상 위에 명환의 일기가 놓여 있다. 박 형사는 일기를 토대로 명환과 대진이 동일인임을 알게 된다. 그는 자신이 발명한 화학약품으로 다른 사람인 대진의 모습으로 변했다가 해독제를 사용하여 본래의 자신으로 돌아오는 생활을 해 왔던 것이다. 시간이 지날수록 몸이 쇠약해지자 명환은 본래의 모습으로 돌아오기 어렵다는 사실을 깨닫는다. 그는 잘못을 뉘우치고 자신의 재산을 사회에 환원하라는 유언을 남기고 죽는다.

【참고】 《중외일보》의 유실로 정확한 시작 일자를 확인할 수 없다. 연재 당시 지면에 '怪賊金丹鼎' 이라고 표기되어 있다. 번역, 번안의 표지가 없으나 사실상 영국작가 스티븐슨(Robert Louis Stevenson)의 소설 「지킬박사와 하이드(The Strange Case of Dr. Jekyll and Mr. Hyde, 1886)」의 번안이다.

괴청년/怪靑年: 강의영 발행.

【내용】 미확인.

【참고】 단행본 원본 자료를 구할 수 없어 작품의 경개 및 세부 서지사항을 확인하지 못했다. 1934년 2월호 《조선출판경찰월보》 단행본 출판 금지 목록에 수록되어 있다. 출판 금지 사유는 치안 방해이다.

교기원/巧奇寃: 박영운 작. 경남일보1912.1.6-1912.2.9(15회).

【내용】 순조 숙황제 시절, 강릉의 부유한 상인인 구빅만에게는 부인 최 씨와 아들 서빅, 딸 셔홍 남매가 있다. 최 씨 부인이 병들어 죽자, 그는 정 씨를 후실로 들인다. 정 씨 부인은 구

빅만이 없을 때마다 셔빅과 셔홍을 구박하면서 구빅만의 재산을 가로챌 기회만 엿본다. 구빅만이 사업차 장기간 원산으로 가게 되자 정 씨 부인은 남동생 정청과 계책을 세운다. 이들은 셔빅 셔홍 남매에게 지극정성을 쏟아 환심을 산 후, 일 년 뒤에 셔빅에게 약을 탄 술을 먹이고 여자 옷을 입혀 송림에 갖다 버린다. 정청은 자신의 아들 아로를 셔빅으로 변장시켜 셔빅이 앓다 죽었다고 꾸민다. 밤새 셔빅의 관을 지키던 셔홍이 관 속에서 이상한 소리가 들리자 점쟁이를 데려온다. 점쟁이는 관을 도끼로 내려찍고 이 서슬에 아로가 죽는다. 한편, 셔빅은 송림 주인인 이천명에게 발견된다. 셔빅을 보고 여자 시체로 착각한 이천명은 집으로 돌아와 시체의 주인을 찾는 방을 붙인다. 이 소식을 들은 이천명의 첩 슈선은 자신의 정부와 짜고 이천명이 여자를 강간하려다 죽였다고 누명을 씌운다. 그러나 송림에는 증거가 될 셔빅의 시체는 없고 노부부의 시체가 있다. 셔빅이 의식을 차리고 울고 있을 때, 마침 송림을 지나던 변칠이 셔빅을 보고 한눈에 반해, 함께 가던 숙부 내외를 나무에 묶어 놓고 셔빅을 업고 도망간 것이다. 그러나 얼마 못 가 셔빅이 남자임을 안 그는 어느 집 대문 앞에 셔빅을 버리고 도망간다. 전날 밤에, 한 노인이 딸의 인연을 만날 것이라고 알려주는 꿈을 꾼 집주인 오은단은 연못가에서 주연을 베푼다. 그때 연못 위 노송에 숨어 깜박 졸고 있던 셔빅이 연못으로 떨어진다. 오은단은 하인을 시켜 셔빅이 남자임을 확인한다.

【참고】 이 작품의 완결 여부를 확인할 수는 없으나, 1912년 2월 11일부터 「옥련당(玉蓮堂)」(상) 연재가 시작된 것으로 보아 연재가 중단된 듯하다. 제목에서 볼 수 있듯이 공교롭고 기이하고 원통한 사건들이 잇달아 서술된다.

구나라 태자(번)/鳩那羅太子: 작자미상. 김백금 역. 신천지1922.12.

【내용】 원작 참조.

【참고】 연재 지면에 '戱曲 鳩那羅太子 金白錦 譯'이라고 표기되어 있다. 인도의 아쇼카(Asoka) 왕(阿育王)과 친족의 현생(現生), 전생(前生)의 인연을 漢譯하여 佛典으로 기록한 『아육왕전(阿育王傳)』(전10권) 가운데 제3권 「구나라본연(鳩那羅本緣)」에 실린 구나라의 전생과 후생의 인연 이야기를 희곡으로 번역한 것이다. 중역이며 2막으로 구성되어 있다. 구나라(鳩那羅)는 아쇼카 왕(?-B.C.238)의 태자로 본명은 달마바다나(達磨婆陀那)인데, 『아육왕전』에서는 이름을 '구나라'라고 표기하고 있다. 그의 눈이 새와 같이 아름답고 맑았기 때문에 붙여진 이름으로 알려져 있다. 왕비이자 계모인 미사락기다(微沙落起多)의 연정을 거절하였다가 그녀의 계략에 두 눈을 잃고 마는 구나라의 이야기이다.

구마검/驅魔劍

열재 작. 제국신문1908.4.25-1908. 7.23 ; 대한서림1908 ; 이문당1917(75면, 30전).

【내용】 함진해는 세 번째 부인 최 씨에게서 아들 만득이를 얻는다. 최 씨는 무당을 찾아가 점

을 치고 굿하기를 좋아하는 인물이다. 최 씨는 만득이가 잔병치레를 할 때마다 굿판을 벌이고, 진해의 죽은 두 부인 리 씨와 박 씨의 귀신이 아이에게 해코지한다는 무당 묘동집의 말을 굳게 믿는다. 묘동집은 거짓 점괘를 내어 크고 작은 굿판을 벌이면서 진해의 재산을 야금야금 갉아먹는 재미로 살아간다. 의학기술을 믿지 않아 천연두 예방접종을 하지 않은 최 씨는 만득이가 천연두를 앓다 죽자, 이번에는 용하기로 이름난 무당 금방울을 부른다. 금방울과 작당한 최 씨네 안잠자기 노파는 최 씨네 집안의 정보를 낱낱이 알려준다. 결국 미신을 믿지 않던 진해도 금방울에게 속아 넘어가고, 금방울의 요구하는 대로 아낌없이 복채를 내준다. 그는 사기꾼 림 지관이 금방울과 짜고 일을 벌이는 줄도 모르고 명당자리라는 땅을 사서 부친의 묘를 이장하기에 이른다. 진해가 미신 때문에 재산을 탕진하고, 작은 아버지의 부고를 가져온 조카 일청의 방문도 거절했다는 소문이 돌자, 문중 어른들이 종회를 연다. 그들은 일청의 맏아들 종표를 진해의 양자로 가게 한다. 함진해 내외는 종표를 거들떠보지도 않으나, 종표는 병들어 반신불수가 된 최 씨를 지극정성으로 돌본다. 법률전문학교를 졸업하고 판사가 된 종표는 혹세무민하는 무복잡류배를 불러다 심문하던 중, 안잠자기 노파와 묘동집, 금방울, 림 지관의 악행을 모두 알게 된다. 그는 그들에게 징역을 선고하고, 집안의 모든 미신과 관련된 제구들을 불태운다. 그 뒤 집안에는 우환이 다 사라지고 아이들도 건강하게 잘 자란다.

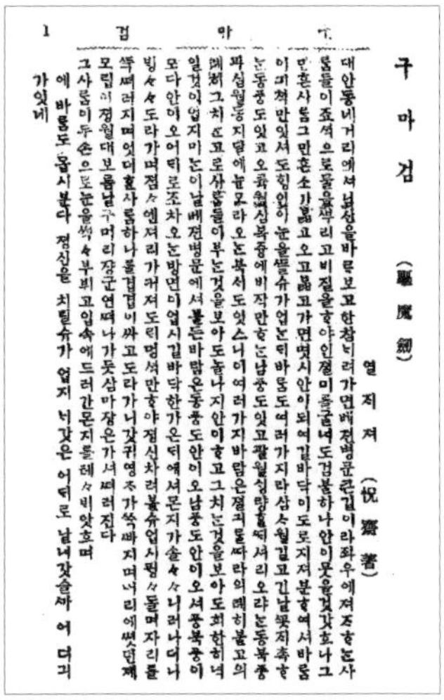
구 마 검 (驅魔劒)

열지져 (悅齋 著)

【참고】 아세아문화사 영인 이문당본을 텍스트로 내용을 정리하였다. 본문 첫 장에 '구마검(驅魔劒) 열지 져' 라고 표기되어 있다. 판권지에는 '구마금' 이라고 제목 표기를 하고 있다. 개화기 당대의 봉건적 유습을 풍자하고 미신타파를 주장한 이해조의 대표적 초기 신소설이다.

구미호/九尾狐: 김동진 작. 덕흥서림1922(70면, 25전).

【내용】 엄 후작은 부인 이외에 세 명의 첩을 두고 있다. 엄 후작이 총애하는 둘째 첩 평양집과 셋째 첩 대구집은 모두 유명한 기생 출신이다. 간교한 평양집은 아들을 낳은 대구집을 질투하여 음모를 꾸민다. 평양집은 무녀, 유모와 모의하여 대구집의 집 안에 방자하는 인형을 넣어 둔다. 대구집은 집에서 찾아낸 인형을 엄 후작에게 보여 주고, 엄 후작은 무녀를 잡아

와 문초한다. 평양집은 이러한 방자가 대구집의 자작극인 것처럼 누명을 씌운다. 대구집이 쫓겨나자, 평양집은 대구집의 아들 룡이를 데려다 키운다. 룡이는 평양집을 어머니처럼 따르며 자란다. 열다섯 살이 된 룡이 앞에 평양집이 쫓아낸 유모가 나타나 그간의 사정을 이야기한다. 룡이는 유모의 이야기를 모두 공책에 기록한 뒤, 유모의 지장을 찍어 증거로 남긴다. 엄 후작은 룡이의 공책을 보고 모든 사실을 알게 된 뒤, 평양집을 내쫓는다.

【참고】 표지에 '千變萬化 구미호 九尾狐', 본문 첫 장에 '천변만화 千變萬化 구미호 九尾狐 著作者 金東縉'이라고 표기되어 있다. 서언에서 표제 '구미호'가 계교를 잘 꾸며 사람을 속이는 평양집을 빗댄 것이라고 밝히고 있다. 소설의 결말 부분에 첩이 된 여자들을 대상으로 한 권계가 덧붙여져 있다. 조동일은『한국문학통사』에서 '구미호'의 저자를 이해조로 보고 있다.

구사일생: **노익형 저작발행. 박문서관1930(84면).**

【내용】 경화는 강릉 초당리의 유지인 김사용의 딸이다. 같은 동리의 최시종이라는 거부가 김사용을 시기하여 의병을 도왔다는 누명을 씌워서 죽인다. 경화는 아버지의 원수를 갚기 위해 최시종에게 미인계로 접근하여 칼로 찔러 죽이고 심장을 제물로 삼아 제사를 지낸다. 최시종의 형 최 경무사는 경화를 잡으려고 혈안이 되는데, 세상 사람들은 경화가 법률을 어겼지만 아버지의 원수를 갚았다는 점에서 천출효녀라고 두둔한다. 특히 리총순은 경화를 적극적으로 도와 피신시킨다. 경화는 염도 되지 않은 아버지의 시체를 수습하기 위해 서울로 향하던 중 폐가에서 영숙이라는 처녀를 만난다. 영숙은 형사국장인 작은 아버지를 만나러 서울로 가는 길이기에 둘은 동행하게 된다. 도중에 불한당을 만나 영숙이 중상을 입자 경화는 영숙 행세를 하며 형사국장의 집에 기거하게 된다. 나중에 완치된 영숙은 경화를 미워하여 계략을 꾸며 그를 죽이려고 하나 실패한다. 그러던 중 최 경무사는 경화와 닮은 경월을 체포해 때려죽인다. 경화는 김사용의 시체를 찾아다니는데, 사실 김사용은 죽지 않았으니, 그의 도움을 받았던 김 주부라는 인물이 신통한 의술로 김사용을 살려내어 피신시켰던 것이다. 김 주부는 억울한 죽음을 당한 경월도 함께 살려낸다. 김사용과 경화는 눈물로 재회하고, 경화는 리총순과 혼인하게 된다. 경월은 김 주부의 아들과 결혼한다.

【참고】 동덕여대 도서관 소장 박문서관본 표지에 '인정소설 구사일생', 본문 첫 장에 '천출효녀 구사일생'이라고 표기되어 있다. 부모의 원수를 갚기 위해 경화가 잔인하게 최시종을 살해하는 모습이 자세히 묘사되어 있다. 또한 법을 어기면서도 부모의 자식을 갚는 경화의 행동을 두둔하는 서술자의 개입이 지속된다.

구의산/九疑山: 신안생 작. 매일신보1911.6.22-9.28 (82회 완) ; 신구서림1912(상:98면, 25전 ; 하:97면, 25전).

【내용】 셔 판서는 부인을 잃고 둘째 부인을 맞아 사십 줄에 아들 오복을 얻는다. 재취 부인도 세상을 떠나고 셔 판서는 혼자 아이를 기르다가 과부 이동집과 정이 들어 결혼한다. 이동집은 쏘복을 낳은 후에도 오복을 자기 아들 쏘복보다 더 소중히 길러 주위에서 이를 칭찬한다. 오복이 열다섯 살이 되어 김판서의 무남독녀 애즁과 결혼을 하는데 식을 올리고 처갓집에서 첫날밤을 지낸 다음 날 오복은 목 없는 시체로 발견된다. 셔판서는 오복의 시체와 함께 서울로 올라가고, 남편 살해 혐의를 받은 애즁은 진범을 찾으려 남복을 하고 염탐을 하다가 칠셩 어미를 알게 된다. 그의 아들 칠셩은 살인사건 이후로 종적이 묘연한 셔 판서의 하인이다. 애즁은 칠셩 어미에게 아들의 범행 사실에 대한 실토를 받고 사당나무 아래 오복의 머리가 묻혀 있음을 셔 판서에게 알려 준다. 셔 판서는 칠셩 어미를 잡아들이고, 범죄를 사주한 사람이 이동집임을 밝혀낸다. 자포자기한 이동집은 호송되기 전 쏘복의 얼굴을 돌로 내리쳐 죽이고, 속세의 미련을 버린 셔 판서는 집을 떠난다. 시댁을 지키던 애즁은 태기가 있어 아들 효손을 낳는다. 효손이 십삼 세가 되어 공부를 시작하자 그 재주를 시기한 아이들이 아비 없는 자식이라고 놀린다. 효손은 애즁에게 아버지 없는 내력을 듣고 칠셩을 찾아 원수를 갚겠다고 집을 나선다. 전국을 떠돌던 효손은 전라도 팔영사에서 조부를 만나고, 함께 칠셩을 찾아 관에 넘긴다. 재판과정에서 칠셩이 죽인 것은 오복이 아니었다는 사실이 드러난다. 칠셩은 오복을 죽이러 가던 중 신랑을 죽일 모의를 하던 남녀의 이야기를 듣고, 노하여 둘을 살해한 뒤 그 남자의 머리를 대신 가져다 두었던 것이다. 이동집의 마수를 피하기 위해 칠셩과 오복은 화륜선을 탔고, 배가 좌초되는 바람에 무인도에 갇혔다가 일본인 탐험가에게 구출되었으며, 오복은 일본에서 대학까지 졸업했다는 것이다. 재판에서 칠셩은 정상이 참작되어 삼 개월 형에 처해진다. 오복이 죽지 않고 살아 있다는 소식에 모두 기뻐하며 칠셩의 출소를 기다린다.

【참고】 아세아문화사 영인 신구서림본을 텍스트로 내용을 정리했다. 표지에 '新小說 구의산'이라고 표기되어 있다. 상, 하권으로 나뉘어 출판되었다. 이해조의 작품으로 《매일신보》 연재 지면에는 '新小說 九疑山 神眼生'이라고 표기되어 있다. 하권 마지막 문장이 완결되지 않은 채로 소설이 끝난다. 남녀의 부정한 사랑에 대한 극도의 거부감이 표현되어 있다. 조선 말엽을 시대 배경으로 하고 있는데 당시의 상황을 병원이 몇 군데 없고, 경찰제도가 제대로 안 되어 있으며, 해외 나갔다 돌아온 사람들을 감옥에 집어넣는 악법이 있던 시대로 묘사하고 있다. 서양 사람의 악수례를 올바른 혼인으로, 고전적인 혼례를 부문허례로 대조한다. 일본에 대한 긍정적 시선이 엿보인다. 1922년 7판 상권과 1920년 6판 하권이 확인되므로 10년 이상 지속적으로 출판되었음을 알 수 있다. 고전소설 「김씨열행록」의 번안이라는 견해가 있다.

국의 향/菊의香: 조일재 작. 매일신보1913.10.2-12.28 (67회 완) ; 유일서관1914(상편: 159면, 40전).

【내용】 국희는 앞 못 보는 아버지 강 봉사를 모시고 사는 여학생이다. 동경에 유학 가 있는 애인 이현섭은 동경에서 일본 여자와 결혼한다는 편지를 보내온다. 국희의 오빠 강원춘은 아버지 이름으로 여기저기 돈을 빌려서 주색잡기에 쓰는 난봉꾼이다. 그와 친하게 지내는 김용목은 강 봉사와 각별한 사이인 김 첨사가 양자로 들인 인물이다. 김 첨사의 후처 이 씨 부인에게서 딸 효연 외에 소생이 없자 양자를 들인 것이다. 이 씨 부인은 김 첨사와 기생이던 진주집 사이에서 난 용남을 몹시 구박하고 진주집을 내쫓는다. 김 첨사가 죽은 후 아무도 돌봐 주지 않는 용남은 학교 월사금도 내지 못하는 형편이 된다. 효연이 팔아서 쓰라고 내준 반지 때문에 누명을 쓴 용남은 감옥에 갇힌다. 한편, 그사이 강원춘은 돈에 눈이 어두워 국희를 납치해 김용목에게 팔아넘기고, 늘어가는 빚더미에다가 딸까지 잃은 강 봉사는 목을 매 죽는다. 국희는 김용목에게서 탈출하지만 뱃사람들에게 속아 진주에서 기생집에 팔린다. 그곳에서 이웃에 살던 진주집을 만난 국희는 진주집의 도움으로 기생집에서 나와 함께 서울로 올라온다. 생계 때문에 어쩔 수 없이 '국향'이라는 기명으로 기생 노릇을 하던 중, 어느 날 이현섭과 김용목, 강원춘의 술자리에 불려 나간다.

【참고】 연재 지면에 '菊의香 趙一齋 作'이라고 표기되어 있다. 계명문화사 영인 유일서관본 본문 첫 장에 '新小說 菊의香 上篇', 판권지에 '著作者 趙重桓'이라고 표기되어 있고, 12장으로 나누어진 목차가 있다. 하편 단행본은 확인되지 않는다. 《매일신보》의 35회 연재분(1913.11.16)까지가 상편의 내용이다.

국제살인단(번)/國際殺人團

애거사크리스티 작. 송규정 역. 신천지1947.8-11·12합병호(4회).

【내용】 원작 참조.

【참고】 연재 지면에 '世界를 飜覆하려는 四巨頭의 陰謀 / 探偵小說 國際殺人團 아가서 크리스티 宋圭貞 譯'이라고 표기되어 있다. 탐정 포와로가 노인을 죽인 범인을 찾는 과정을 그린 탐정소설이며 원작은 영국의 추리소설 작가 애거사 크리스티(Agatha Christie)의 『빅포(The Big Four, 1927)』이다. 원작 제목인 '빅포' 즉 역본에서 지칭하는 '四巨頭'는 포와로가 예의주시하고 있던 비밀단체의 이름이자 그 비밀단체를 이끌어 가는 네 명의 중심인물이다. 세상을 전복하려는 음모를 꾸미는 '빅포'의 흉계에 맞서서 포와로가 헤이스팅스 대위와 함께 그 음모를 분쇄해 가는 과정을 그리고 있다. 옴니버스 식으로 구성되어 각각의 장이 독립적 단편으로 이해되기도 한다. 《신천지》 자료의 유실로 4

회 연재분은 목차로만 확인되며, 이후 연재 지속 여부를 알 수 없다.

국치전(번)/국치젼

원작미상. 역자미상. 국문판대한매일신보1907.7.9-1908.6.9(213회 완).

【내용】 국치는 계몽적인 내용을 강연하면서 많은 사람들에게 찬탄의 대상이 된다. 그러던 중 국치는 모리배의 흉계로 옥고를 치르는데, 결혼을 약속한 송엽과 그녀의 친구인 매화, 죽지 등의 노력으로 방면된다. 국치는 이들과 함께 런던여행을 떠나 경륜을 쌓고 인맥을 넓힌 후 귀국한다. 돌아온 국치는 자유당을 결성하고 송엽, 매화, 죽지 등과 더불어 유람잡지를 발간하여 선진문물을 소개하는 데 힘쓴다. 국치를 모함했던 모리배들도 국치의 글에 감동하여 주인으로 섬길 것을 맹세한다.

【참고】 국문판 《대한매일신보》의 '쇼셜' 란에 연재된 작품이다. 신문번역번안소설의 성립과 발전에 대한 사료적 가치가 있는 작품으로 평가된다. 이 시기 '쇼셜' 난에는 독립을 염원하는 마음과 애국심을 고취하기 위한 한국의 역사전기물 담론과 서양 문물을 소재로 한 번안소설이 실렸다. 이 작품 또한 이 연장선상에서 논의되어 왔으나 최근에는 축자적 번역이 아닌 최초의 장기 신문연재번안소설이라는 주장이 제기되기도 하였다. 연재분 최종회의 말미에 "이 글을 번역한쟈ㅣ ᄒᆞᆫ 번 탄식 야ᄒᆞᆯ ᄋᆞ듸"라는 부분이 있다. 총 213회 연재 중 135회분(1908.2.13)까지 즉 전체 내용의 절반 이상이 국치를 둘러싼 세 여성의 연애담으로 이루어져 있다. 국치를 도와주는 여인들의 이름은 지조와 절개를 상징하여 국치의 인간됨을 부각시킨다. 서구문명을 알리고 개화사상을 고취하려는 목적이 전면에 드러나 있다.

군중=인간(번)/群衆=人間: 톨러 작. 역자미상. 시대일보1925.11.30.

【내용】 원작 참조.

【참고】 게재 지면에 '泰西名作梗槪(八)「群衆=人間」二十世紀社會革命劇 (獨)에-ㄱ스트·톨러' 라고 표기되어 있다. '전부 7景으로 되어 있는 작품인데 그중 第二, 第四, 第六景은 꿈속에 나타나는 장면' 이며 전쟁 중의 독일 어떤 도시에서 일어난 계급투쟁을 그리고 있는 작품이라고 소개하였다. 덧붙여 '쏘-냐·이레-네' 라는 여성과 '군중을 상징하는 무명의 남자' 가 주인공으로 등장한다며 간략하게 작품의 내용을 소개하였다. 원작은 독일 작가인 에른스트 톨러(Ernst Toller)의 표현주의 작품 「Masse Mensch(1921)」이다. 한 상류층 여성이 정부 관료인 남편을 버리고, 노동자들의 파업에 동참하며 겪게 되는 고뇌와 계급의식, 그가 만나게 되는 여러 인간 군상들을 그리고 있는 작품이다.

귀신탑(번): 윌리엄슨 작. 리상수 번안. 매일신보1924.6.3-1925.2.7(195회 완).

【내용】 원작 참조.

【참고】 연재 지면에 '探偵小說 귀신탑'이라고 표기되어 있다. 원작은 영국작가 윌리엄슨(A.M. Williamson)의 「A Woman in Grey(1898)」인데, 일본 작가 구로이와 루이코(黑岩涙香)의 번안작 「幽靈塔(1901)」을 이상수가 재번안한 작품이다. 역자 표기의 경우 본명과 필명 '리갓별'이 혼용되고 있다. 1924년 5월 30일자에 실린 광고에 "일찍이 영국에서 경천동지하던 실사실을 기록한 것. 의혹과 살인 등 무서운 사건이 끝없이 반복되는 가운데 한 연애의 불꽃이 일어나며 정의와 인도를 위하여 피를 흘리는 것. 찬란한 문장과 치열한 필체로 만든 탐정소설"이라고 밝히고 있다. 주인공 옥희가 귀신탑을 사게 된 사건을 중심으로 일어나는 기이한 사건을 다룬 탐정소설이다.

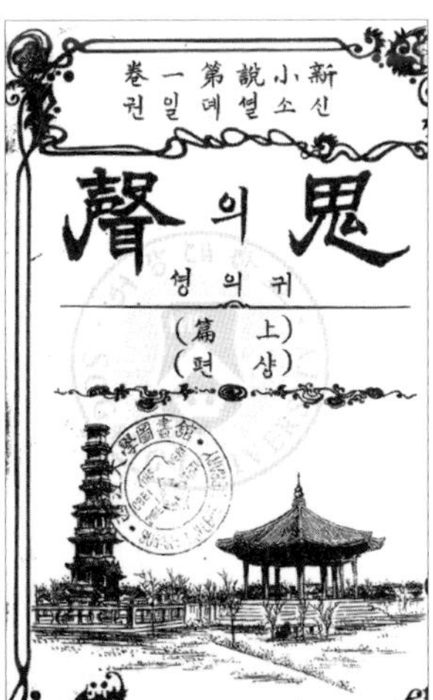

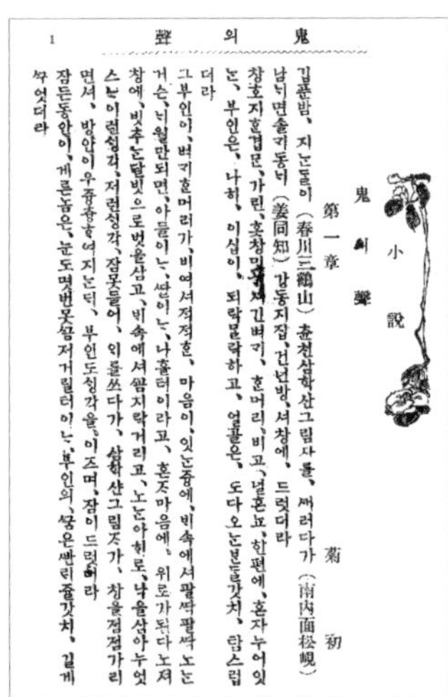

귀의 성/鬼의聲

이인직 작. 만세보1906.10.14-1907.5.31(134회 미완) ; 중앙서관 1907(상권: 146면, 15전), 중앙서관 1908(하권: 125면, 30전) ; 동양서원 1912.

【내용】 춘천에 사는 강 동지는 외동딸 길순을 군수로 부임해 온 김 승지 영감의 첩으로 준다. 돈과 양반의 자리를 위해 아내의 반대를 무릅쓰고 독단으로 결정한 것이다. 김 승지의 본처는 남편이 첩을 두었다는 소식을 듣자 관계 기관에 청원하여 김 승지를 파면시키고 서울로 불러올린다. 춘천에 남은 길순의 뱃속에는 아기가 자라고 있었다. 아내의 성화에 못 이긴 강 동지는 딸을 데리고 상경하지만 김 승지의 집에 들어가지도 못한 채 쫓겨나고, 길순은 김 승지의 주선으로 집을 얻어 숨어 살게 된다. 김 승지의 처와 영악스러운 종 점순이는 그사이 무서운 음모를 꾸민다. 길순이와 그 아이를 죽이려는 것이다. 점순이는 본가를 떠나 길순이 집에 들어와서 아이를 키워 주며 갖은 환심을 사고 문간에 있던 더부살이들도 다 내쫓는다. 3월 대보름날 밤, 점순이는 샛서방 최가를 시켜 길순이와 그 아들을 가마를 태

워 깊은 산골로 유인하고 마침내 살해한다. 이후 졈순이는 용의주도하게 길순이가 바람이 나서 도망갔다고 동네에 소문을 낸다. 노비라는 신분에서 벗어나고픈 졈순은 최가와 함께 속량문서와 돈뭉치를 챙겨 부산으로 도망친다. 딸이 김 승지의 본처와 졈순의 음모에 의해 죽은 것을 알게 된 강 동지는 졈순과 최가를 죽이고 김 승지의 처도 죽여 버린다. 일에 얼마간 관련된 침모마저 죽이려 하였으나 그녀가 잘못을 크게 뉘우치고 있었으므로 용서하고, 김 승지와 관계가 있음을 알고는 김 승지에게 권하여 같이 살게 한다. 딸의 원수를 갚은 김 승지는 춘천 삼학산에 길순 모자의 묘를 쓴다. 삼학산 깊은 곳에 춘삼월이 되면 이상한 새소리가 난다. 길순의 원혼이 새가 되었다는 것이다.

【참고】 중앙서관본의 상권 표지에 '新小說 第一卷 鬼의 聲 上篇', 하권 표지에 '新小說 第二卷 菊初先生著 鬼의聲 下篇' 이라고 표기되어 있다. 상, 하권의 본문 첫 장에 '小說 鬼의聲', 하권 판권지에 '著述者 萬歲報 記者 李人稙' 이라고 표기되어 있다. 상권의 본문 앞에 작가와 작품을 상찬하는 매하(梅下) 최영년(崔永年)의 서문이 실려 있다. 처첩간의 갈등과 악한 계모의 등장 등 전대소설의 소재를 빌려왔으나, 등장인물의 개성이 뚜렷이 살아 있고, 심리묘사가 적절히 표현되어 신소설 전체의 문학적 수준을 대표하는 작품으로 거론된다. 특히 결말 부분의 묘사를 들어 김동인이 그의 평론에서 상찬한 이후, 사실적 묘사에 구소설의 해피엔드식 종말을 지양한 언문일치의 문장과 묘사 형식을 취한 점 등으로 인해 문학사적 의의를 인정받고 있다. 1912년에는 동양서원에서 상권을 발행하여 현재 일본 도야마 대학(富山大學) 부속 도서관에 소장되어 있으나, 하권은 찾을 수 없다.

그날 밤: 작자미상. 홍문서관1936.

【내용】 미확인.

【참고】 단행본 원본 자료를 구하지 못해 작품의 경개 및 세부 서지사항을 확인하지 못했다. 『한국의 딱지본(범우사1999)』 사진 자료로 확인한 홍문서관본의 표지에 '悲劇小說 그날밤' 이라고 표기되어 있다.

그날 밤의 비밀: 조준경 저작발행. 보성서관1937(90면, 30전).

【내용】 고등여학교를 졸업한 림옥경은 석왕사에 놀러갔다가 들른 삼방에서 폐결핵으로 요양 중인 친구 리연숙을 만난다. 연숙과 함께 지내던 옥경은 약수터에서 경성제국대학 의학부를 나온 강정식을 만나 가까워진다. 옥경은 차마 자신의 이름을 밝히지 못하고 연숙이라고 거짓말을 한 후 그와 하룻밤을 보낸다. 삼방에서 남자와 함께 보냈다는 소문으로 연숙은 약혼자 최석원에게 파혼을 당한다. 연숙은 석원에게 억울함을 호소하나 그는 냉랭할 뿐이다. 연숙은 절망하며 자신의 시체를 해부하여 처녀임을 밝혀 달라는 유언을 남기고 자살한다. 그녀의 부검을 의뢰받은 정식은 자신이 만났던 연숙이 다른 사람임을 알게 된다. 죄책

감에 시달리던 옥경은 석원을 만나 자초지종을 밝히고 용서를 빈다. 석원은 모든 것이 운명이라며 옥경을 위로한다. 정식이 옥경을 찾아와 결혼하자고 하지만 옥경은 이미 지난 일이라며 거절한다. 한 달 후 석원과 약혼한 옥경은 신흥사로 나오지 않으면 모든 것을 폭로하겠다는 정식의 편지를 받는다. 신흥사로 나간 옥경은 사랑을 강요하는 정식을 완강하게 뿌리친다. 강제로 옥경을 덮치려던 정식은 실족하여 절벽 아래로 떨어진다. 옥경은 쓰러진 정식을 안고 용서해 달라며 통곡한다. 정식은 옥경에게 사랑한다는 말을 남기고 죽는다. 옥경은 죽음으로써 모든 죄를 뉘우치기로 결심하고 자살을 택한다.

【참고】 연세대 소장 보성서관본 표지와 본문 첫 장에 '家庭悲劇小說 그날밤의비밀'이라고 표기되어 있다. 옥경은 "대담한 근대적 성격"을 가진 여성으로 묘사되나 "근신하고 조심스러운 조선처녀의 정신적 전통"이라는 미명에 사로잡혀 친구의 이름을 거짓으로 둘러댄다. 그녀의 무책임한 행동은 등장인물들 모두를 불행으로 빠져들게 한다.

그루소 표류기(번)/그루소표류긔

디포 작. 게일·이원모 공역. 조선야소교서회1925(88면, 35전).

【내용】 원작 참조.

【참고】 표지에 '그루소 표류긔 ROBINSON CRUSOE, DEPOE'라고 표기되어 있다. 디포(Daniel Defoe)의 「로빈슨 크루소(Robinson Crusoe)」(1722)가 원작이다. 분량으로 볼 때 축약 역본이다.

그림동화(번): 그림형제 작. 오천석 역. 한성도서주식회사1925.

【내용】 원작 참조.

【참고】 현재 단행본 자료를 찾을 수 없다. 그림 형제의 작품을 번역한 동화집이다.

그 여자의 눈물/그女子의눈물: 박루월 작. 이문당1937(120면, 40전).

【내용】 월희는 어머니에 이어 아버지를 잃자, 친구 월향의 어머니 손에서 자란다. 재산가였던 월희의 아버지가 죽기 전에 월향의 어머니에게 목돈을 맡기며 월희의 양육을 부탁했던 것이다. 월희는 여수공립보통학교를 졸업한 재원이지만, 상급학교에 진학하지 않고 기생이 되고자 한다. 유독 잔병치레가 많은 그는 공부를 하거나 누군가의 아내가 되는 것보다 기생으로 살아가는 것이 낫다고 판단했기 때문이다. 월희의 양어머니는 그러한 결정을 만류했으나 월희는 굽히지 않고 기생이 되어 월선이라는 기명을 받는다. 그러던 중, 월희는 병이 심해져 서울에 올라가 의사에게 진료를 받기로 한다. 마침 의자매인 월향이 한성 권번에 속

한 기생이어서 월희는 그에게 전보를 보내고 여수발 광주행 기차에 오른다. 그런데 며칠째 내린 폭우에 철교가 무너져 기차가 멈추는 사고가 발생한다. 발이 묶인 월희는 다행히 기차 안에서 만난 최형선과 숙자의 도움으로 자동차를 대절하여 광주까지 간다. 광주에서 형선과 숙자는 상춘관이라는 요릿집에서 월희가 쉴 수 있게 친절을 베푼다. 월희가 둘의 도움을 감사히 여긴 것도 잠시, 그들이 그 요릿집에 월희를 오백 원에 팔아넘겼다는 사실이 밝혀진다. 월희는 악보라고 불리는 사내의 주먹질에 못 이겨 상춘관에서 기생 생활을 한다. 월희는 자신의 사정을 여수에 있는 양어머니에게 알리려고 시도하지만, 악보에게 발각되어 제주도로 끌려가는 신세가 된다. 제주도 서귀포에 있는 강선루라는 요릿집에서 다시 기생 생활을 시작한 월희는 우연히 들춘 신문에서 자신의 양어머니가 돌아가셨다는 기사를 발견한다. 상심한 그는 모든 희망을 버리고 살아간다. 그러는 중, 월희는 서울서 온 젊은 화가 운영과 사랑에 빠진다. 운영은 동경에서 미술학교를 졸업한 촉망받는 화가인데, 귀족인 아버지가 제주도 해변에서 그림을 그려 볼 것을 권유해 제주도로 온 것이었다. 월희는 지금껏 지켜 왔던 정조를 허락하며 운영에게 간절한 사랑을 바친다. 운영은 월희를 구할 돈을 마련하고 아버지에게 결혼 승낙을 얻고 오겠다는 말을 남기고 서울로 떠난다. 마음이 불안하여 병석에 누운 월희는 운영이 김 남작의 딸 애란과 결혼한다는 신문 기사를 읽는다. 낙담한 월희 앞에 뜻밖에도 운영이 돌아온다. 결혼을 하라는 아버지의 권유를 물리치고 돈 천 원을 구해 제주도로 온 것이다. 운영과 월희는 영원히 함께 행복하게 살자고 다짐한다.

【참고】 조동일 소장 이문당본 본문 첫 장에 '悲戀小說 그女子의눈물(全篇) (一名·눈물港口)' 라고 표기되어 있다. 영어와 일어 등 외국어의 사용이 잦으며 내용 중에 노래가 많이 삽입되어 있다. 『(조동일 소장)국문학연구자료(박이정1999)』 참조.

그 여자의 비밀 /그女子의秘密: 작자미상. 성문당서점1935(60전).

【내용】 미확인.

【참고】 단행본 원본 자료를 구할 수 없어 작품의 경개 및 세부 서지사항을 확인하지 못했다. 『십생구사(성문당서점1935)』 권말 판권지의 서적 광고에 '라듸오방송극 방송극신인회역작품 라듸오소설 그女子의秘密' 이라고 표기되어 있다.

그 여자의 애정 /그女子의愛情: 작자미상. 세창서관1936(83면).

【내용】 어려서 부친을 여의고 모친 손에 자란 정님은 난봉꾼 오라버니 장득에 의해 기생이 되어 팔려 가게 된다. 어려서부터 정님과 친하게 지내며 장래까지 약속한 이웃집 순석은 크게 실망하여 사는 재미를 느끼지 못하던 끝에 정님을 찾아 돌아오겠다는 결심을 하고 무작

정 상경한다. 기생이 된 정님은 뛰어난 용모와 재질로 금세 유명해지지만 선배인 향심을 본받아 절개를 지키며 온갖 유혹을 뿌리친다. 서울로 온 순석도 정님의 빚을 갚겠다는 결심으로 열심히 일하며 재물을 모은다. 절개 굳고 의로운 정님의 행동에 많은 사람이 감화를 받고, 병이 들어 죽게 된 향심은 그간 모은 전 재산을 정님에게 주어 기생 신분으로부터 벗어나도록 돕는다. 순석과 정님은 서울 생활을 접은 후 고향으로 돌아가 부모님을 모시고 화목한 가정을 이루며, 난봉꾼이던 장득도 개과천선하여 새 삶을 살아간다.

【참고】 표지에 '人情悲劇 그女子의愛情'이라고 표기되어 있다. 10개 정도의 장으로 분장되어 있으나 일련번호에 오류가 있고, 8장 이후는 장 제목 위에 번호가 찍혀 있지도 않아서 정확한 장(章)의 수를 판단하기 어렵다. 지난날의 약속을 잊지 않고 각각 자신의 정조를 지키던 젊은 남녀가 결국 화목한 가정을 꾸미게 된다는 내용이다. 서강대 소장 세창서관본을 텍스트로 내용을 정리했다.

그 전날 밤1(번)/그前날밤: 투르게네프 작. 이태준 번안. 학생1929.8.

【내용】 원작 참조.

【참고】 게재 지면에 '名作梗概 그前날밤 투르게-넵흐 原作 李泰俊 飜案'이라고 표기되어 있다. 원작은 러시아 소설가 투르게네프(Ivan sergeevich Turgenev)의 「전야(Nakanune, 1860)」이다. 역자는 『그前날밤』이 "『루-징』, 『아버지와 아들』, 『煙氣』, 『處女地』 等과 함께 투르게-넵흐"의 대표작이며, 투르게네프는 "露西亞가 나흔 世界的 文豪"라고 평가하고 있다. 소설 속 고유명사나 지명은 그대로 쓰이고 있으나 내용을 대폭 압축 생략한 경개역본이다. 동일 원작의 번역으로 현철 역 「각본 격야(개벽1920.6.25-1921.3.1)」, 조명희의 「그 전날 밤(조선일보1924.8.4-10.26)」이 있다.

그 전날 밤2(번)/그젼날밤: 투르게네프 작. 조명희 역. 조선일보1924.8.4-10.26(78회).

【내용】 귀족의 딸인 에레나는 자신에게 구애하는 뭇 남자들을 거절하고 조국해방에 헌신하는 불가리아의 가난한 유학생 인사로브를 사랑하여 그와 결혼한다. 남편은 귀국 도중 병으로 죽지만, 그녀는 그의 해방운동을 계승한다.

【참고】 러시아 작가 투르게네프의 『전야』를 번역한 것이다. 연재 마지막 회에 실린 "이 소설을 번역하여 내려오다가 끗흐로 와서 어느 사정으로 말미암아 추려서 번역하게 되얏슴은 미안합니다"라는 역자의 말을 통해, 완역을 시도했으나 끝에는 초역이 되었음을 알 수 있다. 조국해방운동에 헌신하는 젊은이들의 모습을 그린 작품이다. 相馬御風의 일역서 『その前夜(1908)』를 중역한 것이라는 견해가 있다. 동일 원작의 번역으로 현철 역 「각본 격야(개벽1920.6.25-1921.3.1)」, 이태준의 경개역 「그 전날 밤(학생1929.8)」이 있다.

극동의 전운(번)/極東의戰雲: 파블렌코 작. 함일보 역. 조광1937.10-11(2회 미완).

【내용】 원작 참조.

【참고】 원작은 러시아 작가 파블렌코(Pyotr Andreevich Pavlenko,1899-1951)의 「극동에서(Na Vostoke, 1936)」이다. 연재 지면에 '極東의 戰雲 長篇小說 파브렌코 原作 咸一步譯' 이라고 표기되어 있다. 본문 첫 장에 "이소설은 싸베-트의 작가 파-브렌코의 원작으로 원명은 「극동에서」란 것이다. 풍운급한 극동을 주제로 하여 금후 일본과 싸베-트 전쟁의 예상기로 볼 수 있다. 때가 때니망큼 이것을 역재하여 독자에게 신선한 독물로 드리는 것"이라는 역자의 말이 실려 있다. 10월호에 '제1장 제1부 五月' 로 시작하여 11월호에 '제2장 九月' 을 역재하다가 별다른 공지 없이 연재가 중단되었다. 10월호의 번역에는 내용의 비약을 찾아보기 힘들지만, 11월호에서는 부분 부분 생략 표기가 이어지고, 章 이후 部 표기도 하지 않는 등 전체적으로 일관된 체제를 포기하는 듯한 인상을 준다. '咸一步' 라는 필명으로 이 작품을 번역 게재하는 동안 함대훈은 본명을 저자로 표기한 창작 장편 「무풍지대」를 같은 잡지에 연재하고 있었다. 11월호 이후에도 「무풍지대」는 지속적으로 연재되어 이듬해 신년호에 완결되었다. 이를 고려하면 이 번역물은 처음에 완역 혹은 축역으로 시도되었다가 '중략', '하략' 등을 거듭하며 발췌역으로 변질되고, 마침내는 작가의 사정에 따라 부분역으로 마감된 사례라 할 수 있다. 1932년 소비에트에서 극동으로 사람을 파견하여 도시를 건설한다는 내용이다.

극야성/極夜聲: 장석환 발행.

【내용】 미확인.

【참고】 단행본 원본 자료를 구할 수 없어 작품의 경개 및 세부 서지사항을 확인하지 못했다. 1931년 2월호 《조선출판경찰월보》 단행본 납본 목록에 수록되어 있다.

금강문/金剛門

동초생 작. 동미서시1914 ; 동미서시1915(184면, 45전) ; 박문서관1922.

【내용】 리정진과 정혼한 사이인 여학생 김경원은 아버지가 돌아가신 후 병으론 앓아누운 어머니를 간호하며 살아간다. 어머니는 죽기 전에 남동생 내외를 불러 경원을 부탁한다. 경원의 외삼촌 전먹통은 경원이 받은 유산을 빼돌리기 위해 갖은 계책을 꾸미고, 심지어는 경원이 파혼당하게 한다. 경원은 외삼촌 내외가 자신을 구 씨라는 인물과 혼인시키려 한다는 것을 알고 집을 나간다. 정진은 실의에 빠져 영국 유학길에 오른다. 먹통은 경원의 재산을 모두 가로채나, 사건의 진상을 알게 된 정진의 이모에게 고소당해 징역 10년을 선고받는다. 집을 나간 경원은 부모의 묘소를 찾아가다가 갖은 우여곡절

을 겪게 되고, 결국 어느 늙은 여승을 따라 머리를 깎고 승려가 된다. 늙은 여승과 함께 금강산 구경을 나섰던 경원은 금강문 근처에서 한 승려에게 칼부림을 당하는데 그는 경원과 결혼하려다 실패한 구 씨였다. 이때 멀리서 이 사건을 지켜보던 정진이 달려와 경원을 구해 준다. 그간 정진은 영국 유학길에 나섰다가 배가 침몰하여 구사일생으로 살아났고, 꿈에 동자가 이끄는 대로 따라가다 눈을 떠 보니 영동지방이라, 금강산 구경을 나섰다가 경원이 봉변당하는 광경을 목격한 것이다. 만남의 기쁨도 잠시, 경원과 정진은 헌병대에게 폭도로 오인되어 붙잡힌다. 그곳에서 두 사람은 의병장으로 나선 남편 때문에 붙잡혀 온 정진의 누이와 만난다. 누이, 경원 등과의 대질심문을 거쳐 혐의를 벗어난 정진은 경원을 데리고 집으로 돌아간다. 한편 경원과 파혼한 후 정진과 정혼을 맺었던 윤 국장의 딸은 정진에 대한 미련을 버리지 못한다. 경원은 정진과 그의 어머니를 설득하여 윤 국장의 딸과 동서지간이 되기로 한다. 세 사람은 한날한시에 결혼한다.

【참고】 계명문화사 영인 동미서시본의 본문 첫 장에 '小說 金剛門 東樵生'이라고 표기되어 있다. '東樵生'은 최찬식의 필명이다. 동미서시에서 1914년 초판이 발행되었으며, 1915년 발행된 재판본(184면, 45전)을 텍스트로 내용을 정리하였다.

금강석(번)/금강석金鋼石

원작미상. 역자미상. 고유상 저작발행. 회동서관1923(78면, 25전).

【내용】 런던의 유명한 보석상 파릭탈의 가게에 도둑이 들어 명탐정 이희탈과 그의 동료 길희탈, 파츠가문이 사건을 해결하기 위해 나선다. 현장에는 숙직을 했던 직원 두션 대신 친구 격산탈만이 있을 뿐 사건을 해결할 만한 증거가 남아 있지 않다. 격산탈은 자신과 두션이 투전을 하고 있을 때, 세 명의 도둑이 침입하여 두션을 끌고 가고 자신은 부상을 당한 채 정신을 잃었다고 증언한다. 한편 파릭탈은 이희탈에게 금강석을 꼭 찾아 달라고 부탁한다. 금강석은 파릭탈이 자신의 아들을 살려준 인도 왕에게 줄 금관의 장식용으로 사 모은 것으로, 도둑맞은 물건 중 가장 값비싼 보석이다. 이희탈은 파릭탈과 두션만이 금강석에 대해 알고 있다는 이야기를 듣자 두션을 용의자로 생각한다. 또한 금고를 잘 털기로 유명한 스로근과 그 친구 발닉랍, 극극법룡을 용의자로 여긴다. 이희탈은 두션의 집에서 분장 도구 등을 발견하고 두션과 격산탈이 동일인임을 알게 된다. 파츠가문은 격산탈을 미행하다가 극극법룡에게 붙잡히고, 감금된 이후에 사건의 전모를 엿듣는다. 두션에게 극극법룡의 여동생이 의도적으로 접근하여 유혹을 하고, 두 사람의 결혼을 허락하는 조건으로 극극법룡 무리의 도둑질에 두션이 협조한 것이다. 이희탈은 두션이 나타날 장소를 짐작하고 미리 잠입해 있다가 두션과 극극법룡과 격투를 벌인다. 이 과정에서 두션과 극극법룡은 물에 빠져 죽고, 나머지 일행은 붙잡히면서 도둑맞았던 보석을 되찾는다.

【참고】 고려대 도서관 소장 회동서관본 표지에 '정탐소설 偵探小說 금강석 金剛石'이라고 표기되어 있다. 변장, 미행, 탈출의 모티프와 비밀 공간의 설정, 명탐정의 활약 등 추리소설적 요소를 통해 독자의 흥미를 모으는 데 중점을 두고 있다. 원작을 확인할 수 없는 번안소설이다. 1921.4.21-1921.5.12까지 《조선일보》에 연재된 박은파(박용환)의 「금강석」과는 다른 작품이다.

금강취유/금강취류金剛聚遊

이용한 저작발행. 동미서시1915(94면, 25전).

【내용】 공민왕 때, 정덕현은 금강산 취류정에서 한 노인으로부터 옥저를 받는다. 어느 날 배를 타고 옥저를 불던 그는 갑작스러운 광풍에 날려 무인절도에 떨어진다. 그곳에는 역시 광풍에 날려 온 절세가인 소 씨가 있었다. 두 사람이 함께 배를 타자 순풍이 분다. 그들은 금강산으로 가 결혼한다. 세월이 흘러 부임지에서 상경하던 덕현 내외는 도적의 습격을 받아 유일한 소지품인 옥저를 빼앗긴다. 도적은 그들을 물속에 빠뜨리지만 용왕이 구해 준다. 그러나 서로의 생사를 모른 채, 정덕현은 아라사로, 소 씨는 망운암이라는 절로 간다. 임신 중이던 소 씨는 아들 쇼쳥을 낳아 장딕복 내외에게 맡긴다. 십오 년 후, 이웃에 사는 봉닉가 총명한 쇼쳥을 마음에 들어 하여 장차 사위로 삼고 싶은 마음에 자신의 옥저를 내어 준다. 과거에 장원급제한 쇼쳥이 암행을 떠나는데, 꿈을 통해 자신이 정씨 집안의 자손임을 알게 된다. 태백산에 이르렀을 때, 그는 봉닉가 사람들에게 예전에 정덕현의 옥저를 훔친 이야기를 자랑스럽게 하는 것을 엿듣는다. 한편 소 씨는 암행어사가 온다는 소문을 듣고 망운암에서 내려온다. 그녀가 통곡하며 하는 말을 듣고 자신의 모친임을 안 쇼쳥은 봉닉를 잡아들여 모든 죄상을 밝힌다. 좌의정 김명현의 청으로 쇼쳥은 그의 딸 틱임과 정혼을 맺는다. 한편, 아라사에서 조배의 아들을 가르치며 살던 덕현은 중원에서 열리는 과거를 보기 위해 길을 떠난다. 그때 덕현과 고려의 쇼쳥은 똑같은 꿈을 꾼다. 깨어나 보니 빼앗겼던 옥저의 반쪽이 덕현의 눈앞에 놓여 있고, 쇼쳥의 옥저는 반쪽이 사라져 있다. 덕현은 과거에 급제하여 황제의 신임을 받게 되고, 얼마 후 대국에 사신으로 온 쇼쳥과 만나 반쪽짜리 옥저를 맞추어 본 후 서로 부자지간임을 알게 된다. 천자가 덕현의 귀국을 허락하지 않자 고려국왕이 정 씨 일문을 중국으로 보낸다. 김명현의 딸도 중국으로 가 쇼쳥과 혼례를 올린다. 이후 정 씨 부부는 한날한시에 승천하고, 자손들은 대대로 번창한다.

【참고】 국립중앙도서관 소장 동미서시본 표지에 '金剛聚遊', 본문 첫 장에 '금강취류'라고 표기되어 있다. 상·하 합본이다. 「강릉추월」, 「소학사전」 등과 같은 계열의 신작 구소설이다.

금국화/金菊花: 김용준 작. 보급서관1913(상편: 104면, 22전) ; 보급서관1914(하편: 117면, 28전).

【내용】 한양성 소격동 박 판서의 무남독녀 혜란은 여학교 졸업을 앞두고 있다. 리 승지의 아들 희묵은 일본 명치대학교 법학과를 졸업하고 부친의 죽마고우 박 판서를 찾아온다. 희묵의 해박함과 출중함에 감탄한 박 판서는 그를 사위 삼기로 결심하고 리 승지에게 통혼을 한다. 희묵의 계모 최 씨는 몸종 금년의 남편 막쇠를 시켜 희묵을 죽이고자 모의하나, 막쇠는 희묵을 찾아가 최 씨의 계략을 고한 뒤 달아난다. 혜란은 최 씨의 시집살이를 꿋꿋이 견딘다. 최 씨는 자객을 시켜 희묵을 죽이라 교사한 후 모든 음모를 혜란에게 뒤집어씌운다. 원주 섬강에 버려진 희묵은 막쇠의 도움으로 목숨을 건진다. 막쇠는 리 승지에게 희묵의 생존 소식을 알리고 최 씨의 계략을 폭로한다. 리 승지는 최 씨를 내쫓고 혜란을 다시 불러들인다. 친모의 산소를 찾은 희묵은 육혈포를 든 강도를 만난다. 천행으로 목숨을 건진 그는 자신을 찾아온 리 승지와 만나나 곧 경찰에게 강도로 오해 받아 잡혀간다. 곧 모든 사실이 밝혀져 최 씨는 징역형을 받고 희묵은 누명을 벗는다. 희묵은 계모에게 불효하고 혜란에게 의리를 지키지 못했음을 자책하여 방랑길에 오른다. 뒤늦게 자신의 죄를 뉘우친 최 씨는 자결하고, 동경으로 갔던 희묵은 돌아와 혜란과 해후한다.

【참고】 국립중앙도서관 소장 보급서관 상권 표지에 '新小說 신소셜 금국화 上篇 金菊花 상편'이라고 표기되어 있다. 하권 표지도 상권과 표기 형식이 동일하다. 상편 본문 첫 장에는 작가 이름이 빠져 있고, 하편 본문 첫 장에 '著作者 金容俊'이라고 표기되어 있다. 계모의 악행에도 도리어 불효의 가책을 느끼는 희묵이라는 인물을 통해 전통적 효 사상을 강조하고 있다. '침대', '포도주'와 같은 서양 문물이 일상적인 소재로 등장한다.

금낭비화/錦囊秘話: 최연택 발행.

【내용】 미확인.

【참고】 단행본 원본 자료를 구할 수 없어 작품의 경개 및 세부 서지사항을 확인하지 못했다. 1938년 3월호 《조선출판경찰월보》 단행본 출판 금지 목록에 수록되어 있다. 출판 금지 사유는 풍속 괴란이다.

금낭이산/錦囊二山

고경상 저작발행. 회동서관1912 ; 강의영 저작발행. 영창서관·한흥서림·삼광서림1925(118면, 45전) ; 홍순필 저작발행. 경성서적업조합1926(118면, 30전) ; 이종수 저작발행. 성문당서점(118면, 45전).

【내용】 명나라의 덕망 있는 승상 양소긔에게 셰츙이라는 자제가 있다. 양소긔는 친구 정 학소와 화 한림의 자제 문회와 익슴을 데려와 셰츙과 같이 키운다. 양소긔는 아들의 결혼을 보지 못하고 별세하고, 셰츙과 문회와 익슴은 자라서 동궁시랑, 문연각학사, 한림원 교수의 자리에 오른다. 셰츙은 왕 상셔의 딸과, 문회는 손 씨와, 익슴은 소시와 결혼한다. 그 즈음 도적의 난이 일어나는데, 천민 출신의 동필젹이 진압 과정에서 공을 세워 통주에 부임한다. 필젹은 이후 백성에게서 재물을 긁어모으고 대신들에게 뇌물을 바쳐 대장군의 자리에까지 오른다. 필젹은 조정의 세력을 장악하고 이를 걱정하는 셰츙은 필젹의 모함으로 귀양을 가게 된다. 필젹은 후환을 없애기 위해 자객 굴돌평을 보내 셰츙을 죽이려 하는데, 굴돌평은 이전에 셰츙에게 도움 받은 일이 있어 그를 살려준다. 셰츙은 류동명으로 이름을 바꿔 숨어 지낸다. 한편 필젹은 셰츙의 부인 왕 씨의 미모에 반해 첩으로 삼으려 하지만 왕 씨는 그를 거절하여 옥에 갇힌다. 옥에서 아이를 출산한 왕 씨는 정 학사와 화 한림의 도움으로 아이를 빼내고 굴돌평의 도움으로 감옥에서 탈출한다. 왕 씨는 넓은 강가에 다다라 쫓아오던 병사에게 잡히게 되었는데 서해용 딸의 도움으로 위기를 벗어난다. 과거 양소긔가 그물에 잡힌 커다란 잉어를 놓아준 일이 있는데 그것이 바로 서해용의 딸이었던 것이다. 화 한림은 왕옥산의 도진인에게 아들들을 맡겨 십 년간 천문지리와 음양변화 등을 배우도록 한다. 팔 년이 지나 권세를 누리던 필젹은 형주로 좌천되고, 이에 역심을 품어 자신의 군사로 수도를 공격한다. 황셩일 장군 등이 그를 막으려 하지만 그의 용맹함에 수도가 함락될 지경에 이른다. 십오 세의 소년이 된 양두셩과 화시발은 공부가 다 끝나지 않았지만 천문으로 나라의 위기를 보고 도진인과 헤어져 하산한다. 도진인은 극복하기 힘든 위기에 펼쳐 보라며 두셩에게 비단 주머니를 건네준다. 두셩과 시발은 도진인에게 배운 무예와 도술, 그리고 비단주머니의 도움으로 필젹을 물리치고 헤어진 부모들과 만난다.

【참고】 회동서관에서 1912년 초판이 발행되었으며, 1924년 발행된 국립중앙도서관 소장 재판본(140면, 45전)을 텍스트로 내용을 정리했다. 표지에 '錦囊二山 금낭이산 一名 報心錄 보심록' 이라고 표기되어 있다. 고전소설 「보심록」의 국문 활자본 이본 중 하나이다.

금산월/金山月: 박영운 작. 경남일보1912.11.25-?

【내용】 미확인.

【참고】 현재 남아 있는 《경남일보》 영인본에서는 해당 작품을 찾을 수 없다. 다만 이재선의 『한말의

신문소설(한국일보사1975)』에 《경남일보》에 「금산월」이 연재되었다는 기록이 있다. 이재선이 밝힌 연재 예고의 일부는 다음과 같다. "본 기자가 다년 애독하던 바 아(我) 조선 근고 역사 중 최실최미(最實最美)한 자 일편 상하권 언문(諺文)소설로 기재하야 제위공안에 공(供)코자 하오니, 기명즉(其名則) 「금산월(金山月)」이오, 기의즉 가정사이나, 기중 포함사항이 국무지흥체(國務之興替)와 가정 양부와 기차군공학사(其次軍功學事) 등 실적이 다재하고, 범 시모고부(媤母姑婦)간과 일부지간에 상애상투하는 정형과 음부흉한(淫婦兇漢)의 선악현우지별과 효우예양의 고상 청범한 지기와 충용의분의 모범적 품성과 간사패악한 불칙자(不則者)의 심술을 소연노저(昭然露著)하야, 본 기자의 저술한 수십권 소설 중 최(最)히 제왕의 위를 점한바, 본보를 특애하며, 소설을 애중하는 제군고안(諸君高眼)에 공노하오니, 일호도 누락치 물(勿)하고 자두지미를 접속세상하야, 본 기자의 노심진력하는 일편고성을 물부(勿負)하심을 절망(切望)하압. 소설기자 박영운 예고(豫告)."

금상첨화/금샹쳠화錦上添花

지송욱 저작발행. 신구서림1913.

【내용】 평양 관아의 기생인 츄월과 리 판서의 아들 영학은 어린 시절 함께 글공부를 하며 깊이 정든 사이이다. 리 판서가 서울로 오게 되어 둘은 헤어진다. 리 판서 내외는 남 참판의 딸 경란과 영학의 혼인을 정한다. 이 사실을 모르는 영학은 어느 날 밤 갑자기 츄월이 보고 싶어져 부모 몰래 평양으로 내려간다. 두 사람은 재회하여 그리운 마음을 털어놓는다. 츄월은 영학에게 과거에 급제하여 가출한 잘못을 만회하라며, 모아 둔 재물을 가지고 함께 도망친다. 이후 츄월은 영학의 공부를 정성껏 뒷바라지한다. 한편 리 판서 내외는 아들이 호랑이에게 물려 갔다고 생각하고 슬퍼한다. 이태가 지나도 영학의 소식이 없자 남 참판은 딸을 다른 곳으로 시집보내려 한다. 경란은 한번 정혼한 이상 다른 곳으로 시집갈 수는 없다고 생각하여 몰래 남장을 하고 집을 나온다. 그는 우연히 츄월의 친부모 홍 첨지 내외를 만나 보살핌을 받지만, 도망친 츄월을 찾던 사람들에게 츄월이라 오해받아 끌려간다. 위기에 처한 그녀가 물에 뛰어드는 찰나, 츄월이 배를 타고 나타나 구해 준다. 츄월은 꿈에서 부처의 계시를 받고 경란을 구하러 온 것이다. 두 사람은 얼굴이 매우 닮은 데다 성격 또한 서로 맞아 의자매를 맺고, 한집에 산다. 한편 영학은 과거에 장원급제하여 부모를 찾아간다. 그는 자기 집에 와 있는 경란의 사연을 부모에게 전하고, 비로소 그녀가 자신의 정혼자임을 알게 된다. 영학은 경란을 정실로, 츄월을 부실로 삼아 행복한 가정을 이룬다. 또한 츄월은 친부모인 홍 첨지 내외와 재회한다.

【참고】 표지에 '新小說 錦上添花' 라고 표기되어 있다. 여성의 절개와 부덕을 강조한 소설이다. 국립중

앙도서관 소장 1920년 발행 신구서림 5판(90면, 30전)본을 텍스트로 내용을 정리하였으며, 초판 발행 연도 또한 5판본의 판권지를 통해 확인하였다. 신구서림 6판(1921)본까지 확인할 수 있다.

금색의 태양(번)/金色의太陽

펄벅 외 작. 노자영 편역. 명성출판사1940(292면, 1원 50전).

【내용】 원작 참조.

【참고】 펄벅의 「대지」, 「어머니」와 함께 「큐리 부인」 전기가 수록되어 있는 단행본이다. 春城 盧子泳이 편역하였으며, 분량을 고려하고 영어판 원문과 대조하여 볼 때 일역본을 대본으로 한 경개역이다. 제목이 왜 '금색의 태양' 인지는 명기되어 있지 않다.

금수강산/금슈강산錦繡江山

노익환 저작발행. 신구서림1926(28면, 20전).

【내용】 평양부 관후동에 사는 김상옥의 아들 병현과 박자션의 딸 애경은 부모들의 뜻에 따라 세 살 때 혼약한 사이이다. 그러나 김상옥 내외가 호열자로 죽고 병현은 박자션이 거두어 기르게 된다. 박자션은 병현이 장성하면 애경과 혼인시키려 하였으나 병현과 애경이 열세 살 되던 해 병을 얻는다. 애경의 서모 김숙자가 재산을 노리고, 병현과 애경의 결혼을 없던 것으로 한 후 자신의 외오촌 조카 한덕셩과 결혼시키려 한다. 또한 병현을 내쫓고 애경의 고등학교 진학을 반대한다. 그러나 애경은 이에 굴하지 않고 꾀를 내어 자신의 학교장 정 교사와 의논하여 재산을 상속받고, 서모에게도 얼마간 떼어 준 후 서울로 올라와 고등학교에 진학한다. 박자션의 집에서 쫓겨난 병현은 서울로 올라와 노동학교에 취학한 후 낮에는 청심보명단과 인단 등의 약을 팔아 고학을 하다 우연히 애경과 재회한다. 애경과 병현은 각자 고등학교를 우등으로 졸업하고 평양으로 돌아와 학교 교원이 되었다가 함께 미주로 유학길에 오른다.

【참고】 국립중앙도서관 소장 신구서림본의 표지에 '錦繡江山 금수강산', 본문 첫 장에 '금슈강산' 이라고 표기되어 있다. 애경이 서모의 괴롭힘에 힘없이 당하지 않고 꾀를 내어 재산도 상속받고, 고등학교에 진학하여 자신의 정당한 권리를 되찾는 내용을 통해 신여성의 모습을 제시하고 있다.

금수재판/禽獸裁判: 흠흠자 작. 대한민보1910.6.5-8.18(미완).

【내용】 다양한 동물들이 금수계에도 자신들의 억울함을 토로할 수 있는 재판이 필요함을 역설한다. 동물들은 자신들의 내력이 속담에 의해 왜곡되었으며, 이러한 부분들을 시정해 달라고 호소한다. 이에 대해 세상의 이치에 따를 것과, 민족국가 형성의 당위성이라는 기준에 의해 판결이 내려진다.

【참고】 연재 지면에 '新小說 禽獸裁判 欽欽者'이라고 표기되어 있다. 대한민보에 1910년 8월 18일까지 연재되다가 미완으로 중단된 작품이다. 8월 27일부터 동일 지면에 伐柯生의 「鏡中美人」이 새로 발표되었다. 토끼, 원숭이, 까치, 솔개, 호랑이 등 송사를 제출한 동물들과 재판장인 양과 학, 변사인 앵무새, 회장 기린 등 재판을 진행하는 동물들이 등장하는 토론체 소설이다. 지면이 소실되어 내용을 확인할 수 없는 부분이 많다.

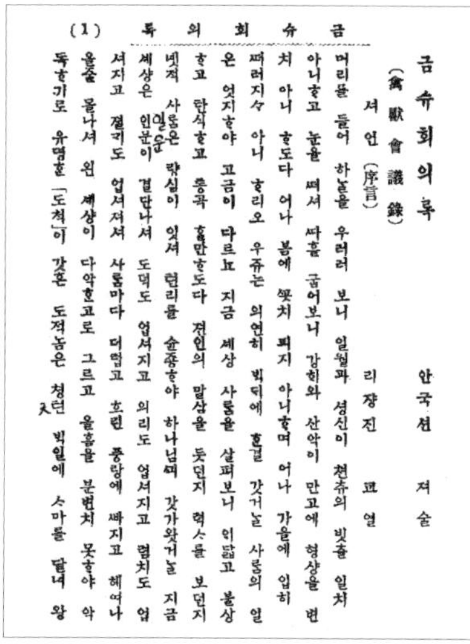
금슈회의록 (1)

금슈회의록
(禽獸會議錄)
안국션 져술
셔언(序言)
리쟝진 교열

머리를 들어 하ᄂᆞᆯ을 우러러 보니 일월과 셩신이 텬츄의 빗출 일치 아니ᄒᆞ고 눈을 ᄯᅥ서 ᄯᅡ흘 굽어보니 강하와 산악이 만고에 형상을 변치 아니 ᄒᆞ도다 어나 봄에 ᄭᅩᆺ치 픠지 아니ᄒᆞ며 어나 가을에 닙히 ᄯᅥ러지ᄂᆞᆫ 아니 ᄒᆞ리오 우쥬는 의연히 빅ᄃᆡ에 ᄒᆞᆫ결 갓거ᄂᆞᆯ 사ᄅᆞᆷ의 일은 엇지ᄒᆞ야 고금이 다르뇨 지금 세상 사ᄅᆞᆷ을 살펴보니 이ᄃᆞᆲ고 불상ᄒᆞ고 한식ᄒᆞ고 통곡 ᄒᆞᆯ만ᄒᆞ도다 젼인의 말ᄉᆞᆷ을 듯던지 력ᄉᆞ를 보던지 녯적 사ᄅᆞᆷ은 ᄐᆡᆨ실이 잇셔 텬리를 슌종ᄒᆞ야 하나님ᄭᅴ 갓가왓거ᄂᆞᆯ 지금 세상은 인분이 결단나셔 도덕도 업셔지고 의리도 업셔지고 렴치도 업셔지고 졀ᄀᆡ도 업셔져셔 사ᄅᆞᆷ마다 더럽고 흐린 풍랑에 ᄲᅡ지고 헤여나올줄 몰나셔 왼 세상이 다악ᄒᆞ고로 그르고 올흠을 분변치 못ᄒᆞ야 악독ᄒᆞ기로 유명ᄒᆞᆫ「도쳑」이 갓흔 도젹놈은 쳥텬 ᄇᆡᆨ일에 ᄉᆞ마를 ᄐᆞ고 왕

금수회의록/금슈회의록禽獸會議錄: 안국선 작. 이장진 교열. 황성서적업조합1908(49면, 15전).

【내용】 금수만도 못한 세상에 대해 격정하던 '나'는 성현의 글을 읽던 중 잠이 든다. 꿈속에서 '나'는 동물들의 집회에 참석하여 갖가지 동물들이 인간을 비판하는 내용을 듣게 된다. 까마귀는 효를 주제로 인간의 불효와 부실을, 여우는 공명정대함을 주제로 인간의 간사와 교활을, 개구리는 분수를 주제로 인간의 오만과 소견부족을 비판하며, 벌은 근면과 정직을 주제로 인간의 기만과 나태를, 게는 지조와 절개를 주제로 악행과 간교를, 파리는 형제·동포간의 우애를 주제로 인간의 과욕과 무신을, 호랑이는 올바른 정치를 주제로 인간의 포악과 탐관을, 원앙새는 부부간의 화목을 주제로 인간의 음란과 훼절을 비판한다. 동물들이 폐회하고 돌아간 자리에서 '나'는 인간세계의 모순과 비리를 규탄한 동물들의 폭로를 부끄러워한다. 그리고 예수의 사랑을 떠올리며 모든 인류가 하나님 앞에 회개하여 구원에 이르기를 제언한다.

【참고】 1909년 5월 일제의 출판법에 의해 압수됨으로써 우리나라에서 최초로 판매금지가 되었다. 우화소설이고 몽유록 형식의 토론체 소설이며 풍자소설이다. 표지에 표제 '금수회의록'과 서양 옷을 입은 등장 동물의 그림이 그려져 있으며, 본문이 시작되기 이전에 광고와 목차가 수록되어 있다. 11개의 장으로 구성되어 있으며, 그 내용은 다음과 같다. 서언, 개회취지, 제1석 반포지효(反哺之孝, 까마귀), 제2석 호가호위(狐假虎威, 여우), 제3석 정와어해(井蛙語海, 개구리), 제4석 구밀복검(口蜜腹劍, 벌), 제5석 무장공자(無腸公子, 게), 제6석 영영지극(營營之極, 파리), 제7석 가정맹어호(苛政猛於虎, 호랑이), 제8석 쌍거쌍래(雙去雙來, 원앙), 폐회 등이다. 본문 첫 장에 '금슈회의록(禽獸會議錄) 안

국션 져술 리장진 교열', 판권지에 '禽獸會議錄 全一冊 著述者 安國善 校閱者 李 鎭' 이라고 표기되어 있다. 액자소설의 형식(외화-내화-외화)을 취하고 있으며, 액자 내부의 이야기는 독립된 여덟 개의 에피소드로 이루어져 있다. 이 작품은 우화의 형식을 차용하여 개화기 무렵 가치관의 혼란에 빠진 당대 사람들의 어리석음과 당대 사회의 현실을 다양한 측면에서 다각도로 풍자, 비판하고 있다. 일본 정치소설 「人類攻擊禽獸國會(1885)」, 「禽獸會議人類攻擊(1904)」 등을 번안한 것이라는 견해가 최근 발표되었다.

금오기설/금오긔셜金鰲奇說: 작자미상. 보급서관1913.

【내용】 미확인.

【참고】 보급서관에서 1913년에 간행되었다는 기록이 있으나 원본 자료를 확인할 수 없다. 『금국화하편(보급서관1913)』 권말광고에 '금오긔셜', 『강상월(회동서관1912)』 권말 광고에 '新小說 金鰲奇說' 이라고 제목이 수록되어 있다. 보급서관 초판 간행 이후 여러 출판사에서 지속적으로 출판되었으리라는 추정이 가능하다.

금옥연/金玉緣: 이광하 작. 동미서시1914(79면, 20전).

【내용】 충남 공주군 유구에 사는 진사 김성수와 마곡에 사는 진사 이상록은 죽마고우로 우애가 깊다. 이들은 자식이 태어나면 서로 정혼시킬 것을 약속한다. 그러던 어느 날 김 진사 내외의 갑작스러운 죽음으로 혈혈단신이 된 금동은 이 진사의 집에 들어가게 된다. 그런데 이 진사의 부인 조 씨는 딸 옥녀를 목천에 사는 세도가 조 판서의 아들에게 시집보내려 작정하고 금동을 옥녀의 시비 은섬과 혼인하도록 채근한다. 이에 금동은 이 진사 집을 나와 가수원에 있는 인근 주막으로 거처를 옮긴다. 옥녀는 시비 은섬의 도움을 받아 몰래 집을 빠져나와 금동과 백년가약을 맺는다. 한편 주막 노부부의 아들인 난봉꾼 최춘명은 옥녀를 보고 탐이 나 연산읍 장교 박봉춘과 공모, 금동을 강도로 모함한다. 옥녀는 금동의 행방을 찾다가 금동이 누명을 쓴 채 연산읍 관아에 투옥된 사실을 알고 주막을 몰래 빠져나온다. 한편 충청어사 이근창은 연산읍으로 가는 길목에서 우연히 옥녀를 만나 금동의 억울한 사연을 전해 듣는다. 근창은 옥녀의 정절에 감복하여 남매의 연을 맺고 곧장 어사 출두하여 죽을 위기에 빠진 금동을 구한다. 옥녀와 근창의 도움으로 누명을 벗은 금동은 이후 옥녀의 청에 따라 은섬을 부실로 맞아들인다. 그리고 옥녀와 함께 개과천선한 이 진사 내외를 모시고 행복하게 살아간다.

【참고】 표지에 '新小說 신소설 金玉緣 금옥연' 이라고 표기되어 있다. 판권지에 '著作者 李匡夏' 라고 표기되어 있다. 본문 첫 장 제목 다음에 "이 아릭에 긔록흔 쇼셜을 잠심ᄒᆞ여 보면 거위 착흔이에게 복을 쥬고 음흔ᄌᆞ에게 화를 ᄂᆡ리믈 가히 짐작홀 릴이로다" 라고 선악보응의 주제를 강조하고 있다. 제목 '금옥연' 은 주인공 금동과 옥녀의 인연을 의미하며, 둘 사이의 고난과 극복에 관한 내용이 작품의 골격을 이룬다.

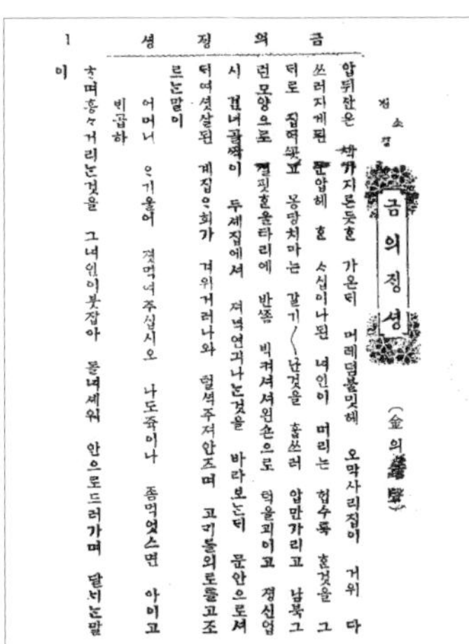

금 의 징 셩 1

(金의錚聲)

압뒤잔은 뫼가지른듯훈 가온디 머레덤불밋헤 오막사리집이 거위 다 쓰러지게된 문압헤 훈 ᄉᆞ십이나된 녀인이 머리는 헙수룩 훈것을 그터로 집어쏫고 몽당치마는 갈기갈기 난것을 훌쓰러 압만가리고 남북그런모양으로 걸핏훈울타리에 반쯤 빅켜셔셔왼손으로 턱을괴이고 정신업시 건너골짝이 두세집에셔 저녁연긔나는것을 바라보는디 문안으로셔 터여셧살된 계집ᄋᆞ히가 겨우거러나와 엽셔주저안즈며 고키돌의로돌고조르는말이

어머니 ᄋᆞ기올어 젓먹여주십시오 나도죽이나 좀먹엇스면 아이고 빈곱하

ᄒᆞ며흥흥거리는것을 그녀인이붓잡아 돌녀세워 안으로드러가며 달니는말이

금의 쟁성 / 금의징셩金의錚聲

남궁준 편집발행. 유일서관1913(88면, 22전).

【내용】 경성 북부 재동에 살던 이 참봉은 갑오경장 이후의 시대 변천이 마음에 맞지 않아 포천 땅에서 묘막살이를 하며 지낸다. 가족과 더불어 참봉이 풍월로 세월을 보내던 중 곳곳에 도적이 일어나 인명을 살상하고 재물을 약탈하는 일이 비일비재했는데, 그의 일가도 어느 날 밤 도적의 피습을 당하여 서로의 생사를 알지 못하는 가족 이산의 화를 겪는다. 이 참봉과 그의 처가 삼남매 중 각각 자식 하나씩을 데리고 흩어지고, 장남인 일남은 도적에게 붙들렸다가 다행히 목숨만은 건졌으나 이후 수많은 고초를 당하게 된다. 폐허가 된 집에서 두 내외는 다시 만나지만 일남의 생사는 알 길이 없다. 수많은 우여곡절을 거친 이 참봉 가족은 결국 감격스럽게 상봉한다.

【참고】 표지에 '新小說 金의錚聲' 이라고 표기되어 있다. 가족 이산 후 일남이 미처 돌아오기도 전에 서둘러 이사를 한다든가, 미래의 생활을 경륜하기 위해 이 참봉이 먼 길을 떠난다든가 하여 생이별의 구실을 만들고, 손쉬운 상봉의 길을 차단하는(「혈의 누」 이후 상투적으로 변주되는) 수법을 쓰고 있다. 만날 듯 엇갈리고 다시 멀어졌다 가까워지는 동안 양심적이기는 하나 구태의연한 구식 양반이었던 이 참봉은 개화의 필요성을 자각하고, 일남은 많은 조력자들을 만나면서 미래의 동량으로 성장해 간다. 또한 '금전대' 라는 소품을 이용해 일남을 돕는 인물들과 이 참봉을 인연의 틀 속에 엮어넣는 수법도 주목된다. '금이 무딘 소리를 내지 말고 쟁쟁한 소리를 내야 한다' 는 것은 민족 자본이 나라의 부흥을 위해, 청년 세대의 육성을 위해 올바르게 쓰여야 한다는 것을 뜻한다.

금의환향/錦衣還鄉

노익환 저작발행. 신구서림1926(31면, 20전).

【내용】 양주군 룡진 송송골에 사는 변 생원의 아들 삼형제 덕환, 덕성, 덕일은 부모를 연달아 잃고 삼년상을 치르느라 가산을 다 쓴다. 먹고 살길이 막막해진 삼형제는, 막내 덕일의 제안에 따라 각자 뿔뿔이 흩어져 살 길을 찾기로 한다. 덕일은 두 형에게 주경야독하여 입신출세할 것을 권하며, 자신은 오로지 농사에 전념하겠다고 한다. 세 사람은 십 년간 서로 만나지 말고 뜻한 바를 이루자고 맹세한다. 삼 년이 지난 어느 날 두 형이 덕일을 찾아오자, 덕일은 두 형의 결심이 무뎌졌음을 나무란다. 덕환과 덕성은 덕일의 말에 서운해 하지만, 이내 깨우친 바가 있어 각기 일어학교와 무관학교에 입학하여 공부한다. 그 결과 덕환은 관리, 덕성은 장교로 임명된다. 한편 덕일은 동리에서 제일가는 부자가 된다. 그러자 같은 동네에 사는 토호 민 교리가 애매한 누명을 씌워 덕일을 잡아 가두고 재물을 착취하려 한다. 그때 덕일의 집에 군수가 된 덕환이 찾아온다. 덕일의 부인으로부터 사정을 들은 덕환은 민 교리에게 덕일을 놓아주라고 한다. 민 교리는 일단 덕환의 말을 따르지만, 앙심을 품고 룡문산 도적 떼를 시켜 덕일을 다시 납치한다. 덕환은 이 사실을 정부에 알리고, 정부에서는 덕성을 지휘자로 하는 군대를 파견하여 도적 떼를 소탕한다. 민 교리 역시 도적을 사주한 죄로 벌을 받는다. 금의환향의 뜻을 이룬 변 씨 삼형제는 고을의 칭송을 받는다.

【참고】 표지에는 '錦衣還鄉(금의환향)', 본문 첫 장에는 '錦衣還鄉(검의환향)' 이라고 각각 한글 부분이 다르게 표기되어 있다. 덕환과 덕성이 일본식 학문을 익혀 일본 공사의 후원을 얻게 된 것, 그리고 판서 벼슬을 하는 친척을 등에 업고 나쁜 짓을 하던 민 교리가 일본 공사의 후원을 받는 덕환과 덕성에게 붙잡혀 벌을 받는 것, 재산은 있으나 관직에 오르지 못한 덕일이 양반에게 무고한 괴롭힘을 당하는 것 등을 통해, 기존 양반 세력에 대한 비판과 함께 은연중 일본에서 유입된 개화 문물을 추종하는 경향이 담겨 있다.

금전의 눈물/金錢의淚: 이승규 저작발행. 중흥서관1937(88면).

【내용】 향심은 가세가 빈한하여 리태화라는 인물의 양녀가 된다. 리태화는 향심을 매춘업에 종사시킨다. 향심은 의지가 투철한 인물로 자신에 대한 태화의 착취에 태업으로 맞선다. 향심의 의지를 꺾을 수 없음을 깨달은 태화는 향심을 신정 백화루 주인 김봉삼에게 팔아버린다. 봉삼은 더 가혹하게 향심을 부리지만, 향심도 태업의 강도를 높여 맞선다. 경부 리성렬은 향심이 파견되어 일하는 술집에서 친구들의 꾀로 학비를 날리게 되었지만, 의로운 향심은 성렬의 식대를 대신 갚아 준다. 그 이후 향심은 봉삼에게 급여를 가불받아 새로 들어온

여성들의 몸값을 대신 지불하여 내보내는 등 봉삼의 영업을 방해한다. 하루는 봉삼이 경패라는 여자를 유인하여 오는데, 딸을 찾으러 따라온 그 아버지와 오라비에게 '인육시장이 나쁜 건 뭐냐', '시집살이하는 여자도 서방에게 정조를 파는 것 아니냐'는 궤변을 늘어놓으며 행패를 부린다. 경패의 오라비가 봉삼을 떠미는데, 그때 향심이 봉삼을 칼로 찌른다. 향심은 체포되어 취조를 받으면서도 "사람으로서 사람을 모욕하며 사람으로서 사람의 피를 긁는 사람으로서 사람의 고기를 파는 자를 내가 칼로 질넜소"라며 당당히 밝힌다. 봉삼은 극적으로 소생하여 자신의 악행을 뉘우치고 향심을 비롯한 작부들을 모두 해방한다. 향심은 성렬과 혼인하게 된다.

【참고】 조동일 소장 중흥서관본 표지에 '戀愛悲劇 金錢 금전의 눈물', 본문 첫 장에 '悲劇小說 金錢 금전의 淚누' 라고 표기되어 있다. '너희들은 우리의 피로 생명을 부지하는 악마들이로구나' 와 같은 향심의 독백이 반복되는 등 매춘업에 대한 강도 높은 비판이 일관적으로 서술된다. 『(조동일소장)국문학연구자료(박이정1999)』 참조.

금지환/金指環: 박영운 작. 동양서원1912(75면, 25전).

【내용】 샌프란시스코에서 일본으로 향하던 선상에서 일본인 운즈가 실종되는 사건이 발생한다. 그녀의 옆방에는 덕국인 히보데루가 묵고 있는데 그는 재물에 관심이 많은 표독스러운 인물이다. 미국에서 법률 공부를 한 법학사인 익탕익방은 히보데루의 행동에 의심을 품고 그를 감시한다. 익탕익방은 일본인 가등 부부와 힘을 합해 운즈의 혼령이 나타난 것으로 꾸며서 히보데루가 운즈를 죽인 범인이라는 사실을 밝혀낸다. 그리고 물증을 확보하기 위해 히보데루를 노름판에 끌어들여 그에게서 운즈의 금강석 반지를 되찾는다. 운즈는 유년 시절 부모와 함께 미국에서 살면서 많은 재산을 모아 일본으로 돌아오던 중이었다. 히보데루는 광산 사업을 하기 위해 일본으로 오던 중에 운즈의 재산을 탐내 그녀를 바닷물에 빠뜨린 것이다. 익탕익방은 금강석 반지에 새겨진 운즈의 이름을 확인하고 히보데루의 죄상을 폭로한다. 궁지에 몰린 히보데루는 익탕익방을 향해 육혈포를 쏘고, 간신히 총알을 피한 익탕익방은 선원들과 함께 히보데루를 제압한다. 모든 선객들이 익탕익방과 가등 부부의 용기와 노고를 치하한다. 그러나 백인 선원들이 동양인들에 대한 수치심을 감추기 위해, 히보데루를 빼낼 계획을 세우고 그를 숨겨 준다. 백여 명의 일본인과 수백 명의 서양인이 대립하는 가운데, 일본인들은 죽기를 결심하고 그들과 싸운다. 일본인들의 행동에 겁을 먹은 서양인 함장은 히보데루를 내주고, 일본일들은 일심단결하여 서양인들을 물리친다. 결국 히보데루는 일본 경찰에게 잡혀가 사형 선고를 받고, 익탕익방은 운즈의 친척을 찾아가 그녀의 재산을 돌려준다. 가등 부부와 익탕학사는 일본 승객뿐 아니라 죽은 운즈의 원한을 갚고 일본의 명예를 보존한다.

【참고】 연세대 도서관 소장 동양서원본 본문 첫 장에 '최신탐뎡소셜 금지환'이라고 표기되어 있고, '松隱 박영운'이라고 작가가 표기되어 있다. 작가는 '닉지에서 발간ᄒᆞ는 탐뎡잡지를 열남'하다가 이 기사를 읽고 소설로 옮겨 소개하게 되었다고 밝히고 있다. 추리소설적 서술 방식을 차용하고는 있으나 자세한 사건의 전모는 후일담 형식으로 요약 제시된다. 이는 서양인의 횡포에 저항하는 일본인의 용기를 보여 주는 주제를 강조하기 위한 소설적 장치이다.

금향정기(번)/금향졍긔錦香亭記: 박건회 저작발행. 동미서시1916(101면, 30전).

【내용】 종경긔는 과거시험을 치르고 장안을 구경하다가 우연히 금향정에 들러 갈 어사의 딸 명화를 만난다. 그녀의 아름다움에 반한 경긔는 가연을 맺고 이후 과거에 급제하여 정식으로 청혼하러 가는데, 안록산을 꾸짖었다는 이유로 갈 어사가 쫓겨나는 바람에 가족 모두가 어디론가 떠나고 없다. 경긔 또한 안록산 등의 처벌을 요구하는 상소를 올렸다가 황제의 미움을 사 좌천된다. 장안에서는 안록산이 반란을 일으켜 스스로를 황제라 칭하였는데, 갈 어사는 그에 따르지 않는다 하여 가족과 함께 옥에 갇힌다. 명화는 그 미모를 탐낸 안록산의 아들을 피해 다니다가 분양왕의 시녀로 팔려 간다. 얼마 뒤 안록산의 난은 평정되고 새 황제는 갈 어사와 경긔에게 높은 벼슬을 내린다. 명화의 지난 사연을 들은 황제는 그녀를 경긔에게 보내 혼인시킨다. 이후 경긔는 세 부인과 함께 세상의 온갖 부귀영화를 누리며 행복하게 산다.

【참고】 중국의 후당 명종 때 일어난 안녹산의 난을 배경으로 한 애정소설이다. 국문 목판본, 필사본, 활자본 등으로 남아 있다. 등장인물들은 종경기와 인연을 맺는 사람들을 제외하고는 모두 실제인물들이다. 중국에서는 큰 위치를 차지하지 못한 작품이지만 우리나라에 들어와 번안되어 널리 읽혔다. '금향정'에서 '금향정기'로 제목을 고치고, 도교적인 요소를 줄여 합리적으로 전개하면서 여장군의 활약을 보여 주고 남녀의 자유로운 사랑을 중요한 것으로 다루었다. 그래서 원작이 무엇인지 알 수 없게 되었으며 필사본 방각본 활자본으로 거듭 발행되는 동안 변이의 폭은 더욱 확대되었다. 서울대 도서관에 마이크로필름으로 소장된 동미서시본을 참고하여 내용을 정리했다.

기사회생/起死回生: 작자미상. 태화서관1929.

【내용】 미확인.

【참고】 원본 자료를 구할 수 없어 작품의 경개 및 세부 서지사항을 확인하지 못했다. 『만화방창(태화서관1929)』 권말 광고에 '悲劇小說 起死回生'이라고 제목이 수록되어 있다.

기생의 루/妓生의淚: 신태삼 발행.

【내용】 미확인.

【참고】 단행본 원본 자료를 구할 수 없어 작품의 경개 및 세부 서지사항을 확인하지 못했다. 1937년 1월호 《조선출판경찰월보》 단행본 출판 금지 목록에 수록되어 있다. 출판 금지 사유는 풍속 괴란이다.

기생의 설움/妓生의설음: 박루월 작. 세창서관1936(101면).

【내용】 울릉도 출신의 가난한 고학생 리상화는 의학전문학교 교사 최태환의 도움을 받아 서울에서 학교에 다닌다. 태환의 아들 영철은 모범생인 상화와 달리 불량 학생이다. 영철은 상화가 자신의 집에 온 이후로 아버지의 잔소리가 심해지자 차츰 상화를 미워하고 해코지할 결심을 한다. 영철은 의학전문학교 졸업을 앞둔 상화를 골탕 먹이기 위해 요정으로 유인해서 술을 잔뜩 먹이고 술값을 덮어씌운다. 요정에서 제일 유명한 기생 추월향은 상화에게 호감을 느끼고, 곤경에 처한 상화를 도와준다. 월향은 상화에게 자신의 본명은 정희이며, 전문학교 여학생이었다는 사실을 말한다. 서울에서 유명한 재산가의 무남독녀였던 정희는 부친이 미두로 재산을 탕진하자 스스로 월향이라는 이름의 기생이 되었던 것이다. 월향은 자신을 첩으로 맞으려고 안달한 김 주사가 찾아오자 일만 원을 주면 허락하겠노라 말한다. 그리고 김 주사에게서 받은 돈을 상화에게 건네주며 고향에 내려가 병원을 세우고, 삼 년 후 자신을 아내로 맞이해 줄 것을 약속해 달라고 말한다. 월향의 진심에 감동한 상화는 그 부탁을 받아들이고, 월향과 첫날밤을 보낸다. 삼 년 후, 초라하고 병든 월향이 상화를 찾아오는데, 월향의 행색을 본 상화의 모친은 월향에게 아들이 상해로 떠났다고 거짓말을 한다. 절망한 월향은 죽을 결심으로 바다에 뛰어들지만, 뒤늦게 상화에 의해 목숨을 구하게 된다. 다시 만난 월향과 상화는 모친을 모시고 행복하게 살아간다.

【참고】 표지에 '花柳悲劇 妓生의설음', 본문 첫 장에 '花柳悲劇小說 妓生의설음 全篇'이라고 표기되어 있다. 모두 15장으로 구성되어 있으며, 각 장마다 제목이 달려 있다. 여학생에서 기생으로 전락한 여주인공이 사랑하는 사람을 도와서 행복한 결말을 맺는다는 내용이다. 서강대 소장 세창서관본을 텍스트로 내용을 정리했다.

기옥(번)/긔옥奇獄: 원작미상. 국여 역. 매일신보1919.1.15-1919.3.1(41회 완).

【내용】 청나라 말 북경에서 문광의 장남 츈영이 칼에 찔려 죽는다. 평소 졉즈를 구박하던 시어머니 탁 씨와 시아버지의 첩 범 씨는 츈영의 아내 졉즈가 츈영을 죽인 뒤 물독에 빠져 자살하려 했다며 졉즈를 범인으로 단정한다. 졉즈는 인척 옥길이 범인임을 알고 있지만 그와

자신의 관계가 오해받을 것을 두려워하여 함구한다. 졉ᄌᆞ를 그리워하던 옥길은 그녀가 시댁에서 구박받는다는 소문을 듣고 츈영을 살해한 뒤 도망친다. 옥길은 자백하려다 자신이 나서면 졉ᄌᆞ가 오해를 받을 수 있다고 판단하고 사태를 관망한다. 북경을 떠난 옥길은 병에 걸리자 여관 주인에게 자신의 죄를 고백하는 편지를 부쳐 달라고 부탁하나 그의 인품에 감동한 여관 주인은 편지를 부치지 않는다. 졉ᄌᆞ는 자신이 츈영을 죽였다고 거짓으로 자백하고 감옥에서 병사한다. 며칠 뒤 옥길은 졉ᄌᆞ 무덤 근처 버드나무 가지에 목을 매 죽는다.

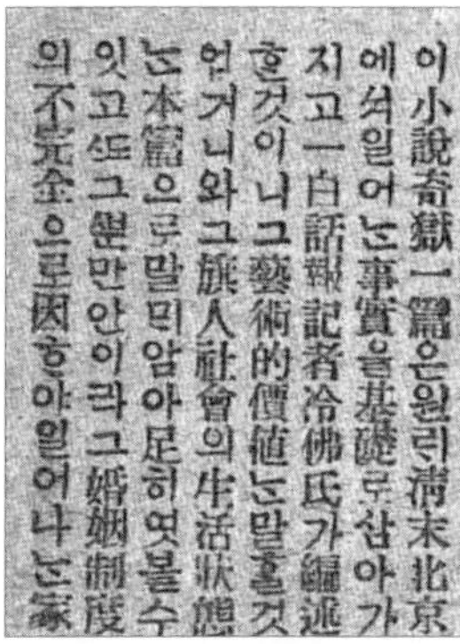
奇獄 괴옥 菊如

一之一

이小說奇獄一篇은원리淸末北京에셔일어난事實을基礎로삼아가지고一白話報記者冷佛氏가編述ᄒᆞᆫ것이니그藝術的價値는말ᄒᆞᆯ것업거니와그旗人社會의生活狀態는本篇으로말미암아足히엿볼수잇고또그뿐만안이라그婚姻制度의不完全으로因ᄒᆞ야일어나는家

【참고】 연재 당시 지면에 '奇獄 괴옥 菊如'라고 표기되어 있으나 윤백남의 창작이 아닌 번역 작품이다. 연재 첫 회에서 윤백남은 이 소설이 원래 청나라 말 북경에서 일어난 사실을 기초로 일백화보의 기자 냉불(冷佛) 씨가 편술한 것이라고 밝히고 있다. 축첩제도와 중매결혼의 폐해에 대해서 등장인물의 입을 통해 직접적으로 비판하고 있는 소설이다.

기인기연(번)/긔인긔연奇人奇緣

원작미상. 김낭운 역. 조선일보1924.10.30-1925.2.23(117회 완) ; 박문서관1925.

【내용】 영국의 귀족 한경호는 한때 부유하였으나 지금은 퇴락한 집안을 일으키기 위해 갖은 애를 쓴다. 동생 상호는 돈 문제로 늘 말썽만 일으킬 뿐 도움이 되지 않는다. 그러던 어느 날 상호가 친구인 창배와 짜고 창배의 아버지인 천문박사 김성우의 어음을 위조하여 돈을 변통한 사실이 드러난다. 상호는 당장 일만 원을 변통하지 않으면 감옥에 들어가야 된다며 경호에게 사정한다. 경호는 난감할 뿐인데 다행히 이 사실을 안 김성우 박사가 아들의 불찰이라며 어음을 막아 준다. 경호는 상호와 함께 김 박사에게 인사를 하러 그 집에 들렀다가 창배의 여동생 춘자와 만난다. 경호는 숙녀다운 춘자의 태도에 이끌려 그를 마음에 둔다. 이후 상호는 돈을 벌어오겠다며 인도로 가고, 아버지의 신임을 얻지 못한 창배는 결국 호주로 떠난다. 경호는 정부의 촉탁사업을 맡아 로서아로 출장을 간다. 떠나기 전에 자신에게 청혼할 거라 믿었던 춘자는 경호가 그냥 가 버리자 이를 분해한다. 그러던 어느 날 호주에 있다던 창배가 갑작스러운 지진으로 인해 죽었다며 그의 아내 셔뎡희가 편지를 보내온다. 창배의 아이를 가졌으나 살 길이 막막하다는 뎡희의 편지에 박사는 그들을 영국으로 데려와 함께 살게 된다. 춘자는 뎡희가 못마땅하여 그를 괴롭히고, 귀국한 경호는 마침내 춘자의 본성을 알아채고는 그와 결혼하지 않기로 결심한다. 단아하고 여성스러운 뎡희를 알게 된 경호는 그를 사랑하게 되고, 아내로 맞이한다. 그러던 어느 날 뎡희는 론돈타임쓰에 16년 전 동생 리우영을 따라 호주로 간 조카딸 뎡희와 순희를 찾는 백모 리숙녀가 실은 기사를 본

다. 백모를 찾게 된 뎡희는 아버지가 돌아가시고 창배와 결혼하였으나 그도 죽고, 자신의 여동생 순희마저 죽은 그간의 사정을 알린다. 뎡희는 백모 리숙녀의 막대한 유산 상속자가 된다. 그러나 어느 날 죽었다던 창배가 돌아와 뎡희가 자신의 아내라며 경호를 협박한다. 경호는 그에게 돈을 주어 외국으로 보낸다. 그는 아내가 자신에게 거짓말을 하고 중혼을 한 것에 절망하며 상호가 있는 인도로 떠난다. 뎡희는 차일피일 미루며 돌아오지 않는 경호를 기다리다 그의 사랑이 식었다고 생각하고 이혼을 결심한다. 질투심에 불타던 춘자는 창배가 돌아와 경호를 협박한 사실을 뎡희에게 알리며, 중혼을 하였으니 경호와의 결혼은 무효라고 선언한다. 그런데 뎡희는 오히려 이를 기뻐하며 경호의 어머니에게 전후사정을 설명한다. 자신은 뎡희가 아니라 순희라며 창배와 결혼한 사실이 없다는 것이다. 창배의 아이를 낳다 뎡희가 죽자 아이를 키울 길이 없던 순희는 본가에 거짓말이라도 하여 아이의 목숨을 살리고자 한 것이라며 사정을 얘기한다. 그런데 인도에 있던 경호가 중병이 들었다는 소식이 전해지고, 순희는 경호를 만나러 인도로 간다. 순희는 경호에게 모든 사실을 고백하고, 경호는 안심하며 순희와 함께할 행복한 미래를 꿈꾼다.

【참고】 연재 지면에 '奇人奇緣 金浪雲 譯'이라고 표기되어 있다. 《박문서관》 단행본의 표지에는 '金光培 著'라고 표기되어 있다. 《조선일보》 1924년 10월 29일자에 연재 예고가 게재되어 있다. " '하여서는 못쓸' 사랑을, 아니하랴고 가진 애를 다 쓰던, 주인공 '한경호'라는 청년 남작은, 필경에 '하여서는 못쓸' 사랑의 그물에 걸리고 말앗다, 사랑의 그물에 걸린 그들의 일생이 과연 얼마나 파란과 곡절을 겪게 될른지 이는 텬긔의 루설이라, 이에 말하고자 하지 안는 바어니와, 이 소설은 영국의 유명한 가뎡소설로 임의 그 나라에서는 뎡평이 잇는 소설이라, 독자제씨도 한 회 두 회 거듭하는 동안에 다각각 소설의 주인공과 가티, 마음을 태이고, 눈물을 흘리고, 깃붐을 노래하게 된 것을 확실히 밋는 바외다"라는 연재 예고와 "서투르고 류창하지 못한 미숙한 번역으로 오래동안 독자 여러분을 지루하시게 하야서 미안합니다"라는 후기로 보아 번역소설임을 알 수 있으나 원작은 아직 밝혀지지 않았다. 비밀을 품은 한 여인을 사랑하게 되는 남성의 이야기로 얽히고설킨 오해를 풀고 마침내 진정한 사랑을 찾게 되는 과정을 긴장감 있게 조성하여 흥미진진하게 전개시킨 작품이다. 단행본의 경우 고려대학교 소장 박문서관본이 유일하였으나 유실된 상태이며, 그 표지만을 사진 자료로 확인하였다.

김월향전: 작자미상. 영창서관1935.

【내용】 미확인.

【참고】 단행본 원본 자료를 구할 수 없어 작품의 경개 및 세부 서지사항을 확인하지 못했다. 『강명화전(영창서관1935)』 권말 신소설 광고에 '김월향전'이라고 제목이 수록되어 있다.

김태자전(번)/김ᄐᆡᄌᆞ뎐金太子傳

서유영 작. 녹동 역. 매일신보1914.6.10-11.14(113회).

【내용】 신라 소성왕의 아들 소선(簫仙)은 착하고 효성이 지극하였으나 서자인 형 세징의 질투를 받는다. 부왕의 병을 고치기 위해 무인도로 향한 소선은 약을 구해 돌아오는 길에 세징의 공격을 받고 숱한 우여곡절을 겪게 된다. 약을 가로채어 돌아온 세징은 부왕의 병을 낫게 하고 소선이 죽은 것으로 둘러댄다. 우연히 중국으로 가게 된 소선은 수없이 닥쳐오는 위기를 타고난 재주와 지혜로 극복하면서 벼슬에 오르고 마침내는 황제의 부마가 되면서 그간 인연을 맺은 여섯 여인과 혼인한다. 이후 고국으로 돌아온 소선은 부왕의 승하 후 왕위에 올라 선정을 베풀고 90세까지 부인들(六美堂)과 해로하였다.

【참고】 1863년 雲皐 徐有英이 창작한 한문소설「육미당기(六美堂記)」에서 파생된 한글 번역본이다. 서유영의 한문 원전은 현재 전해지지 않고 있으며, 선행 연구에서 논의된 이본들은 모두 11종으로 알려져 있는데, 1877년의 한문 필사본이 당시 원본 그대로 옮겨진 것으로 추정된다.「김태자전」은「육미당기」의 축약본으로 간주할 수 있는데, 가장 큰 특징은 일본 정벌담이 빠져 있는 것이다. 《매일신보》 연재 당시 작자는 '綠東'이라고 표기되어 있다. 당시 녹동이라는 필명으로 활동한 사람은 최연택과 선우일이 있는데, 이 중 누구라고 단정하기는 어렵다. 작품의 연재가 끝난 다음 날인 1914년 11월 15일자 《매일신보》에 일종의 독후감이라고 할 수 있는 하몽 이상협의「讀金太子傳」이 실렸다.

꽃 같은 미인/쏫갓흔美人: 노익환 저작발행. 신구서림1926.

【내용】 리 승지는 관운이 다하여 고향인 광주로 낙향하는데 부인 정 씨가 병을 얻어 죽는다. 몇 달 후 낙심한 리 승지도 병을 얻어 시름시름 앓다가 동서인 김 참판에게 무남독녀 애화를 돌봐 달라는 유언을 남기고 죽는다. 불시에 부모를 잃은 애화는 김 참판을 따라 서울로 올라와 그 집에 의탁하게 된다. 어느 날 김 참판의 장질 김연희가 뛰어난 미모의 애화를 보고 한눈에 반한다. 육군 참령인 24세의 연희는 첫 부인을 상처하고 사오 년째 혼자 지내고 있던 중이다. 연희의 부모인 김 감사와 최 부인도 애화를 마음에 들어 하여 김 참판에게 통혼을 한다. 그러나 애화의 나이 열네 살이라 김 참판은 이삼 년 후 애화가 장성하면 성례시키기로 한다. 춘계육군대연습 행사가 있던 날 박 부장의 아내 남 씨와 딸 명화가 연희의 늠름한 자태를 보고 박 부장을 재촉하여 김 감사에게 통혼을 한다. 그러나 김 감사는 연희가 이미 애화와 정혼한 사이라며 거절한다. 박 부장 내외는 이를 안타깝게 여기다가 직접 중전마마에게 아뢰어 나라의 힘을 빌려 성혼시키고자 한다. 김 감사는 연희를 박 부장의 딸 명화와 성

혼시키라는 전교를 받는다. 연희는 애화를 찾아 자신에 대한 마음을 확인하려고 하나 애화는 고아한 자태를 잃지 않고 전교를 어기면 집안에 화가 있을 것이니 명화와 결혼하라고 말한다. 김 참판과 김 감사가 이러한 사정을 딱히 여겨 박 부장 몰래 연희와 애화의 초례를 치러 준다. 그 후 연희는 명화와 혼례를 치르나 애정이 없어 하룻밤도 같이 보내지 않는다. 명화는 낙심하여 지내다가 연희가 매일 애화를 보러 간다는 소식에 분통해한다. 명화는 연희를 지방으로 발령 보낸 후 그가 없는 사이 애화를 고향으로 내려 보내 불량배들을 시켜 죽이려 한다. 간신히 위기를 벗어난 애화는 연희와 재회하고, 연희는 박 부장에게 명화의 죄상을 밝힌 후 명화를 친정으로 돌려보낸다. 친정으로 쫓겨난 명화는 시름시름 앓다 죽는다. 애화는 명화의 죽음을 안타깝게 여기며 삼년상을 정성껏 치러 준다. 이후 애화는 연희와 성혼하여 행복한 가정을 이루고 살아간다.

【참고】 표지에 '쏫갓흔 美人', 본문 첫 장에 '쏫갓흔 미인'이라고 표기되어 있다. 절세가인인 리애화와 그녀를 염원하는 김연희가 우여곡절 끝에 인연을 맺는 내용이다. 유교적인 정절관념을 지닌 애화보다 적극적인 구애를 펼치는 김연희와 한 남자를 차지하려는 명화의 성격이 좀더 입체적으로 그려지고 있다. 1926년에 초판이 발행되었으며 1934년 발행된 고려대 도서관 소장 4판본을 텍스트로 내용을 정리했다. 안경호의 『탐화봉접(신구서림1927)』 작품 본문 안에서 「쏫갓흔 美人」이 간접광고된 것을 참고하면 실제 작가가 안경호일 가능성을 배제할 수 없다.

꽃다운 청춘/쏫다운靑春

영득 작. 백합사1927(63면, 25전).

【내용】 민 자작의 아들 영훈은 미국 시카고 대학에서 석사학위를 받고 돌아와 신문기자로 재직 중이다. 그의 애인인 정애는 홀아버지 밑에서 자란 무남독녀로 세상물정을 모르는 순진한 인물이다. 어느 날 영남 지방에 큰 홍수가 나자 영훈은 오랜 시간 대구에 머물면서 취재를 담당하게 된다. 대구에 사는 정애의 친구 봉경은 오랫동안 영훈을 짝사랑해 온 인물인데 정애에 대한 시기와 질투에 사로잡혀 있다. 영훈이 사고를 당해 병원에 입원하자 봉경은 지극정성으로 병간호를 하면서 영훈의 마음을 사로잡으려 애쓴다. 영훈의 절친한 친구이자 의사인 윤태원이 대구로 내려와 영훈의 진료를 맡는다. 그는 오랫동안 정애의 편지가 오지 않자 봉경을 의심하고 탐문한 결과 봉경이 정애의 편지를 모두 가로챈 사실을 밝혀낸다. 한편, 영훈의 친구 박춘근은 정애가 영훈을 배웅하고 가는 뒤를 밟아 정애에게 접근한다. 춘근에 대해 추호의 의심도 없었던 정애는 어느 날 춘근의 계책에 속아 정조를 유린당한다. 이 일로 정애는 임신을 하지만, 자신이 임신한 줄도 모르고 태윤의 권유로 병원에 입원한다. 사실을 안

영훈은 충격을 받고 날마다 술을 마신다. 정애는 순결하지 않은 몸으로 영훈과 결혼할 수 없다는 생각에 한강으로 가 자살을 시도하지만 영훈에게 발견되어 미수에 그친다. 얼마 뒤 정애는 아이를 유산한다. 다음 해 봄 결혼한 두 사람이 행복한 생활을 누리던 중 춘근의 기사가 신문에 난다. 어느 부호를 살인한 죄로 사형선고를 받았다는 기사다. 춘근이 벌을 받게 되었음을 알고 두 사람은 함께 기뻐한다.

【참고】 국립중앙도서관 소장 백합사본 표지에 '꼿다운靑春', 본문 첫 장에 '꼿다운靑春 영득 作' 이라고 표기되어 있다. 김영득(金榮得)은 본명보다 김유영(金幽影, 1907-1940)이라는 이름으로 유명한데, 일제 강점기에 영화 등 예술 분야의 진보적 운동에 종사했다.

꽃 한 송이: 작자미상. 초판서지불명.

【내용】 천안에서도 궁벽한 시골에 사는 순이는 홀아버지를 모시고 가난한 살림을 꾸려간다. 같은 마을에 사는 갑돌은 순이를 사랑하지만, 부끄러운 순이는 일부러 갑돌에게 쌀쌀맞게 군다. 마을의 유지인 최 참봉의 아들 춘식은 순이를 범하려 하는데 그때마다 갑돌이 나타나는 바람에 번번이 실패한다. 어느 날 순이의 부친은 최 참봉 댁 일을 하다가 허리를 크게 다친다. 춘식은 아버지를 치료해 주겠다는 것을 빌미로 해서 순이에게 치근덕대지만, 순이는 춘식의 꼬임에 빠지지 않는다. 결국 병이 악화된 순이 아버지는 갑돌에게 순이와 혼인하라는 말을 남기고 숨을 거둔다. 마을 사람들은 합심하여 순이와 갑돌의 결혼식을 준비한다. 그런데 결혼식을 하루 앞두고 갑자기 갑돌이 행방불명된다. 춘식의 계략으로 갑돌은 도둑누명을 쓰고 경찰서에 붙들려 간 것이다. 이 틈을 타서 춘식은 순이에게 금반지를 건네고, 순이가 변심했다고 오해한 마을 사람들은 그녀를 멀리한다. 순이는 반지를 되돌려 주고 마을을 떠나 서울로 와서 행상을 한다. 순이는 길에서 담배를 팔다 춘식을 만나고, 때마침 무죄 판결을 받고 풀려난 갑돌과도 마주친다. 갑돌은 순이에게 가난한 자신보다 춘식에게 시집가라고 하고, 갑돌의 의연한 태도에 감동받은 춘식은 순이에게 갑돌을 따라가라 말한다. 천안행 기차에 몸을 실은 순이는 서러움에 복받쳐 울고 갑돌은 순이의 눈물을 닦아 준다.

【참고】 삼중당본(1952, 121면, 5000원) 표지와 본문 첫 장에 '三中堂 大衆文庫4 꽃한송이' 라고 표기되어 있다. 초판의 발행 시기를 확인할 수 없으나, 등장인물의 대사 중에 '해방 후에는' 이라는 표현이 있는 것으로 미루어 보아 해방 후에 창작된 것으로 보인다. 동일한 작품으로 理論社 발행본(이철수 저작발행, 1958)이 있는데, 여기에는 겉표지 없이 본문 첫 장에 '꽃한송이 嚴興燮' 이라고 표기되어 있다.

꽃향기 무궁화/쏫향기無窮花: 작자미상. 영창서관1935.

【내용】 미확인.

【참고】 단행본 원본 자료를 구할 수 없어 작품의 경개 및 세부 서지사항을 확인하지 못했다. 『강명화전(영창서관1935)』 권말 신간 광고에 '쏫향기 無窮花' 라고 제목이 수록되어 있다.

꽃향기 좋은 무궁화/쏫향기조흔無窮花: 전남렬 작. 영창서관1931(80전).

【내용】 미확인.

【참고】 단행본 원본 자료를 구할 수 없어 작품의 경개 및 세부 서지사항을 확인하지 못했다. 『운명의 진주(영창서관1931)』 권말 서적 광고에 '全南烈 作 쏫향기조흔無窮花' 라고 표기되어 있다.

꿀 같은 사랑/꿀갓흔사랑: 작자미상. 덕흥서림1933(30전).

【내용】 미확인.

【참고】 단행본 원본 자료를 구할 수 없어 작품의 경개 및 세부 서지사항을 확인하지 못했다. 『옥련의 눈물(덕흥서림1933)』 권말 '京城德興書林新刊書籍廣告' 에 '靑春男女 꿀갓흔사랑' 이라고 제목이 표기되어 있다.

꿈속의 꿈/쑴속의쑴: 명주 작. 태화서관1932.

【내용】 리셩호는 요릿집 앞에서 우연히 동창생 백의영, 김일순, 조항구를 만나 술집으로 향한다. 그는 거기서 송자라는 술집 여자와 하룻밤을 보낸다. 셩호는 집안 형편이 어려워, 아버지 리 진사가 거두어 키웠던 박병일을 찾지만 박대만 받고 쫓겨난다. 그는 굶고 있는 아이들을 생각하며 군밤 장사를 시작한다. 셩호는 의영이 대만으로 떠난다는 소식을 듣고, 그를 배웅 나간다. 그는 거기서 송자를 다시 만나고, 송자는 자신이 돈을 댈 테니 장사를 시작해 보라고 권한다. 한편 술집에 들렀던 박병일은 송자를 첩으로 얻고자 송자의 어미를 구슬린다. 어머니의 뜻을 꺾을 수 없던 송자는 오백 원을 셩호에게 부치고 자살한다. 셩호와 아내 정혜는 그의 죽음을 안타까워한다. 셩호는 송자가 남긴 오백 원을 가지고 사업을 시작하여 은행장까지 오른다. 주색을 일삼던 병일은 집까지 은행에 차압될 처지에 놓여 약까지 먹는다. 그의 아내 영숙이 셩호를 찾아 선처를 구하고 셩호는 흔쾌히 이를 허락한다. 한편 자살한 것처럼 속이고 일본으로 건너갔던 송자는 동경에서 양복학교를 마치고 선생으로 일한다. 그곳에서 셩호가 다니는 은행 직원을 만난 송자는 셩호가 은행장이 되었다는 소식을 듣고 서울로 돌아온다. 셩호는 송자를 반겨 맞고, 정혜 또한 이렇게 만난 게 모두 꿈속의 꿈 같

다며 반가워한다.

【참고】 경상대 도서관 소장 태화서관 3판본(1947) 표지에 '人情小說 쑴속의쑴', 본문 첫 장에 '인정소설 쑴속의쑴, 明洲 著' 라고 표기되어 있다. 작품 말미에 다음과 같은 필자의 말이 붙어 있다. "쑴이라는 문졔가 낫스니 필자도 한번 쑴의 대한 이야기를 할가 합니다 정든 임을 이별하고 찬 자리에 홀노 누어서 쑤는 쑴이 소위 찬 쑴이구요? 이 몸이 나비 되여 만자천홍(萬紫千紅) 꼿 속으로 펄-펄 나러다니는 것은 이이룬 호접몽(蝴蝶夢)이 아님니가? 그러나 이런 쑴 저런 쑴 하여도 필자가 쑴속의 쑴이라는 이 책을 쓰게 된 것이 참으로 쑴속의 쑴 갓흔 일이오며 쑴속의 쑴이라는 이 책을 보시게 된 여러분도 참으로 쑴속의 쑴이요 이 책을 보시는 여러분도 쑴속의 쑴이라면 이세상은 쑴속의 쑴 뿐일가요?"

꿈을 쫓는 여인(번)

【내용】「슬픈 기병」 참조.

꿈하늘/쑴하늘: 신채호 작. 필사본1916(미완).

【내용】 4240년경, 어느 날 한놈은 무궁화 꽃송이에 앉아 있다가 큰 싸움을 목격한다. 한놈이 싸움의 참혹함에 놀라 눈을 감으니, 무궁화는 이러한 싸움이 우주의 본 면목이라면서 한놈에게 싸움에 참가하여야 한다고 말한다. 그러는 중에 한놈은 을지문덕과 만난다. 을지문덕은 한놈에게 우리나라 역사에 대해서 이야기한다. 한참 재미있게 이야기를 하던 중에 을지문덕은 활활 불이 타는 동편 하늘 쪽으로 훌쩍 가 버린다. 혼자 남은 한놈은 갈 길을 모르고 있는데, 꽃송이가 싸움터로 가라고 한다. 그리고 꽃송이는 한놈에게 날개를 달아 주고 동무로 삼을 한놈의 분신 여섯을 준다. 싸움터로 가는 중, 한놈의 분신들은 모두 갖가지 이유를 대고 도망한다. 혼자 싸움터에 온 한놈은 임진왜란 때의 적장 풍신수길을 만나 싸운다. 풍신수길을 칼로 베려 하는 차에, 미인을 보고 잠깐 한눈을 판 한놈은 지옥에 떨어진다. 지옥에서 한놈은 순옥사자인 강감찬의 말을 듣고, 나라 사랑과 미인 사랑을 겸할 수 없음을 깨닫는다. 한놈은 지옥에서 나와 '님 나라'에 온다. 그리고 그곳에서 역사적으로 유명한 인물들이 모두 비를 들고 하늘을 쓸고 있는 모습을 본다. 3500년경부터 하늘이 보얗게 되더니 4240년경부터는 소경눈처럼 되어 그것을 깨끗이 하고자 모두 비를 들고 하늘을 쓸고 있는 것이었다. 이에 한놈도 비를 들고, 하늘을 쓸기 시작한다. 그러다가 한놈은 하늘의 명령으로 도령군, 곧 화랑을 구경하러 간다. 한놈이 도령군 놀음곳에 다다라 들어가려고 하니 그곳으로 가는 문 앞에 있는 장수가 막아선다. 그리고 그 장수는 한놈에게 정이 많고 고통이 깊은 사람이라야 도령군의 놀음을 이해할 수 있다고 말한다.

【참고】 이 작품은 단재 신채호가 중국에 망명 중이던 1916년에 집필했으며 미완이다. 신채호 생전

에는 발표되지 않았다가 중국을 통해 유고를 입수한 북한 당국이 1966년 『룡과 룡의 대격전(조선문학예술총동맹출판사1966)』이라는 책 안에 수록하여 발표하면서 세상의 빛을 보았다. 남한에서는 1972년 12월 《문학사상》을 통해 처음 소개되었다. 유고 원본은 김병민이 펴낸 『신채호 문학 유고 선집(연변대학출판사1994)』에 실렸다. 이것은 다시 1995년 한국문화사에 의해 영인 출판되었다. 이 작품은 '꿈'을 통해서 현실비판의 욕구를 우의적으로 표현하고 있으며, '하늘'을 환상적, 종교적 세계가 아니라 역사의 세계이며 우리가 자유의지로 만들어 가는 현실세계의 반영이라 보았다. 서문에서 작가는 주인공 '한놈'을 '섬 만흔 놈'이라고 소개하고 있으며, "다만 바라는바 이 글 보는 이가 우리나라도 美國 갓허저라 德國 갓허저라 하는 생각이나 업스면 할 뿐"이라고 하면서 독자에게 주체적인 역사·사회의식을 지닐 것을 강조하고 있다. 한편 서문 말미에 "檀君 4249년 3월 18일 한놈 씀"이라고 기재된 것을 근거로 1916년에 쓰인 것으로 작품 창작연도를 추정한다.

ㄴ

나나1(번): 졸라 작. 홍난파 역. 박문서관1924(300면).

【내용】 원작 참조.

【참고】 표지에 '나나 佛國 졸라 作 洪蘭坡 譯'이라고 표기되어 있다. 프랑스 작가 에밀 졸라(Émile Edouard Charles Antoine Zola)의 「나나(Nana)」(1880)는 '루공 마카르 총서'의 제9권이다. '나나'는 총서의 제7권인 「목로주점」의 주인공 제르베즈의 딸이다. 미모의 여배우이며 창부였던 나나가 많은 남자들로부터 돈, 명예, 순정 등을 받으며 호화로운 생활을 하지만, 결국은 방랑생활 끝에 천연두에 걸려 혼자 쓸쓸히 죽는다는 내용이다. 宇高伸一의 일역본 「ナナ(1922)」를 대본으로 한 중역본이다.

나나2(번): 졸라 작. 심향산인 역. 조선일보1929.10.22-25(4회 완).

【내용】 원작 참조.

【참고】 '태서명작경개 17-20회'까지 전 4회에 걸쳐 프랑스 작가 에밀 졸라의 「나나」를 요약하여 줄거리를 소개한 것이다. 역자 심향산인(心鄉山人)은 이 작품이 졸라가 쓴 작품 가운데 "가장 걸작품"이며, "음탕한 파리 생활을 나나라는 녀배우를 내세워 그린 것이니 시인인 그의 재능을 여기서 넉넉히 알 수 있다"고 설명한다.

나는 살고 싶다: 작자미상. 초판서지불명.

【내용】 「순정한 사랑」 참조.

【참고】 표지에 '悲戀哀話 나는 살고 싶다', 본문 첫 장에 '青春男女 純情한 사랑'이라고 표기되어 있다. 改題가 된 것인지, 一名 혹은 副題로 보아야 하는지, 제책상의 오류인지는 단정하기 어렵다. 서강대 소장 세창서관(신태삼 저작발행, 1957, 79면)본을 참고하였으나, 초판의 발행 연도는 확인되지 않는다. 조준경 저작발행, 『순정한 사랑(보성서관1938)』과 내용이 같다.

나보레언전(번)

【내용】「나파륜전」 참조.

나사렛 목수 예수(번)/나사렛목슈예수

레이먼 작. 게일·이원모 공역. 조선야소교서회1927(288면, 75전).

【내용】 원작 참조.

【참고】 원제는 'Jesus The Carpenter of Nazareth' 라고, 원작자는 'A. Layman', 역자는 'J. S .Gale and Yi Wun Mo' 라고 표기되어 있다. 예수의 탄생부터 승천까지 예수의 일대기를 그린 작품이다.

나의 대학(번)/나의大學: 고리키 작. 송범의 역. 창인사1947(상권: 143면).

【내용】 원작 참조.

【참고】 원작은 고리키(Maxim Gorky)의 자전적 소설 「나의 대학(Мои университеты)」(1923)이다. 저자가 살아온 삶과 당대 러시아의 생활상을 주인공 '뻬쉬꼬프' 의 성장과정에 결부시켜 형상화한 자전적 소설이다. 창인사에서 출판한 '골키 選集' 의 제2권이다. 제1권은 이철 역의 『短篇集 첼카슈(1947)』이며, 「廣野에서」, 「스물여섯 사람과 한 여자」, 「가을의 한밤」, 「그의 愛人」, 「첼카슈」 등 고리키의 단편 5편이 수록되어 있다. 제2권은 宋範儀가 번역한 장편 『나의 대학』 上卷이다. 하권의 출판 기록이나 단행본은 확인할 수 없다. 초역이나 축역이 아닌 완역본이다.

나파륜사(번)/拿坡崙史: 원작미상. 박문서관편집부 역술. 박문서관1908(178면, 40전).

【내용】 내용 생략.

【참고】 표지에 '拿破崙史 全', 본문 첫 장에 '拿坡崙史' 라고 표기되어 있다. 난외서명 또한 '拿坡崙史' 이며, 본문의 내용 중에도 나폴레옹을 '拿坡崙' 으로 표기하고 있다. 표지에는 '隆熙 三年 一月 日' 이라고 표기되어 있고, 간기에는 '隆熙 二年' 발행으로 표기되어 있다. 총 90절로 분절되어 있는 나폴레옹의 전기이다.

나파륜전(번)/拿破崙傳: 원작미상. 역자미상. 한성순보1895.11.7-1896.1.26.

【내용】 내용 생략.

【참고】 원저자, 역자 미상의 번역소설이다. 글머리에는 저작인지 번역인지 분간할 수 있는 단서가 없지만, 최종일 연재분에 "譯者曰 오호-라 帝는 몸이 병졍에셔 니러나셔 나국황졔 되야"로 시작하는

후기가 첨부되어 있는 것을 확인할 수 있다.

나파륜 전사(번)/拿破崙戰史

노노무라 작. 유문상 역. 의진사1908(상권: 178면, 40전).

【내용】 원작 참조.

【참고】 표지에 '劉文相 譯 拿破崙戰史 上', 본문 첫 장에 '拿破崙戰史 上 劉文相 譯述' 이라고 표기되어 있다. 본문 이전에 4페이지가량의 상세한 목차가 수록되어 있다. 일본 野々村金五郎의 「拿破崙戰史(1894)」을 대본으로 한 축자역이다.

나폴륜과 푸로시아 왕후(번)

엘미울박 작. 리대위 역. 신한민보1913.12.19-1914.1.1(3회 미완).

【내용】 원작 참조.

【참고】《신한민보》'譯謄' 란에 연재되었다. 연재 지면에 '나폴륜과푸로시아왕후 덕문 뎌술쟈 엘 미울박 영문 번역쟈 에푸 조단 국문 번역쟈 리대위' 라고 표기되어 있어 중역 과정을 짐작할 수 있다. 1913.12.19-1914.1.1까지 '나폴륜과 푸로시아 왕후' 라는 제목으로 연재되었으나 3회로 중단되었고, 1915.8.5일자부터 다시 연재될 때는 '의국열혈' 로 표제를 변경했다. 장 구분이 있다.

낙락장송/落落長松: 작자미상. 박문서관1923.

【내용】 미확인.

【참고】 단행본 원본 자료를 구할 수 없어 작품의 경개 및 세부 서지사항을 확인하지 못했다. 『박씨부인전(박문서관1923)』 권말 신소설 광고에 '哀情小說 落落長松' 이라고 제목이 표기되어 있다.

낙화(번)/落花: 부아고베 작. 봄바람 번안. 조선일보1925.3.2-8.30(180회 완).

【내용】 원작 참조.

【참고】 연재 지면에는 '봄바람 번역' 이라고 표기되어 있을 뿐 원작자와 원작에 대한 정보가 없으나, 내용상 프랑스 작가 부아고베(Fortuné du Boisgobey)의 대표작 「르콕의 만년(La Vieillesse de M. Lecoq)」(1876)이 원작이다. 구로이와 루이코(黑岩涙香)의 「死美人(1892)」를 재번안한 것이다. 지명은 불란서, 파리 등으로 표기하고 있으나, 인명은 '로 선생(퇴경退耕)', 준길, 숙자 등 한국식으로 바꾸어 쓰고 있다. 은퇴한 탐정 로 선생이 관여하던 살인 사건의 범인으로 그의 아들 준길이 체포되자

진범을 찾기 위해 동분서주하는 이야기이다. 로 선생이 인도의 대후작 마호라, 법률가 일운 선생, 영국 회사원 김인배 등 여러 가지 신분으로 변장한 채 범인을 뒤쫓는 과정이 흥미진진하게 묘사되어 있다.

낙화유수/落花流水: 강의영 발행.

【내용】 미확인.

【참고】 단행본 원본 자료를 구할 수 없어 작품의 경개 및 세부 서지사항을 확인하지 못했다. 1931년 1월호 《조선출판경찰월보》 단행본 납본 목록에 수록되어 있다.

난봉기합/란봉긔합鸞鳳奇合: 아속선생 작. 동양서원1913(130면, 25전).

【내용】 경상도 안동에 사는 권극은 빈한하나 학식이 높은 선비로 나이 오십에 아들 질을 얻는다. 어느 날 같은 마을에 사는 리 진사가 아들 석룡을 부탁하여 가르치는데 석룡은 아둔하여 따라오지 못하고, 질은 총명하여 날로 발전한다. 리 진사는 석룡을 걱정하며 그의 누이동생 취봉이 훨씬 낫다고 한탄한다. 권극이 취봉의 총명함을 마음에 들어 하자 리 진사는 질과 취봉을 혼인시키자 청한다. 석룡은 평소 질을 시기 질투하다 누이동생까지 그에게 시집보낼 생각을 하니 울화가 치민다. 그는 비복 황창운을 시켜 결혼을 방해하려다 실패한다. 그러던 중 권극이 독질에 걸려 세상을 떠나고, 리 진사마저 병을 얻어 죽는다. 결혼을 방해한 죄로 집안에서 쫓겨났던 황창운은 앙심을 품고, 안동 부사의 아들 하천년에게 취봉을 소개해 준다. 석룡 또한 누이에게 천년과의 혼인을 강요한다. 그러나 취봉은 이미 권질과 정혼한 사이라며 거절한다. 취봉은 권질의 집에 불을 내려는 황창운의 모략을 알아내어 권질을 피신시키고, 꾀를 내어 혼사를 미룬다. 한편 권질은 례안으로 도망 와 됴 승지 집의 하인이 된다. 됴 승지의 딸 취란이 권질의 사정을 듣고 딱히 여겨 오라비 복에게 보낸다. 권질은 복의 도움으로 상감을 만나게 되고, 그의 글 솜씨를 알아본 상감이 벼슬을 내린다. 그사이 취봉은 끈질기게 혼인을 강요하는 석룡과 하천년을 피해 남장을 하고 례안의 됴 승지 집으로 피신하는데 취란이 취봉을 알아보고 반긴다. 경상도 안찰사로 부임하게 된 권질은 됴 승지의 집에서 취봉, 취란과 재회하고, 이들을 좌부인, 우부인으로 맞이한다.

【참고】 연세대 소장 동양서원본 본문 첫 장에 '아속선생 啞俗先生' 판권지에 '김교제 金敎濟' 라고 저자가 표기되어 있다. 본문 끝에 '일부다처가 문명에 어긋나나 조선 초엽의 일로, 저자는 그 사실을 그대로 적었을 뿐이니 독자는 그때 풍속을 개탄할지라도 저작자를 책치 아니하실 줄 생각한다' 는 저자의 말이 붙어 있다. 빈한한 태생적 신분으로 인해 혼사장애를 겪고 결국 양반의 신분을 가진 '취봉' 과 '취란' 의 도움을 받아 입신양명하는 권질의 고난은 조선조의 계층적 신분 제도의 한계를 드러내고 있다.

난혼 재판(번)/亂婚裁判: 대미두이치 작. 한득수 역. 비판1931.11-1932.6(4회 완).

【내용】 모스크바 산파부인병과학원에 재학 중인 안나 후토로프와 사실혼 관계를 유지해 오던 와시례후는 안나의 임신 사실을 알고 슬그머니 자취를 감춘다. 그로부터 얼마 후, 안나의 고소로 와시례후의 방탕한 난혼에 관한 공중재판이 열린다. 재판정에 나온 와시례후는 사랑이 식으면 서로 이별하는 것이 당연하다는 주장을 펼친다. 하지만 과거 자신이 만났던 여성들의 연이은 폭로로 인해 그의 사생활이 성적으로 문란하였음이 밝혀진다. XX청년동맹세포위원회는 안나의 고소를 인정한 결과로 와시례후에 대해서 엄중한 푸로레타리아적 견책을 내리고, 비사회적 행위를 중지함이 증명될 때까지 당 가입을 연기한다는 결의문을 가결한다.

【참고】 연재 지면에 '亂婚裁判 대미두이치 著 한득수(韓得洙) 譯'이라고 표기되어 있다. 목차에는 소설로 분류되어 있으나 희곡 형식이다. 본문 앞에 등장인물, 장소, 시간, 무대 설명이 나와 있고, 인물들의 대사가 지문과 함께 실려 있다.

남무아미타불/南無阿彌陀佛: 이종정 저작발행. 광동서국1922(46면, 20전).

【내용】 광희문 성 밑에 사는 리방덕은 포악한 아내에게 구박을 받고 쫓겨나 운화사로 향했다가 탐관오리의 학정을 피해 그곳에 숨어 있는 사나운 패거리를 만난다. 방덕은 그들에게 민란 계획을 전해 듣고 이를 크게 꾸짖은 뒤 선량에 힘써 농상에 매진할 것을 제안한다. 그의 일장연설에 감복한 이들 패거리는 방덕을 수장으로 받들고 복종을 맹세한다. 방덕은 이들과 함께 제터에 나가 천지신명에 제를 지낸 뒤 사업에 필요한 자본을 마련하기 위해 방책을 모의한다. 방덕은 탐관오리로 악명이 높은 허보국을 만나서 사업의 취지를 말하고 재산을 청구한다. 하지만 허보국이 크게 반발하자 방덕은 그의 지난 학정을 거론하며 꾸짖고, 이에 놀란 허보국은 방덕에게 용서를 구한 후 사업에 필요한 자금 삼십만 원을 내놓는다. 운화사로 돌아온 방덕은 나이가 어린 십삼 인을 뽑아 농업, 상업, 잠업 등의 신학문을 익힐 수 있도록 동경에 유학을 보내는 한편 나머지 일행과 함께 황무지를 개척하기 위하여 간도로 향한다. 삼 년 후 개간지에서 사십만 원에 달하는 수입을 얻게 된 방덕은 다시 허보국을 만나 돈을 변제한 후 새로 개간할 땅을 알아보기 위해 철원과 양주로 향한다. 그리고 때마침 유학에서 돌아온 십삼 인과 함께 각각 농업학교와 잠업학교를 창립한다. 그러던 어느 날 방덕은 예전 자기의 아내 패 씨가 걸인의 아내가 되어 떠돌아다니는 것을 발견한다. 방덕이 그들에게 가난을 면할 것을 당부하며 백 원을 건네자 패 씨는 후회의 눈물을 흘리고 사내는 기쁜 마음에 남무아미타불을 외친다. 이후 방덕은 현명한 아내를 맞아 자손을 번창시킨다.

【참고】 서울대 도서관 소장 광동서국본 표지에 '南無阿彌陀佛 남무아미타불', 본문 첫 장에 '改過遷善南無阿彌陀佛 기과쳔션남무아미타불'이라고 표기되어 있다. 가난하지만 의로운 남성 리방덕의 선행

과 함께 성정이 포악한 여성 패 씨의 몰락 과정이 그려지고 있는데, 그 과정에서 권선징악의 주제가 뚜렷이 드러나고 있다. 본문 중간 중간에 의도를 짐작하기 어려운 '삭제' 표기가 반복적으로 나타나 있다.

남방의 처녀(번)/南邦의處女: 원작미상. 염상섭 역술. 평문관1924(252면, 1원).

【내용】 여행문학자 영국인 구례상은 캄포차 푸농펜을 방문했다가 라순희 공주와 사랑에 빠진다. 공주와 장래를 약속한 구례상은 런던으로 돌아와 친구들에게 캄포차 이야기를 들려준다. 이때 옆자리에 앉은 우익소 일행이 캄포차 궁전에 신기한 보물이 있다는 구례상의 이야기를 듣게 된다. 친구들과 헤어져 집으로 돌아가던 구례상은 우익소 일행으로부터 폭행을 당하고 가방을 빼앗긴다. 구례상의 오랜 친구이자 탐정인 윤영구는 이 사건이 우익소의 소행이라 짐작하고 사건의 전말을 추적한다. 탐문 끝에 윤영구는 우익소 일행의 은신처를 습격하지만 격투 끝에 그만 우익소를 놓쳐 버리고 만다. 얼마 후 건강을 회복한 구례상은 윤영구를 찾아와 라순희 공주와의 결혼을 위해 캄포차로 떠난다고 말한다. 윤영구는 비밀 결혼을 불사하겠다는 친구를 말리지만 구례상은 듣지 않는다. 그러던 어느 날, 윤영구는 캄포차 국보가 도난당한 사건을 맡게 되어 푸농펜으로 건너온다. 윤영구는 사건을 추적하던 중 구례상이 푸농펜에 와 있음을 알게 된다. 윤영구는 국보의 행방을 찾는 한편으로, 구례상과 라순희 공주가 결합하는 데 도움이 될 만한 일을 찾는다. 윤영구가 캄포차 국왕이 지원해 준 비행기를 타고 우익소 일당을 추적하는 사이, 라순희 공주가 가출하는 일이 발생하고 구례상은 국왕에게 붙잡혀 처형될 위기에 처한다. 윤영구는 우익소 일행과 추격전을 벌인 끝에 국보를 되찾는 데 성공한다. 윤영구는 국왕에게 구례상의 선처를 간청하지만 국왕은 매몰차게 거절한다. 이에 윤영구는 라순희 공주가 국왕의 혈통을 물려받지 않았다는 증거를 불란서 총독부에 전한다. 결국 불란서 총독의 명에 따라 캄포차 국왕은 구례상과 라순희 공주의 결혼을 허락한다. 윤영구는 기뻐하는 두 사람을 뒤로하고 고국으로 돌아온다.

【참고】 본문 첫 장에 '廉想涉譯述 南邦의 處女'라고 표기되어 있다. 원작자와 원작을 알 수 없는 번역소설이다. '역자의 말'에서 이 작품이 "고급의 문예소셜도 아니오, 또 문예에 대한 정셩으로 역술한 것은 안이외다"라고 하여, 염상섭 스스로 이 작품을 본격적인 창작품과 구분하고 있음을 알 수 있다.

남잡이 제잡이(번): 스코트 작. 돌대 역. 신생1933.10-11(2회).

【내용】 미확인.

【참고】 원문 자료를 구할 수 없어 번역본 서지에 대한 정보는 김병철의 『한국근대번역문학사연구(1975)』를 참고했다. 2회 연재분이 축역 혹은 발췌역인지 연재 중단인지도 확인할 수 없다. 김병철

의 저서에 의하면 원저자는 '스콛'으로, 원저명은 'Bombay Duck'으로 기록되어 있는데, 캐나다 작가 스코트(Reginald Thomas Maitland Scott)의 탐정소설 「Bombay Duck(1929)」인 것으로 보인다.

남편 찾아 만주/男便차져滿洲: 작자미상. 세창서관1936(56면).

【내용】 안병철은 가난한 회사원으로 정화영과 약혼한 사이이다. 그러나 화영의 모친인 박 씨는 병철을 못마땅해 하며 남작의 아들 리완길과 결혼시키려 한다. 병철은 봉천 군대포 지점에 자리가 있다며 화영에게 같이 도망가자 하지만 화영은 어머니 혼자 두고 갈 수 없다며 기다리겠다고 한다. 화영은 방직회사의 여직원으로 취직하고, 병철은 친구 김정옥의 도움으로 봉천 군대포 지점 사무원으로 발령받아 만주로 떠난다. 방직회사의 기숙사에서 지내던 화영은 자신이 가출하자 박 씨가 실성했다는 소식을 듣고 집으로 돌아온다. 완길은 박 씨와 짜고 화영을 억지로 겁탈하려다 실패한다. 화영은 굳은 결심을 하고, 병철을 찾아 군대포로 떠난다. 만주로 가는 기차에서 리해열이라는 조선인에게 겁탈당할 뻔한 화영은 마침 나타난 병철의 도움으로 위기를 모면한다. 둘은 조선인 청년회관에서 결혼하여 가정을 꾸린다. 그러나 병철이 뜻밖의 병에 걸려 사경을 헤매게 된다. 소식을 듣고 급히 달려온 정옥은 친구를 위해 자신의 살점을 떼어 약으로 쓰게 한다. 병철은 회생하여 친구 정옥과 함께 군대포에서 만주개척을 위해 전력을 다한다.

【참고】 표지에 '義俠戀愛 男便 남편 차져 滿洲 만주', 본문 첫 장에 '義俠戀愛 男便 남편 차저 滿洲 만주'라고 표기되어 있다. 난외서명은 '남편 차져 만주'이다. 김정옥과 안병철 모두 만주 황야를 개척하기 위해 전력을 다하였다는 작품의 결말에서 만주 개척을 권장하였던 일제의 식민 정책을 엿볼 수 있다. 서강대 소장 세창서관본을 텍스트로 내용을 정리했다.

낭인(번)/狼人: 키플링 작. 이원수 역. 신가정1934.9-10(2회).

【내용】 원작 참조.

【참고】 연재 지면에 '動物小說 狼人 R. 키플링 李元秀 譯'이라고 표기되어 있다. 영국 작가 키플링(Joseph Rudyard Kipling) 작 「정글북(The Jungle Book)」(1894)의 부분 축역본이다. 우연한 계기로 늑대 부부에 의해 양육된 모글리라는 늑대 소년이 벵골 호랑이 쉬어 칸과의 대결, 정글 법칙과 인간 사회의 모순 등 숱한 역경을 이겨내고 결국 인간으로 되돌아간다는 내용의 작품인데, 이 역본의 경우 2회 연재 이후 '끝' 표기를 하고 있으나 내용 전개상 원작의 앞부분을 축약 의역한 것으로 판단된다.

낸의 비극(번)/낸의悲劇: 메이스필드 작. 박용철 역. 동광당서점1940.

【내용】 원작 참조.

【참고】 시문학사 편집『박용철전집 제2권(동광당서점1940)』제Ⅳ부 '희곡편'의 520-620면에 실려 있다. 공연 기록은 표기되어 있지 않다. 원작은 영국의 계관시인 메이스필드(John Edward Masefield)의 산문주의 희곡「The Tragedy of Nan(1921)」이다. 사회의 허위를 고발하고 인간애를 드러낸 작품으로 평가된다.

너 참 불쌍타(번)/너참불상타: 위고 작. 최남선 역. 청춘1914.10.

【내용】 원작 참조.

【참고】 최남선이 주재한《청춘》창간호의 부록집에 빅토르 위고(Victor Hugo)의「레미제라블(Les Misérables)」(1862)을 부분 경개역하여 수록한 작품이다. 총 36면의 지면에 전재되어 있다. 본문 첫 장에 '너참불상타 빅토르, 유고 著'라고 표기되어 있으며, 역자의 정보는 주지 않고 있다. 경우에 따라 홍명희가 번역한 것이라 보는 견해도 있으니 추가 확인이 필요하다.《청춘》지의 특집 '세계문학개관'에서 처음 소개한 작품이다.「레미제라블」을 원텍스트로 하여 최남선이 번역한 다른 작품「ABC계(소년1910.7)」와는 그 성격과 번안의 초점이 다르다.「ABC계」가 역사의식을 강조한 것이라면,「너 참 불상타」는 인도주의적 세계관에 입각한 교훈적 작품이다.「ABC계」외에 동일 원작의 번역 및 번안본으로 강소파의「레미제라블(1946)」, 민우보의「애사(1918)」, 홍난파의「애사(1922)」와「장발장의 설움(1923)」, 김광주의「인간무정(1949)」, 박계주의「장발장(1948)」이 있다.

노라(번): 입센 작. 양백화 역. 영창서관1922(176면).

【내용】 원작 참조.

【참고】 원작은 입센(Henrik Johan Ibsen)의「인형의 집(Et Dukkehjem)」(1879)이다. 표지에 'Et Dukkehjem 노라 입센 作 梁白華 譯'이라고 표기되어 있다. 본문 앞에는 나혜석이 작사하고 백우용이 작곡한 '노라' 악보가 실려 있다.「인형의 집」을 소개하는 운정생(雲汀生)의 서문과 노라에게 보내는 편지 형식으로 쓴 춘원의 글이 작품 앞에 있으며, 책의 끝에는 김일엽의 발문이 실려 있다. 역자 서문에서 양백화는 원작자 입센이 몇몇 사람들의 비난 때문에 결말을 노라의 가출이 아닌 귀가로 개작한 사실을 소개하면서 자신은 원래의 작품대로 번역했음을 밝히고 있다.

녹두장군/綠豆將軍: 노익환 저작발행. 신구서림1930(31면, 20전).

【내용】 철종 때, 경상도의 수운 최제우는 민중을 제도하기 위해 동학을 일으킨다. 부패한 정치로 고통받던 백성들이 동학으로 몰려들자 조정에서는 최제우를 잡아들여 혹세무민 죄로

처형한다. 해월 최시형이 최제우의 뒤를 이어 비밀리에 활동하며 교도를 확장한다. 민비가 정권을 잡은 후 부패정치가 극에 달하자 백성들은 더 이상 견디지 못하고 곳곳에서 민란을 일으킨다. 전라도 고부의 전봉준은 군수 됴병갑의 학정에 분개하여 동학에 투신한 뒤 갑오년 정월에 난을 일으킨다. 이를 시작으로 각 지역에서 손화즁, 김개남, 손텬민 등이 동학당 수천 명을 거느리고 일어나 탐관오리를 몰아낸다. 정부는 관군을 보내어 동학군을 물리치게 한다. 관군이 대패하고 동학군의 세력이 날로 커지자 정부는 청의 원세개에게 지원군을 요청한다. 청이 지원군 육천 명을 보내자 일본은 조선에 출병하려면 미리 통지를 해야 한다는 갑신정변의 조약을 지키지 않았다며 일청 전쟁을 일으킨다. 이 전쟁으로 무고한 조선 백성이 큰 피해를 입는다. 각 지역 동학군들도 관군과의 싸움에서 차례로 패한다. 남은 동학군을 이끌고 경성으로 진군하던 전봉준은 부하 김경텬의 배신으로 붙잡혀 처형된다. 이로써 동학란은 평정되었으나 동학당은 비밀리에 꾸준히 활동하여 오늘날 천도교와 시천교로 이어진다.

【참고】 서울대 도서관 소장 신구서림본 표지에 '東學風塵 綠豆將軍 녹두장군'이라고 표기되어 있다. 작품 말미에 '새야 새야 파랑새야' 등 녹두장군 전봉준에 관한 노래를 소개하고 있으며 동학란이 실패로 끝난 이유에 대한 서술자의 평가를 덧붙이고 있다.

녹의홍상/**록의홍상綠衣紅裳: 조준경 저작발행. 보성서관1936(54면, 25전).**

【내용】 전문학교를 졸업한 리영자와 의학전문을 졸업한 안종운은 서로 사랑하는 사이이다. 그러나 둘은 각자 집에서 부모가 정해 준 혼처가 따로 있다. 종운의 모친은 신학문을 배운 영자보다 참한 김화자를 며느리로 삼으려 하고, 영자의 부친은 사업 파트너의 아들인 김병덕을 자신의 사위로 맞으려 한다. 영자의 부친은 종운을 만나고 돌아오는 영자를 나무라지만 영자는 자신이 사랑하는 사람은 종운이므로 병덕과 혼인할 수 없다고 말한다. 종운 또한 사랑하는 여인이 있음을 모친에게 털어놓는데, 이를 화자의 동생 성남이 엿듣게 된다. 사실을 알게 된 화자는 종운과 영자의 사랑을 인정하고, 자신은 종운과 혼인할 수 없다고 부모에게 말한다. 영자는 부친이 자신과 병덕의 혼인을 진행시키려고 하자 종운을 만나 이를 의논한다. 그런데 종운은 영자에게 병덕의 조건이 좋으니 그에게 시집을 가라고 하며 자신은 독신으로 살겠다는 말을 한다. 종운의 사랑이 식었다고 생각한 영자는 절망에 빠지고, 고민 끝에 유서를 남기고 가출한다. 때마침 영자의 집을 찾은 화자는 영자를 뒤쫓아 가서 한강에 빠져 죽으려는 그녀를 구한다. 마침내 양가 부모의 허락을 받은 영자와 종운은 혼인식을 올

리고, 같은 날 화자 또한 병덕과 결혼하여 행복하게 살아간다.

【참고】 국립중앙도서관 소장 보성서관본 표지에 '戀愛悲劇 綠衣紅裳' 이라고 표기되어 있다. '연애비극' 이라는 수식어가 있으나 사랑하는 남녀가 혼사장애를 극복하고 종국에는 결혼한다는 내용이다. 남주인공보다는 여주인공이 좀더 적극적으로 사랑을 지키려는 모습을 보이고, 조력자로 여성이 등장한다는 점에서 남성보다는 여성에 대한 작가의 긍정적인 태도를 엿볼 수 있다.

농중미인(번)/籠中美人: 원작미상. 정순규 역. 박문서관1923(301면).

【내용】 프랑스 파리의 어느 날 밤, 경찰이 벙어리의 가방 속에서 미인의 시체를 발견한다. 죽은 미인의 집에서 남자의 시체가 또 발견되면서 사건은 미궁에 빠진다. 경찰이 은퇴한 명탐정 예고슈를 찾아가지만 예고슈는 영국인 청년 탐정 도례오를 추천한다. 도례오가 죽은 미인의 사진이 들어 있는 지갑을 찾으면서 지갑의 주인인 예션지가 살인범으로 의심된다. 예고슈의 아들인 예션지는 혐의를 부인하나 그의 집에서 미인이 보낸 편지와 피 묻은 단장이 발견되어 예션지는 사형 선고를 받는다. 예고슈는 아들을 구하기 위해 하의도와 함께 비밀리에 탐정 활동을 한다. 예고슈는 한 대좌의 조카인 미인이 죽고, 또 다른 후손들인 믹자와 영자가 위험에 처하자 한 대좌의 후손을 찾고 있는 도례오를 의심한다. 예고슈는 인도 대명의 전하로 변장한 뒤 도례오를 찾아가 자신이 한 대좌의 유산을 가지고 있다면서 후손을 찾을 탐정을 소개해 달라고 한다. 도례오가 독일인 탐정 호리수로 변장하여 자신을 찾아오자 예고슈는 도례오가 범인임을 알게 된다. 도례오는 원래 대두보라는 인물로, 한 대좌의 후손 고뇌도와 손을 잡고 재산을 모두 차지하기 위해 다른 후손들을 없애려 한 것이다. 한편 사형 집행을 앞두고 예션지는 죽은 미인과는 과거에 영국에서 교제했다가 파리에서 우연히 만났다고 말한다. 예션지는 미인을 살해한 사람은 대두보이고 자신은 미인의 집에 있던 여운경이라는 사람을 우발적으로 죽였다고 자백한다. 도례오와 고뇌도가 화재로 죽어 예션지의 결백을 증명하기 어려운 시점에 도례오의 범행을 도왔던 여동생이 나타나 그간의 일을 자백한다. 여운경을 죽인 사람은 도례오라는 사실이 밝혀져 예션지는 석방된다. 예션지는 한 대좌의 재산을 물려받은 영자와 결혼한다.

【참고】 고려대 도서관 소장 박문서관본 표지에 '探情哀話 籠中美人' 이라고 표기되어 있다. 원작자와 원작을 알 수 없는 鄭淳奎의 번역소설이다. 살인 사건, 냉혹한 범죄자, 명탐정의 활약, 변장과 탈출의 모티프를 사용하고 있다. 여타의 추리 소설에서 탐정의 활약으로 범인을 잡아 사건이 해결되는 것과 달리 범인이 죽고 그를 보조하던 인물의 자백으로 결말이 이루어지는 것이 특징적이다.

농촌을 찾는 사람/農村을찻는사람: 작자미상. 춘양사1934(30전).

【내용】 미확인.

【참고】 단행본 원본 자료를 구할 수 없어 작품의 경개 및 세부 서지사항을 확인하지 못했다. 『장한애사(춘양사1934)』 권말 '本社發行 小說一部目錄' 에 '農村을찻는사람' 이라고 제목이 표기되어 있고, 다음과 같은 설명이 덧붙여져 있다. '만흔 번뢰에 이기고 순결한 사랑에 성공한 두 사람은 그리운 고향 농촌을 차잣다 그러나 농촌은 황폐하야젓다 그들은 자력갱생을 생각하며 힘세게 신생의 길을 출발할려 한다.'

누구의 죄(번): 에밀가보리오 작. 은국산인 번안. 보급서관1913 ; 박문서관1921.

【내용】 1986년 파리 손조촌에서 구 소사라는 중년 여인이 살해당하는 사건이 일어난다. 탐정 지구론은 사건 현장에서 범인의 옷차림과 사건 당시의 정황을 포착해 낸다. 범인의 행방을 찾기 위해 애쓰던 중, 지구론은 자신의 집 위층에 세 들어 살고 있는 사도 부인이 구 소사의 죽음에 충격을 받고 쓰러졌다는 소식을 듣는다. 사도 부인의 아들 노무는 구 소사의 죽음을 애통해하며 자기 가족의 비화를 지구론에게 들려준다. 그에 의하면, 사도 부인은 후작인 고현 로투가 사랑하던 여자로, 둘 사이에 아들이 태어나자 로투가 구 소사를 돈으로 매수하여 정실이 낳은 아들과 바꾸었다는 것이다. 노무는 로투의 아들 유덕을 찾아가 자신이 로투의 적자임을 알렸으나, 그것을 증명해 줄 구 소사가 살해당해 애통하다고 말한다. 노무의 말을 듣고 지구론은 당장 유덕을 살인 혐의로 체포한다. 그러나 구 소사의 전 남편 리고무의 등장으로 새로운 사실이 밝혀진다. 당시에 리고무가 구 소사의 범행을 반대하자 로투의 집사 퇴록은 로투에게 아이를 바꾸었다고 거짓 보고를 하고 자신의 자필 서명이 있는 사건의 시말서를 리고무에게 주었다는 것이다. 리고무의 진술을 들은 지구론은 몇 년 전 퇴록이 죽었으며, 구 소사마저 죽어 사실을 아는 사람이 없어지면 이익을 볼 사람이 누구인지 추리한 끝에 노무를 범인으로 의심한다. 그는 사건 당일의 행적을 조사하기 위해 노무를 만나러 가는 길에 우연히 사채업자 가렌디를 만나는데, 그에 의해 노무가 사치스러운 약혼녀 쥬디 때문에 많은 빚을 지고 있다는 사실을 알게 된다. 쥬디를 만난 지구론은 그날 노무가 쥬디와 연극을 보러 가던 도중 사라졌다는 진술을 포착하여 노무가 범행 당시 입었던 옷가지 등의 증거물을 찾아낸다. 모든 것이 밝혀지자 노무는 쥬디의 권유를 따라 권총으로 동반 자살한다.

【참고】 탐정소설이자 번안소설이다. 내용상 에밀 가보리오(Émile Gaboriau)의 대표작 「르루주 사건(L' Affaire Lerouge)」(1863)의 번안이다. 『한국신소설전집7(을유문화사1969)』을 참고하여 서지와 내용을 정리하고 영남대 도서관 소장 박문서관 발행 재판본(1921, 133면, 40전)을 참고하여 서지 사항을 확인했다. 표지에 '偵探小說 누구의죄 誰의罪', 본문 첫 장에 '누구의죄 解觀刪正' 이라고 표기되어 있다. 대정 2년 즉 1913년에 초판이 발행되었음을 판권지를 통해 확인할 수 있다. 기존에 저자로 알려진 '隱菊散人' 이 누구의 필명인지 정확히 밝혀진 연구는 없었으나, 김태준의 『조선소설사』에 이 작품을 이해조의 것으로 기술한 부분이 있고, 영남대 소장본에 '解觀刪正' 이라고 표기되어 있는 것으로 보아 이해조의 번안으로 보는 것이 타당하다. 작품 서두에 "불란셔 경셩 파리부보기바 근쳐에 손조촌이라 하는 동리에셔 일천구백팔십륙년 삼월 초닷새ㅅ날"이라고 배경을 소개하는 부분이 있는데, 오기인 것으로 보이는 '1986' 년이라는 시간적 배경이 60년대에 편집된 전집에도 그대로 반영되어 있다. 동일 원작의 번역 및 번안본으로 김래성의 「마심불심(1948)」, 안회남의 「르루즈 사건(1940)」이 있다.

눈물(번)

와타나베가테이 작. 이상협 번안. 매일신보1913.7.16-1914.1.21(121회) ; 동아서관1917(하권: 178면, 50전) ; 영창서관1923(상·하합편).

【내용】 죠필환은 아내 서 씨 부인을 내쫓고 평양집과 함께 산다. 평양집은 필환이 은행장으로 평양에 부임했을 때 만난 기생이다. 평양집은 애인 장털수와 협력하여 필환의 재산을 뺏기 위해 필환을 사랑에 감금하고 김대식을 비롯한 여러 명의 장정으로 하여금 사랑채 앞을 지키게 한다. 필환은 자신의 잘못을 깨닫고 부인 서 씨와 아들 봉남이를 그리워하지만 속수무책으로 갇혀 있을 수밖에 없다. 필환의 재산을 탕진하던 털수와 평양집의 사이에도 금이 가면서 필환은 탈출구를 얻는다. 다른 기생과 가까워진 털수에게 복수하려던 평양집이 전도사인 마야 대좌를 만나 자신의 죄를 뉘우친 것이다. 한편 억울한 누명을 쓰고 집에서 쫓겨난 서 씨 부인은 남편과 평양집 몰래 자신의 아들 봉남이를 데리고 나오지만 곧 아들을 잃어버린다. 간신히 데려온 아들과 헤어진 서 씨는 자살하려 한다. 마침 지나던 사람이 서 씨를 구해 자신의 집에서 지내도록 한다. 서 씨는 우연히 봉남이를 다시 만나고, 헤어진 남편을 그리워하며 필환의 집을 찾아간다. 집 앞에서 자신의 친정집 하인을 만나 남편이 보낸 편지를 받은 서 씨는 대식을 돈으로 매수하여 감금되었던 남편을 구한다. 봉남이까지 한 가족이 다시 만나 행복하게 산다. 평양집은 전도사로 활동하고, 털수는 거지가 되어 떠돌다가 종적을 알 수 없게 된다.

【참고】 국립중앙도서관 소장 동아서관본 하편의 표지에 '悲劇小說 눈물', 본문 첫 장에 '눈물 하편'

이라고 표기되어 있다. 난외서명은 '비극 눈물'이다. 본문 첫 장에 '天外小史'라고 작가 표기가 되어 있으며 판권지에는 '著作者 李相協'이라고 표기되어 있다. 상편의 원본을 구할 수 없어 『한국신소설전집10(을유문화사1969)』을 참고했다. 하편 권말의 광고에 상하 전 2책 1원으로 명기되어 있어 상편 또한 하편과 비슷한 면수와 동일한 가격으로 출판되었음을 짐작할 수 있다. 1923년 영창서관에서 上下合編으로 발행되었으며, 표지에 '何夢 李相協 作 悲劇 눈물 合編'이라고 표기되어 있는 것을 사진 자료를 통해 확인했다. 와타나베 가테이(渡辺霞亭)의 「기치죠지(吉丁字)」(1905)를 번역한 것으로 최근의 연구에 의해 밝혀졌다.

눈물에 지는 꽃/눈물에지는꽃: 월파 작. 발행소불명1936.

【내용】 리동수는 한림편수로 뽑혔으나 벼슬에 뜻이 없어 글공부를 하며 지내다 조 승지의 딸 옥경과 혼인한다. 평양감사가 된 외숙을 따라 평양에 내려간 동수는 기생 초운을 만나 그와 어울린다. 이조참의로 발령받아 서울로 올라가게 된 동수는 초운과 아쉬운 이별을 한다. 자식이 없음을 한탄하던 옥경은 동수에게 첩을 두라고 권한다. 동수는 내심 기뻐하며 초운을 첩으로 맞는다. 초운은 아들 병상을 낳고 의기양양하게 지낸다. 3년이 지나 옥경 또한 아들을 낳는다. 초운은 안절부절못하다 자신의 정부인 하인 림게쳔과 모의하여 아들 병상을 독살한 후 그 죄를 옥경에게 뒤집어씌운다. 동수는 분노하여 옥경을 내쫓고, 초운을 정실로 맞아들인다. 초운은 옥경의 아들 병찬마저 죽일 생각으로 게쳔과 모의하나 이를 엿들은 유모가 병찬을 데리고 청량사로 피신한다. 초운과 게쳔은 최상운이라는 자를 시켜 옥경을 강제로 겁탈하려다 실패하고, 옥경은 이종사촌 정창조의 도움을 받아 그의 집에 머물게 된다. 그러던 중 동수가 게쳔의 모략으로 귀양을 가고, 초운은 동수의 재산을 임의로 처분하여 달아난다. 옥경은 이종사촌 정창조가 죽은 후 근근이 생활하는데 도적 떼들의 소행으로 집마저 불에 타 없어진다. 낙심한 옥경은 자살을 하려고 바다에 뛰어든다. 그러나 이때 장원급제하여 암행어사가 된 동생 조창호를 우연히 만나 목숨을 구한다. 초야에서 귀양살이를 하던 동수는 은사를 입어 풀려난다. 이를 알게 된 게쳔과 초운이 살인강도죄를 뒤집어씌워 죽이려 한다. 이때 암행어사가 된 창호가 나타나 동수를 구하고 게쳔과 초운, 상운을 사형에 처한다. 동수는 자신의 잘못을 깨닫고 옥경과 재회하며, 이어 병찬을 피신시켰던 유모가 나타나 옥경과 동수는 아들과 재회한다.

【참고】 고려대 소장 홍성문화사(1954, 208면)본 표지에 '新小說 눈물에지는꽃(一名 牡丹峰)', 속표지에 '悲劇小說 牡丹峰(一名 눈물에지는꽃)', 본문 첫 장에 '悲劇小說 牡丹峰(비극소설 모란봉)'이라고 표기되어 있다. 작품 말미의 '昭和十一年 仲夏 慕嶽下에서 脫稿'라는 부기로 보아 작품 완성 시기를 1936년으로 짐작할 수 있으나 초판의 발행소와 시기는 단정할 수 없다. 처첩간의 갈등을 다룬 쟁총형 소설로 후처가 전형적인 악인으로 등장한다. 고소설 「사씨남정기」의 영향을 받은 작품으로 구성과 모티프가 유사하다. 작자명인 '月坡'는 김상용의 호이다.

눈물의 전당포/눈물의전당포典當鋪: 윤백남 작. 서지불명(49면, 50전).

【내용】 한 남자가 낯선 산속을 헤매다 우연히 외딴 집을 발견하고 하룻밤 숙박을 청한다. 집주인은 사내를 맞아들인 후, 아내가 죽어 처가에 알리러 가야 하니 잠시 집을 지켜 달라고 부탁하고 길을 떠난다. 홀로 남은 사내는 공연히 두려움을 느끼던 중 시체가 꿈틀거리는 것을 보고 매우 놀란다. 주인이 돌아오자 사내는 자기가 본 일을 설명한다. 그러자 주인이 그것은 귀신의 소행이 아니라 자기 자식이 한 일이라고 설명해 준다. 주인에게는 세 살 된 아이가 있는데, 어미가 죽은 줄도 모르고 곁에서 떨어지려 하지 않아 시체 옆에 그대로 뉘어 재웠더니, 자던 아이가 깨어 움직였다는 것이다. 「눈물의 典當鋪」: 태XX는 서대문 밖 애오개에서 전당포를 운영한다. 어느 날 밤 전당포에 귀신이 나타난다. 태 씨가 놀라 어쩔 줄 모르고 있는데 한 노인이 전당잡힌 딸의 옷을 찾으러 온다. 태 씨는 노인의 딸과 옷에 관한 애달픈 사연을 듣고, 아까 본 귀신이 그 노인의 딸임을 깨닫는다. 이 일을 계기로, 그는 전당포란 못할 짓이라 생각하여 무상으로 모든 물건을 돌려주고 폐업한다. 「보석반지」: 소격동에 사는 김영수는 부유해 보이지만 실은 빚에 쪼들리는 생활을 하고 있다. 그는 어느 날 친구 집에 놀러 갔다 그 집에 침입한 강도와 마주친다. 그는 강도가 많은 돈과 반지를 갖고 있는 것을 보고, 강도를 살해한 후 재물을 빼앗는다. 집주인인 친구와 신고를 받고 출동한 형사들은 이런 내막을 모르고 강도를 잡았다며 영수를 칭찬한다. 반 년 후, 강도 사건을 담당했던 형사가 영수를 찾아와 새로운 단서가 생겼다며 돈과 반지의 행방을 묻고 간다. 불안해진 그는 반지를 처분하려 하지만, 그때마다 형사가 따라붙는다. 두려움에 떨던 영수는 반지를 버리려 한다. 그 순간 형사가 그를 체포한다.

【참고】 표지에 '눈물의 典當鋪 전당포 尹白南野談十二夜話'라고 표기되어 있다. 동덕여대 도서관 소장본을 텍스트로 내용을 정리하였으나, 표지와 판권지가 훼손되어 서지사항을 확인할 수 없다. 표지에 책 가격이 적혀 있다. 제목 없는 짧은 이야기 한 편과, '눈물의 典當鋪', '보석반지'라는 제목의 이야기 두 편이 함께 수록되어 있다. 일종의 괴담 모음집이다.

눈물의 첫사랑: 작자미상. 서지불명(64면).

【내용】 김봉님은 부모를 여의고 두 살 때부터 수양아버지 김셩춘의 집에서 자란다. 셩춘은 봉님이 열아홉 살이 되자 돈 오백 원을 받고 그녀를 대련으로 보내려 하고, 봉님은 이를 거부하며 대동강에 투신하려 한다. 봉님을 뒤쫓아 온 셩춘은 그녀를 말리고, 지나가던 젊은 남자도 봉님을 만류한다. 남자는 평양 부호 리동성의 아들 호영으로, 경성제국대학 법학과 재학 중에 방학을 맞아 귀향길에 오른 참이다. 호영은 셩춘에게 돈을 마련하여 갈 테니 봉님을 해방하여 주라고 한다. 이튿날 돈을 마련하여 셩춘의 집을 찾은 것은 호영이 아닌 박영근이라는 노인이다. 호영의 부친은 장가들지 않은 호영이 봉님과 사랑에 빠질 것을 두려워하

여 영근을 대신 보낸 것이다. 영근은 기생을 두고 영업을 하는 인물로, 동성에게 받은 돈을 셩춘에게 지불하고 봉님을 인천 화개동으로 데려가 기생의 일을 시킨다. 절망한 봉님은 첫사랑 호영을 위해 정조를 지키겠노라고 결심한다. 뒤늦게야 사실을 알게 된 호영은 봉님을 찾아다니고, 그사이 봉님은 신상균이라는 부호에게 첩으로 팔려 간다. 봉님이 첩이 되기를 거부하자 상균은 봉님을 데리고 평양으로 가서 셩춘에게 책임을 묻는다. 상균과 셩춘이 다투는 동안 봉님은 대동강에 투신하려 한다. 마침 지나던 호영의 부친이 사람을 구하지 않고 돈을 따지고 있냐고 힐난하는 동안 호영이 뛰어들어 봉님을 구한다. 봉님을 찾아 떠돌아다니던 호영, 봉님, 호영의 부친이 한자리에서 상봉한다. 상균은 그간의 사정과 봉님을 데리고 온 이유를 말하고, 호영의 부친은 봉님의 의지에 감동하여 상균에게 돈을 준다. 봉님과 호영은 신식 결혼을 올리고 독일로 유학을 떠난다.

【참고】 표지에 '戀愛悲劇 눈물의첫사랑' 이라고 표기되어 있다. 돈에 팔려서 기생이 되고, 첩으로 생활하면서도 첫사랑을 지키려는 여주인공의 강한 의지가 결국에는 방해자들을 조력자로 바꿀 수 있음을 강조하고 있다. 그러나 주인공의 행복이 조력자로부터 비롯된다는 점에서는 비슷한 처지의 여주인공이 등장하는 소설들과의 차이가 크지 않다. 연세대 도서관 소장본을 텍스트로 내용을 정리하였으나, 표지와 판권지가 훼손되어 서지사항을 확인할 수 없다. 연세대본 이외의 자료는 확인되지 않는다.

능라도/릉나도綾羅島

최찬식 작. 유일서관1919(198면, 42전) ; 박문서관1919.

【내용】 홍춘식과 도영 남매는 일찍 부모를 여의고 서로 의지하며 살아간다. 어느 날 춘식은 사냥을 하러 갔다가 누군가가 살인을 하려는 장면을 목격한다. 평양 군수를 지낸 남 승지의 아들 정룡이 죽은 아버지의 재산을 차지하기 위해 이복형 정닌을 죽이려고 한 것이다. 다급한 마음에 춘식은 정룡을 총으로 쏘아 죽이고, 마침 그곳을 지나던 평복 순사는 정닌을 살인범으로 체포한다. 춘식은 자신이 사람을 죽였다는 데 책임을 느끼고 평양 지방 재판소에 가서 자수한다. 검사는 춘식의 정직함에 탄복하여 춘식과 정닌 모두를 석방한다. 그 후, 정닌은 생명의 은인인 춘식과 가깝게 지내고, 춘식은 자신의 동생 도영과 정닌을 짝으로 맺어 준다. 한편 자신의 친아들 정룡을 잃은 정닌의 서모는 앙심을 품고 정닌과 춘식이 용의자로 의심받도록 하여 살인 사건을 꾸민다. 졸지에 살인 혐의를 뒤집어쓴 춘식과 정닌은 동경에서 만나자는 약속을 하고 각각 다른 길로 피신한다. 정닌은 일본 동경으로 가고 춘식은 배를 타고 가다 풍랑을 만나 남양군도에 갇히는 신세가 된다. 홀로 남은 도영은 갖은 곤란을 겪다가 서울로 가고 그곳에서 다과점

을 하는 김운경의 도움으로 간호부가 된다. 동경에 정착한 정닌은 도영의 마음이 변한 줄 알고 낙심하여 상야공원에서 자살을 시도한다. 마침 동경의 유명한 기생, 화자가 정닌을 구하고 그를 자신의 집에 데리고 와 공부를 할 수 있는 여건을 마련해 준다. 한집에 살게 된 정닌과 화자는 정분이 쌓여 장차 결혼을 약속하는 사이가 된다. 한편 도영은 간호부 일로 돈을 벌어 정닌과 춘식을 찾으러 동경으로 온다. 도영은 정닌과 화자가 결혼을 약속했다는 사실을 접하고 바다에 몸을 던져 목숨을 끊으려 한다. 마침 그때 바닷가에 있던 춘식은 물에 빠진 도영을 구한다. 춘식은 청인들의 도움을 받아 남양군도에서 나와 일본 동경으로 건너온 것이었다. 도영은 실연의 충격으로 정신병에 걸리지만 춘식이 성심으로 병구완을 하여 얼마 지나지 않아 회복한다. 정닌은 도영과의 오해를 풀고 도영과 화자를 아내로 맞는다. 그들은 서울로 돌아와 살림을 차리고 춘식은 도영의 소개로 김운경과 결혼한다.

【참고】 국립중앙도서관 소장 유일서관본 표지에 '綾羅島 릉라도', 본문 첫 장에 '소셜 릉나도(鏡中影) 海東樵人 崔瓚植 著' 라고 표기되어 있다. 난외서명과 판권지의 제목 표기도 '릉나도' 이다. 전대소설의 유형이라고 할 수 있는 혼사장애 서사와 근대소설의 유형이라고 할 수 있는 추리서사가 결합된 작품이다. 이 작품은 1930년에 12판이 간행될 만큼 대중의 인기를 끌었으며, 『능라도의 봄』, 『능라도총성(명문당1936)』, 『능라도의 살인』 등 다른 제목의 이본으로도 출판되었다.

능라도의 봄/능나도의봄綾羅道의봄: 작자미상. 초판서지불명.

【내용】 송병옥은 의붓동생 병천의 권유로 능나도에 갔다가 재산을 탐내는 아우에게 죽을 위기에 놓인다. 이때 누군가의 총에 맞은 병천이 절명함에 따라 병옥은 현장을 순행하던 순사들에게 살인범으로 붙잡힌다. 며칠 후, 안상철이 평양 경찰서에 찾아와 우연히 형을 죽이려는 아우의 모습에 공분을 참지 못하여 총으로 쐈다는 진술을 한다. 공판에서 재판관은 상철의 행동이 정당하다고 판단, 양인의 형벌 면죄를 판결한다. 병옥은 이를 계기로 상철의 동생 모란과 혼인을 약속한다. 그러던 어느 날, 병옥과 상철은 여학생을 살해했다는 모함을 받게 되어 동경으로 피신한다. 한편 모란은 병옥의 서모와 결탁한 하인 쇠불이가 두 사람을 모함하기 위하여 여학생을 살해했으며, 형사 게운각의 수사로 전모가 밝혀졌다는 신문 기사를 읽는다. 모란은 어느 날부터 사건의 정보를 미끼로 자신의 집을 드나드는 게운각이 점차 노골적인 구애를 시도하자 이를 피해 해주 이모의 집으로 향한다. 하지만 이모와 게운각이 한통속임을 깨닫고 다시 서울로 피신한다. 그녀는 서울의 부인다과점에서 동향 과부 고활란을 만나 연을 맺은 후 그녀의 주선으로 세브란스 의원 간호부에 취업한다. 한편 동경에서 모란의 절교 편지를 받은 병옥은 공원에서 자살을 시도하나 화류계 여성 춘자에게 구원된 후 그녀와 사랑에 빠진다. 사 년 후, 모란은 병옥의 동경 주소지를 수소문하여 찾아가지만, 박정하게 대하는 병옥의 모습에 신세를 한탄하다 강물에 뛰어든다. 하지만 남양군도에서 표류하다 청인 상인의 도움으로 동경에 막 도착한 상철에게 구조되어 소생한다. 어느 날

상철은 춘자와 나란히 걸어오는 병옥을 보고 배신감에 육혈포를 쏘려 하지만 모란의 만류로 그만둔다. 상철은 병옥에게 그간의 일을 기록한 모란의 일기책을 보여 주고, 병옥은 답장 편지가 그녀 이모의 간계이었음을 알게 된다. 모란에 대한 오해를 푼 병옥은 두 여인과 예식을 거행하여 부인으로 맞아들이고, 성철은 모란의 주선으로 활란과 결혼한다.

【참고】 신태삼 저작발행. 세창서관(1964, 185면, 100원)본 표지에 '戀愛悲劇小說 綾羅道 능나도', 본문 첫 장과 상단에 '능나도의봄'이라고 표기되어 있다. 본문 양면 상단에 '능나도의봄'이라고 되어 있는 것으로 보아 이것이 원제목이 아닌가 한다. 소설의 배경이 평양, 경성, 동경, 남양군도 등 다채롭게 전개되지만 지명 이외의 배경적 의미는 크게 찾기 어렵다. '부인다과점'이라는 간판을 보며 여성의 지위 향상과 권리 신장을 생각하는 여주인공의 의식을 통해서 당시 개화의 풍속도를 엿볼 수 있다. 서강대 소장 세창서관본을 텍스트로 내용을 정리하였으나, 초판의 발행 연도는 확인되지 않는다.

능라도 총성/릉라도총셩綾羅島銃聲: 김영제 저작발행. 명문당1936(219면, 60전).

【내용】 용식은 사냥을 하러 나갔다가 성환이 이복형 인환을 죽이려는 장면을 목격한다. 용식은 총으로 성환의 칼 든 손을 맞추려다 잘못하여 그만 성환을 죽이고 만다. 마침 그 근처를 지나가던 경관 두 명은 인환을 살인 혐의로 체포한다. 용식은 여동생 용선이 가져다준 신문 기사를 통해 인환이 살인죄로 붙잡혀 간 사실을 알고 죄책감을 느껴 자수하기로 결심한다. 그래서 용식은 경찰서에 가서 자수하고 검사국으로 송치되지만, 검사는 용식의 정직함에 탄복하여 인환과 용식 모두를 석방한다. 인환은 감사의 말을 전하기 위해 용식을 찾고, 서로 동창생이란 사실을 안다. 이후로 인환은 용식과 가깝게 지내고, 용식은 용선과 인환을 짝으로 맺어 준다. 한편 성환의 친모이자, 인환의 서모는 인환과 용식을 감옥에 넣고자, 살인 사건을 꾸민다. 그것으로 인해 인환과 용식은 수배되어 각각 동경과 만주로 몸을 피한다. 동경에 도착한 인환은 용선에게 편지를 보내지만, 용선과 인환의 결혼을 방해하려는 이들이 도영의 마음이 변했다는 내용으로 위조한 답장을 받고 좌절에 빠진다. 그래서 용식은 공원 나무에 목을 매달고 자살하려 하는데 마침 그곳을 지나던 좌등신지라는 외무성 관리가 용식을 발견하고 구해 준다. 좌등은 용식이 매우 똑똑한 청년이라고 여겨 조도전 대학에 입학시키고 학비를 대어 준다. 한편 용선은 인환을 찾기 위해 동경으로 건너간다. 마침 동경에는 고본소를 운영하는 학교 동창 리경자가 있었다. 용선은 경자의 도움을 받아 우편국에 취직하여 돈을 벌며 틈틈이 인환을 찾는다. 어느 날 용선은 상야공원에서 인환을 발견하여 반갑게 다가가나 인환은 차갑게 대한다. 이에 용선은 실연당했다 생각하고 공원 나무에 목을 매달고 자살하려 하지만 이를 경자와 용식이 목격하여 미수에 그친다. 용식은 만주에 있다가 인환을 찾으러 동경에 온 길이었다. 이 자리에 경자의 점원을 통해 연락을 받은 인환이 찾아오고, 인환과 용선은 그동안의 오해를 푼다. 그리고 용선의 중매로 경자와 용식은

약혼을 한다.

【참고】 홍윤표 소장 명문당본 표지에 '錦繡江山 綾羅島銃聲 금수강산 릉라도 총셩', 본문 첫 장에 '錦繡江山 陵羅島 금수강산 릉라도' 라고 표기되어 있다. 판권지에도 '릉라도 총셩' 이라고 표기되어 있으므로 표제어의 표기는 이에 따른다. 최찬식의 『릉나도(유일서관1919)』와 비교하여 전체적인 내용은 비슷하나 몇몇 화소가 누락되거나 첨가되었고 서사의 배열순서가 다르다. 특히 이 작품은 '살인 사건' 을 서두에 배치하는 등 전형적인 추리소설의 서사문법을 따랐다.

ㄷ

다정다한/多情多恨

성원 작. 영창서관1928(63면, 25전).

【내용】 명치대학 법과 졸업생인 박영철은 우연히 길에서 만난 리경자를 보고 사랑에 빠진다. 영철은 고심 끝에 경자에게 자신의 심정을 담은 편지를 쓴다. 경자는 영철의 사랑 고백을 받아들이고 둘은 연인 사이로 발전한다. 한편 경성의 재산가 김성긔는 경자를 자신의 아내로 삼을 목적으로 경자의 모친을 구슬려 놓는다. 경자의 모친은 아버지 소유의 직물공장 운영이 어렵다는 것을 이유로 경자에게 재산가인 김성긔와 결혼하라고 설득한다. 하지만 경자는 자신이 사랑하는 사람을 선택하겠다고 한다. 경자의 친구 류춘자는 김성긔가 재산이 많음을 알고 그의 아내가 되고자 한다. 성긔는 그러한 춘자를 이용하여 영철을 함정에 빠뜨릴 계획을 꾸민다. 술에 만취하여 영철이 춘자를 강간했다는 혐의를 씌우려 한 것이다. 계획이 성공하여 영철은 감옥에 갇히는 신세가 된다. 일이 이렇게 되자 경자는 모친의 설득을 받아들여 성긔와 결혼하기로 마음먹는다. 한편 성긔는 자신의 목적이 달성되자 춘자를 멀리하고 경자와의 결혼을 서두른다. 자신이 속았음을 깨달은 춘자는 성긔를 죽이고 자신도 따라 죽는다. 춘자는 죽기 전, 영철의 결백을 알리는 유서를 남겨 영철은 무죄 방면된다. 감옥에서 나온 영철은 경자와 혼인을 한다.

【참고】 서울대 도서관 소장 영창서관본 표지에 '人情哀話 多情多恨', 본문 첫 장에 '人情哀話 多情多恨 星園 作'이라고 표기되어 있다. 당시 젊은이들이 가지고 있었던 자유연애에 대한 열정을 보여 주는 작품이다.

다정의 루/多情의淚: 작자미상. 신구서림1931(25전).

【내용】 미확인.

【참고】 단행본 원본 자료를 구할 수 없어 작품의 경개 및 세부 서지사항을 확인하지 못했다. 『옥단춘전(신구서림1931)』 권말 판권지의 '신구서림최신간서적목록'에 '多情의淚'라고 제목이 표기되어 있다. 또한 1929년 2월호 《조선출판경찰월보》 단행본 출판 금지 목록에 수록되어 있다. 출판 금지 사유는 치안 방해이다.

다정한 남매/多情한남매: 조준경 편집발행. 보성서관1936(58면).

【내용】 경성 사는 한금동은 계모인 송 씨와 이복동생 금순과 함께 살고 있다. 금동의 동료인 리귀성은 금순을 흠모하지만 자신의 마음을 털어놓지 못한다. 금순은 귀성을 친오빠처럼 여기지만, 귀성은 본능적인 욕망을 억제하지 못하고 그녀를 겁탈하려 한다. 금순이 강하게 거부하자 화가 난 귀성은, 유곽에서 매춘업을 하는 김호일에게 그녀를 팔아넘긴다. 호일의 춘도관 기생이 된 금순은 정조를 지키기 위해 자살을 시도하지만 그마저 실패한다. 금순은 수양모에 의해 팔려 온 춘도라는 기생과 가까워지면서 슬픔을 견딘다. 한편 귀성은 금순의 몸값을 밑천으로 삼아 마약장사를 하여 재산을 모은다. 그 사실을 알게 된 금순은 호일에게 자신의 사정을 말하고, 자신의 몸값을 받아 오게 해 달라고 부탁한다. 호일은 금순의 말을 믿고 그녀를 풀어 준다. 금순은 귀성이 있는 안동으로 떠나고, 그곳에서 뒤늦게 금순의 상황을 듣고 달려온 금동과 상봉한다. 금동과 금순은 귀성의 몸에 칼을 꽂으려 한다. 그런데 그때, 마을에 내려온 마적단의 기습으로 이들 셋은 마적단에게 잡혀간다. 금동이 마적단의 두목인 장 씨에게 그간의 사정을 말하자 신의를 중시하는 장 씨는 귀성을 총살한다. 장 씨가 금순에게 청혼하자, 금동이 어머니와 의논하고 오겠다며 그를 설득한다. 풀려난 금동과 금순은 우선 돈을 구해서 호일에게 금순의 몸값을 갚는다. 남매의 신의에 감동한 호일은 매춘업을 그만두고 정미소를 내어 금동에게 일자리를 만들어 주고, 금동과 춘도의 결혼을 주선한다. 장 씨는 금동과의 약속을 믿고 경성으로 찾아온다. 호일은 장 씨의 열정을 칭찬하고 주혼자가 되어 장 씨와 금순을 혼인시킨다.

【참고】 고려대 도서관 소장 보성서관본 본문 첫 장에 '戀愛活劇 多情한남매'라고 표기되어 있다. 조력자가 주인공들의 신의를 중요하게 여겨 이들이 위기를 모면하도록 돕는다. 위태로운 상황에서도 자신의 정조를 지키려는 여성인물의 결의를 강조하고 있다.

다정한 눈물/多情한눈물: 작자미상. 대성서림1928(50전).

【내용】 미확인.

【참고】 단행본 원본 자료를 구할 수 없어 작품의 경개 및 세부 서지사항을 확인하지 못했다. 『일지화(대성서림1928)』 권말 서적 광고에 '哀情小說 多情한눈물'이라고 제목이 표기되어 있다.

다정한 애인/다정한애인多情한愛人: 노익환 저작발행. 신구서림1929.

【내용】 청년 김상봉은 사고로 다쳐 병원에 입원했다가, 친절하고 아름다운 간호부 리옥경에게 반해 그녀와 결혼한다. 결혼 후 상봉은 강원도에 있는 광산의 전무가 된다. 상봉과 옥경 부부는 강원도에 내려가 아들을 낳고 행복하게 산다. 수년이 지난 어느 날, 서울 재산가의 아들이자 색마로 악명 높은 리춘실이라는 자가 옥경을 찾아온다. 그는 옥경이 간호부로 일하던 시절부터 그녀에게 음흉한 마음을 품었던 자로, 우연히 옥경을 발견하고 계략을 세워 그녀를 납치한다. 그는 상봉에게 몸값을 요구하는 동시에, 옥경을 협박하여 자기 것으로 만들려 한다. 상봉은 아내가 납치당한 사실을 알고 강원도 경찰에 수사를 의뢰한다. 형사 장부장은 춘실을 범인으로 지목하고 체포하려 하지만 번번이 실패한다. 한편 대관령 외딴 집에 감금당한 옥경은 감시가 소홀한 틈을 타 달아나지만, 길을 가르쳐 주던 사냥꾼에게 겁탈당할 위기에 놓인다. 옥경을 찾아다니던 장 부장이 이를 발견하고 그녀를 구한다. 장 부장은 사냥꾼을 체포하는 한편, 춘실이 서울로 도망갔다는 것을 알고 앞질러 가서 체포한다. 옥경은 무사히 가족과 재회한다. 옥경과 상봉 부부는 훗날 구미에 가서 공업을 전문적으로 공부한다.

【참고】 표지에 '다정한애인 多情한愛人'이라고 표기되어 있다. 작품의 중심 사건이 되는 것은 리춘실의 범죄와 옥경의 고난, 춘실을 뒤쫓는 장 부장의 활약이다. 작품의 내용과 직접 관계되지 않으나 등장인물들이 외국에서 공업을 배운다는 서술로 작품을 마무리하고 있다는 점에서 서구문물에 대한 긍정적 시각을 짐작할 수 있다. 1929년에 초판이 발행되었으며, 동덕여대 도서관 소장 1934년 재판본(66면, 25전)을 텍스트로 내용을 정리했다.

다정한 청춘/多情한靑春: 작자미상. 덕흥서림1934.

【내용】 미확인.

【참고】 단행본 원본 자료를 구할 수 없어 작품의 경개 및 세부 서지사항을 확인하지 못했다. 『백의미인(덕흥서림1934)』 권말 판권지 상단의 '京城德興書林新刊書籍廣告'에 '無雙戀愛 多情한靑春'이라고 제목이 표기되어 있다.

단발령/斷髮嶺

지송욱 저작발행. 신구서림1913(149면, 35전).

【내용】 충청도 청주군 설학동에 사는 백 감역은 아들 긔남을 김 진사의 딸과 성혼시킨다. 백 감역은 긔남에게 열심히 공부하여 입신할 것을 권하며 집에서 떨어진 서촌에 사는 서인극이라는 선생을 소개해 준다. 긔남은 아내와 떨어지는 것이 아쉬우나 부모의 뜻을 거역하지 못하고 서촌으로 떠난다. 그러나 아내가 보고 싶은 긔남은 몰래 집으로 찾아와 아내를 만난다. 어느 날 선생 몰래 아내에게 다녀오려던 긔남은 문밖에서 친구 정춘배를 만난다. 춘배의 꼬임에 넘어가 투전판에서 돈 천여 금을 빚지게 된 긔남은 부모님의 꾸중이 걱정되어 집으로 돌아가지 못하고, 방랑 끝에 강원도 금강산의 단발령까지 와 탄식을 한다. 한편 백 감역은 처남 유영화에게 긔남을 찾아 달라며 거금을 주지만 영화는 그길로 술집에서 돈을 탕진하고, 뒤늦게 긔남을 찾아 나선다. 그 후 2년 동안 영화는 긔남을 찾아 헤매지만 그 행적이 묘연하자 고심하다가 우연히 긔남을 빼닮은 김성대라는 청년을 만나 그와 계획적으로 짜고, 그를 집으로 데려간다. 가족들이 모두 성대를 긔남으로 오해하지만 그의 처 김 씨 부인만이 김성대가 가짜임을 알아차린다. 그러나 가족들은 김 씨의 말을 믿지 않고, 이를 억울하고 분통하게 여긴 김 씨는 자살을 결심한다. 그러나 목숨을 끊으려던 김 씨는 비몽사몽 중에 죽음을 말리는 긔남의 편지를 보고 자살을 포기한다. 김 씨는 그날부터 냉수를 떠놓고 남편이 돌아오기만을 빈다. 실성한 김 씨가 매일 밤 치성을 드린다는 소문을 들은 어사는 이를 괴이하게 여겨오다 어느 날 들른 사찰에서 7년 전 집을 떠나와 승려가 된 긔남을 만난다. 어사는 절을 떠날 수 없다는 긔남을 설득하여 부모와 처를 거둘 것을 명한다. 마침내 긔남은 집으로 돌아와 생이별한 부인과 부모를 만난다. 이후 가족들은 김 씨의 절개를 칭송하는 비를 세워 후대까지 전한다.

【참고】 표지에 '신소셜 新小說 단발녕 斷髮嶺', 본문 첫 장에 '소셜 단발령'이라고 표기되어 있다. 방탕한 생활을 일삼는 남편을 끝까지 기다리는 김씨 부인의 절개를 그리고 있는 '열녀형' 소설이다.

단발미인/斷髮美人: 노익환 저작발행. 신구서림·박문서관1925(95면, 30전).

【내용】 열여섯 살의 꽃다운 처녀 옥자는 아버지 김창희가 청인에게 진 빚으로 인해 팔려 가게 되자 한강 철교에서 투신하기로 결심한다. 하지만 부녀의 딱한 사정을 우연히 듣게 된 리덕션이 가지고 있던 공금 오백칠십 원으로 그 빚을 갚아 준다. 옥자는 덕션을 연모하게 되어 두 사람은 부부의 연을 맺는다. 덕션은 작고한 부친이 가입했던 북경의 동심계에서 일만 이

천 원의 거금을 수령한다. 룡정촌에 토지를 사고 정착할 꿈에 부풀었던 덕션은 동심계 재무 김동셩의 난봉꾼 아들 장양희의 흉계로 변심단을 먹은 뒤 모든 기억을 상실한다. 산중에 버려진 덕션은 조선인 약재상 박명근에게 구조되어 산득이란 이름으로 살아간다. 덕션의 행방을 찾아 북경에 온 친구 안병근마저 장양희의 흉계에 빠져 기억을 잃고, 박명근과 산득에게 발견되어 우득이란 이름으로 살아가게 된다. 이번에는 덕션의 아내 옥자와 병근의 아내 박수자가 남복을 하고 남편들을 찾아나선다. 그녀들도 양희에게 봉변을 당할 뻔하지만, 여관 주인 정태화가 육혈포 총격전 끝에 그녀들을 구해 낸다. 북경 거리에서 그녀들이 덕션, 병근과 조우하자 그제야 박명근은 사건의 내막을 짐작하고 환심단을 먹여 두 남자의 기억이 돌아오게 한다. 천인공노할 만행이 드러나 김양희는 경찰에 고발된다. 아울러 은인인 박명근의 아내가 십수 년 전 마적들로 인해 생이별한 옥자의 친모임이 밝혀져 감격적인 상봉을 한다. 덕션, 병근 내외는 룡정촌에 정착하여 학교를 세웠는데 그 가정의 단란함과 학교의 명성이 인근에 자자했다.

【참고】 국립중앙도서관 소장 신구서림·박문서관본 본문 첫 장에 '俠義小說 斷髮美人'이라고 표기되어 있다. 변심단과 환심단이라는 약을 매개로 주인공의 고난과 해결이 이루어지고 있어 비현실적이라는 점이 한계로 지적될 수 있다.

단산봉황/丹山鳳凰

안경호 작. 신구서림1913(108면, 25전).

【내용】 안 국장은 훌륭한 인품을 가진 관리로, 슬하에 남매를 두고 있다. 안 국장의 도움을 받아 벼슬길에 오른 리 참서는 자신의 딸 명하를 안 국장의 아들 홍호와 약혼시킨다. 수년이 흐른 후 안 국장은 모함을 받아 귀양을 가게 된다. 그는 유배지로 가는 도중 자객을 만나지만, 타고난 인품으로 자객을 감화시켜 위기를 모면한다. 한편 홍호는 집안에 닥친 위험을 피해 여장을 하고 떠돌다 우연히 리 참서 집에 춘운이라는 이름의 여종으로 들어가 명하의 시비가 된다. 리 참서는 딸에게 안 국장 집이 몰락했으니 다른 데로 시집가라 하지만 그녀는 불복한다. 홍호는 명하를 곁에서 지켜보면서 총명하나 덕이 없다고 여

겨 자신의 아내감으로는 탐탁지 않다고 판단한다. 어느 날 리 참서는 딸의 시비인 춘운을 강간하려다 남자임을 알게 되고, 정체를 들킨 홍호는 도망친다. 한편 명하는 시집가라는 아버지의 명을 피해 가출하여 갖은 고생을 겪는다. 각기 떠돌아다니던 명하와 홍호는 우연히 만난다. 명하는 홍호가 자신의 정혼자인 줄 모르고 외간 남자에게 희롱당했다고 생각해 자살하려 물에 뛰어든다. 마침 몸을 피해 은둔 생활을 하던 안 국장이 명하를 구한다. 그는 명하가 자신의 며느릿감이라는 것을 알고, 직접 그녀를 돌보고 가르친다. 안 국장의 교육 덕택에 명하는 총명한 재질에 덕을 겸비한 규수로 변모한다. 떠돌이 생활을 계속하던 홍호는 우연히 부친을 만나고, 명하와도 재회하여 오해를 푼다. 홍호는 명하의 변화에 기뻐하며 혼례를 올린다. 세월이 흘러 안 국장의 누명이 벗겨지고 모든 가족이 상봉하여 행복하게 산다.

【참고】 표지에 '丹山鳳凰'이라고 표기되어 있다. 남녀이합형 서사를 기본으로 하여 여성의 부덕을 강조하는 작품이다. 여성의 정절뿐 아니라 부모에 대한 공손함이나 겸양 등 기타 덕목 역시 강조하고 있다. 한편 안 국장과 자객의 대화를 통해 기독교적 윤리에 대한 긍정적 시선을 드러내고 있다. 1917년 신구서림에서 내용은 같고 표기법 등을 다소 손질한 『(改良)丹山鳳凰』이 출간되어 이후 수차례 판을 거듭하였다. 1923년 발행된 4판본(94면)까지를 확인할 수 있다.

단소: 최연택 작. 문창사1922(73면, 25전).

【내용】 당긔진은 양 목사의 딸 정숙에게 바이올린을 가르치다가 사랑에 빠진다. 긔진은 자신이 유부남이라는 사실을 숨긴 채 정숙과 함께 도망을 가 평양에서 살림을 차린다. 긔진의 아들 룡남은 긔진이 집에 남겨 둔 단소를 연습하여 뛰어난 솜씨를 갖게 된다. 한편 긔진의 본처는 눈이 멀고 살길이 막막해지자 룡남을 데리고 고향을 떠난다. 두 사람은 긔진이 경성에 있는 줄 알고 긔진을 찾아 경성으로 온다. 긔진의 처와 룡남은 구걸을 하며 긔진을 찾아다니고, 가는 곳마다 룡남의 단소 소리에 많은 사람들이 모인다. 긔진이 경성이 아닌 평양에 있다는 사실을 알게 된 긔진의 처와 룡남은 평양으로 향하는 기차 안에서 박 목사 일행을 만난다. 박 목사는 개성에서 자선음악회를 열고, 그 음악회에서 룡남은 단소를 연주한다. 룡남의 사연이 신문에 실리자 기사를 본 긔진은 괴로워한다. 우연히 단소 소리를 들은 정숙은 룡남과 긔진의 처를 집으로 들인다. 긔진은 그들이 아내와 아들임을 알자 용서를 빈다. 이 장면을 목격한 정숙은 친정으로 돌아가겠다며 집을 나가고, 그 뒤를 쫓아가던 긔진은 열차에 치여 죽는다.

【참고】 표지와 본문 첫 장에 '社會小說 단소'라고 표기되어 있다. 작품 말미에 16, 7세가량의 소년과 노동자 비슷한 젊은이를 등장시켜 아비의 참극에 기절한 룡남을 발견하게 하는데, "그들은 다 누구

일가? 용남의 뒤일은 엇지나 되엿슬가"라고 하여 독자의 궁금증을 불러일으킨 채 갑자기 끝을 맺고 있다. 후일담을 다른 작품으로 기획한 것인지, 단순한 형식 실험인지는 확인할 수 없다.

단장록(번)/斷腸錄

야나가와슌요 작. 조일재 번안. 매일신보1914.1.1-6.10(116회 완) ; 유일서관 · 한성서관 · 청송당서점 1916(하: 148면) ; 청송당서점 · 유일서관1917(중: 127면).

【내용】 경성의 명문거족 출신 정쥰모는 기생 롱쳔과 혼인하여 아들 자셩을 얻는다. 몇 달 후 롱쳔은 집을 나가 소식을 끊고 쥰모는 상실감에 빠진다. 5년 후 쥰모는 황의틱의 딸과 재혼하여 장인이 운영하던 제지회사를 인수받는다. 미국으로 건너가 현지인과 결혼한 롱쳔은 남편이 죽자 거부가 되어 귀국한다. 롱쳔은 아들 자셩을 되찾기 위해 김정즈로 개명하고 오빠 정슌과 함께 계략을 꾸민다. 정슌은 황의틱을 꾀어 쥰모의 회사를 망하게 한다. 쥰모는 재산을 몰수당한 채 감옥에 갇히게 되고 쥰모의 처 황 씨는 가난한 살림을 이어간다. 이 무렵 정즈가 나타가 쥰모의 모친을 현혹해 황 씨를 내쫓게 만든다. 황 씨는 죽을 결심을 하지만 때마침 나타난 쥰모의 동료 곽졍현에 의해 목숨을 건진다. 한편, 정즈는 자셩과 친해지려고 노력하지만 자셩은 오직 황 씨만을 찾는다. 시간이 지날수록 쥰모의 모친 또한 효심이 깊었던 황 씨를 그리워하며 자신의 행동을 후회한다. 쥰모의 면회를 갔다가 허탕치고 돌아오는 황 씨 앞에 정슌이 나타나 괴롭힌다. 황 씨는 정슌을 피해서 친정집의 하인이었던 노파를 찾아간다. 자셩은 졍현을 졸라 황 씨를 찾아나서는데 도중에 그만 미아가 된다. 이곳저곳을 돌아다니던 자셩은 우연히 황 씨가 기거하고 있는 노파의 집 근처로 오고 꿈에 그리던 황 씨와 재회한다. 연약한 몸에 병까지 든 황 씨는 자셩을 정즈에게 보내려고 하지만 자셩은 절대 헤어질 수 없다며 황 씨를 떠나지 않는다. 서로를 생각하는 두 사람의 모습에 감동한 정즈는 결국 자신의 행동이 잘못되었음을 느끼게 된다. 경즈는 황 씨에게 사죄하고 때마침 무죄방면된 쥰모에게도 그간의 일을 사과한다.

【참고】 조중환이 '趙一齋'란 필명으로 《매일신보》에 연재했던 번안소설이다. 연재 지면에 '斷腸錄 趙一齋 作'이라고 표기되어 있다. 연재 당시 조중환이 원작을 밝히지 않아 그동안 번안작으로만 추정되어 왔으나, 최근에 일본작가 야나가와 슌요(柳川春葉)의 「生さぬ仲(1912)」를 번안한 것임이 밝혀졌다. 아들을 둘러싼 처첩간의 갈등이 중심이 되는 통속소설이며, 제지회사 경영을 둘러싼 여러 사건을 통해 근대 자본주의 사회의 단면들이 제시된다. 기생 출신이 전처로, 양반 출신이 후처로 설정된 점, 성씨만 드러나는 후처와 달리 전처의 이름 석 자가 분명하게 표기되어 있는 점 등은 새로운

인간형의 제시로 볼 수 있다. 1914년 4월 문수성에 의해 처음 무대에 올려졌으며, 이후 혁신단, 유일단 등에 의해서도 공연되어 대표적인 신파극의 하나로 꼽힌다. 신문 연재본과 단행본의 매 회마다 소제목이 붙어 있으며, 신문 연재본에는 내용에 맞는 삽화가 곁들여져 있다. 단행본의 상편은 찾을 수 없고, 국립중앙도서관 소장 중, 하편(유일서관1917, 1916)을 참고하였다. 단행본의 한글 제목 표기는 경우에 따라 '단장녹', '단쟝록', '단쟝녹' 등으로 혼란스럽게 섞여 있다.

단종대왕 실기/端宗大王實記: 김동진 저작발행. 덕흥서림1929.

【내용】 내용 생략.

【참고】 표지에 '端宗大王實記 단종대왕실긔 一名 莊陵血史', 본문 첫 장에 '端宗大王實記 一名 장능혈사', 난외서명에 '장능혈사'라 표기되어 있다. 전체 13회로 이루어져 있다. 단종의 탄생부터 즉위 및 퇴위, 노산군 강등과 승하까지 편년체로 기술되어 있고 마지막 장에 '단종'으로의 복위를 추가하여 서술한 작품이다. 계몽서원, 박문서관 등에서도 출판되었다는 기록이 있다. 덕흥서림에서 1929년 초판이 발행되었으며, 고려대 도서관 소장 1935년 발행 3판본(280면, 1원)을 참고하였다.

달콤한 연애/달콤한戀愛: 신태삼 편집발행. 세창서관1936(64면, 30전).

【내용】 혜란은 강원도 통천 사람 김희택과 박 씨 부인 사이에서 태어났다. 김희택이 혜란의 나이 세 살 때 세상을 떠나자, 박 씨 부인은 생계를 위해 객주를 차린다. 객주 영업은 잘 되는 편이었으나 박 씨 부인은 여자 혼자의 몸으로 딸자식을 키울 생각에 걱정이 많다. 그래서 단골손님인 충청도 청주 사람 장석원과 재혼을 하고 그의 고향인 청주에서 새살림을 시작한다. 청주 공립 보통학교에 들어간 혜란은 총명하여 칭찬이 자자한 학생이었지만 집안 사정으로 중도에 학업을 그만둔다. 마침 옆집에 사는 귀점이라는 여자가 혜란에게 기생이 되기를 권유한다. 박 씨 부인의 반대에도 불구하고 혜란은 귀점의 꾐에 넘어가 기생이 된다. 그러던 중, 석원은 지병이 도져 입원한다. 박 씨 부인은 남편 병구완을 위해 서울로 이사하고, 혜란도 조선권번에 비봉이라는 기명으로 등록하여 서울에서 기생 영업을 시작한다. 얼마 지나지 않아 비봉에게 서울의 호화자제들의 관심이 쏠린다. 그중에서 비봉은 전라도 광주 태생의 연희전문 학생 강창영과 경상도 상주 태생 사업가 안류원을 가까이한다. 비봉은 기생인지라 사랑보다는 금전을 중시하였고, 이에 따라 자신을 찾아오는 이들에게 마음을 주지 않았으나, 어느 때부턴가 류원을 사랑하게 된다. 류원에게는 질투심 많은 부인 최경숙이 있어 박 씨 부인은 그와의 만남을 극구 반대한다. 하지만 비봉은 마음을 돌리지 않는다. 어느 날 류원과 비봉은 경숙의 눈을 피해 동소문 밖 신흥사로 밀월여행을 떠났다가 발각되고, 한바탕 소란이 일어난다. 아수라장이 된 방에서 비봉은 자신의 신세를 한탄하며 류원이 잠든 틈을 타 자살한다. 잠에서 깬 류원은 비봉을 진실로 사랑했음을 고백하고 그 뒤를

따른다.

【참고】 계명대 도서관 소장 세창서관본 표지에 '哀戀悲話 달콤한 戀愛 연애' 라고 표기되어 있다. 사랑에 빠진 유부남과 기생이 사랑을 이루지 못하는 현실을 비관하여 동반 자살한다는 내용이다. 혜란이 기생이 되는 과정이나 기생으로서 살아가는, 화려하지만 쓸쓸한 삶이 비교적 자세하게 묘사되어 있다.

닭의 알처럼 커다란 곡식 알갱이(번)

【내용】 「사람은 무엇으로 사느냐」 참조.

당상연작(번)/堂上燕雀: 리튼 작. 안서 역. 동아일보1924.5.19-8.27(100회 완).

【내용】 원작 참조.

【참고】 영국 작가 리튼(Edward Bulwer-Lytton)의 소설 「폼페이 최후의 날(The Last Days of Pompeii)」(1834)을 시인 김억이 '岸曙' 라는 필명으로 《동아일보》에 번역한 연재물이다. 본문 앞에 '堂上燕雀-(폼페이의 마즈막날)' 이라고 표기되어 있다. 中村祥一의 일역본 「ポンペイ最後の日(1923)」을 중역한 것이다. 서기 79년 8월 24일 베수비오 화산 폭발로 시작된 역사적인 재앙으로 인해 로마 제국 도시 폼페이는 멸망의 위기에 놓이게 된다. 이 작품은 당시 전성기를 구가하던 폼페이에서 펼쳐지는 대서사시이며, 풍류와 향락을 추구하는 로마 상류 사회의 사랑과 갈등, 모험과 멸망을 극적으로 담아내고 있다. 동일 원작의 번역으로 심향산인의 경개역 「폼페이의 씃날(조선일보 1929.10.11-13)」이 있다.

당태종전(번)/唐太宗傳: 작자미상.

동미서시1913 ; 동양서원1915 ; 신구서림1917 ; 회동서관1926 ; 동양대학당1929.

【내용】 원작 참조.

【참고】 작가·연대 미상의 고전소설이다. 목판본, 활자본, 경판 방각본 등으로 전한다. 사소한 거짓말로 저승에 간 중국 당나라 태종이 지옥과 극락세계를 두루 구경하고 다시 소생하여 염라대왕의 가

르침대로 불법에 귀의한다는 내용의 작품이다. 불교의 인과응보와 윤회사상을 주제로 지옥의 처벌과 극락을 대조시킴으로써, 불교에 귀의하기를 권장하고 있다. 조선시대의 유일한 불교적 종교소설이라는 데 의의가 있다.

대담강유 실기(번)/大膽姜維實記

작자미상. 대창서원·보급서관1922 ; 회동서관1922 ; 경성서적업조합1927.

【내용】 원작 참조.

【참고】 「삼국지연의」의 일부분을 번역한 판본으로도 간주할 수 있으며, 「삼국지연의」의 등장인물 중 하나인 姜維를 전면에 내세운 작품이다. 대창서원·보급서관본과 경성서적업조합본의 제목은 '大膽姜維實記' 이며 회동서관본의 제목은 '姜維實記' 이다.

대동강/大同江: 노익환 작. 신구서림1927.

【내용】 미확인.

【참고】 단행본 원본 자료를 구할 수 없어 작품의 경개 및 세부 서지사항을 확인하지 못했다. 『무학대사(신구서림1929)』 권말 신소설 광고에 '대동강' 이라고 제목이 표기되어 있다. 사진 자료와 작가, 출판사항은 인터넷 서점 '신고서점' 을 참조해 따랐다.

대장부/大丈夫: 이규용 작. 대성서림1926(72면, 30전).

【내용】 내용 생략.

【참고】 「盜俠」, 「義俠」, 「盜豪」, 「情俠」, 「犬義」, 「義价」로 이루어진 의협소설이다. 6편의 이야기를 통해 대장부로서 지녀야 할 성품과 도리에 대해 말하고 있다. 표지와 본문 첫 장에 '義俠新小說 大丈夫' 라고 표기되어 있다. 「도협」은 도적 박히봉이 모친을 잃고 위험에 빠진 주옥남매를 두 번에 걸쳐 구해 준다는 이야기다. 불의를 보면 참지 않는 박히봉을 통해 義를 강조하고 있지만, 도적이라는 설정에서 모순을 보이고 있다. 「견의」는 자식이 없어 첩과 양자를 들인 주조남이 이로 인해 위험에 빠지지만, 집에서 기르던 개의 도움으로 화를 피한다는 이야기다. 첩과 양자를 들이지 말 것을 가르치고 있다. 「의개」는 비럭질을 하는 아사가 우연히 주운 돈을 자신보다 더욱 곤란한 처지의 인물에게 준다는 내용이다. 가난을 탓하지 않고 타인에 대한 배려를 아끼지 않는 아사를 통해 욕심 없는 자세를 가르치고 있다. 이런 식으로

여섯 편의 이야기 속에서 義와 도덕, 정의 등의 주제를 통해 경세의 목적을 드러낸다.

대지1(번)/大地: 펄벅 작. 심훈 역. 사해공론1936.4-9(6회 완).

【내용】 원작 참조.

【참고】 연재 지면에 '大地 파알·벅 原作 沈熏 譯' 이라고 표기되어 있다. 원작은 미국 작가 펄 벅(Pearl Sydenstricker Buck)의 장편소설 「대지(The Good Earth)」(1931)이다. 원문에서 필요한 것을 간추려 번역한 경개역이다. 중국의 농민인 왕룽 일가의 삶을 다루고 있다. 1940년 노자영이 펄벅의 「대지」와 「어머니」 그리고 「큐리 부인」을 엮어 『금색의 태양』이라는 단행본을 낸 적이 있으나 「대지」와 「금색의 태양」은 전혀 무관한 이름이다.

대지2(번)/大地: 펄벅 작. 김성칠 역. 인문사1940.

【내용】 원작 참조.

【참고】 원작은 미국 작가 펄 벅의 장편소설 「대지」이다. 《인문평론》 1940년 2월호의 '출판부 소식' 에 '숨은 외국문학 연구가 김성칠 씨에 의해 금월(2월) 초순에 출판된다' 는 예고가 나와 있다. 같은 해 《인문평론》 11월호의 '신간평' 에는 "역서가 조선어로서의 이식에 바친 고심의 자최가 확연하야 새로웁고 生新한 문장이 더한층 뛰여난다. 끝으로 역자는 앞으로 더욱 계속하야 가난한 이 땅의 번역문학에의 새로운 공로를 남기기를 바라는바" 라는 이헌구의 평가를 게재하고, '인문사 발행. 정가 2원' 이라고 표기하고 있다. 인문사 간 초판은 소장처가 확인되지 않고 있으며, 1953년의 태극사본, 1960년의 교양사본, 1961년의 아동문화사본이 「대지」의 김성칠(金聖七) 역본으로 남아 있다.

대포성/듸포셩大砲聲

김동진 저작발행. 덕흥서림1926(91면, 35전).

【내용】 김여망은 일곱 살에 부모를 잃고 이리저리 떠돌아다니다 영동에서 남의집살이를 하며 살아간다. 여망의 내외는 동학란의 와중 피난을 가다 충청좌도 영동군 천관산에서 아들 동렬을 낳는데, 동렬이 일곱 살 되던 해 삼남 토호 송방멍이의 횡포로 가산을 잃고 인천으로 이사한다. 우연히 한 동네에 살던 안덕순을 만난 여망은 그의 도움으로 인천 용동에 자리를 잡고 행랑살이를 하며 지낸다. 여망은 아들이 쇠락한 집을 일으켜 세우길 바라며 한학을 가르친다. 열다섯 살이 된 동렬은 시대가 바뀌었다고 생각하며 신학문

을 배우겠다고 하지만 아버지는 대로하여 허락지 않는다. 동렬은 덕순의 아들인 국션과 의논하여 영국으로 유학하기로 하고 덕순의 돈을 훔쳐 배를 탄다. 그러나 해적을 만난 동렬과 국션은 물에 빠지고, 국션은 생사조차 알 수 없게 된다. 동렬은 런던에 떠밀려와 쌈보라는 사람에게 구출된다. 휄톤이라는 영국 이름을 얻은 동렬은 열심히 공부하여 학교를 마치고 외무대신 칼씸의 서기로 지내며 정치적인 인맥을 넓혀 간다. 그러던 중 독일이 유럽 각국을 함락시키고 영국까지 침공하는 전쟁이 벌어진다. 동렬은 전쟁 중에 적십자병원에서 독일군이 된 국션을 만나고, 자신과 혼담이 오가던 김슌애와도 재회한다. 그간 국션은 물에 빠져 고래 뱃속에 들어갔다가 우연히 프랭크라는 독일인에게 구출되어 독일 육군 보병의 중대장이 되었고, 슌애 또한 동렬의 생사를 알 길이 없자 독일에 와서 간호부가 되었던 것이다. 한편 여망과 덕순은 가세가 기울고 아들들조차 생사가 묘연하자 낙망하여 세월을 보내는데, 마침내 전쟁이 끝나고 동렬과 국션, 슌애가 귀국하여 가족 상봉한다.

【참고】 국립중앙도서관 소장 덕흥서림본 표지에 '쾌활 ᄃᆡ포셩 快活 大砲聲' 이라고 표기되어 있다. 등장인물들이 고난을 겪다가 영국인과 독일인으로 살아가게 되고, 1차 세계 대전의 와중에 재회한다고 하는 등 폭넓은 공간적 배경 안에서 서사의 진행이 이루어진다. 주인공 김동렬이 일본제국을 중심으로 한 동양의 평화를 위해 일영동맹에 관여했다는 부분에서 친일 성향이 드러난다.

더 방가드(번)/The Vanguard

게일 작. FLEMING H. REVELL COMPANY1904(320면).

【내용】 내용 생략.

【참고】 'JAMES S. GALE' 이라고 작가 표기가 되어 있다. 부제는 'A TALE OF KOREA' 이다. 원산에서 전도 활동을 하던 게일을 만난 뒤로 기독교인이 되어 서울 연못골 교회의 초대장로가 되었던 고찬익을 주인공으로 한 실명소설이다. 저자는 서문에서 사실 그대로 서술하려고 애썼으며 이야기의 전개를 위해서 최소한의 허구적 요소를 가미했다고 밝히고 있다.

더버빌의 테스(번)/짜바뷰의테스

하디 작. 심향산인 역. 조선일보1929.11.9-15(6회 완).

【내용】 짜바뷰 가는 명망 높은 가문으로 이름이 높았으나 지금은 몰락한 농가이다. 짜바뷰가의 딸 테스는 술 취한 아버지를 부끄럽게 여긴다. 한편 테스는 부호의 아들 아레크과 어울리지만 그는 테스를 한낱 유희의 대상으로 여길 뿐이다. 테스는 아레크와 헤어지고 고향을 떠난다. 얼마 후 테스는 엔젤이라는 남자를 만나 사랑에 빠지고 그와 결혼한다. 결혼 후 테스는 자신의 과거를 남편에게 고백하고 용서를 구하지만 끝내 그에게 버림받는다. 한편 테

스가 고향으로 돌아오자 아레크는 다시 테스에게 구혼하지만 거절당한다. 테스의 편지를 받고 엔젤은 테스를 찾아온다. 테스는 엔젤을 붙잡기 위해 아레크를 살인하고 엔젤을 찾아가 고백한다. 엔젤은 테스와 함께 교회당 앞으로 가서 속죄의 무릎을 꿇는다.

【참고】 '태서명작경개 31-36회' 까지 전 6회에 걸쳐 영국 작가인 토머스 하디(Thomas Hardy)의 「더버빌 가의 테스(Tess of the D' Urbervilles)」(1891)를 요약하여 줄거리를 소개한 것이다. 역자 심향산인(心鄕山人)은 "하-듸는 千八百十年 六月二日 영국 쓰셋트세야의 명가(名家)에서 낫다"고 작가를 소개하면서 이 작품을 "하-듸의 대표작"이라고 설명하고 있다. 동일 원작의 번역 및 번안으로 최활의 「두 야심의 비극(1930)」, 김기진의 「번롱(1926)」, 백석의 「테스(1940)」가 있다.

더 클라우드 드림 오브 더 나인(번)/The Cloud Dream of the Nine

김만중 작. 게일 역. Daniel O' Connor London1922(307면).

【내용】 내용 생략.

【참고】 김만중의 「구운몽(1689)」을 영역한 것이다. 'KIM MAN-CHOONG', 'JAMES S. GALE' 이라고 작가와 역자 표기가 되어 있다. 저본은 1725년 간행된 羅州本의 목판본으로 추정된다. 역자 게일과 작품에 대한 해설을 곁들인 스코트(Elspet Keith Robertson Scott)의 서문과 16개의 삽화가 작품의 이해를 돕고 있다.

덕성복/덕셩복德成福

이규용 작. 대성서림1926(78면, 30전).

【내용】 「덕셩복」 : 덕셩복은 술사로부터 딸이 일찍 시집가면 남의 첩이 될 팔자라는 이야기를 듣는다. 세월이 흐른 후 성례를 올리던 딸 장쥬가 강도에게 납치되어 사라지는 일이 생긴다. 셩복은 복을 쌓으면 다섯 해 지나 돌아올 것이라는 술사의 말에 가난 구제에 앞장선다. 오 년 후, 딸이 도적 떼에게 잡혀갔다 포교에게 구원되었다는 옛 사돈 해주 태수 손장의 전보가 날아들고, 곧이어 상봉이 이루어진다. 손장은 아황여영을 거론하며 장쥬를 며느리로 받아들이고 아들의 본처와 자매의 연을 맺게 한다. 셩복의 잔치 연회에 참석한 모든 일행들이 그의 덕행을 치하한다. 「귀쳐(鬼妻)」: 기력이 장사인 진표는 주막에서 술을 먹다 옆 사람들의 귀신 이야기를 듣고 귀신을 잡아 아내로 삼겠다고 공언한다. 이윽고 한길에서 귀신 형상을 한 두 사람과 마주친 그는 모자 쓴 사내를 칼로 찌르고 산발한 여인의 얼굴을 내려쳐 가면을 벗긴다. 젊은 여자는 남편의 강요로 귀신 복장을 하고 도적질을 해 왔다고

실토한 후 진표를 따라나선다. 이후 진표는 나라를 위하여 공을 세울 것을 당부하는 아내의 뜻을 받들어 장도에 오른다. 두 해가 지나 영웅이 되어 금의환향한 그는 모친과 아내에게 예를 표하고 동리 사람들을 불러 잔치를 베푼다. 「**사조안(謝祖安)**」 : 소년 명사로 이름이 자자한 사조안은 왕태사의 딸과 성례를 약속하나 그녀의 갑작스러운 죽음으로 연을 맺지 못한다. 그러던 어느 날 친구 장건을 따라 묘향암에 간 그는 노승에게 팔려 와 중이 되려는 여인이 죽은 정혼녀와 흡사한 것에 놀란다. 한편 장건은 그 여인의 몸값을 지불하여 자신의 집으로 데려오고 장건의 모친은 그녀를 의녀로 삼는다. 장건의 주선으로 사조안은 그녀와 혼인을 거행한다. 「**위문성(衛文星)**」 : 위문성이 기생 소경랑의 미색에 빠져 가산을 탕진했다는 소문이 퍼진다. 어느 날 부친의 친구인 진셰홍이 문성을 찾아와 자신이 경량과의 혼인을 주선해 주겠노라고 말한다. 경량은 문성과의 혼사 의향을 물어오는 셰홍에게 가난한 계집으로 살기 싫다고 답한다. 문성은 비로소 자신의 어리석음을 깨닫고 학문에 정진하여 향시에 뽑힌다. 후일 문성은 셰홍의 여식과 혼인한다.

【참고】 서울대 도서관 소장 대성서림본 표지와 본문 첫 장에 '新小說 短篇小說 德成福 덕셩복' 이라고 표기되어 있다. 본문 첫 장에 '李圭瑢 著作' 이라고 작가 표기를 하고 있다. 네 편 모두 중국이 배경이며 중국인들이 등장하고 있다.

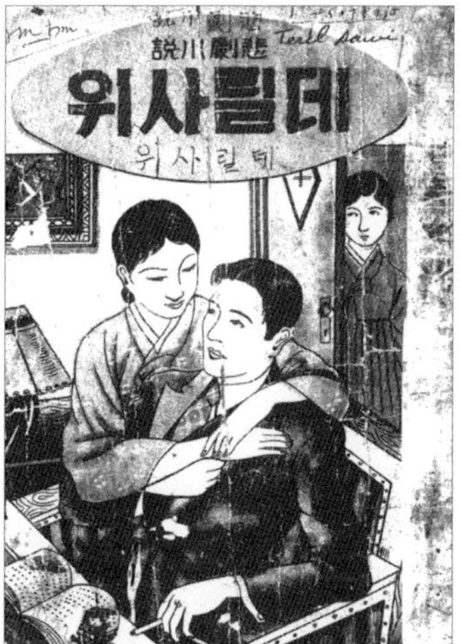

데릴사위

조준경 저작발행. 보성서관1937(90면, 40전).

【내용】 쇠락한 집안 형편으로 인해 데릴사위가 될 수밖에 없었던 희렬은 처가의 돈으로 대학을 마칠 수 있었지만, 장인이 죽은 후 어려운 살림을 홀로 짊어진 가장의 처지가 된다. 장모 봉자와 아내 은숙, 처제 정숙과 함께 살면서 그는 경제적 문제뿐만 아니라 가정의 불화 때문에 늘 고민이 많다. 첩실 소생으로 자라나 시집을 갔다가 남편을 사별하고 친정으로 돌아온 처제 정숙에게 희렬은 연민의 정을 느낀다. 정숙은 허영심이 많고 아내로서의 책임감도 없는 언니 대신 형부의 뒷바라지에 최선을 다한다. 그럴수록 봉자와 은숙의 의심이 깊어져 희렬과 정숙은 난처한 지경에 빠진다. 그럴 즈음 희렬의 친구인 경호가 정숙을 장 씨네 가정교사로 들일 것을 제안한다. 희렬은 장 씨가 호색한이라는 소문을 익히 듣고 있던 터였으므로 반대하지만, 경호의 말에 혹한 봉자와 은숙에 의해 일은 결정되고 만다. 장 씨네 집으로 들어갔던 정숙은 역시나 겁탈의 위기를 겪고 친정으로 돌아오는데, 희렬 외에는 아무도 반겨 주는 사람이 없다. 정숙은 다시 집을 나갈 수밖에 없는 처지가 되고, 희렬은 이

를 기회로 삼아 자신도 마굴 같았던 집을 빠져나온다. 희렬은 정숙과 동거하면서 함께 중국으로 갈 것을 제안하지만, 그가 먼저 중국으로 간 사이 정숙은 정처를 알리지 않고 사라진다. 나중에 출장 일이 생겨 중국으로 간 경호가 희렬을 만났을 때, 그는 이미 폐인이 되어 있다. 정숙이 교육에 투신하여 살고 있다는 소문을 전해 주고 그러니 그를 위해 함께 귀국하자는 경호의 제의도 마다한 채 희렬은 종적을 감추고 만다. 정숙도, 의지할 데가 없어진 봉자와 은숙 모녀도 모두 뿔뿔이 흩어져 그들의 소식을 아는 사람이 없다.

【참고】 진순성의 「소의 암영(동아일보1922.1.2-4.14)」과 서사구조와 내용이 대동소이하다. 연재본 「소의 암영」 혹은 단행본 「암영(동양서원1923)」을 토대로 모방, 각색한 작품이라고 판단할 수 있다. 표지와 본문 첫 장에 '悲劇小說 데릴사위' 라고 표기되어 있다. 가난 때문에 데릴사위가 될 수밖에 없었던 사내의 번민이 묘사되어 있다. 형부와 처제의 사랑이라는 선정적인 모티프와 그에 따른 서사 전개는 결국 비극적 결말에 다다른다. 서울대 도서관에 마이크로필름으로 소장되어 있다.

데모쓰테네쓰(번)

토토키와타루 작. 한성도서주식회사출판부 역. 한성도서주식회사1921(119면, 60전).

【내용】 원작 참조.

【참고】 한성도서 간 단행본 자료를 국내에서 찾을 수 없어 일본 도야마 대학(富山大學) 부속 도서관 소장본을 확인하여 참고했다. 일본의 토토키 와타루(十時彌)가 저술한 『デモスセネス(박문관1901)』를 번역한 책이다. 원저는 일본 박문관에서 출판된 世界歷史潭 第20編이다. 토토키 와타루의 일본어본 표지에 '文學士 十時彌 著' 라고 표기되어 있는 것으로 보아 한성도서 국역본이 서양서의 중역은 아닌 것으로 판단된다. 고대 희랍의 웅변가 데모스테네스의 행적을 서술한 작품이다.

데카메론(번): **보카치오 작. 춘계생 역. 매일신보1924.12.7-25.3.10(54회 미완).**

【내용】 원작 참조.

【참고】 연재 지면에 '데카메론 利太利 카치오 著 春溪生 譯 上卷' 이라고 표기되어 있다. 1925년 3월 10일자 연재분에 55회라고 적혀 있으나, 이전 연재 횟수를 보아 54회를 잘못 표기한 것으로 보인다. 끝부분에 '계속' 혹은 '끝' 등의 표시가 없으나, 내용으로 보아 미완인 상태에서 연재가 중단되었다. '春溪' 는 조선 최초의 여의사이자 당대의 문사였던 허영숙의 별호이다.

도깨비와 빵떡조각(번)/독개비와쌍썩조각

【내용】 「사람은 무엇으로 사느냐」 참조.

도리언 그레이의 초상(번)/쏘리앙그레-肖像

오스카와일드 작. 심향산인 역. 조선일보1929.11.16-17(2회 완).

【내용】 원작 참조.

【참고】 '태서명작경개 37-38회' 까지 전 2회에 걸쳐 아일랜드 작가인 오스카 와일드(Oscar Wilde)의 「도리언 그레이의 초상(The Picture of Dorian Gray)」(1890)을 요약하여 줄거리를 소개한 것이다. 역자 심향산인(心鄕山人)은 작가의 비극적인 일대기를 요약하면서 "「쏘리앙 그레-의 초상」이라는 걸작과 「사로메」 등을 발표"하였다고 밝히고 있다.

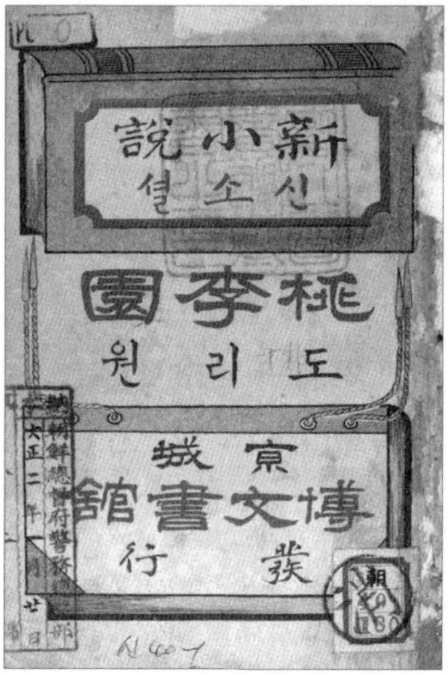

도리원(번)/桃李園

에밀가보리오 작. 역자미상. 박문서관1913(118면, 25전).

【내용】 법국 등륜홍 후작은 법덕 전쟁에서 큰 공을 세우고 파리 근교 창표촌 전원에 은거중이다. 등 후작은 사십여 세까지 결혼하지 않고 일에 몰두하다가 사십칠 세가 되어서 프랑스의 저명한 교육가의 딸인 왕례연의 둘째 딸 비쇼룬과 혼인한다. 어느 날 등 후작의 저택에서 총소리가 난무한 큰 화재가 발생한다. 수사가 시작되고 등 후작은 사건 당일 밤 괴한의 총격을 받은 사실을 증언한다. 증언의 내용에 따르면 비쇼룬 부인은 불이 나자 곧바로 몸을 피하였으며 두 남매는 바보 충복인 화고륜이 동산으로 대피시켜 놓았다는 것이다. 아랫마을 처녀들이 사건 당일 밤에 등 후작 저택 인근에서 하공영을 보았다고 증언하는 등 취조 결과와 주변 정황이 그에게 불리하게 작용하여 하공영은 경찰서로 호송되기에 이른다. 이에 하공영의 모친은 유명한 변호사 만울사에게 도움을 청하고, 하공영의 정혼자이자 법국 실업가 네소은의 딸인 네경과 자혜의원 의사 관순도 달려와 하공영의 무죄를 입증하는 데 힘을 쏟는다. 변호사 만울사가 하공영을 면담하는 일조차 법적으로 금지되자, 정혼자인 네경은 법원 서기이자 하공영의 중학 동창 스왈쓰를 통해 하공영에게 편지를 전한다. 그러나 어렵사리 돌아온 하공영의 답장에는 하늘만이 자신의 무죄함을 알 것이라는 심경이 적혀 있을 뿐 변호를 위한 단서는 발견할 수 없다. 낙담한 네경은 꿈에서 하공자의 구명을 위해 최선을 다할 것을 당부하는 노인을 만난다. 네경이 하공영에게 두 번째 편지를 전하자 네경의 노력에 감동한 하공영은 친구 변호사인 목극는과의 면담을 주선하는 답장을 쓴다. 네경은 목극는을 찾아 하공영과 대면시킨다. 목극는을 만난 하공영은 자신과 등 후작의 부인 비쇼룬이 서로 연모하게 되었다는 사실을 털어놓는다.

【참고】 국립중앙도서관 소장 박문서관본 표지에 '新小說 신소셜 桃李園 도리원', 본문 첫 장에 '정

탐소셜 도리원' 이라고 표기되어 있다. 하권의 존재를 확인할 수 없다. 추리소설이자 법정소설이다. 주인공 하공영과 등 후작 부인 사이의 이루어질 수 없는 사랑이 사건의 실마리로 제시되어 있긴 하지만, 상권만 전하고 있어 사건의 결말을 짐작하기 어렵다. 프랑스 작가 에밀 가보리오(Émile Gaboriau)의 「목에 걸린 줄(La Corde au cou)」(1873)의 당대 중국어 역본과 일본어 역본을 동시에 참조하여 번역 혹은 번안한 판본이라고 최근의 연구에서 밝혀진 바 있다.

도승사명당/道僧四溟堂: 고유상 발행.

【내용】 미확인.

【참고】 단행본 원본 자료를 구할 수 없어 작품의 경개 및 세부 서지사항을 확인하지 못했다. 1928년 9월호 《조선출판경찰월보》 단행본 출판 금지 목록에 수록되어 있다. 출판 금지 사유는 치안 방해이다.

도화선(번)/桃花扇: 원작미상. 일명자 초역. 매일신보1919.5.4-5.16(13회 완).

【내용】 중국 절강성 항주에 사는 명망가 양ᄉᆞ츙은 뎡 부인과 딸 슉영, 아들 몽션과 함께 산다. 뎡 부인은 도화선을 든 선녀 꿈을 꾸고 몽션을 낳는데 아이의 한쪽 뺨에 복사꽃 같은 붉은 반점이 있어 신기해한다. 슉영은 이 시랑의 아들 우선과 약혼하지만 뎡 부인이 갑자기 병을 얻어 죽자 혼사는 기약할 수 없다. 양ᄉᆞ츙은 실의에 빠져 산천을 구경하러 다니는데 곽운의 모함을 받아 혜주로 도망가는 신세가 된다. 슉영과 몽션 남매는 오갈 데 없는 신세가 되고, 양ᄉᆞ츙의 소실 반초운의 구박을 받는다. 양ᄉᆞ츙은 곽운이 보낸 자객을 피해 겨우 목숨을 건지고, 슉영 남매는 시비 매월의 도움으로 반초운에 의한 죽을 고비를 넘긴다. 그러나 몽션만 달아나는 데 성공하고, 슉영은 미처 피하지 못해 기생집에 팔려 간다. 반초운은 슉영이 갑자기 병을 얻어 죽었다며 이 시랑에게 알리고, 우선은 낙망하나 부모의 강권으로 소 씨를 처로 맞는다. 어느 날 우선은 대처에 구경을 갔다가 우연히 술집에 팔려 가게 된 소녀의 몸값을 대 준다. 이 소녀가 바로 슉영이었지만 두 사람은 만나지 못한다. 슉영은 술집에서 풀려났으나 오갈 데가 없어 감로사로 들어간다. 몽션은 누이가 죽은 줄 알고 울분을 참

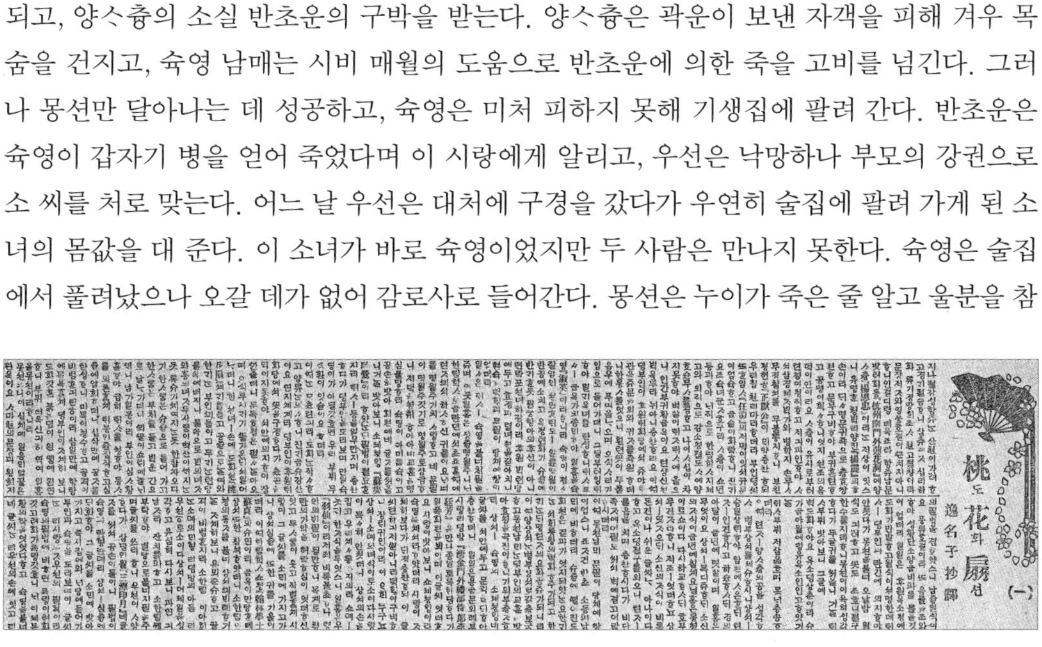

지 못한다. 그는 피신하여 산속 절에 들어갔다가 그곳에서 신묘한 힘에 이끌려 수궁에 들어가게 된다. 수궁 왕은 몽선을 반기고 공주의 배필로 삼는다. 이후 몽선은 다시 지상으로 나와 아버지를 찾는다. 7년여 동안 갖은 고생을 하던 양수춘은 누명을 벗고 복직하여 아들과 재회한다. 또한 죽은 줄로만 알았던 딸 숙영도 다시 만난다. 왕은 몽선을 보고 반하여 공주와 결혼시킨다. 몽선과 두 부인은 사이좋게 지낸다.

【참고】 연재 지면에 '桃도花화扇션, 逸名子 抄譯'이라고 표기되어 있다. 《매일신보》 1919년 5월 3일자 3면에 "◇新小說豫告◇ 싀로히 개직홀 소셜 본보에 계속ᄒᆞ야 긔직ᄒᆞ던 소셜 옥리혼은 호평 즁에 금일로써 완결ᄒᆞ고 명일부터는 지나 명나라 말년의 ᄉᆞ적을 긔록ᄒᆞᆫ 유명ᄒᆞᆫ 桃도花화扇션을 게직홀 터인바 이 쇼셜은 ᄌᆞ미잇는 사셜과 운치 잇는 ᄉᆞ설 속에 무한ᄒᆞᆫ 깃흠이 잇셔 실로 용이치 보지 못홀 됴흔 가뎡쇼셜이올시다"라고 소개되었다. 그러나 번역의 대본이 된 원작의 실체를 확인할 수 없고, 명말청초의 이야기인 공상임의 희곡 「도화선」(양백화 역, 『도화선 전기』, 동광1923.1.7-5.27 참조)과는 다른 내용이다.

도화선 전기(번)/挑花扇傳奇: 공상임 작. 양백화 역. 동광1923.1.7-5.27(18회 완) ; 시대일보1925.6.8(3회), 6.15(4회), 6.22(5회), 6.29(6회).

【내용】 후방역은 항군에게 사랑의 징표로 부채에 시를 써 준다. 그 후 후방역은 난징을 떠나게 되고, 홀로 남은 항군은 후방역에 대한 정조를 지키기 위해 노력한다. 그러나 다툼 끝에 후방역이 준 부채에 피를 묻히게 된다. 나중에 양문총이 여기에 그림을 그려 도화선을 만든다. 난징에 온 후방역은 우여곡절 끝에 옥에 갇혔다가 청나라 군대가 난징을 함락시키면서 감옥을 탈출한다. 산으로 피신한 후방역은 그곳에서 이향군과 다시 만나게 되고, 속세의 욕망을 버리고 도교에 귀의한다.

【참고】 《동광》 연재 지면에 '大史劇 挑花扇傳奇 靑 孔云亭 作 朝鮮 梁白華 譯'이라고 표기되어 있다. 총 16齣으로 구성되어 있다. 원작 「挑花扇」은 중국 청나라 때 공상임이 지은 희곡으로 홍승(洪昇)의 「장생전(長生殿)」과 함께 청대 희곡의 대표작으로 평가받는다. 명말청초를 배경으로 선비 후방역과 기생 이향군의 사랑 이야기를 그린 작품이다. 《시대일보》 연재본은 3회부터 6회까지의 자료를 확인할 수 있으나 자료의 미비로 연재 시작과 마감 일자를 알 수 없다.

도화원/桃花園: 해동초인 작. 유일서관1916(134면, 35전) ; 조선도서주식회사1921.

【내용】 왕ᄌᆞ호와 왕ᄌᆞ룡은 의좋은 형제이다. 자호의 처 월교가 ᄌᆞ룡을 유혹하려 하지만 ᄌᆞ룡은 넘어오지 않는다. 분노한 월교는 하녀 힝단에게, ᄌᆞ룡이 비행을 저지르려고 하려다 실패하고는 달아났다고 말하라고 종용한다. 그러나 힝단이 월교의 명을 거절하자 월교는 ᄌᆞ룡의 수건으로 힝단의 목을 졸라 죽여 버리고 자신의 집에 기식하며 살고 있는 문표를 시

켜 힝단의 시신을 갖다 버린다. 월교는 즈호에게 즈룡이 자신을 범하려고 했다고 거짓으로 고하여 그를 음해하려 하지만 즈호는 아내의 말을 믿지 않는다. 남편 즈호가 자신을 불신하고 있다는 것을 알게 된 월교는 문표와 함께 남편 즈호를 죽이려고 계획한다. 그때 마침 즈호는 영국 특파원 대사로 임명되어 영국으로 떠나고 즈룡은 힝단을 살해한 혐의로 관사에 잡혀간다. 즈룡은 사형당할 위기에 빠지지만 원천추를 중심으로 한 원로대신들이 황제에게 탄원하여 사건의 진상을 재조사하게 되고 그로 인해 즈룡의 사형 집행은 유예된다. 한편 월교와 문표는 가산을 처분한 뒤 즈호를 죽이려고 런던으로 떠난다. 즈룡의 처 츈교는 이들의 계략을 알아

채고 이들을 뒤따라 런던으로 간다. 월교가 탄 배는 풍랑을 만나 지체하고 런던에 도착했을 때는 이미 츈교가 먼저 와서 그들의 죄를 폭로한 후다. 결국 월교의 음모는 수포로 돌아가고 그들의 죄상이 만천하에 폭로되었으며 츈교의 용감한 행동은 영국 신문에 실리는 등 널리 알려진다. 츈교는 영국의 사교계의 환대를 받고 귀국하여 남편 즈룡을 구해 낸다. 황제는 그 사연을 듣고 이들을 후대한다.

【참고】 국립중앙도서관 소장 유일서관본의 표지에 '桃花園 도화원', 본문 첫 장에 '쇼셜 도화원 海東樵人 著'라고 표기되어 있다. 주요 인물들은 중국인들이고 무대는 중국과 영국이다. 형제간의 신의와 남편을 위한 열녀의 용감한 투쟁을 그린 작품이다.

독부의 눈물/毒婦의 涙: 유성 작. 세창서관1935.

【내용】 경성의 세력가로 슬하에 자식이 없던 리형식은 목숨을 끊으려던 장금순을 거두어 기른다. 금순은 천안 사는 장사꾼 장상희의 딸인데 계모 김영숙이 자신을 해치려 한다는 계략을 알게 되어 서울로 도망 온 것이다. 김영숙은 원래 형식의 친구인 김충근의 정부인데, 상희의 집과 재산을 가로챌 요량으로 사촌 오누이 행세를 한다. 지방을 돌아다니며 장사를 하는 장상희는 금순이 집을 나간 뒤 2년이 지나서야 그 사실을 알게 되고 뒤늦게 딸을 찾아 나선다. 몇 년이 지난 후 상희는 금순이 형식의 수양딸이 된 것과 형식이 자신의 젊은 시절 친구였음을 알게 된다. 상희가 금순의 행방을 찾아내자 자신의 죄가 드러날 것을 두려워한 영숙은 금순을 죽일 음모를 꾸미고 정부인 충근을 서울로 올려 보낸다. 주변의 사람들과 순사의 도움으로 위기를 모면한 금순은 아버지와 상봉하게 되고, 형식의 주선으로 리강세라는 학생과 결혼한다. 영숙은 참회의 눈물을 흘리며 종적을 감춘다.

【참고】 표지에 '悲劇小說 毒婦 독부의 涙 눈물', 본문 첫 장에 '毒婦 독부의 涙 눈물 流星 작'이라고 표

기되어 있다. 권선징악, 개과천선의 고소설적 주제가 강조되어 있다. 서강대 소장 세창서관본을 텍스트로 하여 내용을 정리했다.

독불장군: 조재선 저작발행. 삼광서림1928(67면, 25전).

【내용】 금강산 신령에게 아이 점지를 축수하고 돌아온 김 승상과 최 씨 부인은 선동선녀가 청학백학을 타고 집 안으로 들어오는 꿈을 꾼다. 열 달 후, 최 씨는 쌍둥이 남매를 낳아 여아는 선녀, 남아는 옥동이라 이름 짓는다. 무불통지의 재주를 발휘하던 옥동 남매는 팔 세 되던 해, 삼각산의 승려 박독불이 돈궤를 훔치러 집에 침입하자 밤새 집 안을 헤매고 다니게 하는 도술로 그를 잡는다. 선녀는 독불의 행실을 꾸짖으면서도 후일을 생각하여 풀어 주고, 독불은 옥동 남매의 나이가 어리나 용모가 범상치 않음에 백 번 사죄하고 돌아간다. 어느 날 옥동 남매는 천문을 보고 삼 년 안에 나라에 환란이 일어날 것임을 걱정한다. 한편 김 승지는 리춘백의 아들 오형제의 음해를 받아 제주도로 귀양을 가게 된다. 세월이 흘러 경인년 팔월 그믐, 독일왕의 국사인 백운 처사와 그의 여덟 명의 제자가 선봉장이 되어 조선을 공격해 오자, 조선의 문무 대신들은 계책을 세우지 못하고 우왕좌왕한다. 션조대왕은 귀양 가 있던 김 승상을 복권시키고 옥동 남매의 의견을 좇아 김응서를 상장군으로, 강홍입을 중군대장으로, 승려 독불을 장안 성벽을 지키는 장군으로 임명한 후 호국에 원군을 요청한다. 불리해져 가던 전세는 독불장군의 희생과 김응서, 강홍입 두 장수의 활약 그리고 리여송이 이끄는 명나라 원군의 도움으로 역전되어 결국 승전을 이룬다. 그 공을 인정받아 리여송은 금은보화를 하사받고, 옥동은 좌승상에, 응서와 홍입은 좌우장에 봉해진다. 한편 응서와 홍입은 독일 왕의 항복을 받아내기 위해 사십만의 대군을 이끌고 바다를 건너가지만 복병을 만나 군졸을 모두 잃고 포로가 된다. 응셔는, 부귀영화를 탐하여 독일 왕의 부마가 된 홍입을 먼저 벤 후 션조대왕에게 편지와 목을 전할 것을 말에게 당부하고 자결한다. 한편 응셔의 편지를 받아 본 션조대왕은 식음을 전폐하고 애통해하다 응셔의 목을 그의 선산에 안장시키고 충열문을 세워 춘추로 제사를 지내게 한다.

【참고】 서울대 도서관 소장 삼광서림본 표지와 본문 첫 장에 '독불장군'이라고 표기되어 있다. 순국문으로 되어 있다. 임진왜란을 배경으로 하여 김응서, 강홍립 등의 활약과 죽음에 이르기까지의 역사적 사실을 각색한 작품이다. 역사적 사실보다는 흥미를 위하여 허구적 인물과 사건을 부각한 점이 특징적이다. 임진록 작품군의 이본으로 보인다.

독원의 처녀(번)/毒園의處女: 원작미상. 최호동 편역. 영창서관1930.

【내용】 석철은 농촌 출신으로서 서울에 유학 와 있는 대학생이다. 그가 하숙하고 있는 집 근처에는 본초학자 소유의 동산이 하나 있다. 소문에 따르면 그곳에는 독한 초목들이 자라고

있다고 해 석철은 항상 꺼림칙하게 생각하고 있었다. 그러던 어느 날, 석철은 그 동산에서 산책을 하고 있는 본초학자의 딸을 본다. 이십 세가 넘도록 이성을 가까이하지 못한 석철은 그 여인에게 반하여 이곳저곳 탐문하고 다닌다. 주변 사람들은 하나같이 그 여인은 아름답지만 독한 기운이 있다며 그를 멀리 하라고 석철에게 충고한다. 그 동산은 옛적부터 강한 독에 오염된 곳으로서 그곳에 살고 있는 본초학자와 그의 딸의 몸 안에는 강한 독 기운이 퍼져 있었던 것이다. 석철은 주변의 충고에도 불구하고 그 여인을 사랑하게 되고 그 여인도 석철의 사랑을 받아들인다. 석철은 비록 여인이 갖고 있는 독의 기운으로 말미암아 자신의 생명을 잃더라도 사랑은 잃을 수 없다고 생각하며 죽기를 각오하고 그 여인과 달콤한 키스를 나눈다.

【참고】 영창서관 발행 최호동 편, 『비련의 장미(1930)』에 수록된 두 번째 작품이다. 앞에 수록된 「비련의 장미」와 마찬가지로 서구영화를 감상한 후 그 내용을 소설화한 것으로 보인다. 고려대 도서관에 소장되어 있다.

독일 궁중의 비밀(번)/獨逸宮中의秘密

월리엄르케 작. 김추수 역. 조선도서1924(267면).

【내용】 원작 참조.

【참고】 기존의 연구서에 의해 '前獨逸皇太子의 侍從武官 伯爵 헬첸도-쯔(Heltzendorff) 實談 월리암·르·케(William Le Queux) 編述. 金秋水 飜譯'이라는 정보를 얻을 수 있으나 원작명은 알 수 없다. William Le Queux는 영국 태생으로 벨기에에서 사망한 작가인데, 많은 소설과 논픽션 저서를 남겼으나 그의 책이 우리나라에서 번역된 경우는 드물다. 이 작품도 논픽션 류에 해당할 것으로 생각되나 원저 확인이 어렵고 번역본의 실체도 확인할 수 없는 상황이다. 다만 역본의 제목으로 미루어 William Le Queux의 논픽션 『The Secrets Of Potsdam By Count Ernst Von Heltzendorff(1918)』를 번역한 것으로 추정된다. 서지사항은 김병철의 『한국근대번역문학사연구(1975)』를 참고했다.

독행천리 오관참장기(번)/독힝쳔리오관참장긔獨行千里五關斬將記

원작미상. 대창서원·보급서관1918.

【내용】 원작 참조.

【참고】 「삼국지연의」의 일부분을 서술하여 출간한 국문 활자본이다. 「삼국지연의」의 부분 발췌역본으로 간주할 수도 있다. 조조에게 포위된 후 조조의 극진한 대우를 받으면서도 부귀영화를 뿌리치고 주인이자 의형(義兄)인 유비를 찾아 '천리독행 오관참장(獨行千里五關斬將)' 한 관우의 이야기를 다루고 있다.

돈기호 전기(번)/頓基浩傳奇: 세르반테스 작. 최남선 역. 청춘1915.1-2.

【내용】 원작 참조.

【참고】 《청춘》지는 창간호로부터 '세계문학개관'이라는 이름으로 매호 세계의 걸작을 경개역하여 수록했다. 「돈기호전기」는 그 네 번째 작품으로 《청춘》 제4-5호에 게재되었으며, 30면 분량으로 축약되어 있다. 해당 지면에 '頓基浩傳奇 세르반테쓰 原著'라고 표기되어 있으며, 'Don Quixote, by Miguel Cervantes'라고 원작명과 원저자의 영문 표기를 하고 있다.

돈 좀 벌자면 아낙이난봉(번)/돈좀벌쟈면안악이난봉

밀른 작. 노영창 역. 신흥1929.12.7.

【내용】 쫀은 멜췌스타에서 이름난 일류 변호사이다. 쫀과 그의 젊은 아내 애리어드니는 돈을 벌기 위해서라면 어떤 일이든 감수하려고 한다. 애리어드니는 다른 변호사인 멜드럼을 유혹하는데 어느 날 멜드럼이 애리어드니에게 편지를 보낸다. 멜드럼의 마음을 눈치챈 애리어드니는 쫀과 짜고 그에게 접근한다. 막이 바뀌고 멜드럼은 애리어드니에게 돈벌이를 찾아 런던으로 떠날 것이며 호화로운 생활을 즐길 것이라고 한다. 애리어드니는 그와 동행하겠다고 답한다. 집으로 돌아온 애리어드니는 궁금해하는 남편에게 그저 좋은 시간을 보내고 왔다고만 이야기한다. 그리고 막이 내린다.

【참고】 게재 지면에 '돈 좀 벌쟈면 안악이난봉(一) Ariadne, Business First. A.A.Milne 原作 盧泳昌 譯'이라고 표기되어 있다. 이 작품의 원작은 영국의 작가 앨런 알렉산더 밀른(Alan Alexander Milne)의 네 편의 희곡에 속하는 「Ariadne, or Business First」이다. 밀른은 1926년 네 편의 희곡작품을 묶어서 발표하였다. 『Four Plays: 「To Have the Honour」, 「Ariadne, or Business First」, 「Portrait of a Gentleman in Slippers」, 「Success」』가 그것이다. 알렉산더 밀른은 「위니 더 푸우(Winnie the Pooh)」(1926)를 써서 유명해진 영국 아동 문학가이다. 역자는 영국의 유명한 작가인 A. A. Milne은 '現存하는 文人'이라고 소개하면서 이 작품이 이미 영국대표연극협회 단원들에 의해 연행되어서 큰 성공을 거둔 희곡이며 '현재 영국의 리아리스틱한 戱劇' 중에서 대표작이라고 설명한다. 번역된 작품은 2막극으로 구성되어 있고, 제목에서 드러나듯 물질만능주의에 빠진 인물들의 행태를 여실하게 보여 주는 작품이다.

동각한매/東閣寒梅: 현공렴 편저. 현공렴가1911(69면, 30전).

【내용】 경성 권 첨지는 세 사람 몫의 일도 거뜬히 해내는 미장이다. 그러나 노름에 빠져 집안에 풍파가 그칠 날이 없다. 열일곱 살 난 딸 청순은 생계비 마련을 위해 유곽의 최동식을 찾아가 집안 사정을 말한다. 권 첨지와 안면이 있던 그는 청순의 효성에 감복하고 권 첨지를 불러 돈 팔십 냥을 빌려 준다. 그리고 돈을 갚을 때까지 청순을 곁에 두고 심부름을 시키겠

다고 한다. 권 첨지는 자신의 무능함 때문에 딸을 팔아 돈을 얻었다는 생각에 우울해진다. 집으로 돌아가는 길에 그는 우물가에서 한 소년이 자살하려는 것을 목격한다. 그는 황화장사 가게에서 고공살이를 하는 복룡이라는 이름의 소년이다. 참판 댁에서 팔십 냥을 수금해 오다가 돈을 잃어버리자 어쩔 줄을 몰라 자살을 결심했다는 것이다. 권 첨지는 자신의 처지도 딱하지만 돈 때문에 죽으려는 소년을 그대로 둘 수 없어 가지고 있던 팔십 냥을 내어 준다. 그러나 소년은 돈을 잃어버린 것이 아니라, 참판 댁에서 잠깐 장기를 두느라 돈주머니를 갖고 나오는 것을 잊어버린 것이었다. 참판 댁에서 인편에 돈주머니를 가게로 보내었는데, 소년은 아무것도 모르고 자살을 시도하다가 권 첨지에게 얻은 돈주머니를 들고 가게로 들어갔던 것이다. 가게 주인 박도남은 복룡에게서 권 첨지의 사연을 듣고 감동한다. 그는 최동식에게 돈을 갚고 청순을 데려와 함께 권 첨지의 집으로 간다. 권 첨지에게 감사 인사를 한 그는 앞으로 두고두고 친분을 쌓기를 소원한다. 복룡과 청순은 결혼하고 오복룡점이라는 피륙상점을 낸다.

【참고】 표지와 본문 첫 장에 '日鮮語新小說 東閣寒梅' 라고 표기되어 있다. 본문 첫 장에는 '漢水 玄公廉 編著' 로, 판권지에는 '著作及發行者 玄公廉' 으로 표기되어 있고, '印刷所 文明社 發行所 玄公廉家' 라고 표기되어 있다. 일본어와 한글이 병기되어 있다.

동국거걸 최도통/東國巨傑崔都統

금협산인 작. 국한문판대한매일신보1909.12.5-1910.5.27(상편 완).

【내용】 적국의 침입에 용감하게 대항한 민족적 저항은 역사적인 행보를 통해 확인할 수 있다. 고려의 명장이자 충신인 최도통은 용맹한 기개로 민족의 위력을 보여 준 인물이다. 최도통은 4만의 홍건적이 서경을 함락하자 서북면 병마사 이방실 등과 함께 이를 물리친다. 몇 년 후 다시 홍건적이 창궐하여 개경까지 점령하자 이를 격퇴한 최도통은 전리판서에 오른다. 그는 홍왕사의 변, 제주 호목의 난을 진압했으며, 다시 왜구가 삼남지방을 휩쓸자 홍산에서 적을 대파하는 공을 세운다. 명나라가 철령위를 설치하고 북변 일대를 요동에 귀속시키려 하자 그는 요동 정벌을 계획하여 군사를 이끌고 출정하지만, 이성계가 이끄는 군대와 대치하게 된다.

【참고】 《대한매일신보》 국한문판의 '偉人遺蹟' 란에 실린 신채호의 역사전기소설이며 회장체 형식으로 되어 있다. 본문 앞에 '東國巨傑崔都統 錦頰山人' 이라고 표기되어 있다. 8장까지 연재되던 도중에 '以上은上篇終' 이라는 표시와 함께 연재가 중단되는데 이후 재개되지 않는다. 《대한매일신보》 국문판에도 이 작품이 한글로 의역되어 연재되다가 같은 시기에 중단된다. 최영 장군의 영웅적인 행적을 형상화한 소설이면서도 우국지사의 공적에만 서사가 집중되지 않고 외세의 발호를 우려하면서 민족의 단결을 주장하는 작가의 계몽적인 의도가 강조된다.

동국의 제일 영걸 최도통전/동국에뎨일영걸최도통젼

금협산인 작. 국문판대한매일신보1910.3.6-5.26(상편 완).

【내용】「동국거걸 최도통」 참조.

【참고】《대한매일신보》 국한문판에 실린 신채호의 「동국거걸 최도통」의 한글체 의역본이다. 실존인물인 최영 장군의 삶을 소설화한 역사전기소설이며 회장체로 되어 있다. 7장까지 연재되던 도중에 '샹편죵' 이라는 표시와 함께 중단되는데 이후 재개되지 않는다. 신채호가 집필한 여타의 역사전기소설이 다른 번역자를 통해 한글화된 데 비해 이 작품은 작가 본인이 한글로 번역했을 가능성이 높다.

동도(번)/東道: 파커 작. 김영환 역. 신명서림1927(176면, 80전).

【내용】「연애의 불길」 참조.

【참고】 단행본 자료를 확인할 수 없어 서지에 대한 정보는 김병철의 『한국근대번역문학사연구(1975)』를 참고했다. 현해탄 정사 얼마 전의 윤심덕이 출연한 것으로 유명한 토월회의 연극 「東道」의 내용을 曙汀 金永煥이 서술체로 각색한 판본으로 추정된다. 김영환은 《폐허》의 동인으로 토월회 등 신극 운동에 활발하게 참여하였고, 최초의 가요 작곡가, 당대의 인기 무성영화 변사 등 다채로운 이력을 지닌 인물이다. 토월회의 연극 「동도」는 미국 그리피스(D. W. Griffith)의 영화 「Way Down East(1920)」을 각색한 것이며, 영화 「Way Down East」는 로티 블레어 파커(Lottie Blair Parker)의 원작 희곡을 손질하여 영화화한 것이다. 안나라는 이름의 청순한 소녀가 바람둥이의 유혹에 넘어가 몸을 망친 후 버림받고, 고생 끝에 결국 착한 남자를 만나서 행복을 이루게 된다는 이야기이다. 버림받는 순진한 여인, 가난 때문에 자신의 품속에서 죽어 가는, 아버지 없이 낳은 아이, 정착을 가로막는 과거의 추문과 시련 등이 어우러진 전형적인 멜로드라마이다. 동일 원작의 역본으로 『연애의 불길(세창서관1933)』이 있다.

동령수송/동령슈숑冬嶺秀松: 홍순필 저작발행. 조선도서주식회사1926(117면, 35전).

【내용】 교동 사는 서 승지는 석탄일을 맞아 산사에 갔다가 괴한에게 목숨을 위협당하는데, 마침 그곳을 지나던 리만영의 도움으로 구사일생 목숨을 건진다. 괴한은 백일제라는 검사

와 정분이 난 서 승지의 첩 리롱쥬가 보낸 자객이었다. 이를 눈치챈 서 승지는 귀가를 미루고 리만영에게 집안 사정 이야기를 한다. 이야기 끝에 그는 변호사인 리만영에게 자신의 재산을 의탁하고 딸인 송자에게 상속되도록 해 주기를 청한다. 집에 돌아온 서 승지는 롱쥬를 꾸짖다가 숨어 있던 일제와 실랑이를 벌이고 결국은 육혈포에 맞아 죽는다. 롱쥬와 일제는 서 승지의 전 재산을 가로챌 궁리를 하는 한편 송자를 애초의 정혼자 어성룡 대신에 성룡의 상관인 경시 리영래와 맺어 주려는 흉계를 꾸민다. 송자는 롱쥬의 꾐에 빠져 단오 구경을 갔다가 영래에게 봉변을 당하고 우연히 그곳을 찾았던 약혼자 성룡에 의해 위기를 벗어난다. 롱쥬와 일제는 다시 영래와 결탁하여 성룡을 황해도로 파송해 버리고 송자를 욕보이려는 계획을 세우지만, 성룡의 친구 장홍준에 의해 실패한다. 일제와 롱쥬는 위조 위임장으로 서 승지의 전 재산을 가로채려 하는데, 이때 변호사인 리만영이 나타나 서 승지의 진짜 위임장을 제시하여 그들의 음모가 백일하에 드러난다. 영래는 성룡을 모함하는 동시에 그의 친구 홍준까지 함께 해치려다가 실패한다. 아울러 서 승지의 살인범으로 몰렸던 늙은 하인 홍만의 어린 아들 장손의 증언으로 롱쥬가 서 승지 살해의 배후임도 밝혀진다. 송자는 한성 병원 병실에서 대동신문의 기사를 통해 사건의 전모를 알게 된다. 드디어 재판이 열리고 롱쥬 일당은 중형을 선고받는다. 이후 송자는 성룡과 결혼하여 행복한 가정을 이룬다.

【참고】 국립중앙도서관 소장 조선도서주식회사본 표지에 '冬嶺秀松 동령슈숑', 본문 첫 장에 '冬嶺秀松'이라고 표기되어 있다. 난외서명은 '동령슈숑'이다. 악독한 첩의 흉계로 아버지를 잃고 목숨을 위협받는 여성 인물이 은인과 정혼자, 그리고 정혼자의 의로운 친구의 도움으로 어려움을 극복하는 이야기이다. 사건의 해결 및 작품의 결말 처리에 법정 재판의 삽화를 이용했다. 사건 사고의 기사가 마치 소설처럼 신문에 실리고 그것이 실제 소설의 창작으로 이어지기도 하던 당시의 풍속이 작품 본문 중에 드러난다.

동물농장(번)/動物農場: 오웰 작. 김길준 역. 국제문화협회1948(111면, 150원).

【내용】 원작 참조.

【참고】 원작은 영국의 작가 조지 오웰(George Orwell, 1903-1950)의 풍자소설 「동물농장(Animal Farm)」(1945)이다. 표면적인 내용은 한 농장에 살던 동물들이 주인을 쫓아내고 직접 농장을 운영하지만, 결국은 그들 스스로 부패하게 된다는 이야기로, 그 이면에 소비에트 연방의 전체주의에 대한 비판과 풍자를 내포하고 있다. 조지 오웰은 이 작품에서 스탈린을 독재자 돼지 나폴레온에, 그의 반대자 레프 트로츠키를 경쟁자 돼지인 스노볼에 비유했다. 스탈린의 비밀경찰은 개, 공산당원은

돼지로 비꼬았다. 또한, 쫓겨난 황제 니콜라이 1세는 농장주 존스로, 스탈린을 광신적으로 따르는 우매한 민중은 양, 종교는 까마귀에 비유했다. 1948년 미군정의 의뢰로 金吉俊에 의해 번역 소개되었다. 남조선을 반공의 전초기지화하려는 정책의 일환이었으며, 이에 따라 원작이 담고 있는 전체주의에 대한 비판이 반공주의에 의해 왜곡된 측면이 있다.

동물원의 사나이(번)/動物園의사나이

다비드까넬 작. 장영소 역. 체신문화1947.1.1-1948.1.20.

【내용】 원작 참조.

【참고】 상기 월호의《체신문화》연간물 자료를 확인할 수 없다. 원작자와 원작, 역자에 대해 참고할 만한 정보도 지금까지 알려진 것이 없다. 다만 이것이 영국소설의 번역이며 '原作者 다비드 까넬, 譯者 長永逍, 出處《遞信文化》1:1-6, 刊行日 47.1.1-48.1.20' 이라는 정보를 김병철의 『한국근대번역문학사연구(1975)』에서 찾아볼 수 있을 뿐이다.

동방화촉/洞房花燭: 박준표 저작발행. 박문서관1930(48면, 20전).

【내용】「洞房花燭(동방화촉)」: 백제 근고초왕의 외동딸 숙영공주는 시집을 갔으나 남편의 사랑을 받지 못하고 친정으로 돌아와 쓸쓸히 지낸다. 외롭게 지내던 공주는 시복 리사홍과 사랑에 빠진다. 그러던 어느 날 공주의 방을 들락거리던 사홍이 왕에게 들켜 죽게 된다. 숙영공주는 죽은 사홍을 끌어안고 울다 극약을 먹고 자결한다. 「文姬의 寄緣(문희의 기연)」: 김유신의 막역한 친구인 춘추공은 우연히 유신의 누이동생 문희를 보고 사랑에 빠지게 된다. 둘은 몰래 만나며 사랑을 키운다. 어느 날 유신은 문희가 애를 밴 것을 알고 노하여 장작불에 태워 죽이려 하고 이 난리를 본 춘추공이 자신의 아이라 밝혀 둘은 혼인을 하게 된다. 「紅花姬와 桃花娘(홍화희와 도화랑)」: 신라의 경국지색 홍화희가 초지왕의 눈에 들어 궁에 들어가게 된다. 도화랑은 죽은 진지왕의 아이를 배고 아이는 왕의 자손으로 인정받는다. 「碧花의 血痕(벽화의 혈흔)」: 성극은 자신의 상관인 고실환의 부인 벽화를 흠모하나 마음대로 되지 않자 갖은 모함을 하는데 고실환은 이 말만 믿고 부인을 박대한다. 이를 참다못한 벽화는 친척집에서 숨어 지내다 어릴 적 사랑이었던 부여우라는 악사를 다시 만나 사랑을 키우게 된다. 그러나 벽화와 부여우가 만나는 것을 본 고실환이 부여우를 죽인다. 이에 벽화는 혼절하여 울다 들고 있던 촛불을 떨어뜨리고, 불길 속에서 부여우와 함께 최후를 맞이한다.

【참고】 고려대 도서관 소장 박문서관본 표지에 '悲劇戀愛 洞房花燭 동방화촉', 본문 첫 장에 '悲劇小說 洞房花燭' 이라고 표기되어 있다. 네 편의 짧은 글을 모아 놓은 단편집이다. 네 편 모두 아름다운 여인들의 사랑 이야기라는 공통점을 가지고 있다.

동백꽃(번)/동백쏫: 뒤마피스 작. 나빈 역. 조선도서주식회사1927(354면).

【내용】 원작 참조.

【참고】 표지에 '동백쏫 아렉산더 쮸마 作 羅彬 譯'이라고 표기되어 있다. 프랑스 작가 뒤마 피스(Alexandre Dumas fils)가 쓴 「동백꽃을 들고 있는 부인(La Dame aux camelias)」(1848)이 원작이다. 森田草平과 關口存男이 공역한 일역서 『椿姬(1927)』를 대본으로 중역한 것이다. 초역이나 축역이 아닌 완역본이다. 사회의 하층 계급인 창녀가 연애의 힘으로 갱생하게 된다는 이야기를 통해 속악한 세태에 맞선 진실한 사랑의 힘을 강조하는 작품이다. 동일 원작의 역본으로 진순성 번안의 「홍루(매일신보1917.9.21-1918.1.16)」와 심향산인의 경개역 「춘희(조선일보1929.11.19-22)」, 김자혜 경개역 「춘희(신가정1933.3)」가 있다.

동북억류기(번)/東北抑留記

기타가와마사오 작. 박일수 역. 조선중앙일보1949.3.23-4.15(17회 미완).

【내용】 원작 참조.

【참고】 원작은 일본 기타가와 마사오(北川正夫)의 「ソ满抑留記(1948)」이다. 1-7회 연재 지면에 '東北抑留記 기다가와 마사오 記 W生 譯'이라고 표기되어 있으나, 8회 연재분(4월 2일자)부터 역자의 이름이 '朴一洙'로 고정되었다. 1회 연재분 앞의 '紹介의말'에서 작품과 원작자에 대한 간략한 정보를 제공하고 있다. 이에 따르면 "原著者 '기다가와 마사오' 씨는 일제의 침략전쟁 때에는 관동군의 한 병졸이었다. 일본이 항복하자 그는 쏘련군의 포로가 되어서 시베리아와 북만주를 전전하였다. 기다가와 씨는 원래 대판매일신문 기자이었든마큼 그의 포로생활을 신문쟁이 독특한 관찰과 표현으로써 기술하야 쏘만억류기라는 일홈으로 세상에 내보낸 것이었다. 지금 여기에 번역하여 소개하는 것은 그중의 한 부분인 그의 동북에서의 현지보고이다." 즉 이 역본은 「ソ满抑留記」의 부분 발췌역이다. 《조선중앙일보》 1949년 4월 15일자에 17회분이 게재된 이후 16일자 지면에 사정상 연재를 중지한다는 社告가 실렸다.

동선화/동션화: 작자미상. 박문서관1915.

【내용】 미확인.

【참고】 단행본 원본 자료를 구할 수 없어 작품의 경개 및 세부 서지사항을 확인하지 못했다. 『형월(박문서관1915)』 등 박문서관에서 1915년 이후 발행된 단행본의 권말 서적 광고에 '동션화'라고 제목이 표기되어 있다.

동양 사람 서양에 가다(번)/East goes West

강용흘 작. Charles Scribner's Sons1937(401면).

【내용】 원작 참조.

【참고】 표지에 'EAST GOES WEST THE MAKING OF AN ORIENTAL YANKEE', 속표지에 'YOUNG-HILL KANG EAST GOES WEST LONDON CHARLES SCRIBNER'S SONS, LTD. 1937'이라고 표기되어 있다. 1937년에 초판이 간행된 이후 1965년 재판이 나왔으며 1997년에는 미국 뉴욕에서 단행본으로 출간되었다. 재미교포 소설가 강용흘(姜鏞訖, 1898-1972)의 작품으로, 해외에 거주하면서 한국과 관련된 소재를 가지고 창작한 영문소설이다. 고려대 도서관 소장 3판본(1997, 401면)을 참고하였다.

동정상애/同情相愛: 신태삼 저작발행. 세창서관(57면).

【내용】 상근은 경성 운이동에 사는 정순일의 아들로, 고등학교까지 졸업을 하였으나 갑작스러운 부친의 사망으로 진학을 포기하고 계모의 구박을 받으며 살아간다. 영숙은 상근의 앞집 사는 원문호의 딸이다. 그녀의 친부는 박우성인데, 우성의 부인 하 씨는 우성이 일찍 병들어 죽자 영숙을 데리고 문호에게 개가해 간다. 우성은 죽기 전 영숙의 명의로 통장을 만들어 거액을 남기고, 그 덕으로 영숙은 고등학교까지 졸업한다. 계부 문호는 영숙의 미모가 빼어난 것을 이용하여 그녀를 부호의 첩으로 보내 그 덕을 볼 작정을 하고 있다. 이 사실을 눈치챈 영숙은 자신의 처지를 비관하다 우연히 상근과 만나 이야기를 나눈다. 상근의 고독한 처지를 알게 된 영숙은 그에게 동병상련의 감정을 느낀다. 영숙은 친부가 남긴 유산으로 상근과 함께 동경 유학을 결심하나 리삼보라는 도적에게 가진 돈을 모두 빼앗겼다가 경찰의 도움으로 되찾는다. 상근 또한 영숙에게서 받은 여비를 소매치기에게 빼앗겼다가 역시 경찰의 도움으로 되찾고, 두 사람은 함께 동경으로 떠난다. 이후 상근은 공학박사로, 영숙은 의학박사로 금의환향한다.

【참고】 표지에 '戀愛小說 同情相愛 동정상애', 본문 첫 장에 '戀愛活劇 同情相愛 동정상애'라고 표기되어 있다. 과부의 재가가 일상적인 현상인 것처럼 묘사된다. 서강대 소장 세창서관본을 텍스트로 내용을 정리하였으나, 초판의 발행 연도 및 기타 서지사항은 확인되지 않는다.

동정의 루/同情의淚: 월파 작. 영창서관·한흥서림·삼광서림1925(75면, 30전).

【내용】 경성 묘동에 사는 류정숙은 유학 목적으로 일본에 왔으나 경제 사정으로 하녀 일을 하다가 끝내 미래가 보이지 않자 동경 일비곡 공원에서 음독자살을 시도한다. 정숙은 그곳을 지나던 조선 청년에게 발견되어 병원에서 깨어나는데, 그 청년은 충남 공주 출신의 정철

운이라는 대학생이다. 철운은 부모님을 이미 여의었으나 부유한 19세 청년으로서 명치대학 문과에 다니고 있다. 정숙은 사연을 듣고 싶어 하는 철운에게 간략하게나마 '조선 여자로서의 고통'을 이야기한다. 철운은 정숙의 학비를 대신 대어 주기로 약속하고 집으로 돌아온다. 사실 정숙은 재주 있고 총명한 여성으로서 고등과 4년을 마치고 유치원 훈도로 일하고 있다가, 부호의 후실이 되라는 집안의 요구에 반발하여 무작정 동경으로 온 것이다. 처음부터 철운에게 자초지종을 모두 설명할 수는 없었지만, 그의 도움으로 여자사범에 입학하고 자주 만나게 되면서 그를 사모하는 마음이 점점 커진다. 철운 또한 처음 만난 날부터 정숙을 사모하여 헤어져 있는 시간마다 그리워하지만, 연애 감정에 무작정 기울지 않기 위해 애쓰는 형편이다. 두 사람은 각각의 공부를 무사히 마치고 귀국한다.

【참고】 서울대 도서관 소장 영창서관·한흥서림·삼광서림본의 본문 첫 장에 '愛情悲劇 同情의 淚 동정의 눈물' 이라고 표기되어 있다. 본문 마지막 장에는 '甲子菊秋에 月巖下에서' 라고 하여 창작 시기에 대한 정보를 주고 있다. 작품 서두의 자살 기도를 제외하면 별다른 사건 없이 인물의 대화와 심리 묘사로 일관한다. 인물의 심리 묘사 부분에서 구도덕 비판, 자유연애에 대한 의식, 근대적 자아 각성 등의 징후가 뚜렷이 드러난다.

동정의 미인/同情의美人: 작자미상. 세창서관1935.

【내용】 안셩옥은 자신이 곤궁할 때 도와주었던 김봉셕의 은혜를 생각하며 딸 정희를 동경에서 유학하고 있는 봉셕의 아들 원영에게 시집보내려고 한다. 그러나 정희는 교만한 원영을 못마땅해 하며 결혼을 거부한다. 셩옥이 결혼을 재촉하자 정희는 저금해 두었던 삼천 원을 가지고 동경으로 도망간다. 어느 날 상야공원을 산책하던 정희는 자살하려던 윤상구의 목숨을 구한다. 경성 태생인 상구는 명치대학교에 다니며 고학을 하였으나 더 이상 학비를 감당할 수 없게 되자 자살을 결심했던 것이다. 상구의 사정을 들은 정희는 그에게 천원을 조달하여 준다. 정희는 상구에게 사랑을 느끼고, 상구 또한 정희를 좋아하게 된다. 셩옥과 봉셕은 정희가 동경에 있다는 소식을 듣고 원영에게 정희를 찾아보라 전보를 친다. 유곽에 드나들며 한량으로 지내던 원영은 약혼자인 정희를 찾지만 정희는 결혼 말은 없던 것으로 하자며 냉랭하게 대한다. 의아해하던 원영은 정희가 윤상구와 만나는 장면을 목격하고 분을 내며 정희를 발로 차 입원시킨다. 급하게 일본으로 건너온 셩옥은 정희의 마음을 돌이킬 수 없다는 것을 알고 봉셕에게 어떻게 말할지 고민한다. 봉셕은 연분이란 인력으로 어쩔 수 없다며 삼십여 년 교분은 변치 말자 청한다. 그 후 상구는 법학 박사를 따고 귀국하여 판검사가 되고, 정희는 음악학교를 졸업한다. 상구와 결혼한 정희는 이상적인 결혼생활을 하며 조선여자음악학교에서 교편을 잡는다.

【참고】 표지에 '同情 동정의 美人 미인', 본문 첫 장에 '同情 동정의 美人 미인' 이라고 표기되어 있다.

난외서명은 '동정의미인'이다. 부모가 정해 준 혼처를 거부하고 일본으로 도망가 직접 자신의 운명을 개척하는 안정희를 통해 신여성의 당찬 모습을 제시하고 있다. 서강대 소장 세창서관본을 텍스트로 내용을 정리했다.

동정추월/洞庭秋月: 경제당 작.

청송당1912 ; 동양서원1912 ; 회동서관1925(46면, 20전).

【내용】 시계기술자 강본청길과 그 사위 금정오실, 딸 설자는 청나라 영국령 향항에 있다가 일본으로 돌아가는 길에 상해에서 도적을 만난다. 청길과 오실은 재물을 뺏기고 살해당하고 설자는 능욕당하기 전에 물에 몸을 던진다. 겨우 목숨을 건진 설자는 남장을 하고 복수에 나선다. 청나라는 의화단의 난 때문에 독일공사나 일본 서기관이 죽기도 하는 어지러운 상황이었다. 설자는 여행 중 여성을 간통한 혐의를 받고 처형당할 뻔하지만 여자인 것이 드러나 풀려난다. 호열자에 걸려 죽을 위기도 겪지만 양반 자제 정수재의 도움으로 치료된다. 이후 수재와 함께 다니다가 만양산에서 도적을 만나 도적소굴에 붙들려 가게 되는데 공교롭게도 아버지와 남편을 죽인 도적이 우두머리로 있었다. 설자는 평소 갈고닦은 체육 실력으로 도적소굴을 빠져나온 뒤, 관군을 데리고 돌아와 도적들을 소탕한다. 원수를 갚은 설자는 일본으로 돌아가 자결로써 아버지와 남편의 뒤를 따른다.

【참고】 일부 청나라 사람들의 음란함과 일본인 설자의 정절을 지키는 태도를 대비시켜 묘사하고 있다. 초판 원본을 구할 수 없어 『한국신소설전집6(을유문화사1969)』을 참고하여 서지를 정리하고 서울대 도서관 소장 회동서관본을 참조하여 내용을 확인했다. 회동서관본의 본문 첫 장에 '동졍츄월 경제당 셔'라고 표기되어 있다. 표지의 제목은 '동정추월', 난외서명과 판권지의 제목 표기는 '동뎡츄월'이라고 되어 있다. '경제당'은 민준호의 필명이다. 일본 도야마 대학(富山大學) 부속 도서관에 동양서원(1912)본이 소장되어 있다.

동정호/동정호洞庭湖: 고유상 편집발행. 회동서관1922(146면, 40전).

【내용】 여문지는 잠시 벼슬을 하였으나 재산을 모두 잃고, 그 충격으로 반신불구가 된다. 운남에 정착한 동생 문선은 형과 조카를 돌보려고 하지만, 문지는 사고로 죽고 옥향만 운남에 도착한다. 그사이 문선 역시 불의의 사고로 갑자기 죽고, 그의 친구 왕선도가 옥향을 대신 데려다 키운다. 얼마 후 선도 내외는 전쟁터에 나간 아들 세웅이 병에 걸렸다는 소식을 듣고 아들을 찾아 길을 떠난다. 부호 고 승지의 집에 들어간 옥향은 고 승지의 부인 숙즈와 운봉,

정ᄌᆞ 남매를 보살피면서 생활한다. 간악한 숙ᄌᆞ는 자신의 딸 정ᄌᆞ만 챙기고 전실 자식인 운봉을 박대하는 한편 옥향을 내쫓을 궁리를 한다. 어느 날 고 승지는 군대 소위인 동생 셰현을 불러 지난 과실을 고백한다. 그가 공명첩을 위조해서 문ᄌᆡ에게 턱없이 비싸게 팔고, 운동비를 받아 챙긴 뒤 도망 온 것이다. 고 승지는 옥향이 문ᄌᆡ의 딸임을 알고 죄책감을 느낀다. 사정을 들은 셰현의 권유로 고 승지는 옥향에게 잘못을 털어놓고 전재산을 주겠다고 말하지만, 옥향은 원금만 받겠다고 한다. 어느 날 운봉과 정ᄌᆞ가 갑자기 병에 걸려 시름시름 앓는다. 아이들은 무사히 살아나지만 그 때문에 옥향은 누명을 쓰고 경찰서에서 심문을 받는다. 다행히 셰현에 의해 옥향의 무죄가 드러난다. 진범을 잡기 위해 옥향은 아이들을 진찰한 리 군의의 병원에 간호부로 들어간다. 거기서 숙ᄌᆞ와 리 군의의 계교를 알게 되고 셰현에게 자초지종을 알린다. 셰현은 분노하여 리 군의를 육혈포로 쏘아 죽인 후 경찰에게 잡혀간다. 그동안 숙ᄌᆞ는 고 승지의 재산을 몰수하고 셰현을 제거하려는 모략을 세운다. 법정에 선 셰현은 법관이 숙ᄌᆞ에게 매수당한 것을 알아채고 대로하여 숙ᄌᆞ에게 달려든다. 숙ᄌᆞ는 그 자리에서 죽고 셰현은 양자강 근처로 유배된다. 귀양 가는 중 셰현은 죽을 위기에 처하지만, 셰웅에 의해 극적으로 구출된다. 셰현과 셰웅은 함께 양자강으로 향하던 중 외딴 집에 묵는데, 그곳에서 셜ᄌᆞ라는 여인을 만난다. 한편 옥향은 션도 부부를 찾아 나섰다가 셰현, 셰웅과 재회한다. 셰웅과 옥향, 셰현과 셜ᄌᆞ는 합동결혼식을 거행한다.

【참고】 연세대 도서관 소장 회동서관본 표지에 '洞庭湖 동뎡호', 본문 첫 장에 '동정호(洞庭湖)' 라고 표기되어 있다. 난외서명도 '동정호' 이다. 본문 말미에, 옥향의 사연이 매우 신기하여 독자에게 소개한다는 작가의 말이 붙어 있다. 중국을 배경으로 하고 있으며, 전실 자식만을 미워하는 계모형 소설과 달리, 자신의 이익을 위해 친자식까지 독살하려는 악인형 여성인물이 등장한다.

동키호테와 걸리버 여행기(번)/쏭키호-테와껄리봐旅行記

세르반테스·스위프트 작. 고장환 역. 박문서관1930(108면, 40전).

【내용】 원작 참조.

【참고】 세르반테스의 「돈키호테」와 스위프트의 「걸리버 여행기」를 각각 50면 정도의 분량으로 축약하여 번역한 것이다. '머리에멧마듸' 에 원저에 대한 간략한 설명을 하고 '줄여 실흔 것' 즉 축역이라는 사실을 밝히고 있다.

두견성(번)/두견셩杜鵑聲

도쿠토미로카 작. 선우일 번안. 보급서관1912(상권:129면, 30전 ; 하권:128면, 30전).

【내용】 육군 정위 리봉남은 육군 참장 왕챵동의 맏딸 혜경과 결혼한다. 둘은 중매로 만났으나 금슬이 좋아 서로 아끼는 마음이 애틋하다. 봉남이 견습사관이 되어 동경으로 떠나고 혜경은 시어머니를 모시며 남편이 돌아오기만을 기다린다. 봉남과 먼 친척지간인 정위 죠쳘구는 이재와 뇌물만 밝히는 위인이다. 출세를 목적으로 혜경과 결혼하려고 하나 혜경이 봉남과 결혼하자 앙심을 품는다. 혜경은 감기가 도져 폐병이 되어 강화 영종도로 요양을 가게 된다. 시어머니는 폐병이 전염병이니 집안이 망할지도 모른다는 쳘구의 이간에 넘어가 봉남에게 이혼을 강권한다. 봉남은 이를 거부하나 급한 전보를 받고 부대로 복귀한다. 봉남이 부대에 복귀한 사이 시어머니는 혜경을 친정으로 돌려보내고 강제로 이혼시킨다. 봉남은 혜경을 친정집에 보낸 것을 알고 낙담하며 사세보로 떠난다. 이 사이 러일전쟁이 발발하여 봉남은 전쟁에 참가하게 되고 여순에서 부상을 입어 입원하는 처지가 된다. 퇴원한 봉남은 러시아군의 습격을 받은 왕 참장을 구하고, 전사한 쳘구의 유골을 들고 귀국한다. 병세가 악화되어가던 혜경은 끝내 봉남을 그리다가 죽고 만다. 봉남은 홍제원 공동묘지에 마련된 혜경의 무덤을 찾아가 인연을 끝까지 잇지 못한 것을 탄식하며 통곡한다.

【참고】 표지에 '익원쇼셜 杜鵑聲 두견셩' 이라고 표기되어 있다. 상권의 본문 첫 장에 '綠東 鮮于日 著 悅子 李海朝 閱' 이라고 표기되어 있다. 상, 하권 합쳐 62회로 분절되어 있다. 원작은 도쿠토미로카(德富蘆花)의 「不如歸(1898)」이다. 일본의 메이지 시대를 대표하는 소설로 선풍적인 인기를 끌었으며 조선에서도 조중환의 「불여귀(不如歸)」, 김우진의 「유화우(榴花雨)」, 선우일의 「두견성(杜鵑聲)」으로 잇달아 번안되었다. 선우일의 「두견성」은 원작의 무대가 되는 일본을 조선으로 옮기고, 시간적 배경 또한 1894년 청일전쟁에서 1904년 러일전쟁이 일어난 시기로 바꾸어 남녀 주인공의 비극적인 사랑에 초점을 맞춰 번안되었다.

두 노인(번)

【내용】 「사람은 무엇으로 사느냐」 참조.

두 야심의 비극(번)/두野心의悲劇

하디 작. 최활 역. 대중공론1930.6-7,9(3회 미완).

【내용】 원작 참조.

【참고】 연재 지면에 '두 野心의 悲劇 토마스 하듸 作 崔活 飜譯' 이라고 표기되어 있다. 원작은 영국 작가 하디(Thomas Hardy)의 「더버빌 가의 테스(Tess of the D' Urbervilles)」(1891)이다. '두 野心의 悲劇' 이라는 제목으로 3회 연재되다가 잡지의 폐간으로 인해 미완으로 중단되었다. 어찌할 수 없는

운명의 장난에 희생되고 마는 불행한 여성인물 테스의 비극적인 삶을 다루고 있다. 동일 원작의 번역 및 번안으로 심향산인의 「더버빌의 테스(1929)」, 김기진의 「번롱(1926)」, 백석의 「테스(1940)」가 있다.

디오게네스(번)/지요케네스: 슈미트폰 작. 양재명 역. 박문서관1924(68면, 이하 낙장).

【내용】 원작 참조.

【참고】 표지에 '지요케네스 梁在明譯 壹名 意外의사랑', 본문 첫 장에 '철학자 디요케네쓰의 誘惑 全壹幕 梁夏葉 譯'이라고 표기되어 있다. 고려대 도서관 소장 박문서관본이 68면 이후로 낙장되어 최종 면수와 판권지를 확인할 수 없다. 원작은 빌헬름 슈미트폰(Wilhelm Schmidtbonn)의 「Die Versuchung des Diogenes(1911)」이다. 비슷한 시기에 동일 원작의 1막을 염상섭이 「띄오게네쓰의 誘惑」이라는 제목으로 《개벽》(1923.7)에 번역하여 발표했다.

디오게네스의 유혹(번)/띄오게네쓰의誘惑: 슈미트폰 작. 염상섭 역. 개벽1923.7.

【내용】 원작 참조.

【참고】 연재 지면에 '띄오게네쓰의 誘惑(一幕) 윌헬·슈밋트·뽄 作 염상섭 譯'이라고 표기되어 있다. 본문 앞에, "朝鮮文人會에서는 朝鮮의 劇壇을 爲하야 從速히 文士劇을 上演하야 볼 計劃이 잇습니다. 이것은 그때에 使用할가 하고 爲先 飜譯한 것입니다"라는 역자의 말이 실려 있다. 원작은 빌헬름 슈미트폰(Wilhelm Schmidtbonn)의 「Die Versuchung des Diogenes(1911)」이다. 비슷한 시기의 동일 원작 번역으로 양재명 역 『지요케네스(박문서관1924)』가 있다.

똘똘이의 모험(번): 마크트웨인 작. 김래성 번안. 영문사1946.

【내용】 원작 참조.

【참고】 마크 트웨인(Mark Twain)의 장편소설 「톰소여의 모험(The Adventures of Tom Sawyer)」(1876)을 번안한 아동극(문학)이다. 1946년 양산백이라는 필명으로 라디오 방송소설로 집필되었다가 방송이 끝난 후에 영문사에서 『똘똘이의 모험-박쥐 편』 상권이 출간되었다. 1946년과 1968년에는 '똘똘이의 모험'이라는 제목으로 영화화되었으며, 1976년에는 동양 TBC에서 어린이 연속극 '똘똘이의 모험'을 방영하였다.

뜨거운 애정/뜨거운愛情: 작자미상. 초판서지불명.

【내용】 리화영과 박옥순은 둘 다 총명하고 아름다운 십팔 세 동갑 처녀로, 뜻이 맞아 매우 친

하게 지내는 사이다. 어느 여름, 화영은 옥순과 함께 삼방으로 피서를 간다. 근처 석왕사로 피서 와 있던 화영의 오빠 인영이 친구 김정식과 함께 동생을 방문한다. 정식은 화영의 부모가 은근히 사윗감으로 점찍어 둔 청년이다. 화영은 소나무 숲에 앉아서 옥순과 담소를 나누다, 오빠가 왔다는 소식에 맞이하러 내려간다. 옥순은 숲 속에 홀로 남아 토끼를 좇다, 저도 모르게 산속 깊이 들어가 길을 잃고 헤맨다. 그때 지나가던 청년이 그녀를 보고 음심을 품어 해하려 한다. 옥순이 저항하자 청년은 그녀를 칼로 찌른다. 마침 돌아온 화영이 이를 보고 인영과 정식에게 도움을 청한다. 두 청년은 달려가 옥순을 구하고, 범인은 달아난다. 인영은 옥순을 업어 병원으로 데려간다. 정신이 든 옥순은 인영을 은인으로 여긴다. 인영은 매일 옥순의 병문안을 가고, 그러는 사이 둘 사이에는 애정이 싹터 일생을 함께 하기로 약속한다. 한편 정식은 인영을 방문했다 화영과 이야기를 나누게 된다. 그는 부모가 정해 주는 혼인을 맹종할 것이 아니라 사랑하는 사람과 결혼해야 한다고 주장한다. 이런 이야기를 하는 동안 둘은 애정을 느끼고 장래를 약속한다. 퇴원하여 집에 간 옥순은 부모에게서 혼처가 정해졌다는 말을 듣는다. 옥순은 강제 결혼을 피해 가출하고, 그 부친은 딸의 뒤를 좇아와 강제로 데려가려 한다. 그러나 옥순은 자신의 뜻에 합당한 결혼을 해야 한다고 주장하여 부친을 설득하여 인영과의 결혼을 허락받는다. 화영과 정식, 옥순과 인영은 행복한 결혼식을 올린다.

【참고】 표지와 본문 첫 장에 '戀愛小說 뜨거운愛情'이라 표기되어 있다. 등장인물의 대화를 통해 부모가 결혼 상대를 정해 주는 구시대의 관습을 타파하고 자유연애에 의한 결혼을 해야 한다는 주장이 뚜렷하게 드러난 작품이다. 서강대 소장 세창서관본을 텍스트로 내용을 정리하였으나, 초판의 발행 연도 및 기타 서지사항은 확인되지 않는다. 도야마 대학(富山大學)에 문창서관·천일서관 발행 1957년본이 소장되어 있다.

ㄹ

라란 부인전(번)/라란부인젼羅蘭夫人傳

원작미상. 역자미상. 대한매일신보1907.5.23-7.6 ; 대한매일신보사1907(41면, 신화 4전).

【내용】 내용 생략.

【참고】 원작자를 확인할 수 없으나 일본어 번역서와 중국어 번역서가 먼저 존재했으며, 역자 미상의 우리말본은 1902년 《新民叢報》에 발표된 양계초의 「近世第一女傑羅蘭夫人傳」을 대본으로 번역한 것이다. 《대한매일신보》 국문판 소설란에 실린 첫 작품이다. 연재 마지막 날짜인 7월 6일자에는 '미완' 이라고 했으나 그 다음 날 7월 7일자 제1면 '社告' 난에 7월 6일자로 완성되었다고 정정 공고를 냈다. 연재 후에 '대한ᄆᆡ일신보샤' 에서 단행본을 발행했다. 1908년 재판본의 본문 첫 장에 '근세뎨일녀중영웅 라란부인젼 近世第一女中英雄 羅蘭夫人傳 권지단' 이라고 표기되어 있다. 프랑스대혁명에 참여한 롤랑 부인(Madame Roland, 1754-1793)의 활약상을 담았으며 이를 통해 여성 독자들의 사회참여를 독려하는 작품이다. 순국문체로 표기되어 있다.

라벗 마풋 내외의 사적(번)/라벗마풋내외의사젹

허바드 작. 윤가태 역. 조선야소교서회1933(272면).

【내용】 원작 참조.

【참고】 원작은 허바드(Ethel Daniels Hubbard)의 「Moffats(1917)」이다. 표지에 '라벗마풋내외의사젹 ROBERT AND MARY MOFFAT' 이라고 표기되어 있다. 속표지에 '라벗 마풋' 과 '마리아 마풋' 의 사진을 싣고 그 밑에 '에델다니엘스합바드 원져 윤가태양 역슐' 이라고 표기하고 있다. 역술자 尹嘉態는 Catherine Ann McCune의 한자 표기이다. 실존 인물의 사적을 다룬 것으로 '마풋' 부부의 남아프리카 선교 행적을 서술한 책이다.

레미제라블(번)/레·미제라불: 위고 작. 강소파 번안. 녹십자1946.1.

【내용】 원작 참조.

【참고】 연재 지면에 '戲曲 레·미제라불 全三幕 빅톨·유-고-原作 (佛) 姜素波 飜案' 이라고 표기되어 있다. 제목에서 전체 3막 구성이라고 밝히고 있으며, 1946년 1월호 본문 끝에 '(계속)' 이란 표시가 있는 것으로 보아 이후에도 연재된 것으로 보이나, 이후 잡지를 찾을 수 없어 현재로서는 확인할 수 없다. 《녹십자》 창간호인 1946년 1월호에 수록된 부분은 제1막으로, 장발장이 주교를 만나 은그릇을 얻기까지의 과정을 그리고 있다. 원작은 빅토르 위고(Victor Hugo)의 「레미제라블(Les Misérables)」(1862)이다. 동일 원작의 번역 및 번안본으로 최남선의 「너 참 불쌍타(1914)」와 「ABC계(1910)」, 민우보의 「애사(1918)」, 홍난파의 「애사(1922)」와 「장발장의 설움(1923)」, 김광주의 「인간무정(1949)」, 박계주의 「장발장(1948)」이 있다.

로빈슨 무인절도 표류기1(번)/로빈손無人絶島漂流記

디포 작. 최남선 역. 소년1909.2-9(6회 완).

【내용】 원작 참조.

【참고】 연재 지면에 '로빈손無人絶島漂流記' 라고 표기되어 있다. 원작은 영국 작가 대니얼 디포(Daniel Defoe)의 「로빈슨 크루소(Robinson Crusoe)」(1722)이다. 일본어로 번역된 작품을 최남선이 중역한 것으로 판단되나, 번역의 대본이 된 일역본 및 역자는 확인되지 않는 경개역이다. 이 작품은 4년 4개월을 무인도에서 혼자 생활했다는 스코틀랜드의 선원 '알렉한드로 셀커크' 라는 실존 인물의 이야기에 바탕한 '로빈슨 크루소' 의 28년간의 파란만장한 모험담을 다루고 있다.

로빈슨 무인절도 표류기2(번)/로빈손무인절도표류기

디포 작. 역자미상. 한글1935.2-12.(8회 완).

【내용】 원작 참조.

【참고】 연재 지면에 '로빈손무인절도표류기' 라고 표기되어 있고 원작자나 역자에 대한 정보는 나와 있지 않다. 원작은 영국 작가 대니얼 디포의 「로빈슨 크루소」이다. 우리나라에는 '로빈슨 크루소' 혹은 '로빈슨 표류기' 라고 널리 알려져 있다. 4년 4개월을 무인도에서 혼자 생활했다는 스코틀랜드의 선원 '알렉한드로 셀커크' 라는 실존 인물의 이야기가 작품의 바탕이 되었다. 무인도에 홀로 표류한 사내가 원시적 환경에 맞추어 생활해 나가다 선원들이 반란을 일으킨 무역선이 섬에 정박하자 선장을 도와 반란을 제압하고 마침내 28년 만에 고국으로 돌아간다는 내용이다.

로빈슨 표류기(번)/나빈손표류기羅賓孫漂流記

디포 작. 김찬 역술. 의진사1908(178면, 40전)

【내용】 원작 참조.

【참고】 표지에 '金櫕 譯述 絶世奇談 羅賓孫漂流記 全 京城 義進社發行', 본문 첫 장에 '絶世奇談 羅賓孫漂流記 金櫕 譯述'이라고 표기되어 있다. 디포의 「로빈슨 크루소」가 원작이다. 일본 井上勤의 역서 『絶世奇談 魯敏孫漂流記(1883)』을 대본으로 초역한 것이다.

루이 십육 세의 최후(번)/路易十六世의最後

원작미상. 박서몽 역. 신천지1922.11.

【내용】 내용 생략.

【참고】 게재 지면에 '路易十六世의最後 全三幕 朴曙夢 譯'이라고 표기되어 있다. 원작과 원작자 미상의 번역 희곡 작품이며 3막으로 구성되어 있다. 본문 말미에 "時라는 것을 通하야 發展하는 歷史上의 事實을 다만 空間的 한 劇으로 꾸미기 때문에 時에 對하야는 넘우도 不合理한 곳이 만흐니, 卽 人民 等이 랑배유 夫人의 머리를 가지고 단불宮으로 몰려온 것은 一千七百九十三年 九月三日일이오, 왕이 死刑宣告文을 밧기는 翌年 一月二十四日이로라"라는 附錄을 첨가하고 있다. 프랑스 혁명정부로부터 국가반역죄로 기소된 루이 16세가 감옥에 감금되어 공개참수형을 당하기까지의 내용을 다룬 작품이다.

류수필: 작자미상. 박문서관1921(20전).

【내용】 미확인.

【참고】 단행본 원본 자료를 구할 수 없어 작품의 경개 및 세부 서지사항을 확인하지 못했다. 『사랑의 한(박문서관1921)』 등 박문서관에서 1921년 이후 발행된 단행본의 권말 서적 광고에 '류수필'이라고 제목이 표기되어 있다.

르루주 사건(번)/루루-쥬事件: 에밀가보리오 작. 안회남 역. 조광사1940.

【내용】 원작 참조.

【참고】 조광사에서 출판된 『세계걸작탐정소설전집』 1권에 김래성 역 「紅頭 레드 메인 一家」와 함께 묶여 있다. 김래성과 안회남이 한 편씩을 맡아 번역 출간한 것인데, 서문은 안회남의 것만 실려 있다. 표지에는 '루루쥬事件', 본문에는 '루루-쥬事件'이라고 표기되어 있다. 에밀 가보리오(Émile Gaboriau)의 대표작 「르루주 사건(L' Affaire Lerouge)」을 번역한 것이다. 이 소설은 1863년작으로 세계 최초의 장편 추리 소설로 일컬어지는 명작 가운데 하나다. 어느 날 백작의 진짜 아들이 누구인지 알고 있는 '루루쥬' 부인이 살해되는데, 탐정 '타바레'가 사건을 맡아 해결한다는 내용의 작품이다. 은국산인의 『누구의 죄(보급서관1913)』, 김래성의 『마심불심(청운사1948)』 등이 「르루주 사건」을 번안한 작품이다.

리어 왕과 그 딸들(번)/리야王과그쌀들: 셰익스피어 작. 역자미상. 신여성1924.8.

【내용】 원작 참조.

【참고】 게재 지면에 '學藝會·同窓會 實演用 女學生劇 리야王과그쌀들(二幕)-쉑쓰폐아作「리야王」中에서' 라고 표기되어 있다. 원작은 영국의 셰익스피어(William Shakespeare)가 쓴 「리어 왕(King Lear)」(1605)이다. 원작은 전 5막으로 된 비극이지만, 여기서는 주변 인물들과 사건을 배제한 채 리어 왕이 딸들에게 양위하는 극 초반부의 사건과, 막내딸이 부친과 재회하는 극 후반부의 사건을 각 1막으로 구성하여 전체 2막으로 구성되어 있다. 원작은 등장인물 대부분이 죽음으로 파국을 맞는 데 비해 이 작품은 부녀의 행복한 재회로 막을 내리고 있다.

ㅁ

마굴(번)/**魔窟: 이소생 작. 영창서관1942(212면, 2원).**

【내용】 정부에 반대하는 비밀 조직의 일원인 류전은 산 사람을 땅에 묻으려 하는 당원들을 보며 이를 시킨 수령의 처사에 불만을 느낀다. 당원 중에 로백호라는 자가 정부의 탐정으로 밝혀지고 그동안 조직의 일을 밀고한 것이 드러난다. 당원들은 수령의 이 같은 보고에 그의 얼굴도 제대로 확인하지 않고 산 채로 묻은 것이다. 한편 류전은 서영달의 딸인 란희를 좋아하고 있다. 그러나 은행가인 영달은 류전과 딸의 혼인을 완곡하게 반대한다. 류전은 혼인을 허락받기 위해 돈을 마련하고자 도박에 손을 대지만 오히려 큰 빚만 지고 만다. 한편 비밀 조직의 수령인 마쳘은 홍부령이 남긴 유언장을 찾기 위해 혈안이 돼 있다. 홍부령이 이질되는 류전에게 전재산을 상속한다는 유언장을 남겼는데 이를 중간에서 가로채려다 당원인 츈매를 생매장하게 된 것이다. 츈매는 홍부령의 부탁으로 류전에게 유언장을 전해 주려다 그만 변을 당한 것이다. 한편 류전은 비밀 조직의 당원이라는 혐의로 감옥에 갇히게 된다. 마쳘은 유언장을 끝내 찾지 못하고, 츈매가 없어진 것을 의심하던 당원들이 암매장된 그의 시체의 옷깃에서 유언장을 발견하게 된다. 마침내 마쳘의 계략이 밝혀지고 당원들은 그에게서 등을 돌린다. 류전은 마 후작의 도움으로 감옥에서 풀려나고, 홍부령의 재산을 물려받아 란희와 혼인을 하게 된다.

【참고】 본문 첫 장에 '魔窟 二笑生'이라고 표기되어 있을 뿐 저작인지 번역인지 밝혀져 있지 않다. 판권지에는 저자나 역자 표기가 없이 '著作兼發行人 大山治永'이라고만 표기되어 있다. 대산치영은 강의영의 창씨명이다. 국립중앙도서관 소장본의 표지가 유실되어 있고, 표제를 파악할 수 없는 다른 탐정소설 1편과 합철되어 있어 상세한 정보를 얻을 수 없다. 『젊은이들의 마음(大山治永)』(영창서관 1942) 권말 광고에 강의영 작 장편소설이라고 표기되어 있으나 당시 출판 관행으로 볼 때 이소생과 강의영이 동일인이라고 단정하기는 어렵다. 1815년 프랑스를 배경으로 한다는 것이 소설 본문 첫 장에 밝혀져 있는 등 번역 혹은 번안소설로 추정되나 원작자나 원작을 확인할 수 없고, 이소생의 창작일 가능성도 완전히 배제할 수는 없다. 배경은 프랑스의 지명을 따르고 있고, 등장인물의 이름은 한국식으로 표기하고 있다.

마굴의 여신/마굴의녀신魔窟의女神: 조준경 저작발행. 보성서관1938(71면, 40전).

【내용】 종로의 천혜금은상에서 귀금속이 털리는 사건이 발생한다. 박 형사는 사건 현장에 있던 상점 서기 안원명에게서 숙직하던 직원인 용수가 도둑들에게 맞은 후 끌려갔다는 진술을 얻는다. 박 형사는 용수의 인상착의가 석 달 전 출옥한 량창수와 비슷한 것을 의심하며 용수가 범인들과 한패일 것이라 추측한다. 한편 김 형사는 창수의 거처를 찾아갔다가 수상한 남녀를 발견하고 그들을 뒤쫓는다. 그러나 수원까지 쫓아온 김 형사는 박극용과 월색, 창수 무리에게 잡히고 만다. 박 형사는 원명의 집을 찾아가지만 원명이 마포 선착장에 나갔다는 말을 듣고, 그의 방을 살펴본다. 원명의 방에서 분장용 화장품 등을 발견한 박 형사는 원명과 용수가 같은 인물임을 알게 된다. 극용과 창수는 용수에게 형사들이 뒤쫓는다며 일이 급하니 보석을 빨리 나누자며 재촉한다. 용수는 월색과 결혼을 하는 조건으로 보석을 빼돌린 것이라며 약속을 이행하라고 협박한다. 극용은 자신이 용수를 미행하여 보석 숨긴 곳을 알아내겠다며 창수 등 일행을 은밀히 설득한다. 일행은 용수의 제안을 받아들이겠다 말하고, 용수는 보물이 숨겨진 마포로 향한다. 박 형사는 선착장에서 기다리고 있다가 배 밑창에서 보물을 꺼내는 용수를 체포하고, 수원으로 급히 경찰을 보내 극용과 창수 일행을 체포한다.

【참고】 연세대 소장 보성서관본 표지와 본문 첫 장에 '神秘活劇 魔窟의女神 마굴의녀신'이라고 표기되어 있다. 량창수와 안원명이 분장을 하여 사람들을 속이는 과정과 형사들의 추리가 상세하게 묘사되어 있는 탐정소설이다.

마란희(번)/馬蘭姬: 프레보 작. 춘계생 역. 매일신보1923.4.11-8.13(122회 미완).

【내용】 아미앵 명문의 차남 데 그리외는 고등학교를 마친 뒤 고향에 돌아가기 전 마농 레스코를 만나 사랑에 빠지고 그녀와 함께 파리로 달아난다. 그러나 마농은 허영심이 강하고 사치스러운 여자였기 때문에 두 사람의 사이에는 갈등이 지속된다. 마농은 그녀의 오빠와 함께 사치스러운 생활을 즐기던 중 윤락 여성으로 낙인찍혀 미국으로 추방되고 데 그리외는 그 뒤를 쫓아간다. 미국에서 마농과 즐거운 시간을 보내던 어느 날, 데 그리외는 마농에게 반한 총독의 아들과 결투를 벌여 그에게 중상을 입히고 마농과 사막으로 도망친다. 그러나 마농은 지쳐서 사막에서 죽고, 데 그리외는 마농의 시체를 모래 속에 묻는다. 데 그리외는

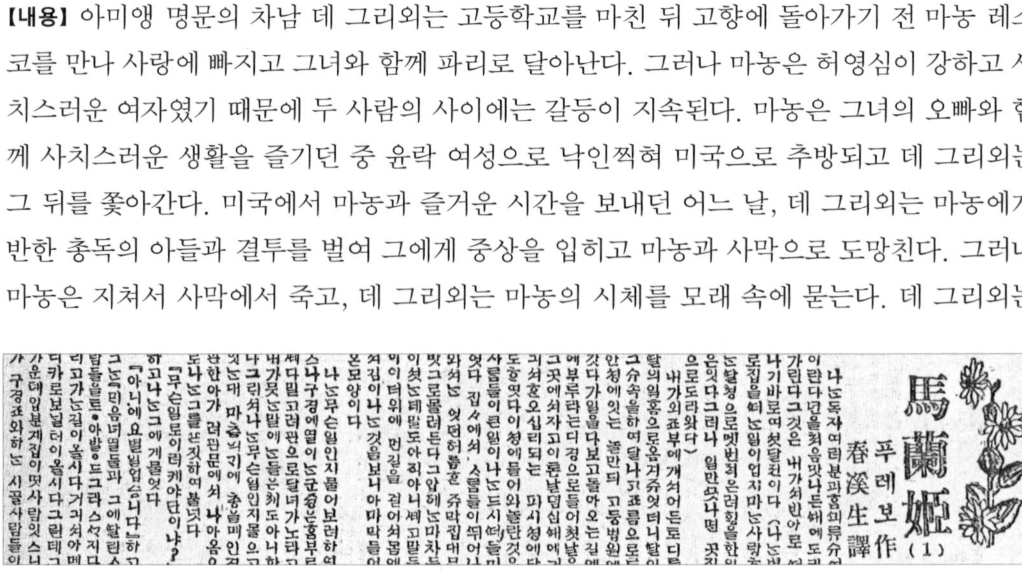

자신을 프랑스로 데려가기 위해 찾아온 친구 정인수와 만나서 함께 불란서행 배에 오른다. 2주일 만에 프랑스에 도착한 데 그리외는 고향 집에 귀향을 알리는 편지를 보내나 형님으로부터 부친이 돌아가셨다는 답장을 받는다. 데 그리외는 근처 친척집에 형님이 와 있다는 연락을 받고 속히 그곳으로 향한다.

【참고】 프랑스 소설가 아베 프레보(Abbé Prévost)의 「마농레스코(Manon Lescaut)」(1731)를 春溪生이 번역한 작품이다. 연재 지면에 '馬蘭姬 푸레보 作 春溪生 譯'이라고 표기되어 있다. 「마농레스코」는 총 8권으로 이루어진 프레보의 연작 장편소설 『귀인의 회상록(Les Mémoires d' un homme de qualité)』의 제7권으로 반자전적 소설이다. 표제어 '마란희'는 주인공의 이름을 한국 이름으로 음역한 것이다. 역자명 '春溪'는 조선 최초의 여의사이자 당대의 문사였던 허영숙의 별호이다.

마상루/마샹루馬上淚: 민준호 작. 동양서원1912(110면, 20전) ; 박문서관1921(48면).

【내용】 서울 정동에 사는 권 도ᄉᆞ와 리 씨 부인은 임오군란의 발발로 리 씨 부인의 친정인 충주 장호원으로 피난을 떠난다. 그러나 그녀는 얼마 걷지 못하고 길가에 쓰러진다. 때마침 빈 말을 몰고 가는 마부가 노상에 나타난다. 권 도ᄉᆞ는 마부에게 리 씨가 말에 탈 수 있도록 도움을 청한다. 리 씨의 미모에 야욕이 생긴 마부는 그녀를 납치하여 멀리 달아난다. 권 도ᄉᆞ는 걸어서 그 뒤를 좇아간다. 하지만 마부의 행방이 묘연해지자 노상에 주저앉아 신세를 한탄하다 다시 서울로 올라간다. 이때 남편과 생이별을 당한 리 씨는 곤욕을 면할 요량으로 마부에게 아내가 되겠다고 속인 뒤, 마부가 잠든 틈을 이용하여 몰래 도망쳐 산속 외딴집에 몸을 숨긴다. 그러나 리 씨는 외딴 집에 살고 있는 사내에게 재차 곤욕을 당할 위기에 놓인다. 이에 그녀는 다시 기지를 발휘하여 사내와 함께 살겠다고 회유한 후, 친정 부친과 죽마고우인 양평읍의 홍 판서에게 도움을 요청하는 편지를 보낸다. 결국 홍 판서의 도움으로 리 씨는 무사히 친정집에 도착하고, 사내는 감옥에 갇힌다. 한편 서울 집에 와 있던 권 도ᄉᆞ는 부인의 동생 명보의 도움으로 리 씨와 충주에서 다시 해후하고 행복한 여생을 보낸다.

【참고】 동양서원본의 표지에 '小說叢書 第參集 馬上淚 마상루', 본문 첫 장에 '신쇼셜 마샹루(馬上淚) 全'이라고 표기되어 있다. 저자 문제에 대한 논란이 있는 작품이다. 본문 첫 장에 '閔민濬준鎬호 著 啞아俗속 金김敎교濟제 閱'이라고 표기되어 있으나, 당시의 출판 관행 등을 고려하여 김교제가 지었을 것이라 판단하는 연구도 있다. 당대의 고소설 「서진사전」과 내용의 유사성이 발견되며, 야담 「김연광」을 개작한 것이라는 연구가 있다. 부부 사이의 이별과 재회를 큰 틀로 하여, 악인에 맞서 정절을 지키려는 리 씨 부인의 기지와 노력에 서사의 초점이 맞추어져 있다. 소설의 배경이 되고 있는 임오군란이 역사적 사건으로서 조명되기보다는 단순히 부부의 이별을 가져오는 소재로 활용되고 있다.

마심불심(번)/魔心佛心: 에밀가보리오 작. 김래성 번안. 청운사1948 ; 해왕사1949.

【내용】 원작 참조.

【참고】 프랑스 작가 에밀 가보리오의 탐정소설 「르루주 사건」을 번안한 것이다. 동일 작품을 번역한 안회남과 달리(『세계걸작탐정소설전집』 제1권, 조광사1940) 김래성은 내용을 한국식으로 번안하고 개제(改題)하였다. 1948년 출간된 단행본 서문에 "이 작품의 번안에 있어서는 맨 처음 몇 章의 따분한 대목을 무리 없이 초역(抄譯)한 것을 미리 양해해 주기 바란다"는 역자의 말이 나와 있다. 심각한 애욕과 권력의 명예를 둘러싸고 육친 간에 펼쳐지는 파란만장한 비극을 다룬 탐정물로, 인물 이름은 물론 공간적 배경까지 식민지 시대의 조선의 상황에 맞게 바꾸어 놓았다. 동일 원작의 초기 번역으로 은국산인의 「누구의 죄(1913)」가 있다.

마야의 황금성(번)/魔耶의黃金城

원작미상. 복면아 역. 중앙1936.1-6(6회 완) ; 정음사1950.

【내용】 뉴욕 허드슨 강변의 저택인 칠성관의 주인은 야샤 실베스터라는 70대 노인이다. 그는 마야 여왕의 유골을 소장하고 있었는데, 그것에 숨겨 있는 황금성의 비밀을 파헤치기 위해 공작이라는 인물을 남아메리카에 파견한다. 유명한 괴도 흑의의 기사는 황금성의 비밀을 노리고 공작으로 변장하여 그를 방문한다. 흑의의 기사가 떠난 후 밀실이 된 방에서 야샤 노인이 시체로 발견된다. 야샤의 젊은 아내인 린따의 증언에 의거하여 경찰은 흑의의 기사를 범인으로 지목한다. 그러나 흑의의 기사는 사람의 생명을 헤치지 않는 괴도로, 누명을 벗기 위해 경부 레이슴을 위협하여 직접 사건의 진상을 파헤친다. 수사 결과 린따는 마야 여왕의 후손이었고, 야샤가 남아메리카에 파견한 공작은 황금성을 노리는 또 다른 악당이었음이 밝혀진다. 뉴욕과 남아메리카를 넘나드는 수사와 탐험의 과정에서 야샤의 인척이었던 짠과 폴도 범인에게 살해당하고, 공작과의 혈투 중에 흑의의 기사의 두 부하도 희생된다. 이윽고 칠성관 살해사건은 마야 여왕의 유골을 모독한 것에 대해 복수하기 위한 린따의 소행이었다는 것이 밝혀지고, 흑의의 기사는 황금성을 찾지 못한 채 경찰로부터 탈출하여 귀국길에 오른다.

【참고】 연재 지면에 '連載長篇探偵小說 魔耶의 黃金城 覆面兒 述'이라고 표기되어 있다. 뉴욕과 남아메리카를 배경으로 하고 있는 번역 탐정소설이다. 《중앙》 편집후기에 '최근 아메리카 탐정소설단의 최고쾌작이라는 렛텔이 붙은 작품'으로 소개되어 있으나 그 원전은 명시되지 않았다. '복면아'는 '복면자'라는 필명을 썼던 윤승한의 또 다른 필명이라는 설이 있었으나 검증되지 않았고, 한국추리작가협회 간 《계간 미스터리》(2009.겨울-2010.여름)에서 73년 만에 이 작품을 다시 게재하였으나 역시 원전과 번역자를 확인하지 못했다. 다만 1950년에 정음사에서 최영주 역으로 『마야의 황금성』이 출판되었다는 기록이 있고, 작품의 최초 연재지인 《중앙》 편집인이 아동문학가 최영주(崔泳柱)였다는 점에서, '복면아'는 최영주의 필명일 가능성이 높다. '흑의의 기사'라는 괴도가 누명을 벗기 위해 트릭을 해결하는 구성이 특징적이다. 서술자의 직접적 개입이 두드러지는 등 영미 소설

의 순수번역물로 보기 어려운 특성도 갖고 있다.

마인(번)/魔人: 원작미상. 현진건 역. 문언사1948.

【내용】 원작 참조.

【참고】 현진건이 청황생이라는 필명으로 번역 연재한 「백발(조선일보1921.5.14-9.30)」을 개제하여 단행본으로 출간한 것이다. 국립중앙도서관에 소장되어 있는 책은 보존용 장정을 새로 하여 본래의 표지를 알 수 없다. 속표지는 없고, 본문 첫 장에 제목이나 저자, 역자 등의 표기가 되어 있지 않다. 목차 역시 없다. 본문은 334쪽까지만 남아 있고, 이하 낙장이다. 간기 역시 유실되어 확인할 수 없다. 다만 국립중앙도서관 소장 자료 목록에서 '문언사(1948)' 이라는 서지사항을 확인할 수 있다. 「악마와 같이」, 「재활」, 「요부의 말로」 등과 함께 「백발」의 개제본으로 유형화된다.

마적과 처녀/馬賊과處女: 작자미상. 세창서관1935(75면).

【내용】 시골 보통학교 학생 박창해와 김석원은 같은 학교에 다니는 여학생 영희를 좋아한다. 영희와 석원은 졸업 후 서울로 유학을 가고, 창해는 시골에 남아 농사일을 배운다. 얼마 후 창해는 서울로 올라와 힘겹게 중학교에 진학하고, 학교를 다니던 중 우연히 영희와 재회한다. 중학교 졸업 후 영희와 석원은 다시 동경으로 유학을 떠난다. 일 년 후 창해는 영희와 석원이 동거한다는 소문을 듣게 된다. 영희를 잊지 못하는 창해는 동경으로 그녀를 찾아간다. 창해는 영희가 정조를 잃고 나서 할 수 없이 석원과 동거를 하고 있음을 알게 된다. 함께 밤을 보낸 창해와 영희는 도망칠 것을 약속하지만, 일부종사를 어길 수 없는 영희는 약속을 어긴다. 상심한 창해는 만주로 건너가고, 다음해 석원과 영희가 결혼했다는 소문을 듣는다. 몇 년 후 집으로 돌아가는 기차 안에서 석원은 묘령의 여인 박혜련을 만나 한눈에 반한다. 혜련은 창해가 데리고 살던 여자로, 그의 재산을 훔쳐서 도망친 과거가 있다. 석원과 혜련은 영희 몰래 살림을 차리는데, 바로 옆집에는 창해가 살고 있다. 창해는 혜련을 쫓다가 석원을 보고는 복수를 계획했던 것이다. 호화로운 생활로 인해 자금난을 겪게 된 석원은 돈을 융통하러 이웃집에 가지만 창해를 알아보지 못한다. 창해는 영희를 만나 석원과 혜련의 관계를 폭로하고, 모두가 모인 자리에서 자신이 창해임을 밝힌다. 결국 파산을 한 석원은 아편쟁이로 살다가 객사하고 혜련은 종적을 감춘다. 창해는 자신의 집 옆에 영희와 그녀의 아이들이 살아갈 수 있는 터전을 마련해 준다.

【참고】 표지에 '義俠小說 馬賊과處女' 라고 표기되어 있다. 서울, 동경, 만주를 배경으로 남녀의 애정문제에 따른 오해와 배신, 화해 등을 다룬 작품이다. 한 여인을 향한 남주인공의 변함없는 사랑이 서사의 큰 줄기를 형성한다. 소설의 말미에 남녀주인공이 장차 어떻게 되었을지 독자의 상상에 맡기겠다는 작가의 서술이 있다. 서강대 소장 세창서관본을 텍스트로 내용을 정리했다.

마점산 실기/마점산실긔馬占山實記

김동진 저작발행. 덕흥서림1934(44면, 25전).

【내용】 흑룡강성의 무명 장군이던 마점산은 봉천의 무비학당을 졸업하였으나 문자에는 목불식정인 인물이다. 장작림 밑에서 마적 토벌에 성공하여 만주 정부의 신임을 얻고 높은 지위에 오른 후, 점차 세상에 그의 이름이 드러나기 시작한다. 장작림 사망 후 아들 장학량이 만주를 이끌게 되는데, 일본이 만주의 이권을 차지하게 되자 각처에서 배일운동이 일어난다. 류조구에서의 만철폭파사건은 만주사변의 도화선이 된다. 중국 정부는 장학량에게 일본에 대항하지 말라고 명령하지만 장학량은 계속하여 일본에 대항하고, 마점산은 패잔병 수천 명을 모아 일본군과 싸운다. 마점산의 부대는 가장 맹렬하게 싸운 것으로 이름을 날린다. 만주 각 처에서 독립운동이 일어나고 각 성에 독립 정부가 세워진다. 마점산은 흑룡강성에 독립정부를 세운다. 통일된 신정권 수립이 필요했지만 마점산은 신정권에 참가할 것을 거부한다. 눈강철교를 폭파함으로써 일본과의 갈등이 커진 마점산의 부대는 일본군 비행기의 폭격을 받는다. 해륜으로 퇴각한 마점산은 만주임시통일정부가 보낸 파견단을 만난다. 교섭의 내용은 신정권 수립에 참가할 것과 일본에 대항하지 말라는 것이었다. 협정서에 서명할 것을 요구하는 파견단에게 마점산은 자신은 글자를 모른다며 서명을 거부하고 말로써 확답을 준다. 만주임시통일정부는 전 청 황제를 신국가원수로 추대하고 만주국 건국식을 거행한다. 마점산은 만주 제일회군정무총장으로 참가하지만 식이 끝나기도 전에 반기를 들고 일어난다. 일본군의 공격을 받아 퇴각하던 마점산의 부대는 일본군 비행기의 공습으로 사상자가 속출한다. 마점산의 시체가 발견되면서 모두들 그의 사망을 인정한다. 그러나 마점산은 퇴각하던 중 장교의 시체에서 옷을 벗겨내 위장하고 갖은 고난을 거치면서 북방의 박극도로 가 있었다. 그곳 관할을 맡은 소병문은 마점산에게 함께 러시아로 가자고 제안한다. 소병문 부대와 마점산은 함께 국경을 넘어 러시아로 간다. 마점산은 장학량과 국민정부에게 군자금을 청하는 전보를 보내어 자신의 생존을 알린다. 베를린으로 가 체류하던 소병문과 마점산은 1933년 6월 5일 상해로 온다. 많은 시민들이 환영을 나오고, 마점산은 국민정부로 들어가 항일운동을 할 계획을 밝히지만 이미 일본과 중국은 휴전조약이 체결된 상태였다. 모두들 앞으로의 마점산의 행보를 주목한다.

【참고】 국립중앙도서관 소장 덕흥서림본 본문 첫 장에 '만주효장 마점산실긔 滿洲梟將 馬占山實記'라고 표기되어 있다. 부록으로 만주사변 관계자들의 약력이 소개되어 있다.

만고기담(번)/만고긔담萬古奇談

작자미상. 이상협 역. 매일신보1913.9.6-1914.6.7(170회).

【내용】 원작 참조.

神泣驚天 萬古奇談 (一)

何夢 李相協 重譯

太王殿下의 盛德

養父虐待의 蠻漢

兵士變裝의 馬賊

【참고】 하몽 이상협이 「아라비안 나이트」의 일부분을 번역 연재한 작품이다. 연재 지면에 '神泣驚天 萬古奇談 만고긔담 何夢 李相協 重譯'이라고 표기되어 있다. "이 만고긔담은 원명을 아라비안나잇트라고 일컷나니 텬하에 싹이넘는 긔이혼 칙으로 이젼 슈쳔년ᄋᆡ에 제제에 유명혼 칙이오"라고 소개하고 있다. 동일 원작의 역본으로 민준호의 「삼촌설(1913)」, 이동의 「유옥역전(1895)」, 소운의 「천일야기담(1930)」, 방정환의 「천일야화(1926)」가 있다.

만고풍상/萬古風霜: 강범형 저작발행. 화광서림1925.

【내용】 탁주에 사는 김운선은 난계 현령으로 임명되어 노모 장 부인을 본가에 남긴 채 임신 중인 부인 뎡 씨와 함께 임지로 떠난다. 운선 일행은 여행길에 해적 서룡 일당을 만나 몰살 위기에 처하나 간신히 목숨을 건진다. 뎡 씨는 서룡에게 끌려가지만 주위의 도움으로 탈출하여 깊은 산속 승방에 은신한 후 아들을 낳는다. 해산 시에 관을 쓴 한 여자가 나타나 아이를 거리에 버리면 십칠 년 후 상봉하여 원수를 갚을 것이라고 말하고 사라진다. 뎡 씨는 그 말에 따라 아이를 버리고 백운산 절에 들어간다. 서룡은 그녀를 추격하나 찾지 못하고, 돌아가는 길에 버려진 사내아이를 발견하여 서춘이라 이름 짓고 아들로 삼는다. 십육 년 후 서춘은 과거를 보러 탁주에 갔다가 우연히 운선의 모친 장 부인을 만난다. 그는 장 부인이 홀로 남게 된 내력을 듣고 자신의 아비 서룡이 장 부인 아들의 원수임을 깨닫고 괴로워한다. 그는 과거에 장원급제하여 어사가 되어 백성을 잘 다스리는 한편, 장 부인에게 속죄할 방도를 궁리한다. 한편 뎡 씨는 새로 온 어사가 현철하다는 얘기를 듣고 상소를 올려 자신의 원한을 풀고자 하나, 그가 서룡의 아들이란 사실을 알고는 두려워 도망간다. 서춘은 뎡 씨의 상소와 자신의 유모 말을 통해 자신이 서룡의 친자가 아니라 뎡 씨의 아들이라는 사실을 알고, 서룡 일행을 잡아들일 것을 명하는 한편 모친을 찾아다닌다. 한편 운선은 서룡에 의해 물에 던져졌으나 구주 땅 도공의 도움으로 살아난다. 그는 병으로 인해 걷지 못하다, 오랜

세월이 흐른 뒤 병을 고치고 고향으로 향한다. 그는 서룡의 아들이 어사가 되었다는 소문을 듣고 주막에 머물며 형세를 살핀다. 서춘은 모친을 찾아다니다 우연히 운선을 만나고, 서로 부자지간임을 알게 된다. 부친을 만난 그는 김틱로 개명하고 모친을 찾는 데 힘쓴다. 한편 도망치던 뎡 씨는 악한을 만나지만 착한 사람의 도움으로 위기를 모면하고 김틱에게 인도된다. 드디어 운선과 뎡씨, 김틱 세 사람은 상봉한다. 이후 김틱는 서룡을 잡아 가두고 자기 부모를 도운 사람들에게 감사를 표한다. 김틱 가족은 본가로 가서 장 부인과 해후하고 황제를 알현하여 사정을 이야기한다. 이후 운선은 병부상서, 김틱는 탁주자사가 되어 부자의 공명이 널리 퍼진다. 이부상서 왕경은 김틱의 사람됨을 보고 자신의 사위로 삼는다. 김틱는 왕 소저와 결혼하여 행복을 누린다.

【참고】 1925년에 초판이 발행되었으며 동덕여대 도서관 소장 1932년 발행 재판본(66면, 30전)을 텍스트로 내용을 정리했다. 본문 첫 장에 '悲劇小說 萬古風霜 비극소설 만고풍상' 이라고 표기되어 있다. 중국 고소설 『소학사전』의 번안으로 볼 수 있으며, 『강릉추월 옥소전(덕흥서림1915)』, 『봉황금(회동서관1922)』 등의 작품과 동일 계열이다.

만국대회록/蠻國大會錄: 송완식 작. 동양대학당1926.

【내용】 음력 섣달 그믐날 주인공 '나'는 깜박 잠이 들어 꿈속에서 우연히 '蠻國大會錄'이라는 현판이 걸린 곳에 이른다. '나'는 그곳에서 온갖 길짐승과 날벌레, 물고기 등이 모여서 인류를 성토하는 회의에 참여하게 되는데 동물들의 목소리를 통해 인간의 추악한 단면들을 깨닫게 된다. 돼지는 인류사회가 주색에 탐닉한다는 점을 비판하고 양은 인류사회의 불효를, 파리와 소는 그들의 잔인무도함을, 개는 인류의 침략주의를, 고양이는 불신에 물든 인간의 심성을 비판한다. 벌은 인간의 노동정신의 미약함을, 원앙은 인류사회의 불건전함을 규탄하고 까마귀는 미신에 젖은 인간을 꾸짖는다. 그 외에도 개미, 사자, 기린, 여우, 개, 자라 등도 저마다 인류 사회의 사치와 낭비, 위선적인 애타주의, 종교의 타락, 황금만능주의, 살인적 과학문명, 남녀평등의 모순, 형식적 애국심 등을 꼬집는다. 끝으로 평화를 내세우면서 전쟁을 준비하는 인류의 기만을 비난하는 호랑이의 성토에 놀라 '나'는 꿈에서 깨어난다.

【참고】 동물들을 의인화하여 인간을 풍자한 작품이다. 일인칭 화자가 동물들에게 들은 내용을 독자에게 전해 주는 방식을 취하고 있다. 동물들이 비판하는 인류사회의 죄악과 모순은 대체로 근대 문명의 부정적 측면에 해당한다. 풍자적인 우화소설이라는 점에서 안국선의 『금수회의록(황성서적업조합1908)』이나 김필수의 『경세종(김상만1908)』과 함께 논의된다. 특히 안국선의 『금수회의록』에서 시도된 토론과 연설체 소설의 계보를 잇는다고 볼 수 있으며, 서사보다는 논설의 요소가 강조된 작품이다. 원본을 구할 수 없어 『한국신소설전집10(을유문화사1968)』을 텍스트로 내용과 서지사항을 정리했다.

만록총중 일점홍(번)/만록총즁일뎜홍萬綠叢中一點紅

셰익스피어 작. 역자미상. 대창서원1929(44면, 25전).

【내용】 이태리국 베니스에 사는 청년 상인 안돈요는 후덕하고 인자하여 명망이 높다. 어느 날 그의 친구 배산요가 결혼 자금으로 쓸 돈을 빌려 달라고 청한다. 수중에 돈이 없었던 안돈요는 유대인 고리대금업자 사일낙에게 자신의 살 한 근을 담보로 잡히고 돈을 빌려 배산요에게 준다. 사일낙은 음흉하고 탐욕스러운 인간으로, 평소 사이가 나빴던 안돈요에게 이 기회를 빌려 복수하려고 한다. 배산요는 안돈요의 도움으로 결혼하지만, 안돈요는 돈을 갚지 못해 살 한 근을 베일 위기에 처한다. 이 사실을 알게 된 배산요는 아내 포시아에게 자초지종을 설명하고 베니스로 돌아온다. 한편 포시아는 남편의 은인을 구하기 위해 자신이 나서기로 한다. 그녀는 변장하고 재판정으로 가서 판관 노릇을 하여 사일낙의 흉계를 무너뜨린다. 사일낙이 받을 수 있는 것은 안돈요의 살 한 근일 뿐, 피는 한 방울도 흘려서는 안 된다는 판결을 내린 것이다. 사일낙은 궁지에 몰리고, 남의 생명을 해하려 한 죄로 재산을 몰수당한다. 재판이 끝난 후 안돈요와 배산요가 감사를 표하자, 포시아는 감사 표시로 결혼 반지를 달라고 한다. 배산요는 어쩔 수 없이 반지를 내주고, 안돈요와 함께 집으로 향한다. 한 발 앞서 집에 돌아온 포시아는 시치미를 떼고 남편에게 결혼 반지의 행방을 묻는다. 남에게 주었다는 말을 듣고 토라진 척 장난을 치던 그녀는, 자신이 안돈요 재판의 판관이었다고 밝힌다. 안돈요와 배산요는 포시아의 지혜에 감탄한다.

【참고】 동덕여대 도서관 소장 대창서원본 표지에 '(女雄辯家) 萬綠叢中 一點紅 만록총즁 일뎜홍'이라고 표기되어 있다. 본문은 '서문' 및 '一'부터 '七'까지 총 여덟 부분으로 나누어져 있다. 일반적으로 서문은 작품 본문에 포함되지 않는 데 비해, 이 작품에서는 본문의 첫 부분을 '서문'이라 하고 있다. 창작이나 번역 여부에 관한 표기는 없으나, 내용으로 보아 셰익스피어의 희곡 「베니스의 상인(The Merchant of Venice)」(1596)을, 중심 사건 위주로 하여 소설로 번안한 것이다. 동일 원작의 번역으로 이상수의 「베니스 상인(1924)」, 박용철의 「베니스의 상인(1940)」, 오천경의 「해성월(1922)」이 있다.

만사성취(번)/만ᄉ셩취萬事成就: 길선주 작. 광명서관1916(52면, 18전).

【내용】 소원성(所願城)은 세상의 모든 사람이 사는 곳이다. 모두들 박사, 성현, 문장, 목사, 교사, 의사, 대장, 벼슬, 농업, 공업, 상업 등으로 성공하기를 소원하기 때문이다. 성취국(成就國)은 소원을 이루는 곳으로 소원성에서 성취국으로 들어가기 위해서는 사로(思路)를 지나야 한다. 사로는 자연스레 무슨 생각이 나는 길인데 사로를 지나면 취주로(醉酒路), 연락로(宴樂路), 음란로(淫亂路), 자만로(自滿路), 이심로(二心路), 급심로(急心路) 등을 만난다. 취주로는 술을 먹고 취하게 하는 길이다. 연락로는 음악과 맛있는 음식으로 발걸음을 멈추게 하는 길이다. 음란로는 아름다운 미인이 나와 유혹하는 길이다. 자만로는 자만한 생각이

나서 자기가 세상에서 제일이라는 생각을 갖게 하는 길이다. 이심로는 두 가지 생각이 절로 나서 결단을 내리지 못하고 세월을 보내게 하는 길이다. 급심로는 돌이 많고 숲이 깊은 데다 바람이 몹시 심한 길로서 참고 견디어야 지날 수 있는 길이다. 성취국에 이르려면 이 길들 말고 정로(正路)를 지나 정의문(定意門)을 통과하여야 한다. 이 문의 문지기는 각 사람의 재질을 시험하여 표를 나누어준다. 이 문을 통과하면 평안을 도모하는 마음이 생기는 모안로(謀安路)가 나온다. 그 길 가운데에는 히타(懈惰)라는 이름의 흉악하게 생긴 짐승이 있어 지나가는 사람을 먹어 삼키고, 배고프면 담배와 아편을 먹는다. 하나님은 1904년 전에 예수를 소원성에 강생시켜 사람들에게 예수의 인기(印記)를 받게 했다. 이 인기가 있으면 정의문 주인이 경성갑(警醒甲)을 주어 이 길을 무사히 지날 수 있다. 그리고 혼미화(昏迷花), 무기천(無氣泉), 망리수(忘理樹), 다수산(多睡山) 등 마귀들이 마련한 방해물들을 지나면 고난산(苦難山)에 이른다. 고난을 이겨 고난산을 넘으면 만사가 형통하고 만물이 풍족한 성취국이 나온다. 성취국에는 부지런히 삶을 살았던 석가모니, 요임금, 순임금, 사도 바울 등이 있다. 성취국을 떠나면 무궁한 안식세계인 영생국(永生國)에 이른다. 이곳에 오려면 예수를 믿는 수밖에 없다. 마귀는 '할 수 없다', 예수는 '할 수 있다'는 인기(印記)를 주는데 예수가 주는 인기를 받아 성취국과 영생국까지 들어가도록 해야 한다.

【참고】 표지에 '만ᄉ셩취萬事成就', 판권지에 '고열인 考閱人 文學博士 긔일 奇一' 이라고 표기되어 있다. 길선주(吉善宙)가 자신이 저술했던 『해타론(야소교서회1904)』을 수정, 보완한 작품이다. 존 버니언의 「천로역정」과 비슷한 형식을 취하면서 내용은 동양 고사와 성경으로 채워 우리나라 사람이 기독교의 원리를 알기 쉽게 이해하도록 썼다. 전체적인 취지는 만사를 성취하기 위해서는 게으름을 멀리해야 하고 게으름을 멀리하기 위해서는 예수를 믿어야 한다는 것이다.

만월대/만월ᄃᆡ滿月臺: 열재선생 작. 제국신문1908.9.18-12.3 ; 동양서원1910.

【내용】 개성 동랑에 사는 왕 감역은 갑록, 뎡록, 신록 세 아들에게 우애 깊게 지내라는 유언을 남기고 죽는다. 성실한 막내 신록은 아버지의 유언에 따라 갑록과 뎡록에게 신의를 다한다. 그러나 갑록과 뎡록은 신록이 밭에서 일하다 실족하여 죽자 제수인 라 씨 부인과 조카들이 자신들에게 짐이 될까 걱정하며 병든 소와 자갈밭을 주어 분가시킨다. 라 씨가 막막해 하자 청지기 류 첨지가 얼마간 돈이라도 마련하기 위해 병든 소를 잡는데 우연히 우황을 얻게 된다. 류 첨지는 라 씨와 의논한 후 우황 판 돈을 밑천 삼아 장사를 하기 위해 길을 나선다. 연천에서 육진세포 다섯 바리를 사들인 류 첨지는 장마를 만나 몇 달간 꼼짝 못하다가 비가 그치자 서울로 향한다. 때마침 서울에 괴질이 돌아 사람들이 죽어나가자 육진세포를 모두 팔게 된 류 첨지는 그 돈으로 집을 사들인 후 상경한다. 노름과 술로 재산을 탕진한 갑록과 뎡록은 서울 집을 팔아넘기려다가 집이 불에 탄 것을 알고 라 씨에게 돈을 대신 빌려간다. 류 첨지는 집이 불에 탄 것을 알고 낙심하지만 집을 봐주던 장 의관의 도움으로 새 집을 짓

기 위해 땅을 다지다 은괴를 발견한다. 새 집을 장 의관에게 맡긴 후 상경한 류 첨지는 전후 사정을 라 씨에게 설명하고, 논밭을 사들여 농사를 짓는다. 갖은 협박과 야료로 작은집 돈을 이리저리 축내던 갑록과 뎡록 형제는 급기야 빚에 몰려 서울로 야반도주한다. 장 의관의 도움으로 다시 집을 일으킨 라 씨는 갑록과 뎡록의 행방을 수소문하다 막벌이꾼과 징역꾼이 된 형제를 찾아 고향으로 데려와 의좋게 지낸다.

【참고】 동양서원 단행본 본문 첫 장에 '륜리소셜 만월딕(滿月臺)' 라고 표기되어 있다. 주인공인 라 씨 부인보다 청지기인 류 첨지의 지략과 인덕이 강조되며 입체적으로 묘사되어 있다. 연세대 소장본을 텍스트로 내용을 정리하였으나, 표지와 판권지가 유실, 훼손되어 서지사항을 확인할 수 없다. 이해조의 작품이며 '열직션싱' 으로 저자가 표기되어 있다.

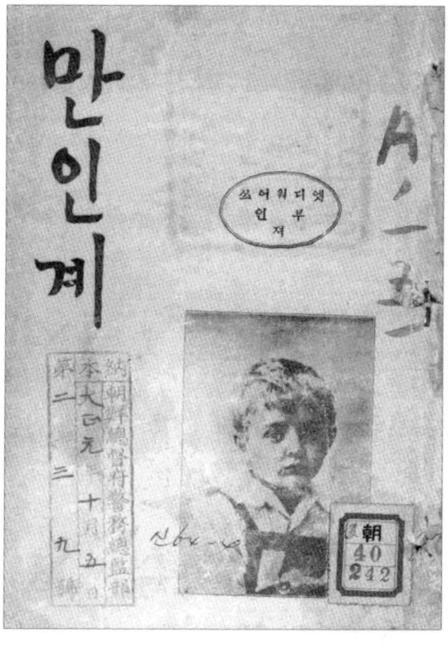

만인계(번)

에지워스 작. 최남선 역. 신문관1912(112면, 20전).

【내용】 로빈손 가족은 가난하지만 화목하다. 로빈손은 방적공장에서 근면하게 일하고 부인 에렌은 총명하게 집안일을 돌보며 아들 길동을 교육한다. 그러나 가족의 평화는 로빈손의 사촌누이 더리 마누라가 같이 살게 되면서 깨진다. 더리 마누라는 로빈손에게 만인계를 하도록 권한다. 에렌은 반대하지만 마음 약하고 사람 좋은 로빈손은 결국 더리 마누라의 꼬임에 넘어가 만인계를 사고 삼등에 당첨된다. 가족은 당첨금을 갖고 읍내로 이사한다. 에렌은 예전과 다름없이 착실하게 일하고 길동을 교육시키지만 더리 마누라는 과소비를 일삼으며 술에 중독이 되고 로빈손은 노름에 손을 댄다. 결국 그는 전 재산을 잃고 집까지 내놓아야 되는 상황에서 부자 벨돈에게 구제받게 된다. 벨돈은 에렌과 길동을 위해 빚을 갚아 주고 로빈손에게 일자리를 주선한다. 더리 마누라는 술에 취한 채 말을 타다가 떨어져 심하게 다치고, 치료를 받지만 곧 숨을 거둔다. 로빈손은 더리 마누라가 마지막으로 남긴 만인계 표를 그냥 팔아버린다. 그는 돌아오는 길에 옛 친구 위리암을 만난다. 위리암은 오래전 로빈손이 사준 책 덕으로 공부를 해서 방적기계를 개조하여 큰 부자가 되어 있었다. 길동이는 위리암의 공장에 취직하고 가족은 모두 모여 행복하게 산다.

【참고】 국립중앙도서관 소장 신문관본 표지와 본문 첫 장에 '엣디워어쓰부인 져', '엣디워어쓰 원져' 라고 원작자를 표기하고 있다. 아일랜드 지방의 엣디워어쓰 부인이 지은 작품을 번역한 것이라고 기록되어 있으나 번안소설로 보는 견해도 있다. 역자명은 표기되지 않았지만, 최남선의 번역으로 보는 것이 일반적이다. 서문에서 "이 칙은 영국 엣디워어쓰 부인의 지은 거슬 번역훈 거시니 그 부인의 지은바 허다훈 이약이칙은 오로지 아일난드 디방 사람의 긔질과 셩벽을 그려닉기에 힘쓴 것

들이라 유명ᄒᆞᆫ 듸문학가 스코트씨가 이를 본ᄯᅥ셔 「웨베리」란 쇼셜을 지여 스코틀난드 사람을 그렷다 ᄒᆞᄂᆞ니라"고 소개하고 있다. 술과 노름에 대해 경고하고 근면과 공부를 권장하는 내용이다. 원작은 아일랜드 작가 마리아 에지워스(Maria Edgeworth)의 「The Lottery(1799)」이다. 더비 읍내에 사는 로빈슨(로빈손)과 엘렌(에레)의 아들 조지의 이름만 '길동'으로 옮겼다.

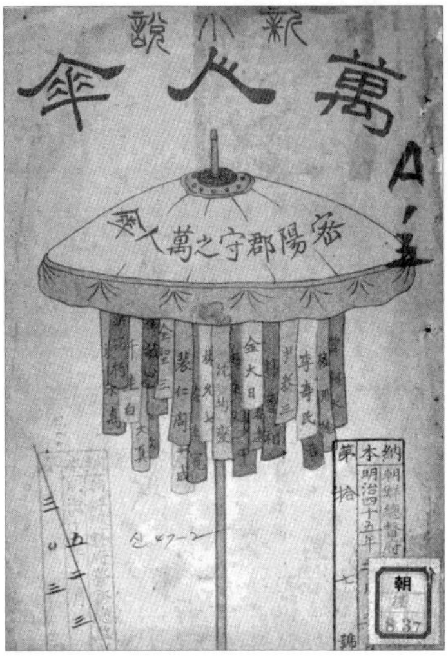

만인산/萬人傘: 백학산인 작.

대한민보1909.7.13-8.8 ; 동양서원1912(39면, 15전).

【내용】 한 주사는 내부대신이 된 리 판서의 힘으로 지방국장 자리에 앉게 된다. 원래 지방국장이던 김 국장에게 친상부음이라는 편지를 보내어 고향으로 내려가게 한 것이다. 한 주사의 소실인 해주댁은 한 주사를 꼬드겨 매관매직으로 재물을 모은다. 해주댁은 한 주사의 힘으로 모은 재물을 빼돌려 시골에 전답을 사는 등 자기 소유로 만든다. 매관매직에 원성이 높아지자 해주댁은 한 주사에게 외직을 권한다. 한 주사는 리 판서에게 밀양 군수로 부임하게 해 달라 요청한다. 밀양 군수가 된 한 주사와 해주댁은 마치 왕이 된 듯 씀씀이가 헤퍼 몇 해 관황을 다 쓰고, 마침내는 돈을 받고 송사의 결과를 조작하는 등의 술수로 재물을 모은다. 주민들의 원성이 높아지자 한 주사는 비를 세우고 만인산을 만들어 중앙 관청에 자기의 거짓 신망을 과시한다. 상황이 불리해진다고 느낀 해주댁은 한 주사에게 먼저 서울로 올라가 있겠다고 하고 그길로 아무도 모르는 곳에 집을 얻어 잠적한다. 한 주사는 뒤늦게 서울로 올라가 분노하여 해주댁의 사촌오빠를 닦달한다. 해주댁은 그걸 알고 제 발로 한 주사를 찾아간다. 한 주사는 해주댁을 도적이라 비난하지만 해주댁은 오히려 관직에 있으면서 비리를 저지른 한 주사가 더 도적이라 주장한다. 마침 지나가던 김 국장이 사건의 전말을 알게 된다. 해주댁이 자신에게 다시 돌아오기를 기다리던 한 주사는 결국 관찰사가 된 김 국장 앞에 끌려가 처벌을 받고 리 판서 또한 감옥에 간힌다. 재물을 빼돌렸던 해주댁 역시 재물을 압수당하고 여러 달 옥중에서 고초를 겪다가 잘못을 뉘우쳐 자신편(自新篇)이라는 소실들을 위한 노래를 지어 널리 전파하였다.

【참고】《대한민보》 연재 지면에 '萬人傘 白鶴山人'이라고 표기되어 있다. 국립중앙도서관 소장 동양서원본 표지에 '新小說 萬人傘', 본문 첫 장에 '만인산(萬人傘)'이라고 표기되어 있다. 구한말 관리층의 부패상을 풍자한 작품이다.《대한민보》 연재 지면에 표기된 '백학산인'이 단행본 출판 당시에는 표기되지 않고, 민준호 저작 겸 발행으로만 판권지에 기록되어 있다. 이해조의 작품이라 추정하는 논자도 있으나 '백학산인'의 존재는 아직 확실하게 밝혀지지 않았다.

만주에 핀 사랑/滿洲에핀사랑: 동파 작. 세창서관1936(124면).

【내용】 몰락한 양반의 자식인 경진과 경숙은 어머니를 병으로 여의고 계모 황 씨를 맞아들인다. 황 씨가 남매를 구박하자 남매의 아버지는 울화병으로 죽는다. 이를 기회로 황 씨는 열다섯 살인 경숙에게 학교를 그만두게 한 뒤 기생이 되어 돈을 벌도록 강요한다. 거부하던 경숙은 오빠 경진의 동경 유학을 위해 어쩔 수 없이 기생 생활을 시작한다. 홍도라는 기명으로 유명해진 경숙은 여러 남자들의 유혹에도 굴하지 않다가 민수라는 젊은이를 사랑하게 된다. 기생과 결혼할 수 없다는 그의 말에 경숙은 한강에서 자살을 시도하는데, 그 순간 갑자기 나타난 경진이 만류한다. 기생 생활을 계속하던 경숙은 동경미술학교를 졸업한 뒤 조선과 동경의 전람회에서 입선한 청년 화가 박순종을 만나서 그의 모델이 된다. 두 사람은 곧 연인이 되지만 이를 반대하는 순종의 여동생 순애의 방해로 헤어진다. 순애는 경숙의 이름으로 순종에게 일가에 급한 일이 있어 함흥으로 떠난다고 편지를 한다. 순종은 돌아오지 않는 경숙을 기다리며 괴로워하다 부모의 뜻에 따라 전라도의 광산으로 내려가 떠돌아다닌다. 또한 순애는 순종의 이름으로 경숙에게 이별을 통보하는 편지를 보낸다. 이에 경숙은 순종을 찾아가나 그를 만나지 못하고, 그가 남작의 딸과 결혼할 것이라는 이야기를 순애로부터 전해 듣는다. 슬픔에 빠져 있는 경숙을 데리고 경진은 돈을 벌기 위해 만주로 이주한다. 한편 순종은 아버지가 죽자 가산을 정리하여 만주로 떠나고 그곳에서 카페 여급으로 일하는 경숙과 우연히 재회한다. 두 사람은 오해를 풀어 결혼하고, 경진도 의남매처럼 지내던 라혜경과 결혼한다.

【참고】 표지에 '滿洲의血淚 만주의피눈물', 본문 첫 장에 '哀戀小說 滿洲에핀사랑 東波 作'이라고 표기되어 있다. 난외서명 또한 '만쥬에핀사랑'이므로 작품 제목은 이를 따른다. 판권지는 훼손되어 확인할 수 없다. 주변인의 방해로 서로를 오해한 주인공 남녀의 이별과 재회가 주요한 모티프가 되고 있다. 서강대 소장 세창서관본을 텍스트로 내용을 정리했다.

만주의 꽃/滿洲의꼿: 작자미상. 춘양사1934.

【내용】 미확인.

【참고】 단행본 원본 자료를 구할 수 없어 작품의 경개 및 세부 서지사항을 확인하지 못했다. 『장한애사(춘양사1934)』 권말 '本社發行 小說一部目錄'에 '滿洲의 꼿'이라고 제목이 표기되어 있고, 다음과 같은 설명이 덧붙여져 있다. " '만주의꼿'이라 하는 조선미인 안영자의 모험적 활동 주의를 초월한 련애 탐정의 활약 풍운급한 신흥만주를 배경으로 한 소설이다 안영자의 생은 행복한 것인지? 독자의 판단에 맛긴다."

만주의 혈루

【내용】「만주에 핀 사랑」 참조

만화방창/만화방챵萬花方暢: 현공렴 저작발행. 태화서관1915.

【내용】 충주의 리 승지는 서울에서 나이 오십에 낙향했다. 가세는 부유하나 후처 남씨가 사십이 되도록 아이를 갖지 못한다. 한식날 제사지내고 오는 길에 만난 점쟁이가 리 승지에게 선한 일을 계속하라는 말을 한다. 뎡덕필은 부인 장 씨, 아들 언츈과 가난하지만 화평한 가정을 이루고 산다. 삼십칠 세에 초시로 벼슬을 시작해 음성 군수가 됐다. 충북의 가장 작은 고을 음성은 탐관오리들의 학정과 연이은 흉년 때문에 백성들이 살기 어려웠다. 뎡 군수는 부임 뒤 선정을 베풀지만 일 년 만에 중병을 얻고, 그는 재산 없이 남겨질 아내와 아들을 걱정하다 어려운 사람들을 잘 돕는 리 승지를 떠올린다. 그는 가족에게 리 승지를 찾아가라는 유언과 밀봉된 편지를 남긴다. 장 부인과 언츈이 리 승지를 찾아가 유언과 편지를 전하는데 리 승지는 알지 못하는 사람의 편지라 의아해하며 뜯어 보니 종이뿐이다. 그는 백지에 담긴 마음을 짐작하고 언츈을 친자식같이 받아들인다. 남 부인은 장 부인이 임신 중이라 더 잘 보살피고 언츈도 공부시킨다. 같은 시기 평창 군수 김문용은 공명정대한 치정을 하고 있었으나 죄수가 탈옥하여 그 책임을 지고 서울로 호송되어 감옥에서 병으로 죽는다. 홀로 남겨진 십육 세 딸 옥슌은 장사지낼 돈이 없어 매신장부(賣身葬父)라 적힌 종이를 들고 종로에 나갔다가 한 노파의 소개로 리 승지의 소실이 되기로 하고 장사를 치른다. 후에 리 승지는 시신들을 운구해서 완장을 지내고 장 부인과 언츈, 옥슌은 깊이 감사한다. 리 승지는 옥슌을 소실이 아닌 수양딸로 맞기로 한다. 꿈에 김문용과 뎡덕필이 리 승지를 찾아와 감사를 표하고 뎡덕필은 자기 아내의 딸을 며느리로 삼아 달라고 말한다. 다음 날 장 부인이 여아를 순산하는데 꿈에 뎡덕필이 나타나 같은 말을 한다. 세월이 흘러 김, 뎡 두 군수의 삼상 후 리 승지는 사람들을 초청해 모임을 갖고 옥슌과 언츈의 결혼을 선언하니 사람들이 그 뜻에 감복한다. 그 후 남 부인이 태기를 보이고 아이를 낳아 이름을 텬우라 한다. 이후 집안은 자손 대대로 창성하였다.

【참고】 표지에 '新小說 萬花方暢', 속표지에 '福善禍淫 萬花方暢 복선화음 만화방챵'이라고 표기되어 있다. 초판은 1915년 발행되었으며, 국립중앙도서관 소장 1925년 발행 4판본(50면, 20전)을 텍스트로 내용을 정리했다.

말 못할 사정: 영창서관 편. 영창서관1935.

【내용】 미확인.

【참고】 단행본 원본 자료를 구할 수 없어 작품의 경개 및 세부 서지사항을 확인하지 못했다. 『강명화전(영창서관1935)』 권말 '영창서관 발행 신소설 목록'에 '말못할사정'이라고 제목이 표기되어 있다. 영창서관에서 펴낸 『신간도서목록』에 '永昌書舘 編 말못할事情'이라고 표기되어 있다.

망월루/望月樓: 김재덕 저작발행. 신명서림1924(76면, 25전).

【내용】 정ᄌᆞ는 경기도 시흥의 전 군수 김윤석의 딸이다. 그는 아버지가 죽은 후 경성부 원동 사는 셔샹규 대위의 재취 부인으로 시집을 간다. 셔 대위에게는 그가 대구 헌병대 재직 시절에 얻은 ᄃᆡ구집이라는 첩이 있다. 그리고 그와의 사이에서 낳은 딸 복희가 있다. ᄃᆡ구집은 정ᄌᆞ 때문에 집안 통솔권을 잃자 정ᄌᆞ를 내쫓을 계획을 세운다. 그리고 하인 춘보를 시켜 정ᄌᆞ가 복희를 외딴 곳에 내다 버리려 한 것으로 일을 꾸민다. 억울하게 누명을 쓴 정ᄌᆞ는 셔 ᄃᆡ위의 집에서 쫓겨나 예전 자신의 집에서 안잠자기를 살던 노파의 집으로 간다. 노파의 집은 인천부 월미도다. 정ᄌᆞ는 그곳에서 셔 ᄃᆡ위의 딸 옥희를 낳는다. 자신의 처지를 절망한 정ᄌᆞ는 인천 바다에 몸을 던져 죽을 생각을 한다. 그때 마침 정ᄌᆞ는 리월당이라는 비구니를 만나 그가 있는 복천사에서 정양한다. 한편 노파는 정ᄌᆞ가 낳은 옥희를 친딸처럼 키운다. 옥희가 열 살 되던 해, 옥희는 노파가 친어머니가 아니라는 사실을 알게 된다. 충격을 받은 옥희는 신세한탄을 하며 죽으려고 하는데 김 경부의 도움으로 살아난다. 김 경부는 정ᄌᆞ의 팔촌 오라버니로서 오랫동안 해외 유학을 가 있어 정ᄌᆞ가 처한 형편을 모르고 있었다. 김 경부는 자신이 재직하고 있는 인천 경찰서의 수사망을 동원하여 청인 행세를 하며 숨어 있던 춘보를 체포하고 그에게 범행 일체를 자백 받는다. 그 죄에 따라 김춘보, ᄃᆡ구집에게는 징역형, 셔 대위에게는 벌금형이 내려진다. 그 후, 셔 대위는 정ᄌᆞ와 딸 옥희를 데리고 새로운 가정을 꾸린다.

【참고】 신명서림본 표지에 '家庭小說 望月樓', 본문 첫 장에 '가정쇼셜 망월루 젼'이라고 표기되어 있다. 작중에서 자살을 시도하는 정자와 옥희의 심사가 각각 '자탄가', '사모가' 등의 제목의 노래로 표현되고 있다. 월미도 해안, 인천 경찰서, 중국 상인 등 인천과 관련된 모티프로 이야기가 전개되는, 인천을 배경으로 한 작품이다. 『(조동일 소장)국문학연구자료(박이정1999)』 참조.

매국노(번): 슈데르만 작. 역자미상. 대한매일신보1908.10.25-09.7.14(미완).

【내용】 요서는 매국노 부친을 두었다는 오명을 씻기 위해 군에 투신하여 혁혁한 공을 세우나, 그를 알아본 매극대라는 자로 인해 군을 떠난다. 부친이 화재사고로 죽었다는 소식에 요서는 장례를 치르고자 사나특 성으로 가는데, 매극대 부자로 인해 죽을 위기에 처했다가 빠져나온다. 요서는 다시 매극대의 고발로 군장 앞에 끌려가나 군장은 오히려 그에게 훈장을 내린다. 나폴레옹의 야욕을 막고자 요서는 각 촌장에게 징집 명령을 내리는데 이에 반발

소설

매국노

(나라ᄑᆞᄂᆞᆫ놈)

덕국 소덕몽 져술

한 매극대의 무리들이 요서를 죽이고자 하나 도리어 진압된다. 교활한 인물인 한 주택은 매관매직하여 돈을 모으지만 결국 그의 부정이 낱낱이 밝혀지고 재판을 받게 된다.

【참고】 연재 지면에 '매국노(나라ᄑᆞᄂᆞᆫ놈)덕국 소덕몽 져슐'이라고 표기되어 있다. 독일 작가 Hermann Sudermann(1857–1928)의 장편 「Der Katzensteg(1889)」를 중역한 것이다. 일본의 登張竹風이 번역한 「小說 賣國奴(1904)」를 중역한 오도의 중국어본 「賣國奴」가 국역본 「매국노(나라ᄑᆞᄂᆞᆫ놈)」의 저본이다. 중국어본은 전체 16장의 회장체로 되어 있고, 국역본은 전체 장의 구분은 동일하나 중국어본의 16회에 해당하는 부분이 연재되지 못한 채 미완으로 그쳤다. 우리나라에 이입된 독일문학의 효시로서 『서사건국지』와 더불어 번역문학사적 의의가 크다고 평가받는 작품이다.

매국노 나라 파는 놈(번)/매국노-나라ᄑᆞᄂᆞᆫ놈

【내용】「매국노」 참조.

매국노의 자(번)/賣國奴의子: 슈데르만 작. 홍난파 역. 회동서관1923(110면).

【내용】 원작 참조.

【참고】 독일 작가 Hermann Sudermann(1857–1928)의 장편 「Der Katzensteg(1889)」를 홍난파가 번역한 것이다. 표지에 '泰西文藝叢書 賣國奴의子 스데-ㄹ만 作 洪蘭坡 譯'이라고 표기되어 있다. 표지의 제목 위에 'Der Katzensteg'라고 원제가 표기되어 있다. 일본의 登張竹風이 번역한 「小說 賣國奴(1904)」를 저본으로 하여 축약 번역한 것이다.

매란방(번): 원작미상. 역자미상. 세창서관1935.

【내용】 미확인.

【참고】 현재 단행본 자료를 찾을 수 없다. '매란방' 은 당시 중국의 경극 배우 이름이다. 『신일선의 눈물(세창서관1935)』 뒷면 광고에 '演劇脚本小說 梅蘭芳 매란방' 이라고 기재되어 있다. 중국의 경극을 소설화한 작품으로 추정된다.

매부를 죽이기까지/매부를죽이기싸지: 작자미상. 세창서관1935(81면).

【내용】 김상철은 동경 유학 후 황금정 일신생명보험회사 사무원으로 근무하는 스물아홉 살의 미남이다. 태서관 기생 최옥희는 그를 사랑하나 옥희의 모친은 상철이 재산가의 자식이 아니며, 옥희가 그에게 반해 돈 많은 손님들의 청을 거부한 결과 수입이 줄었다는 이유로 불만을 가진다. 상철은 우연히 가회정 차윤식 장로의 딸 은숙을 만난다. 차 장로는 개화한 가정의 가장으로 부인 장씨와 함께 청렴한 신앙생활을 한다. 그들은 슬하에 정환과 은숙 남매를 두었는데, 근래 은숙의 결혼 상대를 물색 중이다. 상철은 이 사실을 듣고 의도적으로 김전도 부인에게 접근하여 은숙 모친을 꾄다. 상철은 화류계 생활을 잠시 접고 은숙과 결혼한다. 결혼 후 상철은 이전의 방탕한 생활로 돌아가고, 상철의 배신에 분개한 옥희는 그의 집으로 찾아가 풍파를 일으킨다. 정환은 상철의 문란한 태도를 비난하다 급기야 식칼로 상철의 얼굴에 상처를 내 살인 미수죄로 잡혀간다. 상철은 권고사직을 당하고, 뒤늦게 옥희를 찾아가나 문전박대를 당한다. 정환은 공판에서 무죄를 선고받고, 상철은 자신의 과오를 뉘우치는 편지를 남기고 봉천으로 떠난다. 은숙과 정환은 상철을 용서한다.

【참고】 표지에 '事實家庭悲劇小說 매부를죽이기까지', 본문 첫 장에 '事實家庭悲劇小說 매부를죽이기싸지' 라고 표기되어 있다. 작품 후반부에 재판 과정이 비교적 상세하게 서술되고 있다. 서강대 소장 세창서관본을 텍스트로 내용을 정리했다.

매향/梅香: 작자미상. 회동서관1925.

【내용】 미확인.

【참고】 단행본 원본 자료를 구할 수 없어 작품의 경개 및 세부 서지사항을 확인하지 못했다. 『쇼운젼(회동서관1925)』 뒷면 광고에 '戀愛小說 梅香' 이라고 기재되어 있으며 다음과 같이 소개되어 있다. "매의 향! 얼마나 아름다옵고 고흔 일흠이냐 몃 번이라도 불너 보아도 아름다운 일흠, 이와 가튼 일흠을 가진 니는 누구인가, 엇더한 학교에서 치는 하학 총소리가 나자 교문이 메여지게 나우는 학생들 즁에 씨여나오는 녀학생 한 사람이 잇스니 이분이 본 소설의 문제인물인 매향이다 보라! 매향의 일편을!"

매화루/梅花淚: 작자미상. 동양서원1913.

【내용】 미확인.

【참고】 단행본 원본 자료를 구할 수 없어 작품의 경개 및 세부 서지사항을 확인하지 못했다. 실제 출판과 유통이 이루어졌는지에 대해서도 현재까지는 확인할 수 없는 상태이다. 『원앙도(동양서원1913)』 등 동양서원에서 1913년에 발행된 서적의 권말 '東洋書院發行小說叢書' 광고면 '第四集' 열에 '梅花淚 近刊'이라고 표기되어 있다.

맥베스(번)/막쎄스: 셰익스피어 작. 양하엽 역. 조선일보1923.2.24-1923.4.14(25회).

【내용】 원작 참조.

【참고】 연재 지면에 '泰西悲劇 막쎄스 沙翁 原作 梁夏葉 譯'이라고 표기되어 있다. 셰익스피어의 비극 「맥베스(Macbeth)」를 축약하여 재현 형식이 아닌 서술 형식으로 정리한 것이다. 즉 본격적인 번역이라고 보기 어렵다. 제1막부터 제4막까지 '幕'의 구분은 하고 있으나 '章' 표기나 구분은 없이 연재되었다. 4월 2일 24회분 게재 후 연재가 지속되지 않다가 14일자에 25회를 싣고 연재가 중단되었다. 25회분 말미에 종결이나 완료 표기가 되어 있지 않고, 내용상으로도 완결로 보기 어렵다.

메르시에의 죽음(번)/메르시에의죽엄: 뒤아멜 작. 이헌구 역. 삼천리1941.11.

【내용】 메르시에와 '나'는 위태로운 순간을 함께 하고 있다. 메르시에는 벌써 백발이 되었고 '나'는 그의 고향이야기를 듣는다. 그는 '나'에게 자신을 구해 달라고 간청한다. 그와 '나'는 서로 껴안고 서로를 보살펴 주자고 말한다. '나'는 그가 몹시 순수한 사람이라고 생각한다. 위기는 다시 닥쳐온다. 우리는 죽음이 목전에 왔다는 사실을 깨닫고 서로를 바라본다. 그에게서는 진땀이 흐르고 결국 최후의 순간을 맞는다. '나'는 오랫동안 그의 손을 잡은 채 시체를 지키고 앉아 있다.

【참고】 프랑스 소설가 조르주 뒤아멜(Georges Duhamel)의 작품 「순교자의 생애(Vie des martyrs)」(1917)의 일부분을 번역한 것이다. '戰爭小說 메르시에의 죽엄 죠주. 듀아멜 李軒求 譯'이라고 표기되어 있다. 역자는 "여기 飜譯한 이 作品은 듀아멜이 第一次大戰 때 군으로 參戰했든 體驗을 主題로 하여 一九一七年에 발표한 그의 代表作 '殉敎者의 生涯'라는 長篇 중의 일부로 '現代作家散文選集'에 蒐錄되여 있는 것을 飜譯한 것"이라고 밝히고 있다.

며느리의 죽음/며누리의죽엄: 작자미상. 세창서관1935(49면).

【내용】 태환과 옥순은 금슬 좋은 부부이지만, 태환의 어머니 김 씨는 사사건건 트집을 잡고 옥순을 내쫓을 궁리를 한다. 아들 내외가 사이좋은 것에 질투가 나기도 했고, 김 씨가 종종

찾는 호랑법사가 옥순에게 살이 끼어 장차 집안의 우환이 될 거라고 말했기 때문이다. 어느 날 김 씨는 위조 편지를 만들어 옥순에게 다른 남자가 있다는 누명을 씌운다. 남편 계준과 아들 태환이 만류해도 김 씨는 막무가내로 옥순을 부도덕한 여자로 몬다. 시어머니의 닦달을 이기지 못한 옥순은 달리는 기차에 몸을 던져 자살한다. 신문에 이 사건에 대한 기사가 나자, 김 씨의 집안은 주위 사람들에게 손가락질을 받는다. 못된 시어머니가 착한 며느리를 못살게 굴어 죽게 만들었다는 것이다. 김 씨는 호랑법사와 함께 경찰서에 끌려가고 계준은 주위 시선 때문에 자신의 가게인 남대문 포목점에도 나가지 못한다. 태환은 옥순의 무덤에서 옥순의 육촌 오빠인 익모와 만난다. 태환과 익모는 여성을 천시하는 세상을 비판하는 이야기를 나눈다.

【참고】 표지에 '事實悲劇 며누리의 죽임 一名 鐵路 우에 사라지는 쏫', 본문 첫 장에 '事實劇 脚本 며누리의 죽엄' 이라고 표기되어 있다. 1934년 가을에 실제로 일어난 일로서 이것을 연극으로 만들어 조선 전도에 순회한 일이 있다는 내용을 '머리ㅅ말' 에 기록하고 있다. 연극의 각본 형식으로 되어 있으며, 고부 갈등에 대해 시어머니의 반성을 촉구하는 계몽적 전언이 담긴 작품이다. 서강대 소장 세창서관본을 텍스트로 내용을 정리했다.

명금1(번)/名金

에머슨호 작. 윤병조 역. 신명서림1920 ; 경성서관1921.

【내용】 기지쭈레는 아메리카 여류 소설가이다. 활극 소설을 의뢰받은 기지는 우연히 한 고물상점에서 '구렛쓰톤 된 포석 밋헤… 귀중한… 무더두웟다'라고 새겨진 금화 반 조각을 얻게 된다. 하지만 이 일로 그녀는 쑤라핫헨국 사지요 백작의 부하 아쌧치 일당에게 협박을 받는다. 그러던 어느 날, 기지와 비슷한 엠마라는 여인의 시체가 강가에서 발견되고, 그녀가 죽었다는 소문이 온 시내에 퍼진다. 기지는 신문사 주필을 만나 그간의 일을 설명하고는 쑤라호헨국으로 떠난다. 그곳에서 만난 에씌 보로를 조수로 삼아 금화의 비밀을 추적하던 그녀는 우연히 후레쎼릭구 백작의 연회에 갔다가 그곳의 왕인 미지에루를 만난다. 그리고 미지에루 왕으로부터 뜻하지 않던 금화 반쪽을 얻게 되지만 그 순간 보관하고 있던 나머지 금화 반쪽을 잃어버린다. 얼마 후 그것을 훔쳐간 범인이 후레쎼릭구 백작임을 알게 된 기지는 백작을 만나러 길을 나서다 아쌧치 일당에게 납치되어 금화 조각을 빼앗기고 지하실에 갇히는 신세가 된다. 한편 호텔에서부터 아쌧치 일당을 미행한 보로는 그들이 없는 사이에 위험에 빠진 기지의 구원에 나선다.

【참고】 미국 유니버설사의 전 50권짜리 모험활극 『The Broken Coin』을 번안한 것이다. 신명서림본의 표지에 '探偵冒險小說 名金 The Broken Coin'이라고 표기되어 있으며, 영화에 나오는 배우들의 사진이 표지와 속지에 실려 있다. 역자 표기는 없지만 판권지에 표기되어 있는 저작자 윤병조(尹秉祖)가 역자로 추정된다. 미완으로 사건이 종결된 것으로 볼 때 일부만 번안된 것으로 보인다. 일본 도야마 대학(富山大學) 부속 도서관에 경성서관 1921년 재판본이 소장되어 있다. 「The Broken Coin」은 포드(Francis Ford) 감독에 의해 1915년 제작된 영화로 1916년 조선에서 개봉 상영되었다. Emerson Hough가 스토리를 쓰고 Grace Cunard가 시나리오를 담당했다. 당시 연속활극 시리즈물로는 최고로 손꼽힐 정도로 인기가 있었으며, 부산에서 발행되던 《조선시보》는 총 40회(1916.7.22-8.31)에 걸쳐 영화의 줄거리를 연재하기도 하였다. 『명금』은 1920년대 영창서관과 태화서관 등에서 계속 번안 출판되었다.

명금2(번)/名金: 에머슨호 작. 송완식 역. 영창서관1921.

【내용】 기치구레는 아메리카 여류 소설가이다. 탐정소설을 의뢰받은 그녀는 우연히 '구레쓰호헨국 북방구 레스톤이라 하는 포석 밋에 막ᄃᆡ한 보픽가 파 뭇쳣다'라고 쓰인 금화 반쪽을 얻은 후에 후레데릭 백작의 부하 로로에게 쫓기는 신세가 된다. 얼마 후, 기치구레는 금화의 비밀을 밝히기 위해 소왕국 구레쓰호헨국으로 향하고, 로로의 미행을 따돌리기 위하여 가짜 명금을 떨어뜨린다. 로로는 가짜 명금을 가지고 후레데릭을 찾지만 도둑으로 몰리자 기치구레의 편으로 돌아선다. 기치구레는 로로의 도움을 받으며 금반지의 비밀을 밝히던 중에 미치엘 왕을 만나게 되고, 왕은 그녀를 특사로 예우한다. 그러던 어느 날, 그녀는 구라호겐국의 삿치오 백작의 꾐에 빠져 호겐국의 감옥에 갇히고, 그녀의 비밀 서신을 받은 미치엘 왕은 후레데릭에게 기치의 구원을 명한다. 한편 후레데릭과 로로는 그녀를 호헨국으로 탈출시키는 데 성공하지만 호겐국 군대에 쫓기는 처지가 된다. 이때 기치구레는 구조에 어려움을 겪던 미치엘 왕에게 뜻밖의 묘책을 제시하고, 그 결과로 후레데릭과 로로는 무사히 귀환한다. 한편 보복을 다짐하던 삿치오는 얼마 후, 그녀와 로로를 다시 납치하고 그 와중에 '과거 후레데릭 백작이 황태자를 쫓아내고 농가의 자손을 옹립한 것이 미치엘 왕이라는'서류까지 주워 되돌아간다. 후레데릭은 기치가 보이지 않자 두 명의 부하에게 수색을 명한다. 그들은 기선에 실리는 기치와 로로를 발견하지만 결국 삿치오 부하들에게 죽임을 당한다.

【참고】 미국 유니버설사의 전 50권짜리 모험활극 『The Broken Coin(1915)』을 번안한 작품으로, 표지에 '寫眞小說 大活劇 名金'이라고 표기되어 있다. 속지에 영화배우들의 사진이 실려 있으며, 40회의 목차가 수록되어 있다. 본문 앞에는 '宋完植 譯', 판권지에는 '著作者 宋完植'이라고 표기되어 있다. 미완으로 사건이 종결된 것으로 볼 때 일부만 번안된 것으로 보인다. 1921년에 초판이 발행되었고, 1923년 간행된 재판본을 참고하여 내용을 정리했다.

명금3(번)/名金: 에머슨호 작. 강하형 저작발행. 태화서관1924.

【내용】 기지쑤레는 아메리카 여류 소설가이다. 활극 소설을 의뢰받은 그녀는 우연히 '구렛쓰톤 된 포석 밋헤…귀중한…무더두웟다'라고 새겨진 금화 반편을 얻은 후에 쑤라핫헨국 사지요 백작의 부하 아쌧치 일당에게 추격을 당한다. 그러던 어느 날, 그녀와 비슷한 엠마라는 여인의 시체가 강가에서 발견되고, 그녀가 죽었다는 소문이 시내에 퍼진다. 다음 날, 기지쑤레는 금화 반편을 찾기 위하여 쑤레호헨국으로 향하고, 택시 운전수 에씌 섄로의 도움으로 금화의 비밀을 밝히려 한다. 그곳의 왕은 미지에루 2세인데 그는 정사를 돌보지 않는다. 섄로와 후레쎄릭구 백작의 연회에 참석한 그녀는 미지에루 2세 왕으로부터 금화 반편을 얻게 되지만 사지요 일당의 함정에 빠져 배에 갇히는 처지가 된다. 후레쎄릭구는 그녀가 기선에 갇혀 있다는 정보를 입수하고 추격에 나서 그녀와 섄로를 구한다. 그러나 난선의 공격으로 배는 다시 파손되고, 섄로는 죽음을 맞이한다. 한편 기지쑤레와 후레쎄릭구는 섬에서 만난 섄로의 부친을 통해서 과거 미지에루 1세 시절 반역자 후레쎄릭구 백작이 자신의 아들을 왕으로 옹립하기 위해서 왕자를 바꿔치기한 것이라는 사실을 밝혀낸다. 바로 그때 미지에루 1세 왕은 각각 아이들에게 금반지 반 조각씩을 주었다는 것이다. 그로부터 얼마 후, 금화에 관한 비밀이 알려지면서 왕으로 등극한 후레쎄릭구 백작은 기지쑤레를 왕비로 맞이한다.

【참고】 미국 유니버설사의 전 50권짜리 모험활극 『The Broken Coin(1915)』을 번안한 작품으로 표지에 '探偵冒險小說 名金(合編)' 이라고 표기되어 있다. 소설 말미에 "이 쇼셜은 일즉 미국 유니버셜 회사에서 촬영한 활동사진이 있는바 이에 다시 감히 붓을 댄다"는 설명을 하고 있다.

명모유죄(번)/明眸有罪: 르블랑 작. 이헌구 역. 조광1936.5-8(4회 완).

【내용】 원작 참조.

【참고】 연재 지면에 '連載探偵小說 明眸有罪(原名 碧眼의處女) 모오리스, 르블랑 作 李軒求 譯' 이라고 표기되어 있다. 프랑스 작가 르블랑(Maurice Leblanc)의 「초록 눈동자의 아가씨(La Demoiselle aux yeux verts)」(1926)가 원작이다. 인명 지명 등을 표기함에 있어 '루팽', '니-쓰' 처럼 원작에 표기된 발음을 그대로 옮기려 시도하고 있다. 그러나 각 장의 구분이 원작과 일치한다고 볼 수 없으며, 표제 '明眸有罪' 와 마찬가지로 장별 제목도 어색한 조어의 한자 표기로 된 것이 많다. 4회 연재 총 80면 정도의 길이로 원작을 축약하여 번역한 작품이다. 원작은 미행을 당하는 오렐리를 따라가다가 살인사건을 목격하게 되는 리메지 남작과 그 사건에 대해 추리하는 라울을 중심으로 전개되는 탐정 소설이다.

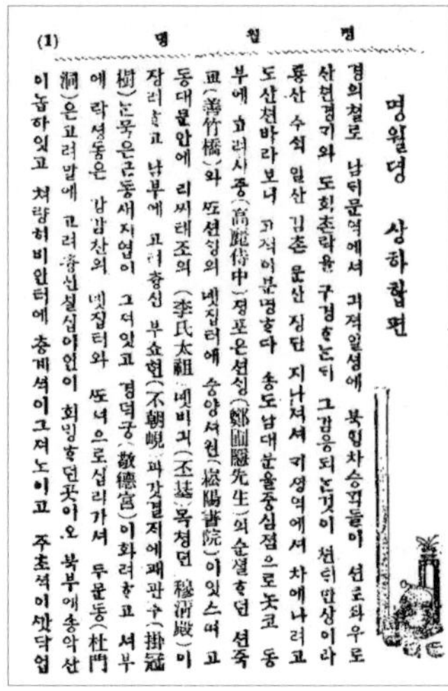

(1) 명 월 뎡

명월뎡 상하합편

경의철로 남뒤문역에셔 긔젹일셩에 북일차승직들이 션ᄌᆞ와우로
산현경긔와 도회촌락을 구경ᄒᆞᄂᆞᆫᄃᆡ 그감응되ᄂᆞᆫ것이 졈ᄃᆞ만상이라
룡산 수쇡 일산 김촌 문산 장단 지나셔셔 긔셩역에셔 차에나려고
도산셔바라보니 고젹이분명ᄒᆞ다 송도남대문을중심점으로노코 동
부에 고려시중(高麗侍中)뎡포은션싱(鄭圃隱先生)의순졀ᄒᆞ던 션죽
교(善竹橋)와 또션싱의 녯집터에 숭양셔원(崧陽書院)이잇스며 고
동대문안에 리씨태조의(李氏太祖)녯비긔(조基)목쳥뎐(穆淸殿)이
장리ᄒᆞ고 남부에 고려충신 부죠현(不朝峴)과갓결지에괘관수(掛冠
樹)ᄂᆞᆫ목은근동새지엽이 그더잇고 경덕궁(敬德宮)이화려ᄒᆞ고 셔부
에 락셩동은 감람찬의 녯집터와 또너으로십리가셔 두문동(杜門
洞)은고려말에 고려충신칠십이인이 회빙ᄒᆞ던곳이오 북부에송악산
이놉하잇고 쳐량히비인터에 충계셕이그저노이고 주초셕이쌋다업

명월정 / 명월뎡明月亭

박이양 작. 유일서관1912(130면, 25전) ; 조선도서주식회사1922.

【내용】 열여덟 살의 취홍은 서울에서 신식교육을 받은 여성이다. 부모를 모시고 서울에서 학교를 다니던 중 부친 차기문이 사업에 실패하자 황해도 연안군으로 이사한다. 이삿짐을 배에 싣고 가던 중, 뱃사람들이 강도로 변하여 재물을 빼앗고 취홍의 가족을 바닷물에 던진다. 취홍만 간신히 목숨을 건지지만, 뱃사람의 무리 중 진치보라는 자에 의해 강간당할 위기에 처한다. 한편 치보가 술에 취한 틈을 타서 김치경 등의 뱃사람들이 훔친 재물을 들고 도망가는데, 치보가 분노하는 사이 취홍은 변시복의 도움으로 탈출에 성공한다. 시복은 선주이자 장사꾼인데 취홍을 구한 대가로 취홍에게 자기와 살 것을 요구한다. 하지만 시복의 여인이 간계를 꾸며 취홍은 개성에 있는 송도 기생조합소의 김우옥에게 팔려 간다. 기생이 된 취홍이 기생 노릇을 하려 하지 않자 우옥은 취홍을 과부라고 속여 장덕이에게 팔아넘기려 한다. 장덕이에게 팔려 가려는 순간 취홍은 가족의 원수인 뱃사람들을 다시 만나게 된다. 이에 취홍은 경성학당 출신으로 통역군주사를 지낸 허원에게 자신의 억울한 사연을 낱낱이 알린다. 허원은 기생조합소에서 취홍을 데려와 자신의 부인으로 맞고 그녀 대신 가족의 원수를 갚을 것을 맹세한다. 허원은 도망가는 뱃사람들을 모두 잡아 경찰서에 가두고 고소장을 올려 그들을 엄벌에 처한다. 한편 사공에 의해 간신히 목숨을 건진 동생 사순은 우연히 외가에 왔다가 누이 취홍과 상봉한다. 그러나 취홍은 학생시절 첩 노릇은 하지 않기로 다짐한 맹세를 뒤늦게 떠올리며 투신자살한다.

【참고】 유일서관본 표지에 '明月亭 명월정', 본문 첫 장에 '명월뎡 상하합편'이라고 표기되어 있다. 본문 마지막 장에 "이 글은 박이양(朴頤陽)씨의 져작이나 져작판권이 남궁쥰의 소유이기로 발힝 겸 져작권 소유ᄂᆞᆫ 남궁쥰이라 ᄒᆞ오"라 하여 작가명을 밝히고 있다. 작가는 "옛적 풍속도 배울 만하고 현금 문명시대에 개량할 것도 적지 아니하도다"라는 말로 저작 의도를 밝히고 있다. 중국 고소설 『금고기관』 26권 「蔡小姐忍辱報仇」의 번안으로 알려져 있으며, 주인공 '취홍'의 도량과 의리, 그리고 절개를 강조하고 있다. 그러나 신학문을 배운 여성이 운명에 맞서 적극적으로 대항하지 못하고 구원자의 손길을 기다린다는 점, 뒤늦게 학생시절의 신념을 떠올리며 자결한다는 설정은 한계라 하겠다. 1918년 발행 유일서관 재판본의 판권지에는 초판본의 '저작 겸 발행자' 남궁준이 '편집 겸 발행자'로 표기되어 있다.

모란병: 이해조 작.

제국신문1909.2.13-? ; 박문서관1911(112면, 25전).

【내용】 주석골에 사는 현 고직은 가세가 기울어 아내와 딸 금선을 데리고 행랑살이를 한다. 현 고직의 친구 변 선달은 혼처를 구해 준다며 금선을 기생집에 팔아넘긴다. 자살을 시도하다 실패한 금선은 다시 색주가로 넘겨진다. 그곳에서 금선은 간신히 탈출에 성공하고 산길을 헤매다가 송 순검에게 발견되어 관원으로 간다. 감리가 금선을 탐하자 송 순검은 위험을 무릅쓰고 그녀를 탈출시켜 친척 장 씨 부인 집에 머물게 한다. 유복자 수복을 둔 장 씨는 외국으로 유학 간 아들을 대신하여 금선을 딸처럼 돌보고 여학교에도 보낸다. 한편, 불길한 꿈을 꾼 현 고직 내외는 변 선달을 찾아가 금선이 행방불명된 사실을 알게 된다. 현 고직은 수소문 끝에 송 순검을 찾아가 금선의 행방을 알게 되고 꿈에 그리던 딸과 재회한다. 장 씨 부인은 한편으로 고아가 된 조카 수득을 돌보고 있는데, 심성이 나쁜 수득은 장 씨의 재산을 넘본다. 수득은 수복이 객사했다고 꾸미고 장 씨를 꾀어 재산을 탕진하게 만든다. 얼마 후 현 고직 내외가 병들어 세상을 뜨자 수득은 이 기회에 금선을 팔아넘기려고 한다. 수득이 장 씨의 재산을 가로챌 즈음 수복이 귀국하여 이를 막고 어머니와 금선을 구한다. 장 씨는 금선을 며느리로 맞이하고, 금선은 어머니가 물려준 모란 병풍을 교배석에 친다. 수복과 금선은 장 씨 부인을 모시고 미국으로 이주한다. 수년 후 공부를 마치고 귀국한 수복과 금선은 모든 이들의 환영을 받는다.

【참고】 박문서관본을 텍스트로 내용을 정리했다. 표지에 '신소셜 모란병'이라고 표기되어 있다. 판권지에 '著作者 李海朝'라고 표기되어 있다. 여성의 수난사를 중심으로 하고, 주변의 여러 조력자들과 악인형 인물의 대립구도를 조직하는 통속적 신소설이다.

모란봉1/牧丹峰: 이인직 작. 동양서원1912 ; 문장1940.2.

【내용】 내용 생략.

【참고】「혈의 루」 상편의 개작 판본이다. 1911년 6월 2일 일제 경무부(警務部)에 의해 「혈의 루」 상편이 불허가 출판물로 지정됨에 따라 개작된 판본으로 보인다. 이 작품에는 애초 「혈의 루」 상편이 담고 있었던 수구파에 대한 혐오 의식과 신교육에 대해 긍정하는 내용 등이 누락되어 있다.

모란봉2/牡丹峰: 이인직 작. 매일신보1913.2.5-6.3(65회 미완).

【내용】 미국에서 공부를 마친 김옥련은 부친 김관일과 함께 조선으로 돌아가기로 결심한다. 옥련의 정혼자 구완서는 공부를 더 하기 위해 미국에 남기로 하고 옥련과 아쉬운 이별을 한다. 한편, 평양에는 옥련과 이름도 같고 얼굴도 비슷한 장옥련이라는 여인이 살고 있다. 장옥련은 서모의 계략에 의해 친모가 대동강에 빠져 자살하자 큰 충격을 받고 실성한다. 정신이 나간 장옥련은 집을 나와 이리저리 헤매다 김옥련의 모친 최 씨의 집 앞에 당도한다. 옥련의 귀국을 기다리던 최 씨는 장옥련을 자신의 딸로 착각한다. 장옥련이 미쳐서 자신을 알아보지 못하자 최 씨는 이를 비관하여 자살을 결심한다. 집을 나간 최 씨가 죽으려는 찰나 서일순이라는 젊은이가 나타나 이를 말린다. 때마침 귀국한 김관일과 옥련은 최 씨를 만나고 이로써 모든 오해가 풀린다. 김관일과 김옥련의 환영식이 모란봉에서 열린다. 환영회에 참석한 일순은 김옥련에게 한눈에 반하고 그녀를 차지하기 위해 김관일 부부의 환심을 산다. 일순의 꾐에 빠진 김관일과 최 씨는 옥련과 일순을 맺어 주려 하지만, 옥련은 구완서를 생각하며 이를 거절한다. 일순은 친하게 지내는 서숙자를 이용해서 구완서의 부모에게 접근하도록 만든다. 숙자는 특유의 친화력으로 구완서 부모에게 다가가고 점차 옥련의 험담을 늘어놓으며 그녀를 비방한다.

牧丹峰

國語捷徑

本報分賣所

每日申報社

【참고】 이인직 「혈의 루」의 하편으로 《매일신보》에 연재 중 미완성으로 중단되었다. 연재 지면에 '모란봉 牡丹峰 菊初 李人稙'이라고 표기되어 있다. 상편에서 보였던 개화사상은 보이지 않고, 김옥련을 중심으로 하는 애정 관계에 초점을 맞추고 있다. 소설 본문의 첫머리에 이 작품이 "玉蓮의 十七歲 以後 事蹟을 述한 것인데 其上篇이 無하더라도 또한 無妨"하다고 밝히고 있다. 중단 이유는 알려지지 않았지만, 같은 지면에 5월 13일부터 연재된 조일재, 「장한몽」과의 경쟁에서 밀렸으리라는 견해가 있다. 『한국신소설전집1(을유문화사1968)』을 참고하여 내용을 정리하였다.

모란봉3/牡丹峰

【내용】 「눈물에 지는 꽃」 참조.

모성의 력(번)/母性의力

【내용】「반역자의 모」 참조.

목단화1/牧丹花: 아속생 작. 광학서포1911(169면, 25전).

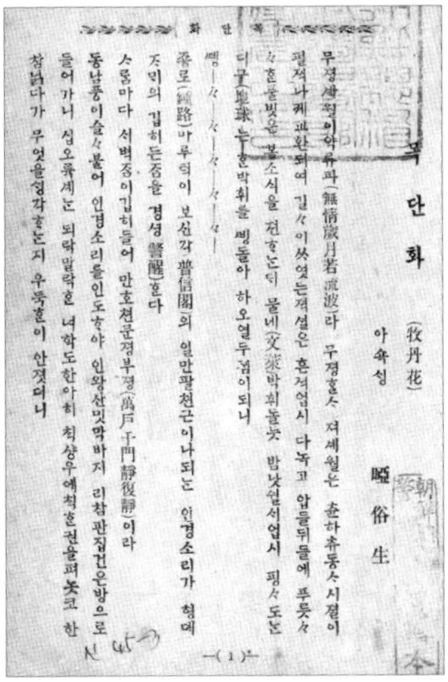
목단화 (牧丹花) 아쇽싱 啞俗生

무졍셰월이약류파(無情歲月若流波)라 무졍ᄒᆞᆫ 져셰월은 츈하츄동ᄉᆞ시졀이
필젹나케교환되여 길々이ᄊᆞ엿ᄂᆞᆫ젹셜은 흔젹업시 다녹고 압들뒤들에 푸릇々
々ᄒᆞᆫ풀빗은 봄소식을 젼ᄒᆞᄂᆞᆫᄃᆡ 물네(文萊)박휘돌듯 밤낫쉴새업시 핑々도ᄂᆞᆫ
디구(地球)ᄂᆞᆫ ᄒᆞᆫ박휘를 삥돌아 하오열두뎜이되니
뗑—々—々—々—々—
죵로(鍾路)마루터이 보신각(普信閣)의 일만팔쳔근이나되ᄂᆞᆫ 인경소리가 혀ᄃᆡ
ᄌᆞ민의 깁히든ᄌᆞᆷ을 경셩(警醒)ᄒᆞᆫ다
ᄉᆞ롬마다 셔벽즁이깁히들어 만호쳔문경부졍(萬戶千門靜復靜)이라
동남풍이솔々불어 인경소리를인도ᄒᆞ야 인왕산밋막바지 리참판집건운방으로
들어가니 십오륙셰ᄂᆞᆫ 되락말락ᄒᆞᆫ 녀학도한아히 칙상우에칙ᄒᆞᆫ권을펴놋코 한
참닑다가 무엇을ᄉᆡᆼ각ᄒᆞᄂᆞᆫ지 우둑ᄒᆞᆫ이 안졋더니
—(1)—

【내용】 이 참판의 딸 정숙은 신학문을 배운다는 이유로 시댁에서 쫓겨나 친정에 머문다. 정숙의 외모와 학식을 시기한 이 참판의 후처 서 씨는 사사건건 그녀를 구박한다. 수구파의 모함을 받은 이 참판이 제주도로 유배를 떠나자 서 씨는 수하인들을 시켜 정숙을 욕보이도록 한다. 서 씨의 친정오라비 병신은 정숙의 시비 금년을 겁탈하려다 실패하자 그녀를 강물에 던진다. 정숙은 탈출을 시도하다가 그만 기절을 하고 만다. 정숙이 죽은 줄로 오해한 서 씨의 수하인들은 그녀를 숲속에 버린다. 정신을 차린 정숙은 황 동지라는 사람에게 구출되어 그의 집에 기거한다. 황 동지는 행방불명이 된 자신의 딸 금순을 대신하여 정숙을 돌본다. 한편, 정숙이 살아 있다는 소식을 들은 서 씨는 다시 수하인들을 시켜 정숙을 찾아 없애려고 한다. 정숙은 황 동지 부인의 도움으로 최 과부 집으로 피하고, 다시 최 과부의 오빠가 있는 의주로 도망간다. 일 년 후 이 참판이 유배에서 풀려났다는 소식을 들은 정숙은 집으로 돌아오던 중 금년과 만나게 된다. 간신히 목숨을 건진 금년은 집으로 돌아가 부모님을 모시고 살고 있다. 이 참판은 우연히 기생집에 들렀다가 금순을 만나 딱한 사정을 듣고 그녀를 집으로 데려온다. 금순이 황 동지의 딸임을 알게 된 정숙은 두 사람을 만나게 한다. 이 참판은 정숙과 금년을 통해 그간의 자초지종을 듣고 서 씨의 악행을 알게 된다. 결국 서 씨와 그녀의 오빠 병신, 수하인들 모두 처벌을 받는다. 정숙은 금순과 함께 이 참판과 황 동지 내외를 극진히 모시고 행복하게 살아간다.

【참고】 표지에 '신쇼셜 목단화 新小說 牧丹花' 라고 표기되어 있다. 본문 첫 장에는 '아쇽싱 啞俗生' 으로, 판권지에는 '김교제' 로 저자를 표기하고 있다. '여성의 고난 극복' 이라는 서사를 통해 권선징악의 주제가 강조되고 있다. 광학서포(1911)본을 텍스트로 내용을 정리하였다.

목단화2/牧丹花: 정기성 편술. 광문서시1922(65면, 25전).

【내용】 북송 금능에 사는 장영은 뒤늦게 아들 익성을 얻는다. 오 년 후 장영은 세상을 떠나고, 익성은 모친과 함께 어려운 생활을 이어간다. 이즈음 조정에서는 표진영 형제들이 권력

을 차지하면서 은밀하게 역모를 꾸미고 있다. 세월이 흘러 열다섯 살이 된 익성은 어떤 도승을 만나 염주를 건네받는다. 도승과 헤어진 익성은 우연히 왕 승상의 집 후원을 거닐다 깜박 잠이 드는데, 이때 왕 승상의 딸 채운이 기이한 꿈을 꾸고 나서 뜰에 나와 잠들어 있는 익성을 보게 된다. 채운은 익성에게 자신의 저고리를 덮어 주고는 염주를 가지고 방으로 돌아온다. 잠에서 깬 익성은 채운을 만나 하늘이 정해 준 연분임을 깨닫고 하룻밤을 보낸다. 길을 떠난 익성은 도승을 찾아 그에게서 무예를 익히고, 채운은 익성의 모친을 모시고 살아간다. 한편, 거사를 일으킨 표진영 형제들은 황성을 공격해 황제를 붙잡고 황후와 태자를 감옥에 가둔다. 익성은 도승의 가르침을 받고 전장에 나와 표진영 무리를 토벌하고 황제를 구출한다. 황제는 익성에게 벼슬을 내리고, 대원수가 된 익성은 채운, 어머니와 해후한다. 익성은 왕 승상 댁에 들러 채운과의 혼인을 허락받는다. 익성은 황제에게 충성을 다하고 열심히 정사를 돌보아 좌승상에 오른다. 이후 명망이 천하에 떨치게 된 익성은 슬하여 여러 아들딸을 두고 천수를 누리다 채운과 함께 천상으로 올라간다.

【참고】 국립중앙도서관 소장 광문서시본 본문 첫 장에 '목단화(牧丹花)' 라고 표기되어 있다. 鄭基誠이 편술한 고전소설『장익성전』의 국문 활자본 이본이다. 광문서시에서 같은 시기에 똑같은 판형으로 제목만 바꾸어『장익성전』,『룡매긔연』,『목단화』세 권을 발행했다. 제목을 제외하면 똑같은 책이다.

목포의 설움/木浦의설음: 작자미상. 서지불명(75면).

【내용】「백진주」 참고.

【참고】 동덕여대 도서관 소장본 표지에 '木浦의설음(一名白眞珠塔)', 본문 첫 장에 '武勇소설 목포木浦의 설음' 이라고 표기되어 있다. 뒤표지 및 판권지 유실로 출판사항 확인이 불가하다.『白眞珠(홍문서관1938)』와 제목만 다를 뿐 동일한 작품이다.

몬파리(번): 원작미상. 역자미상. 광한서림1929.

【내용】 원작 참조.

【참고】 현재 단행본 자료를 찾을 수 없다. 단행본『몬파리』는 영화소설인 것으로 추정된다. '몬파리' 는 프랑스 영화로서 우리나라에서는 1929년 5월 24일 단성사에서 개봉되었다. 개봉 당시 큰 화제를 모았으며 심훈, 안석영, 박우정 등 문화계 인사들이 신문, 잡지 등에 '몬파리' 에 관한 글을 실었다.『서시전(광한서림1929)』뒷면 광고에 '몬파리 十錢' 이라고 기재되어 있다.

몸 둘 곳 없는 사람(번)/몸둘곳업는사람

【내용】「세계문학걸작집」 참조.

몽견제갈량/夢見諸葛亮: 유원표 작. 광학서포1908(158면, 50전).

【내용】 내용 생략.

【참고】 표지에 '蜜啞子 著 夢見諸葛亮', 본문 첫 장에 '夢見諸葛亮 蜜啞子小說 冽水劉元杓 著 唐城 洪鍾校' 라고 표기되어 있다. 작품 말미에 "光武十年丙午重陽翌日扶山洞千初閣畢書"라는 기록이 있는 것으로 보아 1906년 음력 9월 10일에 작품이 완성된 것으로 보인다. 동양의 전통적 지식인인 제갈량이 지니고 있는 한계를 폭로하고 비판함으로써 근대적 변혁의 길을 모색한 몽유록 양식의 작품이다. 국한문 혼용체로 표기되어 있다.

몽결초한송(번)/夢決楚漢訟 : 작자미상. 성문당서점1914 ; 신문관1914 ; 신구서림1914 ; 조선도서주식회사1925 ; 태산서림1925 ; 회동서관1925 ; 경성서적업조합1926.

【내용】 원작 참조.

【참고】 고전소설 「제마무전(저마무전)」의 국문 활자본 이본이다.

몽금/夢金: 윤백남 작. 대성서림1933(90면).

【내용】「1」: 생선장수 신 서방은 일하러 나가던 중 돈주머니를 줍자 일할 마음이 없어져 술을 마신다. 그러나 다음 날 아침 돈주머니를 주운 것은 꿈속의 일이라는 아내 말에 정신 차리고 열심히 일하여 재산을 모은다. 삼 년 후, 아내는 돈주머니를 주운 것은 사실인데 신 서방의 마음이 비뚤어질까 봐 자신이 거짓말을 한 것이라고 고백한다. 「月(월)給(급)날(벎어버슨 아버지)」: 박 첨지는 슬하에 남매를 두고 있다. 아들 윤민은 연초전매국 직공감독이고, 딸 계순은 전매국 직공이다. 윤민은 매우 엄격한 성격이어서 박 첨지와 계순은 윤민을 어려워한다. 어느 월급날 계순은 자기 월급을 동료 직공 김영만에게 모친 병간호 비용으로 꾸어 준다. 박 첨지는 딸의 마음을 칭찬하면서도 아들 윤민이 야단칠 것을 걱정한다. 윤민은 계순의 핸드백 속에서 편지를 발견하고 모든 사정을 짐작한다. 윤민은 영만의 사람됨이 훌륭한 데다 계순과 영만이 서로 애정을 가진 것을 알고는 둘을 결혼시킨다. 「꿈」: 황희는 젊은 시절 꿈에서 죽은 아들의 제사를 지내는 부부를 자주 본다. 평양감사로 부임한 그는 꿈속에 나타났던 노부부를 만난다. 그는 노부부가 자신의 전생 부모라는 것을 깨닫고 이후

잘 돌본다. 광해군 말엽 리귀는 비를 피하던 과객을 집 안으로 불러들인다. 리귀의 모친은 꿈을 꾸었다며 과객이 후에 임금이 될 것이라 한다. 리귀는 과객을 귀히 대접한다. 후에 그 과객은 인조 임금이 된다. 인조 때 삼정승인 김국휘, 리면호, 박졸재가 담소하며 자신의 경험을 이야기한다. 김국휘는 젊은 시절 과거에 응시하여 훌륭한 답안을 작성했으나 시간 초과로 제출하지 못하여 답안지를 담 밑에 던져 버린다. 그런데 인조가 꿈에서 담 밑에 청룡이 있는 것을 보고 담장 밑에 버려진 답안지를 찾아내어 급제시킨다. 리면호는 자기보다 벼슬이 높은 리매사에게서 모욕을 당하다가, 어느 날 서로 벼슬의 위치가 바뀌어 리매사의 상관이 된다. 박졸재는 벼슬이 없던 시절 처가살이를 하면서 동서에게 수모를 당한다. 그는 장원급제한 후 동서가 했던 것과 같은 방법으로 장난을 쳐 서운함을 푼다. **「괴묘와 행상인」**: 사냥의 명수인 김 선달은 사냥하고 돌아오는 길에 산속 외딴집에서 묵는다. 그 집 역시 사냥꾼이 사는 집인데, 집주인이 짐승을 잡을 때마다 그 딸이 경기를 일으킨다. 김 선달은 이를 보고 살생은 좋지 않다는 것을 깨달아 사냥을 그만둔다. 채소장수인 호영근은 아내와 둘이 살고 있다. 어느 날 아내가 고양이를 기르기 시작하고, 영근은 공연히 고양이를 미워한다. 그 이후 그는 아내와 사이가 나빠지고 술로 가산을 탕진한다. 어느 날 영근은 아내 무릎의 고양이를 보고 화가 치밀어 부젓가락으로 눈을 찌른다. 며칠 후 영근 부부는 김장독을 묻는다. 고양이 때문에 괭이질을 잘못한 영근은 잘못하여 아내를 죽인다. 그는 사체를 몰래 묻지만, 경찰은 난데없는 고양이 울음소리를 듣고 땅을 파서 아내의 시체를 발견한다.

【참고】 짧은 이야기 여러 편을 모은 책이다. 동덕여대 도서관 소장 대성서림본 표지에 '夢金(몽금) 함누희학인정편 含淚戱謔人情編', 본문 첫 장에 '尹白南野談 十二野話(십이야화)' 고 표기되어 있다. 본문 첫 장에 '십이야화' 라 한 것과 달리, 네 개의 소제목 안에 실제로는 각기 다른 이야기 아홉 편이 수록되어 있다. 두 번째 이야기 「월급날」에는 "이것은 필자가 이미 극으로 꾸미었든 것이다" 라고 설명되어 있다.

몽배금태조(번)/夢拜金太祖: 박은식 작. 필사본1911.

【내용】 망명 생활을 하는 무치생은 어느 날 꿈속에서 금태조를 만난다. 그는 금태조와 함께 세상의 이치와 현재 조선의 문제점, 상황 등에 대해 이야기를 나눈다. 또한 단군대황조가 건립한 학교를 찾아보고, 그에 대한 소감을 말한다. 이야기를 마친 그는 꿈에서 깬다.

【참고】 박은식이 서간도 망명 시절 쓴 작품으로 알려져 있으며 필사본으로 전한다. 공식적으로 출간되었다는 기록은 없다. '白庵 朴殷植 著' 라고 표기되어 있다. 국한문 혼용체로 되어 있다. 일반적인 전 계열의 작품들과 달리, 장이 구분되어 있거나 별도의 소제목이 붙어 있지는 않다. '입몽–몽유–각몽' 의 형식을 갖추어, 몽유록의 특성을 지닌 작품으로 평가된다. 작중인물의 이름인 '무치생' 은 박은식의 호이기도 하다. 일제는 이 책을 금서로 지정한 바 있다.

몽외인/夢外人

황일수 저작발행. 광덕서관1913(272면, 40전).

【내용】 경성 북부 안동 사는 서 판서가 사십이 넘어 얻은 아들 신득은 장성하여 난봉꾼이 된다. 그러나 서 판서와 부인의 재치로 신득은 개과천선하게 되고 친구 최치삼과 함께 등등거리 장사를 하러 목포로 떠난다. 김규창의 딸이자 과부인 과천집은 신득의 첩으로 들어왔으나 장구두쇠라는 별명의 사내와 정분이 나서, 신득을 죽이고 재물을 빼앗을 계교를 꾸민다. 집에 돌아온 신득을 장구두쇠가 강에 빠뜨려 죽이는데 그때 돈을 훔치러 집에 들어왔던 도둑 장슌보가 그 장면을 목격한다. 과천집은 아버지 김규창에게 누명을 씌워 그를 감옥에 집어넣는다. 마침 감옥에 잡혀 들어가 있던 슌보가 규창의 결백을 증명하여 규창은 풀려나고 과천집과 장구두쇠가 종신징역을 선고받는다. 한편 풍덕군 동면 장사골에 리 감사 내외와 그 딸 경희가 있었다. 열일곱 살의 경희는 신득과 동갑으로 그와 정혼하여 스무 살에 성례를 올리기로 한 사이다. 경희는 신득이 죽었다는 전갈을 받고 남편의 삼년상을 치르러 상경한다. 경희에게 반한 한량 윤병칠은 서 판서 댁 하인 셥셥이, 늑쇠, 업숭이를 꾀어 경희를 범하려 한다. 외딴 곳에서 병칠이 경희를 겁탈하기 직전에 마침 그곳을 지나던 신득과 치삼이 그녀를 구한다. 강에 빠진 것은 신득이 아니라 치삼이었다. 치삼은 과천집의 외모에 반하여 계교를 꾸몄다가 그런 봉변을 당했고 자기 아버지에게 구출되어 목숨을 건졌다. 치삼은 이 사실을 밝히지 않고 신득을 만나 등등거리 외상값을 받으러 다니던 중 비명소리를 듣고 함께 경희를 구출한 것이다. 신득은 병칠과 하인들을 잡아 관아로 넘기고, 경희와 결혼하여 아들을 낳고 행복하게 산다.

【참고】 국립중앙도서관 소장 광덕서관본 표지에 '新小說신소설 夢外人 몽외인'이라고 표기되어 있다. 1910년대 초반 딱지본 신소설 중에서는 분량이 상당한 작품이라고 할 수 있으며, 그만큼 사건과 등장인물도 복잡하고 다양하다.

몽조/夢潮: 반아 작. 황성신문1907.8.12-9.17(24회 완).

【내용】 뎡 부인은 남편을 잃고 아들 증남이와 어린 딸을 데리고 힘겹게 살아간다. 남편 한딕홍은 일찍이 한학자 아래에서 수학하고 일본에 유학하여 정치학을 공부한, 전도유망한 인물이었지만 개혁을 도모하다가 국법에 의해 처형당한다. 딕홍의 절친한 친구 박 주사가 곤경에 빠진 친구의 집안을 도우려고 애쓰지만 어린 자식을 데리고 살아야 하는 뎡 부인의 심사는 막막하기 이를 데 없다. 그러던 어느 날 정동 교회의 전도부인이 뎡 부인의 집을 찾아

누가복음을 건네며 하나님의 말씀을 전한다. 가뜩이나 자기의 슬픈 마음을 나눌 길이 없던 뎡 부인은 전도부인의 말 한 마디 한 마디를 귀에 새겨듣는다. 그리고 하나님을 믿어 남편이 살아온다면 신앙을 갖겠다는 생각을 한다.

【참고】《황성신문》 제1면에 한글로 실린 반아(槃阿)의 작품이다. 연재 지면에 '小說 夢潮 槃阿' 라고 표기되어 있다. 1회부터 16회까지 뎡 부인의 고생스러운 삶이 조명되다가 전도부인이 등장하는 17회부터 23회까지는 기독교의 복음을 다룬 전도부인의 설교가 이어지고 있다. 24회에 작자의 말로 이야기를 맺는데, 작자는 기독교에 귀의하는 뎡 부인에 대한 안타까운 시선을 드러내고 있다.

몽중몽1(번)/몽즁몽夢中夢

원작미상. 박영덕 역. 조선일보1923.9.29-1924.1.9(98회 완).

【내용】 춘곡 선생이란 호를 가진 오동환은 유명한 화가이다. 그는 자신의 제자였던 윤옥원과 밀통하여 현숙한 아내 고영애를 쫓아낸다. 그는 전처소생 정실을 데리고 있으나, 전혀 돌보지 않는다. 정실은 그림에 뛰어난 재주를 가졌으나, 모친과 헤어진 뒤 불행한 나날을 보내고 있다. 정실의 조부 중식은 세상에서 돈을 가장 귀한 것으로 여기는 탐욕스러운 인물로, 정실의 외조부가 부자인 것을 알고 그의 재산을 노린다. 어느 날 동환은 치명적인 눈병으로 시력을 잃고 더 이상 그림을 그릴 수 없게 되어 옥원과 헤어진다. 그는 생활고 때문에 정실을 일본요릿집에 팔아넘긴다. 정실은 돈을 모아 부친의 치료비를 마련하는 한편, 열심히 그림 연습을 하여 화가의 꿈을 키운다. 동환은 안마사가 되어 정실을 되찾으려 하나 그녀의 행방은 묘연하다. 중식은 정실의 외조부가 물려준 예금을 훔친 후 살해당한다. 동환에게 쫓겨난 영애는 친정 원산으로 돌아가 리명구라는 훌륭한 신사와 재혼한다. 어느 날 그녀는 초라한 행색의 동환을 보고 깜짝 놀란다. 세월이 흘러 정실은 어릴 적 기억을 더듬어 외조부가 사는 원산에 간다. 우연히 길을 지나던 영애에게 발견된 정실은 모친에게 동환의 행방을 듣고 그를 찾아 서울로 향한다.

【참고】 연재 지면에 '小說 夢中夢 朴永德 譯述' 이라고 표기되어 있다. '박영덕' 이 저자가 아니라 '역술자' 로 표기된 것으로 보아, 번역 혹은 번안 작품으로 보이지만 원작과 원작자는 알 수 없다. 효성이 지극한 소녀를 중심으로 벌어지는 사건을 통해 권선징악적 주제를 담아낸 작품이다.

몽중몽2/夢中夢: 작자미상. 명문당(64면).

【내용】 안옥자는 장충단 공원에서 자살을 시도하는 김영수를 구해 준다. 대구은행 은행장 안상기의 딸인 옥자는 영수가 학비와 생활비가 없어 절망했던 사정을 딱하게 여기고 선뜻 그의 후원자가 된다. 옥자를 마음에 두고 있는 양재성은 자신의 이종사촌이자 옥자의 동창

생인 박용숙과 짜고 영수와 옥자 사이를 이간질한다. 영수를 짝사랑하게 된 용숙은 적극적으로 일을 주도하지만 서로를 깊이 신뢰하는 두 사람은 안상기로부터 결혼 허락을 받는다. 옥자의 계모인 평양집은 아들 길환이 나이가 어려 재산권이 모두 영수에게로 넘어가자 영수에게 앙심을 품는다. 마침 대구은행에 취직한 재성은 평양집과 짜고 안상기를 칼로 찔러 죽인 뒤 영수에게 누명을 씌운다. 그러나 옥자의 지혜로 영수의 누명이 벗겨지자 재성은 중국으로 도피한다. 옥자와 영수는 평양집이 자신들도 해칠 것이라 여기고 상해로 몸을 피해 그곳에서 결혼식을 올린다. 그런데 곧 용숙이 찾아와 다시 두 사람을 이간질한다. 마침 이곳저곳 떠돌다 상해로 온 재성과 우연히 만난 용숙은 다시 계책을 꾸민다. 이로 인해 영수는 옥자에게 배신당했다고 여겨 영국으로 떠나며 옥자는 강물에 투신한다. 심상학의 도움으로 목숨을 건진 옥자는 간호사로 취직하지만 실성하고 만다. 한편, 영국행 배를 타고 가던 영수는 배가 침몰하는 순간에 용숙의 도움으로 목숨을 건진다. 그녀는 영수가 영국으로 간다는 것을 알고 몰래 같은 배를 탔던 것이다. 런던에서 우연히 상해의 소식을 들은 영수는 옥자의 결백과 죽음에 통곡한다. 용숙의 청혼을 거절한 그는 대학을 졸업하고 서울로 돌아온다. 장인의 원수를 갚기 위해 그는 순사에게 협조를 요청하여 평양집을 체포한 뒤 모든 것을 자백받는다. 상해로 간 영수는 옥자가 살아 있음을 알게 되고, 변장가면을 쓰고 옥자를 희롱하는 양재성을 총으로 쏘아 생포한다. 서울로 돌아온 옥자와 영수는 그들의 인연을 맺어 준 장충단 공원에 갔다가 약을 팔며 고학을 하는 길환을 만난다. 수중에 있는 돈을 길환에게 주고 돌아오면서, 그간의 일이 꿈속의 꿈 같다고 느낀다.

【참고】 서울대 도서관 소장 마이크로필름본 표지에 '探偵活劇 夢中夢'이라고 표기되어 있고, 발행소로 여겨지는 '명문당' 표기가 있다. 판권지 훼손으로 자세한 서지사항을 확인할 수 없다.

무궁화/無窮花: 이상협 작.

매일신보1918.1.25-7.27(122회) ; 신문관1918 ; 박문서관1928(419면, 1원 30전).

【내용】 충남 서산에 사는 김 교리는 한 씨 부인과의 사이에서 옥정이라는 딸 하나를 두었다. 한 씨가 죽자, 김 교리는 홍 씨를 새로운 부인으로 맞아들인다. 홍 씨는 자식을 얻기 위해 무당과 판수들에게 많은 돈을 들이고, 전실 자식인 옥정을 구박한다. 그러던 어느 날 김 교리는 옥정과, 사랑방에 기거하는 심진국을 불러 둘이 결혼을 하라는 유언을 남기고 죽는다. 진국은 김 교리의 친구 심 관찰의 아들로서 그가 죽은 후 김 교리가 데려다 키운 이였다. 둘은 서로 부끄러워하면서도 매일 아침 무궁화가 있는 우물가에서 만나 서로에 대한 사랑을

키운다. 한편 홍 씨는 부잣집 아들인 송관수를 옥정과 결혼시켜 호강할 궁리를 한다. 홍 씨의 계획을 눈치챈 진국은 결혼 문제 때문에 집안이 소란스러워질까 두려워하여 옥정에 대한 마음을 접고 서울로 올라간다. 그는 떠나기 전, 무궁화 나뭇가지에 파혼하자는 내용을 담은 편지를 남겨 놓는다. 편지를 읽은 옥정은 진국을 좇아 서울로 올라가 여학교 교사인 신 선생의 집에 몸을 의탁한다. 먼저 서울에 온 진국은 학비를 벌기 위해 약장수를 하는 등 갖은 고생을 하다가 기생 무궁화를 만난다. 여느 기생과는 달리 절개가 있으며 의협심이 강한 무궁화는 진국의 숨은 재능과 기개를 알아보고 그를 제 집에 기거하며 공부를 할 수 있게 도와준다. 무궁화와 진국은 서로에게 호감을 느끼고 급기야 결혼을 약속하는 사이가 된다. 그런데 우연히 무궁화는 진국에게 정혼녀가 있다는 사실을 알게 된다. 무궁화는 진국을 사모하였지만 옥정의 처지를 가엾게 여기고 옥정에게 진국을 양보하려 한다. 옥정 또한 무궁화에게 진국을 양보하려 한다. 이에 진국은 두 여자 모두와 관계를 끊으려고 한다. 이러한 상황에서 무궁화는 진국과 옥정의 혼인을 강권하며 둘을 일본으로 유학 보낸다. 진국은 조도전대학교에, 옥정은 어떤 여학교에서 공부하는데, 둘 다 우수한 성적을 거둔다. 한편 무궁화는 큰 슬픔을 느끼고 아무도 몰래 서울을 떠나 평양에서 실심한 사람처럼 살아간다.

【참고】 당대 번안 소설 작가로 유명했던 하몽 이상협의 창작품이다. 《매일신보》 연재 지면에 '무궁화 無窮花 何夢' 이라고 표기되어 있다. 계모형 소설이면서 '기생/여학생' 의 병립 구도를 통해 당시 개화상을 담으려 했다. 《매일신보》에 앞서 연재되었던 이광수, 「무정」의 형식처럼, 이 작품의 남주인공 심진국도 혼인 상대를 선택하는 데 있어 갈등을 겪는다. 심진국이 우유부단하게 우물쭈물하는 사이에 기생인 무궁화가 갈등 해결의 주체가 된다. 고려대 도서관 소장 박문서관(1928) 재판본을 텍스트로 내용을 정리했다.

무궁화 꽃송이/**無窮花꼿송이: 강의영 저작발행. 출판사불명1927.**

【내용】 미확인.

【참고】 『朝鮮總督府 禁止單行本目錄(朝鮮總督府警務局1941)』에 수록되어 있다. 간행이 금지 처분된 날은 1937년 1월 15일이며 금지 처분 이유는 '治安' 이다.

무릉도원/**武陵桃源: 강의영 저작발행. 영창서관·덕흥서림1924.**

【내용】 명나라 강서의 부옹 쟝영쳔은 슬하에 두 아들을 두었는데, 장남의 이름은 박이고, 차남의 이름은 고이다. 호남 땅으로 이주한 영천은 그곳에서 객사하고, 두 아들은 부친의 삼년상을 치른 후 모친 리 씨를 봉양한다. 이후 모친마저 별세하자 형제는 분가하여 살아간다. 박은 어려서부터 총명 강개한 인물로, 하셔공의 장녀와 혼인하여 슬하에 아들 정서와

딸 란영을 둔다. 박은 먼 친척 장공의 술수로 죽는다. 정서는 백록서원에 공부하러 갔다가 무기를 만나 누이의 장래를 부탁한다. 정서는 과거를 보러 가다가 양순무의 딸 국영을 만나 백년가약을 맺고, 남장한 누이 난영과 과거에서 나란히 장원과 부장원을 한다. 국영은 부모의 승낙 없이 약혼했다 하여 집에서 쫓겨난다. 정서의 숙부집에 머물던 국영은 유원외의 딸 수영을 만나 그녀와 의자매를 맺는다. 난영은 무기와 혼인하고, 정서는 국영, 수영을 아내로 맞고 벼슬이 이부상서에 이른다. 국영, 수영, 난영, 벽옥, 금란 등 5명의 미인은 자매의 의를 맺고, 정서는 가족을 이끌고 경개가 뛰어난 무릉도원을 찾아 여생을 보낸다.

【참고】 1924년에 초판이 발행되었으며, 국립중앙도서관 소장 재판본(1928, 146면, 50전)을 텍스트로 내용을 정리했다. 표지에 '五美人 武陵桃源', 본문 첫 장에 '武陵桃源 무릉도원(一名五美人)' 이라고 표기되어 있다.

무쇠탈(번): 부아고베 작. 민태원 번안. 동아일보1922.1.1-6.20(165회 완) ; 동아일보출판부1923 ; 북성당1935 ; 덕흥서림1948.

【내용】 원작 참조.

【참고】 연재 지면에 '무쇠탈 閔牛步'라고 표기되어 있다. 등장인물의 이름은 '방월희' 등으로 번안하였고 지명은 그대로 두었다. 역자는 연재 마지막 날 "이 뒤의 일은 독자의 추칙에 맛기겟나이다" 라고 서술하고 있다. 프랑스 작가 부아고베(Fortuné du Boisgobey)의 원작 「Deux Merles de M. de Saint-Mars(1878)」의 일본어 번안작 구로이와 루이코(黒岩涙香)의 「鉄仮面(1892)」을 민태원이 순국문으로 재번안한 작품이다. 원작은 17세기 후반의 프랑스를 배경으로 하여 정치적 대결과 삼십여 년에 걸친 모험담을 그린 것이다. 《동아일보》 연재 당시의 지면에는 원작 혹은 원작자에 대한 표지가 없으며, 다만 연재 종료 시에 '불국 사람이 지었다'는 정보만을 제시하고 있다. 동일 원작의 번안으로 김래성의 「비밀의 가면(1949)」이 있다.

類例를破한新小說

무쇠탈

原本佛國名作

閔牛步譯

一月一日부터揭載

무쌍언문 삼국지(번)/無雙諺文三國誌

나관중 작. 박건회 편집. 대창서원·보급서관1918 ; 조선서관1921 ; 박문서관1935.

【내용】 원작 참조.

【참고】 고전소설 「삼국지연의」의 국문 활자본 이본이다.

무정세월/無情歲月: 류운경 작. 태화서관1926(51면).

【내용】 장운홍은 천성고등보통학교를 수석으로 졸업한 수재이지만 첩의 아들이라는 사실 때문에 직업을 구하지 못한다. 그러던 어느 날 운홍은 홍수가 나 불어난 강물 위로 뱀에 휘감긴 채 떠내려오던 여자를 구한다. 그녀는 기생집 갈보 홍도이다. 그 전날 밤 운홍은 기생집에 들렀다가 홍도를 보고 맘에 들어 했는데 우연히 그 다음 날 물에 빠진 그녀를 구한 것이다. 서로 마음이 맞은 두 사람이 함께 걸어가는데 그것을 보고 운홍의 아버지는 갈보와 다닌다며 크게 화를 낸다. 홍도는 운홍 아버지의 천대에 설움이 북받쳐 다시 물속으로 뛰어든다. 한참을 떠내려간 홍도는 진남포에서 미국으로 향하던 기선에 의해 구조된다. 기선은 태평양을 건너는 중 폭풍우를 만나 난파되고 홍도는 가까스로 열대 지방 어느 섬에 닿는다. 그곳에 살던 토인들은 홍도를 임금으로 삼는다. 홍도는 갈보를 임금 삼는 나라가 있다고 속으로 놀란다. 그로부터 두 해가 지난 어느 날, 이웃나라 홍글낭 임금이 홍도의 외모를 탐하여 무례한 청을 했다가 홍도가 응하지 않자 그것을 빌미로 전쟁을 일으킨다. 전세가 악화되자 홍도는 또 다른 이웃나라인 마누엘 나라에게 구원병을 요청한다. 용맹한 마누엘 군사의 도움으로 홍도는 홍글낭의 군사를 물리친다. 홍도는 감사의 마음으로 마누엘 나라의 임금에게 인사를 하려다가 깜짝 놀란다. 그는 다름 아닌 운홍이었기 때문이다. 운홍은 홍도가 물속으로 뛰어든 후 시름에 잠겨 살다가 상경했는데, 그의 솜씨와 성실성을 시기하는 사람이 많아 낙심하고 아예 조선을 떠났고, 남양의 어느 섬에 이르러 그곳에 사는 토인을 굴복시키고 마누엘 국왕이 되었던 것이다. 운홍은 야매한 토인들에게 문명한 나라의 무기를 주어 훌륭한 군사로 조련시키는 등 마누엘을 주위에서 가장 부유한 나라로 만들었고 그러던 중 홍도의 구원병 요청을 받았던 것이다. 운홍과 홍도는 결혼을 하고 힘을 합쳐 나라를 다스린다.

【참고】 충남대 도서관 소장본 본문 첫 장에 '無情歲月 무정세월 柳雲卿著' 라고 표기되어 있다. 조선에서는 편견과 냉대 때문에 뜻을 펼치지 못할 뿐만 아니라 결혼도 하지 못했던 서자와 매춘부가 우연한 기회로 각각 열대 지방의 토인국에 가서 왕이 되고 재회하여 혼인한다는 이야기다. 1925년 대홍수가 배경으로 나온다. 간기가 누락되었지만 작품 말미에 '(一九二六, 一, 二三)' 라고 탈고 기록이 있고 마지막 페이지에 '太華書舘' 명의의 광고가 있어 태화서관 1926년도 발행으로 판단했다.

무정의 꿈/無情의꿈: 노익형 저작발행. 박문서관1937.

【내용】 미확인.

【참고】『朝鮮總督府 禁止單行本目錄(朝鮮總督府警務局1941)』에 수록되어 있다. 간행이 금지 처분된 날은 1941년 1월 21일이며 금지 처분 이유는 '治安' 이다.

무정의 눈물/無情의淚: 박철혼 작. 초판서지불명.

【내용】 경상북도 대구 출신의 조정희는 서울 교남동에서 여학교에 다니고 있다. 정희는 기생의 딸로 태어났지만 용모가 아름답고 재주가 빼어나서 서울로 유학을 온 것이다. 가난한 고학생 김영식은 청년회관 주최 자선음악회에서 독창을 하는 정희를 보고 한눈에 반한다. 영식은 친구 한준호와 함께 지인을 통해서 정희와 만남을 갖는다. 정희 또한 영식에게 호감을 갖게 된다. 영식은 하루 종일 정희 생각으로 안절부절못하다가 편지로 사랑을 고백하기로 마음먹는다. 영식의 고백을 받은 정희는 잠시 고민을 하지만, 이내 영식을 만나 서로의 마음을 확인하고 사랑을 맹세한다. 한편, 영식의 친구 준호는 정희와 영식이 점차 가까워지는 것에 질투를 느낀다. 인물 좋은 부잣집 아들 준호는 재미로 여자를 만나는 인물이다. 준호는 정희의 고향 대구로 내려가 돈으로 정희 모친의 환심을 산다. 정희는 어머니가 아프다는 연락을 받고 고향으로 내려가고, 그곳에 와 있는 준호를 보고 깜짝 놀란다. 정희는 어머니가 준호와의 결혼을 강요하자 차마 거절하지 못하고 이를 받아들인다. 정희와 준호의 결혼 소식을 들은 영식은 괴로워하며 용서를 구하는 정희의 서신을 찢어 버린다. 영식에게 아무런 회답이 없자 정희는 자책감에 빠진다. 몇 년 후 정희는 여전히 영식을 잊지 못하고 준호와 불행한 결혼 생활을 하던 중 한강에 빠져 자살한다. 교편생활을 하는 영식은 우연히 신문에서 정희의 자살 기사를 보게 된다. 영식은 한강 인도교에서 눈물을 흘리며 죽은 정희의 넋을 위로한다.

【참고】 고려대 도서관 소장 영화출판사본(1953, 63면) 표지에 '悲劇小說 無情의 淚' 라고 표기되어 있다. 본문 첫 장의 제목은 '悲劇小說 無情의눈물' 이며, '朴哲魂 著' 라고 저작자가 분명하게 표기되어 있다. 해방 이전의 초판본 출판 기록이 확인되지 않는다. 여주인공의 죽음에서 시작하여 과거로 돌아가는 서사의 역전 구성을 보이고 있다. 처음 사랑을 느끼는 남녀주인공의 심리 변화가 많은 지면에 걸쳐 서술되고 있다.

무정의 설움/無情의설음: 강의영 발행.

【내용】 미확인.

【참고】 단행본 원본 자료를 구할 수 없어 작품의 경개 및 세부 서지사항을 확인하지 못했다. 『조선총독부금지단행본목록(1941)』에 수록되어 있다.

무정의 한/無情의恨: 작자미상. 태화서관1931(25전).

【내용】 미확인.

【참고】 단행본 원본 자료를 구할 수 없어 작품의 경개 및 세부 서지사항을 확인하지 못했다. 『어룡전(태화서관1931)』 권말 서적 광고에 '戀愛悲劇 無情의恨' 이라고 제목이 표기되어 있다.

무정한 결혼/무정한결혼無情한結婚: 이승철 작. 세창서관1935(138면).

【내용】 제주도 사는 리영호와 한정애는 서로 사랑하는 사이다. 그러나 정애는 부친 광식이 진 빚 때문에 강제로 부자 민중국의 둘째 첩이 된다. 중국은 탐욕스러운 인간으로, 친구인 영호 부친이 죽자 유산을 빼돌려 자신의 배를 채운 자이다. 정애의 사정을 모르는 영호는 그녀가 배신했다고 생각하고 실의에 빠져 가출한다. 한편 정애는 첩이 되어서도 갖은 방법으로 영호에 대한 정조를 지킨다. 중국의 첫째 첩 매홍은 혹 재산을 빼앗길까 염려하여 정애를 경계한다. 그녀는 정애의 뒷조사를 하여 영호와의 관계를 알아내고, 중국의 도장을 위조하여 두 사람을 간통죄로 고발한다. 어느 날 중국이 장질부사에 걸려 입원하자, 정애는 그 틈을 타 영호를 찾아 나선다. 가까스로 영호와 만난 그녀는 자신의 사정을 설명하고 그에 대한 애정은 변함없다고 고백한다. 제주도로 돌아간 그녀는 중국을 찾아가지만, 중국은 이미 영호와의 관계를 알아채고 그녀를 쫓아낸다. 며칠 후, 중국이 병실에서 살해당한다. 정애와 영호는 범인으로 몰려 체포당하고, 사형을 언도받는다. 그러나 재판이 끝날 무렵 갑자기 방청석에 있던 광식이 자기가 범인이라며 외치고, 동시에 매홍이 체포되는 일이 발생한다. 알고 보니 매홍은 자신의 정부 쇠돌과 짜고 중국을 죽인 후 재산을 가로챌 흉계를 꾸미고 있었다. 중국 때문에 딸의 신세를 망쳤다고 분노하던 광식은 우연히 매홍의 간계를 엿듣고는, 자신이 중국을 죽여 복수하고 매홍과 쇠돌에게 죄를 뒤집어씌우려 했던 것인데, 일이 잘못되어 자기 딸이 사형당할 위기에 처하자 자백한 것이다. 이로써 모든 일의 전말이 밝혀지고 매홍과 쇠돌, 광식은 처벌을 받는다. 영호와 정애는 결혼한다. 영호는 중국에게 빼앗겼던 재산을 되찾아 학교와 회사를 설립하여 교육의 기회와 일자리를 제공하는 등 사회사업을 한다.

【참고】 표지에 '悲戀愛話 無情한結婚의涙 무정한결혼의눈물', 본문 첫 장에 '悲戀愛話 無情한 結婚 李承喆 作' 이라고 표기되어 있다. 난외서명은 '무졍한결혼' 이다. 서강대 소장 세창서관본을 텍스트로 내용을 정리했다.

무정한 기적성/무정한긔적성無情한汽笛聲: 이조승 작. 태화서관1935(70면, 30전).

【내용】 조 승지의 양아들인 병칠은 동경상과대학을 졸업하고 선만물산주식회사에 다니고 있다. 그에게는 아내 김경순과 아들 춘복이 있다. 조 승지의 부인인 백 씨는 조 승지가 죽고 홀로 되자, 재산을 물려받은 양아들 병칠을 못마땅해 하며 그의 아내 경순 또한 구박한다. 병칠이 3년간 독일 상공업 시찰을 가게 되자 백 씨 부인은 폐병에 걸린 경순과 이혼하라며 병칠을 다그친다. 내종형 김대진과 이를 의논하던 병칠은 백 씨에게 이혼을 하겠다며 둘러대고 시간을 벌 작정을 한다. 병칠이 자신과 이혼하겠다는 말을 듣게 된 경순은 절망한다. 병칠이 잠시 집을 비운 사이 백 씨는 경순에게 집을 나가라 종용하고, 경순은 평양으로 향한

다. 뒤늦게 집에 들어와 이를 알게 된 병칠은 경순을 찾으러 나서지만, 결국 찾지 못하고 경성으로 되돌아온다. 경순은 대동강에서 죽으려다가 기생 박연심의 만류로 목숨을 보존하고, 그의 수양모 김 소사의 집에 머물게 된다. 연심과 경순은 서로 의지하며 지낸다. 3년 동안 독일에 가 있던 병칠은 귀국하여 평양지점으로 발령을 받는다. 평양에 온 병칠은 술자리에서 만난 박연심과 정이 들어 결혼한다. 경순은 연심이 병칠과 결혼하게 된 것을 알고 놀라지만 이들의 결혼 생활을 망칠 수 없다는 생각에 침묵한다. 그러던 중 경순은 우연히 길에서 대진을 만난다. 대진은 경순의 소식을 병칠에게 알린다. 경순은 병칠과 재회하고 연심 또한 경순을 반긴다. 병칠은 경순, 연심과 함께 가정을 꾸리고 행복하게 살아간다.

【참고】 홍윤표 소장 태화서관본 표지와 본문 첫 장에 '新小說 無情한汽笛聲 李祖承 作' 이라고 표기되어 있다. 난외서명은 '무정한 긔적셩' 이다. 여주인공 경순은 어머니와 아내라는 자신의 자리를 쉽게 포기하고, 일부다처를 허용하는 등 전근대적인 여성상에서 벗어나지 못한 인물이다.

무정한 동무/**無情한동무: 강범형 저작발행. 화광서림1931(146면, 50전).**

【내용】 리성택과 류방원은 휴가차 국경 일대를 답사하던 중 압록강 가에서 묵게 된다. 이곳에 마침 마적단이 습격하여 방원은 난리 통에 성택과 헤어지게 되는데, 피신 도중 마적에게 능욕당할 위기에 빠진 조선 여자를 구해 준다. 여자는 금광 주인의 딸 김옥경이었다. 방원과 옥경은 각각 친구와 부친의 생사를 알지 못한 채 서울로 돌아오게 된다. 서울로 돌아온 옥경은 아버지도 없이 계모의 구박을 받게 되어 생명의 은인인 방원에게밖에 마음을 의지할 데가 없다. 두 사람의 사랑은 깊어지고 결혼까지 약속하게 된다. 한편 성택은 마적단의 포로가 되었는데 우연히 옥경의 부친 김 과장과 함께 수용되어 있다. 성택은 김 과장의 병을 구완하고 1년쯤 후 함께 탈출에 성공하여 고국으로 돌아온다. 김 과장은 성택과 옥경을 결혼시키기로 마음먹는데, 이를 알아챈 옥경의 번민이 시작된다. 사고가 있기 전 성택에게는 선옥이라는 연인이 있었다. 그러나 성택은 이미 선옥보다 옥경을 더 좋아하게 되었고, 옥경 부친의 혼인 권유를 받아들인다. 성택과 옥경의 결혼이 임박해 오자 선옥은 방원을 찾아가 사실을 알리고, 방원은 실의하여 원산으로 떠나 버린다. 아무것도 모르는 성택은 결혼 준비에 분주하던 중 모친이 위독하다는 전보를 받고 고향으로 가는데, 임종 직전 모친으로부터 자신의 생부에 관한 비밀을 전해 듣는다. 그사이 옥경은 방원에 대한 죄책감으로 실성을 하여 석왕사에서 요양을 하고 있다. 서울로 돌아온 성택은 얽히고설킨 관계에 대해 비로소 이해하고 선옥의 충고를 받아들여 방원을 찾아 나서기로 한다. 그리던 방원을 만난 옥경은 금세 정신이 돌아와 쾌차하고, 모두 함께 서울로 돌아온다. 성택은 어머니의 유품인 금반지를 매개로 옥경의 부친이 자신의 생부임을 확인한다. 방원과 옥경, 성택과 선옥은 결혼하여 행복한 가정을 꾸린다.

【참고】 서울대 도서관 소장 화광서림본 본문 첫 장에 '戀愛悲劇 無情한 동무' 라고 표기되어 있다. 한 여자를 정점으로 절친한 친구 사이에 삼각관계가 형성되고 해소되는 과정을 그리고 있다. 작품 후반부에 밝혀지는 출생의 비밀이 삼각관계 해소의 실마리가 된다는 점을 주목할 수 있다.

무정한 미인/無情한美人: 작자미상. 세창서관1936(58면).

【내용】 김봉희의 아버지는 토지가옥 소개인이지만 집안 살림이 넉넉하지 못해 딸이 고등학교 보통과를 우등으로 졸업한 것을 기뻐하지 않는다. 그는 봉희가 딸이 아니라 아들이었으면 좋겠다고 생각한다. 봉희는 아버지의 마음을 이해하여 시집을 가지 않고 부모를 보살피겠다는 다짐을 한다. 봉희는 스승 안일호를 찾아가서 동신백화점 금전출납원 자리를 소개받는다. 몇 년간 하루 열아홉 시간을 근무하며 돈을 모으는데 주인 아들 리홍남이 관심을 보인다. 어느 날 홍남이 오랫동안 숨겨 온 자신의 사랑을 고백하지만, 봉희는 부모와 한 약속 때문에 받아들이지 않는다. 봉희는 백화점 일을 그만두고 동경으로 가서 비행학교에 들어간다. 비행학교를 일등으로 졸업한 뒤, 제국비행협회의 우편비행대회에 참가해 폭풍우와 악천후를 극복하고 우승한다. 이때 박상보가 봉희를 찾아와 사랑을 고백하다가 봉희가 냉혹하게 거절하자 칼을 꺼내 위협한다. 봉희는 연적(硯滴)을 던져 위기에서 벗어난다. 봉희는 서울로 돌아와 비행학교에서 홍남을 만난다. 홍남은 봉희가 아니면 독신으로 살겠다고 자신의 마음을 전하고, 근처 공원에서 복수를 위해 봉희를 쫓아온 상보와 육박전을 벌인다. 사람들의 도움으로 상보는 경찰서로 붙들려가고, 홍남은 봉희 집의 데릴사위로 들어가 행복하게 산다.

【참고】 본문 첫 장에 '戀愛小說 無情한 美人' 이라고 표기되어 있다. 구름 위에서 비행기를 타고 바라본 하늘의 모습을 자세히 서술하는 등 비행하는 장면의 묘사에 공을 기울였다. "비행기를 타고 보니 흉한 초가집들을 없앴으면 좋겠다" 등의 대화가 삽입되어 당대 조선의 문화와 빈곤한 현실에 대한 부정적 인식을 엿볼 수 있다. 서강대 소장 세창서관본을 텍스트로 내용을 정리했다.

무정한 방초: 작자미상. 태화서관1947.

【내용】 미확인.

【참고】 태화서관에서 1947년 발행되었다고 전해지나 현재 단행본 자료를 찾을 수 없고, 그에 관한 내용 정보 또한 확인되지 않는다.

무정한 비곡/無情한悲曲: 작자미상. 세창서관1936(82면).

【내용】 영환과 인숙은 정식으로 결혼하지는 못했으나 서로 부부의 연을 맺은 사이다. 영환이 동경 유학을 가자 인숙은 홀로 남아 그를 기다린다. 영환의 친구 경렬은 인숙을 짝사랑하여 여러 모로 유혹하지만, 영환을 기다리는 그녀의 마음은 변치 않는다. 그러자 경렬은 영환과 인숙이 교환하는 서신을 중간에 가로채 없애 버린다. 영환과 인숙은 서로의 소식을 모르는 채 삼 년을 보낸다. 영환은 항해술을 공부하여 선장이 되고, 인숙은 그를 기다리며 홀로 아들을 낳아 기른다. 삼 년 후 어느 날 인숙은 신문에서 영환이 탄 배가 풍랑을 만나 가라앉았다는 기사를 본다. 경렬은 이를 기회로 다시 한 번 인숙을 유혹하지만, 절개를 지키겠다는 그녀의 결심은 변치 않는다. 경렬은 분노하여 인숙을 총으로 쏘고 달아난다. 그녀는 총상을 입지만 이웃집 사람에게 구조된다. 한편 영환이 탄 배는 항해 중 풍랑과 함께 아라사 해적을 만난다. 영환은 같은 배에 탔던 조선 여자 경애를 구조하여 도망친다. 외딴 섬에 이른 그들은 아라사 해적에게 붙잡혀 와 강제노동을 하는 조선 사람들을 만나고, 이들의 도움으로 해적의 눈을 피해 움막 밑 토굴에서 숨어 지낸다. 사 년 후 아라사 해적들이 조선 사람들을 풀어 주어 이들은 모두 귀국한다. 살아 돌아온 영환의 소식이 신문에 크게 보도되자 경렬은 영환과 인숙이 다시 만나지 못하도록 꾀를 쓴다. 그러나 영환의 환영회에서 인숙과 영환은 재회하고, 두 사람은 경렬의 간계를 알게 된다. 이로써 경렬은 벌을 받고 영환과 인숙은 함께 산다.

【참고】 표지와 본문 첫 장에 '戀愛悲劇 無情한悲曲'이라 표기되어 있다. 이옥(李獄)의 『유정의 루(화광서림1926)』와 서사구조와 내용이 흡사하다. 서강대 소장 세창서관본을 텍스트로 내용을 정리했다.

무정한 설움1: 월파 작. 시창서관1927.

【내용】 「유혹의 결실」: 애경은 교원 시절 동료 교사 한 씨와 사랑을 나눈다. 그러나 그는 기혼에 첩까지 둔 남자이다. 한 씨와의 사이에 낳은 아이를 병원에서 알게 된 간호사 영자에게 위탁하고 고향으로 돌아간다. 고향에서 처녀 행세를 하며 교원 생활을 하는데, 아이가 보고 싶어 영자를 찾으나 결국 찾지 못한다. 「연애의 승리」: 박승일은 명치대학교 학생이다. 4년간 하숙하였으나 4달간 간식비를 밀리는 바람에 주인에게 '즘생'운운하는 모욕을 당해 격분하여 대든다. 승일과 주인집 딸 화자는 서로 사랑하는 사이이다. 부친이 돌아가셨다는 전보를 받고 귀국하는 길에 승일과 화자는 감정에 북받쳐 연애를 쟁취한다. 「누구의 죄?」: 일호는 종로통을 다니며 당대 사회적 모순의 일면을 접한다. 250원에 팔려 온 임채선 등과 같은 조선의 접대부와 러시아 여성들의 기구한 운명을 듣는다. 지방의 토지는 모두 ○○회사의 소유로 되어 있어 서울의 빈민들이 귀향하기 힘들다는 사실을 전해 듣는다. 일호는 경성역에서 기차를 타고 이상촌 자유의 나라를 몽상하며 귀향한다. 「허무한 죽

엄」: 쭈리오는 캐나다인으로, 백인 아버지와 흑인 어머니를 두고 있다. 쭈리오는 같은 마을에서 살던 마리아를 사랑한다. 마리아는 키빠라는 육군 소위와 약혼했는데, 쭈리오는 한때의 욕망을 이기지 못하고 마리아를 겁탈하려고 하나 자신의 행동을 곧 반성하고 오히려 키빠를 악한 찌오에게서 구해 낸다. 그 과정에서 쭈리오는 죽음을 당한다. 「**표랑의 한**」: 정순은 아버지와 조모를 잃은 고아이다. 정순의 어미 경자는 요부형 인물로, 정순 아버지의 장례식에서 상복도 채 벗지 않은 채 영국으로 도망했다가 세 번째 남편을 찾기 위해 미국으로 돌아왔다. 경자는 무도회에서 정순과 재회하는데, 하성규라는 청년에게 반해 정순의 나이를 열여덟에서 열셋으로 속여서 소개한다. 정순 역시 성규에게 연정을 품다가 경자의 심중을 깨닫고 흐느낀다.

【참고】 표지에 '청춘환희의 무정한 설움'이라고 표기되어 있다. 동덕여대 도서관 소장 시창서관본이 유일하게 확인되나 뒤표지와 서지사항이 누락되어 있어 출판연대와 저자를 알 수 없다. 본문의 말미에 '1927, 丁卯孟夏의 杏村에서 탈고'라고 표기되어 있고, 탈고 일자와 장소를 이와 같은 형식으로 표기한 작가로 '月坡'가 있으므로 1927년 출판된 김상용의 작품이라는 추정이 가능하다. 5편의 짧은 작품으로 이루어져 있는데 각 이야기의 인물이나 사건은 서로 연관이 없다. 『청춘의 환희(영창서관)』와 동일한 작품으로 추정된다.

무정한 설움2/無情한설음: 이소 작. 영창서관1935(60전).

【내용】 미확인.

【참고】 단행본 원본 자료를 구할 수 없어 작품의 경개 및 세부 서지사항을 확인하지 못했다. 『강명화전(영창서관1935)』 권말 '영창서관 발행 신소설 목록'에 '무정한설음'이라고 제목이 표기되어 있다. 영창서관에서 펴낸 『신간도서목록』에 '二笑 作 戀愛悲劇 無情한설음'이라고 표기되어 있다.

무정한 애인/無情한愛人: 작자미상. 박문서관1923.

【내용】 미확인.

【참고】 단행본 원본 자료를 구할 수 없어 작품의 경개 및 세부 서지사항을 확인하지 못했다. 『박씨부인전(박문서관1923)』 권말 신소설 광고에 '연애소설 無情한애인'이라고 제목이 표기되어 있다.

무정한 청춘/무정한청춘無情한青春: 김상용 작 영창서관·한흥서림·진흥서관1926.

【내용】 교사인 '나(박윤식)'는 제자 김효경의 누님인 여학교 교사 효숙을 우연히 알게 된다. 첫눈에 반해 효숙을 사랑하게 된 '나'에게는 평양의 본가에 노모와 조혼한 부인, 어린 자식

이 있다. 철모르는 효경을 통해 몇 차례 서신을 주고받은 '나'와 효숙은 곧 서로의 사랑을 확인하고 연인이 된다. 효숙은 어머니를 잃고 열 살 때 새어머니를 맞게 된 사정과 여러 친척의 집을 전전하다가 다시 아버지 집으로 들어가게 된 사연을 구구절절이 고백하고, 의학에 뜻을 두고 있다는 장래의 포부도 밝힌다. 두 사람의 사랑이 깊어갈수록 기혼남이라는 '나'의 처지가 걸림돌이 된다. 그러던 중 오랜만에 귀향한 '나'는 뜻밖에 열성 신도가 되어 있는 아내를 발견한다. 가정사를 노모에게 미루고 교회에만 정성을 쏟는 아내의 모습에 '나'는 분노를 느낀다. 서울로 돌아온 '나'는 효숙과의 연애를 지속하는데, 어느 날 머리에 부스럼이 난 효숙은 히스테리컬한 행동을 보이더니 정양을 목적으로 인천에 간다. 아내가 미쳐 버렸다는 소식이 날아들고, 막 귀향하려는 때 효숙의 편지가 뒤따라 도착한다. 사실 효숙의 어머니는 죽은 것이 아니고 부모가 이혼했다는 것, 그리고 지금 가 있는 곳이 생모의 집이라는 것이다. '나'는 효숙의 모친이 이혼당한 이유에 대해 의심하고, 생모의 행실과 효숙의 부스럼을 연관지어 고민해 본다. 미친 아내를 보러 처가에 간 '나'는 그곳에서 아내의 광증이 유전병이었음을 확인한다. 일을 처리한 후 서둘러 상경한 '나'는 효숙이 생모의 권유로 돈 많은 남자와 혼인하게 된 소식을 듣고 절망에 빠진다.

【참고】 영남대 도서관 소장 재판본(강의영 저작발행, 1929, 76면, 30전)을 텍스트로 서지와 내용을 정리했다. 표지에 '新小說 無情한靑春 무졍한쳥츈', 본문 첫 장에 '最新小說 無情한靑春'이라고 표기되어 있다. 난외서명은 '무정한 청춘'이다. 본문에 앞서 2매 분량으로 '序를 대신하야'라는 제목으로 시 한 편을 인용하고 '一九二六, 五, 五 밤 月巖 아래 著者는 씀'이라고 부기하고 있다. 저자가 표기되어 있지 않지만 위 탈고 시기 기록의 형식으로 볼 때 月坡 김상용의 작품으로 추정된다. 본문 마지막 76면에도 '(쯧)' 표기 후 '月巖下에서'라고 표기하고 있다. 판권지에 '대정 15년' 즉 1926년에 초판이 발행되었음을 밝히고 있다. 1인칭 화자가 '낭엽 형'에게 보내는 7편의 서간 형식이다. 조혼의 폐단을 은연중 비판하고 있는 작품이며, 아내의 병과 효숙의 행실 등을 유전적 결함 때문이라 단정하는 서술자의 시각이 드러난다.

무정화/無情花: 노익형 발행.

【내용】 미확인.

【참고】 단행본 원본 자료를 구할 수 없어 작품의 경개 및 세부 서지사항을 확인하지 못했다. 1931년 1월호 《조선출판경찰월보》 단행본 납본 목록에 수록되어 있다.

미국독립사(번)/미국독립ᄉ美國獨立史: 시오카와이치타로 작. 현채 역.

황성신문사1899(118면, 28전) ; 대한매일신보1909.9.11-1910.3.5.

【내용】 원작 참조.

【참고】 일본 澁江保 저『米國獨立戰史(1895)』를 현채가 번역한 것으로 알려져 있는데, 본문 첫 장에는 '日本鹽川一太郎著譯' 이라고 표기되어 있어 추가 검토가 필요하다. 국한문 혼용체로 표기되어 있다.《대한매일신보》에 연재된 것은 현채 역 국한문 혼용본의 한글번역본이다.

미남자/美男子: 녹성 작. 영창서관1930(70전).

【내용】 미확인.

【참고】 단행본 원본 자료를 구할 수 없어 작품의 경개 및 세부 서지사항을 확인하지 못했다.『진장군전(영창서관·한흥서림·삼광서림1930)』권말에 '京城 永昌書舘 發行 綠星 大傑作 創作小說 美男子' 라고 제목을 표기하고 전면에 걸쳐 광고를 하고 있다.

미남자의 눈물/美男子의淚

신태삼 편집발행. 세창서관1935(57면, 25전).

【내용】 나이 스물셋의 김취련은 미모와 노래 실력을 겸비한 세계적인 여배우이다. 취련의 매력에 빠진 정치가 셔문즁 남작은 별장으로 취련을 불러 구애하지만 취련은 남작의 손길을 거부한다. 취련은 남작의 별장에 급사로 있는 미소년 ᄆᆡ란방을 보고 마음을 뺏긴다. 자신의 예술을 존경한다는 ᄆᆡ란방에게 취련은 사랑을 고백하지만 ᄆᆡ란방은 취련의 적극적인 태도에 당황한다. 취련의 계속되는 사랑 고백에 부담을 느낀 ᄆᆡ란방은 물에 빠져 죽으려 하는데 취련이 나타나 그를 구한다. 취련과 ᄆᆡ란방은 사랑보다도 더 숭고한 예술을 위해 세계유람을 떠난다. 「**付祿 슬프다-플숫혜이슬**」: 부산 앞바다의 찬바람을 맞으며 잠이 깬 진명은 아픈 몸을 이끌고 마루에 나와 생각에 잠긴다. 청년시인 진명은 지난 봄 의사 친구로부터 만성 장 질환을 선고받지만 경제적인 사정으로 입원을 하지 못한다. 친구의 권유로 죽도에서 요양을 한 진명은 부산으로 건너오지만 지병인 폐병으로 인해 건강이 악화된다. 진명은 여관에서 일하는 산월을 만나 그녀의 기구한 과거를 듣는다. 산월을 지켜 주고 싶은 진명은 소설을 써서 출판사에 보내지만 원고가 되돌아오자 절망에 빠진다. 결국 세상에 항복하는 방법으로 진명과 산월은 부둥켜안고 물에 빠져 죽는다.

【참고】 국립중앙도서관 소장 세창서관본 표지와 본문 첫 장에 '美男子미남자의淚눈물' 이라고 표기되어 있다. 두 개의 각기 다른 이야기가 수록되어 있다. 소설 중간 25면부터 '付祿 슬프다-플슷혜이슬' 이라는 제목으로 다른 내용의 이야기가 전개되는데, 분량과 내용으로 살펴볼 때 독립된 두 편의 이야기로 보인다.

미인계/美人計: 김동진 저작발행. 덕흥서림1919.

【내용】 강원도 감찰사 김 공은 아끼는 조카 종옥에게 혼인을 권유하나, 종옥은 공부에 매진하겠다며 이를 거절한다. 시종 수명과 함께 바람을 쐬러 나온 종옥은 수명의 집에 들렀다가 그의 누이인 기생 옥향란에게 마음을 빼앗겨 그녀와 합환한다. 부모를 만나기 위해 고향에 다녀온 종옥은 갑작스러운 향란의 부음을 듣고 슬퍼한다. 이에 김 공은 향란과 닮은 기생 묘란을 불러오나, 종옥은 묘란을 멀리한다. 묘란은 자신을 구박하는 종옥에게 자신이 향란이며, 이 모든 것은 종옥을 시험해 보려는 김 공의 계획임을 밝힌다. 김 공은 종옥에게 색에 범연한 자가 오히려 색에 미혹될 수 있음을 일러 주고, 종옥은 깨달음을 얻는다. 부모의 뜻대로 재상집 딸과 혼인하고 향란을 소실로 맞은 종옥은 대과에 급제하여 부귀영화를 누린다.

【참고】 1919년에 초판이 발행되었으며 1920년 발행된 재판본(75면, 25전)을 텍스트로 내용을 정리했다. 표지에 '新小說 神出鬼沒 美人計', 본문 첫 장에 '신출괴몰 미인계 神出鬼沒 美人計' 라고 표기되어 있다. 정해진 이치에 따라, 분수에 맞게 인간다운 삶을 살 것을 가르치는 내용이다. 일부다처제와 신분제도에 따른 봉건적 이데올로기가 강하게 드러나 있다.

미인기사/미인긔ᄉ美人奇事: 작자미상. 덕흥서림1919(98면).

【내용】 홍 승지와 김 참의는 막역한 친구사이로 두 집안 모두 아이가 없어서 걱정하던 중에 홍 승지의 처가 득남하여 아이의 이름을 근식이라 짓는다. 김 참의의 아내는 여전히 아이 소식이 없어 낙담하던 터에 친정 침모의 동생 장복임이 일찍 과부가 되어 혼처를 찾고 있다는 말을 듣는다. 김 참의의 부인은 집안의 만류에도 불구하고 복임을 첩으로 들이고, 얼마 뒤 병임이라는 딸이 태어난다. 뒤이어 김 참의의 아내 역시 아들 병철을 낳는다. 병임과 병철은 우애 좋은 남매사이로 자라나지만, 흑심을 품은 복임은 가짜 굿을 벌여 본처에게 누명을 씌우고, 김 참의는 복임의 말을 곧이곧대로 믿는다. 김 참의의 본처는 신경쇠약에 걸려 고생 끝에 세상을 떠난다. 김 참의의 신임을 얻은 복임은 다시 병철을 제거하려는 계획을 세우

는데, 그것을 미리 알아차린 병임이 남복을 하고 대신 물에 빠진다. 그뿐 아니라 복임은 정부인 박홍모와 짜고 김 참의의 재산을 가로채려는 음모를 꾸민다. 한편 계모의 손을 피해 도망가던 병철은 우연히 자선 사업가를 만나 일본으로 가게 되고, 병철 대신 강물에 빠진 병임은 구사일생으로 구조되어 한 부부의 보살핌을 받는다. 병에 걸려 고생하던 병임은 치료를 위해 일본으로 건너갔다가 병철과 극적으로 상봉하고, 병임을 구조했던 부부는 병철과 병임을 자식처럼 돌본다. 건강을 회복한 남매는 귀향하여 아버지 김 참의를 찾는다. 그동안 복임과 박홍모의 계략으로 재산을 잃고 누명을 쓴 김 참의는 감옥살이를 하고 나와서 복임 일당을 찾아다니지만 실패한다. 마침 홍 승지의 아들 근식이 우연히 타지에서 복임과 박홍모를 목격하고 수상히 여겨 김 참의의 집을 찾는데, 그곳에서 귀국한 병철과 병임 남매를 다시 만난다. 사건의 내막을 알게 된 근식은 복임을 찾아다니던 중 복임의 집에 든 도둑이 경찰에게 잡혔다는 기사를 읽고 이들을 잡아 경찰에게 넘긴다. 그 후 병철은 경성지방법원 판사가, 근식은 총독부병원의 의원이, 병임은 관립고등여학교 훈도가 되어 사회에 기여하는 삶을 산다.

【참고】 본문 첫 장에 '신소설'이라고 표기되어 있다. 연세대 소장본을 텍스트로 내용을 정리하였으나, 표지와 판권지가 유실되어 서지 확인이 어렵다. 『구미호(덕흥서림1922)』 광고란에 수록되어 있다. 1919년 덕흥서림에서 초판 발행되어 1930년대까지 중판되었다는 기록이 있다. 처첩 간의 갈등이 서사의 주를 이루고 있으며 권선징악의 고소설적 주제에서 탈피하지 못한 작품이다.

미인도1/美人圖: 고유상 저작발행. 회동서관1913.

【내용】 전라도 순천 김 진사의 무남독녀인 춘영은 윤 사관의 아들 경렬과 혼인하기로 한다. 그러나 윤 사관 내외의 갑작스러운 죽음으로 혼인이 미루어지고 경렬은 삼년상을 지낸 후 김 진사의 집으로 온다. 새로 온 전라 병사가 춘영을 후처로 탐내어 김 진사의 목숨까지 위협하자 경렬은 춘영과 작별하고 길을 떠난다. 자살을 시도한 춘영은 화영의 도움으로 목숨을 구한다. 하녀의 딸인 화영은 춘영과 동갑내기인 데다 외모도 흡사하다. 화영은 춘영을 남복으로 변장시켜 도망가게 하고 그녀 대신 전라 병사와 혼인한다. 그리고 신행을 가는 길에 가마 안에서 자살한다. 김 진사 내외는 춘영이 죽은 줄 알고 애통해 한다. 우연히 황 소사의 집에 머물게 된 춘영은, 황 소사의 딸 장옥심에게 사랑고백을 받는다. 그녀는 옥심에게 결혼을 약속한 후 근처의 유마암으로 거처를 옮긴다. 유마암에는 미인도를 그려 오라는 전라 병사의 명령을 받은 양산수가 머물고 있었다. 그는 춘

영의 아름다움에 감탄하여 몰래 춘영의 얼굴을 그려 미인도를 완성한다. 미인도를 가지고 전라 병사에게로 가던 그는 우연히 김 진사의 집에 하룻밤 머물게 된다. 김 진사 내외는 양산수가 자랑삼아 보여 주는 미인도를 보고 딸이 살아 돌아온 것처럼 기뻐한다. 양산수는 김 진사에게 많은 돈을 받고 미인도를 판 후, 전라 병사에게는 그림을 도둑맞았다고 한다. 그러나 모든 것이 들통 나 김 진사 내외와 황 소사 모녀는 사형에 처할 위기에 놓인다. 그때 마침 암행어사가 되어 내려온 경렬이 김 진사 내외와 황 소사를 구하고 전라 병사를 귀양 보낸다. 그리고 춘영의 청으로 옥심을 두 번째 부인으로 맞는다. 김 진사 내외와 경렬 내외는 함께 화영의 무덤으로 가 화영의 영혼을 위로한다.

【참고】 표지에 '悲劇小說 美人圖 미인도', 본문 첫 장에 '슯흔소셜 미인도(美人圖)' 라고 표기되어 있다. 신작 구소설이다. 늑혼 모티프, 남장 신부 모티프, 암행어사 모티프 등 고소설의 여러 양상들을 수용하고 있으며, 서술 기법 면에서는 서술 시간의 역전 등 신소설의 영향이 드러나고 있다. 1913년 회동서관본을 모본으로 한 다섯 종의 필사본이 있으며 1920년대에는 회동서관본이 8판까지 간행된다. 1919년 발행 재판본(68면, 16전)을 텍스트로 내용을 정리했다.

미인도2(번)/美人圖: 이든필포츠 작. 박노갑 번안. 농업조선1938.8-9(2회 완).

【내용】 명탐정으로 알려진 최는 휴가지인 서산포에서 뜻밖의 사건을 맡게 된다. 조 씨라는 사람이 의문의 살해를 당하자 그의 부인 한문희가 찾아와 사건을 부탁한 것이다. 눈에 띄는 미모의 문희는 사건 이후 행방이 묘연한 자신의 넷째 삼촌이 의심스럽다며 가족사를 털어놓는다. 문희의 말에 따르면 네 형제 중에 첫째였던 자신의 부모가 세상을 떠나며 모든 재산을 둘째 삼촌에게 맡기었으며, 이 재산은 자신이 스물다섯 살 때 혹은 결혼하였을 때 양도받게 된다는 것이다. 자신이 조와 사랑에 빠져 결혼하려 하자 유독 넷째 삼촌이 이를 허락하지 않았는데, 나중에는 둘째와 셋째 삼촌도 이를 반대하였다. 넷째 삼촌이 외국에 나가 있는 사이 문희는 조와 결혼하였는데 외국에서 돌아온 넷째 삼촌이 어쩐 일인지 약간 정신이 나간 상태라 더 이상 반대 없이 셋은 정답게 지냈다는 것이다. 그런데 사건 당일 넷째 삼촌과 조가 같이 일을 보러 나갔는데 삼촌은 종적이 묘연하고, 시체는 찾지 못하였지만 정황상 조가 살해를 당한 것으로 보인다며 자초지종을 설명한다. 최는 미모의 문희에게 자신의 실력을 보이고 싶어 사방으로 그녀의 넷째 삼촌을 찾아다니지만 그 행적을 알 수가 없다. 그러던 중 문희가 셋째 삼촌과 같이 지내겠다며 그에게로 간다. 그곳에서 최는 그 집 일을 봐주는 민이라는 잘생긴 남자를 만나게 된다. 민과 문희의 사이가 심상치 않음을 느낀 최는 얼마 후 둘이 결혼한다는 소식을 전해 듣는다. 이 와중에 문희의 셋째 삼촌이 살해당하는 사건이 발생한다. 문희는 급기야 둘째 삼촌에게 가서 지내려고 하는데 둘째 삼촌은 최를 믿지 못하고, 자신의 탐정 친구인 김을 불러 사건을 의뢰한다. 김은 최가 너무 의뢰인의 말만 들었다며 차근차근 사건을 풀어 나간다. 김은 우선 시체가 발견되지 않은 조의 뒷조사를 하였는데

그의 고향에서 발견한 사진을 통해 뜻밖에도 조와 민이 동일 인물임을 알아낸다. 김은 이 모든 사건의 배후에 민이 있음을 추리하고 수사를 진행하는데, 민의 부인인 문히도 의심하게 된다. 급기야 김은 민이 넷째와 셋째 삼촌을 죽이고, 둘째 삼촌마저 죽인 사실을 알아낸다. 김과 최, 경찰 등이 민을 뒤쫓아 급습한다. 도망가려던 민을 잡기 위해 경찰들이 쏜 총에 문히가 죽고, 민은 힘없이 잡힌다. 김은 최에게 차근차근 사건의 전후를 설명하며 최가 무엇을 잘못했는지 일깨워 준다.

【참고】 연재 지면에 '探偵小說 美人圖 朴魯甲'이라고 표기되어 있다. 박노갑이 남긴 유일한 추리소설로 알려져 있다. 영국 작가 이든 필포츠(Eden Phillpotts)의 1922년 작 「빨강 머리 레드메인즈(The Red Redmaynes)」를 단편 분량으로 번안한 작품이다. 명탐정이라고 알려져 있던 최에게 또 다른 탐정인 김이 조력자로 나오고, 여성 인물 '한문히'의 요부적인 성격이 부각되고 있어 구성보다는 인물들의 캐릭터가 돋보이는 작품이다. 동일 원작의 번역으로 김래성의 『홍두 레드 메인 일가(조광사1940)』가 있다.

미인루/美人淚: 작자미상. 박문서관1922.

【내용】 미확인.

【참고】 단행본 원본 자료를 구할 수 없어 작품의 경개 및 세부 서지사항을 확인하지 못했다. 『사랑의 한(박문서관1922)』 등 박문서관에서 1922년 이후 발행된 단행본의 권말 서적 광고에 '미인루' 혹은 '美人淚'라고 제목이 표기되어 있다.

미인의 루/美人의淚: 노익형 작. 박문서관1921.

【내용】 미확인.

【참고】 일본 도야마 대학(富山大學)에 소장된 작품이다. 도서관 홈페이지에 제목이 '愛情小說 美人의 淚'로 표기되어 있다. 해당 판본을 확인 열람한다면, 박문서관에서 1922년경 발행된 것으로 알려진 『미인루』와의 관계를 검증할 단서를 찾을 수 있을 것이다.

미인의 비밀(번)

【내용】 「흡혈귀」 참조.

미인의 자태/美人의姿態

노익환 저작발행. 신구서림1926(78면, 30전).

【내용】 용산 사는 홍태성의 외동딸 숙경은 뛰어난 미인인데다 고등학교를 우수한 성적으로 졸업한 총명한 여성이다. 숙경의 부모는 자신들의 신분이 낮아 딸과 어울리는 사윗감을 마음대로 고를 수 없다고 생각하고, 숙경을 양반 리시종의 양녀로 보내어 결혼시키기로 한다. 숙경은 양아버지의 소개로 만난 김 승지 아들 사열과 정혼한다. 사열의 계모 정 씨는 자신의 친정 조카 옥경을 며느리로 맞을 궁리를 하고 있던 중, 사열이 정혼했다는 말을 듣고 괘씸하게 여긴다. 숙영은 사열과 결혼하여 행복한 가정생활을 꾸리는 한편 모교와 여성 야학의 교사로 활발히 활동한다. 정 씨는 우연히 며느리가 양반 출신이 아니라는 것을 알게 되고 매우 못마땅하게 여긴다. 그러나 사열은 사람만 괜찮으면 출신 가문은 상관없다며 숙경을 감싼다. 그러던 어느 날, 사열은 극장에 갔다가 숙경으로 보이는 여성이 외간 남자와 함께 있는 것을 보게 된다. 이런 일이 두어 번 반복되자 숙경은 부정한 여자로 몰려 친정으로 쫓겨난다. 그녀는 쫓겨난 뒤 오로지 여성 교육에 힘쓴다. 사열은 계모 정 씨의 조카 옥경과 재혼한다. 옥경은 숙경의 여학교 후배로 인자하고 현명한 성품을 지닌 여성이다. 그녀는 숙경이 부정을 저지를 리가 없다며 경무국에 근무하는 외삼촌에게 부탁하여 사건의 전모를 밝혀낸다. 정 씨가 숙경과 닮은 기생을 시켜 숙경에게 누명을 씌운 것이다. 이러한 사실을 알게 된 사열은 옥경과 함께 숙경을 찾아가 재결합할 것을 권한다. 숙경은 그대로 여성교육에 힘쓰겠다며 거절하지만, 사열과 옥경의 간곡한 권유로 다시 사열의 부인이 된다. 정 씨 역시 자신의 잘못을 뉘우쳐 이들은 다함께 행복한 가정을 이룬다.

【참고】 표지에 '美人의姿態 미인의자틔', 본문 첫 장에 '美人의姿態(미인의자태)'라고 표기되어 있다. 난외서명은 '미인의자태'이다.

미인의 정사/美人의情死: 작자미상. 영창서관1935.

【내용】 평양 출신 강명화는 서울 화류계에서 유명한 기생이다. 그녀의 본명은 '확실'이다. 부친 강기덕이 집안을 돌보지 않자 그녀는 열일곱 살에 어머니 윤 씨와 남동생 도선을 데리고 서울에 와 '명화'라는 기명으로 기생 노릇을 한다. 그녀는 부호 장길상의 외아들 병천을 만나 사랑에 빠지나 길상의 반대에 부딪힌다. 기생을 그만둔 명화는 병천과 함께 동경 유학을 떠난다. 유학생들 사이에 병천이 기생첩을 데리고 유학을 와 조선 유학생의 명예를 더럽힌다는 소문이 돌자 명화는 유학생들 앞에서 손가락 하나를 자른다. 어쩔 수 없이 두 사람은

귀국하고, 명화는 홀로 길상을 찾아가 며느리로 받아 달라고 간청하나 거절당한다. 병천은 서울에 방을 얻어 명화와 살림을 차린다. 길상은 경제적인 도움을 미끼로 병천을 집으로 끌어들인 후, 그의 문밖출입을 통제한다. 절망한 명화는 병천과 함께 여행을 떠나 음독자살한다. 길상은 명화를 장사지내 주고 명화의 모친에게 살 집을 마련해 준다. 명화에 대한 그리움으로 병에 걸린 병천은 그녀의 유언에 따라 의미 있는 일을 하겠다고 결심하나 부친이 경제적인 도움을 주지 않자 좌절하여 자살을 결심한다.

【참고】 영창서관 1935년본을 찾을 수 없어 고려대 세종캠퍼스 도서관 소장 공동문화사(1954, 68면)본을 텍스트로 내용을 정리했다. 표지에 '實情哀話 美人의情死 一名「康明花죽엄」', 본문 첫 장에 '新小說 康明花의눈물 一名 美人의死'라고 표기되어 있다. 1920년대에 출간된 '강명화 실기'류와 사건 전개가 유사하다. 그러나 결말 부분이 장병천의 자살로 이루어지지 않고, 자살을 결심하는 장병천의 독백으로 끝난다는 점에서 차이가 있다. 1972년 대구 향민사에서 출간한 『康明花의 죽음』과 동일한 작품이다. 홍윤표 소장 향민사본 표지에 '實情哀話 康明花 강명화의 죽엄', 본문 첫 장에 '康明花의 죽음'이라고 표기되어 있다. 난외서명은 '강명화의 죽엄'이다. 글쓴이는 향민사 편집부로, 낸 이는 박창서로 표기되어 있다.

미인의 최후/美人의最後: 작자미상. 덕흥서림1934.

【내용】 미확인.

【참고】 단행본 원본 자료를 구할 수 없어 작품의 경개 및 세부 서지사항을 확인하지 못했다. 『백의미인(덕흥서림1934)』 권말 판권지 상단의 '京城德興書林新刊書籍廣告'에 '美人의最後'라고 제목이 표기되어 있다.

미인의 춘몽/미인의춘몽: 홍병석 편집발행. 홍문서관1936(142면).

【내용】 정순은 백만장자 한중식의 딸로, 연애편지가 끊일 새가 없는 미인이다. 그는 안국동 병원 간호사인 친구 경자의 소개로 신진 유명 화가 리영철과 사랑하는 사이가 된다. 그러나 영철의 아버지 리건호와 중식은 철천지원수 사이이다. 그 사실을 알게 된 두 사람은 큰 충격을 받지만 관계를 차마 끊을 수 없어 비밀리에 만남을 지속한다. 영철은 정순을 모델로 하여 「꽃과 처녀」라는 제목의 그림을 그리기 시작한다. 삼 년 후 중식은 정순의 혼처를 정하고, 정순은 할 수 없이 영철과의 관계를 털어놓는다. 영철이 건호의 아들이라는 것을 알게 된 중식은 대로하고, 아버지의 명령을 어길 수 없다는 정순의 말에 영철 역시 격분한다. 아버지와 연인 사이에서 어쩌지 못한 정순은 '가루못징'이라는 약을 먹고 자살한다. 영철은 정순의 시체를 병원에서 빼내어 자신의 집으로 데리고 온다. 그는 정순의 시체에 백장미를 들리고 「꽃과 처녀」를 완성한 후, 증거를 인멸하기 위해 자기의 화실을 불태운다. 그러나 회한

과 충격을 극복하지 못하고 결국 광인이 되어 길거리를 헤매게 된다. 둘의 사이를 안타깝게 여긴 경자는 영철을 위해 시체 탈취를 묵인하고 유서를 숨기는데, 그로 인해 '처녀의 시체가 없어졌다', '시체가 편지를 썼다', '시체가 장미꽃을 들고 있다'는 등의 괴담으로 이 이야기가 세상에 알려지게 된다. 중식 역시 딸의 죽음을 견디지 못하고 음독한다.

【참고】 동덕여대 도서관 소장 홍문서관본 표지에 '비련애화 미인의춘몽'이라고 표기되어 있다. 본문 앞에 '원명 폭풍우에 백장미'라고 표기되어 있다. '처녀가 혼인 전날 독을 먹고 죽었다', '처녀의 시체가 사라졌다', '백만장자가 음독하였다', '시체가 편지를 썼다', '시체가 꽃을 들고 앉았다', '아무도 없는 집에서 불이 났다' 등의 6개의 충격적인 기사 내용을 소개하여 독자의 궁금증을 유발한 뒤 사건을 서술해 나가는 방식으로 되어 있다. 그 결과 서사시간의 역전이 빈번하게 일어난다.

미인의 한(번)/美人의恨

클레이 작. 유운인 번안. 동아일보1924.8.28-1925.1.8(73회 완) ; 박문서관1925(236면).

【내용】 후작 박영호는 영국의 시골 마을 부평리에서 혜린을 만나 사랑에 빠진다. 영호는 혜린에게 비밀결혼을 제의하고, 혜린은 처음에는 거절하다가 결국 받아들인다. 혜린은 아버지에게 알리지 않은 채, 영호와 파리, 로마 등으로 일곱 달 동안 신혼여행을 한다. 여행을 다녀온 후 영호와 혜린은 어느 별장에서 신혼살림을 시작한다. 그런데 영호는 집에 잘 안 들어올 뿐만 아니라 다른 여자들을 만나고 다닌다. 그러다 영국의 대정치가 리 백작의 딸 보배와 결혼을 한다. 혜린은 결국 영호가 자신을 이용했음을 깨닫고 복수를 다짐하며 별장을 떠난다. 혜린은 아버지를 찾아가 그간에 있었던 일을 고백한다. 그리고 화가인 아버지가 로마 별장을 채색하러 가는 데 동행한다. 로마의 별장 주인 정 공작은 혜린을 보고 죽은 아내가 다시 살아 돌아온 것으로 착각한다. 혜린은 자신의 지난 내력에 대해 이야기했지만 정 공작은 그에 개의치 않고 청혼하여 결국 둘은 결혼식을 올린다. 한편 정 공작은 리 백작과 동창 사이이다. 그래서 정 공작 내외는 리 백작의 딸 보배 내외와 만날 기회가 자주 있다. 혜린은 정 공작의 권력을 이용하여 조금씩 영호에게 복수를 해 나간다. 그러던 어느 날, 영호와 혜린이 숲 속에서 단 둘이 있게 되었는데, 그때 영호가 옆구리에 차고 있던 총이 잘못 발사되어 그의 복부를 관통하는 일이 일어난다. 영호는 괴로워하며 혜린에게 구해 달라고 하지만, 혜린은 모른 척하고 집으로 돌아온다. 영호가 밤이 되어도 돌아오지 않자 집에 있는 사람들

美人의恨
柳雲人 譯

이 그를 찾으러 돌아다니나 혜린은 끝까지 영호가 있는 곳을 말하지 않는다. 결국 영호는 사람들에게 구조되고, 그 과정에서 자신의 잘못을 뉘우친다. 그리고 영호는 다시는 혜린 앞에 나타나지 않겠다고 다짐하며 용서를 구한다. 사교계에 발길을 끊은 영호는 정치가로서의 꿈을 이루지 못하고 영락한 삶을 살아간다.

【참고】 박문서관본의 표지와 판권지가 유실되어 자세한 서지사항을 확인할 수 없다. 표지는 유실되었고, 본문 첫 장에 '美人의 恨 柳雲人 譯 盧心汕 畵'라고 표기되어 있다. 1925년 박문서관에서 간행된 『장풍운전』의 뒷면 광고를 참고하여 발행 연도를 기록했다. 《동아일보》 연재 지면에도 '柳雲人 譯'이라고 표기되어 있다. 자신을 버린 남성에 대한 여성의 복수담이다. 서술자는 작품 말미에 이 소설의 작가가 남주인공인 영호라고 밝히고 있는데, 이는 영호의 뉘우침을 강조하고자 하는 설정으로 보인다. 원작은 확인되지 않으나, 클레이(B. M. Clay)의 작품을 구로이와 루이코(黒岩涙香)가 「孃一代(1893)」로 번안한 것을 재번안한 것이라는 연구가 있다.

밀림유정(번)/密林有情: 바이코프 작. 백석 역. 조광1942.12-1943.2(3회 상편 완).

【내용】 만주 길림성 제재소 사무소 주임으로 있는 스타니쓸랍 빅토로뷔치 그라빈스키는 아내 에브게니야 스테파노브나, 아들 유로춰카와 함께 행복하게 생활한다. 어느 날 홍후즈(마적)의 두목인 중국인 왕퐈틘이 스페파노브나에게 사랑을 고백하면서 함께 칸톤(廣東)으로 도망가자고 한다. 스테파노브나는 왕퐈틘의 말을 거절한다. 이에 왕퐈틘은 아라사인 이반을 통해 사흘의 기한을 주겠다는 협박 편지를 보낸다. 왕퐈틘은 스테파노브나가 자신의 말대로 하지 않을 경우 이반에게 유로춰카를 납치해 오라고 명령한다. 왕퐈틘의 편지를 받은 스테파노브나는 그라빈스키와 상의한 뒤 아들과 함께 고향으로 돌아가려 한다. 그러던 중 유로춰카가 이반에게 납치되어 사라진다. 그라빈스키는 유로춰카를 데려오거나 아이가 있는 곳을 알려주는 사람에게 사례금을 주겠다면서 중국인들에게 간절히 호소한다.

【참고】 《조광》 1942년 12월호의 목차에 '密林小說'이라는 수식이 붙어 있다. 1회 연재 지면에는 '密林有情 =原名 유-로취카=엔 바이곱흐 白石 譯'이라고 표기되어 있고 2, 3회 연재분의 원작자 표기는 '바이콥흐'이다. 총 3회에 걸쳐 연재되었으며, 최종회의 말미에 '상편 완'이라고 표기되어 있다. 「위대한 왕」의 저자로 유명한 러시아 작가 바이코프(Nikolai Apollonovich Baikov, 1872-1958)의 「유로슈카」를 시인 백석이 번역한 것이라고 하지만, 이 번역본 외에는 현재까지 원작에 대해 알려진 정보가 없다. 만약 백석의 번역본이 축역 혹은 경개역이 아니라면 3회에 걸친 연재분(상편)의 분량으로 볼 때, 원작은 우리 소설의 기준으로 중편 정도의 길이를 가졌으리라 추측할 수 있다.

ㅂ

바다의 처녀(번): 베전트 작. 성주 번안.
매일신보1925.5.9-1926.2.26(252회).

【내용】 원작 참조.

【참고】 연재 지면에 '바다의 처녀 星珠 譯'이라고 표기되어 있다. '星珠'는 한정동의 필명이다. "이 소셜을 번역할 쌔에 처음에는 인물 풍속 디리를 모도 다 됴션의 그것으로 옴기여 노코 잘 싱각도 하여 보얏스나 만약 그와 갓치한다면 일부 독자제씨에게는 편리할 듯하나 자연히 무리한 곳이 싱길 것을 념려하야 다만 인물의 일홈만으로 됴션 일홈으로 곳치엿슬 뿐입니다"라는 역자의 말이 붙어 있다. 원작은 월터 베전트(Walter Besant)의 「Armorel of Lyonesse(1890)」이다. 원작의 Roland Lee가 영렬로, Armorel이 옥희로 표기되어 있는 번안소설이다. 구로이와 루이코(黒岩涙香)의 일역서 「島の娘(1914)」를 중역한 것이다. 남자 주인공이 작가 겸 화가로 거짓행세하며 막대한 유산을 상속받은 처녀를 유혹하다가 정체가 폭로된다는 내용의 작품이다. 해몽생(장두철)의 『수랑(태서문예신보1-15호. 1918.9.26-?)』도 동일 원작을 번역한 것이다.

바람개비/風車: 강의영 발행.

【내용】 미확인.

【참고】 단행본 원본 자료를 구할 수 없어 작품의 경개 및 세부 서지사항을 확인하지 못했다. 1933년 9월호 《조선출판경찰월보》 단행본 출판 금지 목록에 수록되어 있다. 출판 금지 사유는 치안 방해이다.

바람과 함께 가다(번): 미첼 작. 역자미상. 부인경향1950.6(1회 완).

【내용】 원작 참조.

【참고】 연재 지면에 '(抄譯) 바람과함께가다 마-가렡·미첼'이라고 표기되어 있다. 역자는 밝혀져 있지 않다. 원작은 미국 출신의 작가 마거릿 미첼(Margaret Mitchell)이 쓴 「바람과 함께 사라지다(Gone with the Wind)」(1936)이다. 원작은 장편 중에서도 상당히 긴 편에 속하지만, 여기서는 여성인물 스칼렛 오하라의 행적을 중심으로 간략히 줄거리만 추려 9면에 걸쳐 수록했다. 《부인경향》 1950년 6월호 표지에 '여류소설특집'이라 적혀 있어 이 작품 역시 특집의 일환으로 실린 것임을 알 수 있다.

바보 이반(번)/바보이뺀 : 톨스토이 작. 박태원 역.

동아일보1930.12.6-12.24(18회 완) ; 요양촌1940.2(2회), 1940.3(3회), 1940.6(4회).

【내용】 원작 참조.

톨스토이 作 「바보이뺀」(一)
朴泰遠 譯
李象範 畫

出版日報

【참고】 《동아일보》 연재 지면에 '톨스토이 作 바보이뺀 朴泰遠 譯'이라고 표기되어 있다. 18회 끝에 연재 완료를 뜻하는 표기가 따로 되어 있지는 않다. 10년 후 박태원은 《요양촌》에 동일 작품을 다시 연재한다. 《요양촌》의 경우 잡지 유실로 인해 1회를 확인하기 어려우나, 15집인 1940년 2월호 목차에 '톨스토이 民話 바보이반(2回) 朴泰遠'이라고 표기되어 있다. 잡지 연재 본문 앞에 '톨스토이 民話 바보이반', 각 연재 분 본문 끝에 '朴泰遠 譯'이라고 표기되어 있다. 현재 《요양촌》은 17집인 1940년 6월호까지 확인 가능하며, 이때까지 연재된 횟수는 총 4회이다. 이후 잡지 자료를 확인할 수 없지만 4회 연재분까지의 내용은 미완이다. 러시아의 작가 톨스토이(Lev Nikolaevic Tolstoy)의 소설 「바보 이반(Сказка об Иване-дураке)」(1886)을 번역한 작품이다. 이 작품은 러시아의 민간 설화를 바탕으로 하여 작가의 무저항주의와 비폭력주의 등을 담아내었다고 평가받는다.

바스카빌의 괴견(번)/바스카빌의怪犬

코난도일 작. 이석훈 역. 조광사1941 ; 야사연구회1948(239면, 300원).

【내용】 원작 참조.

【참고】 영국 작가 코난 도일(Arthur Conan Doyle)의 「바스카빌의 개(The hound of the Baskervilles)」

(1901)를 李石薰이 번역한 작품이다. 조광사에서 기획 발간한 세계걸작탐정소설전집 제3권에 박태원 역 「파리의 괴도」와 함께 수록된 것으로 전해지나, 원본 자료를 구할 수 없어 사진 자료로 기본적 서지를 확인했다. 표지에 '바스카빌의怪犬 巴里의怪盜', 본문 첫 장에 '바스카-빌의 怪犬-Hound of Baskerville' 이라고 표기되어 있다. 작품 본문 앞에 '코난 도일에 대하여' 라는 부제로 이석훈이 쓴 서문이 수록되어 있다. 「바스카빌의 괴견」 본문 종료 후 243면부터 「파리의 괴도」가 이어진다. 뒤표지에 '世界傑作探偵小說全集 第三回配本' 이라고 표기되어 있다. 야사연구회본은 동일 역자 이석훈의 『深夜의 陰謀(세계서림1948)』과 문장이 동일하고 제목만 다른 책이다. 총 15장으로 구분되어 있고 원작과 대조해 볼 때 초역이나 축역이 아닌 완역본이다. 조광사본과의 원본 대조가 불가능하나 야사연구회본에 대한 기존 연구를 참조하면 본문 번역에 있어서 외형과 내용을 충실히 옮긴 1940년대 후반의 대표적 번역물로 평가된다.

박명 /薄命

백대진 작. 매일신보1919.11.21-1920.1.25(51회 완) ; 신명서림1921(136면, 50전).

【내용】 김문희는 여류 작가이자 해동방적주식회사의 여사원이다. 그는 항상, 희망 없는 월급쟁이 신세를 한탄한다. 원래 문희의 집안은 부유했으나 아버지가 미두로 재산을 날리고 화병으로 죽고 난 이후로는 궁벽한 신세가 되었다. 문희는 윤긔세란 얌전한 청년과 결혼하였다. 집안에 남자가 없는 것을 걱정한 어머니가 긔세를 데릴사위로 들인 것이다. 그런데 긔세는 결혼 후 점점 폭력적인 사내가 되더니 급기야 친구의 꾐에 빠져 사기횡령죄로 징역을 살게 된다. 남자에게 진저리가 난 문희는 재혼할 생각을 하지 않고 이혼녀로 살아간다. 회사에서는 이혼녀 문희에 대한 시선이 곱지 않다. 특히 뎡문화란 이가 치근대며 문희를 못살게 군다. 다행히 일 잘하고 성품이 온화한 김긔직가 문희를 잘 다독이고 도와준다. 그리고 긔직는 동료 직원들과 힘을 모아, 일은 안 하고 여사원 꽁무니만 쫓아다니는 문화를 회사에서 내보낸다. 한편 청년문학자 강슌희는 문희에게 청혼을 한다. 그러나 문희는, 슌희가 총각임에 반해 자신은 이혼녀임을 들어 청혼을 물리친다. 또한 서울에서 첫째로 꼽을 만한 부자인 류경상도 문희에게 청혼을 한다. 경상은 재혼인 데다 재산가여서 문희는 그에게 마음이 기운다. 문희가 경상의 청혼을 받아들일 즈음에 문화가 혼담에 헤살을 놓는다. 문희와 관련된 안 좋은 소문들을 경상에게는 물론 회사에도 흘린 것이다. 이에 결혼은 흐지부지되고 문희는 회사마저 그만두게 된다. 다행히 문희는 긔직의 소개로 동양염직회사에 여사무

薄命
박명
白雪園

원으로 입사한다. 어느 눈이 오는 날, 문희는 종로에서 죄수복을 입고 눈을 치우고 있는 전남편, 긔세를 목격한다. 연민의 마음이 생긴 문희는 긔세가 출옥할 때까지 기다리겠다는 편지를 보낸다. 편지를 받은 긔세는 감격하나 몸이 쇠약해져 얼마 지나지 않아 세상과 이별을 고하고 만다. 긔세의 소식을 전해 들은 문희는 다시 외롭고 적막한 신세가 된다. 문희는 자신과 긔세의 외로운 영혼을 위로하고자 예수교 신자가 되어 나머지 반생을 살아간다.

【참고】 표지에 '家庭小說 薄命', 본문 첫 장에 '家庭小說 薄命 雪園 白大鎭 著'라고 표기되어 있다. 방직공장의 풍경이 자세하게 묘사되어 있다. 작중 인물 김문희의 삶을 통해, 당시 지식인이자 이혼 경력이 있는 여성의 삶이 얼마나 고된 것인지를 잘 드러내고 있다.

박명의 눈물: 신태영 편. 영창서관1935.

【내용】 미확인.

【참고】 단행본 원본 자료를 구할 수 없어 작품의 경개 및 세부 서지사항을 확인하지 못했다. 『강명화전(영창서관1935)』 등 영창서관에서 발행된 단행본 권말의 '영창서관 발행 신소설목록'에 '박명의 눈물'이라고 제목이 표기되어 있다. 영창서관에서 펴낸 『신간도서목록』에 '申泰榮 編 薄命의淚'라고 표기되어 있다.

박명한 미인/薄命한美人

강의영 저작발행. 영창서관1926(56면, 25전).

【내용】 경희는 전도사였던 아버지의 뜻에 따라 여학교에 입학하지만, 점차 가세가 기울어 다니던 학교를 그만둘 위기에 처한다. 이때 선교사인 H 부인이 나서 그녀를 도와준다. 경희는 빈곤한 형편 속에서도 열심히 공부한다. 이때 3·1 만세사건이 일어난다. 경희는 동료 학생들이 만세 운동에 가담할 것이라는 사실을 H 부인에게 말할 것인지 고민하다가 끝내 말하지 않고 자신도 만세 운동에 참여한다. 이 사건으로 인해 경희는 학교를 떠난다. 그녀의 부친 역시 만세 운동에 가담했다가 투옥된다. 경희는 부친을 대신해 가족의 생계를 책임지게 된다. 그녀는 황해도 촌락에 교사로 부임하여 고단한 나날을 보낸다. 얼마 후 경희는 다시 학업을 계속하게 되는데, 만세 운동 이전에 비해 학생들 사이에 정치사상과 자유연애 사상이 널리 퍼져 있음을 느낀다. 경희는 졸업 후 H 부인의 주선으로 학교 일을 맡는다. 그러던 중 경희의 아버지는 끝내 옥사하고 만다. 수년이 흐른 후, 경희는 자기 혼자 생계를 꾸려가야 하는 현실에 염증을 느낀다. 이때

H 부인이 원산으로 피서 가자고 제안하고, 경희는 들뜬다. 그러나 그녀의 모친은 피서 가는 것을 만류하고, 그녀는 어머니와 크게 다툰다. 잠 못 이루던 그녀는 과거를 회상하고 피서 가고자 했던 자신의 욕망이 서양 문물을 모방하고자 했던 것에 불과하다고 깨닫는다. 자신이 조선인이라는 사실을 자각한 경희는 어머니와 화해한다.

【참고】 본문 첫 장에 '新小說 薄命한 美人' 이라고 표기되어 있다. 사건 진행에 있어 경희가 H 부인에게 피서 제안을 받고 여기에 대해 생각하는 것으로 시작하여, 과거를 회상하고, 다시 현재로 돌아와 조선 사람으로서 자신의 정체성에 대해 생각하는 것으로 끝나는 복합적 시간 구성을 취하고 있다. 창작 연도로 볼 때, 경희와 경희 부친 모두 3·1운동에 참여했다는 것을 직접 묘사했다는 점이 주목된다. 『박명한 여인(영창서관·한흥서림1926)』이라는 작품이 있다고 전하나 원본을 확인할 수 없고, 출판사와 출판 연도가 같은 점으로 미루어 동일작으로 추정된다.

박명화/薄命花

노익형 저작발행. 박문서관1921(76면, 25전).

【내용】 인왕산 근처에 사는 안일상은 일본에서 경제과를 졸업한 후 귀국한다. 신문물에 눈을 뜬 그는 현숙하나 무지한 조강지처 리숙을 박대하여 내쫓을 궁리를 한다. 리숙은 생활고 때문에 공장에 나가 힘들게 돈을 벌고 있는 중이다. 그녀는 남편이 자신에 대해 몹쓸 생각을 품고 있는 줄도 모르고, 자신에게 접근하는 부랑배 장홍식 이야기를 털어놓는다. 일상은 이를 빌미로 리숙에게 이혼하자고 종용한다. 리숙은 앓아눕고, 일상은 동경에서 만난 춘즈와 밀애를 즐긴다. 리숙의 고향집에서 부친이 위독하다는 전보가 오자 일상은 리숙을 살해할 계획을 세운다. 그는 장홍식을 사주하여 그녀가 고향에 내려가는 길목에서 그녀를 살해할 것을 제안한다. 리숙은 순사들에게 구조되고, 장홍식은 달아난다. 일상은 춘즈와 함께 상해로 도망간다. 상해에서 춘즈는 일상이 아내를 살해하려 했다는 이야기를 듣고 그를 떠난다. 일상은 승려가 된 리숙을 찾아가 회개하고, 자신도 승려가 되어 길을 떠난다.

【참고】 표지에 '薄命花 박명화', 본문 첫 장에 '薄命花全 박명화전' 이라고 표기되어 있다. 전체 11장으로 구성된 장회체 소설이다.

박연폭포/朴淵瀑布

이상춘 작. 유일서관1913(100면, 25전).

【내용】 개성 부옹 리지평의 차남 시웅은 돈을 노린 도적들에게 인질로 잡힌다. 도적들은 돈을 받고도 시웅을 죽이려 한다. 이전에 도적에게 붙잡혔으나 재주와 용력이 뛰어나 도적 무리에 가담하게 된 최성일은 꾀를 내어 시웅을 구하고 관군에게 도적을 넘긴다. 도적 잔당의 복수를 피해 일본으로 도망한 시웅과 성일은 동경 조선기독교단체의 도움을 받아 고등교육을 받는다. 한편 시웅의 약혼녀 익경이 고대장이라는 도적에게 칼을 맞아 중상을 입는데, 마침 지나가던 남성병원 의사의 도움으로 목숨을 건지나 왼손을 제대로 쓰지 못하게 된다. 시웅의 어머니 리 씨 부인은 익경의 집에 퇴혼을 통보하지만, 문학을 배운 시웅과 의학 및 신학을 배운 성일이 일본에서 돌아오고, 시웅과 익경은 성례를 올린다. 그들은 참빗장수 행세를 하며 도둑질 기회만 노리던 고대장을 만나 복수하는 대신 성경전서를 주며 용서한다. 고대장은 개과천선하여 선행에 힘쓴다.

【참고】 표지에 '新小說 朴淵瀑布'라고 표기되어 있다. 본문 첫 장에 '開城 李常春 原著'라고 표기되어 있다. 박연폭포는 소설 초반부에 리시웅이 병을 치료하기 위해 요양하던 배경으로 제시된다. 리시웅과 최성일과 애경이 원수를 갚는 장면에서 모두 양복을 입고 있는 등 기독교와 양복, 의학 등 서구 문화에 대한 동경이 나타나는 한편 약혼한 상대에 대한 절개가 숭고한 가치로 그려지고 있어 동양과 서양의 가치관이 혼재되어 나타난다.

박정화/薄情花: **수문생 작. 대한민보1910.3.10-5.31.**

【내용】 사대부집 자손인 리 시종은 학문에 힘쓰지 않고 오직 여색에만 몰두한다. 어느 날 그는 사인교를 타고 가는 젊은 여인의 미모를 보고 한눈에 반한다. 그 여인은 리 시종 부친의 친구인 박 참령의 첩실 ○○집이었다. 리 시종은 뚜쟁이 신마마에게 주선을 부탁한다. 신마마는 연홍사 구경을 가자며 ○○집을 불러내고, 이들을 기다리고 있던 리 시종은 자연스럽게 ○○집에 접근한다. 내심 리 시종이 싫지 않은 ○○집은 점차 그를 좋아하게 되고 급기야 정을 통하게 된다. 리 시종은 신마마를 통해 ○○집을 부추겨 집을 나오게 만들고, ○○집을 찾는 박 참령의 눈을 피해 ○○집을 수원과 인천으로 피신시킨다. 딸이 집을 나갔다는 말에 걱정을 하던 ○○집 부모는 인천에 있는 ○○집으로부터 편지를 받는다. 그러나 자신들을 거두고 있는 사위를 생각하고, 딸의 편지를 박 참령에게 보여 준다. 결국 ○○집은 부모에 이끌려 박 참령에게 돌아온다. 이미 남편에게서 마음이 떠난 ○○집은 박 참령을 독살하려

는 계획을 세우지만 실패하고 만다. 박 참령이 출장 간 틈을 타 ○○집은 다시 집을 나온다. 그러나 그사이 리 시종은 ○○집을 잊어버리고 다른 여인에게 빠져 있다. 산천초목은 다 변해도 리 시종은 변하지 않을 줄 알았던 ○○집은 자신의 행동을 후회하고 박 참령에게 돌아온다. 그러나 그간의 사정을 모두 알게 된 박 참령은 의복 음식만을 제공할 뿐, ○○집을 다시는 가까이하지 않는다.

【참고】 '수문생(隨聞生)' 이라는 필명으로 이해조가 연재한 신소설이다. 《대한민보》에 연재되었던 소설 가운데 가장 긴 작품으로, 뒤에 『산쳔초목(유일서관1912)』으로 개제(改題) 출판되었다. 주인공 이름이 '○○집' 에서 '강릉집' 으로만 바뀌었을 뿐 그 외 두 작품의 내용은 완전히 동일하다. 리 시종과 박 참령, 그리고 박 참령의 첩을 축으로 하는 삼각 연애구도를 취하고 있으며, 세 인물을 둘러싸고 벌어지는 애정 갈등이 서사의 큰 줄기를 형성하고 있다.

박태보 실기/박틔보실긔朴泰輔實記: 김동진 저작발행. 덕흥서림1916(91면, 30전).

【내용】 정재 박틔보는 예조좌랑, 교리, 이조좌랑, 호남의 암행어사 등을 역임한 조선 후기 문인이다. 박틔보는 충주 부판사 박세당과 남 씨 사이에서 태어났으나 곧 친모를 여의고 양모 윤 씨의 손에서 자란다. 성품이 곧은 윤 씨는 틔보를 귀하게 여기고 정성으로 보살핀다. 박틔보는 열여섯 살에 혼인을 하고 스물네 살에 과거에 급제하여 벼슬에 오른다. 충성과 집념을 보여 주는 문인의 삶을 살았으나 인현왕후의 폐위를 강력히 반대하다 혹형을 당한 뒤 유배 도중 죽는다.

【참고】 국립중앙도서관 소장 덕흥서림본 표지와 본문 첫 장에 '박틔보실긔朴泰輔實記' 라고 표기되어 있다. 역사적 실존 인물인 박태보의 행적을 그린 고소설 「박태보전」을 개작한 작품으로 대체로 인물의 사실적 행적을 그대로 기술하고 있다.

박행한 처녀(번)/박행한쳐녀薄倖한處女

투르게네프 작. 조춘광 역. 박문서관1926(122면).

【내용】 1835년 겨울, 모스크바 대학에 다니던 '나'(표쏘르 가쑈리로릿지)는 후스토우와 절친한 사이가 된다. 어느 날 '나'는 후스토우를 통해 랏츠 씨를 알게 된다. 후스토우는 랏츠의 딸 스싼나와 교제를 하고 있다. 다음 날 '나'는 후스토우를 따라 랏츠 씨 집을 방문하여 스싼나를 보는데 그녀의 얼굴이 어두운 것을 의아하게 생각한다. 얼마 후 후스토후와 '나'는 우연히 랏츠 씨의 아들 쀅롤을 만나 술을 마신다. 술에 취한 쀅롤은 갑자기 스싼나가 부정한 여인이라고 말하고, 이를 오해한 후스토우는 모스크바를 떠난다. 며칠 후 스싼나는 '나'를 찾아와 울면서 후스토우에게 전해 달라며 편지를 주고 돌아간다. 편지에는 스싼나가 살아

온 삶의 내력이 담겨 있다. 시골 지주의 딸로 태어난 스싼나는 몸이 약한 어머니가 집사 출신의 랒츠와 재혼하면서부터 구박을 받고 자란다. 재산을 노리고 스싼나의 어머니와 결혼한 랒츠는 스싼나의 삼촌인 세미욘 마도뷧지의 환심을 사는 데 성공한다. 스싼나는 세미욘의 아들 미하일과 사랑에 빠지지만 세미욘은 스싼나에게 흑심을 품고 있다. 미하일과 스싼나는 야반도주를 결심하지만 이를 눈치챈 세미욘은 랒츠를 시켜 스싼나와 함께 모스크바로 떠나게 만든다. 이후 미하일이 죽었다는 소식을 들은 스싼나는 하루하루를 절망으로 살아온 것이다. 스싼나의 편지를 전해 받은 후스토우는 자신의 행동을 후회한다. 그러나 다음 날 '나'와 후스토우는 스싼나가 자살했다는 소식을 듣는다. 이후 '나'는 모스크바를 떠나 델데르부르그로 이사한다. 몇 년 후 모스크바에 들른 '나'는 랒츠의 집이 망하고 쀠롤은 빚쟁이에 시달리다 감옥에 들어갔다는 소식을 듣는다. '나'는 문득 스싼나가 후스토우를 사랑했다기보다는 자신이 살아갈 버팀목으로 여겼던 것은 아닐까 하는 생각을 해 본다.

【참고】 표지에 '薄倖한處女 박행한쳐녀', 본문 첫 장에 '또르게네쭈 作 趙春光 譯'이라고 표기되어 있다. 실연 끝에 죽는 박명한 소녀의 생애를 그린 투르게네프(Ivan Sergeevich Turgenev)의 만년작 「불행한 여인(L' Infortunée)」(1868)이 원작이다. 액자소설식 구성이다. 본문이 끝난 후 "그의 죽은 입셜이 '그이는 아니옴니다 그려!' 하고 말하는 듯하게 상상한 그 최쵸의 순간에 아마 그의 령혼은 스서로 가서 자긔의 미하일과 만남을 깃버하고 잇섯는지도 모르지. 인생의 비밀은 위대한 것이다. 그리고 련애 그것은 그 비밀 즁의 가쟝 알기 어려운 것이다-셔를 대신하야(역자)"라고 서술되어 있다.

박효랑전: 김기홍 저작발행. 재전당서포1934.

【내용】 숙종 35년, 대구 사람인 청안 현감 박경여가 5대째 성주 땅에서 살고 있는 박수하의 선산에 묘를 쓴다. 박수하는 성주 관아에 시정을 요구하는 소송을 제기하지만 효과를 보지 못한다. 그는 상경하여 격쟁(擊錚)을 하고 마침내 조정으로부터 시정 지시를 받아내지만, 박경여의 친척인 관찰사는 차일피일 조치를 미루다가 오히려 박수하를 하옥하고 혹독한 곤장을 쳐서 그를 죽게 만든다. 분개한 박수하의 큰딸 문랑이 박경여 조부의 묘를 파헤치고 관을 태우다가 살해된다. 언니를 잃은 작은딸 계랑이 다시 신문고를 울려 억울함을 호소한다. 소문이 퍼지면서 삼남과 경기의 유생들이 통문(通文)을 돌려 사건 처리의 부당함을 지적하고 박수하의 두 딸에 대한 표창과 박경여의 처벌을 동시에 요구하는 상소를 올린다. 그 결과 사건 발생 후 16년이 지난 1726년에 사건에 대한 재조사가 이루어져 진상이 밝혀지고,

두 효녀는 효녀 정문(旌門)을 받는다. 그러나 관찰사와 박경여에 대한 처벌은 이루어지지 않는다.

【참고】 작자 연대 미상의 실화소설이다. 1권 1책의 국문본으로서 필사본과 1934년 대구의 재전당서포에서 나온 활자본이 있고 한문 활자본도 다수 확인된다. 18세기 초 경상도 성주지방에서 실제로 있었던 묘지송사에 얽힌 이야기를 바탕으로 하고 있다. 작자는 이 작품을 통해 당시 권세가들의 편파적 송사처결은 물론 부도덕성에 대해서 비판하고 있다. 이 사건은 『성호사설』 17권에도 수록되어 있다. 재전당서포본은 고려대 도서관에 소장되어 있다.

반역자의 모(번)/叛逆者의母: 고리키 작. 신태악 역. 평문관1924(124면, 60전).

【내용】 원작 참조.

【참고】 표지에 '文豪 꼬리키- 原作, 一星 辛泰嶽 飜譯 叛逆者의母' 라고 표기되어 있다. 고리키의 단편 7편을 번역하여 모은 책이다. 수록 작품은 「叛逆者의 母」, 「信仰과 主義」, 「太陽과 海」, 「社會主義者」, 「村의 名譽」, 「戀人의 愛」, 「母性의 力」이다. 渡平民의 일역서 『叛逆者の母(1920)』를 중역한 것으로 보이며, '讀者여러분에게' 라고 되어 있는 역자 서문에 "일본문으로 번역된 것에서 다시 중역하얏슴"이라고 밝히고 있다.

반항/反抗: 춘성 작. 신민공론사1923(105면, 60전).

【내용】 김경순은 소설가이자 H 학교 역사 교사이며, 《신인》이라는 잡지의 문예부장으로 있다. 그는 자기와 같은 생각을 공유하며 청춘을 보낼 수 있는 사람은 성악가이자, 여자고등보통학교 교사인 박혜자밖에 없다고 생각한다. 그런데 혜자는 이미 경성은행 전무인 한영준과 결혼한 유부녀이다. 혜자는 동경 음악학교에서 공부한 재원이지만 문학이나 사상 공부는 하지 않아 삶의 의미에 대해서는 진지하게 생각해 본 적이 없었다. 그래서 학교 졸업 후 돈 많은 남자와 서둘러 결혼을 하였다. 혜자는 애정 없이 결혼을 한 것에 대해 후회하며 부지런히 문학과 사상을 공부한다. 그리고 여자도 사람이라는 것을 자각하고 여자를 무시하는 남편에게 반항한다. 또한 진정한 삶을 산다는 자각 아래 경순의 구애를 받아들인다. 경순과 혜자는 동대문 우선각에 딸린 방에서 종일 이야기를 나누기도 하고, 밤 열 시가 넘은 시각에 한강에서 보트를 타며 데이트를 하기도 한다. 그러던 어느 날, 영준은 아내 혜자의 불륜 사실을 알아내고, 그녀를 추궁한다. 영준과 헤어질 결심을 한 혜자는 이혼을 요구하지만, 영준은 불같이 화를 내며 혜자를 마구 때린다. 혜자는 여성의 인격을 무시하는 영준에게 분노를 느끼고 피스톨로 영준을 쏘아 죽인다. 그리고 경순에게 그 사실을 알린 후 경성역에서 봉천행 열차를 잡아 함께 떠난다. 둘은 경찰의 눈을 피해 불란서 남쪽 지방인 니스까지

도망하는 데 성공한다. 그들은 파란 지중해의 물결과 감람나무 그늘이 있는 곳에 터를 마련하고 새로운 삶을 시작한다.

【참고】 고려대 소장 신민공론사본 표지와 본문 첫 장에 '反抗 春城 作'이라고 표기되어 있다. '자유연애'의 관점에서 한 청년과 유부녀의 사랑을 조명한 작품이다. 청춘 시절의 연애에 대한 찬사와 여성의 권리에 대한 요구가 작품 전면에 두드러지게 드러나 있다. 78면에 「반항」이 끝나고, 이후부터 105면까지 「깨여진 愛의 花環」이라는 제목의 연애 서간집이 합본되어 있다.

반혼향/返魂香: 작자미상. 대한일보1906.4.27-8.28.

【내용】 내용 생략.

【참고】 한글 회장체 소설이다. 중국 명대 전기소설집 『전등여화』 중 「가운화환혼기(賈雲華還魂記)」의 모티프를 차용한 작품으로 추정된다. 남녀 주인공의 이름이 「반혼향」의 주인공과 같고, 여주인공 가운화가 상사병으로 죽은 뒤 다른 시체의 몸을 빌려 환생하여 남주인공 위붕과 혼인을 이룬다는 내용 또한 동일하다.

발전(번)/발뎐發展

원작미상. 격공생 번안. 조선일보1920.12.2-1921.4.21(127회 상편 완).

【내용】 한아경은 영국 본토의 서남 방향에 위치한 시우리 군도에서 살고 있다. 어느 날 아경이 사는 섬에 리경이라는 청년 화가가 표류해 온다. 두 사람은 곧 가까워져 절친한 사이가 된다. 시간이 흘러 리경은 본토로 돌아가고, 한아경은 조모로부터 거액의 재산을 상속받아 젊은 부호가 된다. 런던에 돌아온 리경은 병을 얻게 되고, 치료비를 마련하기 위해 강강남이라는 자에게 돈을 받고 그림을 그려 주기로 계약을 맺는다. 강남은 리경의 작품을 자기 것이라고 속여 부와 명성을 손에 넣는다. 그는 소설가 심 부인, 시인 오유척 등의 작품도 같은

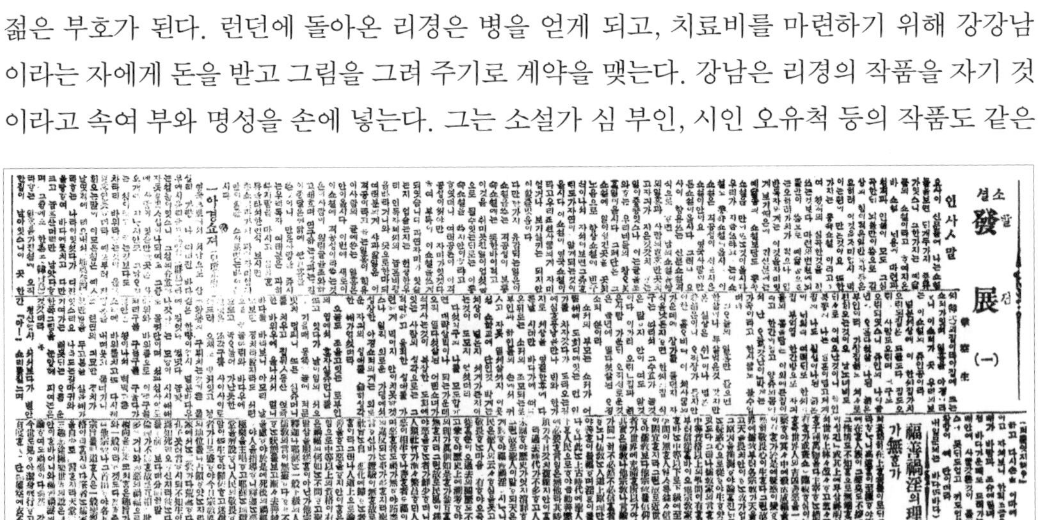
소설 發展 (一)

방법으로 갈취하여 다재다능한 젊은 천재의 명성을 얻는다. 5년 후 런던에서 리경과 재회한 아경은 초라해진 그의 모습에 놀란다. 강남은 유척의 오빠인 경주의 희곡 작품도 갈취하려고 하는데, 우연히 그것을 알게 된 아경은 극단을 사서 그 희곡을 먼저 상영해 버린다. 아경은 사기 행각을 밝히고 연락 두절된 리경의 처소를 알아낼 작정으로 강남의 집을 방문하다 겁탈당할 위기에 처한다.

【참고】 연재 지면에 '쇼셜 發展 발뎐 擊空生'이라고 표기되어 있다. 영국소설을 번안한 작품이다. 지명은 영국의 것을 그대로 사용하고, 인명은 한국식으로 바꾸었다. 번안자인 擊空生은 연재 첫 회에 실린 '인삿말'에서, 소설을 예술소설과 통속소설로 구분하고 이 소설이 후자에 속하는 것이라고 하였다. 주위의 권유에 의해 연재를 하지만 자신이 배우고 연구하는 길과는 다르기에 이 작품만을 위해 '격공생'이라는 필명을 새로 지었다고 하였다. 영국 작품이라고만 하였을 뿐 원저자와 제목은 밝히지 않았다. 매회 말미에 서술자의 논평과 차회에 대한 예고가 삽입되어 있다. 마지막 회에 상편이 완료되었다고 하면서 하편은 역자의 사정에 의해 연재되지 않을 것임을 밝히고 있다. '격공생'은 현진건의 필명이리라는 연구가 최근 발표되었다.

밤주막(번)/밤酒幕: 고리키 작. 함대훈 역. 조선공업문화사1949.

【내용】 원작 참조.

【참고】 원작은 고리키(Maxim Gorky)의 「밤주막(Na dne)」(1902)이다. 조선공업문화사에서 1949년에 발행되었다는 기록이 있으나 원본 자료를 확인할 수 없다. 동일 역자에 의해 1954년 발행된 양문사본 표지에 '밤酒幕 막심·고-리키 著 咸大勳 譯'이라고 표기되어 있다. 역자는 서문에서 이 작품을 번역한 것이 1934년경이라면서 극예술연구회의 공연을 목적으로 한 것이었으나 상연하지 못하였고, 해방 이후 출간하게 된 것이라고 밝히고 있다. 머리말 끝에 '1949년 2월 7일 譯者 識'라고 표기되어 있어 초판 발행 시기를 짐작할 수 있다.

방산월/芳山月: 작자미상. 초판서지불명.

【내용】 김현옥은 경기도 교하에 사는 김춘원의 아들로 어려서부터 그 총명함이 뛰어나 이름을 알린다. 어느 날 현옥이 금강산 구경을 가는데 그곳에서 미색이 뛰어난 최영희를 만난다. 영희는 춘천 좌수 최일성의 딸로 인품이 좋고 지혜로운 처녀이다. 그곳에서 묵던 중 현옥이 꿈속에서 영희를 만나 옥소를 받고 자신의 부채에 달린 선초(扇貂)를 전해 주는데, 꿈에서 깨어 보니 그의 손에 실제로 옥소가 들려 있다. 영희 역시 같은 꿈을 꾸었을 뿐 아니라 꿈속에서 받은 선초를 간직하고 있다. 둘은 서로의 마음을 확인하지만 이내 현옥은 아쉬운 귀향길에 오른다. 그러던 중 현옥은 강도를 만나 생사의 기로에 처하는데, 한 노인의 도움으로 간신히 위험에서 벗어난다. 한편 영희는 집에서 정해 둔 혼처인 리 판서의 아들 명재와

혼인할 것을 강요받는다. 일찍 상처하고 다시 혼처를 구하고 있던 명재는 행실이 부정한 인물이다. 영희는 현옥을 잊지 못하여 괴로워하던 중, 명재에 의해 겁탈당할 위험에 처한다. 영희는 그에게 저항하다가 혼절하는데, 한 남자의 도움으로 즉각 치료를 받게 된다. 현옥은 우연히 한 남자의 칼에 찔린 여자를 구하려다가 살인미수범의 누명을 쓰고 경찰서에 잡혀오게 되는데, 뒤늦게 그 여인이 영희임을 알게 된다. 영희의 증언으로 현옥은 사면된다. 이들은 고향으로 내려가 성대한 결혼식을 올린다.

【참고】 표지와 본문 첫 장에 '悲劇小說 방산월 芳山月'이라고 표기되어 있다. 주인공이 정조를 지켜서 결국 행복한 사랑의 결실을 맺는다는 내용의 연애소설이다. 본문 중간에 인물들이 주고받은 한시가 삽입되어 있다. 남녀의 운명적인 만남을 암시하는 꿈 모티프는 중요한 소설적 장치로 기능한다. 서강대 소장 세창서관본을 텍스트로 내용을 정리하였으나, 초판의 발행 연도 및 기타 서지사항은 확인되지 않는다.

방화수류정/방화슈류뎡訪花隨柳亭

김원길 저작발행. 박문서관1920(102면, 30전).

【내용】 평양 대동강 부벽루에서 이십여 세의 한 여승이 눈물을 흘리며 부모의 원수 갚기를 다짐한다. 그녀는 진사 한치영의 딸 옥션으로, 6년 전 헤어진 동생 유복을 찾고 있다. 충청남도 홍산의 한 진사는 슬하에 딸 옥션과 아들 유복 남매를 두었는데, 무장(武將)을 지낸 그의 집안은 모함을 받아 몰락의 지경에 이른다. 설상가상으로, 부를 축적하여 세력이 번성해진 한 진사 집안의 노비들이 반란을 일으켜 집에 불을 지르고 한 진사를 바다에 던져 버린다. 한 진사는 죽을 고비에 이르렀다가 일본인 근동의 도움으로 살아난다. 옥션과 유복 남매는 부친의 원수를 갚기 위해 길을 나섰다가 퇴기 평양집의 계략으로 위기를 겪는다. 그들은 옥션의 기지로 위기를 모면하나 뿔뿔이 헤어지고 만다. 옥션은 여승 혜암을 따라가 승려가 되고, 유복은 장 선달에게 의탁한다. 고향을 찾아온 한 진사는 가족들을 만나지 못하자 방화수류정 기둥에 소식을 남기고, 이것을 본 가족들은 한 진사와 재회한다.

【참고】 표지와 판권지에는 '방화수류정', 본문 첫 장과 난외에는 '방화슈류뎡'으로 제목이 달리 표기되어 있다. 한자 제목 '訪花隨柳亭'은 표지에만 나타난다. 전형적인 권선징악의 주제를 담고 있는 작품이며, 중간 중간 잦은 편집자 주석이 나타난다. 일본인이 조력자로 등장한다. 『일장춘몽(영창서관1925)』과 내용이 흡사하다.

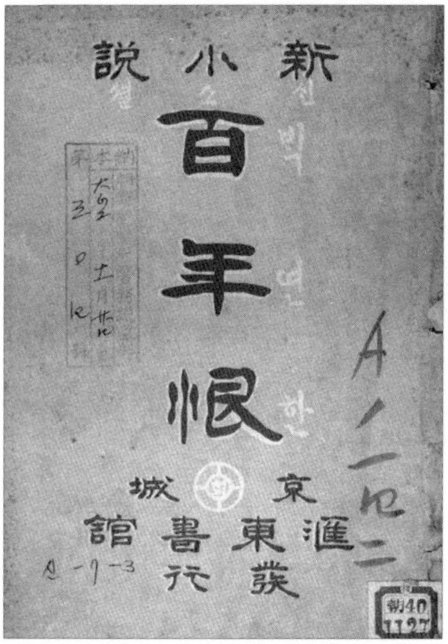

백년한/빅년한百年恨

소운 작. 회동서관1913(133면, 30전) ; 경성서적업조합1926(122면, 25전).

【내용】 명나라 소주부 오강현에 사는 쥬정쟝은 하람부에 놀러왔다가 왕츙의 딸 교란에게 한눈에 반한다. 쥬정쟝은 정성껏 한시를 지어서 교란에게 자신의 마음을 표현한다. 처음에는 그냥 지나쳤던 교란도 계속되는 쥬정쟝의 구애에 점차 마음이 흔들린다. 쥬정쟝은 왕츙이 자신을 못마땅하게 여기자 평소 친분이 있는 쥬공의 도움으로 교란과 만난다. 교란과 사랑에 빠진 쥬정쟝은 가족과 떨어져 살면서까지 교란 곁을 떠나지 않는다. 교란 역시 왕츙의 만류에도 불구하고 쥬정쟝과 만남을 이어간다. 그러던 중 부친의 병환 소식을 들은 쥬정쟝은 교란과 이별하고 고향으로 돌아간다. 교란은 쥬정쟝을 그리워하며 매일같이 서신을 보내지만 아무런 답장을 받지 못한다. 교란은 쥬정쟝이 변심했을까 봐 걱정하지만 이내 마음을 잡고 답신 없는 편지만 쓴다. 그러던 어느 날 교란은 쥬정쟝이 고향에서 혼인한다는 소식을 듣게 된다. 쥬정쟝의 마음이 변한 것을 알게 된 교란은 크게 상심하고 결국에는 자결을 하고 만다. 때마침 하람부에 새로 부임한 도찰원이 교란의 소문을 듣게 된다. 크게 노한 도찰원은 곧바로 쥬정쟝을 잡아오라 명한다. 도찰원 앞에서 부친의 병환을 핑계로 온갖 변명을 늘어놓던 쥬정쟝은 나쁜 기운을 받아 그 자리에서 죽는다.

【참고】 회동서관 초판본 표지에 '新小說 百年恨', 본문 첫 장에 '빅년한(百年恨) 紹雲 著' 라고 표기되어 있다. 중국 고전 『금고기관 권35』의 번역으로 보는 견해가 있다. 정혼한 여인을 배반하면 벌을 받는다는 내용으로 남녀간 신의를 중시한다. 소설의 말미에 '부모들이 소년들에게 이러한 일을 경계할 것을 가르쳤다' 하여 경세적 목적을 드러낸다. 한시가 빈번하게 삽입되어 있고, 한문 투의 서술 옆에 일일이 한자가 병기되어 있다. 1913년 초판 발행 후 회동서관에서 꾸준히 중판되었는데, 판권지의 초판 기록이 들쭉날쭉하여 신뢰하기 어렵다. 1926년 홍순필 편집 겸 발행으로 경성서적업조합에서 발행된 것이 특이하다. 1923년, 1924년 회동서관 판본과 비교해 볼 때 판형의 차이가 없는 책이다. 이후 면수와 판형이 다르지 않은 책이 회동서관에서 다시 간행되는데, 초판의 기록을 경성서적업조합본 발행 연도인 1926년으로 기록하고 있다. 1929년 회동서관(광익서상 공동발행)본까지 확인된다.

백련유전기/白蓮流轉記

윤백남 작. 동아일보1936.2.22-8.28(154회) ; 한성도서주식회사1938(37면, 1원 50전).

【내용】 사내들에게 화를 당할 위기에 처한 백련을 장영백이 나서서 구해 준다. 이를 계기로

둘은 사랑에 빠지고 결혼을 약속한다. 마을에 미국 상선 셔먼호가 정박하면서 선원들이 마을을 습격하여 백련을 납치한다. 가까스로 탈출한 백련이 무사히 귀향하지만, 그녀가 배 안에서 봉욕을 당했다는 이야기가 퍼진다. 소문을 들은 영백의 모친이 가짜 편지를 써서 둘 사이를 갈라놓고, 영백을 조건 좋은 혼처로 장가보낸다. 그 후 백련은 객주업을 하는 부호 조만수의 세 번째 아내가 되지만 영백을 잊지 못하고, 어느 날 칠불사에서 열리는 제를 구경 갔다가 삼보에게 겁탈당한다. 백련과 삼보가 부정한 관계라는 소문이 퍼지자 만수는 백련을 내쫓는다. 환멸을 느낀 백련은 뛰어난 미색을 이용해 유명한 기생이 된다. 부패한 관리에게 독설을 던지는 호탕함까지 지닌 그녀는 뭇사람들의 찬탄을 받지만, 백련의 미모에 반한 탐욕스러운 관리 이중군에게 저항하다가 대동강 물에 빠져 죽을 위기에 처한다. 기절한 채로 강 하구까지 떠내려온 백련을 세 명의 뱃사공이 구해 주지만, 그들 역시 그녀를 차지하려고 몸싸움을 벌인다. 마침 칠불사의 삼보가 나타나 그녀를 구해 주는데, 도적의 괴수가 된 그는 칠보스님이라는 이름으로 불리고 있다. 백련은 도둑 무리의 우두머리가 된다는 조건으로 칠보의 아내가 된다. 백련 무리는 못된 양반들과 포악한 관리들을 벌한다. 한편 모친의 계략으로 백련을 잃었다는 사실을 알게 된 영백은 오랜 세월 방황하며 지내던 중 구월산에서 혁명을 일으키기 위해 모인 사람들을 만나 산당에 가입한다. 영백 무리는 자신들과 뜻을 같이 하는 김옥균을 만나고 은밀하게 사변을 준비한다. 한편 백련은 삼보의 곁을 떠나 영백을 찾아 나서고 극적으로 조우한다. 백련을 되찾기 위한 삼보의 계략으로 영백은 죽을 고비를 맞지만, 백련의 기지로 위기를 모면한다. 백련은 부정한 관료에게서 빼앗은 돈으로 영백의 정치자금을 마련한다. 김옥균의 계획은 실패로 끝나고 백련은 절도죄로 관가에 끌려간다. 목숨이 위태로운 영백은 어쩔 수 없이 일본 망명길에 오르는데, 그의 일행이 탄 배 위에서 뜻밖에도 감옥에서 탈출한 백련과 상봉한다.

【참고】 희곡작가이자 소설가인 윤백남의 역사소설이다. 윤백남은 역사적인 사건을 배경으로 삼되 허구의 주인공을 등장시킴으로써 정사를 야담화하여 민중의식을 드러내고자 하는, 이른바 '야담작가'로 불린다. 「백련유전기」 외에도 같은 시기에 신문에 연재된 「대도전(1930)」, 「해조곡(1931)」, 「흑두건(1934)」, 「야화(1934)」 등의 장편소설은 하층민 혹은 소외된 계층의 활약상을 다룬다는 내용상의 공통점이 있다. 이 작품들은 주인공이 도적이 되어 타락한 관료와 부패한 부호를 벌하고 폭

력적인 사회를 교정하려고 노력한다는 점에서 「홍길동전」의 의적 모티프를 차용한 것으로 해석된다. 『백련유전기』에서는 남성 주인공뿐 아니라 여성 주인공 역시 도적의 괴수가 되는데 남성 인물을 위험에서 구하는 여성 인물의 영웅적인 면모가 두드러지는 작품이다. 한성도서에서 1950년까지 발행되었다는 기록이 있다. 서강대 도서관 소장 한성도서주식회사본을 참조하였다. 표지에 '長篇小說 白蓮流轉記' 라고 표기되어 있다.

백련화/白蓮花

해동초인 작. 조선도서주식회사1926(86면, 35전).

【내용】 가난한 소작농인 김길배는 소작권을 잃자 가족을 데리고 처가 쪽 친척인 이준근을 찾아간다. 광주에서 소지주로 행세하는 준근의 도움으로 길배는 생활의 안정을 찾지만 얼마 안 되어 대홍수의 재난을 당한다. 마을 전부가 침수되어 주민들이 몰사 직전에 이르자 마침 마을 주위를 표류하던 새우젓 배가 나타난다. 준근은 새우젓 값으로 백여 석 추수를 주겠다는 제의를 하고 그의 가족과 친척부터 배에 오르게 한다. 길배는 준근 덕에 배에 올라 화를 면하나 곧 배가 전복되어 다시 위기에 처하게 된다. 이때 광주 봉은사 주지 나청호의 도움으로 길배는 간신히 목숨을 부지한다. 그리고 가족의 생사도 모른 채 낙담 속에 모친이 있는 양주로 돌아간다. 양주에서 이집 저집 다니며 품팔이로 연명하던 그는 두 어린 딸이 죽었다는 사실을 알고는 세상을 원망하며 살아간다. 그러다 길배는 우연히 준근을 만나 만주로 장삿길을 떠난다. 길을 떠나는 중에 마적을 만나는 등 여러 고난을 겪던 길배는 홍수 때 헤어진 부인과 아들을 우연히 만난다. 그의 부인과 아들은 홍수 때 중국 해적선에 구조되어 장춘의 유곽에 팔렸다가 한창해라는 인물의 구원으로 그곳에서 빠져나올 수 있었던 것이다. 길배는 창해로부터 거금 만 원을 받아 금의환향한다.

【참고】 서울대 도서관 소장 조선도서주식회사본 표지에 '白蓮花', 본문 첫 장에 '白蓮花 海東樵人 著' 라고 표기되어 있다. 을축년(1925)의 유명한 대홍수에서 취재한 것으로 보인다. 신소설로서는 드물게 궁핍한 소작농민을 주인공으로 다룬 최찬식의 작품이다.

백만불의 비밀/百萬弗의秘密

심천성 작. 창문당서점1928(140면) ; 영창서관1931.

【내용】 미확인.

【참고】 단행본 원본 자료를 구할 수 없어 작품의 경개 및 세부 서지사항을 직접 확인하지 못했다. 인터넷 서점 '신고서점'의 사진 자료로 확인한 창문당서점본 본문 첫 장에 '探偵小說 百萬弗의 秘密(백만불의비밀)'이라고 표기되어 있다. 『운명의 진주(영창서관1931)』 권말 서적 광고에는 二笑 作 探偵小說 百萬弗의 秘密'이라고 표기되어 있다. 작가 표기의 오류인지, 二笑가 심천성과 동일 인물인지는 확인되지 않는다.

백발(번)/白髮: 원작미상. 청황생 역. 조선일보1921.5.14-9.30(125회 미완).

【내용】 이태리에서 거부로 손꼽히는 백작 출신의 '나(하쥰)'는 어려서 부모님을 여의고 젊은 나이에 많은 재산을 상속받는다. '나'는 방탕한 생활을 멀리하는 대신 고아 출신의 가난한 친구 리상츈을 도우며 건실하게 생활한다. 그러던 중 '나'는 영락한 귀족 집안의 무남독녀 화자를 만나 첫눈에 반한다. 화자와 결혼한 '나'는 달콤한 신혼 생활을 보내고 얼마 지나지 않아 딸 경숙을 얻는다. 어느 날 마을에 원인 모를 전염병이 돌자 상츈이 피신 차 '나'의 집에 머물게 된다. 그러나 '나'는 병에 감염되어 쓰러지고 마을 사람들은 전염을 막기 위해서 '나'를 무덤 굴에 가둔다. 한참 정신을 잃고 쓰러져 있던 '나'는 깨어나 탈출을 시도하던 중 금은보화를 발견한다. 알고 보니 마을에 있는 무덤 굴은 해적왕의 보물창고였던 것이다. 무덤 굴에서 빠져나온 '나'는 백발이 되어 있는 내 모습에 깜짝 놀란다. 사람들은 백발의 '나'를 노인으로 착각한다. 집으로 돌아온 '나'는 정원에서 상츈과 화자의 다정한 모습을 보고 충격을 받는다. 알고 보니 화자는 재산을 보고 '나'와 결혼한 것이며, 상츈은 예전부터 화자에게 흑심을 품고 있었던 것이다. 배신감에 젖은 '나'는 오셰환이라고 이름을 바꾸고 중년의 귀족 행세를 하며 상츈과 화자에게 접근한다. 화자가 '나'에게 호감을 보이자 상츈과 '나'는 화자를 두고 권총 결투를 벌인다. 화자를 다른 곳에 보낸 후 '나'는 총으로 상츈을 쏘고 죽어가는

白髮 (一)
青黃生

그에게 정체를 밝힌다. 이후 '나'는 보물을 보여 주겠다며 화자를 무덤 굴로 유인해서 정체를 드러내고 모든 사실을 밝힌다. 죽은 줄 알았던 하쥰이 살아 있다는 것에 충격을 받은 화자는 미친 듯 울부짖으며 동굴 안으로 달려간다.

【참고】 연재 지면에 '白髮 靑黃生'이라고 표기되어 있다. 연재 1회분의 본문 앞에 "이 쇼셜은 이틔리 쇼셜(利太利小說)이올시다. 안이 쇼셜이 안이라 사실긔담(事實奇談)이올시다", "정만코 한만은 남쪽구라파(歐羅巴) 사람의 손에 된 것이라" 등으로 서술되어 있으나 원작이 무엇인지에 대한 정보는 주고 있지 않다. 주인공 '하쥰'이 독자에게 자신의 이야기를 들려주는 일인칭 형식으로 되어 있다. 죽음 직전에서 살아나온 주인공이 자신을 배신한 부인과 친구에게 복수를 실행하는 과정을 그리고 있으며, 친구의 처단에 이어 부인을 처벌하는 부분에서 연재가 중단되었다. 《조선일보》 연재분은 1921년 9월 30일분까지 확인되며, 이후 한 달 넘게 신문이 유실되어 끝부분을 찾을 수 없다. 그러나 내용으로 보아 완결되지 않았음을 알 수 있다. 신문 연재분의 내용은 현재 단행본의 71장까지 찾을 수 있다. 후에 「재활」이라고 개제하여 1928년 광한서림에서 발간된 단행본은 73장에 에필로그를 더한 후 완결되어 있어, 1921년 10월에도 「백발」의 신문 연재가 계속되었을 가능성이 충분하다. 이 작품의 역자는 '靑黃生'이라고만 되어 있을 뿐 본명이 밝혀져 있지 않으나, 1929년 1월에 발간된 『별건곤』 18호에 수록된 글 「소설 쓴 뒤–소설가가 소설 쓴 때문에 당한 일」 중 현진건이 쓴 부분 "갓잔은 소설로 문제"를 보면 '청황생'이 현진건의 필명임을 알 수 있다. 이 작품은 후에 여러 차례 단행본으로 발간되었는데, 『악마와 가티(박문서관1924)』, 『재활(광한서림1928)』, 『마인(문언사1948)』, 『요부의 말로(동문사서점1949)』 등으로 제목과 출판사를 달리하였다. 이 중 현재 단행본의 존재를 직접 확인할 수 있는 것은 『재활』과 『마인』이다.

백발귀(번)/白髮鬼: 원작미상. 이소 역. 영창서관1924.

【내용】 미확인.

【참고】 현재 원본 자료를 구할 수 없어 상세한 서지를 파악하기 어렵다. 이소(二笑) 역으로 1924년 영창서관에서 발행하였다는 기록이 있다. 영창서관 발행 단행본의 권말 광고를 검토한 결과 1925년 이후 발행 판본들에서 '失戀復讐 白髮鬼'라는 표제를 발견할 수 있다. 그러나 이것만으로는 창작인지 번역인지 단언할 수 없으며, 이소의 작품인지도 현재로서는 확인할 길이 없다. 1894년 일본 扶桑堂에서 구로이와 루이코(黒岩涙香) 번역의 『白髮鬼』가 간행된 바 있다. 영국 작가 마리 코렐리(Marie Corelli)의 「Vendetta! ; or, The Story of One Forgotten(1886)」을 일역한 것인데, 이 작품들과의 관계도 영창서관 간 『백발귀』가 발견되어야 비교 검토가 가능할 것이다.

백발연맹(번)

【내용】 「심야의 공포」 참조.

백의미인/白衣美人: 김준환 저작발행. 덕흥서림1933.

【내용】 간도 용정촌 시내에서 한 여인이 단도를 품고 중국인 왕봉수의 집으로 들어간다. 여인은 잠들어 있는 봉수의 가슴에 단도를 찌르고 옆에 놓인 총으로 그를 쏘아 죽인다. 순찰 중이던 중국 순사가 총소리를 듣고 달려와 여인을 붙잡는데, 뒤이어 일본 순사가 나타나 여인을 일본영사관으로 호송한다. 이 여인은 조선 맹산군에 사는 김보월로, 남편 정인삼의 복수를 위해 봉수를 죽인 것이다. 보월 부부는 아들 수복이 태어난 후 가난한 살림을 정리하여 마을을 떠나 동생이 있는 곳으로 이사한다. 그러나 동생이 마름에서 물러나고 빚만 지게 되자 보월 부부는 야반도주를 해서 간도로 건너간다. 보월 부부는 조선인 리춘경의 도움으로 술장사를 시작하지만 치근덕대는 손님 때문에 장사를 접는다. 술집에 드나들던 중국인 봉수는 보월에게 흑심을 품고 이들 부부에게 접근한다. 봉수는 인삼이 없는 틈을 타 보월을 취하려 하지만, 보월은 봉수를 속이고 남편과 함께 도망친다. 그러나 이내 인삼은 봉수에게 붙잡혀 죽임을 당하고 보월은 이 사실을 모른 채 조선으로 돌아온다. 수년 후 보월은 간도에서 함께 생활하던 만쇠를 우연히 만나 인보의 타살 소식을 듣는다. 보월은 복수를 결심하고 간도로 돌아와 봉수를 죽였던 것이다. 구구절절한 사연을 들은 일본 영사관은 보월을 무죄백방하고 보월은 남편의 시신을 수습하여 조선으로 돌아온다.

【참고】 표지와 본문 첫 장에 '滿洲荒野 白衣美人백의미인'이라고 표기되어 있다. 중국인이 조선인을 핍박하는 악인으로, 일본인이 조선인의 구원자로 등장하고 있어 친일적 성향을 엿볼 수 있다. 초판은 1933년에 발행되었으며 국립중앙도서관 소장 1934년 재판본(70면, 30전)을 텍스트로 내용을 정리했다.

백의인의 루/白衣人의淚: 이원규 작. 세창서관1935(84면).

【내용】 19세에 부모를 여읜 후 정혼한 남자와 결혼하여 딸 하나를 낳고 안성에서 살던 장 씨는 딸 숙희가 일곱 살 되던 해에 남편마저 작고하자 고된 생활을 근근이 이어 가고 있었다. 장 씨가 차려 놓은 주막에 장날마다 어김없이 들르는 고홍일이라는 이가 있었는데, 장 씨는 홍일의 사람됨에 반해서 생각지도 못하던 개가를 결심한다. 두 사람은 의좋은 부부가 되어 딸 숙희와 화목한 가정을 꾸리게 되었으나 가난은 벗을 길이 없어 안성 땅을 등지고 평안도 삭주로 이사한다. 넉넉지는 않으나마 손에 익은 객주업에 의지하여 부부는 삭주에서 몇 년을 살았는데, 숙희가 보통학교를 졸업할 무렵 그곳에 객주가 늘어나자 더 버티지 못하고 만

주로 떠난다. 만주에서의 장사는 벌이가 괜찮았는데, 그것은 숙희의 외모에 반한 술꾼들의 발길이 이어졌기 때문이다. 그중 중국인 부호 조 장궤는 호시탐탐 숙희를 취할 기회를 엿보며 장 씨 부부에게 온갖 호의를 베푼다. 홍일에게 마름 일을 주고 장사 밑천도 대어 주면서 환심을 사려 한 것이다. 장 씨 부부는 조 장궤의 호의를 이용하여 재산을 모으고 결국은 조선으로 달아날 심산이었으나 재산이 모이기는 너무 더디었고 조 장궤의 흑심은 극에 달하고 있었다. 조 장궤는 홍일로 하여금 먼 곳으로 심부름을 보낸 틈에 숙희를 취하려 하고, 장 씨의 기지로 뜻을 이루지 못하다가 은행에서 돈을 찾아 조선으로 도망하려던 홍일을 붙잡아 때려죽인다. 훗날 장 씨 모녀는 조선인 천수길의 도움을 얻어 조 장궤를 죽이고 고국으로 돌아온다.

【참고】 표지에 '滿洲悲話 白衣人의 淚 백의인의 눈물'이라고 표기되어 있다. 생활고를 이기지 못해 솔가하여 만주로 가고 그곳에서도 중국인에 의해 고난을 당하는 민족의 설움을 그렸다. 서강대 소장 세창서관본을 텍스트로 내용을 정리했다.

백의처녀/白衣處女: 작자미상. 출판사연도불명.

【내용】 내용 생략.

【참고】 일본 도야마 대학(富山大學)에 소장된 작품이다. 도서관 홈페이지에 제목이 '滿洲哀話 白衣處女'라고 표기되어 있다. 만주 간도 국자가를 배경으로 한다. 고리대금업, 여주인공의 술집 여급 전락, 자살, 마적 모티프 등으로 이루어진 작품이다.

백의청년/白衣青年

김동진 저작발행. 덕흥서림1934(72면, 35전).

【내용】 장충단 공원을 거닐던 안병화는 한 여인이 목을 매고 죽으려 하는 것을 보고 이를 말린다. 여인은 무역업을 하는 리익영의 딸 정숙으로, 익영이 간도로 떠난 뒤 계모가 청인에게 팔아넘기려고 하자 자살을 결심한 것이다. 병화의 부친 안일호 역시 황무지를 개간하고자 간도로 떠난 뒤 소식이 끊긴 상태이다. 병화는 정숙을 자신의 집으로 데려오고 만일을 대비해서 정숙이 자살한 것으로 꾸민다. 정숙은 아버지를 찾기 위해서 남복을 하고 병화를 따라 간도로 떠난다. 한편, 정숙의 부친 익영은 간도에 사는 병화의 외숙 김경옥의 집에 유숙하며 무역업을 하고 있

다. 어느 날 익영은 마적 행세를 하는 조선인 강영록에게 납치된다. 간도의 토지를 매입해서 학교를 세우고자 하는 일호는 도움을 얻으려고 정옥을 찾아왔다가 역시 영록에게 납치된다. 정옥을 찾아간 병화와 정숙은 이와 같은 사실을 알게 되고 부친들을 구출해 낼 계획을 세운다. 갖은 고생을 겪은 끝에 두 사람은 영록 무리를 붙잡고 익영과 일호를 구해 낸다. 영록은 자신의 행동을 뉘우쳐 회개하고 일호를 도와 황무지 개간에 힘쓴다. 정숙의 계모 또한 용서를 구하고 회개한다. 정숙과 병화는 혼인하여 일호가 간도에 설립한 학교에서 조선인을 위한 교육에 힘쓴다.

【참고】 국립중앙도서관 소장 덕흥서림본 표지에 '滿洲荒野大膽한 白衣青年백의청년' 이라고 표기되어 있다. 소설의 초반부에 계모에 의한 전처소생 박해 모티프가 보이지만, 만주를 배경으로 하는 남녀 주인공의 모험과 역경이 주된 서사를 이룬다. 황무지 개간이나 학교 설립 등 만주 조선인들을 계몽하려는 작가적 시선도 엿볼 수 있다.

백일홍/**빅일홍: 작자미상. 박문서관1915(25전).**

【내용】 미확인.

【참고】 단행본 원본 자료를 구할 수 없어 작품의 경개 및 세부 서지사항을 확인하지 못했다. 『형월(박문서관1915)』 권말 서적 광고에 '빅일홍' 이라고 제목이 표기되어 있다.

백장미: **영창서관 편. 영창서관1935(35전).**

【내용】 미확인.

【참고】 단행본 원본 자료를 구할 수 없어 작품의 경개 및 세부 서지사항을 확인하지 못했다. 『강명화전(영창서관1935)』 권말 '영창서관 발행 신소설 목록' 에 '백장미' 라고 제목이 표기되어 있다. 영창서관에서 펴낸 『신간도서목록』에 '永昌書舘 編 探偵小說 白薔薇' 라고 표기되어 있다.

백진주/**白眞珠: 홍병석 저작발행. 홍문서관1938(75면, 50전).**

【내용】 정순은 아름답고 총명한 처녀이다. 그녀가 어느 날 모친과 함께 대동강에서 뱃놀이를 하는데, 용상어가 배를 공격한다. 선객들은 제비를 뽑아 걸린 사람을 상어밥으로 던져주고 위기를 모면하자고 한다. 정순과 양무철이라는 청년 한 명이 희생자로 결정된다. 사람들이 정순을 상어에게 던지려는 순간, 무철이 칼을 들고 상어와 싸워 이긴다. 정순 모녀는 보은의 뜻으로 그를 집에 초대한다. 정순의 부모는 무철이 용맹한 무골호인인 데다 미혼이라는 말을 듣고, 그를 사위로 삼고자 한다. 그날 밤 도적 떼가 정순의 집에 침입하는데 무철

이 단신으로 이를 물리친다. 이후 무철과 정순은 부부가 되어 행복하게 지낸다. 한편 무철에 의해 쫓겨난 도적들은 복수를 다짐한다. 도적의 두목 마궐은 정순이 미인이라는 말을 듣고 무철이 고향에 다니러 간 사이 그녀를 납치한다. 정순은 붙잡혀 가던 중 죽기를 각오하고 물에 뛰어들어 헤엄쳐 도망친다. 그녀는 어느 해안 마을에 가서 해녀 노릇을 하며 숨어산다. 어느 날 정순은 상어를 잡는데, 상어 뱃속에 만 원짜리 백진주가 들어 있는 것을 발견한다. 그녀는 진주를 혼자 차지하지 않고 팔아서 절반은 소학교와 어업조합, 진흥회에 기부하고, 나머지는 해녀들과 균등하게 분배하기로 한다. 이때 마궐의 무리가 배를 타고 이 마을에 쳐들어와 정순을 납치한다. 두 시간 뒤 무철이 마을에 도착한다. 그는 마을 경관에게 정순의 행방을 듣고 추격하여 상해까지 쫓아간다. 상해 항구의 경관은 무철의 말을 듣고 여행객을 조사하던 중, 정순이 트렁크에 갇혀 운반되는 것을 발견하고 구한다. 무철은 정순과 재회하고, 경찰과 협조하여 마궐을 잡는다.

【참고】 동덕여대 도서관 소장 홍문서관본 본문 첫 장에 '武勇小說 白眞珠'라고 표기되어 있다. 남주인공 무철이 괴이할 정도의 대식가이며 일당백의 용맹을 가진 것으로 묘사되어 있는 점이 고전소설의 영웅호걸 묘사와 닮아 있다. 『목포의설음 木浦의설음(일명 백진주탑 一名 白眞珠塔)』과 제목만 다를 뿐 동일한 작품이다.

번개 같은 도적/번개가튼盜賊: 정도영 발행.

【내용】 미확인.

【참고】 단행본 원본 자료를 구할 수 없어 작품의 경개 및 세부 서지사항을 확인하지 못했다. 1930년 9월호 《조선출판경찰월보》 단행본 납본 목록에 수록되어 있다.

번롱(번)/飜弄: 하디 작.

김기진 번안. 중외일보1926.11.30(15회)-12.24(38회).

小說 飜弄 金基鎭 飜案 【三】

【내용】 원작 참조.

【참고】 연재 지면에 '小說 飜弄 金基鎭 飜案'이라고 표기되어 있다. 《중외일보》 1926년 11월 30일자 이전의 자료가 유실되어 연재 시작 일자를 단정하기 어려우나, 신문이 1926년 11월 15일에 창간되었고, 11월 30일자의 연재 횟수가 15회인 것으로 미루어 볼

때 창간호부터 연재되었을 가능성이 높다. 본문 앞에 원작이나 원작자가 명시되어 있지는 않으나, 연재 최종회의 말미에 "이 小說은 英國文壇의 元老 '하-데-'氏의 代表作長篇 '쩨버비유의 테스'라는 것을 日本의 仲木貞一氏가 飜案한 것을 臺本으로 하고서 筆者가 多少添削"한 것이라고 밝히고 있다. 즉 영국 작가 토머스 하디(Thomas Hardy)의 「더버빌 가의 테스(Tess of the D' Urbervilles)」(1891)를 원작으로 하고, 일본어 번안본을 대본으로 김기진이 재번안한 작품이다. 동일 원작의 번역 및 번안으로 최활의 「두 야심의 비극(1930)」, 심향산인의 「더버빌의 테스(1929)」, 백석의 「테스(1940)」가 있다.

번리화정서전/樊梨花征西傳: 노익환 저작발행. 신구서림1931.

【내용】 당 태종 때 서번국이 창궐하자 태종은 설인귀를 전장에 내보낸다. 설인귀가 서번국 백호관 총병 양번과 싸우다 위기에 처하자 아들 설뎡산이 구하러 온다. 그러나 설뎡산의 실수로 설인귀가 죽는다. 태종이 죽자 왕위에 오른 고종은 아버지를 죽인 설뎡산의 관직을 폐하고 한강관 여총병 번리화를 원수로 삼은 뒤 두 사람을 결혼시킨다. 번리화는 살부살형하고 당에 투항한 인물이다. 고종의 명을 받은 번리화는 진한과 두일호를 좌우익으로 삼고 양번을 치러 간다. 얼굴이 서시같이 아름다운 번리화를 보고 반한 양번은 번리화를 빼앗아 오고자 하지만 싸움에서 져 죽는다. 그의 아버지 양호 또한 아들의 죽음에 분노하여 번리화와 맞서지만 파죽지세인 번리화의 군대를 당해 내지 못하고 죽는다. 서번국의 소보동이 군사를 이끌고 와 번리화와 맞서 싸우는데 이때 임신 중이던 번리화는 말에서 떨어지면서 아들을 낳는다. 소보동은 번리화의 군사에게 붙잡히지만 무지개로 변신하여 사라진다. 얼마 후 주애의 금우관을 치러 간 번리화는 주애와 싸우다가 칼을 빼앗긴다. 그날 밤 진한, 두일호 두 장군이 금우관에 침입해 칼을 빼내 오는데 그 과정에서 두일호가 철농에 갇힌다. 두일호가 화형에 처해진다는 소문을 들은 진한은 사부 왕선로에게 부탁하여 도술로 두일호를 구한다. 그리고 주애가 호색에 빠지도록 유인해 죽인다. 금우관을 장악한 번리화의 군대는 번왕의 태자가 수장으로 있는 옥룡관을 탈환하러 간다. 소보동은 설욕을 위해 자진하여 전장으로 나간다. 흑사자를 타고 첫 번째 싸움에서 대승한 그는 두 번째 싸움에서 흑사자를 번리화에게 빼앗기고 죽는다. 옥룡관이 탈환되었다는 소식에 번왕은 항복한다. 소식을 들은 고종은 설뎡산을 양요왕에 봉하고 번리화를 왕비에 봉한다.

【참고】 1931년에 초판이 발행되었으며 고려대 도서관 소장 1932년 발행 재판본(83면, 30전)을 텍스트로 내용을 정리했다. 중국 당나라 때의 실존인물 '설인귀'를 주인공으로 하는 우리나라 고소설 중 「설인귀전」이 있다. 중국소설 『薛唐征西傳』의 번역소설이라는 의견도 있고 한국판으로 창작되었다는 견해도 있다. 「西征記」, 「薛丁山實記」, 「樊梨花征西傳」은 「薛唐征西傳」 중 「薛丁山征西」 부분의 번역이다. 이 소설들은 이전의 판각본이나 필사본이 발견되지 않고, 1910년 이후에 나온 활자본으로만 존재한다는 점에서 고소설의 범주로 놓기 어렵다는 견해가 있다. 실존인물이 등장하지만 괴력난신의 인물이 등장한다는 점에서 전기적 요소를 가미한 실기이다.

범의 어금니(번): 르블랑 작. 원동인 역. 조선일보1930.8.5-5.15(220회 완).

【내용】 원작 참조.

범의어금니 (1)
苑洞人 譯
靑山生 畵

【참고】 프랑스 추리 작가 모리스 르블랑(Maurice Leblanc)의 「호랑이 이빨(Les Dents du Tigre)」(1923)을 苑洞人이 번역한 것이다. 연재 1회의 역자 머리말에 "작중에 나오는 인물을 전부 조선음으로 곳친 것"임을 밝히고 있다. 연재 최종회에는 작중인물명의 원명 색인을 수록해 놓고 있다. 일본어 역본의 중역으로 보이며 초역이나 축역이 아닌 완역본이다. 동일 원작의 번역으로 노춘성의 「이억만 원의 사랑(1948)」이 있다.

법국혁신전사(번)/法國革新戰史: 원작미상. 현채 역. 황성신문사1900(110면, 30전).

【내용】 원작 참조.

【참고】 표지에 '光武四年六月皇城新聞社繙刊 法國革新戰史' 라고 표기되어 있다. 본문 첫 장에 '日本 澁江保 譯述' 이라고 표기되어 있는 것을 볼 때 중역이나, 원작자 및 원작명은 확인할 수 없다. 프랑스 혁명사를 내용으로 한 작품이다. 일본 시부에다모스(澁江保)의 '萬國戰史' 시리즈 중 「佛國革命戰史(1896)」를 축약 번역한 것이다.

법란서신사(번)/法蘭西新史: 매킨지 작. 현채 역. 탑인사1906(129면, 40전).

【내용】 원작 참조.

【참고】 본문 첫 장에 '法蘭西新史 譯泰西新史 韓國 玄采 譯' 이라고 표기되어 있다. 판권지에 발행소 표기 없이 '印刷所 搭印社' 라고 표기되어 있다. 이 책은 『泰西新史』의 한문본인 『泰西新史攬要』에서 프랑스 관련 사료만을 추려 현채가 역술한 것이다. 『泰西新史』는 영국인 馬懇西(Robert Mackenzie)의 저작 『History of Nineteenth Century』를 중국에서 선교활동을 하던 李提摩太(Timothy Richard)가 漢譯한 책이다.

베니스 상인(번)/뻬니스商人: 셰익스피어 작. 이상수 역. 조선도서주식회사1924(153면)

【내용】 원작 참조.

【참고】 원작은 셰익스피어(William Shakespeare)의 희곡 「베니스의 상인(The Merchant of Venice)」(1596)이다. 책 표지에 '쉑스피어 著 李相壽 譯 뻬니스商人 一名 人肉裁判' 이라고 표기되어 있다. 역자는 '첫머리말' 에서 현철이 《개벽》(1921년)에 번역한 「하믈레ㅌ」를 한국어로 번역된 최초의 셰익스피어 희곡이라고 소개하고 있다. 또한 원래 이 작품(『뻬니스商人』)에는 '인육뎐당' 이란 별명이 있으나 뜻을 더 잘 전달하기 위해 '인육재판(人肉裁判)' 이라는 이름을 붙였다고 밝히고 있다. 판권지에 출판 연도가 1924년으로 명기되어 있으나 역자의 서문에 '1922년 12월 17일 갓별 씀' 이라고 표기되어 있어 작품의 번역 시기가 1922년임을 알 수 있다. 동일 원작의 번역으로 역자 미상의 「만록총중 일점홍(1922)」, 박용철의 「베니스의 상인(1940)」, 오천경의 「해성월(1922)」이 있다.

베니스의 상인1(번)/뻬니스의商人: 셰익스피어 작. 박용철 역. 동광당서점1940.

【내용】 원작 참조.

【참고】 시문학사 편집 『박용철전집 제2권(동광당서점1940)』 제Ⅳ부 '희곡편'의 651-674면에 실려 있다. '劇研第五回上演臺本' 이다. 원작은 셰익스피어의 희곡 「베니스의 상인」이다. 동일 원작의 번역으로 역자 미상의 「만록총중 일점홍(1922)」, 이상수의 「베니스 상인(1924)」, 오천경의 「해성월(1922)」이 있다.

베니스의 상인2(번)

셰익스피어 작. 최정우 역. 박문서관1939 ; 박문출판사1948(210면, 290원).

【내용】 원작 참조.

【참고】 셰익스피어의 희곡 「베니스의 상인」을 번역한 것으로 보이나, 자료를 확인하지 못하여 기존 2차 자료의 서지만을 기록했다.

베르테르의 설움(번)/뻬르테르의서름 괴테 작. 박용철 역. 문예월간1932.3(1회 완).

【내용】 원작 참조.

【참고】 원작은 독일의 작가 요한 볼프강 폰 괴테(Johann Wolfgang von Goethe)의 첫 장편 「젊은 베르테르의 슬픔(Die Leiden des jungen Werthers)」(1774)이다. 게재 지면에 '뻬르테르의서름 괴-테 作 朴龍喆 譯' 이라고 표기되어 있다. 역자는 "이 書簡文體의 小說 「절믄 베르테르의 서름」은 發表되자

곳 獨逸은 물론 全區洲의 歡迎을 바더 各國語로 번역"이 되었다고 밝히고 있다. 또한 "나폴레온이 이 책을 일곱 번"이나 읽었다는 일화를 소개하였다. 주인공의 이름이나 지명 등을 그대로 옮기면서 내용을 압축하였다. 편집 겸 발행인인 박용철을 중심으로 간행된 《문예월간》은 해외문학 소개에 역점을 두면서 순수문학운동을 주도한 문예지이다. 1932년 3월에 괴테 특집을 실은 통권 4호를 끝으로 종간되었다.

벤허(번)/벤후르: 월레스 작. 나갈도 역. 카톨릭청년1935.12.25-1936.11.25.

【내용】 원작 참조.

【참고】 원작은 미국의 소설가 월레스(Lewis Wallace, 1827-1905)의 역사소설 「벤허(Ben Hur-A tale of christ)」(1880)이다. 羅竭道 역으로 《카톨릭청년》 제32호부터 폐간호인 제43호까지 연재되었다. "廢刊에 際하야 극히 要約的으로 摘譯하야 完으로 하엿다. 어떤 機會에 이 「벤후르」의 全譯이 出譯되가를 希求하는바"라고 하여 축역 혹은 발췌역에 해당함을 밝히고 있다.

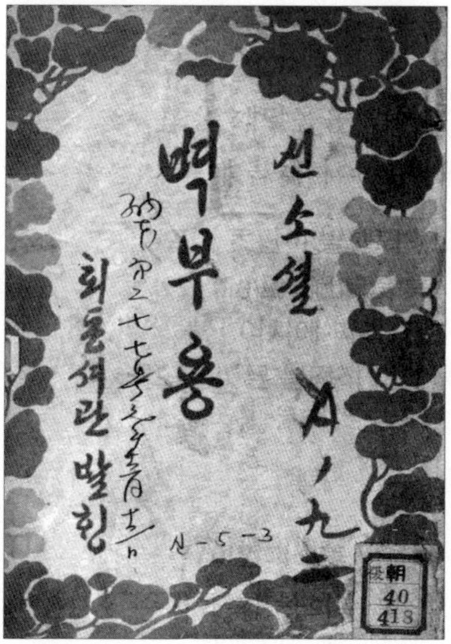

벽부용/碧碧蓉: 소운 작. 회동서관1912(72면, 20전).

【내용】 박원철은 기생 부용과 사랑에 빠져 재산을 모두 탕진한다. 기생 어미 손이랑에 의해 쫓겨난 원철은 걸인이 되어 여기저기 떠돈다. 서로 정절을 지키기로 약속했던 부용과 원철은 몰래 편지를 주고받으며 계책을 마련하고 손이랑이 빼돌린 원철의 재산을 되찾는다. 손이랑은 부용이 쓸모없게 되자 상인 조웅성에게 팔아버린다. 부용은 웅성의 마음을 움직여 정절을 지키며 지내다가, 웅성의 아내 오 씨가 행실이 매우 안 좋은 것을 알고 무당의 남편과 정을 통하게 일을 꾸민다. 일이 발각되자 오 씨는 음식에 독을 타 웅성을 죽인다. 관가에 오 씨를 고발하고 증거를 대지 못한 부용은 오히려 누명을 쓰고 옥에 갇힌다. 삼 년 후, 과거에 급제한 원철이 암행어사가 되어 부용을 구해 준다. 부용의 절개는 조정에까지 알려져 임금의 칭찬을 받고, 비록 기생이지만 원철과 결혼하여 재상가의 며느리가 된다.

【참고】 표지에 '신소설 벽부용'이라고 표기되어 있다. 본문 첫 장에 '紹雲 著述'이라고 표기되어 있다. 절개를 지키지 않는 일이 허다하고 이혼이 급증하는 근세의 풍습을 징계할 만한 일이라는 서술이 소설의 말미에 첨가되어 있다. 주제의식과 내용을 살펴볼 때 고소설에 가깝지만, 개화 초기 어지러운 풍습을 전통적 가치관으로 비판하고자 하는 의도를 드러낸다.

벽오동/碧梧桐: 작자미상. 신구서림1913.

【내용】 미확인.

【참고】 단행본 원본 자료를 구할 수 없어 작품의 경개 및 세부 서지사항을 확인하지 못했다. 『별주부전(신구서림1913)』 등 1913년 신구서림 간 단행본들의 권말 서적 광고에 '碧梧桐'이라고 제목이 표기되어 있다.

벽창호/壁窓戶: 송경환 작. 동양대학당1930.

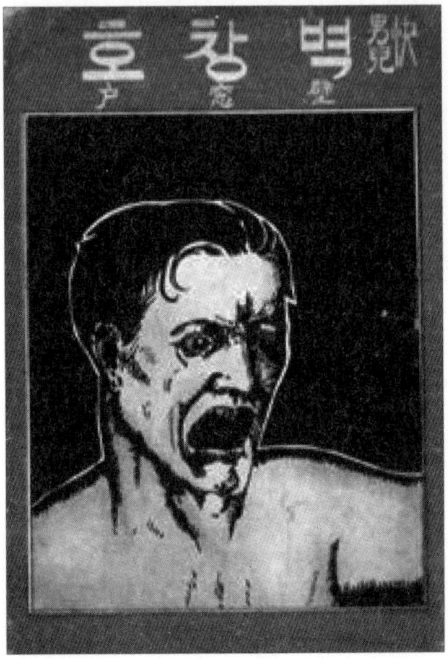

【내용】 미확인.

【참고】 단행본 원본 자료를 구하지 못했다. 사진 자료와 작가, 출판 사항은 인터넷 서점, 신고서점 을 참조해 따랐다.

병든 청춘/病든靑春

춘성 작. 영창서관1931(80전).

【내용】 미확인.

【참고】 단행본 원본 자료를 구할 수 없어 작품의 경개 및 세부 서지사항을 확인하지 못했다. 『운명의 진주(영창서관1931)』 권말 서적 광고에 '春城 作 高級名作小說 病든靑春'이라고 표기되어 있다. 영창서관에서 펴낸 『신간도서목록』에는 '春城 編'이라고 표기되어 있다. 하동호, 김병익 등에 의하여 노자영이 아르치바셰프의 「사닌」을 1926년경 '병든 청춘'이라는 표제로 번역 혹은 표절하여 출판한 바 있다는 설이 제기되었다.

병인간친회록/病人懇親會錄

굉소생 작. 대한민보1909.8.19-1909.10.12(36회 완).

【내용】 사회의 구성원들이 회를 조직하여 활동하는 시대를 맞아 장애인들도 회를 조직하자는 취지로 병인간친회를 만든다. 청맹과니와 벙어리가 임시 회장으로, 반벙어리와 체머리장이가 규칙제정위원으로 선출된다. 이어서 각 회원들이 나서서 발언을 시작한다. 회원들은 한결같이 자신의 장애보다 당대 사람들의 봉건적 생활 태도에 문제가 있다고 비판한다. 마지막으로 학교를 설립하여 교육에 힘쓰고, 공장을 세워 실업에 힘쓰자고 주장한다.

【참고】 연재 지면에 '諷刺小說 病人懇親會錄 轟笑生' 이라고 표기되어 있다. '굉소생' 이라는 필명을 사용한 작가가 누구인지는 밝혀지지 않았다. 토론체 형식의 서사이다.

병자임진록/丙子壬辰錄

이종수 저작발행. 성문당서점1934(50면, 30전).

【내용】 내용 생략.

【참고】 국립중앙도서관 소장 성문당서점본 표지와 본문 첫 장에 '歷史野談 丙子壬辰錄 一名天下將軍' 이라고 표기되어 있다. 역사적 사실에 관련된 야담 여러 편을 묶은 것으로, 장편소설이 아닌 역사야담모음집이다.

병자팔장사/丙子八壯士

유추강 작. 삼중당1950(122면).

【내용】 내용 생략.

【참고】 국립중앙도서관 소장 삼중당본 후편 표지에 '庾秋崗 著 丙子八壯士 병자팔장사 後篇', 속표지에 '병자팔장사 후편 유츄광 저' 라고 표기되어 있다. 판권지의 저자명도 '庾秋崗' 이라고 표기되어 있다. 속표지의 저자명 '유츄광' 은 오기인 것으로 보인다. 병자호란 당시에 활약했던 여덟 장사의 이야기이다. 전편은 확인되지 않으며, 후편만의 서지를 기록했다.

병중소마(번)/병즁소마瓶中小魔

스티븐슨 작. 언더우드부인 역. 조선야소교서회1921(59면).

【내용】 원작 참조.

【참고】 스티븐슨(Robert Louis Stevenson)의 「The Bottle Imp(1891)」를 元杜尤夫人이 번역한 것이다. 책의 맨 앞에는 박태원의 머리말이 붙어 있고, 맨 뒤에는 번역자가 이 소설의 교훈을 여섯 개 항목으로 따로 정리해 둔 '역자의 뒷말' 이 덧붙여져 있다. 순한글 번역이다. 머리말을 쓴 박태원이 누구인지는 알 수 없으나, 출판 연대를 따져볼 때 소설가 구보 박태원은 아니다. 머리말에 "역문은 ᄒᆞᆯ 수 잇ᄂᆞᆫ ᄃᆡ로 축ᄌᆞ역(逐字譯)을 시험ᄒᆞ엿슴으로 다쇼의 건죠무미(乾燥無味)ᄒᆞᆫ 구절이 업지 못ᄒᆞ나" 라고 하여 축자역임을 밝히고 있다. 스티븐슨 소설 번역으로는 우리나라 최초이며, 선교사 부인의 번역이므로 계몽적 의도로 출판된 책이라고 판단할 수 있다.

보굴왕(번)/寶屈王: 르블랑 작. 김래성 번안. 여명각1948 ; 평범사1948.

【내용】 원작 참조.

【참고】 프랑스 작가 르블랑(Maurice Leblanc)의 「L' Aiguille Creuse(1909)」을 번안한 것이다. 「보굴왕」은 앞선 미완의 연재물 「괴암성(조광1941.1-7,9)」의 내용을 수정 보완하여 완결한 작품이다. 서문에 "1941년 정월호부터 《조광》지에 팔 개월 동안에 걸쳐 연재하다가 사정으로 중단된 것을 이번 상재(上梓)에 제(際)하여 제 구장과 제 십장을 보족(補足)한 것으로 번역에 있어서는 당시의 편집자의 희망을 들어 인명을 한국식으로 충당하였다"는 역자의 말이 기록되어 있다.

보기 싫은 오리 새끼(번)/보기실흔오리쇡기

안데르센 작. 남궁벽 역. 긔독신보1918.4.17-8.21(19회 완).

【내용】 원작 참조.

【참고】 연재 지면에 '少年文學 남궁벽 역 보기실흔오리쇡기' 라고 표기되어 있다. 연재 횟수를 표기하지 않고 있는데, 실제로 19회 연재되었다. 원작이나 원작자에 대한 정보 또한 명시되어 있지 않으나, 내용으로 보아 덴마크 작가 안데르센(Hans Christian Andersen)의 동화 「Den grimme ælling(1843)」을 옮긴 것이다. 원작에서의 미운 오리 새끼가 본래 백조인 것으로 설정된 데 비해 이 작품에서는 따오기('짜옥이')로 설정되어 있다.

世界的名作
寶島探險記
◇스틔분슨原作 朱耀燮翻譯◇
◇來二十五日附부터連載◇

보도탐험기(번)/寶島探險記: 스티븐슨 작.

주요섭 역. 동아일보1927.2.25-4.29(56회).

【내용】 원작 참조.

【참고】 원작은 영국 작가 로버트 루이스 스티븐슨(Robert Louis Stevenson)의 「보물섬(The Treasure Island)」(1883)이며, 1927년 주요섭이 번역하여 '보도탐험기' 라는 제목으로 《동아일보》에 연재하였다. 1927년 2월 24일자 《동아일보》에 '世界的 名作 寶島探險記 스틔분슨 原作 朱耀燮 飜譯 來 25日附부터 連載' 라는 내용과 함께 아동물임을 내세우면서도 문학적 가치를 주장하는 연재 예고가 실려 있다. 등장인물의 인명이 조선 이름으로 바뀌었지만 이름만 빼면 번역이나 다름없다. 항구에서 선원들을 상대로 하는 술집의 소년이 우연히 보물의 위치를 적은 지도를 얻게 되면서 '보배섬' 을 찾아 떠나는 모험담을 다루고 있다. 다양한 인물들과 극적인 사건 전개가 특징이다. 동일 원작의 번역으로 김희창의 「보물섬(1947)」이 있다.

보리와 병정(번)/보리와兵丁

히노아시헤이 작. 니시무라신타로 역. 매일신문사1939(250면).

【내용】 원작 참조.

【참고】 표지에 '보리와 兵丁 火野葦平 著 西村眞太郎 譯'이라고 표기되어 있다. 원작은 히노 아시헤이(火野葦平)의 「麦と兵隊(1938)」로서 일종의 전쟁 보고문학이다. 1938년부터 1944년까지 일세를 풍미했던 이 작품이 조선총독부의 기획에 따라 '보리와 병정'이라는 표제로 니시무라 신타로(西村眞太郎)에 의해 번역 출간된 것은 1939년 7월의 일이다. 일본인에 의한 한국어 번역이라는 점에서 특기할 만하다. 니시무라는 식민지 시기 문인들에게 '염라대왕'이라고 여겨지던 총독부의 조선문 검열관이었다. 1931년 '만주사변' 이후 1945년 8월에 이르기까지 식민지 조선은 전쟁의 소용돌이에 휩싸여 있었고, 이 시기 전쟁을 효과적으로 수행하기 위해 제국주의 일본은 사상통제와 검열을 한층 강화하는 한편, 치밀한 기획 아래 국민을 전쟁에 동원할 수 있는 논리를 개발했다. 총력전 시기 문단에서 전개된 전쟁문학론은 대체로 '보고문학'으로 수렴되고 있었는데, 이러한 논의에 불을 붙인 것이 '보리와 병정'의 번역이었다.

보물섬(번)/寶物섬

스티븐슨 작. 김희창 역. 문예서림1947(296면, 280원).

【내용】 원작 참조.

【참고】 원작은 영국 작가 로버트 루이스 스티븐슨의 「보물섬(The Treasure Island)」(1883)이다. 속표지에 '스티븐손 原作 金熙昌 譯 寶物섬'이라고 표기되어 있다. 본문 시작에 앞서 작가와 작품을 소개하는 머리말과 제1편부터 제6편까지 34개의 소제목으로 구분된 목차가 수록되어 있다. 동일 원작의 번역으로 주요섭의 「보도탐험기(1927)」가 있다.

보법전기(번)/普法戰記: 원작미상. 현채 역. 현공렴1908(103면, 40전).

【내용】 원작 참조.

【참고】 구한말의 계몽도서로 프로이센-프랑스 전쟁에 대한 번역서이다. 중국어 역본 『普法戰記(1886)』의 발췌 초역이다. 국한문 혼용체 표기로 되어 있다. 저자의 이름은 표기하지 않고 첫 장 머리에 '한국현채 역(韓國玄采 譯)'이라고만 표기하였다. 1908년 8월 현공렴(玄公廉)이 발행하였고, 인쇄한 곳은 보문사(普文社)이다. 장·절의 구분 없이 전쟁의 원인과 경과를 기록하였는데 특히 프랑스의 패전 이후 정치상황에 관해서는 1879년까지 언급하고 있다.

보은록/報恩錄

유영상 저작발행. 광학서포1913(116면, 25전).

【내용】 사안동에 사는 리 진사는 뒤늦게 얻은 아들 명길을 애지중지하며 키우지만, 청일전쟁 와중에 세 살 난 아들을 잃어버린다. 이후 7, 8년의 세월이 흐르는 동안 아들을 찾지 못한 리 진사는 낙담하여 유랑을 떠난다. 우연히 길에서 사금 오십 냥이 든 봉투를 줍게 된 리 진사는 봉투에 적힌 충청남도 노성군 군내면 어류동에 사는 송 참령에게 찾아가 돈을 돌려준다. 그런데 그곳에서 뜻밖에도 리 진사는 송 참령의 아들이 명길이라는 것을 알게 된다. 명길은 전쟁 중 일본 헌병대장에게 구출되어 송 참령에게 맡겨졌던 것이다. 리 진사는 우선 자신의 두 형을 데리고 와 명길을 보일 생각으로 고향으로 향한다. 길을 재촉하던 리 진사는 평양 대동강에서 배가 전복되는 것을 보고, 물에 빠진 사람들을 구해 준다. 물에 빠진 이들 중에는 리 진사를 찾아 나섰던 두 형도 있었다. 구사일생으로 목숨을 건진 두 형은 조카가 살아 있다는 소식을 듣고, 리 진사와 함께 송 참령의 집으로 향한다. 삼형제는 우연히 리 진사의 친구인 서영순을 만나 그의 딸 옥희와 명길을 혼인시키기로 한다. 명길을 만나러 온 삼형제를 보고 송 참령은 의형제처럼 같이 모여 살자 청하고, 홍도정의 딸과 명길이 약혼을 한 것을 알린다. 이에 리 진사는 서영순의 딸과 파혼하고, 아내인 김 씨 부인을 데려와 명길을 만나게 한다. 한편 파혼을 당한 옥희는 다른 집에 서둘러 시집을 보내려는 부모의 뜻을 거스르고 자살을 기도하지만 실패한다. 간신히 살아난 옥희가 여학교에 가게 해 달라고 조르지만 부모는 이를 허락하지 않는다. 옥희는 그길로 남장을 하고 가출하여 방랑하다 송도에 머물게 된다. 신세를 지던 집의 안주인이 자기 딸과 혼인할 것을 권하자 집을 나온 옥희는 죽기를 결심하고 우물에 몸을 던진다. 마침 길을 지나던 명길의 도움으로 옥희는 목숨을 건지게 된다. 세무주사가 된 명길은 옥희의 아버지에게 그간의 사정을 듣고 옥희를 부실로 맞아 둘은 혼례를 치르게 된다.

【참고】 본문 첫 장에 '신소셜 보은록'이라고 표기되어 있다. 부모의 뜻에 의해 혼처가 정해진 옥희가 그 뜻을 거스르고 집을 나오지만 혼자 힘으로 앞길을 개척하지 못하고, 자살을 결심한 옥희의 구원자로 파혼을 당했던 명길이 나타나 옥희가 그의 첩이 된다는 내용은 여성의 자립이 어려웠던 개화기 현실의 반영이다. 국문판《대한매일신보》에 연재된 「보응」과 화소 및 모티프가 흡사한 작품이다. 결과적으로 이 작품도 「보응」과 마찬가지로 중국 고전소설의 번안이라고 판단할 수 있다.

보응: 작자미상. 국문판대한매일신보1909.8.11-9.7.

【내용】 이백옥은 청운사에 재를 보러 갔다가 아들 희동을 잃어버린다. 그는 희동을 찾기 위해 전국을 돌아다니며 장사를 하지만, 아들도 찾지 못하고 이내 병을 얻고 만다. 어쩔 수 없이 그가 귀향길에 오르는데 우연히 푸른 보자기에 싸인 은전대를 줍게 된다. 그는 주인을 찾아 주려고 그곳에서 하루를 기다렸으나 끝내 주인이 나타나지 않는다. 백옥은 우연히 손봉조라는 자가 평양에서 은 200냥이 든 전대를 뒷간에 놓고 왔다고 한탄하는 이야기를 듣고 그를 찾아간다. 백옥은 은전대를 봉조에게 돌려주고, 그 보답으로 봉조의 집에 머물게 된다. 백옥의 사람됨에 감복한 봉조는 그에게 아들이 있으면 자신의 딸과 혼인시키자고 권하고, 이에 백옥은 그에게 아들을 잃은 자초지종을 털어 놓는다. 사연을 들은 봉조는 한 아이를 데려오는데, 백옥이 살펴보니 그가 바로 잃어버린 아들 희동이다. 7년 전 한 남자가 자신의 아들이라며 한 아이를 데려와 봉조의 집에 맡겨 놓고 돈을 얻어 갔는데, 그가 여태 돌아오지 않아 봉조가 희동을 보살핀 것이다. 봉조는 백옥과 사돈 맺기로 약속하고 큰 잔치를 베푼다. 백옥과 희동은 고향으로 돌아오는 도중에, 임진강에 이르러 나룻배가 뒤집히는 위태로운 상황을 목격한다. 백옥이 돈을 내어 나룻배에 탄 사람들을 구하는데, 그 무리 속에 백옥의 아우인 계옥이 끼어 있다. 백옥에게는 두 명의 동생인 계옥과 중옥이 있는데 그중 막내 중옥은 주색을 일삼고 방탕하기 그지없는 인물이다. 백옥이 집을 떠난 후 잡기에 빠져 돈을 탕진하고 생활이 궁벽해진 계옥은 아내 양씨와 음모를 꾸며 백옥의 부인 왕 씨를 납치하여 팔아넘기려는 계교를 꾸민다. 이를 눈치챈 왕 씨는 대들보에 목을 매어 죽으려 하나 끈이 끊어져 간신히 목숨을 구한다. 마침 그때 백옥과 희동이 집에 도착하여 왕 씨는 눈물을 흘리며 가족과 재회한다.

【참고】 연재 당시 소설들이 모두 '쇼셜' 란에 실렸던 것과는 달리 이 작품은 '신쇼셜' 이라는 난에 실린 순한글 무기명소설이다. 근대계몽기 신문에 연재된 작품 중에서 최초로 '신쇼셜' 이라는 표식을 단 작품이다. 작가는 매회 연재 앞머리에 "젹션ᄒᆞ면 여경이 잇고 젹악ᄒᆞ면 여앙이 잇ᄂᆞ니라" 등의 경구를 싣고 그에 대한 의미를 밝힌다. 제목이 보여 주는바, 이 작품은 가족의 헤어짐과 만남을 중심축으로 하되 인과응보의 교훈적인 주제를 강조한다. 「보응」은 중국 명대 간행된 『경세통언警世通言』에 실린 「여대랑환금완골육(呂大郎還金完骨肉)」의 번안이다. 이 작품은, 돈을 탐내지 않는 인물의 정직함과 후덕함을 강조한다는 점에서 원작의 주제를 그대로 이어받고 있으면서도, 가족 상봉의 순간을 부각시킴으로써 인과응보라는 주제를 좀더 극적으로 제시한다는 점에서 서술 방식상의 차이가 있다.

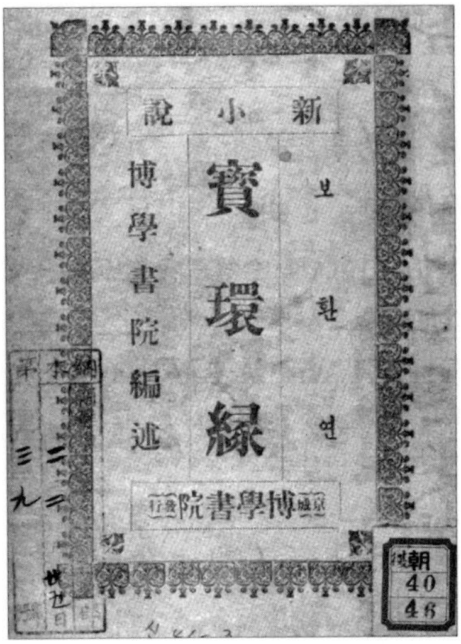

보환연/寶環緣

구병회 편집발행. 박학서원1913(144면, 25전).

【내용】 고등교육을 받은 춘자는 가정교사로 들어간 김 판서 댁에서 김 판서의 생질 심상신과 혼인하게 된다. 이듬해 춘자는 딸 춘희를 낳는데, 관비생으로 독일에 유학을 간 남편이 병을 앓고 있다는 소식에 간호를 하러 가기로 하고 자신의 딸을 유모에게 맡긴다. 마침 유모에게도 춘자라는 이름의 딸이 있다. 춘자는 유모에게 자기와 남편의 머리털, 그리고 생각 '戀'자를 새긴 반지를 맡기고 떠나는데, 춘자가 탄 배는 폭풍을 만나 침몰한다. 세월이 흘러 바르게 자란 춘희는 경성고등여학교를 졸업하고 소학교 교사로 근무하다 대신의 가정교사로 뽑힌다. 반면 유모의 딸 춘자는 고등여학교를 졸업하였으나 허영심이 많고 탐심이 많다. 춘자는 결혼을 약속한 고빈용에게 평생 묶이고 싶지 않다는 생각을 한다. 병세가 위독한 유모의 유언을 혼자 들은 춘자는 춘희가 귀족의 자제라는 것을 알고 자신이 그 행세를 하기로 마음먹는다. 춘자는 춘희 엄마의 유품들을 춘희에게 보여주며 자신이 귀족의 딸이라고 얘기한다. 한편 심상신은 좋은 의사를 만나 병이 나은 후 고국에 돌아오지만 아내와 딸의 행방이 묘연하여 구인광고를 신문에 내게 된다. 상신은 친구의 아들 중 박정섭이라는 아이를 수양아들로 맞는다. 정섭의 권고로 다시 낸 광고 덕에 상신은 춘자와 만나게 되고, 춘자는 딸 행세를 한다. 춘자는 정섭과 정혼하고, 정섭은 춘희에게 자신의 마음을 밝히지만 춘희는 그런 정섭을 달랜다.

【참고】 계명문화사 영인 박학서원본 표지에 '新小說 寶環緣', 본문 첫 장에 '가정소설 보환연'이라고 표기되어 있다. 총16회로 나누어져 있으나 회별 소제목은 없고, 본문 마지막에 '보환연상권 종'이라고 표기되어 있다. 하권은 발견되지 않는다.

복마전/伏魔殿: 김승묵 발행.

【내용】 미확인.

【참고】 단행본 원본 자료를 구할 수 없어 작품의 경개 및 세부 서지사항을 확인하지 못했다. 1929년 1월호 《조선출판경찰월보》 단행본 출판 금지 목록에 수록되어 있다. 출판 금지 사유는 치안 방해이다.

복면신사(번): 에밀가보리오 작. 백철 역. 1948.

【내용】 원작 참조.

【참고】 백철이 1948년에 번역하여 출간했다고 전해지나 현재 단행본 자료를 찾을 수 없고, 그에 대한 정보 또한 확인할 수 없다. 백철이 번역하고 아동문화사에서 1960년에 출간된 단행본은 국민대학교에, 김문서가 번역하고 제일문화사에서 1952년에 출간된 단행본은 국립중앙도서관에 소장되어 있다.

복수단/復讐團: 작자미상. 초판서지불명(90면).

【내용】 김만춘의 아내 리정숙은 귀족에게 집과 재산을 모두 빼앗기고 생계가 어려워지자 문 백작의 집에 유모로 들어간다. 호색한인 문 백작은 정숙을 유인하기 위해 만춘에게 돈을 빌려 주고, 그 돈으로 사업을 시작한 만춘은 원금을 다 잃는다. 문 백작은 한밤중에 정숙을 찾아와 겁탈하려고 육혈포를 겨누었다가 무심코 방아쇠를 당겨 그녀를 살해한다. 문 백작은 시종과 하인을 시켜 정숙의 시체를 강에 유기해 증거를 없앤 뒤, 만춘을 불러와 돈을 갚지 않고 도망가려 정숙을 미리 빼돌린 것이 아니냐며 오히려 그를 협박한다. 만춘은 우연히 하인을 통해 정숙의 일을 알게 되고, 복수를 결심한다. 문 백작은 만춘이 모든 사실을 알고 있음을 염려하여 만춘까지 살해하고 그의 딸 옥자를 데려간다. 만춘은 자신의 피로 쓴 유서와 흑진주 반지, 가족사진을 아들 옥남에게 남기고 죽는다. 옥남은 구걸하는 노인에게 양육되다가 노인이 죽기 전 모든 사실을 알게 된다. 그 후 옥남은 해적 수령의 수양아들이 되어 무술과 검술을 배우다가 수령이 사망하자 자신들의 일파에 복수단이라는 이름을 붙이고 복수를 결심한다. 한편 옥자는 문 백작의 아내 한숙경의 수양딸이 되어 영애라는 이름으로 자라난다. 영애는 프랑스 국왕의 세자비가 되었다가 왕비의 자리에 오르고, 문 백작은 부원군이 되어 더욱 많은 권력을 휘두른다. 그러던 어느 날 문 백작은 복수하겠다는 옥남의 편지를 받고 탐정 신태영과 경찰에게 자신을 경비하도록 시킨다. 옥남의 첫 번째 복수 시도는 실패하고 백작은 은신처로 사라진다. 이에 옥남은 태영을 붙잡아 문 백작의 은신처를 알아낸 뒤 그곳으로 간다. 옥남은 문 백작을 육혈포로 죽이나 자신은 태영에게 잡히고, 복수단 일파도 관군에게 잡힌다.

【참고】 본문 첫 장에 '活悲演藝復讐團 활비연예복수단'이라고 표기되어 있다. 소설은 부모의 원수를 갚은 남주인공이 헤어진 누나와 재회할 것이라는 예상과 달리, 경찰에게 붙잡히면서 끝난다. 남주인공의 모험과 활극을 중심으로 전개되던 이야기가 소설의 마지막 서술에서 그의 활동을 반란으로 규정하면서 하강구조를 드러낸다. 서강대 소장 세창서관본을 텍스트로 내용을 정리하였으나, 자료의 훼손이 심하여 초판의 발행 연도 및 기타 서지사항은 확인되지 않는다.

봄 물결(번): 투르게네프 작. 최승일 역. 박문서관1926(239면, 1원 20전).

【내용】 원작 참조.

【참고】 러시아 작가 투르게네프(Иван Сергеевич Тургенев)의 후기 대표작 중 하나인 「봄 물결(Вешние воды)」(1872)을 번역한 것이다. 좌절감에 빠진 외로운 중년 남자가 과거를 회상하는 형식이다. '두어마듸' 라고 표기한 역자 서문에 작품의 제목을 '봄 물결' 이라고 번역한 과정을 자세히 기록하고 있는데, 여기서 영역본과 독역본을 참조했음을 밝히고 있다. 일역본에 대한 언급은 없으나 서양어문 판본을 대조하며 일역서를 주로 하여 중역한 것으로 추정되고 있다.

봄바람: 작자미상. 대성서림1930(35전).

【내용】 미확인.

【참고】 단행본 원본 자료를 구할 수 없어 작품의 경개 및 세부 서지사항을 확인하지 못했다. 『십생구사(대성서림1930)』 권말 '大成書林發行及重要書籍目錄' 에 '最新戀愛悲劇小說 봄바람(春風)' 이라고 제목이 표기되어 있다.

봄을 맞아: 발행인 미상.

【내용】 미확인.

【참고】 단행본 원본 자료를 구할 수 없어 작품의 경개 및 세부 서지사항을 확인하지 못했다. 1937년 7월호 《조선출판경찰월보》 단행본 출판 금지 목록에 수록되어 있다. 출판 금지 사유는 풍속 괴란이다.

봉선의 원한: 조준경 저작발행. 보성서관1927(72면, 30전).

【내용】 봉선은 이마에 흉터가 있어 파혼당하고 부친에 의해 홍계월이란 노기에게 기생으로 팔려 간다. 봉선은 계월의 아들 박성삼에게 욕을 당하고 경찰에 고발하려 하나 성삼이 달래는 바람에 그만둔다. 봉선의 장래 소원은 신가정에 시집을 가는 것이다. 윤태영은 편모슬하의 은행원인데, 신가정을 갖기를 꿈꾸지만 모친은 그가 구가정을 얻기를 소원하여 갈등한다. 그는 기방에 드나들며 봉선과 사랑하는 사이가 되지만 둘의 관계를 모친이 반대할 것이 뻔하기 때문에 차마 혼인할 엄두를 내지 못한다. 계월은 태영이 돈을 흥청망청 낭비하도록 유도한 뒤, 돈이 떨어진 것을 알고 난 후 눈에 띄게 냉대한다. 봉선은 태영을 망친 장본인이 자신이라는 사실에 고통스러워하다 금강산으로 태영을 데리고 가서 함께 죽자고 제의한다. 이를 악물고 고개를 끄덕이는 태영의 모습에 한층 더 죄책감을 느낀 봉선은 자살 시도를 하

다 살아나고, 이후 둘의 관계가 알려져 태영과 봉선은 혼인하게 된다. 성삼의 죄도 함께 밝혀져 벌을 받는다.

【참고】 동덕여대 도서관 소장 보성서관본 표지에 '연애비극 봉선의 원한'이라고 표기되어 있다. 서술자의 개입이 비교적 적고 대화의 비중이 매우 높은 편이다. 당시의 화류계 풍속이 자세하게 서술되어 있다. 구가정과 신가정의 구별이 분명히 드러난다.

봉선화/鳳仙花: **해관자 작. 매일신보1912.7.7-11.29(115회 완) ; 신구서림1913.**

【내용】 서울에 사는 여 승지의 후취 구 씨는 성품이 악독하여 전처소생 경현의 며느리 박 씨를 구박한다. 봉선화 모종을 둘러싸고 박 씨를 음해하던 구 씨는 딸, 몸종 추월과 합세하여 박 씨를 없앨 계획을 세운다. 구 씨는 경현이 동경으로 유학을 가자 박 씨에게 낯선 사내와 통정한 후 낙태했다는 모함을 씌워 내쫓는다. 그것도 모자라 구두쇠를 시켜 박 씨를 최가에게 팔아넘기려고 한다. 간신히 구두쇠를 따돌린 박 씨는 산속으로 몸을 숨긴다. 박 씨의 억울함을 호소하던 시비 은례 역시 매질을 당하고 쫓겨난다. 은례는 기지를 발휘하여 이웃에 있는 차 도령에게 도움을 청하고, 차 도령은 박 씨의 거처를 수소문한다. 한편 산에서 우연히 박 씨를 발견한 갈 서방은 자신의 부인으로 삼고자 집으로 데려온다. 그때 갈 서방의 친척 차 도령이 등장하여 박 씨의 사정을 말한다. 전후사정을 들은 갈 서방은 차 도령과 함께 박 씨의 억울함을 풀어 주기로 결심한다. 한편, 은례는 구 씨의 친척 이평보에 의해 노 좌수의 첩으로 팔려 가는데 사실 노 좌수는 은례의 양아버지이다. 은례의 사정을 들은 노 좌수는 구두쇠를 잡아 가두고 은례와 박 씨는 차 도령의 도움으로 만나게 된다. 한편, 구 씨는 추월의 사돈 조선각을 시켜 박 씨를 살해하려고 한다. 그러나 선각은 박 씨에게 이 사실을 알리고 대신 구 씨와 추월을 죽인다. 박 씨는 구씨와 추월을 살해한 혐의를 받게 되지만 선각의 자백으로 사실이 밝혀진다. 선각은 자결을 하고 여 승지는 경현과 박 씨에게 가산을 물려준 후 낙향한다. 박 씨는 은례와 의자매를 맺어 행복하게 살아간다.

【참고】 이해조가 '解觀子'란 필명으로 《매일신보》에 연재했던 소설이다. 연재 지면에 '鳳仙花 解觀子'라고 표기되어 있다. 선악의 구분이 뚜렷하고, 악한 이는 벌을 받는다는 권선징악의 주제가 강조되고 있다. 『한국신소설전집3(을유문화사1969)』을 텍스트로 내용을 정리했다.

봉제비: **오중묵 발행.**

【내용】 미확인.

【참고】 단행본 원본 자료를 구할 수 없어 작품의 경개 및 세부 서지사항을 확인하지 못했다. 1930년 6월호 《조선출판경찰월보》 단행본 납본 목록에 수록되어 있다.

봉황금/鳳凰琴: 고유상 저작발행. 회동서관1922.

【내용】 이부상서 쟝령의 아들 쟝윤은 일찍 아버지를 여의고 편모슬하에서 자란다. 쟝윤은 과거에 급제한 뒤 변방 고을인 장사 태수직을 제수받아 어머니와 작별하고 부인과 함께 임지로 향한다. 가는 도중 마학이라는 도적을 만나 쟝윤은 바다에 던져지고 부인은 감금된다. 표류하던 쟝윤은 목숨을 건졌으나 다리를 다쳐 고향을 찾지 못하고 시골에서 훈장 노릇을 하며 지낸다. 부인은 마학의 부하 권홍의 도움으로 탈출에 성공하여 산사에 은둔한다. 이때 부인은 만삭이었는데, 산사에서 해산한 후 아들을 버려야 모자가 모두 살리라는 꿈을 꾸고서 아이를 길에 버린다. 때마침 부인의 종적을 탐문하던 마학이 아이를 발견하여 아들로 삼고 마용이라는 이름을 지은 후 권홍 부부에게 양육시킨다. 마용이 자라 18세 때 과거를 보러 황성으로 가던 중 쟝윤의 본가에 잠깐 기거하게 되는데, 쟝윤의 모친은 아들과 닮은 마용을 사랑하여 극진히 대접하고 아들의 원수를 갚아 주기를 청한다. 마용은 과거에 급제하여 순무어사가 된 다음 임지에 부임하여 선정을 베푼다. 그러던 중 쟝윤의 부인이 올린 원정소지를 읽고 친부모의 존재와 행적을 찾기 시작한다. 자신을 길러 준 권홍 내외를 찾아 내력을 묻고 확신을 얻은 마용은 제 이름을 장진으로 고치고 아버지와 어머니를 찾아 가족 상봉한다. 또한 마학을 잡아 부모의 원수를 갚는다.

【참고】 본문 첫 장에 '창션감의 봉황금(鳳凰琴)' 이라고 표기되어 있다. 작자, 연대 미상의 고전소설이다. 중국 명대의 소설 「소지현나삼재합(蘇知縣羅衫再合)」을 번안한 작품이다. 「소학사전」, 「소운전」, 「월봉산기」, 「월봉기」, 「강릉추월」 등과 같은 계열이다. 「봉황금」은 사건 서술에 회상 수법을 사용하여 근대적 기법을 도입하고 있다. 표제인 '봉황금' 은 '금봉금', '옥황금' 한 쌍의 거문고로 작중에서 가족 상봉의 매개로 이용되는 사물을 뜻한 것이다. 1책 안에 상권과 하권이 54, 55쪽을 경계로 나뉘어 있다. 1922년에 초판이 발행되었으며 서울대 도서관 소장 1924년 발행 3판본(112면, 35전)을 텍스트로 내용을 정리했다.

봉황대/봉황ᄃᆡ鳳凰臺: 남궁준 저작발행. 유일서관1912(95면, 25전) ; 노익형 저작발행. 박문서관1926(52면, 20전).

【내용】 명나라 말기 모란동에 사는 이부시랑 리익은 뒤늦게 수봉황이 날아드는 태몽을 꾸고 아들 대봉을 얻는다. 장미동에 사는 쟝 한림 역시 암봉황이 날아드는 태몽을 꾸고 딸 이황을 얻는다. 쟝 한림과 리익은 사돈지간이 되기로 구두 약속을 한다. 리익은 간신 왕희에 대해 상소문을 올리지만 도리어 모함을 받고 대봉과 함께 강물에 던져진다. 소식을 듣고 상심한 쟝 한림과 부인은 병을 얻어 세상을 떠난다. 왕희가 자신의 아들과 이황을 결혼시키려 하자, 이황은 시비 란영의 도움으로 집을 나온다. 한편, 물에 빠진 리익은 거북에게 구조되어 목숨을 구하고, 대봉 역시 한 노인에게 구조되어 학문에 전념한다. 이황은 남복으로 정

체를 숨기고 이름도 희운으로 바꾼 후 어느 양반집에 의탁하여 학문에 정진한다. 장원급제한 희운은 한림학사가 되고, 반적 남선우가 난을 일으키자 황제의 명을 받들어 전장에 나간다. 공부를 마친 대봉은 하산하여 길을 떠난다. 대봉은 전장터에서 죽은 장수들의 원혼을 만나 청룡도를 받아 전장에 나가 적병들을 물리친다. 남선우를 물리치고 중원에 도착한 희운은 황제에게 이부상서를 제수받는다. 대봉 역시 적병을 물리치고 길을 가던 중 꿈에 그리던 리익과 상봉한다. 중원으로 돌아온 리익과 대봉은 황제 앞에서 희운과도 만나게 된다. 황제는 리익과 대봉에게 벼슬을 내리고 왕희를 무인도로 유배 보낸다. 대봉과 익황은 혼인하여 부모를 극진히 모시면서 행복하게 살아간다.

【참고】 고소설 「이대봉전」의 이본이다. 유일서관(1916, 56면) 3판본이 존재하는데 초판본과 활자도 다르고 면수도 다른 것이 확인된다. 유일서관(1916)판의 표지에 '舊代小說 구듸소설 鳳凰臺 봉황듸' 라고 표기되어 있다. 남녀 주인공의 탄생에서부터 성장과정, 말년까지의 일대기를 다룬 소설이다. 특히 여성이 남복을 하고 전장에 나가 승리하여 벼슬에 오른다는 점에서 고전여성영웅소설적인 면모를 보이고 있다. 국립중앙도서관 소장 유일서관 초판본을 텍스트로 내용을 정리했다.

부란극림전(번)/富蘭克林傳: 원작자미상. 이시후 편찬. 이철주 교열. 보급서관1911.

【내용】 원작 참조.

【참고】 표지에 '李始厚 編纂 李喆柱 校閱 實業小說 富蘭克林傳 全', 본문 첫 장에 '富蘭克林傳 元齋 李始厚 編 圓石 李喆柱 校' 라고 표기되어 있다. 국한문 혼용체 표기 작품이다. 『벤저민 프랭클린 자서전(The Autobiography of Benjamin Franklin)』의 일역판인 모치즈키 고자부로(望月興三郎)의 『ベンジャミン·フランクリン自敍傳(1889)』를 대본으로 한 것이다. 번역자의 의도에 따라 내용이 생략·압축되고, 일부분은 일역본과 상반되는 내용으로 개작되기도 했다. 번역자의 의도가 적극적으로 개입된 것으로 평가된다.

부레더릭 알버리와 그의 매(번)/부레더릭알버리와그의믹
보카치오 작. 역자미상. 신한민보1913.12.21-28(2회).

【내용】 한 귀족 청년이 기혼의 부인을 연모한다. 청년은 구애를 계속하는데 이미 결혼한 그녀는 받아들이지 않는다. 그의 재산은 마침내 바닥나고 겨우 한 마리의 매만 남는다. 청년은 도시를 떠나 농원 부근에서 가난한 살림을 꾸려 나간다. 그동안 부인은 남편을 잃고 관습에 따라 시골 소유지로 가게 된다. 남편을 잃은 지 얼마 되지 않고 아들마저 병에 걸리는데, 그녀의 아들은 청년의 매를 갖고 싶어 한다. 부인은 아들의 소원을 들어주기 위해 어렵사리 청년의 집을 방문하는데, 사정을 모르는 그는 아무것도 가진 게 없어 자신이 가장 아끼는 매

를 요리하여 대접한다. 부인은 가장 아끼는 것도 버리는 진정한 사랑에 감동하여 그를 남편으로 삼고 부자로 만들어 준다.

【참고】 『데카메론』의 다섯째 날 아홉 번째 이야기 '조반나를 향한 페데리고 델리 알베리기의 사랑 이야기'를 축약하여 의역한 것이다. 연재 지면에는 원작자와 역자를 표기하지 않고 있다.

부벽루/浮碧樓: 김용준 편집발행. 보급서관1914(147면, 30전).

【내용】 최운영은 경성에서 난봉꾼으로 유명한 인물로, 상제가 되어서도 유흥을 즐기며 떠돌아다닌다. 운영은 주색을 일삼으며 가산을 거의 탕진하자 건달 친구인 장한주와 함께 자신의 집문서를 고 국장에게 잡혀 유흥비를 마련한다. 어머니 조 씨 부인과 아내 김 씨 부인, 그리고 아들 슈철의 안위는 안중에도 없이 운영은 기생 옥미를 데리고 평양으로 간다. 한편 김 씨는 운영이 집에 돌아오지 않는 바람에 정월에 차례도 지내지 못할 정도로 궁핍한 생활을 한다. 그러던 어느 날 운영은 색주가의 주인 로가라는 사람에게 아내를 팔기 위해 김 씨를 집 밖으로 유인한다. 김 씨는 로가의 집에 갇혔다가 간신히 탈출하여 집으로 돌아오지만, 집은 이미 화재로 소실되었고 시어머니와 슈철의 생사도 알 수 없다. 김 씨는 고 목사에게 전도를 받고 착실한 기독교 신자가 된다. 평양으로 옥미와 함께 떠난 운영은 옥미의 인기에 힘입어 돈을 벌지만, 옥미가 병이 들어 죽자 빈털터리가 되어 방랑하다가 부벽루에 오른다. 그곳에서 자신의 과거를 반성하던 그는 우연히 장한주를 만나게 된다. 한주는 경성에서 운영과 헤어진 이후 방탕한 생활을 일삼다가 고향인 평양으로 돌아와서 독실한 기독교 신자가 되어 있다. 한주의 전도로 운영 역시 기독교 신자가 되고 전도 생활에 힘쓴다. 운영은 어머니와 가족을 찾기 위해 경성으로 가는 길에 평양 교회에 들렀다가 전도하러 온 부인 김 씨와 재회한다. 김 씨는 자신의 앞에서 참회의 눈물을 흘리는 운영을 용서한다. 운영은 로가를 찾아가 돈을 갚고, 고 국장을 찾아가 자신이 빌렸던 돈을 차차 갚겠노라고 말한다. 운영과 김 씨는 어머니 조 씨 부인을 찾아가고, 조 씨가 보육원에 맡겨 두었던 아들 슈철이를 되찾아 다시 가정을 이룬다.

【참고】 연세대 도서관 소장 보급서관본 표지에 '신소셜 부벽루 浮碧樓'라고 표기되어 있다. 방탕한 인물이 회개하여 기독교인이 된 뒤 개과천선한다는 이야기이다. 성경의 구절이나 기도의 내용이 그대로 인용되어 있으며, 기독교 신자로서의 생활이 주로 그려지고 있다는 점에서 소설의 주제가 기독교의 전도에 있음을 알 수 있다.

부벽루의 미인/浮碧樓의美人

김동진 저작발행. 덕흥서림1931.

【내용】 리정용은 평안도에 사는 청년으로 경성에서 고등과정을 마친 후 귀향한다. 정용의 부친은 정용이 여덟 살 때 부인을 잃고 윤 씨에게 다시 장가가지만 정용이 스물다섯 살 되는 해에 병으로 죽고 만다. 정용은 부친을 잃고 슬픈 마음으로 고향으로 돌아오는데, 윤 씨는 정용을 해치고 집안의 재산을 독차지하려 한다. 부벽루에 나간 정용은 우연히 만난 김영숙에게 첫눈에 반하지만 서로의 이름도 알지 못한 채 헤어진다. 윤 씨는 먼 친척뻘인 과부 게월을 처녀라 속여 정용과 혼인시킨 뒤 정용을 죽이려는 간계를 꾸민다. 이미 영숙을 마음에 담은 정용이 혼인에 응하지 않자 노복 백룡어멈을 사주하여 백룡아범이 정용을 죽이도록 시킨다. 정용은 백룡아범을 피해 도망하던 중 영숙의 오라비인 영철의 도움으로 목숨을 구한다. 정용은 영철과 결의형제하고 목사 입회하에 영숙과 약혼하게 된다. 정용의 서모 윤 씨는 정용이 나누어준 재산의 삼분의 일에도 만족하지 않고 이번에는 백룡어미의 간부 강가를 시켜 게월을 죽이고 그 죄를 정용과 영철에게 뒤집어씌우려고 한다. 다행히 게월은 죽지 않았으나 크게 다치고 당장 무죄를 입증하기 힘든 정용과 영철은 봉천으로 도망간다. 정탐가 오 형사는 이 사건에 의혹을 가지고 수사하던 중 홀로 집을 지키는 영숙에게 반한다. 영숙은 오 형사에게 사건의 전말을 밝히고 오라비의 결백이 입증되면 그의 사랑을 받아들이겠노라고 거짓말을 한다. 오 형사는 수사에 전념하고 곧 윤 씨 일당의 만행이 백일하에 드러난다. 오 형사가 그 소식을 전하러 왔다가 술에 취해 영숙을 범하려는 순간 정용과 영철이 돌아와 영숙을 위기에서 구한다. 오 형사는 자신의 실수를 영숙에게 사과하고 영철, 정용과 의형제가 되기로 한다. 정용과 영숙이 결혼하고, 이후 영숙의 소개로 영철과 오 형사도 규수를 만나 각각 행복한 가정을 꾸린다. 윤 씨와 그 일당은 복역 중에 개과천선하고, 출감하여 새 삶을 살아간다.

【참고】 1931년에 초판이 발행되었으며, 국립중앙도서관 소장 덕흥서림 4판본(1935, 70면, 30전)을 텍스트로 내용을 정리했다. 본문 첫 장에 '神聖戀愛 浮碧樓의 美人'이라고 표기되어 있다.

부벽완월/浮碧翫月: 박영운 작. 경남일보1913.2.11-?

【내용】 미확인.

【참고】 현재 남아 있는《경남일보》영인본에서 해당 작품을 찾을 수 없다. 다만 이재선의『한말의 신문소설(한국일보사1975)』에 연재되었다는 기록이 남아 있다.

부용담/芙蓉潭

이용한 저작발행. 동미서시1915(71면, 20전) ;
고유상 저작발행. 회동서관1920(71면, 25전).

【내용】 해윤은 어려서 아버지를 잃고 어머니와 살고 있다. 해윤의 부친 곽도경은 가세가 기울자 자신의 집에서 하인으로 지냈던 유만경에게 도움을 청하러 갔다가 실종된다. 해윤은 부친의 복수를 다짐하고 약장수로 위장하여 만경의 집에 들어가고, 만경은 해윤을 자신의 딸과 맺어 주려고 한다. 해윤은 만경의 사람됨을 보고 의아하게 여기지만, 복수를 위해 만경의 딸과 거짓 혼례를 올린다. 결국 해윤은 부부의 연 때문에 복수를 감행하지 못하고 집을 떠난다. 그러던 중 해윤은 부용담에서 죽은 줄로 알았던 부친과 극적으로 상봉하여 만경에 대한 오해를 풀게 된다. 해윤은 만경에게 용서를 빌고 그의 가족들 품으로 돌아간다.

【참고】 동미서시본 및 회동서관본의 표지에 '新小說 芙蓉潭'이라고 표기되어 있다. 두 판본의 면수도 동일하고 각 면에 수록된 내용도 차이가 없다. 부모의 원수를 갚으려고 갖은 고초를 겪은 주인공이 결국 부모와 상봉하게 된다는 내용의 가정소설이다. 복수극과 반전 등의 흥미를 유발하는 요소를 제공하고 있으나 곽도경의 이후 행적이 나타나지 않는 점 등을 통해 볼 때 구성상의 치밀함은 떨어진다.

부용헌/芙蓉軒: 김영한 작. 동미서시1914(75면, 20전).

【내용】 조선조 경상도 안동부 취성촌에 사는 이동녕의 부인과 하동에 사는 쇼슌경의 부인은 자매지간으로 우애가 깊다. 두 부인은 각각 자신의 아들과 딸 몽옥과 숙영을 맺어 주기로 언약하고는 차례로 병들어 죽는다. 몽옥과 숙영은 부용헌에서 서로의 마음을 확인하고 결연을 맹세한다. 이때 영의정 김헌의 아들 김생이 숙영의 아름다움을 듣고서 매파와 안동부사에게 숙영과의 통혼을 부탁한다. 숙영의 부친은 안동부사의 강권을 끝내 이기지 못하고 김생과의 혼인을 허락한다. 몽옥은 숙영의 혼인 소식에 식음을 전폐하고 자리에 눕는다. 이동

녕은 상심한 아들을 데리고 평양 여행길에 나선다. 평양의 한 암자에 들른 몽옥은 미인도에 글을 남기고, 얼마 후 몽옥의 글에 답가가 남겨진다. 한편 여행길에 오른 슉영도 그 암자를 찾아 몽옥의 글을 발견한다. 슉영은 암자의 주지로부터 미인도의 주인공이 됴 소저이며 그녀가 몽옥의 글에 답가를 남겼다는 것을 듣게 된다. 그리고 됴 소저의 모친이 몽옥을 찾는다는 것을 알게 된다. 이에 슉영은 몽옥을 위하여 남장을 하고 됴 소저의 집으로 찾아간다. 슉영은 그곳에서 됴 소저와 혼례 언약을 한 연후에 몽옥을 찾아 나선다. 한편 그사이 초시에 장원급제하여 한림학사가 된 몽옥은 슉영과 됴 소저의 이야기를 듣게 되고, 됴 소저와 슉영 모두를 부인으로 들여 부귀영화를 누린다.

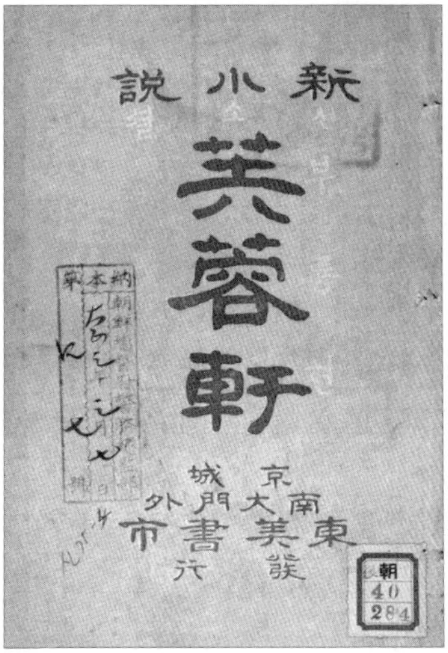

【참고】 국립중앙도서관 소장 동미서시본 표지에 '新小說 신소설 芙蓉軒 부룡헌', 본문 첫 장에 '부용헌(芙蓉軒)'이라고 표기되어 있으나 고전소설의 활자본으로 간주된다. 사랑하는 남녀가 이별에 따른 난관을 극복하고 종국에는 결혼하여 행복하게 산다는 내용을 담고 있다. 혼사장애 모티프, 남녀이합형의 도식, 일부다처제의 긍정 등 고소설의 서사적 요소가 나타나 있다.

부운(번)/浮雲: 투르게네프 작. 빙허생 역. 조선일보1921.1.24-4.30(86회 완).

【내용】 원작 참조.

浮雲 (一)

【참고】 연재 지면에 '浮雲 투게네프 原作 憑虛生 譯'이라고 표기되어 있다. 《조선일보》 1921년 1월 23일자 '一面小說豫告'에 "小說의 本名은 '루우진'"이라고 밝히고, "智識小說인 동시에 戀愛小說"이라고 소개하고 있다. 러시아 작가 투르게네프(Ivan Sergeevich Turgenev)의 원작 「Rudin(1856)」을 현진건이 '빙허생(憑虛生)'이라는 필명으로 번역 연재한 것이다. 지명은 러시아 지명을 그대로 따르고 있으나 인명은 우리말로 번안했다. 헤겔 철학에 심취한 진보적 이상주의자인 주인공 오상진을 통해 공론만 일삼는 당시 러시아 지식인들의 모습을 비판한 작품이다.

부평초(번)/浮萍草: 엑토르말로 작. 민우보 번안.

동아일보1920.4.1-9.4(113회) ; 박문서관1925(379면, 1원 30전).

【내용】 원작 참조.

【참고】 연재 지면에 '浮萍草 閔牛步'라고 표기되어 있다. 원작자나 원작에 대한 정보는 제시하지 않고 있으나, 사실상 프랑스 작가 말로(Hector Malot)의 「집 없는 아이(Sans famille)」(1878)를 牛步 閔泰瑗이 번안한 작품이다. 동아일보 창간호부터 연재가 시작되었다. 부모를 잃은 소년이 지방 각지를 전전하다가 잃었던 어머니를 만나고 행복한 나날을 보내게 된다는 이야기이다. 菊池幽芳의 일역서 『家なき兒(1912)』를 중역한 것이다. 동일 원작의 번역으로 송창근 번안 「팔려 가는 아이(신한민보 1927.5.5-8.4)」, 윤가온 역의 『집 없는 아이(경향출판사1948)』가 있다.

부활1(번)/復活: 톨스토이 작. 춘계생 역.

매일신보1922.7.15-1923.3.13(223회 완).

【내용】 원작 참조.

【참고】 신문 연재 지면에는 제목이 한자로만 표기되어 있고 한글이 병기되어 있지 않다. 역자는 한글로만 '춘계싱'이라고 표기되어 있고 한자로는 표기되어있지 않다. 톨스토이(Лев Николаевич Толстой)의 장편소설 「Воскресение(1899)」의 번역이다. 등장인물의 이름은 '네흘유돕'과 '삿츄샤'로 표기되어 있다. 초역이나 축역이 아닌 완역본이다. 동일 원작의 번역으로 최남선의 「갱생(1914)」, 심향산인의 「부활(1929)」, 이석훈의 「부활(1947)」, 흑조생의 「부활한 카츄사(1926)」, 이서구의 「부활 후의 카츄사(1926)」, 박현환의 「해당화(1918)」가 있다.

부활2(번)/復活: 톨스토이 작. 심향산인 역. 조선일보1929.12.13-20(5회 완).

【내용】 원작 참조.

泰西名作梗槪
復活 (二)
心鄕山人
(57)

【참고】 '태서명작경개 56-60회' 까지 전 5회에 걸쳐 러시아의 작가 톨스토이의 장편소설 「Воскресение」을 요약하여 줄거리를 소개한 것이다. 동일 원작의 번역으로 최남선의 「갱생(1914)」, 춘계생의 「부활(1922)」, 이석훈의 「부활(1947)」, 흑조생의 「부활한 카츄사(1926)」, 이서구의 「부활 후의 카츄사(1926)」, 박현환의 「해당화(1918)」가 있다.

부활3(번)/復活: 톨스토이 작. 이석훈 역. 대성출판사1947(235면. 200원).

【내용】 원작 참조.

【참고】 표지에 '復活 톨스토이 지음 이석훈 번역' 이라고 표기되어 있다. 본문이 시작되기 앞서 '譯序', '解說' 이 실려 있고 작가의 연보도 수록되어 있다. 본문 마지막 장인 235면에 '(上卷終)' 이라고 표기되어 있다. 이에 대응하는 하권 자료나 출판 정보는 찾을 수 없다. 원작은 러시아 문호 톨스토이의 장편소설 「Воскресение」이다. 한 귀족과 창녀가 정신적으로 부활하는 과정을 통해 당대 러시아의 불합리한 사회구조를 비판하고 있다. 인간에 대한 사랑을 근본으로 하는 작가의 사상을 담은 작품으로 평가된다. 동일 원작의 번역으로 최남선의 「갱생(1914)」, 춘계생의 「부활(1922)」, 심향산인의 「부활(1929)」, 흑조생의 「부활한 카츄사(1926)」, 이서구의 「부활 후의 카츄사(1926)」, 박현환의 「해당화(1918)」가 있다.

부활한 카추샤(번)/復活한카쥬샤

톨스토이 작. 흑조생 역. 영창서관1926(143면, 70전).

【내용】 원작 참조.

【참고】 표지에 '톨스토이 原著 復活한 카쥬샤 黑鳥生譯' 이라고 표기되어 있다. 러시아 작가 톨스토이의 장편소설 「Воскресение」의 후반부를 번역한 것이다. 책의 처음부터 13면까지 전반부의 내용을 요약한 '前編梗槪' 가 있고, 14면부터 마지막 면까지 '부활한 카쥬샤' 의 내용이 이어진다. '네푸류도후' 가 감옥 문을 열고 나와 시름하는 장면부터 이야기가 시작된다. 동일 원작의 번역으로 최남선의 「갱생(1914)」, 춘계생의 「부활(1922)」, 심향산인의 「부활(1929)」, 이석훈의 「부활(1947)」, 이서구의 「부활 후의 카츄사(1926)」, 박현환의 「해당화(1918)」가 있다.

부활 후의 카추샤(번)/復活後의카츄샤

톨스토이 작. 이서구 역. 매일신보1926.6.28-9.26(73회).

次回小說豫告

復活後의『카쥬샤』

李瑞求譯
金海得畵

【내용】 원작 참조.

【참고】 영창서관 간 『부활한 카쥬샤(1926)』와 마찬가지로 러시아 작가 톨스토이의 장편소설 「Воскресение」의 후반부를 번역한 것이다. 연재 1회부터 6회까지는 전편의 경개를 수록하고 7회부터 후편이 계속된다. '내류덕'이 감옥을 떠나 갈등하는 모습을 묘사하는 것으로 후편을 시작하고 있다. 동일 원작의 번역으로 최남선의 「갱생(1914)」, 춘계생의 「부활(1922)」, 심향산인의 「부활(1929)」, 이석훈의 「부활(1947)」, 흑조생의 「부활한 카츄사(1926)」, 박현환의 「해당화(1918)」가 있다.

북간도의 루/北間島의淚: 작자미상. 세창서관1935(66면).

【내용】 하희영은 류경화와 합자해 정미소를 차려 큰 이익을 보았으나 갑자기 부인과 아들을 잃는 불운을 겪는다. 얼마 후 병이 나 반신불수가 되어 버린 그는 딸 옥봉과 함께 류경화가 보내 주는 정미소 이익배당금으로 생계를 유지한다. 돈이 바닥나 빚을 얻어 쓰기 시작하면서 빚쟁이들의 독촉과 협박에 시달리게 된 옥봉은 몸을 팔아 아버지를 돕기로 결심한다. 그러던 중 경화가 모든 재산을 가로챈 사실이 드러나자 희영은 불편한 몸을 이끌고 하인 점쇠와 함께 정미소를 찾아간다. 경화와의 다툼 끝에 폭력을 당한 희영은 점쇠와 정미소 서기 신욱의 부축을 받고 집으로 돌아온다. 옥봉이 몸을 팔러 나갔다는 사실을 안 희영은 더 이상 살아갈 이유가 없어 유서를 남기고 집을 나간다. 몸을 팔기로 하고 받은 돈으로 빚을 갚은 옥봉은 집 나간 아버지를 만나지 못한 채 포주와 함께 만주 용정촌으로 간다. 옥봉은 그곳에서 이름을 명자라 하고 술집에 나간다. 이 년 후, 청인 지주 왕상태에게 거액에 팔려 간 옥봉은 필사적으로 정조를 지키려 노력한다. 상태는 분한 마음에 명자를 밧줄로 묶어 가둔다. 역시 상태에게 팔려 와 있던 점순은 그가 잠시 외출한 사이 옥봉을 구해 함께 달아난다. 한편, 자살하려던 희영은 마음을 고쳐먹고 경화를 고발하여 모든 재산을 되찾는다. 정미소를 신욱에게 맡기고 딸을 찾아다니던 그는 만주 용정촌까지 갔다가 우연히 신문 기사를 본다. 상태가 처벌을 받았으며 일본 영사관에서 옥봉과 점순을 보호하고 있다는 내용이다. 이 년 만에 딸을 만난 희영은 딸과 점순을 데리고 집으로 돌아간다. 점순을 자신의 수양딸로 삼은 그는 신욱과 옥봉, 점쇠와 점순을 결혼시킨다.

【참고】 표지에 '滿洲悲話 北間島의 涙 一名龍井村의 설음', 본문 첫 장에 '滿洲哀話 龍井村의 涙'라고 표기되어 있다. 난외서명은 '용정촌의설음'이다. 작품의 말미에 양반이지만 계급타파의 신문명을 따르기 위해 수양딸 점순과 하인 점쇠를 결혼시킨다는 서술이 있다. 일본 영사관의 도움으로 사건이 해결된다는 점에서 친일 성향을 엿볼 수 있다. 서강대 소장 세창서관본을 텍스트로 내용을 정리했다.

분홍 저고리: 작자미상. 태화서관1929(25전).

【내용】 미확인.

【참고】 단행본 원본 자료를 구할 수 없어 작품의 경개 및 세부 서지사항을 확인하지 못했다. 『만화방창(태화서관1929)』 권말 서적 광고에 '理想的戀愛小說 분홍저고리' 라고 제목이 표기되어 있다.

불 같은 정열/불갓흔정열불갓흔情熱: 박루월 작. 세창서관1935(70면).

【내용】 신진작가 리정식은 친구로부터 성악을 전공하는 김애라를 소개받고 연인 사이로 발전한다. 그러나 애라는 동경에서 공부를 마치고 돌아온 영철의 재력에 유혹되어 그의 구애를 받아들인다. 애라의 변심에 괴로워하던 정식은 고통 속에서 소설 집필을 시작한다. 애라는 비록 가난한 사정 때문에 영철을 선택했지만 곧 정식을 향한 자신의 마음을 확인하고 다시 정식에게 돌아가려 한다. 한편 정식과 그가 쓴 작품을 흠모하는 기생 김채봉은 정식을 만나 그에게 사랑을 호소한다. 채봉의 마음을 외면한 정식은 결국 애라를 잊지 못하고 자살을 결심한다. 강물로 뛰어들려는 정식을 발견한 채봉은 그를 만류하면서 다시 한 번 사랑을 고백한다. 정식을 찾아온 애라는 채봉을 뿌리치는 정식의 모습을 목격하고 정식의 변치 않은 마음을 확인한다. 정식과 애라가 다시 만나는 동안, 이들에게 버림받은 채봉과 영철이 우연히 만나 복수극을 꾸미지만 수포로 돌아간다. 결국 정식과 애라는 서로를 용서하고 함께 금강산으로 들어간다. 그로부터 두 달 뒤, 정식이 쓴 「님자최차저서」라는 연애소설이 잡지에 발표되고 신문 문예란에는 이들의 결혼식에 대한 기사가 실린다.

【참고】 표지에 '연애비극 불갓흔 情熱 정열', 본문 첫 장에 '戀愛悲劇小說 불갓흔 情熱 정열' 이라고 표기되어 있다. 재물에 눈이 어두워 사랑을 버린 주인공의 부도덕한 행동에 대해 질타하는 계몽적인 연애소설이다. 서강대 소장 세창서관본을 텍스트로 내용을 정리했다.

불꽃(번)/불솟: 기쿠치간 작. 이극성 역. 매일신보1923.12.5-24.4.5(118회 완).

【내용】 원작 참조.

【참고】 연재 지면에 '불솟 李極星 譯' 이라고 표기되어 있다. 원작은 다이쇼 시대 일본 통속작가 기쿠

불솟 (一)
李極星 譯
安夕影 畵
教育과實業은 國民의根本

치간(菊池寬)의 「염(焰)」이나, 연재 지면에는 원작자나 원작 제목에 대한 정보가 밝혀져 있지 않고, 인명 등이 한국식으로 번안되어 있다. 돈으로 인숙의 마음을 사려는 탐욕스러운 사람들과의 갈등을 위주로 순일과 인숙의 우여곡절의 삶을 묘사하고 있다.

불로초/不老草

남궁준 저작발행. 유일서관1912(56면, 15전).

【내용】 동해 용왕 광년왕은 주색이 지나쳐 병에 걸린다. 토끼의 간이 특효라는 말에 별주부를 시켜 토끼를 꾀어 오게 한다. 별주부는 토끼를 꾀어 오는 데 성공하지만, 토끼는 타고난 기지로 간이 산속에 숨어 있다고 속여 풀려난다. 육지로 무사히 돌아오자마자 다시 독수리에게 잡혀 먹힐 처지에 놓이나, 역시 기지로 독수리를 속여 살아난다.

【참고】 표지에 '불노초不老草', 본문 첫 장에 '불로초' 라고 표기되어 있다. 난외서명은 '불로쵸' 이다. 고전소설 「별주부전」을 각색한 작품이다. 신소설적 특성이 거의 드러나지 않아 고전소설로 보아도 무방하다. 별주부가 신령의 도움을 받아 영약을 구한다는 내용은 포함되어 있지 않다. 대신 독수리에게 잡힌 토끼가 기지를 발휘해서 풀려난다는 내용이 첨가되어 있다.

불쌍한 남매(번)/불샹한남매: 원작미상. 역자미상. 대성서림1930(35전).

【내용】 미확인.

【참고】 현재 도야마 대학(富山大學) 도서관에 소장되어 있다. 본문 1면에 '루향(涙香) 작' 이라고 표기되어 있다. 쿠로이와 루이코(黑岩涙香)의 번안작의 중역일 가능성이 있다. 시흥과 인천이 배경이며 범인 찾기 서사, 원수의 자식 간의 결혼 등의 모티프로 구성된 작품이다.

불쌍한 동무(번)/불샹혼동무: 위다 작. 최남선 역. 신문관1912.

【내용】 원작 참조.

【참고】 '위다(Ouida)' 라는 필명으로 유명한 Maria Louise De La Ramée의 「플란다스의 개(A Dog of Flanders)」(1872)의 번역본이다. 파트라슈는 바둑이로, 네로는 호월이로, 아로아는 애경이로 이름을 바꾸었다. 1912년 신문관에서 간행한 『만인계』 뒷면 광고에 다음과 같이 소개되어 있다. "몹시 참혹한 쳐지에 잇셔 깁흔 동정으로 결합된 어린아이 한아와 늙은 개 한 마리가 (…) 만흔 서적 가운

데서 백 가지 가장 됴흔 책을 뽑는 중 이 적은 이야기 한 편이 참예함을 보게 되면 그 가치를 넉넉히 짐작할지로다.”《청춘》제1호의 광고에 ‘라미이夫人 原著 崔南善 譯’의 명저라고 표기되어 있다. 초판 표지에는 ‘불상훈 동무’, 1922년 4판 표지에는 ‘불상한 동무’라고 제목을 표기하고 있다.

불쌍한 사람/불상한사람: 청남 작. 영창서관1942(2원).

【내용】 미확인.

【참고】 단행본 원본 자료를 구할 수 없어 작품의 경개 및 세부 서지사항을 확인하지 못했다.『젊은이들의 마음(영창서관1942)』권말 ‘영창서관신간출판총서’에 ‘靑嵐 著 長篇小說 불상한사람’이라고 표기되어 있다.

불쌍한 인생/불상한人生: 홍병석 저작발행. 홍문서관1936(66면, 30전).

【내용】 남편 일식이 돈을 벌기 위해 만주로 떠난 뒤, 부인 홍 씨는 아들 동이와 시동생 이식과 함께 살아간다. 일식의 편지를 받고 그가 있는 추풍으로 가기로 한 홍 씨와 이식은 가산을 정리하고 조선을 떠난다. 해삼위에 도착한 일행은 조선인 부락 신개척지로 가 한 객줏집에 여장을 푼다. 은행에서 돈을 환전한 이식은 홍 씨를 위해 청요릿집에서 국수를 사려다가 청인의 꼬드김에 넘어가 돈을 모두 빼앗긴다. 그곳은 행인의 돈을 빼앗고 살해하는 청인들이 많기로 유명한 홍평자라는 거리였다. 며칠 뒤, 홍 씨도 이식을 찾으러 홍평자로 나섰다가 위기에 빠지지만 어디선가 나타난 일본인의 도움으로 위기를 모면한다. 그러나 홍 씨는 밥값을 못 낸다는 이유로 객줏집에서 쫓겨난다. 홍 씨의 사정을 알고 있는 방인철, 의철 형제는 그녀에게 접근해 집으로 데려다가 겁탈하려고 한다. 꾀를 써서 위기를 모면한 홍 씨는 우연히 ‘민장’을 만나 그의 집에 머물게 된다. 그는 어려움에 처한 동포들을 도와주는 일을 도맡아 하는 인물로, 인민의 어른이란 뜻으로 조선동포들이 민장이라는 호칭을 지어준 것이다. 그는 홍 씨의 소문을 듣고 온 방 씨 형제에게 살해된다. 홍 씨와 민장의 부인은 의형제를 맺고 방 씨 형제에게 원수 갚을 날만을 기다린다. 그러던 중 홍 씨는 다시 방 씨 형제의 계략에 속아 그들에게 강간당할 위기에 처한다. 이때 이식이 나타나 그들을 총으로 쏘아 죽인다. 홍평자에서 구사일생으로 빠져나온 그는 홍 씨를 찾아 헤매다가 홍 씨를 도와주었던 일본인을 우연히 만나 돈과 총을 얻었던 것이다. 다시 만난 홍 씨와 이식, 동이는 추풍으로 가 일식을 만난다. 일식은 민장의 은혜를 갚기 위해 민장의 집 옆으로 이사를 하여 그들과 한 가족처럼 오가며 화목하게 지낸다.

【참고】 서울대 도서관 소장 홍문서관본 표지와 본문 첫 장에 ‘悲劇小說 불상한人生인생’이라고 표기되어 있다.《매일신보》에 연재된 이해조의「소학령(1912.5.2-7.6)」을 표절한 작품이다. 위기에 처한 주인공을 일본인이 ‘동포’라고 지칭하며 도와주는 부분에서 친일성향을 엿볼 수 있다.

불여귀(번)/不如歸: 도쿠토미로카 작. 조중환 역.

동경경성사서점1912(상: 158면, 하: 121면) ; 영창서관1926(115면).

【내용】 원작 참조.

【참고】 원작은 도쿠토미로카(德富蘆花)의 「不如歸(國民新聞1898.11-1899.5)」이다. 조중환이 한글로 번역한 책은 1912년 8월 20일 일본 동경의 警醒社書店에서 발행되었다. 인쇄소는 당대 동양 최고로 알려져 있던 요코하마의 福音印刷合資會社이다. 일본에서 인쇄 발행되었으나 한국에서의 유통을 위한 책이다. 순한글 표기 규칙을 따르고 있으며 고유명사까지도 음 그대로 표기한 본격적 번역 작품이다. 원작을 중국어로 번역한 『한역 불여귀(漢譯不如歸)』가 1911년 杉原夷山의 번역으로 일본의 千代田書房에서 출판되었으니 거의 같은 시기이며, 1910년대 초반 각국의 언어로 거의 동시에 출판 유통되었음을 알 수 있다. 일본의 메이지 시대를 대표하는 소설로 선풍적인 인기를 끌었으며 조선에서도 선우일의 「두견성(杜鵑聲)」, 김우진의 「유화우(榴花雨)」 등으로 잇달아 번안되었다.

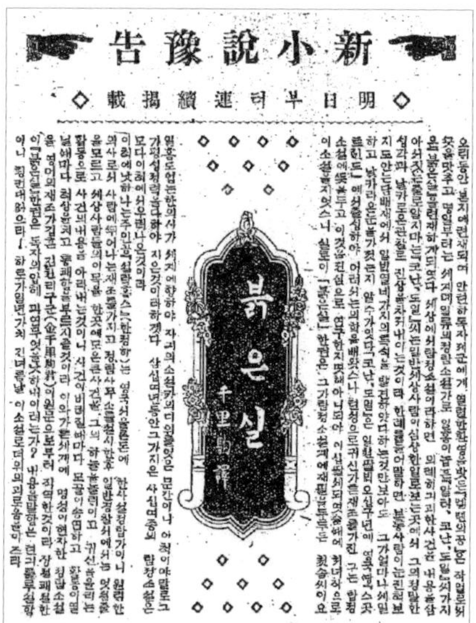
新小說豫告
明日부터連續揭載
붉은실
千里駒譯

붉은 실(번)

코난도일 작. 천리구 번안. 동아일보1921.7.4-10.10(93회 완) ; 조선도서주식회사1923.

【내용】 원작 참조.

【참고】 1921년 7월 3일자 《동아일보》 '新小說 豫告'에 '明日부터 셜록 홈즈가 등장하는 아서 코난 도일 작 「붉은 실」이 千里駒 譯으로 연재'된다는 내용이 소개되어 있다. 이 예고에는 코난 도일(Conan Doyle)의 작품이라고만 되어 있고 어느 작품을 번역한 것인지는 구체적으로 밝혀져 있지 않다. 그러나 내용과 제목의 유사성으로 보아 코난 도일의 첫 번째 장편인 「주홍색 실의 연구(A Study in Scarlet)」(1887)의 일부를 김동성이 '천리구(千里駒)'란 필명으로 초역(抄譯)한 것으로 보인다. 본문 앞에 '探偵小說 붉은실'이라 표기되어 있다. 주인공인 탐정 셜록 홈즈의 이름을 '한정하'라고 바꾸는 등, 고유명사를 당대 현실에 맞게 바꾸었다.

붉은 장갑(번): 그랜트 작. 심일재 역. 사해공론1939.4-?

【내용】 마을의 석유 광이 불타는 것을 지켜보던 삐리는 그것이 산적들의 소행일 것이라 단정한다. 그의 아버지 교부는 일용잡화와 곡식 등속을 도맡아 도회지의 우편국마냥 전달하여 주는 역할을 하고 있어 동네에서는 없으면 안 될 존재이다. 산적들은 오래전부터 광산과

마을을 습격하여 마을 사람들을 괴롭혔으나 그 본거지는 밝혀지지 않았다. 한편 스다우이리라는 사십 대의 남자가 삐리에게 추파를 던지지만 삐리는 관심도 없다. 이 마을에는 마제마 회사와 라스키 회사가 석유 광을 두고 경쟁을 하는데 마제마 회사의 직원인 우이리가 산적을 시켜 라스키 회사에 방해공작을 펼치고 있는 것이다. 석유 광이 폭발한 원인도 이에 있다. 우이리는 라스키 회사에서 사원이 파견되니 조심하라는 편지를 받는다. 라스키 회사에서 온 소도라는 청년이 교부를 찾고, 삐리는 소도에게 반하여 그의 일이라면 뭐든지 도와주리라 마음먹는다. 소도와 삐리는 로스도 소-루라고 불리는 망령의 연못에 대한 이야기를 들으러 마을의 노파를 찾는다. 옛날 부잣집 딸이 동네 청년을 사랑하였으나 그 지역의 마적이 그녀와 혼인을 원한다. 그의 아버지는 1년 후에 다시 이야기하자며 마적을 돌려보낸다. 그러나 딸이 시름시름 앓자 청년과 결혼시키고 만다. 결혼식 당일 성난 마적이 그 부하들을 이끌고 와 식장을 아수라장으로 만들고 모두 죽이니 선혈이 낭자하였다. 사건 이후 연못가에 있던 집은 방치되었다가 유령의 집처럼 되어 버렸다는 것이다. 노파는 붉은 장갑 속에서 연못의 위치를 알 수 있는 지도를 꺼내며 이곳에서 석유가 난다는 말을 한다. 그러나 노파는 곧 지도를 장갑 속에 넣어 버린다. 소도와 삐리는 그곳을 찾게 되면 석유를 얻을 수 있으리라 생각한다. 한편 이를 우이리가 엿듣게 된다. 그는 경쟁자인 소도를 없애려는 계략으로 산적들에게 부탁을 한다. 이에 노파의 집을 나선 소도와 삐리를 산적들이 쫓아온다. 산적들과 싸움이 벌어지고, 이 와중에 소도는 붙잡히게 된다. 그리고 삐리가 탄 마차는 절벽 아래로 굴러 떨어지고 만다. 산적들에게 묶여 잡혀 있던 소도가 간신히 끈을 풀고 달아나 절벽 사이에 있던 삐리를 구한다. 산적들이 그 둘을 다시 쫓는데 마침 길거리에서 산적들의 소굴에 잡혔다가 탈출하던 경관과 만난다. 셋은 산적들과 싸우게 된다. 소도가 육혈포를 들고 삐리를 위협하던 산적으로부터 그를 구한다. 소도는 산적을 경관에 넘기지만 이를 압송하던 경관이 그만 산적을 놓치고 리마스도로 터덜터덜 발걸음을 옮긴다.

【참고】 연재 지면에 '탐정소설 붉은장갑 沈一齋' 라고 표기되어 있다. 《사해공론》 1939년 4월호에 총 28면 분량으로 수록되어 있고, 마지막에 '(계속)' 이라 표기되어 있으나, 1939년 5월호부터 10월호까지의 잡지 자료가 유실되어 연재 지속 여부와 종료 시점을 알 수 없다. 《사해공론》은 1939년 11월호를 끝으로 종간되었다. 11월호에는 「붉은 장갑」이 수록되어 있지 않다. 영국 작가 더글러스 그랜트(Douglas Grant)의 「The Fifth Ace(also titled: The Red Glove)」(1918)를 번역한 것이다. 그랜트의 원작 소설은 이듬해에 영화화되어 구미 각국에서 인기리에 상연되었으며, 일본과 우리나라에도 '赤手袋' 라는 제목으로 소개된 바 있다. 동일 원작의 번역으로 정순규의 「적수대(1946)」가 있다.

비련의 눈물/悲戀의눈물: 작자미상. 대성서림1934(30전).

【내용】 미확인.

【참고】 단행본 원본 자료를 구할 수 없어 작품의 경개 및 세부 서지사항을 확인하지 못했다. 『암야의 총소리(대성서림1934)』 권말 '大成書林發行及重要書籍目錄' 에 '悲戀의눈물' 이라고 제목이 표기되어 있다.

비련의 장미(번)/悲戀의薔薇

원작미상. 최호동 편역. 영창서관1930(104면, 50전).

【내용】 치호는 빈민굴에서 살면서 하수도와 도로를 소제하는 청소부이다. 어느 날 거리에서 그는 경찰과 함께 있는 한 여자를 발견한다. 그녀는 성상이라는 이름의 여자로서 절도 혐의로 경찰의 심문을 받는 중이었다. 치호는 성상을 자신의 부인이라고 속여 경관으로부터 그녀를 빼내는 데 성공한다. 그리고 그는 경관의 확인 탐문에 대비해 성상과 가짜로 결혼 생활을 한다. 그러다 둘은 정말 사랑하는 관계가 되어 결혼식을 올린다. 그 즈음에 1차 세계대전이 발발한다. 치호는 조국인 불란서의 명예를 지키기 위해 참전한다. 남편을 전장에 보낸 성상은 젊은 장교 보루에게 유혹을 받지만 끝까지 치호를 기다린다. 결국 치호는 전쟁이 끝난 후, 두 눈을 잃은 채 전장에서 돌아온다. 성상과 치호는 앞으로 함께 살 희망에 들떠 기뻐하며 감격의 포옹을 한다.

【참고】 고려대 도서관 소장 영창서관본 표지에 '映畵小說 悲戀의 薔薇' 라고 표기되어 있다. 책 안에는 「비련의 장미」, 「독원의 처녀(毒園의處女)」 두 작품이 수록되어 있으며, 「비련의 장미」에는 원명(原名)이 '第七天國' 이라고 부기되어 있다. 실제 원작을 확인할 수 없다. 두 작품 모두 서구 영화를 감상한 후, 그 내용을 소설화한 것으로 보인다.

비련의 화상/悲戀의畵像: 윤백남 작. 대성서림1934(40전).

【내용】 미확인.

【참고】 단행본 원본 자료를 구할 수 없어 작품의 경개 및 세부 서지사항을 확인하지 못했다. 『암야의 총소리(대성서림1934)』 권말 '大成書林發行及重要書籍目錄' 에 '尹白南 野談小說 悲戀의畵像' 이라고 제목이 표기되어 있다.

비밀세계/秘密世界: 작자미상. 중앙서관1908.

【내용】 미확인.

【참고】 단행본 원본 자료를 구할 수 없어 작품의 경개 및 세부 서지사항을 확인하지 못했다. 『伊太利少年(중앙서관1908)』 권말 '新小說出版豫告'에 '政治小說 秘密世界'라고 제목이 표기되어 있다.

비밀의 가면(번): 부아고베 작. 김래성 번안. 소년1949.3-11(9회 완) ; 청운사1949.

【내용】 원작 참조.

【참고】 부아고베(Fortuné du Boisgobey)의 「Deux Merles de M. de Saint-Mars(1878)」을 번안한 것으로, 번안으로는 김래성의 마지막 작품이다. 연재본의 본문 앞에 '새연재 모험소설 비밀의 가면'이라고 표기되어 있으며, "탐정소설, 모험소설로는 우리나라 제일로 손꼽히는 김래성(金來城) 선생님께서 우리들 '소년' 백만 독자를 위하여 피 끓고 가슴 춤을 추게 하는 이 소설을 이달부터 연재해 주시기로 되었습니다. 다 같이 기뻐하여 페이지를 넘깁시다"라는 편집자의 말이 나와 있다. 동일 원작의 번안으로 민태원의 「무쇠탈(1922)」이 있다.

비밀의 사랑/秘密의사랑

작자미상. 성문당서점(177면).

【내용】 충청도 사람 장진봉은 세력가 집안의 후손이다. 시대풍조가 변하여 가솔을 이끌고 대구로 이거한 부친이 작고한 후 편모슬하에서 자란 진봉은 27세 되던 해에 경성 충신학교의 교사가 된다. 부인 류 씨와 함께 모친을 모시고 상경한 진봉은 출근길에 늘 마주치는 여학생 영숙에게 호감을 가진다. 영숙의 부친 리철규 또한 경상도 출신 명문거족이다. 구한국 시대 의성 현령을 지낸 그는 관직을 사면하고 경성으로 와서 영호와 영숙 남매를 기르게 된 것이다. 한편 리철규와 친분이 돈독한 박 진사의 딸 옥희도 리철규의 집에 기숙하며 영숙과 같이 학교에 다닌다. 진봉과 영숙은 등굣길에 자주 마주치자 점차 서로에게 마음이 끌리지만, 마음을 확인하고 깊은 사랑에 빠진 후에 영숙은 부친이 자신을 시골로 시집보내려 한다는 것을 알게 된다. 어느 날 진봉은 시골 친구의 초청으로 의성에 갔다가 죽을 위기에 빠진 두 노인을 구한다. 그 노인들은 다름 아닌 영숙의 부친 철규와 그의 친구 박 진사였다. 리철규가 현령으로 있을 때 원수지간이 된 천 씨 집안의 후손 수옥이 앙갚음을 하려던 것이었다. 진봉은 가지고 있던 엽총으로 수옥을 쏘아 죽이고, 경찰에 의해 체포되었으나 사

정이 참작되어 무죄 방면된다. 진봉은 리 씨, 박 씨 집안의 은인이 된다. 때마침 지난날 추진되던 혼사가 틀어졌음을 안 영숙은 오빠 영호의 도움을 얻어 진봉에게 시집가려 하고, 부친을 설득하는 데 성공한다. 진봉 또한 어머니를 설득하고 본처 류 씨가 찬성하여 혼인이 성사된다. 또한 박 진사의 딸 옥희는 부친의 은혜를 갚고자 한다며 진봉과 의남매를 맺고, 함께 진봉의 노모를 봉양한다. 그들이 행복하게 살아가던 중 천수옥의 아우 상옥이 해외에서 귀국하여 다시 복수를 시도한다. 진봉은 상옥의 흉계로 살인 누명을 쓰고 수감되지만, 사건을 맡고 있던 최 검사의 누이 정자가 재조사를 부탁하고, 그간 인연을 맺었던 여러 사람들이 도와줌으로써 결국 누명을 벗는다. 진봉이 풀려난 이후 최 검사의 아들과 옥희가 혼인한다.

【참고】 영남대 도서관 소장본을 텍스트로 서지와 내용을 정리했다. 판권지가 유실되어 있어 자세한 서지사항을 확인할 수 없다. 본문 마지막 177면에 '(끗)' 표기가 되어 있으며, 표지에 발행소인 '성문당서점' 이 표기되어 있다. 본문 첫 장에 '戀愛小說 秘密의사랑' 이라고 표기되어 있다. 작가는 표기되어 있지 않다. 수많은 인물들이 등장하며 그들 간의 끝없이 얽힌 인연과 악연을 우연으로 처리하고 있는 전근대적 텍스트이다. 일부다처제에 대해서는 긍정적이면서 완고한 구식 교육에는 비판적인 모순성이 드러난다. 완고한 집안에는 시집가기 싫고 첩이 되는 일에는 거부감을 느끼지 못하는 여성인물에게 '자유연애' 라는 명분을 덧씌우고 있는 것이다. 등장인물의 이름을 제외하면 백악 작 『열정의 루(세창서관1936)』와 내용이 흡사하다.

비봉담(번)/飛鳳潭: 원작미상. 조일재 번안. 매일신보1914.7.21-10.28(65회 완).

【내용】 경상도 진주에 사는 박 의관의 외동딸 화슌은 17세의 총명하고 아름다운 여학생이다. 박 의관은 딸을 고쥰식이라는 부잣집 청년과 결혼시키려 하지만, 화슌은 쥰식의 성품이 좋지 못한 것을 알고 그를 싫어한다. 그러던 중 화슌은 자기 집의 주치의 림달셩과 사랑하는 사이가 되지만, 부친에게 이 사실을 밝히지 못하고 고민한다. 부친은 명문거족인 자기 집안에 걸맞은 사윗감을 구하려 하는데, 달셩은 고아나 다름없는 처지이기 때문이다. 딸의 심정을 모르는 박 의관은 달셩을 화슌의 여학교 동창인 류졍슉과 혼인시키려 한다. 이 사실을 안 화슌은 밤에 비봉담 옆에서 달셩을 만나 도망치자고 하지만, 달셩은 박 의관의 노여움을 사더라도 떳떳하게 사실을 밝히자고 한다. 노한 화슌이 달셩의 손을 뿌리치는 순간 그가 물에 빠진다. 화슌은 그를 구하려 하나 실패하고, 충격을 받아 열병을 앓는다. 며칠 후 달셩과 졍슉이 누군가에 의해 비봉담에 빠져 죽었다는 소문이 돈다. 화슌은 지레 겁먹고 도망친다. 그런데 쥰식이 뒤를 따라와 두 사람의 살인범으로 몰며 협박한다. 그녀는 쥰식의 손아귀를 벗어나고자 하나 방법을 찾지 못하고 함께 경성에 도착하여 여관에 묵는다. 쥰식이 잠든 사이 화슌은 램프를 옮기려다 놓치고, 쥰식의 몸에 불이 붙는다. 그녀는 살해범으로 몰려 체포된다. 화슌은 유서를 남기고 자살하려 하지만 열병이 재발하여 병감으로 옮겨진다. 그녀는 거기서 죽은 줄로만 알았던 달셩을 다시 만난다. 그는 혼자 힘으로 연못에서 빠져나

온 후 경성으로 와 감옥의 의사로 일하고 있던 것이다. 그러나 그는 그녀가 자기를 떠민 줄로 알고 원망하는 편지를 남긴 채 사라진다. 달셩과 정숙의 살해 혐의까지 더해져 화순은 진주로 호송된다. 살해 혐의를 입증하는 물증까지 발견되어 그녀는 꼼짝없이 세 사람의 살해범

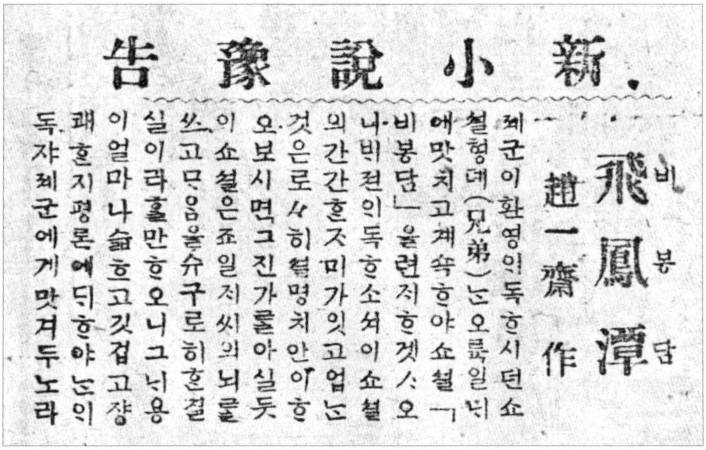
新小說豫告
飛鳳潭(비봉담) 趙一齋 作
졔군이환영의독ᄒᆞ시던쇼셜형뎨(兄弟)ᄂᆞᆫ오륙일ᄂᆡ에맛치고계속ᄒᆞ야쇼셜「비봉담」을련직ᄒᆞ겟ᄉᆞ오나빅쳔의독ᄒᆞ소셔이쇼셜의간간ᄒᆞᆫ즈미가잇고업ᄂᆞᆫ것은로々히셜명치안이ᄒᆞ오보시면그진가ᄅᆞᆯ아실듯이쇼셜은죠일지씨의뇌ᄅᆞᆯ쓰고ᄆᆞ음을슈구로히ᄒᆞᆫ절실이라홀만ᄒᆞ오니그ᄂᆡ용이얼마나貴ᄒᆞ고깃겁고쟝쾌ᄒᆞᆫ지평론에되ᄒᆞ야ᄂᆞᆫ이독쟈졔군에게맛겨두노라

으로 몰릴 위기에 처한다. 화순의 공판일에, 사라졌던 달셩과, 비봉담 옆의 다툼을 목격한 증인이 나타난다. 달셩은 화순의 유서를 보고 그녀의 무죄를 확신한 것이다. 게다가 화순의 하녀였던 여자가 자신이 사건의 진상을 숨어서 엿들었다고 증언한다. 그녀의 증언에 의해 정순의 살해범이 쥰식임이 밝혀진다. 쥰식과 정순은 예전에 사귀던 사이였으나 서로 변심하여 각기 화순과 달셩을 좋아하게 되자 둘을 헤어지게 만들 흉계를 꾸몄다. 그러던 중, 화순과 달셩이 다투는 틈을 타 쥰식이 달셩을 물에 밀어 넣었다는 것이다. 그리고 이를 목격한 정숙마저 죽여 버렸으며, 자신을 이용하여 증거를 조작했다는 것이 하녀에 의해 밝혀진다. 이로써 화순은 무죄 방면된다. 그녀는 달셩과 결혼하여 행복하게 산다.

【참고】 연재 1회 지면에 '飛鳳潭 趙一齋 著' 라고 표기되어 있다. 2회부터는 '飛鳳潭 趙一齋' 라고 표기되어 있다. '쳡은-' 이라는 호칭으로 서술자가 스스로를 지칭하며 사건을 서술하는 1인칭 주인공 시점을 취하고 있다. 살해범으로 몰려 불안을 느끼는 주인공의 심리가 상세하게 묘사되어 있다. 화순이 살해 혐의를 부인하고, 그녀의 변호사가 무죄를 입증하려 애쓰는 과정에서 증거와 정황을 추적하는 등, 추리소설적인 요소를 지니고 있다. 번안소설로 보이지만, 원작과 원작자를 확인할 수 없다. 이종린의 『홍루지(회동서관1917)』, 박은파 번안 『연당의 비밀(성문당서점1927)』과 내용이 비슷하다.

비사맥과 독일제국(번)/俾士麥과獨逸帝國

원작미상. 송순식 역. 영창서관1923(50전).

【내용】 미확인.

【참고】 단행본 원본 자료를 구할 수 없어 작품의 경개 및 세부 서지사항을 확인하지 못했다. '蓋羊生 송순식 역, 비사맥과독일황제' 라는 기존 정보 또한 확증할 수 없다. 다만 1923년 이후 발행된 영창서관의 단행본 권말 광고에 '俾士麥과獨逸帝國' 이라는 제목이 수록되어 있는 것을 확인할 수 있다. 『사랑의 꿈(영창서관1923)』 권말 서적 광고에 다음과 같이 소개되어 있다. "모든 것의 改造를 絶叫

하는 青年아 改造的英雄의 建國史를 반드시 一讀하여라! 그는 果然保守主義와 鐵血政策을 가지고 獨逸을 엇더케 改造하얏나."

비사맥전(번)/比斯麥傳: 사사카와기요시 작. 황윤덕 역. 보성관1907(71면, 15전).

【내용】 원작 참조.

【참고】 본문 첫 장에 '比斯麥傳 普成館 譯員 黃潤德 譯'이라고 표기되어 있다. 국한문 혼용체 표기 작품이다. 일본 사사카와 기요시(笹川潔)의 저서 『ビスマルック(1899)』의 抄譯述이다. 철혈(鐵血)정치로 잘 알려진 비스마르크의 약력, 사상 등을 담고 있는 전기이다.

비스막전(번)/비스막傳: 원작미상. 박용희 역. 태극학보1906.12.31-1907.5.21.

【내용】 내용 생략.

【참고】 원저자 원작 미상의 번역 작품이다. 《태극학보》의 5호-10호까지 연재되었다. 비스마르크의 전기이다.

비율빈전사(번)/比律賓戰史: 마리아노폰세 작. 안국선 역. 보성관1907(129면. 40전).

【내용】 원작 참조.

【참고】 본문 첫 장에 '比律賓戰史 普成館 譯員 安國善 譯'이라고 표기되어 있다. 이 작품은 아기날도 장군의 지도하에 이루어졌던 필리핀의 독립전쟁과 그 좌절의 과정을 다루고 있다. 필리핀인 마리아노 폰세(Mariano Ponce)에 의해 1901년 일본에서 간행되었고 1902년과 1907년에 '同是傷心人'과 안국선에 의해 각각 한역(漢譯), 국역되었다. 마리아노 폰세는 1898년부터 아기날도 혁명 정부의 외교 사절로 일본에 체류하면서 이 작품을 저술하였다. 14장에 걸쳐 필리핀 독립전쟁 과정을 서술한 부분과, 전쟁 당시 영웅적인 활약을 한 인물들을 기술한 '지사열전'의 두 부분으로 구성되어 있다.

비파기(번)/琵琶記: 고명 작. 양건식 역.

신천지1921.8(1회 미완) ; 동광1927.1-4,7(5회 미완), 신생1929.5-6(2회 미완).

【내용】 원작 참조.

【참고】 중국 원말 명초의 희곡작가 고명의 희곡을 양건식이 번역한 작품이다. 《신천지》 연재 지면에 '歌劇 琵琶記 梁白華 譯'이라고 표기되어 있다. 《신천지》 창간호인 1921년 8월호에는 第一齣과 第二

齣이 수록되어 있으며, 연재 횟수는 표시되어 있지 않다. 그 후로는 《신천지》에 연재된 사항이 발견되지 않는다. 나중에 양백화 번역으로 《동광》 1927년 1월호부터 연재된 「비파기」와 거의 같다. 이로 보아, 양백화는 1921년에 「비파기」를 번역하여 연재하려 했으나 1회 게재 후 중단하고, 6년 후인 1927년에 다시 연재를 시도한 것으로 보인다. 그러나 《동광》 역시 얼마 지나지 않아 폐간되어 《신생》으로 연재 지면을 옮겼다. 《동광》 연재 지면에는 '戲曲 琵琶記 元代 高東嘉 原作 朝鮮 梁白華 譯補' 라고 표기되어 있으며, 《신생》 연재 지면에는 '琵琶記 明代 高則誠 原作 朝鮮 梁白華 譯補' 라고 표기되어 있다. 《신생》 지면의 '편집자의 말' 을 통해 《동광》의 폐간으로 인해 연재 중단된 작품을 이어 수록한다고 밝히고 있다. 《동광》 연재분은 재수록하지 않고, 《신생》 1회 연재 지면을 통해 간단히 줄거리만 소개하였다. 《신생》 연재분은 내용상 《동광》 게재분에 이어지지만, 횟수는 '제1회' 로 다시 시작되고 있다. 내용을 비교해 볼 때 《동광》 8월호에 한 회 더 연재하고 《신생》으로 지면을 옮겼으리라 생각되나, 현재 《동광》 8월호는 확인되지 않는다. 《신생》으로 지면을 옮긴 이후에도 2회 연재 후 더 이상 연재 자료를 찾을 수 없어 미완 상태로 남았다.

비파성 / 비파셩琵琶聲

이해조 작. 매일신보1912.11.30-1913.2.23(64회 완) ; 신구서림1913(195면, 45전).

【내용】 배오개 네거리가 창덕궁에 놀러온 사람들로 가득하다. 변호사 사무원 셔 주사의 딸 연희는 김 의관의 아들 영록이 놀러온 것을 보고 마음이 설렌다. 영록의 총명함을 아는 셔 주사는 연희와 영록을 맺어 주려 하고 김 의관도 이에 동의한다. 혼담이 오고가는 중에 셔 주사는 일 관계로 부산에 출장을 가고, 예전 동리사람이었던 황공슴 집에 유숙하게 된다. 공슴은 연희에게 흑심을 품고 셔 주사 몰래 그의 필적을 모방하여 서신을 써 집으로 부친다. 그 내용은 영록과 파혼하고 연희를 황공슴과 혼인시키라는 것이다. 연희는 자결을 시도하지만 때마침 나타난 영록에 의해 목숨을 구한다. 두 사람은 몰래 집을 나와 혼례를 올린다. 집으로 돌아온 셔 주사는 누군가 자신의 필적을 위조했음을 알게 되지만 공슴의 짓인 줄은 깨닫지 못한다. 한편, 연희가 영록과 함께 사라진 것을 안 공슴은 서울로 올라와 김 의관을 살해한다. 그리고 김 의관 살해를 위해 이용했던 노파마저 물속에 빠뜨린다. 김 의관의 소식을 들은 영록과 연희는 복수를 다짐하고 공슴에게 접근하지만 오히려 공슴에게 잡히고 만다. 이때 공슴에게 이용당했던 노파가 나타나 공슴을 칼로 찌르고 자신도 자결한다. 영록과 연희는 죽은 노파의 아들과 의형제를 맺고 가족과 함께 행복하게 살아간다.

【참고】 이해조가 '解觀子' 라는 필명으로 《매일신보》에 연재했던 소설이다. 연재 지면에 '비파셩琵琶聲 解觀子' 라고 표기되어 있다. 악인이 처벌을 받고, 남녀 주인공이 역경을 딛고 결합하여 아비의 원

수까지 갚는다는 내용으로 권선징악의 주제를 드러내고 있다. 신구서림(1913)본을 텍스트로 내용을 정리했다. 단행본 표지에 '비파성 琵琶聲', 본문 첫 장에 '琵琶聲'이라고 표기되어 있다. 난외서명은 '비파성'이다. 판권지에 '著作者 李海朝'라고 표기되어 있다.

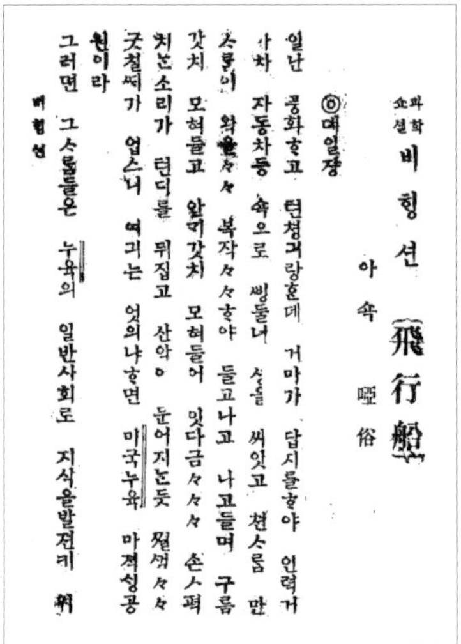
과학소셜 비ᄒᆡᆼ선 飛行船
아쇽 啞俗
◎뎨일쟝
일난 풍화ᄒᆞ고 텬쳥긔랑ᄒᆞᆫ데 거마가 답시를ᄒᆞ야 인력거
ᄉᆞ차 자동차등 쇽으로 쌍둘너 ᄉᆞᆼ을 써잇고 쳔ᄉᆞ룸 만
ᄉᆞ룸이 왁〻〻 복작〻〻ᄒᆞ야 들고나고 나고들며 구름
갓치 모혀들고 앏미갓치 모혀들어 잇다금〻〻 손ᄉᆞ뼉
치ᄂᆞᆫ소리가 텬디를 뒤집고 산악ᄋᆞᆯ 문어지ᄂᆞᆫ듯 쩔셕〻〻
굿쳘ᄯᅢ가 업스니 여긔ᄂᆞᆫ 어ᄃᆡ의냐ᄒᆞ면 미국누욕 마젹싱공
원이라
그러면 그ᄉᆞ룸들은 누욕의 일반사회로 지식을발젼키 위
비ᄒᆡᆼ선

비행선(번)/비ᄒᆡᆼ션飛行船

베른 작. 아속 역술. 동양서원1912(216면, 35전).

【내용】 뉴욕의 마적생 공원에서 기마경주회가 열리는데, 사돈복이라는 사람이 흑마의 주인에게 살해당한다. 뉴욕의 유명한 탐험가 니기특은 사돈복의 죽음을 조사하다가 이 사건에는 잡밍특이라는 나라가 관련되어 있음을 공원 총리인 틱빅극을 통해 알게 된다. 잡밍특은 티베트와 네팔 사이에 위치한 나라로 그 나라 사람들은 흰머리에 안정이 검으며 말수가 적고 신묘한 문명을 가지고 있다. 그 나라의 정책은 철저히 폐쇄적이어서 다른 나라와의 교류도 없고 만약 외지인이 길을 잃고 들어오면 무조건 죽이는데 사돈복과 틱빅극만이 유일하게 그 나라에 들렀다 살아나올 수 있었다. 그러나 그 나라의 여왕 이특나가 사돈복을 따라와 죽이고 그곳에서 자신과 혼약을 맺은 틱빅극을 자기 나라로 데려가려고 했던 것이다. 니기특은 끌려간 틱빅극을 구출하기 위해 하인 기극과 함께 잡밍특으로 간다. 잡밍특의 수도 성남에서 니기특과 기극은 이특나에게 붙잡힌다. 이특나는 니기특에게 틱빅극을 따라 뉴욕으로 가고 싶으니 자기 대신 왕이 되어 달라고 부탁한다. 잡밍특의 의원들은 나라를 버리려는 이특나를 죽이려고 하고, 니기특은 이특나와 틱빅극 등을 데리고 잡밍특을 탈출하는 데 성공하여 비행선을 타고 뉴욕으로 날아간다.

【참고】 국립중앙도서관 소장 동양서원본 표지에 '科學小說 飛行船'이라고 표기되어 있다. 본문 첫 장에는 '아쇽(啞俗)'으로, 판권지에는 '金教濟'로 역술자 표기를 하고 있다. '잡밍특'이라는 가상의 나라의 '이특나 여왕과 뉴욕의 탐험가 '니기특 사이에 벌어지는 모험담을 다루고 있다. '뎐기침', '미혼침', '미안포', '젼셩긔', '경긔의', '경긔승' 등과 자동문, 날씨를 바꾸는 탑 같은 가상의 소재들이 등장한다. '나' 대신 '복'이라는 일본식 한자어를 쓰고 있다. '잡밍특'의 폐쇄성을 통해 쇄국주의를 비판하고 있다. 쥘 베른의 「기구를 타고 5주간」을 번안한 것으로 추정되고 있으나 원작이 한국에 완역되어 출간된 적이 없기 때문에 직접 확인은 하지 못했다.

비행여사/비행녀사飛行女史

안경호 작. 조선도서주식회사1926(72면, 25전).

【내용】 강원도 회양에 사는 장창진은 외동딸인 춘자가 영민함을 알고 어려운 형편에도 불구하고 학교에 보낸다. 경성의 고등학교 졸업을 앞두게 된 춘자에게 부모는 부유한 지주리 감찰의 첩으로 들어갈 것을 권유한다. 이에 춘자는 머리를 깎고 남장을 한 채로 돌아와서, 평생 독신으로 부모를 봉양하며 살겠다고 한다. 크게 상심한 부모를 뒤로하고 춘자는 이름을 춘원으로 고친 후 금강산 유람을 떠난다. 그러던 중 장안사 법당에서 춘원이 관격으로 쓰러지는 일이 발생하는데, 김창록이라는 청년이 그를 구해 내고, 이후 둘은 결의형제를 맺는다. 두 사람은 봉천으로 떠나 비행학교에 입교하려 하지만 학비 조달이 여의치 않다. 춘원이 중국의 미술 전람회에 그림을 출품하여 돈을 마련하고, 공부를 시작할 수 있게 된 두 사람은 나중에 비행학교의 교수가 되기에 이른다. 먼저 고국을 향해 비행을 하게 된 창록은 회양에서 춘원의 부모를 만나 춘원이 실상 여자임을 알게 된다. 다시 봉천으로 귀환하던 중 창록은 장백산 마적 왕정일의 산채에 불시착하여 억류되고, 마적과 한패가 되었다는 혐의까지 쓰게 된다. 춘원은 장백산을 정찰하여 창록을 구출하고 두 사람이 선봉이 되어 마적 소탕에 큰 공을 세운다. 금의환향한 두 사람은 전통혼례를 올리고, 다시 미국으로 유학하여 과학을 공부한다.

【참고】 국립중앙도서관 소장 조선도서주식회사본 표지에 '飛行女史 비행녀사', 본문 첫 장에 '飛行女史 文峯 安景濩 著' 라고 표기되어 있다. 당시로서는 신식 교육을 받은 여성, 나아가 비행사라는 직업을 선택하고 활약하는 여성을 전면에 내세운 진보적인 작품이다.

비행의 미인/飛行의美人: 박철혼 작. 영창서관·한흥서림·진흥서관1923.

【내용】 해적단인 백월자단의 두목 금발미인은 어느 날 파리 경찰서의 명탐정 구린톤에게 한 통의 편지를 보낸다. 자신들의 목적을 달성하기 위해 파리 시내에 입성할 것이니 대비하라는 도전장이다. 구린톤은 이 사건을 전담하려 하지만 탐정 헨리가 파리의 백월자단 근거지와 암호 등에 관해 보고하면서 자신이 더 많은 정보를 알고 있음을 과시한다. 사실 헨리는 금발미인의 부하로, 탐정으로 위장하여 활동하던 중 이번에 구린톤에게 미끼를 던진 것이다. 구린톤은 부하 아론에게 정탐할 곳을 지시한 뒤 헨리가 알려준 암호를 이용해 백월자단의 근거지에 접근하지만 곧 지하실에 갇히고 만다. 한편, 아론은 정탐 중 우연히 수상한 남자들의 대화를 엿듣고 구린톤이 감금된 사실과 금발미인이 이태리 음악가로 변장하여 파리

로 들어왔다는 것을 알게 된다. 그는 물이 없는 우물이 비밀통로로 이용되는 것을 발견하고 그 통로를 통해 구린톤을 구한다. 금발미인의 목적은 해적단 활동에 방해가 되어 온 칸트함대를 물리치기 위해 파리 해군의 기밀문서와 해도를 빼내는 것이었다. 구린톤은 경찰서장에게 아론이 알아낸 정보를 편지로 알리고, 금발미인의 모든 계획은 결정적인 순간에 수포로 돌아간다. 하지만 헨리의 도움으로 금발미인은 비행기를 타고 달아난다. 구린톤은 비행기를 타고 끈질기게 추격하여 해안가에서 금발미인의 비행기를 격파한다. 금발미인의 시체에서 아론이 찾아낸 소지품은 백월자단에 관한 정보와 파리해군의 기밀문서, 해도, 그리고 탐정 헨리의 편지 등이었다. 이로 인해 헨리가 스파이였다는 사실이 알려진다. 구린톤은 백월자단을 소탕하기 위해 칸트함대를 타고 떠난다.

【참고】 본문 첫 장에 '探偵小說 飛行의美人 朴哲魂 著'라고 표기되어 있다. 1923년에 초판이 발행되었으며, 고려대 도서관 소장 재판본(1926, 65면, 30전)을 텍스트로 내용을 정리했다. 15회로 나뉘어 있으며 각 회마다 제목이 있다. 파리 시내에 대한 세부적 묘사가 두드러지는데, 이에 근거해 이 작품을 번역 또는 번안소설이라고 보는 견해도 있다.

빈상설 / 빈상셜鬢上雪: 이해조 작.

제국신문1907.10.5-1908. 2.12 ; 광학서포1908(154면, 30전) ; 동양서원1911(154면. 30전).

【내용】 서 판서의 아들이자 북촌 대가의 주인인 정길은 뚜쟁이인 화순댁의 소개로 기생인 평양댁을 첩으로 맞아들인다. 원래 간악한 여자였던 평양댁은 정길의 첩이 되어서도 자기의 행실을 고치기는커녕 본처인 리 씨 부인을 몰아내고야 만다. 뿐만 아니라 리 씨의 몸종이었던 복단이를 학대해서 끝내 죽게 하고는 하인 돌이를 시켜 남모르게 매장해 버린다. 이도 모자라 이미 쫓겨나 있는 본처 리 씨를 황은률이라는 불량배에게 팔아 버릴 흉계까지 꾸민다. 우연히 비밀 계획을 엿들은 하인 거복이가 리 씨에게 이 사실을 귀띔해 주고, 때마침 찾아온 리 씨의 쌍둥이 남동생 승학은 위기에 빠진 누이에게 남복을 입혀 아버지가 귀양 가 있는 제주로 보낸다. 또한 자신은 누이의 옷을 입고서 단신으로 뚜쟁이인 화순댁의 조카 옥희의 집으로 간다. 리 씨로 가장한 승학은 거기서 황은률을 속여 옥희와 하룻밤을 지낸 후, 자기의 정체를 밝히고 장래를 약속한다. 누이를 위기에서 구출하고 자신도 그 상황에서 벗어나는 데 성공한 승학은 백주에 대로변에서 시비에 휘말리는데, 마침 그곳을 지나던 돌이에게 지관 행세를 하여 도움을 받는다. 승학의 정체를 모르는 돌이는 복단의 시체 묻던 이야기를 발설하고, 마침내는 승학의 설득을 받아들여 평양댁을 당국에 고발한다. 결국 평양댁은 관청에 끌려가고 해배된 리 씨의 부친 리 승지는 서울로 돌아온다. 그동안 난파 사고로 고생을 겪던 리 씨와 남동생 승학, 옥희까지 일가가 다시 모여 상봉의 기쁨을 나누고, 자신의 잘못을 깨달은 정길은 상해로 유학을 떠난다.

【참고】 이해조의 「고목화(古木花)」 연재가 끝난 후 바로 다음 날부터 연재가 시작되었다. 처첩간의 갈등을 소재로 하여 첩실제도의 비극성을 나타내는 가정소설이다. 본처와 첩실을 선악의 대결구도에 놓고 본처의 승리를 이끌어 냄으로써 권선징악의 주제와 첩실제도에 대한 비판의식을 드러내고 있다. 그러나 '셔정길'이 급작스레 유학을 떠난다는 설정은 신학문을 강조하려는 데 따른 작위적인 결말로 보인다. 동양서원(1911)본은 재판본이라고 판권지에 기록되어 있는데, 그 초판 발행 연도가 1908년, 즉 광학서포 초판 발행 시기와 같고, 두 책의 판형도 같은 것으로 미루어 보면 동양서원에서 발행한 초판은 존재하지 않을 가능성이 많다. 남매가 등장하고 이성의 복색으로 변장하여 위기 상황을 극복하는 것은 고전소설 「남강월전」의 모티프를 차용한 것이다.

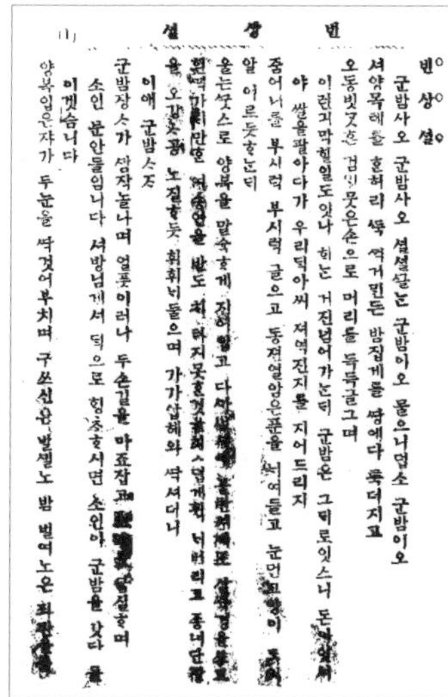
(1) 변 상 셜

빈○상○셜○
군밤사오 군밤사오 셜셜살는 군밤이오 물으니업소 군밤이오
셔양목헤을 훈허리 쌱 썩거민든 밤집게를 쌱에다 [illegible]더지고
오동빗곳흔 검의못은손으로 머리를 득득긁그며
이런긔막힐일도잇나 허는 거진넘어가는듸 군밤은 그디로잇스니 돈[illegible]
야 쌀을팔아다가 우리덕아씨 져녁진지를 지어드리지
줌어니를 부시럭 부시럭 글으고 동젼열암은푼을 [illegible]여들고 눈먼고양이 [illegible]
알 어르듯ᄒᆞ는듸
울는것스로 양복을 맙숙ᄒᆞ게 [illegible]
[illegible]
을 오[illegible] 노질ᄒᆞ듯 휘휘늬둘으며 가가삽혜와 싹셔더니
이애 군밤ᄉᆞ쟈
군밤장ᄉᆞ가 생작놀나며 얼풋이러나 두손길을 마죠잡고 [illegible]셜ᄒᆞ며
소인 문안들입니다 셔방님게셔 되으로 힝ᄎᆞᄒᆞ시면 소인이 군밤을 갓다 [illegible]
이겟슴니다
양복입은자가 두눈을 싹것어부치며 구쓰신은 발셀노 밤 벌여노은 [illegible]

빈인(번)/貧人

【내용】 「청춘의 사랑」 참조.

빈자의 사랑: 이한태 편. 영창서관1935(25전).

【내용】 미확인.

【참고】 단행본 원본 자료를 구할 수 없어 작품의 경개 및 세부 서지사항을 확인하지 못했다. 『강명화전(영창서관1935)』 권말 '영창서관발행신소설목록'에 '빈자의사랑'이라고 제목이 표기되어 있다. 영창서관에서 펴낸 『신간도서목록』에 '李漢台 編 貧者의사랑'이라고 표기되어 있다.

빛나는 그 여자(번)/빛나는그女子

원작미상. 박철혼 번안. 영창서관1937(436면, 2원).

【내용】 리영희는 육군 중위로서 인도에 파견 근무를 나갔다가 아버지의 유업을 잇기 위해 고향으로 돌아온다. 자작의 작위를 물려받은 그는 군 복무 중 위험한 임무를 마치고 장렬히 전

사한 부하 하유덕의 집을 찾아간다. 자신의 유언을 아버지와 누이에게 전해 달라는 유덕의 부탁이 있었기 때문이다. 영희는 유덕의 고향 장미촌을 찾아 유언을 전하고 그의 고향집에서 잠시 머무른다. 그동안 영희는 유덕의 누이 정자와 사랑에 빠진다. 영희는 정자에게 사랑을 고백하지만 시골 처녀인 정자는 신분 차이 때문에 주저한다. 결국 정자는 영희의 청혼을 받아들이고 둘은 결혼식을 올린다. 결혼의 기쁨도 잠시, 정자는 귀족 집안에서의 생활에 큰 어려움을 느낀다. 게다가 일찍부터 영희와 혼인 말이 오고 갔던 혜숙의 방해로 결혼 생활은 더욱 힘들어진다. 정자의 안색은 점점 어둡게 변해 가고 영희는 그러한 정자에게 싫증을 느끼기 시작한다. 그러는 동안 정자는 아들 병교를 낳는데 그래도 생활은 그리 나아지지 않는다. 결국 정자는 하녀 숙자를 데리고 집을 떠나기로 결심한다. 도중에 숙자가 기차 사고로 죽는데 사람들은 숙자의 시체를 보고 정자가 죽었다고 생각한다. 숙자가 정자와 매우 비슷하게 생겼을 뿐 아니라 죽기 전 오한 때문에 숙자의 코트를 입고 있었기 때문이다. 정자는 영국 시골 마을에서 과부인 체하고 아이들을 가르치며 살아간다. 한편 아내를 잃은 영희는 혜숙과 재혼을 한다. 새로운 자작 부인이 된 혜숙은 학교를 세워 운영한다. 그런데 학교 교원 중 여자부 사무장 자리가 비어 신문 광고를 통해 새로 김영숙이란 이를 뽑는다. 그는 사랑으로 아이들을 잘 돌봐 학교와 마을에서 칭찬이 자자하다. 병교도 영숙을 잘 따른다. 한동안 아이가 없어 근심이 많던 혜숙은 뒤늦게 아들 혜교를 얻는다. 혜숙은 병교를 눈엣가시로 여기기 시작하고, 마침 병교가 병을 앓자 그를 죽이고자 마음먹는다. 이에 영숙은 결사적으로 혜숙의 행동을 막고 그 과정에서 그녀가 옛 자작 부인인 정자라는 사실이 밝혀진다. 놀란 혜숙은, 병교와 함께 영숙을 죽이고자 무리하게 일을 꾸미다 도리어 자신이 사고를 당해 죽고 만다. 영희의 모친은 영숙이 정자임을 눈치채고 영희와의 관계를 회복할 것을 설득한다. 결국 영숙은 다시 자작 부인이 되어 행복한 가정을 꾸린다.

【참고】 경희대 도서관 소장 영창서관본 본문 첫 장에 '長篇 悲劇小說 빛나는 그 女子 朴哲魂 翻案' 이라고 표기되어 있다. 죽었다고 생각한 아내가 다시 집안으로 돌아온다는 설정으로 서사를 이끌어 간다. "그러나 이러케 말하는 긔자는 증거도 없시 사람을 악인을 만드는 것은 질겨 하는 바가 아니다" 등 서사 진행에 관한 서술자의 개입이 자주 노출된다. 원작은 확인되지 않는다.

빛나는 청춘/빗나는靑春: 작자미상. 성문당서점1936.

【내용】 미확인.

【참고】 단행본 원본 자료를 구할 수 없어 작품의 경개 및 세부 서지사항을 확인하지 못했다. 사진 자료로 확인한 성문당서점본 표지에 '빗나는靑春' 이라고 표기되어 있다.

빨강머리(번): 르나르 작. 이헌구 역. 소년1939.9-1940.2(5회 완).

【내용】 원작 참조.

【참고】 연재 지면에 '빨강머리 쥬-ㄹ 르나르 작 이헌구 역'이라고 표기되어 있다. 원작은 '홍당무'라는 제목으로 널리 알려져 있는 프랑스 작가 르나르(Jules Renard)의 소설 「Poil de Carotte(1894)」이다. 총 5회로 연재는 완료되었으나, 원작의 초반부만 번역된 부분역본이다. 역자 이헌구는 다음과 같이 이 작품을 소개하고 있다. "쥬울 르나-르는 29년 전 이 세상을 떠난 불란서 소설가입니다. 여기 번역하는 「빨강머리」라는 소설은 그중에서도 제일 유명한 것으로 이 글을 처음 쓰기는 45년 전입니다. 이 글에 나오는 인물은 아버지인 르피크, 어머니인 르피크 부인, 중학교에 다니는 큰형 펠릭스, 소학교 육학년에 다니는 누나 에르네스티느, 그리고 이 글에 빨강머리로 나오는 아마 일곱 살이나 될까 말까 한 르피크 씨의 막내아들입니다. 이 이야기는 꾀가 있는 것 같으면서도 헤프장하고 집안에서 귀여움을 받는 것 같아도 모두 꼬집어 주고 싶어하고 좀 못견디게 굴어 주려고도 합니다. 그렇지만 빨강머리는 빨강머리대로 꾀를 피우고 귀여움을 받으려고 엉뚱하고 맹랑한 짓을 합니다. 이 소설은 세계 각국 말로 번역되어 많이 읽히기도 하였지만 또 연극으로도 되어 있습니다. 조선에서도 몇 해 전 여러분도 잘 아시는 재미있는 얘기 쓰는 김복진씨가 빨강머리로 연극에 나왔었습니다. 그리고 또 육 년 전엔가 활동사진으로 박혀 나와서(국어로 にんじん) 모르는 사람이 없을 만큼 유명합니다." 이를 통해 번역될 당시 이미 연극과 영화를 통해서 조선 사람들에게 알려진 작품이었음을 알 수 있고 작품의 개략적인 내용 또한 짐작할 수 있다. 에피소드별로 소제목이 붙어 있고, 경어체로 서술되어 있다.

뿌린 씨/뿌린씨: 학인 작. 긔독신보1915.12.15-1916.5.10(16회 미완).

【내용】 셔직민은 예일 대학 신학과를 졸업하고 자신을 가르쳤던 웰너 교수의 딸과 결혼한 후 인천의 한 교회 담임 목사로 청빙받아 귀국한다. 그는 첫 예배 때, 회중에게 자신의 죄를 고백한다. 그 내용은 직민이 어려서 가난하게 살았는데 자신의 학비를 대기 위해 누이가 몸을 팔았다는 것과, 자신이 다니던 학교의 교장 딸과 성관계를 맺은 것이 들통 나 십여 년 전 도망치듯 미국으로 건너갔다는 것이다. 그는 미국에서 하나님을 만나 죄를 회개하고 진실한 마음으로 조선에서 목회를 할 생각으로 귀국했다고 말한다. 셔 목사는 집정리가 끝나자마자 십 년 동안 소식을 모르고 지냈던 가족을 찾는다. 누이는 인천의 부자 장만슈의 첩이 되어 있고 부모는 누이와 함께 살고 있다. 셔 목사는 가족들을 만난 것이 기뻤으나, 가족들은 그가 목사가 되었다는 사실과 그의 부인이 미국인이라는 데 놀란다. 누이는 교장의 딸이 자신의 남편을 살해하고 감옥에 들어가 셔 목사의 아들을 낳았다는 사실을 전한다. 셔 목사는 과거 자신이 지은 죄에 대해 심한 양심의 가책을 느끼고 번민하다 이웃 교회의 박용희 목사를 찾는다.

【참고】 제목 앞에 '죵교쇼셜'이라고 표기되어 있다. 주보인 《긔독신보》에 처음 연재된 소설이다. 《긔독신보》 1916년 9월 27일부터 연재된 단편 동화 「황금왕」의 작가가 '인천 김학인'이라고 표기

되어 있는데, 「쑤린 씨」의 '학인' 과 동일인일 가능성이 있다. 죄 고백 후, 용서의 주체는 하나님에게 있는가 아니면 죄로 말미암아 피해를 입은 당사자에게 있는가와 같은 종교적인 문제를 심도 있게 제기하려고 한 작품이다.

삐삐 자유부인/BB自由夫人: 작자미상. 서지불명.

【내용】 미확인.

【참고】 단행본 원본 자료를 구할 수 없어 작품의 경개 및 세부 서지사항을 확인하지 못했다. 서강대 도서관 소장 세창서관 단행본 표지에는 '삐삐자유부인 BB自由夫人' 이라고 표기되어 있으나 본문에는 '戀愛悲劇 사랑에 취한 녀자' 라고 표기되어 있다. 발행 시기를 알 수 없는 「사랑에 취한 녀자」 판형을 세창서관에서 재출간하면서 발생한 제본 오류로 판단된다.

삐노지오의 모험(번)

【내용】「피노키오의 모험」 참조.

ㅅ

사각전/사각젼謝角傳

노익형 저작발행. 박문서관·신구서림1918(59면, 20전).

【내용】 원나라의 충신 집안 자손 사휘는 어린 나이에 등과하여 승상이 된다. 그는 소인배들 때문에 벼슬을 하직하고 형남 땅에서 세월을 보낸다. 그 부인 양 씨는 사십이 되도록 아이가 없어 구리산에서 기도를 올린다. 깜박 잠이 들어 꾼 꿈속에서 선관이 황룡을 타고 나타나 선녀를 희롱한 죄로 인간 세상으로 쫓겨났다며 품으로 뛰어들고, 태기를 느끼게 된 양 씨는 열 달 후 아이를 낳아 이름을 사각이라 짓는다. 사각이 일곱 살 되던 해 청운도사가 나타나 사각을 가르치기 위해 데려간다. 사각은 문무를 겸비한 남자로 자라나 십삼 세가 되던 해 도사로부터 갑주와 보검, 그리고 신장과 바람과 물을 부릴 수 있는 세 권의 책, 철장(鐵杖)을 받아 하산한다. 사각은 도사가 시킨 대로 은산의 허 처사와 청주의 유 승상을 만나 천상배필인 그 딸들과 혼약한 후 중원으로 향한다. 마침 도적들의 출몰이 잦은 원나라에서 호왕과 남만왕이 반란을 일으킨다. 천자는 반란군을 막기 위해 과거를 실시하고 영웅을 모집한다. 사각은 문무과 모두에 급제하여 대원수가 된다. 사각의 활약으로 적장과 백만대군이 격퇴되고, 그 와중에 호슈강의 교룡과 형산의 구미호, 마성대믹시 월셤과 명장 당필한 등이 사각에게 죽는다. 적병과 요물들을 물리치고 도성에 돌아온 사각은 초왕에 봉해진다. 허 소져는 정렬부인이자 초왕비에, 유 소져는 공렬부인이자 차비에 봉해진다. 그 후 원나라는 도불유습, 조정무사, 만민안락한 나라가 된다. 초왕은 나이 칠십에 이르러 옥황상제의 부름을 받고 승천한다.

【참고】 서울대 도서관 소장 박문서관·신구서림본 본문 첫 장에 '사각젼(謝角傳)'이라고 표기되어 있다. 중국 고전소설의 국문 활자본이다. 『가인기우(대창서원·보급서관1918)』와 그 내용이 대동소이

하다. "즐거움이 천상인간에 비길 데 없다"라는 등의 문장에서 도교적 인생관이 드러나고 있다.

사거두의 비밀(번): 애거사크리스티 작. 역자미상. 정음사1949.

【내용】 원작 참조.

【참고】 현재 단행본 자료를 찾을 수 없다. 원작은 애거사 크리스티(Agatha Christie)의 「The Big Four(1927)」인 것으로 추정된다. 탐정 포와로가 네 명이 이끄는 단체의 비밀을 밝힌다는 내용을 담고 있는 작품이다. 동일 원작을 1947년에 송규정이 '국제살인단'이라는 제목으로 번역하여 《신천지》(1947.8-11,12합병호)에 연재한 바 있다.

사계장춘/四季長春: 고려공산당청년회 발행.

【내용】 미확인.

【참고】 단행본 원본 자료를 구할 수 없어 작품의 경개 및 세부 서지사항을 확인하지 못했다. 1930년 1월호 《조선출판경찰월보》 단행본 출판 금지 목록에 수록되어 있다. 출판 금지 사유는 치안 방해이다.

사나이/사나희: 나운규 작. 신구서림1931(35면, 20전).

【내용】 이성백의 장자 태식은 아버지와의 말다툼을 끝에 집을 나온다. 무일푼으로 집을 나와 거지 신세가 된 태식은 우연히 이리라는 소매치기 단장과 만난다. 이리는 태식을 거두어 자신의 집에서 돌본다. 어느 날 태식은, 이리가 훔친 반지의 도둑으로 몰린다. 태식은 그 반지를 되돌려 주면서 갓자라는 여인을 알게 된다. 갓자는 손정원과의 결혼을 앞둔 여인이다. 태식은 이리를 도와 도둑질을 하다가 사람들에게 들켜 도망가던 중 우연히 갓자를 다시 만나고, 그녀에게 마음을 빼앗겨 사랑을 고백한다. 날이 갈수록 태식과 갓자의 사랑은 깊어진다. 한편 갓자의 약혼자인 정원은 집안의 재산을 탐내 갓자와의 결혼을 재촉하면서도 그녀가 자신에게 무관심한 데 분노한다. 갓자의 부친은 정원과의 결혼을 서두르고 갓자는 갈등한다. 태식은 갓자의 부친을 찾아가 애원하지만 거절당하고, 갓자는 태식과의 변함없는 사랑을 약속한다. 그러던 어느 날 태식은 창백한 얼굴로 서 있는 갓자를 발견한다. 갓자가 정원에게 화를 당한 것을 알게 된 태식은 곧바로 달려가 정원을 끌고 갓자 앞으로 데려온다. 그러나 이미 갓자는 목숨을 끊은 뒤다. 태식은 그녀의 무덤 앞에서 눈물을 흘린다.

【참고】 고려대 도서관 소장 신구서림본 표지에 '映畵小說 잘잇거라 朝鮮 키네마사 作品 나운규씨 原作', 속표지에 '羅雲奎 푸로덕순 第四回作品 사나희 戀愛篇'이라고 표기되어 있다. 영화배우이자 창작

자인 나운규를 주축으로 한 나운규프로덕션에서 출판한 여섯 편의 영화소설 중 하나이다. 나운규프로덕션에서 간행한 첫 번째 작품인 「잘잇거라」가 합본되어 있다. 영화배우들의 사진이 수록되어 있고 출연진에 대한 소개가 있다. 본문은 시나리오 형식으로 구성되어 있으며, 각 장면에 대한 간단한 설명이 적혀 있다. 사랑하는 남녀가 갈등을 겪고 결국 자살을 선택하는 비극적인 연애소설이다.

사람은 땅을 얼마나 쓰느냐(번)/사람은짱을얼마나쓰느냐

【내용】 「사람은 무엇으로 사느냐」 참조.

사람은 무엇으로 사느냐(번): 톨스토이 작. 나빈 역. 박문서관1925(161면).

【내용】 원작 참조.

【참고】 '羅彬' 이라는 이름으로 나도향이 톨스토이의 단편 7편을 번역하여 모은 책이다. 수록 작품은 「사람은 무엇으로 사느냐」, 「사랑이 있는 곳에 하나님이 계시다」, 「두 노인」, 「초」, 「사람은 땅을 얼마나 쓰느냐」, 「도깨비와 빵떡조각」, 「닭의 알처럼 커다란 곡식 알갱이」이다.

사랑(번)/ᄉᆞ랑(愛): 베전트 작. 해몽생 역. 태서문예신보1918.9.26-?

【내용】 원작 참조.

【참고】 연재시 第一編/下編으로 구분하고 있다. 매회 연재 지면에 회차 정보가 표기되어 있지 않다. 《태서문예신보》 1-15호까지 연재된 것으로 알려져 있는데, 14호인 1919년 1월 13일자 연재 후 '다음호에 계속' 이라고 표기되어 있으나, 15호의 원본이나 영인본을 확인할 수 없다. 《태서문예신보》는 1919년 2월 17일 16호로 종간되었는데, 종간호에는 이 작품이 실려 있지 않다. 번역자 '海夢生' 의 본명은 장두철이다. 원작은 베전트(Walter Besant)의 「Armorel of Lyonesse(1890)」이다. 동일 원작의 번안으로 한정동의 「바다의 처녀(매일신보1925.5.9-1926.2.26)」가 있다.

사랑과 설움(번)/사랑과설음: 작자미상. 이상수 역. 문우당1923.

【내용】 원작 참조.

【참고】 중세 유럽의 설화 「트리스탄과 이졸데」를 이상수가 '사랑과 설음' 이라는 제목으로 번역한 소설이다. 번역의 대본이 무엇인지는 분명히 알 수 없다. 「트리스탄과 이졸데」의 다른 번역으로 춘성·고월 공역 『사랑의 무덤(광익서관1922)』이 있다. 《조선문단》 1925년 7월호 표지 광고에 "'세상' 에는 '연애소설' 이 하도 만치마는 기중에도 가장 신성한 대표적 서는 이 '사랑과 설음' 이외다. 천하 용사 트리스탄과 절세미희 이솔데의 애를 끊어 사랑하며 그들의 사랑을 인하여 생긴 모든 설

음은 실노 연애소설의 대왕"이라고 소개하고 있다. 용사 트리스탄과 절세미인 이졸데의 사랑을 그리고 있는 연애소설이다.

사랑에 속고 돈에 울고: 작자미상. 세창서관1936(80면).

【내용】 서울의 세력가로 무역회사를 경영하는 조 참판의 딸로 태어난 숙희는 오빠 영준과 함께 유복한 유년 시절을 보낸다. 영준이 동경제국대 법학과를 졸업하고 뒤를 이어 숙희는 전문학교 가사과를 졸업한다. 한편 부유한 가정에서 태어나 일찍 부모를 잃고 김 백작의 후원을 받아 성장한 완구는 숙희의 아름다움에 넋을 잃어 그녀에게 청혼한다. 두 백작 가문 사이의 결혼식이 거행되고 얼마 후 숙희는 딸 경자를 낳는다. 그러나 숙희를 향한 완구의 불같은 사랑은 이내 싸늘하게 식고, 까페의 여급인 정희를 정부로 삼아 재산을 탕진한다. 얼마 후 정희는 아들을 낳고, 완구의 대를 이을 장자를 낳았다는 명분을 내세우며 완구에게 숙희와의 이혼을 강요한다. 완구는 숙희의 행실이 부정하다는 누명을 씌운 뒤 정희와 재혼할 계획을 세운다. 그의 계략으로 숙희는 딸 경자와 함께 집에서 쫓겨나고, 동경에서 돌아온 외사촌 장진익의 집에 얹혀산다. 그러던 중 숙희와 진익 사이의 염문설이 신문에 실리자 숙희는 그 집을 나와 셋방을 얻는다. 숙희를 찾아 나선 영준과 진익은 가문의 원수를 갚기로 결의한다. 한편 완구는 정희와 아들 상철에게 재산을 양도한다는 계약서를 쓰고 법률상담가인 최병국과 함께 평양으로 거처를 옮긴다. 그곳에서 정희와 병국은 부정한 관계를 맺는다. 세월이 흘러 완구가 계약한 증서등기의 효력이 발생하여 정희에게 재산이 양도되려는 때, 이들의 계획을 알아낸 진익이 병국 일당을 공갈협박 및 사기죄로 고소한다. 계획이 틀어진 데 화가 난 병국은 완구를 감금하고 협박하면서 돈을 요구한다. 이때 경찰과 함께 진익이 나타나 이들을 체포한다. 법정에 나선 숙희의 증언으로 완구 일당의 죄상이 밝혀지고 그 사건은 신문에 대서특필된다. 이들이 수감된 후 뒤늦게 상철의 친부가 병국임이 밝혀진다. 비록 원수의 자식이지만 그 형편을 불쌍하게 여긴 숙희가 상철을 데려다 키운다. 몇 년 후 형을 마치고 출옥한 완구와 병국은 숙희를 다시 찾아가고, 완구는 경자와 눈물로 상봉한다. 병국은 자기 때문에 고통받는 아들의 모습을 보면서 목숨을 끊는다.

【참고】 표지에 '悲劇小說 사랑에속고돈에울고' 라고 표기되어 있다. 표지에 적힌 제목과는 달리, 본문에는 '사랑에울고돈에속고' 라고 표기되어 있다. 재물에 눈이 멀어 가족을 버린 주인공이 벌을 받고 개과천선한다는 내용을 담고 있다. 불륜이나 음모 등의 선정적인 소재를 차용하고 있을 뿐 아니라 인물들이 눈물을 흘리는 장면이 빈번하다는 점에서 감상성이 두드러지는 통속적인 연애소설이다. 서강대 소장 세창서관본을 텍스트로 내용을 정리했다.

사랑에 울고 돈에 속고

【내용】「사랑에 속고 돈에 울고」 참조.

사랑에 취한 여자/사랑에취한녀자: 작자미상. 초판서지불명.

【내용】 서울에서 음악학교 성악과를 다니는 김영옥은 향파라는 젊은 시인과 연인 사이이다. 영옥의 부친이 딸의 소문을 듣고 자신의 친구 아들과 결혼시키려 상경한다. 영옥은 반발하지만 아버지의 강경한 태도에 어쩔 수 없이 고향으로 끌려가고, 향파는 울부짖으며 이별을 괴로워한다. 「**妓生梅英**」: 장안의 명기 송매영은 장인백을 사랑하지만, 매영의 양아버지 춘보는 부자 박태호에게 매영을 보내려 한다. 그러던 어느 날 박태호는 매영의 집에 묵고 가겠다며 실랑이를 벌이고, 벽장 속에서 그간의 이야기를 들은 장인백은 자신이 매영에게 아무것도 해 줄 수 없다며 이별을 선언한다. 「**新家庭風景**」: 시인 감호남과 아내 영자는 신식 생활을 한다. 어느 날 집에서 일하는 개똥어멈이 도망가자 영자는 저녁을 준비하지 못해 허둥댄다. 퇴근한 호남은 두 사람만의 이상적인 신식가정을 만들자며 영자에게 직접 저녁 식사를 준비하라고 말한다. 영자는 취미만이 생활의 전부가 아니라 현실적 생활에서 여자이며, 아내이며, 주부라는 책임을 잊어서는 안 된다는 호남의 말에 동의한다. 「**永遠의 沈默**」: 석수인 리창환이 병에 걸려 일을 못하자 그의 아내는 어린 자식 명호를 남겨 두고 떠나 채석장의 공장 감독과 살림을 차린다. 세월이 흘러 창환은 임종을 앞둔 상태에서 명호에게 아내 얘기를 한다. 가족이 살고 있는 오막살이가 아내와 공장 감독을 신고하지 않은 대가로 받은 것이며, 그들이 근처에 산다고 말한다. 명호는 어머니가 누구이며 어디에 사는지 묻지만, 창환은 대답하지 않고 죽는다. 「**吳越同舟**」: 신라시대 반월성에 사는 맹호봉과 백학은 연인 사이이다. 두 사람의 아버지들은 우연히 길에서 마주친 뒤 다툼을 벌이고, 서로의 자식에 대해 험담한다. 이들은 딸과 아들이 연인이라는 것을 알게 된 뒤 결혼을 반대하지만, 자식들의 강경한 뜻에 따라 서로 화해하고 결혼시킨 뒤, '오월동주(吳越同舟)'가 아니라 '사돈동주(査頓同舟)'라며 기뻐한다. 「**원한의 情**」: 리명수와 홍구는 칠 년 전 같은 잡지사에서 근무하다가 잡지사가 문을 닫자 명수는 신문사의 학예부에서 일을 하고, 홍구는 방랑의 길을 떠난다. 명수는 홍구와 동거하던 신여성 김옥과 결혼하여 여섯 살 난 아들과 함께 행복한 생활을 한다. 그러던 어느 날 홍구와 명수는 거리에서 우연히 만난다. 명수는 홍구를 자신의 집으로 데려가고, 홍구는 명수의 아내가 김옥임을 알고 깜짝 놀란 뒤 떠난다.

【참고】 본문 첫 장에 '戀愛悲劇 사랑에취한녀자' 라고 표기되어 있다. 서강대 도서관 소장 세창서관본 표지에는 '삐삐자유부인 BB自由婦人' 이라고 표기되어 있으나 본문에는 '戀愛悲劇 사랑에취한녀자' 라고 표기되어 있다. 현존 세창서관본이 드러내는 혼란은 '사랑에취한녀자' 를 세창서관에서 재출간하면서 발생한 제본 오류로 판단된다. 신여성, 구여성, 기생 등 여러 유형의 여성들이 등장하는

사랑에 관한 짧은 이야기 여섯 편이 묶여 있다. 첫 번째 이야기에는 소제목이 없다. 본문에 갑자기 '해설'이 등장하여 인물에 대해 설명하거나 인물의 어투와 행동, 음향을 지시하는 문장이 제시되는 등 희곡적 요소가 드러난다. 서강대 소장 세창서관본을 텍스트로 내용을 정리하였으나, 초판의 발행 연도 및 기타 서지사항은 확인되지 않는다.

사랑은 눈물인가: **조준경 저작발행. 보성서관1937(125면).**

【내용】 승희는 경성 근교의 농촌에서 학교를 다니는 열여덟 살 미모의 신여성이다. 잡화상을 하던 부친이 죽은 이후 승희는 빚쟁이들에게 시달리다가 이모부인 김택선의 집에서 기식한다. 많은 재산을 방탕한 생활로 탕진하고 복덕방을 하면서 근근이 생계를 이어가던 택선은 승희 모녀를 박대한다. 택선의 아들 진수는 약학 전공자인데 해독제 연구에 몰두하여 온갖 노력을 쏟는 동안 돈도 잃고 애인 영순과도 헤어진다. 어느 날 진수의 동창인 고리대금업자 홍식이 승희에게 반하여 진수를 매수한다. 진수는 연구비를 지원받는다는 조건으로 홍식과 승희의 만남을 주선한다. 한편 화류계의 유명한 뚜쟁이 성칠은 택선에게 접근하여 승희를 화류계에 팔아넘기자고 유혹한다. 택선이 승희의 몸값을 홍정하는 동안, 그의 아들 진수는 홍식에게 받은 연구비를 가지고 해독약 연구를 위해 일본으로 떠난다. 승희를 유인한 홍식은 그녀를 감금하여 겁탈하려고 하는데, 때마침 그곳에 있던 영호가 그녀를 구한다. 영호는 경성 의학전문학교를 다니는 모범생이며 승희의 보통학교 동창이다. 영호는 승희를 데리고 한강으로 도망가는데, 거기서 우연히 이모부 택선과 성철을 만난다. 영호와 택선이 몸싸움을 하는 동안 승희의 몸값을 낸 성철은 승희를 끌고 간다. 승희는 다옥정이라는 술집으로 끌려가 매월이라는 기명으로 매춘을 강요당한다. 감금 상태의 승희는 몰래 영호에게 편지를 쓰지만 답신을 받지 못하고 그리움만 깊어간다. 시간이 흘러 승희는 어머니가 화재로 인해 죽었다는 소식을 듣고, 슬픔을 이기지 못해 음독자살을 시도한다. 그간 건강이 악화되어 입원해 있던 영호가 승희를 찾지만 이미 그녀는 죽어 가고 있다. 그때 한 청년이 투약한 해독제에 의해서 승희가 극적으로 살아나는데, 그가 바로 일본으로 건너갔던 진수이다. 진수는 승희에게 용서를 빌고 헤어졌던 옛 애인인 영순과도 화해한다. 승희의 어머니가 살아 있다는 사실이 뒤늦게 밝혀지고 진수와 영순, 승희와 영호는 성대한 결혼식을 올린다.

【참고】 "황금에 밋치고 밋처서 인정도 의리도덕도 몰으는" 타락한 세태와 물신주의에 대한 비판이 두드러진다. 남녀 주인공이 위험에 닥칠 때 여성인물이 적극적으로 대항하지만, 정작 사건의 해결은 오로지 남성에 의해 이루어진다는 점에서 여성의 수난사를 흥미요소로만 차용한다는 한계가 있다. 연세대 도서관 소장 보성서관본을 참조하였으나 앞뒤 표지가 유실되어 정확한 정보를 얻을 수 없다.

사랑은 쉽다: 봉회 작. 백합사1930.

【내용】 박승일과 김영숙은 서로 사랑하지만, 영숙의 부친 김 참사는 딸을 부자 민 대감의 아들 셩식에게 첩으로 주고 돈을 받으려 한다. 영숙이 이를 거부하자, 김 참사는 승일에게 삼 년 안에 거금을 마련해 오라고 한다. 승일은 영숙에게 정표로 자기 집에 대대로 물려 내려온 진주반지를 주고, 돈을 벌기 위해 떠난다. 그는 오래된 유물들을 모아 미국 상회에 파는 장사를 하여 필요한 돈의 절반을 마련한다. 삼 년 기한이 박두하자, 그는 그동안 모은 돈을 가지고 인천에 가서 미두를 하기로 결심한다. 그는 여관에 투숙했다 자기 제자였던 정식을 만나고, 그 누이동생 정애를 소개받는다. 정애는 승일에게 반하여 자기 마음을 고백하지만, 그는 사랑하는 여자가 있다며 거절한다. 얼마 후, 승일은 미두로 전 재산을 잃고 실의에 빠져 부산으로 떠난다. 한편 승일이 돌아오기만을 기다리던 영숙은 셩식과 김 참사의 계략에 빠져 위기에 처한다. 그 순간 근처에 있던 정식이 그녀를 구한다. 정식은 영숙이 승일을 찾는다는 사실을 알고 인천으로 안내한다. 그러나 두 사람이 인천에 도착했을 때 승일은 이미 부산으로 떠난 후이다. 영숙과 정식, 정애 세 사람은 승일을 찾으러 떠난다. 한편 부산에 도착한 승일은 정처 없이 방황하다가 전에 유물을 거래했던 미국 상회의 지배인인 크린트를 만난다. 그는 크린트의 부탁으로 경주 여행에 동참했다가 자신을 찾아다니던 영숙 일행과 재회한다. 승일과 영숙은 기뻐 어쩔 줄 모르지만, 정애는 순간 질투에 눈이 멀어 영숙을 독살하려다 실패한다. 정애는 크게 뉘우치고, 영숙은 너그러이 그녀를 용서한다. 일행은 경주 여행을 모두 마치고 경성으로 돌아온다. 셩식과 김 참사는 이들이 도착하자마자 돈과 영숙 중 하나를 내놓으라고 한다. 이때 크린트가 나서 돈을 대신 갚아 주고, 승일과 영숙을 결혼시킨다. 두 사람은 감사의 표시로 승일이 영숙에게 주었던 진주 반지를 크린트에게 준다. 크린트는 미국으로 돌아가고, 두 사람은 교사가 되어 학생들을 가르치며 행복하게 산다. 얼마 후 크린트가 편지와 함께 거금을 보내온다. 두 사람이 준 진주반지는 신라의 유물로, 미국 정부가 거액에 사들였으니 그 대금을 보낸다는 것이다. 두 사람은 크린트의 정직함에 감탄하며, 받은 돈을 모두 자선사업에 기부한다.

【참고】 동덕여대 도서관 소장 백합사 간 3판본(1937, 67면, 30전) 표지에 '戀愛悲劇 사랑은쉽다', 본문 첫 장에 '戀愛悲劇 사랑은쉽다 鳳會 作'이라고 표기되어 있다. 간기에 '소화 5년 초판, 소화 7년 재판, 소화 12년 3판'이라고 표기되어 있다.

사랑은 원수: 작자미상. 초판서지불명.

【내용】 종로 중앙은행이 장부 정리를 이유로 임시 휴업하자 예금자들의 항의가 빗발친다. 이때 은행의 일방적 조치로 낭패를 보게 된 회사원 김영수가 은행 두취 장의식을 폭행하여 경관에게 끌려갔다 회사의 보증으로 풀려난 후 자취를 감추는 사건이 발생한다. 경성신문

사 사회부 기자 안준호는 경찰서 주임과 영수의 부인을 만나고 신문사로 돌아와 중앙은행 휴업 사건과 그 사내의 사연을 기사화하여 경성신문 조간에 발표한다. 그날 아침, 그는 전차에 뛰어든 모자를 취재하러 병원에 갔다가 그곳에서 영수 부인의 사체와 발목을 다쳐 신음하는 어린아이를 발견한다. 준호는 영수 부인의 죽음 앞에서 은행 중역의 비리를 파헤칠 것을 다짐하고 김 기자와 두취를 미행 감시한다. 이때 주식점을 경영하는 박인창의 아들 건모가 카페 여급이자 김 기자의 애인인 화자에게 찾아와 부친이 담보로 제공한 유령 주권을 장의식이 투자 형식으로 사들여 은행에 손실을 입혀 왔다는 사실을 발설한다. 준호는 화자에게 전해들은 비밀 모임 장소에 잠입하여 박인창이 담보한 유령 주권 일만 주를 사진으로 남기고 사건의 전말을 정리하여 신문에 발표한다. 경성신문 사회면에 중앙은행 두취와 박인창의 비리에 관한 기사가 나간 후, 천 원이 든 수표와 협박문이 준호의 집으로 배달된다. 준호는 경성지방법원의 검사를 찾아 그간의 일과 앞으로의 기사에 관해 진술을 하고 돌아온다. 그로부터 수 일 후 장의식과 박인창은 검사국에 소환되어 횡령과 사기혐의로 구속된다. 이튿날 중앙은행 현관 앞에서 약을 먹고 죽은 영수를 껴안고 우는 어린아이가 발견된다. 삼 년 후 준호는 사회부장으로 영전하고 영수의 아이는 준호의 가정에서 행복하게 자란다.

【참고】 표지와 본문 첫 장에 '戀愛悲劇 探偵小說 사랑은 원수'이라고 표기되어 있다. 사리사욕을 채우기 위해 일반 대중의 예금을 횡령한 은행가와 실업가의 부정과 비리를 추적하여 밝히는 신문기자의 활약상을 다루고 있는 작품이다. 서두에 범죄 사건을 제시하고 그 사건의 실체를 파헤치고 해결하는 과정으로 서사가 진행된다는 점에서 탐정소설의 형식을 취하고 있다. 서강대 소장 세창서관(1964, 61면)본을 텍스트로 내용을 정리하였으나, 초판의 발행 연도 및 서지사항은 확인할 수 없다.

사랑을 위하여: 김온섭 작. 발행소불명1930.

【내용】 여자고보 졸업을 일 년 앞둔 순임은 어머니의 병이 위독하여 학교를 자퇴한다. 얼마 뒤 어머니가 죽자 순임은 서울의 외삼촌 내외를 찾아간다. 노름과 술로 방탕한 생활을 일삼던 외삼촌 박춘삼은 순임을 화신백화점 직원으로 취직시켜 순임의 월급을 탕진한다. 그리고 술집 주인 왕 서방과 작당하여 순임을 팔아넘길 계책을 세운다. 뛰어난 미모와 상냥한 마음씨로 순임은 백화점에서 가장 매출이 높은 직원이 된다. 어느 날 손님으로 온 오정근은 순임을 보고 한눈에 반한다. 그는 순임이 외삼촌 밑에서 갖은 고생을 하고 있다는 것을 알고는 다른 곳에 집을 얻어 준다. 순임이 정근의 청혼을 받아들이자, 그는 혼인 승낙을 받기 위해 고향으로 내려가는데, 그사이 춘삼이 순임이 사는 곳을 찾아낸다. 그는 왕 서방과 함께 순임을 만주로 데려가 탕정린에게 팔아넘긴다. 장학량의 부하인 탕정린은 탐재호색으로 유명한 인물이다. 거금을 받은 춘삼은 희희낙락하며 돌아가던 중, 돈에 욕심을 낸 왕 서방에게 죽임을 당하고 왕 서방 또한 마적 떼를 만나 죽는다. 순임은 수청을 들라는 탕정린에게 상복을 벗을 때까지만 기다려 달라고 말미를 얻은 뒤 도망갈 궁리를 한다. 한편, 고향에서 돌아

온 정근은 순임의 외숙모로부터 순임의 소식을 듣고, 그길로 만주로 떠나 탕정린의 군졸을 돈으로 매수하여 문지기로 취직한다. 어느 날 밤, 드디어 상봉한 두 사람은 함께 탈출할 계획을 세운다. 탕정린의 생일 잔칫날, 정근은 몰래 술에 최면약을 타 넣는다. 사람들이 모두 술에 취해 잠이 들자, 두 사람은 말을 타고 도망쳐 조선으로 돌아간다. 결혼식을 올린 그들은 각각 대학에 들어가 학업에 정진한다.

【참고】 표지에 '現代小說 사랑을 위하야 一名 海明星', 본문 첫 장에 '사랑을위하여(一名 海明星) 星影 金溫燮作'이라고 표기되어 있다. 서강대 소장 세창서관본을 텍스트로 내용을 정리하였으나 초판의 서지사항은 확인할 수 없고, 발행 연도만을 기존 연구에 의거하여 작성했다.

사랑을 찾아서(번)/사랑을차저서

후쿠다마사오 작. 박루월 역편. 영창서관1930(98면, 50전).

【내용】 죽음의 섬이라 불리는 곳에는 노래로 미남자를 홀려 목숨을 빼앗는 마녀가 살고 있다. 언덕에 올라 노래를 부르며 또 다른 희생자를 찾는 마녀에게 멀리 한 척의 배가 보인다. 그 배에는 서로 사랑하는 사이인 귀공자와 미녀가 타고 있다. 두 사람이 부르는 사랑의 세레나데를 들은 마녀는 질투에 휩싸인다. 마녀는 파도, 번개, 바람의 요정을 불러내 미녀를 죽이고 귀공자를 데려오라고 명령한다. 검은 파도와 폭풍우 속에서 미녀는 귀공자의 손을 놓치게 되고 바다 속에 잠긴다. 바다 숲에서 눈을 뜬 미녀는 귀공자를 찾아서 길을 떠난다. 도중에 미녀는 꽃의 요정, 해의 요정을 만나 용기를 얻는다. 바다 속 용궁에 도착한 미녀는 용왕의 도움으로 바다에서 살 수 있는 인어가 된다. 인어가 된 미녀는 대양의 한가운데에서 바다뱀으로부터 귀공자가 마녀에게 붙들려 갔다는 사실을 듣는다. 한편, 마녀가 있는 죽음의 성에서는 귀공자가 마녀의 유혹에 넘어가지 않으려고 안간힘을 쓰고 있다. 이 광경을 목격한 미녀가 사랑의 노래를 부르자 이내 노랫소리가 죽음의 성 가득히 울려 퍼진다. 마녀가 파도, 번개, 바람의 요정을 시켜 귀공자와 미녀를 죽이려는 순간, 용왕이 나타나 마녀를 잠재운다. 결국 마녀는 언덕 위에서 바다로 떨어져 죽고, 귀공자와 미녀는 죽음의 섬을 떠나며 사랑의 노래를 부른다.

【참고】 국립중앙도서관 소장 영창서관본 표지에 '映畵小說 사랑을차저서', 속표지에 '幻想映畵小說 사랑을차저서 全篇', '原名「死의島의美女」'라고 표기되어 있다. 본문이 시작되기에 앞서 다음과 같은 '序'가 실려 있다. "이 映畵小說은 일즉히 日本의 大敍事詩人으로써 일홈이 높흔 福田正夫先生의 一大傑作中의 하나인 =幻想詩劇「死의島의美女」=를 이번에 本人이 감히 拙筆을 들어서 純映畵小說化하게 되엿다." 번역은 아니고 일본의 시극을 소설로 재창작한 것으로 보인다. 모두 10장으로 구성되어 있으며, 각 장에는 제목이 붙어 있다. 원작이 詩劇이다 보니 등장인물의 대사 중 노랫말이 상당한 지면을 차지하고 있다.

사랑의 꽃/사랑의쏫: 작자미상. 영창서관1935(25전).

【내용】 미확인.

【참고】 단행본 원본 자료를 구할 수 없어 작품의 경개 및 세부 서지사항을 확인하지 못했다. 『강명화전(영창서관1935)』 권말 '영창서관발행신소설목록'에 '사랑의쏫'이라고 제목이 표기되어 있다.

사랑의 꽃동산/사랑의쏫동산

김홍만 작. 대성서림1928.

【내용】 친구 사이인 경철, 동일, 정선은 공장에서 실습생으로 일하는 청년들이다. 이들이 다닌 학교는 졸업하면 의무적으로 공장에서 사 년 동안 직공으로 일해야 하는 곳이다. 세 청년은 자신들의 어려운 형편에 좌절하면서도 연애를 꿈꾸며 생활한다. 이들 중에서 동일과 경철은 어린 시절을 어렵게 보냈다는 공통점이 있어 더욱 친하게 지낸다. 어렸을 때 가족과 함께 만주로 떠났던 동일은 그곳에서 부모를 여의고 걸식을 하는 등 궁핍한 생활을 하다가 조선으로 돌아왔다. 경철은 모종의 일로 고향을 떠난 부모를 따라 강원도 산골에서 어린 시절을 보냈다. 어머니가 죽고 형편이 어려워지자 경철의 가족은 귀향했으나 고향에서도 생활은 어려웠다. 경철의 아버지는 고향을 떠날 때 자신의 집과 가산을 맡겼던 친구 홍운학을 찾아갔으나 운학이 도움을 거절하자 분노하여 자살하였다. 이후로 경철은 간신히 학교를 졸업하고 공장에 다니고 있다. 쓸쓸한 생활을 하던 경철은 정선의 사촌 여동생이 소개해 준 영순과 연인 사이가 된다. 경철은 영순이 운학의 딸이라는 사실을 뒤늦게 알게 되지만 영순과 헤어지지 않는다. 한편 영순의 가족은 영순이 경철과 교제한다는 소문을 듣고 영순을 시집보내려 한다. 이에 영순은 경철과 헤어지겠다며 식구들을 안심시킨 뒤 경철과 도피할 준비를 한다. 경철과 영순은 친구들에게 편지를 남기고 고향을 떠나 봉천으로 향한다.

【참고】 본문 첫 장에 '戀愛哀話 사랑의쏫동산 松雲 金洪萬 作'이라고 표기되어 있다. 가난한 직공의 생활 모습, 고뇌, 사랑 등이 애상적인 분위기로 제시되어 있는 작품이다. 단행본에는 소설 「사랑의 동산」, 시 「笑中劍」, 수필 「피빗의 咀呪」 세 편의 작품이 실려 있다. 1928년에 초판이 발행되었으며 경상대 소장 1930년 발행 재판본(134면, 70전)을 텍스트로 내용을 정리했다.

사랑의 꿈/사랑의쑴: 철혼 작. 영창서관1923(71면, 30전).

【내용】 스물네 살의 미소년 영호는 조실부모한 후 친척집을 전전하며 보통학교를 겨우 졸업

한다. 그는 독학으로 교사가 되었으나 동경과 구라파 유학의 꿈을 버리지 않고 살아간다. 친구의 도움으로 고향 대전을 떠나 경성의 한 신문사에 취직한 그는 우연히 왈스 여자학교에서 열린 음악회를 구경 갔다가 정애라는 여인을 본 후 그녀에게 반해 상사병에 걸린다. 정애에 대한 그리움으로 사경을 헤매던 그를 보다 못한 친구 영희가 영호와 정애의 만남을 주선한다. 정애는 동생 상만과 함께 영호를 만나는데, 이후 두 사람은 서로의 사랑을 확인하고 동침까지 한다. 정애와의 사랑을 이룬 영호는 태도가 돌변하여 정애를 피하고, 그녀에게 헤어지자는 내용의 편지를 보낸다. 이에 상심한 정애는 울면서 영호를 원망한다. 분노한 상만은 영호를 찾아가 죽이고, 자신도 한강철교에서 몸을 던진다. 정애는 비구니가 되어 평생을 홀로 살아간다.

【참고】 본문 첫 장에 '연애소셜 사랑의꿈 哲魂 作'이라고 표기되어 있다. 한 미성숙한 청년의 무책임한 사랑 때문에 생겨난 비극을 다루었다. 작품 말미에 "이 소설 하편을 보시랴면 「사랑의 각성」을 계속하여 보시옵소셔"라고 부기되어 있다. 1923년 영창서관에서 菊如 作의 희곡 『사랑의 각성』이 발행되었으나, 그가 밝힌 하편은 아닌 것 같다.

사랑의 노래: 작자미상. 광한서림1929(25전).

【내용】 미확인.

【참고】 단행본 원본 자료를 구할 수 없어 작품의 경개 및 세부 서지사항을 확인하지 못했다. 『서시전(광한서림1929)』 권말 '大好評書籍案內'에 '사랑의노래'라고 제목이 표기되어 있다.

사랑의 눈물1: 작자미상. 박문서관1922(60전).

【내용】 미확인.

【참고】 단행본 원본 자료를 구할 수 없어 작품의 경개 및 세부 서지사항을 확인하지 못했다. 『애사(박문서관1922)』 권말 '박문서관발행서적목록'에 '사랑의눈물'이라고 제목이 표기되어 있다. 홍영후의 번역 작품 『사랑의 눈물(1924)』과 동일작인지도 현재로서는 확인이 어렵다.

사랑의 눈물2(번): 뮈세 작. 홍영후 역. 박문서관1924.

【내용】 원작 참조.

【참고】 뮈세(Louis Charles Alfred de Musset, 1810-1857)의 「La Confession d' un Enfant du Siecle(1836)」을 번역한 것이다. 일역의 중역으로 추정된다. 역본의 체재는 '머리의 말' 과 '본문' 으로 되어 있다. 정확한 역명은 '世紀病者의 告白' 이 되겠는데, 독자의 편의를 위해 '사랑의 눈물' 이라고 했다는 말이 역자 '머리의 말' 에 밝혀져 있다. 저자 뮈세는 프랑스 낭만주의를 대표하는 작가이며, 원작은 프랑스의 또 다른 낭만주의 작가 조르주 상드와 뮈세 자신의 사랑 이야기를 다룬 자전적 소설이다.

사랑의 동무: 작자미상. 영창서관1933.

【내용】 미확인.

【참고】 단행본 원본 자료를 구할 수 없어 작품의 경개 및 세부 서지사항을 확인하지 못했다. 『청춘의 한(영창서관·한흥서림·진흥서관1933)』 권말 판권지의 서적 광고에 '사랑의동무' 라고 제목이 표기되어 있다.

사랑의 무덤(번): 작자미상. 춘성·고월 공역. 광익서관1922.

【내용】 원작 참조.

【참고】 중세 유럽의 설화 「트리스탄과 이졸데」를 노자영과 박영희가 춘성(春城)과 고월(孤月)이라는 필명으로 번역한 작품이다. 번역의 대본이 무엇인지는 분명히 알 수 없다. 「트리스탄과 이졸데」의 다른 번역으로 이상수 역 『사랑과 설음(문우당1923)』이 있다. 천하의 용사 트리스탄과 절세미인 이졸데의 사랑을 그리고 있는 연애소설이다.

사랑의 무정/사랑의無情: 노익형 발행.

【내용】 미확인.

【참고】 단행본 원본 자료를 구할 수 없어 작품의 경개 및 세부 서지사항을 확인하지 못했다. 1930년 12월호 《조선출판경찰월보》 단행본 납본 목록에 수록되어 있다.

사랑의 보금자리: 작자미상. 신구서림1930(35전).

【내용】 미확인.

【참고】 단행본 원본 자료를 구할 수 없어 작품의 경개 및 세부 서지사항을 확인하지 못했다. 『단발미인(신구서림·박문서관1930)』 권말 '신구서림출판도서목록' 에 '사랑의보금자리' 라고 제목이 표기되어 있다.

사랑의 불길(번): 원작미상. 김재덕 역. 경성서관1929.

【내용】 미확인.

【참고】 현재 단행본 원본 자료를 찾을 수 없고 원작 및 역본에 대한 정보 또한 확인할 수 없다.

사랑의 비밀: 작자미상. 신구서림1931(60전).

【내용】 미확인.

【참고】 단행본 원본 자료를 구할 수 없어 작품의 경개 및 세부 서지사항을 확인하지 못했다. 『옥단춘전(신구서림1931)』 권말 '신구서림출판도서목록' 에 '사랑의비밀' 이라고 제목이 표기되어 있다.

사랑의 설움/사랑의설음사랑의煩惱

유석조 작. 화광서림1933.

【내용】 리필응은 평안도 정주성내의 대단한 실업가다. 그는 공장 직원인 아버지가 죽어 고아가 된 영환을 자신의 딸 명희와 함께 기른다. 영환과 명희가 열여섯 살이 될 때쯤 유럽 전쟁이 종식되어 물가가 폭락해 필응의 사업이 망한다. 재산을 차압당한 필응은 병으로 세상을 떠나고 집도 몰락한다. 영환과 명희는 미래를 함께 하기로 약속하나, 삼 년 뒤 명희의 모친은 영환을 쫓아내고 명희를 재산가인 강상긔와 정혼시킨다. 영환은 공부를 포기하고 서울로 가 순사가 된다. 명희도 혼인 전날 가출하여 서울에서 간호부가 된다. 어느 날 영환은 불난 집에 갇힌 아이를 구하느라 화상을 입고 춘성병원에 입원한다. 마침 명희도 그곳에 근무하고 있어, 두 사람은 다시 만나게 되고 미래를 함께 하기로 약속한다. 그러나 명희의 모친이 녕희의 소재를 찾아내어 고향으로 데려간다. 명희 모친은 상긔에게 시집가지 않으면 자신이 죽겠다고 하며 명희의 마음을 돌린다. 명희는 결국 상긔와 혼인하게 되고 영환에게 사죄의 편지를 보낸다. 영환은 좌절하여 주색에 빠진다. 능파라는 기생이 영환에게 마음을 잡으라 설득하지만 영환은 듣지 않는다. 어느 날 그는 길에서 담배회사 직공들과 시비가 붙어 흠씬 두들겨 맞는다. 명희와 영환의 관계를 알고 있던 간호부 경완이 마침 지나다가 그를 알아보고 구한다. 의식을 차린 영환은 경완의 설득으로 주색에 빠졌던 일을 반성한다. 곧 그는 능파에게 청혼을 하고, 경완은 명희에게 영환의 일을 편지로 전한다. 영환의 용서를 얻는 데 실패한 명희는 자살을 시도하지만 미수에 그친다. 명희 모친이 그 소식을 듣

고 자신의 잘못을 뉘우치며 영환을 찾아가 빈다. 영환은 필웅에게 입은 은혜를 생각해 결국 명희를 용서하고, 두 사람은 함께 프랑스 유학길에 오른다. 경완과 능파는 영환과 의남매를 맺고, 상긔는 원통함을 이기지 못해 투신자살한다.

【참고】 표지에 '사랑의설음', 본문 첫 장에 '戀愛哀話 사랑의煩惱 庾錫祖 著'라고 표기되어 있다. 1933년 초판이 발행되었으며, 국립중앙도서관 소장 1935년 재판본(132면, 15전)을 텍스트로 내용을 정리했다. 평화니 해방이니 떠드는 것은 거짓이자 개인의 이익을 위한 것이라 말하는 부분이나 순사를 긍정적으로 묘사하는 부분에서 친일 의도가 드러난다.

사랑의 성공/사랑의成功: 작자미상. 박문서관1923.

【내용】 미확인.

【참고】 단행본 원본 자료를 구할 수 없어 작품의 경개 및 세부 서지사항을 확인하지 못했다. 『박씨부인전(박문서관1923)』 권말 신소설 광고에 '戀愛小說 사랑의成功'이라고 제목이 표기되어 있다.

사랑의 싸움/사랑의싸홈: 영창서관 편. 영창서관1925(50전).

【내용】 미확인.

【참고】 단행본 원본 자료를 구할 수 없어 작품의 경개 및 세부 서지사항을 확인하지 못했다. 『금낭이산(영창서관1925)』 권말 '영창서관에서 발행한 서적' 광고에 '련애비극 사랑의싸홈'이라고 제목이 표기되어 있다. 영창서관에서 펴낸 『신간도서목록』에 '永昌書館 編 戀愛小說 사랑의싸홈'이라고 표기되어 있다.

사랑의 원수(번): 르루 작. 최서해 번안. 중외일보1928.5.16-8.3(80회 완).

【내용】 원작 참조.

【참고】 연재 지면에 '사랑의 원수 崔曙海 飜案'이라고 표기되어 있다. 원작자나 원작에 대한 정확한 정보는 없고, 연재 예고에서 "서양에서도 유명한 탐정소설"이라고만 소개하고 있다. 그러나 본문의 내용으로 보아 프랑스 작가 르루(Gaston Leroux)의 작품 「노란 방의 비밀(Le Mystère de la Chambre Jaune)」(1907)인 것으로 판단된다. 룰르타뷰는 '신일룡', 라르상은 '홍길수', 마틸드 스탕게르송은 '김혜경', 로벨 다르작은 '리학사 박 씨' 등 작중인물의 이름을 우리나라 식으로 바꾸고, 작중 배경도 프랑스 시골의 글랑디에 성에서 "서울 외곽 의정부 근처 옥녀동 산기슭의 저택"으로 바꾸는 등 당대 우리나라 실정에 맞게 번안하였다.

次回連載小說豫告

사랑의地獄

作者 李瑞求 揷畵 李承萬

눈물과사랑에 어리워 만텬하독자의열독을힙입는「純情」은압흐로수일을남기고 끗을막게되얏습니다 다음은「눈물에첫는사랑들」이라는소설을발표하야독자의긔억에새로운리서구씨의집필노 현대조션이나흔가장불운한풍운아와꼿가튼미인이사랑의지옥속에서가슴을태오는아긔자긔한가뎡소셜을발표케되얏습니다

사랑의 지옥/사랑의디옥

이서구 작. 매일신보1928.5.28-7.7(36회).

【내용】 서로 사랑하는 사이인 임순과 영일은 장열순을 피해 도망친다. 장열순은 임순의 어머니에게 돈을 주고 임순과 결혼하려 했던 남자다. 임순의 어머니와 매옥당은 그들을 찾는 것을 포기하고 대신 임순의 동생 옥순이를 장열순과 결혼시키기로 한다. 이 소식을 들은 장열순은 매우 기뻐하며 옥순과 옥순의 어머니, 매옥당을 탑골 승방으로 초대한다. 장열순은 옥순의 어머니와 매옥당이 방에서 나가자 기다렸다는 듯이 옥순을 농락하려 한다. 그러나 장열순에게 농락당한 후 분한 마음에 계속 그의 뒤를 밟고 있었던 간호부 김숙자에 의해 옥순은 위기를 넘기게 된다. 도망 나온 후 옥순은 허룡의 집으로 간다. 허룡은 영일의 친구이며, 옥순을 좋아하는 남자다. 허룡은 옥순을 데리고 임순과 영일이 있는 석수동으로 간다. 그곳에서 임순과 영일의 은인이자 후원자이며 친구인 연용(삼소 선생)을 만난 옥순은 그의 친절함에 마음이 기울어진다. 서로 사랑을 느끼게 된 연용과 옥순은 결혼을 하기로 한다. 그런데 옥순과 연용의 결혼식 날 허룡이 강에서 자살을 했다는 소식이 들려온다. 게다가 옥순의 어머니와 매옥당, 장열순과 형사들이 들이닥치기까지 한다. 결혼식은 난장판이 된다. 옥순 어머니는 장열순과의 일을 정리하고 연용과 옥순을 결혼시키기로 결심한다. 그런데 강에 몸을 던진 허룡은 죽지 않고 살아난다. 허룡이 남겨 두었던 유서에는 죽음을 택한 경위와 옥순에 대한 마음 등이 적혀 있었다. 연용과 결혼한 옥순은 시어머니의 시집살이가 무서워 시댁으로 들어가지 않고 어머니와 둘이서 안양에서 산다. 본가와 처가를 오가며 지내는 연용은 옥순과의 싸움이 잦아진다. 이러한 사정을 아는 매옥당은 연용에게 자신의 조카딸 이은주를 붙여 돈을 얻어 쓸 궁리를 하고 계획은 결국 성공한다. 연용은 은주와 살기 위해 부모와 옥순을 버린다. 이 사실을 알게 된 옥순이는 허룡을 버린 것을 후회하고 그를 찾아간다. 허룡은 아들을 잃은 노파의 집에 살면서 옥순도 잊지 못하고, 병을 얻어 죽을 날만 기다리고 있었다. 허룡을 만난 옥순은 자신이 허룡을 버린 것에 대해 용서를 구하고 허룡은 이를 받아들인다.

【참고】 연재 지면에 '사랑의디옥 리서구 작 리승만 화' 라고 표기되어 있다. 《매일신보》 1928년 7월 7일자 이후의 자료가 유실되어 상세한 내용과 연재 종료 시점을 확인할 수 없다. '임순-영일-장열순', '허룡-옥순-연용' 으로 대별되는, 두 개의 연애서사가 전개되는 애정소설이다. 두 개의 대조된 연애담을 통해 진정한 사랑이란 변하지 않는 마음이라는 것을 주장하는 소설이다.

사랑의 학교1(번)/사랑의學校

데아미치스 작. 적라산인 역. 신민1927.10-28.2(5회 완).

【내용】 원작 참조.

【참고】 연재 지면에 '사랑의學校 애드몬드 데 아미-듸쓰 作 赤羅山人 譯'이라고 표기되어 있다. 원작은 이탈리아 작가 데아미치스(Edmondo De Amicis)의 「쿠오레(Cuore)」(1886)이다. '赤羅山人'은 김영진의 필명이다. 연재 첫 회 모두에 "이태리 문학자 애드몬드 데 아미-듸쓰의 원저 「쿠오레」를 여기에 역출하는데, 그 내용은 12세의 '앤리고'라는 소학교 학생의 일기체로 된 것이다. 원문을 충분히 표기치 못할 것이나, 일기체이므로 일 개월간 일 개월만큼 끊어서 옮겨 적겠다. 소학아동을 통하여 모든 이태리의 소년을 가장 훌륭하게 교육해 가자는 것이 이 저자의 뜨거운 애정으로부터 솟아난 의도로 씌어진 것"이라는 역자의 말이 나와 있다. 완역본이 아니라 원문에서 필요한 부분만을 뽑아서 번역한 초역이다. 초등학교 4학년인 엔리코가 학교와 집에서 있었던 아름다운 일들을 일기에 적어가는 형식을 취하고 있는 작품이다.

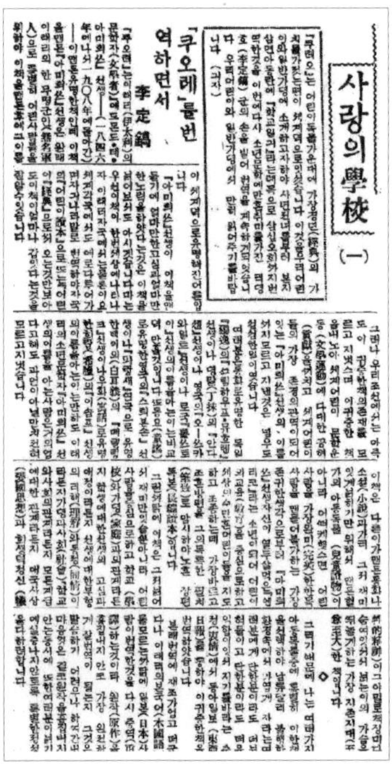

사랑의 학교2(번)/사랑의學校

데아미치스 작. 이정호 역. 동아일보1929.1.23-5.23(99회 미완) ; 이문당1933.

【내용】 원작 참조.

【참고】 이탈리아 작가 데아미치스의 「쿠오레」를 번역한 작품이다. 소년 '엔리코'의 일기 형식으로 되어 있다. 연재 당시 지면에 '사랑의 學校(原名-「쿠오레」) 前篇 아미틔쓰 作 李定鎬 譯'이라고 표기되어 있다. 1회에는 역자의 원작과 원작자 소개만 실려 있고 작품 본문은 2회부터 시작된다. 1회에서 역자는 "아미틔쓰와 그의 작품은 이제껏 조선에 알려진 바가 없으나, 「쿠오레」는 아동에게 재미와 함께 유익함을 줄 수 있는 귀중한 작품이므로 번역한다"고 번역 동기를 서술하고 있다. 또한 이탈리아어를 몰라서 일본어 판본을 저본으로 하여 중역했다고 밝히고 있다. 연재 지면에는 소제목이 있는 각 장 별로 구분하여 횟수를 표기했을 뿐 전체 연재 횟수는 표기되어 있지 않으나, 총 99회 연재되었다. 마지막 연재분에는 각 장 말미에 반복되었던 '比項完'이라는 표시가 있을 뿐, 전체 작품 연재를 끝냈다는 표시나 다음 회에 계속된다는 표시를 하지 않고 있다. 다만 원작과 내용을 비교했을 때 미완의 상태로 연재 중단되었고, 연재 초기 지면에 '前篇'이라고 표시했던 점으로 미루어 보아, '전편'과 '후편'으로 계획했으나 '후편'을 연재하지 못한 것이 아닌가 짐작된다.

사랑의 학교3(번)/사랑의 學校: 데아미치스 작. 학생사 역. 학생사1946(117면).

【내용】 원작 참조.

【참고】 표지에 '사랑의學校 學生社 發行'이라고 표기되어 있다. 목차 앞에 역자의 '서언'이 수록되어 있다. 그러나 역자 혹은 대표역자가 누구인지는 밝히지 않고 있다. 다만 판권지에 '譯者 學生社'라고 표기하고 있다. 이탈리아 작가 데아미치스의 「쿠오레」를 번역한 것이다. 역자 서언에 "「사랑의학교」라는 제목은 '크오래'라는 이태리어로 즉 '애정'이라는 뜻이다. 이글의 내용은 열두 살이 되는 엔리고라고 하는 一학동(學童)의 一학년 동안에 걸친 이야기의 상권(上卷)"이라고 하여 전체 원작의 앞부분을 부분역한 것임을 밝히고 있다.

사랑의 학교4(번)

데아미치스 작. 이영철 역. 아협1948(203면, 300원) ; 문장각1950.

【내용】 원작 참조.

【참고】 표지에 '사랑의 학교 아미치쓰 지음 이영철 번역'이라고 표기되어 있다. 발행소는 '아협', 발매소는 '을유문화사'이다. 이탈리아 작가 데아미치스의 「쿠오레」를 번역한 것이다. 《학풍》 1950년 1월호의 광고를 통해 동일 원작에 대한 이영철의 역본으로 문장각(1950)본이 있다는 목록 정보를 얻을 수 있으나 원본 자료가 확인되지 않는다.

사랑의 한(번)/愛의한

셰익스피어 작. 정순규 역. 박문서관1921.

【내용】 원작 참조.

【참고】 1921년 9월에 초판이 발행되었으며, 같은 해 11월 발행된 국립중앙도서관 소장 박문서관 재판본(58면, 20전)을 참조하였다. 표지에 '戀愛小說 사랑의한 愛의한 英國文豪 쉑쓰피어 原著 雄界 鄭淳奎 譯', '戀愛悲話 로미오와쭐늬엣'이라고 표기되어 있다. 난외 서명은 '로미오와쭐늬엣'이며 판권지의 서명은 '사랑의한'이다. 셰익스피어(William Shakespeare)의 비극을 원저로 한 램(Charles Lamb)의 산문 「Romeo and Juliet」을 번역한 것이다. 역자의 서언에 "윌니함, 쉑스피어의 걸작을 산문대가 촬쓰, 램씨가 청년독셔가를위하야 그 개요를 셔술한 것"이라고 설명되어 있다.

사랑의 혈루: 신태영 편. 영창서관1935.

【내용】 미확인.

【참고】 단행본 원본 자료를 구할 수 없어 작품의 경개 및 세부 서지사항을 확인하지 못했다. 『강명화전(영창서관1935)』 권말 '영창서관 발행 신소설 목록' 에 '사랑의혈루' 라고 제목이 표기되어 있다. 영창서관에서 펴낸 『신간도서목록』에 '申泰榮 編 愛의血淚' 라고 표기되어 있다.

사랑이 있는 곳에 하나님이 계시다(번)/사랑이잇는곳에하나님이계시다

【내용】 「사람은 무엇으로 사느냐」 참조.

사랑하는 그들: 김진옥 발행.

【내용】 미확인.

【참고】 단행본 원본 자료를 구할 수 없어 작품의 경개 및 세부 서지사항을 확인하지 못했다. 1931년 2월호 《조선출판경찰월보》 단행본 납본 목록에 수록되어 있다.

사랑하는 벗에게(번)

【내용】 「청춘의 사랑」 참조.

사로메(번): 오스카와일드 작. 양재명 역. 박문서관1923(105면).

【내용】 원작 참조.

【참고】 원작은 아일랜드 작가 오스카 와일드(Oscar Wilde)의 「Salomé(1891)」이다. 원작의 초판은 프랑스에서 출판되었으며 3년 후 영어판이 간행되었다. 박문서관본 표지에 '오스카-와일드 作 銀河梁在明 譯 사로메' 라고 표기되어 있다. 日書의 중역으로 판단되나 번역의 대본은 알 수 없다.

사막의 꽃(번)/沙漠의쏫: 커우드 작. 낭림산인 번안.

동아일보1929.12.3-1930.4.12(79회 완) ; 해방사1930(167면, 60전) ; 대성서림1934.

【내용】 기마순찰대원인 김철룡 대장은 몽고, 중국, 러시아 사람들을 모아 고비사막에서 마적인 소룬 종족과 싸운 지 12년이 되어 간다. 어느 날 전투 중 왼편 가슴에 총상을 입은 철룡은

생명이 위급하다는 진단을 받는다. 친구 오건일이 그의 옆을 지키는데 철룡이 얼마 전 일어난 살인사건의 범인이 바로 자신이라며 자백을 한다. 가죽 무역상인 신세익이라는 자가 자신의 상점에서 교살을 당하였는데, 철룡은 그 범인이 바로 자신이니 혐의자로 잡힌 빠두라는 몽고인을 풀어 주라는 것이다. 박세환 총관과 건일은 그의 자백을 의심스러워 하지만 일단 빠두를 놓아준다. 빠두를 놔 주자 설희라는 여인이 철룡을 찾아와 죄도 없는데 왜 자백을 한 것인지 캐묻는다. 철룡은 자신은 이제 곧 죽을 목숨이니 모든 죗값을 자신이 지고 가겠다고 말한다. 장질부사가 유행하던 시절 순찰대원이었던 철룡은 병에 전염되어 사경을 헤맸다. 그를 간호하여 낫게 해 준 이가 바로 빠두였던 것이다. 철룡은 그 은혜를 갚고자 죄를 뒤집어쓰기로 결심한다. 그런데 철룡의 상처가 생각했던 것과 같이 그리 심하지 않아 완치가 되자 박 총관은 살인을 자백했던 철룡을 체포한다. 위기에 놓인 철룡은 일단 감옥에서 탈출을 하려 하지만 여의치 않은데 설희가 그의 탈출을 돕는다. 설희는 자신이 묵고 있는 박 총관의 집이 제일 안전하니 거기서 숨어 지내라고 한다. 그러던 어느 날 철룡은 박 총관이 여자의 까만 머리털로 교살당한 것을 목격한다. 철룡은 설희의 머리털이 잘린 것을 보고 의심하지만 일단 같이 도망을 간다. 그러나 홍수로 불어난 강물을 건너다 철룡은 설희와 헤어지고 만다. 그는 설희가 죽었다고 생각하고, 숨어 다니다가 마적단에 들어가 일 년 정도를 보낸다. 수염장군 마홍규로 이름을 떨치던 그는 우연히 설희가 죽었던 강가를 지나다 빠두와 재회한다. 빠두는 사실 자신이 림대호라는 조선 사람이라며 그의 조카딸 설희가 살아 있다고 전한다. 그는 자신의 동생 중호가 세익과 박 총관을 죽였다며 그간의 사정을 설명한다. 중호와 그의 부인은 큰 눈을 만나 길을 잃고 헤매던 장사꾼들을 자신의 집에 묵게 해 주었다. 그런데 그들이 중호의 아내를 겁탈하고, 그 아내는 결국 숨을 거두었던 것이다. 몇 년을 방황하던 중호는 마침내 아내를 죽이고 도망간 세익과 세환을 찾아냈다. 중호가 세익을 죽이자 대호는 동생이 피신 갈 때까지 진술을 거부했다. 그런 중호를 구하기 위해 철룡이 거짓 자백을 했던 것이다. 대호는 세익과 박 총관을 죽인 중호가 도망치다가 심장병으로 죽었다는 사실을 오건일에게 자백하여 철룡의 무죄가 밝혀졌음을 알린다. 철룡은 죽은 줄로만 알았던 설희와 재회하여 사랑을 확인한다.

새로실리는소설

連載長篇 沙漠의꽃 狼林山人作

近日中本報에

◇여운바람이 모래를날리는 몽고(蒙古)의 대사막(大沙漠), 그 가운데세상이모르는 조선사람의 자치부락(自治部落)「사막중에도집고기픈 사막속에서 홀연히 나타나는「얼마우차」의 미인, 강렬파가티 살라는 의지를가지고 죽음과 싸우는 기병대장(騎兵大長) 그들의봄가튼사랑과 괴이한 운명을 그려낸것이「사막의꽃」의 내용이다. 재래의 신문소설과는아조판다인 흥미중심의 작품이니 다 환함은 어쩌햇든 재미잇는것만은 보장하야둡니다.

◇작자는년전에 본지에「소복의비밀」(素服의秘密)을 련재하야 독자의환영을바든 사람이다 본인의 요구에의하야 당분간본명은 감추어둡니다

【참고】《동아일보》 연재 지면에 '沙漠의꽃 狼林山人 作'이라고 표기되어 있다. 대성서림 단행본에는 '沙漠의 꽃 朱耀翰 作'이라고 표기되어 있다. 단행본 서문에서 저자는 "이 작품이 본래 '沈默의 人頭의 谷'이란 영문소설인데 그 원저자 등에 대해서는 역자 자신도 알 수 없다"고 밝히고 작품의 말미에도 "「沈默의 人頭의 谷」이라는 소설의 본래이다"라고 분명히 하였다. 또한 "캐나다를 배경으로 국경 수비대 대원이 친구의 죄를 뒤집어쓰고 사형을 받게 되자 누명을 벗기 위해 노력한다. 난데없

는 미인이 나와 그를 돕는다는 내용인데, 골자만 떠서 몽고를 배경으로 바꾼 것이다"라 하여 작품의 본래 배경을 설명하고, 이 작품의 장르가 '커메듸物' 임을 밝히고 있다. 1921년 미국에서 발행된 James Oliver Curwood의 「The Valley of Silent Men」이 원작일 것으로 추정된다.

사시장춘/사시장츈四時長春

장야 작. 대성서림1926(72면, 30전).

【내용】 고학생 김경호는 일본 경도 XX공원에서 날품팔이를 하다 추위와 배고픔으로 실신한다. 달구경을 나온 여학생 장숙자가 그를 발견해 병원으로 데려간다. 숙자는 경호에게 리춘자라는 여인을 소개하는데, 춘자는 어려서 경호와 정혼을 했던 여인이다. 과거 춘자의 부친 리현정과 경호의 부친 김대선은 친형제나 다름없는 사이였으나, 사업 실패로 가세가 기울자 대선은 청국으로 떠나 연락이 없고 현정은 경호 모자를 괄시한다. 모친 정 씨는 현숙하고 범절 있는 여인으로, 삯바느질을 하여 경호를 키운다. 일본 유학을 떠난 춘자는 그곳에서 경호와 조우한다. 졸업 후 귀국한 경호는 부친을 찾아 청국행을 결심한다. 대동강에서 뱃놀이를 하던 경호와 춘자는 사업 실패에 절망하여 자살하려던 청년 장한선을 구한다. 한선은 보답으로 경호의 부친을 찾는 일을 돕겠다고 제안한다. 상해 한선의 집으로 간 경호는 그곳에서 숙자와 재회하고, 그녀가 한선의 누이동생임을 알게 된다. 한선의 집에서 경호는 우연히 부친의 소식을 듣는데, 그의 부친은 주색에 빠져 재산을 탕진하고 아편 중독으로 문전걸식하는 신세가 되었다가 한선 부친의 도움으로 재기에 성공했다는 것이다. 경호는 부친을 만나 함께 귀국한 후 춘자와 결혼하여 큰 공업회사를 설립하고 성공을 거둔다.

【참고】 표지에 '新小說 四時長春 사시장춘', 본문 첫 장에 '新小說 四時長春 사시장츈 長野 著' 라고 표기되어 있다. 일본식 이름으로 표기되어 있는 저자 '長野' 에 대해서는 확인되는 바가 없다. 일본, 중국 등지를 배경으로 활발한 해외무역을 펼치는 인물들의 이야기이다.

사육신전/사룩신젼死六臣傳: 현수봉 작. 신구서림1929.

【내용】 내용 생략.

【참고】 기존의 연구에서 고전소설로 분류되고 있으나 필사본 방각본 등의 이본이 전해지지 않고, 신구서림 간 국문 활자본만이 전한다. 1929년에 초판이 발행되었으며, 국립중앙도서관 소장 신구서림 재판본(68면, 25전) 표지에 '사육신전 死六臣傳', 본문 첫 장에 '사룩신젼 死六臣傳 玄秀峯 著' 라

고 표기되어 있다. 세종의 치적을 열거하는 것으로 시작하여 세조의 왕위 찬탈 과정을 22면 분량에 요약 서술하고, 이하 68면까지의 지면에 어린 임금에게 끝까지 충성을 다한 여섯 신하의 이야기를 성삼문, 박팽년, 이개, 하위지, 류성원, 유응부 순으로 각각 서술했다. 같은 해에 간행된 『생육신전(신구서림1929)』과 자매편의 관계에 있다고 할 만하다.

사의 도의 미녀(번)/死의島의美女

【내용】「사랑을 찾아서」 참조.

사의 승리(번)/死의勝利: 다눈치오 작. 심향산인 역. 조선일보1929.11.5-8(4회 완).

【내용】 쪼르죠는 잇포리이타와 연인 사이이다. 쪼르죠의 어머니는 가족들에게 정신병자 취급을 받는다. 쪼르죠는 이복동생 쩨이에고오를 보면서 맹악함에 적의를 느낀다. 쪼르죠의 어머니는 아들만을 아버지에게 대항할 유일한 희망으로 여긴다. 그러나 쪼르죠는 어머니가 주는 정신적 부담으로부터 해방되고 싶어 한다. 쪼르죠는 잇포리이타와 함께 몰래 집을 구해 둘만의 향락적인 생활을 즐긴다. 그러나 그는 여전히 완전한 자유를 느끼지 못하고 괴로워한다. 그는 갈등 끝에 죽음만이 완전한 해방을 줄 것이라는 결론에 이른다. 쪼르죠는 잇포리이타와 함께 산책을 나갔다가 그녀와 함께 낭떠러지 밑으로 몸을 던지려고 시도한다. 잇포리이타는 그를 뿌리치려고 하지만 결국 둘은 함께 죽음을 맞는다.

泰西名作梗槪 (29)
死의勝利 (二)
心鄕山人

【참고】《조선일보》의 '태서명작경개 28-31회' 까지 전 4회에 걸쳐 이탈리아 탐미주의 작가인 다눈치오(Gabriele d' Annunzio)의 「죽음의 승리(Trionfo della morte)」(1894)를 요약하여 줄거리를 소개하고 있다. 역자 心鄕山人은 작품을 소개하기에 앞서, 원작을 쓴 작가의 약력을 "'싼눈치오'는 '아드리아릭' 바다로 달아나는 뱃속에서" 태어났으며 원래 이름은 "라바니엣타"라고 밝히고 있다.

사인도의 비밀(번)/死人島의秘密

애거사크리스티 작. 김해랑 역. 경향출판사1948(119면, 150원).

【내용】 원작 참조.

【참고】 경향출판사의 '傑作探偵小說叢書' 1권으로 간행되었다. 번역자는 '金海浪'이며 원작은 영국의 추리소설 작가 애거사 크리스티(Agatha Christie)의 대표작 「열 개의 인디언 인형(Ten little Indians)」(1939)이다. 미국에서는 「그리고 아무도 없었다(And Then There Were None)」라는 제목으로 발표되었다. 내용면에서 축자역은 아니나 분량으로 볼 때 초역이나 축역이라고 볼 수는 없다. 1953년에 동일 역자의 책이 정음사에서 간행된 것을 확인할 수 있다.

사촌몽/沙村夢

익명자 작. 매일신보1916.1.1-2.2(23회) ; 회동서관1925(163면. 45전).

【내용】 경성고등사범여학교 학생 김순희는 조실부모한 후 유모와 함께 경성 용산의 외숙 집에서 유학 중이다. 어느 날 그녀가 사촌리 앞 강변에 산보를 나갔다가 물에 빠져 죽을 위기에 처하자 익명의 남자가 그녀를 구해 주고 사라진다. 순희는 생명의 은인을 찾기 위해 신문에 광고를 낸다. 이 광고를 본 전재슈라는 남자가 자신이 그 은인이라고 속이고 순희를 찾아오나, 현명한 그녀는 재슈의 말이 거짓임을 간파한다. 순희를 구한 진짜 은인은 스물다섯 살의 최승훈으로, 그는 부호의 딸이자 순희의 동창인 채옥희의 구애를 받고 있다. 옥희는 성격이 호탕하고 서양 문물을 추종하는 우등생이다. 승훈은 옥희의 애정 고백을 받지만 이를 거절한다. 순희의 외숙부 리민상과 승훈은 본래 친구 사이이다. 순희는 민상의 도움으로 승훈과 재회하고, 서로에게 연정을 품는다. 옥희는 승훈에게 거절당한 앙갚음으로 재슈 일당과 모의하여 승훈을 죽이고자 계획을 세운다. 살인 모의가 미수에 그치자 옥희는 자살한다. 재슈는 죄를 뉘우치고, 순희는 승훈과 결혼한다.

沙村夢 匿名子

【참고】《매일신보》 연재 지면 작가 난에 '匿名子' 라고 표기되어 있다. 자신을 죽음으로부터 구해 준 남자와 부부의 연을 맺는다는 내용의 연애소설이다. 서양 문물을 추종하고 유희를 즐기는 여학생에 대해 "그러함으로 사람마다 그ㅆ자짓 계집아해에게 누가 장가를 들며 그와 갓치 번접스러운 계집이 무슨 살님을 하리요 하야 비평을 헐 ᄲᅮᆫ 아니라 심한자는 배척ᄭᅡ지 하는 데 일으럿더라"와 같은 비판을 가하고 있다. 정숙한 여성을 긍정적으로, 적극적인 여성을 부정적으로 그리고 있다. 고려대 도서관 소장 회동서관본을 텍스트로 내용을 정리했다.

사회주의자(번)

【내용】「반역자의 모」 참조.

산양대전(번)/山陽大戰: 작자미상. 경성서적업조합1916 ; 광문서시1917 ; 박문서관1922 ; 대창서원 · 보급서관1922 ; 동양서원1925.

【내용】 원작 참조.

【참고】「삼국지」 계열의 장회소설(10회)이다. 『조자룡 실기』나 경판 『삼국지』 권3, 또는 『삼국대전』이라는 활자본 후반과 동일한 내용의 작품이다. 『삼국지연의』의 부분 번역본으로 간주할 수 있다.

산중처녀/산즁쳐녀山中處女

대원산사 작. 대성서림1916(74면, 30전).

【내용】 향수촌에서 살던 박현수 내외는 딸 영자를 데리고 가달산 밑으로 이사를 온다. 이들에게는 아들 창식이 있었는데, 십여 년 전 아버지에게 크게 혼나고 집을 나가 소식이 없다. 오랜 세월 동안 아들 걱정에 쇠약해진 모친 김 씨는 이사한 지 얼마 안 되어 죽는다. 죽기 전에 영자의 출생의 비밀을 밝히는데, 영자는 향수촌에서 각별히 친하게 지내던 최한범 내외의 딸이었다. 영자가 두 살 되던 해 그들이 죽고 박현수 내외가 영자를 딸처럼 길렀던 것이다. 영자와 창식은 정혼한 사이이기도 했다. 김 씨가 죽고 얼마 후, 가달산으로 사냥을 나갔던 박현수가 이틀이 지나도록 돌아오지 않는다. 그를 찾아 나선 영자는 밤중에 가달산 어느 절에서 하룻밤 신세를 진다. 주지승 운혜화상에게 믿음이 간 영자는 자신이 산에 온 까닭과 지난 내력을 모두 이야기한다. 영자가 찾는 아버지의 이름과 소식이 없다는 아들 이름을 확인한 운혜화상은 깜짝 놀란다. 자신이 바로 창식이었기 때문이다. 다음 날, 다시 아버지

를 찾아 나선 영자는 도적에게 붙잡혀 곤경에 처하는데, 뒤쫓아 온 운혜화상이 구해 준다. 운혜화상은 자신이 창식임을 영자에게 밝히며 지나온 삶을 이야기해 준다. 집을 나가 고생하다가 절에서 글공부와 검술을 익히고 주지승 호월법사로부터 운혜화상이라는 법호를 받은 뒤 뒤를 이어 주지승이 되었다는 것이다. 그는 영자에게 사랑한다고 말하며, 영자와 자신을 뒤쫓아 몰려온 도적들을 한 사람만 남기고 모두 죽인다. 살려준 도적으로부터 아버지가 갇혀 있는 곳을 알아낸 그는 아버지 앞에 무릎을 꿇고 눈물을 흘린다. 세 사람은 함께 집으로 돌아간다. 창식과 영자는 결혼을 하여 아버지를 모시고 행복하게 산다.

【참고】 국립중앙도서관 소장 대성서림본 본문 첫 장에 '最新戀愛美談小說 山中處女 산즁쳐녀 大圓散士著' 라고 표기되어 있다. 난외서명은 '산중쳐녀' 이며, 판권지에는 '新小說 山中處女' 라고 제목 표기를 하고 있다. 운혜화상이 영자에게 사랑한다고 말하는 장면에서, "作者曰-중이 되어 가지고 이럿케 해괴망측한 소리를 하니 참 세상은 말세로다. 그러나 쏘한 다만 중만 남으랄 것이 아니라 세상 사람이 모다 이러한 것을 조화하니 엇지하리오?" 라고 하는 등 작가의 직접적 개입 서술이 발견된다. 1929년 판본(대성서림 3판, 74면)이 남아 있는 것으로 보아 초판 이후 지속적으로 유통되었음을 알 수 있다.

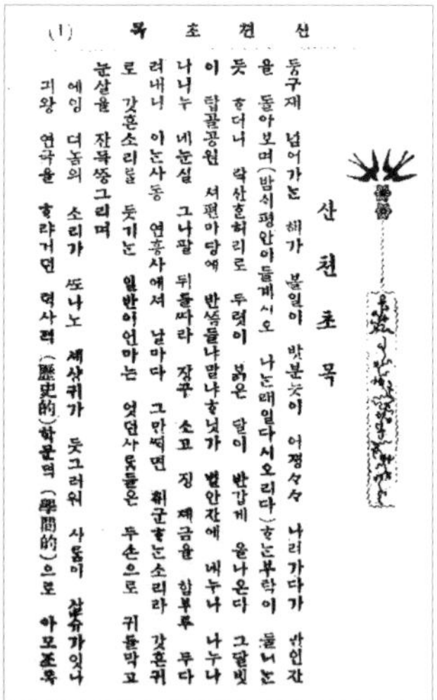

산 쳔 초 목 (1)

산쳔초목

동구재 넘어가는 해가 불일이 밧분듯이 어정〻〻 나려가다가 뒤인자을 돌아보며(밤시평안이들계시오 나는래일다시오리다)ᄒᆞ는부탁이 뭇니는듯 ᄒᆞ더니 락산혼허리로 두렷이 붉은 달이 반갑게 울나온다 그달빗이 탑골공원 서편마당에 반쌍들나말냐ᄒᆞᆫ넛가 벌안잔에 네누나 나누나 나니누 네눈실 그나팔 뒤틀따라 장꾸 소고 징 재금을 합부루 부다려내니 이는사동 연홍사에셔 날마다 그만써면 취군ᄒᆞ는소리라 갓흔귀로 갓흔소리를 듯기는 일반이언마는 엇던사ᄅᆞᆷ들은 두손으로 귀를막고 눈살을 잔득쯩그리며

에잉 더놈의 소리가 쏘나노 세상귀가 듯그러워 사ᄅᆞᆷ이 살슈가잇나 긔왕 연극을 ᄒᆞ랴거면 력사뎍(歷史的)학문뎍(學問的)으로 아모조록

산천초목/산쳔초목: 이해조 작. 유일서관1912(91면, 25전) ; 조선도서주식회사1925(62면, 20전).

【내용】 사대부집 자손 리 시종은 학문에 힘쓰지 않고 오직 여색에만 몰두한다. 어느 날 그는 사인교를 타고 가는 젊은 여인의 미모를 보고 한눈에 반한다. 그 여인은 리 시종 부친의 친구 박 참령의 첩실 강릉집이다. 리 시종은 뚜쟁이 신마마에게 강릉집과의 만남을 주선해 달라고 부탁한다. 신마마는 연홍사 구경을 가자며 강릉집을 불러내고, 이들을 기다리고 있던 리 시종은 자연스럽게 강릉집에 접근한다. 내심 리 시종이 싫지 않은 강릉집은 그와 만남을 자주 갖고 급기야 정을 통한다. 리 시종은 신마마를 통해 강릉집을 부추겨서 집을 나오게 만들고, 박 참령의 눈을 피해 강릉집을 수원과 인천으로 피신시킨다. 딸이 가출했다는 소식을 들은 강릉집의 부모는 걱정하던 차에 딸로부터 편지를 받는다. 강릉집의 부모는 자신들을 돌보아 주는 사위를 생각하여 딸의 편지를 박 참령에게 보여 준다. 결국 강릉집은 부모에게 이끌려 박 참령에게 돌아오지만 이미 남편에게서 마음이 떠나 있다. 강릉집은 박 참

령을 독살하려는 계획을 세우지만 실패하고, 그가 출장 간 틈을 타서 다시 집을 나온다. 그 사이 리 시종은 강릉집을 잊어버리고 다른 여인에게 빠져 있다. 산천초목은 다 변해도 리 시종은 변하지 않을 줄만 알았던 강릉집은 자신의 행동을 후회하고 박 참령에게 돌아온다. 그러나 박 참령은 의복과 음식만 제공할 뿐 강릉집을 다시는 가까이하지 않는다.

【참고】 이해조가 '隨聞生'이라는 필명으로 《대한민보》에 연재(1910.3.10-5.31)했던 「박정화(薄情花)」와 동일한 작품이다. 단행본에는 저자 이름이 누락되어 있다. 여주인공 이름이 '○○집'에서 '강릉집'으로만 바뀌었을 뿐 그 외는 완전히 동일하다. 이해조는 「화의 혈(매일신보1911.4.6-6.21)」의 서언에서 「박정화」, 「화세계(매일신보1910.10.12-1911.1.17)」, 「월화가인(매일신보1911.1.18-1911.4.5)」이 자신의 작품임을 밝히고 있다. 작가가 직접 개제(改題)한 것이 분명한지는 알 수 없으나 이해조의 저작으로 보는 것이 타당하다. 여주인공이 정절 이데올로기에서 벗어나 육체적 욕망을 꾀한다는 점에서 여타 신소설에서 보이는 여성과 차별된다.

삼각산/三角山

이종정 저작발행. 광동서국1912(71면, 25전).

【내용】 심 씨 부인은 자기보다 세 살 어린 김초현과 결혼하지만, 남편 초현은 가정에 관심 없고 철없이 난봉을 피운다. 젊은 나이에 적막한 시집살이를 홀로 견디던 심 씨는 시어머니 몰래 혼자 연극 구경에 나섰다가 발목을 크게 다친다. 그녀는 시부모에게 꾸중 들을 게 무서워 가족들에게 도움을 청하지 못한다. 마침 지나가던 노파가 그녀를 딱하게 여겨 자기 집으로 데려가 돌봐 준다. 심 씨는 이 길로 본의 아닌 가출을 하게 된다. 이후 그녀는 여러 사람과 만났다 헤어짐을 반복하며 떠도는 신세가 된다. 한편 초현을 비롯한 식구들은 심 씨가 행방불명되자 남편의 홀대에 상심한 그녀가 자결했을 것이라고 짐작한다. 이후 초현의 가세는 점점 기울어 가고, 그간의 잘못을 뉘우친 초현은 장사치로 전국을 떠돌며 어딘가 살아 있을지도 모르는 아내를 찾아다닌다. 그러던 어느 날 초현은 우연히 아내와 마주친다. 두 사람은 그간의 원망과 서운함을 잊고 재결합하여 집으로 돌아온다. 금슬 좋은 부부가 된 두 사람은 아들을 슬하에 두고 행복하게 산다. 그러나 얼마 지나지 않아 초현이 병으로 죽고 설상가상으로 전쟁이 일어난다. 심 씨는 아들을 데리고 피난길에 오르지만, 도중에 해적을 만나 아들을 빼앗긴다. 남편을 잃은 데다 아들마저 빼앗긴 그녀는 오직 아들을 찾겠다는 일념으로 방물장수 노릇을 하며 전국을 떠돌기 시작한다.

【참고】 본문 첫 장에 '신소설 三角山'이라고 표기되어 있다. 심 씨 부인이 겪는 고난의 인생을 그리고 있다.

삼강문/三綱門: 해동초인 작. 덕흥서림1918(138면, 35전).

【내용】 온양군 절골에 사는 리 진사의 노비인 뎡쏘쇠는 충직하고 성실한 인물이다. 그러나 그는 대대로 비천함을 면치 못하는 자신의 노비 신분에 부당함을 느끼며 지낸다. 푼푼이 돈을 모아 경제력을 키우던 그는 사람의 권리를 회복하기 위해서는 글을 배워야 된다고 생각하고 리 진사에게 청해 글을 배운다. 양반 제도에 강한 불만을 품고 있던 쏘쇠는 과거전령이 나돌자 자신도 한번 과거를 보리라 마음먹고 서울로 떠난다. 상경 길에서 리덕경이라는 선비를 만난 쏘쇠는 자신을 온양에 사는 선비 뎡룡운이라 속이고 그와 함께 과거를 본다. 그런데 쏘쇠는 장원급제를 하고 덕경은 낙방하고 만다. 쏘쇠는 덕경에게 자신이 실은 리 진사 댁의 노비라 고백한다. 그러나 덕경은 재주가 있는데 무슨 상관이냐며 오히려 그에게 용기를 주고, 입신을 도와준다. 리 진사는 쏘쇠의 장원급제를 기특하게 여겨 노비문서를 없애준다. 쏘쇠는 그간의 정의를 생각하여 리 진사에게 천 냥을 주고 온양을 떠난다. 세월이 흘러 친구인 김 진사를 찾은 리 진사는 쏘쇠가 광주에서 양반 행세를 하며 지낸다는 소식을 듣는다. 가세가 기울어 궁핍하게 지내던 리 진사는 해산이 임박한 아내를 구완할 돈을 마련하기 위하여 쏘쇠를 찾는다. 쏘쇠는 리 진사를 반기며 삼천 냥을 내어 준다. 그러나 쏘쇠의 아들 뎍붕은 리 진사가 '종 출연'을 하러 온 줄 알고 노복 차돌을 시켜 살해한다. 나중에 이 사실을 알게 된 쏘쇠는 아들을 꾸짖지만 후환을 염려하여 차돌을 피신시키고, 삼천 냥을 리 진사의 부인에게 전한다. 리 진사의 부인은 남편이 살해된 것을 짐작하지만 복중의 태아를 생각하며 참는다. 리 진사의 아들 긔동이 열다섯 살 되던 해 아버지의 복수를 위해 광주로 내려온다. 긔동은 자신의 신분을 숨기고 김 진사 집에 머물며 증거를 찾는다. 김 진사의 집에서 긔동을 본 쏘쇠는 그를 마음에 들어 하며 딸 뎡옥과 혼인시키려 하나 김 진사는 이를 거절한다. 그러나 쏘쇠는 포기하지 않고, 김 진사가 출타한 틈을 타 긔동을 협박하여 뎡옥과 혼인시킨다. 결혼 후 김 진사를 찾은 긔동은 자신이 원수의 사위가 된 것을 뒤늦게 알아차린다. 긔동이 리 진사의 아들이라는 것을 알게 된 뎍붕은 긔동마저 죽이려 한다. 오빠의 계략을 알게 된 뎡옥이 긔동과 복장을 바꿔 입고 대신 살해된다. 뎡옥의 희생으로 목숨을 건진 긔동은 관가에 가 군수에게 뎍붕을 고발한다. 군수는 김 진사까지 죽이려던 뎍붕을 잡아 사형시키고, 뎡옥의 열행을 황제에게 상소한다.

【참고】 연세대 도서관 소장 덕흥서림본 표지와 본문 첫 장에 '新小說 三綱門 삼강문', '海東樵人 著'라고 표기되어 있다. 주인이 도망간 노비를 찾아가서 신공을 받아내던 '종 출연(出捐)'을 소재로 한 추노계 소설이다. 전반부는 노비 '뎡쏘쇠'의 신분 상승 과정을 그리고 있으며 후반부는 추노에 따른 주노의 대립과 갈등을 그리고 있다. 후반부의 주노 갈등은 「살신성인(제국신문1906.10.22-11.3)」의 구조를 수용한 것이라는 연구가 있다. 신분제가 동요하던 조선 후기를 배경으로 신분 해방에 대한 열망과 주노 갈등을 사실적으로 형상화한 작품이다.

삼국대전(번)/三國大戰

나관중 작. 역자미상. 영창서관1918 ; 덕흥서림1922 ; 동양서원1925 ; 세창서관1935.

【내용】 원작 참조.

【참고】 「삼국지」계의 소설이다.

삼국연의(번)/三國演義

나관중 작. 양백화 역. 매일신보1929.5.5-31.9.21(859회 완).

【내용】 원작 참조.

【참고】 연재 지면에 '三國演義 梁白華 述'이라고 표기되어 있다. 원작은 羅貫中의 「三國志通俗演義」이며, 번역의 대본은 청대 문인 毛宗崗의 편집 개작본이다. 우리나라 최초의 현대어 역본 『삼국지연의』이자 최초의 신문 번역 연재본이다.

삼국지(번)/三國志

나관중 작. 한용운 역. 조선일보1939.11.01-1940.8.11(281회 미완).

【내용】 원작 참조.

【참고】 연재 지면에 '三國志 韓龍雲 譯'이라고 표기되어 있다. 8월 11일 《조선일보》가 폐간됨으로 인해 연재가 중단되었다. 《조선일보》는 이후 1945년 11월 23일에 복간된다. 원작은 羅貫中의 「三國志通俗演義」이며, 번역의 대본은 청대 문인 毛宗崗의 편집 개작본이다. 한용운의 역본 연재는 '도원결의'로부터 시작하여 9개월간 순탄하게 이어지다가 1940년 8월 들어 '적벽대전'을 옮긴 이후 형주에서의 싸움이 전개되는 부분에서 중단된다. 달리 말하면 모본 『삼국지』의 40% 정도가 281회 분량으로 번역 연재된 셈이다.

삼명자/三名刺: **작자미상. 중앙서관1908.**

【내용】 미확인.

【참고】 단행본 원본 자료를 구할 수 없어 작품의 경개 및 세부 서지사항을 확인하지 못했다. 『伊太利少年(중앙서관1908)』 권말 '新小說出版豫告'에 '探偵小說 三名刺'라고 제목이 표기되어 있다.

삼성기/숌셩긔三聖記: 작자미상. 천일서관1918(90면).

【내용】 황해도 문화 현감 김선일은 나이가 오십인데도 슬하에 자식이 없다. 이에 선일은 단군을 모신 구월산 삼성사에 가서 기도를 드리는데 자신을 위한 기도보다는 이 세상 모든 혈육이 없는 이들을 위해 기도한다. 단군 부인은 선일의 남을 위하는 태도에 감응하여 원래 사주에 자식이 없는데도 불구하고 남 씨 부인에게 아들을 점지해 준다. 부부는 아들이 태어나자 이름을 문빅이라고 하고 정성껏 키운다. 문빅이 여섯 살 되던 해, 선일은 고부 군수로 발령받는다. 임지로 향하던 중 선일의 가족은 동선령에서 도적을 만나 뿔뿔이 흩어지게 된다. 남 씨 부인은 도적에게 사로잡혀 도적의 둘째 부인이 될 것을 강요받았으나 도적의 첫째 부인과 함께 산채를 탈출하여 제주도에 가서 지낸다. 한편 문빅은 남 씨의 몸종인 옥련과 함께 버려졌다가 함경도 온성 사람 장문길의 도움으로 살길을 찾는다. 그리고 선일은 구사일생으로 목숨을 보전하고 부인과 자식을 찾아 전국을 헤맨다. 문빅은 열세 살 되던 해, 옥련에게 동선령에서 있던 일을 듣고, 부모를 찾아 집을 나선다. 그는 우연히 한 노인을 만나 그의 제자가 되어 무예와 학문을 익힌다. 견헌이 반란을 일으키자 그는 산에서 내려와 출전하여 반란군을 진압하는 데 큰 공을 세운다. 문빅은 견헌 부대의 장수 오철과 김총을 사로잡아 그들을 문책하는 중에 오철이 예전에 자신의 가족을 습격한 도적이라는 사실을 알게 된다. 한편 선일은 남 씨를 제주도에 가서 만나고 또한 아들 문빅과 상봉한다. 난을 진정시킨 공로로 문빅은 병조참판, 그의 아버지 선일은 전라도 감사에 제수받는다. 한편 문빅은 자신의 가족을 만나는 데 도움을 준 금선과 리츙냥의 딸 정옥과 결혼한다. 선일은 가족이 누린 복에 보답하고자 삼성사를 중수하고 문빅은 삼성사 앞에 자신을 교육해 준 스승을 위한 사당을 짓는다.

【참고】 표지에 '新小說 三聖記', 본문 첫 장에 '숌셩긔'라고 표기되어 있다. 고전소설의 활자본이다. 가족이 불의의 화를 입어 이산했다가 다시 상봉한다는 내용의 소설이다. 자식을 점지해 주는 이가 단군 부인이라는 점에서 넓게는 민족주의, 좁게는 단군 사상의 영향을 엿볼 수 있는 작품이다. 『지성이면 감천(대성서림1930)』과 내용이 같다.

삼주간(번)/三週間: 글린 작. 백화 역. 매일신보1924.3.18-6.8(96회 미완).

【내용】 영국 귀족의 아들 폴은 스물세 살의 건장하고 아름다우며 순진한 청년이다. 그는 이사벨라라는 여성을 좋아하지만, 폴의 부모는 이사벨라의 신분이 낮은 점 때문에 둘의 교제를 탐탁지 않게 여긴다. 폴의 부모는 아들이 이사벨라와 떨어져 있으면 그녀를 잊을 것이라

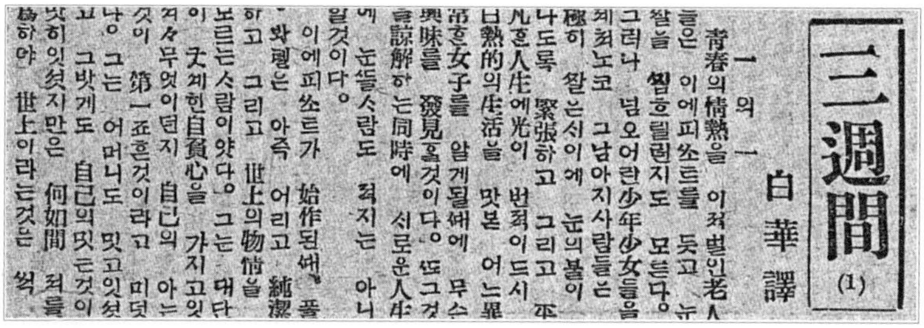
三週間 (1)
白華 譯

생각하고 폴에게 여행을 권한다. 여행을 떠난 폴은 호텔에서 우연히 한 여성을 만나, 그녀와 운명적인 사랑에 빠진다. 그녀는 진짜 신분을 감춘 채 마담 싸렌스카라는 이름으로 시종 하나를 데리고 여행 중이다. 두 사람은 여기저기 여행하며 행복한 나날을 보낸다.

【참고】 연재 지면에 '三週間 白華 譯'이라고 표기되어 있으며, 원작이나 원작자는 밝혀져 있지 않다. 그러나 등장인물의 이름과 인물 설정, 줄거리 등이 매우 유사하다는 점에서, 원작은 영국의 소설가 엘리노어 글린(Elinor Glyn)의 「Three Weeks(1907)」인 것으로 보인다. 연재 지면에는 '계속'이나 '완결' 등의 표지가 없으나, 내용으로 보아 미완인 채 연재가 중단된 것이 분명하다.

삼촌설(번)/삼촌설三寸舌: 작자미상. 민준호 역. 동양서원1913.

【내용】 원작 참조.

【참고】 「아라비안 나이트」의 번역이다. 1913년 4월 15일 민준호의 번역으로 동양서원에서 발행되었다는 기록만 남아 있을 뿐 원본을 확인할 수 없다. 1917년 동양서원에서 발행된 『단장록』의 뒷면 광고에 작품 제목이 수록된 것을 확인할 수 있다. 동일 원작의 역본으로 이상협의 「만고기담(1913)」, 이동의 「유옥역전(1895)」, 소운의 「천일야기담(1930)」, 방정환의 「천일야화(1926)」가 있다.

삼총사(번)/三銃士: 뒤마 작. 민정호 번안. 문운당1950(264면, 650원).

【내용】 원작 참조.

【참고】 뒤마(Alexandre Dumas)의 「삼총사(Les Trois Mousquetaires)」(1844)를 閔楔鎬(素泉)가 번안한 작품이다. 三上於菟吉 역의 일역서 『三銃士(1929)』를 대본으로 하여 번안한 것이라는 견해가 있다. '청년달탄암(達坦岩)'부터 '대단원'까지 총 45개의 장별 제목이 붙어 있다. 동일 원작의 번안으로 염상섭의 「쾌한지도령(시대일보1924.8.12-1925.1.3)」이 있다.

삼쾌정/삼쾌정三快亭: 고유상 저작발행. 회동서관1919.

【내용】 충청도 청풍에 사는 박춘달은 뒤늦게 아들 셩수를 얻는다. 세월이 흘러 16세가 된 셩수는 과거를 보기 위해 집을 떠나고, 도중에 양반집 여인의 유혹을 받는다. 의심을 품은 셩수는 여인의 뒤를 쫓아가서 그녀가 김 진사의 며느리임을 알아낸다. 셩수는 김 진사의 아들

이 갑자기 사라졌다는 말을 듣고 이 일이 며느리와 연관이 있음을 짐작한다. 김 진사 집에 머물며 동정을 살피던 셩수는 김 진사의 며느리가 어떤 청년과 정을 통하고 있음을 알게 된다. 그러나 확실한 증거가 없어 사건의 진상을 밝히지 못한 채 길을 떠난다. 서울에 도착한 셩수는 과거에 급제해 한림학사를 제수받는다. 어사가 된 셩수는 김 진사 집으로 돌아와 며느리와 청년을 잡아 죄상을 밝힌다. 충청도의 정사를 끝내고 경상도로 향하던 셩수는 혜광이라는 중을 만나 예전에 한 여인을 범하려 했다는 것을 자랑처럼 말하는 것을 듣는다. 의심이 난 셩수는 혜광과 헤어져 마을을 찾아가 일의 진상을 파악한다. 알고 보니 혜광은 홍 진사의 며느리를 범하려다 실패하자 살인을 했는데, 홍 진사가 누명을 쓰고 벌을 받은 것이다. 셩수는 혜광을 잡아들여 죄상을 밝히고 홍 진사의 누명을 벗긴 후 다시 전라도로 향한다. 셩수는 억울함을 호소하는 리정뉸의 상소를 받고, 사건의 진상을 밝혀 정뉸의 한을 풀어 준다. 전라도의 정사를 모두 마친 셩수는 본가로 돌아온다. 혼인을 한 셩수는 부모에게 효도하고 정사도 열심히 보아 45세에는 이조참판에 오른다. 몇 년 후 셩수는 벼슬에서 물러나 소박한 삶을 살아가며 지난 일을 회고한다.

【참고】 고전소설의 활자본이다. 조선시대를 배경으로 주인공이 각 지방을 다니며 사건을 해결해 나가는 과정을 다룬 작품이다. 내용이 시작되기에 앞서 '삼쾌졍(三快亭)序一'과 '삼쾌졍(三快亭)序二'가 3면에 걸쳐 수록되어 있다. 序一에서는 '삼쾌란 일시적, 부패적 쾌락이 아니라 악인을 경계하고 선인을 기리는 것임'을 정의하고 있으며, 序二에서는 '삼쾌정'이라는 정자를 소개하면서 역시 삼쾌의 뜻과 연관하여 이 책을 읽고 스스로 감동하기를 부탁하고 있다. 본문 말미에 '삼쾌정 이야기가 악한 이들에게는 두려움으로, 선한 이들에게는 즐거움으로 읽힐 것'이라 하여 계몽적 의도를 드러낸다. 1919년에 초판이 발행되었으며, 국립중앙도서관 소장 1921년 발행 재판본(74면, 25전)을 텍스트로 내용을 정리했다.

상사루/相思淚: 남궁설 저작발행. 유일서관1917.

【내용】 계모 슬하에서 자란 박정업은 열여섯이 되자 리 도사의 아들 영학과 결혼한다. 여학생들은 모두 행실이 부정하다고 생각하는 리 도사는 며느리가 보통학교를 졸업하고 수원여자학교에 다니는 중이라는 말을 듣고 당장 며느리를 친정으로 쫓아낸다. 정업이 친정에서 학교에 다니던 중 영학은 장인 박 판서의 도움을 받아 일본으로 유학을 간다. 영학은 강원도 횡성 안 참의의 아들인 윤석을 만나 일본 조도전대학에서 같이 공부한다. 윤석은 유학을 반대하는 아버지 몰래 돈을 훔쳐 나왔다가 돈이 떨어지고 아버지의 도움도 받지 못하자 자살

을 시도한다. 영학은 장인에게 부탁하여 윤석의 학비와 생활비를 지원해 준다. 삼 년 후, 졸업을 한 윤석은 먼저 조선으로 귀국하고, 영학은 일본을 유람한다. 한편 수원여자학교를 졸업한 정업은 사범학교로 진학하여 학업을 계속한다. 박 판서가 중국으로 여행을 떠났을 때, 사범학교 졸업식에 참석했다가 돌아오던 정업은 계모의 계책으로 뒤주에 갇혀 팔려 갔다가 우연히 객줏집에 머물던 윤석의 도움으로 위기를 모면한다. 윤석은 고향에서 외사촌인 박영국과 여행을 하던 중 객줏집에 머물렀다가 정업을 구하게 된 것이다. 순사인 영국은 정업을 납치하려던 일당을 잡아들이고 모든 것이 정업의 계모의 계책이었음을 밝힌다. 고향으로 돌아온 영학은 부친 리 도사에게 그간의 사실을 모두 알리고 아내 정업을 집으로 다시 데려오는 것을 허락받는다. 혼자 남겨진 박 판서는 영학의 청으로 영학의 조카 학수를 양자로 들인다. 총독부에서 원주 군수로 임명된 영학은 정업과 함께 원주로 가 윤석, 영국과 친형제처럼 지낸다.

【참고】 표지에 '新小說 相思淚 상사루' 라고 표기되어 있다. 초판은 1917년 발행되었으며, 국립중앙도서관 소장 1919년 재판본(58면, 25전)을 텍스트로 내용을 정리했다.

상전벽해/**상뎐벽해桑田碧海: 박준규 저작발행. 박문서관(46면, 20전).**

【내용】 강원도에 사는 안중화는 인품이 훌륭한 데다 길흉을 볼 줄 아는 능력을 가지고 인근 사람들을 많이 도와주어 명망이 높다. 재산도 넉넉하여 남부러울 것 없이 살던 그는 어느 날 갑자기 병을 얻어 사망한다. 죽기 전 그는 막내아들 삼남에게 자신이 죽으면 장례를 지냈다가 남몰래 시체를 파내어 어느 연못 속 석함에 넣으라고 당부한다. 안중화가 사망하자 삼남은 부친의 명에 따라 시체를 옮긴다. 집으로 돌아가던 그는 서울 구경을 해 보자는 생각으로 상경한다. 삼남은 서울 가던 길에 어느 무덤에 기대어 잠이 들고, 꿈속에서 한 소녀를 만난다. 소녀는 서울 사는 재상 류긔명의 외동딸 셥셥으로, 부모가 태백산에 치성을 드려 얻은 귀한 딸이지만, 열한 살 되던 해 병으로 사망하여 무덤에 묻힌 것이다. 그녀는 삼남에게 패물과 편지를 주며 자기 부모를 찾아가 안부를 전해 달라 한다. 꿈에서 깬 삼남은 머리맡에 진짜 패물과 편지가 있는 것을 발견하고, 류긔명을 찾아가 자초지종을 일러준다. 류긔명 부부는 죽은 딸의 소식에 크게 기뻐하며 삼남을 양자로 삼는다. 셥셥은 밤이면 밤마다 삼남을 찾아와 공부를 가르쳐 주며 자기가 온다는 사실을 발설하지 말라고 한다. 삼남은 당부를 어기고 류긔명에게 사실을 털어놓는다. 류긔명은 딸을 한 번이라도 더 보고 싶은 마음에 몰래 숨어 있다가 들킨다. 셥셥은 칠 일만 더 참으면 환생할 수 있었다며 삼남에게 화를 낸다. 다

시 여러 날이 지난 후, 셥셥은 삼남에게 자신이 환생할 때가 되었다며 방책을 가르쳐 준다. 삼남이 셥셥의 무덤을 찾아가 시키는 대로 하자, 죽은 셥셥이 되살아난다. 류긔명 내외는 매우 기뻐하여 잔치를 열고, 딸과 삼남을 혼인시킨다.

【참고】 표지에 '新小說 桑田碧海 상뎐벽해', 본문 첫 장에 '神秘小說 桑田碧海 상뎐벽해' 라고 표기되어 있다. 안중화가 삼남에게 당부한 일은 작품 초반에는 매우 중요한 일처럼 다루어졌으나 그 일에 대한 후속 언급이 없다. 동덕여대 소장본을 텍스트로 내용을 정리하였으나 판권지 훼손으로 발행 연도를 확인할 수 없다.

상해야 잘 있거라/上海야잘잇거라: 작자미상. 초판서지불명.

【내용】 서울의 T 극장 소속 극작가 리경식은 요양 차 산골로 간다. 그곳에서 가겟집 딸 애숙을 보고 한눈에 반한 그는 애숙을 서울로 데려와 동거한다. 애숙은 T 극장의 공연에 단역으로 출연하게 된다. 경식이 다시 병이 나 생계가 어려워지자 애숙은 에데나라는 이름으로 카페 여급 생활을 시작한다. 그러던 중 그녀는 카페 단골인 하훈철과 사랑하는 사이가 된다. 병중인 경식을 생각할 때마다 죄책감을 느끼던 에데나는 훈철이 끈질긴 청혼을 피하기 위해 만주 봉천으로 떠난다. 훈철은 에데나를 뒤쫓아 가면서 경식에게 편지를 보낸다. 카페 여급 나오미와 자신의 사랑에 관한 편지인데, 나오미가 훈철에게 보낸 편지도 동봉되어 있다. 나오미의 필체가 에데나의 필체와 동일한 것을 보고 경식은 사건의 전말을 알아차린다. 훈철과 경식이 선후배 사이라는 것 때문에 에데나는 나오미라는 가명으로 훈철과 편지를 주고받은 것이다. 에데나는 봉천에서 경식에게 편지와 돈을 보내면서 자신에게는 오직 경식이 한 사람밖에 없다고 고백한다. 훈철은 봉천의 카페를 뒤진 끝에 에데나를 만나지만, 그에게 반한 카페 여급 에리사의 계책에 속아 에데나와 다시 헤어진다. 에데나는 상해로 가 카페에서 일하면서 경식에게 편지와 돈을 부친다. 경식은 에데나를 찾기 위해 상해의 어느 호텔에 머물면서 카페를 찾아다닌다. 그러던 어느 날, 경식은 호텔 옆방에서 들려오는 에데나의 비명소리를 듣는다. 미국인 짝크가 에데나를 강간하려고 호텔방으로 유인한 것이다. 옆방으로 달려간 경식은 짝크가 쏜 총에 맞는다. 에데나는 총을 빼앗아 짝크를 쏘고 경식과 도망간다. 그들은 배를 타고 상해를 떠나면서 다시는 헤어지지 않기로 약속한다.

【참고】 본문 첫 장에 '映畵戀愛小說 上海 상해야 잘잇거라' 라고 표기되어 있다. 26회로 이루어져 있으며 각 회마다 소제목이 있다. "이와 가치 사랑은 슬품을 괴롬을 비저내는 그 한편으로 쏘 무한한 행복도 비저낸다. 사랑은 인생의 최고의 빗치다"와 같이 사랑에 대한 예찬으로 끝을 맺는 작품이다. 서강대 소장 세창서관본을 텍스트로 내용을 정리하였으나, 초판의 발행 연도 및 기타 서지사항은 확인되지 않는다.

새로 핀 무궁화/새로핀無窮花: 오천호 발행.

【내용】 미확인.

【참고】 단행본 원본 자료를 구할 수 없어 작품의 경개 및 세부 서지사항을 확인하지 못했다. 『조선총독부금지단행본목록(1941)』에 수록되어 있다.

색마의 격전(번)

【내용】 「흡혈귀」 참조.

샛별전(번)/ᄉᆡᆺ별전: 베어드 작. 야소교서회1905(26면).

【내용】 홍경대는 서울에 올라갔다가, 부모를 잃은 조카 샛별이를 자신의 집으로 데리고 온다. 샛별이는 경대의 부인 김 씨에게 예수교를 전한다. 하지만 김 씨 부인은 샛별이를 미워하고 박대한다. 그러던 중, 경대의 아들 삼복이가 병으로 죽는다. 김 씨는 삼복이의 죽음을 샛별이의 탓으로 돌리고 그를 내쫓는다. 그 즈음에 경대 내외는 병이 들어 몸져눕는다. 주위 사람들은 그들이 염병에 걸렸다 생각하여 도움을 주지 않는데 샛별이는 집으로 돌아와 그들을 간병한다. 그 결과 경대 내외는 자리를 털고 일어나지만 샛별이는 오히려 그들에게 전염이 되어 자리에 눕게 된다. 결국 샛별이는 고린도 전서 15장 50절부터 57절까지의 성경 구절을 외우며 "어둡던 눈 보리라"는 말을 남기고 죽는다. 경대 내외는 샛별이 남긴 말의 뜻을 알기 위해 서울에 올라가 교회 전도사를 찾는다. 그들은 샛별이 남긴 말의 뜻을 확인하고 하나님을 믿는다. 그리고 고향으로 돌아와 교회를 설립하고 교사를 청하여 강론을 듣고 사람들에게 샛별이에 대한 이야기를 전하니 믿는 자들이 많이 생긴다.

【참고】 선교사 애니 베어드(Mrs. A. L. A. Baird)가 '安愛理' 라는 이름으로 쓴 우리말 작품이다. 대한제국 시기를 배경으로 하고 있으며 그 시기의 문학, 문화, 종교, 여성관, 여성 교육의 실태 등을 알 수 있어 자료적 가치가 있다. 『(한국기독교박물관 소장)기독교 자료해제(2007)』를 참조하여 서지 및 참고사항을 정리하였다.

생육신전/생륙신전生六臣傳: 현수봉 작. 신구서림1929.

【내용】 내용 생략.

【참고】 기존의 연구에서 고전소설로 분류되고 있으나 필사본 방각본 등의 이본이 전해지지 않고, 신구서림 간 국문 활자본만이 전한다. 1929년에 초판이 발행되었으며, 국립중앙도서관 소장 신구서림 재판본(60면, 25전) 표지에 'ᄉᆡᆼ육신젼 生六臣傳', 본문 첫 장에 '생륙신전 生六臣傳 玄秀峯 著' 라

고 표기되어 있다. 같은 해에 발행된 『사육신전(신구서림1929)』처럼 22면가량의 분량에 당시의 역사적 배경을 요약 서술한 후, 조려, 원호, 김시습, 이맹전, 성담수, 남효온 등 여섯 신하의 일대기를 각각 서술했다. 47면부터 부록으로 육종영(六宗英)의 이야기를 덧붙였다.

생의 혈루/生의血淚: 이두성 발행.

【내용】 미확인.

【참고】 단행본 원본 자료를 구할 수 없어 작품의 경개 및 세부 서지사항을 확인하지 못했다. 1929년 6월호 《조선출판경찰월보》 단행본 출판 금지 목록에 수록되어 있다. 출판 금지 사유는 치안 방해이다.

서러운 이야기(번)/설은이야기

생피에르 작. 김벽호 역. 한성도서주식회사1926(196면, 70전).

【내용】 원작 참조.

【참고】 순진하고 소박한 소년 소녀의 자연 속에서 어우러진 사랑 이야기이다. 자연과 선량한 본성에 의한 행복이 문명사회의 해악인 금력, 사회적 편견, 습관에 의해 파괴된다는 단순한 주제를 다루었다. 역자 서문에 '1924年 10月 27日 가을비 소리의 孤寂한 밤에 서울서 譯者' 라고 기록되어 있어 탈고 시기를 짐작할 수 있다. 또한 "譯本은 佛原文外에 英文, 日文 그밧게 다른 譯文"이었다고 밝히는 부분이 있다. 《신생》 1929년 1월호의 광고에 내용이 비교적 상세하게 요약되어 있다. 이 번역본의 원작 「폴과 비르지니(Paul et Virginie)」(1787)는 베르나르댕 드 생 피에르(Bernardin de Saint-Pierre, Jacques-Henri)의 대작 『자연의 연구(Étude de la Nature)』의 제4권으로 알려져 있다. 처음에는 『자연의 연구』의 한 부분으로 기획했으나, 1788년 수잔 네케르의 살롱에서 따로 발표하였다. 문명에 반대하고 목가적인 자연으로 돌아가고자 하는 사상을 반영한 작품이다. '일 드 프랑스(현재의 모리셔스)' 를 여행한 작가 자신의 경험을 토대로, 이국적 정취를 회화적으로 그려내고 있다. 동일 원작의 번역본으로 소요산인 역 「연리지(조선일보1925.1.27-4.2)」가 있다.

서백리의 용소녀(번)/西伯利의勇少女

코틴 작. 설원 역. 매일신보1920.9.14-10.9(21회 완).

【내용】 원작 참조.

【참고】 연재 지면에 '西伯利의勇少女 雪園 譯' 이라고 표기되어 있다. 프랑스 여류 작가 엘리자베스 코틴(Elizabeth Cottin, 1770-1807)의 「The exiles of Siberia(1818)」를 백대진이 '雪園' 이라는 필명으로 번역한 것이다. 연재 모두에 '이 이야기는 佛蘭西 女流作家 콧틘 女史가 記錄한 것인데, 英文의 飜譯 題目은 '西伯利의 追放者'이고, 1801년 露西亞에서 突生한 事實을 基礎삼아 記錄된 實的 寄說 哀話'

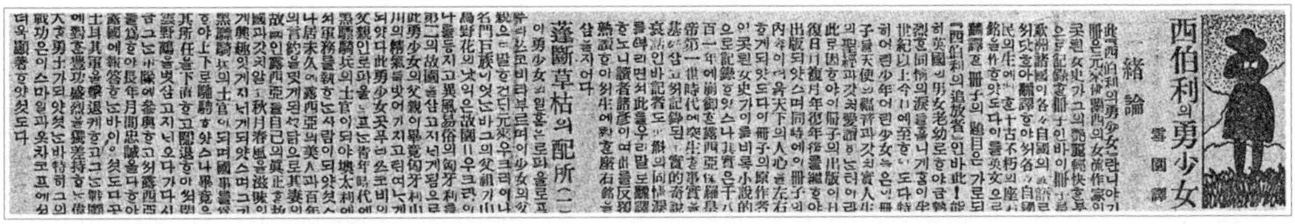
西伯利의勇少女 雪園譯

緒論

蓬斷草枯의配所(一)

라고 되어 있다. 신구서림에서 1922년 『효녀』로 개제한 단행본이 간행되었다. 러시아를 배경으로, 죄를 짓고 시베리아로 유형간 아버지를 구하기 위해 백방으로 노력한 효녀 '로파울로프 푸라쓰코비'의 이야기를 담고 있다.

서부전선은 조용하다(번)/西部戰線은조용ᄒᆞ다

레마르크 작. 피득 역. 조선야소교서회1930(258면, 80전).

【내용】 원작 참조.

【참고】 원작은 독일 작가 레마르크(Erich Maria Remarque)의 「서부전선 이상 없다(Im Westen nichts Neues)」(1929)이다. 번역자 彼得은 성서 번역의 선구자로 알려진 선교사 Alexander A. Pieters의 한자 표기이다. 표지에 '에릭 마리아 레마륵 原著 西部戰線은 조용ᄒᆞ다 彼得 譯'이라고 표기되어 있고, 상단에 원저의 표제와 원저자, 역자의 이름이 원문으로 표기되어 있다. 축역이나 초역이 아닌 완역본이다.

서사건국지1(번)/瑞士建國誌

실러 작. 박은식 역. 대한매일신보사1907(60면).

【내용】 일이만의 식민지 서사에 사는 유림척로는 평범한 농민이지만 뛰어난 활솜씨를 지니고 있다. 일이만의 재상 예사륵은 서사의 국민들을 못살게 군다. 어느 날 예사륵은 유림척로의 행동을 트집 잡아 아들 머리 위에 사과를 올려놓고 활로 쏘라는 벌을 내린다. 유림척로는 훌륭한 솜씨로 사과를 쏘아 맞추지만, 예사륵은 그를 용서하지 않는다. 계속되는 일이만과 예사륵의 횡포에 서사의 국민들은 일이만의 식민통치에서 해방되고자 하는 움직임을 일으킨다. 유림척로는 자신의 가족을 위해 이 운동을 이끈다. 유림척로는 서사의 독립을 성공시킨 뒤 상중하 삼원을 열고 공화정 제도를 확립한 후 우두머리 자리에서 물러난다.

【참고】 표지에 '政治小說 大韓每日申報社繙刊 瑞士建國誌', 본문 첫 장에 '瑞士建國誌 廣東鄭哲貫公 著 漢城 朴殷植 譯述'이라고 표기되어 있다. 鄭哲이 이름이고 貫은 자이다. 박은식이 저본으로 삼은 것

은 1902년 홍콩의 중국화양서국에서 간행된 『서사건국지』이다. 원작은 독일의 실러(Johann Christoph Friedrich von Schiller)가 전래 설화를 토대로 하여 쓴 희곡 「빌헬름 텔(Wilhelm Tell)」(1804)로, 스위스의 독립 쟁취 과정에서 큰 활약을 한 민중 영웅의 이야기를 담고 있다. 이것이 일본어로 번역되고, 이를 중국인 정철이 소설체로 의역하고, 이를 다시 박은식이 국한문체로 역술한 것이다. 독일문학 중 우리나라에 최초로 소개된 작품이다. 근대계몽기에 민족정신과 자주독립 의지를 고취시키는 역할을 한 것으로 평가된다. 이러한 내용 때문에 일제에 의해 금서로 지정되기도 했다.

서사건국지2(번)/셔ᄉ건국지: 실러 작. 김병현 역. 박문서관1907(44면).

【내용】 원작 참조.

【참고】 제목 앞에 '정치쇼셜' 이라고 표기되어 있다. 박은식이 국한문체로 번역한 『서사건국지(대한매일신보사1907)』와 매우 유사하다. 국한문 혼용체의 박은식의 작품을 순국문으로 정리한 것이라 판단된다. 원작은 독일 실러의 희곡 「빌헬름 텔」이다.

서상(번)/西廂: 왕실보·관한경 작. 양백화 역. 문예공론1929.5-7(2회 미완).

【내용】 원작 참조.

【참고】 연재 지면에 '詩劇 西廂 元代 王實甫 原作 民國 郭沫若 脚色 朝鮮 梁白華 新釋' 이라고 표기되어 있다. 원작은 중국 원나라 때의 잡극인 「西廂記」이다. 백화 양건식이 《조선문단》 1925.6-10월에 '西廂歌劇' 이라는 표제로 4회(미완) 연재하였던 것을 새롭게 번역한 것이다. 원문의 곡조 일부를 우리말로 풀어서 서술하는 형식을 취하고 있다.

서상가극(번)/西廂歌劇: 왕실보·관한경 작. 양백화 역. 조선문단1925.6-10(4회 미완).

【내용】 원작 참조.

【참고】 연재 지면에 '西廂歌劇 梁白華 註釋' 이라고 표기되어 있다. 원작은 중국 원나라 때의 잡극인 「西廂記」이다. 「西廂記」는 당나라 때의 원진(元嗔)이 지은 『회진기(會進記)』에서 취재한 「董西廂」을 희곡화한 것으로, 왕실보(王實甫)와 관한경(關漢卿)의 작품으로 알려져 있다. 양건식이 '梁白華' 라는 필명으로 번역한 것이다. 연재 첫 회에 '西廂記는 우리 朝鮮에 紹介된 지 오래나 아즉 오늘날까지도 조흔 譯書가 업서 吾人에게 不滿을 만히 주엇다. 이에 筆者는 現 中國의 靑年詩人 郭沫若 氏의 删定 本을 土臺로 하야 本誌에 今月號부터 譯載' 한다는 역자의 말이 나와 있다. 본문은 원문의 곡조를 그대로 나열한 후에 주석을 다는 형식으로 구성되어 있다. 《문예공론》 1929.5-7에 양백화 신역의 '詩劇 西廂' 이 새롭게 연재되지만 2회 연재 후 미완으로 중단되었다. 당나라의 젊은 서생 장군서가 명문대가의 외동딸 최앵앵을 사모하여 벌어지는 이야기를 다루고 있다.

서시(번)/西施: 작자미상. 환원 번안. 만몽일보1939.7.1(9회)-1939.7.27(23회 미완).

【내용】 내용 생략.

【참고】 연재 지면에 '西施 桓圓 飜案'이라고 표기되어 있다. 장춘식의 논문 「《만몽일보》 소재 문학작품의 제양상」에 의하면 원작이 「吳越哀史」라고 알려져 있다. 연세대 도서관에 소장된 《만몽일보》 자료를 통해 9회(1939.7.1)부터 23회(1939.7.27)까지 확인할 수 있으나, 중간에 결호가 있어서 정확한 내용은 파악할 수 없다. 월나라 왕 구천이 오왕 부차에게 패하여 삼 년 동안 석실에 갇혀 있다가 나온 후, 와신상담하여 오나라의 왕 부차에게 복수하는 내용이 담겨 있다. 구천이 그 과정에서 호색가인 오왕을 꾀어내기 위해 월나라 최고의 미인인 서시를 오왕 부차에게 바친 것과 부차가 미색에 빠져 정치를 돌보지 않게 되는 과정, 월나라의 신하 범려의 사랑 등을 중점적으로 다루고 있다. 《만몽일보》는 《만선일보》의 전신이다. 《만선일보(滿鮮日報)》는 일제 강점기 말기에 만주에서 한국어로 발간된 일간 신문이다. 《만선일보》는 1937년 10월 21일에 만주국의 수도 신징에서 《만몽일보》와 《간도일보》를 통합하여 창간되었다. 일제 강점기 말기, 다수의 한국어 신문이 폐간된 상황에서 한국어로 발간되었다는 측면에서, 민족문학을 계승한다는 긍정적인 평가가 있다. 반면 《만선일보》가 한국어 신문으로 유지될 수 있었던 이유가 한국인에게 자주성을 부여하기 위해서가 아니라 재만 한국인에 대한 만주국의 계몽적 필요성 때문이라는 반론도 있다. 진학문과 최남선이 만선일보 고문직을 역임한 바 있고, 편집국장으로 염상섭, 홍양명, 기자로 안수길, 박팔양, 이석훈 등 유명 언론인과 문인들이 참여했다. 후반기로 가면서 고위직에는 일본인이 임명되었다. 1945년 태평양 전쟁 종전으로 후원자인 일본 제국이 패망하면서 폐간되었다.

서유기(번)/西遊記: 오승은 작. 박태원 역. 신시대1943.6-1945.2(31회 미완).

【내용】 원작 참조.

【참고】 연재 지면에 '新連載長篇小說 西遊記 朴泰遠 譯'이라고 표기되어 있다. 원작 「西遊記」는 중국 명대의 장편소설로, 오승은(吳承恩)의 작품이라고 알려져 있다. 잡지 목차에는 '新譯 西遊記'라고 표기되어 있다. 1945년 2월호에 31회까지 연재된 것을 확인했으나, 그 이후는 잡지를 확인할 수 없어 정확한 연재 횟수를 가늠하기 어렵다. 당나라의 중 현장(玄奘)의 인도 여행에 관한 전설에서 취재한 것으로, 손오공·저팔계·사오정이 삼장법사와 함께 천축(天竺)에 가서 불경을 가지고 돌아오기까지 있었던 일들을 다루고 있다.

서정기(번)/셔정기西征記: 안경호 저작발행. 신구서림1923(59면, 20전).

【내용】 당나라 태종 때의 재상 셜인귀는 고구려와의 싸움에서 세운 공으로 평뇨왕에 봉해진다. 황숙 셩친왕의 후궁 쟝 씨는 셜인귀를 모해한 죄로 죽은 쟝ㅅ귀의 딸이다. 셜인귀는 쟝씨와 셩친왕이 꾸민 흉계로 옥에 갇혀 삼 년을 지낸다. 한편 소경방의 손자이며 소봉의 아들인 소보동이 번국의 부마가 되어 당을 침공하려 한다. 천자는 셜인귀를 정서대원수로 봉하고, 공을 세워 속죄할 기회를 준다. 셜인귀는 황제와 함께 삼십만 대군을 이끌고 소양성으

로 나아간다. 소보동은 철판도인 등과 함께 계략을 세워 소양성을 비우고, 당군이 성중으로 들어간 뒤 백만 대군으로 성을 에워싼다. 부마 진회옥과 보림 보경 형제가 소보동과 싸우다가 전사한다. 이어 셜원수가 나서 소보동과 대적하나 칼을 맞아 죽음의 위기에 빠지고, 셔무공이 단약으로 셜원수를 회생시키려 하지만 완전히 회복되지는 않는다. 천자는 정교금을 중원에 보내 원병을 청한다. 한편 셜인귀의 아들 셜뎡산이 왕오도사의 도움으로 병법을 배우던 중 사부의 명을 받고 천자와 부친을 구하러 간다. 사부는 그에게 열 가지 보배와 선단을 준다. 셜뎡산은 무예가 출중한 누이 금연 소저와 함께 군사를 이끌고 출정한다. 그는 도중에 무예와 술법에 능한 여장부 두션동에게 붙잡혔으나 그녀의 청혼을 받아들이고 풀려난다. 셜뎡산은 대군을 이끌고 소양성에 이르러 소보동을 격퇴한다. 그는 천자를 알현하고 사부가 준 선단으로 부친을 살린다.

【참고】 작자 연대 미상의 번역소설이다. 중국의 고전소설 「설정산정서」의 일부를 번역해 독립시킨 것으로 「설인귀전」의 속편이다. 이 소설의 후편으로 「설정산실기」, 「이화정서전」이 있다. 번역은 본문 가운데 누락시킨 부분이 많고 의역과 축약 번역이 대부분이지만, 전체적인 내용은 대체로 일치한다. 이 작품은 우리 군담소설에 영향을 끼쳤다는 평가를 받는다. 서울대 도서관 소장본을 텍스트로 내용을 정리했다.

서해풍파/셔히풍파西海風波

이상춘 작. 유일서관1914(113면, 25전).

【내용】 개성군 후서강에는 삼대째 어부 일을 하고 있는 이해운과 해동 형제가 살고 있다. 해운은 어느 날, 한 번도 가 보지 못한 서해 바다를 항해해 보고픈 충동이 생겨 조선에서 제일 크다고 할 만한 배를 만들어 동생과 함께 출항한다. 그러던 중 배는 폭풍우에 휩쓸려 깨어지고 형제는 각자 고생길에 접어드는 것은 물론 서로의 생사마저 모르는 처지에 놓인다. 가까스로 살아난 해동은 화륜선을 만들겠다는 꿈을 이루기 위해 조선술을 배우고자 도일을 감행하지만 대학 시험에 계속해서 낙방한다. 마음을 바꿔 배를 타고 세계일주를 하던 해동은 아메리카에 도착하여 워싱턴대학에 입학한다. 한편 해운은 미치광이처럼 살다가 우연한 기회에 해주감사 자제의 생명을 구해 주는데, 해주감사는 감사한 마음에 해운의 병을 극진히 고쳐 준다. 해운은 회복되자마자 자신의 고향으로 돌아오고 죽은 줄만 알았던 아우가 살아 있음을 알게 된다. 해동을 찾아 나선 해운은 일본으로 미국으로 소문을 따라 종적을 찾는데, 우연히 일본인과 미국인의 도움을 얻게 되어 배움의 길에 들어선다. 서로 다른 대학에서 공부하던 두 사람은 신문 기사를 통해 서로의 소재를 파악하고 상봉한다. 그들은 계속해서 항해술과 조선술을 각자 연구하

여 명예를 얻고 훗날 결국은 다시 의기투합하여 남극 탐험길에 나선다.

【참고】 본문 첫 장에 '原著者 開城 李常春'이라고 작가가 표기되어 있다. "이 소셜을 닑으시는 귀부인과 신ᄉ졔씨의셔 홍감ᄉ에 일이 엇지된 일인지 엇더케 되엿는지 좀 답답ᄒ실 줄 아옵니다만은 본긔쟈는 잠간 붓을 멈추고 리히운에 력ᄉ만 긔록ᄒ려 ᄒ오니 홍감ᄉ집 젼후력ᄉ를 알고저 ᄒ시거든 천리마(千里馬)라는 소셜을 닑으시오"(88면)라는 작자 해설이 소설 본문 중에 끼어 있는 것으로 보아 「천리마」라는 신소설의 존재 여부 추적 및 비교 검토가 필요할 것이다.

석가여래전/釋迦如來傳: 현공렴 작. 대창서원1912(55면).

【내용】 내용 생략.

【참고】 국립중앙도서관 소장 대창서원본 본문 첫 장에 '釋迦如來傳 玄公廉 著'라고 표기되어 있다. 현존하는 근대 불교 출판물 중 최초의 단행본으로 알려져 있다. 제1장 序言부터 제15장 附言까지 목차가 나뉘어 있으며, 제2장 佛陀의 誕生부터 제14장 佛陀의 入滅까지 전기적 형식으로 서술되어 있다.

선머슴 무용전(번)/선머슴武勇傳: 마크트웨인 작. 사우춘 역. 소년1938.1-8(8회 완).

【내용】 원작 참조.

【참고】 연재 1회 제목 앞에 '新連載長篇少年小說', 2회부터는 '少年小說', 마지막회에는 '冒險小說'이라고 표기되어 있다. 첫 회의 목차에는 '新連載冒險小說 선모슴 武勇傳'이라고 표기되어 있다. 필자인 사우춘(史又春)은 번역임을 밝히고 있지 않지만, 내용을 살펴보면 미국 소설가 마크 트웨인(Mark Twain)의 「톰 소여의 모험(The Adventures of Tom Sawyer)」(1876)을 번역한 작품임을 알 수 있다. 주인공들이 살인사건에 연루된 이야기를 중심으로 부분역한 것이다.

선죽교/션쥭교善竹橋

고유상 저작발행. 회동서관·삼문사서점·신명서림1930(47면, 20전).

【내용】 내용 생략.

【참고】 홍윤표 소장 회동서관·삼문사서점·신명서림본 표지에 '善竹橋 선죽교 一名 鄭圃隱傳', 본문 첫 장에 '션쥭교'라고 표기되어 있다. 고려 말 충신으로 유명한 정몽주의 일생을 다룬 작품이다. 하늘이 감응할 정도로 효성이 지극했던 일, 뛰어난 학식과 외교 수완으로 명과 일본 등에 사신으로 파견되어 국가적 난제를 해결한 활약상, 고려에 끝까지 충성하다 이방원의 사주로 선죽교에서 죽음을 맞이한 사건 등을 사건의 발생 순서에 따라 서술하고 있다. 또한 정몽주가 죽은 자리에서 대나무가 돋았다 사라지고 핏자국만 남았다는 일화를 덧붙여 '선지교'라는 다리의 본래 이름이 '선죽교'로 바뀐 유래를 설명하고 있다.

설상가상/雪上加霜: 철혼 작. 영창서관1933(45전).

【내용】 미확인.

【참고】 단행본 원본 자료를 구할 수 없어 작품의 경개 및 세부 서지사항을 확인하지 못했다. 『청춘의 한(영창서관·한흥서림·진흥서관1933)』 권말 판권지의 서적 광고에 '雪上加霜'이라고 제목이 표기되어 있다. 영창서관에서 펴낸『신간도서목록』에 '哲魂 作 新刊小說 雪上加霜'이라고 표기되어 있다.

설움의 빗/설음의빗: 전무길 작. 고려공사1924.

【내용】 미확인.

【참고】 표지에 '전무길 작 설음의빗', 본문 첫 장에 '설음의빗 전무길 창작'이라고 표기되어 있다. "세월은 흐르는 물갓다 괴로웁고 쓰린 찬바람은 서백리아 넓은 들을 거치어 사정업시 넘거진다"는 첫 문장으로 시작된다. 관련 정보는 '노마드북' 홈페이지의 사진자료로 확인했다.

설움의 사정/설음의사정: 백남신 작. 대성서림1927.

【내용】 서정옥은 귀가 길에 불량배를 만나 화를 당할 뻔했으나 그곳을 지나가던 김근식의 도움으로 봉변을 면한다. 정옥은 어려서 모친을 잃은 후 부친과 서울에서 살고 있는 제일여자고등보통학교 4학년 학생이고, 근식은 황해도 해주에서 상경한 제일고등보통학교 4학년의 고학생이다. 근식은 외숙인 리영만 때문에 집안의 재산을 모두 날리고 양친까지 잃어 어려서 고아가 되었지만, 혈혈단신으로 어렵게 살면서도 공부를 게을리 하지 않는다. 한편 정옥의 부친 병필은 목수 일을 하면서 하루벌이를 하면서도 그마저도 술로 탕진하는 인물이다. 심성이 모질뿐 아니라 정옥을 심하게 때리고 구박하여 이웃 사람들에게 손가락질을 받는다. 병필은 정옥이 학교를 졸업하면 부잣집의 첩으로 보내 돈을 챙길 요량이다. 병필의 행실을 보다 못한 이웃집 노파가 정옥을 딸처럼 아끼며 돌본다. 한편 근식은 친구인 정열과 정옥의 도움으로 최우수 학생으로 학교를 졸업한다. 그러던 중 우연히 정옥을 보고 한눈에 반한 영만이 병필을 매수하여 정옥과 혼인하기로 한다. 정옥을 영만에게 보내는 과정에서 저지하는 근식을 해치려던 병필이 실수로 자기 몸을 찔러 죽는 사건이 발생하고, 근식과 정옥은 사건 현장에 있었다는 이유로 살인 누명을 쓴다. 이러한 상황을 알게 된 정열이 대신 감옥에서 형을 살기로 마음먹고 경찰서로 향하는데, 때마침 그곳에서 영만은 누명을 썼던 사람이 자신의 조카인 것을 알게 되고, 지난날의 죄에 대한 용서를 빌며 모든 재산을 근식에게 주기로 한다. 영만의 보증으로 정열도 혐의를 벗는다. 근식과 정옥은 결혼하고 정열과 함께 일본 유학을 떠난다. 홀로 남겨진 영만을 이웃집 노파가 돌보아 준다.

【참고】 본문 첫 장에 '戀愛悲劇 설음의사정 獨步 白南信 創作'이라고 표기되어 있다. 소설 말미에

'一九二六年八月二十四日 體府洞에서 獨步 씀' 이라고 표기되어 있다. 1927년 초판이 발행되었으며, 연세대 도서관 소장 1935년 4판본(197면, 80전)을 텍스트로 내용을 정리했다. 인물의 외양이 상세하게 묘사되고 인물의 심리를 부각시켜 드러내는 시가 삽입되어 있다. 작가는 "조선은 영웅을 찾는다 일군을 부른다"라거나 "배우자! 배워야 한다"라는 계몽적인 전언을 강조하면서 영웅적이고 의협심 넘치는 인물이 가난과 절망을 이겨내는 과정을 그린다. 『일지화(대성서림1928)』 권말 광고에 다음과 같이 소개되어 있다. "사람이란 본래부터 슬픔의 덩어리다. 청춘의 애간장을 말리우는 연애 실패도 한없이 슬픈 사정이며, 중년의 상처 노년의 상처도 끝없이 슬픈 사정이러니와, 더구나 청춘이란 본래의 설운 시절이란 말도 있거니와, 과연 그들에게는 한없는 희망과 끝없는 성공에 울고 웃고 하는 시절이라. 비록 그들에게는 옷과 밥이 있고, 부모와 처자가 있다 할지라도, 늘 다른 희망에 우는 것이라. 하물며 이 소설의 주인공과 같은 청춘의 원한과 슬픔을 품은 자이랴. 어지신 부모 많던 재산을 하루아침에 악한 친척의 음해로 모두 이별하고, 혈혈단신으로만 두 팔과 다리의 힘만 의탁하고 노동을 한다 고학을 한다 하야 기어코 성공의 월계관을 얻은 장쾌하다면 무던히도 장쾌하고, 슬프다면 또한 무척 슬픈 사정이라. 이 기사를 읽는 자로 말하면, 누구나 한번 기뻐 손뼉치고 슬퍼 통곡치 아니하고 배기지 못할 장절비절한 소설이니, 강호재은이여 모름지기 이 소설에서 인간의 진정 슬픔이 무엇인지, 또한 그러한 역경에도 어떠한 태도를 잡아야만 사람으로서의 매듭진 한을 풀고, 만족한 웃음을 웃어 볼는지를 깊이깊이 찾어보시오."

설중매1(번)/셜즁ᄆᆡ雪中梅

원작미상. 부춘산인 번안. 매일신보1919.6.2-8.31(76회 완).

【내용】 러시아의 수도 상트페테르부르크 시에서 어느 날 밤, 홍ᄆᆡ희는 근위사관 세 사람에게 납치된다. 귀족이자 근위사관인 구 중위, 리 중위, 됴 중위는 기다리던 기생이 오지 않자 지나가던 ᄆᆡ희를 납치하여 요릿집에 감금한다. 구 중위는 저항하는 ᄆᆡ희를 겁탈하고, 간신히 도망친 ᄆᆡ희는 부모에게 사실을 알린다. 병석에 누워 있던 ᄆᆡ희의 어머니는 충격을 받아 사망한다. ᄆᆡ희와 부친은 원수를 갚기 위해 신원을 모르는 세 사람을 경찰청에 고소한다. 사건은 구 중위의 큰어머니이자 사교계의 중심인물인 구 백작부인의 귀에도 들어간다. 큰어머니를 통해서 고소 사실을 알게 된 구 중위는 리 중위, 됴 중위와 함께 대책을 마련한다. 세 사람은 리 중위의 누나인 안 공작 부인을 통해 경시총감에게 압력을 가해 사건을 무마시킨다. 안 공작 부인은 거금의 위로금을 모아 ᄆᆡ희 부녀에게 전달하지만 ᄆᆡ희는 이를 거절한다. ᄆᆡ희 부녀는 구 백작 부인을 찾아가 억울함을 호소하고 사건은 황제에게도 알려진

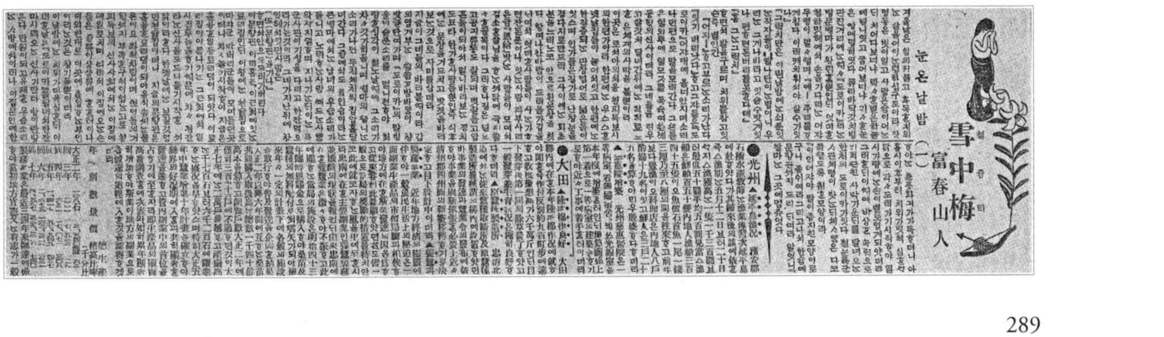

다. 황제의 명령으로 모든 근위사관이 모인 자리에서 믹희는 세 사람을 가해자로 지목한다. 황제는 이들의 재산을 몰수하여 믹희에게 준 뒤 시베리아로 유배 보낸다. 이에 앞서 황제는 세 사람 중에서 나이와 재산이 가장 많은 구 중위와 믹희를 결혼시킨다. 구 중위는 믹희를 원수처럼 여기며 시베리아로 떠나나, 믹희는 구 중위에게 사랑의 감정을 느낀다. 평민에서 백작 부인이 된 믹희를 무시하던 사람들은 그녀의 지혜와 총명함에 감동한다. 믹희가 세 사람의 재산에서 나오는 이익을 유배지로 보내자 리 중위와 됴 중위도 그녀의 너그러운 성품에 감동한다. 구 중위의 여동생 칙련 부인도 믹희의 도움으로 누명을 벗자 오빠에게 편지를 보내어 믹희를 칭찬한다. 그러나 구 중위는 믹희에게 냉담한 태도를 보인다. 한편 믹희는 황제에게 청하여 세 사람의 유배가 풀리도록 한 뒤 시베리아로 간다. 열병에 걸린 구 중위는 믹희의 헌신적인 간호로 건강을 회복한 뒤 점차 믹희에게 호감을 느낀다. 고향으로 돌아가는 길, 구 중위는 믹희가 돌려주었던 결혼반지를 다시 믹희에게 주면서 자신의 죄를 고백하고 청혼한다.

【참고】《매일신보》 연재 지면에 '雪中梅셜즁믹 富春山人'이라고 표기되어 있을 뿐 번역 혹은 번안이라는 표지는 없다. 러시아 상트페테르부르크와 시베리아를 배경으로 하고 있으며 러시아의 풍속이 등장하는, 원작을 알 수 없는 민태원의 번안소설이다. 마지막 연재 횟수는 76회로 표기되어 있으나 실제로는 75회 연재되었다.

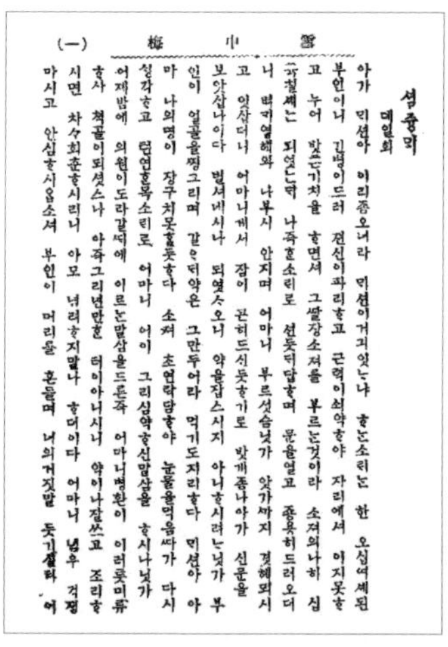
雪 中 梅 (一)

셜즁미
뎨일회

아가 민션아 이리좀오너라 민션이거긔잇느냐 ᄒᆞᄂᆞᆫ소리는 한 오십여세된 부인이니 깁병이드러 전신이파리ᄒᆞ고 근력이쇠약ᄒᆞ야 자리에셔 이지못ᄒᆞ고 누어 밧ᄂᆞᆫ기침을 ᄒᆞ면셔 그ᄯᆞᆯ장소져를 부르ᄂᆞᆫ것이라 소져의나히 십六七셰는 되엿는ᄃᆡ 나죽ᄒᆞᆫ소리로 션듯ᄃᆡ답ᄒᆞ며 문을열고 죵용히드러오더니 벼ᄀᆡ엽헤와 나부시 안지며 어마니 부르셧습ᄂᆡᆺ가 앗가ᄭᆞ지 겻헤뫼시고 잇삽더니 어마니께셔 잠이 곤히드신듯ᄒᆞ기로 밧게좀나아가 신문을 보앗삽나이다 벌셔ᄂᆡ시나 되엿ᄉᆞ오니 약을잡ᄉᆞ시지 아니ᄒᆞ시려ᄂᆞᆫ닛가 부인이 얼골을찡그리며 갈ᄋᆞ되약은 그만두어라 먹기도지리ᄒᆞ다 민션아 아마 나의명이 장구치못ᄒᆞᆯ듯ᄒᆞ다 소져 초연락담ᄒᆞ야 눈물을머음ᄯᅡ가 다시 ᄉᆡᆼ각ᄒᆞ고 ᄐᆡ연ᄒᆞᆫ목소리로 어마니 어이 그리심약ᄒᆞ신말삼을 ᄒᆞ시나닛가 어졔밤에 의원이도라갈ᄯᆡ에 이르ᄂᆞᆫ말삼을드른즉 어마니병환이 이러ᄐᆞᆺ미류ᄒᆞ사 ᄎᆡᆨ골이되셧스나 아죡그리변만ᄒᆞᆫ 터이아니시니 약이나잘쓰고 조리ᄒᆞ시면 차ᄎᆞ회츈ᄒᆞ시리니 아모 녀려ᄒᆞ지말나 ᄒᆞ더이다 어마니 넘우 걱졍마시고 안심ᄒᆞ시옵소셔 부인이 머리를 흔들며 너의거짓말 듯기셜타, 어

설중매2(번)/雪中梅

스에히로뎃초 작. 구연학 번안. 회동서관1908(78면).

【내용】 장씨 집안의 딸 매선은 총명한 미인이다. 그녀는 일찍이 부모의 뜻에 따라 심씨 성을 가진 소년과 정혼한 바 있으나, 부모를 병으로 여의고 정혼자의 소식은 알 길이 없는 외로운 처지가 된다. 홀로 남은 매선은 부친의 의형제인 숙부권 참서에게 재산 관리를 맡기고, 자신이 가진 사진을 단서로 정혼자의 행방을 찾는 한편 여학교에 다니며 신학문을 익히는 데 힘쓴다. 리태순은 사회와 국가를 개혁하는 일에 뜻을 품은 총명한 청년으로, 시국 강연회에서 연설하고 협회를 조직하는 등 정치적, 사회적 활동을 하며 자신의 뜻을 펴 나간다. 어느 날 그는 친구에게 보낸 편지 때문에 경찰의 오해를 사 구금되었다가 풀려난다. 요양 차 산속 절에 간 그는 한 젊은 여성을 만나는데, 그녀가 학문에 힘쓰는 것을 보고 탄복하여 관심을 가진다. 그는 여성 쪽에서도 자신에게 관심을 가지고 있다는 것을 알고 글귀를 교환하지만, 그녀의 답신이 의미하는 바를 알지 못한 채 헤어진다. 그 후에도 태순은 여러 경로를 통해 그 여성의 소문을 듣지만, 그 내용이 모두 그녀의 행실이 방정치 못하다는 것뿐이어서 실망한다. 그러던 어느

날 그 여성에게서 만남을 청하는 편지가 온다. 망설이던 태순은 그녀의 집을 찾아간다. 그 여성은 매선이었다. 그녀는 강연회의 연사였던 태순을 보았을 때부터 그 용모가 사진과 같음을 보고 정혼자를 찾았다고 여기었으나, 태순의 성이 리 씨라 하여 의아함을 품고 지내던 중이었다. 그런데 숙부 권 참서가 돈에 눈이 어두워 부친의 유서를 위조하고 매선을 다른 데로 시집보내려 하므로 용기를 내어 태순을 직접 만난 것이다. 태순은 자신이 과거에 집을 나와 심 씨 성으로 가장하고 다녔으며 그때 장 씨 집안과 혼담이 오갔던 사실을 기억해 낸다. 이로써 서로 정혼자임을 알게 된 두 사람은 정식으로 통혼하고 행복하게 가약을 맺는다.

【참고】 표지에 '政治小說 雪中梅' 라고 표기되어 있다. 일본 작가 스에히로 뎃초(末廣鐵腸)가 1886년에 발표한 정치소설 「셋츄바이(雪中梅)」를 번안한 작품이다. 김태준의 『조선소설사』에 이인직이 신극 「설중매」를 상연하였다고 기록되어 있어 작가가 이인직인 것으로 여겨진 적이 있으나, 1908년 회동서관에서 출판된 단행본에 저술자는 구연학, 교열자 이인직으로 적혀 있다. 표지에 '政治小說 雪中梅' 라고 표기되어 있다. 15회로 구성된 장회체 소설이다. 이인직의 『은세계(동문사1908)』, 이해조의 『자유종(광학서포1910)』과 함께 개화기의 삼대 정치소설로 꼽히기도 한다. 한편, 이 작품은 작중인물의 말을 통해 당시의 연극 상황과 연희 개량에 대해 논의하고 있어, 연극사 연구에서 중요한 자료로 취급된다.

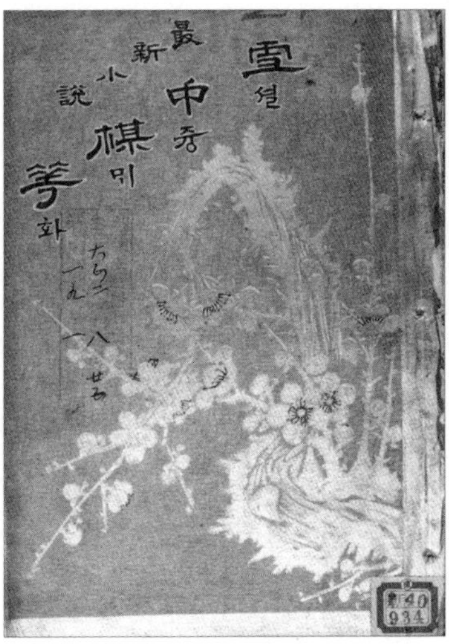

설중매화/셜즁믹화雪中梅花: 김익수 저작발행.

창문사1913(115면, 25전) ; 신구서림1917(83면, 25전).

【내용】 김옥희, 츈국 남매는 부친을 잃고 계모 안 씨의 구박을 받는다. 안 씨는 오라비 지덕과 짜고 옥희를 욕보인 후 여의치 않으면 죽이려는 계략을 짜는데, 이를 눈치챈 옥희는 가출하여 강물에 몸을 던져 자살을 기도한다. 그러나 일본인 국미ᄎ랑에게 구원되어 목숨을 건진 옥희는 그의 도움으로 동경으로 건너가 여학교를 다니게 된다. 국미ᄎ랑과 부녀지간의 의를 맺은 옥희는 우연히 어릴 적 동무였던 민진틱를 만나게 된다. 한편 계모 안 씨는 옥희가 도망친 것을 불안해하며 지덕과 모의하여 감기약에 독을 타 츈국을 죽이려 한다. 그러나 이를 의심한 츈국이 약을 먹지 않자 이번에는 산보를 가자며 꾀어 낸다. 츈국과 지덕은 뚝섬 강에서 배를 탔는데 풍랑이 일어 배가 뒤집히고, 츈국의 생사는 알 길이 없어진다. 지덕은 일본으로 건너간 옥희를 찾아내어 욕을 보이려다가 옥희가 반항하자 칼로 찌르고 도망간다. 칼에 찔린 옥희는 진틱와 국미ᄎ랑에게 발견되어 목숨을 구한다. 옥희는 지덕의 악행을 고발하고, 국미ᄎ랑은 츈국의 소식을 수소문한다. 츈국이 죽었다는 소식을 들은 옥희는 정신을 놓고 실성하여 헛소리를 한다. 진틱와 국미ᄎ랑은 병을 고

치기 위해 옥희를 조선으로 데리고 온다. 또 한편으로 안 씨의 악행을 관에 고발하여 수사를 의뢰한다. 직덕이 시비 난향을 농락하고 다른 처자와 결혼을 하려던 혼인날 순사가 들이닥쳐 그 죄를 다그치자 안 씨가 사색이 되어 변명을 늘어놓는다. 서장은 안 씨에게 십 년 징역을 선고하고, 직덕은 사형에 처한다. 옥희는 병세가 차차 나아져 진틱와 혼인을 하지만 츈국의 죽음을 못 잊고 괴로워한다. 그러던 중 신혼여행 길에 들린 신흥사에서 풍랑에 살아남아 중이 된 츈국을 만난다.

【참고】 창문사본 표지에 '最新小說 셜즁미화'라고 표기되어 있다. 계모에게 살해 위협까지 받던 남매가 생이별을 하지만 온갖 고난을 딛고 다시 만나게 된다는 '계모형' 소설이다. 신구서림본은 1923년 5판까지 확인할 수 있는데, 초판 발행 연도를 1913년으로 기록하고 있어 창문사본을 초판으로 간주하고 있는 것으로 보인다.

설중송/셜즁송雪中松

고유상 저작발행. 회동서관·광익서관1920(112면, 40전).

【내용】 윤희와 옥경은 남매지간으로, 모친을 여의고 부친마저 집을 나가 어렵게 살고 있다. 부친 강진수는 모친이 죽은 뒤 노름과 술에 빠져 3년째 생사를 모른다. 분한 마음에 빚 독촉하는 사람을 때려 징역을 살게 된 윤희는 출소 후 사람들의 배척으로 직업을 구하지 못하다가 친구의 도움으로 동양광산의 사무원으로 취직한다. 홀로 남은 옥경에게 고리대금업자 진철이 빚 독촉을 하러 찾아온다. 이때 옥경의 친구 오송자가 빚을 갚아 주겠다고 나선다. 송자는 동양광산 총재의 딸로, 옥경의 정혼자 남희붕을 사모한다. 그녀는 옥경에게, 빚을 갚아 주는 대신 희붕과 헤어질 것을 요구한다. 옥경은 송자에게 희붕을 포기하겠다고 약속하고 자살을 시도하나 우연히 부친의 손에 구출된다. 송자는 자신의 적극적인 구애에도 불구하고 옥경에 대한 마음을 버리지 않는 희붕의 태도에 절망을 느끼고 앓아눕는다. 이 사실을 안 희붕은 갈등한다. 윤희는 광부들이 단체로 노동을 거부하고 광맥 지도마저 사라지자 고민에 빠진다. 동료 추월의 도움으로 사건은 해결되고, 윤희와 추월은 결혼한다. 송자는 죽고, 희붕과 옥경은 축복 속에 결혼한다.

【참고】 본문 첫 장에 '익뎡신소셜 셜즁송 愛情新小說 雪中松'이라고 표기되어 있다. 옥경-남해붕-오송자로 연결되는 애정의 삼각구도가 서사의 주 골격을 이룬다. 광산업에 종사하는 노동자들의 세계가 드러나지만, 자본주의 사회에 대한 통찰력이 보이지 않아 주변적인 이야기로 그 의미가 축소된다.

설홍전/설홍젼薛弘傳: 김병권 작. 영창서관·한흥서림1929(80면, 30전).

【내용】 내용 생략.

【참고】 표지에 '薛弘傳 셜홍젼', 본문 첫 장에 '新小說 薛弘傳 설홍젼 茂朱 金秉權 著' 라고 표기되어 있다. 판권지에는 '著作 兼 發行者 姜義永' 이라고 표기되어 있다. '신소설' 이라고 표기되어 있으나 사실상 고전소설 「薛弘傳」의 국문 활자본 이본이다. 중국 명대를 시대적 배경으로 하고 있으며, 고아가 된 '설홍' 이 자연과 신, 은인의 도움을 받아 위기를 극복하고 비범한 인물로 장성하여 강동왕이 될 때까지의 일대기를 다루었다. 80면 본문의 말미에 다음과 같은 광고성 서술을 첨부하고 있다. "경셩 '영창셔관'에서는 자미잇고 조흔 소셜을 만히 발행하고 그즁에도 「무릉도원」은 쏙 한 번 볼 만하더라." 『무릉도원(영창서관·덕흥서림1924)』 역시 중국 명대를 시대적 배경으로 하는 작품이다.

섬색시/섬색씨: 작자미상. 한종수 발행. 경향출판사1947(55면).

【내용】 서해안 영평 바다에는 갈매기 섬이 있다. 그 섬에 사는 박 선달의 외동딸 점세는 이쁘고 얌전하다고 섬 인근에 소문이 자자하다. 그래서 육지나 이웃의 섬 등에서 청혼이 들어온다. 잇달아 들어오는 청혼에 점세를 좋아하는 차돌은 혼자 속앓이를 한다. 차돌은 십 년 전부터 박 선달 집에 살며 고기잡이를 도왔다. 박 선달은 일 잘 하는 차돌에게 점세가 크면 짝을 지어 주겠다고 언질을 준 바 있다. 그런데 언제부터인가 그 언질에 대해서 박 선달은 입을 닫았다. 이에 차돌은 바짝 애가 탔지만 점세도 자신을 좋아한다는 사실을 알고 잠자코 박 선달의 집에 붙어 있는다. 그러던 어느 날 차돌이는 바다에 나갔다가 물에 빠져 허우적거리는 한 청년을 구한다. 그 청년은 최남수라는 의과 대학생인데 갈매기 섬에서 70리 떨어진 쏘가리 섬에 있는 고모 댁에 정양 왔다가 높은 파도를 만나 물에 빠진 것이었다. 몸은 회복되었으나 바람이 그치지 않아 남수는 섬 밖으로 나가지 못한다. 마침 섬에 몹쓸 병이 돌아 남수는 여기저기 마을을 돌아다니며 환자를 돌본다. 그 즈음 점세 어머니도 병이 들어 남수는 점세네 집에 자주 드나든다. 차돌은 점세가 잘생기고 성품도 좋은 남수에게 마음을 뺏긴 것 같아 속상해 앓아눕는다. 남수는 차돌을 찾아가 자신은 이미 정혼한 사람이 있을 뿐만 아니라 생명의 은인에게 해를 끼치는 일은 하지는 않을 것이라고 말한다. 그리고 해방이 되자, 말을 앞세운 사람만 많지 정작 일을 하는 사람은 없다며 차돌이 어서 일어나 제 생업에 충실했으면 좋겠다고 말한다. 차돌은 남수의 말에서 진심을 느끼고 자리를 털고 일어선다. 며칠 후, 바람이 그치자 남수는 차돌과 점세의 혼인식에 참석할 것을 약속하고 섬을 떠난다.

【참고】 서울대 도서관 소장 경향출판사본 표지에 '新小說 섬색씨' 라고 표기되어 있다. 40년대에 간행한 작품이나 예전 신소설처럼 딱지본 장정으로 되어 있고 제목 앞에 '신소설' 이라고 표기되어 있다. 섬에 사는, 총각과 처녀의 사랑을 다룬 작품이다. 작품 말미에 서울 청년인 남수가 해방기를 맞는 소회를 밝히고 있는 점이 특징적이다.

성림폭격(번)

【내용】「종림폭격」 참조.

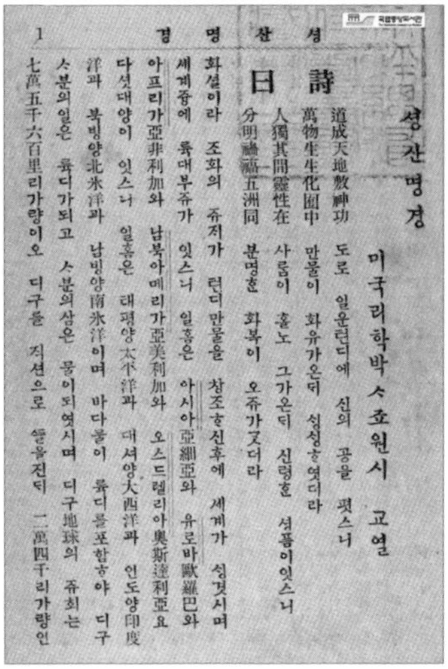
셩 산 명 경 1

성산명경

미국리학박ᄉᆞ쵸원시 교열

詩曰

道成天地數神功 도로 일운텬디에 신의 공을 폇스니

萬物生生化囿中 만물이 화유가온디 싱싱ᄒᆞ엿더라

人獨其間靈性在 사름이 홀노 그가온디 신령ᄒᆞᆫ 셩품이잇스니

分明禍福五洲同 분명ᄒᆞᆫ 화복이 오쥬가곳더라

화셜이라 조화의 쥬재가 텬디 만물을 창조ᄒᆞ신후에 세계가 싱겻시며 세계즁에 륙대부쥬가 잇스니 일홈은 아시아亞細亞와 유로바歐羅巴와 아프리가亞非利加와 남북아메리가亞美利加와 오스드렐리아奧斯達利亞요 다섯대양이 잇스니 일홈은 대평양太平洋과 대셔양大西洋과 인도양印度洋과 북빙양北氷洋과 남빙양南氷洋이며 바다물이 륙디를포함ᄒᆞ야 디구 ᄉᆞ분의일은 륙디가되고 ᄉᆞ분의삼은 물이되엿시며 디구地球의 쥬회는 七萬五千六百里리가량이오 디구를 직션으로 ᄯᅮᆯ을진디 二萬四千리가량인

성산명경 / 셩산명경聖山明鏡

최병헌 작. 정동황화서재1909(92면, 25전) ; 동양서원1911(80면, 25전) ; 박문서관1922(76면, 25전).

【내용】 아시아 동방의 성산 영대는 경치가 매우 수려하여 군자들이 자주 모여 노니는 곳이다. 이곳에서 유학자 진도와 불교계의 도승 원각, 도교계의 백운도사 세 사람과 신천옹이라는 이름의 소년이 각자가 신봉하는 종교에 대해 토론을 벌인다. 첫째 날 네 사람은 성산 영대에서 만나 서로 수인사를 하고 각자 종교적 입장을 피력한다. 이때 원각은 신천옹이 말하는 기독교적 세계관의 논리 정연함에 탄복한다. 둘째 날 신천옹은 도교의 허황함을 지적하며 영혼 개념을 위주로 긴 설교를 한다. 이에 대해 백운 도사는 반박을 하다 결국 신천옹의 박식함과 기독교적 세계관의 우수함을 인정하고 기독교에 귀의한다. 이때 신천옹과 백운 도사의 수작을 지켜보던 원각도 기독교를 받아들인다. 한편 진도는 정치제도와 애국 사상의 측면에서 유교가 기독교보다 낫다고 주장한다. 이에 대해 신천옹은 빅토리아 영국 여왕과 워싱턴 등이 모두 기독교 신자이면서 나라를 일으키는 데 공을 세웠음을 지적한다. 이를 듣고 진도는 서양의 문명이 기독교의 영향 아래 이루어진 것임을 깨닫고 기독교 신자가 되기로 작정한다. 그리하여 진도, 원각, 백운도사는 신천옹과 함께 기도하고 모두 기독교 신자가 된다.

【참고】 정동황화서재, 동양서원, 박문서관본의 본문 첫 장에 '미국 리학박ᄉᆞ 쵸원시 교열'이라고 표기되어 있다. '탁사 濯斯 최병헌 崔炳憲' 저작으로 1907년《신학월보》에 4회(제5권 1호-4·5호) 연재되었던 것인데, 연재 당시의 제목 '셩산유람긔'가 1909년 貞洞皇華書齋에서 단행본으로 간행될 때는 '셩산명경(聖山明鏡)'으로 개제되었다. 작품 말미에 작가는 "유불션삼도에셔 공부ᄒᆞ던 쟈라도 만일 셩신이 인도ᄒᆞ야 예수교인과 샹죵ᄒᆞ면 ᄆᆞ음이 교통ᄒᆞ야 밋ᄂᆞᆫ 뎨ᄌᆞ가 될 수 잇슴이라"고 밝히면서 작품 창작의 의도를 확실히 하고 있다. 국립중앙도서관 소장 정동황화서재 1909년본 판권지에 '崔炳憲 先生 著'라고 표기되어 있다. 모두 3개의 회장체로 구성되어 있으며 각 회장에 한시가 실려 있다. 박문서관본은 '增訂聖山明鏡'으로 제목 표기를 하고 있다.

성산유람기 / 셩산유람긔: 최병헌 작. 신학월보1907.1호-4·5호(4회 미완).

【내용】「성산명경」 참조.

【참고】 연재 지면에 '셩산유람긔 목ᄉ 최병헌' 이라고 표기되어 있다. 1909년 정동황화서재에서 단행본을 낼 때 '셩산명경' 으로 개제하였다.

성전(번)/聖戰: 버니언 작. 일천 역편. 신생명1923.7-1924.1(7회 미완).

【내용】 원작 참조.

【참고】 원작은 버니언(John Bunyan)의 「The Holy War(1682)」이다. 연재 1회 '序言' 에 다음과 같은 번역자의 말이 실려 있다. "쫀·번연의 「天路歷程」은 모를 사람이 업지만 그의 갓흔 傑作인 有名한 「聖戰」과 「恩寵記」는 예수교가 朝鮮에 드러온 지 四十年이 되도록 紹介되지 못한 거슨 朝鮮 예수敎界의 한 恥辱이라 하겟습니다. 그래서 記者는 서투룬 글의 솜씨를 도라보지 아니하고 감히 이 大傑作에 손을 대엿스나 記者의 拙筆노 原作을 상케 할거슬 심히 송구하게 생각합니다. 이 聖戰은 作者가 세상을 써나가 六年前에 난 거신데 作者는 그 智力이 圓滿하고 神靈的 經驗이 老熟한 時期에 쓴 거심으로 엇더케 보면 天路歷程보다도 낫다고 합니다. 모든 文學者들이 이를 크게 찬상하고 그는 이것스로 英文學大家의 列에 드럿습니다. 그러나 이 冊의 眞正한 價値는 이 책이 난 以後에 허다한 경건한 신도들이 이 책을 보고 밧는바 感化가 얼마나 큰 거술 보고 알겟습니다." 《신생명》 1924년 1월호에 7회까지 실린 것을 확인할 수 있으나, 1924년 2, 3월호 자료를 찾을 수 없어 연재 종료 시점을 확정하기 어렵다. 7회 연재 말미에 '(이 다음)' 이라고 표기되어 있고, 1924년 4월호에는 게재가 되지 않은 것으로 보아 8회나 9회로 끝을 맺은 것으로 추정된다.

성탄의 환희(번)/셩탄의환희

디킨스 작. 허아각 역. 조선야소교서회1926(138면, 35전).

【내용】 원작 참조.

【참고】 표지 상단에 '셩탄의환희' 라고 표제가 기록되어 있고, 하단에 'A Christmas carol' 이라고 원작 표기를 하고 있다. 디킨스(Charles Dickens)의 원작 「A Christmas carol(1843)」을 미국인 선교사 허아각이 번역한 것이다. '許雅各(허야곱)' 은 J. W. Hitch의 한국식 표기이다.

세검정/셰검뎡洗劍亭: 지송욱 저작발행. 신구서림1913(132면, 30전).

【내용】 강원도 고성 삼일포에 사는 리 생원은 아내 홍 부인과 두 딸을 거느리고 있다. 어느 날 이방 김희식이 우연히 홍 부인을 보고 불순한 마음을 먹는다. 희식은 군수의 명령을 사칭하여 리 생원을 잡아 가두고 홍 부인을 차지하려고 한다. 게다가 리 생원이 풀려나려면 몸값이 필요하다고 속여 리 생원의 맏딸 보옥을 서울 김 승지 집에 종으로 팔아넘긴다. 희식은 보옥의 몸값을 가로챈 후에도 욕심을 채우지 못해 리 생원을 처치하고 홍 부인을 차지하려 한다. 간신히 위기를 모면하고 집으로 돌아온 리 생원은 딸 보옥이 종으로 팔려 갔다는

말을 듣고 딸을 찾으러 서울로 떠난다. 보옥의 동생 경옥과 홍 부인은 깊은 산속 절로 피신한다. 한편 김 승지 집에 팔려 간 보옥은 어느 날 부모를 그리워하며 혼잣말을 하다 이웃 사는 청년 김정규를 만난다. 정규는 동학 난 때 부모와 헤어진 청년으로, 보옥의 신세 한탄을 듣고 자신과 같은 처지의 여자가 누구인지 궁금하여 찾아온 것이다. 보옥과 정규는 서로 마음이 통하여 장래를 약속한다. 정규는 자기 부모의 행방을 수소문하는 한편 보옥의 부모 소식을 알아보려 길을 떠난다. 정규가 떠난 사이 김 승지의 부인이 보옥을 다른 집 머슴의 아내로 팔아넘긴다. 팔려 간 보옥은 정규와 한 약속을 지키기 위해 죽기를 각오하고 도망친다. 세검정에 이른 보옥은 자신을 찾아다니던 아버지 리 생원과 우연히 만난다. 뒤쫓아 온 사람들에게 붙잡혀 관가로 끌려간 보옥과 리 생원은 그간의 사정을 호소한다. 사건을 담당한 김 검사는 보옥의 약혼자 이름이 김정규라고 하자 놀란다. 정규는 김 검사가 십여 년 전 잃어버린 아들이었던 것이다. 게다가 과거 자신이 고성 군수였던 시절 이방을 지낸 자가 자신을 사칭했다는 사실을 알자, 김 검사는 크게 노하여 희색을 잡아 중형에 처한다. 김 검사와 아들 정규는 재회하고, 리 생원 일가 역시 다시 모인다. 보옥과 정규는 행복한 혼례를 올린다.

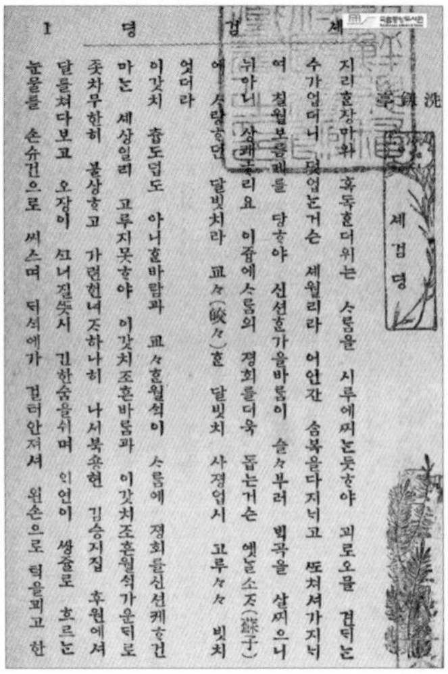
셰 검 뎡 1

洗劍亭 셰검뎡

지리ᄒᆞᆫ장마와 혹독ᄒᆞᆫ더위는 ᄉᆞ롬을 시루에찌는듯ᄒᆞ야 괴로오믈 견듸는 수가업더니 덧업는거슨 셰월리라 어언간 솜복을다지니고 또쳐셔가지니 여 칠월보름께를 당ᄒᆞ야 신션ᄒᆞᆫ가을바롬이 솔々부러 빅곡을 살찌으니 뉘아니 상쾌ᄒᆞ리요 이즙에ᄉᆞ롬의 졍회를더욱 돕는거슨 엣놀소즈(蘇子)에 ᄉᆞ랑ᄒᆞ던 달빗치라 교々(皎々)ᄒᆞᆫ 달빗치 사졍업시 고루々々 빗치엿더라

이갓치 춥도덥도 아니ᄒᆞᆫ바람과 교々ᄒᆞᆫ월석이 ᄉᆞ롬에 졍회를신션케ᄒᆞ건마는 셰상일러 고루지못ᄒᆞ야 이갓치조흔바롬과 이갓치조흔월석가운듸로 좃차무한히 불상ᄒᆞ고 가련헌녀즈하나히 나서북송헌 김승지집 후원에셔 달를쳐다보고 오장이 ᄭᅳᆫ너질듯시 긴한숨을쉬며 인연이 쌍쥴로 흐르는 눈물를 손슈건으로 씨스며 더셔에가 걸러안져셔 왼손으로 턱을괴고 한

【참고】 표지에 '新小說 洗劍亭', 본문 첫 장에 '洗劍亭 셰검뎡'이라 표기되어 있다. 권선징악형 서사와 남녀이합형 서사가 결합되어 있는 작품이다. 작품 말미에 지방관은 백성을 괴롭히는 하급 관리의 악행을 경계해야 한다는 서술자의 직접 개입이 드러난다.

세계문학걸작집(번)/世界文學傑作集

호메로스 외 작. 오천원 역. 한성도서주식회사1925.

【내용】 원작 참조.

【참고】 「일리아드」 외 5편의 명작을 백과사전식으로 경개역한 책이다. 목차는 '일리아드', '떼카메론', '몸 둘 곳 업는 사람', '절믄 웨르테르의 슬픔', '郵便局', '附 文豪의 評傳'으로 구성되어 있으며, '떼카메론' 안에 '가련한 씨스몬다의 죽음', '가락지 니야기', '友情'의 소목차가 배치되어 있다.

세계식민사(번)/世界植民史

야마우치 작. 이채우 역술. 원영의 교열. 이채우1908(50전).

【내용】 원작 참조.

【참고】 본문 첫 장에 '日本 山内正 原著 韓國 李埰雨 譯述 元泳義 校閱'이라고 표기되어 있다. 모두 4권으로 구성되어 있으며, 상고사, 중세사, 근세사로 나뉘어 기술되어 있다. 국한문혼용체 표기 작품이다. 이채우 발행이며 인쇄소는 우문관이다. 번역의 대본은 일본 山内正瞭의 『世界植民史(동경박문관 1904)』이다.

세계역사(번)/世界歷史

원작미상. 역자미상. 국한문판대한매일신보1910.6.3-9.27(미완 중단).

【내용】 내용 생략.

【참고】 15세기를 전후한 서양의 지리학, 천문학, 종교, 정치 등을 인물과 사건 중심으로 소개하였다. 국한문 혼용체 표기 방식이며, 연재 지면에 '小說 世界歷史'라고 표기되어 있다.

세기의 딸/世紀의딸

이무영 작. 동아일보1939.10.10-1940.8.11(190회 미완) ; 동진문화사1949.

【내용】 폴란드 바르샤바에 사는 물리학자 스크로돕스카- 교수는 슬하에 오남매를 두고 있다. 스크로돕스카- 집안의 아이들 모두 총명하지만, 그중 막내인 마-니야는 특히 천재라 할 만큼 다방면의 학문에 뛰어난 면모를 보인다. 마-니야는 학교생활을 통해 학문을 연마하는 한편, 러시아의 압제에 신음하는 조국 폴란드의 현실을 깨닫고 애국심을 키워 나간다. 그러던 어느 날, 마-니야는 병으로 인해 맏언니와 어머니를 잃는 슬픔을 겪는다. 게다가 그의 부친은 러시아의 교육 정책을 따르지 않았다는 이유로 직장에서 갖은 제재를 받는다. 잇단 불행을 겪으며 마-니야는 종교를 불신하게 되고, 대신 과학에 관심을 돌린다. 최고 성적으로 고등 여학교를 졸업한 마-니야는 잠시 시골의 친척집을 방문한다. 거기서 그녀는 앙리 실크레-르라는 이름의 청년을 만난다. 그는 뜨거운 애국심을 지닌 청년으로, 마-니야는 그의 순수한 열정에 감동받는다. 바르샤바로 돌아온 후, 마-니야는 폴란드의 민족 운동을 주도하는 여성 피아세카를 알게 되고, 모임에 가담한다. 그 모임에서 마-니야는 실크레-르와 재회한다. 그 역시 피아세카가 주도하는 모임의 일원이었던 것이다. 두 사람은 서로 사랑하지만, 개인의 행복을 추구하기보다는 조국을 위해 헌신하는 게 우선이라고 생각하여 연인이 되지 않는다. 언니 부로니야가 파리 의대로 유학가자, 마-니야는 언니의 학비를 보태기 위해 가정교사 일을 한다. 그녀는 못된 고용주 때문에 곤경에 처하기도 하지만, Z씨 집에 취직한 후로는 평온한 생활을 한다. 그러던 어느 날 Z씨가 손님들을 초대한다. 손님 중에는 프랑스의 젊은 물리학자 피에-르 큐리-도 있다. 그는 비록 젊지만 뛰어난 학자이다. 마-니야는 피에-르와 이야기를 나누면서 그의 학식과 인품에 탄복한다. 그 역시 마-니야의 천재성과 성품에

매료되어, 마침내 그녀에게 청혼한다. 피에-르가 폴란드인이 아니라는 점 때문에 고민하던 마-니야는 마침내 그의 청혼을 받아들인다. 결혼한 후 어느 날 남편과 함께 국경 지방을 여행하던 마-니야는 기차 안에서 우연히 실크레-르와 재회한다.

【참고】 연재 지면에 '長篇小說 世紀의딸 –'큐리' 夫人의 一生– 李無影 作'이라고 표기되어 있다. 1940년 8월 11일 190회 말미에 '(끝)'이라고 표기되어 있으나, 내용상으로 보아 작품이 완결되었다고 볼 수 없다. 《동아일보》의 폐간으로 인해 연재를 더 이상 할 수 없었기 때문에 이렇게 표시한 것으로 보인다. 1949년 동진문화사에서 『世紀의 딸 上』이 발간되었다. 이 단행본은 신문 연재본을 끝까지 수록한 것이 아니라, 중심인물 '마–니야'가 '피에–르 큐리'의 청혼을 거절한 부분에서 끝나 있다. 단행본 하권이 발간된 바 없고, 이후 1975년에 발간된 『이무영대표작선집』에도 49년 발간된 단행본과 같은 분량만 수록된 것으로 보아, 미완인 채 놓아 둔 것으로 보인다. 이무영은 「'세기의 딸' 머리에」라는 글에서, 이 작품의 창작 여부와 창작 동기에 대해 밝히고 있다. 이 소설을 번역, 번안, 초역 등으로 여기는 사람이 많으나, 작자의 순수 창작물이라는 것이다. 퀴리 부인의 딸이 쓴 「매담 퀴리」라는 전기를 토대로 사건을 구성하였다고 한다. 또한 퀴리 부인의 유명세나 신문사의 요청 때문에 소설 소재로 삼은 것이 아니라, 퀴리 부인이 '약소민족인 파란 출생인 데다 그 일생이 조국을 침해한 강대국에 대한 저항의 기록이기 때문에 우리나라의 천오백만 여성도 애국 여성을 만들자는 의도'로 소설을 썼다고 밝히고 있다. 이 서문의 끝에는 '1948.11.7 큐리–부인 기념일에 작자 記'라고 표기되어 있다. 퀴리 부인의 과학자로서의 모습을 부각시키기보다는, 조국 폴란드를 사랑하고 가난과 애정 문제 등으로 고민하는 인간적 면모에 주목한 작품이다.

세 동무: 박루월 편. 영창서관(50전).

【내용】 미확인.

【참고】 단행본 원본 자료를 구할 수 없어 작품의 경개 및 세부 서지사항을 확인하지 못했다. 영창서관 발행 단행본의 권말 광고에서도 발견되지 않아 출판 시기 또한 추정하기 어렵다. 영창서관에서 펴낸 『신간도서목록』에 '朴淚月 編 朝鮮映畵小說 세동무'라고 표기되어 있다.

세상의 죄/世上의罪: 성문당편집부 편. 성문당서점1934(50전).

【내용】 미확인.

【참고】 단행본 원본 자료를 구할 수 없어 작품의 경개 및 세부 서지사항을 확인하지 못했다. 『허영의눈물(성문당서점1934)』 권말 서적 광고에 '人情小說 世上의罪'라고 제목을 표기하고 다음과 같이 소개하고 있다. "거츨고 쓰러저 가는 現社會를 中心으로 하고 그곳에 反映되는 눈물겨운 生活相으로부터 이 소설의 책장은 고요히 녈린다 淺薄한 운命의 支配로 單身敵地로 나아가서 눈물과 설음으로 쉼인 소설이다."

세종대왕 실기 /세종대왕실긔世宗大王實記: 박준표 작. 세창서관1935.

【내용】 조선이 개국한 지 얼마 되지 않아 구시대에서 벗어나지 못하던 때 혁혁한 공을 세운 이가 있으니 바로 세종대왕이다. 세종대왕은 태종대왕의 셋째아들로 태어나 어릴 적부터 근면하고 문장에 뛰어남을 보인다. 즉위한 후에는 정치, 문학, 법률, 천문, 지리, 음악 등 다방면에 관심을 두고 각 분야가 발전하도록 힘을 기울인다. 특히 실력 있는 학자를 두어 집현전을 재정비하고 학문 연구에 몰두한다. 세종대왕은 대부분의 외국에서 자국어에 맞는 문자를 가지고 있는 것에 반해 조선에는 글자가 없는 것을 아쉬워한다. 이에 집현전 학자들로 하여금 백성들이 쉽게 이해하고 쓸 수 있는 훈민정음을 만들게 하여 반포한다. 또한 독일 잡지에서 기상과 관련된 글을 읽고 우량을 측정하는 기계를 만들기도 한다. 언제나 백성을 먼저 생각하는 세종대왕의 순치 덕분에 조선은 화평성대의 시절을 보낸다. 한편 태종대왕의 첫째아들인 양녕대군은 아우인 세종대왕의 명민함을 알고 왕위를 양보하려 거짓으로 방탕한 생활을 한다. 세종대왕은 양녕대군으로부터 주색을 금하겠다는 약속을 받고 양녕대군의 관서행차에 술과 여자를 금한다는 명을 내린다. 그러나 양녕대군은 정향이라는 여인을 만나 진심으로 마음을 나누게 된다. 세종대왕은 진실한 사랑을 찾은 양녕대군을 반갑게 맞는다.

【참고】 표지에 '歷史小說 世宗大王實記', 본문 첫 장에 '朝鮮諺文創作하신 세종대왕실긔 世宗大王實記 附讓 大君記 朴埈杓 作'이라고 표기되어 있다. 고전소설 형식의 경어체로 세종대왕의 업적을 칭송하고 있으며, 후반부에 세종대왕의 친형 양녕대군의 일화를 추가로 덧붙이고 있다. 『구활자본고소설전집(인천대학 민족문화연구소 편, 1984)』을 참조하였는데, 기록을 보면 세창서관본(1961, 55면)으로 되어 있다. 『신일선의 눈물(세창서관1935)』 권말 광고에 작품 제목이 수록되어 있어 이를 참고하여 초판의 발행 연도를 대신했다.

셜록홈즈는 누구인가(번)/쉘록크·홈쓰는누구인가

코난도일 작. 붉은빛 역. 신동아1933.1-2(2회 완).

【내용】 원작 참조.

【참고】 《신동아》 1933년 1월호 발표 지면에 '長篇小說 쉘록크·홈쓰는누구인가 코난·도일 原作 붉은빛 述'이라고 표기되어 있다. 코난 도일(Arthur Conan Doyle)의 장편 「주홍색 연구(A Study in Scarlet)」(1887)의 앞부분과 단편 「노란 얼굴(The Yellow Face)」(1893)을 번역하여 합친 것이다. 본문이 시작되기 앞서 역자는 "名探偵 쉘록크 홈쓰 이애기를 두세 개 소개햇다. 이제 와서 쉘록크 홈쓰라는 이는 果然 어떠한 사람인가를 紹介할 機會에 到達한 줄로 생각한다. 이 紹介에 잇서서 '나'라고 하는 이는 곳 왓손 博士"라는 소개의 글을 싣고 있다. 「싯누런 얼골」이라는 단편이 마무리되지 않고 "이 이상스런 이얘기는 내월호에 끗"난다는 예고를 하고 있는데, 《신동아》 1933년 2월호에는 '싯누런 얼골(쉘록크·홈쓰 이야기) 코난도일 原作 붉은빛 譯述'이라고 제목을 바꾸어 표기하고 있다. '붉은빛'의 본명은 알 수 없다. 다만 《신동아》에 '붉은빛'이라는 필명으로 번역 소개한 코난 도일

의 단편을 묶어 『흡혈귀(상호출판사1948)』를 낸 역자가 '박도일' 임은 확인할 수 있다. 그러나 《신동아》 연재 당시 편집주간이 주요섭이었고, 주요섭의 이름 한자 뜻풀이가 붉은 빛과 상통한다 하여 '붉은빛' 이 주요섭의 필명일 것이라 추측하는 견해도 있다.

소공자(번): 버넷 작. 노자영 역. 청조사1925.

【내용】 원작 참조.

【참고】 현재 단행본 자료를 구할 수 없고, 그에 대한 정보 또한 확인할 수 없다. 원작은 버넷(Frances Hodgson Burnett)의 「Little Lord Fauntleroy(1886)」이다.

소금강: 빙허자 작. 대한민보1910.1.5-1910.3.6(47회 미완).

【내용】 경치가 아름다워 소금강이라고 불리는 강원도 철원 보개산에는 의적 이또갑이 이끄는 무리가 있다. 이들은 의적으로 유명한 구홍서를 두령으로 삼아 금강단이라는 단체를 만든다. 금강단은 의적 활동을 벌이다가 국토를 확장하기 위해 서간도로 진출한다. 금강단 무리들은 서간도에서 황무지 개간, 농업 장려, 산업 부흥, 군대 조직 등의 원대한 꿈을 가지고 생활한다. 그런데 금강단이 정착한 지역에는 왕적이란 마적이 졸개들을 데리고 토색질을 하고 있다. 왕적은 구홍서에게 편지를 보내어 구홍서의 아내 오 씨 부인을 자신에게 줄 것을 요구하고, 이에 구홍서는 왕적 무리를 전멸시킨다.

【참고】 표제 앞에 '新小說' 이라고 표기되어 있다. 작가 '憑虛子' 가 누구인지는 밝혀지지 않았다. 불의의 재물을 탈취하여 빈민을 구제하고 이상국을 건설하려는 의적을 주인공으로 삼고 있다.

소년 벨테르의 비뇌(번)/少年벨테르의悲惱

괴테 작. 백화 역. 매일신보1923.8.16-9.26(40회 미완).

【내용】 원작 참조.

【참고】 연재 지면에 '少年 벨테르의 悲惱 괵테 作 白華 譯' 이라고 표기되어 있으며, 본문 앞에 원작자의 서문이 번역되어 있다. 독일 작가 괴테(Johann Wolfgang von Goethe)의 「젊은 베르테르의 슬픔(Die Leiden des jungen Werthers)」(1774)을 양건식이 '白華' 라는 필명으로 번역한 것이다. 역자의

少年「벨테르」의 悲惱(1)
괵테 作
白華 譯

기호에 따라 발췌역이 이루어진 것으로 전역은 아니며, 秦豊吉의 일역본을 대본으로 한 것이다. 젊은 변호사 베르테르와 유부녀 레테와의 비극적 사랑을 다루고 있다.

소년의 탐험/쇼년의탐험: 작자미상. 왕래서시(118면).

【내용】 박직슌은 충청도 은진 출신으로 재산을 탕진하고 셔 승지의 종으로 살고 있다. 그는 셔 승지의 종들을 자기편으로 끌어들여 셔 승지를 죽이고 집에 불을 지른다. 셔 승지의 재산을 가로챈 직슌은 경찰에게 조사를 받으나 용케 혐의에서 벗어난다. 셔 승지의 집에서 유모로 있던 안 소사는 셔 승지의 아들 만용을 데리고 간신히 살아남는다. 안 소사는 셔 승지의 은혜를 생각하여 만용을 잘 키우려고 마음먹는다. 직슌은 만용의 존재를 꺼림칙하게 여겨 안 소사에게 접근하여 만용을 죽이려고 한다. 그러나 안 소사와 그녀의 어머니 김 소사는 직슌을 탐탁지 않게 여겨 그를 멀리하려 한다. 직슌은 가끔 안 소사에게 들러 돈과 식량을 가져다주고 궁핍한 살림을 하는 안 소사는 직슌을 점차로 고맙게 생각한다. 직슌은 안 소사가 자신을 좋게 생각하는 것을 이용하여 셔 승지를 모함하고 급기야 안 소사로 하여금 만용을 죽이도록 유도한다. 안 소사가 만용을 죽이려고 할 때 천둥 번개가 요란하여 그녀는 혼절하고 만다. 마침 김 소사가 안 소사의 행위를 목격하고 그녀의 죄악을 회개하라고 훈계한다. 안 소사는 어머니의 말을 따라 만용이 죽은 것처럼 꾸며 소문을 내고, 직슌의 눈을 피해 집을 이사한다. 안 소사의 집안 살림은 점점 어려워지고 김 소사는 노환으로 죽고 만다. 안 소사는 만용을 잘 키우려는 생각에 상처한 홍 판서에게 개가한다. 홍 판서와 전처소생들이 만용을 달갑지 않게 여기자 만용은 안 소사의 근심을 덜 요량으로 그만 집을 나가겠다고 말한다. 안 소사는 떠나려는 만용에게 출생의 비밀을 가르쳐 준다. 그리고 그동안 뒤주 속에 숨겨 놓았던 셔 승지의 노비 문서를 주어 그 문서에 적힌 이들이 셔 승지를 죽게 한 이들임을 만용에게 알려준다. 만용은 그 문서 안에 있는 이름을 일일이 적고 원수를 갚기 위해 길을 떠난다.

【참고】 경상대 소장 왕래서시본 판권지가 유실되어 저자명과 발행 연도를 확인할 수 없다. 제목대로라면 소년 만용의 '탐험'이 서사의 주 내용을 이룰 것 같지만, 만용이 '탐험'을 시작하는 장면에서 작품은 끝난다. "반사젹으로 혈관이 확장(反射的으로 血管이 擴張)되야", "우쥬간(宇宙間)에 가장 크고 졔일 쌔른 속녁으로 멋업시 져혼ᄌ 핑핑 도라다니여 쉬지 아니ᄒ ᄂ 것은 지구(地球) 한 덩이쑨이라" 등 과학 지식을 바탕으로 한 표현이 많은 작품이다.

소복의 비밀(번)/素服의秘密: 원작미상. 낭림산인 역. 동아일보1927.5.5-8.14(101회 완).

【내용】 청년 화가 하대룡은 폐스짜를 구해 준 계기로 벨라이 가문의 그림 교사로 들어간다. 그런데 대룡은 상속녀 로라를 만나고 나서 그녀가 한밤중에 노상에서 만났던 소복 여인과

얼굴이 너무 닮은 것에 놀란다. 그러던 어느 날, 배 남작과의 결혼에 괴로워하던 로라가 사라지는 일이 발생한다. 로라의 사촌 마리아와 그녀를 찾아 나선 대룡은 벨라이 부인의 묘소에서 소복 여인을 다시 만나는데, 그 여인은 자신의 이름이 앤이며 로라의 모친이 자신을 딸처럼 생각했다는 말을 남기고 사라진다. 얼마 후, 로라가 흑수원에 있다는 것을 알게 된 마리아는 앤에 관한 이야기를 편지로 알린다. 한편 돈이 필요했던 배 남작은 부하인 보스꼬를 시켜 앤을 유인한 후 그녀가 심장병으로 죽자 로라에게 와 달라는 편지를 보낸다. 이튿날, 로라가 남작을 찾아온다. 보스꼬는 미리 준비한 마취약으로 그녀의 정신을 잃게 한 뒤에 앤의 옷을 입혀 정신병원으로 향

連載小說 素服의 秘密
狼林山人 譯
五月五日부터 揭載
◇녀자가사랑을위하야 비참한경우에 싸질때에얼마
싸지나참고 견딜수가잇는가. 남자가 사랑을위하야
결심하고 나설때에 얼마나큰용긔를가지게되는가.
이소설은 그위대한인내력과 용긔를그려논것이다.
◇「로라」양의참담한반생에 눈물흘리지안을자가
누구며 배남작의음모와 奸계에 분노를감하지안을
사람이누구인가. 「메리안」양의 침착과 하대룡군의
담대믄 감탄하지안을이 또한누구이랴.
◇열렬한사랑과 귀신이 놀랠음모와 무쌍한용감
—이것이 이소설의골자이다 만련하의 독자는갈
치와서「로라」와더부러 울고또웃지아니려는가.
◇이소설은오는오일부터여러분압헤나타납니다

한다. 남작의 소개편지와 매수한 의사의 거짓 진단서 때문에 로라는 아무 의심 없이 앤으로 접수되고, 벨라이 가문에서는 로라로 바뀐 앤의 장례식이 열린다. 한편 이탈리아 비밀당원 페스까는 악당 보스꼬를 쫓던 중 그가 재산을 노리고 로라를 정신병원에 가둔 것을 알게 된다. 페스까로부터 이 사실을 들은 대룡과 마리아는 로라가 있는 정신병원에서 그녀를 구해 집으로 돌아온다. 이때 보스꼬는 배 남작이 죽자 자신의 죄악에 대한 형벌과의 교환을 조건으로 로라의 신분을 증명한 자료와 자백서를 대룡에게 건네고 사라진다. 결국 모든 누명을 벗게 된 로라는 대룡과 결혼식을 올리고 1년 후, 마리아는 대룡의 아이가 벨라이 가문의 유일한 상속자임을 천명한다.

【참고】 연재 지면에 '素服의 秘密 狼林山人 譯'이라고 표기되어 있다. 원저자와 원작을 알 수 없는 작품을 주요한이 '낭림산인(狼林山人)'이라는 필명으로 번역한 작품이다. 《동아일보》 1927년 4월 29일자에 '連載小說 素服의 秘密'의 연재 예고가 게재되어 있다. 영국 런던을 무대로, '하대룡'이라는 청년 화가가 '벨라이'라는 집안에 그림 선생으로 들어간 후 겪는 모험을 그린 소설이다. 재산을 노린 인물 바꿔치기와 이탈리아 비밀 당원의 개입 등 벨라이 집안의 재산과 인물들 간의 애증을 둘러싸고 벌어지는 일을 그렸다.

소상강/蕭湘江: 남궁준 저작발행.

유일서관1912(62면, 20전) ; 조선도서주식회사1927.

【내용】 월태는 홍수로 인해 부모와 헤어지는데, 미국상인 아래릿구에 의해 구조된다. 아래릿구는 월태를 자신의 딸로 삼아 정성껏 돌보아 준다. 덕분에 월태는 신학문을 교육받게 되지만 아래릿구가 죽자 그의 부인은 월태를 모질게 구박한다. 결국 월태는 자살을 결심하고 이때 중국인 왕지춘이 월태를 구한다. 중국 군인인 왕지춘의 도움으로 월태는 고등학교를 무사히 졸업한다. 한편 왕지춘의 상관인 강 대좌는 틈만 나면 월태를 범하려고 하는데 이때

조선인 최백호가 월태를 구한다. 강 대좌는 왕지춘과 백호를 모함하려 하지만, 법원장 앞에서 강 대좌의 모든 죄상이 드러난다. 월태는 사령관 서기관이 된 부친을 만나 고향으로 무사히 돌아간다.

【참고】 유일서관본의 표지에 '소샹강', 본문 첫 장에는 '소상강'이라고 한글 제목이 달리 표기되어 있다. 난외서명은 '소상강'이다. 여주인공이 조력자의 도움을 받아 온갖 역경을 딛고 가족과 해후하게 된다는 내용의 소설이다. 사필귀정의 주제가 뚜렷하고 계몽의식이 두드러지게 나타난다.

소양정 / 쇼양뎡昭陽亭

우산거사 작. 매일신보1911.9.30-12.17(65회 완) ; 신구서림1912(112면, 25전) ; 박문서관·신구서림1923(112면, 35전).

【내용】 강원도 낭청 군수 정세중은 부인 조 씨 사이에 외딸 채란을 두었다. 어느 날 회양군수로 도임하여 내려오던 오 승지의 가족은 잠시 정 군수의 집에 머물게 되는데, 이때 정 군수의 청혼으로 봉조와 채란의 약혼이 이루어진다. 그러던 어느 날 회양군수로 부임한 오 승지가 늦은 밤 관아에서 살해되는 사건이 발생한다. 자신의 불법행위가 탄로 날 것이 두려운 이방 최영세가 오 승지를 독살한 것이다. 이 일로 오 승지의 부인이 득병하여 죽게 되자 세중은 혈혈단신이 된 봉조를 데리고 집에 돌아온다. 세월이 흘러 세중이 병으로 죽자, 조 씨 부인은 채란을 좋은 가문에 출가시킬 요량으로 봉조에게 집을 나가 줄 것을 요구한다. 하지만 봉조가 언약의 봉행을 내세워 집을 나가지 못하겠다고 버티자 조 씨는 아우인 학균과 짜고서 봉조에게 독약을 먹여 없앨 계략을 꾸민다. 하지만 봉조는 약을 먹은 체하고 몰래 집을 빠져나가고, 채란은 시비 금단과 함께 봉조의 시체라도 찾겠다며 집을 나서 봉조와 해후한다. 두 사람은 봉조 부친의 지우인 신가의 집에 찾아든다. 그런데 채란을 탐낸 신가의 무고로 봉조는 강도로 몰려 처형될 위기에 처한다. 채란은 신가가 자신을 차지하고자 몇 번씩이나 부사에게 보낸 편지를 물증으로 확보한 후, 승문고를 두드려 원정을 올린다. 채란의 발명으로 전후사정을 알게 된 박 어사는 봉조를 구출하고 신가와 학균을 징치하는 동시에 조 씨 부인은 효유한다. 이후 과거에 급제하여 암행어사가 된 봉조는 영세의 노복 너구리를 통해 영세의 죄를 자복 받는다. 봉조는 영세를 감옥에 가둬 부친의 원한을 갚은 후, 채란과 결혼한다.

【참고】 우산거사라는 필명으로 《매일신보》에 연재된 이해조의 작품이다. 연재 지면에 '新小說 昭陽亭

牛山居士' 라고 표기되어 있다. 신구서림본의 본문 첫 장에 '新小說 昭陽亭(쇼양뎡)' 이라고 표기되어 있고, 그 아래 '牛山居士' 라고 저자 표기가 되어 있다. 가족 내부 구성원 간 갈등이 빚는 비극과 부패한 풍속에 몰락해 가는 개화기 사회의 과도기적 폐단을 다루고 있다. 사건을 풀어 나가고 위기를 해결하는 데 있어 여주인공인 채란의 적극적인 면모가 부각되어 있다. 중국 고소설『금고기관 권 24』의 번안으로 간주되기도 한다.

소영웅(번)/쇼영웅: 버넷 작. 게일·이원모 역. 조선야소교서회1925(60면, 25전).

【내용】 원작 참조.

【참고】 표지 상단에 '쇼영웅', 하단에 'LITTLE LORD FAUNTLEROY' 라고 제목과 원저를 표기하고 있다. 미국 작가 프랜시스 버넷(Frances Hodgson Burnett)의 「소공자(Little Lord Fauntleroy)」(1886)를 경개역한 작품이다.《진생》1927년 10월호 광고에 "쇼영웅 奇一博士譯述 定價貳十五錢 이 책은 적은 미국 아해로서 영국의 공작이 된 이야기책이올시다 자미잇는 샵화도 잇슴니다"라고 소개되어 있다.

소의 암영(번)/小의暗影: 원작미상. 진순성 번안. 동아일보1922.1.2-4.14(92회 완).

【내용】 송철수는 사동 모 사립대학의 법학 강사이다. 그는 어린 시절부터 신세를 진 김필준의 데릴사위로 들어가 처가의 생계를 위해 헌신한다. 하지만 박봉의 월급으로 인하여 부부 사이에 불화가 끊이지 않는다. 한편 철수의 아내인 영자는 이복동생인 정자가 시집을 갔다가 남편과 사별하고 되돌아오자 내쫓을 구실을 찾는다. 그러던 차에 철수가 정자의 편을 들자 둘 사이를 의심하며 더욱 정자를 괴롭힌다. 그럼에도 정자는 이를 꿋꿋이 참아내고, 철수는 그러한 정자의 처지를 안타까워한다. 그러던 어느 날, 철수는 중학 동창 한경남으로부터 부자 황부성이 정자를 가정교사로 원한다는 말을 듣는다. 철수는 부성에 대한 소문과 평판이 좋지 않은 이유로 걱정하면서도 자신과의 관계에 대하여 추궁당하는 정자를 생각하고는 그 말을 전한다. 정자는 영자의 의심을 피하기 위해 자원하여 황 부자네로 거처를 옮기지

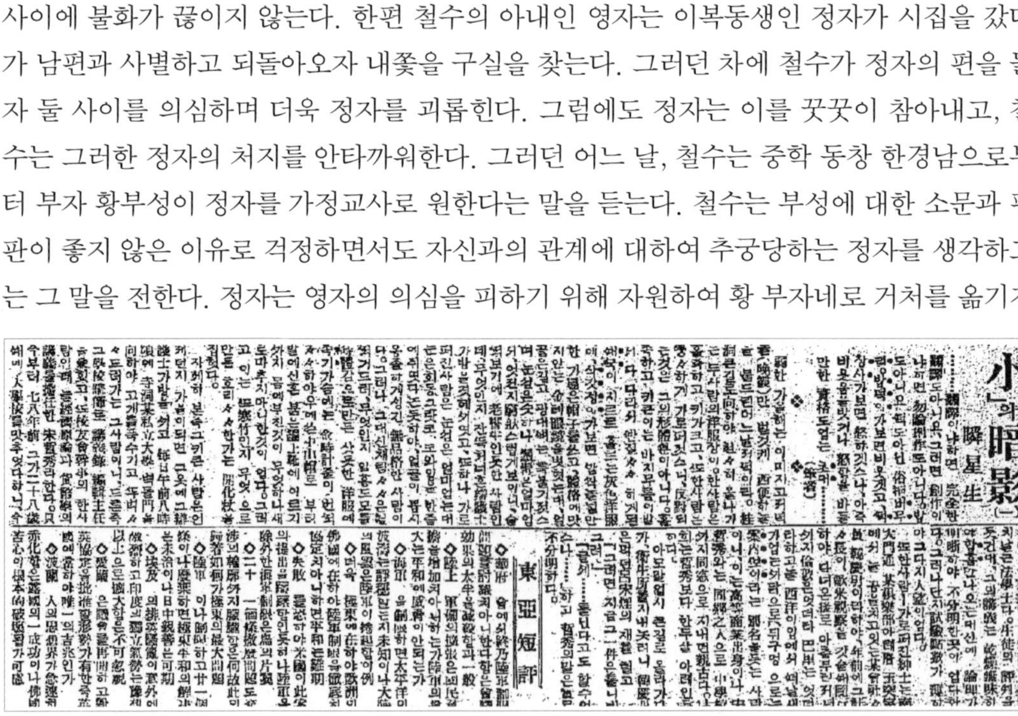
小의暗影 (一)
瞬星生
東亞短評

만 황 부자의 겁탈을 피해 결국 되돌아온다. 이때 영자 모녀는 정자의 뜻밖의 출현에 다시 돌아갈 것을 이르나 철수는 돌아가신 장인에 대한 의리가 아님을 강조하며 정색을 한다. 한편 정자는 영자의 의심을 풀기 위하여 발명하던 중에 영자가 자신이 철수에게 보냈던 감사 편지를 꺼내보이자 하릴없이 집을 나서 정거장으로 향한다. 한편 철수는 작별을 전하는 정자의 전화를 받고 곧장 정거장으로 향하고, 두 사람은 정거장에서 서로의 사랑을 확인한다. 그 후, 철수는 영자와 헤어질 생각으로 정자와 살림을 차리지만 영자의 방해로 갈등이 끊이질 않자 어느 날, 정자는 찾지 말라는 편지를 남기고 종적을 감춘다. 정자가 떠난 이후 실의의 나날을 보내던 철수는 결국 홀로 만주행 기차에 오른다. 한편 경남은 철수가 폐인이 되었다는 소문을 듣고 그를 찾아간다. 이에 철수는 다음 날 자신은 만주로 떠나니, 아내에게 좋은데 시집가도록 전해 달라는 편지를 경남에게 남기고 사라진다. 이튿날, 경남은 선박 편으로 귀국하고, 철수에 대한 소식도 끊긴다.

【참고】 연재 지면에 '小의 暗影 瞬星生' 이라고 표기되어 있다. 역자는 연재 첫날 지면에 "飜譯이냐 하면 完全한 번역도 아니요, 그러면 創作이냐 하면 물론 創作도 아니"라는 '筆者' 의 말을 붙여놓았다. 원작이나 원작자에 대한 정보는 제시되어 있지 않다. 원작 미상의 작품을 '진학문(秦學文)' 이 '진순성(秦瞬星)' 이라는 필명으로 《동아일보》에 연재한 것이다. 연재 1회 모두에 밝힌 역자의 말과, "작년 봄(1922)에 동아일보에 연재된 「소의 암영」은 그 섬세한 묘사와 安詳한 필치가 나의 마음을 끌었다. 그러하나 나중에 상당히 신용할 만한 이에게로부터 그것이 번안이라는 소리를 듣게 되었다"(박종화, 「문단의 일년을 추억하야」, 개벽1923.1)는 글 등으로 미루어 볼 때, 외국작품을 우리의 상황에 맞게 수정한 번안소설로 보인다. 1923년 '암영(暗影)' 으로 개제되어 동양서원에서 단행본이 출간되었다.

소인국 여행기(번)/小人國旅行記: 스위프트 작. 이은상 역. 신생1930.7·8합호.

【내용】 원작 참조.

【참고】 게재 지면에 '小人國旅行記 스위으트 原著' 라고 표기되어 있다. 잡지의 목차에는 '스위으트의 小人國旅行 李殷相' 이라고 표기되어 있다. 원작은 영국 작가 스위프트(Jonathan Swift)의 「걸리버 여행기(Gulliver' s travels)」(1726)이나, 그중 한 부분만을 발췌하여 내용을 소개하는 정도의 역본이다. 걸리버가 소인국에 표류하여 결박당했다가 풀려나는 장면까지를 다루었으며, 본문 말미에 '第一章了' 라고 표기되어 있고, 이후 연재가 지속되지 않았다.

소학령/巢鶴領: 이해조 작. 매일신보1912.5.2-7.6(57회 완) ; 신구서림1913.

【내용】 소식 없이 집을 나간 남편 강한영으로부터 부인 홍 씨에게 편지가 온다. 간도 지역의 추풍에 살림을 장만했으니 오라는 내용이다. 홍 씨는 가재도구를 정리하여 아들 동이와 시동생 위영을 데리고 무작정 남편을 찾아간다. 목적지로 가던 도중 위영은 중국인이 경영하

는 홍평자라는 가게에서 돈을 바꾸려다가 흉계에 빠져 돈을 강탈당한다. 돈을 찾으러 간 시동생의 소식이 묘연하던 차에 객주집에서 쫓겨난 홍 씨는 살인강도를 일삼는 방인철 형제의 꾐에 빠지나 가까스로 민장의 도움을 얻어 구원받는다. 민장은 동포 회의를 열어 방가 형제의 처벌 방안을 논의하고, 인철은 이에 대한 보복으로 민장을 살해한다. 게다가 남편이 소학령에서 중병을 앓는다는 방가의 거짓 편지에 속아 홍 씨는 또 다시 고생을 하게 된다. 한편 기다려도 가족이 오지 않자 답답한 마음에 고향으로 돌아온 한영은 가족이 이미 고향을 떠났음을 알고 서울 친구 집에 들른다. 거기서 그는 뜻밖에 남의 일에 연좌되어 옥고를 치른다. 온갖 고난 끝에 온가족이 함께 만나고, 그동안 홍 씨와 동고동락하던 민장의 부인은 방가를 죽여 복수를 한 후 자신도 목숨을 끊는다. 한영의 가족은 고향으로 돌아왔으나 다시 가난에 의해 고통받다가 지난날 우연히 헐가에 산 족자가 고가에 팔려 행복하게 살아가게 된다.

【참고】《매일신보》 연재 지면에 '新小說 巢鶴領' 이라고 표기되어 있다. 을유문화사 『한국신소설전집 3』에 '著作者 李海朝 發行者 池松旭' 으로 1913년 신구서림에서 간행되었다는 기록이 있으나 단행본 자료를 찾을 수 없다. 여인의 절개를 강조하는 한편으로, 친일적 성향이 드러나는 소설이다. 몰락한 양반가의 인물이 가난을 피해 간도로 넘어가 고난을 겪는다고 하여 당대 사회상을 반영하고 있다. 중국인은 살인과 강도를 일삼는 악인으로 설정되어 있고 상대적으로 일본과 일본인에 대한 서술자의 시선은 긍정적이다.

속편 장한몽/**續編長恨夢: 조일재 작. 매일신보1915.5.25-12.26(145회 완).**

【내용】 심슌애와 결혼한 지 1년여가 된 리슈일은 허랑방탕한 생활에 젖어 화류계를 드나든다. 최만경을 첩으로 들인 슈일은 슌애를 점점 멀리한다. 임신한 만경은 해산달이 가까워오는 슌애를 시기하며 질투한다. 슌애는 딸 희슌을 낳고, 두 달 후 만경도 아들 룡을 낳는다. 슈일의 사랑을 독차지하려는 만경은 빅락관과 슌애의 사이가 심상치 않다며 슌애를 모함한다. 슈일은 슌애를 의심하며 친구인 김철영으로 하여금 그를 집에서 내쫓는다. 슌애는 유모인 간난어미에게 희슌을 부탁하고, 집안일을 봐주던 진남할미와 동서로 표박하다 수원으로 내려간다. 세월이 흘러 5년여가 지나는 동안 슌애는 궁핍한 생활과 딸에 대한 그리움으로 애를 태운다. 그러던 어느 날 슌애는 만경이 희슌을 다른 집으로 보내려 하자 간난어미가 희슌을 데리고 수원으로 내려왔다는 소문을 듣는다. 슌애는 급히 간난어미와 희슌을 찾지만 실패한다. 간난어미는 만경이 희슌을 빼앗아 갈까 우려하여 숨어 지낸다. 우연히 술집에서 락관을 만난 슈일은 슌애와 자신은 결백하다고 주장하는 락관의 말에 고민한다. 철영은 슈일에게 슌애와 이혼하고 만경을 본처로 들여야 한다며 부추긴다. 그러나 슈일은 쉽게 결정을 내리지 못한다. 철영 내외가 만경의 집에 머무는 동안 그들의 딸 봉희가 홀로 놀고 있다가 우연히 슌애를 만나게 된다. 철영 내외가 좀체 서울에서 내려오지 않자 슌애가

봉희를 돌봐 준다. 봉희의 친구인 희순을 보게 된 슌이는 희순이 자신의 딸이라는 것을 직감한다. 한편 서울에서 내려온 철영 내외는 슌이가 봉희를 데려간 것을 알고 대로한다. 철영은 봉희를 찾으러 갔다가 집으로 돌아가려던 희순을 자신의 딸인 줄 알고 강제로 데려온다. 희순이 슌이의 딸이라는 것을 알게 된 철영은 슌이에게 이혼 도장을 찍지 않으면 아이도 내줄 수 없다며 협박한다. 그러나 슌이는 슈일의 도장을 먼저 받아 오라며 강경하게 대응한다. 이때 락관이 나타나 철영에게서 희순을 빼앗아 슌이에게 돌려준다. 만경이 이혼하라며 생떼를 쓰자 슈일은 룡이 자신의 맏아들이니 걱정할 것이 없다며 대꾸한다. 슈일은 락관에게서 그간의 사정을 듣고 슌이를 오해한 것을 뉘우친다. 슌이는 락관의 설득으로 희순을 데리고 서울 집으로 올라와 슈일과 재회한다.

【참고】 연재 지면에 '續編長恨夢 趙一齋'라고 표기되어 있다. 1913년《매일신보》에 연재된「장한몽」의 속편으로, 이수일과 심순애가 재결합한 일 년 뒤의 시점에서 이후 6, 7년간의 일을 그리고 있다. 일본 소설「金色夜叉」와 관계없는 조일재의 창작으로 간주되어야 한다. 전편인「장한몽」이 심순애와 이수일의 애정 관계를 중심축으로 배금주의에 경도된 심순애의 삶을 비판적으로 그리고 있다면,「속편 장한몽」은 이수일의 작첩으로 인한 심순애와 그의 딸 희순의 고난을 중점적으로 그리고 있다. 이는 처첩간의 갈등을 그린 신소설의 통속적 주제에서 크게 벗어나지 못한 것이다. '終' 표시는 없으나 고난을 겪던 심순애와 딸 희순이 이수일과 재회하는 145회의 내용으로 미루어 작품이 완결된 것으로 볼 수 있다.

손오공(번)/孫悟空: 오승은 작. 이규용 역. 회동서관·동양서원·박문서관·덕흥서림·한남서림·정직서관·대창서원·광익서관·영창서관·한성서관·광동서국·광한서림1922(46면, 20전).

【내용】 원작 참조.

【참고】 국립중앙도서관 소장본의 표지에 '孫悟空 손오공', 본문 첫 장에 '손오공 孫悟空'이라고 표기되어 있다. 판권지에 '저작자 이규용', '발행자 고유상'이라고 표기되어 있지만 사실상 중국 고전소설「서유기」의 축약 번역 혹은 번안 작품이라고 볼 수 있다. 회동서관 등 12개 출판사에서 공동 발행하였으며, 광문사 명의로 발매되었다.

송뢰금/숑뢰금松籟琴: 초우당주인 작. 박문서관1908(116면, 25전).

【내용】 갑신정변 이전, 일본 유학을 갔다 온 주사 김경식은 함평안도에 이름이 높은 박 사과의 외동딸 박 씨와 결혼하여 계옥과 한봉 두 남매를 낳는다. 김경식은 갑신년 개화파와 관련된 정치적 사건으로 관직을 그만두고 평양에 머물다 청일, 러일전쟁을 피해 원산 두남리에 정착한다. 그는 원산에서 시작한 상업이 성공하지 못하자 하와이로 노동이민을 떠난다. 그리고 일 년 후 아내에게 편지를 보내 아이들과 함께 하와이로 오기를 권유한다. 계옥과 그녀의 가족은 이민에 앞서 석왕사로 절 구경을 간다. 계옥은 그곳에서 근암이라는 호를 가진 이

충국을 우연히 보게 되고 그의 신상을 궁금해 한다. 계옥과 그녀의 가족은 원산 항구를 떠나 부산항을 거쳐 대련환을 타고 신호에 도착한다. 계옥은 그곳에서 다른 이민 희망자들과 함께 출국 안질검사를 받지만 탈락한다. 계옥은 어머니와 남동생을 먼저 하와이로 떠나보낸 뒤 일본에 남아 고군분투한다. 한편 근암과 그의 친구 우초는 석암사를 방문한 그 고을의 군수에게 지역의 인구와 상업이 흥한지를 묻는다. 하지만 군수가 아무런 답변을 하지 못하자 군수를 책망하고 민족 사업을 계획한다. 이들은 곡물과 구리를 일본에 수출하는 등 상업 활동을 본격적으로 전개한다. 그러던 어느 날 근암은 부산 본점에 근무하는 직원 한봉기가 회사 자본금을 가지고 일본으로 도주했다는 전보를 받고 급히 부산에 내려간다. 그런데 그사이 우초가 기생 농매의 유혹에 넘어가 객주에 맡긴 돈을 빼돌리는 일이 발생한다. 이 일로 근암은 우초와 결별한다. 근암은 부산에 새로운 수출입 상회를 알아보기 위하여 대례환편으로 대판항에 들어간다. 그러나 일본 신교에서 자본금을 빼내어 도주했던 직원에게 육혈포로 저격당하여 쓰러진다.

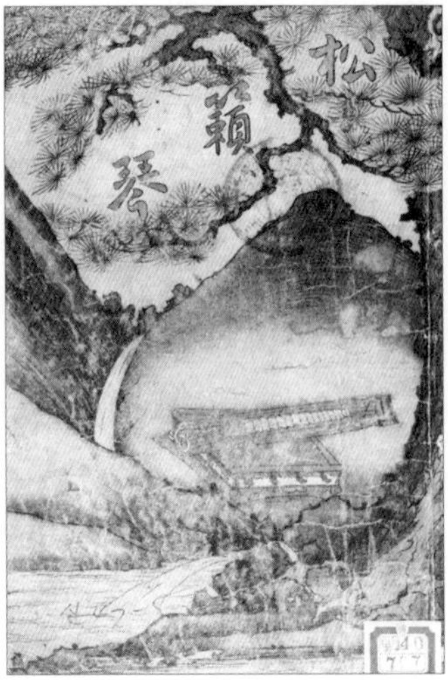

【참고】 '초우당주인'이라는 필명으로 육정수가 쓴 소설이다. 국립중앙도서관 소장 박문서관 발행 상권의 본문 첫 장에 '松籟琴(송뢰금) 蕉雨堂主人 著'라고 표기되어 있다. 하권은 발견되지 않는다. 총 5장으로 구성되어 있는데, 각 장 앞에는 그 내용을 요약하는 시조가 수록되어 있다. 작품은 두 이야기가 한 편의 소설을 구성하고 있다. 하나는 하와이로 노동이민을 가는 한 가족의 이야기이고, 다른 하나는 제국주의의 압박에 대항하여 동북아를 무대로 활로를 뚫으려는 한 상인의 이야기이다. 하권이 전해지지 않아 전모를 알 수 없지만, 러일전쟁을 배경으로 하여 일본제국주의의 침략으로 인한 민족자본의 수난과 해외 노동이민의 문제를 다루고 있다는 점이 특징적이다.

송죽/숑듁松竹: 김영한 작. 동미서시1914(109면, 25전) ; 회동서관1918(79면, 30전) ; 회동서관·광익서관1925(79면, 25전).

【내용】 공주에 사는 김우경과 그 아내는 아들 룡득을 늦둥이로 얻는다. 룡득이 자라서 열두 살이 될 즈음 가세는 심히 기울어 우경은 산에 나무를 하러 다니면서 생계를 연명한다. 그러던 중 한 순사가 우경의 도끼를 가져와 우경에게 그 도끼로 사람을 죽였는지를 묻고는 다짜고짜 우경을 공주 경찰서로 호송한다. 룡득은 전날 산에서 도끼를 빼앗아간 도적이 바로 범인임을 알아채고, 부친을 구하기 위해 도적을 잡으러 집을 나선다. 공주 읍내에 접어든 룡득은 주막에 갔다가 변장한 도적을 발견하고 기지를 발휘해 도적의 정체를 밝힌다. 그로 인해 도적이 저지른 살인 사건의 전모도 드러난다. 흉한에게 살해당한 박 참의의 부인이 찾아와 거듭 치하하고, 딸 매화와 룡득을 수년 내 결혼시키기로 약조한다. 한편 우경의 집안이

잘되는 것을 시기하던 룡득의 외삼촌 리경회는 하인들을 매수하여 양가의 편지 왕래를 염탐한다. 돌연 부인이 병이 깊어 혼인을 서두르려 하자, 경회는 거짓 파혼편지를 우경에게 보낸다. 분개한 룡득은 박 참의 집에 잠입하여 매화 낭자를 만나는데, 둘이 대면하여 대화를 나누자 곧 모든 오해는 풀린다. 룡득은 낭자의 지환을 받아 돌아오는데 경회가 길목에서 기다리고 있다가 주막으로 룡득을 납치해 간다. 그리고는 자기 아들로 신랑을 삼아 박 참의의 집으로 들어간다. 하지만 거짓 신랑인 것을 눈치챈 매화는 혼례를 미룬 채 남복을 하고 경회가 흉계를 꾸민 주막을 찾아간다. 주막 여주인의 수상함을 눈치챈 매화가 그녀를 다그쳐 사건의 전모를 알아내고, 마침 순찰 중이던 순사에게 자초지종을 밝혀 경회를 고발한다. 경회 일당은 모두 체포되고 룡득과 매화 낭자는 성대한 혼례를 올린다.

【참고】 국립중앙도서관 소장 동미서시본 표지에 '新小說 松竹', 본문 첫 장에 '숑쥭 松竹'이라고 표기되어 있다. 나이 어린 김룡득의 용기와 효심을 강조하는 신소설이다. 전체가 대화체로 이루어져 있으며 본문의 서두와 마지막에는 서술자의 서술부분이 삽입되어 있다.

수군의 제일 거룩한 인물 이순신전/슈군의뎨일거록훈인물리슌신젼

금협산인 작. 패서생 의역. 국문판대한매일신보1908.6.11-10.24.

【내용】 리슌신은 스물두 살부터 무예를 배우기 시작하여 이듬해 무과에 급제, 충청병사의 군관이 된다. 어려서부터 그는 바르고 단정한 용모를 지녔으며 내면으로는 남자다운 담력을 가졌다. 슌신은 함경남도 군관으로 전근하여 오랑캐 토벌에 공을 세우는데, 그해 아버지가 죽자 휴관한다. 삼 년 후 다시 북방 오랑캐들이 침범하자 함경도로 천거되어 싸우다가, 섬의 방비를 위해 증병을 요청하지만 이를 거절당해 전쟁에서 패한다. 오랑캐의 습격에 패한 죄로 슌신은 하옥된다. 이후 그는 진도 군수에 임명되는데 부임 전에 다시 전라 좌도 수군절도사로 임명된다. 전라좌수영에 부임한 그는 왜구의 내침을 염려하여 각 진의 군비를 점검하고 거북선 건조에 착수한다. 임진왜란으로 나라가 존망의 위기에 처하자, 슌신은 바다를 제패함으로써 전란의 역사에 결정적인 전기를 이룩한다. 왜군은 도요토미 히데요시

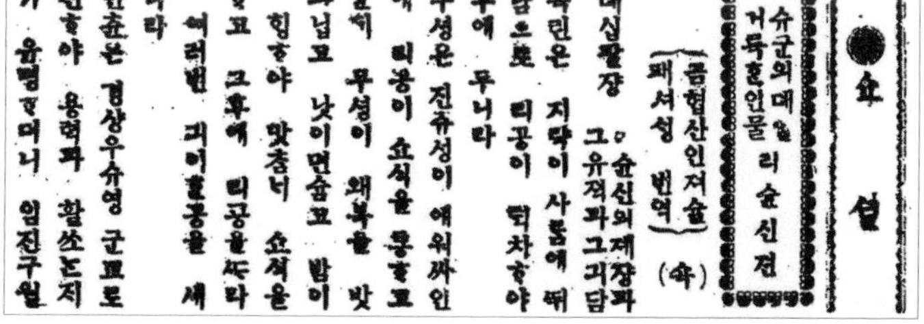
소셜

슈군의뎨일 거록훈인물 리슌신젼

(금협산인저술 패서싱 번역) (속)

▲뎨십팔쟝 슌신의졔쟝과 그유적과그긔담

오독린은 지략이 사롬에 뛰여남으되 리공이 뎍차ᄒᆞ야 막부에 두니라

진무셩은 진쥬셩이 에워싸인 때에 리공이 쇼식을 통ᄒᆞ고져ᄒᆞ매 무셩이 왜복을 밧고와닙고 낫이면숨고 밤이면 힘ᄒᆞ야 맛춤너 쇼식을 통ᄒᆞ고 그후에 리공을ᄯᅡ라셔 여러번 긔이ᄒᆞᆫ공을 세우니라

졔만츈은 경상우슈영 군교로 발신ᄒᆞ야 용력과 활쏘는지도가 유명ᄒᆞ더니 임진구월

가 죽자 일제히 철군한다. 후퇴하던 적군은 슌신에게 뇌물을 보내며 퇴각로의 보장을 애걸하지만 그는 결연한 태도로 이를 물리친다. 오백여 척의 적선과 혼전난투를 벌인 노량해전에서, 슌신은 치열한 야간전투 끝에 결국 왼쪽 가슴에 적의 탄환을 맞고 전사한다.

【참고】 역사전기소설로 '쇼셜' 란에 실려 있다. 금협산인(錦頰山人) 신채호가 《대한매일신보》 국한문판에 연재한 「水軍第一偉人李舜臣(1908.5.2-8.18)」을 패서생(패셔싱)이 의역하여 국문판 《대한매일신보》에 게재한 것이다.

수군 제일 위인 이순신/水軍第一偉人李舜臣

금협산인 작. 국한문판대한매일신보1908.5.2-8.18.

【내용】 「수군의 제일 거룩한 인물 이순신전」 참조.

【참고】 금협산인(錦頰山人) 신채호가 쓴 역사전기소설로 《대한매일신보》의 '偉人遺蹟' 란에 게재되었다. 본문 앞에 '水軍第一偉人 李舜臣 錦頰山人' 이라고 표기되어 있다. '제1장 緒論' 에서부터 '19장 結論' 까지의 회장체 작품이다. 국한문 혼용체로 표기되어 있다. 이 작품은 패서생(패셔싱)에 의해 의역되어 국문판 《대한일신보》(1908.6.11-10.24.)에 「슈군의뎨일거룩ᄒᆞᆫ인물리슌신젼」이라는 표제로 '쇼셜' 난에 게재된다. 본문의 말미에는, 임진왜란의 영웅이었던 이순신의 기개와 그의 활약상을 그림으로써 개화기의 혼란기 속에서 이순신과 같은 영웅이 도래하기를 기대한다는 작가의 창작의도가 표현되어 있다.

수난의 여인/受難의女人: 이원규 편술. 초판서지불명.

【내용】 련화도에 사는 은순은 아름답고 마음 착한 처녀로, 어릴 적부터 함께 자란 동화와 사랑하는 사이다. 그러나 은순의 부친 박 선달은 동화가 가난한 것을 마땅치 않게 여긴다. 풍랑이 거세던 어느 날, 동화는 박 선달의 성화에 못 이겨 고기잡이를 나갔다 실종된다. 은순은 동화가 돌아올 것이라 믿으며 기다리지만, 섬사람들은 모두 그가 죽었다고 여긴다. 돈이 궁해진 박 선달은 딸을 첩으로 팔아버리려 한다. 이때 동화의 친구인 윤수가 나타나 은순을 구해 준다. 그는 은순을 사랑하지만 우정 때문에 자기 마음을 감춘 채 그녀를 돌본다. 그러던 어느 날 죽은 줄 알았던 동화가 돌아온다. 그는 자신이 고난을 겪은 것은 가난 때문이니 돈을 벌어 오겠다며 다시 자취를 감춘다. 은순은 동화를 기다리지만, 오랫동안 소식이 끊기자 윤수와 결혼한다. 은순은 동화의 아이 일남을 낳고, 윤수는 일남을 친자식보다 더 사랑하며 동화에게 속죄하고자 한다. 한편 동화는 육 년 동안 소식을 끊은 채 돈을 모아 고향에 돌아가겠다는 일념으로 강원도 탄광에서 일한다. 그를 사랑하는 술집 작부 춘매는 그간의 사정을 알고 자신이 모은 돈을 주어 그를 고향으로 돌려보낸다. 련화도에 돌아온 동화는 은순을 찾아오지만, 그녀가 윤수와 결혼한 것을 보고 분노한다. 그러나 일남의 호소를 듣고

마음을 돌려 두 사람을 용서한다. 이때 동화를 뒤쫓아 온 춘매가 나타난다. 동화는 은순과 윤수의 행복을 빌어주고 춘매와 함께 강원도로 돌아가 행복하게 산다.

【참고】 표지에 '哀戀怪奇小說 受難의 女人', 속표지에 '愛情悲劇怪奇小說 受難의 女人수난의 여인 情熱의 大傑作品' 이라고 표기되어 있다. 활달하고 건실한 청년이던 동화가 가난 때문에 고난을 겪은 후 돈에 집착하는 사람으로 변하는 과정에서 배금주의에 대한 비판의식을 읽을 수 있다. 서강대 소장 세창서관본을 텍스트로 내용을 정리하였으나, 초판의 발행 연도는 확인되지 않는다.

수일롱/슈일롱水溢瀧

김연규 편집발행. 동아서관1916(82면, 25전).

【내용】 최 참봉의 후처인 한 씨 부인은 재산을 독차지하기 위해 전실 소생인 창길이 내외를 죽이려 한다. 한 씨의 친정 조카인 성기는 일본으로 가는 배 위에서 창길이를 물에 빠뜨린다. 성기는 가짜 유서를 가지고 돌아와 창길이가 자살한 것처럼 위장한다. 한편 창길의 아내 서 씨 부인에게 친정어머니의 부고가 적힌 가짜 편지가 도착한다. 서 씨는 성기와 함께 급히 친정으로 떠난다. 성기는 서 씨를 엉뚱한 기차에 홀로 오르게 한다.

【참고】 표지와 본문 첫 장에 '家庭小說 水溢瀧' 이라고 표기되어 있다. 본문의 마지막 장에 하권을 예고하는 표지가 있으나, 하권은 발견되지 않는다. 편집자는 서문에서 "水溢瀧이라 ᄒᆞᄂᆞᆫ 小說은 家庭小說로, 家庭에 惡子善者가 잇셔셔 善者는 善敗後勝ᄒᆞ고, 惡子는 先勝後敗흠으로 靑年의게 模範되며 惡人의계 거우리 될지어다"라고 창작 의도를 밝히고 있다.

수호전(번)/水滸傳: 시내암 작. 박태원 역. 조광1942.8-1944.12(27회 미완).

【내용】 원작 참조.

【참고】 연재 지면에 '水滸傳 朴泰遠' 이라고 표기되어 있다. 원작인 『수호전』은 중국 명대의 장편소설이며, 시내암(施耐庵)의 작품으로 알려져 있다. 잡지의 종간으로 연재가 중단되어 미완으로 남았다. 북송 말인 선화(宣和) 연간, 송강(松江)을 수령으로 한 108명의 호걸이 산둥의 양산박(梁山泊)을 근거지로 하여 관군과 맞선다는 이야기다.

순례자의 가는 길(번): 버니언 작. 반우거 역. 아희생활1934.4-1935.9(18회 완).

【내용】 원작 참조.

【참고】 연재 지면에 '명작소설 「순례자의 가는 길」 巡禮者의行路 일명은 「천로역정」, 쫀뻔연 著 班禹巨譯' 이라고 표기되어 있다. 원작은 존 버니언(John Bunyan)의 「The Pilgrim' s Progess(1678)」이다.

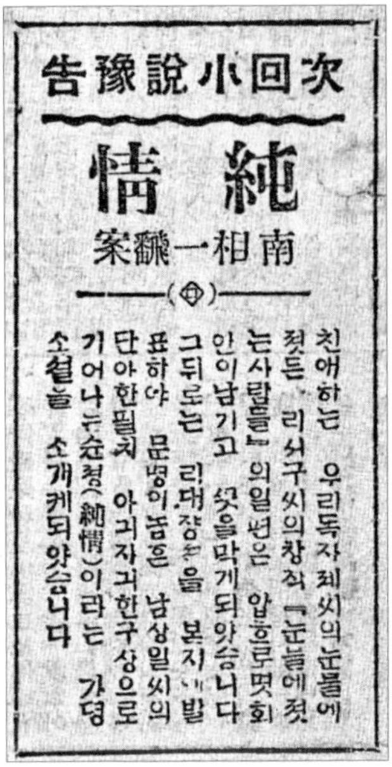
次回小說豫告

純情

南相一飜案

친애하는 우리독자제씨의눈물에
젓든 리서구씨의창작 『눈물에젓
는사람들』의일번은 압흐로몃회
안이남기고 씃을막게되얏슴니다
그뒤로는 리대장을 본지ᄂ발
표하야 문명이놉흔 남상일씨의
단아한필치 아긔자긔한구상으로
기어나는 슌정(純情)이라는 가뎡
소셜을 소개케되얏슴니다

순정(번)/純情: 원작미상. 남상일 번안.

매일신보1928.2.18–5.27(93회 완).

【내용】 화가 리설봉이 주최한 전람회에서 일련을 모델로 하여 그린 '오후의 록음'이 전시된다. 일련은 설봉의 아내 영자와 가깝게 지내는 음악과 여학생이다. 설봉의 아내 영자는 자신이 남편에게 사랑받지 못하고 있다고 생각하고 남편을 야속하게 여긴다. 설봉과 영자 사이의 감정의 골이 깊어지고, 영자가 집 밖에서 보내는 시간이 많아지자 일련이 영자 대신 집안일을 돌보아 준다. 일련은 뛰어난 미모와 예술적 감각을 가진 인물로, 설봉의 인품을 멀리서 흠모한다. 한편 설봉은 영자가 다른 남자와 사랑에 빠졌다는 사실을 알게 되고, 그 이후 둘 사이는 더욱 소원해진다. 아내의 불륜을 알고 괴로워하는 설봉의 곁에는 한결같이 자신을 격려해 주는 일련이 있다. 그러던 어느 날 설봉과 일련은 서로의 애절한 마음을 확인하고 결국 하룻밤을 함께 보내게 된다. 그날 이후 설봉은 순수함을 지키지 못했다는 죄책감에 시달리다 돌연 외국행을 감행한다. 일련은 뱃속에 설봉의 아이를 갖고 설봉이 돌아오기만을 기다린다. 주변의 만류에도 불구하고 일련은 혼자서 딸 설자를 낳는다. 일련은 음악 교사로 일하면서 설자를 정성스럽게 돌본다. 한편 오래전부터 일련을 사랑해 온 화가 김츄수는 일련과 설자를 가족처럼 챙긴다. 설봉이 외국으로 떠난 지 십 년이 지난 즈음 일련은 병이 깊어져 세상을 뜬다. 어린 설자는 눈물을 흘리면서 슬퍼한다. 츄수는 독실한 기독교인 뎡자와 결혼해 설자를 딸처럼 키운다. 설자는 어머니를 닮아 피아노에 재능을 가지고 있다. 어느 날 설자는 거리에서 이상한 노인을 만나는데 그가 설봉이라는 것을 뒤늦게 알게 된다. 츄수의 도움으로 설봉과 설자는 상봉한다. 설봉은 죽은 일련을 '성모 마리아'라고 여기고 그녀를 기리기 위한 그림을 그리기 시작한다. 일련과 설자를 상징하는 모자상을 완성하는 날 설봉은 세상을 뜬다. 츄수의 우정과 설자의 효심, 그리고 일련의 모성이 세상 사람들을 울린다.

【참고】 연재 지면에 '純情 雨亭 飜案' 이라고 표기되어 있다. 1928년 2월 15일자 《매일신보》에 '次回小說豫告 純情 南相一 飜案' 이라는 광고가 실려 있다. 편집자는 "문명이 높은 남상일씨의 단아한 필치 아긔자긔한 구상으로 기어나는 슌정(純情)이라는 가뎡소설을 소개케 되"었다고 작품에 대해 소개하고 있다. 2월 16일자 신문에 '新小說 純情 再明부터 揭載' 라고 다시 한 번 광고문이 실렸다. 지면을 통해 번안소설임을 명시하고 있으나 원작자나 원작명은 밝히지 않고 있다. 소설의 말미에 작가가

언급한 것처럼 희생적인 모성과 지극한 효심, 변치 않는 우정을 예술가의 면모를 통해 보여 주는 작품이다. 등장인물들이 간직하려고 애쓰는 가치가 예술혼으로 드러난다는 점이 특징적이다.

순정을 찾아서/純情을차저서: 조준경 저작발행. 보성서관1938(78면, 30전).

【내용】 심학송은 결혼을 약속한 애인 리란실에게 절연장을 보내고 애순과 온양 온천에서 머무르고 있다. 애순은 경성제국대학을 졸업한 미남자인 학송에게 반해 원래 교제하던 남자와 헤어진 뒤 학송과 결혼하려 그와 함께 온천에 온 것이다. 학송은 애순의 재산, 미모, 다정한 성격에 끌려 란실을 배신했으나 양심의 가책을 느끼며 갈등한다. 학송은 그를 원망하지 않지만 박정한 사회와 기구한 운명 때문에 세상을 떠나겠다는 내용을 담은 란실의 편지를 받는다. 이에 학송은 진실한 사랑을 택하기로 하고 애순을 떠나 란실의 고향 부여로 간다. 한편 란실은 임신한 상태로 고향의 백마강에 투신하려는 순간 남원석이 나타나면서 자살에 실패한다. 원석은 란실이 고향에서 살 때 부유한 재산을 미끼로 란실과 결혼하려던 인물이다. 원석이 란실을 구한 뒤 겁탈하려고 하자 란실은 도망을 가다가 학송과 만난다. 재회한 두 사람은 사랑을 확인한다. 학송과 란실의 결혼식 날 애순은 의남매인 송재로와 그 패거리를 사주하여 원석과 함께 결혼식장에 난입하여 난동을 부린다. 이후로도 애순은 학송에 대한 복수심으로 란실의 납치를 두 번이나 사주하나 그때마다 학송이 란실을 구한다. 납치 사건으로 기소된 애순의 일파에게 담당 재판관은 도덕상으로는 문제가 되지만 법률상 문제가 되지 않으며, 피해자 측에서 처벌을 원하지 않는다는 이유로 무죄를 선고한다. 재로와 원석 등은 학송과 란실에게 감사를 표시한 뒤 새로운 삶을 살겠다고 맹세한다. 애순은 학송을 잊지 못해 괴로워하다가 자살한다. 학송과 란실은 가정을 이뤄 행복하게 생활한다.

【참고】 연세대 도서관 소장 보성서관본 표지에 '戀愛悲劇 純情을차저서' 라고 표기되어 있다. 남녀 인물의 사랑을 방해하다가 끝내 죽음을 맞는 인물의 입장에서는 '연애비극' 이라는 설명이 가능하지만, 결국 남녀 주인공의 사랑이 이루어진다는 점에서는 비극적 결말이 아니다.

순정한 사랑/純情한사랑: 조준경 저작발행. 보성서관1938(79면, 40전).

【내용】 조실부모하고 혈육이라고는 하나 남은 이복형의 생사조차 모른 채 독신으로 살아가고 있던 복동은 겨울 밤 만주를 팔다가 부친과 친분이 있던 박 부위를 우연히 만난다. 박 부위는 복동의 처지가 가엾기도 하고 또한 살펴본즉 그 됨됨이가 가상하여 그날부터 데리고 살면서 공부를 시킬 결심을 한다. 복동은 박 부위의 집에 유숙하면서 그 집안일을 보아 주고 공부도 계속할 수 있게 되었다. 박 부위는 복동의 재질과 성품을 날로 사랑하게 되고, 마침내는 제 딸 경자와 혼인을 시킬 결심을 한다. 경자의 어머니 김 부인은 복동을 못마땅하게 생각했지만 박 부위는 결심을 굽히지 않고 두 사람을 약혼시킨다. 김 부인은 복동을 모함에

빠뜨리고자 도둑 누명을 씌우지만 경자의 지혜와 노력으로 사건이 해결된다. 박 부위는 시간을 두고 부인의 마음을 누그러뜨릴 계산으로 복동에게 일본 유학을 명하는데, 천운이 다한 탓이었는지 복동이 일본으로 가서 얼마 지나지 않아 병사하고 만다. 복동을 기다리며 지내던 경자는 어머니에게 자기도 일본으로 보내 달라고 부탁하지만 거절당하고, 김 부인은 사윗감을 구하느라 여념이 없다. 그러던 중 경자는 우연히 친구 숙영의 오빠 동일을 알게 되는데 만나는 횟수가 늘수록 그를 흠모하는 마음이 커진다. 복동 생각에 잠깐 갈등이 일기는 하였으나 숙영은 결국 동일의 청혼을 허락하고 화목한 가정을 이룬다. 한편 고생 끝에 유학을 마치고 돌아온 복동은 경자의 소식을 듣고 그 집을 찾아가는데, 동일은 복동에게 사죄하고 즉석에서 동생 숙영과 혼인할 것을 제의한다. 동일과 복동은 담 하나를 사이에 두고 각각 가정을 꾸며 의좋게 지낸다.

【참고】 연세대 도서관 소장 보성서관본 표지에 '靑春男女 純情한 사랑'이라고 표기되어 있다. 사건 전개나 결말 처리에 부자연스러운 점이 많고 작가의 의도 또한 짐작하기 어려운 작품이다. 당시 청년들의 사랑과 결혼에 대한 의식과 세태를 묘사하려 한 것으로 보인다. 신태삼 편집 겸 발행으로 세창서관에서 1957년에 출간한 동일 작품의 단행본 표지에는 '悲戀哀話 나는 살고 싶다', 본문 첫 장에는 '靑春男女 純情한사랑'이라고 표기되어 있다.

순진한 남자/純眞한男子

조준경 저작발행. 보성서관1939(71면, 40전).

【내용】 충주읍에서 서대문 밖 죽첨정으로 이사 온 박원태와 부인 최 씨는 먼 친척 박희영의 중매로 충주 김학교의 아들 김수호와 혼인을 맺기로 하고 사주단자를 받는다. 이때 청주 천석꾼 안 참의로부터 우둔하고 병약한 아들의 중매를 부탁받고 사례금을 챙긴 최성환이 누이 최 씨를 찾아와 김수호가 간질병에 걸렸다는 간언을 한다. 아우의 이간질에 속은 최 씨 부인은 딸 혜옥의 혼사를 주선한 희영을 불러 책망하고, 아우가 중매한 청주 천석꾼 안 참의 집안으로 혼처를 바꾼다. 원태의 편지와 사주를 들고 김 씨 집을 방문한 희영은 차마 퇴혼의 말을 꺼내지 못하고 슬그머니 수호의 책 속에다가 사주와 편지를 넣어 두고 돌아온다. 한편 그 사실을 모르고 올라왔다 혼처가 바뀌게 된 사정을 전해들은 수호는 자신의 원통함을 발명하기 위하여 양의를 데리고 원태 부부를 찾아간다. 원태 부부는 간질병에 걸렸다는 수호가 정상으로 판명되자 자신들의 어리석음으로 병약한 신랑을 맞아들인 것을 크게 뉘우친다. 이때 수호는 잔칫집에 모인 사람들의 천거를 받아들여 혜옥의 친구 리성혜와 즉석 혼례식을 거행한다. 한편 혜옥은 신방에 누워 자는 신랑이 간질병을 앓는 것을 보고 신

세를 한탄하다 건넛방에 있는 수호와 성혜를 찾아가 첩으로 받아 달라는 부탁을 한다. 다음 날 며느리가 사라진 것을 확인한 안 참의는 원태 부부를 경찰서에 고소하지만 유야무야로 사건이 종결되자 아들을 데리고 청주로 내려간다. 사 년 후 혜옥과 성혜는 충주 지역에서 효부와 현모로 이름을 드높인다.

【참고】 서울대 도서관 소장 보성서관본 표지에 '戀愛小說 純眞한男子', 본문 첫 장에 '家庭悲劇 純眞한男子' 라고 표기되어 있다. 방해자의 이간질에 따른 혼사장애의 과정에서 남녀 주인공이 겪는 수난과 극복이 주 서사를 이룬다.

술은 눈물인가 한숨이련가

술은눈물인가한숨이란가: 김정표 저작발행. 춘양사1934(36면, 20전) ; 세창서관1934(36면).

【내용】 경성의 보통학교 교원인 이철호와 유영숙은 서로 사랑하는 사이다. 그들은 교내의 누구도 그들의 관계를 눈치채지 못할 만큼 비밀스러운 연애를 지속하고 있다. 그들은 유행가 '술은 눈물인가 한숨이란가'를 들으며 노래 가사처럼 잃어버린 사랑 때문에 슬퍼하지 말고, 서로 영원히 사랑하자고 맹세한다. 철호와 친하게 지내는 친구이자 교원인 김종진은 오래전부터 영숙에게 끈질기게 사랑고백을 해 오고 있지만 영숙은 이를 매번 거절한다. 어느 날 철호와 영숙의 관계를 눈치챈 종진은 질투심에 사로잡힌다. 그는 철호를 오랫동안 짝사랑하고 있는 요리점 여급 임경자를 이용하여 철호와 영숙의 관계를 이간질하려 한다. 일이 잘 풀리지 않자 그는 철호에게 앙심을 품고, 교장에게 그를 공산주의자라고 모함한다. 그즈음 보통학교 교원들 수십 명이 교원 공산당 사건으로 검거된 일이 있었기 때문에 철호는 즉각 검거되어 서대문형무소에 수감된다. 한 달 후 철호는 무죄 석방되지만, 영숙은 종진의 계책에 속아 경자와 철호의 관계를 오해하고 철호를 만나 주지 않는다. 상처받은 철호는 날마다 술을 마시면서 괴로움을 잊으려 한다. 어느 날 밤 그는 한강 철교 위에서 강물을 내려다보며 행복했던 옛 추억을 떠올린다. 그때 영숙은 한강변 바위 위에 앉아 자신이 종진에게 속아 철호에 대한 마음을 저버린 것을 후회하고 있었지만 가까운 곳에 철호가 있는 줄은 모른다. 그들 사이로 술에 취한 청년들이 '술은 눈물인가 한숨이란가'라는 노래를 부르며 지나간다.

【참고】 국립중앙도서관 소장 춘양사본의 본문 첫 장에 '비련소설 술은 눈물인가 한숨이란가' 라고 표기되어 있다. 「술은 눈물인가 한숨이란가」는 1930년대에 우리말로 번역되어 유행했던 일본가요의 일 절이다.

슬픈 기병(번)/슬픈騎兵: 하디 작. 임학수 역. 을유문화사1948(200면, 210원).

【내용】 원작 참조.

【참고】 을유문화사에서 '을유문고' 10권으로 발행되었다. 표지에 '슬픈騎兵 토마스 하아디 著 林學洙 譯' 이라고 표기되어 있다. 토마스 하디(Thomas Hardy)의 단편 4편을 번역하여 묶은 책이다. 수록 작품은 「아내를 위하여」, 「슬픈 騎兵」, 「꿈을 쫓는 여인」, 「알리샤의 日記」이다.

승방애화/僧房哀花: 작자미상. 세창서관1936.

【내용】 다옥정에 사는 정일용은 김영화와 결혼하여 아들 경남을 낳는다. 생남례 잔치에서 현모란이라는 기생을 만난 일용은 그에게 빠져 점점 부인을 멀리한다. 모란은 자신의 정부인 최장심과 모의하여 계략을 꾸민다. 어느 날 밤늦게 들어오던 일용이 안방에서 뛰어나오는 장심을 보고 영화를 다그친다. 영화는 잠결에 당한 일이라 무슨 일인지 모르고 당황한다. 일용은 이를 빌미로 영화를 내쫓고 모란을 첩으로 맞아들인다. 모란은 영화의 아들인 경남마저 눈엣가시처럼 여긴다. 아들도 빼앗긴 채 집에서 내쫓긴 영화는 본가로 내려가던 길에 우연히 만난 영월이라는 여승을 따라 관악산의 관음암에 들어간다. 모란은 아예 경남을 죽일 생각으로 장심과 모의한다. 이를 엿들은 청지기 김종셩은 몰래 경남을 빼내와 리안셩의 집에 양자로 맡긴다. 일용은 장심과 모란의 계략을 뒤늦게 알고는 아들과 종셩을 찾지만 행방을 알 수 없다. 낙심한 일용은 곳곳을 방랑하다 만주에서 종셩을 만나 경남의 소식을 듣게 된다. 그길로 리안셩의 집을 찾아간 일용은 장성한 아들과 재회한다. 경남과 집에 돌아온 일용은 모란에게 돈 백 원을 주어 내쫓는데 모란은 뒤늦게 자신의 죄를 뉘우치고, 한강에 몸을 던진다. 일용과 경남은 관음암으로 영화를 찾아가 해후한다. 이들은 영화가 하산하기를 바라지만 영화는 이미 불가에 귀의한 몸이라며 절에 남는다. 일용은 영월의 딸인 장순옥과 경남을 결혼시키고, 독신으로 말년을 보낸다.

【참고】 표지와 본문 첫 장에 '悲劇小說 僧房哀花 승방애화' 라고 표기되어 있다. 계모형 소설과 쟁총형 소설의 복합적인 성격을 띠고 있다. 핍박받던 인물인 본처 김영화가 불가에 귀의한다는 결말의 내용은 '무욕' 의 불교 사상을 내포하고 있다. 고려대 소장 세창서관 1952년본을 텍스트로 내용을 정리했다.

승방의 루/僧房의淚: 작자미상. 세창서관1935.

【내용】 강원도 회양에 사는 화선은 백정의 딸이라는 놀림을 받는 것이 부끄러워 아버지에게 다른 일을 찾아보라 한다. 그러나 아버지 김봉수는 일이 여의치 않다며 화선에게 서울로 올라가 좀더 공부를 하라고 이른다. 봉수는 화선과 함께 자동차로 서울까지 올라오는데, 딱히

갈 곳을 정한 길이 아니라 막막할 뿐이다. 운전수인 김상태의 도움으로 서울에 집을 마련한 봉수는 상태에게 화선을 부탁하고 회양으로 내려간다. 화선은 자신의 출신을 숨기고 고등여학교에 들어가 공부한다. 그러던 중 정 부호의 아들 인셩이 화선에게 반하여 약혼을 청한다. 화선은 인셩과 사귀면서도 늘 자신의 출신에 대해 걱정한다. 화선의 동급생인 박순영은 인셩과 화선의 사이를 질투하며 못마땅해 한다. 순영은 인셩의 주위를 맴돌며 어떻게 해서든 화선에게서 인셩을 빼앗으려고 한다. 고등여학교를 우등으로 졸업한 화선은 인셩과 결혼하게 된다. 결혼식 날 화선은 아버지의 신분이 탄로 날까 두려워 아버지가 병이 나서 결혼식에 참석하지 못한다고 거짓말을 하고, 동리의 노인을 데리고 와 삼촌이라고 소개시킨다. 그러나 노인은 순영의 외오촌으로 밝혀진다. 순영은 이를 인셩에게 알리고, 인셩은 대로하여 화선을 받아들일 수 없다며 내친다. 화선은 절망하여 금강산의 구룡연에 몸을 던지지만 삼성암 령연대사에게 발견되어 목숨을 구한다. 그 후 화선은 화순이란 법호를 받고 불가에 귀의하게 된다.

[참고] 표지와 본문 첫 장에 '戀愛悲劇 僧房의淚' 라고 표기되어 있다. 화선이 끝내 신분의 차이를 극복하지 못하고 좌절하는 과정을 통해 시대가 변하였어도 좀체 바뀌지 않는 구습의 세태를 고발하고 있다. 서강대 소장 세창서관본을 텍스트로 내용을 정리했다.

시네마의 노파(번)/cinema의노파: 이바네즈 작. 이종명 역. 철필1937.7(1회 미완).

[내용] 극장 앞에서 야채를 팔던 노파가 극장 안에서 난폭하게 소란을 피운 혐의로 체포되어 경감에게 취조를 당하고 있다. 영화는 내용을 실감나게 하려고 실제 전쟁터의 장면을 이어 붙인 것이었는데, 노파는 그 장면에서 전장에 나가 있는 손자의 얼굴을 발견하고 놀라서 스크린으로 달려가다가 다른 관객들의 제지를 받고 체포되어 온 것이다. 사연을 들은 경감은 눈시울이 붉어져 취조서를 찢어 버리고 노파를 무죄 방면한다.

[참고] 스페인 작가인 Blasco Ibañez(1867-1928)의 작품인 것으로 보이나 원작에 대해서는 알려진 것이 없다. 게재 지면에 'Cinema의 노파, 푸래스코 이바네즈, 중외일보 이종명 역' 이라고 표기되어 있다. 작품의 말미에 '미완' 이라고 표기되어 있다. 연재물로서 기획되었는지의 여부는 이것만으로 단정할 수 없다. 작품 내에 아나톨 프랑스 작 「L' Affaire Crainquebille(1901)」의 주인공인 크랭크빌이 등장인물들과 같은 동네의 사람인 것으로 언급되는 부분이 있다.

시든 방초/시드른芳草: 작자미상. 박문서관1923.

[내용] 미확인.

[참고] 단행본 원본 자료를 구할 수 없어 작품의 경개 및 세부 서지사항을 확인하지 못했다. 『박씨부인전(박문서관1923)』 권말 신소설 광고에 '戀愛小說 시드른 芳草' 라고 제목이 표기되어 있다.

신곡(번)/神曲: 단테 작. 곽용오 역. 긔독신보1933.1.1-1933.2.1(5회 완).

【내용】 원작 참조.

【참고】 단테(Dante)라는 이름으로 유명한 이탈리아 시인 Durante degli Alighieri의 「신곡(La Divina Commedia)」(1803-1821)의 축약 번역본이다. 《긔독신보》의 '聖文學巡禮' 시리즈 중 첫 작품이다. 역자는 시리즈를 시작하는 서문 말미에 다음과 같이 밝히고 있다. "이제 필자는 과거의 문호들이 우리에게 남겨 주고 간 고상한 문학 가운대서 특별히 성(聖)문학에 속하는 멫 편의 걸작을 들어 그 작품의 대강한 내용과 아울러 작자의 생애를 간략히 써 보려 한다." 뒤이어 「천로역정」과 「실낙원」이 연재되었다.

신단공안/新斷公案: 작자미상. 황성신문1906.5.19-12.31(190회).

【내용】 제1화 : 산승의 잔혹함으로 깨어진 혼인의 꿈. 제2화 : 기지로 죽음을 모면한 이낭자. 제3화 : 제 목을 잘라 옥사를 해결한 효녀. 제4화 : 대동강 물을 판 봉이 김선달. 제5화 : 욕정에 눈이 멀어 아들을 죽이려 한 윤씨. 제6화 : 어느 청춘남녀의 일그러진 욕망. 제7화 : 꾀쟁이 하인 어복손의 신출귀몰.

【참고】 책 제목 신단공안은 범죄사건을 귀신처럼 해결한다는 뜻이다. 7개의 이야기가 옴니버스식으로 실려 있는 한문 현토체 소설이다. 1-3화는 중국 송나라 때 명판관 포증(布拯)을 주인공으로 한 「포공안(包公案)」 수록작의 개작이다. 5, 6화는 중국 공안소설의 하나인 「당음비사(棠陰比事)」의 수록작과 모티프가 같다. 4, 7화는 전래의 구비전승 설화인 '봉이 김선달'과 '꾀쟁이 하인'에 각각 기반을 둔 것이다. 하지만 일곱 편 모두 조선 후기의 사회상을 예리하게 반영했다는 평가를 받는다.

신랑의 보쌈

박건회 저작발행. 광익서관1917(73면, 30전).

【내용】 명문거족 출신의 판서 김희선은 왕의 총애와 신하들의 신임을 한 몸에 받다가 나이 들어 귀향하고 요문을 낳는다. 요문은 총명하고 준수한 용모를 가져 누구나 찬탄을 금치 못할 인재다. 요문이 16세 되던 해에 김희선은 죽고, 요문은 서울 구경 길에 오른다. 그는 경기도 화성에서 살인 혐의를 받게 되지만, 까치 떼가 날아오르고 나뭇잎이 떨어지는 등 신비한 징조로 인해 누명을 벗는다. 요문은 서울 근처에서 보쌈을 당하여 죽을 처지가 된다. 그러나 신방에서 대면한 왕 소저는 타고난 착한 성품으로 요문의 탈출을 돕는다. 서울에 도착한 요문은 과거에 장원급제하여 한림학사에 오른다. 아버지의 명망으로 인해

여러 대신들이 자신의 딸과 혼인시킬 것을 바라는데, 결국 왕의 중매로 동군탁의 영애와 정혼한다. 그러나 위평의 간계로 그의 사위가 되어 버리는데, 첫날밤을 치르고 아내가 죽음을 당하는 횡액을 만난다. 곧 진범이 잡히고 왕이 다시 동군탁과의 혼인을 주선하는데, 요문이 그간 있었던 일을 설명하던 중 보쌈당해 만난 왕 소저가 좌의정 왕 경보의 영애였음이 밝혀진다. 결국 요문은 왕 소저와 동군탁의 영애를 함께 처로 맞아들인다. 판서의 자리에 오른 요문은 상소문을 올려 보쌈이라는 악풍을 폐지하도록 한다.

【참고】 총 10장으로 구성된 장회체 소설이다. 악풍 타파의 주제를 담고 있다. 10장은 김요문이 올리는 상소문의 형식을 띠고 있는데, 그것에 따르면 통정을 시킨 후 남자의 목을 자르고 수장하는 것이 보쌈의 일반적인 양태인 것으로 소개되어 있다. 국립중앙도서관 소장 광익서관본을 텍스트로 내용을 정리했다.

신석 수호전(번)/新釋水滸傳: 시내암 작. 윤백남 역.

동아일보1928.5.1-1930.1.10(596회 완) ; 박문서관1930(상 · 중 · 하 3권).

【내용】 원작 참조.

新釋水滸誌 (一)

尹白南 譯

李靑田 畵

머리의말

【참고】 연재 시작 당시의 지면에 '新釋水滸誌 尹白南 譯'이라고 표기되어 있다. 그러나 연재 횟수가 거듭되면서 '新釋水滸傳'으로 제목 표기가 바뀌었다. 1930년 박문서관에서 『新釋水滸傳』이라는 표제로 상·중·하 세 권짜리 단행본을 출간하였다. 국립중앙도서관에 소장된 단행본 표지는 양장 제본을 덧붙여 본래의 모습을 알 수 없고, 속표지에는 '新釋水滸傳 尹白南 譯'이라고 표기되어 있다. 원작인 「수호전」은 중국 명대의 장편소설로, 시내암(施耐庵)의 작품으로 알려져 있다. 1회 연재 시 '머리의말'이라는 소제목으로, 「수호지」의 시대적 배경에 대한 설명과 함께 이 작품을 번역하려는 동기를 서술하고 있다. 역자는 "「수호지」가 유명한 작품임에도 불구하고 본래의 한문 문장이 너무 어려워 실제로 읽은 이가 적으니, 읽기 쉬운 한글로 옮겨 여러 독자가 읽기 쉽게 하려 한다"고 밝히고 있다. 596회 연재분 말미에 '끗'이라 표기되어 있어 완결임을 알 수 있다.

신성(번)/新星: 월레스 작. 홍기원 역. 기독신보1921.2.23-12.21(45회 완).

【내용】 유부라데 강이 흘러나가는 쎄벨산 근처의 황량한 사막 가운데 희랍인 가스발, 인도인 멜기올, 애급인 발트하살, 이 세 명의 여행자들이 모인다. 그들은 자신들이 그곳에 온 이

유를 각기 이야기한다. 가스발은 바다에 빠진 유대인을 구해 주었는데, 그 유대인은 예루살렘에 신이 재림할 시간이 다가온다고 했다. 가스발은 그 유대인이 신은 자기 유대인종만을 구원해 줄 것이라고 한 말 때문에 고민에 빠졌고, 신의 사랑이 그렇게 차별적인가 생각하던 중 신의 목소리를 듣고 별빛을 따라 사막으로 향했다. 멜기올은 인도에서 가장 높은 계급인 푸하마족이다. 그는 인도의 경전 '비다'가 새로운 발명과 발전을 막고 사람들을 계층으로 나누어 경전대로만 살게 하는 데 환멸을 느끼던 중, 갠지스 강 근처에서 별을 보고 신의 소리를 들었다. 발트하살은 알렉산드 지방에서 성장한 귀족으로, 종교가 타락했다는 고민을 하다가 역시 별을 발견하고 신의 음성을 듣고 사막으로 떠났던 것이다. 그들은 이야기를 마치고 유대인의 왕으로 태어난 이를 찾기 위해 예루살렘으로 향한다. 그들은 헤롯왕을 만나 자신들의 목적을 알린다. 헤롯 왕은 다음 왕이 태어날 것이라는 말에 놀라 사두개교파 귀족, 바리새교 연설가, 엣세에교 철학자 등을 소집하여 회의를 연다. 헤롯 왕은 세 여행자에게 자신이 새 왕에게 경배를 하고 싶으니 그를 찾으면 위치를 알려 달라고 한다. 세 여행자는 왕이 태어날 곳이 시온 궁궐이 아니라는 사실을 깨닫고 별을 따라 쎄들레헴으로 간다. 세 사람이 별이 내리비치는 한 여관으로 들어가니 마리아라는 여인이 갓 태어난 아이를 안고 있다. 세 사람은 새로운 왕을 만나 한없이 기뻐하며 신에 대한 자신들의 믿음을 더 굳게 다진다.

【참고】 연재 지면에 '長篇小說 신성 新星 雲波 洪基援' 이라 표기되어 있다. 성경의 동방박사 이야기를 바탕으로 45회 분량의 내용을 정리한 작품이다. 희랍인, 인도인, 애급인으로 다양한 인종의 동방박사가 자신들의 사회나 종교가 갖고 있는 현실에 문제의식을 느끼는 장면들이 작가에 의해 창작 삽입되었다. 신의 사랑이 인종과 계급을 초월하는 것이라는 주제의식을 담기 위한 의도로 보인다. 내용 중에 '요셉' 과 '삼위열' 같은 성경 속 인물들도 등장하지만, 신문의 해당 부분이 유실되어 어떤 내용인지 명확히 파악할 수 없다. 《긔독신보》 영인본 6권 7호 부록에 「벤허」의 번역이라고 소개되어 있다.

신앙과 주의(번)

【내용】 「반역자의 모」 참조.

신역 삼국지(번)/新譯三國志: 나관중 작. 박태원 역.

신시대1941.4-1943.1(18회 미완) ; 박문서관(권지일1943, 권지이1945) ; 정음사1950.

【내용】 원작 참조.

【참고】 연재 지면에 '新譯 三國志 朴泰遠 金奎澤 畵' 라고 표기되어 있다. 잡지의 목차에는 각 권 호에

따라 '支那古代小說 三國志', '古代長篇小說 三國志', '長篇小說 三國志' 라고 표기되어 있다. 1943년 1월호의 18회를 끝으로 연재를 마감했다. 18회 연재 말미의 社告에 "그간 독자제위에 절찬을 받고 있던 삼국지는 이달로써 우선 끝을 맺기로 하였다. 역자 박태원씨는 방금 전편 완역에 힘쓰시고 있으니 불원 전편완역본이 나올 것이다"라고 기술하고 있다. 1943년 1월호 연재분은 모종강 본의 '제57회 와룡선생은 시상군에서 주유를 조상하고 봉추는 뇌양현에서 고을을 다스리다'에 해당하는 대목이다. 이후, 박태원은 전 3권 분량으로 추정되는 축약본 『삼국지』를 '박문서관' 에서 순차적으로 출간했으며, 1권과 2권은 각각 1943년, 1945년에 나온 것으로 전해진다. 3권의 존재나 출간 시기 등은 확인되지 않는다. 1950년에는 정음사에서 다시 『삼국지』를 번역 · 출간하던 중 박태원의 월북으로 중단의 위기를 겪는다. 정음사 사장 최영해의 이름으로 속간된 '최영해 삼국지' 는 바로 '박태원 삼국지' 의 후신이다. 최영해본 『삼국지』는 '제1권 도원결의' 를 시작으로 단기천리 · 삼고초려 · 적벽대전 · 조조집권 · 관공현성 · 팔진도법 · 공명출사표 · 대성귀천 · 천하통일 등 총 10권 분량으로 1955년 완결되었다. 정음사 사장 최영해는 한글학자 외솔 최현배의 아들이다.

신역 서유기1(번)/신역서유긔新譯西遊記

오승은 작. 동유생 역. 중외일보1929.2.15-1930.10.4(421회).

【내용】 원작 참조.

【참고】《중외일보》 1929년 2월 12일자에 東遊生 역의 「西遊記」가 13일자부터 연재된다는 예고를 하고 있다. 실제 연재는 15일자부터 시작되었다. 연재 지면에 '신역 서유긔 新譯 西遊記 東遊生 譯' 이라고 표기되어 있다. 작가에 대한 정보는 표기하지 않고 있으며 2월 12일자의 연재 예고에도 작가를 알 수 없다고 서술하고 있다. 역자 동유생이 누구인지는 확인된 바 없으나 비슷한 시기에 동일 필명의 저작을 찾아볼 수 없고, 다만 '서유기' 의 '西遊' 를 비틀어 '東遊' 라 자칭하고 단발적으로 번역에 임한 것으로 추정할 수 있다. 문체 또한 고소설의 문어투로서 당대 근대문인의 수준과 비교할 때 현격한 차이가 난다. 《중외일보》 신문 자료 유실로 1930년 10월 4일자에 421회분이 게재된 이후의 연재 정보를 확인할 수 없다.

신역 서유기2(번)/新譯西遊記

오승은 작. 민태원 역. 박문서관1934(상: 368면, 하: 349면; 각 2원 50전).

【내용】 원작 참조.

【참고】 표지에는 '新譯西遊記 閔泰瑗 著', 속표지에는 '牛步 閔泰瑗 先生 作 新譯西遊記', 상권의 본문 첫 장에는 '新譯西遊記 東學生 譯'이라고 표기되어 있다. 두 권으로 나뉘어 있으나 모두 표지와 속표지가 동일하고 '상권'과 '하권'의 표기가 따로 되어 있지는 않다. 내용상 서로 이어지는 데다, 한 권은 1면에서 368면까지, 다른 한 권은 369면에서 717면까지 면수가 기재되어 있어, 상·하권으로 되어 있음을 알 수 있다. 중국 명나라의 오승은이 지었다고 알려진 「西遊記」를 번역한 작품이다.

신역 수호전(번)/新譯水滸傳

시내암 작. 양백화 역. 신민1925.12-1926.10.(3회 완).

【내용】 원작 참조.

【참고】 연재 지면에 '新譯水滸傳 梁白華'이라고 표기되어 있다. 원작인 「수호전」은 중국 명대의 장편 소설로, 시내암(施耐庵)의 작품으로 알려져 있다. 양건식이 '양백화'라는 필명으로 초역한 작품이다. 북송 말인 선화(宣和) 연간, 송강(松江)을 수령으로 한 108명의 호걸이 산둥의 양산박(梁山泊)을 근거지로 하여 관군과 맞선다는 이야기다.

신월루/新月淚: 온성영 작. 세창서관1935.

【내용】 홀어머니와 살고 있는 리해숙은 여자고등보통학교를 다니는 학생이다. 어느 날, 어린 시절 정혼한 민경식이 해숙을 찾아온다. 그는 만주로 수학여행을 가던 중 평양의 해숙을 찾아온 것이다. 두 사람은 행복한 미래를 약속하고 헤어진다. 얼마 후 해숙의 어머니가 병으로 죽자, 백길수라는 재산가가 해숙을 후실로 들이려고 갖은 수단을 동원한다. 해숙은 신변의 위험을 느끼고 경식을 찾아 경성으로 떠난다. 경성역에서 헤매는 해숙을 발견한 원철은 호의를 베풀며 접근하여 해숙을 여관으로 안내한다. 낯선 곳에서 원철의 도움을 받은 해숙은 그의 흑심을 전혀 눈치채지 못한다. 원철은 해숙이 남자와 함께 여관에 드나드는 부정한 여자라고 꾸며 경식에게 알린다. 경식에게 문전박대당한 해숙은 한강에서 투신하려다 어느 신사의 도움으로 목숨을 건진다. 그러나 다시 원철의 계략에 말려들어 정조를 빼앗길 위기에 처한다. 필사적으로 도망친 해숙은 정처 없이 헤매다가 구인광고를 보고 어느 회사로 찾아가는데, 그곳의 사장이 해숙을 구해 주었던 신사이다. 사장의 부탁으로 해숙은 그의 집에서 아이들의 가정교사 일을 한다. 그러나 그의 부인이 두 사람의 관계를 오해하자 해숙은 집을 나온다. 무작정 동경으로 향한 해숙은 기차 안에서 우연히 경식의 여동생 경순을 만난다. 모든 것을 오해했음을 알게 된 경순은 경식이 동경에서 공부하는 중이라며 동경역에

서 경식과 만나라고 한다. 그러나 해숙은 역을 몰래 빠져나가 버린다. 해숙의 진실을 알게 된 경식은 경순과 함께 해숙을 찾아 헤맨다. 얼마 뒤 경순이 해숙을 찾아내고, 해숙과 경식은 다시 만난다. 두 사람은 모든 오해를 풀고 행복한 미소를 짓는다.

【참고】 표지에 '戀愛小說 新月淚 신월루', 본문 첫 장에 '戀愛小說 新月淚 溫星影 作'이라고 표기되어 있다. 난외서명은 '신월누'이다. 서강대 소장 세창서관본을 텍스트로 내용을 정리했다.

신읍경천 만고기담(번)

【내용】「만고기담」 참조.

신일선의 눈물/申一仙의눈물

신태삼 저작발행. 세창서관1935(45면, 25전).

【내용】 서울 아현리에서 태어난 신일선은 열일곱 살에 기생이 되어 가족의 생계를 책임지게 된다. 일선은 자신의 신세를 한탄하며 기회가 되면 기생의 처지에서 벗어나고자 하지만 여의치 않다. 세월이 흘러 열아홉 살이 된 일선은 척사대회(擲柶大會)의 술자리에서 스물두 살의 조승호를 만나 사랑에 빠지게 된다. 둘은 하루 걸러 편지를 주고받으며 사랑을 키워 간다. 마침내 승호가 일선의 머리를 올려주고 같이 살게 되지만 일선의 부모는 가난한 승호의 처지를 못마땅해 한다. 승호는 변변한 일자리를 구하지 못하여 일선에게 얹혀사는 처지를 괴로워하다 일선 부모의 눈치를 견디지 못하고 일선과 헤어진 후 실의에 빠져 자살을 하고 만다. 슬픔에 잠겨 있던 일선은 얼마 후 나이 스물여섯의 전진병을 만나 다시 사랑에 빠지게 되고 그와 살림을 차린다. 그러나 일선의 부모는 다시 일을 나가라며 매일 딸을 찾아와 협박한다. 부모의 성화를 견디지 못한 일선은 죽을 것을 결심하고 진병을 찾는다. 진병과 한강에서 배를 타던 일선은 배를 일부러 뒤흔들어 물에 빠지지만 주위 사람들에 의해 구출된다. 죽다 살아난 일선은 부모에게서 벗어날 것을 결심하고 집을 나온다. 일선은 진병과 함께 양화도로 도망을 갔다가 다시 서울로 나와 용산역 부근의 삼남여관에 투숙한 후 단발을 감행하고 다시는 화류계로 돌아가지 않을 것을 맹세한다.

【참고】 국립중앙도서관 소장 세창서관본 본문 첫 장에 '紅淚哀話 申一仙의눈물'이라고 표기되어 있다. 난외서명은 '신일선의눈물', '신일션의눈물'이 혼용되고 있으며, 판권지의 책 제목은 '신일선의루'이다.

신출귀몰/신츌귀몰

황갑수 작. 동양서원1912(48면, 15전) ; 광학서포1912.

【내용】 서울 최 판서의 아들 홍등과 가연을 맺은 리 판서의 딸 리 씨는 시부모와 남편을 정성껏 봉양한다. 그러나 최 판서의 재취부인 안 씨는 리 씨 부인에게 악의를 품는다. 안 씨는 리 씨를 내쫓을 목적으로 먼저 홍등에게 유학을 권한다. 홍등이 일본으로 유학을 떠나자 안 씨는 비복인 해당과 공모하여 리 씨를 쫓아낼 간계를 꾸민다. 안 씨는 리 씨를 위하는 체 친정에 다녀오라 말한 후 부산행 기차에 태워 멀리 내쫓고 만다. 한편 시어머니의 흉계로 부산에 도착하게 된 리 씨는 남장을 하고 남편이 있는 일본 동경으로 떠난다.

【참고】 1912년 동양서원과 광학서포에서 각각 발행되었으며 국립중앙도서관 소장 동양서원본을 텍스트로 내용을 정리했다. 현재 상권만 있고 하권이 전해지지 않아 그 전모를 알 수는 없다. 표지에 '新小說 신츌귀몰', 본문 첫 장에 '소셜(小說) 신츌귀몰 상(神出鬼沒 上)'이라고 표기되어 있다. 본문 첫 장에는 '셕농(石濃)'으로, 판권지에는 '黃甲秀'로 저자가 표기되어 있다. 고부간의 갈등과 여성에게 가해지는 사회적 악덕 등을 다루고 있다.

실낙원1(번)/失樂園: 밀턴 작. 최남선 역. 청춘1914.12.

【내용】 원작 참조.

【참고】 존 밀턴(John Milton), 「실낙원(Paradise Lost)」(1667)의 경개역본이다. 《청춘》지는 창간호로부터 '세계문학개관'이라는 이름으로 매호 세계의 걸작을 경개역하여 수록했다. 『실낙원』은 그 세 번째 작품으로 《청춘》 제3호에 게재되었으며, 9면 분량으로 축약되어 있다. 해당 지면에 '失樂園 썬, 밀톤 原作'이라고 표기되어 있으며, 'Paradise Lost by John Milton'이라고 원작명과 원작자의 영문 표기를 하고 있다.

실낙원2(번)/失樂園: 밀턴 작. 곽용오 역. 긔독신보1933.3.8-1933.4.5(5회).

【내용】 원작 참조.

【참고】 존 밀턴, 「실낙원」의 축약 번역본이다. 《긔독신보》 '聖文學巡禮' 시리즈의 세 번째이자 마지막 작품이다. 역자는 이 작품에 대해 "구약창세기 二장과 三장에서 재료를 택하야 초현실적(超現實的) 세계를 무대로 수많은 인물을 여실히 그린 것과 그 구상(構想)에 잇어 웅대(雄大)함과 전편을 통하야 흘으는 엄격한 인간 도덕은 예술사상에 한 위대한 광휘(光輝)"라고 평가하고 있다.

실리야(번): 실란페 작. 역자미상. 문장1940.3.

【내용】 원작 참조.

【참고】《문장》 1940년 3월호 목차에 '실리야(昨年度노벨賞小說) 실란페에' 라고 작품명과 작가가 표기되어 있다. 본문 앞에는 '노벨賞小說 실리야 F. E. 실란페에' 라고 표기되어 있다. 핀란드의 작가 실란페(Frans Eemil Sillanpaa)는 1939년의 노벨문학상 수상자이다. 본문 앞뒤 어디에도 역자에 대한 정보는 찾을 수 없으나, 작품 말미에 '「실리야」에對하야'라는 작품 및 작가 소개가 부기되어 있다. 이에 따르면 이 역본은 "作家의 最大長篇 '處女실리야'의 一部를 譯하야 紹介"하는 것이다. 또한 " '실리야'의 아버지 '쿠스타아'는 일찌기 裕足한 農場主였으나 次次로 零落하야 어린 딸을 남기고 죽고 '실리야'는 그後 드디어 農家의 雇傭女로 떠도라다니다가 肺病으로 囚하야 二十二歲 때에 혼자서 외롭게 世上을 떠난다" 하여 작품의 줄거리를 따로 정리해 주고 있다. 원작은 「The maid Silja(1933)」이며 경개역이라기보다는 부분 발췌역이다. 번역본의 분량은 3페이지 정도이다.

실연의 루/失戀의淚: 고병교 저작발행. 회동서관1931(164면).

【내용】 내용 생략.

【참고】 일본 도야마 대학(富山大學)에 소장된 작품이다. 도서관 홈페이지에 제목이 "新小說 失戀의 淚"라고 표기되어 있다. 여학교를 졸업한 젊은 여성들의 연애와 그에 따른 번민을 담은 작품이다.

실연의 화원/失戀의花園: 조준경 저작발행. 보성서관1938(73면, 40전).

【내용】 권란숙과 박영희는 여고 동창생이다. 부유한 양친을 둔 란숙은 외동딸로 귀하게 자라 서울로 유학 온다. 영희는 일찍 부모를 잃고 결혼한 언니의 집에 얹혀살면서 힘든 유학생활을 하고 있다. 영희에게는 장태용이라는 애인이 있는데, 그의 마음이 식어 감에 따라 심한 괴로움을 느낀다. 고등공업학교를 마치고 제철회사 사무원으로 일하는 태용은 재주는 있으나 경박한 인물이다. 한편 란숙의 부친 권석원은 해운이라는 청년을 자신의 사윗감으로 점찍고 딸에게 혼인하기를 재촉한다. 해운은 부모와 함께 강릉에서 어린 시절을 보냈으나 열세 살 되던 해에 큰 화재로 부친을 잃었다. 그는 어머니와 근근이 생계를 꾸리다가 석원의 도움으로 간신히 란숙과 함께 보통학교를 졸업했다. 석원은 학력은 낮지만 어진 인격을 갖춘 해운을 높게 평가하여 자신의 공장에 취직시키고 일을 가르친다. 그러나 란숙의 이상형은 스물아홉의 나이로 켐푸리취 대학에서 학위를 받고 귀국한 김현수 박사이다. 란숙은 김 박사가 학교에서 여성학 강연을 하는 모습을 보고 그를 흠모하게 된다. 그럼에도 불구하고 란희의 부모는 그녀에게 공부를 그만두고 해운과 결혼하라고 채근한다. 란희는 해운을 다시 만나 보지만 자신의 마음이 그에게 향하지 않는다는 것을 확인할 뿐이다. 얼마 후 란숙은 영희의 애인인 태용에게서 김 박사가 런던에 있을 때 아내 몰래 정부를 두었으며, 그

때문에 딸마저 버리고 조선으로 급히 도망 왔다는 것을 전해 듣는다. 한편 영희의 형부 리찬영은 영희 부모가 물려준 재산으로 영희의 학비를 대 주고 있었으나, 후취를 얻은 후 표변한다. 그는 영희를 불러 학비와 생계를 스스로 책임질 것과 후취 부인의 먼 친척뻘 되는 노신사의 후취 자리로 갈 것을 요구한다. 기숙사로 돌아온 영희는 마음이 황폐해져서 신경쇠약에 걸리고 만다. 게다가 태용의 갑작스러운 이별 통보와 얼마 지나지 않아 전해진 태용의 청첩장을 받고 충격에 빠져 영희의 건강은 급속도로 악화된다. 어느 날 아침, 란희는 이제 아무런 슬픔 없는 화원으로 가겠다는 내용이 담긴 영희의 유서를 발견한다.

【참고】 연세대 도서관 소장 보성서관본 표지와 본문 첫 장에 '戀愛悲劇 失戀의花園' 이라고 표기되어 있다. 결혼 문제를 중심으로 구세대와 신세대 사이의 갈등을 표현하고 있다. "여자의 몸에도 피가 있고 살이 있다"는 강연 내용을 듣고 새로운 삶의 이상을 갖게 되는 신여성의 내면과 "요새 학생들은 쓸데없는 허영에 만취하야 가지고 밥이나 짓고 빨래나 하는 것을 하찮게 여긴다"는 기성세대의 세태비판이 대립각을 이룬다.

심부손 부인전/심부손부인전沈富孫夫人傳

신태삼 저작발행. 세창서관1937(72면, 40전).

【내용】 미국에서 태어난 페시는 명문가의 후예로, 미모가 뛰어난 소녀이다. 여학교에 들어간 그녀는 다방면에 걸쳐 재능을 보인다. 페시는 졸업 후 사교계에 데뷔하여 많은 사람들의 관심을 받으며 교제의 폭을 넓혀 간다. 그녀는 군인인 스펜사와 사랑에 빠져 결혼하지만 십여 년 후 이혼한다. 뉴욕으로 여행 간 그녀는 아-네스트 심푸손 부부를 만나 친분을 쌓는다. 그러던 중 심푸손이 이혼하고, 페시는 그와 재혼하여 심푸손 부인이 된다. 두 사람은 친구의 소개로 런던 외교계의 연회에 참석하고, 이후 사교계에서 환영받는 인물이 된다. 이들 부부는 우연히 영국 황태자를 알현하고 그와 친해진다. 황태자와 심푸손 부인이 함께 있는 모습이 자주 목격되자, 둘의 관계에 대한 여러 소문이 떠돈다. 1936년 황태자가 왕위를 계승하여 에드와-드 팔세가 된다. 같은 해 심푸손 부인은 남편의 부정을 이유로 이혼 소송을 제기하여 승소한다. 심푸손 부인이 이혼하고 독신이 되자, 에드와-드 팔세는 그녀와 결혼하겠다고 선언한다. 온 나라가 이 결혼에 반대하자, 왕은 결국 퇴위를 선언하고 심푸손 부인을 택한다.

【참고】 동덕여대 도서관 소장 세창서관본 표지에 '傾國美人 沈富孫夫人傳 심부손부인젼(英國皇帝退位의眞相)', 본문 첫 장에 '二十世紀最大戀愛史 傾國美人 沈富孫夫人傳 심부손부인젼(一名 英帝退位의眞相)' 이라고 표기되어 있다. 전체 13장으로 된 회장체 소설이다. 영국의 윈저 공과 결혼하여 전 세계의 주목을 받은 심슨 부인의 삶을 연대기적으로 구성한 작품이다. 서술자는 에드워드 팔세의 퇴위 선언 연설을 라디오 방송으로 직접 들었다고 밝히면서, 이 사건이 '인류 혼인 역사상에 혁명적 발자취' 를 남겼다고 평가하고 있다.

심야의 공포(번)/深夜의恐怖: 코난도일 작. 김래성 역. 여명각1947(185면).

【내용】 원작 참조.

【참고】 영국의 작가 코난도일의 단편 5편을 번역 혹은 번안하여 묶은 책이다. 수록 작품은 「白髮聯盟」, 「히틀러의 秘密」, 「深夜의 恐怖」, 「革命家의 아내」, 「王宮의 秘密」이며, '序'에 의하면 「白髮聯盟」, 「深夜의 恐怖」, 「히틀러의 秘密」은 번안, 「王宮의 秘密」은 精譯, 「히틀러의 秘密」, 「革命家의 아내」는 "'라디오 드라마' 用으로 '아렌지'" 한 작품이다.

심야의 음모(번)/深夜의陰謀: 코난도일 작. 이석훈 역. 세계서림1948(239면).

【내용】 원작 참조.

【참고】 영국의 작가 코난도일의 「바스카빌의 개(The hound of the Baskervilles)」(1901)를 李石薰이 번역한 작품이다. 동일 역자의 『바스카빌의 怪犬(야사연구회1948)』과 문장이 동일하고 제목만 다른 책이다.

십생구사/十生九死

홍순필 저작발행. 경성서적업조합1926(50면, 15전) ; 강하형 저작발행. 대성서림1929(50면, 20전) ; 세창서관1934.

【내용】 금능에 사는 리 상서는 자식이 없는 것을 한탄하다 뒤늦게 아들 운션을 얻고 기뻐한다. 그러나 운션이 다섯 살 되던 해 지나가던 중이 아이를 보고 십 년이 지나면 죽을 관상이니 집에서 내보내면 명을 보전할 것이라고 전한다. 이에 리 상서는 한 눈과 한 팔, 한 다리를 못 쓰는 노비 골개똥에게 운션을 잘 돌보라 부탁하며 아들을 출가시킨다. 운션은 개똥과 함께 유리걸식하며 지내다가 형주 영보산의 청룡사에 머물며 글공부를 하게 된다. 서울로 과거를 보러 가던 중 우연히 들른 집에서 맹 진사라는 사람이 점을 잘 친다는 소리를 들은 개똥은 운션의 사주를 본다. 맹 진사는 운션의 명이 십사일 술해시에 다한다고 전하며 이를 면하려면 김 각노의 딸 옥향과 십사일을 같이 보내야 한다고 예언한다. 고심하던 개똥은 별 방법이 없어 낙심하는데 옥향의 노비 화션이 운션의 사정을 듣고 그를 도와 옥향을 만나게 해 준다. 운션은 옥향에게 자신의 기구한 운명을 설명하고 둘은 합방한다. 옥향은 꾀를 내어 운션을 찾아온 귀신을 쫓아 자신과 정혼한 백운션에게 보낸다. 이어 운션에게는 과거에 나올 글귀를 가르쳐 준다. 백운션이 갑자기 죽고 운션은 과거에 급제한다. 그의 문명이 자자하자 김 각노는 딸 옥

향과 운션을 정혼시킨다. 화션 또한 첩으로 취한 운션은 왕의 총애를 받아 형주자사로 부임하게 된다. 운션은 아내를 죽였다는 억울한 누명을 쓴 김공필의 사건을 해결하고 금능으로 돌아가 부모와 재회한다. 그 후 리 상서가 만수를 다하고 죽자 충복 개똥이 초려를 짓고 삼상을 보내니 그 충의를 기려 비를 세워 주었다.

【참고】 국립중앙도서관 소장 경성서적업조합본의 본문 첫 장에 '충의소셜 忠義小說 십생구사 十生九死' 라고 표기되어 있다. 한 눈과 한 팔, 한 다리를 못 쓰는 노비 골개똥이 리 상서와 그의 아들 운션에게 온몸을 바쳐 충성하는 것을 중심 내용으로 하고 있다.

십오 소호걸(번)/십오쇼호걸十五少豪傑

베른 작. 민준호 역술발행. 동양서원1912(154면, 30전).

【내용】 선장과 선원들이 자리를 비운 사이에 항구에 정박해 있던 배가 바다로 흘러간다. 인솔하는 어른 없이 소년들이 간신히 배를 조종하여 무인도에 표류하게 된다. 그중 연장자인 무안과 두번이 서로 대립하는 사이에 아돈이 두령이 되어 무리를 이끌어 나간다. 소년들은 생존을 위해 동물을 사냥하고, 동굴을 집으로 만드는 등 합심하여 여러 가지 일을 해낸다. 섬에서 생활한 지 일 년이 지난 어느 날, 소년들은 탈진하여 쓰러져 있는 한 소녀를 발견한다. 소녀는 자신이 타고 있던 배의 선원들이 반란을 일으키면서 무인도에 표류하게 된 것이다. 소년들은 소녀로부터 배의 선원들이 자신들을 해치려 한다는 사실을 알게 된 뒤 이에 대응하여 여러 가지 대책을 마련한다. 선원들의 위치를 알기 위해 하늘에 띄울 기구를 만들고 여기에 오를 사람을 정하려던 중 뜻밖의 사실을 알게 된다. 무안의 동생인 좌극이 배의 밧줄을 풀었기 때문에 배가 표류하게 되었고, 이에 좌극이 자원하여 기구를 타겠다고 나선 것이다. 그러나 소년들은 좌극을 용서하고, 기구에는 지금까지 소년들을 통솔했던 무안이 탄다. 무안과 아돈, 두번이 지휘하고 나머지 소년들이 용기를 발휘하여 선원들을 물리치고, 소년들은 구조되어 고향으로 돌아온다.

【참고】 표지에 '冒險小說 十五少豪傑 십오소호걸', 본문 첫 장에 '모흠소셜 십오쇼호걸 冒險小說 十五少豪傑' 이라고 표기되어 있다. 여름 방학을 맞아 배를 타고 놀러가기로 했던 소년들이 무인도에 정착하여 겪는 모험 이야기이다. 본문에는 원작자를 밝히지 않았으나, 원작은 쥘 베른(Jules Verne)의 「Deux ans de Vacances(1888)」이다. '십오 소년 표류기' 라는 제목으로 널리 알려졌다.

싯누런 얼골(번)

【내용】「셜록홈즈는 누구인가」 참조.

싯달타1(번)/실달타: 헤세 작. 양건식 역. 불교1926.4-12(4회 미완).

【내용】 원작 참조.

【참고】 연재 지면에 '小說 실달타 獨逸 헬만.헷세 作 梁建植 譯' 이라고 표기되어 있다. 1926년 4, 5, 6월까지 연재 된 후 결호 등의 이유로 연재가 중단되었다가 12월에 다시 연재되었다. 1부의 3장까지 4회에 걸쳐 연재되었는데 그 이후의 연재 여부는 확인할 수 없다. 원작은 독일 소설가 헤르만 헤세(Hermann Hesse)의 「싯다르타(Siddhartha)」(1922)이다. 주인공이 불교의 절대경지에 도달하기까지의 과정을 그린 작품이다.

싯달타2(번)/싣달타: 헤세 작. 김준섭 역. 웅변구락부1946.

【내용】 원작 참조.

【참고】 표지에 '헬만 헷세 著 金俊燮 譯 싣달타(한 印度의 詩)' 라고 표기되어 있다. 원작은 독일 작가 헤르만 헤세의 「싯다르타」이다. 김준섭 역의 동명 단행본은 전쟁 이후 1950년대부터 1980년대까지 정음사에서 지속적으로 출판되었다. 완역으로 된 직접역으로서 1946년도 번역문학의 최대 업적으로 평가된다. 인디아의 카스트제도에서 제1계급에 속하는 성직자 계급의 아들 싯다르타가 불교를 창시한 석가모니를 만나기 위해서 출가한 후 다양한 인생 경험을 거쳐 깨달음을 얻는다는 내용이다.

싸닌(번): 아르치바셰프 작. 심향산인 역. 조선일보1929.11.23-27(4회 완).

【내용】 원작 참조.

泰西名作梗槪 (41)

싸닌 (一)

心鄕山人

【참고】 '태서명작경개 41-44회' 까지 전 4회에 걸쳐 러시아 작가 미하일 아르치바셰프(Mikhail Petrovich Artsybashev)가 쓴 장편소설 「사닌(Sanin)」(1907)을 요약하여 소개한 것이다. 역자 심향산인(心鄕山人)은 「싸닌」을 작가에게 큰 명성을 가져다준 작품으로 꼽고 있다.

쌍련몽/雙蓮夢: 작자미상. 한남서림1922.

【내용】 개봉 부락의 진 처사는 늦도록 아이가 없어 슌양진인에게 기도한다. 그는 꿈에서 슌양진인을 만나 병두련 두 송이를 얻고, 그것을 뺏으려는 낯선이와 싸우다가 깬다. 이후 부인이 태기 있어 딸과 아들을 얻어 이름을 각각 쌍쥬와 쌍옥이라 한다. 둘은 총명과 미모가 서로 판박이다. 아이들이 다섯 살이 될 무렵 강직하고 학문이 뛰어난 두츄관의 아들 슉경과 딸 쌍쥬의 혼담이 논의된다. 쌍쥬가 열 살이 되자 상공 왕츄밀이 자신의 아들 징옥과 결혼시키려 욕심내지만 진 처사는 정혼처가 있어 거절한다. 츄밀은 무관 출신으로 부정한 방법으로 돈을 모아 뇌물로 재상의 자리까지 오른 사람인데, 이 일로 원한을 품는다. 쌍쥬와 쌍옥의 부모가 노환으로 죽자 쌍옥이 바깥일을 경영하고 쌍쥬는 집안일을 보살핀다. 삼상 무렵 쌍쥬는 슉경과 성례하기로 약속하나 츄밀이 병정들을 동원해 강제로 쌍쥬를 납치하려 한다. 쌍옥이 그 사실을 알고 쌍쥬와 의복을 바꿔 입고 여장하여 대신 잡혀간다. 쌍쥬는 길을 떠나 여승으로 변장하여 서촉의 앵두촌이라는 곳에 도착한다. 병사들에게 쫓기어 달아나던 쌍쥬는 절벽에 세워진 사당에 몸을 숨기고 위기를 피한다. 이후 화개산 보림사로 간 쌍쥬는 장로의 상좌가 되어 보명이라는 법명으로 살아간다. 한편 쌍옥은 츄밀의 집에서 그의 딸 유옥과 사랑에 빠져 남자임을 밝히고 결혼 언약을 맺는다. 쌍옥은 유옥에게 금경을 주어 약속의 증표로 삼고, 그녀의 도움으로 탈출하다가 영흥부의 건달 리삼에게 붙들려 관아로 끌려간다. 그러나 영흥부 유수 쟝경량은 자기 딸의 신랑감으로 쌍옥을 점지해 두고 있었으나 진 처사 내외가 죽어 의논을 못하게 된 사정이 있는 사람이다. 경량의 도움으로 쌍옥은 위기를 벗어나 학문을 닦는다. 장 유수가 자신의 딸과 혼약을 청해 보지만 쌍옥은 유옥과 이미 혼약하였음을 밝히고 거절한다. 그러나 장 유수는 두 명의 아내를 거느리라고 권한다. 오 년이 지나 츄밀이 죽고 슉경은 과거에 급제한다. 츄밀이 죽은 후 가세가 내려앉고 유옥은 슉경네 집 종으로 들어가게 된다. 유옥은 치란이라는 가명을 쓰고 추한 차림으로 자신의 미모를 감춘다. 쌍옥은 슌양진인에게 기도하여 화개산 보림사에 누이가 있다는 사실을 알고 보림사로 가서 쌍쥬와 재회한다. 슉경은 쌍쥬와 혼인하고, 쌍옥도 한림학사가 되어 유옥과 장 소저를 좌우부인으로 삼는다.

【참고】 조동일 소장 『국문학연구자료(박이정1999)』의 88면 이후 낙장으로 정확한 서지 정보를 알 수 없다. 기존 연구를 통해 한남서림에서 1922년에 89면 분량으로 출판되었다는 정보를 확인했다.

쌍봉쟁화/쌍봉징화雙蜂爭花

김교제 작. 보문관1919(137면, 30전) ; 영창서관·한흥서림1934.

【내용】 은행 서기인 김죵슌은 명문거족 리 남작의 딸 정옥과 사랑하는 사이이다. 죵슌은 정옥과 결혼하고자 하나, 고아인 데다 가난한 자신의 처지 때문에 고민한다. 어느 날 밤 길을 걷

던 그는 한 무리의 행인과 마주치는데, 그들 중 한 청년이 정옥에게 장가들겠다고 말하는 것을 듣는다. 죵슌은 그들이 어떤 사람들인지 궁금해져 뒤를 밟다가 그만 일당에게 들킨다. 그들은 돈을 위조하는 사주전 일당으로, 림락호라는 부장과 박치화라는 청년은 죵슌을 가두고 범죄에 가담하라고 종용한다. 그때 경찰이 범죄소굴을 급습한다. 일당은 다 달아나고, 죵슌만 붙잡혀 누명을 쓰고 옥살이를 한다. 그는 삼 년 후 출소하여 거리를 걷다가 자신이 다니던 예배당에 들어간다. 때마침 예배당에서는 정옥과 치화의 결혼식이 거행되는 중이다. 치화는 범죄자이지만 겉으로는 명문 박 판서의 양자로 행세하여 정옥과 결혼하게 된 것이다. 이를 본 죵슌은 하객 앞에 나서 사주전 일당과 관련된 사실을 말한다. 결혼식은 연기되지만, 죵슌은 누명을 벗기는 커녕 도리어 이상한 사람으로 몰린다. 그는 어떻게든 자신의 누명을 벗고 사주전 일당을 잡아야겠다는 일념으로 조사를 시작하지만, 매번 락호에게 들켜 실패한다. 게다가 자신이 모친의 부정한 행실로 인해 태어난 사생아라는 소문까지 돌아, 사랑하는 정옥과 결혼할 가능성은 더욱 희박해진다. 그러나 죵슌은 포기하지 않고 사주전 일당을 뒤쫓는 한편 자기 부모에 관해서도 조사한다. 한편 정옥은 죵슌을 향한 굳은 마음으로 그를 응원한다. 그 결과 죵슌은 자신의 출신을 밝히고 누명을 벗겨 줄 결정적 증거를 입수하고, 이를 입증할 증인까지 찾아낸다. 그는 치화가 양자로 들어간 박 판서 집안의 적자로, 부모가 비밀리에 결혼했으나 일찍 사망하는 바람에 그 사실을 알지 못하고 있었다. 우연히 이 사실을 알게 된 락호가 치화를 이용하기 위해 죵슌의 출생을 증명할 증거를 숨겨 왔는데, 결국 진실이 밝혀진 것이다. 범죄자들은 벌을 받고, 죵슌은 재산과 지위를 되찾아 정옥과 결혼하여 행복하게 산다.

【참고】 국립중앙도서관 소장 보문관본 표지는 유실되었고, 본문 첫 장에 '쌍봉징화(雙蜂爭花) 啞俗先生 金敎濟 纂' 이라고 표기되어 있다. 주인공의 누명 벗기와 출생의 비밀을 밝히는 과정이 상세하게 그려져 있다. 서로 연관 없는 것으로 보이던 두 사건이 실상은 하나로 얽혀 있었음이 결말 부분에서 밝혀진다. 영국 작품의 중국어 역본 「眞偶然(1907)」을 번안한 것이라는 견해가 있다.

쌍신랑/雙新郎: 김동진 저작발행. 덕흥서림1930(48면, 25전).

【내용】 손길성은 어린 나이에 부친을 여의고, 어머니 최 부인과 내종사촌 최응환과 함께 산다. 길성은 용모와 학식, 재주에 이르기까지 모두 응환에게 뒤지지만, 아버지가 남긴 유산을 가지고 '일색'인 아내를 얻으려 노력한다. 어느 날 정빈이라는 사람이 매파를 통해 길성의 집안에 통혼한다. 길성은 정빈의 딸이 일색이 아니라는 이야기를 듣고 결혼하지 않겠다고 한다. 길성은 장택서의 막내딸 필애가 아름답다는 이야기를 듣고 일가친척인 손재중에

게 통혼을 부탁한다. 어머니 최 씨 부인과 재중이 말리지만 길성은 기어이 통혼을 하고, 택서는 직접 사윗감을 선보러 온다. 이에 길성은 어머니에게 응환을 대신 선 보이자고 말하고, 어머니가 허락하지 않자 난동을 부린다. 결국 어머니의 설득으로 응환이 대신 선을 보고, 응환의 인물에 만족한 택서는 혼인 날짜를 보낸다. 초례 당일 사실이 탄로날 것을 걱정한 길성은 초례까지 응환이 치르게 한다. 응환은 뜬눈으로 밤을 새우고 필애와 함께 신행을 온다. 한편 일행을 맞으러 나온 길성의 등장에 택서는 놀라고, 마침 길을 지나던 마을의 원님에게 사건을 알린다. 자초지종을 알게 된 택서는 딸을 길성에게 줄 수 없다고 말하고, 필애도 자신의 남편은 응환이라고 말한다. 이때 가세가 어려워 길성의 집에서 혼인을 치르려고 그 집으로 향하던 정빈과 그 딸도 자초지종을 알게 되자, 원님은 정빈의 딸이 길성과 혼인하라고 이야기한다. 정빈의 딸을 응환과 맺어 주고 자신은 필애와 혼인하려던 길성의 계획은 결국 실패로 돌아간다. 개과천선한 길성은 정빈의 딸과, 응환은 필애와 함께 살게 된다.

【참고】 중국 고전소설을 조선 배경으로 번안한 국문 활자본이다. 국립중앙도서관 소장 덕흥서림본 표지에 '롱가성진 弄假成眞 쌍신랑 雙新郎'이라고 표기되어 있다.

쌍옥랑/雙玉娘: 작자미상. 덕흥서림1933(20전).

【내용】 미확인.

【참고】 단행본 원본 자료를 구할 수 없어 작품의 경개 및 세부 서지사항을 확인하지 못했다. 『옥련의 눈물(덕흥서림1933)』 권말 '경성덕흥서림신간서적광고'에 '千古奇事 雙玉娘'이라고 제목이 표기되어 있다.

쌍옥루/雙玉淚: 기쿠치유호 작. 조일재 번안.

매일신보1912.7.17-1913.2.4(151회) ; 보급서관1913(상: 173면, 중: 167면, 하: 170면).

【내용】 리경즈는 부친의 반대를 무릅쓰고 상경하여 여학교에 다니고 있다. 의학생 서병삼은 경즈의 하숙집 주인이자 교사인 오정당을 통해 경즈에게 접근한다. 병삼은 수재이지만 사이비 기독교 신자이며 바람둥이이다. 경즈는 병삼이 유부남인 줄 모르고 그와 교제하다가 병삼의 아이를 임신한 뒤 학교를 그만둔다. 병삼은 양심의 가책을 느낀 오정당이 협박하자 경즈와 교회에서 거짓 결혼식을 올린다. 어느 날 병삼의 본처가 경즈를 찾아오자 경즈는 첩

으로 전락한 자신의 처지를 비관하여 자살을 시도한다. 간신히 목숨을 구한 경즈는 출산한 뒤 충격을 받은 상태에서 아이를 죽이려 한다. 이에 경즈의 아버지는 아이를 유모에게 맡겨 떠나보낸 뒤 아이가 죽었다고 경즈에게 말한다. 건강을 회복한 경즈는 아버지의 강권으로 청년 귀족 정욱조와 결혼한다. 아들 정남이를 낳고 행복하게 살던 경즈는 정남이를 치료하기 위해 부른 의사로 병삼이 나타나자 혼란에 빠진다. 남편의 권유로 경즈는 요양을 떠나고 그곳에서 우연히 만난 옥남이라는 아이가 죽은 줄 알았던 자신의 아들임을 알게 된다. 갑작스러운 사고로 옥남과 정남이 함께 익사한 뒤 경즈는 욱조에게 모든 사실을 고백한다. 욱조는 분노하여 떠나고, 경즈는 홀로 남아 간호사로 일한다. 떠돌아다니던 욱조가 병에 걸린 뒤 경즈를 찾자 두 사람은 화해한다.

【참고】 연재 지면에 '雙玉淚', '趙一齋 著'라고 표기되어 있다. 연재시 전·중·후편의 구분이 명확하게 되어 있다. 이 구분에 의거하여 보급서관에서 상·중·하권으로 간행되었다. 일본 작가 菊池幽芳의 「己が罪(1900)」를 번안한 작품이다. 「己が罪」는 일본 신문소설 가운데 대중문학의 선구로 평가되는 작품으로서 1900년 일본 극단에서 상연되어 호평을 얻었다. 우리나라에서도 혁신단을 통해 1913년 신파극으로 상연되었다. 한 여학생의 기구한 운명을 그리고 있는 이 작품은 육체적 연애보다는 정신적 연애를 강조하고 있다. 기혼남인 한 의대생에게 육체적으로 농락당하고 결국 버림받는 여학생의 이야기이다. 한편 정신적 연애라는 것이 순종과 신의로 대변되는 전근대적 속성에 맞닿아 있기 때문에 신파적 틀을 벗어나지 못했다는 지적도 있다.

쌍옥적 / 쌍옥젹雙玉笛: 이해조 작.

제국신문1908.12.4-1909.2.12 ; 보급서관1911(118면, 25전) ; 동일서관1917 ; 오거서창1918(74면, 30전).

【내용】 나주 군수 김 승지는 아들 김 주사를 시켜 결전을 정부에 공납하게 한다. 김 주사는 결전을 서울로 가져가는 중 누군가에게 도둑맞는다. 이에 김 주사는 별순검인 정 순검에게 사건을 의뢰한다. 정 순검은 우선 김 주사가 아버지에게 받은 편지를 잃어버렸다는 우수재에 가서 탐문 수사를 벌인다. 그는 그곳에서 단소 소리를 듣고 그 소리의 청아함에 푹 빠진다. 그리고 그는 큰 가방을 들고 다니는 수상쩍은 두 남자를 발견하고 뒤쫓지만 놓치고 만다. 정 순검은 동료 김 순검에게 정탐을 귀신같이 하는 여성 탐정 고 소사를 소개받는다. 고 소사의 기지로 놓쳤

던 두 남자를 찾았지만 불시에 고 소사는 누군가에 의해 살해당하고 다시 그 두 남자의 행방은 묘연해지고 만다. 졍 순검과 김 순검은 고 소사의 죽음에 책임을 지고 경무청에 사직을 청원하고 함께 금강산 유람을 다닌다. 그들은 유람 중에 괴한들에게 붙잡혀 죽을 신세가 되었는데 일전에 행방이 묘연해진 두 사람에 의해 구조되어 목숨을 부지한다. 그 두 사람 안스용과 리 오위장은 도둑 사건과는 무관한 이들로서 아들을 외국에 유학 보낸 것이 정부에 탄로 날까 봐 도망 다니는 중이다. 한편 범인은 단소를 부르며 다니는 이인조 도둑인 일명 '쌍옥적'이라고 불리는 이들이다. 그들 역시 금강산 유람 중이었는데 졍 순검은 초금으로 그들을 유인하여 잡는 데 성공하고 범죄 일체를 자백받는다.

【참고】 보급서관본의 표지에 '雙玉笛', 본문 첫 장에 '뎡탐쇼셜 쌍옥젹(雙玉笛)' 이라고 표기되어 있다. 보급서관본에는 저자의 이름이 누락되어 있다. 사건의 실마리를 잡아 범죄자를 쫓는 추리소설의 형식을 지니고 있으며 한국 추리소설의 효시로 거론된다. 그러나 범인의 행적이 추리를 통해 발견되는 것이 아니라 서술자의 일방적인 설명에 의해 드러나 추리소설 특유의 긴박함은 찾을 수 없다.

ㅇ

아국약사(번)/俄國略史: 감비적 작. 학부편집국 역. 학부편집국1898(68면, 20전).

【내용】 내용 생략.

【참고】 표지에 '英人 蜚迪著術中抄譯' 이라고 표기되어 있다. 즉 영국인 감비적(闞蜚迪)의 저술 중에서 일부를 초역한 것이다. 판권지 없이 본문 마지막 장에 '大韓光武二年四月 日 學部編輯局輯譯 定價金二十錢' 이라고 표기되어 있다. 개화기의 교과용 도서로서 '俄國' 즉 러시아의 역사를 기술한 책이다.

아기가 본 세상(번): 베그너 작. 이헌구 역. 신여성1933.6-1934.4(6회 미완).

【내용】 원작 참조.

【참고】 연재 지면에 '아기가 본 세상 웨그네-르 作 李軒求 譯' 이라고 표기되어 있다. 원작은 베그너(Armin T. Wegner, 1886-1978)의 「Moni oder Die Welt von unten. Der Roman eines Kindes(1929)」이다. 베그너는 1차 대전의 참상을 고발한 사진작가로, 유대인 학살을 비판하는 내용이 담긴 공개서한을 히틀러에게 보내 투옥·고문당한 정치 운동가이다. 모니카라는 유아의 시선으로 집에서 일어나는 여러 가지 일상사들을 그리고 있다. 서사가 유기적으로 이어지지 않고 부모의 다툼, 보모와의 일상 등 집에서 벌어지는 평범한 사건들이 단편적으로 나열되는 형식을 띤다. 역자는 연재를 시작하면서 다음과 같이 작가와 작품을 소개하고 있다. "아르민 테 웩네르는 1988년 독일 라인주에 공업도시에서 완고한 관사 노릇하던 아버지와 자본가의 딸인 어머니 사이에서 태어났다. 총명한 그는 13세에 기계와 전기장치를 발명하였고 15세 때부터 문학에 열중하였다. 20세 되는 때에 그는 학우와 결별하면서 '제군, 많이 반항하고 그리고 될수록 적게 복종하라!' 하고 뛰어난 뒤 베를린과 파리에서 경제와 법률 이외의 일절 학문에 전공하였다. 그리고 여행 좋아하는 그는 아프리카 해안까지 갔다. 그러나 그는 바그다드 원정에서 전쟁의 비참을 목격하고 귀국할 때에는 운명하는 어머니의 病軀를 발견하였다. 그리하여 그는 '전쟁은 인류를 배반하는 범죄' 라고 하여 그 인도주의적 정열은 시인이요 작가인 그로 하여금 실제 운동에까지 열중케 하였다. 이 소설은 그의 작품 중에서도 가장 놀랄 만한 사실 즉 탄생해서 14개월 되는 어린아기의 생활을 비롯하여 만 3세까지의 가장 귀엽고 향그러운 그 생장하는 과정을 그의 예민한 관찰과 미소할 만한 동감과 추억 또는 청신한 매력을 가지고 전편을 시적 향취로 충만시켰다. 이제 역자는 이 1편을 우리 어린 아가

의 새로운 생명과 새로운 세계를 고히 키워 가려는 조선의 어머님과 누님들께 정성으로 보내드리노라." 6회 연재 후 《신여성》의 폐간으로 미완 상태에서 연재가 중단되었다.

아까운 청춘/앗가운靑春: 조준경 저작발행. 보성서관1937(73면, 30전).

【내용】 리경화와 최장호는 함께 독일에서 유학한 친구 사이다. 경화가 경성에서 보통학교와 고등학교를 마치고 백림에 가서 양악을 공부할 때, 장호는 백림대학 문과를 전공하여 함께 졸업한다. 경화는 귀국 이후 절친한 친구인 김영애를 찾아간다. 영애는 강원도 강릉 태생으로 경화와는 서울의 이화학교를 함께 다닌 막역한 사이이다. 영애의 부친인 김상득은 젊은 이들이 자유연애를 즐기는 세태를 못마땅하게 여긴다. 그는 부유한 선교사 리위관의 아들 준성을 사윗감으로 점찍어 둔다. 이듬해에 동경대학을 졸업하고 귀국할 예정인 준성은 인물 준수하고 신체 건강한 스물세 살의 청년이다. 상득이 서울 누님의 집에서 학교를 다니는 영애가 잘못된 세태풍속에 물들까 노심초사하는 사이 영애는 신식문물을 배우고 돌아온 경화, 장호와 친하게 지낸다. 경화의 소개로 알게 된 장호는 사랑과 예술을 예찬하는 예술지상주의자이다. 영애는 적극적으로 접근하는 장호가 싫지 않으면서도 갑작스럽게 가까워진 둘의 관계로 인해 소원해진 경화가 마음에 걸린다. 어느 날 영애가 자신의 혼처가 이미 정해져 있다는 사실을 뒤늦게 알고 장호에게 사정을 이야기하려는데 장호는 영애에 대한 욕망으로 이성을 잃고 강제로 그녀를 범하려고 한다. 영애는 간신히 장호를 달래 상황을 모면한다. 딸의 혼인을 재촉하기 위해 김상득은 준성을 데리고 급히 상경하고, 이 사실을 눈치챈 장호는 경화를 산속으로 끌고 간다. 때마침 그곳을 지나가는 두 명의 청년이 경화를 구출하고, 장호는 경찰에게 잡혀가 죗값을 치른다. 영애는 준성과 무사히 결혼식을 올리고, 경화 역시 영애의 주선으로 정태식이라는 남자를 만나 혼인한다.

【참고】 연세대 소장 보성서관본 본문 첫 장에 '戀愛活劇 앗가운靑春'이라고 표기되어 있다. 신세대의 자유연애 풍조와 기성세대의 결혼관 사이의 갈등을 그린 일종의 세태소설이다. 부패한 구도덕에 대한 비판이 전혀 배제된 것은 아니지만, 전체적으로 이 작품은 신문물에 대한 섣부른 추종이 낳은 비극과 타락한 세태를 비판하는 데 주안점을 두고 있다.

아내를 위하여(번)

【내용】 「슬픈 기병」 참조.

아라비아인의 천막(번)/아라비아人의天幕: 던세이니 작. 이하윤 역. 동광1926.8.1.

【내용】 낙타꾼 벨나브와 아우브는 사막 생활에 고단함을 느낀다. 탈란나시 왕은 반란군이

진압되자 5년 동안 그리던 사막 여행을 떠나고자 한다. 그는 멕카에 가 보고, 아라비아인의 천막에서 자보는 것이 소원이다. 왕은 대신과 자브라에게 1년 동안 사막에 다녀오겠다고 전한다. 1년이 흐른 후에 왕은 에즈나자라는 집시 여자와 함께 사막의 천막에서 지내고 있다. 그는 1년간 사막을 돌아본 후 돌아가겠다는 약속을 괜히 하였다며 후회한다. 어쩔 수 없이 돌아온 왕이 막 궁궐로 들어서려는 때 낙타꾼인 벨나브가 자신이 왕이라며 떠벌이는 소리가 들려온다. 대신들은 1년간의 사막 생활로 인해 왕이 몰라보게 변했다며 놀란다. 그것을 본 왕은 그대로 집시 여자에게 돌아와 버린다. 그들에게는 이제 왕이 생겼으니 자신은 에즈나자와 사막에서 지내겠다는 것이다.

【참고】 '愛蘭 던세이니 卿', '異河潤' 이라고 작가 및 역자 표기를 하고 있다. 전체 2막으로 구성되어 있다. 아일랜드의 극작가 던세이니 경(Lord Dunsany)의 작품 「The Tents of the Arabs(1910)」을 번역한 것이다.

아르네(번): 비에른손 작. 심향산인 역. 조선일보1929.11.28-29(2회 완).

【내용】 아르네는 시골 마을에서 태어난다. 아르네는 어릴 때부터 노래를 좋아했고 뒤에는 즉흥적인 시도 지을 수 있게 된다.

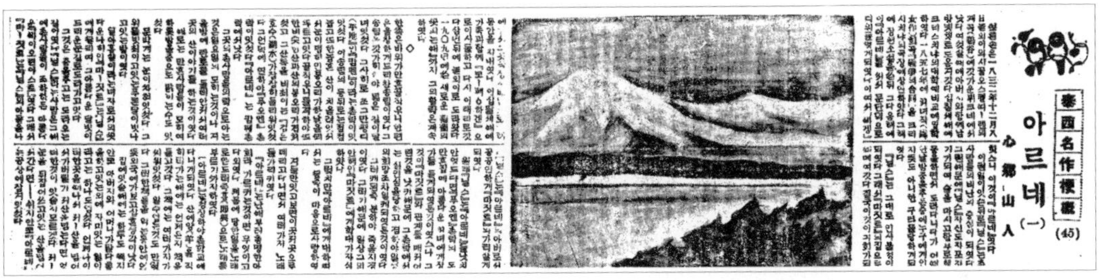
泰西名作梗槪 (45)
아르네 (一)
心鄕山人

【참고】 '태서명작경개 45-46회' 까지 전 2회에 걸쳐 노르웨이의 작가 비에른스티에르네 비에른손(Bjørnson Martinius Bjørnstjerne)이 쓴 「아르네(Arne)」(1858)를 요약하여 줄거리를 소개한 것이다. 역자 심향산인(心鄕山人)은 작품 소개에 앞서 작가의 일대기를 소개하고 있다. 원작은 사생아로 태어난 아르네가 에리라는 소녀와 결혼하여 정착하는 과정을 그린 작품이다.

아름다운 황국/아름다운黃菊: 발행인 미상.

【내용】 미확인.

【참고】 단행본 원본 자료를 구할 수 없어 작품의 경개 및 세부 서지사항을 확인하지 못했다. 1937년 7월호 《조선출판경찰월보》 단행본 출판 금지 목록에 수록되어 있다. 출판 금지 사유는 풍속 괴란이다.

아리랑(번)

김산 · 님웨일즈 작. 뉴욕John Day1941 ; 혜셩 역. 독립1944.8.2-1945.8.29(32회 미완) ; 신재돈 역. 신천지1946.10-1948.1.

【내용】 원작 참조.

【참고】《독립》 연재 지면에 '아리랑의 노래 조선의 절믄 혁명가 김산의 자서전 미국 님, 웰쓰 혜셩 역' 이라고 표기되어 있다. 연재 첫 회에서 편집인은 "이번 호부터 여러분 독자에게 소기되는 「아리랑의 노릐」의 주인공은 김산이라고 하는 절믄 조선 혁명가의 자서전으로써, 고국의 히방과 혁명을 위하야 피눈물 나는 투징 속에서 닐어나는 파란 만흔 혁명젹 싱익를 통하야 근대 조선쓘만 아니라, 제국주의의 잔인한 압박 밋헤 신음하고 잇는 아세아 약소 민족들의 용감한 투징하는 피무든 긔록을 바라볼 수 잇는 것이다. 이 져서는 좌익 문단의 명성이요, 더욱이 중국 공산군의 활동에 대하야 만흔 서칙을 져술하야 유명한 에드가, 스노우 씨의 부인 님 웰스 녀사가 직접 김산을 맛나보고, 김에게서 그의 극젹 싱익를 듯고 이 칙을 져술한 것인즉 「아리랑의 노릐」이다. 이 칙은 一九四一년에 뉴욕 '쯘, 데이' 회사에서 발힝한 것이다. 조선의 히방과 독립의 예명이 각가워 오는 우리들은 김산과 갓흔 혁명가의 피무든 투징의 긔록을 닑고, 한번 깁히 명상하고 반성하고자 하는 것이 본문을 소기하는 본의이다"라는 내용을 밝히고 있다.《신천지》 연재 지면에는 'Song of Ariran 아리랑 (朝鮮人反抗者의 一代記)' 라고 제목을 표기하고 있다. 저자 표기는 '김산,' 역자 표기는 '辛在敦 譯' 으로 되어 있다. 연재 1회 본문 앞에 '譯者의 말' 을 수록하여 번역의 동기를 밝히고 '一九四一年', '뉴-욕 죤·데이', '나임·웰스' 라고 저본의 출판 연도, 출판사, 저자에 관한 정보를 제공하고 있다. 연재 후 본문 말미에 '나임·웰스' 에 의한 작품 해설과 서문을 번역 소개하리라는 예고를 하고 있으나 미완인 상태에서 연재가 중단되었다. 본명이 헬렌 포스터 스노(Helen Poster Snow)인 님 웨일즈(Nym Wales)는 1937년 조선인 혁명가 김산을 만나 20여 차례 대화를 나누었고, 그 성과를 정리하여 김산의 사후인 1941년 『Song of Ariran』으로 출간하였다. 김산의 본명은 '장지락' 이며 1905년 평북 용천에서 태어나 1938년 처형당할 때까지 중국에서 주로 활동한 혁명가였다. 1937년 님 웨일즈와 「아리랑」의 초고를 함께 작성한 것으로 보면, 이 작품은 김산과 님 웨일즈의 공저로도 볼 수 있고, 김산의 구술을 님 웨일즈가 정리한 것으로도 볼 수 있다. 또한 내용상으로는 님 웨일즈가 저술한 '조선인 혁명가 김산의 전기' 로 간주할 수도 있다.

아리랑 고개: 노익형 발행.

【내용】 미확인.

【참고】 단행본 원본 자료를 구할 수 없어 작품의 경개 및 세부 서지사항을 확인하지 못했다. 1938년 9월호 《조선출판경찰월보》 단행본 출판 금지 목록에 수록되어 있다. 출판 금지 사유는 풍속 괴란이다. 김문집의 동명 단행본과는 다른 작품이다.

아리바바와 도적(번)

【내용】 「천일야화」 참조.

아버지 찾는 칼/아버지찻는칼

이종수 저작발행. 성문당서점1935(52면, 30전).

【내용】 이천 년 전, 부여는 해부루왕이 세운 동부여와 해모수왕이 세운 북부여로 나뉜다. 천제의 태자 해모수왕은 하백의 맏딸 류화와 정을 통하고 하백은 가문을 더럽혔다는 이유로 류화를 쫓아낸다. 류화는 해부루왕의 아들 금와에게 발견되고, 얼마 후 사내아이를 낳아 이름을 주몽이라 짓는다. 영민하고 기골이 장대한 주몽은 학문과 무예가 일취월장한다. 금와왕의 아들 대소가 주몽을 미워하자 금와왕은 주몽에게 말 치는 일을 시킨다. 청년이 된 주몽은 례 씨라는 여인에게 장가를 든다. 주몽은 류화에게 남쪽으로 내려가 나라를 세울 뜻을 밝히고, 친구 3인과 함께 떠날 채비를 한다. 주몽은 임신한 부인에게 만약 아들이 태어나면 이름을 류리라 짓고 자신이 묻어 둔 유물을 찾아오게 하라고 당부한다. 주몽이 떠난 것을 알게 된 금와왕과 대소는 병사를 보내지만, 천우신조로 주몽은 이들을 따돌린다. 졸본에 도읍을 정하고 국호를 고구려라 지은 주몽은 스스로 동명왕이 된다. 동명왕은 주변 소국들을 차례로 정복하여 고구려의 영토를 넓힌다. 동명왕 14년에 류화가 죽고, 5년 후에 아들 류리가 태어난다. 류리는 아버지가 묻어 둔 '부러진 칼'을 찾아서 고구려로 오고 동명왕과 해후한다. 동명왕은 위로 백성을 다스리고 아래로 만세의 복을 널리 펴서 조선 전체의 시조가 된다. 왕으로 등극한 지 19년 만에 동명왕이 승하하고 아들 류리가 왕에 오른다. 이후 동명왕의 후손들은 모두 태평성대를 누린다.

【참고】 국립중앙도서관 소장 성문당서점본 표지와 본문 첫 장에 '역사소설 아버지 찾는 칼「야담동명왕편」'이라고 표기되어 있다. 동명왕의 탄생에서부터 죽음에 이르기까지 영웅적 일대기가 그려지고 있으며, 전체적으로 동명왕을 찬양하는 서술이 주조를 이룬다. 역사적 인물의 널리 알려진 일화를 바탕으로 한 역사 기록물적인 텍스트이다.

아세아의 대동란/亞細亞의大動亂: 한강 발행.

【내용】 미확인.

【참고】 단행본 원본 자료를 구할 수 없어 작품의 경개 및 세부 서지사항을 확인하지 못했다. 1931년 6월호 《조선출판경찰월보》 단행본 출판 금지 목록에 수록되어 있다. 출판 금지 사유는 치안 방해이다.

아여행/啞旅行: 작자미상. 중앙서관1908.

【내용】 미확인.

【참고】 단행본 원본 자료를 구할 수 없어 작품의 경개 및 세부 서지사항을 확인하지 못했다. 『伊太利少年(중앙서관1908)』 권말 '新小說出版豫告'에 '社會小說 啞旅行'이라고 제목이 표기되어 있다.

아우성/亞友聲: 지복문 발행.

【내용】 미확인.

【참고】 단행본 원본 자료를 구할 수 없어 작품의 경개 및 세부 서지사항을 확인하지 못했다. 1933년 8월호 《조선출판경찰월보》 단행본 출판 금지 목록에 수록되어 있다. 출판 금지 사유는 치안 방해이다.

阿Q正傳

(一)

中國 魯迅 作

白華 譯

第一章 序

아큐정전(번)/阿Q正傳: 루쉰 작. 백화 역. 조선일보1930.1.4-2.16(23회 완).

【내용】 원작 참조.

【참고】 연재 지면에 '阿Q正傳 中國魯迅 作 白華 譯'이라고 표기되어 있다. 《조선일보》 1930년 1월 4일자 연재 1회분 본문에 앞서 번역자는 원작에 대한 소개와 번역의 계기 등을 서술하고 있다. 이에 따르면 루쉰의 대표작 「아큐정전」이 이미 여러 언어로 번역된 것을 보고 우리말 역본을 계획하였으나 '難解한 土語' 때문에 주저하다가 "이번에 偶然한 機會로 譯述"하게 되었다는 것이다. 2월 16일자 23회분의 말미에 '끗' 표기를 한 후 "本小說을 譯載함에 對하야 讀者에게 첫재 謝過할 것은 譯者 스스로가 校正을 못 본 것"이라고 부기하고 있다. 원작 「아큐정전(阿Q正傳)」은 1921년에 루쉰(魯迅)이 발표한 대표적 중편소설이다. 신해혁명을 전후한 농촌을 배경으로 하고, 정확한 성명도 모르는 최하층 날품팔이 농민인 '아Q'의 전기 형식으로 창작된 소설이다. 혁명당원을 자처했으나 도둑으로 몰려서 싱겁게 총살되어 죽는 아Q의 운명을, 혁명 앞에서도 끄떡없는 지배력을 가지고 군림하는 지주와의 대립 관계 속에서 그려냄으로써 혁명의 쓰디쓴 좌절을 표현했다.

악마와 같이(번)/악마와가티: 원작미상. 현진건 역. 박문서관1924.

【내용】 「백발」 참조.

【참고】 청황생이 번역하여 연재한 「백발(조선일보1921.5.14-9.30)」의 제목을 바꾸어 단행본으로

출간한 것이다. 청황생은 현진건의 필명이다. 현재 단행본의 존재는 확인되지 않고, 목록상으로만 발견되는 상태이다. 『재활(광한서림1928)』, 『마인(문언사1948)』, 『요부의 말로(동문사서점1949)』와 함께 「백발」의 단행본 이본이다.

악마의 루/惡魔의淚: 신태삼 저작발행. 세창서관1936(62면, 30전).

【내용】 경성 백만장자 리종순의 아들 태호는 경패라는 이름의 기생첩을 얻는다. 경패는 태호의 친구이자 자신의 정부인 김창일과 짜고 재산을 빼돌릴 궁리만 한다. 의학전문을 졸업한 태호가 독일로 유학을 떠난 사이 창일과 경패는 태호의 처 송자를 모함하여 쫓아내고 리씨 집안의 재산을 빼돌려 만주로 도주하려는 음모를 꾸민다. 송자는 경패 등의 모략에 빠져 시아버지의 눈밖에 나고 결국은 집에서 쫓겨난다. 억울함을 이기지 못한 송자는 자살할 마음을 먹지만 유모에 의해 구출된다. 유모는 그간의 사연을 듣고 꾀를 내어 송자가 죽었다는 거짓말을 한 후 경패에게 의도적으로 접근한다. 유모는 경패와 스스럼없이 지내면서 사건의 전말을 추적하여 확실한 심증을 얻고, 종순을 해하여 재물을 약탈하려던 경패 등의 계획을 알아낸다. 유모의 도움으로 목숨과 재산을 보전한 종순은 송자에게 사과하고 은인인 유모에게 후히 사례한다. 이러한 사정을 전혀 모르고 공부하여 의학박사가 된 태호는 귀국 후 '일부일부(一夫一婦)의 정칙'을 위반한 것에 대해 반성한다.

【참고】 고려대 도서관 소장 세창서관본 표지에 '探偵小說 惡魔의淚 악마의눈물'이라고 표기되어 있다. 부호의 아들을 둘러싸고 재산을 가로채려는 세력의 음모와 선인형 주인공의 측근에 의한 의혹 해소 과정을 그린 소설이다.

안나 카레니나(번)/안나·카레니나: 톨스토이 작. 역자미상. 시대일보1925.11.1.

【내용】 원작 참조.

【참고】 제목 앞에 '泰西名作梗槪 안나·카레니나 露 톨스토이'라고 표기되어 있다. 전체 내용을 간략하게 소개하기 전 "톨스토이가 45세 시절 사상이 가장 무르익었을 때 지은 작품으로, 작품에 나오는 '레뮌'이 작자의 면모를 그리어 낸 것"이라 설명하였다. 이어 톨스토이를 대문호이자 대사상가라며 '작품의 넓이와 깊이, 또 힘이 있는 품이 참으로 톨스토이의 이름을 세계문학사상에 끼칠 만한 것'이라고 평가하였다. 원작은 러시아 문호 톨스토이(Lyev Nikolayevich Tolstoy)의 「Anna Karenina(1875-77)」이다.

안동의기/安東義妓: 조일재 작. 매일신보1939.11.20-1940.5.21(179회 완).

【내용】 서울 사는 리순은 과거 공부를 위해 근교의 일월암에서 공부를 한다. 여승 해월은 리

三五夜話 安東義妓【1】
趙一齋 作
李承萬 畫
리생원집 (一)

순을 남몰래 사모한다. 암자 아랫마을의 춘섬도 리순을 사모하지만 얼마 후면 부잣집 후처로 들어가게 되어 있다. 춘섬은 리순에게 자신의 마음을 고백하고, 그 후 편지를 주고받으며 사랑하는 사이가 된다. 춘섬의 혼인날 리순이 가슴 아파하자 질투심에 사로잡힌 해월은 밤에 춘섬의 신방에 들어가 그녀를 잔인하게 살해한 뒤 자살한다. 이후 리순의 후손들은 과거에 계속 낙방하여 집안이 점차 기울어진다. 리순의 증손인 만춘은 안동부사인 매형을 찾아가 도움을 청하려다 험한 산길에서 도적을 만나고 겨우 목숨만 구한다. 거기에서 그는 정신을 잃은 옥련을 발견하고, 이어 십여 년 전에 헤어진 그녀의 어머니를 우연히 만난다. 옥련의 어머니는 만춘에게 딸을 아내로 맞아 달라고 청한다. 만춘은 그 청을 받아들이지만 도적들을 피하기 위해 그들과 헤어져 안동으로 간다. 매형으로부터 문전박대를 당한 그는 관기인 소춘의 도움으로 그녀의 집에 머문다. 과거에 급제하여 매형에게 당한 수모를 갚겠다는 일념에 만춘은 서울 성균관으로 들어가 공부한다. 어느 날 밤, 만춘은 미행을 나온 숙종과 만난다. 만춘의 재능을 알아본 숙종은 다음 날 바로 과거를 열어 만춘을 장원으로 뽑는다. 만춘은 암행어사가 되어 삼남지방으로 내려오는 도중에 우연히 옥련을 만난다. 옥련이 만춘의 걸인과 같은 모습에 실망하자 주저 없이 그녀와 헤어진다. 한편, 안동에 도착한 만춘은 우선 소춘의 집으로 가는데, 소춘은 안동부사를 향한 만춘의 노여움을 달래고 그 덕에 장원급제를 했으니 오히려 고마워하라고 한다. 이어 옥련에 대한 마음을 풀도록 옆에서 거든다. 사연을 들은 숙종은 소춘을 안동의 의로운 기생이라 명하며 소춘을 만춘의 본처와 같이 대하라고 한다. 옥련 어머니는 꿈에 한 노인으로부터 소춘과 옥련, 만춘의 인연에 관해 듣는다. 원래 이들은 천상의 선관 선녀였으나 죄를 지어 인간 세로 내쫓겨 리순, 해월, 춘섬의 인연으로 만났다가 이번 생에 환생하여 인연을 이루었다는 것이다. 이후 이들은 행복하게 잘 살았으며, 이들이 죽자 사람들 사이에는 이들이 천상으로 돌아갔다는 소문이 돈다.

【참고】 연재 지면에 '三五夜話 安東義妓 趙一齋 作 李承萬 畫' 라고 표기되어 있다. '三五夜話 安東義妓' 라는 제목으로 연재된 작품이다. '삼오야화 안동의기' 는 179회로 종료되고, 180회부터는 '삼오야화 동지사비화' 가 연재되었다. 즉 「안동의기」와 「동지사비화」는 '삼오야화' 라는 큰 제목으로 묶인 서로 다른 두 편의 이야기이다.

안의 성 / 안의셩雁의聲

해동초인 작. 박문서관1914(174면, 45전) ; 신구서림1938(120면).

【내용】 일찍 부모를 여읜 박정애는 서울 마포에서 생선 행상을 하는 오빠 춘식의 도움으로 여학교를 졸업한다. 반면 비교적 유복한 가정의 편모슬하에서 자라난 김상현은 법학전문을 졸업한다. 상현은 학교 가는 길에 보아 온 정애를 흠모하여 모친이 선택한 정봉자를 마다하고 정애와 결혼한다. 상현의 이웃집에 살던 봉자는 정애에 대한 질투심으로 상현의 누이동생 영자와 짜고서 간계를 꾸민다. 봉자와 영자는 정애의 결혼반지를 훔친 후 이를 빌미로 정애를 모함하여 친정으로 내쫓고 결국 정식 이혼까지 하게 만든다. 이 일로 상현은 구미 각국으로 여행을 떠나고, 정애는 실성하여 집을 나간다. 한편 경주경찰서장으로 내려와 있던 상현의 친구 현국진은 우연히 부랑소년을 통해 상현의 이름이 새겨진 결혼반지를 발견한다. 그리고 이를 조사하는 과정에서 봉자와 영자가 정애의 결혼반지를 훔쳐 전당국에 잡힌 사실을 알게 된다. 정애를 모함한 죄가 들통 난 봉자와 영자는 경주경찰서 유치장에 갇히고, 상현의 모친은 며느리의 행방을 찾아 나선다. 한편 외국에서 삼 년 만에 돌아온 상현은 우연히 들른 진주 촉석루에서 정애와 모친을 차례로 만난다. 대구지방재판소 법관이 된 상현은 정애와 재결합하여 행복한 생활을 보내다 출옥 이후 새사람이 된 봉자를 부실로 맞아들인다.

【참고】 최찬식의 작품이다. 국립중앙도서관 소장 박문서관본의 본문 첫 장에 '鴈의聲 海東樵人'이라고 표기되어 있다. 난외서명은 '안의셩'이다. 애정의 삼각 갈등을 다루고 있으며, 그 갈등의 해소 방식으로 일부다처제를 제시하고 있다.

알리샤의 일기(번)

【내용】「슬픈 기병」 참조.

암야의 총소리/暗夜의총소리: 이원규 작. 대성서림1934(60면, 30전).

【내용】 함경남도 신창의 주재소에 한밤중에 괴한이 침입해 무기와 실탄을 훔쳐가는 사건이 발생한다. 사건 발생 3일 후에는 신창 근처의 양화 어업조합 출장소에 권총을 든 강도가 나타나 현금을 강탈해 간다. 이 사건을 신창 사건과 동일한 범인의 소행인 것으로 본 신창 주재소는 양화를 포위하여 수색을 벌이지만 범인의 종적은 알 수가 없다. 사건 발생 8일째 되는 날, 양화 부근 의호역에서 또다시 사건이 발생하여 순사가 총상을 입는다. 한편, 신창 주재소 수색대는 주재소 한구석에서 범인의 것으로 추정되는 마스크를 발견한다. 신창 시내

포목상을 뒤져 마스크를 만든 옷감의 출처를 찾던 수색대는 한 양복점에서 근무하는 김춘영이 얼마 전 종적을 감췄다는 사실을 알게 된다. 순사의 끈질긴 심문 끝에 춘영의 아내는 남편의 범행 사실을 자백한다. 사건 발생 10일째 되는 날, 신창의 승평 수수밭 속에 범인이 숨어 있다는 제보를 받고 수색대가 수수밭을 포위하지만 춘영은 이미 입었던 옷을 버리고 도주한 뒤다. 경계를 서고 있는 순사들에게 산속을 넘나들며 총상을 입히던 춘영은 19일째 되는 날 신창역에 나타나 역무원을 앞장세워 역장의 집으로 간다. 그곳에서 역장 내외를 권총으로 위협한 그는 역장의 양복으로 갈아입고 역장의 아내와 부부인 것처럼 위장하여 경성행 기차를 탄다. 기차가 막 출발한 순간 수색대가 도착하고, 기차를 뒤쫓은 수색대는 신창 터널 부근에서 일대 격투를 벌인다. 다른 지방에 동원되어 근무를 서다가 해산 명령을 받아 기차를 타고 돌아가던 한 순사가 기차 안에서 춘영을 체포한다.

【참고】 국립중앙도서관 소장 대성서림본 표지와 본문 첫 장에 '神出鬼沒 探偵小說 암暗야夜의 총소리' 라고 표기되어 있다. 본문 첫 장에 '李元珪 作' 이라고 표기되어 있다. 사건이 발생한 시점에서 시작하여 범인의 종적을 따라가며 내용이 전개된다. 작품의 말미에 "이 쌀막한 탐정실화는 일반 경찰관 제현의게 밧치는 동시에 장래 범인 수색상 참고가 될가 하는 의미로 쓴 것"이라는 작가의 글이 덧붙여져 있으며 그 끝에 '一九三四年 十月 日 (筆者)' 라고 탈고 시기를 밝히고 있다.

암영(번)/暗影: 원작미상. 진학문 역. 동양서원1923.

【내용】「소의 암영」 참조.

【참고】 진학문이 '秦瞬星' 이라는 필명으로 《동아일보》에 1922년 1월 4일부터 4월 14일까지 총 92회 연재했던 「小의 暗影」을 1923년 '암영(暗影)' 으로 개제하여 단행본으로 출간한 것이다. 원작 미상의 외국 작품을 우리의 상황에 맞게 번안한 작품으로 추정된다. 잡지 《동명》 1923년 2월호(제2권 11호)에 "本 小說은 일즉이 東亞日報 紙上에 揭載되어 가장 만히 歡迎밧든 長篇小說이니, 저 山間의 野菊과 가튼 可憐한 한 女性이 不合理한 社會組織의 犧牲이 되어 그 數奇한 運命에 우는 것을 同一한 運命에 우는 한 青年教師가 겻해서 참아 이를 볼 수 업서 舊然히 그 地位와 名譽와 一切을 拋棄하고 이를 求하려다가 이 또한 不完全한 社會制度의 陷穽에 마츰내 빠저들어 가는 哀切하고 悲慘한 戀愛事實을 主材로 삼아 그 精妙하고 深刻한 筆致로 어느 家庭의 大悲劇을 寫出하야 써 戀愛 結婚 夫婦의 關係 其他 幾多의 重要한 問題를 통하여 現代에 숨어 잇는 어느 슬픈 一 場面을 讀者의 眼前에 展開한 것"이라는 광고가 나와 있다.

암투(번)/暗鬪: 원작미상. 이소 역. 영창서관1925(80전).

【내용】 미확인.

【참고】 단행본 원본 자료를 구할 수 없어 작품의 경개 및 세부 서지사항을 확인하지 못했다. 『금낭이산(영창서관1925)』 권말 '영창서관에서 발행한 서적' 광고에 '戀愛探偵 暗鬪'라고 제목이 표기되어 있다. 영창서관에서 펴낸 『신간도서목록』에 '二笑 譯 戀愛探偵 暗鬪'라고 표기되어 있다.

압록강 삼미인/鴨綠江三美人: 김완기 저작발행. 홍문서관1947(51면).

【내용】 「압록강의 삼미인」: 감옥에 갇힌 아버지 서백을 구하기 위해 왕궁을 찾아간 거문고의 명인 백읍고는 그 솜씨에 찬탄한 주왕으로부터 사면을 약속받는다. 그러나 백읍고의 출중한 외모에 반한 왕비 달기가 거문고를 배운다는 핑계로 통정을 시도하고, 이를 거절한 백읍고는 죽을 위기에 빠진다. 아버지의 위험보다 국가의 안위가 더 중요하다고 생각한 백읍고는 명예롭게 죽기를 작정하고 왕 앞에서 거문고를 연주하면서 간언하는 노래를 부른다. 자식이 죽은 것을 짐작한 서백은 독이 든 떡을 삼키지 않고 출옥하여 목숨을 건지고 후에 주(周)나라를 세운다. 「임백호와 일지매」: 평양에 절개 굳기로 유명한 일지매라는 기생이 있다. 소문을 들은 임백호는 평양에 부임할 신임 감사 등과 내기를 걸고 일지매의 마음을 얻기로 결심한다. 임백호는 생선장수로 위장하여 일지매의 집에 들어가고 늦었다는 핑계로 헛간에서 묵게 되는데, 그날 밤 잠을 이루지 못하는 일지매와 시로 수작하며 관심을 끄는 데 성공한다. 마침내 자신의 신분을 밝힘과 함께 일지매의 마음을 얻은 임백호는 아름다운 인연을 맺고, 다음 날 수청 명령을 가져온 예방을 따라 평양 관아로 출두하여 신임 감사가 베푼 잔치를 즐긴다.

【참고】 서울대 도서관 소장 홍문서관본 표지에 '압록강삼미인(鴨綠江三美人)', 본문 첫 장과 매 페이지의 상단에는 '압록강의 삼미인(鴨綠江의 三美人)'이라고 표기되어 있다. '압록강삼미인(鴨綠江三美人)'이 표제로 되어 있으나 실제로는 「압록강의 삼미인」과 「임백호와 일지매」 두 편의 작품이 전후로 나뉘어 실렸다. 전자는 1면부터 27면까지이며, 후자는 27면부터 51면까지이다. 또한 「압록강의 삼미인」은 그 제목이나 표지그림과 전혀 어울리지 않는 내용을 담고 있으며 배경 또한 주(周)나라 건국 이전 중국으로 설정되어 있다. 「임백호와 일지매」는 실제 인물인 백호 임제와 가상 인물로 추정되는 평양 기생 일지매의 설화를 짧은 분량으로 서술한 텍스트이다. 일지매라는 작품 속 인물을 널리 알려진 바 있는 평양 명기 한우로 판단하거나 추정해 볼 근거는 찾을 수 없다.

압록강은 흐른다(번)/Der Yalu Fliesst

이미륵 작. R.Piper&Co.,Verlag/Munchen1946(219면).

【내용】 원작 참조.

【참고】 표지에 "MIROK LI DER YALU FLIESST eine Jugend in Korea PIPER"라고 표기되어 있다. 이미륵(본명 이의경李儀景, 1899-1950)의 자전적 소설로, 모두 24장으로 구성되어 있다. 독일 교과서에도 실릴 정도로 독일에서 베스트셀러가 되었으며, 한국을 독일에 소개하는 데 큰 공헌을 한 작품이다. 한국의 풍습과 산하, 한국인의 인정을 유려하고 간결한 문체의 독일어로 그리고 있다. 제2차 세계대전 직후 최초의 출판물로 간행되었으며, '독일어로 쓰인 가장 빼어난 문장'이라는 찬사를 받으면서 독일의 신문과 잡지 등에 100여 차례 서평이 실리기도 하였다. 영어와 프랑스로 번역되었으며, 한국어 번역은 전혜린에 의해 이루어져서 1959년 여원사에서 단행본 초판이 출간되었다. 한국어 번역본 목차는 다음과 같다. 1.수암과 같이 놀던 시절, 2.독약을 먹은 장난꾸러기, 3.습자지로 만든 연(鳶), 4.종각이 있는 놀이터, 5.즐거웠던 설 놀이, 6.불공을 드려준 여인, 7.병석에 누운 아버지, 8.유리창이 달린 새 학교, 9.수소, 인력, 에이브러햄 링컨, 10.방학은 즐거워라, 11.가을도 가고 겨울이 와서, 12.상복을 입고, 13.외로운 포구 송림 마을, 14.유럽에의 꿈을, 15.가뭄은 계속되고, 16.입학시험, 17.서울 유학 무렵, 18.낡은 것과 새로운 것, 19.기미 만세의 절규 속에, 20.압록강은 흐른다, 21.중국의 하늘, 22.바다를 건너가며, 23.마르세유 항구, 24.꽈리에 붉게 타는 향수." 고려대 도서관 소장 홍익출판사(1967)본을 참조하였다.

압록강을 건너서/鴨綠江을건너서: 작자미상. 서지불명(108면).

【내용】 신의주에 사는 김은식과 리영숙은 서로 사랑하는 사이지만, 집안의 반대로 결혼에 어려움을 겪는다. 은식의 모친은 영숙의 아버지가 좋지 않은 사람이라는 이유로 결혼을 반대한다. 영숙의 아버지는 욕심 많은 주정뱅이로, 딸을 돈 많은 사람에게 시집보내려 한다. 어느 날 은식의 친구인 최영보란 자가 영숙을 보고 음심을 품는다. 그는 육욕만 아는 자로, 은식의 누이 은순과 결혼했으나 곧 그녀를 버리고 불행하게 만든 장본인이다. 영보는 영숙의 부친에게 돈을 줄 테니 딸을 달라고 하여 승낙받는다. 이 사실을 알게 된 은식과 영숙은 함께 도망치지만, 이내 영보에게 붙잡힌다. 영숙은 어디론가 끌려가고, 은식은 홧김에 카페를 떠돌며 술을 마신다. 그러던 중 은식은 우연히 카페 여급들로부터 영보가 영숙을 끌고 백두산 벌목장으로 갔다는 말을 듣고 그 뒤를 따른다. 한편 영숙은 백두산 벌목장의 외딴 건물에 갇힌다. 영보가 그녀를 겁탈하려는 순간, 은식이 뒤따라와 구해 준다. 두 사람은 산길로 달아나지만 다시 영보 일당에게 붙잡힐 위기에 처한다. 그들은 최후의 수단으로 강을 흐르는 뗏목에 뛰어오른다. 두 사람은 폭포에 떨어지기 직전에 맞은편 강변에 다다르지만, 추격하던 영보는 폭포를 피하지 못하고 떨어져 죽는다. 위험에서 벗어난 은식과 영숙은 기차를 타고 함께 봉천으로 떠나기로 한다.

【참고】 표지에 '압녹강을 건너서', 본문 첫 장에 '戀愛映畵小說 鴨綠江을 건너서(一名 汽車에 사랑을 실코)'라 표기되어 있다. 간기와 뒤표지 유실로 자세한 출판사항은 알 수 없다. '序詞'에서 '사랑은 아름답고도 슬픈 것으로, 두 젊은이의 이야기를 소개하겠다'고 밝히고 있다. 본문은 '序詞'를 제외하고 전체 12장으로 되어 있다. 이 중 제1장은 '극즁극'이라는 제목을 가지고 있는데, 은식과 영숙이 자신들과 유사한 처지에 있는 한 쌍의 남녀가 등장하는 연극을 관람하는 것으로 상황을 설정하

고, 그 연극의 내용을 서술하고 있다.

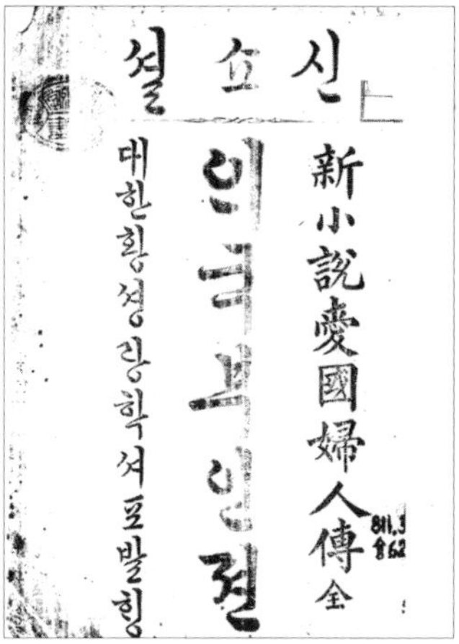

애국부인전/ᄋᆡ국부인전愛國婦人傳

장지연 작. 광학서포1907(39면, 15전).

【내용】 비범하게 출생한 약안은 신의 계시를 받고 전장으로 나아가 군인들을 이끈다. 약안은 아리안 성 전투를 승리로 이끄는 등 공을 세우지만, 영국군에게 잡혀 이단으로 몰리고 결국 화형당한다.

【참고】 표지에 '신쇼셜 ᄋᆡ국부인전 新小說愛國婦人傳全', 판권지에 '져작자 슝양산인'이라고 표기되어 있다. 프랑스의 실존 인물인 잔다르크가 등장하는 작품으로서 장지연의 창작인지 번안작인지 명확하지 않다. 프랑스는 '법국'으로 잔다르크는 '약안아이격'으로 오를레앙은 '아리안'으로 표기하고 있으며 총 10회로 분장되어 있다. 희생을 통한 잔다르크의 애국정신을 강조하고 있는 것은 일제에 대응하여 국권수호 의지를 고취시키려는 소설의 목적을 짐작하게 한다. 문어체의 문장과 주인공의 일대기적 구성 등 전대 고소설의 특징을 많이 가지고 있다. 순국문체 표기 작품이다.

애국열혈(번)/ᄋᆡ국열혈: 엘미울박 작. 리대위 역. 신한민보1915.8.5-10.28.

【내용】 원작 참조.

【참고】 《신한민보》에 1913.12.19-1914.1.1까지 '나폴륜과 푸로시아 왕후'라는 제목으로 연재되다가 중단되었던 것인데, 1915.8.5부터 'ᄋᆡ국열혈'로 표제를 변경하여 연재한 것이다. 《신한민보》 '小說'란에 "ᄋᆡ국열혈 이 ᄎᆡᆨ의 본명은 (나폴륜과 푸로시아왕후)인ᄃᆡ 이제 그 ᄎᆡᆨ의 대지를 들어 그 일홈을 곧치며 ᄯᅩ는 이 쇼셜을 일족이 신한민보에 조곰 긔ᄌᆡ하얏더니 지금 다시 그 ᄎᆡᆨ을 완젼이 번역하야 젼편을 련속히 보고저 하야 이에 ᄯᅩ 그젼 긔ᄌᆡ한 바를 일호 긔ᄌᆡ함"이라고 정황을 설명하고 있다. 본문 앞에 '덕문 져술쟈 엘미울박 영문 번역쟈 에푸 조단 국문 번역자 리대위'라고 표기되어 있다. 장이 구분되어 있다.

애국정신(번)/愛國精神: 에밀라끼쯔스 작. 이채우 역. 중앙서관1908(86면, 25전).

【내용】 원작 참조.

【참고】 중앙서관본 초판의 표지에 '法國愛彌兒拉原著 大韓 李埰雨君 譯述 張志淵氏 校閱 愛國精神'이라고 표기되어 있다. 1915년 조선총독부가 발표한 '교과용도서일람'을 보면 당시 출판법에 의해 발

매 반포를 금지한 도서 목록을 제시하고 있는데, 이 책도 1911년 11월 16일자로 금지되었다는 기록과 함께 목록에 포함되어 있다. 이채우(李採雨)가 번역한 역사소설이다. 원작명은 알려져 있지 않다. 프랑스인 기병 중위인 에밀 라끼쯔스가 지은 것을 일본인 板橋次郎과 大立目克寬이 초역(抄譯)하였으며, 이를 대본으로 중역한 것이다. 동일 내용의 작품으로 1906년 《조양보》에 연재된 역자 미상의 「애국정신담」과 1907년에 《서우》에 연재된 노백린 역의 「애국정신담」이 있다. 전 12장으로 분절되어 있다. 개화기에 간행된 역사전기류 중에서 구국의 영웅을 주인공으로 한 영웅주의적 사관에 입각한 소설이 아니라는 특징을 지니고 있다.

애국정신담1(번)/愛國精神談: 에밀라끼쯔스 작. 역자미상. 조양보1906.11.10-?

【내용】 원작 참조.

【참고】 板橋次郎, 大立目克寬 공역의 일역서 『愛國精神譚(1891)』을 중역한 것이다. '法人愛彌兒拉原著'로 되어 있으나 역자는 밝혀져 있지 않다. 프랑스로 귀국한 청년의 애국심, 모리스라는 청년이 파리에서 군기 수여식을 보고 느끼면서 종군(從軍)하기까지의 애국정신을 서술한 책으로 프랑스 문헌으로는 최초로 번역된 작품이다.

애국정신담2(번)/愛國精神談: 에밀라끼쯔스 작. 노백린 역. 서우1907.1.1-9.1.

【내용】 원작 참조.

【참고】 '著作人 法人愛彌兒拉 譯述者 盧伯麟'이라고 표기되어 있다. 《西友》 7호-11호에 연재되었으나 이후 중단되었다.

애급근세사(번)/埃及近世史

시바시로 작. 장지연 역. 황성신문사1905(200면, 신화 45전).

【내용】 원작 참조.

【참고】 본문 첫 장에 '壽同 張志淵 譯述'이라고 표기되어 있다. 일본의 정치소설가 柴四朗 著 『埃及近世史(1889)』의 중국어 역본을 重譯한 것이다. 1905년 9월에 번역 출간된 후 《대한매일신보》와 《황성신문》의 적극적인 광고에 힘입어 지속적인 판매가 이루어진 것으로 알려져 있다. 이들 신문의 광고에 의하면 발매소는 황성신문사뿐 아니라 김상만서포, 주한영서포, 그리고 평양의 대동서관 등이다.

애달픈 청춘/애달분靑春: 진녹성 작. 광한서림1929(60전).

【내용】 미확인.

【참고】 단행본 원본 자료를 구할 수 없어 작품의 경개 및 세부 서지사항을 확인하지 못했다. 『서시전(광한서림1929)』 권말 광고 지면에 '戀愛悲喜活劇 애달분靑春' 이라고 제목을 표기하고 전면에 걸쳐 "朝鮮의 文藝的 藝術이 나흔 珠玉篇" 등의 수사로 작품 소개를 하고 있다. '눈물에싸인꼿' 부터 '最後의勝利' 까지 16개의 항목으로 나누어진 목차도 함께 소개하고 있다. 녹성 진대선의 작이라는 설이 있으나 광고 지면을 통해서는 확인할 수 없다.

애련모사/愛戀慕思: 작자미상. 박문서관1925(70전).

【내용】 미확인.

【참고】 단행본 원본 자료를 구할 수 없어 작품의 경개 및 세부 서지사항을 확인하지 못했다. 『옥루몽(박문서관·신구서림1925)』 권말 '本書舘發行及發賣書籍目錄' 에 '愛戀慕思' 라고 제목이 표기되어 있다.

애루몽/哀淚夢: 박철혼 작. 박문서관1930(60면, 25전).

【내용】 '나'는 중학교 4학년까지 다니다가 가정 형편이 어려워 중퇴한다. 해주의 고향으로 돌아갔으나 어머니가 죽은 후 형제들이 모두 뿔뿔이 흩어져 의지할 사람은 아무도 없다. 무작정 고향을 떠난 '나'는 북진이라는 금광도시로 간다. 그곳에는 '나'의 큰형과 의형제를 맺은 학은이 살고 있다. 학은은 '나'를 반갑게 맞아 주고 자신의 집에 머물게 해 주지만 얼마 지나지 않아 무위도식하는 '나'를 못마땅하게 여긴다. 학은의 태도에 서러움을 느낀 '나'는 옛 친구 긔준을 우연히 만나 그와 함께 광산으로 간다. 광부들을 감독하는 일을 하는 '나'는 음담패설이나 허풍스러운 말을 즐겨하는 광부들과 잘 어울리지 못한다. 무언가 큰 죄를 짓고 벌을 받고 있다는 느낌에서 헤어나지 못한 '나'는 얼마 후 더 이상 버티지 못하고 영변의 외삼촌댁으로 간다. 그곳에서 생명보험회사의 권유원으로 일하는 남자를 우연히 만나 그와 함께 일을 한다. 어느 날 박천 읍내의 예배당으로 사람들을 만나러 간 '나'는 보통학교 은사를 만난다. '나'는 은사의 청으로 그 마을에 새로 설립한 보통학교의 교원이 된다. 그러나 '나'는 교원으로서의 삶을 속박이라고 느끼고 자꾸 어딘가로 자유롭게 떠나고 싶다는 생각을 한다. 그러던 중 한 여자를 만나 사랑하게 되고 결혼하여 가정을 꾸린다. 교원 일을 그만두고 여자에게 있던 재산으로 사업을 시작하지만 얼마 안 가 실패하고 만다. '나'는 새 출발을 하고 싶은 마음에 부인을 두고 떠난다. 충청도의 한 광산에서 일을 하다가 부인이 너무나 보고 싶은 마음에 여덟 달 만에 집으로 돌아와 보니 부인은 이미 다른 사람과 함께 살고 있다. '나'는 충격을 받고 박천을 떠난다. 그리고 평양의 안긔호에게 편지를 보내 자신에게 일어난 일

을 말하며 평양에서 만날 날을 기약한다.

【참고】 고려대 도서관 소장 박문서관본 표지와 본문 첫 장에 '哀情小說 哀淚夢'이라고 표기되어 있다. 본문 첫 장에 '朴哲魂 著'라고 표기되어 있다. 친구에게 보내는 편지를 통해 자신의 내면심리와 사건의 정황을 드러내는, 근대 초기에 유행했던 고백체 소설의 형식을 지니고 있다.

애사1(번)/이사哀史: 위고 작. 민우보 역. 매일신보1918.7.28-1919.2.8(152회 완).

【내용】 원작 참조.

哀史 閔牛步

【참고】 빅토르 위고(Victor Hugo)의 「레미제라블(Les Misérables)」(1862)을 번역한 것이다. 민태원의 번역으로 연재 지면에는 '譯' 없이 '閔牛步'라고만 표기되어 있다. 구로이와 루이코(黒岩涙香)의 「아아, 무정(噫無情)」(1902-1903)을 재번안한 작품으로 알려져 있다. 동일 원작의 번역 및 번안본으로 최남선의 「너 참 불쌍타(1914)」와 「ABC계(1910)」, 강소파의 「레미제라블(1946)」, 홍난파의 「애사(1922)」와 「장발장의 설움(1923)」, 김광주의 「인간무정(1949)」, 박계주의 「장발장(1948)」이 있다.

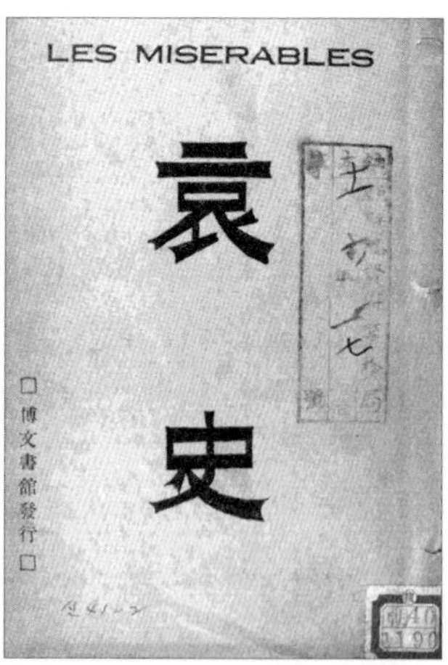

애사2(번)/哀史: 위고 작. 홍난파 역. 박문서관1922(129면).

【내용】 원작 참조.

【참고】 국립중앙도서관 소장 박문서관본 속표지에 '哀史 유-고- 作 洪蘭坡 譯', 본문 첫 장에 '哀史 "Les Misérables" -Victor Hugo'라고 표기되어 있다. 빅토르 위고의 「레미제라블」을 번역한 것이다. 본문 앞의 역자 머리말에서 원작의 경개역임을 밝히고 있다. 앞서 번역된 민태원의 「애사(매일신보1918.7.28-1919.2.8)」에 비해 1/3 정도로 축약된 작품이다. 국한문으로 번역되었으며, 이것을 홍난파가 다시 순한글로 옮긴 것이 『쨘빨쨘의 설음(박문서관1923)』이다. 동일 원작의 번역 및 번안본으로 최남선의 「너 참 불쌍타(1914)」와 「ABC계(1910)」, 강소파의 「레미제라블(1946)」, 민우보의 「애사(1918)」, 홍난파의 「장발장의 설움(1923)」, 김광주의 「인간무정(1949)」, 박계주의 「장발장(1948)」이 있다.

애원성/ᄋᆡ원셩哀怨聲: 원작미상. 역자미상.

이진원 저작발행. 박문서관1921(55면, 20전).

【내용】 프랑스 수도 파리 시내에 있는 장춘다점의 비밀 면회실인 7호실에서 살인사건이 일어난다. 피살자는 파리의 부호 장 백작이다. 장 백작은 어느 청년과 7호실에 들었는데, 청년이 나온 후, 한참 후에 직원에 의해 죽은 채 발견된 것이다. 사건 현장에서는 장 백작이 생전에 가장 신임하여 비밀리에 딸 ᄋᆡ련과 약혼시킨 심상녈의 명함이 발견된다. 경찰은 상녈을 용의자로 지목하고 어느 새벽 붓도쇼 공원에서 육혈포를 소지하고 있던 그를 체포한다. 상녈은 장 백작의 편지를 받고 그곳에 있었다고 진술하나 예심 판사는 그의 말을 믿지 않는다. 상녈을 범인으로 보는 데 미심쩍은 부분이 있다고 판단한 구숑 탐정은 예심 판사에게 공판을 늦추어 달라고 말하고 주변인을 탐문한다. 먼저 구 탐정은 상녈의 절친한 친구이자, 장 백작 소유의 석유회사 지배인인 송필쥬를 찾아간다. 필쥬는 구 탐정에게 장 백작이 그에게 남긴 유언장을 보여 준다. 유언장에는 백작의 딸 ᄋᆡ련과 상녈과의 약혼을 파기한다는 내용이 담겨 있다. 필쥬는 상녈이 장 백작의 변심을 분하게 여겨 살인을 했을 것이라고 말한다. 유언장이 발견됨에 따라 상녈의 혐의는 더욱 굳어지고 급기야 공판에서 사형을 언도받는다. 그런데 구 탐정은 공판장에 있던 장 백작 집의 하인 옥ᄆᆡ와, 어떤 여인을 수상하게 생각한다. 먼저 구 탐정은 옥ᄆᆡ를 찾아가 면회를 하였는데 그에게서 뜻밖의 말을 듣는다. 옥ᄆᆡ는 고모 황 소사의 주선으로 필쥬와 혼약을 맺었는데 알고 보니 이미 그에게는 경랑 부인이라는 아내가 있었다는 것, 그리고 옥ᄆᆡ가 비밀리에 붙여졌던 ᄋᆡ련과 상녈의 약혼 사실을 필쥬에게 말했다는 것이다. 한편 장 백작의 장례가 치러지고 난 뒤, 필쥬는 ᄋᆡ련과 결혼식을 올린다. 미망인 조 씨 부인은 마침 경랑 부인이 죽어 홀아비가 된 필쥬를 사위로 삼기에 적당하다고 여겼기 때문이다. 그런데 결혼식장에 죽은 줄 알았던 경랑 부인이 나타난다. 필쥬의 독살을 피해 도망했다가 그의 결혼을 막기 위해 결혼식장에 온 것이다. 구 탐정은 바로 필쥬를 체포하고 그에게서 범행 일체를 자백받는다. 필쥬는 친구 상녈이 백작의 딸 ᄋᆡ련과 결혼하고 큰 부자가 되는 것을 질투하여 일련의 사건들을 꾸민 것이다. 결국 필쥬는 사형, 옥ᄆᆡ의 고모 황 소사는 징역을 언도받고, 상녈은 누명을 벗어 ᄋᆡ련과 혼인한다.

【참고】 서울대 도서관 소장 박문서관본 표지에 '四億萬圓의 風雲 哀ᄋᆡ怨원聲셩', 본문 첫 장에 '사억만원의 ᄃᆡ풍운 ᄋᆡ원셩'이라고 표기되어 있다. 추리소설의 서사구조를 지니고 있다. "이것은 세상에 권션증악에 ᄒᆞᆫ 모범이 되야 구쥬약사들이 각본을 삼이여 혹은 활동사진도 되며 혹은 신파연극도 되야 동셔양에 젼ᄒᆞ게 되ᄆᆡ"와 같은 서술, 그리고 배경이 프랑스인 점 등으로 볼 때 번안소설일 가능성이 높지만, 원작은 확인되지 않는다. 법률 제도의 중요함이 강조되고 있다.

◇次回小說豫告◇
家庭小說 愛의凱歌 碧岡生譯 審士生畫
◇머리말슴◇
◇강호제언의갈채를맛든청얼소설「하너야」는압흐로쇄회를남기고애달분뜻을막게되얏슴니다
◇그다음으로는다시아해를삼지못할사람을안해루삼아가진애를다ㅣ래오다가결국은두사람은부々이면서도남갓치지닌다는기맛키는소설늘소개하겟슴니다
◇그러나모ㅣ든번민과애수는피차간의일시액운이되고나종에는사랑의개선가를북으는눈물속에우슴이잇는작품이올시다

애의 개가(번)/愛의凱歌: **원작미상. 벽강생 번안. 매일신보1927.1.22-8.8(183회 완).**

【내용】 이관용은 홀어머니 밑에서 자란 청년이다. 관용은 김 박사의 딸 화동을 좋아하지만 어머니와 동생의 반대로 그녀와 결혼하지 못한다. 한편 김 박사의 아들 영진은 상해에서 유흥비를 마련하기 위해 박은희와 위장 결혼식을 올린다. 그로부터 얼마 후, 영진이 죽었다면서 그의 아내인 은희가 홀로 귀국한다. 이때에 화동은 관용이 은희에게 친절한 것에 앙심을 품고 관용에게 독설을 내뱉는다. 화동의 성격을 견디지 못하던 관용은 점점 은희를 사랑하게 되고, 그녀와 결혼을 한다. 그러던 어느 날, 죽었다던 영진이 살아오자 관용은 스스로 물러날 것을 결심하고 홀연히 대판으로 떠난다. 이에 은희는 관용을 쫓아가 과거 봉희라는 이름을 감추고 언니의 이름으로 위장 결혼을 한 사실을 고백한다. 모든 오해가 풀린 관용은 아내인 봉희와 함께 귀국한다.

【참고】 연재 지면에 '「愛의 凱歌」 碧岡生 翻案'이라고 표기되어 있다. 원작자와 원작 제목이 밝혀져 있지 않은 번안소설이다. 《매일신보》 1927년 1월 19일자에 "家庭小說 「愛의 凱歌」를 次回 連載"하며, "아내를 삼지 못할 여인을 아내로 삼아 애를 태우다가 결국 부부가 남같이 지내는 내용"이라는 예고 기사가 나와 있다.

애의 낙원(번): **원작미상. 채성석 역. 광문사1926.**

【내용】 미확인.

【참고】 현재 단행본 자료를 찾을 수 없고, 그에 대한 정보 또한 확인할 수 없다. 채성석은 『금쥬미담(조선야소교서회1923)』, 『긔도응답(조선야소교서회1925)』 등 기독교 서적의 번역과 출판에 활발히 참여한 인물이다. 이로 볼 때 「애의 낙원」 역시 기독교와 관련한 내용을 담은 작품으로 판단된다.

애의 력(번)/愛의力: **원작미상. 이민한 역. 조선일보1924.6.17-10.2(68회).**

【내용】 조세핀은 나폴레옹보다 여섯 살이나 위였고 두 아이의 어머니인 미망인이었다. 첫 번째 남편이던 보아네르 장군은 로베스피에르 치하에서 처형되고, 그녀만 구사일생으로 목숨을 건졌다. 그러나 사교계의 꽃이었던 그녀는 나폴레옹의 첫 번째 부인이 된다. 조세핀에 대한 나폴레옹의 사랑은 열정적이었으며 그는 조세핀에게 수많은 편지로 사랑을 속삭인다. 그러나 조세핀은 결혼 후에도 많은 외도를 했고, 그 소식이 전장의 나폴레옹에게도 많이 전

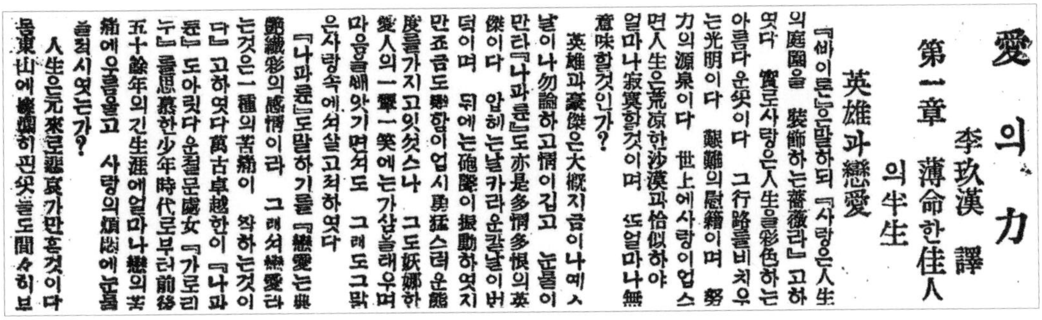

愛의 力

李玟漢 譯

第一章 薄命한佳人의半生

英雄과戀愛

『싸이론』은말하되 『사랑은人生의庭園을 裝飾하는薔薇라』 고하엿다 實로사랑은人生을彩色하는아름다운꼿이다 그行路를비치우는光明이다 艱難의慰籍이며 努力의源泉이다 世上에사랑이업스면人生은荒凉한沙漠과恰似하야얼마나寂寞할것이며 또얼마나無意味할것인가?

英雄과豪傑은大槪지금이나예ㅅ날이나勿論하고情이깁고 눈물이만타『나파륜』도亦是多情多恨의英傑이다 압헤는날카라운칼날이버티이며 뒤에는砲聲이振動하엿지만조금도驚할이업시勇猛스러운態度를가지고잇섯스나 그도妖娜한愛人의一顰一笑에는가삼을태우며마음을빼앗기면서도 그래도그맘은사랑속에서살고저하엿다

『나파륜』도말하기를『戀愛는[illegible]纖彩의感情이라 그래서戀愛라는것은一種의苦痛이 작하는것이다』 고하엿다萬古卓越한이『나파륜』 도아릿다운졀문處女『가로리누』를思慕한少年時代로부터前後五十餘年의긴生涯에얼마나戀의苦痛에우름울고 사랑의煩悶에눈물을지시엿는가?

人生은元來로悲哀가만흔것이다 몸東山에[illegible]히핀꼿을도間々히보

해졌다. 크게 상심한 나폴레옹은 이후로 더욱 권력과 전쟁에 몰두한다. 나폴레옹은 아이를 낳지 못하는 조세핀 황후와 이혼하고 오스트리아의 마리 루이제와 재혼한다. 루이제의 젊음은 나폴레옹에게 사랑을 느끼게 하지만, 나폴레옹의 삶에서 조세핀은 한 번도 잊힌 적이 없는 운명적인 사랑이었다.

【참고】 원작자 원작명 미상의 번역 작품이다. 연재 지면에 '愛의力 李玟漢 譯'이라고 표기되어 있다. 단 연재 1회에는 '李玖漢'이라고 역자를 표기하고 있는데, 식자 과정의 오류로 보인다. 10월 2일자 최종회 연재분 말미에 '지면 개혁' 관계로 연재를 마친다는 정보를 주고 있다. 조세핀(조셰쯘누)과 나폴레옹(나파륜)의 사랑 이야기로 엄밀히 말해 소설이라 하기 어렵다. 나폴레옹의 제1황후였던 조세핀과의 만남과 그들의 사랑에 대해 역사적인 사실과 야사를 섞어 서술하고 있다.

애의 희생자/愛의犧牲者: 작자미상. 덕흥서림1931.

【내용】 미확인.

【참고】 덕흥서림에서 1931년 발행되었다는 기록이 있으나 단행본 원본 자료를 구할 수 없어 작품의 경개 및 세부 서지사항을 확인하지 못했다. 『옥련의 눈물(덕흥서림1933)』 권말 '京城德興書林新刊書籍廣告'에 '愛의犧牲者'라고 제목이 표기되어 있다.

애인의 기봉/愛人의奇逢: 작자미상. 태화서관1931(25전).

【내용】 미확인.

【참고】 단행본 원본 자료를 구할 수 없어 작품의 경개 및 세부 서지사항을 확인하지 못했다. 『심청전(태화서관1931)』 권말 서적 광고에 '戀愛小說 愛人의奇逢'이라고 제목이 표기되어 있다.

애인의 눈물/愛人의눈물: 유석조 작. 영창서관1934(30전).

【내용】 미확인.

【참고】 단행본 원본 자료를 구할 수 없어 작품의 경개 및 세부 서지사항을 확인하지 못했다. 『쌍봉쟁화(영창서관1934)』 권말 판권지의 서적 광고에 '愛人의눈물' 이라고 제목이 표기되어 있다. 영창서관에서 펴낸 『신간도서목록』에 '庾錫祚 著 悲劇小說 愛人의淚' 라고 표기되어 있다.

애인의 선물/愛人의선물: 작자미상. 회동서관1925.

【내용】 미확인.

【참고】 단행본 원본 자료를 구할 수 없어 작품의 경개 및 세부 서지사항을 확인하지 못했다. 『쇼운젼(회동서관1925)』 권말 신소설 광고에 '愛人의선물' 이라고 제목이 표기되어 있다.

애인의 정사/愛人의情死: 작자미상. 세창서관1935.

【내용】 동아백화점에 근무하는 김영애에게는 박경식이라는 애인이 있다. 경식은 고등보통학교를 졸업하고 일본으로 유학을 떠난다. 영애와 같은 백화점에 근무하는 안죵근은 평소 그녀를 마음에 두고 있다가 고백하지만 거절당한다. 영애는 일본에 있는 경식에게서 오는 편지만을 기다리며 지내지만 어느 날부터 편지가 뜸해진다. 동경에서 하숙하던 경식은 이웃에 사는 가등청자(加藤淸子)라는 일본 여자와 가까워져 서로 좋아하게 된다. 경식은 영애에게 소식조차 끊고 지내다 가등청자와 귀국한다. 경식이 귀국한 것조차 모르고 있던 영애는 뜻밖의 소식에 놀라 그를 찾지만 경식은 가등청자와 결혼하였다며 자신을 잊어 달라고 말한다. 실연에 아픔을 겪은 영애는 망연자실하여 지낸다. 그런 영애에게 죵근이 접근해 와 강제로 추행한다. 정조를 빼앗긴 영애는 죽으려고 한강에서 뛰어내린다. 사람들에 의해 구출된 영애는 시름시름 앓아눕는다. 뒤늦게 영애를 찾은 경식은 눈물을 흘리며 슬퍼하는데, 영애는 마지막으로 경식에게 미소를 짓고는 영원히 눈을 감는다.

【참고】 표지와 본문 첫 장에 '戀愛哀話 愛人의情死' 라고 표기되어 있다. 고려대 소장 세창서관 1952년본을 텍스트로 내용을 정리했다.

애정/애정愛情: 고유상 저작발행. 회동서관1927.

【내용】 스물일곱 살의 박츙현은 일본에서 대학을 마치고 한국으로 돌아온다. 명망 있는 가문의 자제로 중매가 끊이지 않는 중 그의 친구 정문선은 이웃집 리명숙을 츙현에게 소개한다. 열아홉 살의 명숙은 절세미인이나 집안이 가난하고 문벌도 없다. 하지만 부친 리 감찰은 충후하고 순박하며 진실한 기독교인으로서 명숙으로 하여금 고등교육까지 마치게 할 정도로 개화한 사람이다. 명숙의 동무인 재산가의 딸 경슌은 츙현에게 반하여 청혼하나 거절

당하고 춘현은 명숙과의 혼인을 약속한다. 경상도의 고적을 조사하라는 정부의 명령을 받고 춘현은 경주로 가게 된다. 마침 최정순도 경주 고등보통학교 교원으로 발령받아 두 사람은 기차 안에서 만난다. 그들은 경주에 도착해 우연히 같은 여관에 묵게 되고 곧 친해진다. 그러던 중 춘현은 불국사를 조사하다 낭떠러지에서 떨어지는 사고를 당하여 병원에 입원한다. 춘현은 문션에게만 사고를 알려 명숙이 걱정하지 않도록 한다. 춘현을 간호하던 정순은 명숙의 편지를 대신 읽어 준다. 춘현은 정순에게 편지 대필을 부탁하나 정순은 대필한 편지를 몰래 찢어 버리고는 여관 주인에게 춘현의 건강을 핑계로 편지를 자신에게 달라고 부탁한다. 춘현이 회복되고 난 후 정순이 편지를 빼돌린 사실은 이내 들통 난다. 춘현이 업무를 다 마치지 못해 예정보다 두 달 더 경상도에 머무르는 사이 명숙은 정순의 오라비 한길의 계략에 빠져 마취약을 먹지만 겨우 위기를 벗어난다. 명숙은 정절을 잃은 것과 마찬가지라는 생각에 결혼하지 않겠다고 결심하고 이를 알게 된 문션은 마음을 돌리려고 애쓴다. 다섯 달이 지나 서울로 온 춘현은 명숙이 마중 나오지 않은 것에 대해 걱정한다. 춘현은 문션을 통해 명숙에게 어떤 허물이 있어도 상관없다는 마음을 전하고, 그제야 명숙은 생각을 바꾼다. 신문에 두 사람의 결혼 소식이 실리고, 동시에 한길이 마적에게 피살되었다는 소식이 실린다. 정순은 춘현을 잊지 못해 교사 자리도 버리고 서울에서 독신으로 지낸다.

【참고】 고려대 도서관 소장 회동서관본 본문 첫 장에 '신소설 애정(新小說 愛情)'이라고 표기되어 있다. 여자 혼자 여행하는 게 더 이상 이상한 일이 아니라고 하는 데서 가치관의 변화를 느낄 수 있다. 연적을 시기하는 여인의 심리와 표정 묘사에 공을 들였다. 판권지 훼손으로 자세한 서지사항을 확증할 수 없다. 김환의 『악마의 저주(한성도서1920)』, 박승엽의 『열정의 불길(덕창서관1926)』과 내용이 유사하다. 발표 시기를 비교할 때 「열정의 불길」과 마찬가지로 「애정」 또한 「악마의 저주」를 모방한 작품으로 판단된다.

애정다한/**愛情多恨: 신태삼 저작발행. 초판서지불명.**

【내용】 춘식은 충주에서 대대로 백정을 하여 축재한 박삼보의 아들이다. 어려서부터 신분이 미천함을 한탄해 왔던 춘식은 장차 일본 유학을 한 후 귀족의 사위가 되겠다고 결심한다. 그는 부친에게 신분을 속이고 살기 위해서는 고향을 떠나야 한다고 주장하고, 그에 따라 삼보는 강원도 평강으로 들어간다. 일본 유학 도중 춘식은 문벌이 높은 김 남작의 딸 경자를 만나 그녀와 장래를 약속하나 김 남작은 춘식의 근본을 알 수 없다 하여 두 사람의 결혼을 반대한다. 이에 경자는 실성하고, 김 남작은 춘식과 경자를 혼인시키고자 춘식의 행방을 수소문한다. 춘식은 경자와의 결혼을 고대하였으나 김 남작이 반대한다는 사실을 알고 평강으로 내려간다. 평강에서 신분을 속이고 박 생원으로 살고 있는 삼보는 돌아온 춘식에게 남 생원의 딸 정옥과 혼인하라고 말한다. 경자와의 사랑을 포기하지 못한 춘식은 이를 거절하고, 김 남작의 아들 성남에게 접근하여 경자의 동정을 살핀다. 성남은 경자가 실성하여 강원도

에서 요양 중이라는 사실을 전하고, 츈식은 경자를 찾아간다. 김 남작은 츈식의 근본을 계속 의심하면서도 경자의 병을 고치기 위해 어쩔 수 없이 두 사람을 혼인시킨다.

【참고】 표지에 "戀愛悲劇 愛情多恨 애정다한"이라고 표기되어 있다. "연애로 결혼은 성립되여야 행복이 잇슬 것이올시다"라는 구호와 같이, 시종일관 자유연애에 의한 결혼의 중요성을 강조하고 있는 작품이다. 서강대 소장 세창서관본을 텍스트로 내용을 정리하였으나, 초판의 발행 연도 및 기타 서지사항은 확인되지 않는다.

애정의 루/愛情의淚: 작자미상. 삼문사1932(25전).

【내용】 미확인.

【참고】 단행본 원본 자료를 구할 수 없어 작품의 경개 및 세부 서지사항을 확인하지 못했다. 『유충렬전(삼문사1932)』 권말 판권지의 서적 광고에 '애정의루'라고 제목이 표기되어 있다. 사진 자료로 확인한 발행 연도 미상의 삼문사 발행 딱지본 권말 광고에 '愛情의淚(一名사랑의눈물)'라고 제목을 표기하고 다음과 같은 소개의 글을 덧붙였다. "靑春男女의 사랑의 싹은? 지고야 말엇다 달큼한 그 사랑 속에는 눈물이 왜- 쓴이지 안는가! 반드시 그 눈물 속에는 무엇이 움즉이고 잇을 것이다 엇재든지 이 小說은 눈물이 업시는 보지 못할 눈물의 小說! 아! 愛情의 눈물! 이것이 기멕힌 눈물이 아니면 무엇인가?"

애정의 미인/愛情의美人: 한태진 작. 세창서관1935.

【내용】 경자와 경남 남매는 아버지가 병으로 죽자 서모인 셔병자에게 재산을 빼앗긴다. 병자는 빼앗은 재산을 지키기 위해 자신의 칠촌 조카인 오창영과 경자를 결혼시키려 한다. 이를 위해 병자는 경남을 다시 경성의 학교로 보내려 하고, 경자는 서모의 계교를 눈치채 경남과 함께 도망간다. 경자는 아버지를 진료했던 의사 안죵덕의 도움으로 간호부로 일하다가 산파 자격을 취득한다. 어느 날 병자의 남동생 병록이 경자 남매를 찾아내고, 경자에게 다시 창영과의 결혼을 강권한다. 경자가 거부하자 병록은 산모가 있다는 말로 경자를 유인하여 외딴 집에 감금한다. 당황한 경자 앞에 창영이 나타나 그녀의 정혼자 안병택이 일본에서 결혼했다고 거짓말을 한다. 창영은 의심하는 경자에게 그녀가 신표로 병택에게 준 사진을 증거로 내민다. 절망한 경자를 창영이 겁간하려는 순간 죵덕이 나타나 경자를 구한다. 한편 일본에 있는 병택은 경자 부친의 지원으로 유학길에 올랐다가 병에 걸려 경자의 집과 연락이 끊긴 상황에서 경자의 여고 동창 리옥희의 방문을 받는다. 옥희는 경자와 쌍둥이라고 할 만큼 외모가 닮았으나, 성격과 행동에 있어서 늘 경자와 비교당해 왔던 탓으로 경자에 대한 시기심과 원망이 깊다. 옥희는 우연히 경자를 짝사랑하는 창영을 알게 된 뒤, 경자를 불행에 빠뜨리기 위해 음모를 꾸민다. 옥희는 경자인 것처럼 위장하여 병택을 찾아가서는 부친

사망 후 서모가 강권하여 창영과 결혼했다고 말한다. 이에 병택은 절망하여 경자의 사진을 창영에게 돌려주었고, 창영은 그것을 경자에게 보여 준 것이다. 경자는 사실을 확인하기 위해 경남과 함께 일본에 있는 병택을 찾아간다. 다시 만난 경자와 병택은 오해를 풀고, 유학생들의 도움에 힘입어 결혼한다. 병자와 그 일당을 고소하자는 병택의 제의가 있었지만 경자는 그들을 모두 용서한다. 일본에서 경자는 여자사범학교에, 병택은 법률학교에 진학하여 공부한다.

【참고】 본문 첫 장에 '新小說 愛情의 美人'이라고 표기되어 있다. 계모와 친구의 방해로 고난을 겪은 등장인물이 방해자들을 단죄하지 않고 용서한다는 내용의 딱지본 소설이다. 이화여대 소장 세창서관 1952년본을 텍스트로 내용을 정리했다.

야광주/야광쥬夜光珠: 작자미상. 세계서림1924 ; 대성서림1926(80전).

【내용】 미확인.

【참고】 단행본 원본 자료를 구할 수 없어 작품의 경개 및 세부 서지사항을 확인하지 못했다. 사진 자료로 확인한 세계서림본 표지에 '야광쥬'라고 제목이 표기되어 있다. 『이팔청춘(대성서림1926)』 권말 판권지의 '신간서적광고'에 '理智探偵 夜光珠'라고 제목이 표기되어 있다. 『일지화(대성서림1928)』 권말의 광고 내용 중 "쌀막쌀막한 이상야릇한 탐정소설들은 그야말로 세게에서도 가장 유명한 것 즁에서 고르고 고른 것이니"라는 부분을 참고하면 단편추리소설집일 가능성이 높다.

야반의 경종(번)/夜半의警鐘: 시엔키에비치 작. 백낙천자 역. 신문계1916.6.

【내용】 원작 참조.

【참고】 헨리크 시엔키에비치(Henrik Sienkiewicz)의 소설 「쿠오바디스(Quo-Vadis)」(1895)를 '白樂天子'라는 필명의 역자 백대진이 부분역한 것이다. 원작자를 '波蘭文豪 씨엥키윗치'라고 밝히고 있으며, 「서언」의 "原書의 不在로 말미암아"라는 부분에서 重譯이라는 사실을 알 수 있다. 《신문계》 해당 호에 연재의 뜻을 밝히고 있으나 실제로는 한 번 게재 후 연재되지 않았다.

약산동대/藥山東臺: 작자미상. 광동서국1913 ; 이종정 저작발행. 박문서관1915.

【내용】 충청도 회덕군 동면에 사는 송셩회는 일찍 낙향하여 부인과의 사이에서 만득자를 얻고 그 이름을 경필이라 하였다. 경필이 자라 15세 때 영변의 약산동대를 구경하다가 마침 「열녀전」을 읽고 있던 한 소녀를 만나 주점의 매파를 통해 만남을 간청한다. 빙옥이라는 이름의 그 소녀는 창기의 몸이어서 인연을 맺을 수 없다 말한다. 경필은 빙옥의 부모에게 빙옥

을 정실로 맞겠다는 약속을 하고 신물(信物)을 교환한 후 작별한다. 이때 영변 부사가 새로 부임하여 기생점고를 시켰으나 빙옥이 나타나지 않으므로 강제로 불러 수청을 요구한다. 수청을 거역한 빙옥은 하옥된다. 한편 경필은 알성과에 장원급제하여 한림학사를 제수받고 평안도 암행어사가 되어 떠난다. 경필은 도중 초동과 농부에게 다음 날 본관사또 생일에 빙옥이 처형된다는 말을 듣고 급히 약산에 이르러 그녀의 집을 찾지만 장모의 푸대접을 받는다. 경필은 암행어사 출두를 하여 빙옥을 구출하고 공사를 처결한 후 길일을 가려 빙옥과 화촉의 예를 올린다.

【참고】 1913년 광동서국에서 구활자본으로 간행되었다는 기록이 있다. 박문서관 초판본은 1915년에 발행되었으며, 서울대 도서관 소장 1921년 발행의 4판본(89면, 30전)을 텍스트로 내용을 정리했다. 무대가 영변의 약산동대이고 주인공이 송경필과 빙옥으로 달라졌을 뿐 「춘향전」을 모방한 작품이다. 「기생점고」, 「형장가」, 「농부가」, 「몽유가」, 「강호별곡」, 「사시풍경가」, 「안빈낙도가」, 「영산가」, 「사친가」, 「짝타령」 등 여러 전승가사들이 삽입되어 있다.

양귀비1 /楊貴妃: 현령선 작.

광문사1922(99면) ; 경성서적업조합1926(99면, 30전).

【내용】 당명황은 호색한으로 일만 명이 넘는 후궁을 거느리고 있다. 그는 아들 수왕모의 부인 옥환의 미모가 뛰어난 것을 보고 자신의 후궁으로 삼고 귀비로 책봉한다. 황제는 그녀를 매우 사랑하여 그녀의 세 자매들에게도 벼슬을 내리고, 친척 오라비에게는 국충이란 이름을 하사하여 신하로 삼는다. 황제는 양 귀비와 더불어 음란하고 방탕한 생활을 즐기느라 정사를 소홀히 하고, 그 틈을 타 국충이 정권을 장악한다. 그는 권력을 독점하고자 옳은 소리를 간하는 자는 모조리 쫓아낸다. 그러던 중 안록산이란 자가 새로이 황제의 측근이 된다. 그는 변방의 무인 출신으로 천성이 음험하고 간악하지만, 겉으로는 충성스러운 척하여 황제의 총애를 얻는다. 안록산은 궁을 출입하다 우연히 양 귀비에게 반하고, 그녀 역시 그에게 불순한 애정을 품는다. 양 귀비는 황제에게 청하여 안록산을 자신의 양자로 삼고, 모자 관계라는 허울을 이용하여 서로 만나 정을 통한다. 한편 안록산은 국충의 누이와 결혼하여 양 씨 문중의 일원이 되고, 자신의 세력을 키워나간다. 세월이 흐를수록 양 씨 일가의 방탕함과 사치는 극에 달한다. 국충은 안록산이 세력을 키우는 것을 보고 경계하여 그를 멀리 변방으로 쫓아 보내고, 갖은 수단을 써서 반역자로 몰려 한다. 본래 역심을 품고 있던 안록산은 이 일을 계기로 모반을 앞당긴다. 안록산이 군사를 일으켜 수도로 진격하자 황제는 양 씨 일가와 함께 피난길에 오르는 한편, 군사들을 시켜 반군을 막으려 한다. 그

러나 황제의 군사들은 나라가 도탄에 빠진 원인이 양 씨 일가에게 있다며 분개하여 국충을 죽이고, 양 귀비의 목숨 역시 내놓을 것을 요구한다. 상황을 알아차린 양 귀비는 자신을 평생 아껴 준 황제를 곤경에서 구하기 위해 자결한다.

【참고】 국립중앙도서관 소장 경성서적업조합본 본문 첫 장에 '염정 양귀비(艶情楊貴妃) 全 錦江漁父 玄翙仙 著' 라고 표기되어 있다. 당 현종과 양 귀비, 안록산의 관계를 중심으로 하여 안록산의 난에 이르기까지의 역사적 사실을 각색한 작품이다. 역사적 사실보다는 황제와 양 귀비의 애정 행각, 안록산과의 불륜 등 흥밋거리를 위주로 기술하고 있다.

양귀비2(번)/楊貴妃: 왕두칭 작. 양백화 역. 조선일보1931.5.20-6.26(21회 완).

【내용】 원작 참조.

【참고】 연재 지면에 '戲曲 楊貴妃 中國 王獨淸 作 梁白華 譯' 이라고 표기되어 있다. 원작은 중국 당 현종의 귀비로 안록산의 난에 피살된 '楊貴妃' 의 이야기를 제재로 한 活劇 「양귀비의 죽음(楊貴妃之死)」(1927)이다. 원작자는 왕두칭(王獨淸, 1898-1940)이며, 상징주의 문학 이후 좌파 혁명문학을 추구한 중국 현대 시인이자 문학가로 알려져 있다. 양백화 역본은 총 6장으로 구성되어 있다. 잡지 《월간야담》 1937.4-11월호에는 양백화의 「양귀비(楊貴妃)」가 '중국야담' 으로 게재되어 있다.

양귀비3(번)/楊貴妃: 양백화 작. 월간야담1937.4-11(8회 완).

【내용】 내용 생략.

【참고】 연재 지면에 '中國野談 楊貴妃 梁白華' 라고 표기되어 있다. 고대로부터 중국의 소설과 시, 희곡의 주제가 되어 왔던 당 현종과 '楊貴妃' 이야기를 양백화가 정리하여 소개한 작품이다. 전체 구성은 총 23회의 절로 나뉘어 있다. 연재 지면에서 번역이라는 표지를 찾을 수 없으며, 따라서 원저자나 원저명에 대한 기록도 찾을 수 없다. 다만 양백화가 《조선일보》 1931.5.20-6.26일자에 '王獨淸 作 梁白華 譯' 의 戲曲 「楊貴妃」(21회)를 번역 소개한 것을 확인할 수 있으나, 두 텍스트의 성격은 일치하지 않는다. 양백화 자신이 희곡 「양귀비」를 번역으로, 야담 「양귀비」를 창작에 준하는 것으로 판단했으리라고 추정할 수 있다. 현종과 양귀비의 애정고사와 양귀비가 비극적 죽음을 맞이할 때까지의 내용을 다루고 있다.

양극 탐험기(번)/兩極探險記

브루스 작. 게일·이창직·이원모 역. 조선야소교서회1923(232면).

【내용】 원작 참조.

【참고】 브루스(William S. Bruce)의 「Polar Exploration(1911)」이 원작이다. 속표지 뒷면에 'Polar

Exploration by William S. Bruce and translated by Yi Chang Jik, Yi Wun Mo and James S. Gale from the Chinese of Loo Heng Seng' 이라고 표기되어 있어, 원저자가 브루스이며 게일 등 3인의 공역자가 중국어 판본을 중역한 것으로 이해된다. William S. Bruce는 런던 출생의 탐험가로서 1902-1904년 스코틀랜드 국립 남극탐험대의 대장이었던 것으로 유명하다.

양장미인/洋裝美人: 작자미상. 박문서관1923(30전).

【내용】 미확인.

【참고】 단행본 원본 자료를 구할 수 없어 작품의 경개 및 세부 서지사항을 확인하지 못했다. 『박씨부인전(박문서관1923)』 권말 신소설 광고에 '戀愛悲劇 洋裝美人'이라고 제목이 표기되어 있다.

양주봉전/양쥬봉젼梁朱鳳傳: 남궁준 편집발행. 유일서관·한성서관1917(70면, 30전).

【내용】 내용 생략.

【참고】 고전소설 「양주봉전」의 활자본 중 하나이다. 「이대봉전」과 같은 내용이다. 15회로 구성되어 있으며 각 회마다 소제목이 붙어 있다. 소제목은 한문으로 표기되어 있으며 한글풀이가 부기되어 있다. 남성영웅소설과 여성영웅소설이 결합한 양상을 보이는 것이 특징이다.

어둠의 힘(번): 톨스토이 작. 이광수 역. 중앙서림1923(183면, 90전) ; 광한서림1929.

【내용】 원작 참조.

【참고】 본문 첫 장에 '레오·톨스토이 著 春園·李光洙 譯' 이라고 표기되어 있다. 톨스토이(Leo Tolstoy/Лев Николаевич Толстой)의 희곡 「어둠의 힘(Власть тьмы)」(1888)이 원작이다. '니키타' 라는 일꾼이 농장의 젊은 여주인과 불륜의 관계를 맺으면서 여러 죄악이 발생한다. 타락해 가던 그가 마지막에 심경의 변화를 일으켜 범행을 자백함으로써 어둠 속에 작은 희망의 빛이 비치게 된다는 내용이다. 선정적이고 자극적인 이야기 전개와 그로테스크한 묘사 등으로 초연 당시에는 많은 비난을 받았던 작품이다. 자연주의적 경향에 휴머니즘이 착색된 작품으로 평가된다. 『서시전(광한서림1929)』 권말 '大好評書籍案内' 에 '어둠의힘' 이라고 제목이 표기되어 있다. 1931년 11월 延專文友會演劇部의 공연 기록이 남아 있다.

어디로 가나(번)/어듸로가나?

시엔키에비치 작. 도레미생 역. 매일신보1920.3.20-5.5(37회 미완) ; 광익서관1921.

【내용】 원작 참조.

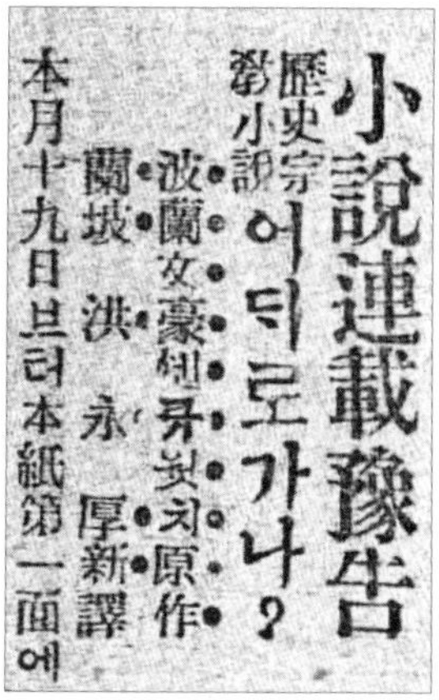

小說連載豫告

歷史宗敎小說 어듸로가나?

•波蘭•文豪•쎈키윗치•原作•

闌城•洪永厚•新譯

本月十九日브터本紙第一面에

【참고】 연재 지면에 '어듸로 가나? 도레미生 譯' 이라고 표기되어 있다. 헨리크 시엔키에비치(Henrik Sienkiewicz)의 소설 「쿠오바디스(Quo-Vadis)」(1895)를 홍영후(홍난파)가 '도레미생' 이라는 필명으로 번역한 것이다. 일역의 중역이며, 완역이 아니라 초역이다. 연재하던 중에 37회로 중단되었다. 원제에 최대한 가까운 번역 제목으로 꼽을 만하지만 순한글 문장으로 번역되지는 않았다. 죽음에 이르는 박해에도 굴하지 않고 신앙을 지켰던 기독교인들의 용기와 열정을 다루고 있다. 2년 후 개제되어 『최후의 사랑(경성서관출판부·동양대학당서적부1923)』으로 출판되었다.

어머니1: **박준표 작. 태화서관1932(130면, 50전).**

【내용】 뎡준모는 김정자와 결혼하지만, 그녀는 아들 자성을 낳고 바로 도망가 버린다. 준모의 재혼 상대인 황 씨는 현숙한 여성으로, 자성을 친자식으로 여기고 정성들여 키운다. 그러나 준모의 모친은 며느리를 못마땅하게 여기고 집에서 내쫓는다. 황 씨는 쫓겨난 후 친척인 곽정현의 집에 머물지만, 늘 자성을 보고 싶어 한다. 어느 날 그녀는 자성을 데려와 달라고 정현에게 부탁한다. 공교롭게도 같은 시기에, 외국에 머물다 십 년 만에 귀국한 정자가 오빠 정순을 시켜 자성을 데려오도록 한다. 정자는 황 씨 대신 자기가 자성의 어머니 자리를 차지하려 하고, 정순은 자성을 이용하여 준모의 재산을 가로채고 황 씨마저 손에 넣으려 한다. 자성은 황 씨를 만나고 싶어 몰래 정자의 집에서 도망친다. 황 씨 역시 백방으로 자성을 찾아다니지만 자꾸만 길이 엇갈려 서로 만나지 못한다. 한편 준모는 정순의 음모로 인해 회사를 빼앗기고 감옥에 간다. 정자는 준모를 찾아가 자신을 받아들이도록 회유하지만 준모는 받아들이지 않는다. 황 씨와 자성은 온갖 고생 끝에 마침내 서로 만나지만, 준모가 감옥에 있어 자신들을 도와줄 사람이 없다는 사실을 알고 절망하여 동반자살을 기도한다. 이때 길을 지나가던 정순과 정현이 두 사람을 발견하고 구한다. 정자는 황 씨의 진심을 알고 회개하여 준모를 무죄 방면시키는 한편 재산을 찾아 주고, 자성을 빼앗으려던 마음도 포기한다. 준모와 황 씨, 자성은 다시 한데 모여 살게 된다.

【참고】 경상대 도서관 소장 태화서관본 표지에 '家庭小說 母 어머니', 본문 첫 장에 '悲劇小說 어머니 朴埈杓 作' 이라고 표기되어 있다.

어머니2(번)

【내용】 「금색의 태양」 참조.

어머니를 찾아 삼천리(번)/어머니를차저三千里

데아미치스 작. 이원규 번안. 대성서림1947(62면).

【내용】 동해안 원산에 박석골이라는 조그만 어촌이 있다. 그 곳에 사는 경용의 가족은 아버지, 어머니, 형, 경용 네 식구로 단출하지만 살림이 매우 어렵다. 어머니가 가족을 위해 부산 초량정의 김수호 집안에 고용살이로 들어간 지 일 년이 지났을 즈음 어느 날부터 연락이 되지 않는다. 경용 가족은 모두들 어머니를 걱정하지만 아버지나 형은 일 때문에 찾으러 갈 수가 없다. 결국 경용이 아버지를 졸라 어머니를 찾으러 먼 길을 떠나게 된다. 경용은 증기선을 타고 부산에 도착하지만, 김수호 집안이 서울로 이사 갔다는 소식을 듣는다. 경용은 친절한 노인의 도움으로 서울까지 가게 되는데, 서울에서는 다시 어머니가 평양으로 갔다는 말을 듣고 좌절한다. 망연자실한 경용은 배에서 만났던 친절한 노인을 다시 만나 그의 도움으로 평양까지 간다. 경용은 평양에서 김수호 집안이 화원으로 갔다는 말을 듣고 짐을 수송하는 우차를 얻어 타고 화원으로 향한다. 도중에 길이 갈라져 우차에서 내린 경용은 화원까지 나머지 이십 리 길을 걸어간다. 알고 보니 김수호 가족이 계속 이사를 다닌 것은 경용 어머니의 병을 고치기 위해 용한 의사를 찾아다닌 때문이었다. 경용 어머니는 일을 성실히 해서 신뢰를 받았고, 마음씨 좋은 김수호는 그녀의 병을 외면할 수 없었던 것이다. 김수호와 의사는 병자에게 수술을 계속 권하지만 그녀는 가망이 없다고 수술을 거절하는데, 마침 경용이 나타난다. 경용을 본 어머니는 수술을 받기로 결정하고, 의사는 성공적으로 수술을 마친 후 병을 치료한 것은 자신이 아니라 경용이라는 말을 한다.

【참고】 서울대 도서관 소장 대성서림본 본문 첫 장에 '情純悲劇小說 어머니를차저 三千里 에드몬도 데 아미치스 原作 李元珪 飜案'이라고 표기되어 있다. 원작의 내용을 지명과 인명을 바꾸어 서술했다. 데아미치스(Edmondo De Amicis) 원작의 「엄마 찾아 삼만리(Dagli Appennini alle Ande)」는 『쿠오레(Cuore)』(1886)에 들어 있는 단편 중 하나이다. 동일 원작의 번역으로 이보상의 「이태리 소년(1908)」이 있다.

어머니와 아들(번)

샤를루이필리프 작. 이철 역. 적성1946.3-? ; 정음사1948(163면, 130원).

【내용】 원작 참조.

【참고】 원작은 프랑스 작가 샤를 루이 필리프(Charles Louis Philippe, 1874-1909)의 「La Mere et L' enfant(1900)」이다. 1946년 3월 《적성》 창간호에 '계속'이라는 말과 함께 실려 있으나, 현재 구

해 볼 수 있는 잡지 자료가 창간호뿐이어서 연재가 계속되었는지 여부를 확인하기 어렵다. 정음사에서 1948년 3월에서 출판된 것으로 알려져 있으나 현재까지 발견되지 않는다. 역자 후기에 원작자와 원작의 제목을 소개하고, 갈리마르출판사의 1931년판을 번역의 대본으로 삼았음을 명기하고 있다는 선행 연구가 있다. 이에 따르면 이 작품은 원서로부터의 직접역이며, 완역본이다. 김병철의 『한국근대번역문학사연구(1975)』를 참고했다.

어머니의 비밀

이종수 저작발행. 성문당서점1947(68면).

【내용】「철천지한」 참조.

【참고】 서울대 도서관 소장 성문당서점본 표지에 '大悲劇小說 어머니의 비밀'이라고 표기되어 있다. 본문 첫 장에 제목 표기가 없고 각 페이지의 상단과 간기에도 제목이 없으나 그 외에는 김완기 저작발행, 『철천지한(홍문서관1947)』의 판본과 동일하다. 특히 마지막 페이지가 '86'(실제로는 68)으로 잘못 표기되어 있는 점도 『철천지한』의 경우와 같으므로 동일본을 두 출판사에서 낸 것으로 보아 무방하다. 같은 연도의 같은 날짜에 출판된 것으로 되어 있으나, 『어머니의 비밀』은 표지 외에 제목 표기가 되지 않은 점을 고려하여 『철천지한』을 원본으로, 『어머니의 비밀』을 이본으로 간주했다.

어버이와 아들(번)/어버이와아달

투르게네프 작. 영한생 역. 매일신보1922.9.21-10.7(16회 완).

【내용】 원작 참조.

【참고】 연재 지면에 '어버이와 아달 트루게네쭈 作 詠閑生 譯'이라고 표기되어 있다. 러시아 작가 투르게네프의 작품 「아버지와 아들(Ottsy i deti)」(1862)를 번역했다. 원작은 1860년대의 급진적 청년 지식인 바자로프를 통해 아버지와 아들이 겪는 사상의 양극 대립을 보여 주는 작품으로 장편소설이나 축약 번역하여 16회로 연재를 마쳤다.

어버이와 아달

어부와 마귀 이약이(번)

【내용】「천일야화」 참조.

엉터리들: 송경환 발행.

【내용】 미확인.

【참고】 단행본 원본 자료를 구할 수 없어 작품의 경개 및 세부 서지사항을 확인하지 못했다. 1930년 12월호 《조선출판경찰월보》 단행본 납본 목록에 수록되어 있다.

에이비시계(번)/에이쎄시계ABC契: 위고 작. 최남선 역. 소년1910.7.

【내용】 원작 참조.

【참고】《소년》 1910년 7월호에 실린 최남선의 번역소설이다. 본문 앞에 '에이A쎄B시C契(The Friends of the A B C)' 라고 제목 표기를 하고 있으며, '쏙토르 유고' 라고 원작자 표기를 하고 있다. 60면에 걸쳐 작품을 전재하기 이전의 페이지에 원작자와 원작, 중역 과정을 상세히 기술하고 있다. 이에 따르면 이 작품은 빅토르 위고(Victor Hugo)의 「레미제라블(Les Misérables)」(1862) 중 일부를 '某日人' 이 부분역한 것의 중역본이다. 《소년》지의 목차에는 이 작품의 제목 위에 '역사소설' 이라는 표지를 기록했다. 동일 원작의 번역 및 번안본으로 최남선의 「너 참 불쌍타(1914)」, 강소파의 「레미제라블(1946)」, 민우보의 「애사(1918)」, 홍난파의 「애사(1922)」와 「장발장의 설움(1923)」, 김광주의 「인간무정(1949)」, 박계주의 「장발장(1948)」이 있다.

엘렌의 공(번)/엘렌의功

리브 작. 천리구 역. 동아일보1921.2.21-7.1(102회 완) ; 신생활사1923.

【내용】 원작 참조.

【참고】《동아일보》 연재 지면에는 원작자 표기 없이 '千里駒 譯' 이라고 표기되어 있다. 미국 작가 아서 벤저민 리브(Arthur Benjamin Reeve, 1880-1936)의 원작 「일레인의 공로(The Exploits of Elaine)」는 1914년에 창작된 정통 추리소설이다. 1923년 8월 12일자 신간소개란에 신생활사에서 단행본이 발행된다고 소개되었으나 현재 단행본은 확인되지 않는다. 엘렌이라는 처녀가 명민한 두뇌를 움직여 경찰의 범죄 수사에 큰 도움을 준다는 내용이다.

여등의 배후로서(번)/汝等의背後로셔

나카니시이노스케 작. 성해 역. 매일신보1924.6.27-11.8(124회 완) ; 건설사1926.

【내용】 국경지대에서 일본인 경관을 살해하고 S주에 잠입해 들어온 세 명의 조선 독립운동가 권주영, 조성식, 신춘용은 읍내의 30년 이상의 긴 역사를 지닌 천주교회에 숨어 지낸다. 그들은 이곳에서 토머스 신부(본명 이천택)로부터 신앙의 힘과, 순교자·전도자의 정신을 갖고 혁명에 임할 것을 배우며 혁명의 날을 기다린다. 한편 7년간 옥고를 치르고 나와 교회의 일을 거들며, 토머스 신부에게 신앙교육을 받고 있던 김성준도 이들을 만나, 점차 혁명가로서의 사상을 키워나간다. 끝까지 뜻을 같이하던 권주영, 신춘용, 김성준은 새로운 동지 장영창과 장창수를 얻게 되나, 마침내 일본 경찰에 발각되고 만다. 그러나 토머스 신부와 김성준의 희생으로 나머지 네 사람은 마을을 빠져나와 동해안의 동지들이 집결되어 있는 곳으로 향한다. 도중에 다시 일본 경관에 들키자, 권주영과 신춘용은 두 젊은이를 도망치게 하고 자신들은 낭떠러지로 몸을 던진다. 동해안을 향하는 두 젊은이에게는 권주영의 혈서 '너희들의 배후에서'가 쥐어져 있다.

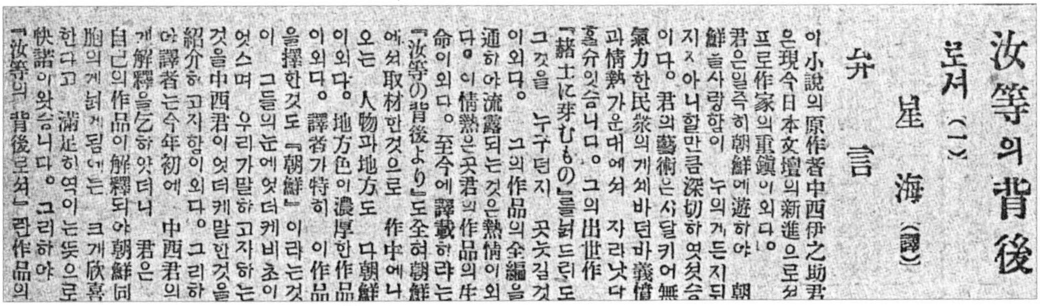

汝等의背後
로셔 (一)
星海 (譯)
弁言

이小說의原作者中西伊之助君은現今日本文壇의新進으로셔프로作家의重鎭이외다。君은일즉히朝鮮에遊하야朝鮮을사랑함이 누의게든지되지ㅅ아니할만큼深切하엿슴이다。君의藝術은사달키어無氣力한民衆의게쎄바턴바義憤과情熱가운데에셔 자라낫다흠슈잇슴니다。그의出世作『赭土に芽むもの』를읽드린도그것을 누구던지 곳늣길것이외다。 그의作品의全編을通하야流露되는것은熱情이외다。이情熱은곳君의作品의生命이외다。至今에譯載하랴는『汝等の背後より』도全혀朝鮮에셔取材한것으로 作中에나오는人物과地方도다朝鮮이외다。地方色이濃厚한作品이외다。譯者가特히이作品을擇한것도『朝鮮』이라는것이 그들의눈에엇더케비초이엇스며 우리가말하고자하는것을中西君이엇더케말한것을紹介하고자함이외다。그리하야譯者는今年初에 中西君의게解釋을乞하얏더니 君은自己의作品이解釋되야朝鮮同胞의게읽게됨에는크게欣喜한다고 滿足히역이는뜻으로快諾이왓슴니다。그리하야『汝等의背後로셔』란作品의

【참고】 연재 지면에 '汝等의 背後로셔 星海 譯'이라고 표기되어 있다. 원작은 일본 작가 나카니시 이노스케(中西伊之助)가 1923년 일본 改造社에서 출판한『汝等の背後より』로, 이를 이익상이 '星海'라는 필명으로 번안한 것이다.《매일신보》에는 국한문 혼용 표기로 연재되었지만, 건설사에서 단행본으로 출간될 때에는 순한글 표기로 바뀌었다. 작품은 조선의 국경지대에서 일본 경관을 살해하고 국내외를 넘나드는 권주영, 조성식, 신춘용 등 세 명의 조선 독립 운동가의 모습을 다루고 있는데, 일본 문학사에 있어서는 혁명적인 제재의 작품으로 평가되고 있다.

여자 대학생(번)/女子大學生 : 웹스터 작. 전유덕 역. 신가정1936. 9(1회).

【내용】 원작 참조.

【참고】 원작은 미국 작가 웹스터(Jean Webster, 1876-1916)의 아동문학 작품「키다리 아저씨(Daddy-Long-Legs)」(1912)이다. 田有德이 번역하여 1회분을 게재한 이후 잡지의 폐간으로 중단되었는데, 이듬해《동아일보》로 지면을 바꾸고 '여학생 일기'로 개제하여 총 37회(1937.10.21-12.17) 연재하였다.

여자의 일생(번)/女子의一生: 모파상 작. 김자혜 역. 신가정1933.2.

【내용】 원작 참조.

【참고】 발표 지면에 '女主人公으로 된 名作梗槪 女子의 一生 모팟상 原著 金慈惠 譯述'이라고 표기되어 있다. 프랑스 작가 기 드 모파상(Guy de Maupassant)의 장편소설 「여자의 일생(Une Vie)」(1883)을 요약하여 줄거리를 소개한 경개역본이다. 동일 원작의 역본으로 김기진 역 『여자의 한평생(박문서관1926)』, 심향산인의 경개역 「여자의 한평생(조선일보1929.10.27-10.30)」이 있다.

여자의 한평생1(번)/녀자의한평생: 모파상 작. 김기진 역. 박문서관1926(335면).

【내용】 원작 참조.

【참고】 표지에 '녀자의한평생 金基鎭譯'이라고 표기되어 있다. 원작은 프랑스 작가 기 드 모파상의 장편소설 「여자의 일생」이다. 廣津和郎의 일역서 『女の一生(1918)』을 중역한 것이다. 일역서와 대비해 볼 때 초역이나 축역이 아닌 충실한 번역이 이루어졌다고 평가되고 있다. 동일 원작의 역본으로 심향산인의 경개역 「여자의 한평생(조선일보1929.10.27-10.30)」, 김자혜의 경개역 「여자의 일생(신가정1933.2)」이 있다.

여자의 한평생2(번)/녀자의한평생

모파상 작. 심향산인 역. 조선일보1929.10.27-10.30(3회 완).

【내용】 원작 참조.

【참고】 '태서명작경개 21-23회'까지 전 3회에 걸쳐 프랑스 작가 기 드 모파상의 장편소설 「여자의 일생」을 요약하여 줄거리를 소개한 것이다. 역자 심향산인(心鄕山人)은 작가의 일대기를 소개하면서 이 작품을 작가의 작품들 중에서 '걸작'이라고 평가하고 있다. 동일 원작의 역본으로 김기진 역 『여자의 한평생(박문서관1926)』, 김자혜의 경개역 「여자의 일생(신가정1933.2)」이 있다.

여장부(번)/녀장부女丈夫

부아고베 작. 운인 역. 동아일보1922.6.21-10.22(105회 완) ; 박문서관·신구서림1925.

【내용】 원작 참조.

【참고】 원전은 부아고베(Fortuné du Boisgobey)의 「Les cachettes de Marie-Rose(1880)」이다. 구로이와 루이코(黒岩涙香)가 번안한 「武士道(1897)」를 雲人 유광렬이 재번안한 작품이다. 프랑스혁명 이후 정부에 항거하는 아름답고 용맹스러운 여자 의병의 이야기를 담고 있다. 《동아일보》 1922년 6월 20일 지면에 다음과 같은 연재 예고가 게재되어 있다. "이 「녀장부」라는 소설은 「무쇠탈」과 가치 불국사람이 지은 것인데 일반이 보아 알기 쉬운 소설 중에 가장 유명한 것이올시다 불국형명

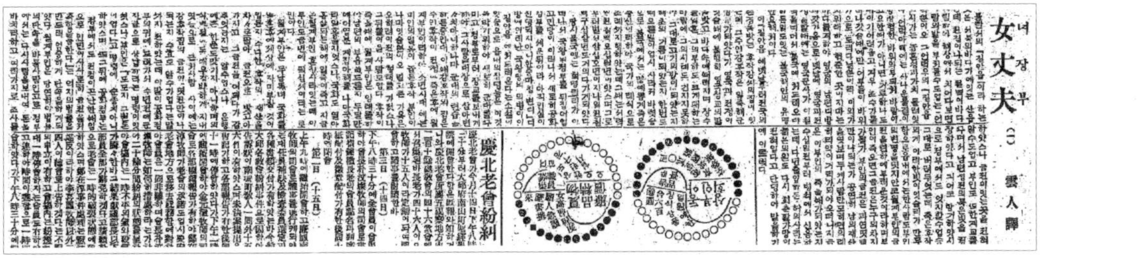
女丈夫 녀장부 (一) 雲人譯

慶北老會紛糾

후에 텬하가 어즈러운 때를 당하야 정부에 항거하는 의병의 진중에 아름다웁고 용맹스러운 녀장부 한 아이 잇는데 이 녀장부를 가운데 두고 정부군과 의병의 두 편에서 간절한 사랑을 부치는 두 명의 대장부가 잇셧슴니다 이 사랑의 결과는 엇더케 될가 인정과 의리가 엉크러진 곳에 만장의 파란은 일고 또 이러 보는 이로 하야곰 가슴이 뛰고 혼백이 놀나게 할 것이올시다 독자여 명일을 기다리소서." 박문서관·신구서림본 표지에 '柳光烈 著 女丈夫', 본문 첫 장에 '女丈夫 녀장부 雲人 譯'이라고 표기되어 있다. 표지에는 '京城 博文書館 發行'이라고 표기되어 있으나 판권지에는 신구서림과 공동 발행한 것으로 기록되어 있다.

여점원의 비밀/녀점원의비밀女店員의秘密

조준경 저작발행. 보성서관1938(66면, 30전).

【내용】 충청도 예산에 사는 옥정은 만주로 떠나는 오빠를 배웅하며 슬퍼한다. 오빠 원영은 간사한 계모와 엄한 아버지 밑에 혼자 남게 된 동생을 걱정하며 꿋꿋하게 지내라 당부한다. 옥정은 아버지가 자신의 의사와는 상관없이 시집을 보내려고 하자 심란해하다가 친구 순애와 함께 서울로 도망친다. 딱히 갈 곳이 없던 옥정과 순애는 종로의 카페 락원장에 여급으로 취직한다. 옥정은 치근거리던 한량에게 처녀성을 잃지만 꿋꿋하게 살아가려고 결심한다. 옥정은 얼마 후 카페를 그만두고 일본 동경의 어느 미술학교에 진학한다. 그곳에서 박봉수라는 학생과 사랑에 빠진 옥정은 귀국 후 그의 고향인 충청도 보령으로 내려가 같이 지내게 된다. 봉수가 서울에 다녀오겠다며 떠나 있는 동안 그를 기다리던 옥정은 얼마 후 다른 이를 사랑하게 되었다는 그의 편지를 받는다. 옥정은 낙심하지만 다시 한 번 세상과 싸우기로 결심한다. 기생이 된 옥정은 방응순이라는 유부남 실업가와 사랑에 빠지는데 그마저 여의치 않고, 응순과 함께 도피해 내려갔던 함경도 삼방에서 음독자살을 기도한다. 때마침 그곳을 지나가던 장훈이 옥정을 구해 준다. 예산공립보통학교 선생인 장훈은 옥정이 학교 다닐 때의 담임이었다. 장훈은 옥정에게 응순과 헤어지라고 충고한다. 응순과 헤어진 옥정은 장훈의 보증으로 백화점에 취직한다. 그러나 경찰이 찾아와 옥정이 여러 남자들과 복잡한 관계를 맺었던 것을 알리고, 백화점 감독관은 옥정을 퇴직시킨다. 옥정은 만주에 있는 오빠를 찾아 봉천행 기차를 탄다.

【참고】 연세대 소장 보성서관본 표지에 '戀愛의 悲劇 女店員의 秘密 녀점원의 비밀', 본문 첫 장에 '戀愛悲劇 女店員의 秘密'이라고 표기되어 있다. 처녀성을 잃은 여성인물이 '정조가 처녀의 생명은 될지

언정 여자의 생명은 아니다. 지금부터는 처녀를 버리고 여자로 굳게 살아야 한다' 며 생활을 개척하려는 강한 의지를 보이고, 또한 결말에서 오빠를 찾아 만주로 떠나는 결단력을 보이는 등 자립심 강한 신여성으로 제시되고 있다.

여학생 일기(번)/女學生日記: 웹스터 작.

전유덕 역. 동아일보1937.10.21-12.17(37회 완).

女學生日記

【내용】 원작 참조.

【참고】 원작은 미국 작가 웹스터(Jean Webster, 1876-1916)의 아동문학 작품 「키다리 아저씨(Daddy-Long-Legs)」(1912)이다. 田有德이 '여자 대학생' 이라는 제목으로 《신가정》 1936년 9월호에 제1회를 번역 게재한 후 이듬해 《동아일보》로 지면을 바꾸어 총 37회까지 연재하였다. 첫 연재분 본문 앞에 지면 변경에 관한 역자의 말이 게재되어 있다.

연광정/련광뎡鍊光亭

이종성 저작발행. 신구익지서관1913(128면, 25전) ; 신구서림1917(94면) ; 회동서관1922.

【내용】 만주 장사를 하던 태준은 어느 날 밤 인력거꾼에게 강간을 당할 위기에 놓인 리금자를 도와준다. 금자는 은인의 행방을 알지 못해 다시 만날 날만을 기다린다. 아버지를 잃은 태준은 후덕하기로 소문난 홍 씨 부인의 도움으로 장례를 치른다. 태준의 어머니 한 씨는 홍 씨와 의형제를 맺고 말동무가 되어 함께 산다. 한편 홍 씨는 난봉꾼 아들 춘희 때문에 낙향을 결심하고, 한 씨도 동행하기로 한다. 한 씨를 배웅하러 나온 딸 뎡희를 보고 한눈에 반한 춘희는 뚜쟁이 진주집에게 부탁하여 뎡희를 손에 넣으려 한다. 진주집이 돈으로 매수한 복동할멈은 뎡희를 진주집에게 넘겨주었다가 소설 '춘외춘'을 읽고 회개하여 뎡희를 몰래 빼내 준다. 신의주로 도망간 뎡희는 객줏집에 불이나 복동할멈이 죽자 숲에서 자살을 시도하는데 지나가던 민영표가 구해 준다. 한편, 태준은 뎡희가 남자와 도망간 것으로 오해하고, 학교 기숙사 사환 겸 학생으로 고학을 시작한다. 일본인 선생의 눈에 든 태준은 그의 주선으로 동경으로 유학을 떠나게 되는데 길에서 우연히 금자와 만난다. 두 사람은 태준의 졸업 후 결혼할 것을 언약하고 헤어진다. 한편, 한 씨는 홍 씨가 죽은 후 상경하지만 자식들의 행방을 찾을 수 없자 승방에 기거한다. 오 년 후, 자신의 신세를 한탄하던 한 씨는 전찻길에 뛰어들어 자살을 시도하는데 전차에 타고 있던 금자의 오빠 병순의 도움으로 목숨을 구한다. 한

씨가 태준의 모친인 것을 안 병순은 졸업하고 자신의 집에 와 있는 태준에게 한 씨를 데려간다. 어머니와 상봉한 태준은 얼마 후 금자와 결혼하여 평양으로 신혼여행을 떠난다. 마침 민영표의 집에서 살던 뎡희 또한 그의 아들 수길과 결혼하여 평양으로 신혼여행을 떠나는데, 평양 연광정에서 남매 상봉이 이루어진다. 태준은 뎡희 내외를 어머니 한 씨에게 데리고 간다.

【참고】 신구서림본 표지에 '新小說 鍊光亭', 본문 첫 장에 '新小說 신소셜 련광뎡(鍊光亭)'이라고 표기되어 있다. 인물들이 『춘외춘(신구서림1912)』, 『모란병(박문서관1911)』 등 당대 유통되던 신소설을 읽고 회개하거나 소설 속 인물의 삶을 동경한다고 서술하는 부분이 있다. 회동서관에서 1929년 발행된 3판본(94면, 30전)까지를 확인할 수 있다.

연기(번)/煙氣: 투르게네프 작. 심향산인 역. 조선일보1929.10.9-10(2회 완).

【내용】 시골 상인의 아들 리토히놉흐는 모스크바의 대학을 다니다가 돌연 고향으로 내려온다. 그는 한 귀족의 딸 이리나를 사랑하였으나 그녀에게 거절을 당하여 학업을 그만두고 아버지의 집에 내려온 것이다. 리토히놉흐는 슈바리옵흐라는 '사회개량가(社會改良者)'와 그를 따르는 숭배자들을 만나게 된다. 그는 슈바리옵흐 무리를 보면서 망명 혁명가들의 행태를 알고 개탄한다. 한편 리토히놉흐는 이리나와 우연히 재회하는데 이번에는 이리나가 그에게 마음을 빼앗긴다. 이리나의 적극적인 구애를 통해 그녀와 리토히놉흐는 비밀 연애를 시작하게 된다. 리토히놉흐는 약혼녀인 타치아나와 헤어지고 이리나와의 위태로운 만남을 유지한다. 그러나 이리나는 리토히놉흐와의 약속을 깨고 남편과 함께 떠나 버린다. 이리나에게 또다시 버림받은 리토히놉흐는 괴로운 마음으로 구름과 연기를 바라본다. 그는 자신의 삶뿐 아니라 러시아인들의 삶이 끊임없이 변하는 '연기'와 같다고 생각한다. 그 후 리토히놉흐는 마음씨 착한 타치아나와 재회하고 둘은 결혼한다.

泰西名作梗槪 (7)
「煙氣」(二)
心鄕山人

【참고】 '태서명작경개 6-7회'까지 전 2회에 걸쳐 러시아 소설가 이반 투르게네프(Ivan Sergeevich Turgenev)의 「연기(Dym)」(1867)를 역자 심향산인(心鄕山人)이 요약, 줄거리를 소개한 것이다. 망명 혁명가들의 퇴폐를 고발한 작품이다.

연당의 비밀(번)/蓮塘의秘密: 원작미상. 박은파 번안. 성문당서점1927.

【내용】 민 백작의 무남독녀 순옥은 가문과 재산이 보잘것없는 민 백작의 시의 하청과 사랑에 빠진다. 하지만 청년 남작 한상천이 순옥에게 눈독을 들인다. 그러던 어느 날 갑자기 하청이 종적을 감추고 순옥의 사촌 월화까지 사라진다. 사실 하청의 마음을 의심한 순옥이 실수로 그를 밀쳐 연못에 빠뜨린 것이었다. 우연히 이를 목격한 상천은 순옥의 약점을 쥐고 자신과 결혼할 것을 강요한다. 신문에는 연당에서 하청과 월화의 시체가 발견되었다는 기사가 나고, 순옥은 독부의 죄를 쓴 채 수감되어 재판을 받는다. 그런데 재판정에 죽은 줄만 알았던 하청이 나타난다. 하청은 자신이 연당에 빠지기 전의 정황을 술회하며 순옥이 살의를 품고 자신을 밀친 것이라 증언한다. 순옥이 절망에 빠지는 순간 이번에는 순옥의 시비였던 춘매가 나타나 증언을 한다. 상천이 자신을 매수하여 순옥과 하청을 이간질하는 흉계를 꾸민 것은 물론, 영국에서부터 정부였던 월화를 죽이고, 그날 밤 나무 뒤에 숨어 있다가 하청의 가슴을 가격한 일 등을 밝힌다. 이로써 순옥의 누명은 풀리고 순옥과 하청은 성대한 결혼식을 올린다.

【참고】 1927년 성문당서점에서 출간 발표되었는데, 연재 여부는 알 수가 없다. 국립중앙도서관 소장 성문당서점본 표지에 '哀話 蓮塘의 秘密, 朴隱坡 翻案'이라고 표기되어 있으며, 총 102회로 구성되어 있다. 박용환은 본명보다 박은파라는 필명으로 많이 알려져 있다. 당대 신인들의 집단이었던 '희극좌'의 배우로 활동하면서, 간간이 번안과 번역에도 임했던 것으로 보인다. 백작이나 남작 등의 작위, 법정 공방 등 새로운 문물이 나타나지만, 내용상 주인공이 악인의 음모로 고통을 당하다가 진실이 밝혀져 행복한 결말을 맞는다는 고소설의 전개와 다를 바 없다. 원작의 제목과 원작자를 알 수 없다. 성문당서점에서 1948년까지 발행되었다는 기록이 있다. 조일재의 「비봉담(매일신보 1914.7.21-10.28)」, 이종린의 『홍루지(회동서관1917)』과 내용이 비슷하다.

연리지(번)/련리지連理枝

생피에르 작. 소요산인 역. 조선일보1925.1.27-4.2(54회 완).

【내용】 '뽈'과 '빌지니'는 문명사회와 멀리 떨어진 열대의 섬에서 살아간다. 두 사람 사이에는 우정이 싹트고, 이것이 청순한 사랑으로 발전한다. 그러나 소녀는 늙은 백모의 유산을 상속

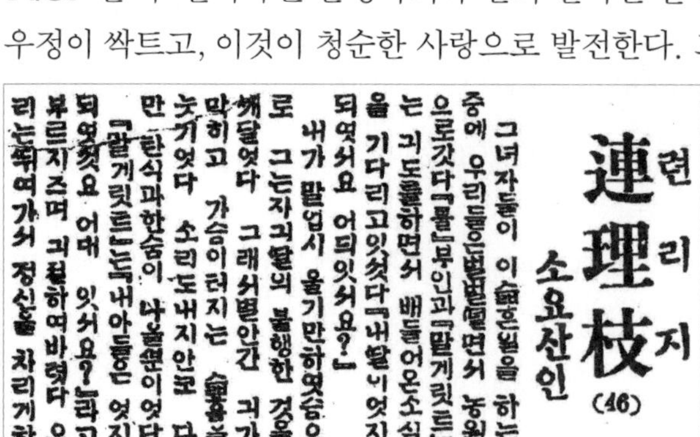
련리지 連理枝 소요산인 (46)

그녀자들이 이 [illegible]을 하는 중에 우리들은 [illegible]면서 농원으로갓다「뽈」부인과「말게릿트」는 긔도를하면서 배들어온소식을 기다리고잇섯다「내딸니엇지 되엿서요 어듸잇서요?」 내가 말업시 울기만하엿슴으로 그는자긔딸의 불행한 것을 깨달엇다 그래서별안간 긔가 막히고 가슴이터지는 [illegible] 늣기엇다 소리도내지안코 다만 탄식과한숨이 나올뿐이엇다 「말게릿트」는「내아들은 엇지! 되엿겟요 어대 잇서요?」라고 부르지즈며 긔절하여바렷다 우리는뛰여가서 정신을 차리게하

받게 되어 자연을 떠나 문명사회로 돌아가게 된다. 소녀는 다시 돌아올 것을 약속하고 떠난다. 그러나 '뽈'을 만나러 돌아오는 길에 그녀가 탄 배가 폭풍우를 만나 난파한다. 문명사회의 교육을 받은 '빌지니'는 옷 벗는 것이 부끄러워 탈출하지 못하고 망설이다

물에 빠져 죽는다. 이 소식을 들은 '뽈' 역시 상심하여 죽는다.

【참고】《조선일보》 1925년 1월 27일자의 연재 예고에 '連理枝 소요산인 번역'이라고 역자에 대해 밝히고, "이 「련리지」라는 소설의 원일홈은 '폴,과,빌지니'라 함니다. (…) 저 유명한 영웅 나파륜가 트니도 이 책을 보고 비상히 감동되여서 이 책의 작자인 '베르날단,드,산,피엘'이란 이를 비상히 존경하고"라고 하여 원작자와 원작의 제목을 소개하고 있다. 연재 지면에 '련리지 連理枝 소요산인' 이라고 표기되어 있다. 연재 마지막 회 본문의 뒤에 '쯧' 표기를 하고 역자의 번역 후기를 싣고 있다. 프랑스 작가 베르나르댕 드 생 피에르(Bernardin de Saint-Pierre)의 「폴과 비르지니(Paul et Virginie)」(1787)를 번역한 소설인데, 대작 『자연의 연구(Étude de la Nature)』 중 제4권으로 알려져 있다. 처음에는 『자연의 연구』의 한 부분으로 기획했으나, 1788년 수잔 네케르의 살롱에서 따로 발표하였다. 문명에 반대하고 목가적인 자연으로 돌아가고자 하는 사상을 반영한 작품이다. '일 드 프랑스(현재의 모리셔스)'를 여행한 작가 자신의 경험을 토대로, 이국적 정취를 회화적으로 그려내고 있다. 동일 원작의 번역본으로 김벽호 역의 『서러운 이야기(한성도서주식회사1926)』가 있다.

연무정 /戀無情: 이소 작. 창문당서점1929(190면) ; 영창서관1931.

【내용】 미확인.

【참고】 단행본 원본 자료를 찾을 수 없어 작품의 경개 및 세부 서지사항을 확인하지 못했다. 이소 역으로 알려진 『춘원(경성서관1926)』과 동일본인 것으로 보인다. 사진 자료로 확인한 『연무정』 표지에 '戀無情', 본문 첫 장에 '戀無情(연무정) 二笑作 이소작'이라고 표기되어 있다. 『운명의 진주(영창서관1931)』 권말 서적 광고에는 '月坡 作 戀無情 一名 春怨'이라고 표기되어 있다.

연애의 고투 /戀愛의苦鬪

월파 작. 영창서관1932(191면. 80전).

【내용】 어려서 부모를 여읜 에윗쓰-크레너는 부친의 죽마고우인 스미쓰 공작에게 양육되어 자라면서 공작의 딸 마리아와 사랑에 빠진다. 하지만 이를 모르는 스미쓰 공작은 청년계에 유명한 폭쓰와 혼약을 맺어 버린다. 크레너와 마리아는 예기치 못한 난관에 번민을 거듭하다 결국 아메리카로 도피를 결심하고 열차에 오른다. 하지만 공작의 전화를 받고 나와 있던 경관에게 발견되어 두 사람은 각자의 집으로 되돌아온다. 크게 상심한 마리아는 신경쇠약 증세로 정신 착란을 일으키고 쓰러진다. 공작은 병상에 누워 있는 딸을 보며 자신의 고집과 욕심을 자책하고 크레너를 청하여 마리아의 간호를 부탁한다. 크레너의 정성스러운 치료 덕분에 마리아는 다시 활기를 되찾는다. 이 일을 계기로 공작은 폭쓰

에게 서면으로 파혼을 통지하고 크레너와 마리아의 혼인을 허락한다. 한편 크레너만 없으면 마리아와 결혼하리라 생각한 폭쓰는 아톨쓰, 쑤뚜루치 등과 결탁하여 크레너를 모함할 간계를 은밀히 준비한다. 그 결과 크레너는 법무부 대신 민포드 독살미수 사건 및 공작 암살미수 사건의 범인으로 지목되는데, 진범과 체격이 다르다는 피해자들의 증언과 불란서에서 제일 유명한 탐정 프렛쓰의 활약에 힘입어 사건의 진실이 밝혀지면서 누명을 벗는다. 두 사람의 살인미수범으로 체포된 폭쓰는 공판을 거쳐 무기징역을 구형받고 그 일에 가담한 두 사람은 각각 삼 년과 일 년 육 개월의 구형을 받는다. 크레너와 마리아는 성대한 결혼식을 올리고 공작의 재산을 상속받는다.

【참고】 서울대 도서관 소장 영창서관본 표지에 '最新 新小說 연애의고투 戀愛의苦鬪', 본문 첫 장에 '愛活模範小說 연애의고투 戀愛의苦鬪 月坡 作'이라고 표기되어 있다. 본문 앞 속지에 총 33회의 목차가 나와 있고, 각 회마다 소제목이 달려 있다. 본문 중 한자가 괄호 안에 병기되어 있다.

연애의 루/戀愛의淚: 작자미상. 세창서관1935.

【내용】 장춘단공원에 꽃구경을 갔던 경덕과 경자는 우연히 리종철을 만난다. 경덕은 경자에게 종철과 만나 보라고 권한다. 종철 또한 경자에게 반하여 두 사람의 교제가 시작된다. 경자는 종철에게 순결을 주지만, 이내 점점 멀어지는 종철에게 불안함을 느낀다. 한편 종철은 영숙이라는 기생에게 마음을 빼앗겨 그와 어울려 다니며 허랑방탕하게 지낸다. 아들의 좋지 못한 소문을 들은 종철의 아버지는 대로하여 그를 찾는데 행적이 묘연하다. 종철의 어머니 또한 서울로 올라와 그를 수소문하지만 종철은 이를 알고 숨어 지낸다. 종철은 임학규라는 자와 어울려 다니며 사기를 치고 협잡을 하여 유흥비를 마련한다. 종철을 기다리던 경자는 다른 곳으로 시집가라는 경덕의 성화에 못 이겨 집을 나왔다가 술집에 팔려 갈 위기를 맞기도 한다. 서울의 한 여관에서 지내던 경자는 종철이 사기죄로 경찰서에 들어갔다는 기사를 보게 된다. 같은 여관에 머물고 있던 종철의 어머니 또한 이 기사를 보고 놀라지만 경자가 합의를 주선하겠다는 말에 안심한다. 경자는 자신이 모은 돈으로 합의를 보고 종철을 경찰서에서 빼낸다. 종철은 그간의 일을 반성하고 경자와 부부의 연을 맺는다.

【참고】 표지와 본문 첫 장에 '悲劇小說 戀愛의淚'라고 표기되어 있다. 여주인공 경자는 신학문을 배운 여성이나 구시대의 정조관념에 얽매이는 모습을 보임으로써 전통적인 여인상에서 크게 벗어나지 못하고 있다. 서강대 소장 세창서관본을 텍스트로 내용을 정리했다.

연애의 불길(번)/戀愛의불길: 파커 작. 역자미상. 세창서관1933(176면, 80전).

【내용】 뉴욕의 은행가였던 안나의 부친은 대공황으로 말미암아 재산을 날리고 갑작스럽게

죽는다. 모친 역시 병환으로 자리에 눕자 안나는 먼 친척인 도레몬드 부인의 집에 머물게 된다. 도레몬드 부인은 유명 대학을 지원하는 후원자이자 사교계 인사이다. 산타손은 하바드를 다니는 부유한 학생으로 여성들의 관심을 한 몸에 받는 청년이다. 안나의 아름다움에 반한 산타손은 친구 랑톤을 매수하여 그녀와의 거짓 결혼을 준비한다. 산타손은 자신의 부친이 둘의 결혼을 반대한다고 둘러대고는 안나에게 비밀 결혼 승낙을 받아내고, 친구 랑톤을 가짜 주례로 세워 그녀와 거짓 결혼식을 올린다. 안나는 산타손의 고백을 진심으로 받아들이고, 병든 어머니를 위해 경제적인 도움을 주겠다는 그의 말에 고마워한다. 그러나 안나와 하룻밤을 보낸 산타손은 그녀와의 연락을 끊어 버린다. 그러던 중 랑톤이 거짓 결혼식을 꾸몄다는 사실이 신문에 기사화되면서 안나는 산타손의 고백이 거짓이었음을 깨닫는다. 충격으로 쓰러진 안나는 뒤늦게 자신의 임신 사실을 알게 된다. 안나는 모친과 함께 벨덴이라는 촌으로 들어가 몸을 숨기고 살지만 얼마 뒤 병이 악화된 모친은 죽고 만다. 그녀는 힘들게 해산하지만 영양상태가 좋지 않아 갓 태어난 딸마저도 잃고 만다. 매음녀라는 누명을 쓰고 마을에서 쫓겨난 안나는 바드렛드 집의 하녀로 들어간다. 그녀는 바드렛드 부부의 인정을 받고 그 집의 아들인 싸빗드의 눈에 들게 된다. 싸빗드는 이미 부모가 후원하는 아름다운 여인 케드와 약혼한 사이다. 한편 막대한 유산을 물려받은 산타손은 케드의 환심을 사기 위해 바드렛드 부부의 집을 방문한다. 거기서 하녀가 된 안나를 발견한 그는 그녀가 자신을 뒤쫓고 있었다고 오해한다. 산타손은 안나를 내쫓고 케드의 환심을 사기 위해 안나의 과거를 들추어낸다. 안나의 과거를 알게 된 바드렛드 부부는 부정한 여인과 가까이 지냈다는 데 분노하여 그녀를 내쫓는다. 안나는 자신을 타락으로 이끈 범인이 바로 산타손이라는 사실을 폭로하고 그 집을 떠난다. 싸빗드는 도망가는 산타손을 혼내 주고, 자포자기 상태에 빠진 안나를 찾아 청혼한다.

【참고】 경상대 도서관 소장 세창서관본 본문 첫 장에 '人情悲劇 戀愛의 불길 (一名 東道)' 라고 표기되어 있다. 여주인공이 온갖 고난을 당하지만 결국 남성 조력자를 만나 구원받는다는 내용을 담고 있는 통속 연애소설이다. 대공황을 맞은 미국을 배경으로 삼고 있으며 배금주의에 빠진 세태를 비판한다. '토월회'의 연극 「東道」의 내용을 서술체로 각색한 판본이다. '토월회'의 연극 「동도」는 미국 그리피스(D. W. Griffith)의 영화 「Way Down East(1920)」을 각색한 것이며, 영화 「Way Down East」는 로티 블레어 파커(Lottie Blair Parker)의 원작 희곡을 손질하여 영화화한 것이다.

연애의 불꽃/戀愛의불쏫: 작자미상. 대성서림1930(70전).

【내용】 미확인.

【참고】 단행본 원본 자료를 구할 수 없어 작품의 경개 및 세부 서지사항을 확인하지 못했다. 『십생구사(대성서림1930)』 권말 서적 광고에 '大悲劇小說 戀愛의불쏫' 이라고 제목이 표기되어 있다.

연애의 승리자: 고유상 저작발행. 회동서관1924(86면, 30전).

【내용】 리희경, 김철우는 자유연애를 통해 만나 이미 동침한 사이이다. 그러나 희경의 부친 리장순은 변통한 사천 원을 탕감 받는 조건으로 고리대금업자 류태식과 희경을 혼인시키기로 한다. 태식은 구도덕에 물든 동시에 여성을 멸시하는 자이다. 장순은 사천 원을 구하지 못하는 한 철우에게 기회는 없다는 것을 통보하지만, 그의 됨됨이를 존중하여 한 달간 말미를 준다. 철우는 백부에게 돈을 변통하려고 하는데, 마침 백부와 백모가 사망하는 등 사고가 겹쳐 시일을 채우지 못한다. 희경에게 한눈에 반한 태식은 철우의 편지를 위조하여 희경과 장순을 유인한다. 희경을 구금한 태식은 그를 범하려 하나 희경이 워낙 강하게 저항하자 방에 가두고 굶긴다. 결국 철우가 일인 경찰 두 명을 대동하고 나타나 희경을 구한다. 철우와 희경은 예배당에서 혼인하여 장순을 모시고 살고, 태식은 벌을 받는다.

【참고】 동덕여대 도서관 소장 회동서관본을 텍스트로 내용을 정리했다. 대화의 비중이 비교적 큰 딱지본 소설이다.

연애행진곡/戀愛行進曲: 정도영 발행.

【내용】 미확인.

【참고】 단행본 원본 자료를 구할 수 없어 작품의 경개 및 세부 서지사항을 확인하지 못했다. 1930년 9월호 《조선출판경찰월보》 단행본 출판 금지 목록에 수록되어 있다. 출판 금지 사유는 풍속 괴란이다.

연은 루인가/戀은淚인가: 조준경 발행.

【내용】 미확인.

【참고】 단행본 원본 자료를 구할 수 없어 작품의 경개 및 세부 서지사항을 확인하지 못했다. 1937년 5월호 《조선출판경찰월보》 단행본 출판 금지 목록에 수록되어 있다. 출판 금지 사유는 풍속 괴란이다.

연의 각/鳶의脚: 해관자 산정. 매일신보1912.4.19-6.7 ; 신구서림1913(99면).

【내용】 내용 생략.

【참고】 《매일신보》 연재 지면에 '鳶의脚 (朴打令)(講演)(禁轉載) 名唱 沈正淳 口述 解觀子 刪正', 국립중앙도서관 소장 신구서림본 표지에 '新小說 鳶의脚 李海朝 編輯'이라고 표기되어 있다. 이해조에 의해 채록 정리된 판소리 「흥부가」의 활자본이다. 이해조의 「연의 각」에서는 다른 판본에서 발견되는 도

승이 등장하지 않는다. 도승은 흥보에게 명당터를 점지해 주어서 그가 부자가 되는 계기를 갖게 하는 중요한 조력자인데, 도승의 존재가 생략되면서 흥보가 얻은 행운은 초월적인 위력과는 무관한 스스로의 선행에 대한 보응임이 강조된다. 흥보가 탄 박 속에서 '구쓰' 가 나온다는 설정이나, 근대에 접어들어 더 많은 교류를 갖게 된 '상해' 라는 지명이 등장한다는 점 등은 이해조가 당대적인 특징을 드러낸 사례들이다.

연인의 애(번)

【내용】「반역자의 모」 참조.

열녀문/렬녀문: 작자미상. 세창서관1933(25전).

【내용】 미확인.

【참고】 단행본 원본 자료를 구할 수 없어 작품의 경개 및 세부 서지사항을 확인하지 못했다. 『조웅전(세창서관1933)』 권말 판권지의 '世昌書館最新刊出版圖書目錄' 에 '가정소설 렬녀문' 이라고 제목이 표기되어 있다.

열녀의 루/烈女의淚: 박승엽 작. 태화서관1929.

【내용】 츈셰와 영자는 서로 사랑하는 사이이다. 영자 모친은 딸과 츈셰의 결혼을 허락하지만, 부친은 큰 회사 사장의 아들인 서광철에게 딸을 시집보내기로 한다. 츈셰와 영자는 서로 어떤 일이 있어도 마음 변치 말자고 굳게 맹세하고 남몰래 부부의 연을 맺는다. 영자는 부친에게 츈셰와 결혼하겠다고 하지만 부친은 광철과 혼인할 날을 잡는다. 절망한 그녀는 음독자살을 기도한다. 이에 놀란 부친은 딸과 츈셰의 결혼을 허락한다. 두 사람의 결혼식 날, 파혼당한 광철이 찾아와 난동을 부리다 체포된다. 츈셰와 영자는 결혼한 후 동경으로 유학 간다. 법학을 전공한 츈셰는 미국에 가서 공부를 더 하기로 하고, 영자는 동경에 홀로 남아 남편을 기다린다. 한편 광철은 혼례방해죄로 체포되어 복역한 후, 방탕히 지내다가 동경에 건너온다. 그는 여학생 운동회에서 우연히 영자를 보고 숙소로 찾아가지만 봉변을 당하고 쫓겨난다. 사 년 후, 츈셰가 공부를 마치고 돌아온다는 전보를 친다. 영자는 기쁜 마음으로 공원에 산책 갔다가 광철과 마주친다. 그는 영자를 욕보이려 하지만 그녀가 저항하자 단도로 찌르고 도망간다. 이때 하루 일찍 돌아온 츈셰가 공원을 지나다 영자를 구하러 달려온다. 그는 범인으로 몰려 체포당하지만, 정신을 차린 영자의 증언으로 누명을 벗는다. 광철은 체포되고, 영자와 츈셰는 귀국하여 각기 여학교 교사와 고등법원 판사로 일하며 행복하게 산다.

【참고】 표지에 '烈女의 涙' 라고 표기되어 있다. '農湖 朴承曄' 으로 저자 표기가 되어 있으나, 「추월색」

등 이전 신소설의 모티프를 표절에 가까울 정도로 차용, 편집하고 있어 순수 창작이라 보기 어렵다. 1929년에 초판이 발행되었으며, 동덕여대 소장 3판본(1934, 110면)을 텍스트로 내용을 정리했다. 남성 중심인물인 '춘셰' 가 애정의 방해 요소 앞에서 어쩔 줄 모르는 것에 비해, 여성 중심인물인 영자는 애정을 위해 죽음도 불사하고 있어 대조적이다.

열정/熱情: 백남신 작. 태화서관1926(222면, 70전).

【내용】 평양 을밀대에서 데이트를 하는 정옥과 철한은 서로 사랑하는 사이이다. 철한은 평양 성내 최고 부자인 백 참판의 아들로 패성학교를 졸업하고 일본에 유학하여 신사상에 심취하게 된 인물이다. 그와 사랑하는 정옥은 서 참봉의 딸로 평양여자고등학교를 졸업한 재원이다. 철한의 친구인 한영수는 선교사의 도움으로 의대를 나온 똑똑한 청년이다. 이들은 을밀대를 거닐다가 정옥이 다치는 바람에 집으로 돌아온다. 정옥은 자신을 적극적으로 도와준 영수에게 사랑의 감정을 느끼지만 독실한 기독교도인 영수는 자신은 이미 결혼한 신분이라며 정옥과 남매의 연을 맺기로 한다. 한편 황 승지의 딸 정순은 평소 자신이 흠모하던 철한이 정옥을 사랑하자, 어떻게든 둘을 갈라놓으려고 애쓴다. 때마침 총독부에서 철한에게 경주의 고적을 조사하라는 출장 명령을 내려 정옥과 철한은 잠시간 떨어져 있게 된다. 이 사이 정순은 경주보통학교의 교원이 되어서 철한에게 지속적으로 접근하고 정옥의 편지를 빼돌리기도 한다. 이 사실을 안 영수는 정순에게 항의하려 하지만, 그사이 정순의 사촌 오빠이자 불한당인 창수는 정옥을 겁탈한다. 결국 창수의 아이를 갖게 된 정옥은 영수에게서 수술을 받고 다시 철한과 만나 사랑을 이룬다. 창수는 만주로 도망했으나 그곳에서 마적의 습격을 받아 죽고, 정순은 개과천선하여 평생 독신으로 교육 사업에 헌신한다.

【참고】 표지에 '獨步 白南信 作 熱情', 본문 첫 장에 '熱情 獨步 白南信 創作' 이라고 표기되어 있다. 남녀 간의 연애사에 협잡과 모략이 개입하고 결국 악인의 패배와 선인의 승리로 귀결되는 통속적 서사구조를 보여 주고 있으며, 개과천선한 인물이 교육 사업에 헌신한다는 후일담을 더하여 계몽 의도를 착색하고 있다.

열정 껍질 벗는 사람/렬정썹질벗는사람熱情썹질벗는사람

강의영 저작발행. 영창서관1926(70면, 30전).

【내용】 김순일은 착실한 예수교 신자로 신임받는 젊은 교사이다. 하지만 순일은 예배당에서 알게 된 S의 아내 박영애와 가깝게 지내면서부터 학교에 가지 않는 등 점차 나태해진다. 그러던 어느 날, 순일은 함께 도망가자는 영애의 제안을 받고 본처와 자식 생각에 망설인다. 한편 순일의 태도에 실망한 그녀는 이별을 고하고 돌아간다. 며칠 후 전도 강연 준비대회로 목사의 집을 방문하게 된 순일은 영애가 남편 S와 나란히 있는 것에 질투를 느낀다. 집으로

돌아온 그는 영애에 대한 복수로 그녀에게 거짓 절연장과 불륜 사실을 안 누군가가 자신을 겁박하는 내용의 거짓 협박장을 보내고, S에게는 그녀와의 관계를 암시하는 밀고장을 보낼 계획에 착수한다. 하지만 발송 과정에서 S에게 밀고장이 아닌 협박장을 보내는 실수를 저지르고 만다. 결국 S의 폭로로 순일과 영애의 불륜 관계는 탄로 나고, 두 사람은 교회에서 출교를 당한다. 한편 순일은 S를 피해 교회 목사의 집에서 은둔해 있는 영애를 찾아와 모든 껍데기를 버리고 자유롭게 살기 위하여 함께 떠날 것을 약속한다. 며칠 후 순일과 영애가 사라지자 S는 흥분한 상태로 각지로 영애를 찾아 돌아다니고, 급기야 교회 목사에게까지 갖은 위협을 하기에 이른다. 몇 년이 지나도록 두 사람의 소식은 들리지 않는다.

【참고】 영남대 도서관 소장 영창서관본 표지에 '新小說 熱情렬졍썹질벗는사람', 본문 첫 장에 '熱情썹질벗는사람' 이라고 표기되어 있다. 사랑에 대한 욕망과 그에 따르는 윤리적, 가정적 파탄을 그린 작품이다.

열정의 루/熱情의淚: 백악 작. 세창서관1936.

【내용】 정화용은 충청도 공주사람으로 구한말 세력가이던 아버지를 일찍 여의고 22세에 서울 옥인동으로 올라와 명진학원 교원으로 일하는 유부남이다. 그는 출근길에 매일 마주치는 영희와 서로 사랑에 빠진다. 영희는 강원도 강릉 현령이었다가 서울 충신동에 자리잡은 리상태의 딸이다. 화용과 영희는 몇 달간 서로를 지켜보다 어느 가을날 밤 영원한 사랑을 약속한다. 그러던 중 리상태는 영희를 춘천의 안동 김 씨 집안으로 시집보낼 계획을 세운다. 영희는 그 사실을 알고 화용을 찾아가 상의 끝에 부부가 될 수 있도록 노력해 보자는 결론을 낸다. 다행히도 안동 김 씨 집안에서는 영희가 학교를 다닌다는 이유로 청혼을 거절한다. 어느 날 리상태는 안근호의 회갑에 놀러갔다가 과거에 현령으로 일할 때 사형을 내렸던 한경출의 손자 용석의 살해 위협을 받는다. 마침 화용이 강릉에 단풍 구경을 갔다가 이 장면을 목격하고, 들고 있던 사냥총으로 용석을 쏜다. 총소리에 출동한 강릉 경찰에게 리상태 일행이 체포되고 용석은 병원으로 후송되지만 곧 숨진다. 용석은 죽으며 조부의 복수를 하기 위해 어쩔 수 없었다는 말과 화용을 원망하지 않는다는 말을 남긴다. 리상태 일행도 곧 유치장에서 풀려난다. 화용이 리상태를 구한 것이 계기가 되어 영희는 화용과 결혼하고 소실이 된다. 이때 용석의 아우 수천이 해외에서 돌아와 조부와 형의 원수를 갚으려 화용에게 살인 및 횡령의 누명을 씌운다. 그러나 살해현장에서 수천의 넥타이 조각이 발견되어 화용의 누명은 풀리고, 수천은 사형당한다. 화용 가족은 모두 모여 행복하게 산다.

【참고】 본문 첫 장에 '戀愛探偵義理小說 熱情의 涙 白岳 作' 이라고 표기되어 있다. 중매를 통한 구식 혼인에 반대하고 자유연애와 자유 결혼을 주장하는 듯하지만, 일부다처제에 대해서는 긍정적이고 수용적인 입장을 취한다. 서강대 소장 세창서관본을 텍스트로 내용을 정리했다. 등장인물의 이름을 제외하면 작자미상의 『비밀의 사랑(성문당서점)』과 내용이 흡사하다.

열정의 불길/熱情의불길

박승엽 작. 덕창서관1926(57면, 25전).

【내용】 평양에 사는 백영일과 황뎡순은 결혼을 앞둔 애인 사이이다. 그런데 영일이 일 때문에 경주로 내려감에 따라 잠시 헤어진다. 혼잡한 정거장에서 애인을 배웅하던 뎡순은 손가방을 잃어버리는데, 난봉꾼 한영근이 그녀의 손가방을 줍는다. 이튿날 영근이 뎡순의 손가방에 있는 편지의 주소를 보고 그녀를 찾아온다. 뎡순은 그를 환대하고 영근은 그녀를 탐할 요량으로 접근한다. 어느 날 뎡순은 영근을 따라 들른 다점에서 신경마취약이 섞인 사이다를 먹고 정신을 잃는다. 하룻밤 만에 깨어난 뎡순은 영근에게 겁간당했음을 알고 눈물을 흘린다. 그녀는 이를 영일에게 말할 것인지 고민하다가 끝내 말하지 않기로 한다. 몇 달 후, 그녀는 영일의 친구이자 자신이 믿고 따르는 대동병원 의사 리인식을 찾아간다. 인식은 진찰과정에서 뎡순의 임신 사실과 그 이유를 알게 된다. 인식은 법률상 죄와 도덕상 죄를 두고 고민하다 두 사람의 인생을 위해 한 목숨을 버릴 수밖에 없다는 결정을 내린다. 뎡순은 수술 한 달 만에 완쾌하여 퇴원한 후 앞으로 독신으로 살 것을 맹세한다. 이때 영일이 결혼하기 위해 올라왔다가 인식을 찾는다. 인식은 영일에게 그녀의 허물을 사랑으로 포용할 것을 주문한다. 영일은 뎡순을 찾아가 진실한 사랑으로 그녀를 위로하고 설득한 끝에 뎡순으로부터 몸을 더럽힌 지난 일을 자세히 묻지 말 것, 악마의 원수를 갚아 줄 것을 조건으로 결혼 허락을 받는다. 9월 10일 날 신문에는 이들의 결혼사진과 함께 중국 만주에서 마적에게 피살된 한영근의 기사가 실린다.

【참고】 서울대 도서관 소장 덕창서관본 표지에 '熱情의불길 德昌書館 發行', 본문 첫 장에 '戀愛哀話 熱情의불길 롱호 박승엽 져작'이라고 표기되어 있다. 언약을 맺은 인물들의 이별에 따른 혼사장애를 다루고 있는데, 그 중심 사건으로 '강간'과 '낙태'가 설정되어 있다. 작중에서 리인식은 위기에 처한 남녀 주인공의 문제를 해결하는 구원자이자 사건을 풀어 가는 주도적 역할을 담당하는 인물이기도 하다. 김환의 『악마의 저주(한성도서1920)』와 내용이 유사하다. 발표 시기를 비교할 때 『열정의 불길』이 모방작인 것으로 판단된다.

열풍(번)/熱風: 나카니시이노스케 작. 이익상 역. 조선일보1926.2.3-12.21(311회 완).

【내용】 캘커타에서 대학 공부를 마친 지식인 청년 사치야는 아지메야로 귀향한다. 사치야는 영국과 거래하는 부유한 상인 카이의 딸 안늬와 사랑하는 사이였다. 그는 마하트마 간디를 신봉하는 민족주의자였으므로 이들 부녀에게 영국이 인도에 위협적인 존재임을 일깨우려고 노력한다. 사치야의 또 다른 추종자인 천민 청년 코쿠라는 간디의 무저항주의에 공감하

熱風 [一]

中西伊之助 作 李益相 譯

지 못하고 무장 투쟁의 길을 택해 영국군 연대를 공격한다. 코쿠라를 설득하기 위해 본 숲에 갔던 사치야는 폭력혁명 선동의 괴수라는 누명을 쓰고 옥고를 치르게 된다. 코쿠라의 연인 야시야이의 가족도 갖은 고초를 당한다. 영국 법정은 주변인들을 회유하여 사치야를 거짓 혁명가요 안늬를 유혹해 돈을 뜯어낸 사기꾼으로 몰고 반란죄를 씌우려 한다. 하지만, 안늬는 자신의 안위도 돌보지 않고 사치야의 억울함을 호소한다. 결국, 안늬의 노력에도 불구하고, 사치야는 물론 코쿠라까지 영국인들에게 비참한 총살을 당하고 거리에 효수된다. 안늬와 야시야이 두 여인은 연인의 원수 갚기를 결심한다. 그녀들은 술집 영업과 매음도 마다않고 영국인들에게 복수의 기회를 노린다. 이시야이가 영국군 연대장인 대좌를 살해하고 도주하자 영국 경시청에서는 안늬를 다시 잡아간다. 이에 야시야이는 남장을 하고 캘커타에 잠입했다가 우연히 실타라는 청년을 만나 도움을 받는다. 이미 실타를 비롯한 캘커타의 청년들은 사치야의 일을 안타까워하며 민족주의로 각성되어 있었다. 달마노인과 청년결사의 도움으로 안늬와 야시야이는 재회한다. 실타와 동지들은 마하트마의 비폭력주의에 반대하고 폭력으로 영국에 저항하자는 생각을 가지고 있었다. 안늬는 사치야의 화신인 것 같은 실타에게 사랑을 느끼기 시작한다. 영국의 황태자가 캘커타를 방문하기 하루 전 한터 총독이 캘커타 그랜드 호텔에 당도하자 실타와 두 여인은 한터 총독의 암살을 기도하나, 실패로 돌아간다. 다음 날, 영국의 황태자 오푸웰스의 행렬은 전날의 사건과는 무관하게 장엄하게 캘커타 시내를 지나간다.

【참고】 연재 지면에 '熱風 中西伊之助 作 李益相 譯'이라고 표기되어 있다. 《조선일보》 1926년 2월 2일자 연재 예고에 "이 소설은 일본 문단에 일홈 놉흔 중서이지조(中西伊之助) 군이 밧분 가운대에 본보를 위하야 특별히 붓을 잡게 된 것"이라고 소개하고 있다. 같은 제목의 책이 일본의 平凡社에서 소화 3년(1928)에 간행된 것으로 미루어 보면 일본과 조선에서 거의 동시에 발표되었거나 조선에서 먼저 발표되었을 가능성도 배제할 수 없다. 영국의 식민지인 인도의 민족주의를 실현하려는 젊은이들의 파란만장한 역정을 그리고 있다. 비록 비극적 결말을 보여 주고 있지만, 비폭력 저항과 무장 투쟁이라는 민족주의의 두 가지 양상을 작품화했다는 점에서 의미가 있다.

염군(번)/焰群: 짐돌 작. 김병제 역. 중외일보1930.9.2-9.27(24회 미완).

【내용】 오월 어느 날 아침, 아르도빌은 계모 에리자베드 부인으로부터 부친과 함께 뉴욕에

돌아온다는 내용의 전보를 받는다. 부친의 친구인 의사 레프슈-스와 항구로 마중을 나간 그는 뜻밖에도 부친이 시신으로 돌아오자 큰 충격에 빠진다. 아르도빌은 부친이 폴란드에서 공산당원들에게 암살되었다는 계모의 말을 의심하면서도 부친의 복수를 위해 공산당원들을 박멸할 계획을 세운다. 한편 노동조합의 직공장 믹크는 자신들의 사상에 적대적인 호-헨로 대공과 몬모란 자작 일행이 뉴욕의 '파도리좌나' 여관에 묵는다는 정보를 입수한다. 그는 수도공인 돔과 굴뚝공인 고프 등과 함께 여관 보수를 하는 척하며 그들이 묵을 방에 반자동 영사기를 설치하고 나온다. 이를 알지 못하는 공작과 자작은 그 방 안에서 각국의 동맹 회원들과 아메리카의 대공 크렉스링그 그리고 첫체를 의장으로 한 아지스트 회의를 개최한다. 얼마 후, 믹크 일행은 촬영된 사진 필름을 보며 그들이 무엇 때문에 회의를 열었는지 알아내기 위해 고심한다. 한편 젊은 노동자 로리는 구존만을 거닐다 우연히 정신을 잃은 채로 바다에 떠 있는 한 여성을 발견하고 물속에 뛰어 들어 그녀를 구원해 낸다.

【참고】 연재 지면에 '짐·돌 原作 焰群 金炳濟 譯'이라고 표기되어 있다. 24회로 중단되었다. 첫 회 역자의 말에 "이 소설의 원명은 '메스·앤드'이었으나 역자의 사정상 염군(焰群)이란 이름으로 고친 것이며, 원작자는 '짐·돌'이다"고 표기되어 있다. 《중외일보》 1930년 8월 29일부터 9월 1일까지 3회에 걸쳐 소개된 역자의 '「焰群」의 原作者 「짐·돌」의 半生'이라는 글에 따르면, 원작자 '짐·돌'은 1884년 미국에서 태어난 것으로 소개되어 있는데, 현재로서는 이외에 원작자와 원작에 대한 정확한 정보를 확인하기 어려운 상태이다. 또한 "첨삭한 곳이 잇다"는 역자의 말을 미루어 볼 때 전체 번역이 아닌 축역으로 추측된다.

염복(번)/艶福: 모파상 작. 상화 역. 시대일보1925.7.4-12.25.

【내용】 원작 참조.

【참고】 역자명 '想華'는 이상화(李相和)의 필명이다. 원작은 프랑스 작가 모파상(Guy de Maupassant)의 두 번째 소설 「벨아미(Bel-Ami)」(1885)이며, 매력적인 외모와 우아함을 타고난 남자 '벨아미'가 수단과 방법을 가리지 않고 자신의 욕망을 이루어 나가는 모습을 통해 선과 악의 경계가 허물어진 인간 사회를 냉정하게 묘사한 작품으로 알려져 있다. 일역서의 중역이라는 견해가 있다.

영락성(번)/영락성永樂城: 원작미상. 김도식 역. 그독신보1917.7.4-12.5.

【내용】 영국 런던에 사는 노인 탁비는 가난하고 외로운 처지이다. 그는 륜금을 타서 구걸하며 간신히 생활해 나간다. 늬스듸라는 한 고아 소년이 음악 소리에 이끌려 그에게 말을 건다. 두 사람은 서로의 처지를 알고 함께 살기로 한다. 두 사람은 서로를 가족처럼 여기며 가난하지만 행복한 생활을 한다. 그러던 어느 날 탁비가 병에 걸린다. 늬스듸는 홀로 륜금을 연주하며 구걸하러 다니다가 유복해 보이는 가족을 알게 된다. 늬스듸는 그 가족으로부터

천당과 예수에 관한 이야기를 듣는다. 그는 천당이 안온한 곳이라는 말을 듣고, 자신도 그런 곳에서 살고 싶다고 생각한다. 늬스듸가 애쓴 보람도 없이 탁비의 병은 점점 깊어진다. 탁비는 늬스듸로부터 죽으면 천당이라는 좋은 곳에 갈 수 있다는 말을 듣고 그곳에 가는 방법을 알아내려고 한다. 그러던 중 두 사람이 사는 곳 근처에 예배당이 생긴다. 탁비와 늬스듸는 그곳에서 여러 가지 교리를 듣고, 천당에 가는 방법을 깨닫는다.

【참고】 연재 지면에 '종교쇼셜 永樂城 영락셩 김도식 역슐'이라고 표기되어 있다. 연재 횟수는 표시되어 있지 않으나 실제로 23회 연재되었다. 1917년 12월 5일 연재분을 끝으로 더 이상 연재 사항은 발견되지 않고 내용상으로도 끝맺음한 것으로 보이나, 완결되었다는 표시는 없다. 전체 7회로 구성된 회장체 소설이다. 사후세계에 대한 기독교적 신앙을 주제로 한 작품이며, 원작자와 원작에 대한 정보는 확인되지 않는다.

영법로토제국 가리미아 전사(번)/英法露土諸國哥利米亞戰史

마쓰이히로키치 작. 유길준 역술. 광학서포1908(166면, 50전).

【내용】 원작 참조.

【참고】 표지에 '榘堂先生俞吉濬譯述 英法露土諸國哥利米亞戰史 大韓皇城廣學書舖發行', 본문 첫 장에 '英法露土諸國의哥利米亞크리미야戰史'라고 표기되어 있다. 국한문혼용체 표기 작품이다. 국민들을 계몽시키고 애국심을 고취시키기 위하여 크림전쟁에 관하여 기술한 책으로, 강국의 전쟁관, 정치방법 등의 내용이 실려 있다. 1편은 전쟁의 원인, 2편은 근원, 3편은 전쟁, 4편도 전쟁으로 되어 있다. 대체로 러시아의 대외전략과 영국, 프랑스군의 러시아군과의 개서, 영국, 프랑스, 러시아의 군사력, 참전 인원, 프랑스 조약까지 크림전쟁에 대해 상세히 기술하고 있다. 일본 마쓰이 히로키치(松井廣吉) 저『クリミヤ戰史(1895)』의 번역본이다.

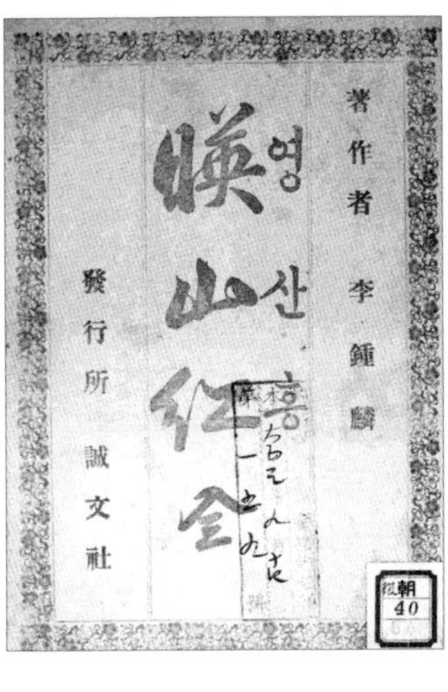

영산홍/暎山紅

이종린 작. 성문사1914(116면, 25전) ; 덕흥서림1922.

【내용】 조선조 용산강 어귀에 사는 김 오위장과 부인 사이에는 아리따운 딸이 있었는데 이름이 영산홍이었다. 화창한 봄날 홍이 시비 녹난과 시를 지으며 한강에서 뱃놀이를 하는데 한 남자가 귤을 배 안으로 던져 넣는 희롱을 한다. 녹난은 귤을 반씩 나누어 먹어 버리자고 하지만 홍은 녹난의 비웃음을 받으면서도 회침 속에 고이 간직한다. 집에 돌아온 홍은 늙고 쇠약한 모친의 임종을 맞는다. 그리고 중추절 날, 녹난을 데리고 모친 묘소에 가다가 그 사내를 다시 만나는데, 사내는 자신

의 본명을 이사남이라 밝힌다. 한편 홍과 녹난이 탄 배는 풍랑을 만나 낯선 곳에 떠밀려 오고, 뭍에 내린 홍과 녹난은 각기 기묘한 꿈을 꾼다. 홍의 꿈 이야기를 들은 녹난은 둘이서 한 낭군을 섬기게 되는 꿈이라 해몽한다. 도적 떼에게 잡혀간 홍과 녹난은 그곳에서 도적들과 부부관계를 강요당하고 몸이 팔리게 되는 등 위기를 맞지만 기지를 발휘하여 몰래 도망하는 데 성공, 어은사로 몸을 숨긴다. 한편 사남은 두 여자를 잃은 슬픔에 오랜 시간 괴로워하다가 우연히 한 노파를 통해 홍과 녹난이 탈출했다는 소식을 전해 듣는다. 이후 사남은 홍과 녹난을 만나 자신을 향한 두 사람의 굳은 절개를 확인하고 두 여인을 부인으로 맞이한다.

【참고】 국립중앙도서관 소장 성문사본 표지에 '著作者 李鍾麟 영산홍 暎山紅 全 發行所 誠文社', 본문 첫 장에 '영산홍 권상'이라고 표기되어 있다. 상, 하권으로 구분되어 있으며, 상권은 1-11절, 하권은 12-20절로 다시 세분되어 있다. 서술 시간의 역전이 보인다. 한 남자를 사랑하는 두 여인의 정절과 지조를 그리고 있다. 덕흥서림본 3판(1927, 94면, 30전)에는 저자 표기가 없다.

영웅호걸: **작자미상. 영창서관1935(30전).**

【내용】 미확인.

【참고】 단행본 원본 자료를 구할 수 없어 작품의 경개 및 세부 서지사항을 확인하지 못했다. 『강명화전(영창서관1935)』 권말 '영창서관발행신소설목록'에 '영웅호걸'이라고 제목이 표기되어 있다.

영원의 루/**永遠의涙: 노익환 발행.**

【내용】 미확인.

【참고】 단행본 원본 자료를 구할 수 없어 작품의 경개 및 세부 서지사항을 확인하지 못했다. 1929년 2월호 《조선출판경찰월보》 단행본 출판 금지 목록에 수록되어 있다. 출판 금지 사유는 치안 방해이다.

영원의 몽상/**永遠의夢想: 춘성 편. 영창서관1931(1원).**

【내용】 미확인.

【참고】 단행본 원본 자료를 구할 수 없어 작품의 경개 및 세부 서지사항을 확인하지 못했다. 『운명의 진주(영창서관1931)』 권말 서적 광고에 '春城 作 高級文藝小說及感想集 永遠의夢想'이라고 표기되어 있다. 영창서관에서 펴낸 『신간도서목록』에는 '春城 編 永遠의夢想'이라고 표기되어 있다. 또한 『朝鮮總督府 禁止單行本目錄(朝鮮總督府警務局1941)』에 수록되어 있다. 여기에는 이 작품이 창문당에서 양천호가 저작 발행하였다고 되어 있다. 간행이 금지 처분된 날은 1939년 2월 15일이며 금지 처분 이유는 '治安'이다.

영원의 무정/永遠의無情: 강의영 저작발행. 영창서관1929.

【내용】 미확인.

【참고】『朝鮮總督府 禁止單行本目錄(朝鮮總督府警務局1941)』에 수록되어 있다. 간행이 금지 처분된 날은 1929년 5월 4일이며 금지 처분 이유는 '治安'이다.

영원의 사랑(번)/永遠한사랑

원작미상. 월파 역. 영창서관·한흥서림1926(83면, 30전).

【내용】 내용 생략.

【참고】 표지 제목은 '永遠한 사랑'이다. 표지 제목 앞에 '大活悲劇', 목차 제목 앞에 '大活悲劇 短篇集'이라 표기되어 있다. '사랑'에 관한 다섯 편의 번역 소설을 싣고 있는 소설집이다. 총 5장으로 구성되어 있으며, 각 장은 단편 하나에 해당된다.

영원한 무정/永遠한無情: 강의영 작. 영창서관1942(2원).

【내용】 미확인.

【참고】 단행본 원본 자료를 구할 수 없어 작품의 경개 및 세부 서지사항을 확인하지 못했다.『젊은이들의 마음(영창서관1942)』 권말 '영창서관신간출판총서'에 '姜義永著 長篇小說 永遠한無情'이라고 표기되어 있다.

영원한 사랑/永遠한사랑: 영창서관 편. 영창서관1934(30전).

【내용】 미확인.

【참고】 단행본 원본 자료를 구할 수 없어 작품의 경개 및 세부 서지사항을 확인하지 못했다.『쌍봉쟁화(영창서관1934)』 권말 판권지의 서적 광고에 '永遠한사랑'이라고 제목이 표기되어 있다. 영창서관에서 펴낸『신간도서목록』에 '永昌書舘 編 大探偵大活劇 永遠한사랑'이라고 표기되어 있다.

영자의 루/英子의淚: 강봉회 저작발행. 백합사·동흥서관1939(104면, 40전).

【내용】 김도영과 안명호는 지기지우로서 의기투합하여 합자회사를 설립한다. 그들에게는 각각 딸 영자와 아들 병열이 있는데, 성품이나 외모가 단정하고 재질이 출중하여 누구나 좋은 배필로 여기고 주목한다. 병열과 영자가 장성하여 결혼하자 두 집안은 사돈 간으로 더욱

친밀한 관계가 된다. 병열은 병원을 개업하고 도영과 명호는 약재를 공급하는 사업을 하여 성공가도를 달린다. 그러던 중 명호의 처가 병사하여 새 시모 최화자가 집안으로 들어온다. 그리고 같은 해에 화자는 딸 금순을, 영자는 아들 응칠을 출산한다. 화자는 명호 집안의 재물을 탐내어 심복인 집안 조카 최광텬을 병원의 약사로 채용하도록 손을 쓴 후 무서운 음모를 꾸민다. 그런데 얼마 지나지 않아 도영도 상처의 시련을 겪는다. 도영은 돌연 도일을 감행하는데, 귀국 시에 일본인 처 미자와 아들 원일을 데리고 온다. 어느 날 원일이 급성 관격에 걸려 병열의 치료를 받게 되었는데, 어이없게도 주사를 맞은 아이가 도리어 악화되어 죽는 일이 생긴다. 병열은 독약으로 아이를 살해한 중죄인이 되어 감옥으로 가고 영자는 남편 구명을 위해 동분서주한다. 도영과 미자는 병열의 소행으로만 여겨 일본으로 떠나버리고 명호와 화자도 등을 돌려 영자는 졸지에 외톨이 신세가 된다. 영자는 남편을 위한 일이라면 무조건 발 벗고 나서다가 불륜의 혐의까지 쓰고, 마침내 집안에서 쫓겨난다. 이 모두는 화자의 계략에 의해 광텬이 주도한 범죄였다. 영자는 일본으로 가서 아버지와 새어머니를 만나고, 사정을 듣고 내막을 이해한 그들은 홀로 떨어진 응칠의 목숨마저 위태로움을 직감하여 급히 영자와 함께 귀국한다. 영자의 가족은 명호 집안에서 고용살이하던 삼쇠의 도움을 얻어 사건의 진상을 밝히고 예전의 삶을 되찾는다.

【참고】 서울대 도서관 소장 백합사·동흥서관본 표지에 '英子의淚', 본문 첫 장에 '가정비극소설 英子의 눈물'이라고 표기되어 있다. 난외서명과 간기의 제목은 '영자의 눈물'이다. 젊은 새 시어머니의 욕심이 빚은 가정 파탄의 비극이 주요 소재로 채택된 작품이다. 재산을 노린 범죄 행각과 그에 희생된 인물의 고난이 순차적으로 전개되고, 결말 부분에 진상이 드러나면서 선인은 누명을 벗고 악인은 제도적 처벌을 받는, 전형적인 통속적 신소설의 서사구조를 보여 준다.

오경월/五更月: 일우생 작. 대한민보1909.11.25-12.28(22회 완).

【내용】 금주산 육송정 동리에 사는 박 좌수는 일본 헌병들이 몰려온다는 머슴의 말을 듣고 불안해한다. 의병을 토벌한다는 구실로 일본 헌병들이 시도 때도 없이 쳐들어와 행패를 부리기 때문이다. 박 좌수 집에 한바탕 소란이 일어나고 그 과정에서 며느리 양 씨가 사라진다. 박 좌수는 양 씨의 몸값을 요구하는 편지를 받는데, 사실 이 편지는 의병을 사칭한 화적들이 쓴 것이다. 박 좌수는 양 씨를 찾기 위해 집을 나섰다가 일본 헌병과 의병들의 총격전을 보고 혼비백산한다. 간신히 집으로 돌아온 박 좌수는 의병과 내통했다는 누명을 쓰고 헌병에게 끌려간다. 풀려난 박 좌수는 다시 양 씨를 찾아 나서고, 이번에는 의병을 사칭한 화적 떼를 만나 돈을 빼기고 몰매를 맞는다. 한편, 화적들에게 잡혀간 양 씨는 죽기를 각오하고 소

굴을 빠져나오는 데 성공한다. 그녀는 집으로 돌아가려다 곳곳에 화적 떼가 있는 것을 보고 쉽사리 산에서 내려오지 못한다. 그러던 중 양 씨는 오경 달빛 아래 쓰러진 박 좌수를 발견한다. 두 사람은 눈물의 상봉을 하고, 박 좌수는 달이 지기 전에 산을 내려가자고 말한다.

【참고】 개화기 민족지 《대한민보》에 실린 신소설로, 일본 헌병과 의병을 사칭하는 화적들 사이에서 수난을 당하는 민중의 모습을 그리고 있다. 작가 일우생(一吁生)에 대해서는 밝혀진 바가 없지만, 당시 대한협회 및 《대한민보》에 관계하던 이해조, 안국선, 이현종, 신채호 중 한 명이라는 견해가 있다.

오동추월/梧桐秋月

박철혼 작. 영창서관1928(56면, 25전).

【내용】 옥순은 남북전쟁 중에 부모를 잃어버리고 홀로 산속을 헤매다 다리에 총상을 입는 부상을 당한다. 하지만 근처에 있던 일본인 군의(軍醫) 촌상의 도움으로 완쾌되어 일본에 가게 된다. 촌상 부인의 도움으로 대판에서 신학문을 배우던 어느 날 옥순은 촌상의 전사 소식을 듣는다. 이에 촌상 부인은 점점 옥순을 구박하기 시작한다. 옥순은 처지를 비관하다 철교 난간 위에 올라 강물에 투신하지만, 때마침 철교 밑을 지나던 청년 김치경의 배 가운데로 떨어져 살아난다. 옥순은 김치경의 권유로 요코하마에서 화륜선을 타고 미국 유학길에 오른다. 그리고 미국 워싱턴에 도착하여 공부를 시작한다. 한편 옥순 모친은 남편과 옥순이 보이지 않자 죽을 작정으로 강물에 뛰어들었다가 뱃사공에게 구원되어 다시 살아난다. 그리고 자신을 찾아온 부친을 통해서 남편이 미국 유학을 떠났다는 소식을 전해 듣는다. 5년 후 옥순은 미국의 고등소학교를 우등으로 졸업하게 되는데, 그녀의 행적이 워싱턴 신문에 실린다. 이때 옥순의 부친 서광춘이 그 기사를 보고 옥순의 학교를 찾는다. 하지만 방학인 관계로 옥순을 못 만나자 신문광고를 내서 상봉을 이룬다. 부친을 통해 모친 소식을 들은 옥순은 눈물에 젖고, 서광춘은 귀국하여 아내에게 옥순의 소식을 전해 준다. 결혼을 약속한 옥순과 치경은 미국에 남아서 나라를 부강하게 하고 남녀평등을 이루는 사업에 대해서 이야기를 나눈다. 옥순의 부모는 그녀가 돌아오기만을 고대한다.

【참고】 서울대 도서관 소장 영창서관본 표지에 '悲劇小說 梧桐秋月 오동추월', 본문 첫 장에 '애정소설 梧桐秋月 오동츄월 朴哲魂 作'이라고 표기되어 있다. 주인공이 청인으로 설정되어 있다. 일본인의 구원으로 위기를 극복하고 미국에 건너가 신여성이 된다는 등의 부분에서 친일 성향을 엿볼 수 있으며, 이인직의 「혈의 루(만세보1906.7.22-10.10)」를 모방, 표절한 것으로 볼 수 있다.

오버 더 힐(번)/오뻐듸힐: 원작미상. 역자미상. 창문사1924.

【내용】 미확인.

【참고】 원본 자료를 구할 수 없어 정확한 서지사항을 알기 어렵다. 원작자나 정확한 원작명, 역자에 대한 정보도 알 수 없다. 다만 《조선문단》 1925년 신년호에 도서 광고가 실려 있어서 책의 내용과 발행 시기를 추측할 수 있다. 광고문에서 표제는 '오뻐듸힐'이라고 표기되어 있으므로, '(譯名山을너머서)'라고 부기되어 있다. 정가는 65전으로, 발행소는 '경성 창문사'로 표기되어 있다. 추천의 말에 "「오버듸힐」이 개인주의·물질만능주의에 비참하게도 파멸을 당하는 서편 나라에서, 오로지 동방나라의 親孝行을 주제로 한 이 명편이 나아 온 것은 누구나 경탄하지 안는 사람이 업습니다. 육남매의 아들과 쌀을 빈곤과 비탄 속에서 양육하야 모다 훌융한 종교가, 예술가, 실업가로 세상에 출신하게 한 그 어머니로서 결국은 그 아들 그 쌀에게 학대를 바더, 산을 넘어 양로원으로 가는 비절참절한 그 情狀" 등의 서술로 작품의 의의와 내용을 소개하고 있다.

오셀로(번)/오델로Othelo

셰익스피어 작. 전영택 역. 조선문단1924.11-1925.2(4회 완).

【내용】 원작 참조.

【참고】 연재 1회 지면에 '오델로(Othelo) -Lambs tales from shakespeare- 秋湖'라고 표기되어 있다. 연재 2회부터 마지막회까지는 '오델로 田榮澤'이라고 표기되어 있다. 연재 1회 '머리말'의 "쉑스피어는 西洋文學의 祖宗이라 함니다. 그러나 그의 原作은 참 알기 어렵습니다. 그 原作의 研究는 英文學者의게 맷기고 우리는 第二 쉑스피어라는 램의 名筆노 그 偉大한 文學을 맛볼 수 잇습니다" 등 부분에서 이 번역의 대본이 셰익스피어(William Shakespeare)의 희곡 「Othello(1604)」가 아닌 램(Charles Lamb)의 서술체 산문인 것을 알 수 있다. 또한 "大概意譯이 되겟습니다. 그러면서도 할 수 잇는 대로 本文에 忠實히 하노라고 하엿습니다" 부분에서 번역자의 태도와 역본의 성격을 엿볼 수 있다.

오위인 소역사(번)/五偉人小歷史: 사토쇼우키치 작. 이능우 역. 보성관1907.

【내용】 내용 생략.

【참고】 본문 첫 장에 '五偉人小歷史 佐藤小吉 著 李能雨 繹'이라고 표기되어 있다. 알렉산더, 콜럼버스, 워싱턴, 넬슨 제독, 표트르 대제 등 위인들의 인물사를 기술하고 있는 책으로 광무 11년에 발행되었다. 대한제국기의 교과서용 도서이며 국한문혼용체 작품이다. 원작자와 원작에 대한 자세한 정보를 확인할 수 없다.

오자서 실기(번)/오ᄌᆞ셔실긔伍子胥實記

현공렴 저작발행. 대창서원·한양서적업조합소1918 ; 대창서원·보급서관1918.

【내용】 내용 생략.

【참고】 초나라 때의 충신 오운의 이야기를 다룬 고전소설 작품이다. 중국 고전소설의 번역본으로 간주할 수 있다. '오자서전' 이라는 표제의 국문 필사본이 전하며 「오자서전」의 전반부를 축약한 필사본 「오월춘추」도 동일 계열의 이본으로 볼 수 있다.

오작교/烏鵲橋: 작자미상. 회동서관1927(103면).

【내용】 조선 숙종대왕 시절 전라도 남원부에 살던 퇴기 월매는 고을 현감으로 내려와 있던 서울 성 참판의 수청을 들고 춘향이라는 딸을 낳는다. 춘향은 모친의 사랑을 받으며 요조숙녀로 성장한다. 이때 서울 삼청동에 사는 리몽룡이 남원부사로 임명된 부친 리 승지를 따라 남원으로 내려온다. 어느 봄날 몽룡은 방자를 데리고 광한루 옆 오작교를 거닐다 갑자기 내리는 비로 인해 근처 월매의 집을 찾는다. 그리고 그곳에서 비설거지를 하는 춘향의 미모를 보고 한눈에 반한다. 이후 몽룡은 함께 내려와 있던 종형 리종세에게 부탁하여 월매의 집을 다시 찾지만 만나지 못하고 되돌아온다. 이 일로 몽룡이 상사병을 앓자 월매와 종세는 두 사람의 만남을 적극 주선하여 결국 몽룡과 춘향은 백년가약을 맺는다. 그러던 차에 리 승지가 서울로 영전하여 올라감에 몽룡은 춘향을 이별하여 떠나가고, 춘향은 몽룡의 언약을 믿고 기다린다. 얼마 후 서울 교동 사는 최종정이 신임 남원부사로 내려와 춘향에게 수청을 명하자 춘향은 죽을 각오로 이를 거절한다. 이 일로 옥에 갇힌 춘향은 전인을 사서 몽룡에게 편지를 보낸다. 한편 몽룡은 장원으로 급제하여 전라도 어사로 내려오다 길에서 만난 전인과 농부들을 통해 춘향의 사정을 전해 듣고 남원으로 향한다. 이때 월매는 딸을 구해 줄 몽룡이 걸인복색을 하고 나타나자 실망하여 신세타령을 늘어놓은 뒤, 혼자 옥중으로 춘향을 찾아가 몽룡의 소식을 전해 준다. 이튿날 부사의 생일연에 참석한 몽룡은 부사의 실정을 확인하고 어사 출도를 단행하여 부사를 파직한 후 춘향을 구한다. 이후 춘향은 정렬부인으로 봉해지고 몽룡은 당상관에 오른다.

【참고】 서울대 소장 회동서관본의 표지에 '奇緣小說 烏鵲橋 오작교', 본문 첫 장에 '오작교(烏鵲橋)' 라고 표기되어 있다. 판권지가 누락되어 있으나 검색 목록에 1927년이라고 명기되어 있어 이를 참조했다. 일반적으로 잘 알려진 완판본 고소설 「춘향전」의 내용을 기본 줄거리로 하고 있지만 일부 장면의 전개와 등장인물에서 다소 차이가 있다. 이 소설에는 향단이 등장하지 않으며 방자의 역할도 거의 축소되어 있다. 또한 변학도가 최종정으로 바뀌고 책방 도령이 몽룡과 춘향의 사랑의 조력자로 설정되어 있다.

오케이(번)/O.K.: 필냐크 작. 김윤우 역. 삼성출판사1948(202면, 350원).

【내용】 원작 참조.

【참고】 원작은 러시아 동반작가 필냐크(Boris Andreyevich Pil'nyak, 1894-1937)의 「OK(1932)」이다. 필냐크의 1931년 미국 여행담으로서, 1941년 간행된 原子林二郎의 일역본 『OK』를 金潤雨가 중역한 것이다.

오호대장기(번)/오호대장긔五虎大將記: 작자미상. 조선서관1913 ; 회동서관1925.

【내용】 원작 참조.

【참고】 중국 고전소설 「삼설기」 중의 한 편으로 국문 필사본과 국문 경판본으로 전한다. 국문 활자본으로는 『적벽대전(회동서관1925)』, 『화용도 실기(조선서관1913)』 책 속에 합철되어 있다.

오호천명/오호텬명嗚呼天命

월파 작. 영창서관1926(79면).

【내용】 계묘년 9월 중순, 육군부령 김병욱의 집에 괴한 두 명이 침입하여 김병욱을 살해하는 일이 일어난다. 살해 현장에는 단도와 부령의 입을 막았던 수건 한 개, 일기책 한 권이 각각 발견된다. 그 일기책의 주인은 죽은 김병욱의 친구였던 리상호의 아들 태순으로 밝혀지고, 헌병사령장관 안광식은 그를 범인으로 지목하여 체포한다. 태순은 일찍 고아가 되어 아버지의 친구인 김병욱의 집에서 자랐으며 김병욱의 외동딸 혜란과 곧 결혼하기로 되어 있었다. 혜란의 외숙인 공병대 참령 유정렬은 태순이 범인일 리가 없다고 생각하고 따로 수사를 하지만 특별한 단서를 찾지 못한다. 결국 태순은 사형 선고를 받는다. 그사이 혜란의 계모인 최 씨는 자신의 이종조카인 광식과 혜란을 결혼시키려 하고, 혜란은 이를 완강히 거절한다. 그러던 중 혜란은 누군가에 의해 납치를 당한다. 김병욱의 당번병이자 태순과 막역한 사이였던 박창식은 혜란의 행방을 찾다가 괴한을 만나고 그들과 싸우는 중에 봉투 하나를 얻는다. 그 봉투에는 헌병사령장관 광식이 김병욱을 죽이는 대가로 부하 병정들에게 돈 천원을 준다는 각서가 들어 있다. 광식은 혜란과 결혼하기 위해 김병욱을 청부 살인하고 태순에게 누명을 씌웠던 것이다. 정렬은 각서를 증거로 확보하여 태순의 사형을 중지하라는 왕의 칙령을 받아내고, 태순은 사형 직전에 간신히 무죄 방면된다. 태순은 군에 복귀하여 육군 중위가 되고 혜란과 결혼하여 가정을 꾸린다.

【참고】 고려대 도서관 소장 영창서관본을 텍스트로 내용을 정리했다. 표지에 '大秘密 大活劇 嗚呼天命 오호천명', 본문 첫장에 '嗚呼天命(오호텬명) 月坡 作' 이라고 표기되어 있다. 본문 마지막 장의 작품 제목 한글 표기 또한 '오호텬명' 이다. 작품 말미에 '丙寅孟春에 杏村에셔 脫稿' 라고 표기되어 있다. 작품 서두에 살인 사건을 배치한 다음, 범인을 추적하는 과정을 전개하는 전형적인 탐정소설의 형식을 갖추고 있다. 작품의 배경이 되는 계묘년은 1903년이다.

옥동자/玉童子: 작자미상. 대성서림1936(40전).

【내용】 미확인.

【참고】 단행본 원본 자료를 구할 수 없어 작품의 경개 및 세부 서지사항을 확인하지 못했다. 『장백전(대성서림1936)』 권말 서적 광고에 '忠義小說 玉童子' 라고 제목이 표기되어 있다.

옥랑전/옥랑젼: 작자미상. 국문판대한매일신보1910.8.16-8.28.

【내용】 인조시대 경성에 살던 평민 리홍션은 뒤늦게 무남독녀 옥랑을 얻는다. 옥랑은 어려서부터 재색을 겸비하여 사람들의 사랑을 받지만, 호란 중에 부모와 헤어지고 방황하게 된다. 이웃에 살던 김문교가 이를 보고는 길을 잃은 옥랑을 꾀어내 돈 오백 냥에 그녀를 술집에 팔아넘긴다. 주변의 많은 사내들이 모두 옥랑을 탐하는 가운데, 부호 김 진사가 음모를 꾸며 옥랑의 몸을 범한다. 이에 옥랑은 식음을 전폐하며 괴로워하다가, 마음을 바꾸어 돈을 모으기 시작한다. 한편 경성에서 태어난 변진즁은 난리 중에 부모와 헤어져 기름 장사하는 최즁옥의 밑에서 최진즁이라는 이름으로 성장한다. 어느 날 즁옥의 집에서 일하는 란화라는 여종이, 날로 건장해지는 진즁을 흠모하여 그에게 구애하지만 거절당한다. 앙심을 품은 란화는 진즁이 자신을 범하려 하고 재산을 몰래 빼돌리려 한다고 주인에게 거짓으로 고한다. 란화의 모함으로 마을에서 쫓겨난 진즁은 자신의 아버지가 있다는 신홍사로 길을 떠난다.

【참고】 '쇼셜란' 에 연재되다가 신문 폐간으로 연재가 중단된 국문 소설이다. "무릇 사룸이 덕을 싸흐면 반ᄃᆞ시 경ᄉᆞ의 보응이 잇고 의를 직히면 반ᄃᆞ시 명예의 영광이 니르ᄂᆞ니"라는 문장으로 소설 본문이 시작된다. 미완으로 연재가 중단되었기 때문에 이후의 내용을 알 수 없으며, 권선징악과 인과응보의 주제를 강조하는 내용이 이어질 것으로 예상할 수 있을 뿐이다.

옥련기담/옥련긔담玉蓮奇談: 신원행퇴 저작발행. 동양대학당1924(92면, 30전).

【내용】 대명문가의 후예 김원경은 나이 사십에 벼슬을 버리고 경상도 안동으로 낙향하여 부인 정 씨와 무남독녀 옥련과 함께 산다. 재덕과 미모를 겸비한 옥련의 나이 십오 세가 되자 원경은 죽마고우 박 승지의 집안과 자식들 간의 혼인을 정한다. 박 승지의 아들 셕영이 원경

의 집에서 공부를 하는 동안 경상도 영덕에 부임했던 석영의 부친이 병사하고 모친마저 곧 별세한다. 오래지 않아 원경도 죽고 그 부인 정 씨는 천애고아가 된 석영을 내쫓으려 한다. 마침 정 씨의 아우 상운이 주색잡기로 세간을 거덜내고 누이 집에 신세를 지고 있었다. 그는 누이를 도와 석영을 제거하려 하지만, 석영과 옥련은 기지를 발휘하여 죽지 않고 달아난다. 충직한 하녀 계월도 두 사람을 따른다. 세 사람은 하동 쌍계사 가는 길의 삼가군이라는 곳에서 장 참봉의 도움을 받아 그의 집에 머무르게 된다. 그러나 장 참봉은 옥련의 미모에 반해 석영을 없앨 계책을 세운다. 장 참봉에 의해 도적 누명을 쓴 석영은 죽을 위기에 처하는데, 마침 림 어사의 도움을 얻어 구출된다. 장 참봉과 상운은 처벌을 받고 석영은 벼슬에 올라 옥련, 계월과 더불어 행복하게 산다.

【참고】 국립중앙도서관 소장 동양대학당본 표지에 '新小說 人情悲劇 玉蓮奇談 옥련긔담'이라고 표기되어 있다. '著作 兼 發行者 新原幸槌'라고 표기되어 있는데, 누구인지는 물론 국적도 확인할 수 없다. '옥련긔담'의 내용은 86면에서 끝나며, 87면에 같은 출판사에서 발간된 『하진량문록』을 광고한 후 '신긔한이약이' 네 편을 추가 수록하고 있다. 각각의 제목은 「불합하든 형뎨의 감화」, 「무용한 재판은 피차의 해가 됨」, 「어리석은 가마귀」, 「욕심 만흔 원숭이」이다.

옥련당/玉蓮堂: 박영운 작. 경남일보1912.2.11-? ; 박문서관1923(195면, 60전).

【내용】 옥형은 부친이 장진 군수로 부임한 뒤 계모 송 씨에게 구박을 받으며 시비 홍년과 함께 옥련당에서 산다. 송 씨의 조카 송운세는 옥형을 겁탈하려다 실패하자 송 씨와 의논하여 옥형과 홍년을 죽이려는 계획을 세운다. 옥형과 홍년은 하인 늣복이가 매수한 교군을 부친이 보낸 관인으로 알고 따라나선다. 려상준의 도움으로 위기에서 벗어난 옥형은 그와 의남매를 맺는다. 옥형과 홍년은 남장을 하고 간신히 장진에 도착하나 강동으로 부임한 부친을 찾아 다시 길을 떠난다. 옥형의 부친은 송 씨에게서 옥형이 부정한 행실 끝에 가출했다는 편지를 받고 걱정하던 중 자신을 찾아온 상준의 이야기를 듣고 안심한다. 한편 일본에 망명한 옥형의 정혼자 윤병호가 몰래 옥련당을 찾았다가 운세의 밀고로 순교에게 잡힌다. 상준의 도움을 받아 풀려난 병호는 옥형에게 일어난 일을 전해 듣고 상준과 함께 두 여자의 뒤를 쫓아간다. 옥형과 홍년은 그들의 미색에 반한 냥춘식의 계교로 마취약을 마시고 정신을 잃는데, 때마침 병호와 상준이 나타나 능욕당할 위기에 처한 두 사람을 구한다. 옥형과 홍년은 춘식을 살해했다는 이유로 잡혀가지만, 옥형의 부친이 춘식의 사주를 받고 물에 약을 탄 노파를 잡아와 두 사람은 석방된다. 홍년과 상준은 결혼하기로 약속하고, 옥형의 부친은 네

젊은이를 송 씨의 계략이 미치지 못하는 일본으로 떠나보낸다. 이후 송 씨의 무고로 순교에게 잡혀가다가 동학당을 만나 풀려난 옥형의 부친은 동학당 두령이 되어 송 씨, 운세, 늣복, 졈룡을 잡아 죽인다. 한편 병호와 상준은 일본에서 군관 학교를 나와 러일 전쟁에 자원하여 나가고, 옥형과 홍년도 간호부로 나가 부상당한 병호와 상준을 돌본다. 병호의 부친 윤 사간은 풍랑으로 표류하다 머무르게 된 섬에서 우연히 옥형의 부친을 만난다. 옥형의 부친 또한 일본으로 가던 배가 난파하여 섬에 갇혀 있던 터였다. 마침내 옥형, 병호, 홍년, 상준은 귀국하여 가족 상봉하고, 옥련당에서 혼인식을 올린다.

【참고】《경남일보》에 1912년 2월 11일부터 연재가 시작되었으나 《경남일보》의 유실로 3회 이후 연재 정보를 확인할 수 없다. 발표 당시 연재 지면에 '哀樂小說 玉蓮堂 著者 朴永運' 이라고 표기되어 있다. 경상대 도서관 소장 1923년 출간 박문서관본의 본문 첫 장에 'ᄋᆡ락소셜 옥년당젼(玉蓮堂)' 이라고 표기되어 있다. 악인이 탕녀나 호색한으로 유형화되어 있으며, 겁탈을 시도하는 장면이 반복적으로 제시되어 있는 등 소설 전편에 대중의 흥미를 의식한 묘사 부분이 많다. 등장인물이 일본에 망명하여 개명하고, 러일 전쟁에 자원하여 출전하는 등 친일적 요소가 노골적으로 드러난 작품이다.

옥련의 눈물/玉蓮의눈물: 김동진 작. 덕흥서림1922.

【내용】 옥련과 슈익은 정혼한 사이이다. 옥련의 부모가 죽자 슈익의 아버지는 옥련을 데려다가 키운다. 슈익의 아버지마저 죽자, 슈익과 옥련은 미국인 선교사 하운솔과 함께 경성으로 간다. 슈익은 하운솔과 함께 살고, 옥련은 배화학교장인 양 부인과 함께 살면서 두 사람은 헤어진다. 서로의 소식만 간간이 듣던 슈익과 옥련은 비오는 날 우연히 재회한다. 이후로 슈익과 옥련은 사람들 몰래 만나며 결혼을 약속하나 옥련의 미모를 탐낸 유영상이 양 부인을 설득하여 옥련과 결혼하고자 한다. 이에 옥련이 양 부인에게 슈익의 이야기를 꺼내 보지만 양 부인은 옥련을 유영상과 결혼시키려 한다. 옥련은 슈익에게로 가서 함께 밤을 새우기로 마음먹는다. 소문이 나면 양 부인이 자신들의 결혼을 승낙해 줄 것이라는 기대에서이다. 그러나 양 부인은 옥련을 방에 가둬 슈익에게 가지 못하도록 한다. 슈익은 옥련이 자신을 배신했다고 생각하여 떠나간다. 양 부인은 슈익을 잊지 못하는 옥련을 일본으로 유학 보낸다. 한편 슈익은 옥련의 친구를 통해 그간의 사정을 알게 되고, 편지를 보내어 옥련과 다시 연락한다. 질투심에 사로잡힌 영창은 슈익을 모함하여 감옥에 가둔다. 이 사실을 알게 된 옥련은 목을 매 자살하려다가 슈익의 전보를 받고 자살할 마음을 버린다. 슈익은 석방되고, 옥련이 귀국하여 두 사람은 결혼한다.

【참고】 1922년 초판이 발행되었으며 국립중앙도서관 소장 1933년 7판본(70면, 25전)을 텍스트

로 내용을 정리했다. 표지에 '無雙戀愛 玉蓮의눈물'이라고 표기되어 있다. 1면의 서언 앞에 '著作者 金東縉'이라고 표기되어 있다.

옥루몽(번): 남영로 작. 서정주 역. 춘추1944.3-10.

【내용】 원작 참조.

【참고】 식민지 시대 말기의 서정주가 방랑과 친일 등의 행보를 이어 가다가 연명을 위해 고전소설 「옥루몽」을 번역 연재했다는 기록이 있으나 《춘추》 해당 연월호의 원본 자료를 찾을 수 없는 상태이다. 원작인 고전소설 「玉樓夢」은 1840년경 조선 후기 문인 南永魯가 지은 몽자류 소설이다. '玉蓮夢' 이라고도 불린다.

玉梨魂 옥리혼 蕉雨堂主人譯述

第一 꽃을장사함 (一)

옥리혼(번)/玉梨魂

서침아 작. 초우당주인 역. 매일신보1919.2.15-1919.5.3(69회).

【내용】 소학교 선생으로 부임한 청년 하몽하는 먼 친척인 최 씨 집에 머물게 된다. 몽하는 그 집에서 최 씨의 며느리이자 젊은 과부인 백리랑을 만나고, 둘은 시와 편지를 나누면서 남몰래 사랑을 키운다. 이루어질 수 없는 사랑에서 벗어나기 위해 리랑은 자신의 시누이인 최균정을 몽하에게 소개한다. 몽하는 균정과 결혼한 후에도 리랑을 잊지 못하고, 리랑 역시 괴로워하다 병들어 죽고 만다. 한편 몽하의 부인 균정은 여학교에서 교육을 받은 신여성이다. 자신의 뜻과 상관없이 이루어진 혼처와 불행한 결혼 생활로 고통받던 균정도 얼마 후 병을 얻어 죽는다. 연인과 부인을 모두 잃은 몽하는 일본으로 유학을 떠난다. 그러나 곧 신해혁명이 일어나고, 몽하는 귀국하여 전투에 참여하여 전장에서 청나라 병사의 총에 맞는다. 몽하은 리랑과 주고받았던 시사책을 전우에게 건네주고 숨을 거둔다.

【참고】 《매일신보》 연재 지면에 '玉옥梨리魂혼 蕉雨堂主人 譯述'이라고 표기되어 있다. 중국의 작가 서침아(徐枕亚)가 1912년 《民權報》에 연재한 장편소설 「玉梨魂」의 번역소설이다. 중국을 배경으로 전통적인 결혼관에 맞서는 자유연애의 문제를 다루고 있다. 역술자 '초우당주인'은 육정수의 필명이다. 원작의 내용을 그대로 옮기는 데 주력하되 원작의 중간에 삽입된 한시는 부분별로 번역하거나 의미가 잘 통하지 않는 부분은 생략했다고 밝히고 있다. 또한 저자의 취지를 살리는 데 중점을 두다 보니 조선의 풍속과 다른 부분이 있다는 점에 대해 양해를 구하고 있다. 중국 소설의 번역임에

도 불구하고 한자 표기를 극소화하고 괄호 안에 병기하는 방식을 택하고 있어 실제로는 순한글로 쓰인 작품과 다를 바 없다.

옥매화/옥ᄆᆡ화玉梅花

손재용 저작발행. 보서관1913(93면, 25전).

【내용】 리 별제에게는 열여섯 살 난 딸 ᄋᆡ동이 있다. ᄋᆡ동이 결혼할 나이가 되자 아들이 없는 리 별제는 데릴사위를 두어 여생을 의탁하고자 한다. 리 별제가 데릴사위로 삼은 복동은 친구 장 주부의 조카로, 부모가 작고하고 집안이 가난하였다. 리 별제는 재산 관리를 모두 사위에게 맡긴다. 리 별제에게는 ᄒᆡ원이라는 조카가 있었는데 아버지가 죽은 뒤 가난한 살림에 장가도 못 가는 인물이다. ᄒᆡ원의 모친과 리 별제의 부인이 사이가 좋지 않아 ᄒᆡ원의 집안이 곤궁한 것을 모른 척하며 지내고 있다. 부인의 투기가 심해 첩을 두지 못한 리 별제는 어느 날 밤, 계집종 옥ᄆᆡ를 범한다. 옥ᄆᆡ의 몸이 점점 달라짐을 눈치챈 ᄋᆡ동이 옥ᄆᆡ를 다그쳐 자초지종을 듣는다. 효성이 지극한 ᄋᆡ동은 옥ᄆᆡ를 자신의 서모로 대접하고, 옥ᄆᆡ가 아버지의 아이를 임신했다는 사실을 어머니에게 숨기기 위해 당고모 댁으로 보낸다. 당고모는 남편이 죽은 후 아들과 함께 살고 있었는데 위인이 착하고 무던하여 옥ᄆᆡ와 그 아이를 돌보아 준다. 리 별제 내외는 옥ᄆᆡ가 어떤 남자와 눈이 맞아 도망갔다고 여긴다. 삼 년 후 추석날, 산소에 차례를 지내러 간 리 별제 내외는 사위와 딸이 장 씨 가문의 산소로 먼저 가 차례를 지내고, 남은 음식을 싸가지고 와 리 씨 가문의 산소에서 차례를 지내는 것에 분노한다. 아무리 데릴사위여도 남의 집 자손이라 어쩔 수 없다고 생각한 리 별제는 조카 ᄒᆡ원에게 집안의 대소사를 모두 맡기겠다고 선언한다. ᄋᆡ동은 고모에게 편지를 보내 옥ᄆᆡ와 아이를 불러들인다. 뜻밖에 대를 이을 아들이 생긴 리 별제 내외는 매우 좋아하며 일가친척들을 모두 불러 잔치를 열고 ᄋᆡ동의 효성을 널리 알린 후, 옥ᄆᆡ, ᄋᆡ동, ᄒᆡ원에게 재산을 고루 나누어준다.

【참고】 국립중앙도서관 소장 보서관본 표지에 '新小說 玉梅花 옥ᄆᆡ화', 본문 첫 장에 '新小說 옥ᄆᆡ화'라고 표기되어 있다.

옥빈홍안/玉鬢紅顔: 작자미상. 신구서림1913(25전).

【내용】 미확인.

【참고】 단행본 원본 자료를 구할 수 없어 작품의 경개 및 세부 서지사항을 확인하지 못했다. 『세검정

(신구서림1913)』 권말 판권지의 서적 광고에 '玉鬢紅顔' 이라고 제목이 표기되어 있다.

옥상화/玉上花: 김송규 저작발행. 광한서림1925(61면, 25전).

【내용】「혈의 루」 참조.

【참고】 이인직의 「혈의 루」 상편을 베낀 작품이다. 다만 결말 부분에서 김관일, 구완서, 옥련의 졸업과 귀국, 옥련과 구완서의 신식 결혼 등 후일담을 14행가량 짧게 덧붙여 둔 것만이 다르다. 표지에 '悲劇新小說 玉上花 옥상화', 본문 첫 장에 '비극신소셜 옥상화 全' 이라고 표기되어 있다.

옥순의 죽음/옥순의죽엄

영창서관 편. 영창서관1935(25전).

【내용】 미확인.

【참고】 단행본 원본 자료를 구할 수 없어 작품의 경개 및 세부 서지사항을 확인하지 못했다. 『강명화전(영창서관1935)』 권말 '영창서관발행신소설목록' 에 '옥순의 죽엄' 이라고 제목이 표기되어 있다. 영창서관에서 펴낸 『신간도서목록』에 '永昌書舘 編 玉順의 죽엄' 이라고 표기되어 있다.

옥중가화/옥즁가화獄中佳花

강의영 저작발행. 세창서관1916발매(140면, 40전) ; 대창서원1918(108면, 40전).

【내용】「춘향전」 참조.

【참고】 국립중앙도서관 소장 세창서관 발매본 표지에 '特正新刲 獄中佳花 世昌書館 發行' 이라고 표기되어 있다. 본문 첫 장에 '獄中佳花 特正新刊 春香傳' 이라고 표기되어 있으며, 난외서명은 '옥즁가화' 이다. 대창서원본의 표지에 '獄中佳花 춘향젼', 본문 첫 장에 '獄中佳花 特正新刊 春香傳' 이라고 표기되어 있으며, 난외서명은 '옥즁가화' 이다. 두 단행본의 내용에는 거의 차이가 없다.

옥중금낭/옥즁금낭獄中錦囊: 지송욱 저작발행.

신구서림1913(117면, 25전) ; 신구서림·박문서관1924(75면, 25전).

【내용】 장한응은 과거를 보러 서울에 왔다가 봉변을 당하고 있는 장님을 구해 준다. 장님은 보답으로 한응의 미래에 불에 타 죽을 액, 물에 빠져 죽을 액, 범죄 혐의로 잡혀 죽을 액이

있다고 점을 쳐 준다. 장님은 세 번째 액을 막을 수 있는 금낭(錦囊)을 주면서 죽을 위기에 처했을 때 열어 보라고 당부한다. 이듬해 한응은 과거를 보기 위해 상경했다가 머물고 있는 주막집 여자의 유혹을 물리친다. 그때 주인 남자가 들어와 한응이 주인 여자의 유혹에 넘어갔다면 집에 불을 질러 두 사람을 죽이려 했다고 말한다. 이에 한응은 자신의 앞날을 점쳐 주었던 장님의 말을 상기한다. 어느 날 한응은 괴한들에게 납치되어 김 판서의 집에 갇힌다. 김 판서 부인은 무남독녀 명하에게 과부가 될 팔자가 있다는 점쟁이의 말을 듣고 가짜 신랑으로 한응을 납치한 것이다. 이 사실을 알게 된 명하는 한응에게 금 한 덩이를 준다. 한응은 물에 빠지기 전에 금으로 하인들을 매수하여 목숨을 구한 뒤 과거에 급제한다. 한응은 허 우의정의 딸 옥화와 혼인하는데 옥화는 정을 통하던 황빅삼에게 혼인한 날 밤에 살해당한다. 빅삼은 옥화가 한응의 인물에 반해 함께 도망가자는 약속을 지키지 않자 복수한 것이다. 마침 뒷간에 있던 한응은 목숨을 구하나 첫날밤에 신부를 죽였다는 누명을 쓴다. 한응은 점쟁이가 준 금낭 속 편지를 사건의 조사관인 김 판서에게 보여 주고, 그 편지에 쓰여진 흰 백(白)자 셋을 김 판서의 딸 명하가 황빅삼이라고 해석한다. 빅삼이 잡혀 죄를 자백하여 한응은 누명을 벗는다. 한응은 자신의 목숨을 두 번이나 살려준 명하와 혼인한다.

【참고】 국립중앙도서관 소장 신구서림본 표지에 '新小說 신소셜 獄中錦囊 옥즁금낭'이라고 표기되어 있다. 연세대 도서관 소장 신구서림·박문서관 6판본 표지에 '옥중검낭 獄中錦囊', 본문에 '옥즁금낭 獄中錦囊'이라고 표기되어 있다. 판권지에는 공동 발행으로 되어 있으나 표지에는 박문서관 발행으로 표기되어 있다. 과거를 보러 길을 떠난 청년이 겪는 체험과 송사 사건 등 고전 소설에서 모티프를 차용한 듯 보이지만, 미신에 경도된 사람들에 대한 비판, 교육받지 못했기 때문에 불량한 행동을 하는 것이라는 서술, 신문물에 대한 묘사 등을 바탕으로 계몽적 주제의식을 드러내기도 하는 작품이다.

옥중화/옥즁화: 해관자 산정. 매일신보1912.1.1-3.16 ; 보급서관1912.

【내용】 내용 생략.

【참고】《매일신보》 연재 지면에 '獄中花(春香歌 講演) 名唱 朴起弘 調 解觀子 刪正'이라고 표기되어 있다. 판소리 「춘향가」의 채록 판본으로 볼 수 있으며, 신소설로 단정하거나 해석할 근거는 찾기 어렵다. 보급서관에서 1912년 초판 발행되었으며, 1914년 동 출판사 발행 6판본(188면, 40전)을 텍스트로 내용을 확인하고 서지를 정리했다. 표지에 '獄中花 춘향가', 본문 첫 장에 '訂正六刊 獄中花 옥즁화 (春香歌演訂춘향가연졍)'이라고 표기되어 있다. 국한문혼용체로 표기되어 있으며, 한자 옆에 일일이 한글을 병기하고 있다. 본문 앞 혹은 뒤에 저작자가 표기되어 있지 않으며, 판권지에는 '編譯者 李海朝'라고 표기되어 있다.

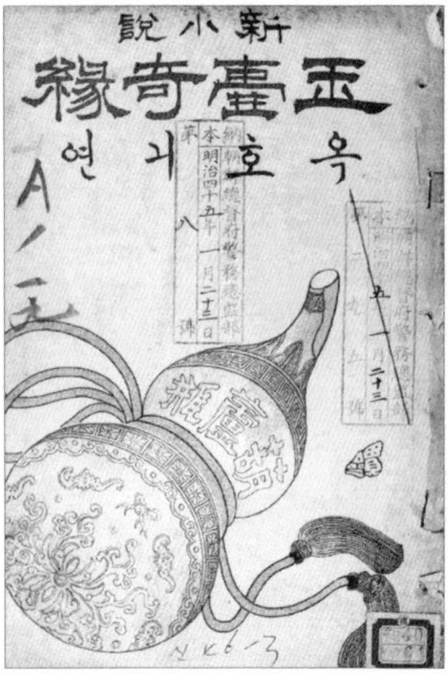

옥호기연/玉壺奇緣

김용제 작. 보급서관·동양서원·광학서포1912(53면, 20전) ; 박문서관1918(46면, 25전).

【내용】 경성의 대추 우물골에 사는 주 감리는 상고 출신으로 장안의 갑부이다. 주 감리와 부인 이 씨는 나이 사십에 이르러 아들 하나를 낳아 기르는데, 이름은 막동이다. 막동은 어려서부터 부모의 사랑을 독차지한 나머지 아주 버릇없는 인물로 자란다. 막동은 열세 살 되던 해 혼인한 신부가 병이 들어 죽자 장안의 건달패, 기생들과 어울리며 가산을 축낸다. 한편 사월 초파일 밤, 경성 중부골에 거주하는 소녀 금쥬는 아버지 류 통정과 함께 종로 거리로 등불 구경을 나섰다가 막동의 패거리에 의해 보쌈을 당하고 막동에게 겁탈당할 위기에 처한다. 그러나 옥병을 손에 들고 달려드는 금쥬의 저항에 놀란 막동은 황급히 달아나고, 금쥬는 옥병을 가지고 돌아온다. 이후 막동은 다른 유부녀를 겁탈하였다가 경찰서에 끌려가게 되고 건달패들의 도움으로 탈옥한다. 그 뒤 막동은 이태리 로마부로 도망쳤다가 그곳의 선진문물을 접한 뒤 개과천선한다. 한편 주 감리는 막동에게 편지를 보내 류 통정의 집과 혼약을 하게 되었으며, 지난 죄가 사면되었음을 알린다. 그사이 류 통정이 죽자 부인 현 씨와 금쥬는 상을 치른 후 사돈댁으로 거처를 옮긴다. 막동은 귀국하여 금쥬와 간소한 혼사를 치르고 첫날밤을 맞다가 없어졌던 옥병이 놓여 있는 것에 깜짝 놀란다. 금쥬는 과거 막동의 행실을 이유로 허락하지 않다가 막동의 변화한 모습이 진실임을 알고 백년가약을 맺는다.

【참고】 국립중앙도서관 소장 보급서관·동양서원·광학서포본의 표지에 '新小說 玉壺奇緣 옥호긔연' 이라고 표기되어 있다. 같은 시기에 발간된 애정소설 『강샹긔우(江上奇遇)』(동양서원1912)의 자매편이다. 박문서관본의 표지에도 '新小說' 표기가 있다. 보급서관·동양서원·광학서포본에는 저작자 기록이 없이 '민준호 저작 겸 발행' 으로만 표기되어 있으나, 서울대 소장 박문서관본의 판권지에는 '著作者 金用濟' 라고 표기되어 있다. 당시로서는 낯선 이탈리아를 배경으로 선진문화를 소개하여 독자들의 견문을 넓히고, 간소한 결혼식 묘사 등을 통하여 개화의식을 고취시키려는 계몽적 의도가 강하게 드러나고 있다.

와냐 아저씨1(번)/와-냐아젓시: **체호프 작. 역자미상. 시대일보1925.12.7.**

【내용】 「와냐 아저씨2」 참조.

【참고】 게재 지면에 '泰西名作梗槪 (十) 와-냐아젓시 (露)안똔·체-홉' 이라고 표기되어 있다. 전체 4막에 대한 간략한 내용 소개와 함께 작가에 대해서도 "노서아를 대표하는 정숙의 시인"이라고 간략하게 언급하고 있다. 원작은 러시아 극작가 안톤 체호프(Anton Chekhov)의 4대 희곡 중 하나로 일컬

어지는 「바냐 아저씨(Дядя Ваня)」(1899)인데, 체호프가 1889년에 집필한 자신의 작품 「숲속의 정령」을 각색한 것이다. 24명이 넘던 등장인물들을 9명까지 줄이고, 클라이맥스인 '숲속의 정령'이 자살하는 부분은 바냐 아저씨의 살인 미수로, 본래의 행복한 결말은 여운이 남는 결말로 각색했다. 『바냐 아저씨』는 1899년에 출판되었지만, 사실 언제 정확히 각색되어 집필되었는지는 지금까지 확실히 알려진 바가 없다.

와냐 아저씨2(번)/와니야아젓씨

체호프 작. 심향산인 역. 조선일보1929.12.1(1회 완).

【내용】 퇴직한 교수 쎄레뿌리야곱흐는 아름답고 젊은 아내 에레나 안도레에부나의 간호를 받고 있다. 쎄레뿌리야곱흐의 집에는 죽은 전처의 딸 쏘-니야와 전처의 백부인 와-니야('이반 베토로빗치오이닛키-')가 머물고 있다. 이반 베토로빗치오이닛키-는 늙고 병든 쎄레뿌리야곱흐에게 아름다운 부인이 있다는 사실에 질투심을 느낀다. 이반 베토로빗치오이닛키-는 이들 부부가 서로 어울리지 않는다고 생각한다. 막이 바뀌고 쎄레뿌리야곱흐는 자신의 방에서 에레나 안도레에부나와 간호사의 병간호를 받고 있다. 쎄레뿌리야곱흐는 고생하는 아내에게 미안함을 전하면서 자책한다. 에레나 안도레에부나는 처녀 시절 남편을 존경하는 마음에 자진해서 그와의 결혼을 결심했다. 에레나 안도레에부나는 결혼 이후 후회와 회한에 빠졌지만 자신의 정조를 중요하게 여긴다. 이반 베토로빗치오이닛키-가 방으로 들어오자 쎄레뿌리야곱흐는 침실로 들어가 버린다. 이반 베토로빗치오이닛키-와 안드레이 둘만 남는다.

【참고】 '태서명작경개 48회'로 러시아 극작가 안톤 체호프의 4대 희곡 중 하나로 일컬어지는 「바냐 아저씨」를 요약하여 소개하고 있다. 원작은 안톤 체호프의 4대 희극 중 하나이다. 역자는 원작자의 생애와 경력을 소개하고 원작인 희곡의 대사와 지시문을 산문화하여 2막으로 요약 게재했다.

와표전(번)/와표젼: 월터스코트 작. 게일 역. 조선야소교서회1925.

【내용】 원작 참조.

【참고】 현재 단행본 자료를 찾을 수 없다. 『흑기사』의 한글 초판본이라고도 하는데, 이것을 받아들인다면 원작은 흑기사가 주요 인물로 등장하는 월터 스코트 경(Sir Walter Scott)의 「아이반호(Ivanhoe)」(1819)인 것으로 추정된다. 중세기 영국의 색슨족과 노르만족 간의 대립을 배경으로 한 사랑과 무용(武勇)의 이야기이다. 《진생》 1927년 10월호 광고에 "『와표젼』 定價參十五錢 이 책은 유명한 십자군 전쟁 당시에 용감스러온 스코트랜트 태자와 표 장군의 실긔이올시다"라고 소개되어 있다.

완월루/玩月樓

남궁준 저작발행. 유일서관1912(101면, 20전) ; 최석정 저작발행. 신구서림1925(78면, 25전).

【내용】 서울에 사는 장 판서의 아들 혜랑은 학문을 닦기 위해 고향으로 내려간다. 늦은 봄 혜랑은 춘흥을 감상하다 우연히 유동녕의 집에 의탁해 있던 소 소저의 미모를 보고 사랑에 빠진다. 이후 혜랑은 소 소저의 외삼촌 유동녕에게 통혼을 청하여 소 소저와 백년가약을 맺는다. 서울에 올라온 혜랑은 과거 시험에서 장원을 하여 한림 겸 대간을 제수받는다. 한편 장 판서는 혜랑이 부모 몰래 혼인한 사실을 고하자 아들의 행실을 크게 나무라면서도 그녀가 충신 한림 소숙도의 여식임을 알고 며느리로 받아들인다. 이때 임금이 혜랑에게 자신의 외손녀 윤 후주와의 혼인을 권한다. 혜랑은 자신이 성혼했음을 들어 임금께 불가함을 아뢰나 임금의 권유에 따라 결국 윤 후주를 후취로 맞아들인다. 한편 궁중에서 자라 성정이 교만 방자한 윤 씨 부인은 장 판서 내외가 함경감사로 떠난 틈을 이용하여 소 씨 부인을 쫓아낼 계략을 꾸민다. 윤 씨는 오빠인 윤홍의 주선으로 심신이 변하는 약을 구해 혜랑에게 먹이고 나서 시비 등과 공모하여 소 씨의 필적을 위조한 뒤, 소 씨가 남자와 통정한 것처럼 꾸며 한림에게 거짓 편지를 보낸다. 이를 본 한림은 분개하여 소 씨를 내쫓는다. 소 씨는 자신의 억울한 누명을 적은 편지를 시비 운향에게 맡기고 금강에서 자살을 시도하는데, 금강 백화촌에 사는 유 어사의 도움으로 소생하여 유 어사의 수양딸이 된다. 한편 칠 년 만에 집에 돌아온 장 판서는 소 씨가 남긴 편지를 보고 아들을 크게 꾸짖는 한편 임금에게 윤 후주의 만행을 고한다. 임금은 악행에 가담한 인물들을 모두 죽이라 명하지만 장 판서의 구명으로 윤 후주는 살아남아 시집의 후원에 감금된다. 혜랑은 소 씨의 행적을 찾아 금강 백어촌의 유 어사 집을 방문, 부인을 만난다. 이후 혜랑과 소 씨는 회개한 윤 씨와 함께 행복하게 살아간다.

【참고】 국립중앙도서관 소장 유일서관본 표지에 '완월루 玩月樓 發行所 唯一書館', 본문 첫 장에 '완월루' 라고 표기되어 있다. 혜랑을 둘러싼 소 소저와 윤 후주의 갈등을 그린 작품이다. 조선을 배경으로 하고 인명을 바꾼 것 외에는 『천리춘색(대성서림1925)』과 내용이 대동소이하다. 고전소설 「장학사전」의 이본이라고 볼 수 있다.

왕궁의 비밀(번)

【내용】 「심야의 공포」 참조.

왕소군(번)/王昭君

곽말약 작. 양백화 역. 개벽1924.11-1925.1(2회 완) ; 매일신보1932.8.2-18(15회 완).

【내용】 원작 참조.

【참고】《개벽》 연재 지면에 '戲曲 王昭君 梁白華 譯' 이라고 표기되어 있다. 원작자가 명시되어 있지 않으나 중국 현대 시인이자 話劇 문학의 기초를 다진 '郭沫若'(본명은 '개정開貞', 1892-1973)의 역사극 「王昭君(1919)」을 양백화가 번역 정리한 작품이다. 3막으로 구성되어 있다. 《매일신보》 연재 지면에는 '戲曲 王昭君 第二幕 中國 郭沫若 作 梁白華 譯' 이라고 표기되어 있다. 연재된 부분의 내용은 비슷하지만 2막으로 구성되어 있다. '王昭君' 은 서시, 초선, 양귀비와 함께 고대 중국 사대 미녀로 손꼽히는 중국 전한 원제(元帝)의 후궁으로, 이름은 장(嬙)이다. 원제와 왕소군의 애화(哀話)를 윤색하여 당대 반봉건 투쟁의 주요 내용이었던 여성해방 문제를 다룬 작품이다.

왕자와 거지(번): 마크트웨인 작. 최병화 역.

조선일보1936.10.28-12.27(47회 완).

【내용】 원작 참조.

【참고】 연재 지면에 '왕자와 거지 마-크 토웬 作' 이라고 표기되어 있다. 역자는 "원작자는 「톰·소야-이야기」로 알려진 마-크 토웬"이라고 밝히면서 작가의 약력을 함께 소개하였다. 미국 작가 마크 트웨인(Mark Twain)이 1881년에 발표한 「왕자와 거지(The Prince and the Pauper)」를 최병화가 번역한 것이다. 연재 첫 회 모두에 '이 이야기는 소년소녀를 위하여 쓴 역사소설' 이라는 역자의 말이 나와 있다. 일역본의 중역으로 추정하는 견해가 있다. 서로 닮은 외모로 신분을 바꿔 살아가는 두 인물의 이야기를 다루고 있다.

동화
童話 왕자와거지
崔秉和 譯

외제니 그랑데(번)/우제니그란테

발자크 작. 심향산인 역. 조선일보1929.10.15-16(2회 완).

【내용】 원작 참조.

泰西名作梗槪 우제니그란테 (二) (12)
心鄕山人
新刊紹介

【참고】 '태서명작경개 11-12회' 까지 전 2회에 걸쳐 프랑스의 작가 오노레 드 발자크(Honoré de Balzac)가 쓴 소설 「외제니 그랑데(Eugénie Grandet)」(1833)를 요약하여 줄거리를 소개한 것이다. 역자 심향산인(心鄕山人)은 "쌀쌋크는 폐와 심장병으로" 죽었다고 밝히면서 "죽을 때에도 최후의 작품을 생각하고 죽엇다 한다"며 그의 작가정신을 높이 평가하고 있다. 낙장 등의 이유로 2회를 확인할 수 없으나 10월 17일부터 '태서명작경개 13회' 가 이어지므로 16일자에 두 번째 부분이 연재되어 완결된 것이라 추측할 수 있다.

요부의 말로(번)/妖婦의末路: 원작미상. 현진건 역. 동문사서점1949.

【내용】 원작 참조.

【참고】 1921년에 연재된 청황생 번역의 「백발(조선일보1921.5.14-9.30)」을 개제하여 단행본으로 출간한 것이다. 청황생은 현진건의 필명이다. 국립중앙도서관 소장 자료 목록에서 검색되나, 열람이 불가능한 상태이다. 『악마와 가티(박문서관1924)』, 『재활(광한서림1928)』, 『마인(문언사1948)』와 함께 『백발』의 단행본 이본이다.

요지경/瑤池鏡: 박영진 작. 슈문셔관1910.

【내용】 내용 생략.

【참고】 본문 첫 장에 '요지경 瑤池鏡 져슐쟈 박영진 교열쟈 리두연' 이라고 표기되어 있다. 본문 앞의 '례언' 에서 책의 내용을 간단하게 소개하고 있다. "동서 각국의 이야기 가운데 가장 이상하고 신기한 것만 뽑아 재미있게 만들었으며, 착한 이를 칭찬하고, 악한 이를 경계하며, 게으른 이를 권면하고, 부지런한 이를 포양한 책"이라는 것이다. 또한 본문의 말미에는 "남의 흉을 보지 않고, 나의 일을 자랑하지 말며, 남이 나를 아름답다 해도 기뻐하지 말고, 남이 나를 책망해도 노하지 말라"고 서술하고 있다. 1910년에 초판이 발행되었으며 1913년에 발행된 3판본(102면, 25전)을 텍스트로 서지사항 및 참고를 정리했다.

요청산(번)/遙青山: 원작미상. 화검생 역. 매일신보1923.6.16-12.4(155회 완).

【내용】 사교계의 인기를 차지한 이란 부인은 미지의 세계를 탐험하고 싶어 한다. 용감하고 총명한 세 청년 화학사 임무셩, 의학사 죠창빈, 문학사 평주틱은 의기투합하여 이란 부인과 함께 탐험길에 나선다.

【참고】 연재 지면의 저자 난에는 '和劍生' 이라고만 표기되어 있으나, 연재 1회에 '요청 산역에 되한

야' 라는 소제목이 붙어 있고, 이 작품이 서양 작품의 번역임을 밝히고 있다. 그러나 원작명과 원작자에 대한 정확한 정보는 제시하지 않아, 정확히 어떤 작품을 번역한 것인지는 알 수 없다. 다만 리빙스턴과 스탠리 등의 활동을 계기로 서양에서 아프리카 탐험에 대한 열기가 고조되었을 때, 아프리카 탐험에 나섰던 청년 귀족의 부인이 겪은 실화를 바탕으로 한 작품을 원작으로 삼았다는 점을 알 수 있을 뿐이다. 1회는 전부 작품에 대한 소개이고, 본문은 2회부터 시작된다.

용과 용의 대격전/龍과龍의大激戰: 연시몽인 작. 필사본유고1928.

【내용】 1월 1일 상오 2시, 첫 닭이 홰를 치자 미리가 동방 아세아에 내려온다. 이에 부자는 노래하며 춤추고, 빈민들은 땅에 엎어져 운다. 미리가 아가리를 벌리니 황제, 대원수, 대지주, 순사 등이 나와서 모든 빈민들을 잡아먹는다. 그리고 미리는 상제 앞에 나아가 민중을 착취할 방안을 내놓는다. 그 즈음에《천국신문》호외에 민중이 1900년 동안 아비 이름을 팔아 인민의 피를 빨아먹었다는 죄목으로 야소를 죽였다는 기사가 실린다. 그리고 그 민중의 뒤에는 드래곤이 있다는 소문이 퍼진다. 천경의 경찰대, 정탐대들이 드래곤을 수색하지만 찾지 못한다. 그때 민중들이 만든《지민국신문》에 드래곤의 정체가 0이라는 기사가 실린다. 그리고 수학상의 0은 자리만 있지만 드래곤의 0은 모든 것이 될 수 있다는 설명과 함께 드래곤의 역사가 덧붙여 있다. 원래 드래곤은 상제가 제위에 오르던 제 5년에 허공중에 탄생한 미리와 쌍둥이인데, 미리가 동양에 머물며 동양 총독으로서 상제의 신하 노릇을 해 온 반면에 드래곤은 희랍, 라마 등지에 있으면서 서양의 용이 되어 혁명자들과 교류하다 야소 기독을 참살하였다는 것이다. 지상의 민중들은 야소 참살에 이어 공자, 석가, 마호멧을 때려죽이고 지배계급은 굶어 죽게 만든다. 이에 상제도 굶어 죽을 처지에 이르자, 상제는 미리를 지상에 내려 보낸다. 그런데 불칼이 갑자기 나타나 천궁의 들보와 기둥을 쳐 천궁에 불이 나고 상제가 불을 피하려다 맹풍에 휩싸여 어디론가 날아가 버린다. 천사는 상제를 찾으러 세계 각지를 돌아다닌다. 그러다 어떤 도사를 만났는데 도사의 말로는 상제가 쥐구멍으로 들어갔다고 한다. 그러는 중에 천사는 귀가 떨어지고 눈이 빠진 미리를 발견한다. 미리는 상제를 찾아다니는 천사를 냉소하지만 천사는 꿋꿋이 상제를 찾아다닌다. 그러다 천사는 쥐를 박멸하려고 출동한 민중을 발견하고 쥐는 상제이니 울면서 잡지 말라고 말한다.

【참고】 이 작품은 북한의 잡지《조선문학》(204호, 1964.8)에 처음 소개되었다. 김병민에 따르면 이 작품은 1928년에 쓰였다. '燕市夢人' 은 신채호의 필명이다. 상제의 신하인 '미리' 와 민중의 지도자인 '드래곤' 의 대결 구도를 통해 각성된 지국(地國) 민중의 힘으로 천국(天國)의 착취자들을 물리친다는 내용의 우화소설이다.

용매기연/룡믹긔연龍媒奇緣: 정기성 편술. 광문서시1922(65면, 25전).

【내용】「목단화2」 참조.

【참고】 국립중앙도서관 소장 광문서시본 표지에 '룡믹긔연 龍媒奇緣', 본문 첫 장에 '룡매기연(龍媒奇緣)'이라고 표기되어 있다. 鄭基誠이 편술한 고전소설「장익성전」의 국문 활자본 이본이다. 주인공의 고귀한 출생, 성장 과정의 험난함, 조력자의 등장, 전장에 나가 공을 세우는 등 전형적인 고전영웅소설의 형식을 담고 있다. 광문서시에서 같은 시기에 똑같은 판형으로 제목만 바꾸어『장익성전』,『룡매긔연』,『목단화』세 권을 발행했다. 제목이 표기된 부분을 제외하면 똑같은 책이다.

용왕담/룡왕담龍王潭: 노익환 저작발행. 신구서림1931(99면, 35전).

【내용】 나이가 사십인 오영환은 양반이지만 고지식하고 우둔해 물려받은 많은 재산을 잘 관리하지 못한다. 그가 신임하는 하인 어복손은 20대 청년으로 영환에게 속량시켜 달라는 부탁을 했다가 거절당한 뒤 원한을 품고 주인이 시키는 일을 제대로 하지 않는다. 수소 한 마리를 사 오라는 심부름에 수수 한 말을 사고는 남은 돈으로 술을 먹고 들어간다거나, 영환의 재산에 눈독들이던 일지홍이라는 기생과 정을 통한다거나 하는 것이다. 영환은 복손의 수작에 놀아나며 골탕을 먹으면서도 복손이 우둔해서 일을 못하는 것이라 생각하고 변함없이 신임한다. 서울에 김 판서라는 사세오공 집안의 양반이 있는데 그 집안의 대문 앞에는 잘 보여서 벼슬이라도 한 자리 얻어 보려는 손님이 끊이지 않는다. 영환도 한 자리를 얻어 보려고 복손과 같이 서울로 올라간다. 한 달이 넘도록 인사하고 선물을 보내도 아무 성과를 얻지 못한 영환과 달리 복손은 기지를 발휘해 김 판서와 가까워진다. 복손은 종의 신분으로 태어난 억울함을 김 판서에게 눈물로 하소연하고 김 판서는 그런 복손을 달래며 방법을 찾아보자고 한다. 그러나 이 장면을 마침 김 판서의 집에 기거하던 류생이 목격하고 반상의 계급을 무너뜨리려는 복손에게 분노하여 그 사실을 막역지우 영환에게 알린다. 영환은 충직한 하인인 줄 알았던 복손에게 배신감을 느끼고 류생과 모의하여 복손을 제거하려 하는데, 복손은 그 사실을 미리 알고 김 판서의 둘째 아들에게 손을 써 오히려 류생을 쫓아낸다. 그러나 권세 높던 김 판서도 귀양을 가고 복손은 영환의 집에 돌아가게 된다. 그 와중에 복손은 영환의 딸 련옥을 겁탈하고, 서울서 돌아온 영환은 노하여 복손을 멱서리에 넣어 룡왕담에 빠뜨린다. 그러나 룡왕담에 빠져 죽은 것은 복손의 고종사촌 김정팔이었고, 복손은 화려한 옷차림으로 나타난다. 복손은 룡왕담 속에 용궁이 있다고 속여 영환과 그 일가족을 룡왕담에 빠뜨려 죽인다. 이후 복손은 개명하고 전라도 진산에 숨어 있다가 우연히 신분이 발각되어 극형에 처해진다.

【참고】 서울대 도서관 소장 신구서림본 본문 첫 장에 '龍王潭', 판권지에 '룡왕담'이라고 제목을 표기하고 있다. 난외서명은 '룡왕담'이다. 중국 고소설『포공안』의 개작『신단공안』중「어복손전」의 국문 활자본 이본이다.

용정촌/룡정촌龍井村: 해동초인 작.

【내용】 춘자와 인자라는 쌍둥이처럼 닮은 두 딸이 있는 리 승지는 재산가의 아들을 사위로 얻어 기울어진 가세를 회복하기를 고대하는 인물이다. 고등학교를 우수한 성적으로 졸업한 춘자는 부친의 반대에도 무릅쓰고 동경으로 가 고등공업전기과에 입학해 고학을 시작한다. 얼마 후 돈이 바닥나 곤경에 처한 춘자는 같은 집 하숙생인 장봉익의 도움을 받는다. 부모의 유산으로 공부하던 봉익은 삼 년 동안 춘자를 도와주고 함께 연구하면서 사랑에 빠진다. 조선으로 귀국한 봉익은 경성에 기계공장을 설립하여 춘자와 함께 자전동력기 발명에 몰두한다. 연구가 거듭 실패하고 재산이 바닥나자 봉익은 종적을 감춘다. 리 승지는 본처를 소박하고 화류계에 빠져 사는 재산가 김화진에게 딸을 주겠다고 약속한다. 그러나 혼인 전날 춘자가 사라지고 당황한 리 승지는 인자를 대신 신부로 꾸민다. 사실을 눈치챈 화진은 인자를 친정으로 내쫓고 방탕한 생활로 재산을 탕진한다. 한편, 춘자는 용정에서 교사생활을 하던 중 봉익을 찾아 주겠다고 접근한 오장풍에게 속아 중국인 도윤에게 팔린다. 가까스로 도망친 춘자는 용정조선인소학교 교장 김일강을 만나 교사로 채용된다. 어느 날, 춘자가 절세미인이란 소문을 들은 마적단이 춘자를 납치한다. 춘자는 그곳에서 봉익을 만나는데, 그는 만주에서 우연히 마적단 통령의 눈에 띈 후, 통역관 역할로 신임을 얻어 마적단 부령이 되어 있었다. 이후 일본군의 공격으로 통령이 죽자, 봉익은 부하들에게 통령의 유산을 나누어주며 양민으로 살기를 당부한다. 봉익은 춘자와 함께 훈춘에 온갖 첨단시설을 갖춘 집을 지어 살면서 예전처럼 자전동력기 발명에 몰두한다. 한편, 전전걸식으로 만주까지 온 화진은 오장풍과 인연이 닿아 춘자에게 복수를 시도하다가 붙잡힌다. 모든 것을 용서하겠다는 춘자의 마음에 감동한 두 사람은 잘못을 깊이 뉘우친다. 춘자는 인자에게 편지를 보내 그간의 사정과 화진의 소식을 알린다. 자전동력기 발명에 성공한 부부는 파리에서 개최되는 세계공업현상대회에 발명품을 제출하여 당선된다. 시상식에 온 가족이 참석하고, 그곳에서 두 사람의 결혼식이 거행된다.

【참고】 국립중앙도서관 소장본의 표지와 판권지가 훼손되어 정확한 서지사항을 알 수 없다. 본문 첫 장에 '海東樵人 作' 이라고 표기되어 있다. 여성이 과학자가 되어 온갖 우여곡절 끝에 발명에 성공한다는 이야기가 특징적이다. 여성의 능력과 역할에 대해 당대로서는 개방적 인식을 보여 주었다고 평가할 수 있다. 반면에 여주인공이 결혼식을 거행할 때까지 순결을 잃지 않았음을 강조하는 등 여성의 정조가 가볍게 여겨지는 당대의 자유연애 풍습에 대해서는 비판적인 시선을 드러낸다.

용정촌의 설움/용정촌의설음龍井村의淚: 작자미상. 세창서관1935(66면).

【내용】 「북간도의 루」 참조.

【참고】 표지에 '滿洲悲話 北間島의 淚 一名龍井村의 설음', 본문 첫 장에 '滿洲哀話 龍井村의 淚' 라고 표기되어 있다. 난외서명은 '용정촌의 설음' 이다. 서강대 소장 세창서관본을 참조했다.

용함옥/龍含玉: 금화산인 작. 대한일보1906.2.23-4.3(30회).

【내용】 중국 절강 땅 왕각로의 아들 경룡이 아버지의 명으로 2만 냥에 달하는 재물을 싣고 오다가, 어떤 색주가에서 절대가인 옥단을 만난다. 그는 색주가 포주인 창모의 주선으로 옥단과 인연을 맺지만 창모에게 재물을 다 빼앗기고 무일푼이 된다. 창모는 옥단을 상인 조대가에게 팔아넘기기 위해 경룡을 노림으로 유인하여 내쫓는다. 경룡은 노림의 도적에 잡혔다가 가까스로 생명을 보존하여 양주에 이른다. 한편 경룡을 잃고 두문불출하던 옥단은 노복을 통해 그의 소재를 확인한 후, 몰래 편지를 보내 서주의 관제묘에서 기다리라는 연락을 취한다. 서주에서 해후한 그들은 창모에게 복수하기 위하여 거짓 재물을 우마에 싣고 색주가로 향한다. 재욕에 탐이 난 창모는 다시 이들을 환대한다. 수일간 기거하면서 자신의 재물을 다시 되찾은 경룡은 옥단에게 함께 떠나기를 권하지만 옥단은 자신을 길러준 창모의 은혜를 저버릴 수 없음을 말한다. 그는 눈물로 옥단을 이별하고 나와 서주 관가에 창모의 죄상을 고발한 다음, 절강으로 돌아간다. 창모에게 쫓겨나 절강을 찾아가던 그녀는 조대가에게 붙잡혔다가 그를 독살했다는 누명을 쓰고 하옥되는 액운을 겪는다. 한편 집에 돌아간 경룡은 부모에게 사죄하고 학문에 집중, 장원급제하여 한림원에 천거된다. 어사가 되어 서주에 이른 경룡은 옥단이 정절을 고수하여 지내다가 간계에 빠졌다는 정보를 입수한다. 그는 걸인인 체 옥단을 만난 뒤 그녀를 구원하여 아내로 맞이한다. 후일 운남경을 침입한 만군을 옥단의 검술과 기지로 굴복시킨 공로로 경룡은 부마가 되고, 옥단은 공주가 되어 아실에 봉해진다.

【참고】 30회에 걸쳐 신문 연재된 한문현토 회장체 소설로서 중국소설 「玉堂春落難逢」에 영향받은 「왕경룡전」의 활자본 이본이다. '용함옥'은 용이 여의주를 머금었다는 의미로 남주인공과 여주인공의 결합을 의미한다. 작품 발표 연대로 보아 '金華山人'은 잘 알려진 권구현이 아니라 '惡魔道'라는 다다이즘 소설을 쓴 방준경(方俊卿)으로 추측된다. 이 작품의 전반부는 「왕경룡전」과 같은 진행을 보이지만, 남녀 주인공이 재회한 23회 이후부터는 여성영웅소설적인 변모를 보인다. 여자는 정절을 지키고, 남성은 국가에 충성을 다하며, 노복은 주인에게 충직해야 한다는 등의 유교적 도덕률을 강조하고 있다.

우미인/虞美人: 작자미상. 중앙서관1908.

【내용】 미확인.

【참고】 단행본 원본 자료를 구할 수 없어 작품의 경개 및 세부 서지사항을 확인하지 못했다. 『伊太利少年(중앙서관1908』 권말 '新小說出版豫告'에 '歷史小說 虞美人'이라고 제목이 표기되어 있다.

우주성(번): 원작미상. 반야월 역. 신명서림1921.

【내용】 미확인.

【참고】 현재 단행본 원본 자료를 구할 수 없고, 번역본 혹은 원작에 대한 정보 또한 확인할 수 없다.

우중기연/우즁긔년雨中奇緣: 지송욱 저작발행. 신구서림1913.

【내용】 나이 열다섯에 일찍 과수가 된 연향은 시비 이월과 오월을 데리고 동대문 밖 남한성 안의 본가에 돌아온다. 연향의 오라비 복동은 그러한 연향의 처지를 걱정한다. 이때 이웃에 사는 이 생원이 복동을 찾아와 연향의 개가를 권유한다. 복동은 팔촌 대부 이 생원에게 연향의 개가를 부탁한다. 탐욕스러운 이 생원은 난봉꾼 석 위원, 매음업자 김춘근과 공모하여 연향을 납치, 유곽에 팔아먹으려는 계교를 꾸미나 납치가 실패함에 따라 음모가 좌절되고 만다. 한편 연향은 주변 인물들의 해악을 피하기 위해 복동과 더불어 서울로 향한다. 그러던 중 연향 일행은 노상의 소나기를 피하여 주막집을 찾는데, 그곳에서 우연히 김순관이란 젊은이를 알게 된다. 이후 연향은 복동의 중재로 순관과 부부의 연을 맺게 된다. 한편 순관의 부친 김창봉은 새로 맞아들인 후실 자부 연향을 본실 자부 최 씨보다도 오히려 귀여워한다. 이에 최 씨 부인은 악심을 품어 오다가 시부모가 죽고 순관이 집에 없는 틈을 이용하여 연향을 죽일 간계를 시비와 공모한다. 최 씨의 간계에 속아 집을 나선 연향은 산속에서 보교꾼으로 위장한 최 씨의 하수인들에 의해 죽을 위기에 놓인다. 그러나 때마침 도둑을 잡으려고 숨어 있던 순검에 의해 연향은 구출되어 위기를 벗어나고, 최 씨와 하수인들은 모두 경무청에 붙들려간다. 어질고 착한 연향은 경무청을 찾아가 최 씨의 석방을 탄원한다. 연향의 행실에 감복한 경무청 관리는 최 씨의 죄를 경감해 준다. 하지만 스스로 독을 못이긴 최 씨는 자결한다. 순관과 연향은 최 씨의 장례를 지낸 후 시골로 내려간다.

【참고】 표지에 '신소설 우즁긔년 雨中奇緣'이라고 표기되어 있다. 이 작품은 어린 과수를 탐하는 주위 잡배들의 해악과 본실과 소실 사이의 반목과 질시가 빚는 파란곡절을 다루고 있다. 개가의 필요성이 강조된 작품이다. 원본을 구하지 못해 『한국신소설전집8(을유문화사1968)』을 참고하여 내용을 정리했다. 서지 및 표지의 표기사항 또한 위 책을 참고했다.

우중행인/우즁힝인雨中行人: 이해조 작.

매일신보1913.2.25–5.11 ; 신구서림1913(220면, 50전).

【내용】 사관학교 출신 리 참령과 빅 병사의 손녀인 빅 부인은 금슬 좋은 부부이다. 리 참령과 우애 있게 지내는 동생 챠옥은 학교를 졸업한 후 리 참령의 도움으로 유신조합 임시 서기로 일한다. 리 참령은 일노전쟁에 참전하기 위해 여순으로 떠나면서 아우와 빅 씨에게 집안

대소사를 부탁한다. 빅 씨의 몸종 슉자는 오래전부터 챠옥을 연모해 왔으나 고백하지 못하던 차에, 빅 씨 부인에게 편지를 대필해 줄 것을 부탁한다. 그런데 전쟁에서 돌아온 리 참령이 그 편지를 읽게 된다. 설상가상으로 슉자의 이야기를 하기 위해 빅 씨와 챠옥이 단둘이 있는 장면을 목격한 리 참령은 빅 씨와 동생의 관계를 의심한다. 결국 리 참령은 챠옥을 내치고, 임신한 부인에게도 등을 돌린다. 챠옥은 누명을 쓴 채 쫓겨나고 빅 씨 또한 눈물로 세월을 보낸다. 한편 슉자는 빅 씨가 챠옥을 꾀려 했다고 여겨, 그녀를 해칠 계략으로 냉수에 독약을 탄다. 우연히 그 냉수를 마신 리 참령이 쓰러지자 빅 씨는 독살 미수의 누명을 쓰고 경찰에 잡혀간다. 뒤늦게 리 참령은 빅 씨 부인이 무고함을 알게 되고 그녀를 석방시킨다. 빅 씨는 경찰서에서 아들을 낳고 경찰서를 나온다. 한편 집을 나온 챠옥은 궁벽한 절에 들어가 행적을 감추고 몇 해를 보낸다. 리 참령은 동생을 찾아 오해를 풀기 위해 백방으로 수소문하지만 실패한다. 챠옥은 전국 곳곳을 방황하면서 낮에는 노동하고 밤에는 공부하면서 지낸다. 리 참령은 챠옥을 찾아다니다가 도적 떼에게 잡히는데, 그들은 리 참령의 행실을 보고 자신들의 우두머리로 섬긴다. 도적들에게 남옥과 북옥이라는 기생들과 정일갑이 잡혀 온다. 얼마 후 정일갑과 남옥의 도움으로 관찰부가 도둑들을 잡는 데 성공하고, 풀려난 리 참령은 극적으로 챠옥과 재회한다. 결국 리 참령은 챠옥과 함께 귀향하여 빅 씨와 상봉한다. 리 참령은 부인에게 눈물로 사죄하고 동생의 누명 또한 벗겨 준다. 빅 씨를 돌보아 준 의사가 정일갑의 동생임이 뒤늦게 밝혀진다.

【참고】 이해조가 《매일신보》에 연재한 소설들 중 가장 마지막 작품이다. 연재 지면에는 작가 표기를 하지 않고 있다. 러일전쟁을 배경으로 삼고 있으나 전쟁 묘사에서는 한국인 장교의 사랑과 무용(武勇)이 중점적으로 그려진다. 신구서림본 본문 첫 장에 '雨우中즁行힝人인'이라고 표기되어 있다. 판권지에 '著作者 李海朝'라고 표기되어 있다.

우편국(번)

【내용】 「세계문학걸작집」 참조.

우후명월/雨後明月: 유석조 작. 영창서관1933(25전).

【내용】 미확인.

【참고】 단행본 원본 자료를 구할 수 없어 작품의 경개 및 세부 서지사항을 확인하지 못했다. 『청춘의

한(영창서관·한흥서림·진흥서관1933)』 권말 판권지의 서적 광고에 '雨後明月'이라고 제목이 표기되어 있다. 영창서관에서 펴낸 『신간도서목록』에 '庾錫祚 著 活劇小說 雨後明月'이라고 표기되어 있다.

운명/運命: 박준표 작. 박문서관1924(39면, 20전).

【내용】 같은 고향 출신인 창순과 영숙은 경성에 유학 온 대학생이자 연인 사이다. 창순에게는 아내 정희와 세 살 난 아이가 있다. 열다섯 살에 부모가 정해 준 대로 결혼을 했던 것이다. 창순은 영숙을 사랑하게 된 후 조선의 낡은 결혼 풍습에 대해 개탄한다. 대학을 졸업한 그는 고향으로 가 교편을 잡게 되는데, 영숙에게 정희와 이혼하겠다고 선언했지만, 막상 가족과 함께 살게 되자 그는 이혼하자는 말도 꺼내지 못한다. 이혼당하는 정희의 처지를 생각하고 연민을 느낀 것이다. 영숙도 대학을 졸업하고 고향에 내려와 교편을 잡는다. 어느 날 창순은 영숙을 찾아가 약혼을 제안하지만 창순이 첩의 아들이어서 싫다는 뜻밖의 말을 듣는다. 첩의 아들인 것 때문에 자라는 동안 많은 서러움을 느꼈던 창순은 영숙의 태도에 다시 한 번 자신의 운명을 저주한다. 얼마 후, 영숙이 막대한 재산을 소유하고 있는 김용수와 약혼했다는 소문이 들린다. 용수 역시 첩의 아들인데, 영숙은 용수의 첩으로 들어가는 것이다. 이 소문을 듣고 분개한 창순은 영숙을 찾아가 재물에 눈이 어두운 그녀의 허영심과 몰염치를 비난한다. 오랜 생각 끝에 창순은 평화로운 가정에서 자녀를 잘 교육시키기 위해서는 여성들이 남편에게 절대복종하는 것이 매우 바람직한 것이며 신여성들이 남편에게 이의를 제기하면서 잦은 충돌을 일으키는 것은 좋지 못한 것이라는 결론에 이른다. 창순은 아내를 자신의 이상적인 애인으로 만들기 위해 밤마다 가정학을 가르치기 시작한다. 그러면서 아내에 대한 무한한 애정이 샘솟는 것을 느낀다.

【참고】 고려대 도서관 소장 박문서관본 본문 첫 장에 '運命 哲魂 朴埈杓 著'라고 표기되어 있다. 자유연애와 '련애를 기초로 한 결혼'이 구호처럼 여겨지던 당대의 새로운 풍속을, 구가정의 장점과 신가정의 단점 비교를 통해 비판하고 있으며, 사랑보다는 재물을 우선시하는 여성의 허영심도 강도 높게 비판하는 작품이다.

운명의 지환/運命의指環: 작자미상. 박문서관1923.

【내용】 미확인.

【참고】 단행본 원본 자료를 구할 수 없어 작품의 경개 및 세부 서지사항을 확인하지 못했다. 『박씨부인전(박문서관1923)』 뒷면 광고에 '探偵活劇 運命의 指環'이라고 표기되어 있다.

운명의 진주/운명의진쥬運命의眞珠: 박철혼 작. 영창서관1925(71면, 30전).

【내용】 남미 아루젠진국 다만 해안 데루가도 항구에서 탐험 소설가 지예리와 그의 연인 레온데인이 작별 인사를 나눈다. 지예리는 보물을 찾기 위해 남대서양의 광신암으로 가는 길이다. 그는 십여 년 전에 대서양에서 행방불명된 탐험가 뎃기스다가 남긴 글에서 보물이 있는 곳을 알아냈다. 지예리가 타고 가던 미라보호는 바다 가운데에서 불이 나는 사고를 당한다. 지예리는 간신히 보트를 타고 탈출하여 바다고니아 지방의 무인도에 상륙한다. 그는 갖은 고생을 하다 무인도를 지나는 기선을 발견하고, 5개월 만에 데루가도 항구로 돌아온다. 그 동안 레온데인의 부친 존은 파산하여 레온데인에게 부호 세바스지안과 결혼하도록 강권하고 있었다. 지예리가 실종되었다가 다시 나타나자 세바스지안은 그의 아우 데이고와 공모하여 지예리를 곤경에 빠뜨리려고 한다. 그 와중에 사고로 데이고가 죽자 세바스지안은 지예리에게 살인혐의를 뒤집어씌운다. 무기징역을 언도받아 감옥에 갇히는 신세가 된 지예리는 죄수를 호송하는 배에서 기회를 틈타 보트를 타고 탈출한다. 다시 외딴 무인도에 도착한 지예리는 그곳에서 뎃기스다가 남긴 보물인 세 개의 검은 진주를 발견한다. 한편 지예리가 죽었다고 생각한 레온데인은 아버지를 이기지 못하고 세바스지안과 결혼한다. 단 그 결혼에는 레온데인의 마음이 완전히 돌아설 때까지 세바스지안과 부부의 정은 교환하지 않는다는 조건이 붙어 있다. 세바스지안은 약속에도 아랑곳하지 않고 완력으로 레온데인을 범하려고 한다. 그때 두 개의 눈과 두 개의 손이 갑자기 나타나 위기에 처한 레온데인을 구한다. 그 후 레온데인이 위기에 빠질 때마다 정체 모를 두 개의 눈과 그림자가 나타나 레온데인을 구해 준다. 나중에 지예리가 나타나 그 정체 모를 두 개의 눈과 그림자의 조화는 자신이 한 일임을 밝힌다. 불시착한 무인도에서 발견한 세 개의 검은 진주를 통해 그러한 조화를 벌일 수 있었다는 것이다.

【참고】 영남대 도서관 소장 영창서관 1931년 재판본 표지에 '귀신이냐? 사람이냐? 보호하는 그림자 運命의眞珠 운명의진쥬', 본문 첫 장에 '運命의眞珠 운명의진쥬 귀신이냐? 사람이냐? 보호하는 그림자 朴哲魂 著' 라고 표기되어 있다. 검은 진주의 신기한 조화를 이용하여 위기에 처한 연인을 몰래 돕는다는 내용을 담은 작품이다. 지명이나 인물의 이름으로 보아 번안 소설일 가능성이 있다. 많은 인물이 등장하고 다양한 사건이 벌어지는데 그 내용의 연결이 자연스럽지 못하다. 많은 분량의 원작을 짧게 축약하는 과정에서 생긴 일로 추정된다. 원작은 확인되지 않았다.

운외운/雲外雲

박영운 작. 춘포약방·야소교책사·광문책사·서적상최득린1914(169면, 40전).

【내용】 강수영은 체격이 남자같이 큰 열아홉 살의 처녀이다. 어머니가 돌아가시자 아버지 강 지사와 그 소실인 기생 출신 선천집이 사는 집으로 들어가 사는데, 선천집은 수영의 좋

은 혼처를 알아보는 척하면서 자신의 조카인 이춘화와 결혼시키려 한다. 춘화는 얼마 전에 상처를 한 남자인데 수영을 보고 고모에게 중매해 달라고 졸랐던 것이다. 그러나 강 지사가 딸을 천인 집안과 결혼시키려 하지 않을 거라 짐작하여 수영과 춘화가 부정한 관계에 있다는 거짓 소문을 퍼뜨린다. 강 지사는 집안사람들의 입을 단속하고 수영을 고 참봉 댁 어린 아들과 결혼시킨다. 열두 살 난 신랑 고정백은 철부지 어린아이였으나, 세월이 흐르자 점차 수영을 세상에서 둘도 없는 신부라 생각하고 아껴 준다. 선천집은 수영과 춘화의 소문을 고 참봉의 귀에 들어가게 한다. 누명을 쓰고 친정으로 돌아가기가 싫은 수영은 집을 나와 우물에서 자살을 시도하는데 지나가던 김 첨지가 구해 준다. 김 첨지 내외는 수영을 아들 경룡과 혼인시키려 한다. 수영이 이를 거부하자 경룡이 수영을 겁탈하려 하고, 도망쳐 나온 수영은 길을 헤매다가 정대량과 그의 아내 최 씨를 만나 따뜻한 보살핌을 받는다.

【참고】 표지와 본문 첫 장에 "最新風化小說 雲外雲 上篇"이라고 표기되어 있다. 본문 첫 장에 '朴永運 著/盧麟奎 著'라고 저자명이 병기되어 있다. 판권지에는 '著作兼發行者 盧麟奎', '著作者 朴永運'이라고 표기되어 있다. 소설의 말미에 인생에서 경계해야 할 일에 대하여 등장인물의 성격을 예로 들면서 서술하고 있으며, 하편의 내용도 요약되어 있으나 하권은 발견되지 않는다.

울지경덕 실기(번)/蔚遲敬德實記

작자미상. 역자미상. 한성서관1915 ; 조선서관1915 ; 유일서관1915 ; 신구서림1925.

【내용】 원작 참조.

【참고】 중국의 「秦唐演義」 등의 소설에서 '울지경덕'에 관한 부분만을 독립시켜 만든 군담소설 작품이다. 중국 고전소설의 부분 번역으로 간주할 수 있다.

원앙도/鴛鴦圖: 이해조 작. 중앙서관1909 ; 보급서관·동양서원1912(106면, 25전) ; 동양서원1913(125면, 25전) ; 박문서관1921(62면, 20전).

【내용】 평안도 군수 민양덕이 집안의 원수인 조 판서가 감사로 내려오는 것을 한탄하며 걱정하자 열한 살 난 아들 말불이가 꾀를 내어 조 판서의 병부를 빼돌린다. 민양덕을 가만두지 않겠다고 벼르고 있던 조 판서는 병부가 없어진 것을 알고 당황하나 그의 열 살 난 딸 금쥐가 또 꾀를 내어 집안에 불이 난 것처럼 꾸미고 그 경황에 병부가 없어진 것을 민양덕의 탓

으로 돌리려 한다. 그러나 이마저도 예측하였던 말불이의 지혜로 민양덕은 위기를 모면한다. 조 판서는 병부를 되찾고 민양덕에게 하룻밤 자고 가기를 청하고 그사이 민양덕의 인감을 빼돌린다. 그러나 말불이가 미리 바꿔놓은 가짜 인감 덕분에 이번에도 위기에서 벗어난다. 민양덕의 잔꾀를 괘씸해하는 조 판서에게 딸 금쥐가 가산에서 일어난 살인 사건의 검시를 민양덕에게 맡길 것을 권한다. 어려운 송사를 맡은 민양덕은 고심하나 말불이의 지혜로 사건을 해결하고, 두 집안은 말불이와 금쥐가 크면 결혼시키자 언약을 맺는다. 그러나 조 판서가 아우의 정부 반란죄에 연루되어 실형을 가자 금쥐는 오갈 데 없는 신세가 되어 송사를 도와주었던 안경지의 집에 머물게 된다. 안경지는 금쥐에게 정성을 다하나 그의 아내는 이를 못마땅해 하다 결국 안경지가 청국으로 약재료를 사러간 사이 돈을 받고 금쥐를 윤 사또 집 하인으로 팔아넘긴다. 처량한 신세가 된 금쥐는 마음을 다잡고 열심히 일을 하는데 금쥐의 사정을 알게 된 윤 사또는 조 판서가 자신의 친구라며 반가워하고 금쥐를 딸처럼 맞아들인다. 마침 작은딸 효순의 혼례를 준비하고 있던 윤 사또가 금쥐를 먼저 혼인시킬 것을 결심하고, 사돈 민 승지에게 혼인을 미루자며 사정을 이야기한다. 민 승지는 민양덕의 아우로 마침내 금쥐와 말불이 만나게 된다. 둘은 혼인을 하고 조 판서가 방면되기를 기다렸다가 같이 포아로 떠나 유학한다.

【참고】 초판본인 중앙서관 판본은 확인하지 못했다. 《대한민보》 1909년 6월 3일자 광고에 『원앙도』가 중앙서관 신간으로 소개되어 있어 초판본은 중앙서관 1909년본으로 추정하였다. 나이 어린 말불이와 금쥐의 영특함이 숙적이었던 두 집안을 화해시킨다. 마지막 결말 부분에서 둘이 유학을 가는 것이 국가 기초와 인민 행복을 정진케 하기 위해서라는 단서를 달았다. 중국 고전 『금고기관 권2』의 번안으로 보는 견해가 있다.

원앙의 꿈 /원앙의숨: 작자미상. 덕흥서림1935(30전).

【내용】 미확인.

【참고】 단행본 원본 자료를 구할 수 없어 작품의 경개 및 세부 서지사항을 확인하지 못했다. 『호걸남자(덕흥서림1935)』 권말 '경성덕흥서림신간서적광고'에 '원앙의숨'이라고 제목이 표기되어 있다.

원앙의 상사 /원앙의상사鴛鴦의相思: 신귀영 저작발행.청송당서점1916(64면, 20전).

【내용】 김 첨지는 가난한 소작농이지만 아들 정근을 교육시키려 갖은 애를 쓴다. 지주에게

빌린 소를 잃어버리자 실의에 빠진 김 첨지는 목을 매 자살한다. 경근은 고향을 떠나 경성에서 국숫집 사환으로, 인력거꾼으로 일하면서 공부를 계속한다. 경근은 경성으로 올라오는 기차에서 만났던 대구 은행장 리병렬을 우연히 다시 만난다. 병렬은 경근의 인격과 성실함에 감동하여 그를 자신의 딸 리희미자와 결혼시킨 뒤 유학 보낸다. 경근이 일본에 유학가기 위해 탄 배가 폭풍우를 만나 상해에 하륙한다. 경근은 처가에 연락하지 않고 상해에서 스스로의 힘으로 생활한다. 경근은 미국인 신학 박사 월넘의 집에 머물며 월넘이 설립한 학교에서 공부하던 중 아내에게 보낸 편지가 반송되자 조선으로 돌아간다. 아내와 장인이 자신을 찾아 동경으로 갔다는 소식에 경근 역시 동경으로 향하나 아내와 장인을 찾을 수 없다. 그러던 어느 날 남편과 만나지 못해 병이 깊어지던 리희미자의 병실에 갑자기 경근이 뛰어 들어온다. 리희미자가 입원한 병원은 월넘 박사의 동생이 운영하는 곳으로, 아내와 장인을 찾지 못한 경근이 머물고 있던 장소이다. 병원 뜰에서 리희미자와 장모의 대화를 우연히 듣게 된 경근이 나타나면서 헤어졌던 부부가 상봉한 것이다. 건강을 회복한 리희미자와 경근은 함께 미국으로 떠나 학업을 마치고 귀국한다.

【참고】 불굴의 주인공이 성공할 수 있었던 이유로 학문에 대한 열정을 제시하면서 신학문의 중요성을 강조하는 신소설이다. 표지에 '鴛鴦의相思', 본문 첫 장에 '원앙의상샤' 라고 표기되어 있다. 난외서명은 '鴛鴦의相思', '원앙의상샤', '원앙의상사' 가 혼용되고 있다.

원앙의 쌍 /鴛鴦의雙

현공렴 저작발행. 대창서원1929(28면, 30전).

【내용】 철물점 여점원인 스데라와 소니는 생활에 찌들려 사는 자신들의 신세를 한탄한다. 일주일만이라도 마음대로 살고 싶다는 소니의 소망을 한 사내가 엿듣는데, 그는 명문가의 아들 쨔리이 세이라다. 그는 돈과 권력을 마음대로 누리는 삶에 염증을 느끼는 인물로, 사람답게 살고 싶은 욕망을 지니고 있었다. 그는 어머니와 누이가 뉴욕에 여행간 사이, 직공으로 신분을 위장하여 철물점에 갔다가 소니의 한탄을 엿들었던 것이다. 쨔리이는 소니를 자신의 저택으로 데리고 가 일주일 동안 호의호식에 온갖 문화생활을 누리게 해 준다. 마지막 날, 원래 있던 곳으로 돌아가는 소니의 뒷모습에 동정심을 느낀 그는 그길로 교회로 가

결혼식을 올린다. 그사이 여행에서 돌아온 어머니 세이라 부인과 누이 쑤레잇스는 쨔리이와 소니의 결혼을 인정하지 않고 변호사 오스쏜을 부른다. 오스쏜의 심한 모욕을 견디지 못하고 뛰쳐나간 소니는 빗속을 헤매다가 뒤따라온 쨔리이의 차에 치인다. 병원에서 소니가 살 가망이 없음을 안 쨔리이는 마음을 정리하기 위해 구라파로 여행을 떠난다. 이년 후, 죽은 줄만 알았던 소니는 쨔리이의 아이를 낳고 스데라와 함께 살고 있다. 그녀는 생계를 위해 밤에 무도회장에서 춤을 추는 일을 한다. 소문을 들은 세이라 부인은 오스쏜과 함께 아이를 빼앗아 오려고 하나, 스데라가 막는다. 오스쏜은 무도회장을 찾아가 소니의 파트너로 춤을 추는 남자를 꼬드긴다. 그날 밤 남자는 소니의 집으로 찾아가 수작을 부리는데, 마침 쨔리이가 소니의 집으로 온다. 구라파에서 돌아온 쨔리이에게 늙은 하인이 소니의 소식을 전해 주었던 것이다. 남자와 쨔리이는 결투를 벌이고 쨔리이가 이긴다. 쨔리이와 소니는 자신들의 아이를 껴안으며 행복한 미래를 다짐한다.

【참고】 본문 첫 장에 '원앙의 쌍(一名 自由結婚)' 이라고 표기되어 있다. 15장으로 이루어진 작품이며 각 장에 제목이 있다. 28면부터는 「원앙의 쌍」 내용과 관련 없는 짧은 글 「영국의 명재상과 그의 애인」, 「미국에서 지내 본 일」, 「테육의 골슈」 세 편이 부록으로 수록되어 있다.

월남망국사1(번)/越南亡國史

소남자 술. 양계초 찬. 현채 역. 현공렴1907(92면, 25전).

【내용】 원작 참조.

【참고】 본문 첫 장에 '越南亡國史 附滅國新論 越南亡命客巢南子述 支那 梁啓超纂 韓國 玄采譯' 이라고 표기되어 있다. 이 작품은 일본의 요코야마에 망명하여 《신민총보》를 간행하고 있던 청말의 사상가 양계초(1873-1929)가 월남의 독립운동가 소남자(巢南子) 반패주(潘佩珠, 1867-1940)와 만나 필담으로 나눈 내용을 펴낸 것이다. 월남의 정황이 당시 상황과 비슷하여 구한말 지식인의 많은 관심을 끌었다. 국내 번역본에는 양계초의 다른 글, 「滅國新法論」과 「日本之朝鮮」이 덧붙여져 있다. 1909년 일본이 한국 정부로 하여금 출판법을 제정하게 하여 서적들의 규제에 나섰을 때, 가장 먼저 이 작품을 압수 및 판매 금지 처분에 처했다. 국한문 혼용체 표기 작품이다.

월남망국사2(번)/월남망국ᄉᆞ

소남자 술. 양계초 찬. 주시경 역. 로익형책사1907(87면, 20전).

【내용】 원작 참조.

【참고】 본문 첫 장에 '월남망국ᄉᆞ 월남망명ᄀᆡᆨ 소남ᄌᆞ 슐 지나(청국) 량계초 찬 한국(죠션) 쥬시경 번역홈' 이라고 표기되어 있다. 주시경본 『월남망국ᄉᆞ』는 1907년 초판, 1908년 이판, 삼판 등 모두

세 차례 인쇄, 간행될 정도로 당시 많은 독자들의 관심을 끌었다. 국문체 표기 작품이다. 현채의 국한문본을 다시 국문으로 번역한 것이다.

월남망국사3(번)/월남망국ᄉᆞ: 소남자 술. 양계초 찬. 이상익 역. 현공렴1907(71면).

【내용】 원작 참조.

【참고】 본문 첫 장에 '월남망국ᄉᆞ 리샹익 역슐 현공렴 교'라고 표기되어 있다. 현채의 국한문본을 저본으로 한 국문 번역본이다. 현채 번역본 및 주시경 번역본과 비교하여 축약의 성격이 강하다.

월미도/月尾島: 박철혼 작. 박문서관1930.

【내용】 경성에 사는 김 시종의 외동딸 려화와 리 승지의 외아들 성구는 부모에 의해 혼인을 언약한 사이이다. 하지만 리 승지가 대역죄의 누명을 쓰고 전라도로 유배되면서 둘은 헤어진다. 어느 날 김 시종 내외는 리 승지 가족이 유배지에서 처형되었다는 소문을 들은 후 려화에게 새로운 혼처로 시집갈 것을 권유한다. 려화는 일부종사의 도리를 좇아 바다에 빠져 죽기로 결심하고 인천에 간다. 난봉꾼 류춘삼에게 잡혀 겁간당할 위기에 빠진 려화는 자살을 기도하다 혼절한다. 려화가 죽은 것으로 오인한 춘삼은 그녀의 신체를 거적에 말아 인천 앞바다에 버린다. 월미도 앞바다 바위까지 떠밀려 온 그녀는 그곳에서 낚시하던 일본 령사관 부령사 촌상의 구조로 소생한 후 촌상의 도움으로 일본 요코하마에 건너가 교육을 받는다. 한편 이주한 일본인을 돕기 위해 청국 운남에 급파되었던 촌상이 죽자, 촌상 부인은 점점 려화를 미워하고 구박한다. 려화는 이내 자신의 처지를 비관하고 요코하마 앞바다에 뛰어들지만 천주교 부인 마리아에게 다시 구원된다. 마리아를 따라 청국 상해에 도착한 려화는 그녀가 주관하는 교회 부속학교에 입학하여 사 년 만에 우수한 성적으로 졸업한다. 어느 날 려화는 상해공원에서 일본적십자 병원에 와 있던 성구를 만나 그간의 일을 전해 듣는다. 부모님은 바다에 빠져 죽고, 자신은 일본의학박사 안뎐태랑의 구원을 입어 일본 제국대학을 졸업하고 이곳까지 따라오게 되었다는 것이다. 후일 려화와 성구는 마리아와 안뎐의 도움을 받아 귀국하여 백년가약을 맺는다.

【참고】 본문 첫 장에 '新小說 月尾島'라고 표기되어 있다. 2007년 『민족문학사 연구』 34호에 표지와 간기가 누락된 상태로 원문 51면이 공개되었다. 작가와 총 면수 이외의 서지사항을 확인할 수 없다. 『설정산 실기(박문서관1930)』 뒷면 광고에 작품 제목이 수록되어 있어 서지사항 작성에 참고했다. 부모에 의해 인연이 맺어진 두 남녀 사이의 이별과 만남을 그리고 있다. 소설의 배경이 서울, 인천, 요코하마, 상하이 등으로 다채롭게 전개되고 있으며, 경인선 객차의 운임 차이 등 당시 사정을 엿볼 수 있는 풍속적 소재가 드러나 있다. 남·녀 주인공을 구원하는 조력자로 일본인이 설정되어 있다는 점에서 친일적 성향이 엿보인다.

월세계/月世界

현공렴 저작발행. 대창서원·보급서관1922(74면, 25전).

【내용】 셔홍은 아버지의 부임지로 가는 길에 도사공과 그 일당에게 재산을 빼앗긴다. 셔홍의 미모를 탐낸 도사공은 셔홍만을 살려 주고 남은 가족들은 죽인다. 도사공은 부하들이 반란을 일으키자 셔홍을 배 안에 가둔 채 도망간다. 변복에 의해 구출된 셔홍은 변복이 자신의 원수를 갚아 주겠다는 말을 믿고 그의 아내가 된다. 그러나 변복은 이미 결혼한 뒤였고, 질투심에 사로잡힌 변복의 처는 셔홍을 다른 사람에게 팔아넘긴다. 이후로 셔홍은 기생집에 붙잡혀 있다가 호열의 첩이 된다. 호열은 셔홍의 원수를 갚아 주겠다는 약속은 잊은 채 향락적인 생활을 일삼는다. 가산을 탕진한 호열은 셔홍을 수단으로 하여 주원의 돈을 빼앗으려는 계략을 꾸민다. 셔홍은 주원의 인품에 감동하여 호열의 계략을 알려주고 주원에게 의탁한다. 진사 시험에 합격한 주원은 셔홍과 약속한 대로 도사공과 일당을 잡아 처형한다. 셔홍은 부모의 원수를 갚고 자신의 한을 풀었으나 절개를 지키지 못했다는 생각에 자살한다. 셔홍의 아들 주무가 벼슬자리에 올라 어머니 셔홍에 대한 상소를 올린다. 이에 임금은 표창하고, 절효방을 짓게 하여 셔홍의 절개를 널리 알린다.

【참고】 표지에 '月世界 월셰계', 본문 첫 장에 '월셰계 月世界'라고 표기되어 있다. 중국 고전『금고기관 권26』의 번안이다.

월세계 여행(번)/月世界旅行: 베른 작. 신일용 역. 박문서관1924.

【내용】 원작 참조.

【참고】 프랑스 작가 쥘 베른(Jules Verne)의「Autour de la Lune(1870)」을 신일용(辛日鎔)이 번역하여 1924년 박문서관에서 '월세계 여행'이라는 이름으로 출판한 작품으로 알려져 있다. 그러나 이 책은 광고의 기록으로만 확인될 뿐 실제 책 실물은 확인이 안 되며, 번역자 신일용에 대해서도『월세계 여행』의 번역 기록 이외에 알려진 것이 없다. 3인의 모험가가 두 마리의 개와 함께 포탄을 타고 월세계를 탐험한다는 이야기이다.

월야의 미인/月夜의美人: 작자미상. 초판서지불명.

【내용】 리춘자는 러시아로 유학 간 남편 안효성을 애타게 기다린다. 그러던 어느 날 효성이 위중하다는 전보를 받은 춘자는 딸 영숙을 유모에게 맡기고 급히 러시아로 떠난다. 유모에

게는 영자라는 딸이 있는데 영숙과 너무도 닮아 다른 사람들은 분간을 못할 지경이다. 러시아에서 남편을 간호하던 춘자는 그만 병이 들어 사경을 헤매다 귀 뒤에 검은 사마귀가 있는 아이가 영숙이라는 말을 남기고 죽는다. 마침 러시아혁명이 일어나 적군과 백군의 전쟁이 벌어져 교통과 통신이 두절되고, 안효성은 적군에게 잡혀 옥중 생활을 하게 된다. 누이의 죽음과 매형의 소식을 들은 리선문은 조카 영숙을 찾아온다. 유모는 춘자가 죽고 효성 마저 언제 돌아올지 모른다는 말에 나쁜 마음을 품고, 자신의 딸 영자를 영숙이라고 속인다. 선문은 영자를 조카로 알고 맡아 키운다. 어느덧 십여 년이 흘러 유모의 딸인 된 영숙은 기성여학교 교원이 되고, 영자는 청운동 사는 김우진과 혼인을 한다. 유모는 영자에게 자신의 딸임을 알리는데 욕심 많은 영자는 유산을 받을 때까지 이를 숨기자며 모의한다. 그러던 중 효성이 출옥하여 귀국한다. 불안에 떨던 유모는 일을 우진과 상의한다. 우진은 영숙도 자신에게 시집을 보내면 모른 척하겠다며 오히려 유모를 협박한다. 유모는 영숙에게 우진과 혼인하라 하지만 영숙은 자신의 힘으로 혼자 살아가겠다며 거부한다. 이에 유모는 우진을 시켜 영숙을 겁탈하려 한다. 영숙은 그길로 도망쳐 나와 대동강 변에서 죽으려고 하는데 효성이 찾아와 귀 뒤에 사마귀를 보고는 자신의 딸임을 확인한다.

【참고】 본문 첫 장에 '戀愛悲劇 月夜의美人'이라고 표기되어 있다. 러시아 혁명을 배경으로 하고 있으며, 유학생인 조선인이 적군에게 잡혀 오랫동안 옥중 생활을 한다고 설정되어 있다. 모친에 의해 양가집 규수가 되었으나 결국 못된 천성으로 인해 파국을 맞는 영자를 통해 권선징악의 주제를 표현하고 있다. 서강대 소장 세창서관본을 텍스트로 내용을 정리하였으나, 초판의 발행 연도 및 기타 서지사항은 확인되지 않는다.

월하가인/月下佳人: 하관생 작.

매일신보1911.1.18-1911.4.5(61회 완) ; 보급서관1911(124면, 25전) ; 박문서관1916(118면, 30전).

【내용】 충청북도 충주에 살던 심 진사는 갑오년 동학란에 입도를 권하는 무리들의 협박과 몰매를 피해 부인 장 씨와 외숙 집으로 피난을 간다. 그러나 유행병으로 두 아들을 잃은 외숙의 처지 또한 막막한 것이어서 내외는 외숙을 모시며 어려운 살림을 이어간다. 설상가상으로 외숙 내외가 죽자 그들의 처지는 더욱 곤궁해진다. 살 길이 막막해진 심 진사는 길에서 우연히 만난 윤조의 권유로 멕시코에 노동 취업을 가기로 결정한다. 열심히 일하면 돈푼이나 모아 고국의 아내에게 부칠 수 있으리라는 기대와는 달리 열악한 작업 환경에 고생만 하던 심 진사는 중국인 왕딕츈의 도움으로 미국으로 가게 된다. 아내의 소식을 알 길이 없는 심 진사는 사환

노릇을 하며 실업학교를 마치고 주미 공사로 있던 민 판서와 함께 귀국한다. 민 판서의 밑에서 일하던 심 진사는 백방으로 아내를 찾지만 소식이 묘연하다. 아내 장 씨는 심 진사가 외국에 나가 있던 동안 방물장수의 간계로 정조를 잃을 위기에 처했다가 장 시어와 의남매를 맺고 그의 도움을 받는다. 장 시어 일가가 원주로 가자 그를 따라 간 장 씨는 장 시어가 새로 들인 아내의 시기로 서울로 쫓겨 가다 주막에서 도둑을 만나 빈털터리가 된다. 이를 중국인 왕듸츈이 구해 준 것이 인연이 되어 서울로 올라온 장 씨는 우연히 길을 가다 부인의 한탄을 듣게 된 심 진사와 재회한다.

【참고】《매일신보》 연재 지면에 '新小說 月下佳人 遐觀生' 이라고 표기되어 있다. 보급서관에서 1911년 초판 발행되었으며, 1914년 발행 3판본(118면, 25전)을 비교 확인했다. 본문 첫 장에 '신소셜 新小說 월하가인 月下佳人' 이라고 표기되어 있다. 난외서명은 '인졍소셜 월하가인' 이다. 작품 말미에 등장인물 대화를 통해 「동정추월」을 광고하고 있다. 주인공의 구원자로 일본인이 아닌 중국인이 등장한다. 멕시코 노동 취업을 다루고 있다. 1916년 이후 박문서관에서 지속적으로 발행되었으며 1924년의 9판본까지 확인된다.

월하탄금성 / 월하탄금셩: 이건국 작. 읍청회사1913(72면).

【내용】 판서 홍우경은 꿈에서 자신의 친구 진사 김연민과 사돈을 맺으라는 계시를 받고, 자신의 아들 승창과 연민의 딸 김 씨를 정혼시킨다. 세월이 흘러 장성한 두 아이는 부부가 되어 슬하에 여러 자녀를 둔다. 그러던 어느 날 승창은 옥련이라는 기생을 첩으로 들이고 부인 김 씨를 홀대한다. 종 금슌은 승창에게 본처를 부당하게 대하지 말라며 간언하는 한편 김 씨 부인의 마음을 위로한다. 승창의 셋째 아들 윤식은 부친의 처사에 분개하여 정체를 숨기고 부친과 그 첩을 혼낸다. 이에 승창은 깨달은 바 있어 첩 옥련을 평양으로 보내 버린 후, 가솔을 데리고 낙향한다. 시골로 가던 도중, 금슌은 괴한에 의해 독 속에 갇혀 빈사 상태가 되지만 간신히 구출된다. 김 씨와 종 계슌의 간호로 그녀는 회복되고, 주인과의 정은 더욱 깊어진다. 금슌은 본래 양반의 후손으로, 집안이 가난해 어린 시절 부친과 헤어져 떠돌다 종이 된 사람이다. 얼마 후 승창의 회갑연이 벌어진다. 한 맹인이 찾아오고, 금슌은 그가 자신의 아버지임을 알아본다. 승창 내외는 금슌의 아버지를 극진히 대접하고 한 집에 살도록 한다. 세월이 흘러 김 씨가 망령이 나 자신을 미워하자, 금슌은 부친과 함께 다시 유랑을 떠난다. 길 가던 도중 그녀는 최승철이란 자에게 겁탈당하고, 부친을 잃어버렸다가 겨우 다시 만난다. 계속 떠돌아다니던 금슌은 우연히 김 판서의 눈에 띈다. 김 판서는 출신을 물은 후 그녀를 아들 용학과 결혼시킨다. 금슌은 시부모를 정성껏 봉양하고 남편을 잘 섬긴다. 몇 해 후 용학은 부친의 명으로 동경 유학을 떠난다. 한편 홍 승지는 칠십여 세를 일기로 세상을 떠난다. 금슌은 계슌에게 편지를 보내 자기 있는 곳으로 부른다. 동경에 간 용학은 몇 년 후 졸업 시험에 최우등으로 합격하고 금의환향한다.

【참고】 표지에 '신소셜 월하탄금셩', 본문 첫 장에 '월하탄금셩 신소셜'이라고 표기되어 있다. 이 작품은 이종철이 소장하고 있는 국문 필사본을 1998년 이복규가 발굴하여 학계에 알려졌다. 소설의 전반부가 축첩으로 인한 홍승창 부부의 갈등과 해소를 중심으로 서술되고 있는 한편, 후반부는 '금슌'의 고락을 중심으로 사건이 전개된다.

유곽의 루/유곽의눈물遊廓의淚: 작자미상. 세창서관1932.

【내용】 정임은 보통학교를 다니는 열여섯 살의 소녀다. 삼 년 전 정임의 오빠는 돈을 벌기 위해 떠난 뒤 소식이 없다. 어느 날, 마을이 수재를 당해 정임의 어머니가 물에 휩쓸려 죽는다. 정임의 아버지도 먹을 것을 구하러 나갔다가 소식이 끊기자 김중선이라는 마을 청년이 정임을 꼬드겨 몰래 서울의 유곽에 팔아넘긴다. 창기가 된 자신의 신세를 한탄하며 두려움에 떠는 정임을 옆방의 계월이 친언니처럼 따뜻하게 보살펴 준다. 끝까지 정조를 지키려고 애쓰는 정임과 이를 도와주는 계월을 못마땅하게 여기던 포주는 두 사람을 만주의 유곽으로 팔아 버린다. 계월은 자신의 몸이 불치의 화류계 병을 얻어 만신창이가 되었다며 정임만은 자신과 같은 신세로 전락하지 않게 하려 애쓴다. 그러던 중 손님으로 온 조선인 남자 조형식과 리경섭이 계월과 가까워진다. 그들은 주로 술을 마시며 이야기를 나누고 고향에 대한 그리움을 달랜다. 어느 날, 정조를 지키려 애쓰다가 포주에게 모질게 맞는 정임을 형식과 경섭이 도와준다. 그런데 알고 보니 경섭이 몇 년 전 집을 떠난 정임의 오빠였다. 일본인이 운영하는 정미소의 지배인인 그는 정미소 주인에게 부탁하여 돈을 구해 계월과 정임을 유곽에서 빼낸다. 사정을 들은 정미소 주인은 이들의 이야기에 감동하여 성심성의껏 도와준다. 경섭이 자신을 사랑한다는 것을 알게 된 계월은 자신의 병이 경섭에게 옮는 것을 원치 않아 스스로 목숨을 끊는다. 경섭과 정임은 계월의 유해를 안고 귀향한다. 고향에는 생사를 모르던 아버지가 혼자 살고 있었다. 남매와 상봉한 아버지는 죽어도 여한이 없다고 기뻐한다. 경섭은 믿음직한 친구 형식과 정임을 결혼시킨다.

【참고】 표지에 '花柳悲劇 遊廓의淚 유곽의 설음', 본문 첫 장에 '花柳悲劇 遊廓의淚 유곽의 눈물'이라고 표기되어 있다. 표지 외에의 부분에는 모두 '유곽의 눈물'로 한글 표기되어 있다. 총 8장으로 나누어져 있으며 장별 소제목이 붙어 있다. 일본인의 도움으로 두 여자를 위기에서 벗어나게 해 주었다는 점에서 친일 성향을 엿볼 수 있다. 서강대 소장 세창서관본을 텍스트로 내용을 정리했다.

유곽의 하룻밤/유곽의하로밤: 이한태 편. 영창서관1935(25전).

【내용】 미확인.

【참고】 단행본 원본 자료를 구할 수 없어 작품의 경개 및 세부 서지사항을 확인하지 못했다. 『강명화전(영창서관1935)』 권말 '영창서관발행신소설목록'에 '유곽의하로밤'이라고 제목이 표기되어 있

다. 영창서관에서 펴낸 『신간도서목록』에 '李漢台 編 遊廓의하루밤' 이라고 표기되어 있다.

유년 시대(번)/幼年時代: 고리키 작. 이철 역. 정음사1949(176면, 170원).

【내용】 원작 참조.

【참고】 원작 「유년시대(Detstvo)」(1913)는 막심 고리키(Maksim Gorky)의 중편 자전소설로서 「사람들 속에서(V lyudyakh)」(1916), 「나의 대학(Moi universitety)」(1923)과 함께 자전적 소설 3부작을 이룬다. 정음사 간 단행본을 확인할 수 없어 서지사항은 김병철의 『한국근대번역문학사연구(1975)』를 참고하여 작성했다.

유락황도기(번)/류락황도긔: 위스 작. 게일·이원모 역. 긔독신보1923.11.7-1924.7.9(30회 미완) ; 조선야소교서회1924(167면).

【내용】 원작 참조.

【참고】 《긔독신보》 연재 지면에 '流落荒島記 경성 奇一 牧師' 라고 표기되어 있다. 1924년 7월 9일자에 30회가 게재된 이후 더 이상 지면에서 찾을 수 없다. 그러나 내용상 완결되지 않았으며, 완결 표지도 없다. 회장체로 되어 있으며, 연재 마지막인 30회에는 '뎨 십일회 뎨이ᄎᆡ 빈의 물건을 취홈' 이라는 소제목이 붙어 있다. 원작이나 원작자에 대한 정보는 표시되어 있지 않다. 조선야소교서회본 표지 상단에 '류락황도긔', 하단에 'Swiss Family Robinson' 이라고 표기되어 있다. 스위스 목사 위스(Johann Wyss)의 「The Swiss Family Robinson(1812)」을 번역한 것이다. 영역으로부터의 중역이라고 알려져 있다. 원작은 「허클베리 핀의 모험」, 「로빈슨 크루소」와 함께 세계 3대 해양모험 소설로서 2백여 년간 전 세계 아동들뿐만 아니라 어른들에게도 인기가 있었던 작품이다. 사나운 폭풍우와 파선으로부터 살아남은 로빈슨 가족이 다양한 야생동물과 풍부한 과실수들이 우거진 낙원 같은 섬에 난파되어, 순전히 자신의 기지에만 의존해 살아간다는 이야기를 담았다.

유랑인의 노래(번)/流浪人의노래 던튼 작. 김동인 번안. 동아일보1925.5.11-6.19(36회 중단).

【내용】 원작 참조.

【참고】 연재 지면에 '流浪人의 노래 金東仁 飜案' 이라고 표기되어 있다. '머리말' 에서 "이것은 전역(全譯)이 아니외다. 그렇다고 개역(槪譯)이랄 수도 업슴니다"라고 설명하고 있다. 原名은 「驚異의 再生」이라 하는 것으로서 원작자 '윗츠썬튼' 은 이 작품 하나로서 일홈이 세계뎍으로 된 작가"라 하여 원작자와 원작에 대한 정보를 제시했다. "원작(原作)에 있는 서양인의 일홈대로" 적으면 "독자들을 괴롭게 할가 하여 인물들의 일홈만은 긔억하기 쉬웁게 조선 일홈으로 고치기로 하였"다는 서술로 번안의 태도를 밝히고 있다. 원작은 영국 작가 던튼(Theodore Watts-Dunton)의 「Aylwin(1898)」이다.

유성기/류셩긔留聲機

전창석 저작발행. 광학서포1914(111면, 25전).

【내용】 장맛비가 지겹게 내리는 어느 날 최윤석은 혼자 신세를 한탄하고 있었다. 인심 좋던 주인 영감 김수영이 죽은 후 그 아들 기복의 처사가 몰인정하기 때문이다. 이때 평양 친구인 황범석이 찾아온다. 범석은 윤석에게 풍파에 휩쓸리듯 했던 지난 내력과 딸 쌍둥이를 잃고 유랑하면서 겪은 일들을 이야기한다. 서로의 딱한 사정을 이야기하던 중 상전인 기복이 두 사람 앞에 나서고 황가는 기복과 윤석의 신수점을 보아 준다. 애매한 점괘를 나름대로 해석한 기복과 윤석은 기복의 여자 문제로 얽히고설키게 된다. 윤석은 기복의 색탐을 이용해서 돈을 벌 궁리를 하고 기복은 윤석의 꾐에 빠져 패가망신을 한다. 이때 윤석과 작당하여 기복을 농락한 기생이 다름 아닌 범석이 찾던 딸이었음이 은연중 드러난다.

【참고】 표지에 '留聲機 류셩긔', 본문 첫 장에 '류셩긔(留聲機)' 라고 표기되어 있다. "권션징악 네 글자로 천지만엽이 반복 종횡을 좃차 가며 류셩긔로 도라드러 보는 눈을 지나 익난입을 싸라 물흐르듯"으로 시작하는 작자의 서문이 주목된다. 본문의 내용과 유성기는 아무 관계가 없으며, 이 작품의 제목은 당대의 신기한 풍물로 독자의 시선을 끌어 보려 한 의도가 아닌가 짐작된다. 최윤석과 황범석의 만담과도 같은 긴 대화는 유성기로 들을 수 있는 익살스러운 내용의 이야기 대본 정도로 이해될 수 있다.

유옥역전(번)/유옥역젼: 작자미상. 이동 역. 필사본1895.

【내용】 원작 참조.

【참고】 「아라비안 나이트」 역본이다. '한국인이 번역한 한국 최초의 서양소설(중앙일보1973.2.7)'로 알려져 있다. 이 작품은 한글 필사본으로 전한다. 번역자는 알려지지 않았지만 책의 말미에 '을미칠월일듕츄이동셔' 라는 기록이 있는 것을 근거로 필사자인 이동을 번역(번안)자로 보는 견해가 유력하다. 1884년에 출판된 일본어 번역본 『전세계일대기서(井上勤 역, 보고당)』를 대본으로 하여 한국식으로 의역하였다. 유옥역은 소설 속에 등장하는 이야기꾼 세헤라자데의 한국식 이름이다. 동일 원작의 역본으로 이상협의 「만고기담(1913)」, 민준호의 「삼촌설(1913)」, 소운의 「천일야기담(1930)」, 방정환의 「천일야화(1926)」가 있다.

유정(번)/有情: 원작미상. 백대진 번안. 매일신보1922.5.13-1922.7.12(57회).

【내용】 스물다섯 살의 청년 김경수는 음악을 공부하러 경성에 온 박영자와 사랑에 빠져 결혼

한다. 경수가 일하고 있는 동화상회의 사장이자 경수의 외숙모인 리슉경은 뒤늦게 그 사실을 알게 된 뒤 경수에게 배신감을 느껴 그를 해고한다. 경수는 취직이 되지 않자 자동차 운전수 일을 시작한다. 간신히 생계를 유지하며 살아가던 어느 날 경수에게 변호사 두 사람이 찾아온다. 문 변호사와 뎡 변호사는 슉경이 죽기 전에 대부분의 재산을 경수에게 남겼으며, 경수가 이혼해야만 재산을 받을 수 있다고 이야기한다. 경수는 화를 내며 두 사람의 변호사를 돌려보낸다. 우연히 이 사실을 알게 된 뎡자는 경수를 오해하여 집을 나가고 경수는 건강이 악화되어 병원에 입원한다. 그사이 뎡 변호사는 경수와 뎡자를 만나지 못하게 하는 등 계략을 꾸미고, 경수는 재산을 상속받는다. 갑자기 부호가 된 경수는 뎡자를 그리워하다가 미모의 과부 명희자를 만나 교제한다. 경수는 희자와의 결혼을 앞두고 이혼하기 위해 뎡자를 찾는다. 한편 뎡자는 이름을 신명자로 바꾸고 신파 여자연극단에 들어가 피아노를 연주하며 생계를 잇는다. 연극단의 단장인 하동희가 뎡자에게 구혼하나 경수를 잊지 못하는 뎡자는 이를 거절한다. 연극단에서도 나온 뎡자는 궁핍한 생활을 하며 홀로 경수의 아이를 낳아 키운다. 뎡자의 생활에 대해 알게 된 경수는 희자와의 결혼을 취소하고 뎡자를 찾아가 사죄한다.

【참고】 연재 지면에 '有情 白大鎭 飜案' 이라고 표기되어 있다. 연재 예고에서 작가는 이 소설이 영국 일류 소설가의 작품에서 모티프를 빌려 우리의 생활에 맞게 고쳐서 창작한 소설이라고 밝히고 있지만, 원작자와 원작을 확인할 수 없다. 번안자 표기는 '白大鎭' 과 '白雪園' 이 혼용되고 있다. 7월 12일자에 57회분이 연재된 이후의 결말 부분에 해당하는 1, 2회 정도 분량은 《매일신보》 자료 유실로 확인이 불가능하다. 《매일신보》 7월 12일 지면에 7월 15일부터 「부활」이 연재될 것이라는 예고가 실려 있는 것으로 보아 13일 혹은 14일로 작품의 연재 종료 시점을 추정할 수 있다.

유정무정/**有情無情: 작자미상. 대성서림1925(30전).**

【내용】 미확인.

【참고】 단행본 원본 자료를 구할 수 없어 작품의 경개 및 세부 서지사항을 확인하지 못했다. 『이십춘광(대성서림1925)』 권말 판권지의 '신간서적광고' 에 '有情無情' 이라고 제목이 표기되어 있다.

유정의 루/**유졍의루有情의淚: 이옥 작. 화광서림1926(56면, 30전).**

【내용】 동경상선학교에 재학 중인 리승일과 천엽의학교에 재학 중인 김영자는 학교를 졸업하면 결혼을 하기로 약속한다. 재색을 겸비한 영자에게 윤선주라는 유학생이 사귀자며 치근거리지만 영자는 이를 완강히 거절한다. 우등으로 학교를 졸업한 영자는 조선으로 귀국한다. 승일 역시 우등으로 학교를 졸업하고 일본우선회사의 전속기선 융창호의 선장 자리를 제안받는다. 승일은 영자와의 결혼을 잠시 미룬 채 구주 항해를 떠나게 된다. 구라파전

쟁 중이라 위험한 항해를 하던 융창호는 지중해에서 독일 잠항정의 폭격을 받고 전복된다. 승일을 기다리던 영자는 혼자 몸으로 승일의 아이를 낳게 된다. 얼마 뒤 융창호가 폭격을 맞아 승객 전원이 행방불명되었다는 신문 기사를 보게 된 영자는 승일이 죽은 줄 알고 비통해 한다. 이때 선주가 나타나 결혼하자며 영자를 육혈포로 위협하다가 쏘고 달아난다. 간신히 목숨을 구한 영자는 딸 경완과 힘겹게 살아간다. 한편 승일은 배가 전복될 당시 림성숙이라는 조선 여자와 함께 독일군에 의해 구출되어 독일 베를린 시외 포로수용소에 수감된다. 승일은 포로수용소에서 영자에게 편지를 보내지만 편지는 모두 반송되고, 영자가 유행성 감기로 죽었다는 선주의 편지를 받는다. 종전이 되고 7년 만에 조선으로 돌아오게 된 승일은 성숙과 결혼을 준비한다. 그러나 이를 알게 된 영자가 승일에게 편지를 보내 와 둘은 극적으로 재회한다. 그러나 실의에 빠진 성숙은 자살한다. 둘은 성숙의 죽음을 애도하며 장례를 치른 후 결혼한다.

【참고】 연세대 소장 화광서림본 표지에 '愛情小說 有情의淚 유졍의 눈물', 본문 첫 장에 '悲劇小說 有情의 淚', '李獄 作' 이라고 표기되어 있다. 작품 말미에 '1925. 10. 5 記者' 라고 부기되어 있어 탈고 날짜를 짐작할 수 있다. 1차 세계대전을 배경으로 하여 청춘남녀의 엇갈린 운명과 애절한 사랑을 그리고 있다.

유정한 사랑/有情한사랑: 김동진 저작발행. 덕흥서림1934(70면, 35전).

【내용】 옥순은 대구 부경정에 사는 리상열의 딸로 서울에서 상업학교를 마치고 방적회사 사무원으로 취직한 신여성이다. 같은 회사에 근무하는 교덕은 인사동 부자 김태희의 아들로 계모 장 씨와 함께 살고 있다. 옥순에게 반한 교덕은 그녀에게 자신의 사랑을 고백한다. 교덕의 계모 장 씨는 이를 탐탁찮게 여기지만, 두 사람은 결국 결혼하는 데 성공한다. 옥순은 결혼 후 많은 돈을 무당에게 갖다 바치는 장 씨와 종종 충돌한다. 장 씨는 자신의 외육촌 김학셩을 사주하여 계략을 꾸미고 옥순을 부정한 여자로 몰아 교덕의 의심을 사게 한다. 결국 옥순은 집에서 쫓겨나 고모집에 기거하게 되고 회사도 옮긴다. 교덕이 옥순의 문제로 계속 괴로워하는 것을 본 장씨는 옥순을 아예 없애 버리려 마음먹는다. 기생집을 하는 학셩은 장 씨의 부탁을 받고 데리고 있던 계향을 교덕의 첩으로 들여보낸다. 감언이설과 교태로 교덕의 마음을 흔들어 놓은 계향은 옥순이 때문에 자기가 정실이 될 수 없다며 죽이자고 하고, 계향의 꼬임에 넘어간 교덕은 그것을 허락한다. 한편 옥순은 모략꾼을 잡기 위해 교덕의 주변을 염탐하다가 계향과 학셩의 모의 장면을 목격한다. 그들이 자신을 해치려는 것도 알게 된 옥순은 칼을 사서 품속에 넣고 학셩이 계책을 실행할 수 있도록 한적한 산으로 유인하여, 자신을 덮치려는 그를 칼로 찌른다. 도망가는 학셩을 갑자기 나타난 교덕이 지팡이로 때려 눕힌다. 옥순과 교덕은 일의 전모를 알게 되고 경찰에 신고하여 장 씨와 계향, 학셩은 처벌

을 받는다. 지방에서 재산을 관리하던 김태희가 소식을 듣고 상경하여 서울에 살기 부끄럽다며 이사를 해 버린다.

【참고】 국립중앙도서관 소장 덕흥서림본 표지에 '靑春男女 有情한사랑'이라 표기되어 있다. "류상앵비는 편편금이요 화간접무는 분분설"이라고 다소 고전적으로 서두를 시작하지만, 방적회사나 자동차 등의 근대적인 배경을 그리고 있고, 같은 직장동료의 연애결혼을 다루고 있으며, 무속신앙을 부정적으로 보는 반면 신여성을 긍정적으로 묘사하고 있다.

유정한 처녀/有情한處女

신태삼 편집발행. 세창서관1935(66면).

【내용】 향촌동에 사는 조상희는 부인과 사별한 뒤 후취를 들인다. 후취에게는 명택이라는 한량 오라비가 있다. 폐병으로 상희가 죽고 명택은 상희의 딸 숙자를 유부남에게 팔아넘기려고 한다. 숙자는 명택을 피해 탈출하던 중 혼절하는데, 김종명의 도움으로 위기를 모면한다. 서울에서 공부하던 종명은 그 후 동경으로 유학을 가고 숙자는 종명을 기다린다. 몇 년 후 명택은 숙자를 금강산으로 데려가 또 다시 음모를 꾸미지만, 때마침 귀국한 종명에 의해 숙자는 극적으로 구출된다. 숙자와 종명은 혼인을 약속한다.

【참고】 고려대 소장 세창서관본 표지에 '悲劇小說 有情한處女', 본문 첫 장에 '哀情小說 有情한處女'라고 표기되어 있다. 여주인공이 온갖 시련에 시달리지만 결국 남성 조력자를 만나 구원에 이른다는 내용의 통속적 연애소설이다.

유화우(번)/류화우榴花雨: 도쿠토미로카 작. 김우진 번안. 동양서원1912.

【내용】 김 참판의 딸 설정은 일본의 경도여자고등학교에 다니는 재원으로 최보국의 아들 영현과 백년가약을 맺은 사이이다. 영현 역시 일본의 해군사관학교를 졸업하고 런던해군대학교에 다니는 재원이다. 보국의 동서되는 강 승지의 아들 웅범이 방탕한 기질로 재산을 탕진하고 일본으로 도망 와 있다가, 평소 마음에 두고 있던 설정이 경도에서 유학중인 것을 알고 수작을 걸지만 설정은 이를 완강히 거부한다. 학교를 졸업하고 집에 돌아온 설정은 런던해군대학교를 졸업하고 일본 해군 중위가 된 영현과 혼인한다. 영현이 부대로 복귀한 후 설정은 웅범의 사주를 받은 하녀 춘섬의 감언이설에 넘어간 시어머니 한 씨 부인에게 호된 시집살이를 당한다. 설정에게 수모를 당한 것을 분하게 여기던 웅범은 한 씨에게 설정의 해소증

이 폐병이며 위험한 전염병이라고 겁을 준다. 이 년 만에 집에 돌아온 영현은 한 씨의 성화에 부인도 보지 못하고, 동경에서 온 급전을 받고 그길로 집을 떠나 러일전쟁에 참전하게 된다. 영현이 집에 없는 동안 한 씨는 설정을 광나루에 억지로 피접 보내고, 새 혼처를 수소문한다. 영현은 휴가를 얻어 광나루에 가 있는 설정을 만나고, 반지를 주며 애틋한 마음을 전한다. 한편 윤 감역의 딸을 마음에 둔 한 씨는 영현이 부대에 복귀한 사이 설정을 친정으로 쫓아 보낸다. 설정은 영현이 해전 중 부상을 당했다는 호외를 보고 마음을 끓이는데 설정의 병이 악화되는 것을 걱정한 김 참판 내외는 영현이 죽었다고 속이고 설정과 함께 고향으로 내려간다. 러일전쟁이 끝나고 영현은 집으로 돌아오지만, 설정이 앓다가 죽었다는 한 씨의 거짓말에 망연할 뿐이다. 한 씨는 윤 감역의 딸과 재혼할 것을 권하지만 영현은 사양한다. 내각 서기국장이 된 영현은 금강산 구경을 갔다가 김 참판 집안의 사정을 알고 있던 친구 장영식을 만나 아내 설정과 재회한다.

【참고】 연세대 소장 동양서원본 표지에 '류화우 榴花雨'라고 표기되어 있다. 원작은 도쿠토미로카(德富蘆花)의 「不如歸(1898)」이다. 동일 원작이 조중환의 『불여귀(동경경성사서점1912)』, 선우일의 『두견성(보급서관1912)』, 김우진의 『유화우』로 잇달아 번안되었다. 김우진의 『유화우』는 여주인공의 죽음으로 마무리되는 원작과 달리 남녀주인공의 재회로 행복한 결말을 짓고 있다.

육선각/六仙閣

지송욱 저작발행. 신구서림1913(151면, 30전).

【내용】 경상남도 삼가군 신지면 창성동 사는 리호연은 과거를 보러 가던 중 우연히 이 진사의 동비 초월을 만나 그녀의 원통한 사연을 듣고 이를 도와준다. 초월이 호연을 섬기겠다고 하자 호연은 이를 허락하여 자신의 고향집으로 보낸다. 일행과 헤어져 홀로 서울로 가던 호연은 수원에서 시회를 연 기생 죽청과 하룻밤을 보낸다. 시회에 왔던 사람들이 호연과 죽청을 괘씸히 여겨 집에 불을 놓아 죽이려 하는 중에 두 사람은 홍죽심의 도움을 얻는다. 죽청과 죽심이 둘 다 호연을 섬기고자 하나 과거를 보러 가는 호연의 길을 방해할 수 없다며 남으로 내려가고, 호연은 서울로 올라온다. 서울에 올라온 호연은 이종형 영각의 집에 머물며 장원급제를 하면 혼사를 치르게 될 민 판서 댁 규수를 보고 싶어 한다. 호연은 거문고 타는 가인으로 변장하여 민 판서 댁 규수를 보게 된다. 민 판서 댁 규수 경희는 호연이 여장을 하고 자신을 염탐한 것을 괘씸해하다 란희의 도움을 받아 그를 놀려 주기로 계획한다. 미모의 란희가 선녀로 분장하고 유혹하자 호연은 그녀에게 반하여 첩으로 맞이

한다. 한편 호연의 고향집에는 초월, 죽청, 죽심이 찾아와 호연의 어머니를 뵙고 같이 있기를 청한다. 호연의 집에 절세미인이 세 명이나 내려왔다는 소식에 장원식이라는 부자가 이들을 탐하여 흉계를 꾸민다. 어느 날 밤 몰래 장가가 담을 넘어와 죽청을 욕보이려 할 때 죽심이 칼을 휘둘러 귀를 베고 쫓아낸다. 이후 세 부인은 조심하며 지내는데 이번에는 고을 군수가 나서서 남의 집 유부녀를 데려다가 팔아먹는다는 소문을 핑계로 안 부인과 죽청, 초월을 문초한다. 또한 군수는 죽청에게 수청을 들라며 괴롭힌다. 마침 호연이 고향에 내려와 풍비박산이 난 집을 돌아보고, 죽청 등을 구한다. 호연은 삼가로 내려온 민 판서와 함께 군수와 원식을 잡아들여 그 죄상을 묻고 5년 정배를 내린다. 임금이 호연의 다섯 부인에 대한 이야기를 듣고 이를 기려 '육선각'이라는 친필을 내린다.

【참고】 국립중앙도서관 소장 신구서림본 표지에 '新小說 신소셜 六仙閣 육션각', 본문 첫 장에 '新小說 六仙閣'이라고 표기되어 있다. 난외서명은 '륙션각'이다.

육의 영광(번)/肉의榮光: 돌로로사 작. 이고광 역. 영창서관1924(111면, 60전).

【내용】 원작 참조.

【참고】 원작은 돌로로사(Dolorosa)의 「라파엘라(Rafaela)」이며, 독일의 선정적인 통속물이다. 역자 '머리말'에 "나는 이 글(물논 일본말노 옴긴 것)을 다시 우리말노 옴길 때에"라고 하여 일역본의 중역임을 밝히고 있다. 田十一 역, 「肉の榮光(1923)」을 대본으로 추정할 수 있다. 일본에서 백여 판을 거듭한 인기물로 알려져 있다. 역자 李孤光의 본명은 李瑞求이다. '1.첫무대의 화형'부터 '10.웬수는 외나무다리에'까지 10개 장으로 목차가 구성되어 있다.

육혈포/륙혈포六穴砲: 안경호 작. 태화서관1930(74면).

【내용】 어재해는 아버지 어 승지가 죽은 후, 아버지의 첩이었던 방 씨를 성심성의껏 어머니로 모시고 산다. 그런데 방 씨와 방 씨의 소생 어재연은 어 승지가 물려준 재산을 가로채려고 재해와 그의 처 난옥을 못살게 군다. 계모와 이복형제의 등쌀을 견디지 못한 재해는 난옥을 친정으로 보내고 자신은 1년 동안 일본에 머무른다. 재연은 수구당의 우두머리이자 법부대신 겸 경무사인 김 대신의 아들 춘홍과 짜고 일본에 다녀온 재해를 감옥에 가둔다. 일본에 다녀온 경력을 개화당과 연루된 것으로 문제 삼은 것이다. 그리고 춘홍은 난옥에게 접근하여 자신의 후취가 되면 남편 재해의 형량을 감해 주겠다고 설득한다. 이에 난옥의 쌍둥이이자 남동생인 정인성은 여장을 하여 난옥 대신 춘홍의 집에 간다. 인성은 춘홍의 수청을 이런저런 핑계로 계속 거부하고, 춘홍은 인성을 달래고자 누이 경패를 인성의 방에 들여 말벗노릇을 하게 한다. 갑산 유배라는 재해의 형이 확정되자, 인성은 그동안 정을 나눈 경패와

함께 진관 홍국사로 도망한다. 한편 방 씨는 김천돌을 시켜 유배 가는 재해를 감시한다. 인성 역시 재해를 보호하기 위해 친구 한성과 함께 재해와 동행한다. 한성은 춘홍의 친구이기도 한데 춘홍의 행동을 못마땅하게 여겨 인성을 돕는다. 김천돌이 재해를 죽이려고 하자 한성은 춘홍에게 받은 육혈포를 가지고 김천돌의 넓적다리를 쏴 그의 행동을 저지한다. 김천돌은 부상당한 채로 서울로 돌아가고 그간 있었던 일이 경무사 김 대신의 귀에 들어간다. 김 대신은 아버지의 권세를 믿고 세도를 부린 아들 춘홍을 무기 정배에 처하고 무고한 재해를 해배시킨다. 그리고 인성과 딸 경패를 혼인시킨다. 이러한 김 대신의 처사에 사람들은 놀라면서도 환호를 보낸다.

【참고】 명지대 도서관 소장 태화서관본 표지에 '新小說 六穴胞 륙혈포', 본문 첫 장에 '신소설 六穴胞 륙혈포 安景濩 作'이라고 표기되어 있다. 수구당과 개화당의 정쟁(政爭)을 배경으로 혼사장애, 이복형제 간 다툼, 여장 남자의 모험 등 전대 소설의 서사가 펼쳐지고 있는 작품이다. 작품 말미에는 수구당의 우두머리인 법부대신이 잘못을 저지른 아들을 중형에 처할 정도로 엄정하고 공정한 판결을 한다는 점이 부각되어 있다.

윤심덕 일대기 /尹心悳一代記: 박철혼 편. 박문서관1927(62면, 30전).

【내용】 윤심덕은 여학교를 졸업하고 동경음악학교를 졸업한 뒤 조선으로 돌아와 성악가로 활동하는 미모의 여성이다. 그녀는 천성이 쾌활하고 총명한 데다 재능이 많아 뭇 청년의 사랑을 받지만, 자신에게 맞는 짝을 찾지 못해 자포자기하고 방종한 생활을 한다. 그러던 중 그녀는 김우진이란 청년을 만난다. 그는 목포의 백만장자 집안의 맏아들로, 동경 와세다 대학을 졸업하였으며 극에 관한 조예가 깊은 청년이다. 자유와 예술을 사랑하는 그는 신도덕을 주장하였으나 구시대적 윤리를 엄격히 따르는 가풍 때문에 예술적 이상을 실현하지 못하고 방황한다. 심덕과 우진은 서로 열렬히 사랑하지만, 우진에게 이미 처자가 있는지라 사회적으로 공인된 관계를 맺지 못한다. 예술과 사랑, 어느 쪽도 뜻대로 되지 않는 것에 절망한 두 사람은 정사하기로 결심한다. 그들은 관부연락선에 승선한 후, 바다에 투신하여 동반자살한다.

【참고】 당대 커다란 화제가 되었던 윤심덕과 김우진의 정사를 기록한 작품이다. 동덕여대 도서관 소장 박문서관본 표지에 '情死哀話 尹心悳一代記', 본문 첫 장에 '박철혼 편'이라고 표기되어 있다. 속표지에 윤심덕과 김우진의 사진이 있고, "현해의 몸을 던저서 정사를 한 윤심덕 양과 처자를 두고 윤양과 함께 정사한 김우진"이란 설명이 붙어 있다. 본문 맨 앞과 끝에 윤심덕이 부른 노래 「사의 찬미」 가사 전문을 반복하여 수록하고 있다. 윤심덕과 김우진의 신상 명세를 상세히 기록하고, 예술적, 사회적 활동 사항을 자세히 적었으며, 그들이 마지막으로 탄 배의 출항 시각과 유품 내역 등을 상세히 적는 등, 소설이라기보다는 실기에 가깝다. 한편 서술자가 개입하여 '김우진을 죽음으로 내몬 것은 완고한 집안의 무지한 압박과 부자유'라고 평하는 등, 예술적 재능을 보였던 두 사람이 자유로이 뜻을 펼치지 못했던 당시의 상황에 대해 안타까워하는 시선을 드러낸다.

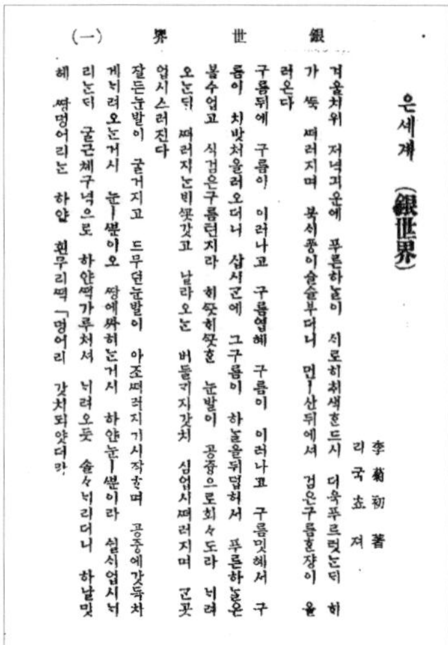

(一) 銀 世 界

은세계 (銀世界)

李菊初 著
리국쵸 져

겨울치위 저녁긔운에 푸른하늘이 서로히취색흔드시 더욱푸르럿는듸 히가 뚝 떠러지며 북시풍이솔솔부더니 먼ㅣ산뒤에셔 검은구름흔장이 올러온다

구름뒤에 구름이 이러나고 구름엽헤 구름이 이러나고 구름밋헤셔 구름이 치밧쳐올러오더니 삽시간에 그구름이 하늘을뒤덥허셔 푸른하늘은 볼수업고 식검은구름뿐이라 희뜻희뜻흔 눈발이 공중으로회々도라 닉려오는듸 떠러지는비쏫갓고 날라오는 버들기지갓치 심업시떠러지며 곤곳업시스러진다

잘든눈발이 굴거지고 드무던눈발이 아조떠러지기시작흐며 공중에갓득차게닉려오는거시 눈ㅣ뿐이오 쌍에싸히는거시 하얀눈ㅣ뿐이라 쉴시업시닉리는듸 굴근체구녁으로 하얀떡가루처셔 닉려오듯 솔々닉리더니 하날밋헤 쌍덩어리는 하얀 흰무리떡「덩어리 갓치되얏더라

은세계/銀世界: 이국초 작. 동문사1908(141면).

【내용】 최병도는 몰락양반으로 개화당에서 김옥균의 심복으로 일하여 그의 사상에 감복된인물이다. 귀향한 후 열심히 일하여 천석꾼의 지위를 획득한다. 그러나 강원감사인 정 씨는 부덕한 탐관오리로, 병도의 재물을 노려 그를 잡아들인다. 병도는 이에 굴하지 않고 강하게 항거하다가 옥살이를 하게 된다. 결국 물고를 당한 병도는 죽고 그 부인은 실성해 버린다. 병도의 딸 옥순과 유복자 옥남은 선친의 친구이며 재산 관리인인 김정수와 함께 도미 유학을 하게 된다. 갖은 고생 끝에 공부를 마치고 10여 년 만에 귀국한 남매는 어머니와 재회한다. 이때 거의 폐인이 되었던 어머니는 정신을 되찾고 이튿날 이들 세 가족이 부친의 명복을 빌러 절에 가는데, 마침 정부의 개혁에 반대하여 일어난 의병들과 마주쳐 그들에게 붙잡혀 간다.

【참고】 동문사본 상권 표지에 '新小說 銀世界 上卷', 본문 첫 장에 '은세계(銀世界) 李菊初 著 리국쵸 져'라고 표기되어 있다. 표지의 제목 '銀世界'는 각각의 글자를 '新', '演', '劇' 소활자로 집자하여 구성한 것이다. 구성상 전반부의 최병도 이야기와 후반부의 옥순, 옥남 남매 이야기의 이원적 구조를 취하고 있다. 후반부의 이야기는 완결되지 않았고, 하권은 발견되지 않는다. 부패한 봉건 지배층의 학정과 이에 항거하는 민중의 반항을 묘사하고 봉건체제 개혁을 위한 개화사상을 고취하는 정치소설이다. 표지의 집자를 통해 '신연극(新演劇)'임을 드러낸 바와 같이 실제로 1908년 11월 작자에 의해 원각사에서 상연되었으며, 다시 1914년 2월 혁신단에서 상연되었다는 기록이 있다. 작품 전반부의 내용은 실화를 바탕으로 창작된 판소리 「최병두 타령」을 근거로 하고 있다는 견해가 지배적이다.

은하에 흐르는 정열/은하에흐르는정렬銀河에흐르는情熱

작자미상. 세창서관1936.

【내용】 백 씨 가문의 장남 순영과 장 씨 가문의 외동딸 연숙은 동홍학교 학생으로 서로에게 호감을 갖고 있다. 백 씨 가문은 순영의 아버지가 죽은 이후 가세가 기울어 장 씨 집안에 많은 빚을 지고 있다. 연숙의 부친이 사윗감으로 점찍은 김인호는 순영의 조부 백 씨에게 빚을 받아내는 일을 담당한다. 순영은 아버지를 따라 교육 사업에 인생을 바쳐 많은 사람들에게 봉사하려는 꿈이 있다. 그러나 백 씨 가문의 소유였던 동홍학교 교사(校舍)는 장 씨에게 넘어가고, 장 씨가 건물을 팔아버리려 한다는 것을 안 순영은 근심이 끊이질 않는다. 연숙은 그런 순영을 안타까워하다가 동홍학교를 매각하지 않는 조건으로 인호와 결혼하겠다고 장 씨에게 제안한다. 그러나 장 씨는 학교 매각이 이미 돌이킬 수 없는 일이라고 한다. 병약했던 연숙의 몸은 깊은 고민으로 더 약해진다. 어느 날 연숙은 친구들과 등산을 갔다 떨어져

크게 다친다. 친구 정원에게서 급히 수혈을 받지만 회복되지 않고 끝내 연숙은 사망한다. 훗날 순영은 아이들을 가르치다가 문득 연숙을 생각한다.

【참고】 본문 첫 장에 '映畵小說 銀河에흐르는情熱', 본문 상단 난외에 '은하에흐르는정렬'이라고 표기되어 있다. 표지에는 '映畵小說 銀河의 흘으는 情熱'이라고 표기되어 있다. '서언'에서 제작 중에 있는 작품의 시나리오를 읽기 쉽게 소설로 옮겨 놓았다고 밝히고, "음악 반주의 효과를 주로 한 화면을 생각할 일"이라고 덧붙이고 있다. '△교회의 종루'처럼 이야기 단위의 배경을 그때마다 명시하고 있다. 당시 소설에 비해 장면 전환이 빠르며 작가의 개입이 적다. 「은하에 흐르는 정열」 또는 「은하에 흐르는 비상」이라는 제목으로 1935년 금강키네마가 제작하여 조선극장에서 개봉하였다는 기록이 있다. 서강대 소장 세창서관본을 텍스트로 내용을 정리했다.

은하작교/銀河鵲橋: 노익환 저작발행. 신구서림1932.

【내용】 승호리에 사는 부호 리 참서의 딸 월중선은 십삼 세에 부모를 여의고 시비 옥셤과 자매처럼 지낸다. 친척집에서 보통학교를 졸업한 월중선과 옥셤은 고등학교 입학을 앞둔 어느 날 배를 타고 구경을 나갔다가 양복을 입은 청년과 동석을 한다. 청년은 리 참서와 친분이 있던 김 주부의 아들 계몽이다. 계몽은 월중선과 옥셤의 아름다운 모습을 보고 관심을 갖지만 월중선은 계몽을 내외한다. 월중선이 배 멀미를 심하게 하자 계몽은 청심환을 꺼내 옥셤에게 전한다. 월중선은 청심환을 먹고 정신을 차리지만 갑자기 풍랑이 심해져 배가 흔들리는 바람에 다시 혼절하고 만다. 월중선을 돌보던 옥셤마저 몸을 가누지 못하자 계몽은 품에서 만병통치환을 꺼내 두 여인을 살린다. 닻이 부서지는 바람에 사공은 배를 근처 섬에 대고 계몽, 월중선, 옥셤 등은 배 안에서 하룻밤을 보낸다. 월중선은 꿈에 어머니가 나타나 자신을 어떤 청년에게 부탁하자 이를 이상히 여겨 옥셤에게 말한다. 옥셤은 자신도 비슷한 꿈을 꾸었다며 계몽과의 인연이 특별한 것 같다고 답한다. 한편, 사공과 함께 섬을 둘러보던 계몽은 해적 떼를 만나 붙잡히고 월중선과 옥셤도 해적왕의 집에 감금된다. 계몽은 기회를 노려 사공과 힘을 합쳐서 해적 떼를 소탕한다. 고향으로 무사히 돌아온 계몽과 월중선은 혼인하여 행복하게 살아간다.

【참고】 표지에 '銀河鵲橋 은하작교', 본문 첫 장에 '愛情小說 銀河鵲橋'라고 표기되어 있다. 특별한 인연으로 만난 남녀가 재난을 당하고 어려움을 극복한 후 결합하게 된다는 애정 중심 이야기가 전개되는 작품이다. 1932년에 초판이 발행되었으며 경상대 소장 1933년본(78면, 30전)을 텍스트로 내용을 정리했다. 이종린 작 『영산홍(성문사1914)』과 내용이 비슷하다.

을밀대/을밀듸乙密臺: 이민한 편집발행. 대창서원·보급서관1918.

【내용】 충청도 비인군에 사는 김양덕과 전 씨 부부는 금슬은 좋으나 후사가 없다. 김양덕은

사십이 넘은 후에야 남매를 두고 그 이름을 명옥과 학선이라고 짓는다. 그러던 어느 날, 김양덕의 집안은 큰 화를 입는다. 김양덕이 예전 평양 양덕의 군수로 있을 때 행한 판결로 인해 아버지를 잃은 치슌이 제 아버지의 잘못은 생각하지 않고 김양덕에게 앙심을 품어 해코지를 감행한 것이다. 치슌은 김양덕을 때려 혼절시킨 후 물에 던져 죽이고 그의 집에 불을 지른다. 온 집이 불에 탔으나 다행히 전 씨 부인과 남매는 목숨을 건진다. 명옥과 학션은 자라나 자기 아버지의 죽음과 관련된 사실을 알게 되자, 원수를 갚기 위해 어머니를 떠나 평양으로 간다. 명옥과 학션은 평양에서 퇴물 기생 평양댁의 꾐에 빠져 죽을 고비를 넘기는 등 갖은 고생을 하나 각각 혜암 대사와 강동 김 부자의 도움으로 살 길을 마련한다. 그러는 중 학션은 김 부자의 심부름을 하며 아버지의 원수 치슌이 사는 곳을 알아내고, 그를 찾아가 원수를 갚는 데 성공한다. 한편 혼절하여 물에 빠졌던 김양덕은 그곳을 지나던 상인의 도움으로 죽음을 면한다. 그는 상인과 더불어 몇 해를 지내다 가족을 찾기 위해 비인군에 갔으나 다 타버린 집터만 확인한다. 김양덕은 평양으로 돌아와 슬픔을 이기지 못하고 을밀대에 오른다. 그런데 마침 그때 명옥과 학션 그리고 전 씨 부인이 경치를 보고자 각각 을밀대를 오르고 있었다. 을밀대에서 온 가족은 재회의 기쁨을 나누고 강동으로 가 행복하게 산다.

【참고】 표지에 '新小說 乙密臺 을밀듸' 라고 표기되어 있다. 불의의 사고로 인해 가족이 이산했다가 다시 재회한다는 내용의 작품이다. 아버지의 원수를 갚기 위해 함께 길을 나섰다가 헤어진 동생을 생각하는 명옥의 모습이 작품 서두에 제시된 다음, 다시 과거로 돌아가 시간 순서대로 이야기가 전개된다. 독자의 흥미를 돋우기 위해 작품 내용의 절정에 해당되는 부분이 서사의 앞쪽에 배치한 결과이다. 1918년에 초판이 발행되었으며, 1921년 재판본(59면, 25전)을 텍스트로 내용을 정리했다.

을지문덕/乙支文德: 신채호 작. 광학서포1908(79면, 30전).

【내용】 내용 생략.

【참고】 국한문 혼용체 표기 작품이다. 신채호의 역사전기소설로 알려져 있으나 실제로는 논문에 가까운 문체이다. 국한문 광학서포본 본문 첫 장에 '大東四千載第一大偉人 乙支文德 無涯生 申采浩 著 邁堂 卞榮晩 閱' 이라고 표기되어 있다. 1908년 5월에는 국한문본, 7월에는 국문본으로 발간하였다. 안창호(安昌浩), 변영만(卞榮晩), 이기찬(李基燦) 등의 서문이 붙어 있는데, 당시의 영웅 출현을 염원하는 풍조와 함께 현실을 극복하려는 의지가 나타나 있다.

음빙실자유서(번)/飮氷室自由書

양계초 작. 전항기 역. 변형중 교열. 탑인사1908인쇄(240면, 55전).

【내용】 원작 참조.

【참고】 이 책은 중국의 변법자강론자 양계초의 저술 『飮氷室文集』 하권의 '談叢'을 국한문으로 풀어 쓴 것으로 책에서 저자는 사상의 자유, 언론의 자유, 출판의 자유 등이 포함된 표현의 자유를 주장하였다. 비교적 원문에 충실한 축자역이다. 본문 첫 장에 '飮氷室自由書 新會 梁任公 著'라고 표기되어 있다. 판권지에 '著作人 梁啓超', '飜譯人 全恒基', '校閱人 邊瑩中'이라고 표기되어 있다. 발행소 표기 없이 탑인사 인쇄로 발행되었다.

음양염나왕전: 작자미상. 유일서관1916(45전).

【내용】 미확인.

【참고】 단행본 원본 자료를 구할 수 없어 작품의 경개 및 세부 서지사항을 확인하지 못했다. 『단장록 하(유일서관·한성서관·청송당서점1916)』 및 이후 유일서관 발행 단행본 권말 판권지의 '新舊書籍目錄'에 '음양염나왕전'이라고 제목이 표기되어 있다.

의문/疑問: 강의영 저작발행. 영창서관(287면).

【내용】 봉천부에 사는 여도셩은 원래 조선의 유명한 양반 출신이다. 그에게는 외동딸 옥향이 있다. 마적 경쳔이 옥향에게 마음을 두고 일 년이 넘도록 구애를 하지만 뜻을 이루지 못하자 도셩 내외와 옥향을 납치한다. 순양함 비응호에서 근무하는 왕세웅이 옥향을 구출하는 데 성공하나 도셩 내외는 경쳔에게 목숨을 잃는다. 세웅은 고아가 된 옥향을 교육회장으로서 덕망이 높은 고덕현에게 맡긴다. 덕현에게는 림 부인, 숙자 등 두 명의 부인이 있다. 숙자는 첫째 부인 림 부인을 투기하여 그녀와 그녀의 아들 운붕을 죽이려고 하나 시동생 세현의 감시로 뜻을 이루지 못한다. 그래서 숙자는 세현에게 자신을 겁탈하려 했다는 누명을 씌운다. 육군 장교인 세현은 군법회의에 회부되고 사형을 언도받는다. 숙자는 운붕을 독살하고 자신의 죄상이 발각될 것을 두려워하여 도망한다. 이에 옥향은 하남성에서 변장을 하고 살아가는 숙자를 찾아내어 칼로 찔러 죽인다. 옥향은 살인죄로 붙잡히나 마침 그곳에 주둔하고 있던 세웅의 도움으로 위기에서 빠져나온다. 옥향을 구하다가 다리에 총을 맞은 세웅은 호북 독군의 외동딸 설자와, 누명을 벗고 다시 군인의 신분으로 돌아온 세현의 도움으로 무사히 자신의 함대로 돌아온다. 위험을 극복한 세웅과 옥향, 세현과 설자는 각각 배 위에서 결혼식을 올린다. 두 쌍의 남녀는 행복하게 결혼생활을 하는데 얼마 지나지 않아 풍파가 닥친다. 세웅이 옥향과 세현의 밀회를 목격하고 둘 사이를 의심하게 된 것이다. 의심은 점점 깊어지고 마침내 두 남녀의 관계가 모두 깨어져 뿔뿔이 흩어지고 만다. 세월이 흘러 세웅

과 옥향의 아들 중화는 우연히 세현과 설자의 딸 춘자와 만나 사랑에 빠진다. 설자는 중화의 아버지가 세웅이란 사실을 알고 두 사람의 결혼을 막는다. 그러는 중, 중화는 자신의 어머니 옥향을 죽이려 한 송월을 추적한다. 그러다 옥자라는 여인을 만나 사랑에 빠진다. 그리고 송월은 예전에 어머니 옥향이 죽인 줄로 알았던 숙자로 밝혀진다. 그동안 숙자는 옥향에게 앙심을 품고 변장을 하여 옥향의 부부 관계를 파탄 나게 하고 종내에는 옥향을 죽이려 한 것이다. 모든 오해가 풀리고 나서 중화는 춘자와 옥자를 부인으로 맞는다.

【참고】 본문 첫 장에 '戀愛悲劇 疑問'이라고 표기되어 있다. 두 쌍의 남녀가 우여곡절 끝에 결혼했다는 이야기와 그 이후 의처증 때문에 부부관계가 파탄으로 귀결되는 이야기가 장황하게 펼쳐지고 있다. 충남대 소장본을 텍스트로 내용을 정리하였으나, 판권지 낙장으로 정확한 발행 시기를 알 수 없다.

의문의 독사 사건(번)/疑問의毒死事件

원작미상. 김환태 번안. 조광1936.9-1937.3(7회 완).

【내용】 포목점 서기 안태선은 우연히 자신의 하숙집 근처에서 남자의 시체를 발견한다. 탐정 오마송이 사건을 맡고, 태선 또한 호기심으로 사건을 조사한다. 이들은 죽은 사내가 재산가 전세균의 외아들 창섭이며, 십여 년 전 행방불명되었다가 갑자기 나타났다는 것과 죽은 날 아침 미국 리바풀에서 론돈으로 온 사실을 밝혀낸다. 마송은 얼마 전 세균이 유서 없이 죽자 그의 전 재산이 제수인 심영숙에게 넘어간 사실을 떠올리고, 창섭의 죽음이 이와 무관하지 않음을 직감한다. 태선은 창섭의 알리바이를 조사하던 중 그가 죽기 전 조병칠 남작의 부인을 만났음을 알아낸다. 태선이 남작 부인을 추궁하자 그녀는 그 사실을 숨겨 달라며 그에게 돈을 준다. 태선은 신문에서 창섭이 다니던 미국 회사가 사건의 실마리를 제공하는 이에게 현상금을 준다고 광고한 기사를 본다. 마송은 미국 회사에서 파견된 한락도와 함께 사건을 조사한다. 이들은 남작 부인이 오래전 창섭과 결혼했던 사실을 숨기고 남작과 재혼한 것을 밝혀낸다. 그녀는 창섭이 회사일과 관련하여 남작과 만나려는 것을 알고 그에게 남편과 만나지 말아 달라고 부탁한다. 마송과 락도는 남작 부인이 단지 창섭과의 결혼 사실을 숨기려 했을 뿐 살인사건과는 무관하다고 결론짓는다. 태선은 미국 회사에서 내건 현상금을 받기 위해 계속 조사하던 중 창섭이 죽은 날 밤 정체불명의 여인을 만난 사실을 알아내 락도에게 알린다. 마송은 이 여인이 심영숙임을 밝히고 그녀의 행방을 추적한다.

【참고】 제목 앞에 '探偵小說'이라고 표기되어 있다. 런던을 배경으로 한 평범한 청년이 살인사건을 밝혀내는 과정을 그리고 있다. '김환태 飜案'으로 소개되고 있으나 원작은 확인되지 않았다.

의문의 사랑/疑問의사랑: 이소 편. 영창서관1931(60전).

【내용】 미확인.

【참고】 단행본 원본 자료를 찾을 수 없어 작품의 경개 및 세부 서지사항을 확인하지 못했다. 『운명의 진주(영창서관1931)』 권말 광고에 '二笑 編 疑問의사랑' 이라고 제목을 표기하고 "滿篇 에얼이인 愛慾情慾 참으로 젊은이의 가삼을 태울 대로 태우고야 말 참사랑의 集註編이다"로 시작하는 짧은 소개를 덧붙였다. 영창서관에서 펴낸 『신간도서목록』에도 '二笑 編 疑問의사랑' 이라고 표기되어 있다.

의문의 시체/의문의시톄疑問의屍體: 송완식 작. 영창서관1924(222면, 1원).

【내용】 서대문 밖 마을에 사는 태준식은 두 번째 부인 임국자와 갓난 아들 봉룡을 둔 실업가이다. 준식은 예전 처남이자 자신의 친구인 김규필이 변호사 개업을 준비하는 동안 자신의 집에 머물도록 배려한다. 준식의 집에는 동생 겸식도 와 있는데, 그는 하는 일 없이 빈둥거리는 인물이다. 어느 날 준식은 만취한 상태에서 사과를 먹다가 피를 토하고 죽는다. 사건을 맡은 뎡 형사는 연못에서 목이 잘린 시체를 발견하지만 증거와 주변 정황이 맞지 않아 사건은 미궁에 빠진다. 준식의 친족들은 모든 가산을 봉룡에게 위임하고, 겸식의 추천을 얻어 김규필을 후견인으로 정한다. 의원선거에 나간 규필은 겸식과 국자의 지원으로 당선된다. 몇 달 후, 송 형사는 남복을 한 수상한 여인의 뒤를 쫓다가 준식의 집에서 여인을 놓치고 만다. 송 형사는 근처 연못에서 8-9개월 된 아이의 시체를 발견하지만 역시 확실한 증거를 찾지 못한다. 규필과 국자를 이어 주려는 겸식에 의해 두 사람은 혼인식을 올린다. 사실 국자와 규필은 준식을 살해한 장본인들이다. 겸식은 국자가 쫓아낸 유모의 오라비로부터 형수의 행실을 듣고 규필과 국자를 의심한다. 규필은 뎡 형사가 자신을 계속 추적해 오자 그에게 누명을 씌워 파직하게 만든다. 그러나 뎡 형사는 송 형사의 도움으로 복직한다. 상황이 좋지 않게 되자 규필과 국자는 증거인멸을 위해 집을 태운다. 그러나 뎡 형사는 집터에서 해골을 발견하고 송 형사와 함께 규필과 국자를 잡아들여 자백을 받는다. 규필과 불륜의 관계에 있던 국자가 사과에 독을 타서 준식을 살해한 후 머리를 자른 것이다. 국자는 법정에서 난동을 부리다가 피투성이가 되어 목숨을 잃는다. 형의 원수를 갚은 겸식은 조카 봉룡을 데리고 인천으로 내려간다.

【참고】 국립중앙도서관 소장 영창서관본 표지에 '疑問의屍體 宋完植 作', 본문 첫 장에 '의문의시톄 「疑問의屍體」 송완식 작' 이라고 표기되어 있다. 모두 47장으로 분절되어 있고, 각 장에는 제목이 달려 있다. 본문의 상단 난외에 '가뎡소셜' 이라고 표기되어 있다. 추리소설의 형식을 띠고 있으면서도 범인이 결말부가 아닌, 중반부에서 미리 밝혀진다.

의인의 무덤/義人의墓: 최연택 저작발행. 문창사1926(35면, 20전).

【내용】 초나라 평왕 시절, 평왕이 어진 인재를 구한다는 말을 들은 좌백도는 초나라를 향해 길을 떠난다. 그는 도중에 양각애라는 사람을 만나 의형제를 맺는다. 두 사람은 함께 초나라로 향하는데, 길은 험하고 식량은 떨어진 데다 날씨마저 혹한이라 죽을 위기에 처한다. 백도는 자신을 희생하여 각애를 초나라로 보낸다. 초나라에 도착하여 벼슬자리에 오른 각애는 백도의 시체를 후히 장사지내 준다. 어느 날 그의 꿈에 백도가 나타나, 근처에 자객 형가의 무덤이 있어 그 귀신이 자신을 핍박하니 무덤을 옮겨 달라고 부탁한다. 각애는 형가의 무덤을 파헤치려 하지만 백성들이 형가를 신으로 모시고 있어 그만둔다. 대신 그는 자결하여 자기도 혼백이 되어 형가의 귀신을 몰아내기로 한다. 사람들은 각애를 백도의 무덤 곁에 장사지낸다. 다음 날, 형가의 무덤이 안에서부터 부서진 것이 발견된다. 이 소식을 들은 초왕은 각애의 의로움을 칭찬한다. / 조선 선조 때, 최경유는 다른 지방에 사는 친구의 병문안을 간다. 이때 일본군이 마을을 습격한다. 경유는 병든 친구 곁을 지키겠다고 하고, 친구와 그 아들은 경유에게 손님이니 어서 피신하라 이르다가 결국 일본군에게 모두 참살당한다. 후에 세 사람이 죽은 방에 세 줄기 대나무가 솟고, 백성들은 세 사람의 묘를 만들어 '삼의묘'라 칭한다.

【참고】 동덕여대 도서관 소장 문창사본을 텍스트로 내용을 정리했다. 표지에 '義人의 무덤', 본문 첫 장에 '義俠小說 義人의 墓 의인의 무덤'이라 표기되어 있다. '의로운 인물의 죽음'에 관해 전해 오는 두 편의 이야기를 기록한 작품이다. 단행본 처음부터 17면까지는 「의인의 무덤」이, 18면부터 끝까지는 이광수의 단편소설 「어린 희생」이 수록되어 있다.

의협의 아(번)/義俠의兒: 고유상 저작발행. 회동서관1926(86면).

【내용】 내용 생략.

【참고】 일본 도야마 대학(富山大學)에 소장된 작품이다. 의형제 노이불탈과 매불리의 정탐과 모험을 다룬 작품이다. 번역 혹은 번안 계열의 작품이다.

이대장전/리대장전李大將傳: 금화산인 작. 매일신보1927.9.3-11.23(73회 완).

【내용】 인조반정 이후 조선은 반청을 부르짖고 결국 병자년에 청병의 침입을 받는다. 인조는 남한산성에 들어가 농성하였으나 각지의 근왕병들이 패배하고 강화도가 함락되자 견디지 못하고 항복한다. 이때 수안군수로 있던 리완은 힘을 다해 적과 싸웠으나 중과부적으로 패배하고, 그 와중에 남한산성의 비보를 듣고 통곡한다. 임신년 경기도 양주에서 태어난 리완은 어려서부터 용모와 재주가 비상하여 인조 때에는 돌림병으로 죽은 일가족의 시체를

염해 달라는 귀신의 부탁을 들어준 기이한 일도 있었다. 리괄의 난이 일어나자 리완은 부친 리수일을 따라 종군하며 공을 세운다. 나이 스물여섯에 평남 영유현의 수령으로 부임하여 호병의 침입을 격퇴하고, 각종 송사를 해결한다. 숙천부사 시절에는 호장 용골대의 침입을 물리쳐 평안도 병마절도사를 제수받는다. 청과는 이때부터 수차례 충돌하는데 그는 지혜와 담력으로 위기를 수습한다. 남한산성의 치욕 이후 조선은 청을 섬기게 된다. 명의 잔병들이 준동하자 청은 출병을 요구하지만, 리완은 군사를 내고서도 명군과 내통하여 싸우는 척하면서 병력을 보존한다. 임금은 문관인 송시열, 무관인 리완 두 충신에게 의지하여 계책을 논하는데 리완은 복수를 위해서는 수군으로 심양과 요동을 쳐야 한다고 주장한다. 두 충신은 십 년을 기약하고 착실히 북벌을 준비하지만, 그 뜻을 펴기도 전에 효종이 승하하고 만다. 현종이 즉위하고 리완은 사직할 것을 임금에게 아뢰나 나라에서 허락하지 않는다. 어느 날 기인이라 불리는 허생을 찾아가 나라의 치욕을 씻을 방도를 묻자 허생이 세 가지 계책이 있다고 말한다. 세 가지 모두 실천하기 어렵다고 말하자, 허생이 그를 꾸짖으며 내쫓는다. 리완은 평생의 꿈이었던 북벌정책이 실은 어리석은 경륜에 지나지 않음을 깨닫고 한탄한다. 세월이 흘러 리완이 칠순이 되자 나라에서는 그에게 정승을 맡겨 마지막까지 진충보국하게 한다. 리완은 마지막 순간까지도 나라를 걱정하며 눈을 감는다.

連載小說豫告

본지수만독자의열렬한사랑을밧고잇든 본지삼면연재소설『靈의凱旋』은임의끗을 맛치엿슴으로 이뒤를니여리조긔걸리대장전(李朝奇傑李大將傳)을옴니며강호독자의 고평을빌고자함니다 이리대장전의주인공리완(李浣)은지금으로부터약삼백년전의인조(仁祖)시절에조선에태여나일세를풍미하든풍운아이엿스니나몸이어영대장(御營大將)의지위에잇서북벌(北伐)의책에당하얏섯슴으로 력사적실적이가히드럼즉

李朝奇傑 李大將傳 (近近揭載)

한사실이만음뿐안이라 그뢰락할달한성격이귀구한시대와합치하야 허다한뵈화괴담이모다듯는자의흥미를잇글지안음이업섯슴니다 허물며이우에작자의치밀한묘사와 표일한뉴장으로특히리완의일싱을두렷하야 삼빅년전의고사를오날의독자의안젼에방불케할것임니다

【참고】《매일신보》 연재 지면에 '李大將傳 金華山人 作'이라고 표기되어 있다. '金華山人'은 권구현의 필명이다. 1회 연재분에서는 '李朝奇傑李大將傳'이라는 제목으로 실렸으나, 이후 '李大將傳'이라는 제목으로 연재된다. 이 작품은 장군 '리완'의 일대기를 담고 있다. 본문의 말미에는 「허생전」의 후반부 즉 허생이 변 씨와 교분을 맺은 후 이완 대장을 만나는 부분이 그대로 실려 있다. 소설 속에 상세한 역사적 배경이 서술되고는 있으나 리완의 용맹함과 우국충정에 대한 서술이 좀더 두드러진다. 작가는 두 번의 시간 역전을 통해서 죽을 위기를 모면한 인물의 호탕함과 위태로운 나라를 구한 지혜를 강조한다.

이도애화(번)/二都哀話: 디킨스 작. 임학수 역. 조광사1941.

【내용】 루시는 의사인 아버지를 따라 프랑스에서 영국으로 건너간다. 런던에서 만난 청년 대니는 그녀를 사랑하는데, 실상 그는 루시의 아버지를 억울하게 옥살이시킨 프랑스 귀족의 조카였다. 프랑스의 잔인한 귀족 제도를 싫어하여 영국으로 와서 신분을 숨기고 있었던 것이다. 한편 주정뱅이 변호사 청년 카튼도 루시를 남몰래 사랑한다. 그는 대니에게 질투를 느끼지만, 대니가 프랑스 혁명정부에 의해 처형당하게 되자 자신이 사랑하는 루시의 행복

을 위해 대니 대신 죽는다.

【참고】 표지에 'CHARLES DICKENS 찰-스·디큰스 A TALE OF TWO CITIES 二都哀話 林學洙 譯' 이라고 표기되어 있다. 원작은 영국 작가 디킨스의 「두 도시 이야기(A Tale of Two Cities)」(1859)이며, 런던과 파리를 무대로 하여 한 여자를 사이에 둔 두 청년의 갈등과 희생 등을 그린 작품이다. 백석 역의 「테쓰(1940)」와 함께 조광사에서 기획한 世界名作長篇小說全集의 두 번째 책이다.

이별의 루/리별의루離別의涙: 루향 작. 세창서관1935.

【내용】 영남 밀양의 영남루 근처에 사는 백 진사의 외동딸 옥순과 이웃에 사는 최 진사의 외아들 영일은 서로 사랑하는 사이이다. 하지만 둘의 만남은 악독한 옥순의 계모 때문에 쉽사리 성사되지 않는다. 영일은 옥순이 그리울 때마다 퉁소를 불어 사랑의 마음을 전하고, 옥순은 영일의 퉁소 소리를 들으며 애달픈 마음을 달랜다. 그러던 어느 가을 밤, 영일은 사랑하는 옥순을 보기 위하여 월담했다가 옥순 계모의 소리에 놀라 허둥지둥 그곳을 빠져나온다. 한편 옥순의 계모는 담 밖에 떨어진 영일의 신발을 증거로 영일이 사십 원을 강탈하여 갔다고 거짓으로 경찰서에 신고한다. 이에 영일은 순사에게 잡혀가는 신세가 된다. 한편 백 진사가 병환으로 죽자 옥순의 계모는 일본 청부업자 삼정과 짜고 옥순을 팔아먹으려는 흉계를 꾸민다. 이때 우연히 문밖에서 그들의 이야기를 엿듣게 된 옥순은 집에서 빠져나와 한 여염집에 몸을 숨기고, 그 집 며느리를 따라 일본행 배에 오른다. 칠 년 후, 제사공장에 취직한 옥순은 자신을 탐하려는 일본 노동자들의 싸움에 휘말려 칼에 찔리는 부상을 당한다. 병원에 입원한 그녀는 뜻밖에도 그곳에서 의사가 되어 있는 영일을 만나고, 고국으로 돌아와 영일과 서울에서 혼인을 한다. 어느 날, 옥순은 죽기 전 용서를 구하는 계모의 편지를 받는다. 그녀는 영일의 배웅을 받으며 계모가 있는 고향으로 향한다.

【참고】 표지에 '悲劇小說 리별離別의루涙', 본문 첫 장에 '大悲劇 新小說 리별離別의눈물涙 涙香 作' 이라고 표기되어 있다. '루향(涙香) 작' 이라고 표기된 것으로 보아 쿠로이와 루이코(黑岩涙香)의 번안작일 가능성이 있다. 고려대 소장 세창서관본(1952, 73면)을 텍스트로 내용을 정리했다.

이봉빈전/리봉빈전李鳳彬傳: 김재덕 작. 경성서관1925(71면, 25전).

【내용】 무남독녀로 태어난 리봉빈은 친부모가 죽고 정혼자와의 결혼이 무산되자 가문의 위기를 피하고 복수를 꾀하고자 남자로 변신한다. 남복 개착한 봉빈은 과거에 급제하여 가문을 빛낼 뿐 아니라 어사의 딸과 결혼해 가정을 이룬다. 뿐만 아니라 강희를 귀양 보냄으로써 부모의 원수에게 복수한다. 봉빈은 수륙도장을 열어 넋을 위로하던 중 갑자기 나타난 여동에게 이끌려 선계로 가서 선관을 만난다. 선관은 호병과 약을 주어 부모를 다시 살리고 운기와 인연을 맺으라고 말한다. 용궁의 용왕은 죽은 이를 살린다는 구슬을 준다. 흉측한 괴물

을 만난 봉빈은 선관의 도움을 얻어 무사히 지상으로 돌아온다. 봉빈은 시부와 친부모를 살려내어 양가의 가문을 회복하고 운기와 결혼한다.

【참고】 표지에 '新小說 李鳳彬傳', 본문 첫 장에 '리봉빈젼'이라고 표기되어 있다. 판권지에 '著作者 金在悳'이라고 표기되어 있다. 고소설 「이봉빈전」의 국문 활자본 이본이다. 남장을 한 여성영웅 리봉빈이 고난에 대응하고 악인을 물리친다는 내용의 영웅군담소설이다. 비현실적인 요소와 환생체험이 주를 이룬다. 선악의 구도가 뚜렷하고 인과응보를 강조하고 있다. 계명문화사 간 영인본 『신소설전집』에는 경성서관 발행으로 표기된 판권지가 붙어 있으나, 실상은 대창서원 발행으로 보는 것이 온당하다는 견해가 있다. 소설의 말미에 "무삼 칙이든지 견지동 팔십 번디 뒤창서원으로 쥬문만ᄒᆞ시오"라는 선전 문구가 붙어 있다.

이상의 낙원/理想의樂園: 작자미상. 화광서림1931.

【내용】 미확인.

【참고】 단행본 원본 자료를 구할 수 없어 작품의 경개 및 세부 서지사항을 확인하지 못했다. 『무정한 동무(화광서림1931)』 권말 신소설 광고에 '戀愛悲劇 理想의樂園'이라고 제목이 표기되어 있다.

이상촌/理想村: 정연규 작. 계문사1921(98면, 50전).

【내용】 김대근은 불과 세 살 무렵 잠이 들어서 100년 만에 깨어난다. 대근은 한 역사가와 함께 낙원으로 바뀐 경성 거리를 거닌다. 경성의 거리는 전동차들이 질주하고, 하늘에는 온실처럼 드리워진 차양이 비를 막아 주며, 녹음이 짙어 아름답다. 그는 뛰어난 미모의 여인들을 만나는데 그들은 겉보기와는 달리 여든 혹은 아흔을 넘긴 노인들이다. 대근은 그들로부터 이 세상의 번민과 고민을 모두 안고 세상을 낙원으로 이끈 정 도령에 관한 이야기를 듣는다. 정 도령은 「혼」, 「표류단편」 등의 작품을 통해 열혈 애국주의자이자 남녀평등주의자의 혁명적인 면모를 보여 준 영웅이다. 대근은 「현대의 미」라는 연극을 보면서 꿈에서조차 죄악을 범해서는 안 된다고 생각한다. 그는 농부와 노동자가 서로 돕고 의지하는 사회가 바로 낙원이라는 것을 깨닫는다.

【참고】 연세대 도서관에 소장되어 있다. 표지에 '理想村 馬夫 作'이라고 표기되어 있다. 표지와 본문 마지막에 집필 날짜(1921.1.10-1.14)가 기록되어 있다. 작품 속에 제시된 「혼」은 작가가 1921년 발표한 작품의 제목과 같다. 작가는 소설의 서두에 실린 「一筆畵」라는 서문격의 짧은 산문을 통해 이상국 건설의 소망을 강조한다. 이 작품은 이상 국가를 희구하는 주인공이 꿈에서나마 생존경쟁과 약육강식의 사회가 아니라 개개인이 완전한 인격체로 살아가는 이상적인 촌락을 여행한다는 내용이다. 여기서 자유와 평등과 사랑이 어우러진 이상촌은 혁명적인 사회주의자가 꿈꾸는 공동체라고라고 말할 수 있다. '1.한강(漢江)'부터 '13.월야의 ᄋᆡ(月夜의 愛)'까지 목차가 나뉘어 있으나 각각의 항목은 단편이 아닌 장편소설의 장 구분으로 판단된다. 그러므로 이 책을 단편집으로 규정하는 일

부 기존의 견해는 수정될 필요가 있다.

이소보의 공전격언(번)/伊蘇普의空前格言

이솝 작. 송헌석 역. 보급서관1911(102면, 20전).

【내용】 원작 참조.

【참고】 표지에 '伊蘇普 原著 宋憲奭 增解譯述 伊蘇普의空前格言'이라고 표기되어 있다. '이솝우화' 67편을 선별하여 번역한 것이다. 中村德助 역 『新譯解說 伊蘇普物語附日本名士逸話(1909)』의 부분 중역이다.

이솝스 우화 초역(번)/이솝스寓話抄譯

이솝 작. 이형우 역. 대한유학생회학보1907.3.3-4.7.

【내용】 원작 참조.

【참고】 《大韓留學生會報》 제1호와 2호에 실린 작품이다. 역자 蒼々生(李亨雨)의 序에 "玆에 數節을 抄譯ᄒᆞ야 餘白을 塡ᄒᆞ노라"라고 밝히는 부분이 있다. 제1호에는 '狼과 仔羊', '鼠兒의 會議', '狐의 葡萄' 3편이 실려 있고, 제2호에는 '貪犬의 影', '蟻와 蟋蟀', '驢着獅皮' 3편이 실려 있다.

이순신 실기/리슌신실긔李舜臣實記

최찬식 작. 박문서관1925(68면, 30전) ; 영창서관·한흥서림1925.

【내용】 조선 인종 때 서울 건천동의 가난한 양반 리정의 셋째 아들 슌신이 태어난다. 어려서부터 용모가 비범하고 음성이 웅장한 슌신은 용맹과 기력이 좋아 여느 아이들과 다른 모습을 보인다. 슌신은 십삼 세에 권지훈련원 봉사를 시작으로 관직에 나간다. 이후 함경도 동구비보권관에 보직되고 건원보권관, 훈련원참군을 거쳐 사복사주부가 된다. 녹도둔전관을 겸임하던 슌신은 왜적의 침입에 대비하여 군사 지원을 요청하지만 거절당한다. 그러는 사이 오랑캐 무리가 대병을 거느리고 침입하고, 슌신은 부득이 후퇴를 하게 된다. 이를 계기로 슌신은 패군장이라는 오명을 쓰고 백의종군의 길을 걷는다. 그러나 슌신은 전라도 감사 리광의 추천으로 조방장과 선전관으로 복직되고, 이후 전라좌도수군절도사에 임명된다. 이 무렵 일본에서는 풍신수길이 전국을 통일하고 정권을 장악한다. 슌신은 곧 왜침이 있을 것을 대비하여 군비를 확충하는 데 힘쓴다. 곧이어 임진왜란이 터지고 부산과 동래가 함락되자 슌신은 전황을 면밀히 분석하고 전투태세에 돌입하여 왜적을 격파한다. 옥포해전에서 승리를 거둔 슌신은 거북선을 앞세워 당항포대첩과 한산도대첩을 연이어 승리로 이끈다.

그러나 순신의 지휘를 받던 원균의 모함과 왜군의 모략으로 순신은 옥에 갇힌다. 처형 직전에 순신은 우의정 정탁의 도움으로 간신히 목숨을 건지고 두 번째 백의종군을 하게 된다. 이후 순신은 명량해전에서 승리를 거두고, 노량에서 퇴각하는 왜적을 공격하던 중 적의 유탄에 맞아 숨을 거둔다. 순신의 묘가 충남 아산에 마련되고 충렬사가 세워진다. 이후 인조 시대에 충무공의 시호가 내려진다.

【참고】 고려대 도서관 소장 박문서관본 본문 첫 장에 '李舜臣實記 海東樵人崔瓚植 著'라고 표기되어 있다. 본문이 시작되기에 앞서 작가의 '셔언(緖言)'이 실려 있다. 작가는 이 글에서 "이 셰상에 인물이 생긴 후에는 쳔만고에 그 심지가 갓고 긔상이 갓고 지략이 갓고 츙렬이 갓고 말로가 갓튼 자는 다만 즁국의 제갈무후와 조션의 리츙무공 두 사람뿐"이라며, 이순신의 공훈을 널리 전하고자 이 작품을 쓰게 되었다고 밝히고 있다. 영웅의 일대기를 바탕으로 고난과 극복의 반복 및 변주로 구성되며, 고전영웅소설의 형식과 문체를 취하고 있다. 본문 말미에 '古代小說 忠武公李舜臣實記 終'이라고 표기되어 있다.

이십춘광/이십츈광二十春光

박만희 작. 대성서림1925(50면, 25전).

【내용】 중국 절강 땅 재상 징청은 벼슬을 버리고 가홍 땅으로 내려간다. 징청이 죽자 그의 딸 운아는 외숙부 외숙 엽공에게 몸을 의탁하였다가 우연히 황 공자를 보고 사랑을 느낀다. 황 공자에게는 오 한림의 딸 록균이라는 정혼녀가 있으나, 운아와 황 공자는 서로 사랑하게 된다. 갑작스레 외숙이 모함을 당하자 운아는 다른 곳으로 피신하고, 황 공자는 운아의 소식을 알기 위해 그녀를 따른다. 그는 전 이부상서 주겸의 집에 들어가 자신의 신분을 속이고 노복이 된다. 주겸이 자신의 아들 주 공자와 운아를 혼인시키려 하자 황 공자는 운아를 도피시킨 후 살인강도의 누명을 쓰고 관아로 잡혀 간다. 운아의 증언으로 황 공자는 누명을 벗지만 이번에는 양가 규수를 유인한 죄로 북녘 변방으로 유배를 간다. 주위의 도움으로 곤경을 벗어난 황 공자는 운아와 록균을 아내로 맞아 부귀영화를 누린다.

【참고】 표지와 본문 첫 장에 "戀愛小說 二十春光 이십츈광"이라고 표기되어 있다. 본문 첫 장에 '謙齋 朴萬熙 著'라고 작가가 표기되어 있다. 13회로 이루어진 장회체 소설이다.

이억만 원의 사랑(번)/二億萬圓의사랑

르블랑 작. 노춘성 역. 문언사1948(390면, 450원).

【내용】 원작 참조.

【참고】 상권 총 12장, 하권 총 9장으로 구분되어 있다. 207면부터 하권이 시작된다. 제목의 앞에 '長篇戀愛探偵小說' 이라고 표기되어 있다. 책에 원작이 무엇인지 명시되어 있지 않지만, 내용으로 보아 프랑스 작가 모리스 르블랑(Maurice Leblanc)의 「호랑이 이빨(Les Dents du Tigre)」(1921)의 번역본임을 알 수 있다. 保篠龍緖의 일역본 『虎の牙(1921)』을 중역한 것이라는 견해가 있다. 동일 원작의 번역으로 원동인의 「범의 어금니(1930)」가 있다.

이태리 건국 삼걸전1(번)/伊太利建國三傑傳

매리어트 작. 신채호 역술. 장지연 교열. 광학서포1907(94면, 30전).

【내용】 원작 참조.

【참고】 원작은 영국인 매리어트(J. A. R. Marriott)의 「The Makers of Modern Italy(1889)」이다. 표지에 '申采浩 譯述, 張志淵 校閱 伊太利建國三傑傳 大韓皇城廣學書舖發行' 이라고 표기되어 있다. '마찌니', '가리발디', '카부르' 등 세 인물의 사적을 통해 이탈리아 건국을 다루었다. 일본의 히라타히사시(平田久)가 원작을 저본 삼아 『伊太利建國三傑(1892)』을 역술하였고, 양계초는 일본 망명 시절 히라타의 번역본과 기타 자료들을 참조하여 『意大利建國三傑傳(1902)』을 역술하였다. 이 작품은 양계초의 역본을 저본으로 하여 번역한 것이다. 국한문 혼용체로 표기되어 있다.

이태리 건국 삼걸전2(번)/이태리건국삼걸전

매리어트 작. 주시경 역. 박문서관1908(121면, 25전).

【내용】 원작 참조.

【참고】 매리어트(J. A. R. Marriott)의 「The Makers of Modern Italy(1889)」의 순한글 번역본이다. 본문 첫 장에 '대한국 리현셕 번역' 이라고 표기되어 있다. 이것으로 보아 주시경과 함께 리현석도 번역 작업에 참여한 것으로 보인다. 신채호 역본과 비교할 때 중역 과정에는 큰 치이가 없어 보이지만 누락 부분 없이 원문에 충실한 번역으로 평가된다.

이태리 독립사(번)/意大利獨立史

마츠이히로키치 작. 김덕균 역. 일한도서인쇄주식회사1907(183면, 50전).

【내용】 원작 참조.

【참고】 본문 첫 장에 '意大利獨立史 韓國 金德均 演譯' 이라고 표기되어 있다. 1907년에 발행한 것으로, 의대리(意大利:이탈리아)의 독립사를 교육하기 위한 중등학교 교과서이다. 한덕(罕德)이 저술한 『意大利史』와 미가렬이(美哥列爾)가 저술한 『近世政治史』 그리고 가지아(呵志亞)가 저술한 『七週戰史』를

편역한 것이다. 이탈리아의 통일과 프로이센-오스트리아 전쟁, 베네치아 수복, 로마 합병 등 독립 통일의 전말을 기록하고 있다. 1895년 일본 박문관에서 출판된 마츠이히로키치(松井廣吉) 저 『伊太利獨立戰史』의 원문에 충실한 축자역이다.

이태리 소년(번)/伊太利少年: 데아미치스 작.

이보상 역. 강문환 교열. 중앙서관1908(64면).

【내용】 원작 참조.

【참고】《대한매일신보》 1908년 11월 12일자에 책 광고가 실려 있다. 데아미치스(Edmondo de Amicis)의 「쿠오레(Cuore)」(1886) 중 일부인 '엄마 찾아 삼만 리' 이야기의 번역이다. 번역 대본은 포천소(包天笑)의 『兒童修身之感情(1905)』이다. 표지에 '敎育小說 伊太利少年' 이라고 표기되어 있다. 국한문 표기이다. 이보상(李輔相)이 번역한 계몽소설이다. 이탈리아 소년이 어머니를 찾아 아메리카로 건너가 고난과 역경을 견딘 끝에 어머니를 찾는 줄거리이다. 학생들을 계몽하기 위한 목적으로 번역되었다. 동일 원작의 번안으로 이원규의 「어머니를 찾아 삼 천리(1947)」가 있다.

이팔청춘/이팔청춘二八靑春

강은형 저작발행. 대성서림1925(71면, 25전).

【내용】 만주 장사를 하는 스물한 살의 가난한 고학생 김영환은 어느 겨울 밤 우연히 길에서 돈 뭉치를 주웠다가 주인을 찾아 준다. 평양이 고향인 영환은 마음이 정직하고 성질이 온순한 인물로, 혈혈단신 서울에 와 고학으로 고등학교를 다니던 중 돈 뭉치의 주인 리원근과 만나 그와 의형제를 맺는다. 원근은 천성이 강직하고 얌전한 인물로, 우연한 주석에서 기생 리련홍을 보고 그녀의 외모와 재주를 아껴 그녀를 기적에서 빼준다. 한편 원근의 도움으로 고등학교를 마친 영환은 역시 그의 도움으로 상해 유학을 떠난다. 상해에서 영환은 괴한에게 겁탈당할 위기에 처한 한 여학생을 구해 준다. 그 여학생은 어린 시절 부친의 친구였던 리윤식의 딸 순자이다. 조실부모한 영환은 윤식의 보살핌을 받으며 그의 딸 순자와 더불어 자랐다. 윤식은 영환과 순자의 의좋은 모습을 보고 두 사람을 혼인시키고자 한다. 그러나 이후 미두에 빠져 가산을 탕진한 윤식은 순자에게 학업을 그만두고 평양 부자 류재식의 후처가 되기를 강권한다. 순자는 류가

에게 시집을 갔으나 영환을 생각하며 끝까지 정조를 지키다가 육 개월 후 그곳을 나온다. 그 후 모친이 갑자기 병을 얻어 죽자 장례 비용을 마련하기 위해 순자는 기생 련홍이 된다. 우연히 원근을 만나 그의 도움을 얻게 된 순자는 상해로 유학을 떠나 그곳에서 우연히 영환과 조우한 것이다. 순자가 돈 때문에 자신을 배반했다고 믿었던 영환은 원근으로부터 그녀의 사정 이야기를 모두 들은 후 그녀를 용서하고 성대한 혼례를 올린다.

【참고】 국립중앙도서관 소장 대성서림본 표지에 '新小說 二八靑春 이팔청춘', 본문 첫 장에 '新小說 二八靑春 이팔청춘'이라고 표기되어 있다. 가난한 청년 김영환이 은인의 도움으로 고난을 극복하는 성공담과 함께 순자라는 여성의 전락 과정과 그 극복담이 서사의 양 축을 이룬다. 현실적 어려움을 극복해 나가는 과정에서 두 인물이 겪는 애정 갈등이 묘사되어 있다. 애정 관계에서 돈의 문제가 부각되며, 여성의 정조 문제 또한 중요하게 거론된다.

이혼의 재판/리혼의재판離婚의裁判: 김연배 작. 한양서관1922(110면, 35전).

【내용】 어려서부터 총명했던 몽도는 부모의 자상한 관심에 힘입어 보통학교를 졸업하고 고등여학교에 다니고 있다. 몽도의 부친은 늦게 얻은 딸을 귀하게 여겨 구학문과 신학문을 아우르는 인재가 되도록 배려하는 한편 혼인 또한 개화 시세에 따라 성례하기를 원하고 있었다. 이에 비해 셔 승지는 가산이 넉넉하나 고루하고 완고한 봉건적 유습에 젖어 신사상과 신문물을 마땅치 않게 여긴다. 셔 승지의 아들 상룡은 아버지의 방침에 불만이지만 거역하지는 못하고 급기야 마음에 맞지 않는 조혼을 하기까지 한다. 상룡은 배우자가 마음에 들지 않아 1년여 동안이나 남과 다름없이 아내를 대하고, 겨우 허락을 얻어 다닐 수 있게 된 학교에서 신학문을 배운다. 각각 마음에 맞는 배우자를 찾지 못하여 고민하던 몽도와 상룡은 성균관 근처에서 우연히 만나고 마침내 몽도의 친척이자 상룡의 가정교사이던 리 진사의 주선으로 혼인을 약조하는 계약을 한다. 상룡은 아직 법적으로 혼인할 나이가 되지 못하였으므로 본처와는 혼인신고도 하지 않은 상태였다. 그러던 중 상룡의 본처가 친정으로 가서 이혼 소송을 내겠다는 통첩을 보내 오고 일이 번지기를 꺼린 셔 승지가 합의를 해 줌으로써 몽도와 상룡 두 사람의 결혼이 원만히 성사되기에 이른다.

【참고】 연세대 도서관 소장 한양서관본 표지에 '法律的小說 離婚의 裁判'이라고 표기되어 있다. 판권지에 '著作者 金演培'라고 표기되어 있다. 총 7개의 장으로 구성되었다. 혼인과 이혼에 관한 법률을 상세하게 서술하여 조혼 풍습 비판 및 근대적 혼인제도 계몽의 의도를 드러냈다. 남녀 주인공의 신분을 학생으로 설정하고 봉건적 유습에 물든 주변인물 군을 대조적으로 배치하여 근대 교육과 개화의 필요성을 간접적으로 표현했다. 그러나 남녀 주인공 역시 뚜렷한 근대적 자각에 의한 행동을 하지 못하고 있는 점이나, 작가의 직접 개입 부분에서도 나타나는 전근대적 의식, 발표 당대와 비교하여 볼 때 현저히 구소설 투에 가까운 문체 등은 한계로 지적될 만하다. 일본 서적 일본 법률 등을 자주 인용하여 뒤떨어진 조선의 실상을 냉소적으로 표현하는 부분이 적지 않게 발견된다.

이화몽/리화몽梨花夢:

지송욱 저작발행. 신구서림1914(123면, 30전) ; 성문사1918 ; 신구서림1923(87면, 25전).

【내용】 가세가 빈한한 김원성은 모친의 권유로 평양 군수인 외숙에게 자신의 혼수를 부탁하러 가지만 오히려 냉대만 당한다. 원성은 다시 집으로 돌아오는 길에 퇴기 이화를 우연히 만나게 된다. 이화는 원성의 인물됨을 알아보고 그가 십 년 동안 공부에만 전념할 수 있도록 도와주고, 원성은 산중 청암사에 들어가 공부에만 매진한다. 한편 십 년 동안 수절하며 원성을 기다리던 이화는 어느 날, 평양 군수의 외사촌 형인 전 제주목사 김 목사의 수청 요구를 받게 된다. 그녀는 원성에 대한 정절과 지조를 내세우며 김 목사의 수청 요구를 거절한 죄로 재산을 몰수당한 채 옥에 갇힌다. 한편 과거에 장원급제하여 암행어사가 된 원성은 당대 이조판서의 딸 이 씨와 가혼을 맺고, 이화가 있는 평양으로 향한다. 그는 그곳에서 처참한 몰골의 이화를 만나 그녀의 절개를 확인한다. 이튿날 원성은 어사 출도하여 김 목사를 꾸짖어 서울로 내쫓고 군수를 봉고파직 시킨 연후에 그녀를 부실로 삼는다. 한편 민정을 살피러 떠난 원성은 경기도 장단군 장승동의 한 마을에서 살인범으로 몰려 죽을 고비에 처하게 된다. 하지만 특차어사로 내려온 홍 판서의 수사로 진범이 잡힘에 따라 구명된 후에 홍 판서 집과 통내외하며 서로 세교를 이어간다.

【참고】 국립중앙도서관 소장 신구서림 1914년본의 표지에 '著作者 池松旭 梨花夢全 發行所 新舊書林', 본문 첫 장에 '梨花夢 리화몽'이라고 표기되어 있다. 초판이 1914년 신구서림에서 간행되었고, 이후 1918년 성문사(87면)를 거쳐 다시 4판이 1923년 신구서림(87면)에서 간행되었다. 재주가 뛰어나지만 가세가 빈한한 청년이 은인인 퇴기의 도움으로 출세한다는 내용을 담고 있다. 여기서 퇴기는 주인공의 은인이자 연애의 상대이다. 신작 구소설로 분류되는 이 작품은 고전소설 「춘향전」과 각종 구비 설화가 교차 수용되어 있다.

인가귀도(번)/引家歸道: **그리피스 작. 올링거 역. 정동예수교회당1894(79면).**

【내용】 원작 참조.

【참고】 원제는 「Leading the Family in the Right Way(1882)」이다. 중국의 리 선생이라는 인물의 가족이 기독교에 귀의하기까지 서로 주고받은 이야기를 담은 대화체 형식의 작품이다. '인가귀도'는 '가족을 이끌어(引家) 도에 돌아간다(歸道)'는 뜻의 기독교 용어이다. 주중(駐中) 영국인 선교사인 그리피스(Griffith John, 楊格非) 목사가 저술한 것을 미국 북감리교 선교사 올링거(F.Ohlinger, 武林吉)가 1892년에 우리말로 번역했다. 게일 선교사 부처(夫妻)가 번역하여 1895년에 출간한 『텬로력

명』보다 1년 앞서 출간된 우리나라 최초의 기독교 번역소설이다. 『(한국기독교박물관 소장)기독교 자료해제(2007)』를 참조하여 서지 및 참고사항을 정리하였다. 이 번역본은 현재 숭실대학 내 한국 기독교박물관에 소장되어 있다.

인간무정(번)/人間無情: 위고 작. 김광주 번안. 숭문사1949(334면, 700원).

【내용】 원작 참조.

【참고】 빅토르 위고(Victor Hugo)의 「레미제라블(Les Misérables)」(1862)을 金光洲가 번안하여 편찬한 책이다. 동일 원작의 번역 및 번안본으로 최남선의 「너 참 불쌍타(1914)」와 「ABC계(1910)」, 강소파의 「레미제라블(1946)」, 민우보의 「애사(1918)」, 홍난파의 「애사(1922)」와 「장발장의 설움(1923)」, 박계주의 「장발장(1948)」이 있다.

인간유정/人間有情: 신태삼 저작발행. 춘양사1934(56면).

【내용】 양평 신개리에 사는 김영환과 리정숙은 어릴 적부터 친하게 지낸다. 영환은 열여섯 살 되던 해에 부모를 유행병으로 잃고, 이후 정숙의 집에서 산다. 두 사람은 서로 깊이 사랑하지만, 동리에서 제일가는 부자 정 참봉이 정숙에게 음욕을 품는다. 정 참봉은 정숙의 부모에게 빚을 탕감해 줄 테니 딸을 첩으로 달라고 한다. 이 사실을 안 영환과 정숙은 몰래 달아난다. 우여곡절 끝에 영환은 서울로 가고, 정숙은 박 진사라는 사람의 집에 기거하게 된다. 영환은 길에서 우연히 정 참봉의 아들 경문을 만난다. 경문은 아버지와 달리 어질고 총명한 청년으로, 사정을 듣고는 영환을 자기 처소로 데려가 학교에 다니도록 도와준다. 경문과 영환, 그리고 두 사람의 친구 창식은 함께 공부를 하며 학업을 마치면 농촌 개량을 하겠다는 포부를 가진다. 한편 정숙은 박 진사의 딸 금주, 친구 영애와 친자매처럼 지내며 학업에 열중한다. 그러던 중, 정숙을 보고 필수라는 청년이 흑심을 품는다. 그는 우둔하고 방탕한 청년으로, 영애와 영애의 사촌오빠 영순을 이용하여 정숙을 유인한다. 그러나 영환, 경문, 창식이 현장에 우연히 나타나 필수의 계략은 수포로 돌아간다. 영환과 정숙은 재회하고, 필수는 눈물로 참회하며 사회에 공헌하겠다고 맹세한다. 한편 경문은 회개하라고 아버지를 설득하고, 정 참봉은 잘못을 뉘우치고 정숙의 집안을 돌봐 준다. 정 참봉은 영환과 정숙에게 혼인하라고 권하지만, 두 사람은 공부를 먼저 마치겠다고 한다.

【참고】 표지에 '戀愛悲劇 人間有情 인간유정', 본문 첫 장에 '人間有情 인간유정'이라고 표기되어 있다. 본문은 '一'부터 '八'까지 총 여덟 부분으로 나뉘어 있다. 등장인물의 말을 통해 학업의 필요성과 농촌 개량의 의지 등 계몽적 사상이 드러난다. 갈등 해결의 과정이 우연한 만남과 악인의 갑작스러운 개과천선 등 작위적인 요소에 의존하고 있다. 서강대 소장 세창서관본을 텍스트로 내용을 정리했고, 초판 발행 정보는 『장한애사(춘양사1934)』 뒷면 광고를 참조하였다.

인간의 눈물/인간의루人間의涙

홍병석 편집발행. 홍문서관1936(53면, 30전).

【내용】 상해 제자회사에 근무하던 하원근은 실직한 후 어린 처자를 데리고 서울로 나오지만 일자리를 구하지 못해 식량이 바닥나고 전기마저 끊기는 어려움을 겪는다. 그러던 차에 원근은 자신의 명령을 수행하면 매달 이백 원의 급여를 지불하겠다는 최문섭의 제의를 받고 망설이다 결국 이를 수락한다. 한편 삼청동 부호의 재정고문 변호사로 일하던 문섭은 그 집 미망인 황 씨로부터 만주에서 자란 먼 친척 조카 전덕술을 찾아 달라는 부탁을 받고 그의 행방을 수소문하던 중에 덕술이 만주에서 비적에게 살해당한 사실을 알아낸다. 그는 이를 이용하여 돈을 벌 요량으로 덕술과 얼굴이 비슷한 원근을 선발하여 사기를 계획한다. 문섭은 원근을 자신의 강화도 부근 별장에 데려다 놓고 덕술의 사진과 그에 관한 정보를 보여 주며 완벽히 변장할 것을 지시한다. 두 달 후 문섭은 황 씨에게 덕술을 찾아 데리고 간다는 편지를 보낸 다음 덕술로 위장한 원근을 황 씨 집에 들여보낸다. 한편 서울신문사 기자 김영근은 만주 출장 중에 비적에게 총살당한 덕술을 친구 원근으로 오인하여 원근의 아내 영자에게 원근이 죽었다는 편지를 보낸다. 이에 영자는 만주에 있는 덕술의 시신을 경성으로 운반하여 안장한 후 춘천으로 내려간다. 이때 원근이 황 씨 집에서 도망 나와 아내를 찾아가지만 아내가 친정으로 내려갔다는 소식을 듣고 낙망한다. 그리고 때마침 자신을 찾아온 문섭을 향하여 자기의 죄를 미망인 황 씨에게 모두 고백할 것이라 말하고 사라진다. 그 후 문섭은 재정고문직을 박탈당하고, 원근은 노동자가 되어 가족과 함께 행복한 생활을 한다는 소문이 황 씨의 집 주변 사람들로부터 퍼져나간다.

【참고】 서울대 도서관 소장 홍문서관본 표지에 '悲哀小說 人間의涙 인간의눈물'이라고 표기되어 있다. 부호의 미망인 재산을 가로채려는 악덕 변호사에게 고용되어 다른 사람의 거짓된 삶을 연기하며 살아가는 주인공의 서글픈 인생역정을 다루고 있다.

인도의 보물(번)/印度의寶物: 코난도일 작. 역자미상. 호남문화사1949.

【내용】 원작 참조.

【참고】 방인근 작 단행본 『放火殺人事件(호남문화사1949)』에 함께 수록되어 있다. 내용으로 보아 코난 도일(Conan Doyle)의 작품 「네 개의 서명(The Sign of Four)」(1890)을 번역한 것이지만, 저자와 역자에 대한 정보가 전혀 표기되어 있지 않다. 방인근이 번역했으리라는 근거 또한 찾을 수 없다.

인도인의 오막살이(번)/印度人의오막사리

생피에르 작. 박내영 역. 매일신보1926.10.3-11.14(7회 완).

【내용】 원작 참조.

日曜附錄

印度人의오막사리

상·피에르 作

朴乃永 譯

(一)

偶到釋王寺

感吟

小說 吳孝媛女史

【참고】 연재 지면에 '日曜附錄 印度人의오막사리 상·피에르 作 朴乃永 譯'이라고 표기되어 있으며, 일요일마다 게재되어 총 7회 연재되었다. 프랑스 작가 베르나르댕 드 생피에르(Bernardin de Saint Pierre)의 소설 「La Chaumière indienne(1790)」을 번역한 것이다. 영국 왕립학회의 권위 있는 철학자가 세계를 여행하던 중 폭풍우를 피하려고 어느 인도 천민의 집에 들렀다가, 집주인의 말을 통해 삶의 본질과 진리에 대한 가장 수준 높은 철학을 깨우친다는 내용이다. 과학을 기반으로 한 문명에 반대하고 목가적인 이상향을 꿈꾸는 작가의 사상이 반영되어 있는 작품이다.

인부의 사/人夫の死: 강의영 발행.

【내용】 미확인.

【참고】 단행본 원본 자료를 구할 수 없어 작품의 경개 및 세부 서지사항을 확인하지 못했다. 1933년 9월호 《조선출판경찰월보》 단행본 출판 금지 목록에 수록되어 있다. 출판 금지 사유는 치안 방해이다.

인생문답/人生問答: 발행인 미상.

【내용】 미확인.

【참고】 단행본 원본 자료를 구할 수 없어 작품의 경개 및 세부 서지사항을 확인하지 못했다. 1937년 7월호 《조선출판경찰월보》 단행본 출판 금지 목록에 수록되어 있다. 출판 금지 사유는 풍속 괴란이다.

인생여로: 신태삼 작. 세창서관1949.

【내용】 미확인.

【참고】 현재 단행본자료를 구할 수 없고, 작품에 대한 정보 또한 확인할 수 없다. '신태삼 작' 이라는 서지 정보 또한 당시의 딱지본 출판 관행 등으로 미루어 보면 사실이 아닐 가능성이 크다.

인육장사(번)/人肉장사: 엘리사베트 작. 이상수 역. 박문서관1923(222면, 1원).

【내용】 덴마크 코펜하겐에 살던 '하루마'라는 18세 소녀는 외국인 부호가 가정교사를 구한다는 말을 듣고 찾아간다. 그러나 광고를 낸 이들은 가정교사를 핑계로 소녀들을 모아 창녀로 팔아넘기는 국제적 범죄 집단이었다. 하루마는 온 유럽을 돌며 팔려 다니다 터키에서 한 청년 후작을 만난다. 후작은 하루마를 구하려 하나, 그가 잠시 자리를 비운 사이 과거 밀매조직과 관련이 있던 악덕 경관이 하루마를 발견하고 잡아간다. 경찰서에서 취조를 받던 하루마는 병이 들어 시립병원에서 사망하고, 연고자 없는 창녀로 분류되어 의대생들의 시체 해부 대상이 된다.

【참고】 유럽 물질문명의 암흑면에서 일어나는 인육무역상의 간책, 인육시장의 실상을 그려낸 작품이다. 원작은 노르웨이 작가 Elisabeth Schöyen의 「Den hvide Slavinde(1907)」이며, 窪田十一의 일역본 『人肉の市(1921)』의 중역이다.

인의 루/人의淚: 작자미상. 영창서관1933(30전).

【내용】 미확인.

【참고】 단행본 원본 자료를 구할 수 없어 작품의 경개 및 세부 서지사항을 확인하지 못했다. 『청춘의 한(영창서관·한흥서림·진흥서관1933)』 권말 판권지의 서적 광고에 '人의淚' 라고 제목이 표기되어 있다.

인정의 루/人情의淚: 월파 작. 영창서관1934(80전).

【내용】 미확인.

【참고】 단행본 원본 자료를 구할 수 없어 작품의 경개 및 세부 서지사항을 확인하지 못했다. 『쌍봉쟁화(영창서관·한흥서림1934)』 권말 판권지의 서적 광고에 '人情의淚' 라고 제목이 표기되어 있다. 영창서관에서 펴낸 『신간도서목록』에 '月坡 作 戀愛小說 人情의淚' 라고 표기되어 있다.

인조노동자(번)/人造勞働者: 차페크 작. 박영희 역. 개벽1925.2-5(4회 완).

【내용】 원작 참조.

【참고】 연재 지면에 '人造勞働者(全四幕) 채펵크 作 朴英熙 譯'이라고 표기되어 있다. 체코 작가 카렐 차페크(Karel Capek)의 희곡 「R.U.R(Rossum's Universal Robots)」(1920)을 번역한 작품이다. 1회 연재분 서두에 원작 및 원작자에 대한 간략한 소개가 있으며, 이 작품에서 처음 사용된 '로봇'이란 용어에 대해서도 언급하고 있다. 《개벽》 1925년 5월호 연재분 끝에 '人造勞働者 完結'이라고 표기하고 있다. 번역자인 박영희가 계급주의 문인의 일원이었고, 원제를 그대로 옮긴 것이 아니라 '노동자'를 강조하는 「인조노동자」로 제목을 바꾼 점 등을 들어, 이 작품이 식민지 조선에서 착취당하는 노동자들의 각성을 촉구하는 박영희의 문학적 사상을 우회적으로 표현한 것이라고 보는 견해가 있다. 동일 원작의 번역으로 이광수의 「인조인(1923)」이 있다.

인조인(번)/人造人: 차페크 작. 이광수 역술. 동명1923.4.

【내용】 원작 참조.

【참고】 체코의 작가 카렐 차페크의 희곡 「R.U.R(Rossum's Universal Robots)」에 대한 간략한 설명과 함께 4막의 줄거리를 요약해서 소개하고 있다. 인간의 일을 대신시키기 위해 창조했던 로봇의 반란으로 결국 인류 스스로 멸망에 이르게 된다는 내용이다. '로봇'이라는 단어가 최초로 쓰인 작품으로 체코어로 강제노동을 뜻하는 '로보타'에서 글자를 따서 만들었다고 전해진다. 원작은 1921년 초에 프라하 국립극장에서 초연되었다. 박영희가 《개벽》(1925.2-5)에 「인조노동자」라는 제목으로 4막에 걸쳐 완역하였다. 김우진도 동경 축지소극장에서 올린 공연을 본 후 '「인조인간」을 보고'라는 제목으로 《개벽》(1926.8)에 연극 평을 실었다. 동일 원작의 번역으로 박영희의 「인조노동자(1925)」가 있다.

인향전/仁香傳: 노익형 저작발행. 박문서관1938(46면, 25전).

【내용】 평안도 안주성에 사는 김석곡은 장남 인형과 두 딸 인향, 인함을 두고 있다. 부인 왕 씨가 병을 얻어 죽은 후 실의에 빠져 지내던 석곡은 딸들의 권유로 둘째 부인 정 씨를 얻는다. 열여덟 살의 정 씨는 절세미인이나 성격이 간교하고 시기 질투심이 많다. 반 년이 지난 후 딸을 낳은 정 씨는 좌수인 석곡이 한 달에 한두 번씩 집에 들어오자 아이들을 구박하기 시작한다. 그러던 어느 날 정 씨는 지나가던 한 노파로부터 돌메밀로 떡을 해먹이고, 큰 구렁이를 구워 먹이면 마치 애를 밴 것처럼 보인다는 말을 듣고, 음식을 해서 인향에게 먹인다. 인향은 한 마을에 사는 유성윤과 통혼하나 성윤은 과거를 치르기 위해 서울로 떠난다. 석곡은 성윤의 과거 급제 소식을 듣고 기뻐하나 딸의 짙어진 병색을 보고 걱정한다. 정 씨는 인향의 처소에 남자가 드나드는 것 같다며 모함한다. 석곡은 딸이 외간남자의 애를 밴 줄

알고 대로한다. 인향은 억울함을 호소하나 석곡은 인형에게 누이를 심청동 연못에 던지라 명한다. 인형은 누이를 살리려고 하나 인향이 자진하여 물에 빠져 죽는다. 인향이 죽었다는 소식에 인함 또한 연못에 몸을 던진다. 석곡은 두 딸을 잃은 슬픔에 병을 얻어 죽는다. 그날 이후 심청동 연못에 인향과 인함 자매의 원곡 소리가 끊이지 않는다. 마을로 내려오는 원님마다 두 자매의 원혼을 보고 죽어 나간다. 그러던 중 새로 내려온 부사가 인향과 인함 자매의 애원을 듣고 정 씨 일당을 잡아들여 원한을 풀어 준다. 한편 성윤은 인향의 억울한 죽음을 슬퍼하며 위령제를 올린다. 인향의 원혼이 성윤의 정성에 감복하며 자신을 재생시킬 수 있는 영약을 놓고 간다. 성윤이 영약을 인향과 인함의 시체에 먹여 소생시킨다. 성윤과 인향은 결혼하여 행복하게 살아간다.

【참고】 연세대 도서관 소장 박문서관본 표지에 '新小說 九死一生 仁香傳 인향전', 본문 첫 장에 '비극소설 인향전'이라고 표기되어 있다. 작품 뒤에 개와 고양이에 관한 짧은 우화가 붙어 있다. 고소설 「김인향전」을 저본으로 한 작품이다. 「김인향전」은 「장화홍련전」과 더불어 '계모형' 가정비극 소설의 대표작으로 평가된다. 작품의 구조는 「장화홍련전」과 흡사하나 인향이 누명을 벗기 위해 스스로 죽음을 택하며, 죽은 인향이 성윤의 도움으로 재생하는 전기적 내용 등이 차별성을 띤다.

此脚本은저 諸威의文豪헨리크・입센先生의原作으로今日世界에셔婦人問題의聖書라고서지일커르는것이오또高級藝術의作品으로譯者가今般『新女子』社의依囑을

脚本 人形의家

梁白華 朴桂岡 合譯

받아譯述하얏든것이라 本紙一面에發表하는것이라 本社에셔는來月頃부터揭載하기로하얏는바讀者諸賢은此를諒하라

인형의 가1(번)/人形의家

입센 작. 백화·계강 합역. 매일신보1921.1.25-4.3(60회 완).

【내용】 원작 참조.

【참고】 원작은 입센(Henrik Johan Ibsen)의 「인형의 집(Et Dukkehjem」(1879)이다. 연재 지면에 '脚本 人形의家 白華·桂岡 合譯'이라고 표기되어 있다. 백화 양건식과 함께 번역에 참여한 공역자 桂岡에 대해서는 알려진 정보가 없는 상태이다. 총 3막으로 구성되어 있으며, 연재 횟수는 1막(22회), 2막(19회), 3막(19회)으로 모두 60회이다. 연재 마지막 회인 3막의 19회에 '羅惠錫 作歌 金永煥 作曲'의 노래가 실려 있다.

인형의 가2(번)/人形의家: **입센 작. 이상수 역. 한성도서주식회사1922(149면, 18전).**

【내용】 원작 참조.

【참고】 원작은 입센의 「인형의 집」이다. 표지에 '人形의家 헨릭·이브센 原著 李相壽 譯'이라고 표기되어 있다. 본문 앞의 '머리말'에서 작품의 당대적 의의에 대해 설명하고, 작가와 작품에 대한 간략한 설명을 덧붙이고 있다. 머리말의 끝에 '千九百二十一年十月 釋王寺에서 갓별 識'라고 하여 번역시기를 밝히고 있다. 1925년 9월의 조선배우학교 공연 기록을 확인할 수 있다.

인형의 집1(번)/人形의집: 입센 작. 박용철 역. 동광당서점1940.

【내용】 원작 참조.

【참고】 시문학사 편집 『박용철전집 제2권(동광당서점1940)』 제Ⅳ부 '희곡편'의 375-519면에 실려 있다. '劇藝術硏究會-第六回公演臺本-昭和九年四月十二·十三日 於公會堂上演' 이라고 공연 기록이 표기되어 있다. 원작은 입센의 희곡 「인형의 집」이다.

인형의 집2(번)/人形의집: 입센 작. 허집 역. 조선공업문화사출판부1949(171면).

【내용】 원작 참조.

【참고】 원작은 입센의 「인형의 집」이다. 표지에 '잎센 著 許執 譯 人形의집' 이라고 표기되어 있다. 역자는 머리말에서 '불란서판'을 토대로 할 수 없어 세계근대문학 영어판과 일본어판 3종을 참고로 번역한 사정을 설명하고 있다. 또한 실제로 무대에서 상연될 때 관객들의 구미에 맞도록 윤색을 한 것과 우리의 생활을 토대로 하고 외국 풍속과 습관을 적당하게 가미하여 직역보다는 의역에 힘썼다는 점을 밝히고 있다.

일념홍/一捻紅: 일학산인 작. 대한일보1906.1.23-2.18(16회).

【내용】 낙양성 동쪽에서 자식 없이 살아가던 한 노파는 어느 날 큰 자목련 꽃이 자신의 품 안으로 들어오는 태몽을 꾼다. 이로부터 열 달 뒤 여자아이를 낳은 노파는 그 아이의 이름을 일념홍이라 짓는다. 친모의 갑작스러운 죽음으로 고아가 된 일념홍은 절의 주지 완운에 의해 양육되다가 교방으로 팔려 가는 신세가 된다. 홍랑이라는 기명을 갖게 된 그녀는 거문고를 익혀 고수가 되고, 우연히 거문고 소리를 듣고 찾아온 이정이라는 준수한 청년과 사랑에 빠진다. 한편 일념홍의 미모에 반한 악덕 대관은 심복과 결탁하여 그녀를 납치하려다가 뜻을 이루지 못하자, 이정의 집에 가짜 서류를 몰래 넣어 두고는 이를 빌미로 이정이 반역을 꾀하고 있다고 경무청에 밀고한다. 이정은 구속되어 처형될 위기에 놓인다. 이때 의형제를 맺은 일본인 술객에 의해 이정의 사정을 알게 된 일본 공사는 대관을 꾸짖은 뒤 임금에게 상소하여 이정이 특사로 풀려나도록 도와준다. 이후 일본 공사는 일념홍과 이정을 일본 여학교와 일본 사관학교에 입학시킨다. 해군대학을 졸업한 이정은 러일전쟁에 참가해 큰 공을 세우고, 일념홍은 여학교를 졸업하고 유럽과 미국에서 유학을 마친 후 이정을 만나 함께 고국으로 돌아온다. 한편 대관은 옥련을 취하려던 자신의 계획이 일본공사에 의해 수포로 돌아가자 배일감정을 품고 러시아 공사와 비밀 접촉을 하다 발각되어 1년 형을 마치고 출옥한다. 그러다 일진회 회원을 죽인 죄로 평리원에 수감되어 재판을 받고 결국 교수형에 처해진다. 이정과 일념홍은 귀국 후 일본 공사를 찾아 사은숙배하고, 이후 두 사람은 사회사업과

경제와 교육 등의 실업에 더욱 공헌한다.

【참고】 회장체로 짜여진 국한문 혼용체 소설로서 한문에 국문토를 단 현토 한문소설이다. 한문체의 문장, 회장체 형식, 전생 설화 등 소설 형식에 있어서는 고소설적인 요소가, 주제적·제재적 요소에 있어서는 새로운 시대상을 제시하려는 신소설적인 성격이 드러나고 있다. 전체가 16회인 이 소설은 일본 공사가 서사의 주인공으로 등장하는 8회를 기점으로 전반부와 후반부의 서사 전개가 달라지는 양상을 보여 준다. 일본 공사의 등장 이후부터는 소설의 내용과 성격이 현격하게 친일적 성향을 드러내고 있다. 당시 조정의 부패한 관리인 대관을 악인으로, 일본 공사는 선인으로 설정하고 주인공을 돕는 조력자로 일본 공사를 등장시킨 점, 모든 사건이 일본 공사에 의해 해결되는 구조를 취하고 있는 점, 일본인의 긍정적 측면을 적극 부각하고 있는 점 등에서 친일적 성향이 드러난다.

일당백/一當百

윤용섭 저작발행. 세창서관1930(89면, 30전).

【내용】 강가에서 뱃놀이를 하던 강윤삼은 우연히 빈 배에 쓰러져 있는 친구 한봉식을 구원한다. 일어난 봉식은 윤삼에게 외척 김 판서의 집에 가던 도중에 아내를 해적에게 빼앗기고 자신은 정신을 잃었노라고 전한다. 김 판서의 집을 찾아가던 두 사람은 길에서 만난 포교로부터 김 판서가 역률로 몰려 그와 가까운 시흥현감 남두승이 방금 체포되었다는 사실을 전해 듣는다. 한편 림경덕은 숲 속에 쓰러져 있는 누이를 구하기 위해 동분서주하다 우연히 만난 윤삼과 봉식에게 도움을 요청한다. 봉식은 갖고 있던 환약으로 쓰러진 경선의 누이 림씨 부인을 살리고, 윤삼은 남두승 외가 채 감역 집을 찾아 두승의 아내 림 씨의 소식을 전해 준다. 얼마 후, 윤삼과 봉식은 무량사에 있는 사촌 동생 칠복에게 편지를 전해 달라는 경선 처의 부탁을 받고 떠난다. 한편 경선은 처와 누이 림 씨를 황소 등에 태우고 서천으로 향하다 황소가 갑자기 달아나는 바람에 두 여인과 헤어진다. 그는 처와 누이의 행방을 수소문하다 만난 해적에게 붙들려 소굴에 끌려오게 되는데, 그곳에서 해적 괴수로 있던 친형 림경덕을 만난다. 경덕은 선악으로 나뉜 형제의 운명을 개탄한 후에 모든 사람을 풀어 주는 것으로 자신의 죄를 참회한다. 경선은 잡혀와 있던 봉식의 부인 박 씨와 함께 배를 타고 서천으로 향한다. 한편 무량사에서 칠복을 만난 윤삼과 봉식은 경선 처의 편지를 전해 주고, 칠복은 이들과 홍산 읍내에 나왔다가 소에 이끌려 그곳까지 오게 된 경선 처와 재회한다. 윤삼 일행은 두 여인과 서천으로 향하였다가 그곳에 도착해 있던 경선 일행과 조우한다. 한편 역률로 몰렸던 김 판서의 무고함이 밝혀짐에 따라 두승은 복권되고, 봉식은 김 판서의 천거로 충청도 홍산 현감에 제수된다. 윤삼은 다시 강가에 나가 뱃놀이를 즐긴다.

【참고】 서울대 도서관 소장 세창서관본 본문 첫 장에 '義俠小說 一當百'이라고 표기되어 있다. 정의감 있고 의협심이 많은 남주인공이 각처를 다니며 뜻밖의 상황으로 위기에 처한 인물들을 적극적으로 구원해 내는 이야기를 다루고 있다. 흥미 위주의 삽화 구성과 고정된 성격 묘사로 인해 사건의 전개가 산만하고 인과관계의 개연성이 부족하다.

일대명장 정충신/일대명장뎡충신一代名將鄭忠信

작자미상. 회동서관1927(73면).

【내용】 조선 선조대왕 시절, 전라도 광주 좌수 정륜은 어느 날 밤 향창 앞에 있는 남산과 향청 뒤에 잇는 북산의 가운데가 갈라지며 백호와 청룡이 나와 달려드는 꿈을 꾼다. 뜰을 거닐던 정 좌수는 같은 꿈을 꾼 비자에게 동하여 합방하게 되었다가 후일 아들 금남을 얻는다. 어려서부터 총명했던 금남은 임진왜란 중에 광주목사 권율의 통인으로 활동하며 권율의 장계를 의주 행재소에 전달하는 공을 세운다. 임란 후 전략적 요충지인 평안도 안주 우후로 제수된 금남은 재상의 서녀를 소실로 삼아 임지로 향한다. 어느 날 그는 명나라 사신 영등의 횡포로 위기에 빠진 평안감사의 구원 요청을 받는다. 평양에 도착한 금남은 은 이만 냥을 요구하는 사신을 혼내 주기 위해 평양 성내에 세 발의 대포 소리가 울려 퍼지게 한다. 깜짝 놀란 영등이 감사와 금남을 찾아 그 까닭을 물으니 금남은 사신의 명을 따를 수 없어 함께 죽는 길을 택하였다고 말한다. 얼마 후 명나라 사신이 금남에게 목숨을 구걸하고 도망갔다는 소문과 그의 지략을 칭송하는 노래가 평양 성내에 퍼진다. 후일 금남은 인조반정 때 도원수 장만을 도와 한양을 회복하는 데 큰 공을 세워 중흥의 원훈이 된다.

【참고】 영남대 도서관 소장 회동서관본 표지에 '일대명장 뎡충신', 본문 첫 장에 '일대명장 정충신 一代名將 鄭忠信'이라고 표기되어 있다. 서고청, 송익필과 함께 조선 시대 삼노(三奴)의 명인으로 일컬어지는 충신 정금남(1576-1636)의 출생담과 활약상을 다루고 있다. 1936년 성문당서점에서 발행한 『청룡백호』와 내용이 대동소이하다.

일륜명월/一輪明月: 작자미상. 박문서관1923.

【내용】 미확인.

【참고】 단행본 원본 자료를 구할 수 없어 작품의 경개 및 세부 서지사항을 확인하지 못했다. 『박씨부인전(박문서관1923)』 권말 신소설 광고에 "神秘小說 一輪明月"이라고 제목이 표기되어 있다.

일리아드1(번)/일리앗드: 호메로스 작. 심향산인 역. 조선일보1929.10.3-8(5회 완).

【내용】 원작 참조.

泰西名作梗槪

일리앗드 (5)

心鄕山人

【참고】 심향산인(心鄕山人)이 《조선일보》에 연재한 '泰西名作梗槪'의 첫 회를 장식한 작품이다. 역자는 '태서명작경개 1-5회'까지 전 5회에 걸쳐 그리스 서사시인 호메로스의 「일리아드」를 요약하여 줄거리를 소개하고, "희랍의 대시인(大詩人) 호메로스가 지은 것"이라는 설명을 덧붙이고 있다.

일리아드2(번)

호메로스 작. 임학수 역. 학예사1940(상권: 308면, 2원) ; 학예사1941(하권: 328면, 2원).

【내용】 원작 참조.

【참고】 원작은 고대 희랍의 호메로스가 지었다고 전해지는 영웅서사시 「일리아드」이다. 林學洙의 번역으로 그 대본은 알려져 있지 않으나, 영역본과의 비교를 통해 볼 때 완역이 시도된 책임을 알 수 있다. 상권과 하권에 각각 원작의 제1-12권, 제13-24권이 번역되어 실려 있다.

일리아드 이야기(번)/이리앳드이야기

호메로스 작. 노자영 역. 신생활사1923(86면, 70전).

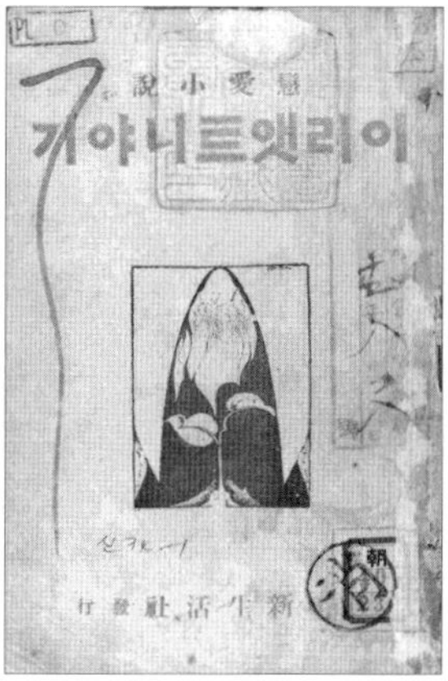

【내용】 원작 참조.

【참고】 국립중앙도서관 소장 신생활사본 표지에 '戀愛小說 이리앳트니야기', 본문 첫 장에 '이리앳드이야기'라고 표기되어 있다. 판권지에 '著作者 盧子泳'이라고 표기되어 있으나, 이 책을 번역본으로, 노자영을 번역자로 본다면 고대 희랍의 시인 호메로스의 영웅 서사시 「일리아드」를 원작으로 간주해야 할 것이다. 본문 앞에 12장으로 구분된 목차가 수록되어 있다.

일만 구천 방(번)/一萬九千磅: 들라누아 작. 김교제 역. 동양서원1913.

【내용】 원작 참조.

【참고】 영국 탐정소설인 버포드 들라누아(Burford Delannoy)의 「£19,000(1900)」를 김교제가 축

약 의역한 작품이다. 치과의사와 외과의사 형제가 거액의 상속 재산을 둘러싸고 벌어진 사기취재(詐欺取材)와 살인 사건에 휩쓸리는 이야기이다. 원본을 구할 수 없어 박진영, 『한국의 근대 번역 및 번안 소설사 연구(연세대박사논문2010)』을 참조하여 서지 및 참고를 작성했다.

일목장군/一目將軍: 작자미상. 화광서림1931.

【내용】 미확인.

【참고】 단행본 원본 자료를 구할 수 없어 작품의 경개 및 세부 서지사항을 확인하지 못했다. 『무정한 동무(화광서림1931)』 권말 신소설 광고에 '戰爭悲劇 一目將軍'이라고 제목이 표기되어 있다.

일신양인기(번)/일신량인긔一身兩人記

스티븐슨 작. 게일·이원모 역. 조선야소교서회1926.

【내용】 원작 참조.

【참고】 영국작가 스티븐슨(Robert Louis Stevenson)의 소설 「The Strange Case of Dr. Jekyll and Mr. Hyde(1886)」를 1926년 조선야소교서회에서 게일 목사와 이원모의 공역으로 출간한 작품이다. 겉표지가 그림으로 디자인되어 있고, 영문 속표지를 따로 배치했다. 「일신양인기」는 1921년 언더우드 부인의 「쩨클과 하이드」에 이어 두 번째로 출판된 「지킬박사와 하이드 씨」의 번역물이다. 그러나 언더우드 부인의 번역물에 비하면 분량이 절반(49면) 정도밖에 안 되어 축약과 누락이 많으며, 공역한 문장도 대단히 엉성하고 낱말도 어려운 편이다. 어려운 한자어가 많고, 대화 표시도 전혀 사용되지 않은 채 '-가로되'와 같은 식으로 문장을 이어가고 있다. 1924년 12월 17일자로 작성된 서문에 "영국 문호 스티븐슨 씨는 19세기의 유명한 자로 그 저술이 무수한 중 이 책은 특별히 걸작이라 (…) 다만 역자의 손이 둔하여 그 심오하고도 活現하는 맛을 철저히 나타내지 못함을 한할 뿐이로라"라는 요지의 기록이 있다. 《진생》 1927년 10월호 광고에 "「일신량인긔」 奇一博士譯 定價貳十錢 이 소설은 영국 문호 스틔분손 씨의 저작으로 그 내용은 책 일홈과 갓치 몸은 하나라도 사람은 둘인 신출괴몰한 자미잇는 책임니다"라고 소개되어 있다.

일장춘몽/一場春夢: 강의영 저작발행. 영창서관1925(78면).

【내용】 평양 감사의 아내인 김 씨 부인은 광주에 있는 청암사의 중수에 관한 꿈을 꾼 후에 아들 진영과 딸 금춘을 차례로 얻는다. 그녀는 어느 날 집에 찾아온 승려에게 황금 3백 냥을 주어 중수에 보탤 것을 이른다. 그러던 어느 날, 김 씨는 남편 리 감사가 갑자기 죽었다는 기별을 받는다. 한편 리 감사 집에서 바깥일을 맡아 하던 불한당 송동호와 차륜길은 차차로 재물을 빼돌리다가 급기야 부인을 도적하고자 하고 한밤중에 부인의 처소를 찾아 시비 봉단 어미를 죽인다. 이때에 부인은 밖이 어수선한 상황을 이용하여 어린 자식을 데리고 도망가

다 청암사의 천황대사를 만나 동행하게 된다. 한편 차가와 송가는 김 씨 부인이 봉단 어미를 죽이고 도망간 것으로 누명을 씌운 다음 불을 지르고 사라진다. 한편 사찰에 머물던 진영 가족은 갑술년 폭도의 난을 만나 뿔뿔이 흩어지게 된다. 진영은 표류하다 강원도 간성군 일대에서 명망 높은 남순전을 만나 그의 딸 난희와 성례를 올린다. 하지만 방화로 피신 중에 부인과 헤어지고, 팔경루 부벽에 적힌 아내의 글에 글을 남기고 해주에 이르렀다가 관비유학생으로 선발되어 동경 유학을 떠난다. 한편 도적에게 잡혀 있다 풀려난 금춘은 불교에 귀의한다. 9년 후, 그녀는 간성의 한 정자에 머무르다 우연히 진영의 글을 발견하고 글씨를 남긴 뒤에 동향인 만홍의 주선으로 동경 유학을 떠난다. 한편 김 씨 부인은 난리 통에 만난 과부 장 부인과 함께 팔도 유람을 떠났다가 팔경루에서 금춘과 진영 부부의 글씨를 보고 글을 남긴 후에 개성으로 돌아간다. 그러던 어느 날, 체 장수가 된 난희가 개성 김 씨 부인 집에 찾아왔다 이야기 도중에 서로를 알고 상봉한다. 한편 동경의 여자고등학교를 졸업한 금춘은 진영에 관한 신문 기사를 보고 광고를 냈다가 이를 보고 찾아온 진영과 10여 년 만에 상봉한다. 김 씨와 난희는 장 부인의 아들 귀국 소식에 함께 정거장에 나갔다가 장홍식과 같이 있는 진영 남매와 상봉한다. 이튿날 신문에 송동호와 차륜길의 종신형 기사가 실린다.

【참고】 영남대 도서관 소장 영창서관본 표지에 '悲劇小說 – 一場春夢 일장춘몽', 본문 첫 장에 '悲劇小說 – 一場春夢 일장춘몽 영창서관 편집'이라고 표기되어 있다. 주변 인물들의 방해와 모략으로 이별을 겪는 남녀 주인공들의 고난과 극복에 관한 내용을 다루고 있다. 1925년 6월 영창서관에서 발행되었으며, 12월에 발행한 재판본을 텍스트로 내용을 정리했다. 『방화수류정(박문서관1920)』과 내용이 흡사하다.

일지매/一枝梅: 안경호 작. 조선도서주식회사1926(72면, 25전) ; 박문서관1926.

【내용】 서울 장교의 부자인 리상근은 죽은 친구의 아들 김성화를 데려와 친자식처럼 양육한다. 성화는 이웃의 동갑내기 박삼보와 함께 사이좋게 공부하며 자란다. 한편 상근의 여식 경옥에게 반한 삼보는 부모가 죽자 가산을 상근에게 맡긴다. 이를 가상히 여긴 상근은 삼보 역시 친자식처럼 아끼고 사랑한다. 어느 날 성화는 심부름으로 수형을 받아 오는 길에 곤경에 처한 장춘성 가족의 채무를 갚아 주고 돌아온다. 성화로부터 사정을 전해들은 상근은 삼보의 마음을 떠보려고 부러 성화에게 면박을 준다. 이를 알 리 없는 삼보는 성화에게 박절한 말을 하고, 상근은 덕행자인 성화를 사위로 결정한다. 상근의 부인 안 씨는 인물 좋은 삼보를 사위로 삼자고 주장하지만 상근은 성화와 경옥을 마주 앉히고 내년 봄 정혼할 것을 명한

다. 이에 앙심을 품은 삼보는 난봉꾼 송성태를 매수, 상근과 성화를 없앨 흉계를 꾸민다. 그는 강원도 삼방 리경칠의 집에 머무르던 상근과 성화 모르게 성화의 수첩과 칼을 빼내 성태에게 전해 준다. 삼방에 내려와 기회를 엿보던 성태는 우연히 경칠의 부인을 칼로 찔러 죽인 후 성화의 칼과 수첩을 떨어뜨리고 달아난다. 먼저 서울로 올라와 있던 성화는 살인죄로 평강경찰서에 압송되고, 상근은 한패로 오인한 경칠로부터 뭇매를 맞고 병원에 입원한다. 한편 춘성은 성태가 삼보와 어울리며 돈이 넘쳐나고, 삼보가 경옥 아니면 장가를 아니 간다는 말을 전해 듣고서 두 사람을 의심한다. 이때 원범을 가리기 위해 탐문하던 홍 정탐은 춘성의 밀고를 듣고 성태를 구인 심문하여 결국 자백을 받아 낸다. 얼마 후 성태는 사형, 삼보는 무기징역형을 언도받는다. 무죄 방면된 성화는 사람들의 축복 속에 경옥과 혼례를 올린다.

【참고】 서울대 도서관 소장 조선도서주식회사본 표지에 '一枝梅 일지매', 본문 첫 장에 '一枝梅 著者 安景濩'라고 표기되어 있다. 판권지에 '著作 兼 發行者 朝鮮圖書株式會社 洪淳泌 發行所 朝鮮圖書株式會社'라고 표기되어 있다. 영남대 도서관 소장 1926년 박문서관본 표지에는 '신소설 一枝梅 일지매 博文書館 發行', 본문 첫 장에 '一枝梅 著者 安景濩 博文書館 發行'이라고 표기되어 있다. 두 텍스트는 발행소만 다를 뿐 著者와 시기, 내용 모두 동일하다. 선악보응의 주제를 강조하고 있는 작품이다.

일지화/一枝花: 벽계산인 작. 대성서림1928(77면, 35전).

【내용】 우편소 교환수 이경란과 동경제대를 졸업한 변호사 장우영은 결혼을 약속한 사이다. 경란이 계모의 구박을 견디지 못해 집을 나와 우편소 교환수로 일하던 중 우영을 만나 연인으로 발전한 것이다. 그러나 우영은 경란이 자신의 아이를 임신하자 차츰 그녀를 외면한다. 우영의 달라진 태도와 주변 사람들의 부담스러운 시선 때문에 경란은 우편소를 그만둔다. 그리고 다시 집으로 돌아와 계모의 학대를 묵묵히 견디며 생활한다. 그러는 사이 우영은 우편소장의 소개로 경성의 실력자 민 자작의 딸 영자를 만나 혼인식을 올린다. 우연히 신문에서 우영의 결혼 기사를 읽은 경란은 허탈과 배신감에 빠진다. 경란은 곧바로 우영을 찾아가지만 문전박대만 당한다. 집으로 돌아온 경란은 홀로 힘겹게 아이를 출산한다. 그러나 이내 아기는 병들어 죽고 만다. 경란은 마지막으로 우영을 찾아가 눈물로 호소하지만, 우영은 경란을 매몰차게 대한다. 결국 경란은 우영을 칼로 찔러 죽이고 경찰에 압송된다.

【참고】 국립중앙도서관 소장 대성서림본 본문 첫 장에 '悲劇小說 一枝花 碧溪山人創作' 이라고 표기되어 있다. 남자에게 버림받은 여인이 복수를 한다는 내용으로, 여주인공의 비극적인 운명에 초점이 맞추어져 있다.

잃어진 보석(번)/잃어진寶石: 밴다인 작. 김유정 역. 조광1937.6-11(6회 완).

【내용】 사교계의 호남자인 알벤송이 권총에 맞아 죽은 채로 발견된다. 아울러, 바이부가 알벤송에게 담보로 맡긴 보석도 사라진다. 뉴욕주 지방검사인 막함은 절친한 친구이며 탁월한 지혜를 지닌 피방소에게 도움을 청한다. 막함은 알벤송이 평소에 연모해서 따라다니던 희가극 가수 구레야 양이 알벤송이 죽던 날도 함께 있었음을 근거로 유력한 용의자로 생각하지만, 피방소는 동의하지 않는다. 구레야 양을 불러 심문하자 구레야 양은 약혼자 리곡구 대위에게 화가 미칠 것을 염려하여 자신의 혐의를 적극적으로 부인하지 않는다. 한편 피방소는 사건 현장에서 과학적인 측정으로 탄환의 궤도를 측정하고 그 결과를 바탕으로 범인의 신장을 알아낸다. 막함은 리곡구 대위와 알벤송의 친구 바이부 등을 연이어 의심하지만 피방소는 심증을 갖고 알벤송의 형인 벤담 소좌 주변을 탐문한다. 그 결과 벤담의 알리바이의 맹점과 가택 수색 결과를 통해 그가 살인범임을 확신한다. 벤담 소좌는 빚에 쪼들리다가, 동생의 금고와 보석을 노리고 살인을 저지른 것이었다. 난투극을 거쳐 벤담을 체포한 뒤 막함은 뒤늦게 피방소의 설명에 수긍하며 고개를 끄덕인다.

【참고】 연재 1회 지면에 '長篇連載探偵小說 잃어진 寶石 반-다잉 原作 故 金裕貞 譯' 이라고 표기되어 있다. 김유정(1908-1937)이 타계한 후에 《조광》에 연재된 번역물이다. 제2회 연재 지면에는 장르와 연관된 수식어가 없고, 3회 이후에는 '探偵小說' 이라고만 표기되어 있다. 첫 회 본문에 앞서 "이 小說은 原作도 자미잇는 것이지만 故金裕貞君이 病床에서 飜譯한 것으로 이 번역은 譯者가 心血을 傾注하여 興味있게 改編한 것으로 讀者의 興味는 더 클 줄 안다"는 편집자 주가 실려 있다. 원작자인 미국의 추리소설 작가 밴 다인(S. S. Van dine, 1888-1931)의 본명은 윌러드 헌팅턴 라이트(Willard Huntington Wright)다. 원작명은 「벤슨 살인사건(The Benson Murder Case)」(1926)이며, 영민한 탐정의 활약으로 초기에 범인으로 지목된 자가 누명을 벗고, 의외의 범인이 밝혀진다는 전형적인 추리소설이다. 현재까지 알려진 바로는 밴 다인 작품의 국내 최초 번역이다. 편집자 주에서 '改編' 이라고 밝혔듯 200자 원고지 500매 정도로 축약 번역되어 있다.

임거정전/림거정전林巨丁傳: 박철혼 작. 태화서관1931(51면, 25전).

【내용】 임거정은 백정의 아들이라는 신분적 한계로 출세의 기회가 막히자 홀로 산중에서 검술을 연마한다. 그러던 어느 날, 거정은 지역 토호인 조 판서의 매질에 부친이 다치자 그길로 조 판서와 그 첩을 죽인 후 방랑길에 오른다. 팔도 유람 중에 경포대에 다다른 그는 그곳에서 호걸로 유명한 홍귀동, 서림, 박팔도, 김평량, 최춘영을 만나 형제의 의를 맺는다. 그

후, 조정과 양반계급에 불만이 쌓인 유민을 모아 불한당을 조직한 거정은 안성시장을 습격하여 취한 막대한 자금으로 각 고을의 관속을 매수, 세력을 확장해 간다. 한편 명종은 거정도당의 힘이 해서 지역 수백 리에 미치자 대규모 관군을 파견하기에 이른다. 관군에게 쫓겨 구월산에 포위된 거정은 서림의 배신과 수하들의 투항에 결국 자결로 생을 마감한다.

【참고】 표지에 '綠林豪客 林巨丁傳림거정전', 본문 첫 장에 '綠林豪客 림거정전 林巨丁傳 朴哲魂 著'라고 표기되어 있다. 판권지에 '저작 겸 발행인 姜夏馨'이라고 표기되어 있다. 박철혼은 박준표의 필명이다. 홍명희의 「林巨正傳」과 제목만 유사할 뿐 주인공의 일대기를 기록하는 고소설의 형식을 취하고 있다.

임종의 자백(번)/臨終의自白: 원작미상. 백낙천자 역. 신문계1916.8-9(2회 미완).

【내용】 「형제」 참조.

【참고】 연재 지면에 '長篇小說 臨終의 自白 樂天子 譯'이라고 표기되어 있다. 2회분엔 '백樂天子'라고 표기되어 있다. 회장체로 구성되어 있으며, 본문 안에 '1.병모의 부탁, 2.눈물에 어린 두 얼골, 3.막버리군이 되어, 4.잘안의 외투, 5.아우의 죄로, 6.손을 붓잡고 론돈으로, 7.가방을 도젹ᄒᆞ고져, 8.은힝의 문직이로' 등의 소절 제목이 나와 있다. 원작자와 원작 미상의 작품으로 백대진이 '백낙천자'라는 필명으로 번역한 작품이다. 심천풍의 「형제(매일신보1914.6.11-7.17)」와 비교하여 볼 때 인명과 지명에 차이가 날 뿐 사건의 전개가 일치한다. 중역 혹은 번안의 과정을 더 확인해 볼 필요가 있으나 동일한 원작에서 파생된 작품으로 판단된다.

ㅈ

자동차 연애/**자동차련애自動車戀愛: 노익형 저작발행. 박문서관1930(82면, 25전).**

【내용】 정숙은 어머니만 있고 아버지를 모르는 사생아다. 정숙의 모친은 홀아버지를 모시고 살던 중 박씨 성을 가진 남자와 인연을 맺지만, 서울 가서 통혼하겠다던 남자는 소식이 끊긴다. 그녀는 이모 리 소사에게 몸을 의탁하여 미혼인 채로 정숙을 낳는다. 정숙이 열세 살 되던 해 모친이 병사한다. 이 년 후, 돈이 필요해진 리 소사는 정숙을 팔아넘기기로 한다. 이를 알게 된 정숙은 달아나지만 붙잡힐 위기에 처한다. 그때 정숙의 친구 리복희의 오빠인 문성이 자동차를 몰고 나타나 그녀를 구해 서울 자기 집으로 데려간다. 정숙은 간호부가 되어 혼자 힘으로 살아간다. 한편 문성은 박종삼이라는 부자의 밑에서 자동차 사업을 하여 크게 성공한다. 종삼 내외는 문성을 마음에 들어 하여 딸 경옥과 약혼시킨다. 문성은 이 약혼에 기뻐하면서도, 부잣집 딸로 곱게 자란 경옥보다 삶의 고단함을 잘 아는 정숙에게 마음이 끌린다. 그러던 어느 날 정숙이 근무하는 병원에 문성의 모친이 입원한다. 정숙은 문성의 모친을 극진히 간호하고, 문성은 이런 모습에 더욱 그녀를 사랑하게 된다. 이 사실을 모르는 경옥은 신경쇠약으로 정숙이 일하는 병원에 입원하고, 정숙은 경옥을 정성껏 간호한다. 경옥이 일 년 넘게 입원해 있는 동안 문성은 경옥의 문병을 다니며 정숙과 자주 만나게 되고, 마침내 그녀에게 자신의 마음을 고백한다. 그때 리 소사가 우연히 그녀를 발견하고 유인해 내어 다시 팔아넘기려고 한다. 산속에 끌려간 정숙은 위기에 처하지만, 뒤좇아 온 문성이 그녀를 구해 낸다. 정숙의 사건이 신문에 나고 문성과의 관계 역시 세상에 알려진다. 이 사실을 알게 된 경옥은 충격을 받아 더욱 몸이 쇠약해지지만, 정숙을 미워하기는커녕 그녀에게 계속 간호를 부탁한다. 경옥은 회복하지 못하고 사망한다. 종삼은 정숙의 사연을 듣고 그녀가 자기 딸임을 알게 된다. 종삼 내외는 죽은 경옥 대신 정숙을 딸로, 문성을 사위로 맞아들인다.

【참고】 고려대 도서관 소장 박문서관본 표지에 '新小說 自動車戀愛 자동차연애', 본문 첫 장에 '最新小說 自動車戀愛 자동차련애' 라고 표기되어 있다. 신문물의 하나인 자동차가 주요 소재가 된 작품이다. 문성이 정숙의 구원자가 될 수 있었던 이유가 자동차 운전수이기 때문이며, 문성과 경옥의 친밀함을 고조시키는 계기도 자동차 여행이다. 한편 문성과 복희 남매의 대화에서 유산계급과 무산계급에

대한 인식이 엿보인다는 점을 특기할 만하다.

자랑의 단추(번): 르페브르 작. 역자미상. 신문관1912.

【내용】 개구쟁이인 데데(엣워드 쩨임스 쌘랫)는 전사한 아버지에게서 물려받은 단추를 소중히 간직한다. 데데는 친구들에게 단추 이야기를 하면서 아버지의 용맹을 자랑한다. 그러나 새로 이사 온 난시는 데데 아버지의 무용담을 부정하면서 사사건건 데데와 충돌한다. 데데는 자신이 좋은 사람이 되기 위해서는 상대해서 겨룰 적이 필요하다고 여기고, 난시를 자신의 대적으로 생각한다. 교회에서 데데가 난시에게 욕을 하자 압톤 목사는 데데를 불러 타이른다. 압톤 목사는 아버지를 따라 장차 군인이 되고 싶어 하는 데데에게 하나님의 병정이 될 것을 권유한다. 데데가 이를 받아들이자 압톤 목사는 데데 마음속에 있는 못된 데데를 '자아'라고 부르면서 '자아'가 데데의 대적이라고 말한다. 이후로 데데는 대적인 '자아'와 싸우면서 하나님의 가르침에 따라 행동하려 노력한다. 데데는 동네에 머물게 된 그라함 정령과 군인들을 모아 다과회를 열어 압톤 목사의 설교를 듣게 한다. 그러던 어느 날 데데는 단추를 빼앗으려는 난시와 몸싸움을 벌이다 물에 빠져 머리를 다치고, 단추를 잃어버린다. 데데의 부상이 심해지자 난시는 자신도 하나님의 군인이 되겠다고 결심하면서 데데를 위해 기도한다. 다시 건강해진 데데에게 그라함 정령이 잉어의 뱃속에서 찾은 단추를 준다. 데데는 기뻐하면서 하나님의 군인으로, 장래에는 군대에서 정령으로 살아갈 것을 다짐한다.

【참고】《청춘》 제1호 부록의 광고에 "一小兒가 異常흔 來歷잇는 단추 一箇의 感化로 '自我'란 凶敵으로 더부러 勇戰苦鬪ᄒᆞ야 天國에는 强兵이 되고 人界에는 勇士가 되는 佳話라"고 소개되어 있다. 에이미 르페브르(Amy Le Feuvre)의 「테디의 단추(Teddy's Button)」(1890)를 번역한 것이다. 본문에 앞서 3면에 걸친 '셔문'을 싣고 작품의 교육적 효과를 강조하고 있다. "근본 지음 사람도 몰으되 한 번 두 번 우연히 보다가 데데의 힝ᄉᆞ가 매우 굿세게 마음에 늣기기로 이를 져녁과 한나졀 시간을 버혀 우리 글로 옴겻ᄉᆞᆸᄂᆡ다" 할 뿐 원작자와 원작명에 대한 정보를 제공하지 않고 있으며, 또한 서문의 말미에 자신을 '어느 한 사람'이라 표기하여 번역자에 대한 정보도 제공하지 않고 있다.

자살 클럽(번)/自殺클럽: 스티븐슨 작. 이하윤 역. 중외일보1930.2.13-4.23(57회 완).

【내용】 원작 참조.

【참고】 영국 작가 스티븐슨(Robert Louis Stevenson)의 「자살 클럽(The Suicide Club)」(1878)을 이하윤이 번역 연재한 작품이다. 연재 지면에 '스틔쁜슨 原作 自殺클럽 異河潤 譯' 이라고 표기되어 있다. 자살 클럽에서 죽음의 패를 뽑은 뒤 무시무시한 공포에 시달리는 남자의 이야기다.

자연의 형벌(번)/自然의刑罰: 보카치오 작. 백낙천자 역. 신문계1916.2.

【내용】 탄크렛쓰 공작은 딸인 씨씨쓰먼더를 너무 귀여워하여 항상 자신의 곁에 두고 싶어한다. 하지만 씨씨쓰먼더는 부친에게 시중을 들고 있는 신분이 낮은 씨쓰카-쓰라는 청년에게 매혹되어 열정적인 사랑에 빠지게 된다. 탄크렛쓰는 그들의 연애를 막기 위해 씨쓰카-쓰를 감옥에 가둔 후 딸에게 그 사실을 말하면서 딸에 대한 서운함을 토로하며 울부짖는다. 슬픔에 잠겨 있던 씨씨쓰먼더는 곧 냉정함을 되찾고 아버지가 젊었을 때 그랬던 것처럼 자신도 강렬한 사랑의 충동으로 씨쓰카-쓰와 사랑에 빠지게 되었다고 당당하게 이야기한다. 또한 인간들은 모두 평등하게 태어났고, 이 평등함을 구별하는 것이 바로 마음의 덕이라고 말한다. 결국 탄크렛쓰는 씨쓰카-쓰를 죽여 그 심장을 씨씨쓰먼더에게 보낸다. 씨씨쓰먼더는 연인의 심장을 받고서 아버지가 주신 훌륭한 선물이라 부르며 죽음을 결심한다.

【참고】 연재 지면에 '小說 白樂天子 自然의 刑罰 쪼빈니 뽓카씨오 原作' 이라고 표기되어 있다. 원작은 르네상스 초기 이탈리아의 시인이자 학자였던 지오바니 보카치오(Giovanni Boccaccio, 1313-1375)가 1349-1353년에 쓴 것이라고 전해지는 『데카메론(Decameron)』이다. 『데카메론』의 표제는 '데카 헤메라이(deca hemerai)' 즉 열흘을 의미한다. 이 작품은 피렌체의 세 청년과 일곱 숙녀가 페스트 병을 피해 교외 별장에 있으면서 열 명이 순번대로 매일 열 가지의 이야기를 말하는 방식으로 구성되어 있다. 열흘간에 걸쳐 총 100편의 이야기가 액자 구조로 수록되어 있다. 백대진이 白樂天子라는 필명으로 번역한 「자연의 형벌」은 『데카메론』의 넷째 날 첫 번째 이야기 부분으로, 사랑이 불행한 결과를 낳는 이야기를 다루고 있다. 이 작품은 단테의 『신곡(神曲)』과 견주어 '인곡(人曲)' 이라고도 불리기도 한다.

자유의 길/自由의길: 정연규 작. 매일신보1923.3.25-6.15(79회 상편 완).

【내용】 여고생 김뎡숙은 같은 동네에 사는 청년 리션을 흠모한다. 홀로 마음을 태우던 뎡숙은 션과 조금씩 가까워지고 둘은 연인 사이가 된다. 사랑을 과감하게 표출하는 뎡숙은 애정의 표시로 포옹을 요구하지만 순결을 강조하는 션은 이를 거절한다. 그녀는 소극적인 그의 행동 때문에 서운하면서도 자신의 정조를 지켜 주는 그의 인격에 감동한다. 한편 일본에 있는 뎡숙의 부친 김찬영은 리병무를 통해 자신의 편지를 가족에게 전달한다. 편지에는 션이 일본에 있는 찬영에게 보낸 소설에 대한 긍정적인 평가와 민족과 예술의 중요성에 대한 내용이 담겨 있다. 일본인 평론가가 그 소설의 저자를 만나고 싶어 한다는 소식을 듣고 션의 모친과 뎡숙 가족은 크게 기뻐하면서 그의 재능에 경탄한다. 그러나 바로 그때 일본인 형사

들이 들이닥쳐 션을 체포해 간다. 죄명도 알지 못한 채 션이 투옥되자, 그의 친구인 김챤이 나서서 구명활동을 벌인다. 뎡슉은 감옥에 갇힌 션을 생각하며 가슴 태우면서도, 자신에 대한 마음을 직접적으로 드러내는 병무에게 호감을 느낀다. 한편 아무 때나 션의 집으로 들이닥쳐 가택수색을 하는 형사들의 횡포는 더욱 심해져 가고, 무고하게 갇힌 션은 풀려날 기미가 보이지 않는다. 뎡슉과 션의 모친은 일본에서 발표된 소설 내용 때문에 그가 체포되었을 것이라고 추측한다. 챤은 형사들에게 대항해 무고한 션을 대변하면서, 일본인의 폭력적인 식민지 정책에 대해 격렬하게 비판하는 연설을 한다.

新小說豫告

로국문호 『톨스토이』씨의 원작으로 秋溪씨의 번역 쇼셜『부활』은 만텬하독자의 상찬과 갈치하는가운데 끗을고하엿슴니다

長編小說 自由의 길 鄭然圭作

【참고】 연재 지면에 '自由의길 馬夫 鄭然圭 著'라고 표기되어 있다. 마부 정연규는 일본어로 소설을 쓴 재일조선인 작가로 알려져 있다. 그는 조선에서 「이상촌(1921)」과 「혼」 등의 작품을 통해 저항적 작가의식을 드러낸 바 있다. 이후 조선총독부의 언론 저작 출판 엄금에 저촉되어 1922년 일본으로 추방당했다는 기록이 남아 있다. 이 작품은 작가가 일본으로 건너간 직후인 1923년에 《매일신보》에 연재되다가 미완으로 중단된다. 1923년 6월 15일자 79회 연재분 말미에 "상편을 마치고 하편을 게재할 예정이었으나 작가의 만부득이한 일신상의 형편에 의하여 할 수 없이 집필을 중단한다"는 작가의 말이 남아 있다. 연재 직전에 실린 광고란에서는 이 작품을 청춘남녀의 연애소설이라고 소개하고 있으나(매일신보1923.3.15), 실제 내용은 일본의 식민지정책을 비판하고 조선인의 민족의식을 고취하자는 내용으로 해석된다. 작가는 연재 중간에 독자들의 이해를 돕기 위한 작가의 말을 첨부하기도 하는데, 그중에는 "무슨 참혹한 일을 당한 분이 계시면 정치상이든지 가정상 일일이든지 ᄉᆞ상상이든지" 그 사연을 보내 주면 사실을 발표하겠다는 내용과 함께 동경 주소지를 밝히기도 했다(매일신보1923.6.7).

토론소설 ᄌᆞ유종 (自由鐘) 리ᄒᆡ조 저 (李海朝 著)

텬디간 만물중에 동물되기 희한ᄒᆞ고 쳔만가지 동물중에 사ᄅᆞᆷ되기 극난ᄒᆞ다 그갓치 희한ᄒᆞ고 그갓치 극난ᄒᆞᆫ 동물중 사ᄅᆞᆷ이되야 압제를밧아 ᄌᆞ유를일케되면 하ᄂᆞᆯ이쥬신 사ᄅᆞᆷ의 직분을 직히지 못ᄒᆞᆷ이어날 ᄒᆞᆷ을며 사ᄅᆞᆷ사이에 녀ᄌᆞ되야 남ᄌᆞ의 압제를밧아 ᄌᆞ유를 ᄲᆡ앗기면 엇지 희한코 극난ᄒᆞᆫ 동물중 사ᄅᆞᆷ의권리를 스ᄉᆞ로 버림이안이라 ᄒᆞᆯ리오

자유종/ᄌᆞ유죵自由鍾

이해조 작. 광학서포1910(40면, 15전).

【내용】 신설헌, 리민경, 홍국란, 강금운 등 네 명의 부인들이 민경의 생일을 맞아 한데 모인 자리에서 토론을 한다. 나라가 비참한 지경에 이른 것을 개탄하고, 비록 여자지만 국난 극복을 위해 힘을 모아야 한다는 설헌의 제안이 있었기 때문이다. 토론의 내용은 서얼 차별, 서북 차별, 반상의 차별 등 각종 차별에 대한 비판, 우리 실정에 맞는 교과를 확립하는 문제와 어머니로서 자식 교육에서 시작하여 구국을 위한 문제 같은 것이다. 특히 교육을 통해 위기에 처한 나라를 구해야 한다는 주장

을 비중 있게 개진하며, 그에 대한 근거로 나라 안팎의 사례를 인용 제시한다. 그리고 토론자 각자가 갖고 있는 대한제국의 이상에 대해 간밤의 꿈과 결부시켜 이야기하는 것으로 토론을 마무리한다.

【참고】 표지에 '悅齋 李海朝 著 新小說 自由鐘', 본문 첫 장에 '토론소셜 ᄌ유죵(自由鐘)' 이라고 표기되어 있다. 열재 이해조의 대표작으로 꼽히며 여성 토론자들의 토론으로 이루어진 정론적인 토론체 소설이다. 작품 속에 담겨 있는 국권 회복을 위한 반봉건, 반외세 정신과 근대화를 지향하는 계몽정신은 당대의 다른 신소설과 비교해도 뚜렷이 돋보이는 점이다. 본문 중에 "작일은 융희이년 뎨일상원이니"라고 기록되어 있어 회합의 날짜가 1908년 음력 1월 16일로 설정되었음을 알 수 있다. 이 점 때문에 작품의 창작 시기를 출판 사항과는 별도로 1908년으로 보는 견해가 있다.

자작 부인/子爵婦人

해동초인 작. 조선도서주식회사1926(79면, 25전).

【내용】 신영자는 부친을 여의고 요릿집에서 사환으로 일한다. 자작의 아들인 리시영은 영자에게 반해 그녀를 여러 가지로 도와준다. 영자는 시영의 태도에 감동하여 결혼을 약속하나 시영 부모의 반대로 두 사람은 헤어진다. 시영은 미국으로 유학을 떠나고, 홀로 남은 영자는 아들을 낳는다. 아기마저 시영의 부모가 데려가자 영자는 기독학교에서 공부한 뒤 전도사가 된다. 영자는 자신의 이름을 선애로 고치고 경주에서 학생들을 가르친다. 경주를 떠나 대구의 여학교에 학감으로 부임한 선애는 교주(校主) 김란자의 가족을 만난다. 김란자의 남편은 선애가 그리워하던 시영이며, 큰아들 대웅은 선애가 낳은 아이이다. 선애는 친어머니를 그리워하며 자신을 따르는 대웅에게 자신이 생모임을 밝히지 않는다. 대웅이 병에 걸려 선애를 찾자 그녀는 아이를 정성껏 간호한다. 대웅을 미워하던 란자는 아이가 병에 걸린 틈을 타 약을 먹여 해치려 한다. 대웅을 간호하던 선애가 이 장면을 목격하고, 란자에게 자신이 대웅의 생모라는 사실을 밝힌다. 란자는 양심의 가책을 느껴 자살한다. 학교 교장의 주선으로 선애는 시영과 결혼을 결정하면서 시영의 전 재산을 학교에 기부하고 농촌에서 생활하자고 제안한다. 시영의 가족은 선애의 뜻을 따르기로 하고, 십사 년 전의 인연을 다시 이어 시영과 선애는 결혼한다.

【참고】 최찬식의 작품이다. 국립중앙도서관 소장 조선도서주식회사본 본문 첫 장에 '子爵婦人 海東樵人 著' 라고 표기되어 있다. 작품의 내용은 인과응보의 고소설적 주제를 포함하고 있으나, 개과천선을 위해서는 기독교적 회개가 필요하다는 메시지를 마지막 장면까지 전달하고 있다.

잘 있거라/잘잇거라: 나운규 작. 신구서림1931(17면, 20전).

【내용】 부호 민범식의 세 번째 첩인 홍연은 범식의 애정이 식은 것을 알고 그 집의 지배인인 정두현과 부적절한 관계를 맺는다. 한편 두현은 범식의 집에 살고 있는 황 선달의 딸 순녀를 본 이후부터 홍연에게 무관심으로 일관한다. 그러나 순녀에게는 정송이라는 애인이 있다. 정송과 그의 동생 차송은 경호라는 청년과 함께 생활하고 있다. 어느 날 범식에게 매수된 황 선달이 순녀에게 범식과 결혼할 것을 강요하고, 이 때문에 정송과 순녀는 괴로워한다. 경호는 홍연을 찾아가 이들의 사정을 말한다. 경호를 흠모하게 된 홍연은 범식의 금고에서 돈을 훔쳐 경호에게 준다. 정송은 경호에게 받은 돈으로 순녀의 몸값을 되갚는다. 그 사건으로 인해 경호는 감옥에 가게 되고, 순녀는 범식의 집에 끌려간다. 순녀에 대한 마음을 포기하지 못한 정송은 범식의 집 담을 넘는다. 순녀와 범식이 상봉하여 눈물을 흘리는데, 그때 범식이 살해당하는 사건이 발생한다. 두현은 살인 현장에 나타난 정송을 범인으로 지목하고 정송은 경찰에게 끌려간다. 수감된 정송은 얼마 후 병으로 숨진다. 범식이 죽자 두현은 순녀를 아내로 맞지만, 6개월 만에 아이를 낳았다는 이유로 그녀를 내쫓는다. 죽은 범식의 상속자가 없으므로 관리인인 두현이 재산을 모두 가로챈다. 한편 출옥한 경호가 집으로 돌아와 순녀로부터 그간의 사정을 전해 듣는다. 분노를 참지 못한 경호는 두현과의 혈전 끝에 그를 육혈포로 쏘아 죽인다. 피투성이가 된 경호는 정송의 무덤 앞에서 숨을 거둔다.

【참고】 고려대 도서관 소장 신구서림본 표지에 '映畵小說 잘잇거라 朝鮮키네마사 作品 나운규 씨 原作' 라고 표기되어 있다. 속표지에 '羅雲奎푸로덕순第一回作品' 이라고 표기되어 있다. 영화배우이자 창작자인 나운규를 주축으로 한 나운규프로덕션에서 출판한 여섯 편의 영화소설들 중 하나이다. 네 번째 작품인 「사나희」가 합본되어 있다. 영화배우들의 사진이 실려 있으며 출연진에 대한 소개가 있다. 본문은 시나리오 형식으로 구성되어 있으며 장면에 대한 간단한 설명이 덧붙여져 있다. 사랑하는 남녀가 돈 때문에 비극적인 최후를 맞는다는 내용이다.

장군탑(번)/將軍塔: 원작미상. 꽃이슬 역. 동아일보1925.8.9-10.4(40회 완).

【내용】 1923년 11월, 해삼위에서 극동적위군 참모차장인 병건 장군이 살해된다. 장군은 '장군탑'이라고 불리는 자신의 저택 삼층에서 시체로 발견되었는데, 살해 현장은 일종의 밀실 상태이다. 명탐정으로 유명한 광웅 탐정이 이 사건의 수사를 담당한다. 수사 결과 장군의 조카딸이자 유산상속인인 혜련과 그의 애인인 적위군 장교 방충식이 유력한 용의자로 지목된다. 혜련은 충식과 혼인하려 했으나 장군은 이를 못마땅히 여겼고, 이 때문에 장군과 혜련은 평소 자주 다투었다는 것이다. 게다가 죽은 장군이 담당하던 신무기 개발에 충식이 깊이 관여하고 있어 장군탑에 드나들기 쉬웠다는 점 또한 이들의 혐의를 짙게 한다. 혜련과 충식은 혐의를 완강히 부인하지만, 수사를 해 나갈수록 충식의 유죄를 가리키는 증거들이 발견된다. 마침내 충식은 체포되어 수감된다. 혜련은 충식이 자신의 백부를 죽였다는 데 좌절

하고, 자신에게 접근해 온 김사영이라는 청년에게 마음을 준다. 사영은 신문기자이자 소설가인데, 재치있는 말솜씨로 혜련의 마음을 사로잡는다. 이처럼 혜련마저도 충식을 범인으로 여기지만, 광웅 탐정은 어딘지 미심쩍다고 여겨 수사의 폭을 넓힌다. 그러던 중, 광웅 탐정은 사영이 새로 발표한 「유리 조각」이라는 소설을 읽고 진범을 알아차린다. 이 소설은 병건 장군 살해 사건을 모델로 한 것으로, 사영은 진범이 아니면 알 수 없을 밀실의 비밀을 풀어 낸 것이다. 광웅 탐정은 사영을 체포하고, 그가 범인이라는 증거도 발견한다. 사영은 장군이 개발하던 무기를 이용하여 장군을 살해하고 충식을 범인으로 몰아 혜련을 차지할 계획을 세웠던 것이다. 광웅 탐정의 활약으로 사영은 체포되고 충식은 풀려난다. 풀려난 충식은 혜련의 변심에 충격을 받아 전방으로 가겠다고 자원한다. 한편 혜련은 충식을 믿지 못한 자신을 탓하며 간호부대에 자원입대하여 역시 전방으로 떠난다. 큰 전투가 벌어지고, 충식과 혜련은 부상자와 간호원의 입장으로 재회한다. 치명상을 입은 충식은 사망하고, 혜련은 충식의 장례를 지낸다.

【참고】 연재 지면에 '小說 將軍塔 솟이슬 번역'이라 표기되어 있다. 원작이나 원작자에 대한 정보는 밝혀져 있지 않다. 탐정이 각종 증거와 증언들을 통해 진범을 찾아나가는 추리의 과정이 비교적 상세하게 다루어져 있는 작품이다.

장미수차 살인사건(번)/薔薇水車殺人事件

이브다도아 작. 유령기자 역. 만선일보1939.12.1-1940.1.26(41회 완).

【내용】 스코틀랜드인 위니, 안도류, 라르프는 여름이면 프랑스로 피서를 온다. 안도류와 라르프는 위니를 사이에 둔 연적이다. 프랑스 신문 기자인 '나'(로벨)는 안도류와 위니가 결혼을 약속하는 장면, 두 사람의 뒤를 밟아 사실을 알게 된 라르프가 위니를 협박하는 장면을 목격한다. 자동차 경주 대회 날 장미 물레방아에서 '나'는 라르프의 사체를 발견한다. '나'는 경주를 마친 뒤 만나자고 했던 라르프의 말을 떠올리며 그가 살해된 것이라고 생각한다. 사체 주변에 있는 황금 샤프와 라르프가 가지고 있던 책을 찾아 '나'는 사건을 몰래 조사하기 위해 몸을 숨긴다. 그날 '나'는 방에 침입하여 짐을 뒤지고 있는 안도류를 발견하여 그에게 자초지종을 묻는다. 안도류는 자신이 라르프를 죽였다면서 '나'에게 라르프가 가지고 있던 책에 대해 이야기한다. 안도류와 라르프가 과거에 위니의 집 서재에서 찾아낸 책에는 위니 집안의 비밀이 담겨 있다. 위니의 선조 리챠드가 스코틀랜드의 고어로 남긴 수기에는 리챠드의 부친이 영국 챨스 왕자의 배에서 훔친 황금으로 치부한 사실이 적혀 있다. 안도류는 라르프가 책을 미끼로 위니를 협박하면서 결혼을 종용했기에 그를 죽였다고 고백한다. '나'는 현장에서 발견한 황금 샤프가 위니의 것임을 알고, 안도류는 범인이 아니라고 생각한다. 한편 위니는 '나'를 만나 라르프를 죽인 이유에 대해 묻는다. 그녀는 라르프를 죽이기 위해

장미 물레방아에 숨어 있다가 '나'가 라르프를 유인하여 죽이는 것을 목격한다. 위니를 짝사랑해 온 '나'는 그녀를 위협하고 괴롭히는 라르프를 유인하여 살해한 뒤 자살 사건처럼 꾸며 놓은 것이다. '나'는 범인으로 자처한 안도류를 생각하여 위니에게 사랑을 고백하지 않는다. '나'의 마음을 짐작한 위니는 안도류와 함께 스코틀랜드로 돌아간다.

【참고】 연재 지면에 '一九三九年度佛探偵小說賞獲得作品 薔薇水車殺人事件 佛蘭西, 이브다도아 作, 幽靈記者譯' 이라고 표기되어 있다. 제목과 원작자가 표기되어 있으나 원작을 찾을 수 없는 번역 소설이다. 사건의 해결을 주도하던 인물이 결말에서 범인으로 제시되면서 극적인 반전을 이루고 있는 작품이다.

장미화/**薔薇花: 박승엽 저작발행. 박문서관1924(109면).**

【내용】 남작 김선국은 술을 마시고 걸어가다 파고다 공원 앞에서 바이올린을 들고 행인에게 구걸하는 십이 세가량의 뎡애를 목격한다. 김 남작은 뎡애를 불쌍히 여겨 자신의 집으로 데리고 온다. 원래 대구가 고향인 뎡애는 장명식 부부에게 네 살 때 유괴당해 서울에서 구걸생활을 해 오던 중이었다. 김 남작에게는 일타홍이라는 기생 출신 부인이 있는데 그녀는 뎡애를 눈엣가시로 여기고 괴롭힌다. 한편 일타홍의 옛 정부이자 장명식 일파의 두목인 리춘삼은 일타홍을 통해 김 남작의 돈을 빼 내려고 한다. 리춘삼은 일타홍의 오빠 윤상필로 행세하며 김 남작의 소절수를 위조하여 한성은행에서 돈을 인출하려 하지만 뎡애의 기지로 인해 실패한다. 그 후, 세월이 흘러 김 남작은 31세, 뎡애는 17세가 된다. 리춘삼과 장명식 일당은 뎡애에게 부모를 만나게 해 준다고 하며 그녀를 평양으로 오게 하여 외딴 방에 가둔다. 그리고 그들은 김 남작에게 편지를 보내 뎡애를 구하려면 돈을 가지고 평양 기자묘로 오라고 한다. 김 남작은 평양 기자묘에서 돈만 빼앗기고 말지만 평양 경찰서 형사 과장의 활약으로 리춘삼 일당은 붙잡힌다. 리춘삼을 비롯하여 장명식, 일타홍 등은 평양 재판소에서 재판을 받는다. 한편 뎡애는 대구 백작의 딸임이 밝혀진다. 그동안 서로에게 연정을 품어 왔던 김 남작과 뎡애는 결혼식을 올린다.

【참고】 표지에 '薔薇花 장미화', 본문 첫 장에 '悲愛小說 薔薇花 비애소셜 장미화' 라고 표기되어 있다. 작품 초반에 김선국을 통해 당시 사회상의 부패는 "황금(黃金)을 독졈(獨占)한 자산가(資產家)의 죄" 때문이라는 등의 사회주의 사상에 입각한 비판적 시각이 드러나 있다. 그러나 이러한 시각은 극히 일부일 뿐 전반적인 작품 내용은 유괴 모티프와 남녀간의 치정 관계로 채워져 있다.

장발장(번)/쟝.발쟝: 위고 작. 박계주 역. 소년1948.9-1949.12(17회 미완).

【내용】 원작 참조.

【참고】 회차별로 표제의 표기가 달라 일관성이 없다. '쨘.발쨘', '쨘.발장', '장.발장' 등으로 표기되어 있다. 연재 지면에 원작자에 대한 언급은 없고 '박계주 글, 김의환 그림'이라고만 표기되어 있다. 1949년 12월호에 '다음 호에 계속'이라고 적혀 있으나 《소년》 1950년 1월호 이후 자료의 미비로 확인하지 못했다. 원작은 프랑스 작가 위고(Victor Hugo)의 「레미제라블(Les Misérables)」(1862)이다. 동일 원작의 번역 및 번안본으로 최남선의 「너 참 불쌍타(1914)」와 「ABC계(1910)」, 강소파의 「레미제라블(1946)」, 민우보의 「애사(1918)」, 홍난파의 「애사(1922)」와 「장발장의 설움(1923)」, 김광주의 「인간무정(1949)」이 있다.

장발장의 설움(번)/쨘빨쨘의설음: 위고 작. 홍영후 역. 박문서관1923(157면).

【내용】 원작 참조.

【참고】 표지에 '쨘빨쨘의 설음 著作者 洪永厚'라고 표기되어 있다. 빅토르 위고(Victor Hugo)의 「레미제라블(Les Misérables)」(1862)을 번역한 것이다. 역자 머리말에서 한문을 알지 못하는 부인네들을 위해 순한글로 번역한 것임을 밝히고 있다. 『哀史(박문서관1922)』를 저본으로 삼아 한국어 문장으로 개역한 것으로 원고지 700매 정도의 짧은 분량이다. 동일 원작의 번역 및 번안본으로 최남선의 「너 참 불쌍타(1914)」와 「ABC계(1910)」, 강소파의 「레미제라블(1946)」, 민우보의 「애사(1918)」, 홍난파의 「애사(1922)」, 김광주의 「인간무정(1949)」, 박계주의 「장발장(1948)」이 있다.

장비마초 실기(번)/쟝비마쵸실긔張飛馬超實記

이종정 저작발행. 광동서국1917 ; 조선도서주식회사1925 ; 경성서적업조합1926.

【내용】 원작 참조.

【참고】 「삼국지」 계열의 고전소설로서 「삼국지연의」의 일부분을 축약 번역한 것으로 알려진 여러 작품들 중 하나이다. 장비와 관우, 마초, 제갈량 조자룡 등이 힘을 합쳐 유현덕을 황제에 오르게 하는 이야기이다.

장생전(번)/長生殿: 홍승 작. 백화 역. 매일신보1923.10.3-25.3.13(253회 완).

【내용】 원작 참조.

【참고】 연재 지면에 '文韻劇 長生殿 白華 譯'이라 표기되어 있다. 등장인물의 대사에 '曲'이라 표기하고 괄호 안에 인물의 행동을 지시하는 등 악극 대본의 성격을 띤 역본이다. 청대 문인 홍승(洪昇, 1645-1704)의 원작 「장생전」은 당 현종과 양 귀비의 애정고사를 토대로 한 전기적 희곡이다. 현

종이 양 귀비의 미모에 반해 국정을 소홀히 한 결과 황제의 자리에서 물러나게 되었다는 비운의 이야기이다.

文劇 長生殿 (1)
白華 譯
第一齣 槪傳의場

장원량우상론(번)/쟝원량우샹론張袁兩友相論

밀리네 작. 마포삼열 역. 경성정동예수교회당1894(52면) ; 대한예수교서회1905(54면).

【내용】 원작 참조.

【참고】 영문 서명은 「The Two Friends Tiyang and Ouen」이며 작자는 윌리엄 밀른(W. Miline)이다. 중국 최초의 근대적 중문 월간지 《찰세속매월통기전(察世俗每月統紀傳/The Chinese Monthly Magazine)》에 연재하고 1819년에 간행한 작품이다. 이 작품은 중국에서 초판 이래 20세기 초까지 17종의 재판과 개정판 등이 계속 간행되어 적어도 2백만 권 이상이 배포될 정도로 인기를 모았으며 한국과 일본에도 그 번역본이 간행되었다. 한국에서는 선교사 마포삼열(S. A. Moffett)이 번역하여 출간하였다. 친구 사이인 장(張)씨와 원(袁)씨 간의 총 11회에 걸친 대화를 통해 기독교 교리를 설명하고 있는 작품이다.

장자방 실기(번)/쟝ᄌᆞ방실긔張子房實記

작자미상. 박건회 역술. 유일서관1913 ; 박문서관1924 ; 회동서관1926.

【내용】 원작 참조.

【참고】 중국 고전소설 「西漢演義」를 초역한 작품이다. '초한건곤장자방 실기', '장자방전' 등의 표제로 다수 출판사에서 발행되었다는 기록이 있다.

장중보옥/掌中寶玉: 작자미상. 대성서림1936(30전).

【내용】 미확인.

【참고】 단행본 원본 자료를 구할 수 없어 작품의 경개 및 세부 서지사항을 확인하지 못했다. 『장백전(대성서림1936)』 권말 서적 광고에 '忠義小說 掌中寶玉'이라고 제목이 표기되어 있다.

장 크리스토프(번)/장·크리스토프

로맹롤랑 작. 이헌구 역. 조선일보1934.2.8-3.18(34회).

「장·크리스토프」 (1)
로맹·롤랑 原著
李軒求 譯述
제일권려명편(黎明)

【내용】 원작 참조.

【참고】 연재 지면에 '「장·크리스토프」 제일권 려명편 로맹·롤랑 原著 李軒求 譯述'이라고 표기되어 있다. 연재 1회의 지면에만 '제일권 려명편' 표기가 빠져 있고 2회부터 최종회까지는 위와 동일한 표기가 지속되고 있다. 《조선일보》 1934년 2월 7일자의 연재 예고에 "세계적 문호 '로맹·롤랑'의 대걸작, 불문학 연구가 리헌구(李軒求) 씨의 명역 「장·크리스토프」의 제일권 려명편"이라고 원작자와 역자 소개를 하고 있으며, "아동독물의 완벽"이라고 작품의 가치를 평가하고 있다. 연재 최종회 말미에 '第一卷 黎明篇 完'이라고 표기되어 있다. 지면에 명시되어 있는 것처럼 이 번역본의 원작은 1915년 노벨상 수상자인 프랑스 문호 로맹 롤랑(Romain Rolland)의 대표작 「Jean-Christophe(1904-1912)」이다. 베토벤을 연상케 하는 천재 음악가의 예술혼을 전기적으로 서술한 작품이다.

장한/장한長恨: 신길구 작. 영창서관1927(35전).

【내용】 미확인.

【참고】 단행본 원본 자료를 구할 수 없어 작품의 경개 및 세부 서지사항을 확인하지 못했다. 『영원의 사랑(영창서관1926)』 권말 '대호평최신간도서소개'에 '연애비극 장한', 『무릉도원(영창서관1928)』 권말 '경성영창서관발행서적목록'에 '연애비극 長恨'이라고 제목이 표기되어 있다. 영창서관에서 펴낸 『신간도서목록』에 '申佶求 著 戀愛悲劇小說 長恨 一名은 唐明皇楊貴妃'라고 표기되어 있다.

장한몽1(번)/長恨夢

오자키코요 작. 조일재 번안. 매일신보1913.5.13-10.1(119회 완) ; 회동서관1913(상) ; 유일서관·한성서관1916(중: 144면, 40전) ; 조선도서주식회사1916(하: 176면, 50전).

【내용】 어려서 부모를 잃은 리슈일은 부친의 친구 심틱의 집에서 학교를 다닌다. 슈일은 심틱의 딸 슌익와 사랑하는 사이가 되고 두 사람은 결혼을 약속한다. 그러던 어느 날 슌익는 이웃집에 나들이를 갔다가 대부호의 아들 즁빈를 만난다. 슌익에게 한눈에 반한 즁빈는 다이아몬드를 비롯한 물질공세로 슌익를 유혹한다. 물질에 대한 욕심과 주변 사람들의 부추김 속에서 슌익는 점점 슈일을 멀리하고 즁빈와 가깝게 지낸다. 이 사실을 알게 된 슈일이 슌익를 달래도 보고 화도 내보았지만 상황은 변하지 않는다. 결국 슌익에게 배반당한 슈일

은 비탄과 울분으로 괴로워한다. 고리대금업자 김뎡연의 서기가 된 슈일은 돈과 관계된 일에 열중한다. 뎡연이 사고로 죽은 후 슈일은 뎡연의 많은 재산을 물려받게 된다. 슈일은 금력으로써 비정한 인생에 복수할 것을 마음속으로 다짐한다. 한편, 몹쓸 병에 걸려 쇠약해진 슌ᄋᆡ는 그간의 행동을 뉘우치고 세속적 욕망이 덧없음을 깨닫게 된다. 마음이 약해질 대로 약해진 슌ᄋᆡ는 자신의 과오를 후회하며 대동강에 몸을 던져 죽으려고 한다. 그러나 슈일의 친구 ᄇᆡᆨ락관의 도움으로 다행히 목숨을 건진다. 락관의 계속된 설득에 의해 슈일은 슌ᄋᆡ를 용서하고 두 사람은 새 출발을 다짐한다.

【참고】 연재 지면에 '長恨夢 趙一齋 作'이라고 표기되어 있다. 일본 작가 오자키 코요(尾崎紅葉)의 「金色夜叉(1897)」를 번안한 것으로 조중환이 '趙一齋'라는 이름으로 《매일신보》에 연재한 소설이다. 尾崎紅葉의 「金色夜叉」는 영국 작가 버서 클레이(Bertha M. Clay)의 「Weaker than a woman」을 모방한 작품으로 알려져 있다. 단행본의 상편 원문은 찾을 수가 없다. 중편은 표지에 '長恨夢 中篇', 본문 첫 장에 '쟝한몽 즁권(長恨夢 中卷)'이라고 표기되어 있다. 또한 본문에 앞서 '장한몽 즁편목록(長恨夢 中篇目錄)'이라는 제목으로 제1장부터 제8장까지의 차례가 삽입되어 있다. 하편은 표지에 '卷三 長恨夢 下篇', 본문 첫 장에 '쟝한몽 하권(長恨夢 下卷)'이라고 표기되어 있다. 중편과 달리 하편에는 차례가 삽입되어 있지 않다. 원작의 남주인공 간이치(貫一)를 '이수일', 여주인공 미야(お宮)를 '심순애', 토미야마(富山)를 '김중배', 아타미 해안을 대동 강변으로 바꾸었으며, 원작의 흐지부지한 결말을 번안자의 창의로 보완하여 좀더 내용이 풍부해진 것으로 평가된다. 독자의 반응이 좋아 조중환이 다시 '趙一齋'란 이름으로 《매일신보》에 1915.5.25-12.26(145회 완)에 걸쳐 「속편 장한몽(續編 長恨夢)」을 연재하였다.

장한몽2(번)/長恨夢: 작자미상. 세창서관1936.

【내용】 이수일은 전도유망한 대학생으로, 부모를 잃고 부친의 친구 심상호의 집에서 기거하고 있다. 수일은 심상호의 딸 순애와 깊이 사랑하여 약혼하기에 이른다. 그러나 순애의 부모는 주위의 꼬임에 넘어가 순애를 부호 청년 김중배에게 시집보내려 한다. 순애 역시 중배의 재산에 마음이 흔들려, 자의 반 타의 반으로 중배와 결혼한다. 순애에게 배신당한 수일은 돈을 모아 복수하겠다는 일념으로 최종연이란 고리대금업자 밑에 들어가 일을 배운다. 그는 뛰어난 일솜씨로 주인의 신뢰를 얻는다. 서은경이란 고리대금업자 여성이 그의 마음을 끌려 하지만, 그는 독신으로 지내겠다며 은경의 애정을 뿌리친다. 그러던 중 한을 품은 채무자가 종연의 집에 불을 질러 종연 부부가 몰살하는 일이 벌어진다. 종연의 아들 영식은 부모의 유산을 전부 수일에게 주고 이제는 올바른 길로 돌아오라고 충고한다. 한편 순애는 수일을 잊지 못해 불행한 결혼생활을 하다 이혼한다. 절망한 그

녀는 속죄의 뜻으로 물에 뛰어들어 자살하려고 하지만, 마침 근처에 있던 수일의 친구 백락관이 그녀를 구한다. 순애는 수일에게 용서를 빌지만 그는 냉담하기만 하다. 그녀는 절망한 나머지 정신이상을 일으켜 입원한다. 고리대금업을 계속하던 수일은 우연히 돈이 없어 동반자살하려는 한 쌍의 남녀를 알게 된다. 사정을 들은 그는 사재를 털어 그들을 구원하고, 그의 의로운 행동은 신문을 통해 널리 알려진다. 영식과 락관은 수일이 올바른 길로 돌아온 것을 축하한다. 세 사람은 장학회를 설립하여 사회사업을 하기로 뜻을 모은다. 순애의 병이 깊어지자 락관은 수일을 설득하여 순애를 만나도록 한다. 순애를 찾아간 수일은 그녀를 용서하고, 두 사람은 다시 애정으로 맺어진다. 락관은 장학 사업의 일환으로 서양 문물을 배워 조선에 도움이 되게 하려는 뜻을 품고 서양으로 떠난다. 락관에게 설복당한 은경도 고리대금업을 접고 자기 능력을 발휘하겠다는 뜻을 품고 프랑스로 떠난다. 수일과 순애는 희망에 찬 미래를 꿈꾼다.

【참고】 표지에 '戀愛悲劇脚本 長恨夢 장한몽', 본문 첫 장에 '長恨夢 장한몽'이라고 표기되어 있다. 조중환의 「장한몽(매일신보1913.5.13-10.1)」을 모방 표절한 작품이다. 서강대 소장 세창서관본을 텍스트로 내용을 정리했다. 신활자본이다.

장한애사/長恨哀史

김정표 저작발행. 춘양사1934(68면, 40전).

【내용】 경성에 사는 변호사 이 씨는 조실부모한 조카 인숙을 거두어 기른다. 이 씨의 딸 경영은 내성적이고 얌전한 인숙과 달리 활발하고 질투심이 강한 인물이다. 경영은 아버지 친구의 아들 조명호를 흠모하지만, 명호는 인숙을 마음에 두고 있다. 인숙 또한 명호를 좋아하지만 경영 때문에 표현하지 않는다. 그러던 중 인숙은 사랑을 고백하는 명호를 보고 그의 진심을 받아들이기로 한다. 명호는 이 씨로부터 자신의 딸과 혼인을 하는 것이 어떻겠냐는 질문을 받는다. 그러나 명호는 이 씨가 베풀어 준 도움 때문에 선뜻 인숙에 대해 털어놓지 못한다. 한편 경영은 인숙과 명호를 갈라놓으려는 계책을 꾸민다. 경영은 거짓 연애편지를 써서 명호가 바람둥이인 것처럼 인숙을 속이고, 낙담한 인숙을 데리고 인천 작은집으로 향한다. 그리고 명호에게도 거짓 편지를 써서 인숙이 이별을 통보한 것처럼 꾸민다. 인숙이 변심한 것으로 오해한 명호는 홧김에 경영과의 결혼을 결심하고, 경영은 경성으로 올라와 결혼식 준비를 한다. 한편 마음의 병을 얻은 인숙은 경영과 명호의 결혼 소식을 듣고, 명호에게 사랑한다는 편지를 남기고 죽는다. 인숙의 편지를 읽은 명호는 그제야 모든

사실을 알게 되고 절망하여 종적을 감춘다.

【참고】 국립중앙도서관 소장 춘양사본 본문 첫 장에 '장한애사(長恨哀史)' 라고 표기되어 있다. 사랑하는 남녀 주인공이 방해자의 계략으로 인해 결국 맺어지지 못한다는 비극적인 내용을 담고 있다. 여성인물들의 성격이 대조적으로 묘사되고 있으며, 이로 인해 멜로드라마의 삼각구도가 뚜렷하게 드러난다.

장한의 루/長恨의淚: 진녹성 작. 삼광서림1928(158면, 80전).

【내용】 영철은 교회에서 만난 처녀 박명숙을 사랑한다. 영철은 고향에 아내와 자식이 있다는 사실을 숨긴 채로 명숙과 교제를 시작한다. 명숙의 집안에서는 영리하고 신실한 영철을 마음에 들어 하고, 결혼을 서두른다. 그러자 영철은 고향에 있는 아내에게 이혼하자는 편지를 보낸다. 영철의 아내는 호적 등본을 보내는데, 등본에는 영철의 결혼 사실이 기재되어 있지 않다. 영철은 기뻐하며 호적 등본을 명숙에게 보여 주고 본격적으로 결혼을 준비한다. 결혼 자금이 필요한 영철은 고향에 도움을 요청했다가 거절당하자 방황한다. 명숙은 결혼이 지연되자 태중의 아이를 이유로 들며 결혼을 재촉한다. 고민하던 영철은 명숙에게 이별을 선언하는 편지를 보내고 떠난다. 이에 명숙은 자살을 시도하나 어부의 구조로 살아난다. 명숙의 아버지 박춘식은 땅을 받는 대가로 김 의관의 다섯 번째 첩으로 명숙을 보내려 한다. 명숙은 집을 나와 영철의 집을 찾아가 보지만, 영철이 자식이 딸린 유부남이라는 사실을 알고 절망한다. 아이를 데리고 떠나려는 명숙을 영철의 아내 옥희와 시어머니가 말리고, 명숙은 어쩔 수 없이 그 집에 머문다. 한편 떠돌아다니던 영철은 우연히 만난 친구와 사업을 시작해 성공한 뒤 명숙이 고향집에 있다는 이야기를 듣고 집으로 돌아온다. 명숙은 영철과 재회한 뒤 기쁨을 누리지만 처자가 있는 영철과의 생활에 죄책감을 느끼고 아이만을 남겨 놓고 집을 나와 수녀가 된다.

【참고】 본문 첫 장에 '戀愛悲劇 長恨의淚' 라고 표기되어 있다. 본문 앞에 총 13장의 목차가 있고 각 항목 밑에는 장의 내용이 간단히 요약되어 있다. 사랑에 빠져 종교적 교리를 어겼던 주인공이 자신의 행동을 회개한 뒤 다시 신앙을 회복한다는 기독교적 사상이 강조되어 있다.

장한의 청춘/長恨의靑春: 송완식 발행.

【내용】 미확인.

【참고】 단행본 원본 자료를 구할 수 없어 작품의 경개 및 세부 서지사항을 확인하지 못했다. 1929년 3월호 《조선출판경찰월보》 단행본 출판 금지 목록에 수록되어 있다. 출판 금지 사유는 치안 방해이다.

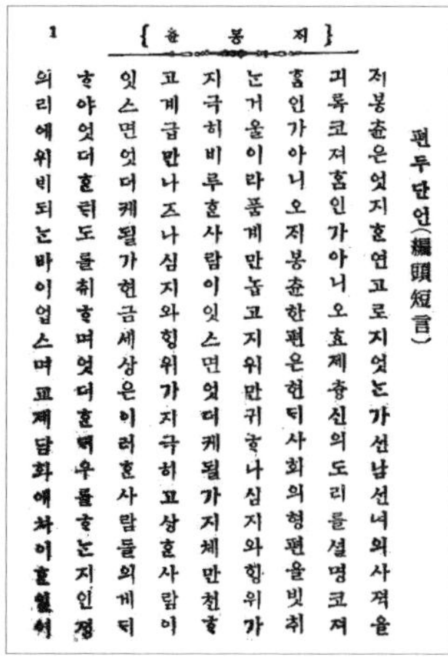

ᄌᆡ봉츈 1

편두단언(編頭短言)

ᄌᆡ봉츈은엇지ᄒᆞᆫ연고로지엇ᄂᆞᆫ가선남선녀의사젹을긔록코져ᄒᆞᆷ인가아니오효제츙신의도리를셜명코져ᄒᆞᆷ인가아니오ᄌᆡ봉츈한편은현ᄃᆡ사회의형편을빗취ᄂᆞᆫ거울이라품계만놉고지위만귀ᄒᆞᆫ나심지와힝위가지극히비루ᄒᆞᆫ사람이잇스면엇더케될가지체만쳔ᄒᆞ고계급만나즈나심지와힝위가지극히고상ᄒᆞᆫ사람이잇스면엇더케될가현금세상은이러ᄒᆞᆫ사람들의게ᄃᆡᄒᆞ야엇더ᄒᆞᆫᄐᆡ도를취ᄒᆞ며엇더ᄒᆞᆫᄃᆡ우를ᄒᆞᄂᆞᆫ지인졍의리에위ᄇᆡ되ᄂᆞᆫ바이업스며ᄭᅭᄌᆡ담화에ᄎᆞ이ᄒᆞᆯ일셔

재봉춘(번)/ᄌᆡ봉츈再逢春

와타나베카테이 작. 리상협 번안. 동양서원1912(209면, 30전) ; 박문서관1923.

【내용】 경성에 사는 리 판서의 아들 균영은 3년 동안 세계를 유람하고 돌아온 개화당 양반이다. 균영은 소년시절 김 판서의 딸 숙희와 혼인을 약속한 바 있다. 하지만 숙희의 이모 됴 씨가 리 판서의 후실이 되는 바람에 그녀와 파혼하고 전 육군 부령 허균의 양녀 영자와 혼인한다. 한편 허 씨 부인은 본디 재력가 빅성달의 딸인데, 부친이 천한 백정이었던 까닭에 이를 숨기고 혼인을 하게 된다. 탐욕스러운 허 부령은 이를 빌미로 허 씨 부인을 괴롭히고 허 씨의 혼인 반지까지 빼앗아 없애 버린다. 한편 계시모 됴 씨와 숙희는 허 씨를 내쫓을 약점을 찾다가 그녀에게 반지가 없는 것을 발견하고 균영에게 고한다. 그 결과 허 씨는 곤란한 상황에 처하지만 총명한 시비 계순의 도움으로 위기를 모면한다. 한편 개성에 거주하는 성달은 허 부령이 딸과 만나게 해 줄 것처럼 하면서 돈만 계속 뜯어내자 직접 딸에게 편지를 보낸다. 시댁 식구 모르게 생부와 만나던 허 씨는 이 일로 누명을 쓰고 집에서 쫓겨난다. 한편 자신의 허물 때문에 허 씨가 시댁에서 쫓겨났다는 사실을 알게 된 허 부령은 균영에게 그간의 일을 자백하고 용서를 구한다. 균영은 행실이 중요한 것이지 계급이 중요하지 않음을 허 부령에게 강조한 후에 동대문 밖 탑골 승방에 있는 허 씨를 찾아가 위로한다. 1주일 후 조선 각처의 신문에는 균영이 인간 최하급의 대우를 받던 자산가 빅성달의 딸과 혼인함으로써 계급구별의 폐습을 타파했다는 기사가 실린다.

【참고】 동양서원본의 본문 첫 장에 '가정소설 ᄌᆡ봉츈 리상협 져'라고 표기되어 있다. 작가 서문이라고 할 수 있는 '편두단언(編頭短言)'이 실려 있다. 그 내용은 인간의 높고 낮음을 결정하는 것은 그 계급이 아니라 인품이라는 것이다. 개화의식의 수용을 둘러싼 갈등과 고난 등을 형상화한 작품으로 평가된다. 메이지 시대의 가정소설 와타나베 카테이(渡邊霞亭)의 「소후렌(想夫憐)」(1894)을 축약 번안한 것이다.

재활(번)/再活

원작미상. 현진건 역. 광한서림1928.

【내용】 「백발」 참조.

【참고】 청황생 번역의 「백발(조선일보1921.5.14-9.30)」을 개제하여 단행본으로 출간한 것이다. 1929년 1월에 발간된 《별건곤》 18호에 수록된 글 「소설 쓴 뒤-소설가가 소설 쓴 때문에 당한 일」

중 현진건이 쓴 「갓잔은 소설로 문제」에는 이 소설의 번역 및 출판 과정이 밝혀져 있다. 현진건이 신문사 재직 시절 원작자를 알 수 없는 서양소설 한 편을 번역하여 「백발」이란 제목으로 신문에 연재했는데, 후에 친구 소개로 모 서점에 삼백 원의 원고료를 받고 번역 원고를 팔았다는 것이다. 이것이 후에 '악마와 가티'라는 제목으로 출판되었으며, 이 서점에서 현진건에게 상의도 없이 다른 서점으로 판권을 양도하여 다시 '재활'이라는 제목으로 출판되었다고 밝히고 있다. 이 내용에 따르면 1929년까지 이 소설이 연재되거나 출간된 횟수는 총 3회이다. 우선 1921년에 '백발'이란 제목으로 《조선일보》에 연재되었고, 1924년 박문서관에서 '악마와 가티'라는 제목으로 단행본이 출간되었으며, 1928년 광한서림에서 '재활'이란 제목으로 다시 출간되었다는 것이다. 이 중 『악마와 가티』는 현재 소장처를 확인할 수 없다. 이후 1948년 문언사에서 '마인'이라는 제목으로, 1949년 동문사서점에서 '요부의 말로'라는 제목으로 다시 출간된 바 있다. 이 중 『요부의 말로』는 국립중앙도서관 소장 자료 목록에 남아 있으나 실물은 확인되지 않는다.

져마무전/**져마무전: 최찬식 편집발행. 신문관1914(48면, 6전).**

【내용】 후한 말엽 사람인 져마무는 덕성이 높아 사람들의 칭송을 받는다. 져마무는 나이 마흔 살에 부귀공명을 이루지 못해 근심하다가 과거 소식을 듣고 상경한다. 그러나 금은이 많아야 합격한다는 말을 듣고 다시 낙향한다. 낙망한 져마무는 인간의 길흉화복이 고르지 못함을 한탄하며 옥황상제와 지부시왕을 책망하는 글을 짓고 불태운 뒤 잠깐 잠이 든다. 이때 태을진군이 옥황상제에게 하계의 선악을 살피지 못하였으니 금두성과 오방신장을 불러 인간의 선악을 살피게 할 것을 아뢴다. 이에 옥황상제가 즉시 북두칠성을 명하여 하계를 살피도록 하는데, 하계에 내려온 북두칠성이 져마무가 쓴 글을 보고 놀라 옥황상제에게 그것을 가져간다. 져마무가 쓴 글을 읽은 옥제는 명부시왕에게 져마무를 잡아다가 화탕지옥에 가둘 것을 명한다. 염라국에 잡혀간 져마무는 염라대왕이 처결하지 못한 400년간의 지부 송사를 모두 해결하겠다고 말하고, 그에게 자신의 재주를 본 후 논죄하기를 청한다. 져마무의 판결에 따라 항우는 관우로 초부는 제갈량으로 환생한다. 져마무가 지부 송사를 모두 해결하자, 옥황상제가 져마무에게 팔십 세까지 부귀공명을 누리고 죽은 후 사마의가 되어 삼국을 통일하고 진나라를 세워 치국만인할 것을 점지한다. 어느 날 홀연히 잠에서 깨어 보니 이 모든 것이 하룻밤의 꿈이다. 져마무는 옥황상제가 점지한 대로 팔십 세까지 부귀공명을 태평히 누린다.

【참고】 연세대 소장 신문관본 표지에 '륙젼쇼셜 져마무젼', 본문 첫 장에 '져마무젼 권지단'이라고 표기되어 있다. 본문 앞에는 고전소설을 고쳐서 '「륙젼쇼셜(六錢小說)」이란 것'을 출판한다는 편집자의 말이 있다. 일명 「몽결초한송」으로 알려진 고전소설 「져마무전」을 옮긴 책이다. 원전의 판본이 다양하며, 중국 고소설의 번안작으로 보는 견해도 있다. '져마무'는 생전의 선악을 심판하고 철저한 인과응보의 원리에 따라 상벌을 내린다. 이본에 따라서는 50여 명에서 80여 명이 등장하기도 한다. 소설의 후반부는 '져마무'의 판결에 의해 초한 시절의 인물들이 삼국시대의 인물로 전생하는 과정으로 구성된다.

적막강산/寂寞江山: 작자미상. 대성서림1928(25전).

【내용】 미확인.

【참고】 단행본 원본 자료를 구할 수 없어 작품의 경개 및 세부 서지사항을 확인하지 못했다. 『일지화(대성서림1928)』 권말 서적 광고에 '偵探小說 寂寞江山' 이라고 제목이 표기되어 있다.

적벽가(번)/赤壁歌: 남궁준 저작발행. 유일서관1916 ; 경성서적업조합1916 ; 화광서림1916 ; 덕흥서림1930 ; 동양서원1932 ; 동양대학당1932.

【내용】 원작 참조.

【참고】 '적벽가' 는 일명 '화용도타령' 이라고도 하며 내용은 「삼국지」의 일부분이다. 문장체 소설인 외국의 작품이 판소리 사설의 플롯으로 차용된 예라고 할 수 있다. 판소리 '적벽가' 에서 파생된 필사본 및 방각본 소설이 전하며, 1916년 이후 국문 활자본으로도 다수 출판되었다.

적벽대전(번)/赤壁大戰: 작자미상. 회동서관1925(65면).

【내용】 원작 참조.

【참고】 『삼국지』의 일부 내용을 다룬 「적벽가」와 『삼설기』의 일부인 「오호대장기」가 합철되어 있는 책이다.

적수대(번)/赤手袋: 그랜트 작. 정순규 역. 박문서관1925.

【내용】 원작 참조.

【참고】 원작은 그랜트(Douglas Grant)의 「The Fifth Ace(1918)」이다. J. P. McGowan 감독의 영화 「The Red Glove(1919)」로 유명해진 작품이다. 鄭淳奎 역의 박문서관본 자료를 확인할 수 없는 상태이다. 다만 "세계적 걸작으로 구주 여러 나라에서 수천만의 인기를 끌어 대환영을 얻은바 이번에 특별히 조선문으로 번역되니 여러 방면으로 일어나는 기괴사건, 대담무적한 악한의 행동은 과연 어떠한가. 질풍, 신뢰, 석화, 전광의 교묘를 극한 흉행수단은 백천의 경관을 번뇌케 한 일대활극이니 누구든지 한 번 읽어 볼 필요가 있습니다"와 같은 '大活劇赤手袋' 서적 광고와 당시 박문서관 단행본 권말 광고 목록을 통해 책의 존재 여부와 출판 시기를 추측할 수 있다. 동일 원작의 번역으로 심일재의 「붉은 장갑(1939)」이 있다.

전염(번)/傳染: 바르뷔스 작. 삼천리사편집국 역. 삼천리1932.1.

【내용】 빛나는 바다 앞에 서 있는 군중의 무리가 있다. 이들은 대체로 야만인들 때문에 내몰

린 이태리인들이다. 고국에서 쫓겨난 이들 가운데에는 이들과 국적이 다른 불가리아 노동자 세 명이 섞여 있다. 세 명의 불가리아인들은 눈 속에 있는 작은 집을 발견하고 그곳으로 가서 이야기를 나눈다. 이들의 고국은 경찰관과 재판관들이 무력을 마구 행사하는 폭력적인 상황에 처해 있다. 혼란스러운 사회 속에서 이름을 알린 세 명의 중죄인들이 있다. 그들은 대성당을 모욕한 죄목을 가진 3인 패거리이다. 이들은 사람들 사이에서 유명하지만 정작 이들의 얼굴을 본 사람들은 거의 없다. 그러던 중 대성당의 폭탄사건 이후 그들 중 피리트라는 자가 범인으로 지목되고 곧 처형당한다. 그는 자신의 무죄를 주장하였지만 소용없었고 그 처형 장면이 활동사진으로 찍혀 사람들에게 공개된다. 그의 죄에 대해서 많은 사람들이 이야기하였지만 정작 그 진실은 아무도 확인할 수 없다.

【참고】 프랑스 작가 앙리 바르뷔스(Henri Barbusse)의 장편 「지옥(L' enfer)」(1908)의 부분 번역이다. 게재 지면에 '傳染 (佛)안리.싸르부쓰 作 三千里社編輯局 譯' 이라고 표기되어 있다.

전원교향악(번)/田園交響樂: 지드 작. 안응열 역. 을유문화사1948(124면, 120원).

【내용】 원작 참조.

【참고】 을유문화사에서 '을유문고' 4권으로 발행되었다. 원작은 프랑스 작가 지드(André Gide)의 「La symphonie pastorale(1919)」이다. 한 여인의 비극적인 운명과 사랑을 다루고 있으며, 인간의 이기적이고 자기기만적인 면을 비판적으로 그려냈다는 평가를 받는다.

절름발이 친왕(번): 어돈부인 작. 조선야소교서회1927.

【내용】 미확인.

【참고】 현재 단행본 원본 자료를 구할 수 없고, 작품에 대한 정보 또한 확인할 수 없다. 이스라엘 최초의 왕이었던 사울의 손자이자 다윗의 친구 요나단의 아들이었던 므비보셋의 삶을 다룬 작품으로 보인다. 그렇다면 '절름발이 친왕' 은 사울 왕이 죽은 후, 왕이 된 다윗의 온정에 의지하여 살았던 절름발이 므비보셋의 처지를 표현한 제목이다.

절박한 일미전쟁기/절박한日米戰爭記: 작자미상. 삼문사1935(60전).

【내용】 미확인.

【참고】 단행본 원본 자료를 구할 수 없어 작품의 경개 및 세부 서지사항을 확인하지 못했다. 『흑의도(삼문사1935)』 권말 서적 광고에 "群小의 小說를 박차고 彗星과 갓치 낫하난 三大小說" 중 하나로 '절박한 日米戰爭記' 라고 제목을 표기하고 다음과 같은 소개의 글을 덧붙였다. "第二世界大戰의 열쉬

를 가진 이 전쟁! 目下世界의 耳目을 集中식힌 이 戰爭! 世界를 左右하는 이 戰爭! 읽으라 누구보다도 朝鮮 사람은 먼저 이 切迫한 日米戰爭記를 읽어야 한다! 아- 무서운 이 절박한 日米戰爭! 포연탄우가 장차 내리랴는 이 쟁장!"

절세가인/졀셰가인絶世佳人: 작자미상. 경성서관1928(54면).

【내용】「가인기우」 참조.

【참고】『가인긔우(대창서원·보급서관1918)』와 동일한 판형과 내용의 작품이다. 서울대 도서관에 소장되어 있다.

절세미인/絶世美人: 작자미상. 대성서림1926(30전).

【내용】 미확인.

【참고】 단행본 원본 자료를 구할 수 없어 작품의 경개 및 세부 서지사항을 확인하지 못했다. 『이팔청춘(대성서림1926)』 권말 판권지의 '신간서적광고'에 '新小說 絶世美人'이라고 제목이 표기되어 있다.

절세미인도/絶世美人圖: 신흥서관 편. 신흥서관. 초판연도불명.

【내용】 서울 자하동에 사는 리 참판은 슬하에 자식이 없다가 나이 사십이 넘은 후에야 비로소 딸 옥경을 얻는다. 지극 정성으로 키운 옥경이 18세에 이르자, 리 참판은 진영 사는 김 진사의 아들 성용이 수재임을 알아보고 혼인을 청한다. 김 진사 역시 옥경이 어여쁘고 총명한 것을 보고 리 참판의 청을 흔쾌히 받아들인다. 그런데 김 진사 내외가 갑자기 죽고 성진이 삼년상을 지내야 해 혼일 날짜가 미뤄진다. 그사이 경기 감사는 상처한 뒤, 아내를 찾다가 옥경이 아름답다는 소식을 듣고 청혼을 한다. 리 참판 내외는 이미 옥경이 정혼한 처지라고 거절하나 경기 감사는 이를 무시하고 옥경을 차지하려고 한다. 이때 비록 종이지만 옥경과 친형제처럼 자란 화선이 대신 경기 감사에게 시집을 가겠다고 자청한다. 용모가 옥경과 매우 비슷한 화선은 일찍 시집을 갔다가 남편을 잃고 청상과부로 있는 처지였다. 옥경은 리 참판 내외 몰래 남장을 하여 성용을 찾아 떠나고, 화선은 경기 감사에게 시집을 간다. 옥경은 그녀를 자신의 사윗감으로 점찍은 방물장수 장 소사의 도움으로 수원 룡주사에 머무르고, 옥경 대신 시집간 화선은 유서를 쓰고 자살한다. 사정을 모르는 리 참판 내외는 슬픔에 빠지고, 경기 감사는 다른 여자를 찾을 요량으로 그림을 잘 그리는 안 법사를 시켜 전국을 돌아다니며 미인의 그림을 그려 오라고 시킨다. 마침 안 법사는 수원 룡주사에 들렀다가 남장한

옥경을 보고, 여자인 것처럼 그려 미인도를 완성한다. 안 법사의 미인도를 보고 그림 속 인물이 옥경임을 알아본 경기 감사는 리 참판 내외가 자신을 속였다는 것을 깨닫고 그들을 감옥에 가둔다. 한편 부모를 잃고 정혼한 여자마저 잃은 성용은 아픔을 딛고 공부에 전념하여 과거에 급제한다. 그는 경기도 암행어사로 임명받아 그동안 학정을 일삼은 경기 감사를 처벌하고 리 참판 내외를 구한다. 이 소식을 들은 옥경은 서울로 돌아와 리 참판 내외와 상봉하고 성용과 혼인을 한다. 그리고 그녀는 장 소사의 딸 주선영의 인물됨이 좋다 여겨 성용에게 두 번째 부인으로 맞이할 것을 간청하고 성용은 이를 받아들인다. 모든 일을 마무리하고 리 참판 내외와 성용 내외는 화선의 묘를 찾아 비문을 고치고, 만고 열녀로서 조문한다.

【참고】 본문 첫 장 제목 아래에 '(新興書館編)' 이라고 표기되어 있다. "지금은 문명이 차차 진보되고 인지가 점々 개발하야 법률이 밝은 시대라" 등과 같이 서술 시점이 작품의 배경인 조선 시대와 다르다는 표지가 작품 곳곳에 있다. 서강대 소장 세창서관본을 텍스트로 내용을 정리하였으나, 신흥서관 간 초판의 발행 연도 및 기타 서지사항은 확인되지 않는다. 회동서관 간 『미인도(1913)』와 내용이 대동소이하다.

절세미인 서시전/절세미인서시젼絶世美人西施傳

김송규 저작발행. 광한서림1929(41면, 20전).

【내용】 중국 춘추시대 월왕 구천이 오왕 부차와의 전쟁에서 패배한다. 월나라 구천의 참모이자 충신 범려는 재물과 미녀로 오왕의 환심을 사는 한편 비밀리에 정예병을 길러 오나라를 무너뜨릴 계획을 수립한다. 범려는 수소문 끝에 월나라 저라산 근처에서 나무장수의 딸로 태어난 절세미인 서시를 찾아낸다. 월나라에 대한 서시의 충정을 확인한 범려는 자신의 계획을 서시에게 설명한다. 서시는 범려의 전략에 따라 패전 처리에 대한 공물로 오나라 부차의 여인이 된다. 서시에게 빠진 부차는 월나라를 끝까지 없애야 한다고 주장하던 오자서를 죽이면서까지 경계에 소홀하다 결국 국력을 키운 월나라에 패망하게 된다. 오나라가 멸망하는 날 범려는 서시와 함께 부귀영화를 버리고 오호로 도피한다.

【참고】 작자 미상의 소설이다. 서울대 도서관 소장 광한서림본 표지에 '絶世美人 西施傳' 이라고 표기되어 있다. 이 작품은 중국 춘추시대 오나라를 멸망시킨 월나라 절세미인 서시에 관한 이야기를 다루고 있는데, 양백화의 작품 「빨래하는 처녀」와 내용이 대동소이하다.

절영신화/絶纓新話: 백치생 작. 대한민보1909.10.14-1909.11.23(30회 완).

【내용】 양반 '샌님'이 장에 가는 길에 서울 가는 상놈 '덤벙이'를 만나 대화를 나눈다. 샌님은 곧 태어날 조카가 딸이기를 바라는데, 그 아이가 자라 권세가에 시집가면 그 덕을 볼 수 있을 것이라고 말한다. 그러자 덤벙이는 그래 봐야 샌님은 암양반이 될 뿐이라면서 자신은 재

혼하여 아들을 낳아 대가 끊긴 권세가에 양자로 들여 그 덕을 보겠다고 말한다. 이에 샌님은 권세가의 양자로 간 아이가 친부모와 형제를 돌보지 않는다고 이야기한다. 덤벙이는 자신의 아들 교육을 서당에서 시켜야 하는지 학교에 보내야 하는지 묻는다. 샌님은 당연히 서당에서 가르쳐야 한다며 자신이 훈장이 되겠노라고 말한다. 덤벙이는 샌님에게 무당의 수양아들이 되거나 권세가의 집에서 아들 노릇을 하든지 오라비 노릇을 하든지 손자 노릇을 하든지 창피해하지 말라고 말한다. 이 말에 샌님은 대한민보가 사람의 선악을 공명정대하게 분별하기 때문에 무서워서 그렇게 할 수 없다고 대답한다.

【참고】 연재 지면에 '滑稽小說 絶纓新話 白痴生'이라고 표기되어 있다. '소설'이라는 제목이 붙어 있지만, 실제로 대화로만 이루어진 단형서사이다. 주로 덤벙이에 의해서 대화가 주도되고 있으나, 덤벙이와 샌님 서로가 서로의 풍자 대상이 되고 있다.

절처봉생/절쳐봉싱絶處逢生

노익형 편집발행. 박문서관1914(159면, 30전).

【내용】 판서의 손자이자 참판의 아들이지만 가난한 청백리인 리 진사는 시대의 변화에 편승하지 않고 남산골 삼간초막에 은둔하여 부인 김 씨의 삯바느질로 연명하고 있었다. 서울 장안에 난리가 일어나 모두가 피난을 가는 통에 리 진사의 가족도 피난을 가기로 결정은 하였으나 책상물림인 리 진사나 양반댁 규수였던 부인 김 씨나 또 어린 딸 정희나 애초에 먼 길을 맨 걸음으로 떠날 수 있는 사람들이 아니었다. 피난 인파 속에서 갖은 고생을 겪던 리 진사 가족은 말을 끌고 가던 장돌쇠라는 사람을 만난다. 돌쇠는 리 진사 가족의 형편을 짐작하고 다리 아픈 김 씨 부인을 말에 태워 주는 체하며 납치하는 데 성공한다. 설상가상으로 리 진사는 딸 정희마저 노상에서 잃어버려 세 사람은 모두 뿔뿔이 흩어지고 만다. 납치되었던 김 씨는 됴 생원이라는 은인을 만나 돌쇠의 마수에서 벗어나지만, 됴 생원이 리 진사의 행적을 좇으러 나간 사이 제2의 위기를 맞게 된다. 결국 됴 생원의 집을 떠나 다시 한 번 죽을 고생을 한 김 씨는 또 다른 구원자인 황 의관을 만난다. 한편 낙담한 리 진사는 부인과 딸을 찾는 일이 불가능함을 느껴 곳곳을 유람하다가 수월자라는 여승을 만나는데, 그 만남 때문에 봉변을 겪기도 하나 결국은 경난이라는 이름으로 환속한 수월자와 혼인에까지 이른다. 딸 정희 또한 갖은 고생을 겪고 은인에 의해 구출되기를 반복하는데, 다행히 그동안 공부를 계속하는 기회를 얻는다. 다시 볼 수 없을 것만 같던 가족이 우연히 상봉하게 되고 함께 행복을 누린다.

【참고】 표지에 '新小說 絶處逢生 절쳐봉싱'이라고 표기되어 있다. 이인직의 「혈의 루」 이후 지속적으

로 반복되는 '절처봉생'의 모티프가 작품 표제로 전면화된 작품이다. 가족의 이산과 상봉을 그린 점이나 어린아이에게 신교육의 기회를 부여하려 한 점, 실의한 남편의 방랑, 젊은 아내의 자살 기도까지 전형적인 신소설의 서사 구조를 보여 준다. 『마상루(동양서원1912)』의 서사와 공통된 부분이 많다. 그러나 「마상루」가 부부간의 이야기인 반면 「졀쳐봉싱」은 어린 딸의 서사가 끼어들어 좀더 입체적인 구도를 형성하고 있으며, 개화기 당대의 계몽적 주제의식도 강화되었다고 할 수 있다.

젊은 베르테르의 슬픔(번): 괴테 작. 현철민 역. 문예서림1948(350원).

【내용】 미확인.

【참고】 현재 단행본은 확인할 수 없고 다만 1948년 1월1일 《주간서울》 광고에 다음과 같이 소개되어 있다. "나폴레옹이 陣中에서도 놓지 않코 愛讀하든 册 文豪 괴에테의 作品中에서 가장 많이 읽여진 册 수많은 靑年男女를 或은 更生케 하고 或은 自殺케 한 册 이 册은 사랑과 孤獨과 良心을 안고 眞實이 살려는 한 젊은이의 슳음과 죽엄을 그려 讀者에 가슴속 깊이 스며든다."

젊은이의 노래: 윤창순 작. 박루월 각색. 영창서관1930(96면, 50전).

【내용】 젊고 아름다운 여배우 영애는 가난한 청년 음악가 철수를 사랑하지만 탐욕스러운 노인인 그의 어머니와 방탕한 그의 오빠 영철은 지위와 금전을 가진 리 백작의 유혹에 넘어가 영애를 그의 첩으로 주려 한다. 영애는 리 백작의 첩이 되는 일을 단호히 거부하고 철수만을 사랑하기로 맹세한다. 딱한 사정을 들은 철수는 영애를 위로하며 '젊은이의 노래'를 연주해 주는 등 두 사람의 사랑은 날로 깊어진다. 질투에 못 이긴 리 백작은 철수를 유인하여 폭행한다. 이 사고로 철수는 실명하고, 자초지종을 알게 된 영철은 자신의 과오를 뉘우치며 사죄한다. 철수에게는 철준이라는 동생이 하나 있었는데, 평양 출신 작부인 영자와 교제 중이다. 철준은 공금을 빼 써 가며 영자의 마음을 얻으려 하지만 그녀가 원하는 것은 돈뿐이었다. 배신감을 느껴 영자를 힐난하던 철준은 오히려 그녀의 정부에게 폭행까지 당한다. 우연히 사정을 알게 된 영애는 철준이 횡령한 돈 이천 원을 대신 갚아 주기로 약속해 버린다. 실명을 하고 신경쇠약에 걸린 철수는 영애를 의심하는 일이 잦아지고 점점 광인이 되어 가는데, 철준과 영애의 만남을 불륜으로 오인한 친구의 밀고로 상심은 더욱 깊어진다. 이천 원이라는 거금을 구할 길이 없는 영애는 결국 리 백작을 찾아가게 되고, 리 백작은 단 하루를 말미로 돈을 빌려준다. 영애는 빌린 돈을 철준의 하숙에 맡겨 둔다. 그사이 철준은 숙부를 찾아가 애걸복걸하여 횡령했던 공금을 채워 넣었고, 숙소를 비운 사이 영애로부터 자신에게 건네진 돈을 찾아 급히 형의 집으로 간다. 철수 앞에서 영애를 강제로 데려가려던 리 백작 앞에 철준이 나타나 돈을 갚고, 철수는 기적적으로 눈을 뜬다.

【참고】 서울대 도서관 소장 영창서관본 표지에 '映畵小說 젊은이의 노래', 속표지에 '一名 狂亂의 노

래' 라고 표기되어 있다. 표지와 서언을 참고하면 윤창순 원작, 김영환 감독으로 영화화된 것을 박루월이 영화소설로 각색한 것임을 알 수 있다. 표지에는 '박루월 편' 으로 본문 첫 장에는 '박루월 역' 으로 표기되어 있다. "이 詩 한 篇을 可憐한 處地에서 彷徨하는 나의 동무들의 마음속에 삼가 보내인다"는 원작자 윤창순의 말이 실려 있고, 본문 마지막 장에는 '1930. 3. 17밤 完文' 이라 하여 탈고 시기를 기록하고 있다.

정든 애인/정든愛人: 작자미상. 덕흥서림1933(30전).

【내용】 미확인.

【참고】 단행본 원본 자료를 구할 수 없어 작품의 경개 및 세부 서지사항을 확인하지 못했다. 『옥련의 눈물(덕흥서림1933)』 권말 '京城德興書林新刊書籍廣告' 에 '神聖戀愛 정든愛人' 이라고 제목이 표기되어 있다.

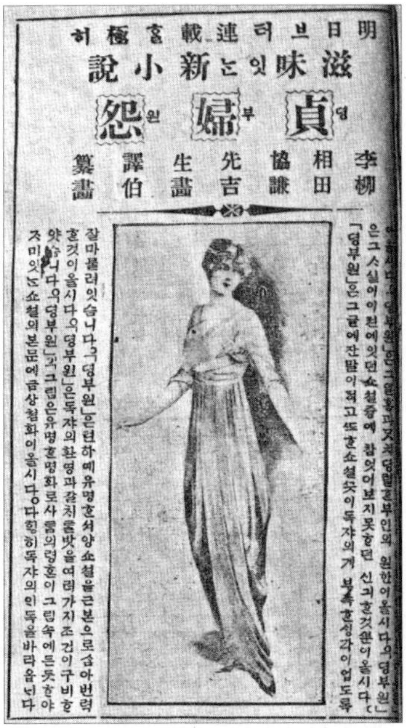

정부원(번)/貞婦怨

브래든 작. 하몽 번안. 매일신보1914.10.29-1915.5.19(155회 완) ; 박문서관1916.

【내용】 원작 참조.

【참고】 메리 엘리자베스 브래든(M. E. Braddon)의 「Diavola: or The Woman's Battle(1866)」을 번안한 구로이와 슈로쿠(黑岩周六)의 「捨小舟(1894)」를 하몽(何夢) 이상협이 다시 번안한 작품이다. 연재 지면에 '貞婦怨 何夢' 이라고 표기되어 있을 뿐 번역 혹은 번안에 대한 표지가 없다. 이 작품은 여주인공 정혜가 음모와 흉계 때문에 남작과의 사랑을 이루지 못하다가 나중에 다시 남작과 재결합에 성공한다는 내용을 그린 멜로드라마이다. 부귀문중에서 금지옥엽같이 자라난 여아가 부모를 생이별하고, 혈혈단신으로 바이올린에 몸을 의탁하여 전전걸식하던 중 남자를 만나 동방화촉의 단란한 가정을 이루어 살지만, 조카의 간계로 사랑하는 남편을 이별하고 만다. 긴 방랑생활 끝에 이십 년간의 이별로 낯모르게 된 부모를 찾고 남편과도 만나게 되는 이야기다.

정부의 루/貞婦의淚: 이소 작. 영창서관1925(80전).

【내용】 미확인.

【참고】 단행본 원본 자료를 구할 수 없어 작품의 경개 및 세부 서지사항을 확인하지 못했다. 『금낭이

산(영창서관1925)』 권말 영창서관 발행 서적 광고에 '貞婦의涙' 라고 제목이 표기되어 있다. 영창서관에서 펴낸 『신간도서목록』에 '二笑 作 人情悲劇 貞婦의涙' 라고 표기되어 있다.

정숙의 루/貞淑의涙: 작자미상. 영창서관1933(25전).

【내용】 미확인.

【참고】 단행본 원본 자료를 구할 수 없어 작품의 경개 및 세부 서지사항을 확인하지 못했다. 『청춘의 한(영창서관·한흥서림·진흥서관1933)』 권말 판권지의 서적 광고에 '貞淑의涙' 라고 제목이 표기되어 있다.

정조/貞操: 작자미상. 태화서관1929(30전).

【내용】 미확인.

【참고】 단행본 원본 자료를 구할 수 없어 작품의 경개 및 세부 서지사항을 확인하지 못했다. 『만화방창(태화서관1929)』 권말 서적 광고에 '戀愛小說 貞操' 라고 제목이 표기되어 있다.

제갈량(번)/諸葛亮: 현공렴 저작발행. 광익서관1915 ; 박문서관1922.

【내용】 원작 참조.

【참고】 『삼국지연의』 계열의 고전소설이다. '삼국풍진제갈량', '제갈량전', '제갈무후전' 등의 표제로 발행되었다는 기록이 있다. 『삼국지연의』의 부분 번역으로 간주할 수 있는 작품이다.

제르미니(번)/쩨르미니: 공쿠르형제 작. 심향산인 역. 조선일보1929.12.6-?(3회 완).

【내용】 쩨르미니는 불란서 시골 직공의 딸이다. 그녀는 일찍 부모를 여의고 열네 살 때 언니와 헤어져 일자리를 찾아 파리로 건너온다. 쩨르미니는 카페 여급으로 일하는데 악덕한 카페 주인에게 괴롭힘을 당한다. 쩨르미니는 늙은 심부름꾼과 가까워지지만 그로 인해 임신하고 아이를 낳는다. 여기저기서 시중드는 일을 하던 쩨르미니는 늙은 부인의 집에 들어가 하녀로 일하게 된다. 그러던 중 결혼하여 '아푸리카'로 가서 가정을 꾸린 언니가 죽었다는 소식을 듣는다. 쩨르미니는 궁핍한 상황에서도 조카들의 양육비를 모아서 형부에게 보낸다. 얼마 후 조카들은 죽고 말지만 형부는 그 사실을 숨긴 채 쩨르미니가 보낸 돈을 모두 챙긴다. 쩨르미니는 한 바람둥이 청년에게 마음을 빼앗겨 맹목적인 사랑에 빠진다. 쩨르미니는 그 남자의 환심을 사기 위해 헌신적으로 노력하지만 상대는 냉담하다.

【참고】 '태서명작경개 51-53회' 까지 전 3회에 걸쳐 프랑스의 작가 공쿠르 형제(Goncourt, Edmond and Jules)가 쓴 장편소설 「제르미니 라세르퇴(Germinie Lacerteux)」(1865)를 요약하여 줄거리를 소개한 것이다. 역자 심향산인(心鄕山人)은 작품 소개에 앞서 '꽁쿠르' 형제, 즉 형 '에드몬' 과 아우 '쮸-르' 의 일대기를 소개하고 있다. 원작에서는 남자들에게 헌신하지만 번번이 버림을 받던 주인공이 결국 병에 걸려 무료진료소에서 죽음을 맞는 장면으로 끝을 맺는데, 《조선일보》에 연재된 자료는 낙장 등의 사유로 1, 2회 연재분만 확인할 수 있으며, 12월 11일자에 '태서명작경개 54회가 이어지므로 8일-10일 사이에 마지막 3회가 연재되었음을 알 수 있다.

제사박사(번)/第四博士: 밴다이크 작. 밀러·김동극 공역. 조선야소교서회1920(63면).

【내용】 원작 참조.

【참고】 원제는 『The Other Wise Man』이다. 원작자는 헨리 밴 다이크(Henry van Dyke)이며 미국 북장로교 소속 선교사 밀러(E. H. Miller/密義斗)와 金東極이 공역했다. 예수 탄생 때 예수를 경배하지 못한 네 번째 동방박사 '앗타싼'의 이야기를 다룬 작품이다. 이 작품은 성탄절과 관련 있는 동방박사 이야기를 통해서 참된 신앙인의 모습, 영성을 소개하고 있다. 또한 성탄절 설교 예화나 성극으로 표현되어 당시 한국인들의 성탄절 문화에 영향을 주었다. 『(한국기독교박물관 소장)기독교 자료해제(2007)』를 참조하여 서지 및 참고사항을 정리하였다.

제이의 접문(번)/第二의接吻

기쿠지간 작. 이서구 번안. 매일신보1926.2.28-6.27(116회 완).

【내용】 원작 참조.

【참고】 연재 지면에 '第二의 接吻 李瑞求 譯' 이라고 표기되어 있다. 일본 다이쇼 시대 작가 기쿠지 간(菊池寬)이 1925년 《아사히신문》에 연재한 『第二の接吻』이 원작이며, 역자 이서구가 인명 등을 우리말로 고쳐 번안한 것이다. 《매일신보》 1926년 2월 24일자에 "신춘 독서계에 경이적 환영을 받고, 일전 시내 황금관에 활동영화가 상장되어 모든 이를 열광케 했던 '第二 接吻' 을 게재"한다는 연재 예고가 실려 있다. 자신이 사랑하는 숙희와는 제대로 키스를 해 본 적이 없는 익수가 자신이 싫어하는 여성이자 숙희를 못살게 구는 인물인 명숙과는 두 번의 키스를 하게 된다는 아이러니한 내용을 담고 있다.

三面小說豫告
第二의接吻
菊池寬著
李瑞求譯
金復鎭畵

제일강산/뎨일강산第一江山: 강의영 저작발행. 영창서관1928(110면, 40전).

【내용】 정창인은 평양의 유명한 재상이며 재산가인 정 승지의 외아들이다. 정 승지는 사십이 넘은 나이에 아들을 얻지만 부인 서 씨가 병을 얻어 죽자 아들이 하나 딸린 과수 리혜경

을 유모로 맞는다. 정성을 다해 아들을 보살피는 혜경을 마음에 두고 있던 정 승지는 그녀를 부인으로 맞아 연을 맺고 그녀의 아들도 정창용이라 하여 자신의 아들로 삼는다. 그러나 창인이 열세 살, 창용이 열두 살 되던 해 정 승지가 우연히 병을 얻어 죽자 혜경은 재산을 탐하는 마음이 생긴다. 어느덧 세월이 흘러 창인이 열아홉 살이 되었지만 혜경은 재산 욕심에 창인을 혼인시키지 않고, 창용을 부추겨 창인을 죽이려 한다. 창용은 대동강에서 놀이 배를 탄 후 능라도로 창인을 유인하여 육혈포로 쏴 죽이려 한다. 서로 몸싸움을 벌이던 와중 어디선가 날아온 총에 창용이 맞아 쓰러지고 창인은 정신을 잃는다. 정신을 되찾은 창인은 자신이 창용을 죽인 줄 알고 당황하다 순사들에게 잡혀간다. 창인이 사형에 처해진다는 기사를 본 박춘션은 열아홉 살 누이동생 영희에게 사냥을 나갔다가 우연히 창인과 창용의 싸움을 보고, 창용을 엽총으로 쏜 것이 자신이라는 것을 밝힌 후 평양지방법원검사국에 자수를 한다. 춘션은 6년 징역에 5년 집행유예를 선고받는다. 창인은 자신의 목숨을 구하여 준 춘션이 자수를 한 것에 고마워하며 누이동생 영희에게도 호감을 갖는다. 창인과 영희는 석경을 주고받은 후 혼인가약을 맺는다. 한편 서모 혜경은 자신의 아들 창용을 죽인 춘션과 창인을 죽일 계획을 품고, 이질 윤경신을 불러들여 일을 사주한다. 경신은 일이 성사되면 재산의 반을 넘겨준다는 증서를 받은 후 혜경에게 일부러 상처를 입혀 마치 춘션과 창인이 혜경을 살해하려 한 것처럼 꾸민다. 경신은 영희 또한 겁탈하려 하다가 붙잡히는데 그 와중에 혜경과 주고받은 증서가 발각되어 모든 계략이 탄로 난다. 경신은 종신 징역을 선고받고, 혜경은 7년 징역 선고를 받게 된다. 이후 창인과 영희는 혼인을 하고, 춘션 또한 부인을 맞아들여 행복하게 살게 된다.

【참고】 고려대 도서관 소장 영창서관본 표지에 '삼천리 졔일강산 第一江山', 본문 첫 장에 '위기일발 危機一髮 뎨일강산 第一江山'이라고 표기되어 있다. 선고 공판 과정이 상세하게 묘사되어 있는 것이 특징이다. 내용상 최찬식의 소설 「릉라도」의 화소와 모티프를 많은 부분 차용했음을 알 수 있다.

조국(번)/祖國: 제롬스키 작. 현진건 역. 신동아1932.3-1932.7(4회 미완).

【내용】 원작 참조.

【참고】 연재 지면에 '長篇小說 祖國(一名 不死鳥의 灰) 波蘭 스테반·제롬스키 原作 玄鎭健 述'이라고 표기되어 있다. 원작은 폴란드 작가 스테판 제롬스키(Stefan Zeromski)의 국민적 서사시 「재(Popioly)」(1904)이다. 연재 첫 회 모두에 "지면 제한상 간단한 골자만을 소개하는 것"과 "加藤朝鳥 교수의 日本譯을 중역한 것"이라는 점을 역자 스스로 밝히고 있다. 4회 연재 말미에 '前篇 終'이라고 표기되어 있는데, 후편은 찾을 수 없다. '라펠'과 '헤렌'이라는 청년 남녀를 중심으로 하여 폴란드 독립운동의 비극을 그리고 있다.

조 부인전/趙婦人傳: 작자미상. 한성신보1896.5.19-1896.7.10(27회).

【내용】 강도 땅의 명문귀족 조익성의 딸로 태어난 옥정은 학문을 익히며 나날이 성장하다 십오 세에 이르러 왕 상서의 아들 명중과 혼인한다. 왕 상서의 집에 들어 온 조 부인은 시부모와 남편의 사랑을 받는다. 그러던 어느 날, 시부모가 노환으로 세상을 떠난 뒤에 남편마저 갑자기 죽자 조 부인은 어찌할 바를 모른다. 한편 왕 상서 집안의 하인 출신으로 전쟁에 참전한 공으로 벼슬을 얻은 한국청이 왕 상서 집안의 재산을 빼돌리고 조 부인을 취하려는 계교를 드러낸다. 이 과정에서 조 부인은 남편을 독살한 국청의 죄상을 알게 된다. 그녀는 시비와 노복의 힘을 빌려 국청을 없애려던 계획이 실패하자 스스로 목숨을 끊으려 하다가 남편의 원수를 갚아야 한다는 생각에 목숨을 연명한다. 한편 조 부인의 사정을 알게 된 그녀의 사촌 옥준과 옥청은 각지의 영웅과 장사를 불러들이고 서호영의 도움을 받아 공격 끝에 국청의 항복을 받아낸다. 옥청과 조 부인은 호영의 은덕에 감사하고, 그들은 의형제와 의남매를 맺는다. 농민의 가난 해결에 앞장서던 그녀는 천하의 거부가 되어 간다. 이때에 조 부인을 흠모하던 거상 노려위가 조 부인을 취할 요량으로 국청과 연합하여 쳐들어온다. 하지만 미리 대비하고 있던 조 부인과 호영에게 크게 패하고 도망친다. 점차로 조 부인의 명성은 천하에 진동한다.

【참고】《한성신보》에 게재된 최초의 서사문학 자료로 연재 이전에 다음과 같은 사고(社告)를 실었다. "이번에 社員이 쇼셜칙을 읏더왓ᄂᆞᆫᄃᆡ 그 칙 일홈은 趙婦人傳이라 ᄒᆞ야 퍽 ᄌᆞ미가 잇고, 부인네게 ᄎᆞᆷ징계될 ᄒᆞ온 즉, 젼ᄅᆡ 긔ᄌᆡᄒᆞ야 英國史要ᄂᆞᆫ 中止ᄒᆞ고 次号부터 登載ᄒᆞ오니 閱讀者君은 培舊로 사 보심을 바라ᄂᆞ이다." 작품 속 인물과 지명 등으로 볼 때, 중국 작품의 번역물로 보이며, 내용은 주인공 조 부인의 여성으로서의 자아 확립 과정을 다루고 있다.

조선의 아내/조선의안해朝鮮의안해

양고봉 작. 이문당1933(115면, 30전) ; 평문사1948.

【내용】 김옥균의 개혁이 실패로 끝난 후 완도로 유배를 떠난 홍 판서는 아이들을 가르치며 생활한다. 이듬해 홍 판서 부부는 어린 아들을 남겨두고 홀연히 사라진다. 어부 홍순보가 홍 판서의 아들을 거두어 '홍판쇠'라는 이름을 붙여 준다. 세월이 흘러 열여섯 살이 된 판쇠는 순보와 함께 장사를 시작한다. 판쇠가 이웃 처녀 영순을 좋아하자 순보는 둘을 혼인시킨다. 판쇠와 순보가 바다에 나간 후 배가 부서졌다는 소식이 들려온다. 미친 듯이 울며 집을 나간 영순은 목포까지 흘러가고, 그곳에서 예수교를 믿는 여인의 수양딸이 된다. 영순은 자신에게 치근대는 남자들을 피해 서울에 사는 의붓오빠 경호의 집에 머물며 학교에 다닌다. 한편, 가까스로 구조된 판쇠는 순보가 죽고 영순이 집을 나가 행방불명이라는 소식에 절망한다. 그러다 뜻하지 않은 싸움에 휘말린 판쇠는 7년 동안 감옥살이를 하면서 운동가로 변

신한다. 출소 후 개혁운동을 하던 판쇠는 불온하다는 오해를 받고 붙잡혀 사형선고를 받는다. 우연히 신문에서 판쇠의 기사를 읽은 영순은 충격으로 미쳐서 집을 나간다. 며칠 후 경호는 영순의 싸늘한 시체를 발견한다.

【참고】 속표지에 '梁孤峯 著 朝鮮의안해' 라고 표기되어 있다. 「조선의 안해」가 시작되기에 앞서 「세루두르막이」, 「안해」라는 두 개의 단편이 실려 있다. 또한 「조선의 안해」에서 본격적인 스토리가 전개되기 이전에 "나의 동지(同志) 오군이 벌서 십 년 전에 들니어준 이야기"라는 저자의 서술이 보인다. 모두 18장으로 구성되어 있으며 각 장에는 제목이 달려 있다. 남주인공이 개혁운동가로 설정되어 있지만 정치적 상황이 자세히 그려지지는 않는다. 양고봉(梁孤峯)은 공주 지역 동인지 《白熊》에 엄흥섭, 박아지 등과 함께 동인으로 참여한 문인이다. 고려대 도서관 소장 이문당본을 텍스트로 내용을 정리했다.

조자룡 실기(번)/죠자룡실긔趙子龍實記

작자미상. 세창서관1918 ; 영창서관1918 ; 덕흥서림1926 ; 조선도서주식회사1926.

【내용】 내용 생략.

【참고】 「삼국지연의」계 고전소설인 「산양대전」의 국문 활자본 이본이다. 「삼국지연의」의 부분 번역으로 간주할 수 있다.

조지 뮬러전(번)/지요지뮬라젼

원작미상. 언더우드부인 역. 조선야소교서회1922(49면).

【내용】 내용 생략.

【참고】 세계적인 전도자 조지 뮬러(George Muller, 1805-1898)의 전기를 언더우드 부인(Mrs. H. G. Underwood)이 번역했다. 뮬러의 생애를 시대별로 서술해 가면서 사이사이에 기독교 신앙에 근거한 비평을 집어넣은 평전 형식의 전기이다. 『(한국기독교박물관 소장)기독교 자료해제(2007)』를 참조하여 서지 및 참고사항을 정리하였다.

좁은 문(번): 앙드레지드 작. 김병규 역. 을유문화사1948.

【내용】 원작 참조.

【참고】 현재 단행본 원본 자료를 구할 수 없다. 원작은 프랑스 작가 앙드레 지드(André Paul Guillaume Gide)의 「좁은 문(La Porte E Troite)」(1909)이다.

종림폭격(번)/柊林爆擊: 싱클레어 작. 역자미상. 신동아1935.9.

【내용】 유태인 윌렴 폭스는 가난한 형편 때문에 학교를 그만두고 구두닦이와 행상을 한다. 가난은 어린 폭스에게 막연하게나마 자본주의 사회의 모순을 깨닫게 만들고, 폭스는 점차 사회주의 신념을 갖게 된다. 극장 앞에서 우산을 팔던 폭스는 때마침 발명된 활동사진에 흥미를 갖게 된다. 그는 예전에는 노동자가 영화 한 편 관람할 수 없었지만 활동사진이 나온 후에는 저렴한 돈으로 가족 모두가 영화를 볼 수 있음을 알게 된다. 영화가 무산자의 예술임을 파악한 것이다. 폭스는 영화판에 뛰어들어 각고의 노력 끝에 영화사업가로 변신한다. 유태인인 폭스가 영화산업을 이끌어 가자 미국 금융의 워-르가에서는 음모가 시작된다. 주가를 폭락시켜 폭스를 금융에서 고립시킨 것이다. 결국 폭스는 파산을 당하고 이 사건은 아무도 모르게 무마되고 만다.

【참고】 미국 작가 싱클레어(Upton Sinclair)의 「Upton Sinclair Presents William Fox(1933)」를 소개하고 해설하는 성격의 글이다. 필자(역자)의 이름이 밝혀져 있지 않다. 싱클레어의 원저는 경우에 따라 'novel'로 간주되기도 하나, 원작의 내용상 논픽션으로 분류되는 것이 타당하다. 미국의 영화사업가인 윌리엄 폭스가 유대인이라는 이유로 자본주의의 음모에 모든 것을 약탈당하는 억울한 사건을 제재로 하고 있다. 본문 앞에 원저의 제목을 '종림폭격(柊林爆擊)'으로 번역 표기하고 있지만, 본문 내에서는 '종림폭격', '성림폭격(聖林爆擊)'이 혼용되어 쓰이고 있다. 작품의 내용을 소개하기 전에 "업튼 싱크레어! 그는 現代亞米利加文學의 一驚異이다", "그는 炭鑛을 썼다. 그는 石油를 썼다. 그는 뉴욕 群小信托會社를 破產식힌 金融王 모르간을 分析했다. 그는 橫暴한 銀行家群에게 事業家이요 製紙工場主인 보스톤이 白晝에 었떠케 掠奪되는 것을 썼다" 등의 서술로 작가에 대한 소개를 하고 있다. 작품을 직접 번역한 것이라기보다는 간략한 줄거리를 축약해서 설명하고 그에 대한 논평을 덧붙이는 형식의 글이다. 즉 원작의 경개를 포함한 작품 해설이다.

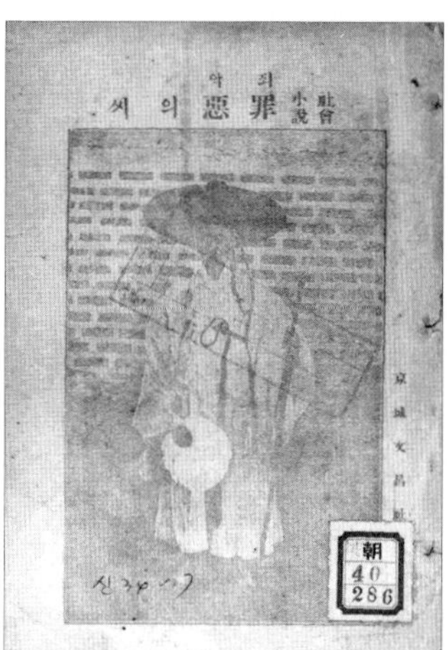

죄악의 씨/罪惡의씨: 최연택 작. 문창사1922(65면, 25전).

【내용】 김철수는 돈을 벌기 위해 고향을 떠난다. 아내 오정자는 홀로 남아 늙은 시부모를 봉양한다. 어느 날 정자는 품팔이를 갔다가 강화도 유수(留守)인 민영철에게 강간을 당하고 아이를 낳는다. 집에 돌아와 사실을 알게 된 철수는 정자를 용서하고 영철의 아이 명식이를 자신의 자식처럼 기른다. 철수는 정자에게 일어난 일이 영철이라는 개인의 잘못이 아니라 영철의 권력과 지위 때문에 일어난 일이라고 생각하고 복수를 하지 않는다. 세월이 흘러 철수는 잘못된 세상을 바로잡겠다며 다시 집을 나간다. 정자는 명식이를 영철에게 보내고 자신은 절에 들어간다. 명식은 영철의 토지를 몰래 팔아 돈을 마련하려다가 사기 사건에 휘말린다. 이 사건으로 명식은 징역을 살고 나와 죽는다. 영철은 재산과 아내를 잃고 거리를 헤매는 걸인이

된다. 한편 집을 떠난 철수는 러시아에 머물 때 알게 된 무정부당(無政府黨)에 관심을 갖고 조선 사회에서 실행해 보려 한다. 철수는 우연히 만난 황의경 목사를 통해서 기독교 신자가 되면서 종교 활동에만 전념한다. 철수는 아내 정자와 함께 전도와 강연회 등으로 바쁜 나날을 보내던 중 거리에서 걸인이 된 영철을 만난다. 철수는 영철을 용서하고 그를 구제하여 준다.

【참고】 표지에 '社會小說 罪惡의씨', 본문 첫 장에 '罪惡죄악의種子씨 綠東 崔演澤 著'라고 표기되어 있다. 권력자와 위정자에 대한 비판으로 작품이 시작되지만 후반부에서는 기독교 신앙을 갖게 된 인물에 초점을 맞춘다. 원수에게 복수하는 대신 용서한다는 결말을 통해 기독교 사상을 강조하는 것으로 해석된다.

世界名作巡禮 (6)
떠스터, 에푸스키原作
罪와罰(一)
花山學人

죄와 벌1(번)/罪와罰

도스토옙스키 작. 화산학인 역. 동아일보1929.8.11-20(9회 완).

【내용】 원작 참조.

【참고】 제1회 연재 지면에 '世界名作巡禮 떠스터, 에푸스키 原作 罪와罰 花山學人'이라고 표기되어 있다. 제2회 이후에는 원작자명 표기가 '떠스터앱스키'로 바뀌었다. 러시아 작가 도스토옙스키(Fyodor Mikhailovich Dostoevskii)의 장편소설 「죄와 벌(Prestupleniye I nakazaniye)」(1866)을 경개역한 것이다. '세계명작순례'라는 연속 기획물 중 한 편으로 연재되었다. 《동아일보》 1929년 8월 4일자 '세계명작순례' 1회인 '머리ㅅ말'에서 필자인 화산학인은 이 연재 기획의 방향과 취지를 설명한다. 이 연재 기획은 독서 기회가 적은 부녀자나 아동 등의 독자를 겨냥한 것으로, 세계명작을 全譯이나 抄譯이 아니라 줄거리 소개 혹은 부분 발췌 등의 형식으로 '소개'하는 지면이 될 것임을 밝히고 있다. 「죄와 벌」은 총 9회에 걸쳐 소개되었으며, 1회분에 원작자 도스토옙스키에 대한 간단한 설명을 하고 있다.

죄와 벌2(번)/罪와罰

도스토옙스키 작. 심향산인 역. 조선일보1929.10.31-11.3(4회 완).

【내용】 원작 참조.

【참고】 '태서명작경개 24-27회'까지 전 4회에 걸쳐 러시아의 작가 도스토옙스키의 장편소설 「죄와 벌」을 요약하여 줄거리를 소개한 것이다. 역자 심향산인(心鄕山人)은 작가의 일대기를 정리하면서 이 작품은 생활고에 시달리던 작가가 외국으로 도피하여 쓴 것으로 작가에게 "명성과 인망을 회복"시켜 준 작품이라 소개하고 있다.

죄 진 여자/죄진녀자罪진女子: 박루월 작. 세창서관1937.

【내용】 어느 날 경성에서 미모의 부인이 살인죄로 체포된다. 그 부인은 온갖 취조에도 불구하고 자신의 신분과 살인 동기에 대해서는 함구한 채, 자신이 사랑하는 사람을 위해 조용히 처벌을 받겠다고 한다. 공판 날이 되자, 판사는 그녀를 회유하여 정상을 참작해 줄 테니 사건의 전말을 밝히라고 한다. 완강히 함구하던 부인은 마침내 자신의 과거를 고백한다. 자신은 이십여 년 전 사랑하던 사람을 두고 돈 많고 지위 높은 관리와 결혼했는데, 남편의 무심함에 지쳐 어린 아들을 두고 옛날 애인과 도주했다는 것이다. 그 애인은 얼마 못 가 병으로 죽고, 자신은 그 후 여러 남자들을 만나며 떠돌아다녔다고 한다. 그러나 그녀는 늘 아들을 보고 싶어 했는데, 그때 사귀고 있던 최영철이란 자가 이런 마음을 알고는 아들을 만나게 해 주겠다며 서울로 데려왔다는 것이다. 부인은 이러한 과거사를 고백하지만, 자신의 신분과 살인 동기는 끝내 감춘다. 부인의 진술이 끝나자 검사의 논고와 변호사의 변론이 이어진다. 부인은 자신의 변호를 맡은 변호사가 안태민이란 이름의 젊은 청년이라는 것을 알고는 매우 놀란다. 안 변호사의 끈질긴 물음으로 마침내 두 사람이 모자지간이라는 사실이 밝혀진다. 안 변호사는 자신의 어머니로 밝혀진 부인에게 사건의 전말을 묻고, 마침내 진실이 밝혀진다. 영철은 부인을 이용하여 부인의 전 남편으로부터 돈을 뜯어내려고 했고, 부인은 아들의 명예와 장래를 위하여 영철을 죽인 것이다. 정상이 참작된 데다 안 변호사가 백방으로 노력하여 부인은 집행유예를 선고받고 풀려난다. 부인은 전 남편의 용서를 받아 아들과 함께 행복한 삶을 누린다.

【참고】 표지에 '悲劇小說 罪진女子 죄진녀자(一名 다시돌라온어머니)', 본문 첫 장에 '悲劇小說 罪진女子 全篇-(一名 다시도라온어머니)- 박루월' 이라고 표기되어 있다. 본문 마지막 장에 '昭和十二年 月日밤脫稿' 라고 밝히고 있어서 창작 및 출판 시기를 짐작할 수 있다. 서강대 소장 세창서관본을 텍스트로 내용을 정리했다.

주원장 창업 실기(번)/쥬원쟝창업실긔朱元璋創業實記

정기성 저작발행. 대창서원1919 ; 박문서관·신구서림1919.

【내용】 원작 참조.

【참고】 중국 명 태조 주원장의 창업기이다. 중국 고전소설의 번역본으로 간주할 수 있으나 정기성의 직접 번역인지 단정할 수는 없다.

주의 발자취(번)/쥬의발자최

슈웰돈 작. 안성호 역. 긔독신보1922.4.5-1924.1.30(85회).

【내용】 헨리 막스웰은 레이몬드 시의 목사이다. 그가 운영하는 교회는 레이몬드 시의 상류층 사람들이 모이는 곳으로, 목사와 신도들 모두 자부심이 대단하다. 어느 일요일 아침, 막스웰 목사가 설교를 준비하고 있는데 낯선 남자가 찾아와, 자신이 실업 상태라며 취직에 필요한 추천서를 써 달라고 부탁한다. 목사는 그의 청을 거절하고 교회로 간다. 예배 도중 아까 그 청년이 교회에 들어와 사람들 앞에서 나서서 자신의 처지를 호소한다. 자신은 본래 인쇄공인데 윤전기가 발명된 이후 실업자가 되어 생계가 어려워졌고, 아내는 병들어 죽었으며 딸마저 남의 집에 보내야 했다는 것이다. 청년은 이것이 진정 주의 뜻인지 의문을 제기한다. 사람들 모두 그 말을 주의 깊게 듣고 있는데 갑자기 청년이 쓰러진다. 목사는 청년을 자기 집으로 옮기지만, 며칠 못 되어 청년은 사망한다. 그 다음 설교일에 목사는 신도들에게 매사를 결정할 때 '예수라면 어떻게 할까'라고 자문해 보고 그에 따라 행동하자고 제안한다. 처음 그 난감해 하던 신도들은 하나둘씩 이 운동에 참여하고, 이 운동은 점차 레이몬드 시 전체로 퍼져 나간다.

【참고】 연재 지면에 '쥬의발자최 미국 슈웰돈 져 죠션 안셩호 역'이라 표기되어 있다. 원작이나 원작자에 대한 정보는 표시되어 있지 않다. 85회 말미에 '역쟈의말'이 실려 있는데, '원작을 전부 번역하려면 앞으로 일 년은 더 연재해야 하나 너무 지루하므로 그만두고, 이후 기회를 보아 책자로 출판하겠다'는 내용이다.

죽서루/쥭셔루竹西樓

현공렴 작. 서적급모자제조소1911발매(107면, 30전).

【내용】 김명훈은 이십오 세의 대학생으로, 부산에서 학교를 다닌다. 그가 고등학교에 다닐 때 부친 김종렬이 사업에 실패하고 큰 병을 앓았다. 그러자 오래전에 종렬에게 큰 은혜를 입었던 춘천의 리태희가 명훈의 학업을 도와준다. 방학이 되어 명훈은 친구 원준, 태석과 함께 춘천 태희 집에 놀러 간다. 태희는 딸 원경을 명훈과 결혼시키고 싶다는 심중을 밝히고, 명훈은 흔쾌히 승낙한다. 당시 태희의 집 옆의 주막에 묵고 있던 하이칼라 신사인 하만홍이 화려하게 차려입고 산보를 다니면서 원경의 환심을 사려고 노력하는 중이었다. 장난기가 많은 원준은 이발사로 위장해 만홍을 찾아가 면도를 해 주면서 그를 놀려 준다. 시골에서 노는 것이 재미없어진 세 사람은 강릉으로 놀러가 관동의 경치를 즐기려고 하는데 여비가 없다. 태희와 바둑을 곧잘 두는 최 노인에게 하남이라는 아들이 있는데, 그는 술집 주인의 딸 옥희와 불륜 관계이다. 그것을 눈치챈 원준은 하남에게서 여비를 뜯어내기로 하고 명훈을 설득한다. 옥희의 이름이 씌어 있는 편지봉투를 들고 하남을 찾아가 협박을 하는

것이다. 결국 하남에게서 돈 삼백 냥을 뜯어낸 일행은 그 돈으로 강릉 여행을 떠난다.

【참고】 본문 첫 장에 '일션어신소설 日鮮語新小說 죽셔루 竹西樓 玄公廉 著' 라고 표기되어 있다. 일본어와 한국어가 병기된 신소설로, 장이 구분되어 있다. 발행소는 표기되어 있지 않고 발매소가 '서적급모자제조소' 이다.

죽음의 길(번)

시엔키에비치 작. 민우보 역. 동아일보1922.11.28-1923.1.18(45회 완).

【내용】 오상국 노인과 그의 딸 마리는 고향인 이평촌에서 살고 있다. 마리는 송 도령이라는 건실한 청년의 구애를 받고 있다. 어느 날 상국은 고향을 떠나 미주로 갈 것을 결심한다. 어느 독일 선원이 미주에 가면 별천지가 열릴 것이라 꾀었기 때문이다. 마리는 송 도령과 헤어져, 아버지를 따라 미주행 배에 오른다. 이들은 도중에 풍랑을 만나 갖은 고생을 한 후 간신히 미주에 도착하지만, 가진 돈이 없어 좋은 집을 구하지 못하고 뉴욕 할렘가에 거처를 정한다. 그러나 그마저도 곧 쫓겨나 유리걸식하는 신세가 된다. 갈 곳 없던 부녀는 친절한 신사와 그 아들 윌리엄을 만나 도움을 받는다. 신사는 알칸사쓰 주 보로위나라는 곳에 미개척 토지가 많다며, 그곳으로 가라고 상국에게 권한다. 상국 부녀는 보로위나로 가서 토지를 분배받고, 좀더 나은 내일을 꿈꾸며 열심히 일한다. 그러던 중 마리는 이춘식이라는 청년을 만난다. 춘식은 마리를 연모하여 그녀에게 청혼하지만, 마리는 고향에 두고 온 송 도령을 생각하며 거절한다. 어느 날 개척지에 큰 홍수가 일어난다. 상국은 불어난 물에 휩쓸려 사망하고, 마리는 정신을 잃었다가 한 달 뒤 리틀로크의 한 병원에서 깨어난다. 모든 것을 잃은 그녀는 예전에 뉴욕에서 만났던 윌리엄을 떠올리고, 도움을 청하기 위해 그를 찾아 뉴욕으로 간다. 마리는 어렵게 윌리엄의 집을 찾아가지만 이미 그와 가족들이 이사갔다는 소식에 절망한다. 모든 희망이 사라진 마리는 실성하고, 날마다 부두를 헤매며 송 도령을 찾는다. 그러던 어느 날 바다에 신원을 알 수 없는 젊은 여자의 익사체가 떠오른다.

죽음의 길 (1)
쉥키위치 原作
閔牛步 譯
大海洋 (一)

【참고】 연재 지면에 '죽음의 길 쉥키위치 原作 閔牛步 譯' 이라고 표기되어 있다. 원작자는 폴란드 작가 시엔키에비치(Henrik Sienkiewicz)임을 알 수 있으나, 폴란드 원서의 표제는 알려진 바가 없다. 다만 비슷한 시기에 동일한 원작의 번역본이 김억에 의해 『죽음의 나라로(평양기독서원출판부 1923)』라는 표제로 출간된 것을 확인할 수 있다. 45회 연재분 말미에 '完' 이라 표기되어 있다.

죽음의 나라로(번): 시엔키에비치 작. 김억 역. 평양기독서원출판부1923.

【내용】 빚 때문에 고향에서 살 수 없게 된 폴란드인 부녀가 미국에 가면 땅을 얻을 수 있다는 말에 미국행 배를 탄다. 가는 도중 배는 폭풍을 만나 난파하고, 살아남은 소녀는 미국 땅에서 갖은 고생을 하게 된다. 새 삶을 누리게 해 줄 것이라고 믿었던 미국은 소녀에게 지옥과도 같은 곳이 되고, 고국으로 돌아가고 싶었지만 방법을 찾지 못한 소녀는 마침내 광인이 되어 버린다.

【참고】 표지에 '헨릭·씨엥키에위쯔 作 岸曙 金億 譯 죽음의 나라로' 라고 표기되어 있다. 역자는 서문에서 영역본 『In the Promised Land』의 중역이라고 밝히고 있다. 또한 필요한 경우 그 내용을 가감했다고 밝히고 있다. 폴란드 작가 시엔키에비치의 작품이다. 영어판이 아닌 원서의 표제는 알려진 바가 없다. 동일 원작의 번역으로 민우보의 「죽음의 길(1922-1923)」이 있다.

중국혼(번)/中國魂

양계초 작. 장지연 역. 대구석실포1908(상: 94면, 하: 98면 ; 신화 55전).

【내용】 원작 참조.

【참고】 본문 첫 장에 '著 支那人 梁啓超 譯 韓國 嵩山人 張志淵' 이라고 표기되어 있다. 약육강식의 세계에서 미래를 논하는 양계초의 여러 저술들을 모아 장지연이 국한문으로 번역한 것이다. 1907년에 한문 원본 『中國魂』이 먼저 간행되었으나 발행소를 확인할 수 없다.

중동전기(번)/中東戰記: 채이강 작. 현채 역. 황성신문사1899.

【내용】 원작 참조.

【참고】 중국인 채이강(蔡爾康)이 쓰고 미국의 임악지(林樂知)가 감수한 책을 다시 국한문으로 번역한 것으로, 중국이 일본에게 진 이유는 서구의 문물에 대해 잘 알지 못하고, 그들의 발전된 문물을 잘 도입하지 못하였기 때문이라는 인식을 서술한 책이다. 상권은 권1-권6이며, 하권은 권7-권8과 중동전기속편(中東戰紀續編) 권1-권3까지이다. 마지막에 현채(玄采)가 쓴 발문이 수록되어 있다.

중일약사(번)/中日略史: 원작미상. 학부편집국 역. 학부편집국1898.

【내용】 내용 생략.

【참고】 국한문 혼용체 표기 작품이다. 『俄國略史』, 『波蘭國末年戰史』와 함께 1898년 학부편집국에서 편찬한 청소년 지식계층 대상의 교과용 도서이다. 본문이 시작되기 전에 정가표가 삽입되어 있으며, '學部編輯局輯譯' 이라고 표기되어 있다. 번역의 대본이나 원작을 확인할 수 없다.

지구성 미래몽/디구셩미릭몽: 작자미상. 국문판대한매일신보1909.7.15-8.10.

【내용】 우세즈는 대한제국 사람으로 월보와 잡지를 발간하여 세상을 교화하고자 한다. 그러나 그는 사람들의 무관심과 세상의 조롱을 받고 곧 유랑의 길을 떠난다. 그러던 중 수미산에서 원장법사를 만나 그와 함께 망국 현실을 개탄하고 미래를 염려하는 이야기를 나눈다. 원장법사는 옥경으로 가는 길에 염라부에 들러 목격했던 바를 전해 준다. 현재 염라부에는 망국 민족들이 넘쳐나 그들에 대한 처치가 곤란하여 염라부가 장차 터지게 될 지경에 이르렀다는 것이다. 수많은 인종들이 염라부 지옥에서 고생한다는 말을 들은 우세즈는 대성통곡을 하며 민족의 이름을 부르짖으며 슬퍼한다. 인도 사람인 원장법사는 이억 인도 민족이 작은 영국에 의해 지배를 당하는 것이 인도 민족이 단합하지 못하였기 때문이며 대한제국 역시 그 전철을 밟을 것이라고 말한다. 우세즈는 옥경이라는 곳으로 가게 되는데 그곳은 그림같이 아름답고 정결한 곳이다.

【참고】 국문판 《대한매일신보》의 '쇼셜'란에 연재된 무기명 소설이다. 인도의 멸망을 사례로 들어, '디구셩 동반구 한국' 민족의 위기를 깨닫게 하려는 목적으로 쓰인 환몽 형식의 소설이다. '우세즈'의 이름에서 드러나듯이 민족의 부패함과 국세의 빈약함을 걱정하는 인물의 계몽 의도가 이야기의 뼈대를 이룬다. 이로써 작가는 현재의 상황을 소재로 하여 민족이 처한 상황을 경계하고 자주독립의 의지를 강조한다.

지나소설집(번)/支那小說集 : 박태원 편역. 인문사1939(340면, 1원 50전).

【내용】 「**매유랑**」: 변량성에 사는 요금이라는 여인이 전쟁 통에 부모와 헤어져 기생이 되는데, 성실한 남자 진중을 만나 사랑도 얻고 헤어졌던 부모와도 재회한다. 「**오양피**」: 우나라 사람 백리해와 제나라 사람 건숙의 우정을 다룬 이야기이다. 뛰어난 재능에도 영달을 꾀하지 않는 건숙을 본받아 백리해가 깨달음을 얻는다. 「**두십낭**」: 절강 소흥부에 사는 이갑이 기생 두십랑을 배신하는 이야기이다. 두십랑은 어리석은 이갑을 꾸짖으며 죽음을 택하고 이갑의 친구 유우춘은 두십랑의 죽음을 탄식한다. 「**망국조**」: 위나라 영공이 재주가 뛰어난 악사의 만류에도 불구하고 망국조의 거문고 소리를 듣고는 결국 죽음을 맞는다. 「**양각애**」: 초나라 선비 좌백도와 양각애의 우정을 다룬 이야기이다. 좌백도는 자신을 희생하면서 양각애를 벼슬길에 오르도록 돕는다. 「**귀곡자**」: 귀곡자로 불리는 은자의 두 제자 손빈과 방연에 관한 이야기이다. 교만한 방연은 자신보다 뛰어난 손빈을 없애려 하지만 결국 자신의 꾀에 자신이 속아 죽음을 맞는다. 「**상하사**」: 당나라에 사는 가난한 선비 방덕이 의적의 대장이 되어 나라 안팎의 도둑을 잡아 벌주는 이야기이다. 「**황감자**」: 선교랑 오숙통이 아리따운 여인 현군을 취하려고 하다가 거절당하고 이에 화병이 들어 죽은 이야기이다. 「**부용병**」: 원나라 사람 최준신이 부임지로 가던 중 도적 떼를 만나 위기를 당하지만 우여곡절 끝에 탈출하여 헤어졌던 부인과 만나 부임지에 도착, 백성을 다스린다는 이

야기이다. 「동정홍」: 명나라 소주에 사는 문실이라는 사나이가 외국에 나가 장사하는 법을 배우고 경험하여 건실한 상인으로 거듭나는 이야기이다.

【참고】 고려대 도서관 소장 인문사본 표지에 '支那小說集 朴泰遠著 人文社發行'이라고 표기되어 있다. 중국을 배경으로 하는 단편 10작품을 모은 소설집이다. 본문이 시작되기에 앞서 다음과 같은 간략한 목차가 실려 있다. '賣油郎, 五羊皮, 杜十娘, 亡國調, 羊角哀, 鬼谷子, 床下士, 黃柑子, 芙蓉屛, 洞庭紅.' 후기에 작품에 관하여 다음과 같은 설명을 덧붙이고 있다. "이것들은 原文 다 彌實한 飜譯은 아니다. 「五羊皮」, 「鬼谷子」, 「亡國調」의 세 篇은 본대 「東周列國志」에서 이야기를 求한 것이라, 그 같은 章回小說 속의 한토막 이야기가, 그대로 短篇의 體裁를 가출명을 기도하였거니와, 「賣油郎」 以下 일곱 篇의 作品과 같이 「今古奇觀」 中 다 收錄되여 있는 것까지도 우리말로 옮기는 데 있어 나는 比較的 自由로운 態度를 가지려 하였다. 이는 대개 내가 支那文學의 硏究 또는 紹介를 爲하여 붓을 든 것이 아닌 까닭이다."

지도령(번)

【내용】 「쾌한지도령」 참조.

지붕 속의 왕녀(번)/지붕속의王女: 버넷. 이설 역. 소년1938.4-39.3(11회 완).

【내용】 어머니를 일찍 여읜 세에라는 군인인 아버지 구루 대위와 함께 인도에서 자라다 7세 되던 해에 본국인 영국으로 유학을 온다. 그녀는 영리함과 밝은 성격으로 선생과 학생들의 귀여움을 받는다. 한편 인도로 돌아간 구루 대위는 인도인 친구 카리쓰포드의 광산에 투자했다가 개발이 실패하자 그 충격으로 세상을 떠난다. 모범학교의 교장 민천은 세에라가 더 이상 학비를 내지 못하자 심부름하는 아이로 만들어 지붕 속 방으로 내쫓는다. 하지만 세에라는 민천 선생의 미움과 학대에도 늘 밝고 의연하게 지낸다. 그러던 어느 날, 맞은편 집에 인도 신사 카리쓰포드가 이사를 오고, 그녀는 그 신사에 대하여 궁금해 한다. 한편 구루 대위의 혈육인 딸을 찾아 영국에 온 카리쓰포드는 하인 람타쓰에게 세에라의 이야기를 듣고서 인편에 필요한 물건을 전해 준다. 그는 그녀가 다닐 것이라 생각한 학교를 돌아다니지만 끝내 찾지 못하자 주변 학교에서부터 찾기로 방법을 바꾼다. 그러던 어느 날, 카리쓰포드가 데려온 인도 원숭이가 지붕을 넘어 세에라의 방으로 들어오는 일이 발생하고, 그로 인하여 세에라는 카리쓰포드와 만난다. 세에라로부터 살아온 이야기를 듣던 카리쓰포드는 자신이 찾던 그녀가 바로 옆집의 아이였음을 알고 기쁨의 눈물을 흘린다. 카리쓰포드의 후원으로 다시 학교에 다니게 된 세에라는 거리의 아이들에게 빵을 나눠주며 기쁨을 느낀다.

【참고】 본문 앞에 '長篇小說 지붕속의 王女', 잡지 목차에는 '長篇少女小說'이라고 표기되어 있다. 1938년 3월호(2권 3호)에 '새달부터 李雪 先生 글 新長篇 少女小說 지붕속의 王女'가 연재된다는 광

고가 나와 있다. 미국 여류작가 버넷(Frances Hodgson Burnett) 부인의 「소공녀(A Little Princess)」(1888)를 원작으로 한 번역소설로 간주할 수 있다.

지상의 비극: 작자미상. 세창서관1957.

【내용】 미확인.

【참고】 일본 도야마 대학(富山大學)에 소장된 작품이다. 실제 작품은 확인하지 못했다.

지상의 천국/地上의天國: 작자미상. 백합사.

【내용】 미확인.

【참고】『한국의 딱지본(범우사1999)』에 '지상의 천국 地上의 天國' 이라는 표제가 실린 딱지본 표지가 수록되어 있다.

지성이면 감천/至誠이면感天

강은형 저작발행. 대성서림1930(90면, 40전).

【내용】「삼성기」 참조.

【참고】 고전소설 「三聖記」의 이본이다. 국립중앙도서관 소장 대성서림본을 텍스트로 내용을 정리했다. 표지에 '至誠 지성이면 感天 감텬', 본문 첫 장에 '至誠 지성이면 感天 감천' 이라고 표기되어 있다.

지장보살/地藏菩薩: 김교제 작. 동양서원1912.

【내용】 복내덕은 형리의 딸 경랑을 사랑한다. 형리는 자신의 딸과 가난한 서기 복내덕의 결혼을 반대한다. 이에 복내덕은 금광을 발굴할 결심을 하고 그 비용을 마련하기 위해 할아버지를 찾아간다. 복내덕의 조부와 증조부는 어린 복내덕을 내쫓고 증산옥에서 살고 있다. 원래 증산옥은 해적당의 괴수 노피득이 살던 곳으로, 우물 안에는 해적들의 소굴이 남아 있다. 복내덕은 우물 밑의 방에서 무기와 금은보화, 그 안에 갇혀 있는 여자를 발견하고 그녀를 구해 주려다가 증조부에게 발각되면서 자신마저 우물 밑에 갇힌다. 복내덕은 갇혀 있는 여자에게 고명녀라는 이름을 붙여 주고, 말을 가르친다. 복내덕과 고명녀는 몇 달을 노력하여 벽을 뚫고 밖으로 탈출한다. 한편 형리는 복내덕이 데려온 고명녀가 자신의 이복 여동생

임을 알게 된다. 십여 년 전 형리는 재산을 모두 차지하기 위해 복내덕의 증조부에게 고명녀를 죽여 달라고 사주한 것이다. 형리는 살아서 돌아온 고명녀를 보고 자신의 죄를 뉘우친 뒤 스스로 증산옥의 우물 속으로 들어가 자살한다. 복내덕은 경랑과 결혼하고 고명녀는 형리가 소개한 사람과 결혼한다.

【참고】 원본을 구할 수 없어 『한국신소설전집7(을유문화사1969)』을 참고하여 서지와 내용을 정리했다. 소설의 배경이 런던이고 등장인물들의 이름이 음역어인 것으로 볼 때 번역 혹은 번안소설일 가능성이 높으나, 원작은 확인되지 않는다.

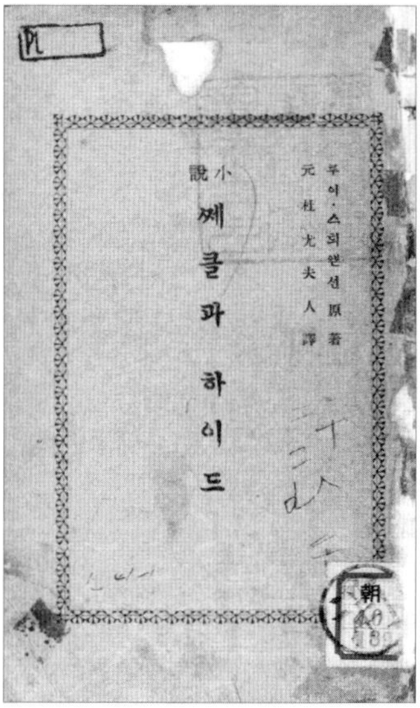

지킬과 하이드(번)/쩨클과하이드: 스티븐슨 작. 언더우드부인 역. 조선야소교서회1921(102면).

【내용】 변호사 엇드손은 키가 작고 얼굴이 흉측한 하이드라는 인물에 관한 나쁜 소문을 듣는다. 하이드는 엇드손의 친구이자 대학교수인 쩨클이 유언장을 통해 자신의 전 재산을 물려주기로 한 인물이었다. 한 번도 본 적 없는 하이드에 관해 나쁜 소문을 듣게 되자 엇드손은 쩨클에게 불쾌한 감정을 느낀다. 얼마 후 쩨클의 집에서 열린 파티에 참석한 엇드손은 쩨클과 하이드에 관해 대화를 나누지만 쩨클은 하이드를 감싸기만 한다. 일 년 후, 국회의원 게루가 길을 가다가 잔인하게 살해당하는 사건이 일어난다. 하이드가 용의자로 지목되지만 누구도 그를 찾지 못한다. 쩨클을 찾아간 엇드손은 그로부터 다시는 하이드를 돌보지 않겠다는 맹세를 받는다. 쩨클은 하이드에게서 왔다는 편지를 보여 주는데 아주 안전한 곳에 피신해 있으니 염려 말라는 편지였다. 엇드손은 편지의 글씨체가 쩨클과 똑같은 것을 이상하게 여긴다. 그 후 두 달 동안 쩨클은 다른 때보다도 더 열심히 자선 사업에 몰두하지만 얼마 지나지 않아 병이 들었다는 소문이 돈다. 엇드손은 걱정이 되어 의사인 친구 래니온을 찾아가는데 래니온은 어떤 일로 심한 정신적 충격을 받고 시름시름 앓고 있다. 보름 후 래니온은 죽는다. 며칠 후 쩨클의 하인이 엇드손을 찾아온다. 쩨클이 매일 어떤 약을 사 오라고 시키면서 방 밖으로는 절대 나오지 않는다는 것이다. 급히 쩨클의 집으로 간 엇드손은 하인과 함께 문을 부수고 쩨클의 방으로 들어간다. 침대 위에는 방금 죽은 것 같은 하이드의 시체가 놓여 있고, 테이블 위에 엇드손에게 보내는 쩨클의 편지가 놓여 있다. 쩨클은 편지를 통해 자신이 인간에게 존재하는 선한 성품과 악한 성품을 분리시키는 약물을 발견했다고 밝힌다. 하이드가 자신의 악한 성품이라는 것이다. 그러나 점점 하이드의 세력이 커져 몸이 악의 지배를 받게 되자 살인까지 저지르게 되었다. 살인자로

단두대에서 처형될지 자살을 택할지 모르는 상황에서 잠깐 정신이 맑을 때에 쎄클은 엇드손에게 편지를 쓰고 하이드로 변하자 자살을 한 것이었다.

【참고】 원작은 영국작가 스티븐슨(Robert Louis Stevenson)의 소설 「The Strange Case of Dr. Jekyll and Mr. Hyde(1886)」이다. 국립중앙도서관 소장 조선야소교서회본 표지에 '小說 쎄클과 하이드 루이·스티쁜선 原著 元杜尤夫人 譯', 본문 첫 장에 '쎄클과 하이드 라벗·루이스·스틔븐손 原著 元杜尤夫人 飜譯'이라고 표기되어 있다. 서문을 통해 영국 소설가 '스틔븐손 씨'의 'A strange case of Dr. Jekyll and Mr. Hyde'를 번역했다고 밝히고, 청춘 시절 범죄에 빠져 쾌락의 길을 밟는 자에게 큰 깨우침을 주기 위해 이 글을 쓴다고 덧붙이고 있다. 동일 원작의 번역으로 게일·이원모의 「일신양인기(1926)」가 있다.

지환당(번)/指環黨: 부아고베 작. 민준호 역술발행. 보급서관·동양서원1912(124면, 25전).

【내용】 파리성에 사는 사소야는 조실부모한 뒤 그 유산으로 방탕한 생활을 즐기고, 그의 외숙인 퇴역 소좌 황보가 소야의 부모 역할을 하고 있다. 어느 날 소야는 베일로 얼굴을 가린 채 마차엔 탄 부인을 데려다 주는 과정에서 살인 현장을 목격한다. 부인은 오빠를 만나기 위해 찾아간 집에서 회의를 하고 있던 범죄자들에게 잡힌다. 그들의 영수는 비밀을 지키라면서 사람을 죽이는 일에 부인을 가담시킨다. 이튿날 소야는 황보의 중매로 우문 백작 부인을 만나러 갔다가 백작 부인의 반지를 보고 그녀가 전날 자신의 마차에 탄 부인임을 알게 된다. 황보의 바람과 달리 소야는 사관학교 동기인 유ᄌᆞ정의 동생 취요를 사랑하게 되고, 백작 부인은 ᄌᆞ정과 연인이 된다. 사건을 맡은 판사와 탐정 쇄야웅은 백작 부인과 소야의 진술을 듣고 화최암을 용의선상에 올린다. 화최암은 백작 부인 부친의 옛 동업자로, 부인을 유혹하고 있다. 그러나 백작 부인이 자신을 거부하자 부인과 친한 소야를 죽이려 하고, 은행 서기로 있는 ᄌᆞ정을 은행장인 음용장을 동원하여 횡령 혐의로 파면시킨다. 이때 소야의 친구인 소소임이 자신은 범죄단의 회원이라면서 범죄단의 이름이 지환당이고 현재 영수는 화최암이라고 자백한다. 지환당이라는 이름은 단원들이 같은 모양의 반지를 낀 것에서 유래되었으며, 백작 부인의 부친, 화최암, 음용장이 단체를 조직하여 외국에서 몰래 들여온 술을 팔아 이익을 취했다는 것이다. 이에 소지랑과 소아는 화최암의 은신처로 가서 지환당 무리를 잡지만 이들은 반지 속의 독약을 먹고 자살한다. 한편 황보는 소야의 부친을 살해한 인물이 금벽임을 알게 되고 그와 결투를 벌여 금벽을 죽인다. 소야와 황보는 금벽의 편지를 보고 그가 백작 부인의 오빠임을 알게 된다. 소야로부터 모든 사실을 들은 백작

부인은 유산을 모두 빈민 병원에 기부하고, 아버지에게 받은 반지를 없애려 한다. 소야는 지환당의 역사를 기록할 증거물로 삼겠다며 이를 만류한다. 소야와 취요, 백작 부인과 즈정은 결혼한다.

【참고】 연세대 도서관 소장 보급서관·동양서원본 표지에 '指環黨', 본문 첫 장에 '지환당(指環黨)' 이라고 표기되어 있다. 살인 사건, 납치, 명탐정의 등장, 범인의 체포 등 추리 소설의 요소를 지니고 있지만 소설의 내용이 반전을 통한 사건의 해결보다는 등장인물 사이의 갈등과 그 해소에 초점이 맞춰져 있다. 프랑스 작가 부아고베(Fortuné du Boisgobey)의 「L' Oeil de Chat(1888)」를 번안한 구로이와 루이코의 「指環(1889)」을 재번안한 것이다.

진심의 혈루/眞心의血淚: 조준경 저작발행. 보성서관1939(78면, 40전).

【내용】 성신고등여학교에 다니는 애순은 '남녀학생 현상음악회'에 갔다가 바이올린을 연주하던 엠 전문학교의 리희철을 보고 반한다. 친구인 은봉은 그런 애순을 놀려 댄다. 그러던 어느 날 애순은 희철이 자신의 집에 하숙하게 된 것을 알게 되고 가슴 설레어한다. 희철이 이사 오던 날, 같이 온 모친 박 씨가 애순의 어머니를 아는 체하며 반긴다. 박 씨와 애순의 어머니는 이웃집에 살며 언니, 동생 하던 사이로 삼십여 년 만에 재회한 것이다. 박 씨는 애순을 눈여겨보고 희철에게 결혼을 권유한다. 애순의 어머니 또한 희철을 마음에 들어 하여 둘은 약혼한다. 그러는 중 은봉은 애순을 질투하며 나쁜 소문을 내고 다닌다. 겨울 방학이 되어 고향인 해주로 내려갔던 희철에게 소문이 좋지 않던 동창생이 찾아왔다가 돌아간다. 얼마 후 희철은 범인 은닉죄와 공범죄로 체포된다. 이후 희철이 3년 동안 수감돼 있는 동안 모친 박 씨는 청원을 위해 팔방으로 뛰어다니다 빚만 지게 되고, 애순의 집 또한 옥바라지로 힘든 상황이 된다. 애순은 보증금 삼백 원이면 보석이 허락된다는 희철의 편지를 받지만 돈을 구할 수 없어 난감할 뿐이다. 애순은 우연히 희철의 친구인 최창환과 그의 아내가 된 은봉을 만나게 되고, 이들에게 돈을 꿀 생각으로 찾아가지만 무안만 당하고 돌아온다. 그러나 애순에게 흑심을 품고 있던 창환이 다음 날 편지를 보내 돈을 줄 테니 동서문 밖 음식점으로 나오라고 한다. 음식점으로 간 애순은 창환에게 농락당한 것을 알고 뛰쳐나온다. 밤새 내내 고민하던 애순은 자신의 정조를 팔아서라도 희철을 구하기로 결심하고 창환에게 다시 만나자고 한다. 애순은 창환에게 정조를 잃고, 천 환을 받아 희철을 보석시킨 후 병원에 입원시킨다. 그러나 애순은 폐병을 앓는 희철에게 수혈을 해 준 후 뇌빈혈로 쓰러져 죽고 만다. 희철 또한 이 소식에 충격을 받고 실신하여 애순의 뒤를 따른다.

【참고】 연세대 도서관 소장 보성서관본 표지에 '斷腸悲劇 眞心의 血淚' 라고 표기되어 있다. 곤궁에 빠진 애인을 구하기 위해 자신의 정조까지도 팔았으나 결국 비극적인 죽음을 맞이하는 한 여인의 기구한 사랑을 그리고 있다.

진정/眞情: 나도향 작. 영창서관1925(80전).

【내용】 미확인.

【참고】 단행본 원본 자료를 구할 수 없어 작품의 경개 및 세부 서지사항을 확인하지 못했다. 『금낭이산(영창서관1925)』 권말 '영창서관에서 발행한 서적' 광고에 '高級文藝 眞情' 이라고 제목이 표기되어 있다. 영창서관에서 펴낸 『신간도서목록』에 '羅稻香 作 高級文藝小說 眞情' 이라고 표기되어 있다.

진정의 눈물/진정의눈물眞情의淚

작자미상. 영창서관1929(70면) ; 홍사설 저작발행. 영창서관·한흥서림1933(70면, 35전).

【내용】 백산은 동경에서 미술을 공부하던 중 조선으로 잠시 나온다. 그는 친구 정수의 사촌 여동생 경애를 보고 한눈에 반한다. 서로 사랑하게 된 두 사람은 백산이 졸업하고 돌아올 날을 기약하며 헤어진다. 정수는 유학을 떠나고 싶은 마음에 친척의 재산을 몰래 빼돌려 돈을 마련한다. 한편 동창생 김재환은 정수의 유학 소식에 시기심을 느끼다가 돈의 출처를 알아내고는 정수를 밀고한다. 정수가 감옥에 갇힌 후 재환은 정수의 집에 드나들면서 가족들을 위로한다. 경애를 보고 반한 재환은 경애가 자신의 사랑을 받아들여 주지 않자 앙심을 품는다. 얼마 후 정수가 출감하고 백산도 졸업 후 돌아온다. 백산의 아버지는 이미 백산의 혼처가 있다며 경애와의 결혼을 반대한다. 정수의 집에서 머물던 백산은 아버지가 찾아오자 혼자 원산으로 피신한다. 그곳에서 백산은 물에 빠져 위기에 처한 월게를 구해 준다. 월게는 어린 시절부터 로국의 가극단에서 일한 고아나 다름없는 처지의 여자이다. 가극단이 대성공을 거두어 재물을 모은 월게는 아버지를 찾아 조선으로 온 것이다. 두 사람은 친남매처럼 지내기로 약속한다. 한편, 재환은 백산이 원산에 간 사이 경애를 몰래 불러내어 약을 탄 사이다를 먹이고 정조를 빼앗는다. 다음 날 경애는 유서를 써 놓고 숲으로 가 자살을 시도하는데 마침 지나가던 한 노인이 경애를 구해 준다. 경애의 입원 소식에 모두들 병원으로 모인다. 백산과 함께 온 월게는 병원에서 노인을 보고 깜짝 놀란다. 노인이 바로 월게의 아버지였던 것이다. 얼마 후 백산과 경애는 결혼식을 올린다. 그날 신문에 재환이 도박에 많은 돈을 잃고 분한 마음에 폭행을 휘두르다가 맞아 죽었다는 기사가 실린다.

【참고】 고려대 도서관 소장 영창서관·한흥서림본의 표지에 '戀愛悲劇 眞情 진정의 淚눈물', 본문 첫 장에 '眞情 진졍의 淚눈물' 이라고 표기되어 있다. 난외서명은 '진정의 눈물' 과 '진졍의 눈물' 이 혼용되고 있으며, 판권지의 책 제목은 '진정의 눈물' 이다.

진주적삼/珍珠赤衫: 박건회 저작발행. 공진서관1917(128면, 35전).

【내용】 내용 생략.

【참고】 서울대 도서관 소장 공진서관본 본문 첫 장에 '珍珠赤衫 진주적삼'이라고 표기되어 있다. 본문 앞에 총 24개의 소항목이 목차로 제시되어 있다. 신소설이기보다는 중국 통속 소설의 번역에 가깝다. 중국에서 전해져 오는 고금소설(古今小說)과 유세명언(喻世明言)을 한데 묶어 놓았는데, '진주적삼'과 관련된 고대 중국인들의 통속적 사랑 이야기가 각 장마다 독립적으로 서술되어 있다. 예컨대 중국 통속소설의 백미의 하나로 일컬어지는 '삼교아와 장흥가'의 사랑 이야기는 19장이다.

眞珠赤衫 目錄 진쥬젹삼목록

졔일회 졔이회 졔숨회 졔사회 졔오회 졔륙회 졔칠화 졔팔회 졔구회 졔십회 졔십일회 졔십이회

진주탑(번)/眞珠塔

뒤마 작. 김래성 역. 백조사1947 ; 종로서원1949.

【내용】 원작 참조.

【참고】 뒤마(Alexandre Dumas)의 장편 「몬테크리스토 백작(Le Comte de Monte-Cristo)」의 번안물이다. 1946년 양산백이라는 필명으로 라디오 방송소설로 집필되었다가 이듬해인 1947년 백조사에서 두 권짜리 장편소설(상권 '보은' 편, 하권 '복수' 편)으로 출간되었다. 1949년 종로서원에서 '보은' 편 4판이 출판되었다는 기록이 있다. 김래성 사후인 1958년 7월부터 9월까지, KBS에서 매일연속극의 형태로 제작 방송되었다. 1960년과 1968년에는 각각 '진주탑', '암굴왕'이라는 제목으로 영화화되기도 하였다. 인물 이름은 물론 공간적 배경을 식민지 시대의 조선으로 설정하여 한국의 식민지 역사를 이야기하고 있다. 또 프랑스 혁명을 삼일운동으로 바꾸고, 주인공을 독립운동가들의 연락책으로 설정하였다. 동일 원작의 번안으로 하몽의 「해왕성(1916-1917)」이 있다.

집 없는 아이(번): 말로 작. 윤가온 역. 경향출판사1948(상권: 276면, 350원).

【내용】 원작 참조.

【참고】 원작은 프랑스 작가 말로(Hector Henri Malot)의 「집 없는 아이(Sans Famille)」(1878)이다. 기구한 운명으로 기아(棄兒)가 된 소년 레미가 순회 서커스단에 팔려 온갖 어려움을 겪지만 용기를 잃지 않고 살아가다가 마침내 어머니를 만난다는 내용의 작품이다. 표지에 '마로오 지음 윤가온 옮김 집없는아이 상권'이라고 표기되어 있다. 본문과 차례 앞의 '책머리에'에서 원작명과 원작자를 소개하고, 중학생을 독자로 상정하여 번역하였음을 밝히고 있다. 또한 편의상 상, 하권으로 나누어 내게 된 것과 원저의 번역이 아닌 중역임을 명시하고 있다. 그러나 중역의 대본은 밝혀 두지 않아 확인할 수 없고, 상권만이 남아 있을 뿐 하권 자료는 발견되지 않는다. 총 26장으로 분장되어 있고, 마지막 면 26장 본문 이후에 '상권 끝'이라고 표기되어 있다. 프랑스를 배경으로 하고 있으나 주인공의 이름을 '철이'로 바꾸는 등 인물명을 한국식으로 번안하였다. 동일 원작의 번역으로 민우보 번안 「부평초(동아일보1920.4.1-9.4)」, 송창근 번안 「팔려 가는 아이(신한민보1927.5.5-8.4)」가 있다.

짝사랑/짝사랑: 정경석 작. 대성서림1928.

【내용】 매일신보 평양 지국장 김식과 평양 기생 오소홍은 칠성암에서 우연히 만나 사랑에 빠진다. 김식은 조혼한 처와 이혼한 뒤 마음을 위로하고자 칠성암에 온 것이고, 소홍은 정조를 팔지 않는다고 포주 뺑덕어멈의 구박을 받다 잠시 정양 차 온 것이었다. 소홍은 원래 양가의 딸인데 집안의 빚 때문에 기생이 되었다. 그 처지를 딱하게 여긴 김식은 경성 본사에 보낼 돈 오백 원으로 소홍을 포주로부터 빼 온다. 대성학교 출신이자 매일신보 지국장으로 평양에서 명성이 자자한 김식이 기생과 함께 있는 것을 이상히 여긴 별순검이 김식에게 사건의 자초지종을 캐묻고 곧 김 선달과 뺑덕어멈을 처벌한다. 한편 김식과 소홍은 서로 사랑하는 마음이 있으나 신분의 차이 때문에 선뜻 고백을 하지 못하는데, 이를 안타깝게 여긴 소홍의 어머니와 김식의 어머니가 주선하여 결혼이 성사된다. 그러던 어느 해 유행성 감기로 김식의 부모가 세상을 떠나고, 이후 갑자기 가세가 기운다. 김식은 돈을 벌기 위해 평양을 떠난다. 김식은 여러 사람의 도움으로 안동을 거쳐 지나 남경에 정착하고, 그곳에서 상점 일을 봐주며 남경대학에서 수학한다. 졸지에 시동생과 자녀들의 생계를 떠맡게 된 소홍은 할 수 없이 다시 기생이 된다. 남경대학 문과를 우수한 성적으로 졸업한 김식은 상점 주인 왕 씨로부터 자신의 딸과 결혼할 것을 권유받는다. 김식은 자신 때문에 고국에서 기생 노릇을 하며 고생하는 아내를 생각하고 주저하지만 결국 결혼을 승낙한다. 호의호식하며 잘 살고 있던 중, 김식은 소홍으로부터 자결하겠다는 편지를 받는다. 깜짝 놀란 김식은 소홍을 찾아가 돈 사만 원을 줄 테니 결혼 생활을 정리하자고 말한다. 기가 막힌 소홍은 법정에 호소하나 판사는 소홍의 신분이 기생이라는 이유로 김식의 손을 들어준다. 김식은 자신의 동생들과 자식들을 데리고 남경으로 떠나고, 혼자 남게 된 소홍은 거의 죽을 지경에 놓인다. 이에 김식은 왕 씨 부인의 허락을 받아 소홍을 데리러 온다.

【참고】 조동일 소장 대성서림(1934, 111면, 70전) 3판본 표지에 '戀愛哀話 짝사랑', 본문 첫 장에 '戀愛哀話 짝사랑 木斧 鄭敬晳'이라고 표기되어 있다. 구체적인 시간을 적시한 서술이 많다. 이를 참고해 보면 서술 시점은 1924년 즈음이며 작중 이야기의 전개 시간은 1904년부터 1919년까지다. '무산자', '유산자', '혁명' 등 사회주의 사상과 관련된 용어들이 자주 나타난다. 또한 이혼에 관한 법원의 심문 과정과 판결 과정이 자세하게 묘사되어 있고 법정과 관련된 삽화가 빈번하게 삽입되어 있다. 『일지화(대성서림1928)』 권말 광고에 다음과 같이 소개되어 있다. "인생 한번 죽어지면 만수장림의 운무라. 속절없이 허송할가. 잘사라도 그 텩이요 못살아도 그 텩이라. 이리하면 엇더코 저리하면 엇더하랴만은 그래도 화용월태의 꽃다운 몸이 속절없이 썩을까 부내 긔생으로 지조없다 한들 차생후생 굿게 매진 언약은 노류장화라도 업수이 볼수 없네. 그러나 탐화봉접은 흔한 일이라 마음대로 뜻대로 여기에 엇던 절세 미인을 가루놓고 이리 궁글이고 저리 궁글이는데, 따라서 박명한 미인은 속절없이 눈물과 한숨으로 허송하게 되는구나. 아아 독자가 다정하든들 그 미인을 보고 뜨거운 애석의 눈물을 뿌리지 않으리오. 또 이 미인의 슬픔을 보고 눈물을 뿌리지 않는 인비목석이 어떤 사람이냐? 그러나 파란중첩한 고생을 지나 광명한 세상을 볼 때에는 누구든지 시원섭섭하리라 독자여! 이 미인과 함께 울라." 『(조동일소장)국문학연구자료(박이정1999)』를 참조했다.

짝사랑의 죽음/짝사랑의죽엄: 작자미상. 보성서관(60면).

【내용】 보전학교 학생인 김수한은 보전교우회 총회장을 맡는 등 말 잘하고 똑똑한 평안도 학생으로 유명하다. 수한은 폐병을 앓고 있던 친구 박이 죽은 후 그의 여동생인 령애를 위로해 주며 가까워져 결혼을 약속하게 된다. 그러나 령애의 아버지는 재력가에게 딸을 시집보낼 요량으로, 리상희를 령애에게 소개시킨다. 만찬회 자리에서 령애는 상희에게 무안을 주며 거절 의사를 표시하고, 이로써 망신을 당한 령애의 아버지는 딸을 낙향시킨다. 그사이 수한은 모종의 사건에 연루되어 수감된다. 령애는 낙향하여 집안에 갇혀 지내다가 서울로 도망쳐 올라오지만 수한이 옥에 갇힌 것을 알고 왜 그 지경이 될 때까지 자신에게는 말을 안했는지 서운해 한다. 그 후 령애는 아버지가 죽자, 혼자 힘으로 살아보겠다는 결심을 하고 기생이 된다. 햇수로 삼 년을 옥중에서 보내고 나온 수한이 우연히 기차 안에서 기생이 된 령애를 만난다. 이미 둘의 관계를 되돌릴 수 없다고 생각한 수한은 모든 것을 단념하고 서울로 올라온다. 수한은 회사에 취직하고 상사의 소개로 만난 신여성과 결혼한다. 령애는 다시 집에 내려가지만 견디지 못하고 서울로 뛰쳐나와 수양모의 집에서 지낸다. 몇 해 지난 후 시내 찻집에서 우연히 수한을 다시 만난 령애가 아직도 수한을 마음에 두고 있다고 고백한다. 그 이후 령애는 수한에게 자신을 보러 와 달라며 수시로 편지를 보낸다. 수한은 령애의 태도가 도가 지나쳐 집착으로 바뀌는 듯하고, 성격 또한 포악해진 것을 알고 점점 꺼리게 된다. 령애는《부인시론》이란 잡지에「화평한 나의 가정」이란 제목으로 수한이 기고한 글을 보고 낙담하여 자살을 결심한다. 수한은 의전병원에 입원한 령애가 위독하다는 편지를 받고 찾아간다. 령애는 당신만을 보고 살다가 죽어가니 선산에 묻어 달라는 유언을 남기고 생을 마감한다.

【참고】 표지에 '戀愛悲劇 짝사랑의 죽엄' 이라고 표기되어 있다. 김수한이 수감된 이유가 '학생들 간에 흔히 있는 일' 이라 하여 모호하게 처리되어 있다. 우연한 사건과 사소한 오해로 헤어진 연인을 잊지 못하고 집착하다가 급기야 죽음으로까지 치달은 한 여인의 비극적인 사랑을 그리고 있다. 연세대 소장본을 텍스트로 내용을 정리하였으나 판권지 유실로 발행 연도 등의 자세한 서지사항을 확인할 수 없다.

ㅊ

참마검/斬魔劍: 작자미상. 대한일보1906.4.18-4.26(7회 완).

【내용】 풍채가 준수한 곽대공은 과거를 보고 돌아가는 길에 날이 저물자 객점을 찾는다. 그는 어둠 속에서 불빛이 보이는 신사로 향하였다가 진수성찬의 밥상과 울고 있는 한 처녀를 발견한다. 잠시 후 대공은 그 처녀가 부모에 의해 돈에 팔려 와 오늘 밤 이 마을의 화와 복을 다스리는 오 장군이란 요괴에게 산 제물로 바쳐질 운명이라는 사실을 알게 된다. 이에 대공은 요괴를 퇴치하기로 결심하고 기다린다. 깊은 밤, 요괴와 함께 술을 마시던 그는 고기를 잘라 권하는 척하고는 단도로 요괴의 발을 잘라 버린다. 깜짝 놀란 요괴는 달아나 버린다. 한편 동민들은 처녀의 시체를 매장하러 왔다가 그녀가 살아 있는 것을 보고 후환을 걱정하여 대공을 잡아 관청에 넘기려 한다. 신변의 위협을 느낀 대공은 신령을 빙자하여 혹세무민한 무당을 처단한 사또의 이야기를 동민에게 들려주며 그들의 흥분을 가라앉힌다. 잠시 후 그는 요괴의 잘린 발이 돼지 앞다리로 변한 것을 보여 주며 오 장군이 돼지 요괴라는 사실을 알려준다. 동민들과 합세하여 요괴가 피 흘린 자취를 따라간 그는 땅굴 속에 숨어 있던 돼지 요괴를 찾아내 마침내 퇴치한다. 후일 대공은 죽을 뻔했다 살아난 처녀를 아내로 삼아 행복한 생활을 보낸다.

【참고】 무서명으로 발표되었으며 순국문으로 표기되었다. 요괴에게 제물을 바치는 인신공희를 모티프로 한 이야기이다. 배경과 인물 모두 중국으로 설정되어 있고, 중국 설화의 영향이 곳곳에서 드러난다. 미신이 주는 해악을 비판하고 새로운 각성을 촉구하는 주인공의 발언이 주목된다.

참사랑은 이렇다/참사랑은이럿타!: 리소하 작. 태화서관1931(51면, 25전).

【내용】 리세몽은 돈 많은 거부로, 여배우 피화자와 내연의 관계였다. 양주 제조소에서 근무하던 김정숙은 자신을 유곽에 팔려는 주인에게 쫓기다 세몽의 구원을 받고 짝사랑에 빠진다. 어느 날 세몽은 화자가 공연하는 극장으로 갔는데, 화자는 그를 차갑게 대한다. 세몽은

실망하여 돌아가는 길에 정숙이 근무하는 잡화상에 들르는데, 정숙은 조금이라도 더 함께 있으려는 마음에 여송연을 권한다. 그런데 정숙이 여송연이라고 착각했던 것은 사실 화약이었고, 그것이 폭발하여 세몽은 눈이 먼다. 정숙은 자신이 화자라고 속이고 그를 돌본다. 세몽은 정숙이 자기 눈을 멀게 했다고 이를 갈며 원망한다. 의원에게 치료받게 되면 눈은 낫지만 자신의 정체가 탄로날 것이고, 치료를 안 해 주자니 도리가 아닌 것 같아 정숙은 고민한다. 정숙은 결국 참사랑을 택해서 세몽의 눈을 고쳐 준다. 개안한 세몽은 정숙을 원수로만 알고 매몰차게 내쫓는다. 화자는 세몽의 친구인 백작과 결혼하기 위해 추파를 던지던 중이었는데, 세몽은 자신을 돌봐 주었던 여자를 화자로만 여기고 그에게 청혼한다. 화자는 연못에 양말을 던지고 그것을 주워주는 이를 신랑으로 맞이하겠다고 선언한다. 자신의 예상과 달리 백작이 물에 빠져 죽게 되자 화자는 다시 마음을 바꾸어 세몽에게 추파를 던진다. 세몽은 백작을 구하고 추악한 본심이 드러난 화자를 버린다. 이에 충격을 받은 화자는 자살한다. 세몽은 정숙과의 오해를 풀고 백년가약을 맺는다.

【참고】 동덕여대 소장 태화서관본 표지와 본문 첫 장에 '연애소설 참사랑은 이럿타!' 라고 표기되어 있다. 본문 말미에 '경오년 구월 상순 리소하 작' 이라고 표기되어 있다.

창송록죽/蒼松綠竹

백두용 편집발행. 한남서림1923(103면, 30전).

【내용】 오랜 지기인 황 참의와 정 승지는 늦도록 자손을 보지 못한다. 황 참의는 도봉산 도선암에 있는 혜원이라는 중이 신령하다는 얘기를 듣고 정 승지를 만나 같이 찾아간다. 사정 이야기를 들은 혜원은 강가에서 객을 만나고 바다에서 아름다운 인연을 만나는 등의 모든 일이 미리 정해져 있다는 말을 남긴다. 황 참의와 정 승지는 만약 한 집이 아들, 다른 집이 딸을 갖게 되면 서로 혼인시키자고 약조한 뒤 돌아가는데, 이후 황 참의에게서 딸이 정 승지에게서 아들이 태어난다. 임오년에 민란이 일어나 두 집안 모두 피난을 가는데 그 와중에 황 참의 딸이 장떨꺽이와 최결쇠 무리에게 납치를 당한다. 장껄떡과 최결쇠는 서로 황 규수를 차지하려다 죽고 황 규수는 탈출해 홍인호라는 사람의 도움을 받게 된다. 황 참의 부부는 딸 생각에 잠을 이루지 못하다가 물에 뛰어드나 바다에서 뱃놀이를 하던 김근배 일행에 의해 구출된다. 그로부터 삼 년이 지나 황 규수는 남장을 하고 부모를 찾아 떠난다. 한편 정 승지가 별세한 후 그 아들 필원은 결혼을 약속한 황 규수를 찾아 길을 떠난다. 예전에 인연이 있던 많은 은인들과 재회하고 다시 도움을 받으며 황 규수는 부모를 만나게 되고, 필

원과 황 규수는 결국 성혼하게 된다.

【참고】 본문 첫 장에 '貞烈小說 蒼松綠竹' 이라고 표기되어 있다. 남장을 하고 사람을 찾는 여주인공, 중이나 도인의 예언과 그에 따른 운명론적 사건 전개 등 고전서사적 모티프가 동원되고 있다.

채봉감별곡/치봉감별곡彩鳳感別曲

석농거사 작. 박문서관1914.

【내용】 평양의 김 진사는 열여섯 난 딸 치봉의 혼처를 구하러 서울로 갔다가 허 판서를 사위로 맞기로 언약한다. 매관매직에 능한 허 판서가 김 진사의 딸을 소실로 탐내고, 김 진사는 벼슬자리를 탐내었기 때문이다. 그러나 치봉은 아버지 몰래 이웃 청년 장필셩과 혼인을 언약한 상태였다. 언약을 저버릴 수 없었던 치봉은 부모와 함께 서울로 가는 길에 도망하여 다시 평양으로 돌아온다. 서울 가는 길에 화적 떼를 만나 모든 재산을 잃은 김 진사는 허 판서에게 조금의 동정도 받지 못하고 옥에 갇힌다. 이 소식을 들은 치봉은 아버지를 옥에서 구하기 위해 기생이 되고 기명을 '송'이라 한다. 치봉은 비록 기생이 되었지만 필셩과의 언약을 지키기 위해 그와 필담을 나누던 글귀를 문제로 내어 맞힌 사람에게만 몸을 허락하겠다고 한다. 소문을 들은 필셩이 찾아가 문제를 맞히고 두 사람은 다시 만난다. 그러나 필셩은 집안이 가난하여 치봉을 기방에서 빼내 올 수 없는 처지였다. 평양 감사로 새로 온 이보국의 사람됨을 알아본 치봉은 자신의 사연을 모두 말하여 아버지를 구해 달라고 부탁한다. 이보국은 김 진사의 무죄를 증명하여 옥에서 풀려나게 해 준다. 김 진사 내외가 평양으로 다시 내려온 뒤 치봉과 필셩은 혼례를 올린다.

【참고】 표지에 '新小說 정본 正本 치봉감별곡 彩鳳感別曲', 본문 첫 장에 '正本 彩鳳感別曲 石農居士原著' 라고 표기되어 있다. 1914년에 초판이 발행되었으며 1917년 발행 5판본(97면, 25전)을 텍스트로 내용을 정리했다. 총 12회로 분장되어 있다. '추풍감별곡' 이라는 표제로 출판되기도 했는데, 이는 작품 안에 삽입된 가사의 제목이다. 중국소설집 『금고기관』 중 「왕교란백년장한(王嬌鸞百年長恨)」과 유사한 점이 있어 번안이라는 논란이 있었다. 서두의 남녀 상봉 과정과 화답한 시가 일치하는 것으로 보아 영향을 받은 듯하나, 줄거리와 짜임새는 서로 달라 신작구소설로 여겨진다. 매관매직이 성행하던 조선 말엽의 세태를 반영했다.

처녀의 눈물/處女의눈물: 작자미상. 삼문사1932(30전).

【내용】 미확인.

【참고】 단행본 원본 자료를 구할 수 없어 작품의 경개 및 세부 서지사항을 확인하지 못했다. 『유충렬전(삼문사1932)』 권말 서적 광고에 '處女의 눈물' 이라고 제목이 표기되어 있다. 사진 자료로 확인한 발행 연도 미상의 삼문사 발행 딱지본 권말 광고에 '處女의 눈물' 이라고 제목을 표기하고 다음과 같은 소개의 글을 덧붙였다. "이 小說은 朝鮮의 아버지 어머니가 나 만흔 쌀에 그 심리를 거침업시 해부해 논 小說이다! 읽으라! 朝鮮의 處女는 왜 갈 길을 모르고 헤매고 있는가? 무엇을 目的하고- 이 小說의 內容은 말치 안는다 이야기를 하면 도리혀 朝鮮의 父母의 가슴이 쓰릴 것이다. 자! 處女의 거울! 당신들의 나 만흔 싸임을 엇더케 인도하시람니까 부듸 이 小說을 읽으십시오."

처녀의 비밀/쳐녀의비밀: 작자미상. 박문서관1921(40전).

【내용】 미확인.

【참고】 단행본 원본 자료를 구할 수 없어 작품의 경개 및 세부 서지사항을 확인하지 못했다. 『방화수류정(박문서관1921)』 권말 '新小說 ' 광고에 '쳐녀의 비밀' 이라고 제목이 표기되어 있다.

처녀의 서약(번)/處女의誓約

샤토브리앙 작. 류금향 역. 조선일보1923.11.2-12.15(43회 완).

【내용】 원작 참조.

【참고】 연재 지면에 '處女의誓約 샤토우쁘리안 作 柳金香 譯' 이라고 표기되어 있다. 원작은 프랑스의 작가 샤토브리앙(François-Renéde Chateaubriand)의 중편소설 「아탈라(Atala)」(1801)이다. 生田春月 역의 일역서 『少女の誓(1918)』를 대본으로 중역한 것이다. 샤토브리앙의 「아탈라」는 「르네 René(1802)」와 함께 「그리스도교의 정수(Le Génie du christianisme)」(1802)의 일부였으나 독립적으로 발표되었다. 연재 마지막 회 말미에 '一九二三年十一月二十六日譯' 이라고 하고 있어 역본의 탈고 시기를 짐작할 수 있다.

처녀의 설움/處女의설음: 작자미상. 신구서림1930(60전).

【내용】 미확인.

【참고】 단행본 원본 자료를 구할 수 없어 작품의 경개 및 세부 서지사항을 확인하지 못했다. 『설정산실기(신구서림·박문서관1925)』 권말 '新舊書林出版圖書目錄' 에 '處女의설음' 이라고 제목이 표기되어 있다.

처녀의 혼/쳐녀의혼處女의魂

노익환 저작발행. 신구서림1926.

【내용】 전국에 심한 가뭄이 들자 임금은 금주령을 내린다. 선전관으로 있는 김진상은 환갑잔치에서 금주령을 어겨 체포된다. 진상의 아들 희연은 부친을 구하기 위해 상소한다. 임금은 희연이 소년임에도 불구하고 총명한 것을 보고 탄복하여, 사흘 안에 금주령을 어긴 자를 찾아오라는 조건으로 진상을 풀어 준다. 진상은 희연의 도움으로 금주령을 어긴 장덕화라는 청년의 집을 찾아내지만, 덕화의 인품이 뛰어난 데다 가세가 빈한한 것을 보고 딱하게 여겨 체포하지 않는다. 임금은 죄를 물어 진상을 유배 보낸다. 오 년 후 유배에서 풀려난 진상은 울진 군수로 부임한다. 어느 날 울진에 어사가 출두한다. 진상은 그가 지난날 자신이 놓아 준 덕화임을 알고 재회를 기뻐한다. 이때 고을에 해결하기 어려운 도난 사건이 발생하는데, 진상은 아들 희연의 도움으로 이를 해결한다. 진상은 이후에도 가는 곳마다 명관으로 이름을 높인다. 그러자 조정에서는 진상을 맹산 군수로 임명하고 맹산의 변사 사건을 해결하라는 명을 내린다. 맹산에 부임하는 군수마다 다음 날 변사체로 발견되는 사건이 일어났던 것이다. 맹산에 부임한 첫날 밤, 진상과 아들 희연은 한 처녀의 원혼을 만난다. 처녀는 자신이 억울한 죽음을 당하였는데, 부임하는 군수에게 이를 호소하려 하였으나 다들 놀라 죽어 버리는 바람에 아직도 한을 풀지 못했다고 한다. 날이 밝자 희연은 처녀의 말을 단서로 하여 처녀의 억울한 죽음을 밝히고 범인을 잡는다. 알고 보니 이 처녀는 어사 덕화의 누이였다. 덕화는 자신의 집안과 진상의 집안이 계속 서로 관련되는 것이 인연이라 여겨 희연과 자기의 또 다른 누이를 결혼시킨다. 이후 희연은 판서 자리에까지 오른다.

【참고】 표지에 '處女의魂 처녀의혼'이라고 표기되어 있다. 그러나 본문 첫 장, 난외서명, 판권지 등 표지 이외의 부분에는 '쳐녀의혼'이라고 한글 표기되어 있다. 억울한 죽음을 당한 처녀가 원혼으로 나타나 사정을 호소하고 명민한 관리가 이를 해결해 준다는 처녀신원설화 모티프를 포함하고 있다. 1926년에 초판이 발행되었으며 국립중앙도서관 소장 1927년 발행 재판본(31면, 15전)을 텍스트로 내용을 정리했다.

천강홍의장군/天降紅衣將軍: 작자미상. 회동서관1929(30전).

【내용】 미확인.

【참고】 단행본 원본 자료를 구할 수 없어 작품의 경개 및 세부 서지사항을 확인하지 못했다. 『연광정(회동서관1929)』 권말 서적 광고에 '歷史小說 天降紅衣將軍'이라고 제목을 표기하고 다음과 같이 소개하고 있다. "읽으라! 살이 뛰고 피가 끓는 텬강홍의장군의 래력을 읽으라! 수쳔수만의 적군 압헤

잇다 하드래도 홍의장군만 보면 얼마나 무서워하고 얼마나 썰엇슬 것이냐 그리고 그의 입은 붉은 옷은 무엇으로 물을 듸렸는지? 보라 이 피가 쓸는 책을!"

천고의 비밀(번)/千古의秘密(상): 르블랑 작. 유두응 역. 동화당서점1945(165면).

【내용】 원작 참조.

【참고】 속표지에 '劉斗應 譯 怪奇探偵 루팡全集 第一券 千古의 秘密 篇', 본문 첫 장에 '千古의 秘密 劉斗應 譯'이라고 표기되어 있다. 원작자를 따로 기재하지는 않았으나 서문에서 원작이 프랑스 소설가 모리스 르블랑(Maurice Leblanc)의 작품임을 밝히고 있다. 단행본 지면에 원작의 제목을 밝히고 있지는 않으나, 내용으로 보아 「서른 개의 관(L' Ile aux Trente Cercueils)」(1919)이 원작이다. 박인용이 쓴 '천고의 비밀 머리에' 라는 제목의 서문에 '사상이나 정치 관련 서적 말고는 읽을 만한 책이 없었는데, 조선 시대 임거정과 같은 의협아 루팡을 주인공으로 한 르블랑 전집이 출간된다니 기쁘다' 는 내용이 적혀 있다.

천로역정1(번)/텬로력뎡: 버니언 작. 게일 역.

삼문출판사1895 ; 장로교선교부1910 ; 조선야소교서회1919 ; 조선야소교서회1926.

【내용】 원작 참조.

【참고】 목판으로 인쇄되어 있으며, 속표지에 원저자와 원작, 번역자, 출판사 등에 대한 기록을 영어로 표기해 놓고 있다. 존 버니언(John Bunyan)의 「The Pilgrim' s Progess(1678)」의 제1부를 번역한 것이다. 초간본은 단일권이었으나 분량이 너무 커서 나중에 상하로 분권되었다고 한다. 권지일의 장수는 '일-일빅장', 권지이는 '빅일-이빅이장' 으로 되어 있으며, 삽화는 김준근이 그렸다. 선교사 게일의 한글 교사였던 이창직이 교열을 맡았다. 번안적 요소가 다분한 의역 위주의 번역본이다. 1910년 재판본은 구활자본으로 출판되었으며, 이 책 이후의 판본에서는 제목 표기가 '텬로력졍' 으로 바뀌어 있고, 본문 첫 장에 '목ᄉ 긔일 번역 ᄉ인 리챵직 교열' 이라고 표기되어 있다. 1919년의 3판본과 1926년의 4판본은 조선야소교서회에서 발행되었다.

천로역정2(번)/텬로력졍(뎨이권)

버니언 작. 언더우드부인 역. 조선야소교서회1920(134면, 60전).

【내용】 원작 참조.

【참고】 본문 첫 장에 '텬로력졍 하 원두우부인 번역 쏜, 번연 원져' 라고 표기되어 있다. 존 버니언의 「The Pilgrim' s Progess(1678)」의 제2부를 번역한 것이다. 게일 부처의 역본이 제1부만을 번역했으므로 완역하기 위하여 제2부만을 번역한 것이며, 기독도의 가족들이 천국을 향해 여행하는 내용이다. 표지에 '긔독도부인려힝록' 이라고 부제를 표기하고 있다. '원두우부인(元杜尤夫人)' 은 언더우

드 부인을 말한다.

천로역정3(번)/天路歷程

버니언 작. 곽용오 역. 긔독신보1933.2.8-1933.2.22(3회 완).

【내용】 원작 참조.

【참고】 존 버니언의 「The Pilgrim' s Progess(1678)」의 축약 번역본이다. 《긔독신보》 '聖文學巡禮' 시리즈의 두 번째 작품이다. 저자는 존 버니언의 신앙인으로서의 삶과 「천로역정」을 쓴 정황 등을 간략하게 소개하고 있다. 작품 첫머리에서 역자는 「천로역정」의 1, 2편을 다룬다고 했는데 연재 3회 말미에는 2편은 " '基督徒' 의 처자가 그의 남편의 뒤를 따라 여러 가지 어려움을 이기고 천국에 들어간 것"이라고 간단히 정리하며 연재를 마무리하고 있다.

천로역정4(번): **버니언 작. 기독신자 역. 복음신보1936.7.5-?**

【내용】 원작 참조.

【참고】 존 버니언의 「The Pilgrim' s Progess(1678)」을 번역한 것으로 여겨지나 《복음신보》 원본 자료의 미비로 자세한 사항을 확인할 수 없다.

천로역정5(번): **버니언 작. 오천영 역. 조선기독교서회1939(273면).**

【내용】 원작 참조.

【참고】 존 버니언의 「The Pilgrim' s Progess(1678)」을 번역한 것이다. 본문 첫 장에 '천로력정' 이라고 제목을 표기하고 있으나 속표지에는 '吳天泳 譯 全譯 천로역정 全' 이라고 표기되어 있다. 겉표지에도 '全譯 천로역정' 이라고 표기되어 있다. 게일 등이 번역한 조선야소교서회 판본보다 많은 삽화를 수록해 놓고 있다. '譯者序言' 에 "「천로력정」을 '조선' 말로 번역한 지가 발서 30여 년 전이다. 그러나 그것은 소년들의 독물이 될 만한 초역뿐이오 전역은 아니였다. (…) 기독교서회에서 이것을 전역하기로 결정한 결과 본인이 그 사명을 받아서"라고 하여 번역의 과정과 태도를 밝히고 있다.

천리원정/**천리원정千里遠情: 왕세창 저작발행. 신명서림1922(70면, 25전).**

【내용】 월계는 평양성 박 판륜의 딸로 조실부모하고 아버지 친구 박명환에게 길러진다. 은행 지배인인 명환은 박 판륜이 맡긴 유산을 월계에게 돌려줄 생각도 않고 오히려 월계를 범하려 한다. 명환에게서 도망치기 위해 집을 나온 월계는 자신의 신세를 원망하다가 자살을

시도한다. 이때 경성 리 참서의 아들 운학이 함경도에 내려간 아버지를 만나러 가다가 이 광경을 보고 만류한다. 운학은 월계를 집으로 데려가지만 어머니에게 작첩질을 한다는 오해를 받고 쫓겨난다. 운학은 다시 만나기를 기약하며 함경도로 가고 월계는 집으로 돌아간다. 돌아간 집에서 월계는 명환의 첩 금단에게 감금당해 고된 생활을 한다. 꿈에서 월계를 본 운학은 평양으로 가 월계를 구출하려 하지만 금단과 그 의붓동생 삼보의 계략으로 실패하고 도망친다. 한편 명환은 서울로 발령을 받아 금단과 월계를 데려간다. 월계는 여자고등보통학교에 입학해 오륙 개월을 지내다가 남산공원에서 운학을 만난다. 운학은 월계에게 일본으로 유학을 가게 되었다고 하고, 월계를 범하려고 호시탐탐 노리던 명환은 이 소식을 알게 되어 삼보를 시켜 공작을 꾸민다. 운학이 일본으로 떠나자 삼보는 일본으로 건너가 운학의 거처를 알아낸다. 그는 마치 운학이 보내는 것처럼 월계에게 모월 모일 밤 삼개 강변에서 만나자는 편지를 보내고, 명환은 운학에게 같은 내용의 편지를 월계가 쓴 것처럼 해서 보낸다. 명환은 약속장소로 미리 가서 주변을 살피다가 그곳에 당도한 월계가 다시 돌아가려 하는 것을 보고 총을 쏜다. 월계는 총을 맞아 쓰러지고, 뒤늦게 온 운학도 쓰러진 월계를 배에 싣다가 총에 맞는다. 두 사람은 물살을 따라 떠내려가다가 죽지 않고 뱃사람들에게 구출된다. 두 사람은 의술의 힘으로 회복하고, 편지지가 명환의 은행에서 쓰는 종이라는 것이 밝혀져 금단과 명환은 처벌을 받는다.

【참고】 고려대 도서관 소장 신명서림본 본문 첫 장에 '最新式悲劇小說 千里遠情'이라고 표기되어 있다. 난외서명은 '쳔리원졍'이다. 당대를 지시하는 배경에 비해 문체와 구성은 고루하며, 월계가 위기에 빠질 때마다 운학이 악몽을 꾸게 된다는 점이나 전래 설화를 삽입하여 주인공의 행동 선택 근거로 삼는다는 점 등 구태의연한 서술이 많다.

천리춘색/쳔리츈색千里春色: 강은형 저작발행. 대성서림1925(54면, 25전).

【내용】 적화를 입어 조실부모하고 외숙의 집에 자신을 의탁하고 있던 정 소저는 자신에게 연정을 품고 있던 안량학의 구혼에 못 이겨 그에게 시집을 간다. 량학은 누대의 귀족 집안 자제로서 홀로 시골에 남아 공부에 전념하고 있었다. 부모의 허락도 얻지 않고 혼인을 한 량학은 얼마 지나지 않아 과거를 보러 상경하였는데, 그 뛰어난 문장에 놀란 천자의 사랑을 받아 한림학사를 제수받는다. 게다가 천자는 량학에게 자신의 외손녀인 후주와 결혼할 것을 권한다. 천자의 명을 거역할 수 없었던 량학은 시골에 두고 온 정 소저를 그리워하여 상사병이 나는데, 공명정대한 위인인 그의 아버지 안해당은 아들의 경솔한 행동을 크게 꾸짖고, 량학

의 손윗누이인 량란과 상의 끝에 예를 갖추어 정 소저를 불러들인다. 안해당은 먼저 정 소저의 의견을 묻고 천자의 허락을 얻어 후주를 두 번째 며느리로 받아들인다. 안 한림은 두 아내를 차별하여 대하였고 앙심을 품은 후주는 정 소저를 음해하는 데 온 정신을 기울인다. 또한 시아버지가 자사 벼슬을 제수받아 지방에 부임한 틈을 타서 후주는 더 무서운 계략을 꾸미고, 자신이 낳은 아들이 급사한 것을 트집삼아 기어이 정 소저를 내쫓는 데 성공하고야 만다. 임기를 무사히 마치고 상경한 안해당은 어리석은 아들의 행동에 격노하여 량란과 함께 사건의 전말을 밝히고 죄인들을 벌한다. 정 소저는 누명을 벗고 돌아와 가족과 상봉한다.

【참고】 서울대 도서관 소장 대성서림본 표지에 '千里春色 천리츈색', 본문 첫 장에 '千쳔里리春츈色색'이라고 표기되어 있다. 중국을 배경으로 한 소설이다. 일부이처의 폐해를 다루었고, 후처의 패악과 본처의 고난을 주서사로 삼았다. 봉건적 윤리를 바탕으로 한 교훈적 결말을 의도했다. 배경과 인명을 제외하면 1912년 유일서관에서 발행된 『완월루』와 같은 내용이다. 고전소설 「장학사전」의 번안작이다.

천리타향: 김연순 작. 영창서관1935(35전).

【내용】 미확인.

【참고】 단행본 원본 자료를 구할 수 없어 작품의 경개 및 세부 서지사항을 확인하지 못했다. 『강명화전(영창서관1935)』 권말 '영창서관발행신소설목록'에 '천리타향'이라고 제목이 표기되어 있다. 영창서관에서 펴낸 『신간도서목록』에 '金演舜 作 意外相逢 千里他鄕'이라고 표기되어 있다.

천생배필/天生配匹: 작자미상. 덕흥서림1933(25전).

【내용】 미확인.

【참고】 단행본 원본 자료를 구할 수 없어 작품의 경개 및 세부 서지사항을 확인하지 못했다. 『옥련의 눈물(덕흥서림1933)』 권말 '京城德興書林新刊書籍廣告'에 '天生配匹'이라고 제목이 표기되어 있다.

천안 삼거리/天安三街里: 작자미상. 삼중당1949.

【내용】 「천안 삼거리」 : 형 갑성보다 먼저 혼례를 치르게 된 동생 을성이 천안 삼거리 주막

에서 도망가는 바람에 형이 대신 혼례를 치른다. 주막의 옆방에 머물다가 갑성의 상객으로 가게 된 소년이 갑성 대신 신방에 들게 되고, 그 소년의 아버지에게 용서를 빌러간 갑성은 그 집의 사위가 된다. 도망갔던 을성은 과거에 장원급제하여 출세한다. 훗날 천안 삼거리에서 만난 세 사람은 그들의 인연을 기념하기 위해 삼거리에 버드나무 세 그루를 심는다. **「길장가」**: 과거를 보러 가던 소년들이 길에서 마주치는 여인들을 상대로 자신의 짝을 점치는 놀이를 하던 중, 한 소년이 가마를 타고 가던 김 판서의 딸과 마주친다. 이들은 혼인을 약속하고 정표를 나누어 간직하고 헤어진다. 서울에 도착하여 우연히 김 판서의 옆집에 머물게 된 소년은 김 판서의 마음에 들어 진짜 사위가 된다. **「삼만 육천 냥짜리 거짓말」**: 익살맞고 허풍 잘 떨기로 유명한 허 선달이 북경 구경에 나섰다가 청나라 사람들의 모임에 끼어든다. 그들이 회원의 죽음에 오백 냥씩의 부의금을 내자 허 선달은 천 냥을 낸다. 조선으로 돌아온 그는 일 년 후, 북경으로 자신이 죽었다는 거짓 부고를 보낸다. 회원 열여덟 명은 각각 이천 냥씩 총 삼천육백 냥을 부의금으로 보내와 허 선달은 큰 부자가 된다. **「무쇠뒤웅박」**: 김 씨 집안으로 시집을 가 가산을 일으켜 큰 부자가 된 양 씨 부인은, 임진왜란 때 무쇠뒤웅박을 만들어 전장에 나가는 남편에게 준다. 검은 칠을 한 뒤웅박을 들고 왜군과 싸우던 군대는 무쇠뒤웅박을 거리에 흩어 놓고 후퇴한다. 왜군들은 무쇠로 만든 무거운 뒤웅박을 한 손으로 들고 다니는 조선의 군사들에 겁을 먹고 도망간다. **「달밤의 옥퉁소 소리」**: 누구의 수청도 들지 않는, 도도하기로 유명한 평양의 명기 일지매의 집에 생선장수로 위장해 들어간 벽제 임호는 옥퉁소 소리로 일지매의 거문고 소리에 화답해 그녀의 마음을 얻는 데 성공한다.

【참고】 표지에 '三中堂 大衆文庫 天安三街里 천안삼거리'라고 표기되어 있다. 「천안 삼거리」, 「길장가」, 「삼만 육천 냥짜리 거짓말」, 「무쇠뒤웅박」, 「달밤의 옥퉁소 소리」 등의 작품이 실려 있다. 1949년 발행본을 구하지 못해 삼중당 1952년 발행(90면, 1000원)본을 텍스트로 내용을 정리했다.

천연정/텬연뎡天然亭: 지송욱 저작발행. 신구서림1913(120면, 25전).

【내용】 전라도 금산 출신인 홍련은 부모에 의해 서울로 팔려 와 기생이 된다. 어느 날 그녀는 천연정에서 열린 연회에 나갔다가 심화순을 만난다. 화순은 본래 양반집 자식이나 부친 사망 이후 공부를 작파하고 주색에 빠져 가산을 탕진한 상태이다. 홍련은 화순이 비록 지금은 미쳤다는 소리를 들으나 장차 학문을 닦는다면 대성할 인재라고 생각하고, 자신이 뒷바라지를 할 터이니 학문에 정진하여 훌륭한 사람이 되라고 그를 설득한다. 화순의 집으로 들어간 홍련은 그를 공부시키는 한편, 좋은 집안의 규수를 얻어 혼인을 시킨다. 화순이 태만해진 기색을 보이자, 홍련은 그가 과거에 장원급제하면 돌아오겠다는 말을 남기고 집을 떠난다. 정처 없이 집을 나선 홍련은 자신의 미모를 탐내는 사내들 때문에 숱한 곤욕을 치르지만

화순을 향한 굳은 마음과 남다른 기지로 화를 모면한다. 그러던 어느 날 그녀는 우연히 인품이 훌륭한 노인 리 판서를 만나고 자신의 사정을 이야기한다. 리 판서에게는 서자가 한 명 있을 뿐으로, 그나마 집을 나가 소식이 끊긴 상태이다. 리 판서는 홍련을 측은히 여겨 수양딸로 삼는다. 한편 화순은 마음을 다잡고 학문에 정진하여 과거에 장원급제한다. 화순과 홍련은 리 판서의 덕택으로 재회하고, 화순은 홍련의 부모를 찾을 겸 금산 군수로 부임한다. 어느 날 밤 자객이 화순을 찾아오지만, 홍련의 기지로 체포된다. 화순은 심문을 통해 이 자객이 지난날 자신과 함께 과거 공부를 하던 자로 리 판서의 서자라는 사실을 알게 된다. 홍련은 남편에게 자객을 용서하라 청하고, 이에 감복한 리 판서의 서자는 리 판서를 찾아가 용서를 빌며 회개한다. 이후 화순과 리 판서의 서자는 모두 높은 벼슬에 이르고, 두 집안은 사람들에게 칭송을 받는다.

【참고】 표지의 제목은 '쳔연정 天然亭', 본문 첫 장과 난외의 제목은 '텬연뎡 天然亭'이라고 표기되어 있다. 본문 첫 장에 '텬연뎡 新小說 天然亭'이라고 명기되어 있다. 정절과 부덕을 지닌 기생이 낭군을 입신출세시키는 이야기를 통해 여성이 지녀야 할 유교적 덕목을 강조하는 작품이다.

천일야기담(번)/千一夜奇談

작자미상. 소운 역. 매일신보1930.3.14-9.10.(137회 완).

【내용】 원작 참조.

【참고】「아라비안 나이트」의 번역본이다. 연재 지면에 '千一夜奇談 素雲 譯 承萬 畵'라고 표기되어 있다. 이전의 「아라비안 나이트」 한글 번역본으로 이동 역, 『유옥역전(필사본1895)』, 이상협 역, 「만고기담(매일신보1913.9.6-1914.6.7)」 등이 있었는데, 이 작품은 인명, 지명의 변형 없이 그대로 번역한 것이다. 원전과 비교할 때 등장인물, 배경, 사건, 주제는 동일하게 번역되어 있지만, 인물의 성격 면에서는 단순화되었고, 사건 진행도 단면적으로 수용되었다. 또한 성적인 장면의 묘사는 상당 부분 생략되었다. 1001일의 이야기가 번역되지만 밤의 순서를 정하지 않아 어느 이야기가 몇 번째 밤에 일어난 이야기인지는 알 수 없다. 동일 원작의 역본으로 위에 거론한 것 외에 민준호의 「삼촌설(1913)」, 방정환의 「천일야화(1926)」가 있다.

천일야화(번)/千一夜話: 작자미상. 방정환 역. 어린이1926.3-5(3회, 「흘러간삼남매」), 1926.10-12(3회, 「어부와마귀이약이」), 1927.7-10(3회, 「아리바바와도적」).

【내용】 원작 참조.

【참고】 연재 지면에 각각 '千一夜話 흘러간 三남매 小波', '千一夜話 漁夫와 魔鬼 이약이 小波', '千一夜話 아리바바와 도적 小波' 라고 표기되어 있다. 원작은 알라딘, 알리바바, 어부와 마귀 이야기, 흘러간 삼남매와 같은 이야기들의 모음인 「천일야화(The Thousand and One Nights)」 일명 '아라비안 나이트' 이다. 방정환이 '소파' 라는 필명으로 이야기의 일부만을 발췌역한 작품이다. 동일 원작의 역본으로 이상협의 「만고기담(1913)」, 민준호의 「삼촌설(1913)」, 이동의 「유옥역전(1895)」, 소운의 「천일야기담(1930)」이 있다.

천정가연/텬뎡가연天定佳緣: 강하형 저작발행. 태화서관1923(50면, 20전) ; 박문서관1925(32면).

【내용】 승상 유철기는 나이 오십에 벼슬을 버리고 고향 금릉에 돌아와 농사를 짓고 있다. 유 승상은 가산은 넉넉하나 자식이 없는 것이 늘 걱정이다. 그러던 어느 날, 부인 정 씨가 꿈에서 상제에게 죄를 짓고 하늘에서 내려온 동자를 본 후 잉태한다. 열 달이 지나 부인 정 씨는 옥동자를 분만하는데 그의 배필이 청릉에 있다는 선녀의 말을 듣는다. 한편 청릉에는 유 승상과 함께 관직 생활을 한 한경인 승상이 살고 있다. 그 역시 혈육이 없어 걱정이었는데 어느 날, 그의 부인이 꿈에서 죄를 짓고 하늘에서 내려온 선녀를 보고 잉태한다. 부인은 열 달이 차 어여쁜 딸 청풍을 낳고 그의 배필은 금릉에 있으니 하늘이 정해 준 인연을 꼭 명심하라는 선녀의 말을 듣는다. 그런데 유 승상은 갑작스레 병을 얻어 죽고, 그를 따라 곧 부인 정 씨도 세상을 달리한다. 졸지에 부모를 잃은 유신은 고향을 버리고 길을 떠나 선경에 이르는데, 그곳에서 한 노인을 만나 그의 양아들이 된다. 유신은 천관도사라는 별호를 가진 그 노인에게서 무예를 배운다. 그리고 명나라와 오랑캐 간 싸움이 벌어지자, 천관도사로부터 황금보신갑과 용강검, 철니오초마를 받고 참전한다. 유신은 적과의 싸움에서 혁혁한 전공을 세우나 적장 망필단의 계략에 속아 사로잡히는 신세가 된다. 이때 적진을 뚫고 유신을 구하여 싸움을 승리로 마감한 장수가 있었는데 그 장수는 바로 한청풍이었다. 청풍 역시 부모를 여의고 고향을 떠났는데 백학산에서 한 도사를 만나 무예를 배우고 갑옷 일습과 칼을 받아 참전한 것이었다. 명나라 황제는 두 장수의 공로를 치하한다. 또한 둘 사이의 인연에 관련한 이야기를 듣고 유신을 승상에 봉하고 청풍을 충열 부인에 봉한다. 후에 유신은 진나라 왕이 되고 청풍은 충열

왕비가 되었는데 남쪽 오랑캐들이 난을 일으킨다. 진왕 유신은 군사를 이끌고 참전했다가 전투 도중 적에게 사로잡히고, 이에 충열 왕비가 전장에 뛰어들어 유신을 구한 후 아군의 승리를 이끌어 낸다. 나중에 유신, 청풍 부부는 아들 셋에 딸 하나를 두고 다복한 가정을 꾸린다. 부부의 자식들은 모두 명문가와 가약을 맺고 자자손손 번창한다.

【참고】 국립중앙도서관 소장 태화서관본의 표지와 본문 첫 장에 '의용무쌍 義勇無雙 텬뎡가연 天定佳緣'이라고 표기되어 있다. 천상에서 적강한 유신, 한청풍이 고난을 극복하고 부부가 되어 부귀영화를 누리고 자손만대 태평을 이룬다는 내용의 소설이다. 부부 모두 뛰어난 장수이나, 번번이 적의 포로가 된 남편을 남장한 부인이 구한다는 점에서 애정 성취형 여성 영웅 소설로 볼 수 있다.

천중가절/텬즁가졀天中佳節: 남궁준 편집발행. 유일서관1913(65면, 18전).

【내용】 단옷날 개성남부 경덕궁 내에서 부인들의 다화회(茶話會)가 열린다. 저마다 풍속 개량에 뜻을 둔 전도부인, 여교사, 간호부, 조산부, 우두위원, 부인상점, 은행사무, 우편사무, 철도역원, 감옥서 여감, 농사집 부인, 세탁집, 바느질집, 방물장수, 중매, 기름장수, 밥장수, 반찬장수, 그릇장수, 물장수, 술장수 등 각계각층의 직업여성들로 성황을 이룬다. 이들은 질서 있게 회의를 진행하면서 발기문, 개회, 개별 발표, 폐회 등 회의의 순서를 그대로 따라 한 사람씩 자신의 직업과 당대의 풍속, 세태에 대해서 열변한다.

【참고】 표지에 '新小說 天中佳節'이라고 표기되어 있다. 부인들을 선도적 입장에 서게 하면서 개화사회를 위한 풍속 개량의 필요성, 과학적 지식의 개진 등 계몽의지를 드러낸 작품이다. 그 형식과 내용으로 미루어 볼 때 이해조의 『자유종(광학서포1910)』 등 토론체 양식 신소설을 떠올리게 하는데, 이 작품의 경우는 각 부인들의 발표 내용이 서로 간에 토론되기보다는 모두의 동의하에 그때그때 정리된다는 점, 자신의 주장을 전달한다기보다는 자신의 직업에서 얻은 지식과 경험을 간략하나마 설명하는 투에 가깝다는 점 등을 특징적으로 구별하여 논의할 필요가 있다. 또한 그 발표 내용이 완전한 근대적 자각에 이르지 못하고 봉건적 사고에 젖어 있는 경우도 심심찮게 발견되며, 여성의 당대적 지위와 역할에 대한 인식도 선진적이라 하기엔 미진한 부분이 많다. 즉 그 계몽의 의지나 태도가 적극적이고 정론적이라기보다는 소극적, 실용적인 작품이라 이해할 수 있을 것이다. 이는 작가의식의 차이에 기인한다고도 할 수 있겠으나 작품이 창작되고 발표된 시기와도 연관지어 생각해 볼 문제이다.

천추의 원혼/千秋의怨魂: 조준경 저작발행. 보성서관1939(76면, 40전).

【내용】 갑득은 박 참판의 서자로, 열아홉 살 되던 해에 시골로 피서를 갔다가 혜숙이라는 처녀를 알게 된다. 혜숙은 충주 일대의 부자였던 서 좌수의 딸로, 부친이 재산을 탕진하고 사망한 이후 홀어머니와 함께 근근이 살아가고 있다. 두 사람은 빨래터에서 처음 만난 후로 서로에게 애정을 느껴 밀회를 계속한다. 갑득은 중매인을 통해 혜숙에게 청혼하고, 그 모친의

허락을 받는다. 혜숙의 모친은 자신의 외사촌 김응수에게 혼인 준비를 부탁한다. 응수는 갑득이 박 참판의 서자라는 사실을 알아내고, 양반의 딸인 혜숙이 서자에게 시집갈 수는 없다며 혼인을 반대한다. 혜숙의 모친 역시 이 사실을 알고 파혼하자고 하지만, 혜숙은 같은 사람인데 서자라는 이유로 박대하는 것은 부조리하다며 뜻을 꺾지 않는다. 그러자 응수는 독단으로 갑득을 찾아가 혜숙이 서자에게 시집가기 싫다고 했다는 거짓말을 한다. 갑득은 혜숙이 변심한 줄 알고 분해서 서울로 돌아간다. 혜숙은 갑득이 떠났다는 소식을 듣고 절망한다. 그녀는 체면에 얽매인 집안 어른들과 서자를 차별하는 사회에 분노를 느끼는 한편, 갑득에게 상심을 안겨 주었다는 데 대해 책임감을 느낀다. 괴로워하던 그녀는 갑득과 만나던 빨래터에서 목을 매 자살한다. 한편 갑득은 서자라는 처지 때문에 차별받는 사람들을 위하여 사회에 보복할 결심을 하고 가출한다. 그는 후에 혜숙이 자결했다는 소식을 듣고 그녀가 변심했다는 말이 거짓임을 깨닫는다.

【참고】 동덕여대 도서관 소장 보성서관본 표지에 '戀愛悲話 千秋의怨魂' 이라고 표기되어 있다. 등장인물의 대화나 내면 서술을 통해 서자를 차별하는 사회에 대해 직접적으로 비판하고 있는 작품이다.

천하기걸 허생과 홍총각/天下奇傑許生과洪總角: 이원규 발행.

【내용】 미확인.

【참고】 단행본 원본 자료를 구할 수 없어 작품의 경개 및 세부 서지사항을 확인하지 못했다. 1934년 11월호 《조선출판경찰월보》 단행본 출판 금지 목록에 수록되어 있다. 출판 금지 사유는 치안 방해이다.

철세계(번)/텰세계鐵世界

베른 작. 이해조 역. 회동서관1908(25전, 98면).

【내용】 원작 참조.

【참고】 본문 첫 장에 '과학소셜 科學小說 텰세계 鐵世界' 라고 표기되어 있다. 원작은 베른(Jules Verne)의 「Les cinq cents millions de la Begum(1879)」이다. 일본의 모리다시겐(森田思軒)은 영역본 「The Begum's Fortune(1880)」을 '佛曼二學士の譚' 이라는 제목으로 번역하여 《郵便報知新聞》에 연재(1887.3-5)했다가 1887년 9월에 제목을 '鐵世界' 로 바꾸어 동경 집성사(集成社)에서 단행본으로 간행했다. 포천소(包天笑)는 1903년 6월 상해 문명서국(文明書局)에서 『鐵世界』를 번역, 간행하였으며 이해조는 1908년 11월 회동서관에서 이 작품을 역간하였다. 각 번역본

의 목차상으로 보아 이해조의 '철세계'는 중국의 포천소가 번역한 것을 저본으로 한 것으로 보인다. 작품에는 좌선과 인비라는 두 부호가 등장한다. 둘 다 자신이 소유한 엄청난 재산으로 뭔가 인류를 위해 커다란 일을 하고 싶어 하는데 좌선은 장수촌을 건설하여 의학 발전에 매진하고 인비는 거대한 철공장을 만들어 신무기를 대량 생산, 모든 인류를 정복하고자 한다. 그러나 인비가 완성한 대포는 거리 측정을 잘못하여 포격에 실패하고 그는 패망하기에 이른다. 이 소설은 과학의 놀라운 위력을 나타냄과 동시에 무력에 의한 인간지배는 성공할 수 없음을 표현한 계몽소설이다.

철천지한/徹天之恨

김완기 저작발행. 홍문서관1947(68면).

【내용】 조실부모하고 고모의 집에 얹혀살던 영숙은 중학교 졸업 후 고모마저 세상을 떠나자 어느 회사의 지배인 집에 가정교사로 들어간다. 보통학교에 다니는 그 집 아이를 돌보며 교사 일을 하는 그는 지배인 내외의 호의를 은혜로 여기고 성심성의껏 집안일까지 돕는다. 몸이 아픈 지배인의 부인을 돌보느라 피곤에 지쳐 잠든 어느 날 밤 영숙은 지배인에게 겁탈당하고 아이를 배는데, 사회적 물의를 두려워한 지배인의 태도에 실망하며 그곳을 떠난다. 교직을 버리고 영종도로 간 그는 그곳에서도 주민들을 돕고 아이들을 대가 없이 가르치며 지내다가 사내아이를 출산한다. 영숙은 태어난 지 20일쯤 되는 아이를 전에 보아 둔 인천의 부잣집 앞에 몰래 버리고 서울로 돌아오는데, 며칠 지나지 않아 경찰에 의해 체포되어 아이가 월미도 앞바다에 버려져 죽었다는 소식을 듣는다. 아이를 유기하여 살해한 죄를 홀로 뒤집어쓴 영숙은 아이 아버지를 끝내 밝히지 않고 10년 징역형을 살고 나온다. 재판 과정에서 그의 비극적인 사연을 들은 김 변호사는 혼자만 알고 있겠다는 약속대로 비밀을 지키다가 영숙이 출옥하자 신 사장의 집에 가정교사로 들여보낸다. 신 사장은 영숙을 겁탈했던 지배인의 형인데, 몇 달간 그의 조신함을 마음에 들어 하며 칭찬을 아끼지 않더니, 어느 날 방문한 경찰이 영숙의 전과 사실을 알려 주자 바로 쫓아내 버린다. 처지를 비관한 영숙은 자살하고, 마침 출장 중이던 김 변호사는 안타까워하며 신 사장을 찾아가 저간의 사정을 들려준다. 신 사장은 김 변호사와 함께 그의 유해를 찾아 장사 지내며 동생의 과오에 대해 사죄한다.

【참고】 서울대 도서관 소장 홍문서관본 표지에 '悲劇小說 徹天之恨 철천지한', 본문 첫 장에 '悲哀小說 철천지한'으로 표기되어 있다. 같은 해에 성문당서점에서 발행된 이종수 저작 겸 발행『어머니의 비밀』과 같은 책이다.

첩의 허물/妾의허물: 조일재 작. 서지불명.

【내용】 미확인.

【참고】《매일신보》 1913년 12월 6일자에 '新小說 妾의허물 趙一齋 著' 등의 정보를 포함한 연재 광고가 실려 있다. 그리고《매일신보》 1913년 12월 27일자에는「국의 향」 연재를 마치고「단장록」을 연재하며「첩의 허물」은 '중지' 한다는 기록이 있다.「첩의 허물」은 연재 예고는 되었지만 실제로 연재되지는 않은 작품이다.「국의 향」은 1913년 12월 28일까지 연재되었으며「단장록」은 1914년 1월 1일 연재가 시작되었다.

첫날밤(번): 원작미상. 늘메 역. 시대일보1925.5.10-6.30(49회 미완).

【내용】 내용 생략.

【참고】 연재 지면에 '첫날밤 늘메 번역' 이라고 표기되어 있다. 원작자와 원작에 정보는 제시되어 있지 않다. 역자 '늘메' 가 누구인지에 대해서는 현재 알려진 것이 없다. 서양을 배경으로 하는 소설이지만, 등장인물의 이름을 우리말로 고쳐 번안하였다.

첫사랑(번)

투르게네프 작. 홍난파 역. 한일서점1921 ; 한일서점1922개정판(118면, 60전).

【내용】 원작 참조.

【참고】 원작은 러시아 작가 투르게네프(Ivan Sergeyevich Turgenev)의「첫사랑(Pervaya Lyubov)」이다. 영역을 중역한 生田春月의 일역본『初戀(新潮社1918)』을 대본으로 한 이중역이다. 표지에 영어로 'First Love' 라고 표기되어 있으며, 전체 22장으로 구분되어 있다. 동일 원작의 역본으로 현진건의「초련(조선일보1920.12.2-1921.1.23)」이 있다.

첫사랑의 시절: 노익형 발행.

【내용】 미확인.

【참고】 단행본 원본 자료를 구할 수 없어 작품의 경개 및 세부 서지사항을 확인하지 못했다. 1930년 9월호《조선출판경찰월보》 단행본 납본 목록에 수록되어 있다.

청년의 모범/쳥년의모범: 작자미상. 박문서관1918(30전).

【내용】 미확인.

【참고】 단행본 원본 자료를 구할 수 없어 작품의 경개 및 세부 서지사항을 확인하지 못했다. 『항우전(박문서관1918)』 권말 서적 광고에 '청년의모범' 이라고 제목이 표기되어 있다.

청년회심곡/청년회심곡青年悔心曲: 지송욱 저작발행. 신구서림1914(99면, 25전).

【내용】 조선 인조 시절, 전임 나주 목사 김라주는 아들 진셩에게 송도의 상인 리희쳘을 만나 빌려준 십만 냥을 받아 오라고 이른다. 송도에 도착한 진셩은 평양에 간 희쳘을 기다리며 송도의 춘경을 구경하러 나섰다가 우연히 명기 월낭을 만나게 된다. 진셩과 월낭은 가사를 부르며 놀다가 서로의 마음을 확인하고 장래를 약속한다. 한편 진셩은 희쳘이 벌인 잔치에서 평양 출신 송도 기생 경패에게 빠져 막대한 돈을 뜯기어 중병에 든다. 월낭은 그러한 진셩을 데려와 돌봐 준 후에 은자를 마련하여 고향 홍주로 돌려보낸다. 월낭의 지극한 간호로 회생한 진셩은 집으로 오던 길에 치른 과거에서 3등으로 급제, 주서 벼슬을 받는다. 그때에 월낭은 부임한 송도 유수 이춘화의 수청 강요를 피하여 감악산 운수암에 몸을 숨긴다. 이를 알게 된 진셩은 이춘화를 탄핵하는 상소를 올리나 자신의 과거를 폭로한 이춘화의 상소로 인하여 도리어 추자도로 정배당한다. 5년 후, 진셩은 유배지의 고초와 풍상을 담은 '청년회심곡'을 짓고 혼절하지만 섬 주민의 도움으로 다시 소생한다. 한편 영의정 김자점의 역모에 가담했던 이춘화는 참수를 당하고, 진셩은 복권되어 홍문관 교리에 제수된다. 얼마 후 진셩은 자신의 소식을 듣고 찾아온 월낭과 상봉하여 백년해로한다.

【참고】 국립중앙도서관 소장 신구서림본 표지에 '古代小說 青年悔心曲', 본문 첫 장에 '古代小說 青年悔心曲 청년회심곡' 이라고 표기되어 있다. '청년회심곡' 은 주인공 김진성이 추자도에서 유배생활을 하는 동안 지은 가사의 이름이다. 이 가사는 본문 42면부터 80면에 걸쳐 수록되어 있다. 내용은 유배 가는 과정과 유배지에서 받는 고통, 궁핍한 생활과 지난날에 대한 서술자의 회한, 비탄으로 채워져 있다.

청룡백호/青龍白虎: 이종수 저작발행. 성문당서점1936(34면, 30전).

【내용】 광주 향청의 아전 정륜은 어느 날 밤 무등산이 갈라지며 청룡과 백호가 달려 나와 품에 안기는 꿈을 꾸고 나서 아들 금남을 얻는다. 어려서부터 총명했던 금남은 임진왜란 중에 광주목사 권율의 통인으로 활동하며 권율의 장계를 의주 행재소에 전달하는 공을 세운다. 임란 후 전략적 요충지인 평안도 안주 우후로 제수된 금남은 재상의 서녀를 소실로 삼아 임지로 향한다. 어느 날 그는 명나라 사신 영등의 횡포로 위기에 빠진 평안감사의 구원 요청을 받는다. 평양에 도착한 금남은 은 이만 냥을 요구하는 사신을 혼내 주기 위한 계책을 은밀히 준비한다. 그러던 어느 날 평양 성내에 세 발의 대포 소리가 울려 퍼지자 깜짝 놀란 영등이 감사와 금남을 찾아와 그 까닭을 묻는다. 금남은 사신의 명을 따를 수 없어 함께 죽는 길을

택하였다고 말한다. 이후 명나라 사신이 금남에게 목숨을 구걸하고 도망갔다는 사실이 평양 성내에 알려지자 금남의 지략을 칭송하는 노래가 울려 퍼진다. 이후 금남은 인조반정 시에 도원수 장만을 도와 한양을 회복하는 데 큰 공을 세워 중흥의 원훈이 된다.

【참고】 서고청, 송익필과 함께 조선 시대 삼노(三奴)의 명인으로 일컬어지는 충신 정금남(1576-1636)의 출생담과 활약상을 다루고 있다. 『일대명장정충신(회동서관1927)』과 내용이 유사하다. 서울대 도서관 소장 성문당서점본을 텍스트로 내용을 정리했다.

청루의녀전/青樓義女傳: 작자미상. 국한문판대한매일신보1906.2.6-18(10회 완).

【내용】 장안성에 사는 청년 빅싱이 아름다운 여인을 만나 정을 나눈다. 천성이 어리석은 빅싱은, 압록강 나루터에서 만난 리싱이라는 자에게 돈을 받고 그 여인을 팔아넘긴다. 그녀는 일부종사하겠다며 강물에 뛰어들어 목숨을 버린다. 후일 그녀의 금낭 안에서 수 만 마리의 염소를 만들어 주는 종이가 발견된다. 빅싱은 미인도 잃고 재물도 잃은 자신의 어리석음을 후회한다.

【참고】《대한매일신보》 국문판이 발간되기 이전에 국한문판에 연재된 작품이지만 대체로 국문으로 표기되어 있다. '小說' 란에 실려 있으며, 기이한 사건을 통해 어리석고 부도덕한 자에게 경종을 울리려는 교훈적인 의도를 담고 있다.

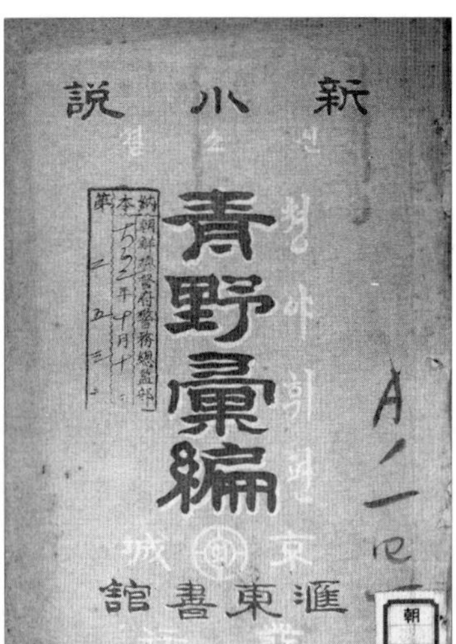

청야휘편/청야휘편青野彙編

고유상 편집발행. 회동서관1913(119면, 30전).

【내용】 슈정절최효부감호(守貞節崔孝婦感虎), 리무변궁협격밍슈(李武弁窮峽格猛獸), 셩훈업불망조강(成勳業不忘糟糠), 활인명됴의힝침(活人命趙醫行針), 투검슐리비장참승(鬪劍術李裨將斬僧), 걸부명튱비완삼절(乞父命忠婢完三節), 양승션북관봉긔우(楊承宣北關逢奇偶), 구부명홍동당고(救父命洪童撞鼓), 식보긔허싱취동노(識寶氣許生取銅爐), 김승상궁도우의기(金丞相窮途遇義妓), 션히학빅사우풍(善諧謔白沙寓諷), 리동고위겸틱가랑(李東皐爲傔擇佳郎), 탄금디츙복슈시(彈琴臺忠僕收屍), 청취우약상득ᄌ(聽驟雨藥商得子), 리졀부죵용취의(李節婦從容就義), 년쵸동김싱작월노(憐樵童金生作月姥), 획즁보혜부틱부(獲重寶慧婦擇夫), 득현부빈ᄉ성가업(得賢婦貧士成家業), 졀부당난변고의(節婦當難辨高義), 셩가업박노진튱(成家業朴奴盡忠), 송반궁도우구복(宋班窮途遇舊僕), 거

강포규듕정녈(拒强暴閨中貞烈), 칙형쳐쳥ᄉᆞ화리밍(責荊妻淸士化鄰氓), 치우상빈승봉명부(治牛商貧僧逢明府), 훼음ᄉᆞ사귀걸명(毁淫祠邪鬼乞命), 폐관정의구보쥬(吠官庭義狗報主), ᄎᆡᄉᆞᄌᆞ발분녁학(蔡士子發憤力學), 엄은옹노과셩가(掩銀甕老寡成家), 한셕봉승흥쇄일장(韓石峯乘興灑一障).

【참고】 스물아홉 편의 짧은 이야기를 모은 작품집이다. 각각의 이야기는 인물들의 기이한 경험이나 행적을 담고 있는데, 주로 효와 충의, 정절, 우애 등 유교적인 덕목을 주제로 하고 있다. 표지에 '新小說 靑野彙編', 본문 첫 장에 '긔문미담 奇聞美談 청야휘편 靑野彙編'이라고 표기되어 있다. '권 샹(上卷)'이라고 표기되어 있으나 하권은 함께 수록되어 있지 않다.

청의야차(번)/靑衣夜叉: 원작미상. 김낭운 역. 조선일보1925.8.31-1926.2.2(97회).

【내용】 아버지의 유산으로 유복한 스물다섯 살의 청년 히톤(가명)은 옥스퍼드에서 의학사학위를 취득한 후 세계를 유람하던 중 이태리에서 얻은 눈병이 악화되어 실명한다. 이에 그의 대학시절 친우이자 잡지사 기자인 떼일이 찾아와 그를 본국으로 데리고 간다. 그러던 중 떼일이 종군기자로 참전하게 되고, 히톤은 갑갑함을 이기지 못하여 외출을 했다가 마차 사고를 당한다. 깨어 보니 그는 한 젊은 여인의 간호를 받고 있다. 그러다가 옆방에서 알 수 없는 소동이 일어나고 두 사람이 죽는 살인사건이 일어난다. 히톤은 신고를 하려 하나 괴한들에 의해 납치되어 템즈 강가에 수장될 위기에 처하고, 다시 여인에게 구출된다. 에도나라는 이름의 여인은 사건에 대한 함구와 자신에 대한 협조를 당부한다. 히톤은 그녀가 보낸 슐레드란 의사의 집도로 수술을 받고 시력을 되찾는다. 이후 히톤은 챠닝그 대좌의 집에 초대되어 갔다가 안손이라는 처녀에게 반한다. 하지만, 대좌는 그녀와의 교우를 말린다. 우연히 안손의 집에 놀러간 그는 그 집이 예전에 경험한 비극의 무대였음을 깨닫고 놀란다. 히톤이 목격한 살인사건의 변사체는 사실 불가리아 황태자의 것이었으며, 안손 마벨이라는 가명으로 지낸 여자는 오스트리아의 황녀이자 불가리아 황태자 알렉산더의 연인이었던 것이다. 안손이 집에 없는 사이 그 집을 찾아왔던 황태자가 살해되었고, 이후 안손 마벨은 힉크맨이란 탐정까지 고용하여 황태자의 살인범을 찾으러 나선 것이다. 히톤도 수사에 참여한다. 그 결과 불가리아의 대장 로치스와 그 일당이 정쟁에 우위를 점하고자 안손의 가정교사 에도나를 매수하여 황태자에게 접근한 것을 알아낸다. 아울러, 황태자를 정작 살해한 범인은 마벨의

小說
청의야차
靑衣夜叉

하녀 조리오트임이 밝혀진다. 이후 히톤과 마벨은 서로의 사랑을 확인하고 혼인을 한다.

【참고】 불가리아 황태자 살인사건의 비밀을 풀어 가는 추리소설로서 모든 정황이 밝혀짐과 동시에 작품의 남녀 주인공이 혼인하는 전형적인 해피엔딩의 구조를 보여 주고 있다. 원작과 원저자가 확인되지 않은 번역소설이다.

청조와 춘산홍/靑鳥와春山紅: 작자미상. 대성서림1936(50전).

【내용】 미확인.

【참고】 단행본 원본 자료를 구할 수 없어 작품의 경개 및 세부 서지사항을 확인하지 못했다. 『장백전(대성서림1936)』 권말 서적 광고에 '忠義小說 靑鳥와春山紅' 이라고 제목이 표기되어 있다.

청천백일1/쳥텬빅일靑天白日: 박이양 작. 박문서관1913(41면, 15전).

【내용】 명나라 가정년에 간신 엄숭과 그의 아들 세번 그리고 충신 심련이 있었다. 어느 날 세번의 불충한 행동을 본 심련이 이를 비판하자, 세번은 권력을 이용하여 심련을 타지로 쫓아낸다. 심련은 그곳에서 농부 가석을 만나 의형제를 맺는다. 심련은 엄숭 부자가 파견한 양 도독이 온갖 파행을 일삼자 이를 비판하는 상소문을 올린다. 그러나 이 일을 계기로 심련은 엄숭 부자와 양 도독의 모함을 받아 죽임을 당한다. 세번과 양 도독이 심련의 세 아들까지 죽이려 하자 가석은 세 아들에게 도망칠 것을 권한다. 심련의 큰아들 양은 첩실 문 씨의 계책으로 다행히 목숨을 구하지만, 나머지 두 아들은 죽음을 맞는다. 양은 문 씨의 도움으로 풍주사 집에 은거하며 후일을 도모한다. 한편, 왕은 점술가를 통해 엄숭 부자의 악행을 낱낱이 알게 된다. 이 소식을 들은 양은 문 씨와 함께 왕 앞에 나아가 그간의 사정을 고한다. 양은 부친과 동생들의 시신을 수습한 가석과 재회하고 이들의 묘를 이장한다. 그리고 벼슬에 올라 충신으로서 세상에 이름을 떨친다.

【참고】 표지에 '義俠小說 靑天白日', 본문 첫 장에 '의협소설 쳥텬빅일 東溪 朴頤陽 原著' 라고 표기되어 있다. 간신과 충신의 대결구도를 전면에 내세우고 충신의 승리로 귀결시키는 작품이다. 『금고기관 권13』「沈小霞相會出師表」의 번안으로 보는 견해가 있다. 동명이작으로 『(모의재판사실비화)청천백일(세창서관1935)』이 있다.

청천백일2/靑天白日: 신태삼 편집발행. 세창서관1935(48면, 30전).

【내용】 전라북도 전주에 사는 백만장자 박창호는 육십의 나이로 죽음을 맞는다. 그에게는 본부인 최건식과 첩실 양귀점 그리고 귀점에게서 낳은 아들 희택이 있다. 창호가 죽자 건식

을 비롯한 최 씨 친족과 귀점, 희택 등은 재산을 둘러싸고 싸움을 벌인다. 3년 후 건식 일행은 귀점과 희택이 재산을 노리고 창호를 살해했다며 경성지방법원에 고소장을 접수한다. 고소장 내용은 귀점과 희택이 모의하여 창호가 먹을 감기약에 독을 타서 죽였다는 것이다. 일 년간의 조사 끝에 희택은 살인 혐의를 받고 형무소에 수감되고 귀점은 집으로 돌아온다. 그 뒤 2년 7개월 동안 계속해서 공판이 열려 조선재판사상 일대 기록을 남기게 된다. 1심과 2심에서 모두 사형을 선고받은 희택은 포기하지 않고 끝까지 상고를 낸다. 마침내 많은 방청객이 몰린 가운데 마지막 공판이 열린다. 예상과 달리 판사는 원심을 파기하고 희택에게 무죄를 선고한다. 희택이 창호의 약을 달인 것은 사실이지만 독약을 탔다는 증거가 없고, 창호 역시 독물에 의한 타살로 판단할 확실한 증거가 없다는 이유에서다. 희택은 집으로 돌아와 귀점과 눈물의 해후를 한다.

【참고】 국립중앙도서관 소장 세창서관본 표지에 '模擬裁判 事實悲話 靑天白日 청천백일', 본문 첫 장에 '模範裁判劇 靑天白日 청천백일'이라고 표기되어 있다. 난외서명 또한 '청천백일'이다. 처첩 간 재산다툼에 따른 살인사건이 재판에 넘겨져 종국엔 진실이 밝혀진다는 내용이다. 객관적 증거를 바탕으로 하는 과학적 사고가 강조되며, '상황극'이라고 할 수 있을 만큼 재판 진행 과정이 매우 구체적으로 묘사되고 있다. 동명이작으로 동계(東溪) 박이양(朴頤陽)의 『의협소설 청텬백일(박문서관 1913)』이 있다.

청천벽력/청텬벽력: 김천희 저작발행. 박문서관1921.

【내용】 김창열은 젊은이로 정 백작의 신임을 얻고 은행의 지점장을 맡고, 무남독녀 외동딸 취란 소저와 혼인하기로 되어 있다. 안광필은 창열의 덕으로 은행에 취직했으나, 그를 해하려는 악한 목적을 갖고 있다. 광필은 취란 소저의 시비 춘매의 고모를 꼬여 내어 창열이 사위가 되기로 했다는 것, 그리고 오억만 원의 재산을 상속받기로 했다는 비밀을 캐어 낸다. 그는 시골에 가서 창열의 명함을 인쇄, 창열로 변장, 창열에게 파혼을 고하는 백작의 편지 위조, 창열에게 무기를 가지고 모처로 나가 있으라는 편지를 위조하는 등의 술수를 쓰고 백작을 암살한다. 그러나 춘매를 통해 광필이 창열의 비밀을 캐낸 사실이 밝혀지면서, 리 정탐이 결국 그 술수를 밝혀낸다. 광필은 원래 결혼한 몸으로, 월랑이라는 부인이 있었으나, 부인을 독살하고 취란 소저와 결혼하려고 한다. 그러나 계략을 안 월랑은 독약을 마시는 척 하고 피신하여 있다가 법정에서 그의 죄를 밝힌다. 광필에게 사형선고가 내려진 날, 월랑은 자살한다. 춘매 역시 그 전에 비밀을 누설해서 백작을 죽게 했다는 죄책감을 이기지 못해 목숨을 끊는다.

【참고】 동덕여대 도서관 소장 박문서관본 표지에 '정탐소설 청텬벽력'이라고 표기되어 있다. 서사시간의 역전을 통해 사건의 범죄사건의 전말이 밝혀지는 전형적인 추리소설의 구조를 갖추고 있다.

청춘남녀/청츈남녀靑春男女

강의영 저작발행. 영창서관·한흥서림·진흥서관1927(55면, 25전).

【내용】 경기도 개평군에 사는 류한보는 뒤늦게 딸 가황을 얻는다. 뛰어난 외모에 총명한 가황은 학문에 능하고 어른을 공경한다. 한보는 죽마고우 리 승지의 아들 봉명과 가황이 한날 한시에 태어났음을 알고 신기해한다. 한보와 리 승지는 두 아이를 훗날 결혼시키기로 약속한다. 세월이 흘러 가황과 봉명은 15세가 된다. 김옥균의 개혁이 실패하고 리 승지는 모함을 받아 유배를 떠난다. 리 승지의 부인은 봉명을 일본으로 보내고, 봉명은 일본 법과대학에서 열심히 공부한다. 리 승지의 집안이 예전같이 않자 한보는 파혼을 통보하려 하지만 부인 장 씨가 이를 만류한다. 장 씨가 병들어 죽자 한보는 후처와 가황의 파혼을 의논한다. 이를 엿들은 유모는 가황에게 사실을 알리고, 가황은 정조를 지키기 위해 남복을 하고 유모와 가출한다. 유모와 가황은 여러 차례 위기를 맞지만 김 첨지의 도움으로 이를 극복한다. 가황이 집을 나간 후 한보는 경성으로 올라와 야소교를 믿으며 딸의 행방을 찾는다. 세월이 흘러 정국이 바뀌고 정치개혁이 일어나 리 승지 내외는 고향으로 돌아온다. 목사가 된 한보는 리 승지와 봉명의 소식을 듣고 자신의 행동을 뉘우친다. 그는 학교를 세워 아이들을 가르치고 있는 리 승지를 만나 그간의 일들을 사죄한다. 한편, 동네 건달에게 욕을 보일 위험에 처한 가황은 유모, 김 첨지 내외와 함께 관음암으로 피신하고, 그곳에서 리 승지와 사돈 관계인 김 참판을 만난다. 김 참판의 도움으로 가황은 판사가 된 봉명과 한보 그리고 리 승지와 모두 만나게 된다. 한보는 가황과 봉명을 혼인시킨다.

【참고】 고려대 도서관 소장 영창서관·한흥서림·진흥서관본 본문 첫 장에 '애연소셜 청츈남녀 愛姸小說 靑春男女'라고 표기되어 있다. 혼사장애 모티프를 중심으로 여주인공이 어려움을 극복하고 행복한 결말에 이르는 과정이 서술된다. 연애사건을 다루면서도 김옥균의 개혁 실패나 정치 개혁 등 시대적인 상황 또한 자세히 묘사하고 있다.

청춘남녀 깊은 정/靑春男女깁흔정: 작자미상. 덕흥서림1933(30전).

【내용】 미확인.

【참고】 단행본 원본 자료를 구할 수 없어 작품의 경개 및 세부 서지사항을 확인하지 못했다. 『옥련의 눈물(덕흥서림1933)』 권말 '경성덕흥서림신간서적광고'에 '靑春男女깁흔정'이라고 제목이 표기되어 있다.

청춘몽/靑春夢: 청람 작. 영창서관1942(2원).

【내용】 미확인.

【참고】 단행본 원본 자료를 구할 수 없어 작품의 경개 및 세부 서지사항을 확인하지 못했다. 『젊은이들의 마음(영창서관1942)』 권말 '영창서관신간출판총서' 에 '靑嵐著 長篇小說 靑春夢' 이라고 제목이 표기되어 있다.

청춘 시대/靑春時代: 노자영 작. 영창서관1935(70전).

【내용】 미확인.

【참고】 단행본 원본 자료를 구할 수 없어 작품의 경개 및 세부 서지사항을 확인하지 못했다. 『강명화전(영창서관1935)』 권말 '영창서관발행신소설목록' 에 '청춘시대' 라고 제목이 표기되어 있다. 영창서관에서 펴낸 『신간도서목록』에 '春城 盧子泳 作 靑春時代' 라고 표기되어 있다.

청춘의 난무(번): 원작미상. 진순성 역. 백합사1928.

【내용】 미확인.

【참고】 현재 단행본 원본 자료를 찾을 수 없고, 번역본은 물론 원작에 대한 정보 또한 확인할 수 없다.

청춘의 루/靑春의淚: 월파 작. 영창서관1925(40전).

【내용】 미확인.

【참고】 단행본 원본 자료를 구할 수 없어 작품의 경개 및 세부 서지사항을 확인하지 못했다. 『금낭이산(영창서관1925)』 권말 '영창서관에서 발행한 서적' 광고에 '靑春의淚' 라고 제목이 표기되어 있다. 영창서관에서 펴낸 『신간도서목록』에 '月波 作 現代悲劇 靑春의淚' 라고 표기되어 있다.

청춘의 몽/靑春의夢: 작자미상. 신구서림1930(30전).

【내용】 미확인.

【참고】 단행본 원본 자료를 구할 수 없어 작품의 경개 및 세부 서지사항을 확인하지 못했다. 『단발미인(신구서림·박문서관1930)』 권말 '신구서림출판도서목록' 에 '靑春의夢' 이라고 제목이 표기되어 있다.

청춘의 무정/靑春의無情: 작자미상. 덕흥서림1934(30전).

【내용】 미확인.

【참고】 단행본 원본 자료를 구할 수 없어 작품의 경개 및 세부 서지사항을 확인하지 못했다. 『유정한 사랑(덕흥서림1934)』 권말 '京城德興書林新刊書籍廣告'에 '靑春의無情'이라고 제목이 표기되어 있다.

청춘의 미인/靑春의美人: 신종균 작. 태화서관1932.

【내용】 어느 봄날 일요일 오후, 종로에 꽃구경을 나온 인파 사이로 병문과 순자가 서 있다. 스물다섯쯤 돼 보이는 병문은 전문학교 학생이고, 스무 살 남짓으로 보이는 순자는 미색이 출중한 신여성이다. 병문은 논산 사는 재력가인 김 주사의 둘째 아들로 서울에 유학 온 의예과 학생이다. 순자는 수원 사는 부호 백남성의 딸로 수원에서 소학교를 졸업한 후 서울로 올라와 고등학교를 다니고 있다. 병문은 집안 간에 혼담이 오가는 상대가 있지만, 순자에게 사랑을 느끼게 되고, 순자 역시 병문의 마음을 받아들인다. 한편 병문의 여동생 병옥은 품행이 좋지 않아 학교에서는 퇴학을 당하였을 뿐 아니라 남자에게 몸을 파는 방탕한 인물이다. 병옥은 병문과 순자가 가깝게 지내는 것을 수상히 여겨 둘 사이를 의심하고 순자가 병문을 유혹하였다고 생각하여 이들을 갈라놓을 계획을 세운다. 병옥은 자신의 부도덕한 생활은 철저하게 감추고 오히려 순자를 모함하는데, 그로 인해 순자는 학교에서 퇴학을 당하게 된다. 순자의 퇴학 소식을 들은 순자의 부친은 그길로 서울로 올라와 부녀간의 인연을 끊겠다고 엄포를 놓고 돌아간다. 순자는 부모의 경제적 도움 없이 생계를 꾸려나가게 되는데 병문은 순자의 처지를 불쌍하게 여겨 순자를 돕는다. 그리고 자신은 부모가 정해 준 혼처를 따를 의사가 없다는 내용의 편지를 쓴다. 한편 순자를 모함하는 내용이 담긴 병옥의 편지와 정혼을 거부하는 병문의 편지를 받은 병문의 부모는 그만 병이 들고 만다. 한편 순자는 친구들에게 구걸하여 힘든 생활을 꾸려가다가 병문의 집에서 살림을 도우며 살게 된다. 그러던 중 병문의 집주인 영감이 순자의 고운 마음씨에 감복하여 순자를 양녀로 삼는다. 병옥은 순자가 병문과 함께 지낸다는 것을 알고는 원통해 한다. 병옥은 부랑자인 철호 일당을 종용하여 순자를 곰보 내외가 경영하는 술집에 팔아넘길 계략을 꾸민다. 남자들에게 붙잡혀서 곰보네로 팔려 온 순자는 이 모든 일이 병옥이 꾸민 것임을 알고 낙심한다. 순자는 곰보네가 외출한 틈을 타서 도망 나오고 거리에서 망연하여 흐느껴 우는데, 우연히 그길을 지나던 박 참봉이 순자의 기구한 사정을 듣게 된다. 박 참봉은 순자를 자신의 집으로 데려와 보살피게 되고 순자의 행실에 박 참봉 내외 모두 감복한다. 순자가 도망간 사실을 알게 된 곰보네는 순자의 몸값을 벌충하기 위해 순자 대신 병옥을 끌고 와 가둔다. 고향에서 와병 중이던 김 주사는 기운을 회복하자 서울로 올라와 아들 병문을 데리고 고향으로 내려간다. 김 주사와 병문은 귀향길에 여의도 사는 친한 벗인 박 참봉의 집을 들르게 되는데, 그곳에서 병문과 순자

는 극적으로 재회한다. 박 참봉의 중재로 병문과 순자는 혼인하게 된다. 곰보네로 잡혀가서 갖은 고생을 하게 된 병옥 역시, 자신의 간악한 행실을 뉘우치고 참다운 인생을 찾기로 한다.

【참고】 고려대 도서관 소장 공동문화사(1954)본 표지에는 '新小說 黃金의설음'이라고 표기되어 있으나 본문에는 '戀愛小說 靑春의美人 청춘의미인 申宗均 著'라고 표기되어 있다. 『어머니(태화서관 1932)』 권말 서적 광고에 제목이 표기되어 있어 초판 발행 시기를 짐작할 수 있다. 현존 공동문화사본이 드러내는 혼란은 1930년대에 발행된 『청춘의 미인』 판형을 공동문화사에서 재출간하면서 발생한 제본 오류로 판단된다. 공동문화사본 권말의 간행 목록에 두 작품이 모두 소개되었는데, 각각 '黃金의 설음/황금의 설음', '新小說 靑春의 美人/청춘의 미인'으로 표기되어 있다. 「황금의 설음」 원본 자료는 확인되지 않는다.

청춘의 보쌈/靑春의보쌈: 작자미상. 세창서관1935.

【내용】 양반가의 외아들 김만중은 18세에 집을 떠나지 않으면 죽을 팔자라는 점쟁이의 말에 집을 떠나 방랑하던 중 서울 리 정승 집에서 뜻밖의 환대를 받는다. 그와 리 정승의 딸 빙주가 하룻밤 정을 나눈 후, 하인 천쇠가 만중을 보쌈하여 어둠속으로 사라진다. 리 정승 부부는 딸 빙주가 두 남편을 섬기지 않으면 죽을 팔자라는 점괘를 듣고 걱정을 하고 있었는데, 빙주의 모친이 몰래 무당을 불러 처방을 받았다. 그 처방은 빙주가 16세 되는 해에 집 앞을 지나가는 청년을 유인해 빙주와 하룻밤을 보내게 한 후, 가죽 주머니로 보쌈을 해 처치하라는 것이다. 천쇠는 보쌈한 만중을 어두컴컴한 강가에 버린다. 만중이 걱정된 빙주는 강가로 만중을 찾아 나서나 자신의 힘으로는 만중을 살리기 어려움을 알고 절망하여 목을 맨다. 이때 하늘의 기운으로 불길한 징조를 예감한 리 정승이 빙주를 찾아 나선다. 그는 딸을 찾아 살리고, 가죽 주머니에 싸인 만중을 구한다. 이후 만중은 리 정승의 지시대로 과거에 나가 장원급제를 하고 빙주와 혼인하여 고향으로 돌아간다.

【참고】 표지에 '戀愛小說 靑春의보쌈', 본문 첫 장에 '哀情小說 靑春의보쌈'이라고 표기되어 있다. 점(占)을 소재로 하여 운명적 사랑을 그린 작품이다. 천운에 의한 행복한 결말로 끝난다는 점에서 현대소설보다는 고전소설의 서사에 가깝다. 『신일선의 눈물(세창서관1935)』 뒷면 광고에 제목이 실려 있다. 고려대 도서관 세창서관(1952)본을 텍스트로 내용을 정리하였으며, 작품의 발행 연도는 위 권말 광고를 참고했다.

청춘의 불 같은 연애/靑春의불갓흔戀愛: 작자미상. 덕흥서림1933(30전).

【내용】 미확인.

【참고】 단행본 원본 자료를 구할 수 없어 작품의 경개 및 세부 서지사항을 확인하지 못했다. 『옥련의눈물(덕흥서림1933)』 권말 '경성덕흥서림신간서적광고'에 '靑春의불갓흔戀愛'라고 제목 표기되어 있다.

청춘의 사랑(번)/靑春의사랑

도스토엡스키 작. 홍난파 역. 삼광1919.2-1920.4(3회 미완) ; 홍영후 저작발행. 신명서림·경성서관출판부·동양대학당서적부 1923(154면, 70전) ; 신태삼 저작발행. 세창서관1934.

【내용】 원작 참조.

【참고】 신명서림본 표지에 '戀愛小說 靑春의사랑'이라고 표기되어 있다. 본문 앞에 역자 홍난파의 머리말이 있고, 본문 첫 장에 '靑春의사랑 "Poor Folk"-DOSTOIEFSKY'라고 표기되어 있다. 第一信부터 第五十五信에 이르는 편지를 모은 서간체 소설이다. 페테르부르크의 50대 가난한 하급 관리 '마-칼'과 불행한 고아 '우아링카'가 주고받은 55통의 편지글이다. 대도시 빈민굴에서, 가난하지만 서로 의지하며 애틋한 사랑을 나누는 두 사람의 모습이 편지 속에 담겨 있다. 두 사람의 사랑은 결실을 맺고 끝나지만, 가난하고 무력한 빈민들의 삶과 어우러져 있다. 영역본 「Poor Folk」를 번역한 작품이다. 원작은 러시아 작가 도스토엡스키의 「가난한 사람들(Bednye lyudi)」(1846)이다. 도스토엡스키의 처녀작으로 러시아의 본격적인 도시소설로 평가되며, 원작이 발표되었을 때 평론가 V. G. 벨린스키의 극찬이 있었다. 이 번역은 원래 홍영후 주재 在東京朝鮮留學生樂友會의 기관지로 《三光》 창간호부터 3호까지 연재했던 것인데, 창간호와 제2호에는 「사랑하는 벗에게」, 3호에는 「貧人」이라고 제목이 표기되었다. 연재 지면의 역자 '도뤠미생'은 신명서림본의 저작 겸 발행자 홍영후(난파)이다. 《삼광》 종간과 더불어 미완으로 남은 번역을 완결하여 1923년 신명서림에서 단행본으로 출판한 것이 『청춘의 사랑』이다. 같은 책이 1934년 신태삼 저작 겸 발행으로 출판된 것을 확인할 수 있다.

청춘의 설움/靑春의설음: 이소 작. 영창서관1933(50전).

【내용】 미확인.

【참고】 단행본 원본 자료를 구할 수 없어 작품의 경개 및 세부 서지사항을 확인하지 못했다. 『청춘의 한(영창서관·한흥서림·진흥서관1933)』 권말 '영창서관발행서적목록'에 '청춘의설음'이라고 제목이 표기되어 있다. 영창서관에서 펴낸 『신간도서목록』에 '二笑 作 戀愛悲劇 靑春의설음'이라고 표기되어 있다.

청춘의 애인/靑春의愛人: 박준표 작. 세창서관1931.

【내용】 내용 생략.

【참고】 일본 도야마 대학(富山大學)에 소장된 작품이다. 미모와 문장, 음률을 겸비한 최빙심과 윤덕승이 갖은 고난을 거쳐 부부의 연을 맺는다는 내용의 작품이다.

청춘의 애정/靑春의愛情: 작자미상. 신구서림1929.

【내용】 미확인.

【참고】 단행본 원본 자료를 구할 수 없어 작품의 경개 및 세부 서지사항을 확인하지 못했다. 『무학대사(신구서림1929)』 권말 신소설 광고에 '청춘의애정' 이라고 제목이 표기되어 있다.

청춘의 열정/청춘의렬정靑春의熱情: 현병주 저작발행. 박문서관1929(30전).

【내용】 백영긔와 서명자는 어려서 정혼한 사이다. 친남매보다 다정하게 자란 두 사람은 중학교를 졸업한 후 결혼한다. 영긔는 결혼 후 대학을 졸업하고 여학교의 교사가 된다. 그는 제자인 리옥희와 사랑에 빠져 명자와 이혼하고, 교사를 그만둔 후 은행 지배인이 된다. 그는 옥희와 재혼하려 하지만 그녀의 부모는 딸을 부자의 첩으로 보내려 한다. 생각다 못한 그는 수형 사기로 돈을 마련하여 옥희와 살림을 차리지만, 이내 사기죄로 체포되어 수감된다. 홀로 남은 옥희는 다른 데로 시집가라는 부모의 성화를 못 이겨 자살한다. 영긔는 형기를 마치고 출소하지만, 폐결핵에 걸린 데다 전과자라는 점 때문에 아무 데도 취직하지 못하여 비참한 나날을 보낸다. 한편 그의 전처 명자는 이혼당한 후 실의에 빠져 있다가 자기 오빠의 친구인 김상봉과 약혼한다. 그러던 어느 날 명자는 영긔의 소식을 듣고 그를 찾아간다. 그녀는 영긔가 몹시 비참하게 살고 있는 것을 보고, 상봉과의 결혼을 단념하고 그를 돌보기로 한다. 영긔는 명자의 헌신적인 보살핌 덕에 건강을 회복하지만, 여전히 취직을 하지 못해 살림은 날로 피폐해져 간다. 그러던 중 영긔는 대학 동창인 일본인 도지사를 우연히 만난다. 그의 사정을 들은 도지사는 그를 군청 서기로 취직시켜 준다. 그는 차차 출세길에 올라 군수가 되기에 이르고, 명자와 함께 행복하게 산다.

【참고】 동덕여대 소장 박문서관본 표지에 '靑春의熱情 청츈의렬졍', 본문 첫 장에 '청춘의렬정' 이라고 표기되어 있다. '사랑하자' 는 내용의 머리말이 두 면에 걸쳐 실려 있다. 78면 이후 낙장으로 전체 면수를 확인할 수 없다. 영긔가 '전과자' 에 대한 조선 사회의 편견 때문에 고생하다 '일본인 도지사' 의 도움으로 출세한다는 설정에서, 조선에 비해 일본을 우월하다고 보는 시각이 내재되어 있음을 알 수 있다.

청춘의 정사/청츈의정사靑春의情史: 김홍만 작. 대성서림1932.

【내용】 부산 출신 류재민은 부호의 아들로 평양고보를 졸업한 인재이다. 동경으로 유학을 떠난 재민은 윤근애라는 여인을 만나 사랑에 빠진다. 근애는 재민의 재산 때문에 일부러 접근한 것이지만 재민은 이를 알지 못한다. 그러던 중 재민은 근애가 자신을 속이고 다른 남자와 만나는 것을 목격한다. 배신감으로 상처를 받은 재민은 귀국하여 부모가 정해 준 옥경이

라는 여인과 약혼한다. 재민은 가난한 시골 출신의 옥경이 공부할 수 있도록 서울 여학교에 입학시킨다. 다시 동경으로 돌아온 재민에게 근애가 찾아와 용서를 구하지만 재민은 탐탁찮게 생각한다. 명치대학을 졸업한 재민은 귀국하여 옥경과 만나고 그녀가 졸업한 후에 결혼하기로 약속한다. 재민은 한밤중 강도를 만나 화를 당하고 기분 전환을 위해 상해로 여행을 떠난다. 상해에서도 강도를 만나 알거지가 된 재민은 우연히 만난 근애의 도움으로 무사히 귀국한다. 그러는 사이 재민의 부친은 미두로 모든 재산을 날리고 폐인이 되어 있다. 재민은 고향집을 팔고 신의주로 이주해 새 출발을 다짐하지만 가난한 살림에 폐병까지 든다. 옥경은 재민의 만류에도 불구하고 그와 결혼식을 올린다. 옥경의 간호 덕에 재민은 건강을 회복하지만 경찰에 붙잡혀 형무소에 갇힌다. 예전 상해에서 재민의 행동이 수상했다는 밀고가 들어왔기 때문이다. 밀고는 재민의 동료 허일이 옥경을 탐내서 꾸민 계략이다. 옥경은 자신을 범하려는 허일에게 독을 탄 술을 마시게 해 죽이고 여학교 동창 순자를 찾아간다. 사년 후 출소한 재민은 옥경을 만나 함께 압록강을 건너는 기차를 탄다.

【참고】 표지에 '戀愛哀話 靑春의 情史 청춘의 정사', 속표지에 '松雲金洪萬作'이라고 표기되어 있다. 이 작품과 함께 「長鳴曲」(曲), 「杜鵑花」(詩), 「不忘草」(感想), 「望夫石」(謠), 「淚憶」(想華) 등 5작품이 합철되어 있다. 단행본 총 면수는 180면이지만 「청춘의 정사」 부분은 101면이다. 본문이 시작되기에 앞서 작가의 서문이 실려 있는데, "아득한 청춘에게는 도처에 청산이 잇스니 어듸는 못 가겟습니까? 이것은 눈물 만흔 청춘의 처세긔로 하야 멀니 자유의 락원을 차저가는 젊은이들의 행장 속에 이 책을 삼가히 너허드리나이다. 一九三〇, 一〇, 七 金松雲識"라는 부분에서 창작 의도와 탈고 시기를 짐작할 수 있다. 진실한 사랑과 믿음으로 온갖 역경을 이겨내는 남녀 주인공의 모습이 그려진다. 초판은 1932년 발행되었고, 경상대 소장 재판본(1936, 180면, 70전)을 참고하여 내용을 정리했다.

청춘의 탈야/靑春의奪夜: 허도 발행.

【내용】 미확인.

【참고】 단행본 원본 자료를 구할 수 없어 작품의 경개 및 세부 서지사항을 확인하지 못했다. 1929년 2월호 《조선출판경찰월보》 단행본 출판 금지 목록에 수록되어 있다. 출판 금지 사유는 치안 방해이다.

청춘의 한 1

戀愛勝利 靑春의根

(苦學生의설음)

月坡 創作

【一】

이팔에 꽃다운 청춘소녀 김정희(金淨姬)는 옥가튼 오른손에다 남빗보자에다싼 조그마한 부등이를들고 차황한 발길을옴기여 개셩(開城)에 유명한 션죽교(善竹橋)에다다라 발ㅅ을 멈추엿다。그는 누구를 차즈려 함인지 사면을 둘너보앗다。그러나 정희그의 찬는그림자는 보이지안코 다만 조요히 흐르는 추텬(秋天)의 월광이 젼신에 반사하야 빗치는 자긔자신에 그림자가 보일뿐이엿다。

그리고 수쳑한 나무의 입팔을 무찰히 흔드러날니는 바람소리가 다리밋헤흐르는 물소리와합하야 가만한 공긔(空氣)를 흔늘며 쓸쓸한늣김을 줄뿐이엿다。

정희는 실망과 공구(恐懼)의뛰는 가슴을 부여잡고 안타싸운 발길을 다시옴기여 다리를 건너며 또다시 주위(周圍)를 둘너볼새 고려말년(高麗末年)의 충렬(忠烈)이 오히려 사라지지아니한 정포은션생의비각

청춘의 한/靑春의恨

월파 작. 영창서관·한흥서림·진흥서관1932(122면, 70전).

【내용】 정희는 부모를 일찍 여의고 이모의 갖은 학대를 받으며 자란다. 부모를 잃고 고모와 살고 있는 옆집의 창호는 정희의 유일한 친구다. 이들은 사춘기에 접어들어 서로 사랑하는 사이가 된다. 창호의 고모가 두 사람을 결혼시킬 생각으로 통혼을 하지만, 정희의 이모는 정희를 화류계로 내보내어 돈을 벌 욕심이 있었기 때문에 거절한다. 정희는 창호와 야반도주를 시도했다가 곧 이모에게 붙잡힌다. 이모는 정희를 서울로 데려가 기명을 '계월'이라 하고 화류계로 내보낸다. 창호는 수소문 끝에 정희가 있는 곳을 알아내지만 정희를 데려올 방법이 없어 절망한다. 고아 출신인 필환은 밤낮으로 돈을 벌어 고학생들의 학비와 숙식을 돕는 인물이다. 창호는 필환의 도움으로 전문학교에 입학해 서울에 머물면서 정희 곁을 계속 맴돈다. 화류계에서 술시중을 들면서도 정희는 끝까지 정절을 지키려 애쓴다. 젊은 재산가인 조병철은 유치원 선생인 영자와 결혼한 지 반년도 안 되어 기생집을 드나들면서 갖은 수단으로 정희를 유혹한다. 남편의 사랑을 잃은 영자는 일가친척 하나 없는 외로운 신세다. 처지를 비관하여 한강에서 투신하려던 영자는 우연히 필환을 만나 도움을 받는다. 몇 번의 만남 끝에 필환과 영자는 사랑하는 사이가 된다. 두 사람의 관계가 병철에게 발각되자 영자는 이혼을 결심하고 가출한다. 병철은 그 틈을 타 정희의 이모에게 거금 천 원을 주고 정희를 집으로 데려온다. 소식을 들은 창호는 무작정 병철의 집으로 달려가 병철과 격투를 벌인다. 한편, 필환은 왕션장이란 인물에게 만주 마적단의 단원이 되라는 편지와 권총이 든 꾸러미를 받는다. 남의 목숨을 해하는 마적단 노릇은 결코 하지 않겠다고 생각한 필환은 권총과 편지를 가지고 병철의 집으로 간다. 마침 위기에 처해 있는 창호를 구하기 위해 병철을 총으로 쏜 필환은 마적단의 소행인 것처럼 일을 꾸민다. 필환의 이름을 도려낸 왕션장의 편지를 쓰러진 병철 옆에 놓아둔 것이다. 필환은 창호, 정희와 함께 사건 현장에서 빠져나와 영자를 데리고 북간도로 간다. 네 사람은 그곳에서 집을 짓고 행복하게 산다.

【참고】 국립중앙도서관 소장 영창서관·한흥서림·진흥서관본 본문 첫 장에 '戀愛勝利 靑春의根' 이라고 표기되어 있다. '苦學生의 설움' 이라는 부제가 달려 있다. 고아 출신의 주요 인물들이 친척의 냉대와 가난, 외로움 등을 겪다가 결국에는 사랑과 행복을 얻는다는 내용이다. 주요 인물들을 비롯하여 필환의 도움으로 숙식하며 공부하는 고학생들의 실상이 구체적으로 묘사되어 있다.

청춘의 혈루/靑春의血淚: 김동진 저작발행. 덕흥서림1934(70면, 35전).

【내용】 김윤성과 리경애는 약혼한 사이로, 두 사람의 부친은 대한제국 시대에 군대에서 함께 근무한 친구이다. 경애의 아버지 리태연은 윤성의 아버지 김선일의 형편이 어려워지자 전당포를 차려 그 감독을 맡기는 등의 도움을 준다. 윤성은 태연의 도움으로 학업을 마치고 경애와 결혼을 앞두고 있다. 여름이 되어 경애와 윤성이 석왕사로 휴양을 떠날 때 경애의 친구 정숙자가 동행한다. 숙자는 부모를 여의고 어렵게 학업을 마쳤으나 의지할 곳이 없는 상태이다. 윤성과 숙자는 석왕사에서 서로의 마음을 확인하지만 경애에 대한 미안한 마음 때문에 괴로워한다. 결국 숙자는 죄책감 때문에 경애를 찾아가 편지를 건네고 인천 이모의 집으로 떠난다. 편지에는 숙자 자신이 경애에게 말하지 못할 죄를 지었기 때문에 떠나며, 결혼을 축복하겠다는 내용이 담겨 있다. 경애에게 이야기를 들은 윤성은 숙자를 찾지 못하고 결혼식을 올린다. 한편 숙자는 이모가 경영하는 요릿집에서 머물다 그 집을 드나들던 호주가이자 색마인 김창희의 눈에 띈다. 창희는 처자가 있으면서도 숙자를 아내로 얻게 해 달라며 숙자의 이종사촌 오빠 춘배를 돈으로 매수한다. 춘배는 숙자에게 창희를 미혼남이라고 속이며 절에 들어가겠다는 숙자를 만류한다. 그러나 숙자는 몰래 집을 나서고, 이 사실을 알게 된 춘배와 창희는 숙자가 있는 석왕사까지 쫓아온다. 창희는 자신을 거부하는 숙자를 겁탈하려 하고, 마침 숙자를 찾아 석왕사에 온 윤성의 도움으로 위기를 모면한다. 윤성은 경애에게 그간의 사정을 모두 이야기하고, 경애는 숙자에게 윤성과 함께 살자고 흔연히 말한다. 시간이 흘러 숙자는 아들을 낳지만 아이는 호적에 이름이 없는 숙자 대신 경애의 자식으로 신고된다.

【참고】 연세대 도서관 소장 덕흥서림본 표지에 '三角戀愛 靑春의血淚' 라고 표기되어 있다. 서술자는 삼각관계로 인한 갈등과 파국보다는 세 인물이 화목하게 사는 결말을 강조하고 있다. 그러나 작품의 마지막 부분에서 숙자의 아이가 경애의 출생자로 신고된 것을 언급하며, 숙자가 느끼는 '비련의 설움' 으로부터 당대의 신여성들이 교훈을 얻어야 할 것이라고 훈계한다.

청춘의 화몽/쳥츈의화몽靑春의花夢: 월파 작. 박문서관1934.

【내용】 호조 판서를 역임하고 일반 실업계에서 큰 명성을 쌓은 김 판서는 자신의 딸을 리 승지의 아들과 정혼시킨다. 리 승지가 일찍 죽자 그의 아들 긔호는 김 판서의 도움으로 공부하여 동경 명치대학 의과를 졸업하고 김 판서의 딸 송자와 결혼한다. 결혼 후 얼마 되지 않아 김 판서 내외와 긔호의 모친은 병마로 세상을 달리한다. 송자는 아들 샹진을 낳지만, 긔호는 기생 월랑에 빠져 집안을 등한시한다. 그리고 연정을 담은 편지가 송자에게 우송되자 긔호는 그것을 빌미로 송자를 집에서 내쫓는다. 송자는 낙심하여 자살을 결심하나 예전 유모에게 발견되어 유모와 함께 지낸다. 그러다가 이종사촌 류종렬과 우연히 만나 강릉에 내려

가 산다. 한편 송자를 쫓아낸 긔호는 월랑을 집안으로 들인다. 송자에게 연서를 보냈던 정상오는 자신의 공을 내세워 월랑에게 돈을 뜯어내고, 급기야는 긔호마저 내쫓고 월랑과 함께 살 궁리를 한다. 상오의 계략으로 인해 긔호는 의료 사고로 징역 칠 년을 살게 되고 이 기회를 틈타 상오는 월랑과 함께 긔호의 재산을 탈취하여 도망한다. 강릉에서 시름에 젖어 살고 있던 송자는 낙산사에서 다시 자살을 시도하나 어느 승려의 구조를 받는다. 그런데 그 승려는 송자의 조카 안창순이다. 그는 월랑에게 박대당하는 샹진을 데리고 집을 나와 부호 한긔정 집 문 앞에 두고, 자신은 승려가 되어 떠돌고 있는 중이었다. 송자는 자신도 승려가 되어 창순과 함께 아들 샹진을 찾으러 다니기로 한다. 한편 샹진은 한긔정의 아들이 되어 동경 명치 대학 문과를 졸업하고 유학 중 만난 류종렬의 딸 졍애와 결혼한다. 그리고 금강산으로 신혼여행을 떠나는데 그곳에서 송자와 창순을 만난다. 그들은 서로 이야기를 하다가 송자가 샹진에게는 어머니가 되고, 졍애에게는 오촌 아주머니가 된다는 사실을 알게 된다. 그들은 함께 서울로 돌아와 그곳에서 자신의 죄를 뉘우치고 떠돌이 약장수로 살고 있는 긔호를 만난다. 송자는 긔호를 용서하고 눈물의 상봉을 한다.

【참고】 조동일 소장 박문서관 재판본(1935, 322면, 80전) 표지에 '靑春 청츈의 花夢 화몽', 본문 첫 장에 '靑春의 花夢 月坡 作'이라고 표기되어 있다. 작품 초반, 남편이 부인에게 온 연서를 빌미로 그를 내쫓고 기생을 들인다는 내용까지는 이상협의 「눈물(매일신보1913.7.16-1914.1.21)」과 비슷하다. 그러나 작품 후반부는 '샹진'과 '졍애' 등 2세대의 자유연애, 그리고 출생의 비밀을 안은 결혼이 주요 화소가 되는 등 「눈물」과 다른 양상의 내용이 펼쳐진다. '샹진'과 '졍애'의 결혼은 결국 6촌 간의 결혼인데 이러한 사실이 밝혀지고 그것에 대한 담화가 이어지는 305-316면이 누락되어 작품 속에서 이 결혼을 어떻게 처리했는지 알 수 없다. 『(조동일소장)국문학연구자료(박이정1999)』를 참조했다.

청춘의 화원/靑春의花園: 진녹성 작. 광문서림1949(158면, 350원).

【내용】 「장한의 루」 참조.

【참고】 국립중앙도서관 소장 광문서림본 본문 첫 장에 '戀愛小說 靑春의 花園'이라고 표기되어 있다. 총 13장으로 분장되어 있으며 장별 소제목이 달려 있다. 진녹성, 『장한의 루(삼광서림1928)』와 판본을 비교해 볼 때 제목이 바뀌고 저자명과 난외서명이 삭제된 것을 제외하면 모두 동일하다. 표지와 판권지, 작품 제목을 바꾸어 재출간한 것으로 볼 수 있다. 판권지에 '저작자 강범형'이라고 표기되어 있으나 진녹성의 작품으로 보는 것이 온당하다.

청춘의 환희/靑春의幻戲: 작자미상. 영창서관1933(30전).

【내용】 미확인.

【참고】 단행본 원본 자료를 구할 수 없어 작품의 경개 및 세부 서지사항을 확인하지 못했다. 『청춘의 한(영창서관·한흥서림·진흥서관1933)』 권말 판권지의 서적 광고에 '靑春의 幻戲' 라고 제목이 표기되어 있다.

청춘의 희망/청춘의희망靑春의希望: 작자미상. 영창서관1927(20전).

【내용】 미확인.

【참고】 단행본 원본 자료를 구할 수 없어 작품의 경개 및 세부 서지사항을 확인하지 못했다. 『영원의 사랑(영창서관1926)』 권말 '대호평최신간도서소개' 에 '청춘의 희망', 『무릉도원(영창서관1928)』 권말 '경성영창서관발행서적목록' 에 '靑春의 希望' 이라고 제목이 표기되어 있다.

청춘홍안/靑春紅顔: 작자미상. 대성서림1924.

【내용】 미확인.

【참고】 단행본 원본 자료를 구할 수 없어 작품의 경개 및 세부 서지사항을 확인하지 못했다. 『사냐 생이냐(대성서림1924)』 권말 광고에 '연애미담 청춘홍안' 이라고 제목이 표기되어 있고, "참참하고 구격 맞고 재미있고 엉뚱하고, 시원하고 놀랍고 바탕있고, 밋븜 있고 그야말로 새 소설 중에서도 새 소설을 보려는 사람은 이 책을 들고 못내 내 뜻에 맞고 내 마음에 맞고 내 생각에 맞음을 깨달을 것이니, 달과 같고 꽃과 같이 어여쁘고, 소나무 같고 대나무 같이 절개 있는 기생이 애라 놓아라, 나 못 놓겠네 하는 소리는 입으로 부를지언정 어이 봉황이 주린들 그 멕기를 썩은 쥐가 당하라 하야 지조를 굽히지 않다가 천만 뜻밖에 마음에 맞는 유정랑을 만나 새로운 정이 흡흡하더니 조물이 시기하고 호사가 다망하여 그사이에 황금의 탈을 쓴 악마와 간교한 웃음을 머금은 요괴가 요리 못 살게 저리 못 살게 하야, 혹시는 전생 후 생에 굳은 언약 맺은 연인과 생리사별을 하기도 하고, 혹시는 악마의 수중의 하마터면 꽃 같은 정조를 빼앗길 뻔도 하다가 마침내 곤곤히 흐르는 맑은 물은 기어코 만경창파에 이르는 것과 같이 하고 많은 고생살이를 기운차게 물리치고 맺히고 맺힌 원한을 시원섭섭히 풀어 버리고, 꽃다운 인연을 맺는 것이니 무릇 이 소설 쓰는 사람의 재주가 슬픈 구절에는 간장이 녹고 분한 구절에는 주먹이 쥐어지며 아기자기한 장면과 탐탐한 장면과 진땀이 나오는 묘사, 보는 사람의 눈에 불이 번쩍 나도록 이상한 장면은 그야말로 눈에 보는 듯이 그려놓았으니 참 소설 중에도 소설이며, 이야기 책 중에도 이야기 책인저" 라고 소개하고 있다. 『이팔청춘(대성서림1926)』 권말 판권지의 '신간서적광고' 에는 '戀愛美談 靑春紅顔' 이라고 제목이 표기되어 있다.

청춘화/청츈화靑春花: 무궁 작. 태화서관1925.

【내용】 어느 봄날, 춘정을 느낀 귀공자가 꿈을 꾼다. 꿈속에서 사랑과 자유의 나라로 간 귀공자는 선녀와 같은 소녀를 만나 부부의 연을 맺는다. 소녀의 부모는 에덴동산의 아담과 하와

이야기를 들려주며 이들의 사랑을 축복해 준다. 그러나 이들의 사랑을 시기하는 '사랑을 훼방 놓는 악마'가 나타나 소녀의 부모를 죽이고, 그들의 형상으로 나타나 귀공자와 소녀가 연을 맺지 못하도록 강요한다. 귀공자는 갑자기 태도가 변한 부모를 원망하며 소녀와 도망치다 죽기로 결심한다. 그러나 그때 선녀들에게 둘러싸인 소녀의 부모가 나타나 하나님이 악마를 벌하였다며 그들을 구하고, 이들의 사랑을 축복하고는 천국으로 들어간다.

【참고】 표지와 본문 첫 장에 '최신소설 最新小說 青春花 청춘화' 라고 표기되어 있다. 본문 첫 장에 '無窮 作' 이라고 작가 표기가 되어 있다. 1925년에 초판이 발행되었으며 1927년 발행된 국립중앙도서관 소장 4판본(57면, 25전)을 텍스트로 내용을 정리했다. 몽유록계 소설로 볼 수 있으나 각몽 단계가 생략되어 꿈과 현실의 경계가 모호하게 처리되어 있다. 에덴동산이 언급되는 등 기독교 사상의 영향을 엿볼 수 있다.

청춘회심 / 青春悔心: 작자미상. 야사연구회(56면, 60원).

【내용】 김진성은 용모가 출중하고 학문이 뛰어난 청년이다. 어느 날 그는 송도에 가서 전에 빌려 준 돈을 받아 오고 과거 시험도 보라는 부친의 명을 받고 길을 떠난다. 송도에 도착한 그는 농월이라는 기생을 보고 반한다. 진성은 그녀가 지조가 굳어 아무나 만나지 않는다는 것을 알고 글을 써서 전한다. 농월은 그 글을 보고 그를 만나 보기로 한다. 함께 시를 짓고 음악을 연주하던 두 사람은 서로 마음이 통해 장래를 약속한다. 진성은 빌려 준 돈을 받은 후 집으로 돌아가려 한다. 이때 경패라는 기생이 재물을 탐내어 그를 유혹한다. 진성은 경패의 농간에 넘어가 가진 돈을 모두 뺏기고 버림받는다. 농월은 진성이 갑자기 발길을 끊자 이유를 알아보다 그의 딱한 처지를 알게 된다. 그녀는 진성을 집으로 데려와 돌본 후 부모가 기다리는 집으로 돌려보낸다. 이후 농월은 진성이 자신을 데리러 오기만을 기다린다. 송도 유수 이춘화가 수청을 강요하자, 농월은 외딴 산속의 암자로 피신하여 종적을 감춘다. 한편 진성은 과거에 급제하여 벼슬길에 오른다. 그는 농월을 맞으러 사람을 보내지만 그녀의 행방을 찾지 못한다. 그는 춘화가 농월을 괴롭혔을 뿐 아니라 여러 모로 나쁜 짓을 했다는 것을 알고 상소를 올리지만, 세력이 강한 춘화에게 도리어 탄핵되어 섬에 유배된다. 세월이 흐른 후 춘화는 역모 죄로 처형당하고, 진성은 유배에서 풀려나 다시 관리가 된다. 어느 날 진성이 유배에서 돌아왔다는 소식을 듣고 농월이 찾아온다. 재회한 두 사람은 오래도록 부귀영화를 누린다.

【참고】 동덕여대 도서관 소장 야사연구회본 표지에 '青春悔心' 이라고 표기되어 있다. 진성이 유배

가서 원통한 마음을 표현하기 위해 지어 부른 회심곡과, 이에 대한 유배지 집주인의 답가가 길게 삽입되어 있다. 판권지가 유실되어 간행연도를 알 수 없다. 『청년회심곡(신구서림1914)』과 대동소이한 내용의 작품이다.

체르캇슈(번): 고리키 작. 순성생 역. 동아일보1922.8.2-9.16(35회).

【내용】 원작 참조.

체르캇슈
瞬星生

【참고】 진학문이 '瞬星生'이라는 필명으로 동아일보에 연재한 번역소설이다. 원작은 러시아 작가 고리키(Maksim Gorky)의 초기 단편으로 그의 출세작인 「첼카슈(Chelkash)」(1895)이다. 영역의 중역인지 일역의 중역인지는 알 수 없으나 초역이나 축역이 아닌 완역본으로 간주된다.

초(번)

【내용】 「사람은 무엇으로 사느냐」 참조.

초당(번)/草堂: 강용흘 작. Charles Scribner's Sons, New York1931(367면) ; 김성칠 역. 금룡도서주식회사1948(225면, 400원).

【내용】 원작 참조.

【참고】 금룡도서 간 金聖七 역본의 표지에 '小說 草堂 姜龍訖 著 金聖七 譯'이라고 표기되어 있다. 표제 우측 상단에 'GRASS ROOF'라고 원제를 표기하고 있다. 재미 작가 강용흘(Younghill Kang/姜鏞訖, 1898.5.10-1972.12.2)이 영어 표기로 미국에서 1931년 발표한 자전적 작품을 김성칠이 우리말로 번역하여 1948년 출간한 책이다. 작가의 분신으로 보이는 주인공 한청파가 함경도에서 성장한 후 미국으로 떠나게 될 때까지의 성장 과정과 주변 환경이 자세히 서술된다. 소년 한청파가 함경도에서 태어나 스승 박수산의 영향으로 개화 사상가가 되고 서양 학문을 배워 조국의 개화에 공헌하기로 마음먹는다는 내용을 담고 있다. 이 소설에는 한국인의 얼, 한국의 역사, 한일 합방의 경위, 개화기 지식인의 고뇌, 3·1운동의 경위 등이 상세하게 드러나 있다. 1931년 미국에서 발표된 직후 유럽의 십여 개 국에서 번역 출간되었고, 우리나라에서도 이광수가 「강용흘 씨의 초당」을 《동아일보》 1931년 12월 20일자에 게재하여 선풍적 관심을 불러 일으켰으나 해방 후 문학사에서는 오늘날까지 '서얼문학' 정도로 취급되어 온 작품이다. 미국의 여류작가 펄 벅이 이 작품을 '가장 빛나는 동양의 지혜'라고 평했을 만큼 서양의 여러 나라에서 동양의 정신적 산물로 크게 관심을 끈 작품이다.

초련(번)/初戀: 투르게네프 작. 빙허생 역. 조선일보1920.12.2-1921.1.23(44회).

【내용】 원작 참조.

【참고】 러시아 작가 투르게네프(Ivan Sergeevich Turgenev)의 자전적 소설로 알려진 「첫사랑(Pervaia Liubov)」(1860)을 현진건이 번역한 것이다. 연재 지면에 '初戀 憑虛生 譯 투게네프 原作' 이라고 표기되어 있다. 연재 1회 본문에 앞서 이 작품을 원작자 투르게네프의 걸작으로 소개하는 역자의 말이 있다. 원작 「첫사랑」은 청년 시절 얌전하고 마음이 약한 몽상가이며 시를 좋아했던 투르게네프 자신의 모습을 주인공 '블라디미르' 로 형상화한 작품이다. 빙허의 번역본은 1인칭 주인공 '블라디미르' 를 '우영식' 으로 바꾸는 등 등장인물의 이름만을 한국식으로 번안했다. 동일 원작의 역본으로 홍난파의 『첫사랑(한일서점1921)』이 있다.

초로인생/쵸로인싱草露人生: 이악 작. 화광서림1927.

【내용】 서병국과 리영민은 절친한 사이로, 동경해군사관학교 생도이다. 병국은 유학생 사이에서 성악가로 유명한 애경이라는 미인과 약혼한다. 어느 날 조선유학생음악회가 열리자, 애경과 영민은 각기 공연자로 참가한다. 애경을 본 영민은 그녀가 병국의 약혼자인 줄 모른 채 사랑하게 되고, 상사병으로 위독한 지경에 이른다. 애경은 병국에 대한 신의 때문에 고민하지만, 결국 영민을 선택한다. 애경의 마음을 확인한 영민은 곧 병이 낫는다. 얼마 후 영민과 병국은 졸업하여 해군 소위로 임관한다. 애경은 병국이 군함을 타고 바다로 나가 있는 동안 거처를 옮기고 소식을 끊는다. 귀환한 병국은 애경을 찾아다니다 영민과 함께 있는 그녀와 마주친다. 병국과 영민은 그제야 자신들이 한 여성을 사랑했다는 사실을 알게 된다. 병국은 애경의 변심과 친구의 배신에 분노한다. 세계대전이 발발하자 병국과 영민은 결사대에 들어간다. 작전 수행 도중 두 사람이 탄 배가 난파된다. 병국은 영민을 구해 아군 함대에 데려다 주고 자취를 감춘다. 일본이 승전하자 영민은 귀국하여 애경과 정식으로 결혼한다. 6년 후, 영민은 소좌로 진급하여 구라파를 순유하게 된다. 부인 애경과 아들까지 데리고 여행길에 오른 그는 배를 타고 가다 해적선을 만난다. 영민 부부는 해적 선장에게 끌려간다. 알고 보니 해적 선장은 병국이다. 병국은 애경을 죽이려 하지만, 차마 죽이지 못하고 자결해 버린다. 영민과 애경은 병국의 죽음을 슬퍼하며 그의 시체를 조선 땅에 묻어 준다. 이후 두 사람은 남은 인생을 방랑으로 보낸다.

【참고】 동덕여대 도서관 소장 화광서림본 표지에 '戀愛悲劇 草露人生 쵸로인싱' 이라고 표기되어 있다. 작가 '李嶽' 에 대한 상세한 정보를 확인할 수 없다. 본문 끝에 '一九二六年 晦日' 이라고 적혀 있어 탈고한 날짜를 알 수 있다. 병국과 영민이 촉망받는 청년 장교로서 일본 해군 결사대에서 활약하는 등, 조선인의 일본군 복무가 긍정적인 것으로 서술되고 있다. 1927년에 초판이 발행되었으며, 1931년 발행 재판본(99면, 35전)을 텍스트로 내용을 정리했다.

초생달: 작자미상. 영창서관1930(35전).

【내용】 미확인.

【참고】 단행본 원본 자료를 구할 수 없어 작품의 경개 및 세부 서지사항을 확인하지 못했다. 『청춘의 한(영창서관·한흥서림·진흥서관1933)』 권말 '영창서관발행서적목록' 에 '초생달' 이라고 제목이 표기되어 있다. 사진 자료로 확인한 1930년 발행 영창서관본의 표지에 '戀情悲劇 초생달' 이라고 표기되어 있다.

초한전(번)/쵸한젼楚漢傳

홍순필 저작발행. 경성서적업조합1915 ; 한성서관1917 ; 박문서관1925.

【내용】 원작 참조.

【참고】 고전소설 「서한연의」의 국문 활자본 이본이다. 중국 고전소설의 번역본으로 간주할 수 있으나 역자는 알 수 없다.

초한전쟁 실기(번)/초한젼징실기楚漢戰爭實記

이종정 저작발행. 광동서국·태학서관1917.

【내용】 원작 참조.

【참고】 고전소설 「서한연의」의 국문 활자본 이본이다. 중국 고전소설의 번역본으로 간주할 수 있으나 역자는 알 수 없다.

촌의 명예(번)

【내용】「반역자의 모」 참조.

최영숙의 눈물/崔英淑의눈물: 작자미상. 영창서관1933(25전).

【내용】 미확인.

【참고】 단행본 원본 자료를 구할 수 없어 작품의 경개 및 세부 서지사항을 확인하지 못했다. 『청춘의 한(영창서관·한흥서림·진흥서관1933)』 권말 '영창서관발행서적목록' 에 '최영숙의눈물' 이라고 제목이 표기되어 있다. 영창서관에서 펴낸 『신간도서목록』에 '永昌書舘 編 戀愛悲劇 崔英淑의눈물' 이라고 표기되어 있다.

최정승: 작자미상. 신구서림1930(20전).

【내용】 미확인.

【참고】 단행본 원본 자료를 구할 수 없어 작품의 경개 및 세부 서지사항을 확인하지 못했다. 『단발미인(신구서림·박문서관1925)』 권말 '新舊書林出版圖書目錄' 에 '최정승' 이라고 제목이 표기되어 있다.

최초의 성탄나무(번)/最初의聖誕나무

밴다이크 작. 근곡생 역. 기독신문1922.12.20-1923.4.11(17회 완).

【내용】 눈으로 둘러싸인 수도원에 독일 사람 윈프레드오가 방문한다. 윈프레드오는 수려하고 경쾌하고 성격이 강직한 사도이다. 윈프레드오는 학생들을 대상으로 성서의 내용을 재미있게 강연한다. 그는 모든 비유마다 자기 경험을 곁들여 하나님의 진리를 전하고 있다. 윈프레드오는 수도원 학생들을 데리고 선교 활동을 떠난다. 순례자들이 지치고 힘들어 할 때면 윈프레드오는 하나님의 신성한 뜻을 전하면서 그들을 격려한다. 그러던 중 윈프레드오가 이끄는 순례자들이 낯선 종족을 만나게 되고 윈프레드오의 지혜로 그들과 화해롭게 어우러진다. 그는 양피지 두루마기를 꺼내 거기에 적힌 사도의 편지를 읽으며, 낯선 종족들에게 하나님의 자비와 은혜를 전한다. 이들 무리가 참나무를 베고 새 집을 지어, 광장에 촛불을 켜고 나무를 에워싼다. 무리 가운데 윈프레드오가 서서 베들레헴 마굿간에서 태어난 아기 예수의 이야기를 들려준다. 크리스마스 찬송이 울려퍼진다.

【참고】 연재 지면에 '最初의 聖誕나무 헤느리.빈싸익 原作 槿谷生 譯 The first Xmas-Tree H.V.Dyke' 라고 표기되어 있다. 연재 중간에 주인공의 이름 표기가 '윈프레드오' 에서 '윈프레드' 로 바뀌었다. 원작은 미국의 작가이자 성직자인 헨리 밴 다이크(Henry van Dyke)의 「The First Xmas-Tree(1897)」이다. 밴 다이크는 목회 활동과 창작 활동을 했을 뿐 아니라 프린스턴 대학에서 영문학을 가르쳤고 네델란드 주재 미국 대사를 지냈다.

최후의 사랑(번)/最後의사랑

시엔키에비치 작. 홍난파 역. 경성서관출판부·동양대학당서적부 1923(110면, 50전) ; 창문당서점1930(110면, 50전).

【내용】 원작 참조.

【참고】 홍난파 초역의 『어디로 가나(광익서관1921)』를 재간한 책이다. 역자 표기가 누락되었으며 경성서관본의 판권지에는 '著作者 金在悳', 창문당서점의 판권지에는 '著作兼發行者 梁天昊' 라고 표기되어 있다.

최후의 승리(번)/最後의勝利

르블랑 작. 김낭운·단정 번안. 중외일보1928.1.30-28.5.15(105회 완).

【내용】 협객 류방은 김호와 강훈 등 부하들과 함께 대의사 김대성의 별장에 물건을 훔치러 간다. 그러나 텅 빈 줄 알았던 별장에 집사가 돌아오고, 강훈은 살인을 하지 않는다는 류방의 원칙을 깨고 집사를 죽인다. 경찰이 출동하자 류방은 달아나려고 하지만, 부하들은 무언가를 찾느라 꾸물거리다 결국 살인죄로 체포된다. 혼자 피신한 류방은 두 부하가 찾던 것이 수정으로 만든 병마개이며, 이것이 매우 중요한 물건이라는 점을 알게 된다. 이후 류방은 죄 없는 김호를 구하기 위해 백방으로 노력하며 수정마개를 둘러싼 비밀을 파헤친다. 수정마개 안에는 중요한 비밀문서가 들어 있는데, 대성은 이를 빌미로 여러 사람을 협박해 온 것이다. 류방은 교활한 대성 때문에 여러 번 위기를 겪지만, 김호의 어머니 장숙경 부인과 힘을 합쳐 결국 대성의 음모를 폭로하고 김호를 구한다.

【참고】 연재 지면에 '探偵小說 最後의 勝利 金浪雲 飜案'이라고 표기되어 있다. 원작자나 원작에 대한 정보는 따로 밝힌 바 없으나, 내용으로 보아 프랑스 작가 르블랑(Maurice Leblanc)의 「수정마개(Le Bouchon de Cristal)」(1912)을 번안한 것이다. 이 소설은 실제 사건인 파나마 운하 스캔들을 모델로 하여, 뇌물 사건과 연루된 정치인 27인의 명단을 숨긴 수정마개를 두고 벌이는 암투를 그리고 있다. 번안된 작품에서는 중심인물 뤼팽을 '류방'으로, 도브레크 의원을 '대성대의사'로 하는 등 인명을 한국식으로 바꾸었다. 그러나 '불란서 파리' 등 배경 설정은 원작을 따르고 있다. 번안자 표기가 김팔봉(기진)으로 바뀌어 『최후의 심판(세창서관1953)』이라는 제목의 단행본으로 출간되었다.

최후의 심판(번)/最後의審判: 르블랑 작. 김팔봉 번안. 세창서관1953.

【내용】 「최후의 승리」 참조.

【참고】 국립중앙도서관 소장 세창서관(1953, 340면, 430원)본 속표지에 '探偵小說 最後의 審判'이라 표기되어 있다. 속표지에는 '金基鎭 著', 본문 첫 장에는 '金八峯 飜案'이라고 표기되어 있다. 단행본 초판이 언제 간행되었는지는 확인할 수 없으나, 이 소설은 「최후의 승리(김낭운 번안-36회부터는 丹鼎 번안-중외일보1928.1.30-5.15)」와 동일한 작품이다. 원작은 프랑스 작가 르블랑의 「수정마개」이다. 지역적 배경은 원작 그대로 프랑스로 설정하였으나, 지명과 인명은 우리나라식으로 바꾸었다. 번안자가 김팔봉으로 바뀐 이유는 알 수 없다.

최후의 악수/최후의악슈最後의握手

홍난파 작. 매일신보1921.4.29-6.7(40회 완) ; 박문서관1922(67면, 25전).

【내용】 홍수와 화봉, 진섭은 소학교 동창이다. 홍수와 화봉이 성장하여 연인 관계가 되면서 진섭은 두 사람 사이의 중재자 역할을 한다. 화봉이 홍수를 진심으로 사랑하는 것에 비해 홍

수는 화봉을 자신의 소유물 정도로 생각한다. 이런 홍수에게 진섭은 여러 가지의 충고와 조언을 한다. 한편 화봉의 부모는 딸을 부유한 김 백작의 아들과 결혼시키려 하고, 이에 화봉과 홍수는 고민한다. 진섭이 나서서 화봉의 아버지를 찾아가 홍수와 화봉의 관계를 얘기하지만, 화봉의 아버지는 듣지 않는다. 부모님의 허락을 기다리겠다는 홍수를 설득하고 화봉을 잠시 피신시킨 진섭은 자신이 또다시 중재자로 나서려고 한다. 그러나 화봉의 아버지가 보낸 사람이 진섭을 미행하여 화봉의 피신처를 알게 되면서 진섭과 홍수의 계획은 물거품이 된다. 부모가 외출한 사이 몰래 집을 나선 화봉은 홍수를 찾아가 죽을 결심을 했다고 말한다. 홍수도 동조하며 약을 건넨다. 약의 실체는 포도주로, 홍수는 화봉을 시험할 생각이었던 것이다. 이 사실을 안 화봉은 홍수에게 이별을 고하고 떠난다. 뒤늦게야 자신의 잘못을 깨달은 홍수도 고백의 글을 남기고 떠난다.

【참고】《매일신보》의 마지막 연재분에 작가는 원래 이 소설을 70회가량으로 연재할 계획이었으나 소설의 재료가 부족하여 40회로 마치며 이후에 단행본으로 출간할 때 수정하겠다는 말을 덧붙이고 있다. 그러나 이후에 박문서관에서 간행된 단행본의 내용은 수정한 사항 없이 신문 연재 당시의 것과 동일하다. 국립중앙도서관 소장 박문서관본 '最後의 握手 최후의 악슈', 본문 첫 장에 '最後의 握手 洪蘭坡', 판권지에 '최후의 악수 著作者 洪永厚' 라고 표기되어 있다. 본문 마지막 면에 '씃' 표기 이후 '一九二一年五月作' 이라고 밝혀 두었다.

최후의 행복(번)/最後의幸福: 장쯔핑 작. 이경손 역. 중앙1933.11-1935.3(17회 완).

【내용】 미용은 포목상인 아버지가 세상을 떠난 뒤 어머니, 오빠 전오, 여동생 미경과 함께 상해 부근에서 산다. 의지하던 오빠마저 전쟁터에서 죽자 미용은 공부를 그만두고 낙망한 채 세월을 보낸다. 아름다운 미용에게 여러 차례 혼담이 들어오지만 미용은 이상적인 남편감을 찾으며 거절하다가 노처녀가 된다. 여동생에게만 혼담이 들어오기 시작하자 실의에 빠진 미용은 서양인이 경영하는 의학교에서 산파학을 공부하기 위해 성시로 간다. 미용은 의학교의 부원장과 진 조수 사이에서 애정관계를 형성하다 다시 고향으로 돌아온다. 미용은 어린 시절 소꿉친구 려아근에게 호감을 가졌으나 아근마저 고향을 떠나버리고, 동생이 예전에 자신과 혼담이 있었던 황광훈과 결혼하자 절망한다. 미용은 상점 직원 양송경과 교제를 하는 한편 무역상인 룽사웅의 재산에 끌려 마흔이 다 된 그의 후처가 된다. 그러나 아편중독자이자 폐병 환자인 사웅과의 결혼 생활에서 미용은 만족을 느끼지 못한다. 그러던 중 미용은 동생의 남편인 광훈과 불륜 관계에 빠져 그의 아이를 임신한다. 미용은 동생에 대한

죄책감과 광훈을 독점하려는 마음 때문에 괴로워한다. 게다가 남편의 전실 자식인 아화가 광훈과의 관계를 폭로하겠다면서 미용을 협박하고 겁탈하자 미용은 남편이 있는 남양으로 떠난다. 남양으로 가는 배에서 미용은 우연히 송경과 재회한다. 미용은 남편과 헤어지고 송경과 결혼하나 송경의 의처증과 문둥병 때문에 괴로워한다. 한편 미용은 송경의 운전수로 일하게 된 아근과 다시 만난다. 미용은 헤어진 이후로 계속 미용을 사랑한다고 고백하는 아근에게 진실한 사랑을 느낀다. 건강이 악화된 상태에서 미용은 송경의 폭행으로 유산하고 병원에 입원한다. 아근은 송경을 죽이고 미용의 병실에서 경찰에게 체포된다. 뒤늦게야 미용을 찾아온 광훈은 죄책감을 느낀다.

【참고】 연재 지면에 '最後의幸福 中國 張資平 作 李慶孫 譯'이라고 표기되어 있다. 연재 1회 본문 앞에 '譯者의 말'을 수록하여 중국 근대문학사에서 원작자의 위치가 뚜렷함을 강조하고 궈모뤄(郭沫若)와 함께 '창조사'를 설립한 일 등을 소개하고 있다. "筆者가 譯한바 「最後의幸福」은 每項마다 恰似 朝鮮女性의 現勢와 가트어"라고 하여 번역의 동기 또한 밝히고 있다. 중국 작가 장쯔핑(張資平)의 「最後的幸福(1928)」을 번역한 것이다. 《중앙》 창간호로부터 매회 4-5페이지씩 나누어 17회 연재 후 완결하였다.

추산이항묵/秋山李恒默: 박현실 발행.

【내용】 미확인.

【참고】 단행본 원본 자료를 구할 수 없어 작품의 경개 및 세부 서지사항을 확인하지 못했다. 1932년 9월호 《조선출판경찰월보》 단행본 출판 금지 목록에 수록되어 있다. 출판 금지 사유는 치안 방해이다.

추야월1/츄야월秋夜月

수석청년 작. 광덕서관1913(138면, 35전).

【내용】 리샹혁은 외모는 출중하나 타고난 부랑아이다. 선친이 죽고 유산을 물려받은 샹혁은 낭비벽으로 전 재산을 잃고 빚더미에 앉아 자결할 결심을 한다. 셔 국장이 딸 녕희에게 남겨주려 했던 집을 리샹혁에게 주며 그의 자결을 말린다. 히쥬집은 샹혁의 외모에 반해 그를 유혹하고 몇 번 거절하던 샹혁은 유혹에 넘어간다. 어느 날 도적 뎡문환이 셔 국장을 찾아와 오만 냥을 내놓으라 하고 셔 국장은 이를 거절한다. 문환과 그 부하들은 셔 국장과 샹혁을 포로로 잡아간다. 문환은 셔 국장을 붙잡아 놓고 샹혁을 집으로 돌려보

내 돈을 가져오라 한다. 샹혁은 희쥬집과 계교를 꾸며 셔 국장이 도적의 우두머리가 되어 돌아온다는 거짓 편지로 하인들을 내쫓고 재산을 챙겨 서울 관찰사 앞으로 이사한다. 이때 하인 긔동이는 두 남녀의 계교를 엿듣지만 혼자 힘으로 어쩔 수 없어 김 주부에게 사실을 털어놓고 의논한다. 두 사람은 셔 국장을 찾기로 하고 도적 소굴로 향하던 도중 구덩이에 빠지는 사고를 당하는데 마침 구덩이 속에는 칼에 찔린 시체가 있어 살인범으로 오해받고 체포된다. 한편 셔 국장은 예전에 도움을 주었던 최경셕을 만나 도적 소굴에서 탈출하는 데 성공한다. 셔 국장은 샹혁의 집까지 찾아갔다가 도리어 관군에게 붙들린다. 그는 샹혁에게 뇌물을 받은 박 관찰사에게 갖은 고초를 겪는다. 그동안 경석은 도적들 몇몇과 모의하여 문환을 포박해 관아로 데려가고, 새로 부임한 도 관찰사에 의해 사건이 해결된다. 샹혁과 희쥬집은 처벌을 받고 셔 국장과 긔동이, 김 주부의 혐의도 풀린다. 행방이 묘연하던 딸 녕희와 유모가 돌아오고 도 관찰사는 자기 아들 졍남이와 녕희가 자라 결혼하는 날을 기다린다.

【참고】 표지에 '警世小說 秋夜月'이라고 표기되어 있다. 본문 첫 장에 '漱石靑年 著'라고 작가 표기가 되어 있다. 부정한 남녀의 비참한 결말을 통해 정절의 주제를 강조하고 있다. 사법권, 행정권, 경찰권을 모두 겸하던 당시 군수, 관찰사 체제와 그를 악용하는 탐관오리를 비판하고 있다.

추야월2/秋夜月: 작자미상. 초판서지불명.

【내용】 김홍렬과 리화자는 보통학교 동창으로 오랫동안 애정을 키워 온 사이이다. 홍렬은 조실부모한 20대의 청년인데, 고리대금업을 하는 백부의 집에서 일을 보아 주고 있다. 화자는 공부를 더 하고 싶으나 완고한 아버지와 넉넉지 못한 가정 형편 때문에 삯바느질을 하고 있다. 홍렬은 백부가 채무자에게 매몰차게 구는 것에 크게 실망하여, 일을 그만두고 동경으로 유학할 결심을 한다. 화자는 같이 가고 싶은 마음이 있으나 자기를 의지하는 부모를 떠날 수 없어 그대로 남는다. 홍렬이 떠나고 얼마 후, 화자의 부모는 딸을 어느 부자의 후취로 보내기로 한다. 이 사실을 안 화자는 몰래 가출하여 홍렬을 찾아 나선다. 그녀는 동경에 도착하여 홍렬의 행방을 수소문하지만 찾지 못하고 여관에 묵는다. 공원을 산책하던 그녀는 불량한 조선인 청년에게 폭행당할 위기에 처한다. 청년은 화자가 반항하자 칼로 찌르는데, 그녀의 비명을 듣고 사람이 달려오자 도망친다. 화자는 기절하여 병원으로 실려 가고, 그녀를 도와준 청년이 범인으로 오인받아 경찰에 붙잡힌다. 청년이 죄를 부인하자 경찰은 그를 화자와 대질시킨다. 두 사람은 서로 마주하고 매우 놀란다. 그 청년은 홍렬이었던 것이다. 우연히 재회한 두 사람은 변치 않은 사랑을 확인하고, 함께 학업에 힘쓴다. 그러던 중 홍렬은 백부가 위독하다는 소식을 듣고 화자와 함께 귀국한다. 그는 백부의 유언에 따라 양자가 되어 가산을 물려받고, 화자는 강제로 정혼했던 상대가 이미 다른 여자와 재혼했다는 소식을 듣고는 부모에게 돌아간다. 홍렬은 백부의 삼년상을 마치고 화자와 결혼하여, 고리대금업

을 폐하고 자선사업에 힘쓰며 행복하게 산다.

【참고】 표지에는 제목이 '운중 추월색', 본문 첫 장에는 '戀愛活劇 秋夜月', 난외에는 '추야월'이라고 표기되어 있다. 최찬식의 『추월색(회동서관1912)』을 모방한 작품으로 판단된다. 동명이작으로 수석청년의 『츄야월(광덕서관1913)』이 있다. 서강대 소장 세창서관본을 텍스트로 내용을 정리하였으나, 초판의 발행 연도 및 기타 서지사항은 확인되지 않는다.

추월공산/秋月空山: 김동진 저작발행. 덕흥서림1947(121면).

【내용】 장희순과 최수복은 한동네에서 나고 자란 친구이다. 희순의 아버지 장강호와 수복의 아버지 최형용은 죽마고우로서 늦게까지 자식을 보지 못하다가 40세가 넘어서 희순과 수복을 얻은 것이다. 강호와 형용은 자식들이 친하게 지내는 것을 기뻐하며 아직 철없는 희순과 수복을 정혼시킨다. 피치 못할 사정으로 형용의 집안이 고향을 떠나게 되자 희순은 어린 나이임에도 섭섭한 마음을 이기지 못하고 수복을 그리워하는데, 몇 년 후 공교롭게도 두 집에 차례로 불이 난다. 수복의 소식이 마침내 끊기고 희순이 차차 장성해 가자 강호는 희순을 시집보내기로 하고 날짜를 잡는다. 그러나 희순은 수복과의 의리를 끊을 수 없어 가출 후 상경한다. 한편 수복은 화마에 가족을 잃은 후 스토우라는 미국 학자의 도움으로 미국 유학을 하게 되며, 수복의 부모는 중국으로 이주해 버린다. 자신의 힘으로 6년 만에 고등학교를 졸업한 희순은 함남 지역 유학생 강습회에서 만난 박근수라는 불량청년의 구애를 받는데, 갖은 회유와 협박을 거절하던 차에 공원에서 근수의 칼을 맞고 쓰러진다. 병원으로 옮겨져 목숨을 건진 희순은 자상을 입던 순간 도우러 달려온 청년이 수복임을 알게 되고 함께 희순의 부모가 있는 고향으로 가서 결혼한다. 신혼여행 차 중국에 갔던 두 사람은 마적에게 잡혀 고초를 치르는데, 우연히 그곳에서 마적단을 따라 유랑생활을 하던 수복의 부모와 상봉하게 된다. 수복 부부는 부모를 모시고 고향으로 돌아와 일가친척과 동리 사람들이 모두 모인 자리에서 환희의 노래를 부른다.

【참고】 작품 본문이 시작되기 전 1, 2면에 「님이 그리워」, 「즐거운 이 밤」이라는 제목의 주제가(主題歌) 2편이 수록되어 있다. 출판 연도는 1947년이지만 실제 창작 시기는 불분명하다. 인물 구도와 사건이 전개되는 추이를 살펴볼 때 인명과 배경을 바꾼 것 외에는 독창성을 발견할 수 없을 정도로 최찬식, 『추월색(회동서관1912)』을 모방한 작품이다. 서울대 도서관 소장 덕흥서림본을 텍스트로 내용을 정리했다.

추월색/츄월쇡秋月色: 최찬식 작. 회동서관1912(112면, 25전) ; 박문서관1935.

【내용】 리 시종의 외동딸 정임과 김 승지의 외아들 영창은 정혼한 사이이다. 김 승지가 초산

군수로 부임하면서 정임과 영창은 헤어진다. 초산에서 민란이 일어나고 김 승지 가족의 행방이 묘연해진다. 그러자 리 시종 내외는 딸을 다른 곳으로 출가시키려 하고, 이에 정임은 가출하여 일본으로 건너간다. 정임은 일본에서 대학을 최우등으로 졸업하고 다시 조선으로 돌아갈 결심을 한다. 귀국을 앞둔 어느 날 정임은 공원에 산책을 나갔다가 강한영을 만난다. 한영은 평소에 정임에게 흑심을 품고 있던 인물로 정임을 추행하려다가 실패하자 그녀를 칼로 찌르고 도망간다. 정임은 때마침 영창에게 도움을 받지만, 영창은 범인으로 오인받아 체포된다. 정임은 법정에서, 자신을 구해 준 사람이 어린 시절 헤어졌던 영창임을 알게 되고, 영창과 해후한다. 영창은 부모와 헤어진 뒤 영국인을 따라 영국으로 건너가 그곳에서 공부를 마치고 일본으로 온 것이다. 두 사람은 함께 귀국하여 결혼을 하고 만주로 신혼여행을 떠난다. 그곳에서 우연히 시부모인 김 승지 부부와 다시 만나게 되면서 헤어졌던 가족들이 모두 상봉한다.

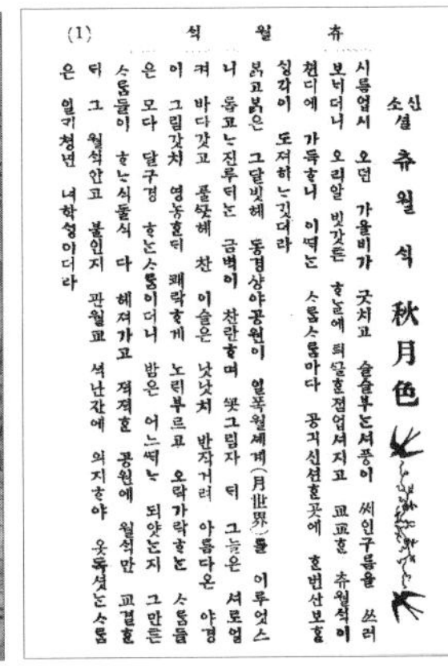
(1) 츄 월 ᄉᆡᆨ

신소셜 츄월ᄉᆡᆨ 秋月色

시름업시 오던 가을비가 긋치고 슬슬부ᄂᆞᆫ서풍이 ᄯᅥ인구름을 ᄡᅳ러
보ᄂᆡ더니 오리알 빗갓흔 ᄒᆞᄂᆞᆯ에 ᄯᅳ렷ᄒᆞᆫ점업셔지고 교교ᄒᆞᆫ 츄월ᄉᆡᆨ이
쳔디에 가득ᄒᆞ니 이ᄯᅢᄂᆞᆫ ᄉᆞ롬ᄉᆞ롬마다 공긔신션ᄒᆞᆫ곳에 ᄒᆞᆫ번산보ᄒᆞᆯ
ᄉᆡᆼ각이 도져히ᄂᆞᆫ깃더라
ᄆᆞᆰ고ᄆᆞᆰ은 그달빗헤 동경샹야공원이 별쪽월셰계(月世界)를 이루엇스
니 ᄂᆞᆸ고ᄂᆞᆫ진루ᄃᆡᄂᆞᆫ 금벽이 찬란ᄒᆞ며 ᄭᅩᆺ그림자 ᄯᅥ 그ᄂᆞᆯ은 셔로얼
켜 바다갓고 풀ᄭᅩᆺ헤 찬 이슬은 낫낫치 반작거려 아롬다온 야경
이 그림갓치 영롱ᄒᆞᆫᄃᆡ 쾌락ᄒᆞ게 노리부르고 오락가락ᄒᆞᄂᆞᆫ ᄉᆞ롬들
은 모다 달구경 ᄒᆞᄂᆞᆫᄉᆞ롬이더니 밤은 어느ᄯᅢ나 되얏ᄂᆞᆫ지 그만흔
ᄉᆞ롬들이 ᄒᆞᄂᆞ식둘식 다 헤져가고 젹젹ᄒᆞᆫ 공원에 월ᄉᆡᆨ만 교결ᄒᆞᆫ
ᄃᆡ 그 월ᄉᆡᆨ안고 불인지 관월교 셕난간에 의지ᄒᆞ야 옷독셧ᄂᆞᆫ ᄉᆞ롬
은 일귀쳥년 너학ᄉᆡᆼ이더라

【참고】 표지에 '新小說 秋月色', 본문 첫 장에 '신소셜 츄월ᄉᆡᆨ'이라고 표기되어 있다. 회동서관에서만 18판을 발행할 정도로 당시에 인기를 끌었던 작품이다. 초판본부터 회동서관 단행본에는 작가 표기 없이 판권지에 '著作兼發行者 高裕相'이라고만 표기되어 있다. 1918년에는 극단 취성좌가 공연하면서 무대에 올려졌다. 정임이 공원에서 한영의 칼을 맞는 장면부터 시작하여 과거로 시간이 소급되는 구성방식이다.

추천명월/츄텬명월秋天明月

김홍제 저작발행. 신구서림1914(129면, 30전) ; 지송욱 저작발행. 신구서림1918(60면).

【내용】 서울 합동에 사는 김진보는 상처 후 후취로 리 씨 부인을 맞는다. 리 씨는 전처의 몸종이던 김순이를 구박하다가 진보와 언쟁을 하는데, 이에 진보는 속이 상하여 명산승지 유랑을 떠나 버린다. 진보가 유랑 길에 오른 사이 리 씨는 심복격인 침모 덕길 어미와 작당하여 김순이를 없앨 계획을 세운다. 덕길 어미의 온갖 흉계에 의해 김순이는 장 별감에게 팔아넘겨지지만 천행으로 도주에 성공한다. 한편 진보는 유람 길에서 평양의 명기 송련을 만난다. 추천명월과 같은 송

련의 외모와 심지 굳은 사람됨을 확인한 진보는 여러 사람이 모인 가운데 송련에게 씻지 못할 모욕을 주는데, 이는 나중에 송련이 제 발로 찾아오도록 유도하기 위한 것이었다. 과연 송련은 분한 마음을 참지 못해 남복을 하고 진보의 서울 집을 찾아 나선다. 여자의 몸으로 온갖 간난신고를 겪으며 능욕당할 수차례의 위기까지 넘긴 끝에 송련은 길 위에서 우연히 자결을 시도하려던 김순이를 만난다. 얼마 지나지 않아 진보와 송련은 오해를 풀고 부부의 연을 맺게 되는데, 이를 질투한 리 씨는 송련을 제거하려다가 오히려 자신이 꾸민 흉계의 전모가 드러난다. 김순이를 놓치고 분해하던 장 별감 또한 욕심을 버리지 못하다가 결국은 병신이 되고 만다. 진보는 리 씨의 전죄를 묻지 않고 용서한다.

【참고】 표독스러운 후취 부인과 돈에 눈이 먼 안잠자기에 의해 벌어지는 인신매매는 신소설의 흔한 소재이다. 악행을 일삼던 인물들이 그 죗값을 온전히 치르지 않고 개과천선에 이른다는 결말을 주목해 볼 만하다. 악인은 아니나 무책임하달 수밖에 없는 남성인물, 그 뜻을 따라야 현숙한 부인이 된다고 믿는 어성인물들이 행복한 결밀을 합작하는, 전근대적 세계관의 소산이라 할 수 있다.

1 곡별감풍

新小說 秋風感別曲

추풍감별곡/**츄풍감별곡秋風感別曲**

지송욱 저작발행. 신구서림1913(127면, 25전) ; 동양서원 1925 ; 경성서적업조합1926.

【내용】 평양 김 진사의 딸 치봉은 절세미인인 데다 총명하기 이를 데 없다. 어느 날 밤 후원에 있던 치봉은 자신의 시 읊는 소리를 듣고 이끌려 온 강필셩이라는 청년을 만난다. 서로에게 끌린 두 사람은 백년해로를 약속한다. 그러나 김 진사는 벼슬 욕심에 딸을 허 판서의 소실로 보내고 군수 자리를 얻기로 한다. 치봉은 부친의 손에 끌려 서울로 가던 중 몰래 도망친다. 허 판서는 치봉을 소실로 준다던 약속을 지키지 못했다며 김 진사를 옥에 가둔다. 치봉은 부친을 풀려나게 할 돈을 마련하기 위해 기생이 된다. 기생이 된 치봉을 만나려는 자들이 쇄도하지만, 그녀는 필셩만 답을 아는 문제를 내고 그 문제를 푸는 자에게 자신을 허락하겠노라고 한다. 필셩은 기생이 된 치봉을 찾아와 문제를 풀고 그간의 사정을 듣는다. 이때 평양에 감사가 새로 부임한다. 감사는 치봉이 총명한 것을 보고 기적에서 빼내어 곁에 두고 딸처럼 여긴다. 필셩은 치봉을 만나기 위해 양반의 신분을 감추고 평양 감영의 이방이 된다. 어느 날 치봉은 자신의 처지를 생각하며 「추풍감별곡」이라는 글을 짓는다. 우연히 이 글을 본 감사는 그녀의 딱한 사정을 알게 된다. 감사의 도움으로 김 진사는 옥에서 풀려나고, 치봉은 필셩과 함께 백년가약을 맺는다.

【참고】 신구서림본의 표지에 '新小說 秋風感別曲 츄풍감별곡', 본문 첫 장에 '신증연의 新增演義 츄풍감별곡 秋風感別曲'이라고 표기되어 있다. 1914년 박문서관에서 출판된 『치봉감별곡』과 같은 내용의 작품이다. 초판 이후 판을 거듭하고 출판사를 바꾸어 가며 지속적으로 출간되었다. 작품 말미에는 작가가 직접 등장하여, 평양에 「추풍감별곡」이라는 가사가 전하는데 그 실제 사연이 없는 것을 애석히 여겨 이 작품을 지었다고 설명하고 있다. 성격상 신소설이 아닌 신작 구소설로 분류되기도 한다. 『금고기관 권35』 「王嬌鸞百年長恨」의 번안이라는 견해가 있다.

추풍감수록/추풍감슈록秋風感樹錄

민준호 저작발행. 동양서원1912(85면, 25전).

【내용】 하남촌 사는 리 승지의 아들 교관은 아버지와 마찬가지로 천성이 게을러 투전만 일삼는 한량이다. 교관의 부인 유 씨는 바느질을 하면서 룡봉, 룡순을 키운다. 노름에 빠진 교관의 학대에 시달린 유 씨는 병을 얻어 세상을 떠난다. 교관은 인물이 좋은 강 씨를 후처로 들인다. 성품이 표독한 강 씨는 이유 없이 룡봉 남매를 구박하지만, 이들은 계모의 학대를 꿋꿋하게 견딘다. 세월이 흘러 룡봉이 17세, 룡순이 15세가 되자 강 씨는 룡봉 남매를 내쫓을 계책을 꾸민다. 결국 룡봉은 외가인 단양으로 쫓겨나고, 룡순은 낯선 사람에게 팔려 간다. 단양에 머물던 룡봉은 3년 만에 집으로 돌아오는데, 집에는 의원 장 주부가 살고 있다. 룡봉은 장 주부 밑에서 의술을 배워 훌륭한 의원이 된다. 어느 날 장 주부에게 다친 룡순이 실려 온다. 룡순은 생활을 비관하여 스스로 목을 찔러 중태에 빠진 것이다. 장 주부의 치료로 룡순은 목숨을 건지고 룡봉과 만나게 된다. 어느 날 룡봉은 걸인이 된 강 씨를 우연히 집 앞에서 마주친다. 룡봉은 아버지를 생각해서 강 씨를 모시고 산다. 그러나 강 씨는 과거를 반성하지 않고 여전히 나쁜 행동을 일삼는다. 어느 날 이상한 꿈을 꾼 룡봉과 룡순은 집 앞에서 걸인 차림의 교관을 만난다.

【참고】 표지에 '秋風感樹錄 츄풍감수록', 본문 첫 장에 '추풍감슈록 秋風憾樹錄'이라고 한자 및 한글 표기가 다르게 되어 있다. 소설의 말미에 '리 교관의 용렬함, 강 씨의 간악함, 룡봉 남매의 효순함으로 미루어 결과를 추측하라'는 작가적 서술이 나타난다.

추풍명월/秋風明月: 최호정 저작발행. 한성서관1926(53면, 25전).

【내용】 한적한 공원에서 달빛을 쳐다보던 옥순은 괴한에게 칼을 맞고 쓰러진다. 때마침 그곳을 지나던 일선이 옥순을 발견하고 병원에 보내지만, 자신은 괴한으로 몰려 경찰에 압송

된다. 옥순은 김 국장의 외동딸로 유학을 온 여학생인데, 어릴 적 동무인 일선과는 서로 사랑하는 사이이다. 과거 민란에 의해 일선의 집안은 풍비박산 나고 일가족 모두가 행방불명이 된다. 옥순의 부모는 딸을 결혼시키려 하지만 옥순은 일선을 생각하며 집을 나온다. 색주가에 붙잡혀 위기를 맞게 된 옥순은 일본인에게 구출되어 여학교에 다니게 된 것이다. 한편, 일선은 부모를 여의고 온갖 고생을 하다가 미국인의 도움을 얻어 유학을 가게 된다. 공부를 마치고 귀국한 일선은 우연히 달구경을 나온 옥순과 마주치게 된 것이다. 일선과 옥순을 통해 사건의 진상을 알게 된 경찰은 일선을 풀어 준다. 옥순과 다시 만난 일선은 옥순의 부모를 만나 허락을 받고 결혼식을 올린다. 신혼여행을 간 일선과 옥순은 청인에 의해 살아남은 일선의 부모와도 상봉하여 행복하게 살아간다.

【참고】 국립중앙도서관 소장 한성서관본 표지에 '츄풍명월 秋風明月', 본문 첫 장에 '秋風明月', 본문 위 난외에 '추풍명월'이라고 표기되어 있다. 남녀 주인공의 이름이 다른 점, 남주인공을 구원하는 인물이 영국인에서 미국인으로 바뀐 점 등을 제외하고는 이야기의 전개가 최찬식의 『추월색(회동서관1912)』과 동일하다. 「추월색」에서 사건의 정황이 상세하게 서술되는 것에 반해, 「츄풍명월」은 남주인공의 이야기가 상당 부분 축약되어 있다.

춘광월/**츈광월春光月: 월파 작. 신구서림1925(71면, 25전).**

【내용】 김 판윤의 딸 정순과 서상욱의 아들 정호는 어릴 때 정혼한 사이이다. 상욱이 죽자 김 판윤은 정호를 데려다 친자식처럼 기른다. 정호와 정순은 마치 친남매처럼 사이좋게 자란다. 그러나 정순의 모친은 정호가 가난한 것을 못마땅하게 여겨 늘 파혼할 궁리만 한다. 정호는 고등과를 졸업한 후 의학을 공부하러 동경으로 간다. 어느 날 김 판윤이 갑자기 병사한다. 정순의 모친은 남편이 죽자 정호에게 파혼하자는 편지를 보내고 학비 원조도 중단한다. 이 사실을 모르는 정순은 소식 끊어진 정호를 그리워하며 그가 돌아오기를 기다린다. 그러나 정순의 모친은 새 혼처를 정하고 딸에게 파혼 사실을 알린다. 정순은 정호에 대한 정절을 지키기 위해 한강에 투신하려 한다. 이때 근처를 지나던 불량배 리춘식이 그녀를 구해 자기 집으로 데려간다. 춘식 내외는 정순을 부호의 아들이자 부랑자로 유명한 류정렬의 첩으로 팔려 한다. 위기에 처한 그녀는 몰래 도망치지만 뒤쫓아온 정렬에게 잡힌다. 정순이 끝내 반항하자 정렬은 그녀를 칼로 찌르려 한다. 이때 귀국하여 근처를 지나가던 정호가 우연히 이 장면을 보고 달려와 그녀를 구한다. 그는 고학으로 의대를 마친 후 의사가 되어 귀국

한 것이다. 정호는 정순이 변심했다고 여겨 왔지만, 그녀에게 자초지종을 듣고 오해를 푼다. 두 사람은 결혼하기로 한다.

【참고】 동덕여대 도서관 소장 신구서림본 표지에 '春光月 츈광월', 본문 첫 장에 '人情悲劇 春光月 인정비극 츈광월'이라고 표기되어 있다. 본문 끝에 '一九二四 月巖下에셔 月坡는 畢識'라 적혀 있다. 남녀가 난관을 극복하고 혼인에 이르는 혼사장애형 소설이다. '졍슌'은 신식 교육을 받은 데다 '졍호'와 스스럼없이 지내는 등 신여성의 성격을 지닌 인물이지만, 부모에 의해 혼처가 정해지고 정절을 지키려 자살을 감행하는 등 유교 윤리를 답습하는 모습 또한 보여 준다.

춘몽1 /츈몽春夢: 관해생 작. 조선일보1920.3.9-7.7(56회 완).

【내용】 안동 리 백작의 아들 리 시종의 집안은 지위와 명예, 재산을 고루 갖춘 명문가이다. 리 시종의 사람됨이 모자란 것을 안 박 시어, 장 주사 등의 협잡배들이 리 씨 가문의 재산을 탐내어 기생 첩치가를 주선하고 리 백작 명의로 돈을 빌리게 한다. 리 시종의 부채 때문에 차압이 들어오게 된 것을 리 백작이 알게 된 이후에도 목 참봉, 림 위원, 뎡 판관 등의 돈에 눈먼 자들에 의한 재산 빼내기는 계속된다. 결국 리 백작이 죽고 리 시종은 목 참봉에게 누대로 내려온 집 하나를 뺀 나머지 재산을 모두 빼앗기는 신세가 된다. 상노 을동, 세교가 있던 김 교원, 학도 최창셰 등의 충고를 듣지 않고 목 참봉 일당의 노리개가 되어 버린 리 시종은 목 참봉이 매달 내어 주는 시량에 의존하여 겨우 연명한다. 을동은 리 씨 집안을 빠져나와 고학을 하고, 리 시종의 어린 동생 즁창은 가출했다가 천행으로 창셰와 함께 미국 유학길에 오른다. 을동은 미국인 목사의 도움으로 상업학교를 졸업하고 리영만이라 개명한 후 은행 지점장이 된다. 한편 목 참봉은 욕심을 버리지 못하고 더 큰 부를 좇다가 금광과 수리사업에 모두 실패하여 송사에 휘말린다. 목 참봉의 지원마저 끊긴 리 시종은 집을 처분하라는 독촉에 시달리다가 어느 날 누가 보냈는지 모를 식량과 땔감, 그리고 돈을 받게 된다. 한편 유학을 떠났던 즁창과 창셰가 금의환향하여 리영만과 함께 리 시종을 찾는다. 영만은 리 시종에게 그간 쌀과 돈을 지원한 사람이 자기라는 것을 밝힌다. 돌아온 즁창은 실업가가 되고, 창셰는 법관이 된다. 우연히도 처음 맡은 사건이 바로 목 참봉 건이었으므로, 창셰는 사건을 공정하게 처리하고 리 씨 가문의 재산과 권리를 회복시킨다.

【참고】 《조선일보》의 첫 연재소설이다. 연재 지면에 '소셜 츈몽 春夢 觀海生'이라고 표기되어 있다. 1920년 7월 7일자에 56회로 마감되었으나 6월 30일자와 7월 1일자 연재분에 모두 50회라고 기록되어 있는 등 연재 횟수를 정확히 판단하기 어렵다. 현재 확인할 수 없는 20여 회 분량의 결락 부분이 모두 검증되어야 정확한 연재 횟수를 밝힐 수 있다. 헛된 꿈을 좇다 가산을 탕진하게 되나 정당한 판결에 의해 복권되는 주인공의 삶을 춘몽에 빗대었다.

춘몽2/春夢: 해동초인 작. 박문서관1924(304면 이하 낙장).

【내용】 우국지신 서 판서는 세상을 한탄하던 끝에 벼슬을 버리고 가솔을 이끌어 보은 방화촌으로 낙향하는데, 얼마 후 부인 김 씨와 두 딸을 남긴 채 병사하고 만다. 큰딸 옥선은 선친의 유언을 받들어 동경으로 유학을 떠나고, 그곳에서 여학교를 거쳐 일본여자대학을 졸업한다. 그동안 옥선은 우연히 만난 한국 고학생 안익상의 학비를 도와주게 되고 이후 자연스럽게 가까워진다. 두 사람은 함께 졸업을 하여 귀국하던 중 옥천 근방에서 개화를 반대하는 의병들에게 붙들리게 되는데, 난데없는 고생을 하다가 구사일생으로 탈출에 성공한다. 옥선의 모친은 익상을 사위로 맞아들이고 익상의 동창 서상원을 양자 삼는다. 옥선의 동생 금선은 갈데없는 고아인 것을 서 판서 내외가 양녀 삼아 기른 딸이다. 어려서부터 고약한 성격을 보이던 금선은 모친이 옥선을 찾아 나선 틈에 옥선의 불상사를 전하러 온 상원과 이미 내통을 한 데다, 뜻밖에 모두가 살아 돌아온 후에는 서 판서의 유산을 분배하는 과정에서 불만을 품고 무서운 계략을 꾸민다. 상원과 금선은 하복인 은돌을 사주하여 모친을 살해하고 그 누명을 익상에게 씌우는가 하면, 옥선마저 박해하여 그들을 집안에서 몰아내고는 가산을 독차지해 버린다. 쫓겨난 익상과 옥선은 각각 서로의 생사조차 모른 채 고생을 겪는다. 옥선은 그사이 사내아이를 출산하는데 금선과 상원의 포달에 못 이겨 아들과 생이별을 하는 고통까지 당한다. 그러나 오래지 않아 금선과 상원의 죄상이 세상에 밝혀지고 죄인들은 사형을 선고받는다. 마침내 누명을 벗은 익상은 그리던 처자를 다시 만난다.

【참고】 본문 첫 장에 '쇼셜 춘몽 海東樵人'이라고 표기되어 있다. 지나친 물욕이 빚어낸 비극을 그린 소설이다. 작품 속에서 개화에 반대하여 곳곳에서 일어난 의병들을 부정적으로 묘사한 점, 본문 중 '사시가미', '사요나라', '가와세' 등의 일본말을 그대로 사용한 점 등은 주목을 요한다.

춘몽3/春夢: 신흥서관 편. 신흥서관.

【내용】 전라도 전주에 사는 박우병 내외는 친딸 금희와 업둥이 금란을 정성스레 키운다. 금희가 14세 되던 해 우병은 병들어 죽고, 금희는 아버지의 유언에 따라 동경 유학을 떠난다. 금희는 동경에서 가난한 유학생 권홍균을 만나 좋아하게 된다. 대학을 졸업한 금희는 홍균과 함께 조선으로 돌아가던 중 강도에게 납치된다. 홍균은 친구 장희덕에게 금희 집에 이 사실을 알리라고 말하고 금희를 찾아 나선다. 우여곡절 끝에 홍균은 금희를 구출하고 집으로 돌아와 혼인식을 올린다. 한편, 천성이 패악한 금란은 희덕을 꼬여 금희 집 재산을 가로챌 계략을 꾸민다. 이를 모르는 금희 모친은 희덕을 양자로 들인다. 희덕과 금란은 노복 복동을 시켜 금희 모친을 죽이고 이를 홍균에게 덮어씌운다. 금희는 모든 것이 금란의 계략임을 짐작하지만 어쩔 도리가 없어 홍균을 피신시킨다. 얼마 후 금희는 옥동자를 출산하는데, 희덕은 죄인의 아이이니 없애라고 말한다. 금희의 시비이자 복동의 처인 향단은 아이를 데

리고 피신하고, 금희는 목숨의 위협을 느껴 이모부 집으로 향한다. 향단은 금란과 희덕에게 버림받은 복동을 만나 자수를 권유한다. 뒤늦게 참회한 복동은 자수하고 금란과 희덕은 살인죄로 구속된다. 향단은 신문에 모든 일이 마무리되었다며 금희와 홍균을 찾는 광고를 낸다. 이모부의 지인 집에 숨어 있던 금희는 신문에서 광고를 보고 홍균 또한 향단의 광고를 보고 전주로 온다. 다시 만난 금희와 홍균은 학교를 세우고 학생들을 가르치면서 행복하게 살아간다.

【참고】 표지에 '靑春男女 春夢 춘몽', 본문 첫 장에 '청춘남녀춘몽 靑春男女春夢'이라고 표기되어 있다. 본문 첫 장에 '新興書館編'이라고 표기되어 있는 것으로 보아 초판은 세창서관이 아닌 신흥서관에서 발행되었을 것이라 판단된다. 남녀 주인공이 악한 이에 의해 누명을 쓰고 고난을 겪지만, 결국에는 모든 것이 밝혀지고 행복한 결말을 맺는다는 내용이다. 선악의 구분이 뚜렷하고 작품 말미에 있는 "악인은 벌을 밧는 법이요 션인은 행복이 잇슬 것이다"라는 서술을 통해 권선징악의 주제를 뚜렷하게 드러낸다. 최찬식, 『춘몽(박문서관1924)』의 내용을 모방한 작품이다. 서강대 소장 세창서관 1952년본(신태삼 저작발행, 272면)을 텍스트로 내용을 정리하였으나, 초판의 발행 연도는 확인되지 않는다.

춘몽의 꽃/**츈몽의꼿春夢의꼿: 작자미상. 광한서림1932.**

【내용】 미확인.

【참고】 단행본 원본 자료를 구할 수 없어 작품의 경개 및 세부 서지사항을 확인하지 못했다. 사진 자료로 확인한 성문당서점본 표지에 '春夢츈몽의꼿'이라고 표기되어 있다.

춘외춘/**츈외츈春外春: 이열재 작. 매일신보1912.1.1-3.14(58회) ; 신구서림1912.**

【내용】 개진녀학교에 다니는 한영진은 외모가 빼어날 뿐 아니라 공부도 잘하여 학교에서 항상 일등을 도맡아 한다. 그런데 영진의 얼굴에는 늘 즐거운 기색이 없다. 아버지 한 주사는 영진을 낳자마자 죽은 부인 리 씨의 후사로 성 씨를 들였는데, 그녀가 늘 영진을 구박했기 때문이다. 그러던 어느 날, 영진은 고된 생활을 이기지 못해 몸져눕게 된다. 제대로 된 병구완을 받지 못해 영진의 병이 점점 깊어 가자 성 씨는 남편 한 주사에게 영진을 시집보낸다고 속이고 의주 사람 호춘식에게 팔아넘긴다. 춘식은 영진의 병을 낫게 한 후, 그를 밑천으로 하여 술장사를 벌일 생각이었다. 춘

식의 속셈을 알게 된 영진은 유모의 도움을 받아 그 집을 빠져나오고 도망하여 일본으로 건너간다. 그 와중에 강 참위 댁의 신세를 지게 되었는데, 동경에서 군인이 되기 위해 공부하는 그 집 아들 학수를 통해 여학교 때 자신을 아껴 주던 하나다 선생의 소식을 듣게 되었기 때문이다. 한편 학수는 흉몽을 꾸고 어머니가 걱정되어 조선으로 왔다가 자신의 집에 와서 행패를 부리는 춘식을 경무청에 의뢰하여 조사하게 한다. 경무청은 춘식, 성 씨 등을 잡아들여 그들의 범죄 사실을 밝혀낸다. 부인 성 씨의 악행을 알게 된 한 주사는 자신의 딸에 대한 무관심을 뉘우치는 한편 사윗감으로 학수가 좋겠다는 생각을 한다. 마침 학수의 어머니 오 씨 부인도 잠깐 함께 있었던 영진을 며느릿감으로 흡족히 여기고 하나다 상도 찬성하여 둘은 결혼 약속을 한다.

【참고】 신구서림에서 1912년 초판이 발행되었으며 1918년 재판본을 텍스트로 내용을 정리했다. 상, 하권으로 나뉘어 출판되었으며, 각각의 판권지에 '著作者 李海朝' 라고 표기되어 있다. 《매일신보》 연재 지면에는 '新小說 春外春 怡悅齋' 라고 표기되어 있다. 무능한 남편과 간악한 후처가 등장하는 이해조의 작품이다. 계모형 소설의 테두리를 벗어나지 않는 작품이다. 한편 당시 신소설의 흥미 원천이었던 '기생, 여학생' 의 병행 구조를 통해 개화기의 시대상을 담아내고 있다.

춘원(번)/春怨: 원작미상. 이소 역. 경성서관1926.

【내용】 미확인.

【참고】 현재 단행본 원본 자료를 찾을 수 없고, 번역본은 물론 원작에 대한 정보 또한 확인할 수 없다. 이소 작 『연무정(창문당서점1929)』과 동일본인 것으로 보인다. 사진 자료로 확인한 『연무정』 표지에 '戀無情', 본문 첫 장에 '戀無情(연무정) 二笑作 이소작' 이라고 표기되어 있는데, '노마드북' 홈페이지가 제공하는 서지 정보에 따르면 원제목은 '春怨' 이라고 표기되어 있다.

춘희1(번)/椿姬: 뒤마피스 작. 심향산인 역. 조선일보1929.11.19-22(2회 완).

【내용】 원작 참조.

【참고】 '태서명작경개 39-40회' 까지 전 2회에 걸쳐 프랑스 작가 뒤마 피스(Alexandre Dumas fils)가 쓴 「동백꽃을 들고 있는 부인(La Dame aux camelias」(1848)을 요약하여 소개한 것이다. 동일 원작의 역본으로 진순성 번안의 「홍루(매일신보1917.9.21-1918.1.16)」와 나빈 역의 「동백꼿(조선도서주식회사1927)」, 김자혜의 경개역 「춘희(신가정1933.3)」가 있다.

춘희2(번)/椿姬: 뒤마피스 작. 김자혜 역. 신가정1933.3.

【내용】 원작 참조.

【참고】 발표 지면에 '女主人公으로 된 名作梗概 椿姬 뜌마·퓌쓰 原著 金慈惠 譯述'이라고 표기되어 있다. 프랑스 작가 뒤마 피스 원작 「동백꽃을 들고 있는 부인」의 경개역이다. 동일 원작의 역본으로 진순성 번안의 「홍루(매일신보1917.9.21-1918.1.16)」와 나빈 역의 「동백꼿(조선도서주식회사 1927)」, 심향산인의 경개역 「춘희(조선일보1929.11.19-22)」가 있다.

충복(번)/忠僕: 코난도일 작. 장두철 역. 태서문예신보1918.10.19-11.16(5회 완).

【내용】 탐정 주뢰장은 부하 탐정 심희창과 함께 런던 ○○대학교의 기숙사에 머물며 참고품을 찾고 있다. 그러던 어느 날 교장 나효진 박사가 급히 주뢰장을 찾아와 시험 문제지를 도난당하였다며 범인을 찾아 줄 것을 부탁한다. 자신의 책상 서랍에 넣어 두었던 시험지를 누군가 몰래 본 후 베껴 갔다는 것이다. 노복 차노충에게 이에 대해 추궁해 보았으나 그는 외려 흩어진 시험지를 보고 놀라 혼절하였다는 것이다. 주뢰장은 심희창과 함께 나 박사의 사무실을 둘러보고는 시험지가 놓여 있던 책상이 창가와 가까운 것을 눈여겨본다. 그는 사건 당시 2층에 있었던 사미돈, 마대룡, 내극덕이라는 세 학생을 만나 보고자 한다. 그러나 내극덕만이 시험공부를 해야 된다며 면회를 거절한다. 주뢰장은 창가 앞에 놓여 있던 시험지를 보려면 키가 커야 된다며 사미돈을 의심한다. 그는 또한 노복 차노충도 만나 흩어진 시험지를 보고 왜 혼절하였는지 물어본다. 나 박사는 시험일 전까지 범인을 잡아야 된다며 안달하지만 주뢰장은 느긋한 태도를 보인다. 시험 당일 주뢰장은 차노충과 사미돈을 추궁하여 자백을 받아낸다. 사미돈의 아버지가 차노충의 옛 상전이었으며 차노충은 옛 상전의 아들인 사미돈을 위해 그의 범행을 감춰주려 한 것이다. 그는 탁자 위해 사미돈의 장갑이 놓인 것을 보고는 혼절한 척하며 이를 숨긴 것이다. 차노충이 그날 밤 돌아가신 선인의 마음을 상하게 하지 말라 사미돈에게 충고하였고, 사미돈 또한 잘못을 뉘우치며 자백을 결심하였다는 것이다. 주뢰장은 차노충의 충절에 경의를 표하고, 나 박사는 사미돈을 용서하여 재시험 기회를 주기로 한다.

【참고】 제목 앞에 '探偵奇談'이라고 표기되어 있다. 코난 도일(Arthur Conan Doyle)의 「세 학생(The Adventure of the Three Students)」(1904)을 번안한 작품이다. 연재 지면에는 번역자가 밝혀져 있지 않으나, 《태서문예신보》의 편집인 중 한 명인 해몽생 장두철이 번역하였으리라는 것이 정설이다. 코난 도일의 작품 중 한국어로 번역된 최초의 작품으로 알려져 있다. 원작의 주인공 셜록 홈즈는 '주뢰장', 왓슨은 '심희창'으로 번역하였으며 1인칭 시점에서 3인칭 시점으로 바꾸어 내용을 전개하였다.

치악산/雉岳山

이인직 작. 유일서관1908(상: 193면, 40전) ; 김교제 작. 동양서원1911(하: 122면, 30전) ; 보문관1919.

【내용】 갑오경장 이전, 강원감사로 내려와 있던 서울의 개화주의자 리 판서와 강원도 원주 단말 구역에 사는 보수주의자 홍 참의는 서로 사돈이 되기로 혼약을 한다. 십 년의 세월이 흐른 뒤(갑오경장 이후) 홍철식과 리 씨 부인은 약속된 결혼을 치른다. 홍 참의의 재취 부인 김 씨는 전실 아들 철식을 미워하다가 며느리를 맞게 되고, 이 영향으로 계시모와 리 씨 부인 사이에는 불화가 날로 깊어 간다. 그러던 어느 날, 철식은 리 씨의 권고와 서울 사는 장인의 도움으로 일본 유학을 떠난다. 한편 계모 김 씨는 그녀의 딸 남순, 여종 옥단 등과 공모하여 리 씨를 음부라 모함하고 시집에서 내쫓는다. 리 씨는 홀로 치악산을 헤매다가 산중의 사내들에게 겁탈당할 위기에 처하나 길을 지나가던 도승에게 구출되어 그 도사의 집으로 몸을 피한다. 한편 리 씨의 몸종 검홍에게 김 씨 부인 측의 음모를 알게 된 리 판서는 리 씨 부인을 수소문하여 본가로 데려오고, 검홍은 홍 참의 가족에게 복수극을 계획한다. 검홍은 배 선달 등 장사패들과 함께 리 씨의 원혼을 가장한 귀신, 도깨비 소동을 벌인다. 김 씨 모녀는 밤마다 나타나는 귀신, 도깨비에 겁을 먹고 무당을 불러 매일 굿을 하게 된다. 이를 견디지 못한 홍 참의는 집을 나와 치악산 기슭을 지나다가 우연히 검홍 일행을 만난다. 그리고 이 모두가 김 씨 부인의 악덕한 행실로 인하여 일어난 것임을 전해 듣고 김 씨 부인을 친정으로 내쫓는다. 한편 십 년 만에 돌아온 철식은 아내의 무고함을 전해 듣고 아내를 다시 찾아 맞아들여 가정의 행복을 되찾는다.

【참고】 상권의 작자는 '리인직' 이며, 하권의 작자는 '아쇽싱 雅俗生' 김교제이다. 유일서관과 동양서원에서 상, 하권이 발행된 뒤 1919년 보문관에서 상, 하권이 동시에 출판되었다. 보문관 상권의 본문 첫 장에는 '故 李人稙 先生 纂' 이라고 표기되어 있다. 국립중앙도서관 소장 유일서관 발행 상권의 표지에 '演劇 新小說' 이라고 표기되어 있는 것으로 보아 연극(신극 운동)을 전제로 쓴 작품으로 보이며 이야기의 서술 시간이 역전되어 있다. 이 작품은 후실과 전처 자식 사이의 갈등을 중심으로 한 가정비극을 그리면서 여기에 신구사상을 대조시켜 몰락해 가는 봉건사회의 한 단면을 보여 주었다는 평가를 받고 있다.

칠도팔기/칠도팔긔七倒八起: 이규용 작. 대성서림1926(54면, 25전).

【내용】 전라도 남원 최 생원의 아들 최척은 최 생원의 친구인 뎡 진사의 집에 와서 공부한다. 뎡 진사의 집에는 남편을 잃은 심 씨 부인이 딸 옥영과 함께 뎡 진사에게 의탁해 살고 있

는 중이다. 어느 날 옥영은 최척의 인물됨에 이끌려 그에게 편지를 보낸다. 최척 역시 옥영에게 마음이 있어 아버지에게 혼인을 성사시켜 달라고 청한다. 최 생원이 뎡 진사를 통해 심 씨 부인에게 혼사 의사를 전하나 부인은 선뜻 혼인을 결정하지 못한다. 최척이 인물은 좋지만 가세가 빈한하다는 이유에서다. 마침 변사정이란 선비가 의병을 모집하자 최척은 그와 동행한다. 최척이 돌아오지 않자 심 씨는 옥영에게 동리 부호 양성재와 결혼하도록 강권한다. 이에 옥영이 자살을 시도하자 심 씨는 자신의 계획을 철회한다. 한편 최척은 전장에서 병이 들어 집으로 돌아온다. 건강이 회복되어 최척은 옥영과 혼인을 올리고 아들 몽석을 얻는다. 그러던 어느 날 도적 떼의 창궐로 인해 최척의 집안은 뿔뿔이 흩어진다. 최척은 명나라 장수 여유문을 만나 명나라로 건너가고 옥영은 일본으로 간다. 여유문이 죽자 최척은 주우라는 상인을 만나 안남을 오가며 장사를 한다. 최척은 안남에서 일본 상선에 타고 있는 옥영을 우연히 만나 함께 주우의 집에 온다. 그곳에서 최척과 옥영은 아들 몽선을 낳는다. 결혼할 나이에 이른 몽선은 진위경의 딸 홍도와 결혼한다. 진위경은 조선에 갔다가 돌아오지 못하고 소식이 끊겨서 홍도는 나중에 몽선과 함께 아버지를 찾으러 조선에 가길 원한다. 한편 명나라 북녘 오랑캐가 난리를 일으키자 최척은 참전한다. 최척은 오랑캐에게 잡혀 포로 신세가 되는데 감옥에서 아들 몽석을 만난다. 조선의 장수 강홍닙의 수하로 참전했다가 몽석 역시 포로가 되었던 것이다. 최척과 몽석은 조선인 간수의 도움을 받아 감옥에서 탈출한다. 최척은 몽석과 함께 고향 남원으로 돌아오는 중에 등창이 나 고생하다 어느 중국인의 치료를 받는다. 알고 보니 그 중국인은 진위경이었다. 진위경은 최척과 사돈 사이임을 알고 최척과 동행한다. 항주에 있던 옥영은 최척에게 소식이 없자 몽선과 홍도 내외를 데리고 조선으로 건너온다. 그들은 바다에서 갖은 어려움을 겪은 후에 남원에 도착하여 최 생원, 심 씨 부인을 비롯하여 최척 일행과 해후한다.

【참고】 영남대 도서관 소장 대성서림본 표지에 '悲劇小說 七倒八起 칠도팔긔', 본문 첫 장에 '新小說 七倒八起 칠도팔긔 李圭瑢 著' 라고 표기되어 있다. 조선시대 문신 조위한(趙緯韓, 1558-1649)의 한문소설 「崔陟傳」을 국문으로 소설화한 작품이다. 인물들이 일본, 중국 등을 넘나들며 이산(離散)과 해후(邂逅)를 한다. 옥영이 중요한 일을 당할 때마다 만복사의 부처가 꿈에 나타나 앞날을 알려주는데 이 점을 들어 불교계 소설로 분류하기도 한다.

칠진주(번)/七珍珠: 원작미상. 박준표 역. 박문서관1925.

【내용】 미확인.

【참고】 현재 단행본 원본 자료를 찾을 수 없다. '토이기(터키)' 황제가 진주로 묘령의 여자의 정조를 사고자 하는 가운데 일어나는 일을 다룬 작품이라고 전한다. 1917년에 'The Seven Pearls' 라는 제목의 영화가 미국에서 발표되었다고 하는데 이 영화의 내용을 다룬 영화소설일 가능성이 있다.

침종1(번)/沈鍾: 하우프트만 작. 화산학인 역. 동아일보1929.8.6-8.9(4회 완).

世界名作巡禮 (3)

합트맨原作

沈鍾 (二)

花山學人

【내용】 원작 참조.

【참고】 연재 지면에 '世界名作巡禮 합트맨 原作 沈鍾 花山學人'이라 표기되어 있다. '세계명작순례'라는 연속기획물 중 한 편으로 연재된 것이다. 1929년 8월 4일 '세계명작순례' 1회인 '머리ㅅ말'에서 필자인 화산학인은 이 연재 기획의 방향과 취지를 설명한다. 이 연재 기획은 독서 기회가 적은 부녀자나 아동 등의 독자를 겨냥한 것으로, 세계명작을 全譯이나 抄譯이 아니라 줄거리 소개 혹은 부분 발췌 등의 형식으로 '소개'하는 지면이 될 것이 밝히고 있다. 화산학인은 이하윤의 필명이다. 본 경개역의 원작은 독일의 극작가 하우프트민(Gerhart Hauptmann)의 「침종(Die versunkene Glocke)」(1896)이다. 「침종」은 '세계명작순례' 시리즈 중 첫 번째 작품으로 소개되었다. 총 4회에 걸쳐 분재되었으며, 1회분에서 원작자 하우프트만에 대해 간략히 설명하고 있다.

침종2(번)/沈鍾: 하우프트만 작. 심향산인 역. 조선일보1929.12.11-12(2회 완).

【내용】 원작 참조.

【참고】 '태서명작경개 54-55회'까지 전 2회에 걸쳐 독일의 소설가이자 극작가인 게르하우트 하우프트만의 5막 희곡 「Die versunkene Glocke(1896)」을 요약하여 줄거리를 소개한 것이다. 이 작품은 '5막의 독일 동화극'이라는 부제(副題)가 붙어 있는 것으로 알려져 있다. 역자 심향산인(心鄕山人)은 작가의 일대기를 소개한 후에 각 막의 서사를 산문 형식으로 요약하여 전한다.

泰西名作梗槪 (54)

沈鍾 (一)

心鄕山人

ㅋ

카르멘1(번): 메리메 작. 심향산인 역. 조선일보1929.12.21-27(4회).

【내용】 원작 참조.

【참고】 '태서명작경개 61-64회' 까지 전 4회에 걸쳐 프랑스의 작가 프로스페르 메리메(Prosper Mérimée의 장편소설 「카르멘(Carmen)」(1845)을 요약하여 소개한 것이다. 원작은 비극적 주인공 집시 여인 카르멘의 자유를 향한 열정과 그녀를 너무도 사랑해 죽여야만 했던 남자의 영원한 평행선을 긋는 사랑 이야기이다. 역자 심향산인(心鄕山人)은 "처음에는 랑만파(浪漫派)에 속하엿으나 원래가 풍자적(諷刺的)으로 사물을 보는 성질"을 보인 작가로 '메리메-' 를 소개한다. 현재 확보할 수 있는 자료에 결호가 있어 4회 연재 이후의 연재 정보를 확인할 수 없다.

카르멘2(번): 메리메 작. 이휘영 역. 을유문화사1948(137면).

【내용】 원작 참조.

【참고】 원작은 프랑스의 작가 메리메의 장편소설 「카르멘」이다. 李彙榮의 번역으로 1948년 10월 20일 을유문화사에서 문고본(을유문고11)으로 간행되었으며, 원문에 충실한 번역으로 평가된다. 동일 원작의 번역으로 나도향의 「칼멘(1921)」이 있다.

카이제루 실기(번)/카이제루實記: 원작미상. 송완식 역. 영창서관1920(84면, 50전).

【내용】 내용 생략.

【참고】 연세대 도서관 소장 영창서관본 표지에 '(獨逸 皇帝)카이제루 實記', 본문 첫 장에 '獨逸皇帝 카이제루 實記 宋完植 編' 이라고 표기되어 있다. 판권지에는 '著作者 宋完植' 이라고 표기되어 있다. 독일 황제 '카이제루' 의 생애를 그렸으며, 원작자와 원작명은 확인되지 않는다.

카이제루 외첩의 고백(번)

카이데루外妾의告白: 원작미상. 민우재 역. 조선일보1923.3.30-8.5(102회 미완).

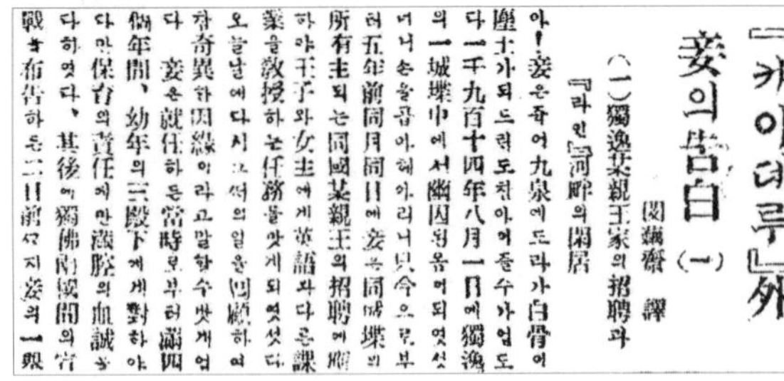

「카이데루」外
妾의告白 (一)
閔藕齋 譯
(一)獨逸某親王家의招聘과
『라인』河畔의閑居
아! 妾은죽어九泉에도라가白骨이
塵土가되드래도잊어버릴수가업도
다 一千九百十四年八月一日에獨逸
의 一城堞中에서幽囚된몸이되엿섯
더니 손을곱아헤아리니只今으로부
터五年前同月同日에妾은同城堞의
所有主되는同國某親王의招聘에應
하야王子와女主에게英語와다른課
業을敎授하는任務를맛게되엿섯다.
오늘날에다시그때의일을回顧하여
奇異한因緣이라고말할수밧게업
다 妾은就任하든當時로부터滿四
個年間, 幼年의三殿下에게對하야
다만保育의責任에만滿腔의血誠을
다하엿다, 其後에獨佛兩國間의宣
戰布告하든二日前꺼지妾의一般

【내용】 '나'는 독일 모(某) 친왕 자녀들에게 영어를 가르치기 위해 1914년부터 독일의 라인성에서 생활한다. 할아버지가 미국의 해군이었고, 화성돈 출생인 미국인 나의 눈에 비친 독일 왕족과 궁전 생활은 낯설다. 그러던 어느 날 라인성을 드나들던 군인 헬 중사가 나에게 청혼한다.

【참고】 연재 지면에 '「카이데루」外妾의告白 閔藕齋 역' 이라고 표기되어 있다. 1회 연재분에 '(一)獨逸某親王家의 招聘과 「라인」河畔의 閑居' 라고 소제목이 표기되어 있으나 이후 연재분에는 소제목 등의 표기가 없다. 1910년대를 배경으로 하여 독일 친왕 자녀들의 가정교사로 들어가 첩이 된 여인의 고백 형식의 소설이다. 연재된 부분에서는 미국인의 시선으로 본 독일 왕족의 생활과 국제 정세가 서술되어 있으며, 모친왕의 외첩이 되기 이전까지의 생활이 그려져 있다. 102회 후에 더 이상 연재가 되지 않았으나 내용상 끝이라고 보기 어렵다. 若林欽 譯의 일역서, 『カイゼル外妾の告白(1916)』을 대본으로 한 것이나, 원작자와 원작에 대한 정보는 찾을 수 없다.

카후에의 하룻밤/**카후에의하로밤: 조준경 저작발행. 보성서관1938.**

【내용】 김완용과 리용태는 서울에 있는 동양무역회사에 다니는 친한 동료 사이이다. 몸집이 큰 완용에 비해, 용태는 작고 마른 체구를 가졌지만 어려움에 처한 완용을 구하는 데 앞장서는 인물이다. 완용은 생활이 점점 어려워지자 봉급을 올려 받기 위해 평안북도에 있는 출장소로 전근을 가게 된다. 아내 순자가 미신을 좋아해 무당에게 가산을 허비할 것을 걱정한 완용은 용태에게 가족들을 돌볼 것을 부탁한다. 용태는 완용 식구의 가장 역할을 대신한다. 용태의 후덕한 품성에 감동한 순자는 그에게 자신의 속내를 표현하지만 용태는 순자의 부덕한 행실을 꾸짖는다. 한편 노모의 병이 깊어지자 순자는 소문난 무당집을 찾는다. 그곳에서 독일에서 유학하고 돌아와 조선 풍속을 공부하기 위해 큰 굿을 벌이고 있는 김신호 박사를 우연히 만난다. 김 박사는 순자에게 남편 완용이 마적의 습격을 받아 죽었다는 소식을 들었다고 말하면서 순자를 유혹한다. 순자가 저항하자 김 박사는 칼을 들고 그녀를 위협하고, 순자는 반항 끝에 실신하고 만다. 정신을 차린 순자는, 이 모든 일이 용태가 자신의 정조를 시험해 본 것이라는 것임을 알게 된다. 순자는 지난날 자신의 과오를 뉘우치면서 자신에게 다시 한 번 기회를 준 용태에게 깊이 고마워한다.

【참고】 연세대 도서관 소장 보성서관(1955, 76면, 40전)본의 표지가 유실되어 있다. 본문 첫 장에 '紅戀戱劇 카후에의하로밤' 이라고 표기되어 있다. 판수나 무당을 찾아가 돈을 허비하는 악습에 대한 비판이 두드러진다. 여성의 정조와 우애를 강조하는 작품이다.

칼레의 시민(번)/칼레의市民: 카이저 작. 역자미상. 시대일보1925.11.24.

【내용】 원작 참조.

【참고】 게재 지면에 '泰西名作梗槪(八)『커-레의 市民』(獨)게올그·카이서'라고 표기되어 있다. 《시대일보》 1925년 11월 30일 「群衆=人間」을 소개한 부분의 끝에 '지난 명작경개의 「커-레의 시민」은 「칼레-의 市民」의 오기'였음을 밝히는 정정 보도가 실렸다. 역자는 '전쟁 후 독일에서 일어난 표현파의 대표작'이라 소개하고, 이상주의, 인도주의적 경향을 가진 작품으로 평가하였다. 또 '제재는 백년 전쟁에서 영길리 군에게 포위 함락된 불란서 「커-레」의 시민들이 취하는 헌신적 행동'이라고 소개하였다. 원작은 독일 작가 카이저(Friedrich Carl Georg Kaiser)의 「칼레의 시민들(Die Bürger von Calais)」(1912)이다. 14세기 영국과 프랑스의 백년전쟁 중 영국군에게 함락당한 칼레 시에 영국 왕 에드워드 3세는 칼레 전체를 죽음에서 구하는 대신 여섯 명의 목숨을 원한다. 이 유명한 일화를 바탕으로 창작된 희곡은 1차 대전으로 혼란했던 독일에 반전의식과 윤리의식을 역설한 작품으로 평가받는다.

칼멘(번)

메리메 작. 나도향 역. 조선일보1921.11.16(11회)-12.5(27회 완) ; 박문서관1925.

【내용】 원작 참조.

戀愛小說 칼멘 羅稻香 譯 (十一)

滋春眉

開放欄 投稿歡迎

靑年의 使命(下)

【참고】 1921년 11월 16일자 이전의 신문 자료가 유실되어 정확한 연재 개시일을 알 수 없고, 10회까지의 연재분 내용 또한 확인할 수 없다. 연재 지면에 '戀愛小說 칼멘 羅稻香 譯'이라고 표기되어 있다. 원작은 프랑스의 작가 메리메의 장편소설 「카르멘」으로, 요마 같은 매력으로 남성을 사로잡는 열정적 여인의 이야기이다. 1921년 12월 5일자 27회분의 말미에 '(끗)' 표기가 되어 있다. 박문서관에서 1925년에 간행되었다는 기록이 있으나 단행본 자료는 발견되지 않는다. 동일 원작의 번역으로 이휘영의 「카르멘(1948)」이 있다.

캔터베리기(번)/캔터베리記: 초서 작. 최남선 역. 청춘1915.3-7.

【내용】 원작 참조.

【참고】 《청춘》지는 창간호로부터 '세계문학개관'이라는 이름으로 매호 세계의 걸작을 경개역하여 수록했다. 「캔터베리기」는 그 다섯 번째 작품으로 《청춘》 제6-9호에 게재되었으며, 19면 분량으로 축약되어 있다. 해당 지면에 '캔터베리記 초서 原著'라고 표기되어 있으며, 'Canterbury Tales, by Geoffrey Chau' cer' 라고 원작명과 원작자의 영문 표기를 하고 있다. 원작 「The Canterbury Tales(1387-1400)」는 영국 초서(Geoffrey Chaucer)의 미완 걸작이다. 초서는 영문학 사상 프랑스어나 라틴어가 아닌 자국어로 작품을 쓴 최초의 작가로 평가된다. 총 30명 내외의 사람들이 런던의 어느 여관에 모여, 순교자 토머스 베켓을 모시는 캔터베리의 유명한 사원으로 순례를 떠난다. 여관집 주인이 스스로 안내자가 되어 지루하지 않은 순례길이 되기 위해 한 사람이 두 가지씩 이야기할 것을 제안한다. 순례자들은 나름대로의 재미있는 이야기를 하게 된다. 중세에 한창 성행했던 「데카메론」류의 이야기모음 텍스트이다.

쾌남아/快男兒

강의영 저작발행. 영창서관·한흥서림1924(89면, 30전).

【내용】 김 어사의 아들 중옥은 용모가 수려하고 총명하며 호활한 성격의 사내이다. 시골에 홀로 남아 공부하던 중 문득 부친의 안위가 걱정되어 상경하던 길에 오촌이라는 마을에서 오보경의 불행한 사연을 듣는다. 대영후 리긔가 보경의 정혼자를 빼앗고 장인 될 한원과 그 가족들을 은닉했다는 것이다. 중옥은 보경에게 일을 처리해 주리라 맹세하고 상경하였는데, 그사이 김 어사는 하옥된 상태다. 김 어사가 대영후의 불미한 소행에 관한 상소를 올렸지만 그 증거가 불충분하다는 것이다. 중옥은 부친과 의논하여 일을 처리하기로 하고 대영후가 자신의 죄를 감추기 위해 한원의 가족을 은닉해 둔 곳으로 찾아간다. 의기와 지혜로 한원 가족을 구출한 중옥은 대영후의 죄상을 밝히고 부친을 출옥시킨다. 이 일이 크게 소문이 나서 곳곳으로부터 중매가 들어오던 중 중옥은 정 시랑의 딸 빙심과 혼약을 한다. 그러나 정 시랑은 공무상 실책으로 귀양을 가게 되는데, 그사이 빙심의 숙부는 형의 재산을 탐내어 조카를 조 공자에게 시집보내려 한다. 빙심은 기지를 이용하여 마음에 맞지 않는 혼인을 피하지만 조 공자에게 납치되고 만다. 이때 도적이 나타나 조 공자를 죽이고 빙심을 데려가는데, 빙심은 도적 소굴에서 도망하여 자살을 하려다가 이종사촌 오빠인 보경에게 구출된다. 정 시랑이 특사로 해배되어 돌아오고 빙심은 중옥과 결혼한다.

【참고】 서울대 도서관 소장 영창서관·한흥서림본 본문 첫 장에 '義俠大活劇 快男兒' 라고 표기되어 있다. 작품의 전반부는 중옥의 활약상을, 후반부는 빙심의 수난을 주 서사로 하고 있다. 중국을 배경으로 한 작품이다.

쾌남아 벽창호/快男兒벽창호: 송경환 발행.

【내용】 미확인.

【참고】 단행본 원본 자료를 구할 수 없어 작품의 경개 및 세부 서지사항을 확인하지 못했다. 1930

년 12월호 《조선출판경찰월보》 단행본 납본 목록에 수록되어 있다.

쾌한지도령(번)/快漢智道令: 뒤마 작. 염상섭 역. 시대일보1924.8.12-1925.1.3.

【내용】 원작 참조.

【참고】 뒤마(Alexandre Dumas)의 「삼총사(Les Trois Mousquetaires)」(1844)를 축약 번안한 작품이다. 현존 자료의 미비로 정확한 연재 일자의 확인이 어렵다. 1925년 1월 1일자 《시대일보》에 이 작품의 연재가 1월 3일 끝을 맺고 후속작으로 나도향의 「어머니」가 연재된다는 예고를 하고 있다. 의협심 강하고 검술에 능한 지도령이 세 친구들과 함께 여러 가지 모험에 뛰어들어 사건을 해결해 나가는 내용의 작품이다. 연재 지면에 '快漢智道令 뜌마 原著 橫步 譯' 이라고 표기되어 있다. 동일 원작의 번안으로 민정호의 『삼총사(문운당1950)』가 있다.

쾌활/快活: 고유상 저작발행. 회동서관1924(119면).

【내용】 **「快活老人(쾌활로인)」**: 한 노인이 자신이 죽은 척하였다가 다시 깨어나 거짓 울음을 짓던 사위의 흑심을 깨우쳐 준다. **「快活新郞(쾌활신랑)」**: 상해중학교 학생인 륙문상이 길에서 본 미인에게 반하여 편지를 전해 주고자 하나 여의치 않다. 우여곡절 끝에 결국 그 미인이 집안에서 정하여 준 정혼자인 북경의 리가 규수라는 것을 알게 되어 혼인한다. **「鬧喪(초상집에 가서 야단)」**: 호북 사람 조혜향이 호검추를 남편으로 맞아 상해에 가서 살게 된다. 친정 모친 로 씨는 근친을 보내 주지 않는 사위를 괘씸히 여기다 딸이 아프다는 연락을 받고 급히 상해로 가게 된다. 딸이 죽은 줄 안 로 씨는 딸의 옆집인 초상집에 잘못 들어가 곡을 하고 법석을 떨며 한바탕 소동을 벌인다. **「匣內之物(지갑 안의 물건)」**: 주욱민이 지갑 안에 원한이 있는 사람에게 전해야만 화를 면할 것이라는 편지를 넣어 사람들에게 돌린다. 편지가 돌고 돌아 다시 욱민에게 온 것을 보고 원한이 없는 사람이 없다는 것을 깨닫는다. **「小學校師之妻(소학 교사의 안해)」**: 절강 장안진에서 사립소학교 교원을 하는 리작민이 친구 진수현의 투기사업에 동참하려다가 투자할 돈을 도둑맞는다. 일 년이 지난 후 진수현이 사업 실패로 죽었다는 소식에 작민이 자신도 그렇게 됐을지도 모른다며 한탄하자 부인 운청이 일이 잘되지 않을 것을 알고, 꾀를 내어 투자할 돈을 미리 빼돌린 것이라 말한다. 작민은 부인의 현명함에 감탄한다. **「賢妻良友(어진 안해와 어진 벗)」**: 중학교 학생인 주자유는 전차 안에서 본 곽패청이라는 여학생에게 한눈에 반해 예정된 미국 유학을 가지 않으려 한다. 패청과 친구 소옥성이 꾀를 내어 자유를 유학 보낸 후 해후한다. **「龍舟戱(룡주놀이)」**: 양주 절강에 사는 석경운의 딸 경란은 동갑내기인 장유성을 좋아하지만 그 부모는 정모라는 자와 정혼하기를 바란다. 경란은 부모를 설득하기 위해 룡주놀이가 있던 날 가출하여 죽은 것처럼 꾸민다. 부모가 이를 슬퍼하고 후회하자 유성과 경란이 나타나 혼

인하였다고 전한 후 안심시킨다. 「端午日家庭宴會(단오일 가정연회)」: 외국에서 박사를 하고 고향으로 돌아와 소학교를 설립한 한 노인이 단옷날을 맞아 식구들과 대화를 나눈다. 외국의 물이라 하여 무조건 섬기는 분위기를 삼가고 고국의 풍습도 소중한 것이라는 교훈을 전한다. 「松花酒(송화주)」: 절강 신사의 집 딸 륙부추는 술을 즐기는데 특히 송화주를 좋아한다. 부모가 외사촌 자문과 혼인하기를 바라지만 부추는 외사촌 송심과 혼인하기를 마음먹고 꾀를 내어 계자밀(桂子蜜) 다섯 독을 먼저 준비하는 사람과 혼인하겠다 하여 결국 송심과 결혼한다. 「鐘馗媒自由離婚(종규누의 자류리혼)」: 종규는 귀신 잡는 귀신의 이름이다. 어느 날 종규는 이혼하겠다는 자신의 누이 편지를 받고 대로한다.

【참고】 고려대 도서관 소장 회동서관본 표지와 본문 첫 장에 '활계소셜(滑稽小說) 快活 쾌활' 이라고 표기되어 있다. 중국을 배경으로 한 열 편의 짧은 글을 모아놓은 책이다. 각 작품의 끝에 저술자의 단평이 추가되어 있다.

쿠오레(번): 데아미치스 작. 고장환 역. 박문서관1928(108면, 50전).

【내용】 원작 참조.

【참고】 데아미치스(Edmondo de Amicis)의 「쿠오레(Cuore)」는 1886년에 발표한 동화인데, 초등학교 4학년인 엔리코가 학교와 집에서 있었던 아름다운 일들을 일기에 적어 가는 형식을 취하고 있는 장편이다. 그런데 고장환이 번역한 이 책은 부분역일 뿐만 아니라 '선생님이 들려주는 이야기' 중 몇 편을 따로따로 모은 것이어서 장편소설로서의 유기성을 포기한 것이라고 판단된다. 그렇다면 수록된 각각의 이야기는 하나의 완결된 구조를 가진 단편으로 보아도 무방하다. 책의 표제에 'Stories from Cuore 一名 사랑의 소년' 이라고 덧붙여져 있는 것을 보아도 이 같은 사정을 짐작할 수 있다. 즉 이 책은 「쿠오레」 자체의 번역이 아니라 쿠오레 속의 동화들을 번역하여 모은 것이다.

큐리 부인(번)

【내용】 「금색의 태양」 참조.

크레테의 미궁(번)/크레테의迷宮: 김준상 작. 어린이1929.7,8,11(3회 완).

【내용】 원작 참조.

【참고】 연재 지면에 '長篇童話 『크레테』의 迷宮 金浚相' 이라고 표기되어 있다. 4천 년 전 그리스의 한 국가였던 '크레테' 의 '마스토' 왕자의 모험담을 다루고 있다. 외국을 배경으로 하는 이야기이지만, 번역 혹은 번안이라는 표지는 발견할 수 없고, 번역의 대본이 될 만한 텍스트도 확인할 수 없다.

ㅌ

戲曲 卓文君 。。三景。。 (2)

中國 郭沫若 作

梁白華 譯

탁문군(번)/卓文君: 곽말약 작. 양백화 역. 조선일보1931.4.29-5.14(14회 완).

【내용】 원작 참조.

【참고】 연재 지면에 '戲曲 卓文君 -三景- 中國 郭沫若 作 梁白華 譯'이라고 표기되어 있다. 원작은 중국 漢代의 『史記·司馬相如列傳』에 수록된 '文君夜奔' 고사를 제재로 한 역사극 「卓文君(1923)」이다. 원작자 '郭沫若'의 본명은 개정(開貞, 1892-1973)이며, 중국 현대 시인이자 話劇 문학의 기초를 다진 극작가, 역사가, 정치가로 알려져 있다. 원작의 3막을 중심으로 역자 양백화가 번역한 것이다. 중국의 5·4 운동 이후 발표된 이 작품은 낡은 도덕에 대한 반역을 통하여 '여성해방운동'의 필연성을 제기한 작품으로 평가되고 있다.

탄금대/彈琴臺: 이해조 작. 매일신보1912.3.15-5.1(38회 완) ; 신구서림1912.

【내용】 밀양읍에 사는 박 승지의 아들 만득은 일찍 부모와 처를 여의고 홀로 되었다. 원래 만득의 집안에 비부로 들어와 집안일을 돌보던 주 오위장은 주인댁의 재산을 탐내어 밤에 만득이 잠든 틈을 타서 그 집에 방화를 한다. 만득은 전답 문권을 가지고 구사일생으로 그곳을 벗어나 전전걸식을 하며 양산 통도사에 이르는데, 그곳에서 주승 운유암의 도움으로 공부를 하며 몇 해를 머무르다가 운유암에게서 앞일을 예언하는 글귀를 받고 절을 떠난다. 우선 고금도로 건너가니 그 섬의 어떤 부자가 만득을 사위로 삼는데, 공교롭게도 그는 바로 주 오위장의 아우였다. 피차에 원수지간임을 알게 된 후 그 부자는 만득을 죽이려 한다. 그러나 정절을 지키려는 부자의 딸이 대신 죽음을 당한 덕에 만득은 그곳을 무사히 빠져나온다. 그길로 평양으로 가서 연광정에 올랐더니 한 젊은 여인이 나타나 때마침 괴질이 퍼져 가족이 몰사하고 혼자 살아남은 하소연을 하고 도움을 청하므로 만득은 그 가족의 시체를 매장하여 주었다. 여인은 고마워하며 자기 유산을 모조리 가지고 만득의 고향으로 가서 살기를

원하더니, 도중의 주막에서 낯선 사내에게서 봉욕을 당한 후 이내 배약을 하고 말았다. 이번에는 탄금대를 찾아갔는데 그곳에서 만득은 우연히 선친과 죽마고우이던 채 의관을 만나 그간의 전후사를 이야기하게 된다. 채 의관의 도움으로 고향에 돌아가게 된 만득은 과수가 된 그의 딸과 재혼하고 이후 가산도 부요해져서 지난날 배반한 평양집이나 옛날의 원수들에게 관용을 베푸는 등 적선을 하며 살아간다. 평양집은 자신의 과오를 씻고 만득의 첩이 되지만 주가의 집안은 만득의 관용에도 불구하고 개과천선하지 못하여 일가구몰을 당한다.

【참고】《매일신보》 연재 지면에 '新小說 彈琴臺' 라고 표기되어 있다. 작가 표기는 되어 있지 않다. 38회 연재분 말미의 작가 후기에 나타난 현실주의적 소설관이 여러 논자들에 의해 언급되고 있다. 권선징악의 주제가 전면에 드러나 있다. 덧붙여 주인공들의 개가를 모티프로 하고 그 결과가 오히려 행복에 이른다는 설정이 주목되는데, 혼인 풍습의 개선을 의도하는 당시 개화기의 담론을 숨은 주제로 채택한 결과라 할 수 있다. 고전소설 「김학공전」, 「신계후전」을 번안하였다는 견해가 있다.

탈춤: 노익형 발행.

【내용】 미확인.

【참고】 단행본 원본 자료를 구할 수 없어 작품의 경개 및 세부 서지사항을 확인하지 못했다. 1930년 9월호 《조선출판경찰월보》 단행본 납본 목록에 수록되어 있다.

탐화봉접 / 探花蜂蝶

안경호 작. 신구서림1927(97면, 30전).

【내용】 박경돈은 전문학교를 졸업하고 일정한 직업 없이 부모의 유산으로 생활하는 스물한 살의 청년이다. 경돈은 짝사랑하던 상대의 마음을 얻지 못해 삶의 의욕을 잃은 채 술과 노래로 세월을 보낸다. 이를 보다 못한 친구 김찬희는 청년회관에서 열리는 여자음악회에 경돈을 데려가고, 경돈은 첫눈에 반한 윤옥경을 찬희로부터 소개받는다. 옥경은 해주가 고향으로, 부친이 사망한 뒤 난봉꾼인 오빠 태셩이 가산을 탕진하자 어머니 최 씨 부인과 함께 서울로 와서 간신히 연명하며 음악학교를 졸업한다. 옥경은 음악 학교의 교사로 일하며 어머니를 봉양하지만, 병으로 입원한 어머니의 약값을 대지 못하는 어려운 형편이다. 경돈은 옥경 어머니의 약값을 대신 갚아 주라는 찬희의 조언을 따르고, 옥경은 돈을 되찾아 경돈에게 주려 하지만 여의치 않자 그에게 감사를 표시한다. 두 사람은 만남을 거듭하면서 사랑하는 사이가 되어 정혼한다. 그러던 어느 날 태셩이 옥경에게 반한 부자 김 참봉과 함께 나타난다.

태셩은 김 참봉의 돈을 욕심내어 옥경과 경돈의 정혼을 인정하지 않고 김 참봉과의 결혼을 강요한다. 고민하던 옥경은 학교에서 경돈과 만나려 하나 갑자기 나타난 태셩이 경돈과 몸싸움을 벌이는 바람에 집으로 돌아간다. 옥경은 자살하려고 신룡산 철교에 올랐다가 자신의 구두와 지갑만을 남겨 놓고 서울로 온다. 순찰하던 순사가 지갑에서 옥경의 명함을 발견하고 시신을 수색하나 찾지 못하고, 이 사실이 신문기사로 난다. 경돈이 신문을 보고 슬픔에 빠져 있을 때, 옥경으로부터 위장 자살에 대한 내용이 담긴 엽서가 도착한다. 재회한 옥경과 경돈은 결혼식을 올리고, 경돈은 최 부인과 태셩을 데려와 함께 살면서 태셩에게는 자본을 주어서 사업을 하게 한다.

【참고】 연세대 도서관 소장 박문서관본을 텍스트로 내용을 정리했다. '文峯 安景濩 著' 라고 작가가 표기되어 있다. 사랑하는 여자를 그리워하며 찾아다니던 남주인공이 상대를 만나 연애하는 것을 주된 내용으로 하는 작품이다. 작품 속에서 남주인공이 읽고 있는 책으로 『옷 갓흔 미인(신구서림 1926)』이 소개되는데, 신구서림에서 출간된 것이라고 간접 광고하고 있다.

태서신사(번)/태셔신사泰西新史: 매킨지 작. 이제마태 역. 학부편집국1897.

【내용】 원작 참조.

【참고】 원작은 매킨지(Mackenzie)의 「History of Nineteenth Century」이다. 역자 李提摩太는 상해 일대에서 포교활동을 하던 선교사 Timothy Richard이다. 한문본과 국문본 2종이 있으며, 모두 학부편집국에서 상, 하 2권으로 간행되었다. 중국 上海廣學會에서 『泰西近百年來大事記』라는 이름으로 1895년 간행된 것을 우리 나라에서 '泰西新史攬要'란 이름으로 1897년 重刊하였고, 이 한문 重刊을 한글로 번역한 것이 「태셔신사」이다. 서양사 교과서의 성격을 가진 작품이다.

태양과 해(번)

【내용】 「반역자의 모」 참조.

태조대왕의 용몽/태조대왕의룡몽太祖大王의龍夢

이종수 저작발행. 성문당서점1936(32면, 30전).

【내용】 시중 리성계는 간밤에 잠을 자다 꽃이 떨어지고 거울이 땅에 떨어지며 깨어지는 꿈을 꾼다. 불길한 생각에 사로잡힌 그는 날이 밝자마자 무학대사의 처소를 찾아가 지난 밤 요란했던 꿈의 풀이를 부탁한다. 이에 무학대사는 장차 이름을 천하에 널리 울릴 징조를 보인 대몽이라 말한다. 어느 날 또 이상한 꿈을 꾼 리성계는 설봉산에 가 있는 무학을 찾는다. 그리고 서까래 세 개를 등에 지고 무너진 집에 들어갔다 닭이 일제히 우는 소리를 듣는 꿈의 풀

이를 부탁한다. 무학은 이에 대해 왕 씨의 뒤를 이어 지위가 가장 높은 임금이 될 징조라고 이야기한다. 임진년 춘삼월 어느 날 밤, 하늘의 사자가 금으로 만든 자를 내어 주며 삼한을 바로 잡으라 하는 묘한 꿈을 다시 꾼 리성계는 무학의 조언대로 치성을 다하여 조물주에게 감사를 드리는 천제를 올린다. 그 후 임신년 칠월 십육일 리성계는 수창궁에서 고려의 국보를 받고 이 씨 왕업의 시대를 여는 조선의 태조로 즉위한다.

【참고】 서울대 도서관에 마이크로필름으로 소장된 성문당서점본 표지에 '太祖大王의 龍夢 태조대왕의 룡몽', 본문 첫 장에 '太祖大王의 龍夢 태조대왕의 룡꿈' 이라고 표기되어 있다. 조선 왕조를 창업한 이성계와 그 역사에 기여한 무학대사의 일화가 꿈 해몽을 중심으로 서술되어 있다. 조선 왕조 창업의 역사적인 정당성을 천명으로 강조하고 있다.

테스(번)/테쓰: 하디 작. 백석 역. 조광사1940(587면).

【내용】 원작 참조.

【참고】 표지에 '테쓰, 토-마스 하-디, 白石 譯' 이라고 표기되어 있고, 그 상단에 'HARDY, TESS OF THE D' URBERVILLES' 라고 원작자와 원작을 밝히고 있다. 조광사의 '세계명작장편소설전집' 중 1권이다. 역본의 내용과 외형을 원문과 비교해 볼 때 축자역에 근접한 본격적 번역으로 평가할 수 있다. 하디(Thomas Hardy)의 원작 「Tess of the D' Urbervilles(1891)」을 번역 및 번안한 것으로 최활의 「두 야심의 비극(1930)」, 김기진의 「번롱(1926)」, 심향산인의 「더버빌의 테스(1929)」가 있다.

토의 간/兎의肝: 해관자 산정. 매일신보1912.6.9-7.11 ; 조선도서주식회사1925(67면, 25전) ; 회동서관1925(67면, 25전).

【내용】 내용 생략.

【참고】 조선도서주식회사 단행본의 표지에 '兎의肝 별쥬부가', 본문 첫 장에 '古代小說 兎에肝' 이라고 표기되어 있다. 회동서관의 단행본도 동일한 표기와 편집으로 이루어져 있다. 두 출판사에서 동시에 발행된 것이라고 볼 수 있다. 난외서명과 판권지의 제목은 '토의 간' 이다. 《매일신보》에 연재될 당시 매회 '兎의肝' 이라는 표제 아래 '(토끼타령)' 이라고 부기되어 있고, '名唱 郭昌基, 沈正淳 口述 / 解觀子 刪定' 이라고 표기되어 있다. 신문 지면에 회차 기록이 없으나 발행 일수를 고려하면 28회 연재된 것으로 보인다. 해관자 이해조의 창작 신소설이라기보다는 판소리의 채록 편집으로 볼 수 있는 작품이다.

Ⅱ

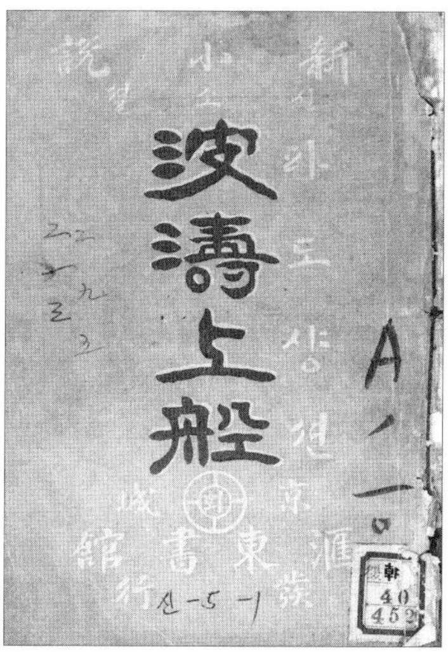

파도상선/파도상션波濤上船

고유상 저작발행. 회동서관1913(160면, 35전).

【내용】 황응준은 도적 떼와 그 괴수인 홍화당에게 부모를 잃고 간신히 목숨을 구한다. 응준은 보복을 결심하고 신출귀몰하는 홍화당의 무리를 찾아 떠돌지만 번번이 홍화당의 패거리로 오해받아 곤혹을 치른다. 나라에서는 홍화당 무리를 현상수배하지만, 이들은 유유히 도적 행각을 계속한다. 그러던 중 응준은 우연히 요리점에서 홍화당의 무리를 만나 그들이 다음 번 어디를 털 것인지 엿듣게 된다. 응준은 무리를 관에 신고하려고 했지만, 그만 술에 취해 잠들어 기회를 놓치고 만다. 그는 황망해하며 순검들과 함께 홍화당의 다음 번 범행지인 인천의 김갑수 집으로 향한다. 홍화당 무리가 김갑수의 집을 털려다가 기다리고 있던 순검들과 싸움이 벌어지는 중에 김갑수의 노모가 총에 맞아 죽는다. 홍화당 무리는 달아나고, 김갑수는 응준과 함께 홍화당 무리를 쫓는다. 응준과 갑수는 홍화당 무리가 목포로 갔을 것이라 추측하고 이를 뒤쫓는데 중국인 라영원의 집이 홍화당 무리에게 털린 것을 전해 듣는다. 갑수와 응준, 순검 일행을 도둑 무리로 오인한 경찰이 그들을 심문하니 갑수는 원통할 뿐이다. 다행이 신분이 밝혀져 일행은 다시 부산으로 향한다. 그사이 라영원은 낙심하여 자살하고, 그의 형 준영이 갑수와 응준을 만나 홍화당의 무리를 같이 뒤쫓게 된다. 온양으로 온 응준 일행은 민가를 털고 있는 홍화당 무리를 만나 격투 끝에 홍화당을 잡아 관에 넘긴다. 그러나 심문을 받던 홍화당이 관에서 탈출하자 응준은 다시 그의 뒤를 쫓는다. 우연히 길에서 여장을 한 홍화당을 발견한 응준은 그의 뒤를 쫓아가다 부모의 묘가 있는 모학재 고개에서 그를 잡는다. 죄상을 묻는 다그침에도 발뺌을 하는 홍화당을 보며 수삼 년의 울분이 폭발한 응준은 홍화당을 죽이고 부모의 원을 갚는다.

【참고】 국립중앙도서관 소장 회동서관본 본문 첫 장에 '신소셜 新小說 파도상션 波濤上船' 이라고 표기되어 있다. 도둑질과 살인을 일삼으며 민간에 피해를 주는 홍화당 무리를 제대로 소탕하지 못하고, 번번이 김갑수 일행과 순검들을 도둑 무리로 오인하는 관의 무능을 우회적으로 비판하고 있다.

파란말년전사(번)/波蘭末年戰史

시부에다모스 작. 어용선 역. 탑인사1899(103면, 25전).

【내용】 원작 참조.

【참고】 표지에 '波蘭末年戰史', 본문 첫 장에 '波蘭國末年戰史 日本 澁江保 著 ' 라고 표기되어 있다. 본문 말미의 발문(跋文) 필자는 '白堂玄' 으로 표기되어 있다. 백당 현채의 발문에서 역자가 魚瑢善임을 확인할 수 있다. 국한문 혼용체 표기 작품이다. 시부에다모스(澁江保)의 『波蘭衰亡戰史(1895)』를 번역한 것이다.

파리의 괴도(번)/巴里의怪盜: 프레데릭 작. 박태원 역. 조광사1941.

【내용】 원작 참조.

【참고】 조광사에서 기획 발간한 세계걸작탐정소설전집 제3권에 이석훈 역 「바스카빌의 괴견」과 함께 수록된 것으로 전해지나 원본을 구할 수 없어 사진 자료로 기본적 서지를 확인했다. 표지에 '바스카빌의怪犬 巴里의怪盜', 작품 본문 앞 속표지에 '巴里의怪盜 아-놀드 푸레데릭 作 朴泰遠 譯' 이라고 표기되어 있다. 「바스카빌의 괴견」 본문 종료 후 243면부터 「파리의 괴도」가 시작된다. 뒤표지에 '世界傑作探偵小說全集 第三回配本' 이라고 표기되어 있다. 사진 자료를 통해 확인한 본문 첫 장의 내용을 통해 볼 때 원작은 미국 작가 아널드 프레더릭스(Arnold Fredericks)의 「One Million Franc(1919)」인 것이 분명하나, 번역본의 전모를 확인하지 못했으므로 추가 조사가 필요할 것이다.

파선밀사/파션밀ᄉ破船密事: 작자미상. 경향신문1908.7.3-1909.1.1(27회 미완).

【내용】 내용 생략.

【참고】 주인공 이무근이 '유물환' 이라는 파손된 배를 경매로 얻고, 그것 때문에 벌어지는 사건과 인간의 추악한 욕심을 파헤쳐 가는 추리 소설 형식의 미완소설이다. 빈돈, 노리수 등의 인명이 사용되고 미국, 프랑스 등을 공간적 배경으로 하고 있으며 아편 밀매와 경매 등 당대에는 흔하지 않는 사건들이 전개되고 있어 순수 창작이라기보다는 번안 작품일 가능성이 크다. 일인칭 화자가 등장한다. 김영민 저, 『한국근대소설의 형성과정(소명출판2005)』에 작품의 전문을 원문 표기대로 수록해 놓았다.

파우스트1(번)/빠우스트: 괴테 작. 극웅 역. 현대1920.2호(1회), 1920.3호(2회).

【내용】 원작 참조.

【참고】《현대》 2호에 빠우스트(1), 3호에 빠우스트(2)가 연재되었으며 '極熊 譯'이라고 표기되어 있다. 잡지에 월호 표기가 없으므로 '2호'와 '3호'로 서지를 표기한다. 「빠우스트」(1)의 말미에 '11.2'「빠우스트」(2)의 말미에 '11.20'이라고 날짜로 추정되는 기록이 부기되어 있다. 1회 연재 끝에 "獨逸文豪 꾀-테의 傑作인 빠우스트(FAUST) 中에서 매일 조금式 飜譯해 보랴고 합니다"라고 소개되어 있다. 《현대》 4호 자료가 남아 있지 않고, 5호부터는 연재되지 않았으며, 3호의 2회 연재 말미에 완결 표시도 되어 있지 않다. 원작은 괴테(Johann Wolfgang von Goethe)가 쓴 장편 희곡 「파우스트(Faust)」(1790–1831)이다. 번역자 극웅(極熊)은 최승만(崔承萬)의 필명이다.

파우스트2(번)/빠우스트: 괴테 작. 역자미상. 시대일보1925.12.29.

【내용】 원작 참조.

【참고】 게재 지면에 '泰西名作梗槪(十三) 빠우스트 (獨) 쐬-테'라고 표기되어 있다. 필자는 "1587년에 '프랑크퍼-트'란 땅에서 난 파우스트가 있다는데 그것을 영국의 크리스트 말로란 이가 처음 비극으로 썼으며 그 희곡이 난 지 2세기가 지난 뒤에 쐬-테의 손으로 희곡 파우스트 1부가 세상에 나왔다"고 소개하고 있다. 그리고 이어 "희곡이 나온 뒤에 승려들의 반대로 무대에 상연도 못하게 되었고 다만 인형놀이로만 그 이름을 이어 올 뿐이었는데 괴테 '자유의 세계관, 인생관'을 표현한 완성한 작품이라고 할 파우스트 제2부가 작자 82세 때 60 몇 해만에 나왔다"며 간략하게 작품에 대해 설명하였다. 독일의 문호 괴테가 쓴 장편 희곡 「파우스트」의 경개를 소개한 글이다.

파우스트3(번)/빠우스트: 괴테 작. 조희순 역. 중앙1934.9(1회 완).

【내용】 원작 참조.

【참고】 연재 지면에 '戲曲 빠우스트 悲劇第一部 괴-테 原作 曹希醇 抄譯'이라고 표기되어 있다. 독일의 문호 괴테가 쓴 장편 희곡 「파우스트」의 1부를 초역한 것이다. 본문에 앞서 역자는 「파우스트」의 탄생 배경과 구성 등에 대해 소개하고, 전체 2부 중 1부만을 초역하였다고 밝히고 있다. 본문 끝에도 역자가 1부의 내용을 간략히 정리하는 말을 덧붙이고 있다.

파우스트4(번)/빠우스트: 괴테 작. 권환 역. 시학1939.5.

【내용】 원작 참조.

【참고】 독일의 문호 괴테가 쓴 장편 희곡 「파우스트」의 번역본이다. 발표지면에 '빠우스트 괴-테 作 權煥 譯'이라고 표기되어 있다. 역자는 방대한 분량이지만 완역을 하겠다는 다짐을 하고 있고, 편집자 역시 완역을 마치는 대로 단행본으로 출간하겠다고 연재 서두에서 밝히고 있다. 그러나 《시학》

의 현존 자료가 미비하여 1회 발표 이후 작품의 연재 정보를 확인할 수 없고, 단행본 출판 여부도 알 수 없다.

팔려 가는 아이(번)/팔려가는아히: 엑토르말로 작. 송창근 번안. 신한민보1927.5.5-8.4(14회 미완) ; 긔독신보1935.1.1-8.14(32회 완).

【내용】 원작 참조.

【참고】《신한민보》 연재 지면에 '팔려 가는 아히 저술쟈 송창근' 이라고 표기되어 있다. 기구한 운명으로 부모와 헤어진 소년 기남이 순회 서커스단에 팔려 온갖 어려움을 겪지만, 용기를 잃지 않고 살아가다가 마침내 어머니를 만난다는 내용의 작품이다. 원작은 프랑스 작가 엑토르 앙리 말로(Hector Henri Malot)의 1878년 작「집 없는 아이(Sans Famille)」이다. 연재 첫 회에 "「팔려 가는 아히」라는 소설은 푸란쓰에 일홈난 작가 말씨의 소설을 번역한 것임니다. 그러나 순연히 번역이라고 하기 어렵고 그럿타고 필자의 창작이라고도 하기 어려운 작품입니다. 필자가 약 사 년 젼 동경에 잇슬 ᄯᅢ에 말씨의 작품을 읽다가 늣긴 바가 만하서 어린 아기를 위하여 번역한 것임니다"라는 역자의 말이 나와 있다.《긔독신보》 연재 지면에는 '팔려 가는 아이 송창근' 이라고 표기되어 있다. 연재 첫 회에 "筆者가 이 小說을 번역하기는 벌서 十年 前엣 일입니다. 우연히 누구의 소개도 없이 이 책을 읽다가 스스로 느낀바 많고 배운 것이 컷습니다. 이 小說은 原來 佛蘭西 小說家 헥토 말놋(Hector Malot)氏의 無家庭(Sans famuille)이란 傑作品인데 일늠은 소설 내용과 가장 갓갑게 짓누라고「팔려 가는 아이」라고 지은 것입니다"라는 역자의 말이 나와 있다. 연재 말미에 32회로 끝남을 알리는 '편자의 말' 이 나와 있다. 동일 원작의 번역으로 민우보 번안「부평초(동아일보1920.4.1-9.4)」, 윤가온 역『집 없는 아이(경향출판사1948)』가 있다.

팔려 간 농민(번)/팔려간農民: 헬빈헷스 작. 선봉외어부 역. 선봉1945.12(2회).

【내용】 내용 생략.

【참고】 연재 지면에 '連載飜譯小說 팔려간農民 헬빈·헷스 著 外語部 譯' 이라고 표기되어 있다.《선봉》 자료의 유실로 1945년 12월호만을 확인할 수 있는데, 2회 연재분이 게재되어 있고 본문 말미에 '(續)' 표기가 되어 있다. 정확한 연재 시작과 마감 시기, 전체적인 분량 등을 단정하기 어렵다. 원작자, 원작에 대해서도 알려진 바가 없다.

팔십만 년 후의 사회1(번)/八十萬年後의社會: 웰스 작. 김백악 역. 서울1920.6.

【내용】 원작 참조.

【참고】《서울》 4호(1920.6) 게재 지면에 '八十萬年後의社會 하벨럭웰쓰 原著 金白岳 譯' 이라고 표기되어 있다. 4호 게재분 말미에 '(繼續)' 이라고 표기되어 있으나 이후 원본 자료가 유실되어 연재 종료 시기를 알 수 없다. '一, 造化의理를應用 / 二, 飛行機에對한航時機 / 三, 一時間에十萬年의速力 / 四,

機械와博士가다없어젓다 / 五, 灰色의天地를突破함 / 六, 나종에八十萬年後에着함 / 七, 兒孩는안이요成人이다 / 八, 어듸로더리고가는가? / 九, 不可思議의이世界 / 十, 없다, 없다, 아모것도없다' 와 같은 장별 제목이 있다. 원작은 영국 SF 작가 웰스(H. G. Wells)의 「타임머신(The Time Machine)」(1895)이며, 백악 김환이 직접 대본으로 삼은 텍스트는 확인할 수 없으나, 영주 역의 「八十萬年後의 社會(별건곤1926.11)」와 같은 대본을 사용한 것으로 보인다.

팔십만 년 후의 사회2(번)/八十萬年後의社會

웰스 작. 영주 역. 별건곤1926.11.

【내용】 원작 참조.

【참고】《별건곤》 1호(1926.11)에 게재 당시 '世界的 名作 八十萬年後의社會(1) - 現代人의未來社會를旅行하는科學的大發見 - 웰스 原作 影洲 번역' 이라고 표기하고 6페이지에, 걸쳐 작품의 도입부를 소개하고 있다. 원작은 영국 SF 작가 웰스의 「타임머신」이며, 역자인 '影洲' 는 밝혀지지 않았다. '一, 藏身法의理致를應用 / 二, 飛行機에對한航時部 / 三, 한時間에十萬年의速力' 등 3개의 장별 소제목이 붙어 있으며, '(未完)' 표기 후 '지면 관계로 이번에는 발단만 소개하엿다. 다음부터는 충분이 소개할 터이다.(역자)' 라고 하고 있는데, 이는 이후 연재를 계속하겠다는 의도라기보다는 다른 작품을 충실히 번역하겠다는 뜻으로 판단된다. 실제로 《별건곤》의 이후 권·호에는 이 작품의 연재가 지속되지 않는다.

팔월의 촌(번)/八월의촌: 천전 작. 적셩 역. 독립1944.5.3-1945.3.28(32회 미완).

【내용】 중국인 유격대의 대장 소명과 부대원 여섯 명은 일본군과 전투를 치른 뒤 산속에서 떠돈다. 이들은 굶주림과 악천후에 시달리면서 간신히 사령대가 있는 왕가포자에 도착한다. 그곳에는 무쇠 독수리가 이끄는 다른 유격대가 있다. 소명의 유격대와 무쇠 독수리의 유격대는 만주국 정부가 일본 군대에 지급할 물건을 싣고 가는 기차를 습격하여 총과 탄환을 비롯한 물건을 빼앗는다. 부대에 갑자기 퇴각 명령이 내리자 부대원 탕은 애인 칠가믜를 두고 떠나기를 망설인다. 탕은 일본군이 진격하는 곳에 칠가믜를 두고 갈 수 없어 주저하다가 명령을 받고 떠난다. 일본군 세기모도는 동료들이 중국 여인을 겁탈하고 살해하는 일에 거부감을 느끼면서도 한편으로 자신도 동참하고 싶은 마음에 갈등한다. 세기모도는 우연히 만난 칠가믜를 겁탈하고 그녀의 아이를 죽인 뒤 죄책감을 느끼다 동료와 함께 유격대에게 붙잡힌다. 칠가믜는 정신을 놓은 채 떠돌아다니다가 유격대와 탕을 만난다. 탕은 칠가믜의 모습을 보고 유격대를 나오겠다고 선언한다. 무쇠 독수리는 중국 혁명군 투사로서의 모습을 잃지 말라며 탕을 설득하나 탕의 결심은 변함이 없다.

【참고】 로스엔젤레스에서 발행한 《독립》에 연재된 미완의 번역 소설이다. 연재 지면에 '八월의 촌 원작 중국 천전, 역자 적셩' 이라고 표기되어 있다. 중국인들이 만주에서 벌인 항일 투쟁을 소재로

한 작품이다. 역자는 연재 첫 회에서 저작자 '천전'이 중국인 유격대의 부대원으로 참가한 뒤 그의 실제 경험을 적은 것이 이 작품이라고 소개하고 있다. 아울러 이 작품이 1935년에 중국에서 출간되었을 당시 호평을 받았으며 극장에서 연극으로 상연된 유명한 소설이라고 서술하고 있다. 역자는 미국에서 간행된 영문판을 토대로 번역하였다고 밝히면서 독자들이 중국인의 항일 정신과 투쟁을 보고 우리의 미래에 대해 생각하기를 바란다는 내용을 덧붙이고 있다.

팔일삼1(번)/813: 르블랑 작. 운파 역 조선일보1921.9.16-?

【내용】 원작 참조.

奇怪探偵小說

813

雲波 譯

【참고】 연재 지면에 '奇怪探偵小說 813 雲波 譯'이라고 표기되어 있다. 원작자와 원작명은 밝혀져 있지 않다. 1921년 9월 16일에 연재가 시작되었으나 회차 정보가 명시되어 있지 않고, 9월 30일까지 연재가 계속되었음을 확인할 수 있으나 이후의 신문 자료가 유실되어 연재 마감일을 알 수 없다. 따라서 완역인지 부분역인지도 판단할 수 없다. 원작은 프랑스 작가 르블랑(Maurice Leblanc)의 「813(1910)」이며 '雲波'는 崔相僖의 필명이다. 일본 改造社 간 保篠龍緖 역본의 중역이다.

팔일삼2(번)/813: 르블랑 작. 양주동 역. 신민1927.2(2,3회)-4(7회 전편 완).

【내용】 원작 참조.

【참고】 '長篇 怪奇 探偵 813 梁柱東 訳'이라고 표기되어 있다. 《신민》 1927년 2월호에 2, 3회가, 3월호에 4, 5회가, 4월호에 6, 7회가 실렸다. 원작은 프랑스 작가 모리스 르블랑의 「813」이다. 역자는 연재할 때마다 이전 호의 경개를 싣고 있어서 내용을 연속적으로 파악하는 데 큰 무리가 없다. 원본 자료의 결락으로 1회분 텍스트는 직접 확인할 수 없다. 1927년 4월호에 7회가 실렸고 연재 마지막에는 '前篇完'이라고 표기되어 있다. 역자는 전편을 끝내면서 "류팡의 神出鬼沒한 三重의 人格에 대하야" 언급하는데, 사건의 전말은 후편을 통해 확인하라는 문구를 통해 독자들의 호기심을 자극하고 있다. 그러나 후편은 확인되지 않으며, 이후 연재가 중단된 것으로 보인다. 백작의 이름이 '김설하'로 바뀌었으나 천재 도둑 '류팡'의 이름, 지역명 등은 그대로 사용하고 있다.

팔일삼의 비밀(번)/813의秘密

르블랑 작. 방인근 역. 조광사1941 ; 문운당1949(464면).

【내용】 원작 참조.

【참고】 조광사에서 기획 발간한 세계걸작탐정소설전집의 2권에 수록되어 있는 것으로 전해지나 단행본 자료를 찾을 수 없다. 문운당본은 상, 하권으로 나누어 간행되었으나 확인할 수 있는 것은 하권뿐이다. 하권의 첫 장이 227면으로 시작하므로 마지막 장인 464면이 전체 면수를 가리키는 것으로 판단할 수 있다. 450원으로 정가가 표시되어 있는데, 이는 하권만의 가격으로 보아야 할 것이다. 표지에 '方仁根 譯 怪盜루팡 813의 秘密(下)' 라고 표기되어 있다. 원작은 프랑스 작가 모리스 르블랑의 「813(1910)」이다.

편수미인/片手美人: 이소 작. 영창서관1931(1원).

【내용】 미확인.

【참고】 단행본 원본 자료를 구할 수 없어 작품의 경개 및 세부 서지사항을 확인하지 못했다. 『운명의 진주(영창서관1931)』 권말 서적 광고에 '二笑 作 探偵高級小說 片手美人' 이라고 제목을 표기하고, "壯絶無比한 稀代의 探偵劇"으로 시작하는 짧은 소개를 덧붙였다. 영창서관에서 펴낸 『신간도서목록』에는 '二笑 編' 이라고 표기되어 있다. 부아고베의 탐정소설 「La Main coupée(1880)」의 번역본일 가능성이 있다.

편수의 미인(번)/편슈의미인片手의美人: 부아고베 작. 광문서림1949(213면, 450원).

【내용】 프랑스 파리의 조일은행장인 됴일셰에게는 딸인 화라와 외조카인 마긔태가 있다. 마긔태는 탐정 일을 좋아하는 청년이다. 은행에는 리구로라고 하는 회계 담당 청년과 민종식이라는 몰락한 후작의 아들인 서기가 있는데, 화라는 이 중 종식을 좋아한다. 그러나 일셰는 종식의 귀족 신분이 자신의 집안과 맞지 않음을 들어 반대한다. 화라의 18세 생일 파티 날 은행에 도둑이 들고, 도둑은 금고를 털다가 자신의 손목을 자르고 도주한다. 곧이어 도착한 긔태와 구로는 잘린 손목이 여인의 것임을 확인하고, 남겨진 다이아몬드 팔찌를 근거로 범인을 추적한다. 그사이 일셰는 화라를 러시아 상인인 호경위에게 시집보내려 마음먹지만 화라는 이를 꺼린다. 이에 일셰는 화라의 연인 종식을 이스라엘 지점으로 보내려 한다. 한편 긔태는 손목에 얽힌 비밀을 풀려다가 범인이 왼손잡이인 것을 알게 된다. 또한 지난 밤 금고 속 호경위가 의탁한 상자에 있던 문서와 오천 원이 도난되었다는 사실도 확인한다. 그러나 호경위는 비밀이 누설되는 것이 두려워 경찰서에 알리는 것에 반대한다. 그사이 종식의 행방이 묘연해지고 사람들은 그를 의심하기 시작한다. 종식은 미국으로 밀항하려다 잡혀 호경위에게 감금된다. 긔태는 비밀을 캐러 다니다가 빙상장에서 숙자라는 여인을 알게 되고, 이어 마 백작 부인을 만난다. 한편 평소부터 화라에게 관심이 있던 구로는 조일셰의 허락을 얻어 결혼을 하려 하지만, 하나 둘씩 비밀이 밝혀지면서 모든 것이 그의 음모였음이 드러난다. 네덜란드 공작의 손녀이자 비밀 첩보원임이 밝혀진 마 백작 부인은 음독자살하고, 종식은 화라와 결혼한다.

【참고】 광문서림본의 표지가 유실되어 있다. 본문 첫 장에 '探偵小說 片手의美人(탐뎡쇼셜 편슈의 미인)' 이라고 표기되어 있다. 원저자와 원작명, 역자 등에 대한 정보는 제시되어 있지 않다. 1920년대 딱지본의 지형을 그대로 드러내고 있고, 한글 표기법도 1920년대식으로 남아 있는 것을 보아 1920년대에 초간본이 발행되었을 가능성이 농후한 텍스트이다. 난외서명은 '편수미인' 이며 판권지에는 '片手美人' 이라고 제목을 표기하고 있다. 원작은 프랑스 작가 부아고베(Fortuné du Boisgobey)의 탐정소설 「La Main coupée(1880)」이다. 구로이와 루이코(黒岩涙香)의 일역서 『片手美人(1889)』의 중역 번안으로 판단된다. '불국 파리' 로 배경을 설정해 놓았으나 '됴일은행', '됴일셰', '마긔태' 등으로 세부적인 상호명과 인명은 우리 실정에 맞게 번안하였다. 프랑스 파리를 배경으로 의문의 미인과 관련된 도난 사건을 추적하는 탐정 '마긔태' 의 이야기를 다루고 있다.

편시춘/片時春: 박승엽 작. 화광서림1931(79면).

【내용】 숙경은 전한국시대 참판 김명근의 딸이었으나 한일합병 후 아버지가 죽고 가세가 기울고 있다. 숙경은 후처의 딸로, 본처에게 구박을 당한다. 본처의 아들인 영철도 숙경을 핍박한다. 그는 독특한 화법을 가진 청년 화가 박승호와 사랑을 나눈다. 영철은 승호의 동생 경완을 사랑하게 되는데, 그 사랑으로 인해 이전 자신의 행동을 고쳐먹고 숙경에게 잘해 준다. 영철은 이미 혼인한 몸으로 경완에게 사랑을 요구하나 받아들여지지 않고, 결국 상사병에 걸린다. 상사병에 죽을 지경이 되자 경완은 그의 사랑을 받아주고, 영철 처의 투기는 극에 달한다. 결국 그는 냉면에 설탕을 넣어 주는 척 하며 경완을 독살한다. 이 사건으로 승호는 장춘으로 방랑을 떠난다. 숙경도 친구의 주선으로 장춘 철도 병원의 간호부가 된다. 승호는 장춘에서 중국인들에게 돈을 빼앗기고, 목숨을 잃을 처지에 놓였는데, 때마침 누군가 총을 쏴서 그를 구해 준다. 천만 뜻밖에도 그것은 숙경이었고, 두 사람은 극적으로 재회한다. 경성으로 돌아오는 도중 이번에는 숙경이 인신매매단에게 납치를 당한다. 그들은 아편을 얼굴에 불어넣는 방법으로 사람을 조종하여 매매한다. 숙경이 봉욕을 당하는 찰나, 마침 순사에게 살려 달라는 소리가 들려 극적으로 구조되고, 두 사람은 또다시 재회한다. 결국 두 사람의 사랑은 이루어져 혼인한다.

【참고】 동덕여대 소장 화광서림본 표지에 '연애비극 片時春', 본문 첫 장에 '연애비극 편시춘 農湖 朴承曄 作' 이라고 표기되어 있다. "이 아래 셰 가지 소설을 보시면 자미가 엇지 조흔지 깨가 쏟아지게 자미가 있"다고 말미에 표기되어 있으나 세 가지 소설이 무엇인지는 알 수 없다. '1926년 2월 어느날 송하에셔 끝' 이라고 본문 마지막에 밝히고 있다.

편연/片戀: 강은형 발행.

【내용】 미확인.

【참고】 단행본 원본 자료를 구할 수 없어 작품의 경개 및 세부 서지사항을 확인하지 못했다. 1931

년 2월호 《조선출판경찰월보》 단행본 납본 목록에 수록되어 있다.

편의대의 그림자(번)/便衣隊의그림자

숀오케이시 작. 장기제 역. 조선일보1931.8.21-9.22(22회 완).

【내용】 원작 참조.

『世界名作戲曲』 便衣隊의 그림자 (一)

샨 오케-지 作 張起悌 譯

海外

醫師는廿錢辯護

【참고】 연재 지면에 '『世界名作戲曲』 便衣隊의 그림자 샨 오케-지 作 張起悌 譯'이라고 표기되어 있다. 원작은 「암살자의 그림자(The Shadow of A Gunman)」이며, 아일랜드 극작가 숀 오케이시(Seán O'Casey, 1880-1964)의 처녀작이다. 여덟 번의 투고와 기각 끝에 1923년 4월 애비 극장의 무대에 초연된 이후에 1927년 런던의 체크 밀린 서점에서 단행본으로 발행되었다. 2막의 구성을 취하고 있다. 장기제에 의해 번역 발표되면서 '편의대의 그림자'라는 제목으로 소개되었다. 영국에 저항하는 혁명군에 가담했던 체험을 살려 내란 시대의 불안과 공포를 배경으로 극의 주인공인 시인 '따보렌'과 '미니'의 연애관계를 그려낸 작품이다.

평안감사/平安監司: **허도 작. 세창서관1931.**

【내용】 조선 숙종 때 동부승지 김필수가 평안감사가 되어 평양으로 부임하자 기생 양산월과 안주병사 리복영은 괴로워한다. 양산월은 자신이 의탁할 만한 사람이 나타날 때까지 정조를 지키겠다며 평안감사의 수청을 들지 않는다. 복영은 자신이 대대로 원수 사이인 필수의 부하가 되니 당연히 봉고파직될 것이라 여긴다. 이에 복영의 아들 준상이 문제를 해결하기 위해 나선다. 준상은 양산월의 노모에게 환심을 얻은 뒤, 양산월을 만나 그녀와 백년가약을 맺는다. 준상은 양산월을 시켜 술에 취한 평안감사의 옷 속에서 병부를 빼돌려 집으로 가져간다. 복영은 병부를 보고 반가워하나, 임금이 내린 병부를 함부로 처리할 수 없어 고민한다. 한편 병부를 잃어버린 평안감사는 어쩔 줄 모르고 병을 핑계로 정사를 돌보지 않는다. 이때 평안감사의 딸 경애가 나서서 병부 유실 사건에는 원수 사이인 안주병사가 관련되어

있다고 추측하고, 해결책을 제시한다. 경애는 평안감사에게 생일잔치를 열어 안주병사를 초청한 뒤, 불이 난 것처럼 상황을 꾸며 관복을 벗어 안주병사에게 맡겼다가 다시 찾아 입으면 옷 속에 병부가 들어 있을 것이라고 말한다. 경애의 말대로 행하여 병부를 되찾은 평안감사는 잔치가 끝난 뒤 안주병사와 단 둘이 만난다. 이 자리에서 두 사람은 화해하고, 사건이 준상과 경애의 기지로 벌어지고 해결된 것임을 알게 된다. 필수와 복영은 경애와 준상을 결혼시켜 사돈이 된다. 아울러 양산월도 준상의 두 번째 부인이 된다. 준상은 과거에 급제하여 병조판서의 자리에 오르고, 두 명의 부인과 해로한다.

【참고】 본문 첫 장에 '神奇小說 平安監司 평안감사 許濤' 라고 표기되어 있다. 본문 안에 권주가나 병부가와 같은 시조의 전문이 인용되어 있다. 이해조의 『원앙도』를 모방한 작품으로 보인다. 이화여대 소장 세창서관본(1952, 71면)을 텍스트로 내용을 정리했다.

폐허의 울음/**廢墟의울음: 이용구 작. 청조사1928(274면, 1원20전).**

【내용】 이십 대 청년들인 강호, 문수, 낙삼은 C 지역에서 어렸을 때부터 함께 자라 온 절친한 친구 사이다. 강호는 부잣집 아들로서 인생은 즐기는 것이란 생각을 가진 이며, 문수는 조선의 현실 문제에 대해 관심을 가지며 꿈을 품고 사는 이상주의자, 낙삼은 세태를 비관하며 우울한 성격을 지닌 염세주의자이다. 셋은 모였다 하면 자신들의 진로와 세상 문제를 가지고 열띤 토론을 펼친다. 그러나 매번 결론 없이 논쟁은 끝나고 마음에는 헛헛함만 남을 뿐이다. 그러던 어느 날, 셋은 길에서 일본인에게 얻어맞고 있는 조선 여성을 목격한다. 그들은 그 참경에 충격을 받고 공리공담을 하기보다는 실제로 세상을 위해 일을 해야겠다고 생각한다. 그래서 강호는 자신의 집을 제공하고, 낙삼은 교사가 되어 노동자를 위한 야학을 시작한다. 한편 강호와 문수는 낙삼의 여동생 현선을 사랑한다. 현선은 두 사람 중에서 놀기 좋아하는 강호보다는 생각이 깊은 문수를 선택한다. 그런데 현선의 부모는 딸을 부잣집 아들인 김일선과 결혼시키려고 한다. 일선은 이미 약혼녀 량선이 있었지만 그에게 싫증이 나 현선에게 관심을 두던 차이다. 강호는 현선이 방탕한 일선과 결혼하는 것보다는 친구인 문수와 결혼하는 것이 낫다고 생각하여, 스스로 현선을 단념하고 문수와 현선과의 결혼을 지지한다. 야학 운영비를 감당하기 위해 낮에 인력거를 끌던 낙삼은 실신하여 절벽 낭떠러지 아래로 떨어진다. 낙삼은 사고 후, 병실에서 친구 문수와 여동생 현선을 맺어 주라는 유언을 남기고 죽는다. 그러나 현선의 부모는 여전히 현선과 문수와의 혼인을 반대한다. 현선은 이에 반감을 품고, 종종 밤에 문수를 찾아가 잠자리를 같이 하고 온다. 그러던 중, 문수는 모 신문에 낙삼의 죽음에 관련한 글을 싣는데, 그 글이 불온하다 하여 일 년 삼 개월의 징역을 언도받는다. 그리고 현선의 아버지 홍 참봉도 공금 횡령죄로 수감될 지경에 이른다. 잇따른 불행에 현선은 자살을 결심하나 강호가 돈을 가져다주어, 아버지의 수감만은 막는다. 그로

부터 보름이 지난 후, 현선은 강호와 함께 만주행 열차를 탄다. 그리고 북경으로 가 그곳에서 '스윗트홈'을 차린다. 다시 팔 개월 후, 문수가 쓰던 책상 서랍 속에는 문수와 닮은 갓난아기 사진이 남겨진다.

【참고】 양장본이다. 속표지 첫 장에 '李龍九 作 長篇小說 廢墟의 울음', 본문 첫 장에 '廢墟의울음 彈琴臺人 作' 이라고 표기되어 있다. 이용구의 본명은 이무영이다. 사회주의적인 내용이나 정사(情事)와 관련된 대목에서 복자가 빈출하고 있다.

포도대장 장지항과 의도 일지매 실기

포도대장장지항과의도일지매실긔捕盜大將張志恒과義盜一支梅實記

이규용 작. 대성서림1929(42면, 20전).

【내용】 영조 때 관리 장지항은 어느 날 고통을 겪는 처녀의 원수를 갚아 준다. 그녀는 자신을 거두어 달라고 하지만 지항은 이를 거절하고, 처녀는 분한 마음에 자결한다. 이후 지항은 밤낮으로 처녀의 원혼에게 시달린다. 마음을 달래려 여행을 떠난 그는 이름 모를 중을 만난다. 그 중은 자신이 예전에 어떤 처녀를 살해한 적이 있는데, 이후 원혼에 시달리고 있다고 말한다. 이 말을 들은 지항은 분개하여 중을 처치해 버린다. 그날 밤 지항의 꿈에 중에게 죽음을 당한 처녀가 나타난다. 그녀는 감사를 표하며 지항을 괴롭히던 원혼을 물리친다. 이후 지항은 관직에 돌아와 출세를 거듭하여 포도대장의 자리에 오른다. 이때 나라에 일지매라는 의적이 나타나 활약한다. 어느 날 체포된 일지매는 꾀를 써서 풀려난 후 지항을 찾아가 자기 입장을 설명한다. 지항은 일지매를 체포하지 않고 지켜 보기로 한다. 의적 활동을 계속하던 어느 날, 일지매는 한 남자를 만난다. 그는 친구의 첩에게 불순한 마음을 품은 자신을 스스로 경계하는 중이라고 한다. 이 말을 들은 일지매는 자신이 의적이라고는 하나 도적은 도적이라고 깨닫고 도적질을 그만둔다.

【참고】 국립중앙도서관 소장본의 표지에 '捕盜大將張志恒 포도대장장지항과 義盜一支梅實記 의도일지매실긔', 본문 첫 장에 '捕盜大將張志恒과 義의盜도一일支지梅매實실記긔 李圭瑢 著' 라고 표기되어 있다. 난외서명은 '일지매실긔' 이다. 장지항이라는 관리와 일지매에 관한 이야기이다. 앞부분은 장지항이 겪은 기이한 사건과 그가 출세하게 된 과정, 뒷부분은 장지항과 일지매의 만남, 그리고 일지매의 이후 행적에 관한 내용이다.

폴리아나(번)/팔늬앤아: 포터 작. 노블부인 역. 조선야소교서회1921(195면, 50전).

【내용】 원작 참조.

【참고】 표지에 '팔늬앤아 이·에취포터 著 POLLYANNA BY E.H.PORTER.', 본문 첫 장에

'POLLYANNA by ELEANOR H. PORTER Translated by MRS.W.A.NOBLE' 이라고 표기되어 있다. 판권지에 '미국인 魯普乙夫人' 이라고 역자 표기를 하고 있다. 원작은 포터(Eleanor. H. Porter)의 「Pollyanna(1913)」이다. 항상 낙천적이고 쾌활한 성격으로 주변 인물을 행복하게 하는 11세 소녀, '팔늬앤아' 에 관한 이야기이다. 번역자 '노보을 부인(魯普乙夫人/Mrs. Mattie Wilcox Noble)'은 한국에 파송된 미 감리회 선교사 윌리엄 아서 노블(William Arthur Noble)의 부인이다. 노블 부인은 한국에서 1903년에 유년 주일 학교를 처음으로 시작하였으며 『어머니에 대한 강도(예수교서회 1916)』, 『자모권면(예수교서회1921)』, 『승리의 생활(예수교서회1927)』 등의 저서를 남겼다.

폼페이의 끝날(번)/폼페이의씃날

리튼 작. 심향산인 역. 조선일보1929.10.11-13(3회 완).

【내용】 원작 참조.

【참고】 '태서명작경개 8-10회' 까지 전 3회에 걸쳐 영국의 작가 리튼(Edward Bulwer-Lytton)의 장편 역사소설 「폼페이 최후의 날(The Last Days of Pompeii)」(1834)을 요약하여 줄거리를 소개한 것이다. 동일 원작이 김억에 의해 「당상연작(堂上燕雀)」(동아일보1924.5.19-8.27)이라는 제목으로 번역 연재된 바 있다.

표랑의 눈물: 월파 작. 영창서관1933(40전).

【내용】 미확인.

【참고】 단행본 원본 자료를 구할 수 없어 작품의 경개 및 세부 서지사항을 확인하지 못했다. 『청춘의 한(영창서관·한흥서림·진흥서관1933)』 권말 '영창서관발행서적목록' 에 '표랑의눈물' 이라고 제목이 표기되어 있다. 영창서관에서 펴낸 『신간도서목록』에 '月波 作 新小說 漂浪의淚' 라고 표기되어 있다.

표박의 비탄/漂泊의悲嘆: 춘성 편. 영창서관1935(1원).

【내용】 미확인.

【참고】 단행본 원본 자료를 구할 수 없어 작품의 경개 및 세부 서지사항을 확인하지 못했다. 『강명화전(영창서관1935)』 권말 '신간도서광고' 에 '漂泊의悲嘆' 이라고 제목이 표기되어 있다. 영창서관에서 펴낸 『신간도서목록』에 '春城 編' 이라고 표기되어 있다.

푸른 탄식(번)/푸른嘆息: 슈미트 작. 만우 역. 기독신문1926.1.13-9.1(17회 완).

【내용】 마을에서 성실하고 정직하기로 유명한 정원사 쌕은 백작의 영지 안에서 과수원과 정

원을 가꾸면서 지낸다. 백작뿐 아니라 마을 사람들 모두 쌕을 신뢰하고 좋아한다. 쌕은 어질고 착한 아내를 맞아 매리라는 딸을 얻지만, 매리가 다섯 살 되던 해 아내는 세상을 떠나고 만다. 아내의 죽음에 슬퍼하던 쌕은 종교의 힘으로 평온한 삶을 되찾는다. 그러던 어느 날 백작의 아내와 딸이 정원을 찾아왔다가 정원 일을 돕는 매리를 만난다. 백작의 딸 아메리는 명랑하고 친절한 매리와 빨리 가까워진다. 아메리의 생일 날 매리는 꽃바구니를 만들어 아메리에게 선물하고, 그 집에서 융숭한 대접을 받는다. 한편 아메리의 집에서 일하는 하녀는 주인과 매리의 친분에 강한 질투심을 느끼는데, 얼마 뒤 백작 아내의 반지가 사라지는 사건이 일어난다. 가난한 매리는 범인으로 지목되어 절도죄로 감옥에 갇힌다. 매리의 무고함을 확신한 쌕은 철창에 갇힌 매리를 위해 밤낮으로 기도하지만, 재판에서 무죄를 증명하지는 못해 사형을 선고받게 될 위기에 처하고, 다행히 백작의 도움으로 죽음만은 면한다. 매리는 종신형에 처해지고, 자식의 교육을 책임지지 못했다는 이유로 쌕 역시 절도공범으로 간주된다. 얼마 후 병든 쌕은 시름시름 앓다가 세상을 떠난다. 슬퍼하고 있는 매리에게 백작 가족이 찾아와, 절도 사건의 오명을 풀어 준다. 백작 가족과 매리는 화해하고, 백작은 쌕의 무덤에 기념비와 금십자가를 세운다. 그곳을 지나는 사람들은 푸른 탄식 속에서 기쁨과 용기를 얻는다.

【참고】 제목에 '小說 푸른 嘆息 在東京 晩雨 譯'이라고 표기되어 있다. '늙은 아버지와 쌀아이', '매리의 재판' 등의 소제목이 있다. 1926년 8월 18일자 연재분부터는 '쇼설 푸른탄식 슈밋트 作 晩雨 譯'으로 제목 표기 방식이 바뀌었다. 원작자, 원작에 대한 정보는 확인되지 않는다. '만우'는 「팔려가는 아이」의 번안자이기도 한 송창근(1898-1951?) 목사의 호이다.

피노키오(번)/피노치오: 콜로디 작. 역자미상. 문장각1950.

【내용】 원작 참조.

【참고】 현재 단행본 원본 자료를 구할 수 없다. 이탈리아의 콜로디(Carlo Collodi)가 지은 동화 「피노키오(Pinocchio)」(1883)의 역본으로 보인다. 《학풍》 제9호(1950.1)에 광고가 수록되어 있다.

피노키오의 모험(번)/피노치오의冒險삐노지오의 모험. 콜로디 작. 김상덕 역. 부인1946.11-1947.11(9회 미완).

【내용】 원작 참조.

【참고】 연재 지면에 '고로데이 原作 김상덕 글'이라고 표기되어 있다. 회차별로 표제의 표기에 일관성이 없다. '長篇童話 삐노지오의모험', '피노치오의모험', '長篇童話 피노치오의冒險' 등으로 표기되어 있다. 1947년 11월호 연재분의 말미에 "다음 호에 아주 끝이 납니다"라고 연재 종료를 알리고

있으나, 《부인》 1947년 12월호 자료의 미비로 확인하지 못했다. 원작은 이탈리아의 콜로디가 지은 동화 「피노키오」이다.

피눈물: 성문당 편. 성문당서점1934(25전).

【내용】 미확인.

【참고】 단행본 원본 자료를 구할 수 없어 작품의 경개 및 세부 서지사항을 확인하지 못했다. 『허영의 눈물(성문당서점1934)』 권말 서적 광고에 '戀愛哀話 피눈물' 이라고 제목을 표기하고 다음과 같이 소개하고 있다. "보라 人生의 高貴한 사랑도 黃金도 마지막으로 汽車線路의 이슬이 되기까지에 新時代의 副產物인 早婚의 悲劇全篇을 짜아내인 複雜多端한 場面은 긔억코 보는 사람을 울닐 것이며 힘잇는 주먹은 썰닐 것이다."

피득대제(번)/彼得大帝: 사토노부야스 작. 김연창 역. 광학서포1908(82면, 20전).

【내용】 원작 참조.

【참고】 표지에 '彼得大帝', 본문 첫 장에 '聖彼得大帝傳' 이라고 표기되어 있다. 판권지에 '譯述者 金演昶 校閱者 申采浩' 라고 표기되어 있다. 국한문 혼용체 표기 작품이다. 사토노부야스(佐藤信安)의 「彼得大帝(1900)」를 번역한 것이다. 제정 러시아 황제 표트르의 전기이다.

피 칠한 세균(번)/피칠한細菌: 카미 작. 근춘 역. 청년1927.4.1.

【내용】 일주일 사이에 날마다 괴이한 범죄사건이 일어나는 장자호텔에 투숙하는 손님들은 밤마다 무서운 비명소리에 잠에서 깬다. 어느 날 저녁 이 호텔에서 외국 부호가 단도에 찔려 죽는 사건이 발생한다. 루쪽 홀메쓰는 호텔 지배인의 부탁을 받고 그 범인을 체포하기 위해 부하를 데리고 잠복한다. 얼마 후 비명소리를 들은 루쪽 홀메쓰는 그곳으로 달려가지만 역시 범인은 보이지 않는다. 루쪽 홀메쓰는 피해자의 핏자국이 늙은 세균학자의 방문 앞에서 끊어진 것을 확인한다. 그는 부하 한명을 '콜레라 보균자'로 변장시켜 세균학자의 방에 들여보낸 후 세균으로 변장한 범인들이 사람들을 죽인다는 사실을 밝혀낸다. 세균학자가 세균으로 변장한 범인들을 유리 상자에 넣고 축소경을 통해 사람들을 속여 온 것이다. 루쪽 홀메쓰가 세균학자를 경찰에게 넘기고 사건은 종결된다.

【참고】 게재 지면에 '피칠한 細菌 (佛)카미 作' 이라고 표기되어 있으며, 본문 맨 끝에 '槿春 譯' 이라고 역자를 표기하고 있다. 원작은 프랑스 유머 작가 피에르 앙리 카미(Pierr-Henri Cami)의 희곡 「피 칠한 세균(Les microbes sanglants)」이다. 「피 칠한 세균」은 작가의 'Loufock Holmes' 시리즈의 한 편이며, 작가 특유의 유머가 잘 드러난 작품으로 평가된다.

ㅎ

하나님의 돈(번)/하ᄂᆞ님의돈

채프먼 작. 김태진·밀러 공역. 조선야소교서회1919(27면).

【내용】 원작 참조.

【참고】 원제는 「The Deacon's Tenth」이며, 영문 서명은 'The Lord's Money'이다. 채프먼(Mary S. Chapman)이 썼고, 金兌鎭과 L. A. Miller가 우리말로 번역하였다. 기독교인의 경제관과 경제활동을 다루었다. 특히 교회에서 직분 맡은 사람들이 해야 할 의무 중 십일조 헌금에 대해 이야기 형식으로 서술한 작품이다. 『(한국기독교박물관 소장)기독교 자료해제(2007)』를 참조하여 서지 및 참고사항을 정리하였다.

하니야(번): 시엔키에비치 작. 취성생 역. 매일신보1926.9.27-27.1.21(98회).

【내용】 원작 참조.

하니야 (一) 翠星生 譯 夕影生 畵
稀世의 孝子吳氏
客月對外爲替
新郞新婦
東西南北
庭球大會와 春川市民運動會

【참고】 연재 지면에 '하니야 翠星生 譯 夕影生 畵'라고 표기되어 있다. 원작은 폴란드 작가 시엔키에비치(Henryk Sienkiewicz)의 「Hania(1875)」이다. '나'가 자신보다 한 살 아래인 '하니야'라는 소녀에 얽힌 추억을 이야기하는 형식으로 되어 있다. 역자 '翠星生'에 대해서는 알려진 바가 없다. 三浦關造의 일역서 『ハニヤ(1915)』를 중역한 것이다.

하멜 표류기(번)/하멜漂流記: 하멜 작. 이병도 역주.

진단학보1934.11(1호)-1935.9(3호) ; 한글1936.2-12(8회) ; 박문서관1939.

【내용】 원작 참조.

【참고】 이병도가 경성제국대학에 소장되어 있던『하멜보고서』를 참고하여 번역한 것이다.《진단학보》연재 시에는 '난선제주도난파기(하멜표류기)' 라는 제목으로 3회에 걸쳐 발표했고《한글》연재 시에는 '하멜 표류기' 라는 제목을 사용했다.《한글》연재본은《진단학회》번역본에서 해제 부분을 삭제하고 본문만을 그대로 옮겨 게재한 것이다. 박문서관 단행본의 표지에 '하멜漂流記 蘭船濟州道難破記及朝鮮國記 李丙燾 譯註' 라고 표기되어 있다. 강진군 하멜기념관에 1939년 간 박문서관 초판본이 소장되어 있다. 원작은 1653년 난파로 표류하다 조선에 억류되었던 네덜란드인 하멜(Hendrik Hamel)의 1668년 귀국 후 보고서이며, 한국에 관한 서양인 최초의 저술이다.

하믈레트(번): 셰익스피어 작. 현철 역. 개벽1921.5-12(7회 완) ; 박문서관1923.

【내용】 원작 참조.

【참고】 연재 지면에 '하믈레트 쉑스피아 原作 玄哲 譯述' 이라고 표기되어 있다. 현철은「하믈레트」연재 이전《개벽》에 투르게네프 작「脚本 隔夜(1920.6-1921.3)」를 번역 연재하였는데, 1921년 3월 이 작품의 5막 2장을 연재 완료하며 '다음 회부터「쉑스피아」원작 悲劇「하무레트」' 를 연재한다는 광고를 덧붙인 바 있다. 1921년 5월호에 1막을 번역을 시작하고, 7월 1막 2장, 8월 1막 3장, 9월 1막 4장, 10월 1막 5장, 11월 2막 1장, 12월 2막 2장을 번역하여 총 7회로 연재를 마감하였다. 1923년 박문서관에서 발행된 단행본은 한국 최초의 셰익스피어 번역본으로 알려져 있다. 역자는 1921년 11월호의 '지나는 말' 에서 "가장 오래된 하믈레트의 傳記는 덴마아크의 史家 삭소라는 사람이 西歷紀元 1204年에 拉典文으로 著述한「丁抹人之史」第3卷과 第4卷 Amlethus의 譯이라고 한 것" 이 있으며 이것이 1514年에 간행되었고, "其後 1570年에 이르러 佛國人 Belleforest가 이 原作을 憑據하야 붓가는 대로 意譯한 것이 Histoirestragiques라 題目한 著書 第5卷에 거두어 있다. 그리고 The Histoire of Hamblet라고 英譯되어 出版된 것은 1608年" 이라고 소개하고 있다. 그는 셰익스피어가 불문으로 쓴 햄릿 이야기를 보고 각본으로 쓴 것인지 영문으로 쓴 것을 보고 쓴 것인지는 불분명하나 "오즉 英文 하믈레트 이약이에 적켜 잇는 것을 坪内氏의 글에서 譯載하는 것" 이라고 그 번역 배경을 설명하고 있다. 그는 이어 덴마크에 전해져 오는 햄릿 전설에 관해 간략하게 소개하고 셰익스피어가 이 전설을 바탕으로 하여 작품을 썼으나 창작품임을 강조하였다.

학의 성/학의셩鶴의聲: 박이양 작. 유일서관1914(25전).

【내용】 미확인.

【참고】 본문 첫 장에 '鶴의聲(학의셩) 원져쟈 동계(東溪) 박이양(朴頤陽)' 이라고 표기되어 있다. 판권지에는 '저작 겸 발행자 남궁준' 이라고 표기되어 있다. 원본 및 영인본을 입수하지 못해 본문 첫 장

과 판권지의 사진 자료를 참고했다. 일본 도야마 대학(富山大學) 부속도서관에 소장되어 있다.

한강의 비극/漢江의悲劇: 작자미상. 춘양사1934.

【내용】 고유문의 아내 숙경이 강가에서 사체로 발견된다. 집 안에는 다른 증거가 없이 식탁에 술잔 다섯 개만 남아 있을 뿐이다. 이에 경찰서장 임영일과 면장 구영서는 범인이 다섯 사람일 것으로 추정하고, 유문의 시체를 찾기 위해 노력한다. 이때 탐정 유극광이 등장하며 사건은 전환점을 맞는다. 극광은 탐정 활동을 통해 유문이 살아 있으며, 그가 숙경의 살인자라고 추리한다. 여기에 숙경 부부와 친했던 영일의 진술에 따라 새로운 사실이 밝혀진다. 숙경은 원래 유문의 친구 송복성의 아내였고 전 남편이 죽자 고유문과 재혼한 것이다. 유문은 경성의 유명한 재산가의 자손이었으나 방탕한 생활로 재산을 탕진한 뒤 자살하려고 산에 올랐다가 친구 복성을 만난다. 이후 유문은 복성의 집에 머물며 숙경과 정을 통하고, 숙경은 복성에게 독약을 조금씩 먹여 살해한다. 복성은 죽기 전 이 사실을 알게 되고, 자신이 죽으면 두 사람이 재혼하라고 말하며 자신의 뜻대로 하지 않는다면 사건의 내용을 적은 일기를 공개하겠다고 한다. 유문과 숙경은 어쩔 수 없이 결혼하지만 두 사람의 사이는 예전과 같지 못하다. 게다가 유문이 구영서의 딸 애란을 사랑하게 되자 숙경은 복성의 일기를 자신이 가지고 있다며 유문을 협박한다. 갈등하던 유문은 숙경을 살해하고 애란과 함께 도망간다. 극광의 활약으로 경찰은 경성에서 전기열이라는 인물로 위장하여 살고 있는 유문을 찾는다. 극광과 영일은 애란을 찾아가 사건의 진상을 이야기하고, 임신했기 때문에 어쩔 수 없이 유문과 살던 애란은 양심의 가책을 느낀다. 애란은 유문에게 자살을 권하고 유문이 이를 거부하자 그를 총으로 쏘아 죽인 뒤 자살하려 한다. 이때 극광과 영일이 나타나 애란의 자살을 만류하고, 영일은 애란에게 청혼한다.

【참고】 명탐정의 활약으로 사건이 해결되는, 전형적인 추리 소설이다. 고유문과 연인 관계를 맺고 있는 두 여성 인물이 악녀와 성녀의 이미지로 표현되어 있다. 이화여대 소장 세창서관본을 텍스트로 내용을 정리했고, 초판 발행 정보는『장한애사(춘양사1934)』뒷면 광고를 참조하였다.

한넬레(번): 하우프트만 작. 염형우 역. 현대평론1927.1.20(1회 완).

【내용】 눈보라가 몰아치는 겨울 밤 교사 솟트발트는 얼어붙은 한넬레 맛테른을 슐레지엔 지방의 산동네의 가난한 집으로 데려온다. 열네 살 한넬레는 알코올 중독자인 의붓아버지에 대한 두려움 때문에 자살을 시도하였다가 산림 노동자 자이델에 의해 구출된 것이다. 구제소에서 의사와 교사들이 한넬레를 돌본다. 그러나 한넬레는 불안에 떨면서 환각을 본다. 그녀는 예수가 물속으로 자신을 불렀다고 말한다. 몽환 상태의 한넬레 앞에 폭력적인 의붓아

버지가 반복해서 나타난다. 이어 한넬레는 꿈속에서 죽은 어머니를 만난다. 그 꿈속에서 세 명의 천사가 그녀에게 고통의 시간이 끝났다는 것을 알려주고 한넬레는 죽음을 맞는다. 한넬레는 천국의 신부들이 입는 옷으로 치장하고 유리로 된 관 속에 눕혀진다. 마을 사람들과 교사 곳트발트는 한넬레를 추모한다. 천사들의 합창이 울려 퍼진다. 의사가 농가의 침대에 누워 있는 한넬레를 내려다보며 그녀의 죽음을 확인한다.

【참고】 게재 지면에 '한넬레(몽환시) 게르하르트 하웁트만 作 廉亨雨 譯'이라고 표기되어 있다. 원작은 독일 극작가 게르하르트 하우프트만(Gerhart Johann Robert Hauptmann)이 1893년에 발표한 「한넬레의 승천(Hanneles Himmelfahrt)」이다. 이후 게르하르트 하우프트만은 1912년에 노벨문학상을 수상했다. 「한넬레」는 학대받던 한 소녀가 죽기 얼마 전에 꾼 꿈들을 시적으로 환기하는 작품이다. 《현대평론》 창간호에 번역되어 실린 이 번역 작품은 독일어 텍스트를 직접 번역한 것이 아니라 윌리엄 아처의 영역본을 재역한 것이다. 편집자가 "이 劇은 廉亨雨君이 英國 윌리엠 아쳐 氏의 飜譯을 再譯한 것인데 내가 獨逸文原作三十四版을 對照하고 다시 쓴 것"이라고 밝히고 있다. 그러나 슐레지엔 방언으로 쓰인 부분들을 자연스러운 일상 언어로 재현해 내고 있어 원작의 분위기를 충분하게 살려준 것으로 평가된다. 《현대평론》은 1927년 1월에 창간된 평론 중심의 종합잡지로 편집 겸 발행인은 하준석(河駿錫)이다.

한니발(번): 오마치케이게츠 작. 김억 역.
한성도서주식회사1922(71면, 40전).

【내용】 원작 참조.

【참고】 원작자를 알 수 없고, 번역 텍스트에서 저본이나 역자 등에 대한 정보를 찾을 수 없다. 총 10장으로 분장되어 있다. 카르타고 영웅 한니발의 일대기이다. 최근의 연구에 의해 역본의 번역자가 김억이며, 대본이 된 판본은 일본 오마치 케이게츠(大町桂月) 著『ハンニバル(1899)』임이 밝혀졌다.

한씨보응록/한시보응록韓氏報應錄: 이해조 편. 오거서창1918(173면).

【내용】 고려 초, 청주 오공리에 사는 송 씨는 어머니의 약값을 마련하기 위해 마을 창고인 오공창의 제물이 되기로 자원한다. 제물로 바쳐진 송 씨는 지네의 공격을 받지만 평소 송 씨가 밥을 주며 돌보았던 두꺼비의 도움으로 목숨을 건진다. 오공창을 관리하는 한란은 창고에서 송 씨를 발견하고 그와 결혼을 한다. 어느 날, 한란은 자신이 살려준 물고기의 도움으로 많은 곡식을 얻어 부자가 된다. 그리고 왕건을 도와 높은 벼슬자리에 오르고 그 덕에 한란의 후손들은 대대로 영화를 누린다. 한명회는 한란의 후손이다. 7삭 만에 태어난 명회는 일찍

부모를 잃고 종조 한상덕의 슬하에서 자란다. 세종이 인재를 두루 구할 때, 종조는 명회를 추천했으나, 명회는 친구 권람을 추천하고 자신은 영웅호걸을 찾아다닌다며 팔도를 유람한다. 명회는 강릉 경포대와 낙산사 등에서 여덟 명의 장사들을 만나 의기투합한다. 유람 후, 다시 청주집으로 돌아온 명회는 흉가에서 귀신을 퇴치한 기인을 만난다. 알고 보니 귀신은 예전 송 씨를 공격한 지네였으며, 기인은 송 씨를 도와준 두꺼비였다. 명회는 기인에게 비결을 받고 서울로 올라온다. 명회는 기생 양파와 의남매를 맺고 양파의 도움으로 수양대군의 눈에 든다. 명회는 수양대군을 위해 강릉 등지에서 만난 팔장사를 천거하는 등 견마지로를 다한다. 결국 수양대군은 왕위에 오르고 즉위 과정에서 큰 공을 세운 한명회, 홍윤성을 좌의정과 우의정에 봉한다. 나중에 상당부원군 겸 영의정이 된 명회는 관직을 떠나려 한강변에 압구정을 지었으나 왕이 만류하여 백발 재상으로 지낸다. 명회가 성종 때 세상을 떠나니 시호는 충성공이다.

【참고】 본문 첫 장에 '古代小說 한시보응록(韓氏報應錄)'이라고 표기되어 있다. 이 작품은 조선 세조가 왕이 되는 데 큰 공을 세웠던 한명회의 일대기를 다루었다. 또한 한명회의 영화(榮華)는 그의 조상이 쌓은 공덕에서 비롯되었다는 작자의 생각이 보응(報應) 모티프를 통해 내용 중에 드러난다. 참조한 『활자본고전소설전집 12권(아세아문화사1977)』에 수록된 영인본에는 간기가 누락되어 출판사명과 저자명을 확인할 수 없지만, 전집 해제에 오거서창판 1918년본을 대본으로 했다고 밝히고 있으며, 『화의 혈(오거서창1918)』 뒷면 광고에 『홍장군전』과 『한씨보응록』을 이해조가 특별편집(特別編輯)했다는 기록이 있다.

한월/恨月

박승옥 작. 대한서림(발매)1908 ; 박문서관1913.

【내용】 김 진사 부부의 아들 금동은 도적들에 의해 부모와 헤어지는데, 김자선과 이호덕에 의해 구출되어 김자선의 양자가 되고 이호덕의 딸 난희와 약혼까지 하게 된다. 금동이 자라서 양부모가 죽자 자신의 부모를 찾아 길을 떠나는데, 도중에 위험에 처한 허 소저의 목숨을 구하여 의남매를 맺고, 다시 이 낭자와 인연을 맺었다가 갖은 우여곡절을 당한다. 한편 이호덕이 죽은 후 난희는 다른 곳으로 시집을 보내려는 모친 몰래 가출을 감행한다. 난희는 우연히 금동의 누이 춘게 낭자의 집에 머문다. 금동은 갖은 고생 끝에 위기를 극복하고 하룻밤 인연을 맺은 리 낭자와 혼인을 준비하는데 우연히 혼인하는 날 친부모와 재회하게 된다. 금동은 세 여인을 부인으로 맞이하여 행복한 나날을 보낸다.

【참고】 박문서관 발행 하권 1913년본(108면, 35전)을 찾을 수 있으나 상권 초판본은 찾기 어렵고,

1918년본 상권(80면, 25전)을 확인할 수 있다. 금동이라는 인물이 온갖 고난을 겪다가 구원자를 통해 부모와 만나게 되고, 여러 여인들과도 인연을 맺게 된다는 내용의 소설이다. 일부다처제의 긍정과 사건의 우연성이 두드러진다는 점에서 고소설의 범주에서 크게 벗어나지 못한 작품이다. 朴勝玉 著述, 대한서림(발매, 1908)본이 일본 도야마 대학(富山大學) 부속 도서관에 소장되어 있다.

한음과 오성/漢陰과鰲城: 노익형 발행.

【내용】 미확인.

【참고】 단행본 원본 자료를 구할 수 없어 작품의 경개 및 세부 서지사항을 확인하지 못했다. 1930년 12월호 《조선출판경찰월보》 단행본 납본 목록에 수록되어 있다.

한해춘추/恨海春秋: 작자미상. 중앙서관1908.

【내용】 미확인.

【참고】 단행본 원본 자료를 구할 수 없어 작품의 경개 및 세부 서지사항을 확인하지 못했다. 『伊太利少年(중앙서관1908)』 권말 '新小說出版豫告' 에 '寫情小說 恨海春秋' 라고 제목이 표기되어 있다.

항복 없는 백성(번)/降伏없는백성

고르바토프 작. 이석훈 역. 창인사1947(127면, 100원).

【내용】 러시아의 따라스 노인은 아들 삼형제를 전쟁터에 보내고 부인과 어린 딸을 돌본다. 난폭한 나치 독일군이 쳐들어와 러시아인들을 포로로 잡고 강제노동을 시키는 등 폭력을 일삼는데, 따라스 노인은 이를 꿋꿋하게 버텨낸다. 이 와중에 전쟁터에 나간 둘째아들이 다리를 잃고, 외동딸이 사고로 죽는 등 따라스 노인에게는 고난이 그치지 않는다. 설상가상으로 마을 주민들은 전쟁에서 러시아가 불리해지자 독일군에게 아첨하는 행동을 하기도 한다. 그러나 따라스 노인은 언젠가 러시아의 용사들이 독일군을 물리치고 승리할 것이라며 힘을 다해 마을 주민들을 설득한다.

【참고】 표지에 '一九四六年스딸린賞受賞作品 降伏없는백성 보리스·고르바-또프 作 李石薰 譯' 이라고 표기되어 있다. 판권지에는 '=降伏없는백성=上卷' 이라고 표기되어 있다. 본문 마지막 장인 127면에 '未完' 표기를 하고 있다. 본문이 시작되기 전에 '原作者의 말', '譯序', '作者略傳', '이 小說에 나오는 主要人物', '露西亞人名에 對하여', '作品의 간단한 解說' 이 차례로 수록되어 있다. '譯序' 에서 "昨今의 紙價高로 말미암아 이 作品을 두 卷으로 分刊치 않을 수 없는 것은 遺憾" 이라는 입장을 밝히고 있는데, 이 책에 대응되는 하권이 실제로 발간되었는지는 알 수 없다. 소비에트 러시아의 작가 고르

바토프(Boris Leont' evich Gorbatov)의 대표적 전쟁소설 「정복되지 않은 사람들(The Unsubdued)」(1943)을 번역한 것이다. 나치 독일과 러시아의 전쟁이 한창이던 시기, 독일군에 맞서 끝까지 대응하던 러시아인의 애국 충절을 그린 작품이다. 비슷한 시기에 일본에서도 黒田辰男의 번역으로 『降伏なき民(1946)』이 발간되었는데, 중역의 여부와 관계는 확증하기 어렵다.

항우전(번)/항우젼項羽傳: 김문연·이광종 저. 박문서관1918.

【내용】 원작 참조.

【참고】 '金文演·李光鍾 著' 라고 되어 있으나 고전소설 『서한연의』, 『초패왕 실기』 등의 이본이다. 중국 고전소설의 번역이라고 간주한다면 두 사람의 저자를 역자로 판단할 수 있다. 노익형 발행으로 박문서관에서 발행되었다.

해당화(번)/海棠花: 톨스토이 작. 박현환 초역. 신문관·광학서포1918(34면, 40전).

【내용】 내류덕은 모스크바에 사는 공작의 아들이다. 그는 대학교 여름방학 때 휴양차 파노보에 있는 고모집에 놀러 간다. 그곳에서 내류덕은 갓쥬사라는 소녀를 보고 첫눈에 반한다. 갓쥬사는 사생아로서 고모가 잔심부름을 시키기 위해 데리고 있는 아이이다. 대학을 졸업하고 군인이 된 내류덕은 학생 시절의 학구적인 태도를 버리고 방탕한 생활로 접어든다. 전투에 참가하는 도중, 대학 시절 만났던 갓쥬사를 못 잊어 고모집에 잠깐 들른 내류덕은 그녀와 하룻밤 사랑을 나눈다. 그 후 내류덕은 갓쥬사의 존재를 잊어버리고 내류덕의 아이를 가진 갓쥬사는 내류덕을 원망하다 집을 나간다. 십여 년의 세월이 흘러 내류덕은 자신이 배심원으로 참가한 법정에서 죄인으로 끌려온 갓쥬사를 만난다. 그녀는 자신의 손님으로 든 남자의 돈을 훔치기 위해 살인한 혐의로 구속된 것이다. 내류덕은 갓쥬사의 타락이 자신의 책임이라고 느끼고 그녀를 구제하기 위해 온갖 노력을 다한다. 심지어 그는 징역형을 언도받고 시베리아로 떠나는 갓쥬사를 따라가기까지 한다. 한편 시베리아에서 감형을 받은 갓쥬사는 함께 징역살이를 하고 있는 혁명자 시몬손과 결혼하겠다고 내류덕에게 이야기한다. 내류덕은 갓쥬사의 마음을 이해하고, 둘은 사랑하는 마음으로 서로 작별을 고한다.

【참고】 톨스토이(Лев Николаевич Толстой) 원작 「부활(Воскресение)」(1899)을 초역(抄譯)한 작품이다. 표지와 본문 첫 장에 '賈珠謝哀話 海棠花' 라고 표기되어 있다. 본문 앞에 六堂學人의 작품 소개가 실려

있다. 세상의 재판보다 양심의 재판이 중요함을 강조하고, 양심의 거울을 찾는 이에게는 "이 책의 임자 내류덕이 가장 조흔 보감"이라 하고 있다. 우리나라 최초의 러시아 문학 번역 작품이다. 《청춘》 14호(1918.6)의 권두에 신문관 발행 서적들을 광고하고 있는데, '갓쥬샤哀話 海棠花' 가 포함되어 있다. 간단한 책 소개와 함께 '톨쓰토이 原著 朴賢煥 抄譯' 이라고 원작자와 역자를 표기하고 있다. 동일 원작의 번역으로 최남선의 「갱생(1914)」, 춘계생의 「부활(1922)」, 심향산인의 「부활(1929)」, 이석훈의 「부활(1947)」, 흑조생의 「부활한 카츄사(1926)」, 이서구의 「부활 후의 카츄사(1926)」가 있다.

해명성/海明星

【내용】 「사랑을 위하여」 참조.

해믈렛(번): 셰익스피어 작. 심향산인 역. 조선일보1929.17-21(4회 완).

【내용】 원작 참조.

【참고】 '태서명작경개 13-16회' 까지 전 4회에 걸쳐 영국의 극작가인 윌리엄 셰익스피어(William Shakespeare)의 4대 비극 가운데 하나인 고전 희곡 「햄릿(Hamlet)」을 산문으로 축약 소개한 것이다. 역자 심향산인(心鄕山人)은 "영국은 인도를 버려도 '쎅스피어' 를 일허서는 안 된다"는 '카-라일' 의 말을 인용하면서 셰익스피어 작품의 명성을 강조한다.

해 부인(번)/海婦人: 입센 작. 이상수 역. 한성도서주식회사1937(167면).

【내용】 원작 참조.

【참고】 원작은 입센(Henrik Johan Ibsen)의 「바다에서 온 여인(Fruen fra Havet)」(1888)이다. 책 표지에 '海婦人 헨릭, 이브센 原著 李相壽 譯' 이라고 표기되어 있다. 역자는 머리말에서 『인형의 가(한성도서주식회사1922)』를 번역한 뒤에 자매편인 이 작품을 번역한다면서 한문을 능숙히 읽지 못하는 부인들을 위해 순언문으로 쓰고 될 수 있는 대로 한글을 쓰겠다고 밝히고 있다. 또한 역자는 원작자의 정신을 존중하기 위해서 통속적인 번안 소설의 형태를 취하지 않고 완역을 했다고 말하며 소설을 읽던 독자들이 읽기 어렵더라도 작품이 담고 있는 정신과 사상에 주의해 달라는 당부의 말을 전하고 있다. 판권지에는 출판 연도가 1937년으로 명기되어 있으나, 머리말 끝에 '1921년 2월 21일 譯者 갓별 識' 라고 표기되어 있어 작품의 번역 시기가 1921년경임을 알 수 있다. 1920년대 단행본 출판 기록이나 원본 자료는 발견되지 않는다.

해상명월/海上明月

노익환 저작발행. 신구서림1929(74면, 25전).

【내용】 경성에 사는 부호 김 자작의 딸 옥자는 여학교에 다니는 재원이다. 옥자는 등굣길에 윤상렬이라는 남학생을 보고 호감을 느끼고, 상렬 역시 옥자에게 관심을 갖는다. 금강산으로 졸업여행을 떠난 옥자는 배탈이 나서 산사에 머물게 되는데, 그곳에서 홀로 여행을 온 상렬과 만난다. 상렬은 옥자가 졸업여행을 간다는 것을 알고 같은 장소로 여행을 온 것이다. 두 사람은 지도승의 안내에 따라 유적지를 감상하며 서로의 마음을 확인한다. 한편, 김 자작은 친구의 아들 경진을 사위로 삼고자 그에게 집안일을 일임한다. 탐욕스러운 경진은 재산을 보고 김 자작에게 아첨을 떨며 옥자에게 접근한다. 옥자는 부모가 경진과의 혼인을 권하자 상렬과 동경으로 유학을 떠난다. 세월이 흘러 옥자와 상렬은 각각 음악학교와 의과대학을 우수한 성적으로 졸업하고 귀국한다. 옥자는 모친에게 상렬과의 관계를 털어놓고 결혼 승낙을 받는다. 이 같은 사실을 알게 된 경진은 옥자를 지방으로 유인해서 감금한다. 옥자가 행방불명이 되자 김 자작은 홍 탐정에게 딸을 찾아 달라고 의뢰한다. 홍 탐정의 탐문으로 경진의 죄가 탄로 나자 경진은 용서를 구한다. 쫓겨난 경진은 북간도로 떠나고, 옥자와 상렬은 예배당에서 성대한 결혼식을 올린다.

【참고】 부모가 정해 준 혼처를 거부하고 자유연애를 지향하는 여주인공의 행동에 초점이 맞춰진 애정소설이다. 남녀 주인공의 대사를 통해 구가정의 결혼문화를 비판하고, 자유연애에 따른 신세대의 결혼관을 긍정적으로 묘사하고 있다. 동덕여대 도서관 소장 신구서림본을 텍스트로 하여 내용을 정리했다.

해성월(번)/海城月: 셰익스피어 작. 오천경 역. 새동무사1922(31면, 20전).

【내용】 원작 참조.

【참고】 표지에 '婦人辯士 海城月 英國文豪 쉑쓰피어 著 耕雲 吳天卿 譯'이라고 표기되어 있다. 표지 상단에 'The Merchant of Venice, Shakespeare'라고 원작을 표기하고 있다. 金萬一의 서언에 따르면 셰익스피어의 희곡 「베니스의 상인(The Merchant of Venice)」(1596)을 램(Charles Lamb)이 산문으로 고쳐 쓴 것이 직접적인 번역의 대본이며 '抄譯ᄒᆞ야 海城月노 命名ᄒᆞᆫ 것'이다. 동일 원작의 번역으로 역자 미상의 「만록총중 일점홍(1922)」, 이상수의 「베니스 상인(1924)」, 박용철의 「베니스의 상인(1940)」이 있다.

해안/海岸: 최찬식 작. 우리의가정1914.1.15-11.15(미완).

【내용】 정경자는 부평 토반의 딸로 태어나 일찍 아버지를 여의고 편모슬하에서 고생을 하며 자란다. 경자의 어머니는 세상이 변하여 여자도 교육을 받아야 한다는 일념으로 경자를 고등학교까지 교육시킨다. 경자는 학교를 우등으로 졸업하여 신문지상에도 그 이름이 오르내린다. 한편 계동 황 참서의 아들인 대성은 고등과를 졸업하고 법률전문학교에 입학하여 법률 대가가 되기를 꿈꾸는 재주 많은 청년이다. 혼기에 이르러 그의 어머니가 문벌 좋은 처녀와 혼인하기를 권하나 대성은 한사코 거절한다. 그는 자신과 대화가 통하는 여학교 출신의 여성을 배우자로 원했기 때문이다. 어느 날 대성은 공원에 가서 신문을 보다가 우수한 성적으로 학교를 졸업했다는 여학생의 기사와 사진을 발견한다. 그는 그 여학생이 장차 자신의 배우자가 되었으면 하는 바람을 갖고 그 기사와 사진을 오려 주머니에 집어넣는다. 그리고 그 여학생을 찾으려 하는데 마침 그의 유모가 그 여학생의 이모란 사실을 알고 유모에게 통혼을 부탁한다. 대성은 신분의 차이를 극복하고 경자와 결혼하여 신혼의 즐거움을 누린다. 그러나 즐거움도 잠시, 며느리 경자에게 눈독을 들인 황 참서는 대성을 일본으로 강제로 유학 보내고 경자를 차지하려고 한다. 황 참서의 비행은 하인 경천에게 발각되어 무위로 끝나나, 사건의 전말을 안 시어머니는 경자를 친정으로 쫓아낸다. 경자는 시름시름 앓다가 죽을 작정으로 바다에 몸을 던지지만 마침 배를 타고 그곳을 지나던 경천에 의해 구조된다. 한편 대성은 어머니로부터 경자가 하인과 불륜을 저지르고 들통 나자 죽었다는 거짓 편지를 받고 홧김에 공부를 작파하고 세계 여행을 떠난다. 그는 화성돈에서 미국의 문명이 성대함을 보고 조선 사람의 우매를 한탄한다. 그리고 조선의 문명 진화에 힘을 쏟을 것을 다짐하면서 화성돈 대학교 의과에 입학하여 공부에 매진한다.

【참고】 잡지《우리의 가정》에 연재된 작품이다. 부모의 혼처를 마다하고 뜻에 맞는 배우자를 찾아 결혼한다는 내용이 비중 있게 다루어지고 있다. 황 참서는 정신병원에 감금되고, 경자는 인천병원에 입원하며 대성은 의사가 되기를 다짐하는 등, 서양의 의료문명에 관련한 서술이 많다.

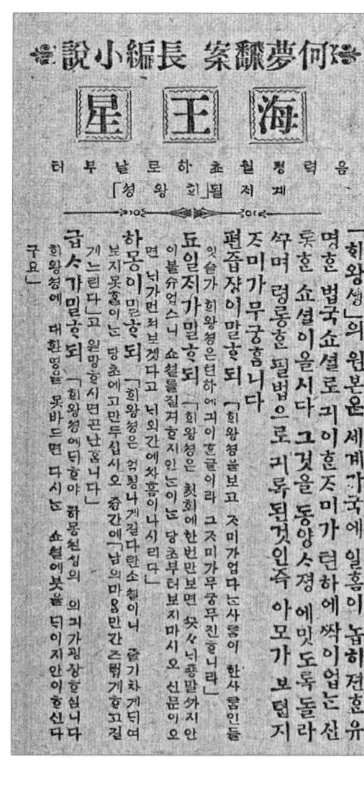
何夢飜案 長編小說

海王星

음력정월초하로날부터

게지될「히왕셩」

해왕성(번)/海王星: 뒤마 작. 하몽 번안.

매일신보1916.2.10 -1917.3.31(269회) ; 박문서관1920 ; 광익서관1920 ; 회동서관1925.

【내용】 원작 참조.

【참고】 연재 지면에 '海王星 何夢'이라고 표기되어 있다. 뒤마(Alexandre Dumas)의 「몽테크리스토 백작(Le Comte de Monte-Cristo)」(1844)을 번안한 구로이와 루이코(黒岩涙香)의 「暗窟王

(1901)」을 하몽 이상협이 재번안한 작품이다. 이상협의 네 번째 신문 연재소설이다. 저본의 변조와 원작의 재구성이 이루어졌다고 평가된다. 지중해 연안과 남부 유럽 대신 근대 초창기의 동아시아를 배경으로 삼아 역사적 정황을 대체시키고 있다. 《매일신보》에 연재된 첫 번째 프랑스 소설이며 최초로 '장편소설'이라고 명명된 연재소설이다. 동일 원작의 번안으로 김래성의 「진주탑(1947)」이 있다.

해외 고학/히외고학海外苦學

작자미상. 경향신문1910.3.25-10.21(28회 완).

【내용】 어릴 적부터 학문에 남달리 뛰어났던 김관영은 신학문을 공부하고자 일본 유학을 결심한다. 그는 유학비용을 마련할 수 없게 되자 대관들의 집을 찾아다니며 보조금 명목으로 돈을 빌리는 한편 일용품을 파는 장사를 시작한다. 그리고 일 년 만에 큰 이익을 보자 모친에게 편지를 남기고는 인천항에 정박해 있던 순양함 함장의 도움으로 일본에 가게 된다. 그는 일본에 도착하여 낮에는 여관 일을 도와주고 밤에는 야학에 매진한다. 그러던 어느 날, 관영은 자신을 유혹하려다 실패한 여관 주인의 딸 국지의 모함을 받아 여관에서 나오게 된다. 동경으로 간 관영은 상야 상점의 점원이 되고, 다시 만난 함장의 주선으로 중촌 소장의 서생이 된다. 한편 관영의 누이 옥선은 자신의 의지대로 좋은 신랑감과 혼인을 이룬 뒤 홀로 된 모친을 봉양한다. 옥선의 편지에서 어머니의 안부를 확인한 관영은 더욱 공부에 매진하여 우수한 성적으로 대학을 졸업한다. 이후 그는 여관 주인이었던 국지 아버지의 주선으로 국지와 정혼을 하여 귀국한다. 관영은 보조금을 꾸었던 대관들을 찾아가 빚을 갚고, 사람들의 칭송을 얻는다.

【참고】 《경향신문》 '쇼셜'란에 28회 연재된 순국문 표기의 장형 서사물이다. 대화지문을 표기할 때 화자의 발언에 괄호 표시를 하고 행을 바꾸고 있다. 혼인과 관련하여 자신의 의사를 적극적으로 밝히고 실천하는 근대적 주체로서의 여성의 모습이 드러난다.

해저여행 기담(번)/海底旅行奇談

베른 작. 박용희 역. 태극학보1907.3.24-1908.5.24(11회 미완).

【내용】 원작 참조.

【참고】 한문현토소설이다. 원작은 쥘 베른(Jules Verne)의 「해저 이만리(Vingt mille lieues sous les mers)」(1870)이다. 1회 연재본의 작품 제목 옆에 '法國人슐스펜氏 원저, 朴容喜 (譯)'이라고 표기되어 있다. 우리나라에서 발표된 최초의 SF소설로 알려져 있다. 1907년 3월부터 1908년 5월까지 11회 연재되는 과정에서 1-9회까지는 제목이 '海底旅行奇談', 10, 11회는 '海底旅行'이라고 표기

되어 있다. 역자는 1-5회까지 박용희였다가 6-8회는 자락(自樂)/자락당(自樂堂), 9-11회는 모험생(冒險生)으로 표기가 바뀌어 있다. 1908년 초 일본 유학생 단체 통합 문제를 둘러싸고 태극학회 내부 갈등이 일어나 박용희가 출회된 사건과 연관이 있는 것으로 추측된다. 다이헤이 산지(太平三次)가 일본어로 번역한 『五大洲中海底旅行(1887)』을 다시 축약 번역한 것이다. 『五大洲中海底旅行』의 각 회 소제목들을 많은 부분 그대로 사용하고 있다. 그러나 내용 면에서는 번역자의 의도에 따라 추가되거나 삭제된 부분들이 있다.

해저의 비밀/海底의秘密: 작자미상. 박문서관1925(70전).

【내용】 미확인.

【참고】 단행본 원본 자료를 구할 수 없어 작품의 경개 및 세부 서지사항을 확인하지 못했다. 『이태백실기(신구시림·박문서관1925)』 권말 서적 광고에 '海底의秘密' 이라고 제목이 표기되어 있다.

해적(번)/海賊: 사바티니 작. 방인근 역. 문운당1930(476면).

【내용】 원작 참조.

【참고】 원작은 이탈리아 출생의 영국 작가 사바티니(Rafael Sabatini, 1875-1950)의 「The Sea Hawk(1915)」이다. 譯者 序에 "이 小說은 原名이(Sea Hawk)이요 「바다의 매」라고도 하는 것을 「海賊」이라고 해 버렸다. 〔…〕 나는 이것을 飜案에 가깝도록 하고 「페이지」 關係로 省略한 데도 많으나 過히 原作에 損傷이 없도록 하였다. 이름 같은 것은 音相似하게 하였다"고 밝히고 있다. 小田律 역의 일역본 『海の鷹(1930)』을 중역한 것이다.

해타론: 길선주 작. 야소교서회1904(18면, 8전).

【내용】 이 세상에 사는 사람은 각자 무엇이 되고자 하는 소원이 있으니 이 세상을 소원성이라고 부를 수 있다. 또한 사람은 성취하기를 바라므로 성취국도 있다. 그런데 소원성에서 성취국으로 가는 길에는 무슨 생각이 많이 일어나는 여러 갈래의 사로가 있다. 이 사로에는, 술이 많아 그 술에 취하게 하는 취주로, 아름다운 미인이 유혹하는 음란로, 즐거운 음악과 맛있는 음식으로 마음을 뺏는 연락로, 돌이 많고 바람이 강해 몸이 날아가게 하는 급심로, 자만한 생각이 나게 하여 앞으로 가지 않고 그 자리에서 늙게 만드는 자만로, 마음에 두 가지 생각이 나게 하여 갈팡질팡하게 하는 이심로 등이 있다. 이 길들 외에 성취국으로 가는 정로가 있다. 이 길로 가면 어느 생각이든지 하나의 뜻대로 작정이 되는 정의문이 있다. 이 문에서는 각 사람의 자질을 시험하여 그 사람에 맞게 표를 나누어준다. 정의문을 지나면 마음 가운데 육신을 평안케 하고자 하는 모안로가 나온다. 이 길에는 형상이 괴괴망측하고 성

품이 흉악한 해타라는 짐승이 있는데 아담과 이와가 하나님께 죄를 지은 다음, 마귀의 간계에 의해 생겨났다. 해타는 남초와 담배를 먹고 괴악한 냄새를 내뱉는데 길을 지나는 사람이 이 냄새를 맡으면 취해서 쓰러진다. 이때 해타는 쓰러진 사람을 먹어 성취국으로 들어가는 사람이 적다. 이에 하나님은 소원성 사람들을 어여삐 여겨 예수를 소원성에 강생시켜 예수를 믿는 사람에게 인긔를 주었다. 인긔를 가진 사람에게는 정의 문에서 표 나누어주는 사람이 해타를 피할 수 있는 경성 갑옷을 주어 성취국으로 들어갈 수 있게 했다. 모안로를 지나면 올라가는 데 고난이 많은 고난산이 있고 그 산을 넘으면 쉬기가 좋은 휴식정이 있다. 고난산을 지나 성취국으로 간 사람은 동중서, 광형, 요 님군, 순 님군, 이세택, 공자, 주매신, 바울 등이 있다. 한편 모안로 근처를 지키는 마귀의 인긔 표는 '할 수 업다'이며 고난산 주인의 인긔 표는 '할 수 있다'이다. 모두 고난산 주인의 인긔 표를 얻어 성취국으로 들어가길 바란다.

【참고】 본문 속표지에 'INDOLENCE By Kil Son Tou Korean Religious Tract Society 1904. Price: 5 Korean Cents' 라고 표기되어 있다. 작자 길선주의 영문 표기에 오류가 있는 것으로 보이며, 가격도 판권지에는 8전이라고 기록되어 있어 영문 표기와 차이가 있다. 판권지에는 '編輯人 美國人 裵夫人 發行人 英國人 斑禹巨' 라고 표기되어 있다. 서문에는 1901년 5월에 지였다고 탈고 시기를 밝히고 있다. 길선주가 게일 부처가 번역한 「텬로력뎡」의 영향을 받아 지은 작품이다. 「텬로력뎡」과 주제와 구성이 유사하며 특히 해타(懈惰), 즉 게으름을 경계하는 데 초점을 맞춘 작품이다.

해혹/解惑: 강의영 저작발행. 영창서관1926(34면, 15전).

【내용】 어느 겨울날, '나'의 집에 어떤 여자가 아이들을 여럿 데리고 찾아와 하룻밤 재워 달라고 청한다. '나'와 아내는 차마 거절하지 못하고 여자와 아이들을 행랑채에 재운다. '나'는 여자를 대하는 아내의 태도가 몹시 쌀쌀맞다는 점을 의아하게 여긴다. 다음 날 아침 '나'는 아내가 그런 태도를 취한 까닭을 알게 된다. 여자는 소싯적부터 애욕에 탐닉하여 여러 남자를 만났으며, 아이들의 아버지가 누구인지도 모른 채 여전히 새로운 사내를 찾아 떠돌아다닌다는 것이다. 아내는 이 사실을 알고 있었기에 여자가 귀찮게 굴까 봐 걱정되었지만, 재워 주는 것을 반대하면 질투하는 것으로 '나'가 오해할까 해서 말하지 않았다고 한다. 아내가 우려하던 대로 행랑채에는 남자들이 드나든다. 그러나 여자는 다음 날 아침 다른 곳으로 떠나간다. '나'는 그 이후로는 여자의 소식을 듣지 못한다.

【참고】 국립중앙도서관 소장 영창서관본 표지에 '小說 解惑', 본문 첫 장에 '家庭小說 解惑' 이라고 표기되어 있다. 서술자 '나' 가 사건을 서술하고 있으며, '-습니다' 라는 어미로 끝나는 문장을 사용하

고 있어 기존의 신소설 및 구활자본 소설과 서술 방식 면에서 차별화된다. 또한 중심이 되는 사건이 비교적 단순하고 짧은 대신, 각 장면의 섬세한 묘사에 주력하고 있다.

행락도/힝낙도行樂圖

민준호 저작발행. 동양서원1912(150면, 30전).

【내용】 황해도 옹진군 동편 동장리 부근에 사는 신 병사는 행실이 좋지 못한 아들을 믿지 못하여 칠십이 넘도록 가사를 돌본다. 그러던 중 마을에 사는 열아홉 살 처녀 림 씨를 후실로 맞는다. 아들 원식은 림 씨를 못마땅하게 여기고 림 씨가 임신을 하자 누구의 자식인지 알 수 없다며 욕한다. 여든한 살이 된 신 병사는 기력이 쇠하여 죽기 전에 아들 원식에게 대부분의 재산을 넘겨주고, 림 씨 모자에게는 초막 한 칸과 그에 붙은 작은 밭뙈기를 남기겠다는 유언을 한다. 끝까지 병상을 지키던 림 씨 모자에게 신 병사는 '행락도'를 꺼내 주며 급할 때 현명한 옹진군수가 나타나면 보이라는 말을 남기고 죽는다. 신 병사가 죽자 원식은 하인인 간난어멈의 남편 황금돌을 꾀어내어 나이 어린 동생 만득이를 죽이려 한다. 그러나 금돌은 이를 림 씨에게 알리고 만득이를 피신시킨 후 그길로 도망간다. 만득이는 신 병사의 친구인 강녕군 서촌에 사는 리강녕의 집에 피신할 생각이었으나 도중에 수적에게 납치되어 청국의 노예로 이리저리 팔리어 다닌다. 림 씨는 소식이 없는 아들이 걱정되어 집을 나섰다가 괴한들에게 보쌈당해 욕을 볼 위기에 처하지만 금돌의 도움으로 모면한다. 리강녕의 집에 묵게 된 림 씨는 5년이 지나도록 소식이 없는 아들을 그리워하며 근근이 살림을 이어간다. 인천 항구에 일자리를 찾으러 갔던 금돌이 우연히 청인의 화륜선에서 내린 만득을 만나게 되어 림 씨는 아들과 극적으로 상봉한다. 림 씨 모자는 자신들의 억울한 사정을 하소연하기 위해 '행락도'를 들고 옹진군수에게 찾아간다. 옹진군수는 원식의 죄를 추궁하여 벌을 내린다. 군수는 또한 신 병사가 준 '행락도' 밑에 숨겨진 글자를 보고, 초막 마당에 숨겨진 황금과 신 병사의 유언장이 든 궤짝 세 개를 찾아내어 림 씨 모자에게 준다. 그 뒤 원식은 잘못을 깨닫고 림 씨 모자와 의좋게 지낸다.

【참고】 본문 첫 장에 '가뎡신소셜 힝낙도'라고 표기되어 있다. 포악한 계모가 등장하여 전처소생을 구박하는 신소설의 전형적인 모티브가 역전되어 나이 어린 계모가 전처 소생에게 살해 위협까지 받고 고난을 겪는 것으로 설정되어 있다. 『고금기관(古今奇觀)』에 수록된 중국소설 「등대윤귀단가사(滕大尹鬼斷家私)」의 플롯과 유사한 것으로 미루어 중국 작품의 번안작으로 보는 견해가 있다. 「등대윤귀단가사(滕大尹鬼斷家私)」와 더불어 『포공안(包公案)』에 수록된 「화축기안(畵軸奇案)」의 영향을 받은 작품으로 논의되기도 한다.

행로인/힝로인行路人: 김승주 작. 광명서관1922(175면, 80전).

【내용】 세정촌(世情村)에 사는 세몽(世夢)은 '이 세상이 죄악의 세상이며 인생은 괴로운 인생'이라는 생각에 빠져 행복과 구원을 찾다가 어느 화창한 날 꿈속에서 도인을 만나 전도를 받고 예수를 믿을 작정을 한다. 도인은 세정촌이 루황불에 타 없어질 것이라 예언하고 세몽에게 영생 복락이 있는 신성(新城)으로 갈 것을 권한다. 세몽은 취생몽사로 세월을 낭비하던 지난날을 뉘우치고 이름도 신행(信行)으로 바꾼 후에 도인이 준 책 한 권을 들고 세정촌을 떠난다. 신행은 신성으로 가는 길 위에서 온갖 모험을 겪으며 예수의 가르침을 깨닫는다. 여행 중 신행은 여러 위험을 겪지만 그때마다 구원을 얻게 되고, 주위 사람들에게 예수의 은혜를 전도하려고 노력한다. 또한 부귀영화 등의 유혹을 물리치고, 간악한 세력인 마왕도 처단하는 등 고초를 이겨낸 신행은 마침내 천사의 인도로 신성문을 들어서게 된다. 그러나 이 모든 것은 세몽이 꾼 이상한 꿈이었다.

【참고】 고려대 도서관 소장 광명서관본을 텍스트로 내용을 정리했다. 총 24장으로 구성된 장회체 소설이다. 시 공간적 배경이 현실적이지 않고 등장인물의 면모나 사건의 전개 또한 비유적인 차원에서 처리되어 있다. '서언' 과 '독자에게 드리는 말' 을 통해 독자에게 기독교의 신앙을 전도하려는 의도를 명확히 드러내고 있다. 존 버니언의 「천로역정」과 그 얼개가 흡사한 작품이다.

행복의 가정/幸福의 家庭: 이인직 작. 영창서관1941(107면, 25전).

【내용】 내용 생략.

【참고】 이인직의 「치악산」과 「귀의 성」을 합본한 책이다. 저작 겸 발행인은 大山治永이다.

행화촌/杏花村

김송규 저작발행. 광한서림1931(64면, 25전).

【내용】 경성 안동에 사는 김 과장은 평소 알고 지내던 박 참사의 주선으로 재혼하지만 몇 달 만에 죽고 만다. 그러자 김 과장과 자녀들의 혼사를 약속했던 리 참위가 딸 정숙의 앞날을 걱정하여 김영일과의 파혼을 선언한다. 이 일로 정숙을 만나고 집 안으로 들어서던 영일은 우연히 박 참사와 서모가 이야기하는 소리를 엿듣고 두 사람이 정부 사이임을 알게 된다. 얼마 후 영일은 북한산으로 유인하는 박 참사를 따라 사냥에 나섰다가 재산을 노리는 그의 총에 맞아 죽을 위기에 처하고 구사일생으로 목숨을 건진다. 늦은 밤 집으로 돌아온 그는 박

참사가 집을 팔아 다른 곳으로 도주한 것을 알게 되고, 동창생에게 의탁해 지내다 친구와 함께 동경 유학을 떠난다. 한편 정숙은 다른 혼처를 피하기 위하여 양친에게 상급학교 진학을 간청했다가 무산되자 외국에 나가 공부하기로 결심하고 몰래 집을 나와 남대문 정거장으로 향한다. 이튿날 딸의 편지를 본 리 참위는 종로경찰서에 수색 청원을 제출하고 부산에 내려가지만 찾지 못하고 되돌아온다. 한편 동경여자대학을 졸업한 정숙은 상야 공원에서 벚꽃 구경을 하던 중에 자신을 쫓아다니는 강 소년에게 총을 맞고 쓰러진다. 이때 총소리에 달려온 영일 일행은 쓰러진 정숙을 발견하고 병원으로 이송한다. 병실에서 신문을 보던 정숙은 자신을 구해 준 영일이 이번 사건의 혐의자로 체포되었다는 기사를 읽고 경찰서로 찾아가 사건의 전말을 밝힌다. 그녀의 발명으로 영일 일행은 무사히 풀려나고, 강 소년은 수배되었다가 체포된다. 얼마 후 영일과 함께 귀국한 정숙은 고향에 있는 부모를 찾아뵌 후 영일과 혼인한다. 이튿날 신문에 김 과장을 독살하고 그의 아들 영일에게 위해를 가해 재산을 가로챈 박 참사의 죄상이 신문에 실린다.

【참고】 서울대 도서관 소장 광한서림본 표지에 '新小說 杏花村 향화촌', 본문 첫 장에 '新小說 杏花村 행화촌 全'이라고 표기되어 있다. 주변 인물들의 방해와 모략으로 혼사장애를 겪는 남녀 주인공의 이야기를 다루고 있다. '개화된 세계에는 금전만 알어 인심이 날로 효박'함을 주장하면서 '아름다운 재래의 습관을 거론하며 불가함을' 들어 언약의 중요성을 강조하는 여성 주인공의 의식이 드러나 있다. 최찬식, 「추월색」의 주요 모티프를 모방 차용하고, 남주인공의 가계사를 조작 변개하는 데 그친 작품이라 할 수 있다.

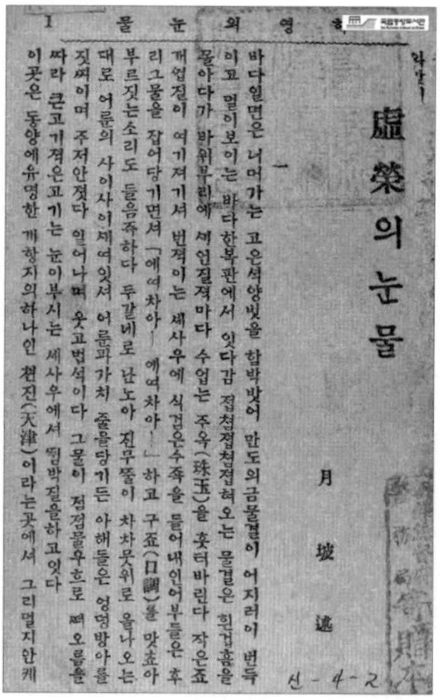
허영의 눈물 1

虛榮의 눈물

月坡 述

一

바다일면은 너머가는 고은석양빗을 함박밧어 만도의금물결이 어지러이 번득이고 멀이보이는 바다한복판에서 잇다감 접첩첩접쳐오는 물결은 흰거품을 몰아다가 바위부리에 새언질적마다 수업는 주옥(珠玉)을 훗터바린다 작은죠개업질이 여기져기서 번적이는 세사우에 식검은수족을 들어내인어부들은 후리그물을 잡어당기면서 「에여차아― 에여차아―」 하고 구죠(口調)를 맛초아 부르짓는소리도 들음쥭하다 두갈네로 난노아 진무쭐이 차차뭇위로 올나오는대로 어룬의 사이사이제여잇셔 어룬과가치 줄을당기든 아해들은 엉덩방아를 짓찌이며 주저안젓다 일어나며 웃고법석이다 그물이 점점물우흐로 떠오름을 짜라 큰고기적은고기는 눈이부시는 세사우에서 뛈박질을하고잇다

이곳은 동양에유명한 개항자의하나인 천진(天津)이라는곳에서 그리멀지안케

허영의 눈물/虛榮의눈물

월파 작. 성문당서점1934(210면, 80전).

【내용】 동양의 한 어촌 여관에 북경에서 여행 온 자작 부인이 머문다. 여관집 딸 정애는 자작 부인의 화려한 모습에 넋을 잃고, 정애를 좋아하는 심가진은 이를 못마땅하게 여긴다. 고아인 가진은 정애의 부친 호창명이 거두어 기른 청년으로, 부자에 대해 부정적인 인식을 가지고 있다. 어느 날 창명은 정애에게 가진과 부부가 될 수 없다고 하면서 출생에 관한 비밀을 털어놓는다. 정애와 가진은 과거 창명과 애국활동을 하던 동료들의 자식이었던 것이다. 창명은 딸과 아들을 각각 정치가의 아내와 실업가로 키워 달라는 동료들의 유언 때문에 정애와 가진의 결혼을 반대한다. 정애는 가진에 대한 마음을 접고 자작 부인을 따라 북경으로 떠난다. 그리고 오 백작이라는 세력가를 만나 가까워진다. 한편, 정애의 사촌 지홍은 정애가 자신의 마음을 받아주지 않자 복수를

결심한다. 지홍은 정애를 뒤쫓아 온 가진에게 정애가 귀족세계에 빠져 있다고 음해한다. 오 백작과 정애의 결혼이 추진되고 있음을 알게 된 가진은 정애에게 작별을 고한다. 얼마 후 호창명이 위독하다는 소식에 정애는 급히 귀국하고 그곳에서 가진을 다시 만난다. 창명은 가진에게 출생에 관한 사연을 들려주고 정애와 의남매로 지낼 것을 부탁하며 눈을 감는다. 가진은 실업가가 되기 위해 길을 떠나고 정애는 북경으로 돌아와 오 백작과 결혼식을 올린다. 그러나 시간이 흐를수록 오 백작은 정애를 멀리하고 여배우 매향과 바람을 핀다. 매향은 오 백작과 정애를 갈라놓기 위해 지홍이 고용한 인물이다. 정애는 오 백작이 아이마저 외면하자 절망감에 자살하고 매향은 종적을 감춘다. 삼 년 후 정애의 무덤가에 실업가로 성공한 가진이 찾아온다.

【참고】 국립중앙도서관 소장 성문당서점본 본문 첫 장에 '虛榮의눈물 月波述'이라고 표기되어 있다. 모두 77개의 장으로 구성된 장편이며, 각 장의 제목은 달려 있지 않다. 귀족세계의 화려함에 마음이 흔들리는 여주인공의 불행한 결말, 물질에 현혹되지 말라는 남주인공의 대사 등에서 배금주의에 대한 작가의 비판의식을 엿볼 수 있다.

허풍선이 모험기담(번)/허풍션이모험긔담

뷔르거 작. 최남선 역. 신문관1913(81면, 25전).

【내용】 원작 참조.

【참고】 독일 기담 「허풍선이 남작의 모험」을 축약 번역한 작품이다. 원작은 실존인물 뮌히하우젠을 주인공으로 삼은 황당무계한 모험담으로, 뷔르거(Gottfried August Burger)와 라스페(Rudoph Erich Raspe)의 저작이 존재한다. 뷔르거의 원작을 일역한 佐々木邦의 『法螺男爵旅土産(1909)』을 중역한 것이라는 견해를 인정한다면, 이 중역본의 원작 또한 뷔르거의 저작으로 보아야 할 것이다.

헬만과 도로데아(번)/헬만과도로뎨아: 괴테 작. 양하엽 역.

조선일보1922.12.1(58회)-12.31(79회 완) ; 영창서관1924(153면, 80전).

【내용】 동란이 일어난 라인강 좌안(左岸)에서 온 피난민이 평화로운 우안(右岸)의 거리를 지나간다. 구호품을 전달하러 간 헬만은 거기서 의지할 곳 없어도 씩씩하게 일하고 있는 프랑스 피난민 처녀 도로뎨아를 만나 사랑하게 된다. 아들의 심정을 알아차린 어머니는 아버지에게 간청하여 도로뎨아를 데려오게 한다. 구혼의 말을 하지 못한 채 헬만은 집안일을 돕는다는 구실로 도로뎨아를 데리고 온다. 헬만의 아버지는 도로뎨아를 며느리로 맞는 것에 반대하였으나 헬만 모자의 간곡한 청에 못 이겨 허혼한다. 가난한 여자인 줄로만 알았던 도로뎨아는 지니고 있던 거금을 헬만에게 결혼선물로 준다.

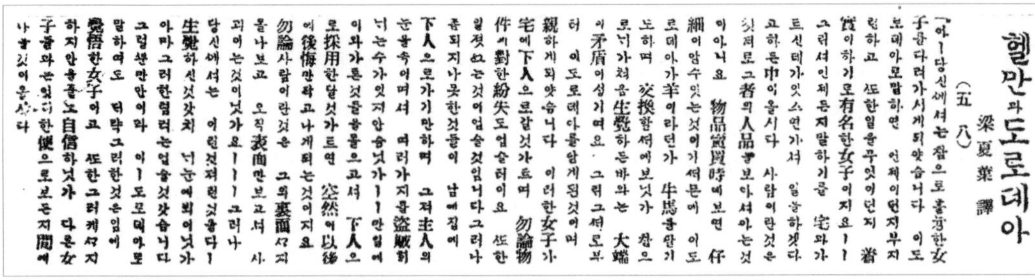

헬만과도로데아 (五八) 梁夏葉 譯

「아ㅣ당신께서는참으로훌륭한女子를다려가시게되얏슴니다 이도로데아로말하면 언제이던지부지런하고 또한일을무엇이던지 着實이하기로有名한女子이지요ㅣㅣ그러서인제든지말하기를 宅와가트신데가잇스면가서 일을하겟다고하든巾이올시다 사람이란것은 첫재로그者의人品을보아서야는것이아니요 物品賣買時에보면 仔細이암수잇는것이가써문에 이도로데아가羊이라던가 牛馬를맛기도하며 交換할써에보닛가 참으로너가처음生覺하든바와는 大端이矛盾이성기여요. 그러그써로부터 이도로데아를암게된것이며 親하게되얏슴니다 이러한女子가 宅에下人으로갈것가트며 勿論物件에對한紛失도업슬터이요 또한 일젓쇼는것이업슬것입니다그러나 좀되지나못한것들이 남에집에 下人으로가기만하며 그저主人의 눈을속이며서 여러가지를盜賊휘너는수가잇지안슴닛가ㅣㅣ만일에 이와가튼것들을몰으고서 下人으로採用한달것가트면 空然에以後에後悔만하고나게되는것이지요 勿論사람이란것은 그의裏面서지 몰나보고 오직表面만보고서 사괴어는것이닛가요ㅣㅣ그러나 당신께서는 어린젓재런것을다ㅣ生覺하신것갓치 너는에뵈어닛가 아마그러한렴려는업슬것갓슴니다 그럴생만안이라 이ㅣ도로데아로 말하여도 터략그러한것은입에 發信한女子이고 또한그러케서지 하지안을줄노自信하닛가 다른女子줄와는잇더한便으로보든지間에 나놀깃이올시다

【참고】《조선일보》 연재 지면에 '헬만과 도로뎨아 梁夏葉 譯' 이라고 표기되어 있다. 신문 자료의 유실로 57회 이전의 연재분을 확인할 수 없다. 원작은 독일 문호 괴테(Johann Wolfgang von Goethe)의 「헤르만과 도로테아(Hermann und Dorothea)」(1797)이다. 영창서관 단행본 표지에는 '헬만과도로데아'라고 제목이 표기되어 있고, 그 아래 '最後의 勝利' 라고 부제가 병기되어 있다. 본문 첫 장에는 '헬만과도로데아' 라고만 표기되어 있다. 표지와 본문 첫 장 모두 '양하엽 역' 이라고 역자명만 밝혀져 있고 저자에 관한 정보는 없다. 그러나 역자 서문 격인 '한말삼알왺' 이란 글에서 '독일의 문호 쒜테의 서사시' 를 번역한 것이라고 원저자를 밝히고 있다. 이 글 끝에는 '1923년 11월 1일' 이라고 적혀 있어 서문의 작성 날짜를 알 수 있다. 초판이 발행된 것은 이듬해인 1924년 1월이다. 제목과 달리, 본문에서는 남성 인물의 이름이 '헤ㄹ만' 이라고 표기되어 있다.

혁명가 손일선 실기/革命家孫逸仙實記: 작자미상. 덕흥서림1933(30전).

【내용】 미확인.

【참고】 단행본 원본 자료를 구할 수 없어 작품의 경개 및 세부 서지사항을 확인하지 못했다. 『옥련의 눈물(덕흥서림1933)』 권말 '京城德興書林新刊書籍廣告' 에 '革命家孫逸仙實記' 라고 제목이 표기되어 있다.

혁명가의 아내(번)

【내용】「심야의 공포」 참조.

현미경/顯微鏡: 김교제 작. 동양서원1912(264면, 35전) ; 보문관1918.

【내용】 김 감역은 원래 충주 사람이다. 충주에서 북실로 건너 온 김 감역은 근검절약해서 재산을 모으고 가난한 이웃사람들을 구제하는 데도 앞장서서 두터운 인망을 쌓는다. 그러나 그는 정 승지에 의해 동학의 접주로 몰려 재산을 빼앗기고 서울로 끌려가 처형당한다. 김 감역의 딸 빙쥬는 아버지를 모함하여 죽게 한 정 승지를 죽이고 박 참위의 도움을 받아 도망가다가 옥희를 만난다. 옥희는 순사들이 쏘아대는 철환에 맞아 중상을 입고 쓰러진다. 옥희

가 죽었다고 생각한 빙쥬는 서울 사는 옥희의 작은아버지 리 협판 댁으로 들어가 옥희 노릇을 한다. 그러나 머지않아 옥희가 나타나자 빙쥬는 리 협판에게 자초지종을 아뢰어 동정과 용서를 받는다. 리 협판이 빙쥬를 친딸 이상으로 여기자, 옥희는 빙쥬를 시기하여 그녀를 모함할 계획을 꾸민다. 마침 죽은 정 승지의 인척인 정 대신이 염탐꾼을 풀어 빙쥬를 찾는다는 소문을 듣고 밀고하는 등 수 차례 빙쥬를 위험에 빠뜨리지만, 다행히 빙쥬는 위기를 모면하고 최 생원의 도움으로 죽은 줄 알았던 아버지와 재회한다. 리 협판은 옥희를 가두어 반성케 하고 빙쥬는 아버지와 이복동생 빙심, 그리고 어머니 삼살방 마마를 만나게 된다. 후에 빙쥬는 자기를 도와준 박 참위와 결혼하여 행복하게 산다.

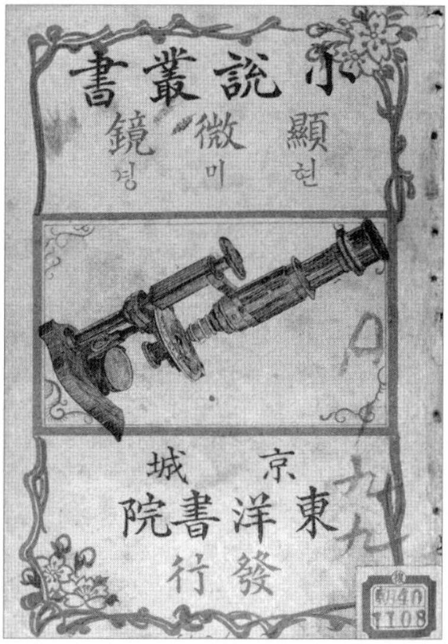

【참고】 김교제의 작품이다. '현미경'이라는 제목은 내용과 별 상관없이 새로운 이야기라는 느낌을 갖도록 하려는 작가의 의도로 해석되기도 하고, 본문 중 서술을 인용하여 속속들이 인간세상을 살펴보는 조물주의 눈으로 해석되기도 한다. 국립중앙도서관 소장 동양서원 본의 본문 첫 장에 '현미경(顯微鏡) 雅俗 著 아쇽 져'라고 표기되어 있다.

현철한 아내/현쳘한안애賢哲한我愛: 작자미상. 세창서관1935.

【내용】 리애경은 젊고 아름다운 이십 세가량의 여성이다. 그녀의 남편 최홍균은 마음 착하지만 세상 물정 모르는 사람으로, 한문책이나 읽으며 도배 일로 근근이 생계를 꾸려가고 있다. 김우진은 삼십 세쯤 된 부유한 청년으로, 불량한 성품을 지닌 인물이다. 어느 날 우진은 우연히 애경을 보게 된다. 그녀의 미모에 혹한 우진은 일거리를 맡긴다는 핑계로 홍균에게 접근하여 애경을 차지하려 한다. 애경은 우진의 계략을 알아차리지만, 남편이 이를 전혀 깨닫지 못하고 어수룩하게 굴자 집을 떠나기로 결심한다. 남편이 자신의 과오를 깨닫고 사회적으로 성공하기 전에는 재회하지 않기로 한 것이다. 애경이 이러한 뜻을 전하고 떠나자, 홍균은 그제야 비로소 자신의 어리석음을 깨닫는다. 그는 성공하여 아내를 만나려는 일념으로 상경한 후, 신문 배달을 하며 신학문을 익혀 동경으로 유학 가기에 이른다. 한편 애경은 여관을 하는 서울 고모 집에 의탁하여 아들을 기르며 남편의 성공을 기원한다. 수년이 흐른 후, 애경의 고모가 하는 여관에 우연히 우진이 투숙한다. 애경을 보고 다시 흑심이 생긴 그는 애경을 첩으로 삼고 싶어 그녀의 고모를 매수하고 그녀의 아들을 몰래 버린다. 애경은 기지를 발휘하여 위기를 벗어난 후 경찰서에 우진의 만행을 신고한다. 경찰은 우진과 애경

의 고모를 잡아들여 훈계하는 한편 애경의 아들을 찾아 준다. 동경에 있던 홍균은 신문에 난 애경과 우진 사건의 기사를 보고, 아내의 굳은 마음에 감격하여 더욱 공부에 매진, 마침내 관리가 된다. 부부는 재회하여 행복하게 산다.

【참고】 표지에 '현철한 안애 賢哲한 我愛', 본문 첫 장에 '모범연애 현철한 안애' 라고 표기되어 있다. 작품 말미에 서술자가 직접 등장하여 "흥균의 성공은 애경의 덕이니 남의 아내 된 여성들은 생각해 볼 일"이라고 언급하고 있다. 서강대 도서관 소장 세창서관(1951)본을 텍스트로 내용을 정리했다.

혈가사/血袈裟: 호관 작.

취산보림1920.8 ; 울산인쇄소1926(상: 179면, 하: 162면; 합본 1원).

【내용】 리숙자와 권중식은 사랑하는 사이이다. 그러나 숙자의 어머니 김 씨는 숙자를 정 남작에게 시집보내려 한다. 결혼 문제로 모녀가 갈등하던 중 남산공원에서 연쇄살인 사건이 벌어지는데, 피해자 중 하나가 정 남작이다. 시체의 손에서 숙자의 머리카락이 나오자 숙자가 살인누명을 쓰게 된다. 숙자는 옥에 갇히지만, 중식이 고용한 명탐정 김응록에 의해 사건의 전말이 파헤쳐지고 숙자의 누명은 벗겨진다. 사건은 19년 전 목포에서 시작된다. 김천일의 첩으로 들어간 기생 롱파는 정부 리 주사와 짜고 천일의 재산을 빼앗는 과정에서 천일과 리 주사를 죽이고 도망간다. 여승으로 변장한 그녀는 청심보살이란 이름으로 금강산의 빈 암자에 머문다. 그때, 금강산 유람을 온 리 협판은 마을 처녀 옥례에게 마음을 두게 되고 가끔씩 롱파의 암자를 빌려 몰래 만난다. 옥례와 리 협판 사이에 딸 숙자가 태어나자 리 협판은 롱파에게 감사의 뜻으로 청심보살이란 글자를 새긴 비단 가사를 선물한다. 여승 생활이 지겨워진 롱파는 리 협판을 독살하고, 옥례와 옥례의 모친도 깔로 찔러 죽인 뒤 숙자의 생모로 위장해 리 협판의 집으로 들어간다. 한편, 살인현장을 목격한 마을 청년 김석봉은 옥례의 피가 선명하게 물든 비단 가사를 들고 롱파의 뒤를 좇는다. 롱파가 막대한 재산을 소유하게 되자 그는 혈가사로 롱파를 협박하여 돈을 뜯어낸다. 19년 후 다시 돈을 얻으러 나타난 석봉은 롱파에게 문전박대를 당하고, 그 보복으로 롱파가 벌인 사건의 시말서와 혈가사를 손에 든 채 공원에서 목매 죽는다. 그의 시체를 발견한 정 남작은 사건의 전말을 가장 먼저 알게 되는데, 이로 인해 롱파에게 살해당한다. 이어 롱파는 방물장수 옥동할멈과 짜고 숙자에게 누명을 씌웠던 것이다. 롱파와 옥동할멈은 잡혀가 사형을 당하고 숙자는 중식과 결혼하여 생모인 옥례와 외할머니의 영혼을 위해 천도제를 지낸다.

【참고】《취산보림》 5호 연재 지면에 '長篇小說 血袈裟 續 濠觀' 이라고 표기되어 있다. 현재 남아 있는 잡지 자료로는 5호(1920.8)에 게재된 것만을 확인할 수 있다. 1, 2호에는 실려 있지 않고, 3, 4, 6(종간)호 자료는 유실되었다. 통도사 내 불교청년회에서 발행한 《취산보림》은 1920년 1월 창간되어 11월 6호로 종간된 잡지이다. 단행본 속표지에 '探偵小說 혈가사 上下合編' 이라고 표기되어 있

다. 판권지에 저작 겸 발행자로 '朴秉鎬'가 표기되어 있는데, '濠觀'은 《취산보림》 편집을 맡았던 박병호의 필명인 것으로 보인다. 발행소가 표기되어 있지 않고 인쇄소(울산인쇄소)만 표기되어 있다. 2002년에 국립중앙도서관에서 상하 합본된 『혈가사』가 발굴되면서 한국 최초의 추리소설에 대한 논쟁이 일었다. 작가인 박병호와 작품이 연재된 잡지 《취산보림》은 당대 울산 지역 계몽운동의 거점 역할을 하였던 것으로 파악된다. 연재 당시 잡지 폐간 등의 어려움을 겪었으며, 1926년 단행본 출간 직후에도 친일 인사를 비판적으로 묘사했다는 이유로 총독부에 의해 압수되어 세간에 알려지지 않았다.

혈루/血淚

최환규 저작발행. 조선농민사본부1927(55면, 20전).

【내용】 삼십구 년 전 김○○는 원통한 일을 당한다. 구한말, 매관매직이 성행하던 때 평안감사로 부임한 ○ 대감은 우매한 백성들에게 벼슬을 팔아 마음대로 재산을 강탈하기 시작한다. ○ 대감은 벼슬자리를 원하는 돈 많은 상민들에게 벼슬을 팔고, 다시 그 상민을 옥에 가두어 벼슬을 산 죄를 물어 돈을 받아내는 등 악랄한 수단을 이용한다. 의주의 거상인 김○성 영감은 돈이 많아도 벼슬이 없으면 그 부를 편안히 누릴 수 없다는 생각에 자손들에게 공부를 열성적으로 시켜 벼슬길에 오르게 한다. 그 덕에 아들과 손자들이 모두 진사 자리에 올랐으나 김○○의 종형 김○○만 벼슬이 없다. 그때 마침 평안감사로 온 ○ 대감이 김○○의 집 재산을 탐내던 중 그 종형 김○○의 약점을 알고 접근하여 함경도 부사 자리를 판다. 그리고 그 값으로 그의 토지를 몰수하고, 그것도 모자라 조부인 김○성 영감과 종제 김○○를 옥에 가두어 재산을 몰수한다. 십여 년이 지난 후 김○○은 자신의 억울한 사연을 법정에 호소한다. ○ 대감을 상대로 지방재판소에서 승소한 김○○의 사연이 《대한민보》, 《매일신보》, 《제국신문》에 실린다. 그러나 돈으로 재판에 관계된 사람들을 매수한 ○ 대감은 항소하여 대심원 판결에서 승소한다. 그 충격으로 김○○의 부친이 사망하자, 김○○는 원한에 사무쳐 보복의 날을 기다린다.

【참고】 국립중앙도서관 소장 조선농민사본부본 본문 첫 장에 '人間의 悲劇 現代의 哀話 (小說) 血淚 第一卷'이라고 표기되어 있다. 주인공 김○○의 억울한 사연을 '나'가 대신 전하는 액자소설 형식으로 되어 있다. 본문 마지막 장에 '以下는 第二卷으로'라고 표기되어 있으나 확인할 수 없다. 주요 인물과 장소 등의 이름이 익명으로 처리되어 있다. '나'는 구한말을 '악정시대'라고 비판하며 인류애와 민족애로 김○○의 사연을 민중사회에 알리고자 한다며 이 글을 쓰는 이유를 밝히고 있다.

혈루몽/血淚夢: 서병수 작. 대성서림1926.

【내용】 평양에 사는 황만국과 명옥 남매는 부유한 집안 태생이지만, 어려서 부모를 잃고 서모 윤 씨 손에 자라난다. 윤 씨는 자신이 낳은 딸만 예뻐하여 남매를 구박하고 재산을 가로챈다. 만국이 성장하여 학교를 졸업할 나이가 되자, 윤 씨는 전부터 알고 지내던 정기백이란 자에게 만국을 없애 버리라고 지시한다. 그러나 기백은 전에 만국 부모의 은혜를 입었던 데다, 평소 만국이 자신을 친형제처럼 대해 주는 데 감복하여 만국에게 윤 씨의 흉계를 알려 준다. 만국은 기백의 충고에 따라 일본으로 가서 행방을 감춘다. 한편 집에 혼자 남은 명옥은 강제로 백규한이라는 불량한 청년에게 시집가게 된다. 그녀는 자신의 처지를 비관해 대동강에 투신하려 하지만, 그곳을 지나던 서병인이라는 청년의 만류로 마음을 돌린다. 둘은 서로에게 반하여 장래를 약속하고, 윤 씨 몰래 함께 일본으로 유학 간다. 어느 날 명옥은 공원에서 자신을 쫓아 일본으로 온 규한을 만난다. 규한은 명옥이 자신을 냉대하자 그녀를 죽이려 한다. 이때 마침 공원에 온 병인이 그녀를 구하려다 다친다. 규한의 칼을 맞은 병인과 명옥은 병원으로 옮겨지고, 규한은 비명을 듣고 달려온 순사의 총에 맞아 숨진다. 병원에서 깨어난 명옥은 조선 사람이라는 간호부 신춘숙과 이야기를 나눈다. 춘숙은 명옥의 이름을 알고는 만국이 살아 있으며 자신이 만국의 부인이라는 사실을 알려 준다. 자신은 일본에서 고학하던 만국을 만나 결혼했다는 것이다. 만국 부부와 명옥, 병인은 다 함께 모여 지내 온 이야기를 하며 장래 계획을 세운다. 학업을 마친 후 조선으로 돌아온 네 사람은 윤 씨를 찾아간다. 윤 씨는 과거의 잘못을 뉘우치고 남매를 친자식처럼 여기기로 한다. 만국은 은인인 기백을 만나 의형제를 맺고, 다 함께 행복하게 산다.

【참고】 표지에 '悲劇小說 血淚夢 혈누몽', 본문 첫 장에 '悲劇小說 血淚夢 비극쇼셜 혈루몽 徐丙洙 著'라고 표기되어 있다. 1926년에 초판이 발행되었으며, 1932년 발행된 7판본(108면, 70전)을 텍스트로 내용을 정리했다.

혈루의 미인/혈누의미인血淚의美人: 작자미상. 세창서관1935.

【내용】 회사원 김진성은 리하정과 결혼하여 아들 호영을 낳고 행복한 나날을 보내던 중 뜻밖의 일로 영어의 몸이 된다. 집 안에 침입했다가 대문 밖으로 달아나는 도둑을 방망이로 내리치자 도둑이 그 자리에서 절명하고 만 것이다. 이 일로 그는 10년 형을 언도받는다. 한편 복역 중에 발생한 폐결핵을 치료하기 위해 잠시 집에 머물던 진성은 경성역에서 봉천행 열

차를 타고 만주로 도주한다. 한편 죽은 도둑의 아우인 리우열이 신문에 난 진성의 사진을 보며 복수에 나선다. 수색 활동을 벌이던 우열은 봉천의 여관에서 서기로 일하는 진성을 찾아내 숲 속으로 유인하여 총을 쏴 죽인다. 하지만 반군 토벌을 위해 매복해 있던 만주국 순경에게 붙들리고, 조선으로 호송되어 15년형을 선고받는다. 한편 하정은 남편의 사연이 실린 기사를 보고 봉천으로 향한다. 그녀는 화장한 남편의 유해를 안고 고향으로 돌아오는 기차 안에서 아들 호영을 잘 양육하여 큰 인물이 되게 하리라 다짐한다. 어느덧 세월이 흘러 호영은 고등학교를 우수한 성적으로 졸업하고 회사에 취직한다. 그러던 어느 날, 그는 회사에서 아버지의 죽음에 대한 뜻밖의 이야기를 듣고 충격에 빠진다. 하정은 저간의 사정을 이야기하며 다독이지만 호영은 아버지의 복수를 다짐한다. 어느 날, 출옥 후 옥중 여독으로 병원에 입원한 리우열이 칼에 찔려 죽는 사건이 발생한다. 호영은 경찰서에 자수하고 5년 형을 선고받는다.

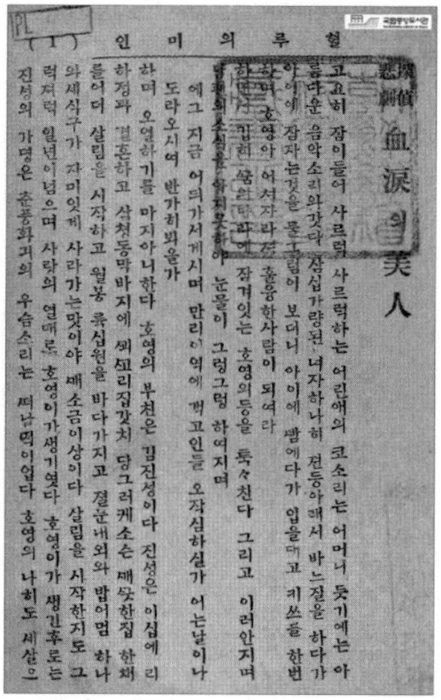
探偵小說 血淚의 美人

혈루의미인 (1)

고요히 잠이들어 사르렁 사르렁하는 어린애의 코소리는 어머니 듯기에는 아름다운 음악소리와갓다 삼십가량된 녀자하나히 젼등아래서 바느질을 하다가 아이에 잠자는것을 물그럼이 보더니 아이에 뺨에다가 입을대고 키쓰를 한번 하며

호영아 어서자라서 훌융한사람이 되여라

하면서 [illegible] 잠겨잇는 호영의등을 툭々친다 그리고 이러안지며 남편의소식을 아지못하야 눈물이 그렁그렁 하여지며

에그 지금 어듸가서게시며 만리이역에 객고인들 오작심하실가 어느날이나 도라오시여 반가히뵈올가

하며 오열하기를 마지아니한다 호영의 부친은 김진성이다 진성은 이십에 리하정과 결혼하고 삼쳑동막바지에 쎄쐬리집갓치 당그러케소슨 매얏한집 한채를어더 살림을 시작하고 월봉 륙십원을 바다가지고 절눈내외와 밥어멈 하나와세식구가 자미잇게 사라가는맛이야 깨소금이상이다 살림을 시작한지도 그력저력 일년이넘으며 사랑의 열매로 호영이가생기엿다 호영이가 생긴후로는 진성의 가뎡은 춘풍화긔의 우숨소리는 떠날떡이업다 호영의 나히도 세살으

【참고】 표지와 본문 첫 장에 '探偵小說 血淚의 美人 혈누의 미인'이라고 표기되어 있다. 뜻밖의 살인이 서로 죽임을 거듭하는 무서운 악연과 원한 관계로 이어지는 내용을 다루고 있다. 살인사건의 범인을 정밀하게 추적하는 과정이나 그 사건을 매개로 한 갈등구조를 풀어 내기보다는 개인적 복수를 해결하는 것에 서술의 초점이 맞춰져 있다. 서강대 소장 세창서관본을 텍스트로 내용을 정리했다.

혈의 루/血의淚

이인직 작. 만세보1906.7.22-10.10(50회 상편 완) ; 광학서포1907(94면, 20전).

【내용】 김관일과 그의 부인 최 씨, 딸 옥년 세 식구는 청일전쟁의 난리 통에 서로 헤어진다. 최 씨는 옥년을 찾는 데도 실패하고 남편마저 돌아오지 않자 자살을 결심하여 대동강 물에 뛰어든다. 천행으로 뱃사공에게 구출된 최 씨는 평양의 집에 그대로 머무르게 된다. 한편 김관일은 가족을 잃은 전쟁의 폐허를 뒤로하고 나라의 큰일을 해야겠다고 결단하여 미국 유학을 떠난다. 그 즈음 옥년은 피란길에 폭탄의 파편을 맞아 부상을 당했으나 일본군 군의관 이노우에의 후의로 치료를 받고 그의 양녀가 되어 일본으로 건너간다. 총명하고 예쁜 옥년은 이노우에 군의의 부인으로부터 사랑을 받고 신교육의 기회를 얻는다. 하지만 이노우에가 전사하자, 옥년은 부인으로부터 냉대를 받게 된다. 옥년은 갑자기 갈 곳이 없는 신세가 되어 방황하다가, 구완서라는 청년을 알게 되어 함께 미국으로 건너간다. 구완서는 부국강병의 뜻을 품고 유학길에 오르던 중이었다. 옥년은 그곳에서 고등학교를 우등으로 마치

고 이미 미국에서 살고 있던 아버지 김관일과 10년 만에 상봉한다. 옥년이 우등으로 졸업하자 그곳 신문에 옥련에 관한 기사가 났는데 이것을 옥년의 아버지인 김관일이 발견한 것이다. 어머니가 아직 평양에 살아 있음을 확인한 옥년은 매우 기뻐하며, 그리운 마음에 편지를 띄운다. 구완셔는 우리나라를 문명한 강대국으로 만들어야겠다고 다짐하고, 옥년은 우리나라 여자들의 지식을 넓혀서 남자와 동등한 권리를 누릴 수 있게 하며, 또한 여자들도 사회에 유익하고 명예 있는 백성이 되도록 교육할 것을 마음먹는다.

【참고】 아세아문화사 영인 광학서포(1907)본을 텍스트로 내용을 정리했다. 이인직 최초의 장편소설이며 우리 근대문학 최초의 신소설로 평가된다. 이 작품의 후편은 본문 마지막에 "아래권은 그 여학생이 고국에 돌아온 후를 기다리오"라고 예고된 후, 1913년 2월부터 6월까지 「모란봉」이라는 이름으로 《매일신보》에 65회에 걸쳐 연재되었는데(미완), 이것이 그의 최후의 작품이다. 《제국신문》에 1907년 5월부터 6월까지 11회 연재된 「혈의 루 하」를 속편으로 보는 견해도 있다. 작품은 청일전쟁 때의 평양을 시발점으로 그 후 10년 동안의 한국·일본 및 미국을 배경으로 하여 옥련 일가의 기구한 운명과 그에 얽힌 개화기의 시대상을 다루었다. 고대소설의 문체를 탈피하지 못한 부분이 빈번하고, 구성이나 이야기의 전개 방법이 미숙한 점 등 초기 신소설의 공통된 취약점이 엿보이기도 한다. 상편이 주인공 옥련의 7세-17세까지의 사적을 다룬 데 비하여 하편 『모란봉』은 그 이후의 사적을 다룬 것이다. 「혈의 루」 상편은 1911년 6월 2일 일제 경무부에 의해 불허가 출판물로 지정되어 판금되었다. 그리고 1912년 동양서원에서 「혈의 루」 상편을 개작한 『牧丹峰』이 간행되었다. 검열을 의식해서인지 이 판본에는 수구파에 대한 혐오와 신교육에 대해 긍정하는 내용이 제외되었다.

혈흔(번)/血痕: 아르치바셰프 작. 신뷘벌 역. 신생활1922.6-9(4회 완).

【내용】 주인공 아닛시모푸는 형언할 수 없는 느낌으로 '민족의 빛'을 바라본다. 그 빛이란 역전을 오가는 군중들의 낯빛을 의미한다. 기관사는 아닛시모푸를 찾아와 기차를 타고 떠나라고 말하지만 그는 기관사를 돌려보내면서 자신은 이곳을 떠날 수 없다고 말한다. 아닛시모푸가 이곳을 떠나는 순간 여기는 무질서한 곳이 될 것이기 때문이다. 눈이 내리는 것을 바라보던 아닛시모푸는 멀리서 총성과 대포소리를 듣는다. 사람들이 여기저기를 뛰어다니고 두려움에 떨고 있지만 아닛시모푸는 자리를 뜨지 않는다. 군인들이 이들을 제압하기 위해 달려오고 그는 멀리서 그들을 바라본다. 아닛시모푸는 무언가를 끊임없이 생각하려고 노력하지만 제대로 정신을 차릴 수가 없다. 기관차는 모두 떠나고 그곳에 남은 아닛시모푸는 동포끼리 총을 겨누는 이 현실에 절망한다. 파열 소리와 함께 총에 맞은 동지들이 눈 위로 쓰러진다. 그리고 아닛시모푸는 그들에게 잡혀간다. 그는 모든 사고가 무의미해진다고 느낀다. 아닛시모푸는 각하 앞에 끌려가 갖은 욕설을 듣고 결국 사형을 선고받는다. 그는 자신이 다음 날 사살될 것을 알고 '생각하고 생각'하려고 애쓰지만 '공포의 극도'에서 벗어나지 못한다. 그는 마지막으로 자신의 아내에게 편지를 쓴다. 그리고 다음 날 한 병사가 그를

끌어내려 그에게 총구를 겨눈다. 총소리가 주위에 퍼지고 눈 위에 '부정형의 혈흔'만이 남는다.

【참고】 연재 지면에 '血痕 알티빠셰뚜 作 신빈벌 譯' 이라고 표기되어 있다. 총 5개의 장으로 분장되어 있다. 연재 1회 본문 앞에 "이것은 一九0五年 露西亞第一回革命 渦中에셔 作者自身이 體驗한 事實을 題材로 하야 쓴 革命小說"이라는 설명을 하고 있다. 역자는 2회 연재분 말미에 당시 '로서아' 가 검열이 심한 나라임에도 불구하고 '알 翁' 의 것과 같은 작품은 어찌할 수 없었다고 말하면서, '이중역' 의 번역 과정 때문에 원작의 미문을 충분하게 살리지 못한 점에 대해 독자의 양해를 구하고 있다. 혁명을 주도한 것으로 추정되는 주인공이 난리 중에 잡혀가 총살당하는 과정을 그린 작품으로 인물의 심리묘사가 주를 이룬다. 원작은 「사닌」으로 유명한 러시아 작가 미하일 아르치바셰프(Mikhail Petrovich Artsybashev)의 중편소설 「Кровавое пятно(1906)」이다. 동일 원작에 대한 영역본의 표제는 'The blood-stain' 이며, 중역본과 일역본의 표제는 '血痕' 혹은 '血迹' 이다. 러시아어 원본 및 영역본과 대조하여 볼 때 장별 구분을 철저히 지키고 있으며, 등장인물이나 배경이 되는 지역명 등을 번안하지 않고 원어에 가깝게 표기한 역본이다. 역자 '신빈벌' 에 대해서는 알려진 바가 없다.

협웅록(번)/俠雄錄: 르블랑 작. 백화 역. 시대일보1924.3.31-9.9(108회).

【내용】 뤼팽은 뛰어난 지략과 용맹을 가진 대도(大盜)이다. 그는 도둑질을 하기 위해 어느 집에 잠입했다가 태희라는 아름다운 여인을 만나 사랑에 빠지지만, 오랫동안 뤼팽을 탐구해 온 보드레르라는 소년이 그들의 뒤를 쫓는다. 결국 뤼팽과 태희는 사랑을 이루지 못하고 태희가 죽는다. 홀로 남겨진 뤼팽은 비탄에 잠겨 사라진다.

【참고】 연재 지면에 '俠雄錄 白華 譯' 이라고 표기되어 있다. 양건식의 번역소설이다. 원작자와 원작은 명시하지 않았으나 내용으로 보아 프랑스 작가 모리스 르블랑(Maurice Leblanc)의 「L' Aiguille Creuse(1909)」이 분명하다. 여주인공의 이름은 태희라고 바꾸었지만, 나머지 주요인물들의 이름은 뤼팽과 보드레르 등 외국 인명을 그대로 쓰고 있다. 保篠龍緖의 일역본 『奇巖城(1920)』을 중역한 것이다.

형산옥(번)/荊山玉

기쿠지간 작. 벽하 역. 조선일보1922.12.1(65회)-1923.6.20(243회 완).

【내용】 원작 참조.

【참고】 원작은 일본 작가 기쿠지 간(菊池寬)의 『眞珠夫人(1920)』이다. 연재 지면에는 원작자나 원작명이 밝혀져 있지 않다. 원작 『진주부인』은 일본 동경 《일일신문》과 오사카 《매일신문》에 연재되었다. 《조선일보》 연재 초반의 신문 자료가 유실되어 64회 이전의 서지 정보를 확인할 수 없다. 1922년 12월 15일자 77회분까지는 '荊山玉 碧霞 著' 라고 표기되어 있으나, 12월 16일자 78회분부터는 '荊山玉 碧霞' 라고 하여 '著' 표기가 빠져 있다. 1923년 《개벽》지 등을 통해 논란이 된 표절 문제

가 연관되어 있는 것으로 보인다. 박종화는 1923년 《개벽》 신년호에 게재된 「문단의 일년을 추억하야」에서 "그 번역문이 수사가 거칠고 말 안 되는 것이 많고, 풍속과 인정을 그림에 서투른 솜씨가 보인다. 왜 정직하게 번역 작품이었음을 말하지 않았는가" 하며 역자와 신문을 동시에 비판하고 있다. 진주처럼 고혹적인 미소를 지닌 여인 영자가, 재력을 무기 삼아 자신의 가난한 늙은 아버지를 궁지에 몰아넣고 장래를 약속한 연인과의 사이를 갈라놓은 벼락부자에게 처녀의 순결과 교태를 무기로 복수를 한다는 내용이다. 그녀는 미망인이 되어서도 남자를 믿지 못하고 뭇 남성들을 희롱하다 끝내는 자신을 사모하는 청년에게 살해당함으로써 그 파란만장한 생애를 마감한다.

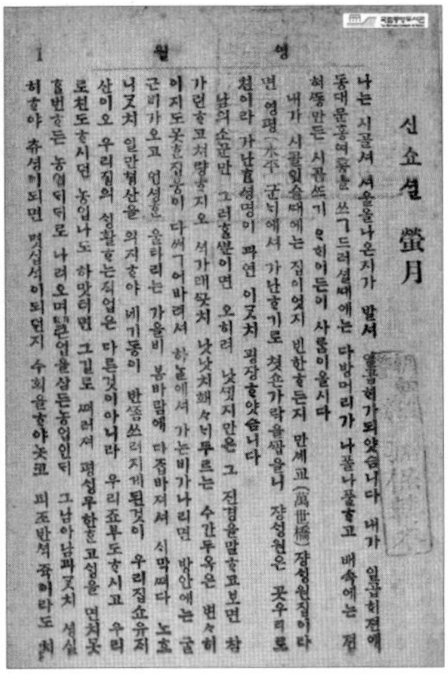

1 월 영

신쇼셜 螢月

나는 시골서 서울을나온지가 발서 열흔히가되얏슴니다 내가 일곱히전에
동대문홍여문을 쓰ᄀ드러설때에는 다방머리가 나풀나풀ᄒᆞ고 배속에는 젖
써똥만든 시골뜨기 우히어든이 사름이올시다
내가 시골잇슬때에는 집이엇지 빈한ᄒᆞ든지 만세교(萬世橋)장셩원집이라
면 영평(永平)군니에서 가난ᄒᆞ기로 첫손가락을꼽을니 장셩원은 곳우리로
천이라 가난ᄒᆞᆫ셩명이 파연 이깃치 굉장ᄒᆞ얏슴니다
남의소문만 그러ᄒᆞᆯ뿐이면 오히려 낫셋지만은 그 진경을말ᄒᆞ고보면 참
가련ᄒᆞ고처량ᄒᆞ지오 석가래맛치 낫낫치해ᄉᆞ니투르는 수간두옥은 번ᄉᆞ히
이지도못ᄒᆞᆫ지붕이 다써ᄀ어바려서 하놀에서 가는비가나리면 방안에는 굴
근비가오고 엄셜ᄒᆞᆫ 울타리는 가을비 봄바람에 다졉바져서 식막떼다 노흐
니깃치 일만텨산을 의지ᄒᆞ야 베기둥이 반쯤쓰러지게된것이 우리집쇼유지
산이오 우리집의 싱활ᄒᆞ는직업은 다른것이아니라 우리죠부도ᄒᆞ시고 우리
로천도ᄒᆞ시던 농업나도 하맛터면 그길로 떠러져 평싱무한ᄒᆞᆫ고싱을 면치못
ᄒᆞᆯ번ᄒᆞ든 농업디터로 나려오며닭은연을삼든농업인데 그남아남파깃치 셰실
히ᄒᆞ야 츄셩이되면 멋십셕이되던지 수희을ᄒᆞ야웃코 피조반셕 쥭이라도 치

형월/螢月: 노익형 저작발행. 박문서관1915(117면, 35전).

【내용】 장필영은 영평에서 농사를 지으며 생계를 이어가는 청년이다. 가난한 살림에도 불구하고 필영은 학문에 대한 열정을 버리지 않는다. 필영은 분수에 넘친다는 부모의 만류에도 불구하고 무일푼으로 서울 유학을 결심한다. 동무인 옥순이 보태 준 학비를 들고 무작정 서울로 올라온 필영은 김 첨지의 소개로 리 교장의 집에서 일을 도우며 공부에 매진한다. 리 교장은 필영의 성실함과 열정을 신임하여 그를 자신의 무남독녀 난영과 맺어 주려 한다. 한편 난영의 동창생인 오대영을 사위로 맞으려고 마음먹고 있었던 난영의 모친은 대영과 공모하여 필영을 죽이려 한다. 어머니의 계략을 눈치챈 난영은 필영을 일본으로 도망가도록 돕는다. 난영이 준 학비를 들고 동경으로 온 필영은 열심히 공부해서 대학을 졸업한다. 몇 년 뒤 위험에 처한 난영을 필영이 구하게 되면서 둘은 우연히 재회한다. 이들은 동경의 부호인 야전금랑의 지원을 받아 공부를 마치고, 함께 고국으로 돌아온다. 난영과 필영은 혼인을 약속하고 필영의 고향으로 향하지만 그곳에는 옥순이 기다리고 있다. 필영은 난영과 옥순 둘 다 부인으로 맞이하려 하지만 결국 옥순은 필영의 행복을 빌면서 자살한다.

【참고】 학구열을 가진 주인공이 갖은 고생을 경험하지만 조력자의 도움을 받아 결국 지식인으로 거듭난다 하여 형설지공의 주제를 강조하는 계몽소설이다. 조선인은 악인이거나 무지몽매한 계몽의 대상으로 설정되어 있는 데 반해 일본인은 학문적 가치를 인식한 조력자로 설정되어 있다. 본문 첫 장에 '신쇼셜 螢月'이라고 표기되어 있다. 겉표지와 판권지의 한글 제목 표기는 '형월'이지만 본문 난외서명은 '영월'로 되어 있어 오기(誤記)로 보인다.

형제(번)/형뎨兄弟

원작미상. 심천풍 번안. 매일신보1914.6.11-7.17(33회) ; 영창서관1918(118면, 30전).

【내용】 인천 항구 룡동막에 사는 영식과 쳘식은 형제지만 체모나 성격이 서로 다르다. 영식은 항우장사처럼 힘이 세고 다부진 반면, 쳘식은 여자처럼 예쁘장하고 여릿여릿하다. 영식, 쳘식 형제의 어머니는 죽을 때 여린 쳘식이 매우 걱정되어 아우의 삶을 보살피라고 영식에게 신신당부한다. 홀어머니가 돌아가신 후 형제의 삶은 곤궁했지만, 영식은 어머니의 유언을 기억하고 동생 쳘식을 잘 보살핀다. 그러던 어느 겨울날 쳘식은 추위를 견디다 못해 남의 외투를 훔쳐 경찰에 붙잡힐 처지에 이른다. 이에 영식은 자신이 죄를 뒤집어쓰고 동생을 대신하여 한 달여 동안 징역형을 산다. 영식이 출소한 다음, 형제는 인천을 떠나 상해로 가서 새 삶을 도모한다. 그곳에서 영식은 우연히 상해 은행 사장을 알게 되고 그의 도움으로 은행에서 일하게 된다. 그로부터 11년 후, 영식은 상해 은행의 인천 지점장으로 발령받을 정도로 크게 출세한다. 그리고 쳘식은 영어, 일어 교사로 일하며 유명한 한의사 오희영의 딸 영자와 정혼한다. 한편 영식은 과거의 징역형 사실이 밝혀져 지점장 발령 취소는 물론이고 회사에서도 쫓겨나는 신세가 된다. 쳘식은 형의 몰락이 가슴 아팠지만 결혼을 성사시키기 위해 자신의 소행을 밝히지 않는다. 그러던 어느 날 쳘식은 교통사고로 중태에 빠지고 만다. 살 날이 얼마 남지 않았다는 의사의 말을 들은 쳘식은 과거에 저지른 자신의 죄를 고백하고 삶을 마감한다. 혐의를 벗은 영식은 다시 상해 은행의 비서역이 되고 사장의 딸 진경희와 결혼한다. 영식은 상해에서 큰 성공을 거두고 고향 인천으로 금의환향한다.

本紙新小說

兄弟

형뎨

沈天風著

再明十一日브터

新小說의秀逸

여러분은미우섭섭ᄒᆞ시겟소오ᄅᆡ동안의독ᄒᆞ시던단장록(斷腸錄)은명일호로만더나면그만이오여러분의깁흔동졍을입어황씨부인은자나간원갓고초ᄂᆞᆫ봄눈과ᄀᆞᆺ치살어지고다시자미잇ᄂᆞᆫ가졍을일우엇답되다

한편으로쳡쳡ᄒᆞ고한편으로ᄂᆞᆫ반가우시리이다예고ᄒᆞᆫ니인뒤로여러분이기다리고기다리시던신쇼셜형뎨(兄弟)가단장록뒤를니어져명일봇터긔재되겟소그니용은보시면아시겟지마ᄂᆞᆫ일편쥬지ᄂᆞᆫ모자간의지극ᄒᆞᆫ졍리와형뎨간의돈목ᄒᆞᆫ우의와귀신이라도감동ᄒᆞᆯ만ᄒᆞᆫ의긔가료연히눈압에빗치오아모리어려우시더ᄅᆡ도하로만더기다리시오

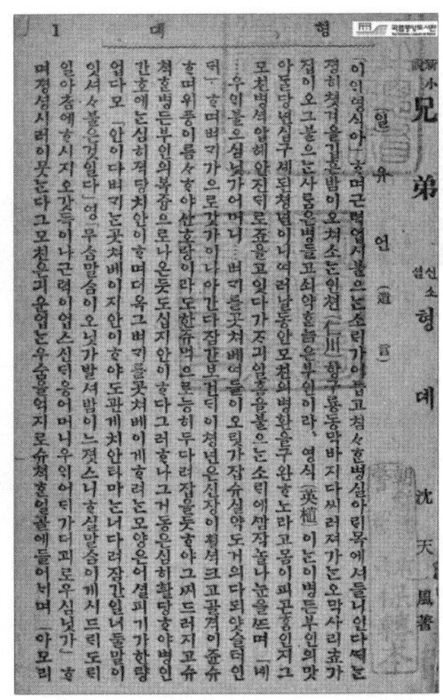
新小說 兄弟

신소셜 형뎨

沈天風著

일 유언(遺言)

【참고】 연재 지면에 '兄弟(형뎨) 沈天風 著'라고 표기되어 있다. 영창서관 초판본 표지에 '新小說 兄弟', 본문 첫 장에 '新小說 兄弟 신소셜 형뎨 沈天風 著'라고 표기되어 있다. 판권지의 서적 광고에는 제목과 함께 '一名 過去의罪'라고 덧붙여 표기하고 있다. 1923년 발행 영창서관 4판본의 겉표지와 속표지에는 '新小說 兄弟 過去의罪', '沈天風先生傑作 過去의罪'라고 표기되어 있다. 심천풍의 본명은 심우섭이다. 형제간의 우애를 강조하는 작품이며 중국 상해와 인천을 주요 배경으로 삼고 있다. 이후 소설을 영화화하여 황금관에서 '과거의 죄'라는 제목으로 상영하였다는 기록이 있다. 이는 한국 최초의 영화로 거론되기도 한다. 백낙천자가 번역한 영국 배경 소설 「임종의 자백(신문계1916.8-9)」과 서사구조가 일치한다. 심천풍의 창작이라기보다는 번안소설로 보는 것이 타당하다.

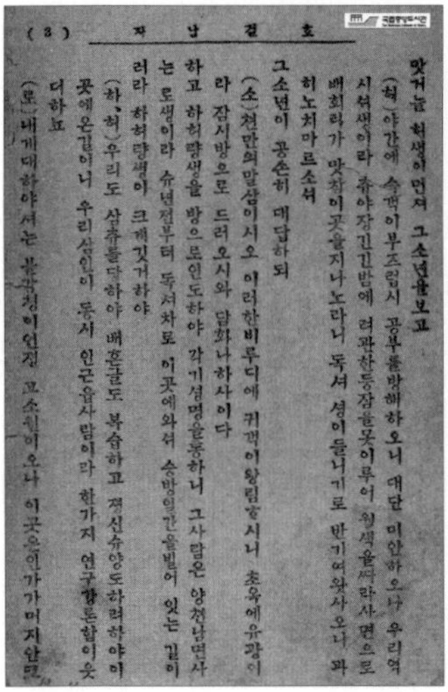
호걸남자 (3)

맛거늘 허생이 먼저 그소년을보고
(허)야간에 숙객이부조럽시 공부를방해하오니 대단 미안하오나 우리역
시셔생이라 츄야장긴긴밤에 려관한등잠을못이루어 쇠색을써라사 면으로
배회타가 맛참이곳을지나노라니 독셔 셩이들니기로 반기여왓사오니 과
히노치마르소서
그소년이 공손히 대답하되
(소)천만의말삼이시오 이러한비루디에 귀객이왕림하시니 초옥에유광이
라 잠시방으로 드러오시와 담화나하사이다
하고 하허량생을 방으로인도하야 각기셩명을통하니 그사람은 양쳔남면사
는 로생이라 슈년젼부터 독서차로 이곳에와셔 승방일간을빌어 잇는 길이
러라 하허량생이 크게깃거하야
(하,허)우리도 삼츄를다하야 배혼글도 복습하고 졍신슈양도하려하야 미
곳에온길이니 우리삼인이 동시 인군을사람이라 한가지 연구를합이 웃
더하뇨
(로)내게대하야셔는 불각청이언정 고소원이오나 이곳은인가가머지안타

호걸남자/豪傑男子

김동진 저작발행. 덕흥서림1926(58면, 25전).

【내용】 하생, 허생, 로생은 산중에서 함께 학문을 닦던 사이다. 하생의 집은 매우 불우하여, 아이가 감기로 죽고 그 충격으로 부인도 앓아누웠기에 부득이 하산하게 된다. 허생과 로생은 하생의 집을 찾아가 보았으나 사람이 살고 있는 흔적을 찾지 못한다. 이후 허생은 과거에 급제하여 입신양명하고, 로생은 관운이 없어 안빈낙도에 힘쓴다. 허생은 곧 교만해져 부정한 방법으로 축재를 하고, 오랜만에 만난 로생을 홀대한다. 그러던 와중에 로생은 수만 규모 의적의 우두머리가 되어 있는 하생을 만나 극진한 대접을 받는다. 허생은 공명심에 눈이 멀어 전날의 신의를 무시하고 하생을 치려고 하지만, 하생의 계책으로 무산된다. 하생은 도술로 허생과 로생에게 자신들의 과거를 보여 주는데, 그들은 원래 삼신산의 산삼으로 삼개동자로 화하여 도솔천에서 석가모니를 보좌하던 이들이었다. 허생은 이를 듣고 크게 뉘우치고, 하생은 임금에게 귀순하여 벼슬을 얻으며, 로생도 하생의 천거로 입신양명하게 된다.

【참고】 국립중앙도서관 소장 덕흥서림본 표지와 본문 첫 장에 '快活 豪傑男子'라고 표기되어 있다. 소설의 말미에 화자가 신의를 강조하고 교만을 비판하는 등 이야기의 교훈을 직설적으로 제시하고 있다. 빼어난 능력을 가졌으나 불우하여 그 뜻을 펼치지 못하게 되는 일이 없도록 해야 함을 주장하는 작품이다. 1935년 재판본을 텍스트로 내용을 정리했다.

호반의 처녀(번)/湖畔의處女: 라게를뢰프 작. 최재서 역. 인문평론1940.4-6(3회 완).

【내용】 원작 참조.

【참고】 연재 지면에 '노-벨賞作家選(6) 湖畔의處女 젤마·라-엘뢰-프(瑞典女流作家)'라고 표기되어 있다. 《인문평론》은 창간호부터 '노-벨賞作家選' 특집을 연재하였는데, 「호반의 처녀」는 그중 6회부터 8회까지 분재되었다. 원작은 1909년 노벨문학상을 수상한 스웨덴 작가 라게를뢰프(Selma Ottilia Lovisa Lagerlöf)의 작품 「Tosen fran stormyrtorpet(1907)」이다. 최재서 역본의 대본일 가능성이 높은 영역본의 제목은 「The Girl From the Marsh Croft」이다. 영역본과 대조하여 볼 때 1-6까지 분장된 작품의 틀을 지키고 있으며, 각 문장을 충실하게 번역한 완역본이다. 역자 표기 '崔載瑞 譯'은 매회 연재분의 말미에 기재되어 있다. 《인문평론》 1940년 4월호의 편집후기에 "노-벨賞作家選으로선 오래동안 計劃中이던 라-엘뢰-프 女史의 有名한 「湖畔의 處女」를 실끼로 하였다. 貧寒한 까닭에 남한테 업슴을 받고 그러면서도 아름다운 人間性을 잃지 않고 도리혀 周圍의 頑冥한 人間들의 心情을 울리게 한다"는 언급이 있다.

호사다마/好事多魔

이응환 작. 태화서관1926(78면, 25전).

【내용】 리영식은 일찍 아버지를 여의고 아버지 친구의 집에서 자란다. 아버지 친구에게는 영식 또래의 딸 김정숙이 있다. 아버지 친구는 영식을 딸 정숙의 배필로 정하고 세상을 뜬다. 정숙의 어머니 박 씨 부인은 어려운 살림이지만 정숙과 영식을 잘 보살핀다. 그러던 어느 날 박 씨는 곡마단 구경을 간다. 3등석에 앉아 공연을 보던 그녀는 1등석에 앉아 있는 사람들을 보고는 새삼 돈의 위력을 깨닫는다. 그래서 박 씨는 돈 한 푼 없을 뿐만 아니라 미래도 알 수 없는 영식을 내보내고 부자 사위를 얻을 생각을 한다. 마침 행랑에 있는 복술어멈이 박 씨의 마음을 눈치채고 영식을 내쫓을 계략을 꾸민다. 거짓 편지를 이용하여 영식과 정숙 사이를 갈라놓으려는 것이다. 결국 영식은 정숙의 집을 떠나고 정숙은 부자인 정일창과 혼인을 한다. 5년 후 일창은 재산을 다 탕진하고 인천에 있는 색주가에 아내 정숙을 천 원에 팔아넘긴다. 이에 정숙은 색주가에서 도망치고 신세 한탄을 하며 인천 월미도에서 자살을 시도한다. 한편 영식은 일본으로 가 고학을 하며 동경제국대학 이과를 졸업한다. 그리고 조선제이점이라는 엿 만드는 상점을 운영하여 십만 원가량의 재산을 모아 고향으로 돌아온다. 영식은 기분도 전환할 겸 인천의 월미도에 유람을 가는데 그곳에서 마침 자살을 하려는 정숙을 구한다. 영식과 정숙은 서로 이야기를 나누며 예전에 각자 받은 편지의 내용이 거짓이었음을 깨닫는다. 영식과 정숙은 함께 집으로 돌아오고 마침 딸 결혼을 잘못 시켰다하여 낙심하여 자살을 하려는 박 씨를 구한다. 둘은 서로의 과거를 잊고 결혼식을 올린다.

【참고】 표지에 '新小說 好事多魔 호사다마', 본문 첫 장에 '新小說 好事多魔 호사다마 李應煥 作' 이라고 표기되어 있다. 작중 인물이 돈의 가치를 실감한 계기가 공연을 관람하는 좌석 등급에 관련된 것이라는 설정이 흥미를 끈다.

호상몽/湖上夢: 손수근 작. 봉양서원1924.

【내용】 미확인.

【참고】 일본 도야마 대학(富山大學)에 소장된 작품이다. 도서관 홈페이지에 제목이 '湖上夢' 이라고 표기되어 있다.

호송마차(번)/護送馬車: 원작미상. 출몰생 역. 중외일보1929.10.8-1930.1.17(80회).

【내용】 대부호 오희덕의 집에 도적이 들어 귀중품을 훔쳐간다. 범인은 파리 귀부인들의 보석을 훔치는 대도(大盜) 강원종이다. 그는 오희덕의 딸 정숙의 방 벽에다가 자신의 이름 석 자를 버젓이 적어놓고 사라진다. 정숙과 교제중인 차 후작(차용준)은 정숙에게 귀한 목걸이를 정표로 주는데 정숙의 친구인 류옥순은 질투에 사로잡혀 그것을 훔친다. 이후 옥순은 이후 목걸이를 훔친 것에 대해 자책하며 전전긍긍한다. 차 후작은 다름 아닌 강원종인데 그는 옥순을 보며 연민을 느낀다. 차 후작의 정체를 알지 못하는 옥순도 그를 신뢰하고 급기야 서로 사랑하게 된다. 던 경부와 김 탐정은 끈질기게 강원종의 뒤를 추적하고 결국 체포 직전까지 가지만, 강원종은 자신을 체포하려고 온 호송마차를 타고 사랑하는 옥순과 함께 유유히 도주한다.

護送馬車 (一)
出沒生 譯
醉醒生 畫

【참고】 연재 지면에 '호송마차 護送馬車 出沒生 譯 醉醒生 畵'라고 표기되어 있다. 원작 미상의 번역 작품이다. 대담한 도적과 그를 검거하기 위한 경찰의 추격전을 중심으로 서사가 진행되지만, 내용상 범죄 추리소설이라기보다는 애정소설의 측면이 강하다고 할 수 있다.

홍경래 실기1/홍경릭실긔洪京來實記

최창선 저작발행. 신문관·광학서포1917(146면, 40전).

【내용】 조선 순조 때, 평안북도의 홍경릭는 인재등용이 지연에 따라 좌우되는 세태를 한탄하고 탐욕스러운 관리들에 의해 도탄에 빠진 백성들을 구하리라 결심한다. 그는 가산, 개천, 황주 등에서 활약하는 의적들을 만나 시사를 논하고, 사람들을 모아 군대를 만들어 홍군이라고 이름 붙인다. 홍군은 점차 세력을 확장하여 가산, 곽산, 선천 등을 평정한다. 홍군은 백성들의 재물을 노략질하는 관군들과는 달리 창고를 열어 백성들에게 곡식을 나누어주는 등의 위민정책을 펴서 백성들의 마음을 얻는 데 성공한다. 홍군이 정주, 철산, 박천, 룡골산성 등을 함락하자 조정에서는 홍군을 토벌하기 위해 장수 리희승을 보낸다. 그러나 희승은 무고한 백성들을 죽이고 재물을 빼앗는 등의 행동으로 백성들의 원망을 산다. 홍군이 안주성을 공략하러 가는 도중, 갑자기 큰비가 오고 청천강의 얼음이 풀려 물이 불어난다. 안주성 공략을 포기한 홍군은 관군과 싸우며 퇴각하다가 결국 정주성에 고립되어 버리고 만다.

홍군이 성내 백성들의 도움으로 넉 달 동안이나 버티자 관군들은 일단 퇴각하지만 곧 정주성을 폭파할 화약을 가지고 돌아온다. 관군은 정주성 밑에 토굴을 파고 화약을 매설하여 성을 폭파시킨 뒤 홍군과 백성들을 진압한다. 그 과정에서 무고한 백성들이 처참히 살해되고 홍군의 장수들이 붙잡혀 처형을 당하지만, 경릭는 성이 무너진 곳으로 도망쳐 종적을 감춘다. 홍군이 완전히 진압되자 조정에서는 관군에 큰 상을 내린다.

【참고】 국립중앙도서관 소장 신문관·광학서포본을 텍스트로 내용을 정리했다. 서문 10면에 이어 본문 상 82면, 하 64면으로 이루어져 있으며 총 17회로 이루어져 있다. 각 회마다 소제목이 달려 있다. 서문에서는 영웅과 시세의 필연적 관계에 대하여 논하며 칼에 무너진 홍 장군을 글로 일으켜 세우고자 이 글을 쓴다고 밝히고 있다. 이 작품에서는 홍경래가 정주성에서 도망쳤다고 서술되지만, 같은 계열의 이본 『홍경래전』, 『신미록』, 『신미록 홍경래 실기(박문서관1929)』와 같은 작품에서는 홍경래가 처참히 살해되거나 관군에게 생포된 것으로 그려지고 있다. 관군의 입장에서 작품을 서술할 경우 홍경래는 죽거나 잡히고, 반대로 민중의 시각에서 서술하는 작품은 홍경래가 살아 있기를 바라는 민중들의 소망을 반영해 그가 죽지 않고 도망친 것으로 표현한다는 견해가 있다.

홍경래 실기2/홍경릭실긔洪京來實記: 노익형 저작발행. 박문서관1929(81면, 25전).

【내용】 내용 생략.

【참고】 국립중앙도서관 소장 박문서관본 표지와 본문 첫 장에 '辛未錄 洪京來實記 홍경릭 실긔' 라고 표기되어 있다. 신문관·광학서포(1917)본 『홍경래 실기』와 내용이 대동소이하지만 결말 부분에서 홍경래가 관군에게 생포되어 귀양을 가는 것으로 그려지고 있는 점이 다르다.

홍도야 울지 마라/紅桃야울지마라: 박루월 작. 덕흥서림1946(120면).

【내용】 여학교에 다니는 리영희는 안상수라는 학생과 사랑하는 사이다. 영희는 집안 형편 때문에 학교를 그만두고 낙향하지만, 서로 멀리 떨어져 있어도 그녀의 애정은 변치 않는다. 어느 날 상수가 영희를 찾아오고, 두 사람은 함께 밤을 보낸다. 몇 달 후, 영희는 임신했다는 것을 깨닫고 서울로 상수를 찾아간다. 그러나 그는 다른 여자와 결혼하여 유학을 떠난 지 오래이다. 영희는 서울에 남아 갖은 고생을 하며 홀로 아이를 기른다. 아이가 중병에 걸리자 그녀는 치료비를 벌기 위해 기생이 되어 이름을 홍도라고 바꾼다. 애쓴 보람도 없이 아이는 죽고 만다. 홍도는 이 비극이 모두 남자 때문이라 여기고, 다시는 남자를 믿지 않겠다고 다짐한다. 그러나 몇 년 후, 그녀는 연회석에서 만난 홍순필이라는 청년에게 호감을 가진다. 그녀는 그의 성품이 남달리 순진하고 성실한 것을 알고, 평생을 함께 하자고 청한다. 그녀는 순필에게 그동안 모은 돈을 주고 고향에 돌아가 사업을 하라고 한다. 두 사람은 삼 년 뒤

결혼하기로 하고, 각자 열심히 일을 하며 재회할 날을 기다린다. 그러던 어느 날 상수가 손님으로 홍도를 찾아온다. 그는 홍도를 불행하게 만든 장본인이지만, 조금도 뉘우치는 기색이 없이 그녀를 겁탈하려 든다. 분노한 그녀는 칼로 상수를 찌르고, 체포되어 징역형에 처해진다. 홍도는 출옥한 후 삼 년 기한이 되는 때에 순필을 찾아간다. 순필의 노모는 그녀의 초라한 모습을 보고 순필이 죽었다고 거짓말을 한다. 홍도는 그 말을 듣고 절망하여 자결하려고 독약을 마신다. 이때 순필이 나타나고 그녀는 목숨을 건진다. 서로의 변치 않은 마음을 확인한 두 사람은 혼인한다.

【참고】 홍윤표 소장 덕흥서림본 표지에 '紅桃야 울지마라', 본문 첫 장에 '女人哀話 紅桃야 울지마라'라고 표기되어 있다. 두 면에 걸쳐 '사랑에 울고 웃는 가련한 여인들에게 이 기록을 바친다'는 내용의 '작자의 말'이 실려 있다. '작자의 말' 맨 끝에는 '於映畵時代社編輯室-작자로부터-'라고 표기되어 있다. 본문은 총 12개의 소제목으로 구분되어 있다. 1937년에 초연되어 '홍도야 우지 마라'라는 제목으로도 널리 알려진 신극 「사랑에 속고 돈에 울고」외는 다른 작품이다. 그러나 여주인공이 홍도라는 이름의 기생이며, 남성인물 때문에 고통을 받는다는 점은 같다.

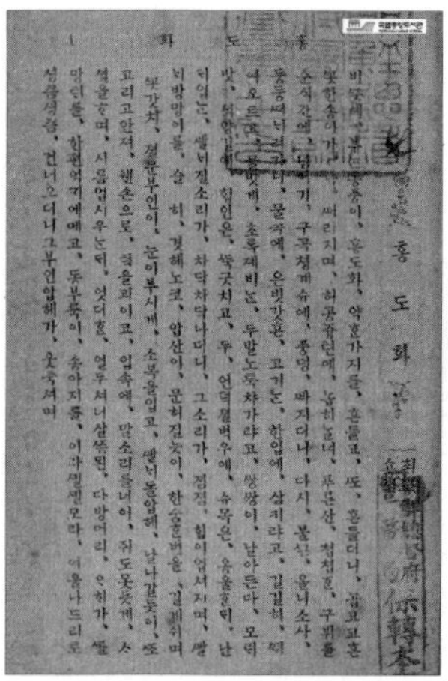

홍도화/紅桃花: 이해조 작. 유일서관1908(상: 72면, 20전) ; 동양서원1910(상: 72면, 하: 116면).

【내용】 리태희는 신교육을 받은 16세 여성이다. 신교육을 통해 새로운 사상을 갖게 된 그는 학업을 계속하고 싶었으나, 구습에 젖은 아버지 리 참판 때문에 졸업도 못하고 시집을 가게 된다. 혼인 직후 남편은 병사하고, 태희는 청상과부가 된 후, 보쌈을 당하는 등 갖은 고초를 당하고 마침내는 목숨을 끊을 결심을 한다. 자결하기 전 의복을 정제하기 위해 다락방으로 들어간 태희는 구습타파를 주장하는 내용의 신문사설을 읽고 크게 감복하여 살아남기로 결정한다. 어머니 김 씨는 태희의 마음을 이해하고 남편을 설득하여 그가 재혼하도록 돕는다. 재혼을 한 태희는 남편 심 과장과의 사이에서 득남한다. 어느 날 아이가 병을 얻었는데, 시어머니는 무당을 불러 아이의 병을 고칠 것을 주장하고, 태희는 그것이 미신이라 하여 맞선다. 시어머니와의 갈등이 깊어진 데다 남편을 해하려 했다는 누명까지 쓰는 등 여러 고초를 겪은 후 마침내 태희는 누명을 벗고 현모양처로 거듭난다.

【참고】 유일서관본의 본문 첫 장에 '최근쇼셜'이라고 표기되어 있다. 판권지에 '著述者 李海朝'라고

표기되어 있으며, 발행소 표기 없이 '發行者 南宮濬', '原賣所 唯一書館'이라고 표기되어 있다. 동양서원 본에는 저술자 표기가 빠져 있다. 청상과부를 주인공으로 내세워 그가 겪는 모순적 상황을 통해 구습타파의 주제를 드러내고 있다. 상권과 하권의 내용이 각각 독립성을 지니고 있다. 상권은 청상과부가 된 리태희가 구습을 극복하고 재혼을 하는 것으로 막을 내리고, 하권은 미신 때문에 일어나는 시어머니와의 갈등을 주된 내용으로 하고 있다.

홍두 레드 메인 일가(번)/紅頭레드메인一家

이든필포츠 작. 김래성 역. 조광사1940.

【내용】 원작 참조.

【참고】 조광사에서 출판된 『세계걸작탐정소설전집』 1권에 안회남 역 「루루쥬 事件」과 함께 묶여 발행되었다. 김래성과 안회남이 한 편씩을 맡아 번역 출간한 것인데, 서문은 안회남의 것만 실려 있다. 표지에는 '紅髮 레드 메인 一家'라고, 본문에는 '紅頭 레드 메인 一家'라고 표기되어 있다. 영국 작가 이든 필포츠(Eden Phillpotts)의 1922년 작 「빨강 머리 레드메인즈(The Red Redmaynes)」를 번역한 것이다. 동일 원작의 역본으로 박노갑 번안의 「미인도(농업조선1938.8-9)」가 있다.

홍등야화(번): 최승일 작. 박문서관1922 ; 북성당1935 ; 조선문단사1935.

【내용】 미확인.

【참고】 현재 단행본 원본 자료를 찾을 수 없고, 그에 대한 정보 또한 확인할 수 없다. 최승일의 창작인지 번역 작품인지도 분명치 않다. 최승일의 단행본이 확인된다면 국립중앙도서관에 소장된 朝田摠七 著, 『紅燈夜話(文行社1924)』와의 관계를 조사해 볼 필요가 있을 것이다. 1924년 단편 「안해」로 등단하여 소설 창작을 시작한 최승일이 맞다면 1922년에 박문서관에서 단행본을 발행했다는 정보는 오류일 가능성이 있다. 당시의 박문서관 단행본들의 서적 광고에도 '홍등야화'라는 책 제목은 발견되지 않는다.

新小說豫告

紅홍淚루

秦瞬星譯

九月下旬부터本紙에連載

홍루/紅淚: 뒤마피스 작. 진순성 역.

매일신보1917.9.21-1918.1.16(87회).

【내용】 원작 참조.

【참고】 프랑스 작가 뒤마 피스(Alexandre Dumas fils)의 「La Dame aux Camélias(1848)」를 번역한 작품이다. 1917년 9월 7일자 《매일신보》에

연재 예고가 실려 있다. 예고에서 원작이 프랑스 소설가 뒤마의 작품이라는 점을 밝히고 있다. 1회부터 4회까지는 역자명이 '瞬星'으로 되어 있으나, 5회부터 '秦瞬星'으로 바뀌어 있다. '곽민경'이라는 여성의 비극적 연애를 다룬 소설이다. 동일 원작의 역본으로 나빈 역 『동백꽃(조선도서주식회사1927)』과 심향산인의 경개역 「춘희(조선일보1929.11.19-22)」, 김자혜 경개역 「춘희(신가정1933.3)」가 있다.

홍루몽1(번)/紅樓夢

조설근 작. 국여 역. 매일신보1918.3.23-10.4(138회 미완).

【내용】 원작 참조.

【참고】《매일신보》 연재 지면에 '紅樓夢 菊如'라고 표기되어 있다. 菊如는 양건식의 필명이다. 1918년 3월 21일자 《매일신보》의 '연재예고'에서 역자 양건식은 이 소설이 일명 '石頭記'라면서 내용을 간략히 소개하고 있다. 또한 '수호전'은 이미 번역되어 있지만 '홍루몽'은 이번이 최초의 번역임을 강조하고, 원작이 어려워 오역이 있더라도 이해해 달라는 당부의 말을 덧붙이고 있다. 「紅樓夢」은 18세기 중반 중국 청나라 때의 조설근이 쓴 것으로 알려진 장편통속소설이다.

홍루몽2(번)/紅樓夢: 조설근 작. 장지영 역.

조선일보1930.3.20-1931.5.21(302회 중단), 조선중앙일보1932.4.1-4.30(25회 완).

【내용】 사람들의 사치스러운 생활과 대관원(大觀園) 등의 건축으로 차차 기울기 시작하는 가 씨 집안에서, 보옥은 보채에 대해서도 호감을 가지지만 대옥과의 결혼을 더 원한다. 그러나 집안의 실권을 쥔 할머니 사태군(史太君)은 대옥의 몸이 허약하여 이를 허락하지 않는다. 할머니의 계략에 속은 보옥이 보채와 결혼하던 날, 대옥은 쓸쓸히 숨을 거둔다. 인생무상을 느낀 보옥은 과거장에서 그대로 실종된다. 후일 아버지 가정(賈政)과 비릉(毘陵)의 나루터에서 만나지만, 보옥은 목례만 보내고 승려와 도사 사이에 끼여 눈길 속으로 사라진다.

【참고】《조선일보》 연재 지면에는 '「紅樓夢」 洌雲 譯', 이후에 연재된 《조선중앙일보》 지면에는 '「紅樓夢」 洌雲 張志暎 譯'이라고 표기되어 있다. 「紅樓夢」은 18세기 중반 중국 청나라 때의 장편통속소설로, 작가는 조설근(曺雪劤)이라는 것이 정설이다. 이 소설의 판본은 80회본과 120회본이 있는데, 120회본은 고악(高鶚)이 쓴 40회본을 덧붙인 것이다. 《조선일보》 1930.3.18 '新連載小說豫告' 란에

는 "洌雲 張志暎 씨가 중국 고대의 대표적 소설 '紅樓夢'을 이십일부터 번역한다"는 광고가 실려 있으며, 《조선중앙일보》에는 洌雲生의 '「紅樓夢」 序에 대신하여'라는 글이 3회(1932.3.29-31)에 걸쳐 실려 있다. 영국부(榮國府)의 귀공자 가보옥(賈寶玉)을 주인공으로 하여 임대옥(林黛玉), 설보채(薛寶釵)와 같은 미녀 12명을 배치한 후 인물 사이의 애정과 비련, 그리고 가문의 영화와 몰락을 그린 작품이다. 「석두기(石頭記)」, 「금옥연(金玉緣)」, 「금릉십이차(金陵十二釵)」, 「정승록(情僧錄)」, 「풍월보감(風月寶鑑)」 등의 이본이 있다.

홍루지(번)/紅淚池

원작미상. 이종린 번안. 회동서관1917.

【내용】 파은 후작의 딸인 화라는 미모와 재주가 뛰어난 처녀이다. 파은 후작은 화라를 귀족의 아들인 라난셜과 결혼시키려 하지만 화라는 고파랑과 연인 관계이다. 화라는 가난한 청년 의사인 고파랑과의 관계를 아버지에게 말하지 못한 채 고민한다. 라난셜은 고파랑을 질투하여 그를 시단랑이라는 부유한 여성과 결혼시키려 한다. 파은 후작까지 나서면서 고파랑과 시단랑은 결혼 날짜를 잡는다. 질투심에 휩싸인 화라는 고파랑에게 함께 도망갈 것을 제의하지만 고파랑은 거절한다. 어두운 숲 속에서 실랑이를 벌이다가 화라는 그만 고파랑을 연못 속으로 밀고 만다. 시간이 흘러도 고파랑이 나타나지 않자 화라는 겁에 질려 다시 집으로 돌아온다. 다음 날 신문에는 고파랑과 시단랑이 연못에 빠져 죽었으며, 두 사람의 죽음은 타살일 가능성이 높다는 기사가 실린다. 이에 두려움을 느낀 화라는 라난셜의 회유로 그와 함께 집을 떠난다. 자신을 겁탈하려는 라난셜과 실랑이를 벌이다 화라는 그만 석유남포를 쓰러뜨리고, 순식간에 불은 라난셜의 몸을 태우고 만다. 화라는 경찰서에 가 이 사실을 자백한다. 경찰은 화라를 살인 용의자로 가

둔다. 그러나 갑자기 건강이 나빠진 화라는 병원에 옮겨져 치료를 받는다. 병원에서 화라는 자신이 물에 빠뜨린 고파랑과 재회한다. 고파랑은 물에 빠진 척하고 화라의 행동을 시험한 것인데, 그녀가 자신을 구하려는 노력 없이 사라진 것에 충격을 받고 복수를 계획한 것이다. 그러나 화라와 만나 오해를 풀게 되고, 실제로 시단랑을 죽인 범인을 찾기 위해 노력한다. 고파랑과 화라는 시단랑을 죽인 범인이 라난셜이었음을 알게 되고, 그 장면을 목격한 하녀를 설득하여 증언하게 한다. 화라는 살인 누명을 벗고 고파랑과 결혼하여 일남 일녀를 낳고 행복하게 산다.

【참고】 1917년에 초판이 발행되었으며 1921년 발행된 재판본(상: 84면, 하: 47면, 합본 50전)을 텍스트로 내용을 정리했다. 상하권 합본으로 제책되었으며 면수는 이어지지 않고 하권에서 다시 시작된다. 표지와 판권지에는 '紅淚池', 본문 첫 장에는 '홍루지젼'이라고 제목을 표기하고 있다. 난외 서명은 '홍루지젼'이다. 판권지에 '著作者 李鍾麟'이라고 표기되어 있다. 주인공 여성이 살인의 누명을 쓰기까지의 과정이 상권의 내용이며, 그 누명을 벗는 이야기가 하권의 내용이다. 프랑스 파리가 배경이고 등장인물들의 이름이 음역어인 것으로 볼 때 번안소설일 가능성이 높으나, 원작자와 원작명은 확인되지 않는다. 조일재의 「비봉담(매일신보1914.7.21-10.28)」, 박은파 번안 「연당의비밀(성문당서점1927)」과 내용이 비슷하다.

홍문연(번)/鴻門宴

작자미상. 회동서관1916 ; 경성서적업조합1926.

【내용】 내용 생략.

【참고】 중국 진나라 말기를 배경으로 한 고전소설 「항장무전」의 국문 활자본 이본이다. 항우와 유방의 고사를 줄거리로 한 작품이다. '鴻門宴'은 항우와 유방이 함양(咸陽) 쟁탈을 둘러싸고 홍문에서 회동한 일에서 유래한 말이다.

홍발 레드 메인 일가(번)

【내용】 「홍두 레드 메인 일가」 참조.

홍보석(번)/홍보셕紅寶石: 원작미상. 보급서관 편역. 보급서관1913(226면, 50전).

【내용】 조실부모한 영국인 희중달은 인도에서 광무업을 하다가 5년 만에 귀국한다. 희중달이 묵고 있는 여관에 연인 림봉미가 찾아온다. 인도의 귀족 출신 림봉미와 결혼하기 위해 희

즁달이 서류를 받으러 런던으로 떠나려는 순간 림봉미가 끼고 있던 홍보석이 청색으로 변한다. 홍보석은 불행을 예고할 때 청색으로 변하는 특성이 있다. 림봉미는 만일을 위해 희즁달에게 홍보석을 건네준다. 런던에 도착한 희즁달은 친구 소ᄉᆞ마를 만나 그가 연구하는 최면술의 실험 대상이 된다. 소ᄉᆞ마는 실험 도중 희즁달이 의식을 잃자 그를 화수물에 버리고 재산을 가로챈다. 한편, 희즁달에게 아무 소식이 없자 림봉미는 런던으로 가서 탐정 진민달을 찾아간다. 진민달은 사방으로 탐문을 하지만 희즁달의 행방을 찾지 못한다. 림봉미는 길에서 신문을 파는 장애인 둔슴을 만나 그의 집에 기거한다. 그리고 둔슴의 집에 자주 들르는 악사를 따라 프랑스로 건너가 연극배우가 된다. 연극을 보러 왔다가 림봉미에게 반한 소ᄉᆞ마는 희즁달에게서 빼앗은 홍보석을 선물한다. 림봉미는 이러한 사실을 진민달에게 알리고 소ᄉᆞ마를 만나지만 최면술에 걸리고 만다. 현장에 도착한 진민달, 악사, 둔슴은 소ᄉᆞ마를 덮치고 림봉미를 깨운다. 격투 끝에 소ᄉᆞ마는 경찰에 연행되고, 감옥에서 최면술에 대한 글을 남긴 후 자결한다. 한편, 둔슴은 갑자기 쓰러져 병원에 실려 가는데, 깨어나서는 자신이 희즁달이라고 말한다. 둔슴의 이목구비를 자세히 살펴본 봉미는 그가 희즁달임을 알게 된다. 화수물에 버려진 희즁달은 어떤 의사에 의해 구조된 후 기억상실증에 걸렸던 것이다. 기억을 되찾은 희즁달과 림봉미는 결혼식을 올리고 인도로 돌아가 행복하게 살아간다.

1 셕 보 홍

寫情小說 홍보셕 (紅寶石)

譯述者 普及書館 編譯

第一回

이날은 삼월이십일이라 상오십일뎜죵에 영국소안부디방에셔 긔젹소릐가 굉장히나니 이ᄂᆞᆫ곳 론돈으로부터 소안부로오ᄂᆞᆫ 우션 소안호라 그비에탓던 힘띄하나이 힝장을달고 빈에나리여 려관을차질시 둧명잔이라ᄒᆞᄂᆞᆫ 려관현판이 걸이엿거ᄂᆞᆯ 즉시 그리로드러가니 원릭 이사ᄅᆞᆷ의 셩은 희요 명은 즁달이라 론돈인씨로 나히 이십팔구세쯤되얏ᄂᆞᆫ뒤 풍신도 비범ᄒᆞ고 미목이 청슈ᄒᆞ더니 가셰라 션로에무슈ᄒᆞᆫ 힝풍을쐬야 얼골빗이 가무잡ᄌᆞᆺ게되얏더라 본릭 장기ᄂᆞᆫ 광학졸업이라 인도에가셔 광무를입ᄉᆞᆷ다가 비로소 고국에도라올시 어려셔 부모를일코 또 론돈에도 강근지친이업ᄂᆞᆫ지라 울젹ᄒᆞᆫ마ᄋᆞᆷ을 이기지못ᄒᆞ여 려관에셔 몃칠한양ᄒᆞ리라ᄒᆞ고 힝장을 나려노코 오ᄯᆡᄒᆞᆫ교의에 홀로안져셔 려송연연긔를 입살로ᄂᆡ여불며 눈을슬ᄉᆞᆯ감고 무ᄉᆞᆫ싱각을ᄒᆞ다가 울치〳〵 론돈에 소ᄉᆞ마라칭ᄒᆞᄂᆞᆫ 의학ᄉᆞ가 나와절친ᄒᆞᆫ친구가안인가 ᄂᆡ가 고국에도라갈지라노

【참고】 국립중앙도서관 소장 보급서관본 표지에 '사정신소셜 홍보셕 寫情新小說 紅寶石', 본문 첫 장에 '寫情小說 홍보셕(紅寶石) 譯述者 普及書館 編譯'이라고 표기되어 있다. 모두 12회로 구성되어 있으며 부제는 달려 있지 않다. 영국, 인도, 파리를 배경으로 보석을 둘러싼 여러 가지 사건이 서술된다. 탐정이 등장하기는 하지만 사건을 풀어 가는 주도적 역할을 하고 있지 않아 탐정소설로 보기는 어렵다. 원작은 영국의 한 소설 잡지사의 현상 공모작이며 일본 기쿠치유호(菊池幽芳)의 『新聞賣子(大阪, 駸駸堂1900)』 혹은 중국 吳趼人의 『電術奇談(광지서국1905)』의 번역이라는 견해가 있다.

홍안박명 /紅顔薄命: 박철혼 작. 신구서림1928(76면, 30전).

【내용】 서울 리 참판의 전실 소생 영자는 숙명여학교에 입학하여 신학문을 공부하던 중에 서울 사는 최 승지의 아들 병화와 결혼한다. 그러나 계모 김 씨와 시비 점동어미의 간계에 속은 시아버지의 모함을 받아 결국 친정으로 쫓겨난다. 한편 리 참판이 어떤 중대사건의 혐의로 감옥에 갇히는 일이 발생한다. 김 씨는 이를 기회로 영자의 의자매 옥섬을 쫓아내기로 작정하고, 친정 당질 김웅한을 시켜 공덕리 산속으로 유인한다. 웅한은 산속에서 옥섬을 욕보

이려다 실패하자 그녀를 두들겨 팬 후 강물에 버리고 달아난다. 한편 김 씨는 뚜쟁이 진주집과 공모하여 영자를 장안 갑부 민병호에게 팔아넘길 계략을 꾸민다. 이들은 숙명여학교 운동회 초대장을 위조하여 그녀를 병호가 있는 진주집의 처소로 유인한다. 이상한 낌새를 눈치챈 영자는 창문 밑의 식칼로 병호와 진주집을 공격하지만 결국 결박당하여 산속에 버려진다. 죽을 위기에 놓인 영자는 마침 그곳을 지나가던 장 첨지에게 구원되어 기사회생한다. 이때 리 참판의 석방 소식이 전해진다. 황해도 은율로 피신해 진주집은 영자가 살아 있음을 알고 재차 죽이려 하나 영자는 변복하고 달아난다. 그녀는 비를 피하기 위해 들른 촌락에서 옥섬을 만나게 되고, 옥섬의 은인 춘주 내외와 서울로 향한다. 한편 리 참판은 진주집의 처소에서 불한당에게 잡혀 온 장영희라는 규수를 발견하고 그녀의 몸값을 지불한 후 집으로 데려온다. 그리고 그녀가 진주집에게 팔려 온 사정을 자세히 편지에 적어 경무사로 보낸다. 경무청 순검에 체포된 진주집이 모든 사실을 자복함에 따라 김 씨를 비롯한 여러 죄인들이 사형 등의 중형을 언도받는다. 한편 장 첨지 부부와 옥섬 아비 유 선달, 영자와 옥섬이 연달아 서울 리 참판 집에 당도하여 재회의 상봉을 이루고, 영자는 일본 동경의 와세다 대학 정치과를 졸업하고 돌아온 병화와 재결합한다.

【참고】 서울대 도서관 소장 신구서림본 표지에 '紅顔薄命 홍안박명', 본문 첫 장에 '紅顔薄命 朴哲魂著'이라고 표기되어 있다. 계모를 위시한 주위 잡배들의 해악으로 고난에 처한 여성 인물들의 파란만장한 인생역정을 다루고 있다. 혼사장애 모티프와 남녀 이합형의 도식이 작품의 구조를 이루고 있다. 김교제, 『화중왕(영창서관)』의 내용과 비슷한 점이 많다. 『화중왕』의 간행 연도가 분명치는 않으나 두 작가의 활동 시기를 비교해 볼 때, 『홍안박명』이 『화중왕』의 모방작일 가능성이 크다.

홍안의 루/紅顔의淚: 작자미상. 덕흥서림1933(50전).

【내용】 미확인.

【참고】 단행본 원본 자료를 구할 수 없어 작품의 경개 및 세부 서지사항을 확인하지 못했다. 『옥련의 눈물(덕흥서림1933)』 권말 '京城德興書林新刊書籍廣告'에 '紅顔의 淚'라고 제목이 표기되어 있다.

홍의동자/紅衣童子: 작자미상. 회동서관1929.

【내용】 어려서부터 용맹했던 을지문덕은 호랑이를 잡으러 갔다가 해가 저물어 우연히 일원도사와 그 제자 홍의동자의 거처로 찾아간다. 하룻밤을 묵으며 일원도사의 인물됨을 흠모하게 된 을지문덕은 그에게 가르침을 청하고, 이후 3년을 사숙하며 공부에 힘쓴다. 하산한 을지문덕은 왕의 총애를 얻어 대대로 벼슬에 오르고 수나라 양제의 침략을 사수하는 중책을 맡는다. 지혜와 용맹을 두루 갖춘 을지문덕은 수많은 위기를 극복하며 고구려를 지키나, 수양

제는 마침내 대군을 조직하여 대대적인 고구려 정벌을 기도한다. 을지문덕은 전례 없던 국가적 위기에서 홀연히 나타난 홍의동자의 도움을 받아 전쟁을 승리로 이끈다.

【참고】 서울대 도서관 소장 회동서관본 본문 첫 장에 '력사소설 歷史小說 홍의동자 紅衣童子'라고 표기되어 있다. 총23장으로 나누어져 있다. 실제 역사를 소재로 하였으나 일원도사, 홍의동자라는 전설적 인물을 서사에 삽입하여 주인공인 을지문덕에게 도움을 주는 인물로 설정하고 있다. 간기 누락으로 상세 서지가 확인되지 않는다. 『연광정(회동서관1929)』 뒷면 광고에 제목이 실려 있어 해당 연도 이전에 발행된 것임을 짐작할 수 있다. 서지의 발행 연도는 위 책의 광고를 참고했다.

홍장군전/홍장군전洪將軍傳: 이해조 편집. 오거서창1918(상: 95면, 하: 80면, 35전) ; 광학서포1926 ; 영창서관·한흥서림·진흥서관1930.

【내용】 세종 임금 시절, 츙청도 회인에 홍대성, 윤성 두 형제가 살았다. 형 대성은 우유부단하고 소심한 데 반해 아우 윤성은 기골이 장대하고 호탕하다. 한 마을에 사는 이로서 상업으로 재산을 모은 설픽두는 윤성의 기상을 보고 사위로 삼으려 한다. 그런데 윤성이 형보다 먼저 결혼할 수 없다 하여, 할 수 없이 설픽두는 딸 설녀를 대성과 결혼시킨다. 그러던 어느 날, 윤성은 도적을 소탕한 공으로 관원이 되고 공주로 파견 근무를 나간다. 윤성이 없는 사이, 설녀는 이웃집 노파를 통해 만난 틱민셕과 통정한다. 그리고 자신의 삶에 사사건건 방해만 되는 남편 대성을 독살한다. 공주에서 돌아온 윤성은 형의 죽음에 관련된 인물을 모두 죽이고 관가에 나가 자수한다. 윤성은 파직과 동시에 경상도 양산으로 귀양을 간다. 그곳에서 윤성은 호탕하고 급한 성격 때문에 크고 작은 일에 연루되고, 결국은 세상을 피해 심복 정광근과 산속에 피신해 산다. 그러던 어느 날, 윤성은 호랑이에게 잡혀 죽을 뻔한 처녀를 구한다. 그 처녀는 안평대군의 수청을 거부할 정도로 배포가 큰 모란이라는 이름의 기생으로서 진악산 보문사를 찾았다가 호랑이를 만난 것이었다. 모란은 윤성의 사내다움에 마음을 빼겨 그와 혼인할 마음을 먹고, 그를 자신의 집으로 데리고 간다. 윤성이 모란과 혼인을 하여 가정을 꾸릴 즈음에 나라에서 죄인들에 대해 대사면을 내린다. 윤성도 사면되어 경성으로 올라오고, 노량진에서 우연히 수양대군의 눈에 띄어 그의 수하가 된다. 수양대군이 세조로 즉위하는 데 공을 세운 윤성은 병조판서를 제수받는다. 그리고 윤성은 꿈을 통해 계시받은 전주에 사는 여인을 둘째 부인으로 삼는다. 그가 죽은 후 임금은 위평공이라는 시호를 내린다.

【참고】 오거서창본 본문 첫 장에 '古代小說 義勇雙全 洪將軍傳'이라고 표기되어 있다. 1926년에 광학

서포에서, 1930년에는 영창서관·한흥서림·진흥서관에서 단행본 출판이 이어졌다. 1930년 판본의 본문 첫 장에 '新小說 義勇雙全 洪將軍傳'이라고 표기되어 있으나 이전의 판본에는 '고대소설'로 표기되어 있고 작가 스스로도 작품을 고대소설로 인식한 것으로 보인다. 총 18회로 나뉜 회장체 작품이다. 세조가 왕이 되는 데 큰 공을 세운 홍윤성의 일대기를 다룬 작품이다. 세조 즉위 과정에 있었던 홍윤성의 활약보다는 연애와 결혼, 간통 같은 애정 관련 서사가 내용의 주를 이루고 있다. 오거서창본 하권 권말 광고에 「홍장군전」, 「한씨보응록」 2편을 이해조가 '特別 編輯' 하고, 「화의 혈」, 「쌍옥적」, 「빈상설」, 「누구의 죄」 4편을 '一新校正' 하여 발행한다고 기록하고 있다.

화간잉(花間鶯)

화간앵/화간잉花間鶯: 현공렴 저작발행. 대창서원·보급서관1919(79면, 30전).

【내용】 1. 이소푸, 2. 세류(細柳), 3. 저아례가서무러, 4. 어머니의 꾀, 5. 아해자라가는차셔, 6. 기축떡, 7. 원두표, 8. 리익셩(李益成), 9. 신나무, 10. 슝양산인, 11. 아해기르지못하는부인, 12. 화륜선가가 천원, 13. 아해임자가둘, 14. 보지못하고도안다, 15. 토이기, 16. 광홍태.

【참고】 전체 16소절로 이루어진 작품집이다. 인물이나 풍습, 지역, 나라 소개 등을 담고 있으며 단편소설집에 가까운 성격이라 할 수 있으나 수록 작품 모두를 소설로 간주할 수는 없다.

화도화/花桃花: 작자미상. 회동서관1925(84면).

【내용】 평안도 강계군에 사는 화도화는 일찍 부모를 여의고 먼 친척 집에 의탁해 지내다 16세에 같은 처지의 리춘삼과 혼인한다. 하지만 삼 년 동안 집을 떠나 금광으로 돌아다니는 남편으로 인해 도화는 고단한 생계를 이어간다. 이때 서편 마을에 사는 부자 장경화가 도화의 먼 친척인 박 과부를 청하여 소실을 구하는 사정을 말하고 그녀와의 중매를 요청한다. 박 과부는 도화를 찾아와 재가를 권유하지만 도화는 절행을 내세워 거절한다. 그러던 어느 날 도화는 자신을 찾아온 광부를 통해 남편 춘삼이 굴에 매몰되어 죽었다는 이야기를 듣는다. 그녀는 광산에 도착하여 애통해하다 남편의 시신을 찾아 주는 사람에게 몸으로 은덕을 갚겠노라고 말한다. 한편 도화의 소식을 듣고 따라온 경화가 직접 인부를 구해 춘삼의 시신 수색에 나선다.

그리고 무너진 굴의 빈 공간에 기절해 있던 춘삼을 발견하여 구원한다. 경화는 춘삼의 생환을 기뻐하며 두 사람의 백년해로를 기원한다. 하지만 남편을 구해 준 은덕을 갚고자 하는 도화의 뜻을 결국 사양하지 못하고 그녀와 혼인을 약속한다. 도화는 경화의 집 근처에서 춘삼과 이별하며 개유하여 살기를 권유하는 한편 박 과부에게 춘삼의 혼처를 부탁한다. 오 년 후 도화는 두 남아를 출산하여 경화의 소원을 봉행한다. 어느 날 도화는 춘삼이 혼자 산다는 말을 듣고 의를 행하기 위해 춘삼에게 보내 줄 것을 청하고, 경화는 그녀의 뜻을 받아들인다. 그는 도화의 덕을 갚는 차원에서 재산을 나누어주고 이웃에 새 집을 지어 준다. 다시 춘삼과 부부의 연을 맺은 도화는 이듬해 춘삼의 아이를 낳는다.

【참고】 서울대 도서관 소장 회동서관본 표지에 '화도화 花桃花', 본문 첫 장에 '화도화' 라고 표기되어 있다. 본문 서두에 화도화와 관련된 짧은 이야기가 두 편 실려 있고, 본문 말미에 "대저 싀집 두 번 가는 화도화는 계집 중에 긔이한 계집이오 화도화는 꼿 중에 긔이한 꼿이라"는 서술자의 논평이 있다. 신(信)과 의(義)를 실천하는 과정에서 두 남자와 부부의 연을 맺는 여주인공의 남다른 일생을 그린 작품이다. 악인형 인물이 등장하지 않는다.

화란춘성 /화란츈셩: 김재학 작. 영창서관1929(30전).

【내용】 미확인.

【참고】 단행본 원본 자료를 구할 수 없어 작품의 경개 및 세부 서지사항을 확인하지 못했다. 『설홍전(영창서관1929)』 권말 '영창서관출판도서목록'에 '화란츈셩', '영창서관신간도서안내'에 '花爛春城'이라고 제목이 표기되어 있다. 영창서관에서 펴낸 『신간도서목록』에 '金在學 作 新小說 花爛春城'이라고 표기되어 있다.

화류계의 설움 /花柳界의설음: 작자미상. 성문당서점1935(40전).

【내용】 미확인.

【참고】 단행본 원본 자료를 구할 수 없어 작품의 경개 및 세부 서지사항을 확인하지 못했다. 『십생구사(성문당서점1935)』 권말 판권지의 서적 광고에 '연애애화 서울 어는 화류계에서 생긴 사실 비극소설 花柳界의 설음'이라고 표기되어 있다.

화상설 /花上雪: 김우진 작. 동양서원1912.

【내용】 영변 읍내 사는 권 참판은 처와 사별하고 기생 첩 평양집과 함께 살다가, 후사를 얻을 생각에 유 씨 부인을 후처로 맞는다. 유 씨는 매우 어진 성품으로, 딸 애경을 낳고 집안

을 잘 다스린다. 그러나 악한 성품을 가진 평양집은 유 씨를 질투하여 갖가지 모함을 일삼는다. 이를 견디다 못한 유 씨는 어린 딸 애경을 용이 할멈에게 맡기고 절에 들어가 버린다. 권 참판은 부인과 딸이 졸지에 사라지자 그 행방을 수소문하지만 찾지 못하고 재당질인 영칠을 양자로 들인다. 세월이 흘러 애경이 성장하자 용이 할멈은 그녀에게 진짜 신분을 알려 준다. 그녀는 부모가 있으나 함께 살지 못하는 신세를 비관하여 물에 뛰어들지만, 마침 지나던 영칠에게 구조되어 부친 권 참판의 집으로 들어간다. 얼마 지나지 않아 권 참판이 병사하고, 영칠이 대를 잇는다. 애경은 영칠 내외와 그 아들 수목, 그리고 권 참판의 또 다른 첩 진주집과 화목하게 지낸다. 그러나 악독한 평양집은 재산을 독차지하려는 생각에 영칠을 독살한다. 수목은 평양집이 자기 부친의 약에 독을 타는 장면을 목격하고 이를 모친과 진주집에게 말한다. 평양집은 자신의 흉계가 탄로 날 위기에 처하자 진주집과 애경, 수목을 차례로 처치하려고 한다. 진주집은 살해당하지만, 애경과 수목은 구사일생으로 달아난다. 애경은 청나라로 팔려 가지만, 우연히 외숙을 만나 구조된다. 수목은 변성명하고 어느 절에 숨어든다. 유 씨도 같은 절에 기거하고 있었는데, 우연히 근처를 지나던 애경의 외숙이 유 씨를 알아보고 모두를 재회시킨다. 한편 소식 끊어진 딸을 염려하여 찾아온 진주집의 모친과 이모, 그리고 영칠의 생가 동생과 처남은 각기 권 참판 집을 방문하는 길에 우연히 서로 만나 이야기를 나누다 영칠과 진주집이 살해되었다는 의심을 품게 된다. 네 사람은 진상을 밝히기 위해 협력하고, 이로써 평양집의 죄상이 밝혀진다.

【참고】 총 15회로 구성된 장회체 소설이다. 작품 말미에 저자가 직접 등장하여 작첩의 폐단을 말하고 일부일처제를 가족 구성의 기본으로 삼아 화락한 가정을 누릴 것을 설교하고 있다. 악행을 일삼은 첩이 벌을 받는다는 점에서는 처첩 갈등을 다룬 대부분의 작품과 같지만, 본처가 집으로 돌아오거나 쫓겨났던 자식이 돌아와 집안을 다시 일으킨다는 등의 해피엔딩은 나타나 있지 않다. 원본을 찾을 수 없어 『한국신소설전집6(을유문화사1969)』을 참고하여 서지와 내용을 정리했다.

화성돈전(번)/華盛頓傳: 원작미상. 이해조 역. 회동서관1908.

【내용】 내용 생략.

【참고】 융희 2년 이해조가 번역한 미국의 초대 대통령 조지 워싱턴의 전기이다. 당시 중국에서 미국 모델에 대한 숭앙 분위기와 워싱턴에 대한 인기가 높았던 상황을 근거로 이 번역본의 대본을 중국 상하이에서 간행된 『화셩뚄(문명서국1903)』으로 보는 견해도 있고, 일본 후쿠야마 요시하루(福山義春)의 「까세이똔(1900)」이 번역 대본으로 거론되기도 한다. 이해조에 의해 번역된 워싱턴 일대기는 중국어판과 마찬가지로 전형적인 저항서사이다. 영국의 압제에 저항하여 미국을 독립시킨 워싱턴 이야기를 통해 일제 침략으로 위기를 맞은 한국 상황에서의 현실 타개책을 모색하려는 작가의 의도가 드러난다.

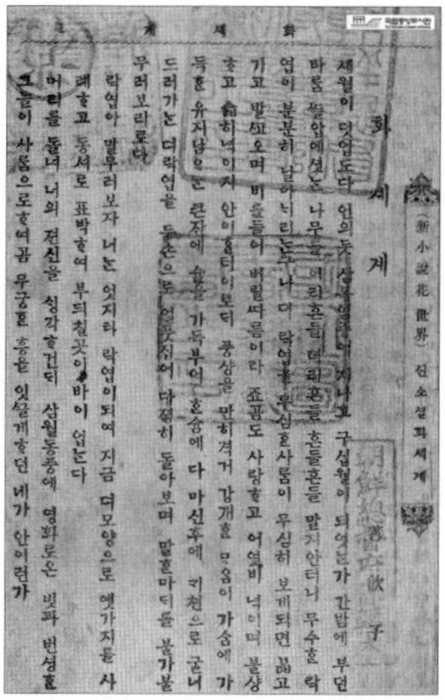

화세계/화셰계花世界: 선음자 작.

매일신보1910.10.12-1911.1.17(73회 완) ; 동양서원1911(150면, 30전) ; 박문서관1922(98면).

【내용】 경상도 의성의 이방으로 있던 김홍일에게는 재색을 겸비했다고 소문난 딸 슈경이 있다. 열다섯 살이 되어 혼처를 알아보던 중, 대구진위대의 구 참령이 김홍일을 강제로 끌고 가 슈경을 자신의 후취로 달라고 협박한다. 예전에 무당이 슈경은 후취로 보내야 한다고 예언했던 터라, 김홍일 내외는 구 참령의 통혼을 받아들이기로 한다. 그러나 나라에서 군대 해산 명령이 내려지자 구 참령은 말 한마디 없이 서울로 올라가 버린다. 다른 사람에게 시집가는 것을 한사코 거부하던 슈경은 어느덧 스물두 살이 된다. 김홍일 내외는 몰래 슈경의 혼인을 준비한다. 혼인 전날 모든 것을 알아차린 슈경은 패물을 가지고 가출을 하지만, 살 길이 막막하여 강물에 뛰어든다. 그때 마침 지나가던 붓장수가 슈경을 구해 준다. 거처할 곳이 없는 슈경을 해인사의 늙은 여승 슈월암이 거두어 준다. 그러나 슈경은 그녀의 인물에 반한 남자들로 인해 갖은 우여곡절을 겪게 된다. 결국 삭발하여 슈월암의 상좌가 된 슈경은 자신의 패물을 슈월암에게 맡기고 서울 어느 절에서 수행하며 구 참령을 찾는다. 그러던 중 거리에서 우연히 붓장수를 다시 만나는데, 지나온 이야기를 하다가 그가 구 참령임을 알게 된다. 군대 해산으로 서울로 돌아온 후, 자신이 그동안 주색에 빠져 재산을 탕진했음을 깨달았고, 부인이 병들어 죽자 방랑의 길을 떠나 붓장수로 연명했다는 것이다. 슈경과 구 참령은 슈월암에게 맡긴 패물을 찾아와 결혼하기로 한다. 그러나 김 주사라는 인물이 도중에 의도적으로 접근하여 패물을 가로챈다. 산속에서, 김 주사에게 폭행을 당하고 쓰러져 있던 구 참령은 화적당으로 오인받아 옥에 갇힌다. 검사에게 억울한 사연을 말하던 중 서기로 있는 리 주사가 앞장서서 구 참령을 도와준다. 마침내 김 주사를 붙잡고 패물을 되찾은 구 참령은 무죄석방 되어 슈경과 결혼한다.

【참고】 동양서원(1911)본을 텍스트로 내용을 정리했다. 본문 첫 장에 '(新小說 花世界) 신소셜 화셰계' 라고 표기되어 있다. '善飮子' 라는 필명으로 이해조가 쓴 작품이다. 《제국신문》의 기자요 소설 연재 작가였던 이해조가 《매일신보》로 옮겨 처음 발표한 작품이다. 연재 지면에 '新小說 花世界 善飮子' 라고 표기되어 있다.

화수분/貨水盆: 심우택 저작발행. 광학서포1914.

【내용】 의주에 사는 박 진사는 성 도사에게 술대접을 받고 돌아오다 청국 오랑캐에게 끌려가 이국땅에서 노동을 하게 된다. 그는 먼저 잡혀와 있던 조선인 소저와 강치완을 만나 탈출할

계획을 세운다. 박 진사의 부인 정 씨도 남매를 데리고 피난 가다가 도적에게 붙잡히고 성 도사 내외도 치완의 형 치경 내외와 피난가다 도적에게 붙들린다. 치완의 재치로 박 진사 일행은 호국을 탈출하고 하늘의 도움으로 성 도사와 치경 일행도 도적에게서 빠져나온다. 사람들은 각각 정착할 만한 땅을 찾다가 평화로운 지역인 안주 땅에 도착한다. 그곳에서 소저는 어머니와 상봉하고 박 진사와 성 도사, 치경 일행 모두가 모여 행복하게 살게 된다.

【참고】 조선시대 청나라와 도적 때문에 힘든 생활을 했던 사람들의 모습이 그려지고 있어 당시 시대 상황을 짐작할 수 있다. '안주' 라는 지명으로 등장하는 이상적인 생활의 공간은 당대 현실의 각박함을 반증한다고 할 수 있다. 강치완이 달아나기 위해 청나라 왕을 속이는 대화에서 청나라 왕의 무례함을 풍자하는 작가의 의도가 드러난다. 소설 말미에 작가로 추정되는 인물이 직접 개입하여 '친구에게 받은 이름 없는 책' 의 내용이라 소개하고 있다. 책을 읽고 난 후 꿈을 깨어 "책 이름을 '화수분' 이라 지었는데, 이름을 지은 자는 저작자이고, 저작자는 청산선생이며, 청산선생은 부지하허인이라" 쓰고 있는데, 책을 받은 것이 꿈속에서인지 꿈을 꾸기 전인지 알 수 없다. 원본을 구할 수 없어 『한국신소설전집8(을유문화사1969)』을 텍스트로 내용을 정리하고 서지사항을 참고했다.

화연의 눈물/**花蓮의눈물: 작자미상. 영창서관1928(25전).**

【내용】 미확인.

【참고】 단행본 원본 자료를 구할 수 없어 작품의 경개 및 세부 서지사항을 확인하지 못했다. 『무릉도원(영창서관1928)』 권말 '경성영창서관발행서적목록' 에 '花蓮의 눈물' 이라고 제목이 표기되어 있다.

화용도 실기(번)/**華容道實記**

작자미상. 조선서관1913 ; 신구서림1913 ; 광동서국1917 ; 대창서원·보급서관1917 ; 영창서관·한흥서림1925.

【내용】 원작 참조.

【참고】 중국 삼국시대의 인물인 제갈량에 관련된 이야기를 적은 책이다. 제갈량이 유현덕을 도와 삼국통일의 위업을 달성하는 과정에서 비록 추한 외모이지만 현명했던 부인인 황 부인의 도움을 받는 내용이다. 『삼국지연의』의 부분 번역본으로 간주되기도 한다.

화용월태/**화용월틱花容月態**

강의영 저작발행. 대창서원1918(67면) ; 영창서관1926(67면, 25전).

【내용】 뎡 참판의 아들 필한은 경성 남대문 안 수각교에 사는 리 참봉 집에 장가를 간다. 장

가간 첫날 보름달이 밝아 답교를 나간 그는 술에 취해 현 지사 집 대문 앞에 쓰러진다. 마침 그날 현 지사의 집에 장가를 들었던 김철호도 밝은 달에 취해 답교를 나간다. 그런데 그는 밤중에 갑작스레 순사들에게 붙잡혀 유치장에 갇히는 신세가 된다. 한편 현 지사 집 대문 앞에 누운 필한은 철호로 오인되어 신부 현 씨와 합방을 하게 된다. 필한은 외간 남자와 밤을 함께 한 신부 현 씨의 신세를 가엾게 여기고, 그녀를 홀로 사는 이모 집에 데려간다. 그리고 나중에 솔가하여 그녀를 찾을 생각을 하고 자신은 학업에 열중한다. 어느 날 현 씨는 필한의 이모와 함께 불놀이 구경을 나왔다가 길을 잃는다. 그리고 리금자의 꾐에 넘어가 기생집을 하는 유만영에게 팔려 간다. 현 씨가 자신의 신세를 개탄하여 자결하려는 것을 그 집 행랑어멈이 구해 함께 만영의 집에서 도망한다. 현 씨는 남장을 하고 행랑어멈은 승려 행세를 하며 다니다가 이천에 있는 현 씨의 삼촌 집에 다다른다. 현 씨 부인은 그 집에서 필한의 아들을 낳는다. 마침 이천에는 필한이 군수로 부임해 와 있었다. 그는 동경 명치대학교에서 수학하고 돌아와 이천 군수가 되었던 것이다. 필한은 그동안 찾던 부인과 아들을 만나 기뻐한다. 그는 현 씨를 정실로 하고 리 씨를 부실로 하여 아들딸을 낳고 잘 살았다.

【참고】 1918년에 대창서원에서 강의영 저작발행으로 초판이 간행되었으며, 1926년 영창서관 발행 6판본을 텍스트로 내용을 정리했다. 표지에 '大活劇小說 花容月態', 본문 첫장에 '悲劇小說 花容月態 비극소셜 화용월틱' 라고 표기되어 있다. 작품 말미에 '져작 왈' 로 시작하는 작가의 말이 실려 있다. 현 씨 부인의 정절을 세상 여자들의 거울로 삼게 하기 위해 책을 썼다는 내용이다. 이하에 매일신문에 게재되었다는 한 열녀의 사적을 소개하고, 덧붙여 '우슴거리' 라는 표지의 짧은 이야기를 싣고 있다.

화원호접 / 화원호졉花園胡蝶: 현영선 작. 대창서원1913(110면, 30전).

【내용】 탁지부 김 국장은 관직을 그만둔 후 개발회사에 몸담고 멕시코로 건너간다. 오륙 년 동안 돈 한 푼 부쳐 주지 않았던 김 국장은 워싱턴에서 기술 공부를 하다가 다시 기계공장 일을 맡아 일본 동경으로 나온다. 김 국장의 부인 리 씨는 행랑아범의 아들 한이와 여종 옥란의 도움으로 근근이 생계를 꾸려 간다. 그러는 중 황날치라는 오입쟁이가 리 부인의 미모에 반해 그녀를 손에 넣기 위해 수단과 방법을 가리지 않는다. 모사가 미동집을 찾아간 황날치는 그녀에게 돈을 주고 일을 도모한다. 미동집은 용슈집이라는 할멈을 시켜 리 부인의 친정아버지 리 참판이 죽었다는 거짓 편지를 보내고 부인을 수원으로 유인한다. 미동집은 괴한들을 사주하여 옥란을 납치해 한강에 던지도록 한다. 황날치와 미동집의 계략으로 위기

에 처한 리 부인은 기지를 발휘하여 위기를 모면하고, 귀국한 김 국장과 우연히 용두사에서 만난다. 한강에 던져졌던 옥란은 간신히 목숨을 건진 후 김 국장 내외와 만나 그간의 사정을 들려준다. 황날치와 미동집, 용슈집은 체포되었다가 풀려나지만, 황가와 미동집은 재산 문제로 재판을 받고 다시 감옥에 간다.

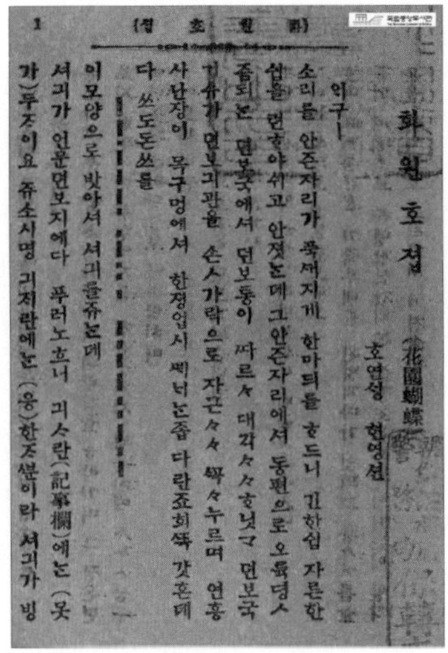
화원호졉(花園蝴蝶)
호연싱 현영션
1 (화 원 호 졉)
이구ㅡ
소리를 안즌자리가 쭉써지게 한마듸를 ᄒᆞ드니 긔한섭 자른한
심을 련ᄒᆞ야쉬고 안졋는데 그안즌자리에서 동편으로 오륙뎡ㅅ
즘되는 면보국에서 면보통이 ᄶᅡ르ㅅ 대각ㅅㅅᄒᆞᄂᆞᆫ셩 면보국
기슈가 면보긔관을 손ㅅ가락으로 자근ㅅㅅ ᄯᅡᆨㅅ누르며 연흥
사난장이 목구멍에서 한졍업시 빼너는좁 다란죠희ᄯᅡᆨ 갓흔데
다 쓰도돈쓰를
이모양으로 밧아서 셔긔를쥬는데
셔긔가 언문면보지에다 풀러노흐니 긔ᄉᆞ란(記事欄)에는 (못
가)두즈이요 쥬소시명 긔쳐란에는 (옹)한즈쎤이라 셔긔가 빙

【참고】 본문 첫 장에 '호연싱 현영션'이라고 작가가 표기되어 있다. 책의 판권지에는 저작자가 '玄丙周'로 표기되어 있다. '錦江漁夫', '玄翙仙' 등의 필명으로 활동한 현병주의 작품이다. 선인과 악인의 대결구도와 사필귀정의 결말을 통해 권선징악의 주제를 드러내고 있다. 작중 대화지문에 당대 신소설 '츈당딕'를 언급하는 부분이 있다. 작중인물이 멕시코, 일본 등지를 다니며 신기술을 익힌다는 설정은 신문물 수용에 대한 긍정적 인식의 표현으로 해석된다. 이해조 작 「월하가인(매일신보1911.1.18-1911.4.5)」의 서사구조와 모티프를 상당 부분 모방한 것으로 판단된다.

화월야/花月夜: 화주 작. 태화서관1931(58면).

【내용】 「가짜 부부」: 김영훈은 세계적인 음악가일 뿐만 아니라 인물도 출중하여 많은 여자들의 선망을 받는다. 그래서 그의 아내 영자는 항상 조바심 속에 산다. 어느 날 김영훈은 연회에 참가하여 멋진 음악을 연주한다. 그 음악을 듣고 미인으로 소문난 리숙영과 정운자가 영훈에게 사랑을 느낀다. 유부녀인 정운자는 적극적으로 영훈에게 다가가고 급기야 둘은 영훈의 우이동 별장에서 밀회를 즐길 계획을 세운다. 운자의 남편 최건식은 곤충학을 연구하는 천생 학자이다. 운자는 자신의 어머니가 위독하다는 거짓 전보를 건식에게 보내고 병간호차 홀로 서울을 떠나겠다고 말한다. 그리고 영훈과 함께 우이동 별장으로 간다. 한편 숙영은 영훈과 운자의 사랑에 질투를 느끼고 건식에게 그의 아내의 행방을 전보로 알린다. 건식은 숙영의 전보를 받고 아내의 바람기를 잡을 계획을 세운다. 영훈의 아내를 설득하여 부부인 척 연극을 하여 영훈과 운자 앞에 나타나려는 것이다. 건식의 계획이 성공하여 영훈과 운자는 자신의 잘못을 뉘우친다. 한편 숙영은 영훈에 대한 마음을 접지 못하고 그에게 은밀히 연서를 보낸다. 영자는 그러한 숙영이 딱해 영훈에게 그녀를 한 번 만나 주라고 권한다. 숙영은 영훈 내외의 태도에 감복하고 자신 홀로 고통을 감수하고자 하고 글 읽기와 저작 활동

을 하며 살아간다. 「화월야」: 김영숙은 자기 집 사랑방에 문객으로 있는 최한용을 사랑한다. 한용은 성품이 군자다운 데다가 바이올린 연주를 기막히게 하여 영숙은 그에게 마음을 빼앗긴다. 하지만 한용에게는 이미 아내가 있다. 영숙은 한용을 향한 자신의 마음을 진정시키지 못하고 결국 자살의 길을 택한다.

【참고】 서울대 도서관 소장 태화서관본 표지에 '新小說 화월야 花月夜', 본문 첫 장에 '화월야 花月夜 花舟作' 이라고 표기되어 있다. 「가짜 부부」, 「화월야」, 두 편의 작품이 '화월야' 라는 제목의 단행본으로 묶여 있다. 「가짜 부부」는 "사실 이러한 활동사진을 구경하든 나도 그때에 얼마큼 그러한 싱각이 업지 안엇섯고"라는 서술자의 서술로 보아 영화 감상 후, 그것을 소설화한 작품으로 보인다. 「화월야」는 유부남을 사랑한 여주인공이 이룰 수 없는 사랑에 대한 좌절로 결국 죽음을 택한다는 짤막한 소품이다.

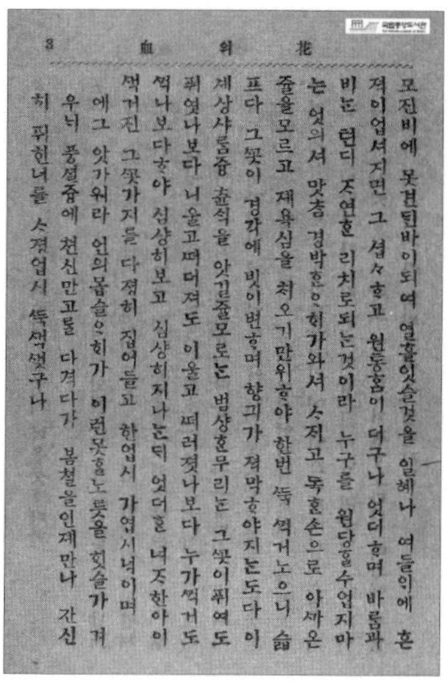

3 血 의 花

모진비에 못견된바이되여 열흘잇슬것을 일헤나 여들의에 흔적이업서지면 그 셥々ᄒᆞ고 원통ᄒᆞᆷ이 더구나 엇더ᄒᆞ며 바람과 비는 텬디 ᄌᆞ연ᄒᆞᆫ 리치로되는것이라 누구를 원망ᄒᆞᆯ수업지마는 엇의셔 맛참 경박ᄒᆞᆫ ᄋᆞᄒᆡ가와셔 ᄉᆞ지고 독ᄒᆞᆫ손으로 아새온줄을모르고 채욕심을 취오기만위ᄒᆞ야 한번 ᄯᅮᆨ 썩거노으니 슯프다 그꼿이 경각에 빗이변ᄒᆞ며 향긔가 적막ᄒᆞ야지는도다 이세상사ᄅᆞᆷ즁 츈식을 앗길줄모로는 범상ᄒᆞᆫ무리는 그꼿이픠여도 픠엿나보다 니울고떠러져도 이울고 떠러젓나보다 누가썩거도 썩나보다ᄒᆞ야 심상히보고 심상히지나는ᄃᆡ 엇더ᄒᆞᆫ 녀ᄌᆞ한아이 썩거진 그꼿가지를다졍히 집어들고 한업시 가엽시녀이며 에그 앗가워라 언의몹슬ᄋᆞᄒᆡ가 이런못ᄒᆞᆯ노릇을 힛슬가 겨우니 풍셜즁에 쳔신만고를 다격다가 봄철을인제만나 간신히 픠힌너를 ᄉᆞ졍업시 ᄯᅮᆨ썩섯구나

화의 혈 /花의血 : 석춘자 작.

매일신보1911.4.6-6.21(66회 완) ; 보급서관1912(35전) ; 오거서창1918(100면, 40전).

【내용】 전남 장성에 사는 최 호방은 퇴기 춘홍에게서 선초와 모란이라는 두 딸을 얻는다. 이 중 맏딸인 선초는 재색을 겸비한 기생이 된다. 호색한인 리 도사는 선초의 소문을 듣고 음심이 동해 고관들에게 손을 써 시찰 벼슬을 얻고, 전라도 소요를 시찰한다는 핑계로 장성 고을까지 온다. 난봉꾼 리 시찰은 지위를 악용하여 순한 양민을 동학당으로 몰아 죽이고 부정부패를 일삼는 한편 간계로써 선초를 취하고자 하나 실패로 돌아가자, 선초의 아버지 최 호방에게 누명을 씌워 가두어 두고 선초에게 접근한다. 선초는 최 호방을 구하기 위해 아버지를 풀어 줄 것과 자신을 정실로 맞이할 것을 리 시찰에게 요구하고 몸을 허락한다. 첫날밤을 지낸 후 리 시찰은 최 호방을 풀어 주었으나 선초에게는 정실의 약속을 지키지 않는다. 리 시찰이 10원짜리 지폐와 함께 절연장을 보내자 선초는 아편을 먹고 자살한다. 선초가 죽은 후 리 시찰은 밤마다 선초의 원귀에게 시달리고, 공금을 횡령한 죄로 감옥에 갇히게 되어 그의 가정은 파탄이 난다. 당시 어린아이였던 모란은 훗날 기생이 되어 서울로 올라와 언니의 복수를 다짐한다. 그러던 중 감옥에서 나와 다시 벼슬을 노리는 리 도사를 우연히 만난 자리에서 그의 과거를 폭로함으로써 재기를 불가능하게 한다. 이후 모란은 마음에 맞는 혼인을 한 후 잘 살고, 리 도사는 거지가 되어 모란의 집에 와 구걸을 하다가 망신을 당하고 쫓겨난다.

【참고】 국립중앙도서관 소장 보급서관(1912) 초판본의 낙장이 많아 아세아문화사에서 영인한 오거

서창(1918)본을 참고하여 유실된 부분의 내용을 보완했다. 《매일신보》 연재 지면에 '新小說 花의血 惜春子' 라고 표기되어 있다. '효' 와 '정절' 을 서사의 근간으로 하는 작품이지만 당대 지배층의 부정적 측면을 신랄하게 드러내는 것으로 문학사적 의의를 획득하기도 했다. '서언' 을 통해 소설의 '사실성' 을, '후기' 를 통해 소설의 '허구성' 을 거론하고 있어 당대 문인의 이론적 수준을 짐작케 하는 사료로도 가치 있다. '석춘자' 는 이해조의 필명이다.

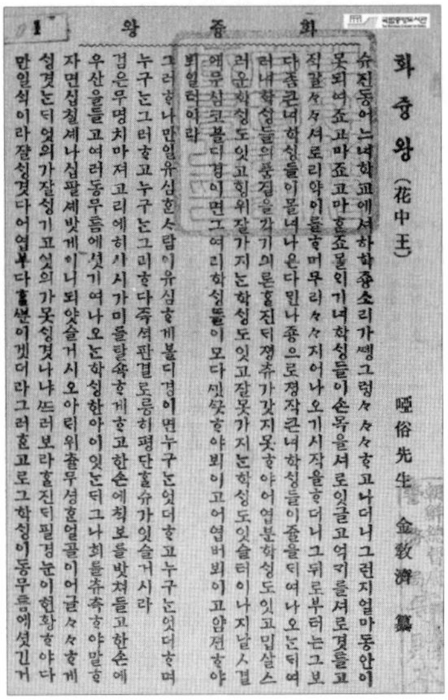
1 왕 중 화

화 중 왕 (花中王)

啞俗先生 金敎濟 纂

화중왕/花中王: 김교제 작. 영창서관1935(137면).

【내용】 서울 사는 리 참판은 일찍 개화한 인물로 무남독녀 형자를 여학교에 보낸다. 형자는 박 승지의 아들 제신과 혼인을 하는데, 개화에 반대하는 완고한 박 승지는 여학교에 다닌다는 이유로 형자를 내쫓는다. 한편 리 참판의 후취로 들어온 김 씨 부인은 돌아온 형자가 남편 리 참판의 사랑을 독차지하는 것을 못마땅하게 여기고 리 참판이 억울하게 옥살이를 하게 되자 형자를 팔아넘길 음모를 꾸민다. 그리하여 김응한과 점룡네, 삭주집이 김 부인과 공모하여 형자를 최병렵에게 돈을 받고 팔아넘기기로 한다. 김 씨 일당의 협잡으로 인한 죽을 고비에서 동 첨지는 우연히 혼절한 형자를 구하게 되고 기운을 회복한 형자는 남장을 하고 서울로 올라온다. 그 과정에서 노인 내외의 도움으로 살아난 은섬과 형자가 재회하게 된다. 한편 무죄가 입증되어 방면된 리 참판은 형자의 행방을 찾기 위해 애를 쓰다가 삭주집의 농간으로 팔려 온 월매라는 여인을 구해 주는데 그 여인이 바로 동 첨지의 무남독녀이다. 리 참판은 동 첨지가 형자를 도와준 은인이라는 것과 형자가 아직 살아 있음을 알게 된다. 결국 김 씨 일당의 죄상이 백일하에 드러나고 별순검이 이들을 잡아들인다. 리 참판은 극적으로 형자와 상봉한다. 자신의 절조를 지키고 인격의 고상함을 보여 준 세 여인들의 이름이 널리 퍼져서, 은섬은 지방재판소 김 주사의 후취가 되고 월매는 서 참서의 후실로 들어가게 된다. 한편 제신은 부친의 명을 어기고 일본 동경으로 건너가 정치학을 공부하고 귀국한다. 마침내 제신과 형자는 재회하여 부귀영화를 누린다.

【참고】 국립중앙도서관 소장 영창서관본 표지에 '新小說 花中王 화즁왕' 이라고 표기되어 있다. 본문 첫 장에 '啞俗先生 金敎濟 纂' 이라고 표기되어 있다. 판권지가 유실되어 서지사항을 확인할 수 없다. 『절세미인 강명화전(영창서관1935)』의 뒷면 광고에 작품 제목이 실려 있어 1935년 이전으로 발행 연도를 짐작할 수 있을 뿐이다.

화중화/화즁화話中話: 이종정 저작발행. 광동서국1912(51면, 20전).

【내용】 서울 삼청동에 사는 창낭즈는 국내의 명승지를 유람하다가 평양성 근처 무덤가에서 한 나무꾼을 만나 그 무덤의 내력을 듣게 된다. 나무꾼이 들려준 이야기에 따르자면 그 무덤은 초월이라는 여인의 무덤이다. 조실부모한 유초월은 기녀 박 소사의 수양딸로 들어가 기생이 된 후 평양 양반집 자제인 김희봉을 만나 살림을 차린다. 본래 방탕한 기질을 가진 희봉은 자신의 집안을 돌보지 않고 가산을 모두 탕진해 버린다. 희봉의 재물만을 보고 초월과의 만남을 허락한 박 소사는 희봉을 못마땅하게 여겨 최 비장과 계략을 꾸미고, 희봉을 인장위조죄로 구금되게 한다. 한편 최 비장은 초월을 유혹하지만 초월은 완강하게 정조를 지킨다. 마침내 평양감사의 공정한 판결로 최 비장은 죄 값을 받고 희봉은 방면된다. 풀려난 희봉은 정조를 지킨 초월을 고맙게 생각하면서도 외로이 지내고 있는 본처를 생각하며 본가로 돌아간다. 초월은 희봉이 재산을 늘리는 데 갖은 노력을 기울이다가 박 소사가 죽은 후 삼 년 상을 치르고 나서 죽기로 결심한다. 첩으로나마 한 남편을 섬기고자 했던 초월의 삼십여 년 생애는 막을 내린다. 무덤의 내력을 들은 창낭즈는 크게 감동하여 경성에 올라가면 초월의 이야기를 신문에 공포하겠다고 결심한다.

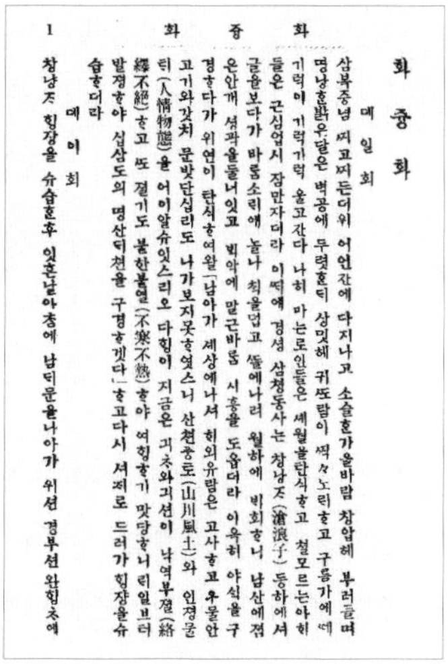

화중화

뎨 일 회

삼복중념 씨고찌든더위 어언간에 다지나고 소슬ᄒᆞᆫ가을바람 창압헤 부러들며 명낭ᄒᆞᆫ밝은달은 벽공에 두렷ᄒᆞᆫᄃᆡ 상밋헤 귀또람이 ᄡᅥᆨᄡᅥᆨ노릐ᄒᆞ고 구름가에 ᄯᅦ기럭이 기럭기럭 울고간다 나히 마ᄂᆞᆫ로인들은 세월불탄식ᄒᆞ고 철모르ᄂᆞᆫ아히들은 근심업시 잠만자더라 이ᄯᅢ에 경셩 삼쳥동사ᄂᆞᆫ 창낭ᄌᆞ(滄浪子) 동하에셔 글을보다가 바롬소리에 놀나 칙을덥고 ᄯᅳᆯ에나려 월하에 빅회ᄒᆞ니 남산에졈온안개 셕과을둘너잇고 빅악에 말근바람 시흥을 도옵더라 이욱히 야식을 구경ᄒᆞ다가 위연이 탄식ᄒᆞ여왈「남아가 세상에나셔 히외유람은 고사ᄒᆞ고 우물안고기와갓치 문밧단십리도 나가보지못ᄒᆞ엿스니 산쳔풍토(山川風土)와 인졍물틔(人情物態)을 어이알슈잇스리오 다힝이 지금은 긔ᄎᆞ와긔션이 낙역부졀(絡繹不絕)ᄒᆞ고 ᄯᅩ 절기도 불한불열(不寒不熱)ᄒᆞ야 여힝ᄒᆞ기 맛당ᄒᆞ니 리일브터 발졍ᄒᆞ야 십삼도의 명산ᄃᆡ쳔을 구경ᄒᆞ겟다」ᄒᆞ고다시 셔재로 드러가 힝장을슈습ᄒᆞ더라

뎨 이 회

창낭ᄌᆞ 힝장을 슈습ᄒᆞᆫ후 잇흔날아춤에 남ᄃᆡ문을나아가 위션 경부션 완힝ᄎᆞ에

화 중 화 1

【참고】 표지에 '新小說 話中話 화즁화' 라고 표기되어 있다. 총 13회로 이루어진 회장체 소설이며, 겉이야기(1, 2, 13회)와 속이야기(3회-12회)로 구성된 액자소설이다. 속이야기를 중시하여 분석할 경우 「춘향전」을 방불케 하는 '기녀신분 애정소설' 에 속한다는 해석이 가능하다.

황국단풍/黃菊丹楓: 작자미상. 신구서림1930(35전).

【내용】 미확인.

【참고】 단행본 원본 자료를 구할 수 없어 작품의 경개 및 세부 서지사항을 확인하지 못했다. 『단발미인(신구서림·박문서관1930)』 권말 판권지의 서적 광고에 '黃菊丹楓' 이라고 제목이 표기되어 있다.

황금세계/黃金世界: 작자미상. 신구서림1930(35전).

【내용】 미확인.

【참고】 단행본 원본 자료를 구할 수 없어 작품의 경개 및 세부 서지사항을 확인하지 못했다. 『단발미인(신구서림·박문서관1930)』 권말 판권지의 서적 광고에 '黃金世界' 라고 제목이 표기되어 있다.

황금의 눈물/黃金의淚: 임하강 작. 세창서관1935.

【내용】 김옥희와 결혼한 박승현은 처가의 도움으로 경성 외국어학교에 다니던 중에 개성 출신의 여학생 양경자를 만나 사랑에 빠진다. 졸업 후 총독부 기사가 된 승현은 경자에게 학비 보조를 약속하고 지방의 출장지로 향한다. 그는 첫 월급을 받자마자 아내에게는 간단한 서신과 십 원을 동봉해 보내고, 경자에게는 사랑의 편지와 함께 이십 원을 보낸다. 어느 날 경자는 승현의 출장지에 내려왔다가 옥희의 편지를 발견하고 그가 유부남이란 사실을 알게 된다. 당황한 승현은 경성 집을 매매한 돈으로 같이 살기로 약조하고 동거를 시작한다. 한편 옥희는 시댁 외숙의 도움으로 방적회사에 다니며 시모를 봉양하던 중에 남편이 파주군에 와 있다는 소식을 듣는다. 그녀는 승현을 찾아갔다가 이혼을 요구하는 그의 태도에 절망하고 강으로 투신한다. 옥희의 시모는 파주에 갔던 며느리가 투신한 사실을 전해 듣고 아들의 행실을 크게 나무라며 슬퍼한다. 한편 경자는 승현이 그간의 잘못을 회개하는 모습을 보면서 조만간 자신이 축출당할 것이라는 사실을 눈치채고, 승현의 저금통장과 도장을 빼내어 개성으로 도주한다. 한편 송판에 의지하여 떠내려오던 옥희는 개성 삼포장사 김 소사에게 구원되어 그녀의 수양딸이 된다. 일 년 후, 옥희는 황해도 배천으로 장사를 나왔다가 그곳에 출장 와 있던 승현을 우연히 만나고, 용서를 구하는 승현과 화해한다. 그로부터 김 소사가 개최하는 축하연에 승현의 아이를 임신한 경자가 찾아온다. 승현은 옥희의 청을 받아들여 경자를 부인으로 맞아들인다.

【참고】 본문 첫 장에 '大悲劇 新小說 黃金의 淚 황금의 눈물 林河崗 作' 이라고 표기되어 있다. 부부 사이의 애정 갈등을 중심으로 한 가정 비극을 다루고 있다. 사건의 제시와 전개의 방법으로 작중 인물 간에 주고받는 편지가 빈번히 사용되고 있다. 남녀 이합형의 도식을 이용하고 있으며 일부다처제에 대한 긍정의 시선이 드러난다. 서강대 소장 세창서관본을 텍스트로 내용을 정리했다.

황금의 몽/黃金의夢: 신태삼 편집발행. 세창서관1935(78면, 35전).

【내용】 윤시연은 불우한 이십 대 청년이다. 고등과정까지를 마쳤으나 병든 노모를 구완하느라 변변한 직업을 갖지 못한다. 어느 날 양식 마련을 위해 한 권 남은 사전을 들고 인사동 서점으로 간 시연은 책이 낡고 온전치 못해 팔지 못하고 과부 안정자의 딸 김정순을 우연히 만

난다. 사정을 딱하게 여긴 정순이 책을 1원에 사주려 하나, 시연은 온전치 못한 책으로 1원이나 받을 수 없다 하며 이십 전만 받는다. 시연의 기개에 감복한 정순은 이내 호감을 가지게 된다. 정순은 동료 옥희와 함께 동경으로 유학 가 있었는데, 집에서 업무를 보는 리재경과의 혼사를 논의하기 위해 잠시 귀국한 것이다. 정순은 모친에게 시연을 소개하고, 안정자 역시 시연의 기개에 감복하여 곧 둘을 약혼시키고 집의 업무를 맡기려 한다. 성품이 사악한 재경은 부를 탐하여 정순과 혼인하려고 하였으나 시연의 등장으로 여의치 않게 되자 그를 제거하기 위해 방화를 한다. 시연은 마침 정숙과 창경궁 나들이를 갔던 참이라 화를 면하고, 노모만이 집에서 불타 죽는다. 재경은 곧바로 순사에게 붙들려 훗날 교수형에 처해지고, 시연은 삼년상을 마친 후 학업을 위해 동경으로 향한다. 동경에서 시연은 먼저 가서 공부를 하고 있던 옥희와 한 여관에서 지내게 되는데, 가깝게 지내던 그들은 서로에게 욕정을 느끼게 된다. 옥희는 어느 날 편지로 자신의 심정을 시연에게 표현하고. 시연은 정숙과의 의리를 저버릴 수 없어 거절하는 내용의 편지를 쓴다. 시연이 야속하기도 하고 자괴감이 들기도 하여 옥희는 음독자살하고, 마침 일본에 왔던 정숙의 품에서 죽음을 맞는다. 시연과 정숙은 후에 낙원을 건설하고 꿀 같은 인간미를 맛보며 지낸다.

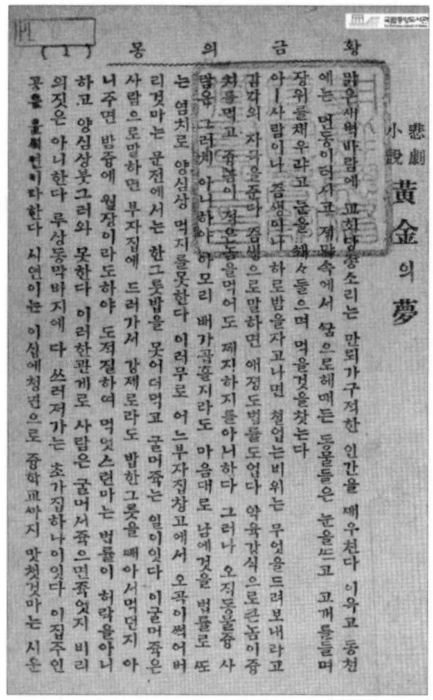
悲劇小說 黃金의 夢

맑은새벽바람에 [illegible]소리는 만뢰가구적한 인간을 깨우친다 이웃고 동천
에는 먼동이터사고 재[illegible]속에서 잠으로헤매든 동물들은 눈을뜨고 고개를들며
장위를채우랴고 눈을 씨々들으며 먹을것을찻는다
아ㅣ사람이나 짐생이나 하로밤을자고나면 철업는비위는 무엇을드려보내라고
감각의 자극을준다 짐생으로말하면 애정도법률도업다 약육강식으로큰놈이좀
처들먹고 좀놈이 적은놈을먹어도 제지하지를아니하다 그러나 오직동물중 사
람은 그러케 아니하야 아모리 배가곱흘지라도 마음대로 남에것을 법률로 또
는 염치로 양심상 먹지를못한다 이러무로 어느부자집창고에서 오곡이썩어버
리것마는 문전에서는 한그릇밥을 못어더먹고 굴머죽는 일이잇다 이굴머죽은
사람으로말하면 부자집에 드러가서 강제로라도 밥한그릇을 빼아서먹던지 아
니주면 밤중에 월장이라도하야 도적질하여 먹엇스련마는 법률이 허락을아니
하고 양심상붓그러와 못한다 이러한관계로 사람은 굶머서죽으면죽엇지 비리
의짓은 아니한다 루상동막바지에 다 쓰러저가는 초가집하나이잇다 이집주인
[illegible] 이라한다 시연이는 이십에청년으로 중학교까지 맛첫것마는 시운

황 금 의 몽 (1)

【참고】 국립중앙도서관 소장 세창서관본 표지와 본문 첫 장에 '悲劇小說 黃金의 夢' 이라고 표기되어 있다. 등장인물의 인품과 성격이 작가 서술자에 의해 직접 서술된다. 소설 말미에 리재경과 옥희의 죽음을 거론하면서 '사람이란 분수 밖의 허영을 탐하면 실패를 맛보는 것이다. 어찌 경계할 일이 아니냐' 고 소설의 주제를 직접 제시하고 있다.

황금의 설움/黃金의설음: 진녹성 작. 영창서관1935(200면, 80전).

【내용】 미확인.

【참고】 단행본 원본 자료를 구할 수 없어 작품의 경개 및 세부 서지사항을 확인하지 못했다. 『강명화전(영창서관1935)』 권말 '영창서관발행신소설목록' 에 '황금의 설음' 이라고 제목이 표기되어 있다. 영창서관에서 펴낸 『신간도서목록』에 '陳綠星 作 社會小說 黃金의설음' 이라고 표기되어 있다. 고려대 도서관 소장 단행본 『황금의 설음(공동문화사1954)』 표지에는 '新小說 黃金의설음' 이라고 표기되어 있으나 본문에는 '戀愛小說 靑春의 美人' 이라고 표기되어 있다. 초판 발행 시기를 알 수 없는 『청춘의 미인』 판형을 공동문화사에서 재출간하면서 발생한 제본 오류로 판단된다.

황금의 실연/黃金의失戀: 작자미상. 세창서관1934(25전).

【내용】 미확인.

【참고】 단행본 원본 자료를 구할 수 없어 작품의 경개 및 세부 서지사항을 확인하지 못했다. 『십생구사(세창서관1934)』 권말 '世昌書舘最新刊出版圖書目錄' 에 '戀愛悲劇 黃金의失戀' 이라고 제목이 표기되어 있다.

황금충(번)/黃金蟲: 에드거앨런포 작. 이하윤 역. 조선일보1931.6.17-7.17(22회 완).

【내용】 원작 참조.

【참고】 연재 지면에 '米 앨런 포 원작 黃金蟲 異河潤 譯' 이라고 표기되어 있다. 연재 1회 본문이 시작되기 앞서 원작자에 대한 설명과 평가를 간략히 싣고 있다. 미국 작가 포(Edgar Allan Poe, 1809-1849)의 「황금충(The Gold-Bug)」(1843)이 원작이다. 필라델피아의 신문 《달러 뉴스페이퍼》지의 현상모집에 당선된 작품으로 '암호 풀기' 와 '보물찾기' 모티프를 차용한 추리소설이다.

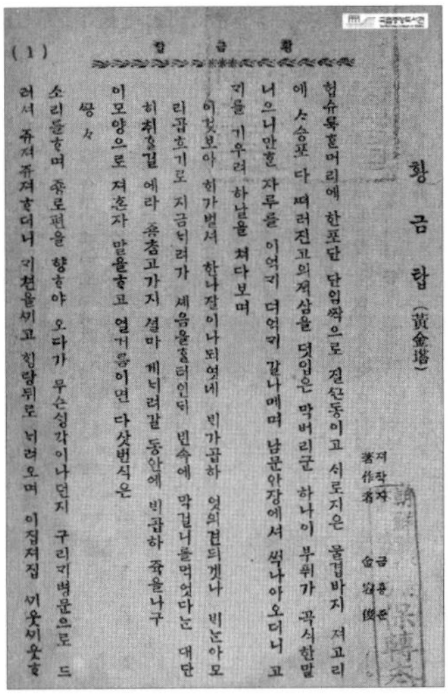
(1) 황 금 탑

황금탑(黃金塔)

저작자 著作者 금용준 金容俊

협슈룩훈머리에 한포단 단임짝으로 질끈동이고 서로지은 물겹바지 져고리에 ᄉ승포 다 떠러진고의젹삼을 덧입은 막버리군 하나이 부쉬가 곡식한말너으니만훈 자루를 이억기 더억기 갈나메며 남문안장에서 썩나아오더니 고개를 기우려 하날을 쳐다보며

이것보아 히가벌셔 한나잘이나되엿네 빈가곱하 엇의견듸겟나 빈는아모리곱흐기로 지금니려가 세음을홀터인듸 빈속에 막걸니를먹엇다는 대단히취홀길 에라 좀참고가지 셜마 제니려갈 동안에 빈곱하 죽을나구

이모양으로 져혼자 말을ᄒᆞ고 열거름이면 다섯번식은

땅ᄉ

소리를ᄒᆞ며 죵로편을 향ᄒᆞ야 오다가 무슨싱각이나던지 구리기병문으로 드러서 쥬져쥬져ᄒᆞ더니 기천을시고 칩량뒤로 니려오며 이집저집 기웃기웃ᄒᆞ

황금탑/黃金塔: 김용준 작. 보급서관1912(101면, 25전).

【내용】 허름한 차림의 사내가 색주가에 들러 술을 청한다. 술집 여인은 사내의 짐에서 돈 소리가 나자 사내에게 술을 권해 취하게 만든다. 사내는 흉년으로 고향을 떠나 서울로 올라온 강원도 회양 출신 황문보이다. 문보는 술집 여인의 꾐에 빠져 돈을 털리고 신용마저 잃어 짐방벌이도 못하게 된다. 그러던 어느 날 친구가 문보를 찾아온다. 길에서 어떤 외인과 함께 돈 가방을 주운 친구는 주인이 나타나지 않자 문보와 짜고 돈을 챙길 요량이다. 문보는 외인에게 자신이 가방 주인이라고 거짓말을 한다. 그런데 알고 보니 그 외인은 사기꾼이고, 가방 속의 돈도 위조지폐였다. 사례금만 털린 문보와 친구는 크게 상심하고, 문보는 어렵게 마음을 추스른다. 문보 부부는 약국을 운영하는 변 주부 집에서 행랑살이를 시작한다. 어느 날 문보는 뜻하지 않게 돈 가방을 줍게 되는데 견물생심으로 지폐를 감춘다. 문보는 자금난을 겪는 변 주부에게 사실을 말하고 약간의 돈을 준다. 그러나 변 주부는 도리어 자신이 돈 가방 주인이라며 문보를 고발한다. 어려움 속에서도 문보는 오뚝이처럼 다시 일어나 열심히 일한다. 변 주부를 너그럽게 용서한 문보는 성실하게 일하여 강원도에서 제일가는 부자가 된다. 사람들은 문보의 집을 '황금탑'이라고 부른다.

【참고】 본문 첫 장에 '져작자 금용준 著作者 金容俊' 이라고 표기되어 있다. 작가 한글 표기는 한자음

의 오기로 보인다. 여러 차례 곤경에 처함에도 불구하고 열심히 일하는 하층민의 삶이 묘사되어 있는 작품이다.

황부인전(번)/황부인젼黃夫人傳: 작자미상. 신구서림1925 ; 영창서관·한흥서림1925.

【내용】 내용 생략.

【참고】 작자 및 연대 미상의 고전소설이다. 국립중앙도서관에 필사본이 소장되어 있으며, 활자본은 신구서림과 영창서관, 한흥서림 등에서 발행했는데 제목은 모두 '황부인젼'으로 되어 있다. 필사본의 표제는 '黃處士傳'이다. 제갈량의 부인인 황 부인에 관한 내용이며, 『삼국지연의』로부터 파생된 작품이다. 즉 『삼국지연의』의 삽화에서 모티프를 취하였으나 『박씨전』 등의 영향을 받아 후대에 창작된 작품으로 간주된다.

황삼랑/黃三囊: 이종수 저작발행. 성문당서점1935(54면, 30전).

【내용】 계원은 형주 신명촌 사는 명문귀족 연은백의 아들로, 조실부모하고 칠촌 숙부 연첨에게 몸을 의탁한다. 탐욕스러운 연첨은 조카를 죽이고 재산을 가로채려 한다. 계원은 죽을 위기에 빠졌다가 부친의 혼령 덕에 화를 면한 후, 멀리 떨어진 마을로 가 마을 훈장의 도움으로 학문을 익히며 평온한 생활을 한다. 세월이 흘러 장성한 계원은 송 처사의 딸 송 소저와 약혼한다. 이 사실을 안 연첨은 송 처사의 재산을 탐내어, 흉계를 꾸며 자기 아들을 대신 장가들이려 한다. 그러나 송 소저가 이를 알고 계원을 구한다. 계원은 무사히 혼례를 마친 후 과거를 보러 떠난다. 도중 그는 한 점쟁이를 만나고, 앞길에 재난이 기다리고 있으니 이를 피하려면 리 승상의 딸 리 소저에게 장가들라는 예언을 듣는다. 계원은 이 말을 듣고 밤에 리 소저 방에 몰래 숨어든다. 리 소저는 사정을 듣더니, 병부상서 김전의 딸과 결혼하라며 밀 씨 한 되와 황색 주머니 셋을 주고 혼례일에 실행할 계책을 일러준다. 얼마 후 계원은 장원급제하여 한림학사가 되고, 김 상서의 딸과 혼인한다. 혼례일 밤 그는 리 소저가 알려 준 대로 행동하며 신방에서 밤을 새우는데, 갑자기 신부가 자결을 한다. 아침이 되어 사람들이 신부의 시체를 발견하고, 계원은 살인범으로 몰려 체포된다. 그는 리 소저가 시킨 대로 황색주머니 셋을 내놓는다. 이를 본 형조판서의 시비 춘섬이 범인은 황삼랑이란 자라고 추리한다. 관아에서는 그런 이름을 가진 자를 찾아 심문하여 자백을 받는다. 황삼랑은 김 상서의 딸과 내연 관계로, 둘이 짜고 신랑을 죽이려 했으나 뜻대로 되지 않자 김 상서의 딸이 겁을 먹고 자결했다는 것이다. 살인 누명을 벗은 계원은 계책을 알려 준 리 소저를 둘째 부인으로 맞이하고, 황삼랑의 의미를 알아 낸 춘섬을 첩으로 삼는 한편, 첫 번째 부인인 송씨까지 데려온다. 한편 계원의 숙부 연첨은 도적 떼를 이끌고 못된 짓을 일삼고, 계원은 그

무리를 체포하여 공을 세운다. 게원은 세 여인과 부귀를 누리며 행복하게 산다.

【참고】 동덕여대 도서관 소장 성문당서점본 본문 첫 장에 '神奇小說 신긔소설 黃三囊 황삼랑'이라고 표기되어 있다. 중국 명나라를 배경으로 하고 있으며, 전기적 요소가 많고 권선징악을 의도한 고소설적 작품이다.

황혼의 눈물: 작자미상. 신구서림1930(30전).

【내용】 미확인.

【참고】 단행본 원본 자료를 구할 수 없어 작품의 경개 및 세부 서지사항을 확인하지 못했다. 『단발미인(신구서림·박문서관1930)』 권말 판권지의 서적 광고에 '황혼의눈물'이라고 제목이 표기되어 있다.

회개의 눈물/悔改의눈물: 작자미상. 대성서림1934(30전).

【내용】 미확인.

【참고】 단행본 원본 자료를 구할 수 없어 작품의 경개 및 세부 서지사항을 확인하지 못했다. 『암야의 총소리(대성서림1934)』 권말 서적 광고에 '悔改의눈물', 『장백전(대성서림1936)』 권말 '신간서적 광고'에 '人情悲劇 悔改의눈물'이라고 제목이 표기되어 있다.

회심곡/悔心曲: 왕덕성 작. 박루월 각색. 영창서관1930(46면, 30전).

【내용】 한적한 시골에 사는 서 참의의 손녀 경애는 서울에서 내려온 장병일을 만나 연인이 된다. 명문대를 졸업한 부호 병일은 경애에게 청혼하고, 이를 받아들인 경애는 병일의 하숙집에 드나든다. 얼마 후 병일은 서울로 올라간다. 한편, 마을의 실권자 방 면장은 돈으로 서 참의의 환심을 사서 경애의 약혼자가 된다. 방 면장은 경애와 병일에 관한 소문을 듣고 서 참의를 찾아와 으름장을 놓는다. 서 참의는 경애와 방 면장의 결혼을 서두른다. 이를 본 경애는 서울로 올라가지만 병일의 처 행세를 하는 최영자의 방해로 병일과 만나지 못한다. 세월이 흘러 경애는 카페 여급이 되고, 마을에서 쫓겨난 서 참의는 서울에서 구걸을 하며 지낸다. 하루는 경애가 술주정뱅이에게 희롱을 당하는데 어떤 남자가 나타나 이를 말리고 사라진다. 남자는 구걸을 하는 서 참의를 찾아 양로원에 맡긴다. 한편, 병일과 영자는 카페에 들렀다가 경애를 보게 된다. 경애는 변해 버린 병일의 모습에 절망하여 강물에 몸을 던지려 한다. 이때 남자가 나타나서 경애를 구하고 서 참의와 만나도록 도와준다. 신문에서 경애의 자살미수 기사를 읽은 병일은 그간의 행동을 반성하고 경애를 찾아가 용서를 구한다. 경애

는 남자의 설득으로 병일을 용서하고, 두 사람은 새로운 삶을 시작한다.

【참고】 국립중앙도서관 소장 영창서관본 표지에 '映畵小說 悔心曲'이라고 표기되어 있다. 시나리오 구성과 같이 영화의 장면 위주로 서사가 전개된다. 새로운 인물이 등장할 때마다 그의 신상정보와 배우의 이름이 함께 소개되며, 극적 장면에서 다른 장면으로 전환되는 서술방식을 통해 독자의 호기심을 유발하고 있다. 왕덕성 각본·감독의 영화 「회심곡(아성키네마1930)」을 소설로 번안한 작품이다.

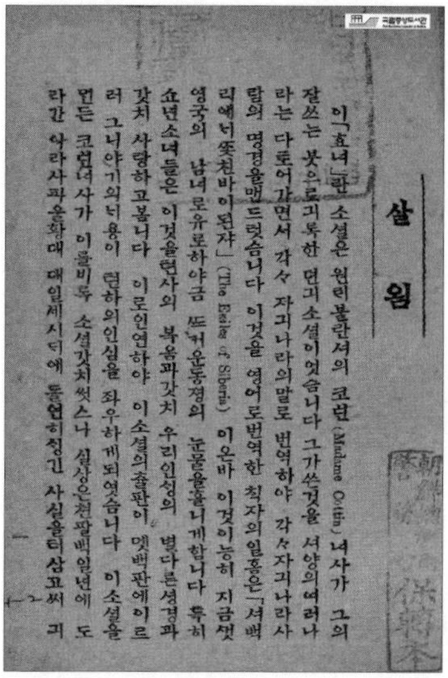

살욈

이「효녀」란 소셜은 원래 불란셔의 코틴(Madame Cottin)녀사가 그의 잘쓰는 붓으로 긔록한 면긔소셜이엇습니다 그가쓴것을 셔양의 여러나라는 다토어 가면서 각々 자긔나라의 말로 번역하야 각々자긔나라사람의 명경을 맨드럿슴니다 이것을 영어로 번역한 칙자의 일홈은「셔백리에 너쏫친바이된쟈」(The Exile of Siberia) 이온바 이것이 능히 지금썻 영국의 남녀로유로하야금 뜨거운동정의 눈물을 흘니게 함니다 특히 쇼년소녀들은 이것을 현사의 복음과 갓치 우리인성의 별다른 셩경과 갓치 사랑하고 봄니다 이로인연하야 이소셜의 출판이 몟백판에 이르러 그니야기의 너용이 텬하의 인심을 좌우하게 되엿슴니다 이소셜을 먼든 코틴녀사가 이를 비록 소셜갓치 썻스나 실상은 천팔백일년에 도라간 아라사 파울황대 대일세 시디에 돌연히 [illegible] 사실을 터삼고 써 긔

효녀(번)/孝女

코틴 작. 설원생 역. 신명서림1922(49면, 20전).

【내용】 원작 참조.

【참고】 표지에 '事實小說 孝女 佛國코틴女史原作 雪園生譯'이라고 표기되어 있다. 원작은 프랑스 작가 코틴(Elizabeth Cottin, 1770-1807)의 「Les Exilés de Sibérie(1806)」이다. 역자 서문에 '「셔백리에늬쏫친바이된쟈(The Exiles of Siberia)」'라고 영역본을 소개하고 있다. '설원생'은 백대진의 필명이다. 백대진이 '雪園'이라는 필명으로 《매일신보》에 1920년 9월 14일부터 10월 9일까지 연재한 「西伯利의 勇少女」를 단행본으로 출간한 것이다. 러시아를 배경으로 하고 있으며, 죄를 짓고 시베리아로 유형간 아버지를 구하기 위해 백방으로 노력한 효녀의 이야기를 담고 있다. 그 효성에 감동한 황후가 그녀의 아버지를 용서하도록 황제를 설득했다는 내용이다. 실화를 바탕으로 하였다는 설명이 역자 서문에 기록되어 있다.

효녀의 루/孝女의淚: **작자미상. 세창서관1934(25전).**

【내용】 미확인.

【참고】 단행본 원본 자료를 구할 수 없어 작품의 경개 및 세부 서지사항을 확인하지 못했다. 『십생구사(세창서관1934)』 권말 '世昌書舘最新刊出版圖書目錄'에 '事實悲劇說 孝女의 淚 효녀의 눈물'이라고 제목이 표기되어 있다.

효자도/孝子島: **이윤혁 작. 대성서림1930(169면, 70전).**

【내용】 장학룡은 부인을 잃고 강 씨를 후처로 맞는다. 강 씨는 현숙한 척하지만 속은 음흉한 인물이다. 그녀는 전 남편 사이에서 낳은 자기 아들 영녹에게 학룡의 재산을 물려주고 싶

어, 전처소생인 신원과 숙자 남매를 없앨 궁리를 한다. 신원이 열아홉 살 되던 해, 학룡은 집안일을 강 씨에게 맡긴 채 구주 여행을 떠난다. 강 씨 모자는 이 틈을 타 신원을 물에 빠뜨려 죽이려 하나, 근처에 있던 리정식이라는 사람의 도움으로 신원은 살아나고 대신 영녹이 죽는다. 신원은 영녹의 살인범으로 체포되지만, 정식이 나서서 자초지종을 밝힌 덕에 무죄 방면된다. 신원은 정식의 인품이 훌륭함을 알고 누이동생 숙자를 그와 정혼시킨다. 한편 강 씨는 아들을 잃자 이번에는 친정조카 강순영과 모의하여 신원을 강간살인미수범으로 모함하고 숙자를 순영과 결혼시켜 재산을 가로채려 한다. 누명을 쓴 신원은 일본으로 도피한다. 그는 병에 걸려 입원했다가 김정숙이라는 조선

인 간호부의 보살핌을 받고 그녀에게 애정을 느끼지만, 퇴원 후 정숙과 헤어져 중국 남양으로 돈벌이를 떠난다. 한편 홀로 남은 숙자는 정식에게 계모를 피해 함께 일본에 가자고 한다. 정식은 그녀를 만류하다 실수로 물에 빠지고, 숙자는 자신이 그를 죽였다고 착각하고 겁에 질려 일본으로 도피한다. 동경에 간 그녀는 요릿집으로 팔려 갈 위기에 처했다가 정숙에게 구원받는다. 두 여자는 의자매가 되어 함께 신원을 찾기로 한다. 한편 정식은 물에서 빠져나와 숙자를 찾아다닌다. 동경으로 간 그는 장질부사에 걸려 괴로워하다, 우연히 숙자와 정숙을 만나 간호를 받는다. 정식과 숙자는 서로 오해를 풀고 함께 신원을 기다린다. 한편 남양에 간 신원은 사냥을 나갔다가 우연히 부친을 만난다. 그의 부친은 유람 중 타고 있던 배가 난파되어 유랑객이 되었던 것이다. 신원은 부친과 함께 집으로 돌아오고, 정숙과 정혼한다. 숙자와 정식 역시 조선으로 돌아온다. 다섯 사람이 모두 돌아오자 강 씨는 죄가 탄로 날 것이 두려워 자살한다. 한편 순영이 강 씨에게 보낸 편지를 통해 신원의 누명이 벗겨지고 순영은 체포된다. 신원과 정숙, 숙자와 정식은 행복한 결혼식을 올린다.

【참고】 경상대 도서관 소장 대성서림본의 본문 첫 장에 '新小說 孝子島 효자도 李尹赫 作'이라고 표기되어 있다. 강 씨가 신원을 '강간살인미수'로 모함하는 이유가 형법상 가장 중죄에 속하기 때문이라고 명시되어 있어, 당대의 형법 체계를 엿볼 수 있는 단서가 된다.

후례두익 대왕 칠년전사(번)/厚禮斗益大王七年戰史

시부에다모스 작. 유길준 역. 김상만1908(86면, 35전).

【내용】 원작 참조.

【참고】 표지에 '普魯士國 厚禮斗益大王七年戰史'라고 표기되어 있다. 원저자 표기가 없고 판권지에 '譯述者 兪吉濬'이라고만 표기되어 있다. 한국 최초의 일본 유학생 유길준이 일본에서 약 12년간의 망

명생활 중에 집필한 것으로서 일본 澁江保 著『フレデリック大王七年戰史(1896)』의 번역본이다. 프러시아 프레데릭의 7년 전쟁(1756-1763) 수행에 관한 책이다. 국한문 표기본이다.

흉가리 애국자 갈소사전(번)

【내용】「갈소사전」 참조.

흉가의 비밀(번)/凶家의秘密: 랜돈 작. 역자미상. 별건곤1930.10-31.2(5회 미완).

【내용】 뉴욕에 사는 실버스터 트렌트는 우연히 만난 병든 소매치기를 동정하여 자신의 집으로 데려와 돌봐 준다. 소매치기는 죽기 전에 "세-드로-ㄴ…… 비오라·예인…… 탑…… 푸른 문 것칠은 흉가"라는 말을 남긴다. 트렌트는 세-드로-ㄴ에 있는 흉가에 비밀이 있다는 사실을 알고 호기심을 느낀다. 트렌트는 뉴욕 센틔-넬 신문에 자신은 영혼 현상을 연구하는 사람으로, 유령이 나오는 흉가를 빌리려고 한다는 내용의 광고를 낸다. 이 광고를 보고 몰틔-버 뗄스가 트렌트에게 연락을 하여 두 사람은 만난다. 트렌트는 뗄스에게서 흉가의 주인인 아-놀드 와-드로가 실종되었으며, 사람들은 그가 살해당했을 것이라고 추측하고 있다는 이야기를 듣는다. 이에 트렌트는 더욱 호기심을 느껴 그 집을 계약하여 이사한다. 이사한 날 밤에 헨리엇터 웨스트라는 젊은 여인이 트렌트를 방문하여 집이 위험하니 떠나라는 충고를 하고 사라진다. 흉가 주인의 실종과 관련된 뗄스는 부하 쌔라인을 보내 트렌트를 감시하라고 명령한다. 쌔라인은 흉가에 몰래 침입해 집안을 배회하는 웨스트를 감금한다. 트렌트는 흉가에서 우연히 푸른 문을 발견하나 쌔라인에게 잡힌다. 흉가에 뗄스와 셈불 박사가 나타나 자신들이 모르는 푸른 문의 비밀을 트렌트는 알고 있을 것이라고 얘기한다. 함께 감금된 트렌트와 웨스트는 탈출을 위해 노력한다.

【참고】 연재 지면에 '探偵小說 凶家의秘密 (原名 綠色의 門) H. 랜돈' 이라고 표기되어 있다. 역자에 대한 정보는 표기하지 않고 있다. 원저자, 원작, 번역자에 대한 자세한 정보를 찾을 수 없다. 《별건곤》 1930년 10월호부터 1931년 2월호까지 5회 연재되다가 중단되었다. 《별건곤》은 1931년 3월호부터 지면 개혁을 단행하여 30면 남짓의 5전짜리 잡지로 지령을 이어 나갔는데, 이에 따라 창작 및 번역 연재소설 등 문예면이 극히 축소되었다.

흑의도/黑衣盜: 고경상 저작발행. 삼문사1935(48면, 20전).

【내용】 흑의단은 뉴욕에서 활동하는 도적의 무리이다. 흑의단의 소굴은 자동으로 창문이 개폐되고 밖에서 나는 소리를 들을 수 있는 장치가 있는 등 경찰의 눈을 피하는 데 요긴한 구

조로 되어 있다. 흑의단의 안병호, 병철 형제는 고리대금업자 정문환의 집에 침입하여 그를 죽이고 금고 안에 든 돈을 훔쳐 온다. 뉴욕 중앙경찰서에서 활동 중인 김상섭 탐정장은 범인들이 탄 자동차의 타이어가 일반용과는 다르게 홀쭉하다는 것을 발견한다. 그리고 홀쭉한 타이어를 파는 가게에서 주문자 명부를 입수하여 그 타이어를 사간 사람의 집을 찾아낸다. 김 탐정장 일행은 그 집에서 흑의단의 일원인 꼽추 청년 경삼을 체포한다. 한편 흑의단은 경삼을 구하기 위해 방법을 모색하는 중 경찰서에서 소사를 뽑는다는 공고를 본다. 흑의단의 일원인 성구는 이름을 장홍진으로 바꾸고 경찰서의 소사로 채용된다. 그런데 소사 채용은 사실 김 탐정장의 계략이었다. 김 탐정장은 장홍진을 미행하여 흑의단 일행이 '동명상점'에 모여 있다는 것을 알아낸다. 김 탐정장은 경찰관들을 데리고 '동명상점'에 가서 흑의단 일행을 모두 체포한다.

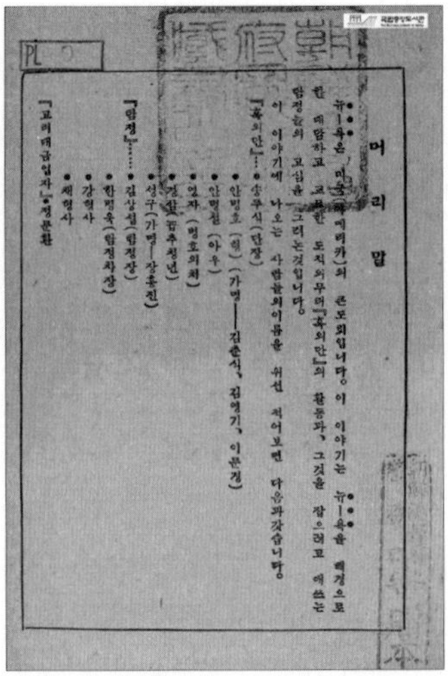
머리말

뉴―욕은 「미국(아메리카)」의 큰도회입니다。이 이야기는 뉴―욕을 배경으로 한 대담하고 교묘한 도적의무리「흑의단」의 활동과, 그것을 잡으려고 애쓰는 탐정들의 고심을 그려논것입니다。

이 이야기에 나오는 사람들의이름을 위선 적어보면 다음과갓습니다。

「흑의단」…●송무시(단장)
●안병호(형)(가명――김춘식, 김영기, 이문경)
●안병철(아우)
●영자(병호의처)
●경삼(꼽추청년)
●성구(가명―장홍진)
「탐정」……●김상섭(탐정장)
●한명옥(탐정차장)
●강형사
●채형사
「고리대금업자」●정문환

【참고】 국립중앙도서관 소장 삼문사본 표지에 '探偵小說 黑衣盜 흑의도', 본문 첫 장에 '흑의도(黑衣盜)' 라고 표기되어 있다. 머리말에 "뉴욕은 미국(아메리카)의 큰 도회입니다. 이 이야기는 뉴욕을 배경으로 한 대담하고 교묘한 도적의 무리 '흑의단'의 활동과, 그것을 잡으려고 애쓰는 탐정들의 고심을 그려 논 것"이라고 작품의 개요를 설명하고 있다.

흑준마(번)/흑쥰마: 스웰 작. 힐만 역. 조선야소교서회1927(155면).

【내용】 원작 참조.

【참고】 원작은 영국 작가 스웰(Anna Sewell, 1820-1878)의 만년작 「Black Beauty(1877)」이다. '말의 자서전' 형식으로, 동물과 노동자에 대한 따뜻한 시선을 드러내어 피압박 계층을 옹호하는 주제의식을 갖춘 작품으로 평가된다. 제1면에 원작의 제목과 원작자가 영문으로 표기되어 있다. 소제목 없이 1-20까지 장별 번호가 붙어 있으며 원작과 비교할 때 축역에 해당한다고 볼 수 있다.

흘러간 삼남매(번)

【내용】 「천일야화」 참조.

흡혈귀(번)/吸血鬼: 코난도일 작. 박도일 역. 상호출판사1948(160면).

【내용】 원작 참조.

【참고】 영국의 작가 코난 도일(Arthur Conan Doyle)의 단편 5편을 번역하여 묶은 책이다. 수록 작품은 「色魔의 激戰」, 「美人의 秘密」, 「吸血鬼」, 「쉘록크 홈쓰는 누구인가?」, 「싯누런 얼굴」이다. 이 작품들은 동일한 제목으로 1932-1933년에 《조선일보》와 《신동아》에 게재된 바 있는데, 이때의 번역자는 '붉은빛'이다. '붉은빛'과 박도일이 동일 인물인지는 알 수 없으며, 상호출판사 간 단행본을 확인할 수 없어 문장이나 내용의 비교 또한 불가능하다. 서지사항은 김병철의 『한국근대번역문학사연구(1975)』를 참고했다.

희망의 서광(번)/希望의曙光

제라드 작. 백수생 역. 기독신보1923.4.18-1924.2.13(41회 미완).

【내용】 네로 황제 복위 시절, 아드리아는 영국의 동쪽 아이세나이 국의 왕녀였으나 당대 최강이었던 로마 군대에 사로잡혀 노예가 되고, 그 오빠도 함께 사로잡혀 로마 군대에 편입된다. 아드리아는 다행히 착한 여주인 도르데아의 보살핌을 받으며 큰 어려움 없이 살고 있다. 도르데아는 매일 전장에 나가 있다시피 한 남편을 그리며 정신적으로 불우한 삶을 이어가는 귀족 여성이다. 아드리아는 항구에 나들이를 갔다가 우연히 벨라라는 여성을 만나게 된다. 그는 황제에게 직접 재판을 받기 위해 왕궁으로 압송 중인 사도 바울을 모시는 여자이다. 바울의 설교를 들은 아드리아는 자기 나라의 여러 신령들이 미신이며 우상에 불과했음을 깨닫고 유일신 하나님과 그의 아들 예수를 믿게 된다. 도르데아도 아드리아에게 이끌려 바울의 가르침을 받아 개종하고, 둘은 바울을 따라 수도로 향한다.

【참고】 1회에는 '希望의曙光 모리쓰 쩨라드 作 泉生 抄譯'으로 표기되어 있고, 2회 이후부터는 '白水生 抄譯'이라고 표기되어 있다. 사도 바울의 가르침을 받고 기독교로 개종하는 이들의 심경 변화가 중점적으로 서술된 작품이다. 아드리아가 수도에서 군대에 가 있는 오빠를 만난 부분에서 예고 없이 연재가 끝난다. 원작자, 원작에 대한 정보는 확인되지 않는다.

희생(번)/犧牲: 다눈치오 작. 팔극원 역. 매일신보1920.1.27-6.25(97회 미완).

【내용】 툴리오는 줄리아나라는 아내가 있으나, 버젓이 정부인 테레사와 애정행각을 벌인다.

줄리아나는 그러한 툴리오 때문에 고통스러워하다가 젊은 소설가와 사귀게 되고, 급기야 그의 아이를 갖게 된다. 이 사실을 안 툴리오는 자살을 결심한다.

【참고】 다눈치오(Gabriele D'Annunzio) 작 「L' innocente(1892)」의 번역물이다. '八克園' 은 유지영의 필명이다. 일본을 통한 二重譯으로 알려져 있으나 일본어 번역의 역자가 누구인지는 확정된 설이 없다. 19세기 이탈리아의 귀족들의 욕망과 그 사회 안에서의 갈등을 담아낸 작품이다. 일역본을 抄譯 내지 縮譯한 것으로 간주되고 있다.

히틀러의 비밀(번)

【내용】「심야의 공포」 참조.

부록

신소설 작품 목록

번역·번안소설 작품 목록

신소설 연도별 작품 목록

번역·번안소설 연도별 작품 목록

신소설 작품 목록

가

가실전/가실젼嘉實傳 : 고병교 저작발행. 회동서관·신명서림1930.

가인기우/가인긔우佳人奇遇 : 현공렴 저작발행. 대창서원·보급서관1918.

갑오시월지연/甲午十月之戀 : 김동진 발행. 조선출판경찰월보1930.9.

강감찬전/姜邯贊傳 : 우기선 편집. 박정동 교열. 현공렴1908.

강릉추월 옥소전/강능츄월옥소젼江陵秋月玉簫傳 : 김동진 편집발행. 덕흥서림1915.

강명화 실기/康明花實記 : 이해관 작. 회동서관1925.

강명화의 설움/姜明花의셜음 : 박철혼 편. 영창서관·한흥서림1925.

강명화의 애사/康明花의哀史 : 작자미상. 세창서관1935.

강명화의 죽음/康明花의죽음 : 향민사편집부 편. 향민사1972 ☞「미인의 정사」

강명화전1/康明花傳 : 해동초인 작. 신구서림·박문서관1925.

강명화전2/강명화젼康明花傳 : 이해관 작. 회동서관1927.

강명화전3/康明花傳 : 강의영 저작발행. 영창서관·한흥서림·진흥서관1935.

강상기우/강샹긔우江上奇遇 : 민준호 저작발행. 동양서원1912.

강상련/강샹련江上蓮 : 해관자 산정. 매일신보1912.3.17-4.26.

강상루/江上淚 : 김이태 작. 대창서원1919.

강상월/江上月 : 고유상 저작발행. 회동서관1912.

강상촌/강샹촌江上村 : 청초당 작. 박학서원1912.

강상혼/江上魂 : 유석조 작. 황학서포·광문서관1925.

검중화/검즁화劍中花 : 지송욱 저작발행. 신구서림1912.

견우직녀/牽牛織女 : 작자미상. 서지불명.

결초보은/結草報恩 : 유연성 작. 대성서림1930.

경세종/警世鐘 : 김필수 작. 김상만1908.

경중미인/鏡中美人 : 벌가생 작. 대한민보1910.8.27-?

경중화/경즁화鏡中花 : 김교제 작. 보문관1923.

경포대/경포ᄃᆡ鏡浦臺 : 이종정 저작발행. 광동서국·동양서원1926.

계명산/게명산鷄鳴山 : 강하형 저작발행. 태화서관1928.

고락의 눈물/苦樂의눈물 : 강하형 저작발행. 태화서관1927.

고려 강시중전/高麗姜侍中傳 : 박건회 저작발행. 조선서관1913.

고목화1/枯木花 : 이해조 작. 제국신문1907.6.5-10.4.

고목화2/枯木花 : 유재익 저작발행. 한성도서주식회사1923.

고의 성/鼓의聲 : 현공렴 저작발행. 대창서원1912.

고진감래/苦盡甘來 : 신귀영 작. 광동서국1916.

고학생의 설음 ☞「청춘의 한」

공산명월/空山明月 : 박영운 작. 박문서관1912.

공진회/共進會 : 안국선 작. 안국선자택1915.

과거의 죄 ☞「형제」

곽랑애사/곽랑ᄋᆡᄉᆞ霍娘哀史 : 고유상 저작발행. 회동서관1921.

관음상/觀音像 : 조일재 작.

매일신보1920.7.7-1921.3.23.
광악산 : 박건병 작. 박문서관1912.
광야/廣野 : 남궁준 저작발행. 유일서관1912.
광한루/廣寒樓 : 김용제 저작발행. 박문서관1917.
괴청년/怪青年 : 강의영 발행.
조선출판경찰월보1934.2.
교기원/巧奇寃 : 박영운 작.
경남일보1912.1.6-2.9.
구마검/驅魔劒 : 열재 작.
제국신문1908.4.25-1908.7.23.
구미호/九尾狐 : 김동진 저작발행. 덕흥서림1922.
구사일생 : 노익형 저작발행. 박문서관1930.
구의산/九疑山 : 이해조 작.
매일신보1911.6.22-9.28.
국의 향/菊의香 : 조일재 작.
매일신보1913.10.2-12.28.
귀의 성/鬼의聲 : 이인직 작.
만세보1906.10.14-1907.5.31.
그날 밤 : 작자미상. 홍문서관1936.
그날 밤의 비밀 : 조준경 저작발행.
보성서관1937.
그 여자의 눈물/그女子의눈물 : 박루월 작.
이문당1937.
그 여자의 비밀/그女子의秘密 : 작자미상.
성문당서점1935.
그 여자의 애정/그女子의愛情 : 작자미상.
세창서관1936.
극야성/極夜聲 : 장석환 발행.
조선출판경찰월보1931.2.
금강문/金剛門 : 동초생 작. 동미서시1914.
금강취유/금강취류金剛聚遊 : 이용한 저작발행.
동미서시1915.
금국화/金菊花 : 김용준 작. 보급서관1913(상).
금낭비화/錦囊秘話 : 최연택 발행.
조선출판경찰월보1938.3.
금낭이산/錦囊二山 : 고경상 저작발행.
회동서관 1912.
금산월/金山月 : 박영운 작.
경남일보1912.11.25-?
금상첨화/금샹쳠화錦上添花: 지송욱 저작발행.
신구서림1913.
금수강산/금슈강산錦繡江山 : 노익환 저작발행.
신구서림1926.
금수재판/禽獸裁判 : 흠흠자 작.
대한민보1910.6.5-8.18.
금수회의록/금슈회의록禽獸會議錄 : 안국선 작.
이장진 교열. 황성서적업조합1908.
금오기설/금오긔셜金鰲奇說 : 작자미상.
보급서관1913.
금옥연/金玉緣 : 이광하 작. 동미서시1914.
금의 쟁성/금의징셩金의錚聲 : 남궁준 편집발행.
유일서관1913.
금의환향/錦衣還鄕 : 노익환 저작발행.
신구서림1926.
금전의 눈물/金錢의淚 : 이승규 저작발행.
중흥서관1937.
금지환/金指環 : 박영운 작. 동양서원1912.
기사회생/起死回生 : 작자미상. 태화서관1929.
기생의 루/妓生의淚 : 신태삼 발행.
조선출판경찰월보1937.1.
기생의 설움/妓生의설음 : 박루월 작.
세창서관1936.
김월향전 : 작자미상. 영창서관1935.
꽃 같은 미인/쏫갓흔美人 : 노익환 저작발행.
신구서림1926.
꽃다운 청춘/쏫다운青春 : 영득 작. 백합사1927.
꽃 한 송이 : 작자미상. 초판서지불명.
삼중당대중문고(4)1952.
꽃향기 무궁화/쏫향기無窮花 : 작자미상.
영창서관1935.
꽃향기 좋은 무궁화/쏫향기조흔無窮花 :
전남렬 작. 영창서관1931.
꿀 같은 사랑/꿀갓흔사랑 : 작자미상.
덕흥서림1933.
꿈속의 꿈/쑴속의쑴 : 명주 작. 태화서관1932.
꿈하늘/쑴하늘 : 신채호 작. 필사유고본1916.

나

나는 살고 싶다 : 작자미상. 초판서지불명
☞「순정한 사랑」
낙락장송/落落長松 : 작자미상. 박문서관1923.
낙화유수/落花流水 : 강의영 발행. 조선출판경찰월보1931.1.
난봉기합/란봉긔합鸞鳳奇合 : 아속선생 작. 동양서원1913.
남무아미타불/南無阿彌陀佛 : 이종정 저작발행. 광동서국1922.
남편 찾아 만주/男便차져滿州 : 작자미상. 세창서관1936.
녹두장군/綠豆將軍 : 노익환 저작발행. 신구서림1930.
녹의홍상/록의홍상綠衣紅裳 : 조준경 저작발행. 보성서관1936.
농촌을 찾는 사람/農村을찾는사람 : 작자미상. 춘양사1934.
눈물에 지는 꽃/눈물에지는꼿 : 월파 작. 발행소불명1936.
눈물의 전당포/눈물의젼당포典當鋪 : 윤백남 작. 서지불명.
눈물의 첫사랑 : 작자미상. 초판서지불명.
능라도/릉나도綾羅島 : 최찬식 작. 유일서관1919. 박문서관1919.
능라도의 봄/능나도의봄綾羅道의봄 : 작자미상. 초판서지불명.
능라도 총성/릉라도총셩綾羅島銃聲 : 김영제 저작발행. 명문당1936.

다

다정다한/多情多恨 : 성원 작. 영창서관1928.
다정의 루/多情의淚 : 작자미상. 신구서림1931.
다정한 남매/多情한남매 : 조준경 편집발행. 보성서관1936.
다정한 눈물/多情한눈물 : 작자미상. 대성서림1928.
다정한 애인/다졍한애인多情한愛人 : 노익환 저작발행. 신구서림1929.
다정한 청춘/多情한靑春 : 작자미상. 덕흥서림1934.
단발령/斷髮嶺 : 지송욱 저작발행. 신구서림1913.
단발미인/斷髮美人 : 노익환 저작발행. 신구서림·박문서관1925.
단산봉황/丹山鳳凰 : 안경호 작. 신구서림1913.
단소 : 최연택 작. 문창사1922.
단종대왕 실기/端宗大王實記 : 김동진 저작발행. 덕흥서림1929.
달콤한 연애/달콤한戀愛 : 신태삼 편집발행. 세창서관1936.
대동강/大同江 : 노익환 작. 신구서림1927.
대장부/大丈夫 : 이규용 작. 대성서림1926.
대포성/딕포셩大砲聲 : 김동진 저작발행. 덕흥서림1926.
덕성복/덕셩복德成福 : 이규용 작. 대성서림1926.
데릴사위 : 조준경 저작발행. 보성서관1937.
도승사명당/道僧四溟堂 : 고유상 발행. 조선출판경찰월보1928.9.
도화원/桃花園 : 해동초인 작. 유일서관1916.
독부의 눈물/毒婦의淚 : 유성 작. 세창서관1935.
독불장군 : 조재선 저작발행. 삼광서림1928.
동각한매/東閣寒梅: 현공렴 편저. 현공렴가1911.
동국거걸 최도통/東國巨傑崔都統 : 금협산인 작. 국한문판대한매일신보1909.12.5-1910.5.27.
동국의 제일 영걸 최도통전/동국에뎨일영걸최도통젼 : 금협산인 작. 국문판대한매일신보1910.3.6-5.26
☞「동국거걸 최도통」
동령수송/동령슈숑冬嶺秀松 : 홍순필 저작발행. 조선도서주식회사1926
동방화촉/洞房花燭 : 박준표 저작발행. 박문서관1930.
동선화/동션화 : 작자미상. 박문서관1915.
동정상애/同情相愛 : 신태삼 저작발행. 세창서관.
동정의 루/同情의淚 : 월파 작. 영창서관·한흥서림·삼광서림1925.
동정의 미인/同情의美人 : 작자미상. 세창서관1935.

동정추월/洞庭秋月 : 경제당 작.
청송당1912. 동양서원1912
동정호/동졍호洞庭湖 : 고유상 편집발행.
회동서관1922.
뜨거운 애정/뜨거운愛情 : 작자미상.
초판서지불명

라

류수필 : 작자미상. 박문서관1921.

마

마굴의 여신/마굴의녀신魔窟의女神 :
조준경 저작발행. 보성서관1938.
마상루/마샹루馬上淚 : 민준호 작. 동양서원1912.
마적과 처녀/馬賊과處女 : 작자미상.
세창서관1935.
마점산 실기/마졈산실긔馬占山實記 :
김동진 저작발행. 덕흥서림1934.
만고풍상/萬古風霜 : 강범형 저작발행.
화광서림1925.
만국대회록/蠻國大會錄 : 송완식 작.
동양대학당1926.
만월대/만월ᄃᆡ滿月臺 : 열재선생 작.
제국신문1908.9.18-12.3.
만인산/萬人傘 : 백학산인 작.
대한민보1909.7.13-8.8.
만주에 핀 사랑/滿洲에핀사랑 : 동파 작.
세창서관1936.
만주의 꽃/滿洲의쏫 : 작자미상. 춘양사1934.
만주의 혈루/滿州의血淚 ☞「만주에 핀 사랑」
만화방창/만화방챵萬花方暢 : 현공렴 저작발행.
태화서관1915.
말 못할 사정 : 영창서관 편. 영창서관1935.
망월루/望月樓 : 김재덕 저작발행. 신명서림1924.
매부를 죽이기까지/매부를죽이기싸지 :
작자미상. 세창서관1935.
매향/梅香 : 작자미상. 회동서관1925
매화루/梅花淚 : 작자미상. 동양서원1913.
며느리의 죽음/며누리의죽엄 : 작자미상.
세창서관1935.
명월정/명월뎡明月亭 : 박이양 작. 유일서관1912.
모란병 : 이해조 작. 제국신문1909.2.13-?
모란봉1/牧丹峰 : 이인직 작. 동양서원1912.
모란봉2/牡丹峰 : 이인직 작.
매일신보1913.2.5-6.3.
모란봉3/牡丹峰 ☞「눈물에 지는 꽃」
목단화1/牧丹花 : 아속생 작. 광학서포1911.
목단화2/牧丹花 : 정기성 편술. 광문서시1922.
목포의 설움/木浦의설음 : 작자미상. 서지불명
☞「백진주」
몽견제갈량/夢見諸葛亮 : 密啞子 유원표 작.
광학서포1908.
몽금/夢金 : 윤백남 작. 대성서림1933.
몽외인/夢外人 : 황일수 저작발행. 광덕서관1913.
몽조/夢潮 : 반아 작. 황성신문1907.8.12-9.17.
몽중몽2/夢中夢 : 작자미상. 명문당.
무궁화/無窮花 : 이상협 작.
매일신보1918.1.25-7.27. 신문관1918.
무궁화 꽃송이/無窮花꽃송이 : 강의영 저작발행.
출판사불명1927.
무릉도원/武陵桃源 : 강의영 저작발행.
영창서관·덕흥서림1924.
무정세월/無情歲月 : 류운경 작. 태화서관1926.
무정의 꿈/無情의꿈 : 노익형 저작발행.
박문서관1937.
무정의 눈물/無情의淚 : 박철혼 작. 초판서지불명.
영화출판사1953.
무정의 설움/無情의설음 : 강의영 발행.
조선총독부금지단행본목록1941.
무정의 한/無情의恨 : 작자미상. 태화서관1931.
무정한 결혼/무졍한결혼無情한結婚 : 이승철 작.
세창서관1935.
무정한 기적성/무졍한긔적셩無情한汽笛聲 :
이조승 작. 태화서관1935.
무정한 동무/無情한동무 : 강범형 저작발행.
화광서림1931.
무정한 미인/無情한美人 : 작자미상.
세창서관1936.

무정한 방초 : 작자미상. 태관서관1947.
무정한 비곡/無情한悲曲 : 작자미상. 세창서관1936.
무정한 설움1 : 월파 작. 시창서관1927.
무정한 설움2/無情한셜음 : 이소 작. 영창서관1935.
무정한 애인/無情한愛人 : 작자미상. 박문서관1923.
무정한 청춘/무졍한청츈無情한青春 : 김상용 작. 영창서관·한흥서림·진흥서관1926.
무정화/無情花 : 노익형 발행. 조선출판경찰월보1931.1.
미남자/美男子 : 녹성 작. 영창서관1930.
미남자의 눈물/美男子의淚 : 신태삼 편집발행. 세창서관1935.
미인계/美人計 : 김동진 저작발행. 덕흥서림1919.
미인기사/미인긔ᄉᆞ美人奇事 : 작자미상. 덕흥서림1919.
미인도1/美人圖 : 고유상 저작발행. 회동서관1913.
미인루/美人淚 : 작자미상. 박문서관1922.
미인의 루/美人의淚 : 노익형 작. 박문서관1921.
미인의 자태/美人의姿態 : 노익환 저작발행. 신구서림1926.
미인의 정사/美人의情死 : 작자미상. 영창서관1935.
미인의 최후/美人의最後 : 작자미상. 덕흥서림1934.
미인의 춘몽/미인의츈몽 : 홍병석 편집발행. 홍문서관1936.

바

바람개비/風車 : 강의영 발행. 조선출판경찰월보1933.9.
박명/薄命 : 백대진 작. 매일신보1919.11.21-1920.1.25.
박명의 눈물 : 신태영 편. 영창서관1935.
박명한 미인/薄命한美人 : 강의영 저작발행. 영창서관1926.
박명화/薄命花 : 노익형 저작발행. 박문서관1921.
박연폭포/朴淵瀑布 : 이상춘 작. 유일서관1913.
박정화/薄情花 : 수문생 작. 대한민보1910.3.10-5.31.
박태보 실기/박틱보실긔朴泰輔實記 : 김동진 저작발행. 덕흥서림1916.
박효랑전 : 김기홍 저작발행. 재전당서포1934.
반항/反抗 : 춘성 작. 신민공론사1923.
반혼향/返魂香 : 작자미상. 대한일보1906.4.27-8.28.
방산월/芳山月 : 작자미상. 초판서지불명.
방화수류정/방화슈류뎡訪花隨柳亭 : 김원길 저작발행. 박문서관1920.
백년한/빅년한百年恨 : 소운 작. 회동서관1913.
백련유전기/白蓮流轉記 : 윤백남 작. 동아일보1936.2.22-8.28.
백련화/白蓮花 : 해동초인 작. 조선도서주식회사1926.
백만불의 비밀/百萬弗의秘密 : 심천성 작. 창문당서점1928.
백의미인/白衣美人 : 김준환 저작발행. 덕흥서림1933.
백의인의 루/白衣人의淚 : 이원규 작. 세창서관1935.
백의처녀/白衣處女 : 작자미상. 출판사연도불명.
백의청년/白衣青年 : 김동진 저작발행. 덕흥서림1934.
백일홍/빅일홍 : 작자미상. 박문서관1915.
백장미 : 영창서관 편. 영창서관1935.
백진주/白眞珠 : 홍병석 저작발행. 홍문서관1938.
번개 같은 도적/번개가튼盜賊 : 정도영 발행. 조선출판경찰월보1930.9.
번리화정서전/樊梨花征西傳 : 노익환 저작발행. 신구서림1931.
벽부용/碧芙蓉 : 소운 작. 회동서관1912.
벽오동/碧梧桐 : 작자미상. 신구서림1913.
벽창호/壁窓戶 : 송경환 작. 동양대학당1930.
병든 청춘/病든青春 : 춘성 작. 영창서관1931.

병인간친회록/病人懇親會錄 : 꾕소생 작.
대한민보1909.8.19-10.12.
병자임진록/丙子壬辰錄 : 이종수 저작발행.
성문당서점1934.
병자팔장사/丙子八壯士 : 유추강 작. 삼중당1950.
보은록/報恩錄 : 유영상 저작발행. 광학서포1913.
보응 : 작자미상.
국문판대한매일신보1909.8.11-9.7.
보환연/寶環緣 : 구병회 편집발행. 박학서원1913.
복마전/伏魔殿 : 김승묵 발행.
조선출판경찰월보1929.1.
복수단/復讎團 : 작자미상. 초판서지불명.
봄바람 : 작자미상. 대성서림1930.
봄을 맞아 : 발행인 미상.
조선출판경찰월보1937.7.
봉선의 원한 : 조준경 저작발행. 보성서관1927.
봉선화/鳳仙花 : 해관자 작.
매일신보1912.7.7-11.29.
봉제비 : 오중묵 발행. 조선출판경찰월보1930.6.
봉황금/鳳凰琴 : 고유상 저작발행. 회동서관1922.
봉황대/봉황ᄃᆡ鳳凰臺 : 남궁준 저작발행.
유일서관1912.
부벽루/浮碧樓 : 김용준 편집발행. 보급서관1914.
부벽루의 미인/浮碧樓의美人 : 김동진 저작발행.
덕흥서림1931.
부벽완월/浮碧翫月 : 박영운 작.
경남일보1913.2.11-?
부용담/芙蓉潭 : 이용한 저작발행. 동미서시1915.
부용헌/芙蓉軒 : 김영한 작. 동미서시1914.
북간도의 루/北間島의淚 : 작자미상.
세창서관1935.
분홍 저고리 : 작자미상. 태화서관1929.
불 같은 정열/불갓흔경열불갓흔情熱 :
박루월 작. 세창서관1935.
불로초/不老草 : 남궁준 저작발행. 유일서관1912.
불쌍한 사람/불상한사람 : 청남 작.
영창서관1942.
불쌍한 인생/불상한人生 : 홍병석 저작발행.
홍문서관1936.

비련의 눈물/悲戀의눈물 : 작자미상.
대성서림1934.
비련의 화상/悲戀의畵像 : 윤백남 작.
대성서림1934.
비밀세계/秘密世界: 작자미상. 중앙서관1908.
비밀의 사랑/秘密의사랑 : 작자미상. 성문당서점.
비파성/비파셩琵琶聲 : 이해조 작.
매일신보1912.11.30-1913.2.23.
비행여사/비행녀사飛行女史 : 안경호 작.
조선도서주식회사1926.
비행의 미인/飛行의美人 : 박철혼 작.
영창서관·한흥서림·진흥서관1923.
빈상설/빈상셜鬢上雪 : 이해조 작.
제국신문1907.10.5-1908.2.12.
빈자의 사랑 : 이한태 편. 영창서관1935.
빛나는 청춘/빗나는靑春 : 작자미상.
성문당서점1936.
뿌린 씨/ᄲᅮ린씨 : 학인 작.
긔독신보1915.12.15-1916.5.10
삐삐 자유부인/BB自由夫人 : 작자미상. 서지불명.

사

사각전/사각젼謝角傳 : 노익형 저작발행.
박문서관·신구서림1918.
사계장춘/四季長春 : 고려공산당청년회 발행.
조선출판경찰월보1930.1.
사나이/사나희 : 나운규 작. 신구서림1931.
사랑에 속고 돈에 울고 : 작자미상.
세창서관1936.
사랑에 울고 돈에 속고
☞「사랑에 속고 돈에 울고」
사랑에 취한 여자/사랑에취한녀자 : 작자미상.
초판서지불명.
사랑은 눈물인가 : 조준경 저작발행.
보성서관1937.
사랑은 쉽다 : 봉회 작. 백합사1930.
사랑은 원수 : 작자미상. 초판서지불명.
사랑을 위하여 : 김온섭 작. 발행소불명1930.
사랑의 꽃/사랑의ᄭᅩᆺ : 작자미상. 영창서관1935.

사랑의 꽃동산/사랑의쏫동산 : 김홍만 작. 대성서림1928.
사랑의 꿈/사랑의쑴 : 철혼 작. 영창서관1923.
사랑의 노래 : 작자미상. 광한서림1929.
사랑의 눈물1 : 작자미상. 박문서관1922.
사랑의 동무 : 작자미상. 영창서관1933.
사랑의 무정/사랑의無情 : 노익형 발행. 조선출판경찰월보1930.12.
사랑의 보금자리 : 작자미상. 신구서림1930.
사랑의 비밀 : 작자미상. 신구서림1931.
사랑의 설움/사랑의설음사랑의煩惱 : 유석조 작. 화광서림1933.
사랑의 성공/사랑의成功 : 작자미상. 박문서관1923.
사랑의 싸움/사랑의싸홈 : 영창서관 편. 영창서관1925.
사랑의 지옥/사랑의디옥 : 이서구 작. 매일신보1928.5.28-7.7.
사랑의 혈루 : 신태영 편. 영창서관1935.
사랑하는 그들 : 김진옥 발행. 조선출판경찰월보1931.2.
사시장춘/사시장츈四時長春 : 장야 작. 대성서림1926.
사육신전/사륙신젼死六臣傳 : 현수봉 작. 신구서림1929.
사촌몽/沙村夢 : 익명자 작. 매일신보1916.1.1-2.
산중처녀/산즁쳐녀山中處女 : 대원산사 작. 대성서림1916.
산천초목/산쳔초목 : 이해조 작. 유일서관1912
삼각산/三角山 : 이종정 저작발행. 광동서국1912.
삼강문/三綱門 : 해동초인 작. 덕흥서림1918.
삼명자/三名刺 : 작자미상. 중앙서관1908.
삼성기/삼셩긔三聖記 : 작자미상. 천일서관1918.
삼쾌정/삼쾌졍三快亭 : 고유상 저작발행. 회동서관1919.
상사루/相思淚 : 남궁설 저작발행. 유일서관1917.
상전벽해/상뎐벽해桑田碧海 : 박준규 저작발행. 초판서지불명. 박문서관.
상해야 잘 있거라/上海야잘잇거라 : 작자미상. 초판서지불명.
새로 핀 무궁화/새로핀無窮花 : 오천호 발행. 조선총독부금지단행본목록1941.
생육신전/생륙신전生六臣傳 : 현수봉 작. 신구서림1929.
생의 혈루/生의血淚 : 이두성 발행. 조선출판경찰월보1929.6.
서해풍파/셔히풍파西海風波 : 이상춘 작. 유일서관1914.
석가여래전/釋迦如來傳 : 현공렴 작. 대창서원1912.
선죽교/션쥭교善竹橋 : 고유상 저작발행. 회동서관·삼문사서점·신명서림1930.
설상가상/雪上加霜 : 철혼 작. 영창서관1933.
설움의 빛/설음의빗 : 전무길 작. 고려공사1924.
설움의 사정/설음의사졍 : 백남신 작. 대성서림1927.
설중매화/셜즁미화雪中梅花 : 김익수 저작발행. 창문사1913.
설중송/셜즁송雪中松 : 고유상 저작발행. 회동서관·광익서관1920.
설홍전/설홍젼薛弘傳 : 김병권 작. 영창서관·한흥서림1929.
섬색시/섬색씨 : 작자미상. 한종수 발행. 경향출판사1947.
성산명경/셩산명경聖山明鏡 : 최병헌 작. 정동황화서재1909.
성산유람기/셩산유람긔 : 최병헌 작. 신학월보1907.1호-4·5호.
세검정/셰검뎡洗劍亭 : 지송욱 저작발행. 신구서림1913.
세기의 딸/世紀의딸 : 이무영 작. 동아일보1939.10.10-1940.8.11.
세 동무 : 박루월 편. 영창서관.
세상의 죄/世上의罪 : 성문당편집부 편. 성문당서점1934.
세종대왕 실기/세종대왕실긔世宗大王實記 : 박준표 작. 세창서관1935.
소금강 : 빙허자 작. 대한민보1910.1.5-3.6.

소년의 탐험/쇼년의탐험 : 작자미상. 왕래서시.
소상강/蕭湘江 : 남궁준 저작발행. 유일서관1912.
소양정/쇼양뎡昭陽亭 : 우산거사 작.
매일신보1911.9.30-12.17.
소학령/巢鶴領 : 이해조 작.
매일신보1912.5.2-7.6.
속편 장한몽/續編長恨夢 : 조일재 작.
매일신보1915.5.25-12.26.
송뢰금/숑뢰금松籟琴 : 초우당주인 작.
박문서관1908.
송죽/숑쥭松竹 : 김영한 작. 동미서시1914.
수군의 제일 거룩한 인물 이순신전/
슈군의뎨일거룩ᄒᆞᆫ인물리슌신젼 :
금협산인 작. 패서생 의역.
국문판대한매일신보1908.6.11-10.24.
수군 제일 위인 이순신/水軍第一偉人李舜臣 :
금협산인 작.
국한문판대한매일신보1908.5.2-8.18.
수난의 여인/受難의女人 : 이원규 편술.
초판서지불명.
수일롱/슈일롱水溢瀧 : 김연규 편집발행.
동아서관1916.
순정을 찾아서/純情을차저서 : 조준경 저작발행.
보성서관1938.
순정한 사랑/純情한사랑 : 조준경 저작발행.
보성서관1938.
순진한 남자/純眞한男子 : 조준경 저작발행.
보성서관1939.
술은 눈물인가 한숨이련가/
술은눈물인가한숨이란가 : 김정표 저작발행.
춘양사1934.
승방애화/僧房哀花 : 작자미상. 세창서관1936.
승방의 루/僧房의淚 : 작자미상. 세창서관1935.
시든 방초/시드른芳草 : 작자미상. 박문서관1923.
신단공안/新斷公案 : 작자미상.
황성신문1906.5.19-12.31.
신랑의 보쌈 : 박건회 저작발행. 광익서관1917.
신월루/新月淚 : 온성영 작. 세창서관1935.
신일선의 눈물/申一仙의눈물 : 신태삼 저작발행.
세창서관1935.
신출귀몰/신츌귀몰 : 황갑수 작. 동양서원1912.
실연의 루/失戀의淚 : 고병교 저작발행.
회동서관1931.
실연의 화원/失戀의花園 : 조준경 저작발행.
보성서관1938.
심부손 부인전/심부손부인젼沈富孫夫人傳 :
신태삼 저작발행. 세창서관1937.
십생구사/十生九死 : 홍순필 저작발행.
경성서적업조합1926.
쌍련몽/雙蓮夢 : 작자미상. 한남서림1922.
쌍봉쟁화/쌍봉ᄌᆡᆼ화雙蜂爭花 : 김교제 작.
보문관1919.
쌍신랑/雙新郎 : 김동진 저작발행. 덕흥서림1930.
쌍옥랑/雙玉娘 : 작자미상. 덕흥서림1933.
쌍옥적/쌍옥젹雙玉笛 : 이해조 작.
제국신문1908.12.4-1909.2.12.

아

아까운 청춘/앗가운青春 : 조준경 저작발행.
보성서관1937.
아름다운 황국/아름다운黃菊 : 발행인 미상.
조선출판경찰월보1937.7.
아리랑 고개 : 노익형 발행.
조선출판경찰월보1938.9.
아버지 찾는 칼/아버지찻는칼 :
이종수 저작발행. 성문당서점1935.
아세아의 대동란/亞細亞의大動亂 : 한강 발행.
조선출판경찰월보1931.6.
아여행/啞旅行 : 작자미상. 중앙서관1908.
아우성/亞友聲 : 지복문 발행.
조선출판경찰월보1933.8.
악마의 루/惡魔의淚 : 신태삼 저작발행.
세창서관1936.
안동의기/安東義妓 : 조일재 작.
매일신보1939.11.20-1940.5.21.
안의 성/안의셩鴈의聲 : 해동초인 작.
박문서관1914.
암야의 총소리/暗夜의총소리 : 이원규 작.

대성서림1934.
압록강 삼미인/鴨綠江三美人 : 김완기 저작발행. 홍문서관1947.
압록강을 건너서/鴨綠江을건너서 : 작자미상. 서지불명.
애국부인전/익국부인젼愛國婦人傳 : 장지연 작. 광학서포1907.
애달픈 청춘/애달분靑春 : 진녹성 작. 광한서림1929.
애련모사/愛戀慕思 : 작자미상. 박문서관1925.
애루몽/哀淚夢 : 박철혼 작. 박문서관1930.
애원성/익원셩哀怨聲 : 이진원 저작발행. 박문서관1921.
애의 희생자/愛의犧牲者 : 작자미상. 덕흥서림1931.
애인의 기봉/愛人의奇逢 : 작자미상. 태화서관1931.
애인의 눈물/愛人의눈물 : 유석조 작. 영창서관1934.
애인의 선물/愛人의선물 : 작자미상. 회동서관1925.
애인의 정사/愛人의情死 : 작자미상. 세창서관1935.
애정/애졍愛情 : 고유상 저작발행. 회동서관1927.
애정다한/愛情多恨 : 신태삼 저작발행. 초판서지불명.
애정의 루/愛情의淚 : 작자미상. 삼문사1932.
애정의 미인/愛情의美人 : 한태진 작. 세창서관1935.
야광주/야광쥬夜光珠 : 작자미상. 세계서림1924.
약산동대/藥山東臺 : 작자미상. 광동서국1913.
양귀비1/楊貴妃 : 현령선 작. 광문사1922.
양장미인/洋裝美人 : 작자미상. 박문서관1923.
양주봉전/양쥬봉젼梁朱鳳傳 : 남궁준 편집발행. 유일서관·한성서관1917.
어머니1 : 박준표 작. 태화서관1932.
어머니의 비밀 : 이종수 저작발행. 성문당서점1947.
엉터리들 : 송경환 발행.
조선출판경찰월보1930.12.
여점원의 비밀/녀졈원의비밀女店員의秘密 : 조준경 저작발행. 보성서관1938.
연광정/련광뎡鍊光亭 : 이종성 저작발행. 신구익지서관1913.
연무정/戀無情 : 이소 작. 창문당서점1929.
연애의 고투/戀愛의苦鬪 : 월파 작. 영창서관1932.
연애의 루/戀愛의淚 : 작자미상. 세창서관1935.
연애의 불꽃/戀愛의불꼿 : 작자미상. 대성서림1930.
연애의 승리자 : 고유상 저작발행. 회동서관1924.
연애행진곡/戀愛行進曲 : 정도영 발행. 조선출판경찰월보1930.9.
연은 루인가/戀은淚인가 : 조준경 발행. 조선출판경찰월보1937.5.
연의 각/鳶의脚 : 해관자 산정. 매일신보1912.4.19-6.7.
열녀문/렬녀문 : 작자미상. 세창서관1933.
열녀의 루/烈女의淚 : 박승엽 작. 태화서관1929.
열정/熱情 : 백남신 작. 태화서관1926.
열정 껍질 벗는 사람/ 렬졍썹질벗는사람熱情썹질벗는사람: 강의영 저작발행. 영창서관1926.
열정의 루/熱情의淚 : 백악 작. 세창서관1936.
열정의 불길/熱情의불길 : 박승엽 작. 덕창서관1926.
영산홍/暎山紅 : 이종린 작. 성문사1914.
영웅호걸 : 작자미상. 영창서관1935.
영원의 루/永遠의淚 : 노익환 발행. 조선출판경찰월보1929.2.
영원의 몽상/永遠의夢想 : 춘성 편. 영창서관1931.
영원의 무정/永遠의無情 : 강의영 저작발행. 영창서관1929.
영원한 무정/永遠한無情 : 강의영 작. 영창서관1942.
영원한 사랑/永遠한사랑 : 영창서관 편. 영창서관1934.

영자의 루/英子의淚 : 강봉회 저작발행. 백합사·동흥서관1939.
오경월/五更月: 일우생 작. 대한민보1909.11.25-12.28
오동추월/梧桐秋月 : 박철혼 작. 영창서관1928.
오작교/烏鵲橋 : 작자미상. 회동서관1927.
오호천명/오호텬명嗚呼天命 : 월파 작. 영창서관1926.
옥동자/玉童子 : 작자미상. 대성서림1936.
옥랑전/옥랑젼 : 작자미상. 국문판대한매일신보1910.8.16-8.28.
옥련기담/옥련긔담玉蓮奇談 : 신원행퇴 저작발행. 동양대학당1924.
옥련당/玉蓮堂 : 박영운 작. 경남일보1912.2.11-?
옥련의 눈물/玉蓮의눈물 : 김동진 작. 덕흥서림1922.
옥매화/옥믹화玉梅花 : 손재용 저작발행. 보서관1913.
옥빈홍안/玉鬢紅顔 : 작자미상. 신구서림1913.
옥상화/玉上花 : 김송규 저작발행. 광한서림1925.
옥순의 죽음/옥순의죽엄 : 영창서관 편. 영창서관1935.
옥중가화/옥즁가화獄中佳花 : 강의영 저작발행. 세창서관1916.
옥중금낭/옥즁금낭獄中錦囊 : 지송욱 저작발행. 신구서림1913.
옥중화/옥즁화 : 해관자 산정. 매일신보1912.1.1-3.16.
옥호기연/玉壺奇緣 : 김용제 작. 보급서관·동양서원·광학서포1912.
완월루/玩月樓 : 남궁준 저작발행. 유일서관1912.
요지경/瑤池鏡 : 박영진 작. 슈문셔관1910.
용과 용의 대격전/龍과龍의大激戰 : 연시몽인 작. 필사본유고1928.
용매기연/룡믹긔연龍媒奇緣 : 정기성 편술. 광문서시1922.
용왕담/룡왕담龍王潭 : 노익환 저작발행. 신구서림1931.
용정촌/룡졍촌龍井村 : 해동초인 작.
용정촌의 설움/용정촌의셜음龍井村의淚 : 작자미상. 세창서관1935.
용함옥/龍含玉 : 금화산인 작. 대한일보1906.2.23-4.3.
우미인/虞美人 : 작자미상. 중앙서관1908.
우중기연/우즁긔년雨中奇緣 : 지송욱 저작발행. 신구서림1913.
우중행인/우즁힝인雨中行人 : 이해조 작. 매일신보1913.2.25-5.11.
우후명월/雨後明月 : 유석조 작. 영창서관1933.
운명/運命 : 박준표 작. 박문서관1924.
운명의 지환/運命의指環: 작자미상. 박문서관1923.
운명의 진주/운명의진쥬運命의眞珠 : 박철혼 작. 영창서관1925.
운외운/雲外雲 : 박영운 작. 춘포약방·야소교책사·광문책사·서적상최득린1914.
원앙도/鴛鴦圖 : 이해조 작. 중앙서관1909.
원앙의 꿈/원앙의꿈 : 작자미상. 덕흥서림1935.
원앙의 상사/원앙의상샤鴛鴦의相思 : 신귀영 저작발행. 청송당서점1916.
원앙의 쌍/鴛鴦의雙 : 현공렴 저작발행. 대창서원1929.
월미도/月尾島 : 박철혼 작. 박문서관1930.
월세계/月世界 : 현공렴 저작발행. 대창서원·보급서관1922.
월야의 미인/月夜의美人 : 작자미상. 초판서지불명.
월하가인/月下佳人 : 하관생 작. 매일신보1911.1.18-1911.4.5.
월하탄금성/월하탄금셩 : 이건국 작. 읍청회사1913.
유곽의 루/유곽의눈물遊廓의淚 : 작자미상. 세창서관1932.
유곽의 하룻밤/유곽의하로밤 : 이한태 편. 영창서관1935.
유성기/류셩긔留聲機 : 전창석 저작발행. 광학서포1914.
유정무정/有情無情 : 작자미상. 대성서림1925.

유정의 루/유정의루有情의淚 : 이옥 작. 화광서림1926.
유정한 사랑/有情한사랑 : 김동진 저작발행. 덕흥서림1934.
유정한 처녀/有情한處女 : 신태삼 편집발행. 세창서관1935.
육선각/六仙閣 : 지송욱 저작발행. 신구서림1913.
육혈포/륙혈포六穴砲 : 안경호 작. 태화서관1930.
윤심덕 일대기/尹心悳一代記 : 박철혼 편. 박문서관1927.
은세계/銀世界 : 이국초 작. 동문사1908.
은하에 흐르는 정열/은하에흐르는정렬 銀河에흐르는情熱 : 작자미상. 세창서관1936.
은하작교/銀河鵲橋 : 노익환 저작발행. 신구서림1932.
을밀대/을밀딕乙密臺 : 이민한 편집발행. 대창서원·보급서관1918.
을지문덕/乙支文德 : 신채호 작. 광학서포1908.
음양염나왕전 : 작자미상. 유일서관1916.
의문/疑問 : 강의영 저작발행. 영창서관.
의문의 사랑/疑問의사랑 : 이소 편. 영창서관1931.
의문의 시체/의문의시톄疑問의屍體 : 송완식 작. 영창서관1924.
의인의 무덤/義人의墓 : 최연택 저작발행. 문창사1926.
의협의 아/義俠의兒 : 고유상 저작발행. 회동서관1926.
이대장전/리대장전李大將傳 : 금화산인 작. 매일신보1927.9.3-11.23.
이별의 루/리별의루離別의淚 : 루향 작. 세창서관1935.
이봉빈전/리봉빈젼李鳳彬傳 : 김재덕 작. 경성서관1925.
이상의 낙원/理想의樂園 : 작자미상. 화광서림1931.
이상촌/理想村 : 정연규 작. 계문사1921.
이순신 실기/리슌신실긔李舜臣實記 : 최찬식 작. 박문서관1925.
이십춘광/이십츈광二十春光 : 박만희 작. 대성서림1925.
이팔청춘/이팔청츈二八青春 : 강은형 저작발행. 대성서림1925.
이혼의 재판/리혼의재판離婚의裁判 : 김연배 작. 한양서관1922.
이화몽/리화몽梨花夢 : 지송욱 저작발행. 신구서림1914.
인간유정/人間有情 : 신태삼 저작발행. 춘양사1934.
인간의 눈물/인간의루人間의淚 : 홍병석 편집발행. 홍문서관1936.
인부의 사/人夫の死 : 강의영 발행. 조선출판경찰월보1933.9.
인생문답/人生問答 : 발행인 미상. 조선출판경찰월보1937.7.
인의 루/人의淚 : 작자미상. 영창서관1933.
인정의 루/人情의淚 : 월파 작. 영창서관1934.
인향전/仁香傳 : 노익형 저작발행. 박문서관1938.
일념홍/一捻紅 : 일학산인 작. 대한일보1906.1.23-2.18.
일당백/一當百 : 윤용섭 저작발행. 세창서관1930.
일대명장 정충신/일대명장뎡충신一代名將鄭忠信 : 작자미상. 회동서관1927.
일륜명월/一輪明月 : 작자미상. 박문서관1923.
일목장군/一目將軍 : 작자미상. 화광서림1931.
일장춘몽/一場春夢 : 강의영 저작발행. 영창서관1925.
일지매/一枝梅 : 안경호 작. 조선도서주식회사1926.
일지화/一枝花 : 벽계산인 작. 대성서림1928.
임거정전/림거정전林巨丁傳 : 박철혼. 태화서관1931.

자

자동차 연애/자동차련애自動車戀愛 : 노익형 저작발행. 박문서관1930.
자유의 길/自由의길 : 정연규 작. 매일신보1923.3.25-6.15.

자유종/ᄌ유죵自由鍾 : 이해조 작. 광학서포1910.
자작 부인/子爵婦人 : 해동초인 작. 조선도서주식회사1926.
잘 있거라/잘잇거라 : 나운규 작. 신구서림1931.
장미화/薔薇花 : 박승엽 저작발행. 박문서관1924.
장중보옥/掌中寶玉 : 작자미상. 대성서림1936.
장한/쟝한長恨 : 신길구 작. 영창서관1927.
장한애사/長恨哀史 : 김정표 저작발행. 춘양사1934.
장한의 루/長恨의淚 : 진녹성 작. 삼광서림1928.
장한의 청춘/長恨의靑春 : 송완식 발행. 조선출판경찰월보1929.3.
저마무전/져마무전 : 최찬식 편집발행. 신문관1914.
적막강산/寂寞江山 : 작자미상. 대성서림1928.
절박한 일미전쟁기/절박한日米戰爭記 : 작자미상. 삼문사1935.
절세가인/졀셰가인絶世佳人 : 작자미상. 경성서관1928.
절세미인/絶世美人 : 작자미상. 대성서림1926.
절세미인도/絶世美人圖 : 신흥서관 편. 신흥서관. 초판연도불명.
절세미인 서시전/절세미인서시젼絶世美人西施傳 : 김송규 저작발행. 광한서림1929.
절영신화/絶纓新話 : 백치생 작. 대한민보1909.10.14-11.23.
절처봉생/졀쳐봉ᄉᆡᆼ絶處逢生 : 노익형 편집발행. 박문서관1914.
젊은이의 노래 : 윤창순 작. 박루월 각색. 영창서관1930.
정든 애인/정든愛人 : 작자미상. 덕흥서림1933.
정부의 루/貞婦의淚 : 이소 작. 영창서관1925.
정숙의 루/貞淑의淚 : 작자미상. 영창서관1933.
정조/貞操 : 작자미상. 태화서관1929.
제일강산/뎨일강산第一江山 : 강의영 저작발행. 영창서관1928.
조 부인전/趙婦人傳 : 작자미상. 한성신보1896.5.19-7.10.
조선의 아내/조선의안해朝鮮의안해 : 양고봉 작. 이문당1933.
죄악의 씨/罪惡의씨 : 최연택 작. 문창사1922.
죄 진 여자/죄진녀자罪진女子 : 박루월 작. 세창서관1937.
죽서루/쥭셔루竹西樓 : 현공렴 작. 서적급모자제조소1911.
지구성 미래몽/디구셩미ᄅᆡ몽: 작자미상. 국문판대한매일신보1909.7.15-8.10.
지상의 비극 : 작자미상. 세창서관1957.
지상의 천국/地上의天國 : 작자미상. 백합사.
지성이면 감천/至誠이면感天 : 강은형 저작발행. 대성서림1930.
지장보살/地藏菩薩 : 김교제 작. 동양서원1912.
진심의 혈루/眞心의血淚 : 조준경 저작발행. 보성서관1939.
진정/眞情 : 나도향 작. 영창서관1925.
진정의 눈물/진정의눈물眞情의淚 : 작자미상. 영창서관1929.
진주적삼/珍珠赤衫 : 박건회 저작발행. 공진서관1917.
짝사랑/짝사랑 : 정경석 작. 대성서림1928.
짝사랑의 죽음/짝사랑의죽엄 : 작자미상. 보성서관.

차

참마검/斬魔劍 : 작자미상. 대한일보1906.4.18-26.
참사랑은 이렇다/참사랑은이럿타! : 리소하 작. 태화서관1931.
창송록죽/蒼松綠竹 : 백두용 편집발행. 한남서림1923.
채봉감별곡/ᄎᆡ봉감별곡彩鳳感別曲 : 석농거사 작. 박문서관1914.
처녀의 눈물/處女의눈물 : 작자미상. 삼문사1932.
처녀의 비밀/쳐녀의비밀 : 작자미상. 박문서관1921.
처녀의 설움/處女의설음 : 작자미상. 신구서림1930.

처녀의 혼/쳐녀의혼處女의魂 : 노익환 저작발행. 신구서림1926.
천강홍의장군/天降紅衣將軍 : 작자미상. 회동서관1929.
천리원정/쳔리원경千里遠情 : 왕세창 저작발행. 신명서림1922.
천리춘색/쳔리츈색千里春色 : 강은형 저작발행. 대성서림1925.
천리타향 : 김연순 작. 영창서관1935.
천생배필/天生配匹 : 작자미상. 덕흥서림1933.
천안 삼거리/天安三街里 : 작자미상. 삼중당1949.
천연정/텬연뎡天然亭 : 지송욱 저작발행. 신구서림1913.
천정가연/텬뎡가연天定佳緣 : 강하형 저작발행. 태화서관1923.
천중가절/텬즁가졀天中佳節 : 남궁준 편집발행. 유일서관1913.
천추의 원혼/千秋의怨魂 : 조준경 저작발행. 보성서관1939.
천하기걸 허생과 홍총각/天下奇傑許生과洪總角 : 이원규 발행. 조선출판경찰월보1934.11.
철천지한/徹天之恨 : 김완기 저작발행. 홍문서관1947.
첩의 허물/妾의허물 : 조일재 작. 서지불명.
첫사랑의 시절 : 노익형 발행. 조선출판경찰월보1930.9.
청년의 모범/청년의모범 : 작자미상. 박문서관1918.
청년회심곡/청년회심곡青年悔心曲 : 지송욱 저작발행. 신구서림1914.
청룡백호/青龍白虎 : 이종수 저작발행. 성문당서점1936.
청루의녀전/青樓義女傳 : 작자미상. 국한문판대한매일신보1906.2.6-18.
청야휘편/청야휘편青野彙編 : 고유상 편집발행. 회동서관1913.
청조와 춘산홍/青鳥와春山紅 : 작자미상. 대성서림1936.
청천백일1/청텬빅일青天白日 : 박이양 작. 박문서관1913.
청천백일2/青天白日 : 신태삼 편집발행. 세창서관1935.
청천벽력/청텬벽력 : 김천희 저작발행. 박문서관1921.
청춘남녀/청츈남녀青春男女 : 강의영 저작발행. 영창서관·한흥서림·진흥서관1927.
청춘남녀 깊은 정/青春男女깁흔정: 작자미상. 덕흥서림1933.
청춘몽/青春夢 : 청람 작. 영창서관1942.
청춘 시대/青春時代 : 노자영 작. 영창서관1935.
청춘의 루/青春의淚 : 월파 작. 영창서관1925.
청춘의 몽/青春의夢 : 작자미상. 신구서림1930.
청춘의 무정/青春의無情 : 작자미상. 덕흥서림1934.
청춘의 미인/青春의美人 : 신종균 작. 태화서관1932.
청춘의 보쌈/青春의보쌈 : 작자미상. 세창서관1935.
청춘의 불 같은 연애/青春의불갓흔戀愛 : 작자미상. 덕흥서림1933.
청춘의 설움/青春의셜음 : 이소 작. 영창서관1933.
청춘의 애인/青春의愛人 : 윤용섭 작. 세창서관1931.
청춘의 애정/青春의愛情 : 작자미상. 신구서림1929.
청춘의 열정/청춘의렬졍青春의熱情 : 현병주 저작발행. 박문서관1929.
청춘의 정사/청츈의정사青春의情史 : 김홍만 작. 대성서림1932.
청춘의 탈야/青春의 奪夜 : 허도 발행. 조선출판경찰월보1929.2.
청춘의 한/青春의恨 : 월파 작. 영창서관·한흥서림·진흥서관1932.
청춘의 혈루/青春의血淚 : 김동진 저작발행. 덕흥서림1934.
청춘의 화몽/청츈의화몽青春의花夢 : 월파 작. 박문서관1934.
청춘의 화원/青春의花園 : 진녹성 작.

광문서림1949.
청춘의 환희/青春의幻戱 : 작자미상.
영창서관1933.
청춘의 희망/청춘의희망青春의希望 : 작자미상.
영창서관1927.
청춘홍안/青春紅顔 : 작자미상. 대성서림1924.
청춘화/청츈화青春花 : 무궁 작. 태화서관1925.
청춘회심/青春悔心 : 작자미상. 야사연구회.
초로인생/쵸로인싱草露人生 : 이악 작.
화광서림1927.
초생달 : 작자미상. 영창서관1930.
최영숙의 눈물/崔英淑의눈물 : 작자미상.
영창서관1933.
최정승 : 작자미상. 신구서림1930.
최후의 악수/최후의악슈最後의握手 : 홍난파 작.
매일신보1921.4.29-6.7.
추산이항묵/秋山李恒黙 : 박현실 발행.
조선출판경찰월보1932.9.
추야월1/츄야월秋夜月 : 수석청년 작.
광덕서관1913.
추야월2/秋夜月 : 작자미상. 초판서지불명.
추월공산/秋月空山 : 김동진 저작발행.
덕흥서림1947.
추월색/츄월식秋月色 : 최찬식 작. 회동서관1912.
추천명월/츄텬명월秋天明月 : 김홍제 저작발행.
신구서림1914.
추풍감별곡/츄풍감별곡秋風感別曲 :
지송욱 저작발행. 신구서림1913.
추풍감수록/추풍감슈록秋風感樹錄 :
민준호 저작발행. 동양서원1912.
추풍명월/秋風明月 : 최호정 저작발행.
한성서관1926.
춘광월/츈광월春光月 : 월파 작. 신구서림1925.
춘몽1/츈몽春夢 : 관해생 작.
조선일보1920.3.9-7.7.
춘몽2/春夢 : 해동초인 작. 박문서관1924.
춘몽3/春夢 : 신흥서관 편. 신흥서관.
춘몽의 꽃/츈몽의꼿春夢의꼿 : 작자미상.
광한서림1932.
춘외춘/츈외츈春外春 : 이열재 작.
매일신보1912.1.1-3.14.
치악산/雉岳山 : 이인직 작. 유일서관1908(상).
칠도팔기/칠도팔긔七倒八起 : 이규용 작.
대성서림1926.

카

카후에의 하룻밤/카후에의 하로밤 :
조준경 저작발행. 보성서관1938.
쾌남아/快男兒: 강의영 저작발행.
영창서관·한흥서림1924.
쾌남아 벽창호/快男兒벽창호 : 송경환 발행.
조선출판경찰월보1930.12.
쾌활/快活 : 고유상 저작발행. 회동서관1924.

타

탄금대/彈琴臺 : 이해조 작. 매일신보1912.3.15-5.
탈춤 : 노익형 발행. 조선출판경찰월보1930.9.
탐화봉접/探花蜂蝶 : 안경호 작. 신구서림1927.
태조대왕의 용몽/태조대왕의룡몽太祖大王의龍夢
: 이종수 저작발행. 성문당서점1936.
토의 간/兎의肝 : 해관자 산정.
매일신보1912.6.9-7.11.

파

파도상선/파도상션波濤上船 : 고유상 저작발행.
회동서관1913.
파선밀사/파션밀ᄉ破船密事 : 작자미상.
경향신문1908.7.3-1909.1.1.
편수미인/片手美人 : 이소 작. 영창서관1931.
편시춘/片時春 : 박승엽 작. 화광서림1931.
편연/片戀 : 강은형 발행.
조선출판경찰월보1931.2.
평안감사/平安監司 : 허도 작. 세창서관1931.
폐허의 울음/廢墟의울음 : 이용구 작.
청조사1928.
포도대장 장지항과 의도 일지매 실기/
포도대장장지항과의도일지매실긔
捕盜大將張志恒과 義盜一支梅實記 :

이규용 작. 대성서림1929.

표랑의 눈물 : 월파 작. 영창서관1933.

표박의 비탄 : 춘성 편. 영창서관1935.

피눈물 : 성문당 편. 성문당서점1934.

하

학의 성/학의셩鶴의聲 : 박이양 작. 유일서관1914.

한강의 비극/漢江의悲劇 : 작자미상. 춘양사1934.

한씨보응록/한씨보응록韓氏報應錄 : 이해조 편. 오거서창1918.

한월/恨月 : 박승옥 작. 대한서림1908.

한음과 오성/漢陰과鰲城 : 노익형 발행. 조선출판경찰월보1930.12.

한해춘추/恨海春秋 : 작자미상. 중앙서관1908.

해명성/海明星 ☞「사랑을 위하여」

해상명월/海上明月 : 노익환 저작발행. 신구서림1929.

해안/海岸 : 최찬식 작. 우리의가정1914.1.15-11.15.

해외 고학/히외고학海外苦學 : 작자미상. 경향신문1910.3.25-10.21.

해저의 비밀/海底의秘密 : 작자미상. 박문서관1925.

해타론 : 길선주 작. 야소교서회1904.

해혹/解惑 : 강의영 저작발행. 영창서관1926.

행락도/힝낙도行樂圖 : 민준호 저작발행. 동양서원1912.

행로인/힝로인行路人 : 김승주 작. 광명서관1922.

행복의 가정/幸福의 家庭 : 이인직 작. 영창서관1941.

행화촌/杏花村 : 김송규 저작발행. 광한서림1931.

허영의 눈물/虛榮의눈물 : 월파 작. 성문당서점1934.

혁명가 손일선 실기/革命家孫逸仙實記 : 작자미상. 덕흥서림1933.

현미경/顯微鏡 : 김교제 작. 동양서원1912.

현철한 아내/현쳘한안애賢哲한我愛 : 작자미상. 세창서관1935.

혈가사/血袈裟 : 호관 작. 취산보림1920.8.

혈루/血淚 : 최환규 저작발행. 조선농민사본부1927.

혈루몽/血淚夢 : 서병수 작. 대성서림1926.

혈루의 미인/혈누의미인血淚의美人 : 작자미상. 세창서관1935.

혈의 루/血의淚 : 이인직 작. 만세보1906.7.22-10.10.

형월/螢月 : 노익형 저작발행. 박문서관1915.

호걸남자/豪傑男子 : 김동진 저작발행. 덕흥서림1926.

호사다마/好事多魔 : 이응환 작. 태화서관1926.

호상몽/湖上夢 : 손수근 작. 봉양서원1924.

홍경래 실기1/홍경릭실긔洪京來實記 : 최창선 저작발행. 신문관·광학서포1917.

홍경래 실기2/홍경릭실긔洪京來實記 : 노익형 저작발행. 박문서관1929.

홍도야 울지 마라/紅桃야울지마라 : 박루월 작. 덕흥서림1946.

홍도화/紅桃花 : 이해조 작. 유일서관1908(상).

홍안박명/紅顔薄命 : 박철혼 작. 신구서림1928.

홍안의 루/紅顔의淚 : 작자미상. 덕흥서림1933.

홍의동자/紅衣童子 : 작자미상. 회동서관1929.

홍장군전/홍쟝군전洪將軍傳 : 이해조 편집. 오거서창1918.

화간앵/화간잉花間鶯 : 현공렴 저작발행. 대창서원·보급서관1919.

화도화/花桃花 : 작자미상. 회동서관1925.

화란춘성/화란츈셩 : 작자미상. 영창서관1929.

화류계의 설움/花柳界의설음 : 작자미상. 성문당서점1935.

화상설/花上雪 : 김우진 작. 동양서원1912.

화세계/화셰계花世界 : 선음자 작. 매일신보1910.10.12-1911.1.17.

화수분/貨水盆 : 심우택 저작발행. 광학서포1914.

화연의 눈물/花蓮의눈물 : 작자미상. 영창서관1928.

화용월태/화용월틱花容月態 : 강의영 저작발행.

대창서원1918.
화원호접/화원호졉花園胡蝶 : 현영선 작. 대창서원1913.
화월야/花月夜 : 화주 작. 태화서관1931.
화의 혈/花의血 : 석춘자 작. 매일신보1911.4.6-6.21.
화중왕/花中王 : 김교제 작. 영창서관1935.
화중화/화즁화話中話 : 이종정 저작발행. 광동서국1912.
황국단풍/黃菊丹楓 : 작자미상. 신구서림1930.
황금세계/黃金世界 : 작자미상. 신구서림1930.
황금의 눈물/黃金의淚 : 임하강 작. 세창서관1935.
황금의 몽/黃金의夢: 신태삼 편집발행. 세창서관1935.
황금의 설움/黃金의설음 : 진녹성 작. 영창서관1935.
황금의 실연/黃金의失戀 : 작자미상. 세창서관1934.
황금탑/黃金塔 : 김용준 작. 보급서관1912.
황삼랑/黃三囊 : 이종수 저작발행. 성문당서점1935.
황혼의 눈물 : 작자미상. 신구서림1930.
회개의 눈물/悔改의눈물 : 작자미상. 대성서림1934.
회심곡/悔心曲 : 왕덕성 작. 박루월 각색. 영창서관1930.
효녀의 루/孝女의淚 : 작자미상. 세창서관1934.
효자도/孝子島 : 이윤혁 작. 대성서림1930.
흑의도/黑衣盜 : 고경상 저작발행. 삼문사1935.

번역·번안소설 작품 목록

가

가난한 사람들 ☞「청춘의 사랑」

가락지 이야기/가락지니야기

☞「세계문학걸작집」

가련한 끼스몬다의 죽음/가련한씨스몬다의죽음

☞「세계문학걸작집」

가왕/假王 : 원작미상. 백안자 역.

조선일보1925.11.8-12.22.

가필드전/까퓌일드젼 : 나카자토야노스케 작.

현공렴 편찬발행. 현공렴1908.

갈소사전/匈加利愛國者喝蘇士傳 :

이시카와야스지로 작. 이보상 역.

조양보1906.11.10-?

감람나무 밭/橄欖나무밭 : 모파상 작. 최완복 역.

을유문화사1948.

감람산의 혈루/橄欖山의血淚 : 에밀루트비히 작.

김영의 역. 동광당서점1936.

갓쥬사 애화 해당화/갓쥬사哀話海棠花

☞「부활 후의 카츄사」,「부활한 카츄사」,

「갱생」,「부활」,「해당화」

강철대왕전/鋼鐵大王傳 : 이사무이시이 작.

김용준 역. 현순 감수. 보급서관1912.

강태공 실기/강태공실긔姜太公實記 : 작자미상.

조선서관1913.

강태공전/강틱공젼姜太公傳 : 작자미상.

대창서원·보급서관1920.

갱생/更生 : 톨스토이 작. 최남선 역.

청춘1914.11 ☞「갓쥬사 애화 해당화」,「부활」,

「부활한 카츄사」,「부할 후의 카츄사」,「해당화」

거인국 표류기 ☞「걸리버 유람기」

걸리버 여행기/썰리봐旅行記 : 스위프트 작.

고장환 역. 아희생활1927.9-1927.12.

걸리버 유람기/썰늬버유람긔葛利寶遊覽記 :

스위프트 작. 최남선 역. 소년1908.11-12.

검둥의 비애 ☞「검둥의 설움」

검둥의 설움/검둥의셜움 : 스토 작. 이광수 역.

신문관1913.

검둥이 톰 아저씨/검동이톰아저씨 : 스토 작.

새얼 번안. 어린이1948.5-12.

격야/隔夜 : 투르게네프 작. 현철 역.

개벽1920.6.25-1921.3.1.

경국미담/經國美談 : 야노류케이 작.

일랑춘산인 역. 한성신보1904.10.4-11.2.

계명성/계명셩啓明星 : 의대 작. 반랑 역.

광학서포1908.

고성의 비밀/古城의秘密 : 원작미상.

김낭운 역안. 조선도서주식회사1928.

고요한 동 : 숄로호프 작. 이홍종·현덕 역.

대학출판사1949.

관운장 실기/관운장실긔關雲長實記 : 작자미상.

광동서국1917.

광야를 가는 자/曠野를가는者 : 원작미상.

김설월 번안. 중외일보1927.6.14-7.28.

괴물/怪物 : 원작미상. 천리구 역.

동아일보1923.3.25-5.15.

괴상한 미인/怪常한美人 : 원작미상. 연성흠 역.

창신서관·예문사·백합사1927.

괴암성/怪巖城 : 르블랑 작. 김래성 번안.

조광1941.1-7,9.

괴적/怪賊 : 스티븐슨 작. 김단정 번안.

중외일보?-1927.6.12.

구나라 태자/鳩那羅太子 : 작자미상. 김백금 역.

신천지1922.12.

국제살인단/國際殺人團 : 애거사크리스티 작.

송규정 역. 신천지1947.8-11.

국치전/국치젼 : 원작미상. 역자미상. 국문판대한매일신보1907.7.9-1908.6.9.

군중=인간/群衆=人間 : 톨러 작. 역자미상. 시대일보1925.11.30.

귀신탑 : 윌리엄슨 작. 리상수 번안. 매일신보1924.6.3-1925.2.7.

그루소 표류기/그루소표류긔 : 디포 작. 게일·이원모 공역. 조선야소교서회1925.

그림동화 : 그림형제 작. 오천석 역. 한성도서주식회사1925.

그 전날 밤1/그前날밤 : 투르게네프 작. 이태준 번안. 학생1929.8.

그 전날 밤2/그젼날밤 : 투르게네프 작. 조명희 역. 조선일보1924.8.4-10.26.

극동의 전운/極東의戰雲 : 파블렌코 작. 함일보 역. 조광1937.10-11.

금강석/금강셕金鋼石 : 원작미상. 역자미상. 고유상 저작발행. 회동서관1923.

금색의 태양/金色의太陽 : 펄벅 외 작. 노자영 편역. 명성출판사1940.

금향정기/금향졍긔錦香亭記 : 박건회 저작발행. 동미서시1916.

기옥/긔옥奇獄 : 원작미상. 국여 역. 매일신보1919.1.15-1919.3.1.

기인기연/긔인긔연奇人奇緣 : 작자미상. 김낭운 역. 조선일보1924.10.30-1925.2.23.

김태자전/김틱ᄌᆞ뎐金太子傳 : 서유영 작. 녹동 역. 매일신보1914.6.10-11.14.

꿈을 쫓는 여인 ☞「슬픈 기병」

나

나나1 : 졸라 작. 홍난파 역. 박문서관1924.

나나2 : 졸라 작. 심향산인 역. 조선일보1929.10.22-25.

나보레언전 ☞「나파륜전」

나사렛 목수 예수/나사렛목슈예수 : 레이먼 작. 게일·이원모 공역. 조선야소교서회1927.

나의 대학/나의大學 : 고리키 작. 송범의 역. 창인사1947.

나파륜사/拿坡崙史 : 원작미상. 박문서관편집부 역술. 박문서관1908.

나파륜전/拿破崙傳 : 원작미상. 역자미상. 한성순보1895.11.7-1896.1.26.

나파륜 전사/拿破崙戰史 : 노노무라 작. 유문상 역. 의진사1908.

나폴륜과 푸로시아 왕후 : 엘미울박 작. 리대위 역. 신한민보1913.12.19-1914.1.1.

낙화/落花 : 부아고베 작. 봄바람 번안. 조선일보1925.3.2-8.30.

난혼 재판/亂婚裁判 : 대미두이치 작. 한득수 역. 비판1931.11-1932.6.

남방의 처녀/南邦의處女 : 원작미상. 염상섭 역술. 평문관1924.

남잡이 제잡이 : 스코트 작. 돌대 역. 신생1933.10-11.

낭인/狼人 : 키플링 작. 이원수 역. 신가정1934.9-10.

낸의 비극/낸의悲劇 : 메이스필드 작. 박용철 역. 동광당서점1940.

너 참 불쌍타 : 위고 작. 최남선 역. 청춘1914.10 ☞「레미제라블」,「ABC계」,「애사」,「장발장」,「인간무정」,「장발장의 설움」.

노라 : 입센 작. 양백화 역. 영창서관1922.

농중미인/籠中美人 : 원작미상. 정순규 역. 박문서관1923.

누구의 죄 : 에밀가보리오 작. 은국산인 번안. 보급서관1913 ☞「마심불심」.

눈물 : 와타나베가테이 작. 이상협 번안. 매일신보1913.7.16-1914.1.21.

다

단장록/斷腸錄 : 야나가와슌요 작. 조일재 번안. 매일신보1914.1.1-6.10.

닭의 알처럼 커다란 곡식 알갱이 ☞「사람은 무엇으로 사느냐?」

당상연작/堂上燕雀 : 리튼 작. 안서 역. 동아일보1924.5.19-8.27.

당태종전/唐太宗傳 : 작자미상. 동미서시1913.

대담강유 실기/大膽姜維實記 : 작자미상. 대창서원·보급서관1922. 회동서관1922.

대지1/大地 : 펄벅 작. 심훈 역. 사해공론1936.4-9 ☞「금색의 태양」

대지2/大地: 펄벅 작. 김성칠 역. 인문사1940.

더 방가드/The Vanguard : 게일 작. FLEMING H. REVELL COMPANY1904.

더버빌의 테스/짜바뷰의테스 : 하디 작. 심향산인 역. 조선일보1929.11.9-15 ☞「두 야심의 비극」,「번롱」,「테스」

더 클라우드 드림 오브 더 나인/The Cloud Dream of the Nine : 김만중 작. 게일 역. Daniel O'Connor London1922.

데모쓰테네쓰 : 토토키와타루 작. 한성도서주식회사출판부 역. 한성도서주식회사1921.

데카메론 : 보카치오 작. 춘계생 역. 매일신보1924.12.7-25.3.10 ☞「부레더릭 알버리와 그의 매」

도깨비와 빵떡조각/독개비와 빵썩조각 ☞「사람은 무엇으로 사느냐」

도리언 그레이의 초상/쏘리앙그레-肖像 : 오스카와일드 작. 심향산인 역. 조선일보1929.11.16-17.

도리원/桃李園 : 에밀가보리오 작. 역자미상. 박문서관1913.

도화선/桃花扇 : 원작미상. 일명자 초역. 매일신보1919.5.4-5.16.

도화선 전기/挑花扇傳奇 :공상임 작. 양백화 역. 동광1923.1.7-5.27.

독원의 처녀/毒園의處女 : 원작미상. 최호동 편역. 영창서관1930.

독일 궁중의 비밀/獨逸宮中의秘密 : 윌리엄르케 작. 김추수 역. 조선도서1924.

독행천리 오관참장기/독힝쳔리오관참장긔獨行千里五關斬將記 : 원작미상. 대창서원·보급서관1918.

돈기호 전기/頓基浩傳奇 : 세르반테스 작. 최남선 역. 청춘1915.1-2.

돈 좀 벌자면 아낙이난봉/돈좀벌쟈면안악이난봉 : 밀른 작. 노영창 역. 신흥1929.12.7.

동도/東道 : 파커 작. 김영환 역. 신명서림1927 ☞「연애의 불길」

동물농장/動物農場 : 오웰 작. 김길준 역. 국제문화협회1948.

동물원의 사나이/動物園의사나이 : 다비드까넬 작. 장영소 역. 체신문화1947.1.1-1948.1.20.

동백꽃/동백쏫 : 뒤마피스 작. 나빈 역. 조선도서주식회사1927.

동북억류기/東北抑留記 : 기타가와마사오 작. 박일수 역. 조선중앙일보1949.3.23-4.15.

동양 사람 서양에 가다/East goes West : 강용흘 작. Charles Scribner's Sons1937.

동키호테와 걸리버 여행기/쏭키호-테와껄리봐旅行記 : 세르반테스 외 작. 고장환 역. 박문서관1930.

두견성/두견셩杜鵑聲 : 도쿠토미로카 작. 선우일 번안. 보급서관1912.

두 노인 ☞「사람은 무엇으로 사느냐?」

두 야심의 비극/두野心의悲劇 : 하디 작. 최활 역. 대중공론1930.6-7,9. ☞「더버빌의 테스」,「번롱」,「테스」.

디오게네스/지요케네스 : 슈미트폰 작. 양재명 역. 박문서관1924.

디오게네스의 유혹/띄오게네쓰의 誘惑 : 빌헬름슈미트폰 작. 염상섭 역. 개벽1923.7.

똘똘이의 모험 : 마크트웨인 작. 김래성 번안. 영문사1946.

라

라란 부인전/라란부인젼羅蘭夫人傳 : 원작미상. 역자미상. 대한매일신보1907.5.23.-7.6. 대한매일신보사1907.

라벗 마풋 내외의 사적/라벗마풋내외의사젹 : 허바드 작. 윤가태 역. 조선야소교서회1933.

레미제라블/레·미제라불 : 위고 작. 강소파 번안. 녹십자1946.1 ☞ 「너 참 불쌍타」, 「ABC계」, 「애사」, 「인간무정」, 「장발장」, 「장발장의 설움」
로빈슨 무인절도 표류기1/로빈손無人絶島漂流記 : 디포 작. 최남선 역. 소년1909.2-9.
로빈슨 무인절도 표류기2/로빈손무인절도표류기 : 디포 작. 역자미상. 한글1935.2-12.
로빈슨 표류기/나빈손표류기羅賓孫漂流記 : 디포 작. 김찬 역술. 의진사1908.
루이 십육 세의 최후/路易十六世의最後 : 원작미상. 박서몽 역. 신천지1922.11.
르루주 사건/루루-쥬事件 : 에밀가보리오 작. 안회남 역. 조광사1940.
리어 왕과 그 딸들/리야王과그쌀들 : 셰익스피어 작. 역자미상. 신여성1924.8.

마

마굴/魔窟 : 이소생 작. 영창서관1942.
마란희/馬蘭姬 : 프레보 작. 춘계생 역. 매일신보1923.4.11-8.13.
마심불심/魔心佛心 : 에밀가보리오 작. 김래성 번안. 청운사1948 ☞ 「누구의 죄」
마야의 황금성/魔耶의黃金城 : 원작미상. 복면아 역. 중앙1936.1-6.
마인/魔人 : 작자미상. 현진건 역. 문언사1948 ☞ 「백발귀」, 「백발」, 「악마와 같이」, 「재활」, 「요부의 말로」
만고기담/만고긔담萬古奇談 : 작자미상. 이상협 역. 매일신보1913.9.6-1914.6.7 ☞ 「유옥역전」, 「천일야기담」, 「홍등야화」, 「천일야화」, 「삼촌설」
만록총중 일점홍/만록총즁일뎜홍萬綠叢中一點紅 : 셰익스피어 작. 역자미상. 대창서원1929.
만사성취/만ᄉᆞ셩취萬事成就 : 길선주 작. 광명서관1916.
만인계 : 에지워스 작. 최남선 역. 신문관1912.
매국노 : 슈데르만 작. 역자미상. 대한매일신보1908.10.25-1909.7.14.
매국노 나라 파는 놈/매국노-나라ᄑᆞᆫ는놈 ☞ 「매국노」
매국노의 자/賣國奴의子 : 슈데르만 작. 홍난파 역. 회동서관1923.
매란방 : 원작미상. 역자미상. 세창서관1935.
맥베스/막쎄스: 셰익스피어 작. 양하엽 역. 조선일보1923.2.24-4.14.
메르시에의 죽음/메르시에의 죽엄 : 뒤아멜 작. 이헌구 역. 삼천리1941.11.
명금1/名金 : 에머슨호 작. 윤병조 역. 신명서림1920.
명금2/名金 : 에머슨호 작. 송완식 역. 영창서관1921.
명금3/名金 : 에머슨호 작. 김하형 지작발행. 태화서관1924.
명모유죄/明眸有罪 : 르블랑 작. 이헌구 역. 조광1936.5-8.
모성의 력 ☞ 「반역자의 모」
몬파리 : 원작미상. 역자미상. 광한서림1929. 영화 「몬파리」 대본. 단성사 상영1929.5.24.
몸 둘 곳 없는 사람/몸둘곳업는사람 ☞ 「세계문학걸작집」
몽결초한송/夢決楚漢訟 : 작자미상. 성문당서점1914.
몽배금태조/夢拜金太祖 : 박은식 작. 필사본1911.
몽중몽1/몽즁몽夢中夢 : 원작미상. 박영덕 역. 조선일보1923.9.29-1924.1.9.
무쇠탈 : 부아고베 작. 민태원 번안. 동아일보1922.1.1-6.20 ☞ 「비밀의 가면」
무쌍언문 삼국지/無雙諺文三國誌 : 나관중 작. 박건회 편집. 대창서원·보급서관1918.
미국독립사/미국독립ᄉᆞ美國獨立史 : 시부에다모스 작. 현채 역. 황성신문사1899.
미인도2/美人圖 : 이든필포츠 작. 박노갑 번안. 농업조선1938.8-9.
미인의 비밀 ☞ 「흡혈귀」
미인의 한/美人의恨 : 클레이 작. 유운인 번안. 동아일보1924.8.28-1925.1.8.
밀림유정/密林有情 : 바이코프 작. 백석 역. 조광1942.12-1943.2.

바

바다의 처녀 : 베전트 작. 한정동 번안. 매일신보1925.5.9-1926.2.26.

바람과 함께 가다 : 미첼 작. 역자미상. 부인경향1950.6.

바보 이반/바보이뽠 : 톨스토이 작. 박태원 역. 동아일보1930.12.6-12.24.

바스카빌의 괴견/바스카빌의傀犬 : 코난도일 작. 이석훈 역. 조광사1941.

박행한 처녀/박행한쳐녀薄倖한處女 : 투르게네프 작. 조춘광 역. 박문서관1926.

반역자의 모/叛逆者의母 : 고리키 작. 신태악 역. 평문관1924.

발전/發展 : 작자미상. 격공생 번안. 조선일보1920.12.2-1921.4.21.

밤주막/밤酒幕 : 고리키 작. 함대훈 역. 조선공업문화사1949.

백발/白髮 : 작자미상. 청황생 역. 조선일보1921.5.14-9.30 ☞ 「마인」, 「백발귀」, 「악마와 같이」, 「요부의 말로」, 「재활」

백발귀 : 원작미상. 이소 역. 영창서관1924.10.25 ☞ 「마인」, 「백발」, 「재활」, 「악마와 같이」, 「요부의 말로」

백발연맹 ☞ 「심야의 공포」

번롱/飜弄 : 하디 작. 김기진 번안. 중외일보1926.11.17-12.24 ☞ 「두 야심의 비극」, 「더버빌의 테스」, 「테스」

범의 어금니 : 르블랑 작. 원동인 역. 조선일보1930.8.5-5.15.

법국혁신전사/法國革新戰史 : 시부에다모스 작. 현채 역. 황성신문사1900.

법란서신사/法蘭西新史 : 매킨지 작. 현채 역. 홍학사1906.

베니스 상인/베니스商人 : 셰익스피어 작. 이상수 역. 조선도서주식회사1924 ☞ 「해성월」

베니스의 상인1/베니스의商人 : 셰익스피어 작. 박용철 역. 동광당서점1940.

베니스의 상인2 : 셰익스피어 작. 최정우 역. 박문서관1939.

베르테르의 설움/베르테르의서름 : 괴테 작. 박용철 역. 문예월간1932.3.

벤허/벤후르 : 월레스 작. 나갈도 역. 카톨릭청년1935.12.25-1936.11.25.

병중소마/병즁소마瓶中小魔 : 스티븐슨 작. 언더우드부인 역. 조선야소교서회1921.

보굴왕/寶屈王 : 르블랑 작. 김래성 번안. 여명각1948.

보기 싫은 오리 새끼/보기실흔오리삭기 : 안데르센 작. 남궁벽 역. 긔독신보1918.4.17-8.21.

보도탐험기/寶島探險記 : 스티븐슨 작. 주요섭 역. 동아일보1927.2.25-4.29.

보리와 병정/보리와兵丁 : 히노아시헤이 작. 니시무라신타로 역. 매일신문사1939.

보물섬/寶物섬 : 스티븐슨 작. 김희창 역. 문예서림1947 ☞ 「보도탐험기」

보법전기/普法戰記 : 작자미상. 현채 역. 현공렴1908.

복면신사 : 에밀가보리오 작. 백철 역. 1948.

봄 물결 : 투르게네프 작. 최승일 역. 박문서관1926.

부란극림전/富蘭克林傳 : 원작미상. 이시후 편찬. 이철주 교열. 보급서관1911.

부레더릭 알버리와 그의 매/부레더릭알버리와그의미 : 보카치오 작. 역자미상. 신한민보1913.12.21-28 ☞ 「데카메론」

부운/浮雲 : 투르게네프 작. 빙허생 역. 조선일보1921.1.24-4.30.

부평초/浮萍草 : 엑토르말로 작. 민우보 번안. 동아일보1920.4.1-9.4.

부활1/復活 : 톨스토이 작. 춘계생 역. 매일신보1922.7.15-1923.3.13 ☞ 「갓쥬사 애화 해당화」, 「갱생」, 「해당화」, 「부활한 카츄사」, 「부할 후의 카츄사」,

부활2/復活 : 톨스토이 작. 심향산인 역. 조선일보1929.12.13-20.

부활3/復活 : 톨스토이 작. 이석훈 역. 대성출판사1947.

부활한 카추샤/復活한카쥬샤 : 톨스토이 작. 흑조생 역. 영창서관1926 ☞「해당화」,「갱생」,「부할 후의 카츄사」,「갓쥬사 애화 해당화」,「부활」

부활 후의 카추샤/復活後의카츄샤 : 톨스토이 작. 이서구 역. 매일신보1926.6.28-9.26 ☞「갓쥬사 애화 해당화」,「부활」,「해당화」,「부활한 카츄사」,「갱생」,

불꽃/불쏫 : 기쿠치간 작. 이극성 역. 매일신보1923.12.5-24.4.5.

불쌍한 남매/불상한남매 : 원작미상. 역자미상. 대성서림1930.

불쌍한 동무/불상ᄒᆞᆫ동무 : 위다 작. 최남선 역. 신문관1912.

불여귀/不如歸 : 도쿠토미로카 작. 조중환 역. 동경경성사서점1912.

붉은 실 : 코난도일 작. 천리구 번안. 동아일보1921.7.4-10.10 ☞「셜록홈즈는 누구인가」

붉은 장갑 : 그랜트 작. 심일재 역. 사해공론1939.4-?

비련의 장미/悲戀의薔薇 : 원작미상. 최호동 편역. 영창서관1930.

비밀의 가면 : 부아고베 작. 김래성 번안. 소년1949.3-11 ☞「무쇠탈」

비봉담/飛鳳潭 : 원작미상. 조일재 번안. 매일신보1914.7.21-10.28.

비사맥과 독일제국/俾士麥과獨逸帝國 : 원작미상. 개양생 역. 박문서관1922.

비사맥전/比斯麥傳 : 사사카와기요시 작. 황윤덕 역. 보성관1907.

비스막전/비스막傳 : 원작미상. 박용희 역. 태극학보1906.12.31-1907.5.21.

비율빈전사/比律賓戰史 : 마리아노폰세 작. 안국선 역. 보성관1907.

비파기/琵琶記 : 고명 작. 양건식 역. 신천지1921.8.

비행선/비힝션飛行船 : 베른 작. 아속 역술. 동양서원1912.

빈인/貧人 ☞「청춘의 사랑」

빛나는 그 여자/빗나는그女子 : 원작미상. 박철혼 번안. 영창서관1937.

빨강머리 : 르나르 작. 이헌구 역. 소년1939.9-1940.2.

삐노지오의모험 ☞「피노키오의 모험」

사

사거두의 비밀 : 애거사크리스티 작. 역자미상. 정음사1949.

사람은 땅을 얼마나 쓰느냐/사람은짱을얼마나쓰느냐 ☞「사람은 무엇으로 사느냐」

사람은 무엇으로 사느냐 : 톨스토이 작. 나빈 역. 박문서관1925.

사랑/ᄉᆞ랑 : 베전트 작. 해몽생 역. 태서문예신보1918.9.26-?.

사랑과 설움/사랑과셜음 : 작자미상. 이상수 역. 문우당1923.

사랑을 찾아서/사랑을차저서 : 후쿠다마사오 작. 박루월 역편. 영창서관1930.

사랑의 눈물2 : 뮈세 작. 홍영후 역. 박문서관1924.

사랑의 무덤 : 작자미상. 춘성·고월 공역. 광익서관1922.

사랑의 불길 : 원작미상. 김재덕 역. 경성서관1929.

사랑의 원수 : 르루 작. 최서해 번안. 중외일보1928.5.16-8.3.

사랑의 학교1/사랑의學校 : 데아미치스 작. 적라산인 역. 신민1927.10-1928.2.

사랑의 학교2/사랑의學校 : 데아미치스 작. 이정호 역. 동아일보1929.1.23-5.23.

사랑의 학교3/사랑의 學校 : 데아미치스 작. 학생사 역. 학생사1946.

사랑의 학교4 : 데아미치스 작. 이영철 역. 아협1948.

사랑의 한/愛의恨 : 셰익스피어 작. 정순규 역. 박문서관1921.

사랑이 있는 곳에 하나님이 계시다/사랑이잇는곳에하나님이계시다 ☞「사람은 무엇으로 사느냐」

사랑하는 벗에게 ☞「청춘의 사랑」

사로메 : 오스카와일드 작. 양재명 역. 박문서관1923.

사막의 꽃/沙漠의꼿 : 커우드 작. 낭림산인 번안. 동아일보1929.12.3-1930.4.12.

사의 도의 미녀/死의島의美女 ☞「사랑을 찾아서」

사의 승리/死의勝利 : 다눈치오 작. 심향산인 역. 조선일보1929.11.5-8.

사인도의 비밀/死人島의秘密 : 애거사크리스티 작. 김해랑 역. 경향출판사1948.

사회주의자 ☞「반역자의 모」

산양대전/山陽大戰 : 작자미상. 경성서적업조합1916.

삼국대전/三國大戰 : 나관중 작. 역자미상. 영창서관1918.

삼국연의/三國演義 : 나관중 작. 양백화 역. 매일신보1929.5.5-1931.9.21.

삼국지/三國志 : 나관중 작. 한용운 역. 조선일보1939.11.01-1940.8.11.

삼주간/三週間 : 글린 작. 백화 역. 매일신보1924.3.18-6.8.

삼촌설/삼촌셜三寸舌 : 작자미상. 민준호 역. 동양서원1913 ☞「만고기담」, 「유옥역전」, 「천일야기담」, 「홍등야화」, 「천일야화」

삼총사/三銃士 : 뒤마 작. 민정호 번안. 문운당1950.

색마의 격전 ☞「흡혈귀」

샛별전/싯별젼 : 베어드 작. 야소교서회1905.

서러운 이야기/설은이야기 : 생피에르 작. 김벽호 역. 한성도서주식회사1926.

서백리의 용소녀/西伯利의勇少女 : 코틴 작. 설원 역. 매일신보1920.9.14-10.9.

서부전선은 조용하다/西部戰線은조용ᄒᆞ다 : 레마르크 작. 피득 역. 조선야소교서회1930.

서사건국지1/瑞士建國誌 : 실러 작. 박은식 역. 대한매일신보사1907.

서사건국지2/셔ᄉᆞ건국지 : 실러 작. 김병현 역. 박문서관1907.

서상/西廂 : 왕실보·관한경 작. 양백화 역. 문예공론1929.5-7.

서상가극/西廂歌劇 : 왕실보·관한경 작. 양백화 역. 조선문단1925.6-10.

서시/西施 : 작자미상. 환원 번안. 만몽일보1939.7.1-.27.

서유기/西遊記 : 오승은 작. 박태원 역. 신시대1943.6-1945.2.

서정기/셔졍기西征記 : 안경호 저작발행. 신구서림1923.

선머슴 무용전/선머슴武勇傳 : 마크트웨인 작. 사우춘 역. 소년1938.1-8.

설중매1/셜즁ᄆᆡ雪中梅 : 원작미상. 부춘산인 번안. 매일신보1919.6.2-8.31.

설중매2/雪中梅 : 스에히로뎃초 작. 구연학 번안. 회동서관1908.

성림폭격 ☞「종림폭격」

성전/聖戰 : 버니언 작. 일천 역편. 신생명1923.7-1924.1.

성탄의 환희/셩탄의환희 : 디킨스 작. 허아각 역. 조선야소교서회1926.

세계문학걸작집/世界文學傑作集 : 호메로스 외 작. 오천원 역. 한성도서주식회사1925.

세계식민사/世界植民史 : 야마우치 작. 이채우 역술. 원영의 교열. 이채우1908.

세계역사/世界歷史 : 원작미상. 역자미상. 국한문판대한매일신보1910.6.3-9.27.

셜록홈즈는 누구인가/쉘록크·홈쓰는누구인가 : 코난도일 작. 붉은빛 역. 신동아1933.1-2 ☞「붉은 실」

소공자 : 버넷 작. 노자영 역. 청조사1925.

소년 벨테르의 비뇌/少年벨테르의悲惱 :

괴테 작. 백화 역. 매일신보1923.8.16-9.26.
소복의 비밀/素服의秘密 : 원작미상. 낭림산인 역. 동아일보1927.5.5-8.14.
소영웅/쇼영웅 : 버넷 작. 게일·이원모 역. 조선야소교서회1925.
소의 암영/小의暗影 : 원작미상. 진순성 번안. 동아일보1922.1.4-4.14.
소인국 여행기/小人國旅行記 : 스위프트 작. 이은상 역. 신생1930.7·8합호.
손오공/孫悟空 : 오승은 작. 이규용 역. 회동서관·동양서원·박문서관·덕흥서림·한남서림·정직서관·대창서관·영창서관·한성서관·광동서국·광한서림1922.
수호전/水滸傳 : 시내암 작. 박태원 역. 조광1942.8-1944.12.
순례자의 가는 길 : 버니언 작. 반우거 역. 아희생활1934.4-1935.9.
순정/純情 : 작자미상. 남상일 번안. 매일신보1928.2.18-5.27.
슬픈 기병/슬픈騎兵 : 하디 작. 임학수 역. 을유문화사1948.
시네마의 노파/cinema의노파 : 이바네즈 작. 이종명 역. 철필1937.7.
신곡/神曲 : 단테 작. 곽용오 역. 긔독신보1933.1.1-1933.2.1.
신석 수호전/新釋水滸傳 : 시내암 작. 윤백남 역. 동아일보1928.5.1-1930.1.10.
신성/新星 : 월레스 작. 홍기원 역. 긔독신보1921.2.23-12.21.
신앙과 주의 ☞「반역자의 모」
신역 삼국지/新譯三國志 : 나관중 작. 박태원 역. 신시대1941.4-1943.1.
신역 서유기1/신역서유긔新譯西遊記 : 오승은 작. 동유생 역. 중외일보1929.2.15-1930.10.4.
신역 서유기2/新譯西遊記 : 오승은 작. 민태원 역. 박문서관1934.
신역 수호전/新譯水滸傳 : 시내암 작. 양백화 역. 신민1925.12-1926.10.
신읍경천 만고기담 ☞「만고기담」
실낙원1/失樂園 : 밀턴 작. 최남선 역. 청춘1914.12.
실낙원2/失樂園 : 밀턴 작. 곽용오 역. 긔독신보1933.3.8-4.5.
실리야 : 실란페 작. 역자미상. 문장1940.3.
심야의 공포/深夜의恐怖 : 코난도일 작. 김래성 역. 여명각1947.
심야의 음모/深夜의陰謀 : 코난도일 작. 이석훈 역. 세계서림1948.
십오 소호걸/십오쇼호걸十五少豪傑 : 베른 작. 민준호 역술발행. 동양서원1912.
싯누런 얼골 ☞「셜록홈즈는 누구인가」
싯달타1/실달타 : 헤세 작. 양건식 역. 불교1926.4-12.
싯달타2/싣달타 : 헤세 작. 김준섭 역. 웅변구락부1946.
싸닌 : 아르치바셰프 작. 심향산인 역. 조선일보1929.11.23-27.
쌍옥루/雙玉淚 : 기쿠치유호 작. 조일재 번안. 매일신보1912.7.17.-1913.2.4.

아

아국약사/俄國略史 : 감비적 작. 학부편집국 역. 학부편집국1898.
아기가 본 세상 : 베그너 작. 이헌구 역. 신여성1933.6-1934.4.
아내를 위하여 ☞「슬픈 기병」
아라비아인의 천막/아라비아人의天幕 : 던세이니 작. 이하윤 역. 동광1926.8.
아르네 : 비에른손 작. 심향산인 역. 조선일보1929.11.28-29.
아리랑 : 김산·님웨일즈 작. NewYork: John Day1941.
아리바바와 도적 ☞「천일야화」
아큐정전/阿Q正傳 : 루쉰 작. 백화 역. 조선일보1930.1.4-2.16.
악마와 같이/악마와가티 : 작자미상. 현진건 역. 박문서관1924 ☞「마인」,「백발」,「백발귀」,

「요부의 말로」, 「재활」

안나 카레니나 : 톨스토이 작. 역자미상. 시대일보1925.11.1.

알리샤의 일기 ☞「슬픈 기병」

암영/暗影 : 원작미상. 진학문 역. 동양서원1923 ☞「소의 암영」

암투/暗鬪 : 원작미상. 이소 역. 영창서관1925.

압록강은 흐른다/Der Yalu Fliesst : 이미륵 작. R.Piper & Co.,Verlag/Munchen1946.

애국열혈/애국열혈 : 엘미울박 작. 리대위 역. 신한민보1915.8.5-10.28.

애국정신/愛國精神 : 에밀라끼쯔스 작. 이채우 역. 중앙서관1908.

애국정신담1/愛國精神談 : 에밀라끼쯔스 작. 역자미상. 조양보1906.11.10-?

애국정신담2/愛國精神談 : 에밀라끼쯔스 작. 노백린 역. 서우1907.1.1-9.1.

애급근세사/埃及近世史 : 시바시로 작. 장지연 역. 황성신문사1905.

애사1/애사哀史 : 위고 작. 민우보 역. 매일신보1918.7.28-1919.2.8.

애사2/哀史 : 위고 작. 홍난파 역. 박문서관1922 ☞「너 참 불쌍타」, 「레미제라블」, 「ABC계」, 「인간무정」, 「장발장」, 「장발장의 설움」

애의 개가/愛의凱歌 : 원작미상. 벽강생 번안. 매일신보1927.1.22-8.8.

애의 낙원 : 원작미상. 채성석 역. 광문사1926.

애의 력/愛의力 : 원작미상. 이민한 역. 조선일보1924.6.17-10.2.

야반의 경종/夜半의警鐘 : 시엔키에비치 작. 백낙천자 역. 신문계1916.6.

양귀비2/楊貴妃 : 왕두칭 작. 양백화 역. 조선일보1931.5.20-6.26.

양귀비3/楊貴妃 : 양백화 작. 월간야담1937.4-11.

양극 탐험기/兩極探險記 : 브루스 작. 게일·이창직·이원모 역. 조선야소교서회1923.

어둠의 힘 : 톨스토이 작. 이광수 역. 중앙서림1923.

어디로 가나/어듸로가나 : 시엔키에비치 작. 도래미생 역. 매일신보1920.3.20-5.5 ☞「최후의 사랑」

어머니2 ☞「금색의 태양」

어머니를 찾아 삼천리/어머니를차저三千里 : 데아미치스 작. 이원규 번안. 대성서림1947.

어머니와 아들 : 샤를르루이필리프 작. 이철 역. 적성1946.3-?

어버이와 아들/어버이와아달 : 투르게네프 작. 영한생 역. 매일신보1922.9.21-10.7.

어부와 마귀 이약이 ☞「천일야화」

에이비시계/에이씨시계ABC契 : 위고 작. 최남선 역. 소년1910.7 ☞「너 참 불쌍타」, 「레미제라블」, 「애사」, 「인간무정」, 「장발장」, 「장발장의 설움」

엘렌의 공/엘렌의功 : 리브 작. 천리구 역. 동아일보1921.2.21-7.1.

여등의 배후로서/汝等의背後로셔 : 나카니시이노스케 작. 성해 역. 매일신보1924.6.27-11.8.

여자 대학생/女子大學生 : 웹스터 작. 전유덕 역. 신가정1936.9 ☞「여학생 일기」

여자의 일생/女子의一生 : 모파상 작. 김자혜 역. 신가정1933.2.

여자의 한평생1/녀자의한평생 : 모파상 작. 김기진 역. 박문서관1926.

여자의 한평생2/녀자의한평생 : 모파상 작. 심향산인 역. 조선일보1929.10.27-10.30.

여장부/녀장부女丈夫 : 부아고베 작. 운인 역. 동아일보1922.6.21-10.22.

여학생 일기/女學生日記 : 웹스터 작. 전유덕 역. 동아일보1937.10.21-12.17.

연기/煙氣 : 투르게네프 작. 심향산인 역. 조선일보1929.10.9-10.

연당의 비밀/蓮塘의秘密 : 원작미상. 박은파 번안. 성문당서점1927.

연리지/련리지連理枝 : 생 피에르 작. 소요산인 역. 조선일보1925.1.27-4.2.

연애의 불길/戀愛의불길 : 파커 작. 역자미상. 세창서관1933.

연인의 애 ☞「반역자의 모」

열풍/熱風 : 나카니시이노스케 작. 이익상 역. 조선일보1926.2.3-12.21.

염군/焰群 : 짐돌 작. 김병제 역. 조선중앙일보1930.9.2-9.27.

염복/艶福 : 모파상 작. 상화 역. 시대일보1925.7.4-12.25.

영락성/영락셩永樂城 : 원작미상. 김도식 역. 긔독신보1917.7.4-12.5.

영법로토제국 가리미아 전사/英法露土諸國哥利米亞戰史 : 마쓰이히로키치 작. 유길준 역술. 광학서포1908.

영원의 사랑/永遠한사랑 : 원작미상. 월파 역. 영창서관·한흥서림1926.

오버 더 힐/오애듸힐 : 원작미상. 역자미상. 창문사1924.

오셀로/오델로Othelo : 셰익스피어 작. 전영택 역. 조선문단1924.11-1925.2.

오위인 소역사/五偉人小歷史 : 사토쇼우키치 작. 이능우 역. 보성관1907.

오자서 실기/오ᄌᆞ셔실긔伍子胥實記 : 현공렴 저작발행. 대창서원·한양서적업조합소1918.

오케이/O.K. : 필냐크 작. 김윤우 역. 삼성출판사1948.

오호대장기/오호대장긔五虎大將記 : 작자미상. 조선서관1913.

옥루몽 : 남영로 작. 서정주 역. 춘추1944.3-10.

옥리혼/玉梨魂 : 서침아 작. 초우당주인 역. 매일신보1919.2.15-5.3.

와냐 아저씨1/와-냐아젓시 : 체호프 작. 역자미상. 시대일보1925.12.7.

와냐 아저씨2/와니야아젓씨 : 체호프 작. 심향산인 역. 조선일보1929.12.1.

와표전/臥豹傳 : 월터스코트 작. 게일 역. 조선야소교서회1925.

왕궁의 비밀 ☞「심야의 공포」

왕소군/王昭君 : 곽말약 작. 양백화 역. 개벽1924.11-1925.1.

왕자와 거지 : 마크트웨인 작. 최병화 역. 조선일보1936.10.28-12.27.

외제니 그랑데/우제니그란테 : 발자크 작. 심향산인 역. 조선일보1929.10.15-16.

요부의 말로/妖婦의末路 : 원작미상. 현진건 역. 동문사서점1949 ☞「마인」,「백발」,「백발귀」,「악마와 같이」,「재활」

요청산/遙青山 : 작자미상. 화검생 역. 매일신보1923.6.16-12.4.

우주성 : 원작미상. 반야월 역. 신명서림1921.

우편국 ☞「세계문학걸작집」

울지경덕 실기/蔚遲敬德實記 : 작자미상. 역자미상. 한성서관1915.

월남망국사1/越南亡國史 : 소남자 술. 양계초 찬. 현채 역. 현공렴1907.

월남망국사2/월남망국ᄉᆞ : 소남자 술. 양계초 찬. 주시경 역. 로익형책사1907.

월남망국사3/월남망국ᄉᆞ : 소남자 술. 양계초 찬. 이상익 역. 현공렴1907.

월세계 여행/月世界旅行 : 베른 작. 신일용 역. 박문서관1924.

유년 시대/幼年時代 : 고리키 작. 이철 역. 정음사1949.

유락황도기/류락황도긔 : 위스 작. 게일·이원모 역. 조선야소교서회1924.

유랑인의 노래/流浪人의노래 : 던튼 작. 김동인 번안. 동아일보1925.5.11-6.19.

유옥역전/유옥역젼 : 작자미상. 이동 역. 필사본1895 ☞「만고기담」,「천일야기담」,「홍등야화」,「천일야화」,「삼촌설」

유정/有情 : 작자미상. 백대진 번안. 매일신보1922.5.13-7.12.

유화우/류화우榴花雨 : 도쿠토미로카 작. 김우진 번안. 동양서원1912.

육의 영광/肉의榮光 : 돌로로사 작. 이고광 역. 영창서관1924.

음빙실자유서/飮氷室自由書 : 양계초 작. 전항기 역. 변형중 교열. 탑인사1908.

의문의 독사 사건/疑問의毒死事件 : 원작미상. 김환태 번안. 조광1936.9-1937.3.

이도애화/二都哀話 : 디킨스 작. 임학수 역. 조광사1941.

이소보의 공전격언/伊蘇普의空前格言 : 이솝 작. 송헌석 역. 보급서관1911.

이솝스 우화 초역/이솝스寓話抄譯 : 이솝 작. 이형우 역. 대한유학생회학보1907.3.3-4.7.

이억만 원의 사랑/二億萬圓의사랑 : 르블랑 작. 노춘성 역. 문언사1948.

이태리 건국 삼걸전1/伊太利建國三傑傳 : 매리어트 작. 신채호 역술. 장지연 교열. 광학서포1907.

이태리 건국 삼걸전2/이태리건국삼걸젼 : 매리어트 작. 주시경 역. 박문서관1908.

이태리 독립사/意大利獨立史 : 마츠이히로키치 작. 김덕균 역. 일한도서인쇄주식회사1907.

이태리 소년/伊太利少年 : 데아미치스 작. 이보상 역. 강문환 교열. 중앙서관1908.

인가귀도/引家歸道 : 그리피스 작. 올링거 역. 정동예수교회당1894.

인간무정/人間無情 : 위고 작. 김광주 번안. 숭문사1949 ☞ 「너 참 불쌍타」, 「레미제라블」, 「ABC계」, 「애사」, 「장발장」, 「장발장의 설움」

인도의 보물/印度의寶物 : 코난도일 작. 역자미상. 호남문화사1949.

인도인의 오막살이/印度人의오막사리 : 생피에르 작. 박내영 역. 매일신보1926.10.3-11.14.

인생여로 : 신태삼 편. 세창서관1949.

인육장사/人肉장사 : 엘리사베트 작. 이상수 역. 박문서관1923.

인조노동자/人造勞働者: 차페크 작. 박영희 역. 개벽1925.2-5.

인조인/人造人 : 차페크 작. 이광수 역술. 동명1923.4.

인형의 가1/人形의家 : 입센 작. 백화·계강 합역. 매일신보1921.1.25-4.3.

인형의가 2/人形의家 : 입센 작. 이상수 역. 한성도서주식회사1922.

인형의 집1/人形의집 : 입센 작. 박용철 역. 동광당서점1940.

인형의 집2/人形의집 : 입센 작. 허집 역. 조선공업문화사출판부1949.

일리아드1/일리앗드 : 호메로스 작. 심향산인 역. 조선일보1929.10.3-8.

일리아드2 : 호메로스 작. 임학수 역. 학예사1940(상), 학예사1941(하).

일리아드 이야기/이리앳드이야기 : 호메로스 작. 노자영 역. 신생활사1923.

일만 구천 방/一萬九千哰 : 들라누아 작. 김교제 역. 동양서원1913.

일신양인기/일신량인긔一身兩人記 : 스티븐슨 작. 게일·이원모 역. 조선야소교서회1926.

잃어진 보석/잃어진寶石 : 반다인 작. 김유정 역. 조광1937.6-11.

임종의 자백/臨終의自白 : 원작미상. 백낙천자 역. 신문계1916.8-9.

자

자랑의 단추 : 르페브르 작. 역자미상. 신문관1912.

자살 클럽/自殺클럽 : 스티븐슨 작. 이하윤 역. 중외일보1930.2.13-4.23.

자연의 형벌/自然의刑罰 : 보카치오 작. 백낙천자 역. 신문계1916.2.

장군탑/將軍塔 : 작자미상. 꽃이슬 역. 동아일보1925.8.9-10.4.

장미수차 살인사건/薔薇水車殺人事件 : 이브다도아 작. 유령기자 역. 만선일보1939.12.1-1940.1.26.

장발장/쟝.발쟝 : 위고 작. 박계주 역. 소년1948.9-1949.12 ☞ 「너 참 불쌍타」, 「레미제라블」, 「ABC계」, 「애사」, 「인간무정」, 「장발장의 설움」

장발장의 설움/쨘빨쨘의설음 : 위고 작. 홍영후 역. 박문서관1923 ☞ 「너 참 불쌍타」,

「장발장」, 「레미제라블」, 「ABC계」, 「애사」, 「인간무정」
장비마초 실기/쟝비마쵸실긔張飛馬超實記 : 이종정 저작발행. 광동서국1917.
장생전/長生殿 : 홍승 작. 백화 역. 매일신보1923.10.3-1925.3.13.
장원량우상론/쟝원량우샹론張袁兩友相論 : 밀리네 작. 마포삼열 역. 경성정동예수교회당1894.
장자방 실기/쟝즈방실긔張子房實記 : 작자미상. 박건회 역술. 유일서관1913.
장 크리스토프/쟝·크리스토프 : 로맹롤랑 작. 이헌구 역. 조선일보1934.2.8-3.18.
장한몽1/長恨夢 : 오자키코요 작. 조일재 번안. 매일신보1913.5.13-10.1.
장한몽2/長恨夢 : 작자미상. 세창서관1936.
재봉춘/지봉츈再逢春 : 와타나베카테이 작. 리상협 번안. 동양서원1912.
재활/再活 : 원작미상. 현진건 역. 광한서림1928 ☞ 「마인」, 「백발」, 「백발귀」, 「악마와 같이」, 「요부의 말로」
적벽가/赤壁歌 : 남궁준 저작발행. 유일서관1916.
적벽대전/赤壁大戰 : 작자미상. 회동서관1925.
적수대/赤手袋 : 그랜트 작. 정순규 역. 박문서관1925.
전염/傳染 : 바르뷔스 작. 삼천리사편집국 역, 삼천리1932.1.
전원교향악/田園交響樂 : 지드 작. 안응열 역. 을유문화사1948.
절름발이 친왕 : 어돈부인(미) 작. 조선야소교서회1927.
젊은 베르테르의 슬픔 : 괴테 작. 현철민 역. 문예서림1948.
정부원/貞婦怨 : 브래든 작. 하몽 번안. 매일신보1914.10.29-1915.5.19. 박문서관1916.
제갈량/諸葛亮 : 현공렴 저작발행. 광익서관1915.
제르미니/쩨르미니 : 공쿠르형제 작. 심향산인 역. 조선일보1929.12.6-?
제사박사/第四博士 : 밴다이크 작. 밀러·김동극 공역. 조선야소교서회1920.
제이의 접문/第二의接吻 : 기쿠지간 작. 이서구 번안. 매일신보1926.2.28-6.27.
조국/祖國 : 제롬스키 작. 현진건 역. 신동아1932.3-7.
조자룡 실기/죠자룡실긔趙子龍實記 : 작자미상. 세창서관1918. 영창서관1918.
조지 뮬러전/지요지뮬라젼 : 원작미상. 언더우드부인 역. 조선야소교서회1922.
좁은 문 : 앙드레지드 작. 김병규 역. 을유문화사1948.
종림폭격/柊林爆擊 : 싱클레어 작. 역자미상. 신동아1935.9.
죄와 벌1/罪와罰 : 도스토옙스키 작. 화산학인 역. 동아일보1929.9.11-20.
죄와 벌2/罪와罰 : 도스토옙스키 작. 심향산인 역. 조선일보1929.10.31-11.3.
주원장 창업 실기/쥬원쟝창업실긔朱元璋創業實記 : 정기성 저작발행. 대창서원1919.
주의 발자취/쥬의발자최 : 슈웰돈 작. 안성호 역. 긔독신보1922.4.5-1924.1.30.
죽음의 길 : 시엔키에비치 작. 민우보 역. 동아일보1922.11.28-1923.1.18.
죽음의 나라로 : 시엔키에비치 작. 김억 역. 평양기독서원출판부1923 ☞ 「죽음의 길」
중국혼/中國魂 : 양계초 작. 장지연 역. 대구석실포1908.
중동전기/中東戰記 : 채이강 작. 현채 역. 황성신문사1899.
중일약사/中日略史 : 원작미상. 학부편집국 역. 학부편집국1898.
지나소설집/支那小說集 : 박태원 편역. 인문사1939.
지도령 ☞ 「쾌한지도령」
지붕 속의 왕녀/지붕속의王女 : 버넷 작. 이설 역. 소년1938.4-1939.3.
지킬과 하이드/쩨클과하이드 : 스티븐슨 작. 언더우드부인 역. 조선야소교서회1921

☞「일신양인기」

지환당/指環黨 : 부아고베 작. 민준호 역술발행. 보급서관·동양서원1912.

진주탑/眞珠塔 : 뒤마 작. 김래성 역. 백조사1947 ☞「해왕성」

집 없는 아이 : 말로 작. 윤가온 역. 경향출판사1948.

차

처녀의 서약/處女의誓約 : 샤토브리앙 작. 류금향 역. 조선일보1923.11.2-12.15.

천고의 비밀/千古의秘密(상) : 르블랑 작. 유두응 역. 동화당서점1945.

천로역정1/텬로력뎡 : 버니언 작. 게일 역. 삼문출판사1895.

천로역정2/텬로력졍(2권) : 버니언 작. 언더우드부인 역. 조선야소교서회1920.

천로역정3/天路歷程 : 버니언 작. 곽용오 역. 기독신보1933.2.8-22.

천로역정4 : 버니언 작. 일기독신자 역. 복음신보1936.7.5-?

천로역정5 : 버니언 작. 오천영 역. 조선기독교서회1939.

천일야기담/千一夜奇談 : 작자미상. 소운 역. 매일신보1930.3.14-9.10 ☞「만고기담」, 「삼촌설」, 「유옥역전」, 「홍등야화」, 「천일야화」

천일야화/千一夜話 : 작자미상. 방정환 역. 어린이1926.3-5, 1926.10-12, 1927.7-10 ☞「만고기담」, 「삼촌설」, 「유옥역전」, 「천일야기담」, 「홍등야화」

철세계/텰세계鐵世界 : 베른 작. 이해조 역. 회동서관1908.

첫날밤 : 투르게네프 작. 늘메 역. 시대일보1925.5.10-6.30.

첫사랑 : 투르게네프 작. 홍난파 역. 한일서점1921.

청의야차/靑衣夜叉 : 작자미상. 김낭운 역. 조선일보1925.8.31-1926.2.2.

청춘의 난무 : 원작미상. 진순성 역. 백합사1928.

청춘의 사랑/靑春의사랑 : 도스토옙스키 작. 홍난파 역. 삼광1919.2-1920.4.

체르캇슈 : 고리키 작. 순성생 역. 동아일보1922.8.2-9.16.

초 ☞「사람은 무엇으로 사느냐」

초당/草堂 : 강용흘 작. Charles Scribner's Sons, NewYork1931. 김성칠 역. 금룡도서주식회사1948.

초련/初戀 : 투르게네프 작. 빙허생 역. 조선일보1920.12.2-1921.1.23.

초한전/쵸한젼楚漢傳 : 홍순필 저작발행. 경성서적업조합1915.

초한전쟁 실기/초한젼징실기楚漢戰爭實記 : 이종정 저작발행. 광동서국·태학서관1917.

촌의 명예 ☞「반역자의 모」

최초의 성탄나무/最初의聖誕나무 : 밴다이크 작. 근곡생 역. 기독신문1922.12.20-1923.4.11.

최후의 사랑/最後의사랑 : 시엔키에비치 작. 홍난파 역. 경성서관출판부·동양대학당서적부1923.

최후의 승리/最後의勝利 : 르블랑 작. 김낭운·단정 번안. 중외일보1928.1.30-5.15.

최후의 심판/最後의審判 : 르블랑 작. 김팔봉 번안. 세창서관1953.

최후의 행복/最後의幸福 : 장쯔핑 작. 이경손 역. 중앙1933.11-1935.3.

춘원/春怨 : 원작미상. 이소 역. 경성서관1926.

춘희1/春姬 : 뒤마피스 작. 심향산인 역. 조선일보1929.11.19-22.

춘희2/椿姬 : 뒤마피스 작. 김자혜 역. 신가정1933.3.

충복/忠僕 : 코난도일 작. 장두철 역. 태서문예신보1918.10.19-11.16.

칠진주/七珍珠 : 원작미상. 박준표 역. 박문서관1925.

침종1/沈鍾 : 하우프트만 작. 화산학인 역. 동아일보1929.8.6-9.

침종2/沈鐘 : 하우프트만 작. 심향산인 역. 조선일보1929.12.11-12.

카

카르멘1 : 메리메 작. 심향산인 역. 조선일보1929.12.21-27.
카르멘2 : 메리메 작. 이휘영 역. 을유문화사1948.
카이제루 실기/카이제루實記 : 원작미상. 송완식 역. 영창서관1920.
카이제루 외첩의 고백/카이데루外妾의告白 : 원작미상. 민우재 역. 조선일보1923.3.30-8.5.
칼레의 시민/칼레의市民 : 카이저 작. 역자미상. 시대일보1925.11.24.
칼멘 : 메리메 작. 나도향 역. 조선일보1921.11.16-12.5.
캔터베리기/캔터베리記 : 초서 작. 최남선 역. 청춘1915.3-7.
쾌한지도령/快漢智道令 : 뒤마 작. 염상섭 역. 시대일보1924.8.12-1925.1.3.
쿠오레 : 데아미치스 작. 고장환 역. 박문서관1928 ☞「사랑의 학교」
큐리 부인 ☞「금색의 태양」
크레테의 미궁/크레테의迷宮 : 김준상 작. 어린이1929.7,8,11.

타

탁문군/卓文君 : 곽말약 작. 양백화 역. 조선일보1931.4.29-5.14.
태서신사/태셔신사泰西新史 : 매킨지 작. 이제마태 역. 학부편집국1897.
태양과 해 ☞「반역자의 모」
테스/테쓰 : 하디 작. 백석 역. 조광사1940 ☞「두 야심의 비극」,「더버빌의 테스」,「번롱」

파

파란말년전사/波蘭末年戰士 : 시부에다모스 작. 어용선 역. 탑인사1899.
파리의 괴도/巴里의怪盜 : 프레데릭 작. 박태원 역. 조광사1941.
파우스트1/빠우스트 : 괴테 작. 극웅 역. 현대1920.2호(1), 1920.3호(2).
파우스트2/빠우스트 : 괴테 작. 역자미상. 시대일보1925.12.29.
파우스트3/빠우스트 : 괴테 작. 조희순 역. 중앙1934.9.
파우스트4/빠우스트 : 괴테 작. 권환 역. 시학1939.5.
팔려 가는 아이/팔려가는아히 : 말로 작. 송창근 번안. 신한민보1927.5.5-8.4.
팔려 간 농민/팔려간農民 : 헬빈헷스 작. 선봉외어부 역. 선봉1945.12.
팔십만 년 후의 사회1/八十萬年後의社會 : 웰스 작. 김백악 역. 서울1920.6.
팔십만 년 후의 사회2/八十萬年後의社會 : 웰스 작. 영주 역. 별건곤1926.11.
팔월의 촌/八월의촌 : 천전 작. 적성 역. 독립1944.5.3-1945.3.28.
팔일삼1/813 : 르블랑 작. 운파 역. 조선일보1921.9.16-?
팔일삼2/813 : 르블랑 작. 양주동 역. 신민1927.2-4.
팔일삼의 비밀/813의秘密 : 르블랑 작. 방인근 역. 조광사1941
편수의 미인/편슈의미인片手의美人 : 부아고베 작. 광문서림1949.
편의대의 그림자/便衣隊의그림자 : 숀오케이시 작. 장기제 역. 조선일보1931.8.21-9.22.
폴리아나/팔늬앤아 : 포터. 노블부인 역. 조선야소교서회1921.
폼페이의 끝날/폼페이의씃날 : 리튼 작. 심향산인 역. 조선일보1929.10.11-13.
푸른 탄식/푸른嘆息: 슈미트 작. 만우 역. 기독신문1926.1.13-9.1.
피노키오/피노치오 : 콜로디 작. 역자미상. 문장각1950.
피노키오의 모험/피노치오의冒險 : 콜로디 작. 김상덕 역. 부인1946.11-1947.11.
피득대제/彼得大帝 : 사토노부야스 작. 김연창 역. 광학서포1908.
피 칠한 세균/피칠한細菌 : 카미 작. 근춘 역.

청년1927.4.

하

하나님의 돈/하ᄂᆞ님의돈 : 채프먼 작. 김태진·밀러 공역. 조선야소교서회1919.

하니야 : 시엔키에비치 작. 취성생 역. 매일신보1926.9.27-1927.1.21.

하멜 표류기/하멜漂流記 : 하멜 작. 이병도 역주. 진단학보1934.11-1935.9.

하믈레트 : 셰익스피어 작. 현철 역. 개벽1921.5-12.

한니발 : 오마치케이게츠 작. 김억 역. 한성도서주식회사1922.

한넬레 : 하우프트만 작. 염형양 역. 현대평론1927.1.20.

항복 없는 백성/降伏없는백성 : 고르바토프 작. 이석훈 역. 창인사1947.

항우전/항우젼項羽傳 : 김문연·이광종 저. 박문서관1918.

해당화海棠花 : 톨스토이 작. 박현환 초역. 신문관·광학서포1918 ☞「부활한 카츄사」, 「갓쥬사 애화 해당화」, 「부할 후의 카츄사」, 「갱생」, 「부활」, 「해당화」

해믈렛 : 셰익스피어 작. 심향산인 역. 조선일보1929.17-21.

해 부인/海婦人 : 입센 작. 이상수 역. 한성도서주식회사1937.

해성월/海城月 : 셰익스피어 작. 오천경 역. 새동무사1922.

해왕성/海王星 : 뒤마 작. 이상협 번안. 매일신보1916.2.10-1917.3.31 ☞「진주탑」

해저여행 기담/海底旅行奇談 : 베른 작. 박용희 역. 태극학보1907.3.24-1908.5.24.

해적/海賊 : 사바티니 작. 방인근 역. 문운당1930.

허풍선이 모험 기담/허풍션이모험긔담 : 뷔르거 작. 최남선 역. 신문관1913.

헬만과 도로데아/헬만과도로뎨아 : 괴테 작. 양하엽 역. 조선일보1922.12.1-31.

혁명가의 아내 ☞「심야의 공포」

혈흔/血痕 : 아르치바셰프 작. 신빈벌 역. 신생활1922.6-9.

협웅록/俠雄錄 : 르블랑 작. 백화 역. 시대일보1924.3.31-9.9.

형산옥/荊山玉 : 기쿠지간 작. 벽하 역. 조선일보1922.12.1-1923.6.20.

형제/형뎨兄弟 : 원작미상. 심천풍 번안. 매일신보1914.6.11-7.1.

호반의 처녀/湖畔의處女 : 라게를뢰프 작. 최재서 역. 인문평론1940.4-6.

호송마차/護送馬車 : 원작미상. 출몰생 역. 중외일보1929.10.8-1930.1.17.

홍두 레드 메인 일가/紅頭레드메인一家 : 이든필포츠 작. 김래성 역. 조광사1940.

홍등야화 : 최승일 작. 박문서관1922 ☞「만고기담」, 「삼촌설」, 「유옥역전」, 「천일야기담」, 「천일야화」

홍루/紅淚 : 뒤마피스 작. 진순성 번안. 매일신보1917.9.21-1918.1.16.

홍루몽1/紅樓夢 : 조설근 작. 양건식 역. 매일신보1918.3.23-1918.10.4.

홍루몽2/紅樓夢 : 조설근 작. 장지영 역. 조선일보1930.3.20-1931.5.21.

홍루지/紅淚池 : 원작미상. 이종린 번안. 회동서관1917.

홍문연/鴻門宴 : 작자미상. 회동서관1916.

홍발 레드 메인 일가 ☞「홍두 레드 메인 일가」

홍보석/홍보셕紅寶石 : 원작미상. 보급서관 편역. 보급서관1913.

화성돈전/華盛頓傳 : 작자미상. 이해조 역. 회동서관1908.

화용도 실기/華容道實記 : 작자미상. 조선서관·신구서림1913.

황금충/黃金蟲 : 앨런포 작. 이하윤 역. 조선일보1931.6.17-7.17.

황부인전/황부인젼黃夫人傳 : 작자미상. 신구서림1925.

효녀/孝女 : 코틴 작. 설원생 역. 신명서림1922.

후례두익 대왕 칠년전사/厚禮斗益大王七年戰史

: 시부에다모스 작. 유길준 역. 김상만1908.

흉가리 애국자 갈소사전 ☞「갈소사전」

흉가의 비밀/凶家의秘密 : 랜돈 작. 역자미상. 별건곤1930.10-1931.2.

흑준마/흑쥰마 : 스웰 작. 힐만 역. 조선야소교서회1927.

흘러간 삼남매 ☞「천일야화」

흡혈귀/吸血鬼 : 코난도일 작. 박도일 역. 상호출판사1948.

희망의 서광/希望의曙光 : 제라드 작. 백수생 역. 긔독신보1923.4.18-1924.2.13.

희생/犧牲 : 다눈치오 작. 팔극원 역. 매일신보1920.1.27-6.25.

히틀러의 비밀 ☞「심야의 공포」

신소설 연도별 작품 목록

1896

조부인전/趙婦人傳 : 작자미상.
한성신보1896.5.19-7.10.

1904

해타론 : 길선주 작. 야소교서회1904.

1906

귀의 성/鬼의聲 : 이인직 작.
만세보1906.10.14-1907.5.31,
반혼향/返魂香 : 작자미상.
대한일보1906.4.27-8.28.
신단공안/新斷公案 : 작자미상.
황성신문1906.5.19-12.31.
용함옥/龍含玉 : 금화산인 작.
대한일보1906.2.23-4.3.
일념홍/一捻紅 : 일학산인 작.
대한일보1906.1.23-2.18.
참마검/斬魔劍 : 작자미상. 대한일보1906.4.18-26.
청루의녀전/靑樓義女傳 : 작자미상.
국한문판대한매일신보1906.2.6-18.
혈의 루/血의淚 : 이인직 작.
만세보1906.7.22-10.10.

1907

고목화1/枯木花 : 이해조 작.
제국신문1907.6.5-10.4.
귀의 성/鬼의聲 : 이인직 작. 중앙서관1907(상).
라란 부인전/라란부인젼羅蘭夫人傳 : 원작미상.
역자미상. 대한매일신보1907.5.23-7.6.
대한매일신보사1907.
몽조/夢潮 : 반아 작. 황성신문1907.8.12-9.17.
빈상설/빈상셜鬢上雪 : 이해조 작.
제국신문1907.10.5-1908.2.12.
성산유람기/셩산유람긔 : 최병헌 작.
신학월보1907.1호-4-5호.
애국부인전/ᄋᆡ국부인젼愛國婦人傳 : 장지연 작.
광학서포1907.
혈의 루/血의淚 : 이인직 작. 광학서포1907.

1908

강감찬전/姜邯贊傳 : 우기선 편집. 박정동 교열.
현공렴1908.
경세종/警世鐘 : 김필수 작. 김상만1908.
고목화1/枯木花 : 이해조 작. 박문서관1908.
구마검/驅魔劒 : 열재 작.
제국신문1908.4.25-1908.7.23. 대한서림1908.
귀의 성/鬼의聲 : 이인직 작. 중앙서관1908(하).
금수회의록/금슈회의록禽獸會議錄 : 안국선 작.
이장진 교열. 황성서적업조합1908.
만월대/만월ᄃᆡ滿月臺 : 열재선생 작.
제국신문1908.9.18-12.3.
몽견제갈량/夢見諸葛亮 : 密啞子 유원표 작.
광학서포1908.
비밀세계/秘密世界 : 작자미상. 중앙서관1908.
빈상설/빈상셜鬢上雪 : 이해조 작. 광학서포1908.
삼명자/三名刺 : 작자미상. 중앙서관1908.
수군의 제일 거룩한 인물 이순신전/
슈군의뎨일거룩ᄒᆞᆫ인물리슌신젼 :
금협산인 작. 패서생 의역.
국문판대한매일신보1908.6.11-10.24.
수군 제일 위인 이순신/水軍第一偉人李舜臣 :
금협산인 작.
국한문판대한매일신보1908.5.2 -8.18.

송뢰금/숑뢰금松籟琴 : 초우당주인 작.
박문서관1908.
쌍옥적/쌍옥젹雙玉笛 : 이해조 작.
제국신문1908.12.4-1909.2.12.
아여행/啞旅行 : 작자미상. 중앙서관1908.
우미인/虞美人 : 작자미상. 중앙서관1908.
은세계/銀世界 : 이국초 작. 동문사1908.
을지문덕/乙支文德 : 신채호 작. 광학서포1908.
치악산/雉岳山 : 이인직 작. 유일서관1908(상).
파선밀사/파션밀ᄉ破船密事 : 작자미상.
경향신문1908.7.3-1909.1.1.
한월/恨月 : 박승옥 작. 대한서림1908.
한해춘추/恨海春秋 : 작자미상. 중앙서관1908.
홍도화/紅桃花 : 이해조 작. 유일서관1908(상).

1909

동국거걸 최도통/東國巨傑崔都統 : 금협산인 작.
국한문판대한매일신보1909.12.5-1910.5.27.
만인산/萬人傘 : 백학산인 작.
대한민보1909.7.13-8.8.
모란병 : 이해조 작. 제국신문1909.2.13-?
병인간친회록/病人懇親會錄 : 굉소생 작.
대한민보1909.8.19-10.12.
보응 : 작자미상.
국문판대한매일신보1909.8.11-9.7.
성산명경/셩산명경聖山明鏡 : 최병헌 작.
정동황화서재1909.
원앙도/鴛鴦圖 : 이해조 작. 중앙서관1909.
오경월/五更月: 일우생 작.
대한민보1909.11.25-12.28
절영신화/絶纓新話 : 백치생 작.
대한민보1909.10.14-11.23.
지구성 미래몽/디구셩미릭몽 : 작자미상.
국문판대한매일신보1909.7.15-8.10.

1910

경중미인/鏡中美人 : 벌가생 작.
대한민보1910.8.27-?
금수재판/禽獸裁判 : 흠흠자 작.
대한민보1910.6.5-8.18.
동국의 제일 영걸 최도통전/
동국에뎨일영걸쵀도통젼 : 금협산인 작.
국문판대한매일신보1910.3.6-5.26
☞「동국거걸 최도통」
만월대/만월ᄃᆡ滿月臺 : 열재선생 작.
동양서원1910.
박정화/薄情花 : 수문생 작.
대한민보1910.3.10-5.31.
소금강 : 빙허자 작. 대한민보1910.1.5-3.6.
옥랑전/옥랑젼 : 작자미상.
국문판대한매일신보1910.8.16-8.28.
요지경/瑤池鏡 : 박영진 작. 유문서관1910.
자유종/ᄌ유죵自由鍾 : 이해조 작. 광학서포1910.
해외 고학/ᄒᆡ외고학海外苦學 : 작자미상.
경향신문1910.3.25-10.21.
홍도화/紅桃花 : 이해조 작. 동양서원1910(하).
화세계/화셰계花世界 : 선음자 작.
매일신보1910.10.12-1911.1.17.

1911

구의산/九疑山 : 이해조 작.
매일신보1911.6.22-9.28.
동각한매/東閣寒梅 : 현공렴 편저. 현공렴가1911.
모란병 : 이해조 작. 박문서관1911.
목단화1/牧丹花 : 아속생 작. 광학서포1911.
빈상설/빈상셜鬢上雪 : 이해조 작. 동양서원1911.
성산명경/셩산명경聖山明鏡 : 최병헌 작.
동양서원1911.
소양정/쇼양뎡昭陽亭 : 우산거사 작.
매일신보1911.9.30-12.17.
쌍옥적/쌍옥젹雙玉笛 : 이해조 작. 보급서관1911.
월하가인/月下佳人 : 하관생 작.
매일신보1911.1.18-1911.4.5. 보급서관1911.
죽서루/쥭셔루竹西樓 : 현공렴 작.
서적급모자제조소1911.
치악산/雉岳山 : 김교제 작. 동양서원1911(하).
화세계/화셰계花世界 : 선음자 작. 동양서원1911.
화의 혈/花의血 : 석춘자 작.

매일신보1911.4.6-6.21.

1912

강상기우/강샹긔우江上奇遇 : 민준호 저작발행. 동양서원1912.
강상련/강샹련江上蓮 : 해관자 산정. 매일신보1912.3.17-4.26. 광동서국1912.
강상월/江上月 : 고유상 저작발행. 회동서관1912.
강상촌/강샹촌江上村 : 청초당 작. 박학서원1912.
검중화/검즁화劍中花 : 지송욱 저작발행. 신구서림1912.
고목화1/枯木花 : 이해조 작. 동양서원1908.
고의 성/鼓의聲 : 현공렴 저작발행. 대창서원1912.
공산명월/空山明月 : 박영운 작. 박문서관1912.
광악산 : 박건병 작. 박문서관1912.
광야/廣野 : 남궁준 저작발행. 유일서관1912.
교기원/巧奇寃 : 박영운 작. 경남일보1912.1.6-2.9.
구의산/九疑山 : 이해조 작. 신구서림1912.
귀의 성/鬼의聲 : 이인직 작. 중앙서관1912.
금낭이산/錦囊二山 : 고경상 저작발행. 회동서관1912.
금산월/金山月 : 박영운 작. 경남일보1912.11.25-?
금지환/金指環 : 박영운 작. 동양서원1912.
동정추월/洞庭秋月 : 경제당 작. 청송당1912. 동양서원1912.
마상루/마샹루馬上淚 : 민준호 작. 동양서원1912.
만인산/萬人傘 : 백학산인 작. 동양서원1912.
명월정/명월뎡明月亭 : 박이양 작. 유일서관1912.
모란봉1/牧丹峰 : 이인직 작. 동양서원1912.
벽부용/碧芙蓉 : 소운 작. 회동서관1912.
봉선화/鳳仙花 : 해관자 작. 매일신보1912.7.7-11.29.
봉황대/봉황ᄃᆡ鳳凰臺 : 남궁준 저작발행. 유일서관1912.
불로초/不老草 : 남궁준 저작발행. 유일서관1912.
비파성/비파셩琵琶聲 : 이해조 작. 매일신보1912.11.30-1913.2.23.
산천초목/산천초목 : 이해조 작. 유일서관1912.
삼각산/三角山 : 이종정 저작발행. 광동서국1912.
석가여래전/釋迦如來傳 : 현공렴 작. 대창서원1912.
소상강/蕭湘江 : 남궁준 저작발행. 유일서관1912.
소양정/쇼양뎡昭陽亭 : 우산거사 작. 신구서림1912.
소학령/巢鶴領 : 이해조 작. 매일신보1912.5.2-7.6.
신출귀몰/신츌귀몰 : 황갑수 작. 동양서원1912.
연의 각/鳶의脚 : 해관자 산정. 매일신보1912.4.19-6.7.
옥련당/玉蓮堂 : 박영운 작. 경남일보1912.2.11-?
옥중화/옥즁화 : 해관자 산정. 매일신보1912.1.1-3.16. 보급서관1912.
옥호기연/玉壺奇緣 : 김용제 작. 보급서관·동양서원·광학서포1912.
완월루/玩月樓 : 남궁준 저작발행. 유일서관1912.
원앙도/鴛鴦圖 : 이해조 작. 보급서관·동양서원1912.
지장보살/地藏菩薩 : 김교제 작. 동양서원1912.
추월색/츄월ᄉᆡᆨ秋月色 : 최찬식 작. 회동서관1912.
추풍감수록/추풍감슈록秋風感樹錄 : 민준호 저작발행. 동양서원1912.
춘외춘/츈외츈春外春 : 이열재 작. 매일신보1912.1.1-3.14. 신구서림1912.
탄금대/彈琴臺 : 이해조 작. 매일신보1912.3.15-5. 신구서림1912.
토의 간/兎의肝 : 해관자 산정. 매일신보1912.6.9-7.11.
행락도/ᄒᆡᆼ낙도行樂圖 : 민준호 저작발행. 동양서원1912.
현미경/顯微鏡 : 김교제 작. 동양서원1912.
화상설/花上雪 : 김우진 작. 동양서원1912.
화의 혈/花의血 : 석춘자 작. 보급서관1912.
화중화/화즁화話中話 : 이종정 저작발행. 광동서국1912.
황금탑/黃金塔 : 김용준 작. 보급서관1912.

1913

강상촌/강샹촌江上村 : 청초당 작. 동미서시1913.
고려 강시중전/高麗姜侍中傳 : 박건회 저작발행.

조선서관1913.
국의 향/菊의香 : 조일재 작.
매일신보1913.10.2-12.28.
금국화/金菊花 : 김용준 작. 보급서관1913(상).
금상첨화/금샹쳠화錦上添花 : 지송욱 저작발행.
신구서림1913.
금오기설/금오긔셜金鰲奇說 : 작자미상.
보급서관1913.
금의 쟁성/금의징셩金의錚聲 : 남궁준 편집발행.
유일서관1913.
난봉기합/란봉긔합鸞鳳奇合 : 아속선생 작.
동양서원1913.
단발령/斷髮嶺 : 지송우 저작발행. 신구서림1913.
단산봉황/丹山鳳凰 : 안경호 작. 신구서림1913.
매화루/梅花淚 : 작자미상. 동양서원1913.
모란봉2/牡丹峰 : 이인직 작.
매일신보1913.2.5-6.3.
몽외인/夢外人 : 황일수 저작발행. 광덕서관1913.
미인도1/美人圖 : 고유상 저작발행.
회동서관1913.
박연폭포/朴淵瀑布 : 이상춘 작. 유일서관1913.
백년한/빅년한百年恨 : 소운 작. 회동서관1913.
벽오동/碧梧桐 : 작자미상. 신구서림1913.
보은록/報恩錄 : 유영상 저작발행. 광학서포1913.
보환연/寶環緣 : 구병회 편집발행. 박학서원1913.
봉선화/鳳仙花 : 해관자 작. 신구서림1913.
부벽완월/浮碧翫月 : 박영운 작.
경남일보1913.2.11-?
비파성/비파셩琵琶聲 : 이해조 작.
신구서림1913.5-6.
설중매화/셜즁미화雪中梅花 : 김익수 저작발행.
창문사1913.
세검정/셰검뎡洗劍亭 : 지송욱 저작발행.
신구서림1913.
소학령/巢鶴領 : 이해조 작. 신구서림1913.
약산동대/藥山東臺 : 작자미상. 광동서국1913.
연광정/련광뎡鍊光亭 : 이종성 저작발행.
신구익지서관1913.
연의 각/鳶의脚 : 해관자 산정. 신구서림1913.
옥매화/옥미화玉梅花 : 손재용 저작발행.
보서관1913.
옥빈홍안/玉鬢紅顔 : 작자미상. 신구서림1913.
옥중금낭/옥즁금낭獄中錦囊 : 지송욱 저작발행.
신구서림1913.
우중기연/우즁긔년雨中奇緣 : 지송욱 저작발행.
신구서림1913.
우중행인/우즁힝인雨中行人 : 이해조 작.
매일신보1913.2.25-5.11. 신구서림1913.
원앙도/鴛鴦圖 : 이해조 작. 동양서원1913.
월하탄금성/월하탄금셩 : 이건국 작.
읍청회사1913.
육선각/六仙閣 : 지송욱 저작발행. 신구서림1913.
천연정/텬연뎡天然亭 : 지송욱 저작발행.
신구서림1913.
천중가절/텬즁가졀天中佳節 : 남궁준 편집발행.
유일서관1913.
청야휘편/청야휘편青野彙編 : 고유상 편집발행.
회동서관1913.
청천백일1/청텬빅일青天白日 : 박이양 작.
박문서관1913.
추야월1/츄야월秋夜月 : 수석청년 작.
광덕서관1913.
추풍감별곡/츄풍감별곡秋風感別曲 :
지송욱 저작발행. 신구서림1913.
파도상선/파도상션波濤上船 : 고유상 저작발행.
회동서관1913.
한월/恨月 : 박승옥 작. 박문서관1913.
화원호접/화원호졉花園胡蝶 : 현영선 작.
대창서원1913.

1914

강상련/강샹련江上蓮 : 해관자 산정.
신구서림1914.
국의 향/菊의香 : 조일재 작. 유일서관1914(상).
금강문/金剛門 : 동초생 작. 동미서시1914.
금국화/金菊花 : 김용준 작. 보급서관1914(하).
금옥연/金玉緣 : 이광하 작. 동미서시1914.
부벽루/浮碧樓 : 김용준 편집발행. 보급서관1914.

부용헌/芙蓉軒 : 김영한 작. 동미서시1914.
서해풍파/셔히풍파西海風波 : 이상춘 작. 유일서관1914.
송죽/숑쥭松竹 : 김영한 작. 동미서시1914.
안의 성/안의셩鴈의聲 : 해동초인 작. 박문서관1914.
영산홍/暎山紅 : 이종린 작. 성문사1914.
운외운/雲外雲 : 박영운 작. 춘포약방·야소교책사·광문책사·서적상최득린1914.
유성기/류셩긔留聲機 : 전창석 저작발행. 광학서포1914.
이화몽/리화몽梨花夢 : 지송욱 저작발행. 신구서림1914.
저마무전/져마무전 : 최찬식 편집발행. 신문관1914.
절처봉생/졀쳐봉싱絶處逢生 : 노익형 편집발행. 박문서관1914.
채봉감별곡/치봉감별곡彩鳳感別曲 : 석농거사 작. 박문서관1914.
청년회심곡/청년회심곡青年悔心曲 : 지송욱 저작발행. 신구서림1914.
추천명월/츄텬명월秋天明月 : 김홍제 저작발행. 신구서림1914.
학의 성/학의셩鶴의聲 : 박이양 작. 유일서관1914.
해안/海岸 : 최찬식 작. 우리의가정1914.1.15-11.15.
형제/형뎨兄弟 : 원작미상. 심천풍 번안. 매일신보1914.6.11-7.1.
화수분/貨水盆 : 심우택 저작발행. 광학서포1914.

1915
강릉추월 옥소전/강능츄월옥소젼江陵秋月玉簫傳 : 김동진 편집발행. 덕흥서림1915.
공진회/共進會 : 안국선 작. 안국선자택1915.
금강문/金剛門 : 동초생 작. 동미서시1915.
금강취유/금강취류金剛聚遊 : 이용한 저작발행. 동미서시1915.
동선화/동션화 : 작자미상. 박문서관1915.
만화방창/만화방챵萬花方暢 : 현공렴 저작발행. 태화서관1915.
백일홍/빅일홍 : 작자미상. 박문서관1915.
부용담/芙蓉潭 : 이용한 저작발행. 동미서시1915.
뿌린 씨/ᄲᅮ린씨: 학인 작. 긔독신보1915.12.15-1916.5.10
속편 장한몽/續編長恨夢 : 조일재 작. 매일신보1915.5.25-12.26.
약산동대/藥山東臺 : 이종정 저작발행. 박문서관1915.
형월/螢月 : 노익형 저작발행. 박문서관1915.

1916
고진감래/苦盡甘來 : 신귀영 작. 광동서국1916.
꿈하늘/ᄭᅮᆷ하늘 : 신채호 작. 필사유고본1916.
도화원/桃花園 : 해동초인 작. 유일서관1916.
박태보 실기/박틱보실긔朴泰輔實記 : 김동진 저작발행. 덕흥서림1916.
사촌몽/沙村夢 : 익명자 작. 매일신보1916.1.1-2.
산중처녀/산즁쳐녀山中處女 : 대원산사 작. 대성서림1916.
수일롱/슈일롱水溢瀧 : 김연규 편집발행. 동아서관1916.
옥중가화/옥즁가화獄中佳花 : 강의영 저작발행. 세창서관1916.
원앙의 상사/원앙의상샤鴛鴦의相思 : 신귀영 저작발행. 청송당서점1916.
월하가인/月下佳人 : 하관생 작. 박문서관1916.
음양염나왕전 : 작자미상. 유일서관1916.

1917
강상촌/강상촌江上村 : 청초당 작. 덕흥서림1917.
광한루/廣寒樓 : 김용제 저작발행. 박문서관1917.
구마검/驅魔劒 : 열재 작. 이문당1917.
상사루/相思淚 : 남궁설 저작발행. 유일서관1917.
설중매화/셜즁미화雪中梅花 : 김익수 저작발행. 신구서림1917.
신랑의 보쌈 : 박건회 저작발행. 광익서관1917.
쌍옥적/쌍옥젹雙玉笛 : 이해조 작. 동일서관1917.
양주봉전/양쥬봉젼梁朱鳳傳 : 남궁준 편집발행.

유일서관·한성서관1917.
연광정/련광뎡鍊光亭 : 이종성 저작발행. 신구서림1917.
진주적삼/珍珠赤衫 : 박건회 저작발행. 공진서관1917.
홍경래 실기1/홍경릭실긔洪京來實記 : 최창선 저작발행. 신문관·광학서포1917.

1918
가인기우/가인긔우佳人奇遇 : 현공렴 저작발행. 대창서원·보급서관1918.
무궁화/無窮花 : 이상협 작. 매일신보1918.1.25-7.27. 신문관1918.
사각전/사각젼謝角傳 : 노익형 저작발행. 박문서관·신구서림1918.
삼강문/三綱門 : 해동초인 작. 덕흥서림1918.
삼성기/숨셩긔三聖記 : 작자미상. 천일서관1918.
송죽/숑쥭松竹 : 김영한 작. 회동서관1918.
쌍옥적/쌍옥젹雙玉笛 : 이해조 작. 오거서장1918.
을밀대/을밀딕乙密臺 : 이민한 편집발행. 대창서원·보급서관1918.
이화몽/리화몽梨花夢 : 지송욱 저작발행. 신성문사1918.
청년의 모범/청년의모범 : 작자미상. 박문서관1918.
추천명월/츄텬명월秋天明月 : 지송욱 저작발행. 신구서림1918.
한씨보응록/한씨보응록韓氏報應錄 : 이해조 편. 오거서창1918.
현미경/顯微鏡 : 김교제 작. 보문관1918.
형제/형뎨兄弟 : 원작미상. 심천풍 번안. 영창서관1918.
홍장군전/홍쟝군전洪將軍傳 : 이해조 편집. 오거서창1918.
화용월태/화용월틱花容月態 : 강의영 저작발행. 대창서원1918.
화의 혈/花의血 : 석춘자 작. 오거서창1918.

1919
강상루/江上淚 : 김이태 작. 대창서원1919.
능라도/릉나도綾羅島 : 최찬식 작. 유일서관1919. 박문서관1919.
미인계/美人計 : 김동진 저작발행. 덕흥서림1919.
미인기사/미인긔ᄉ美人奇事 : 작자미상. 덕흥서림1919.
박명/薄命 : 백대진 작. 매일신보1919.11.21-1920.1.25.
삼쾌정/삼쾌졍三快亭 : 고유상 저작발행. 회동서관1919.
쌍봉쟁화/쌍봉ᄌ화雙蜂爭花 : 김교제 작. 보문관1919.
치악산/雉岳山 : 이인직 작. 보문관1919.
화간앵/화간잉花間鶯 : 현공렴 저작발행. 대창서원·보급서관1919.

1920
관음상/觀音像 : 조일재 작. 매일신보1920.7.7-1921.3.23.
방화수류정/방화슈류뎡訪花隨柳亭 : 김원길 저작발행. 박문서관1920.
부용담/芙蓉潭 : 고유상 저작발행. 회동서관1920.
설중송/셜즁송雪中松 : 고유상 저작발행. 회동서관·광익서관1920.
춘몽1/츈몽春夢 : 관해생 작. 조선일보1920.3.9-7.7.
혈가사/血袈裟 : 호관 작. 취산보림1920.8.

1921
곽랑애사/곽랑의ᄉ霍娘哀史 : 고유상 저작발행. 회동서관1921.
도화원/桃花園 : 해동초인 작. 조선도서주식회사1921.
류수필 : 작자미상. 박문서관1921.
마상루/마샹루馬上淚 : 민준호 작. 박문서관1921.
미인의 루/美人의淚 : 노익형 작. 박문서관1921.
박명/薄命 : 백대진 작. 신명서림1921.
박명화/薄命花 : 노익형 저작발행. 박문서관1921.

애원성/익원셩哀怨聲 : 이진원 저작발행. 박문서관1921.
원앙도/鴛鴦圖 : 이해조 작. 박문서관1921.
이상촌/理想村 : 정연규 작. 계문사1921.
처녀의 비밀/쳐녀의비밀 : 작자미상. 박문서관1921.
청천벽력/청텬벽력 : 김천희 저작발행. 박문서관1921.
최후의 악수/최후의악슈最後의握手 : 홍난파 작. 매일신보1921.4.29-6.7.

1922

고목화1/枯木花 : 이해조 작. 박문서관1922.
구미호/九尾狐 : 김동진 저작발행. 덕흥서림1922.
금강문/金剛門 : 동초생 작. 박문서관1922.
남무아미타불/南無阿彌陀佛 : 이종정 저작발행. 광동서국1922.
단소 : 최연택 작. 문창사1922.
동정호/동졍호洞庭湖 : 고유상 편집발행. 회동서관1922.
명월정/명월뎡明月亭 : 박이양 작. 조선도서주식회사1922.
목단화2/牧丹花 : 정기성 편술. 광문서시1922.
미인루/美人淚 : 작자미상. 박문서관1922.
봉황금/鳳凰琴 : 고유상 저작발행. 회동서관1922.
사랑의 눈물1: 작자미상. 박문서관1922.
성산명경/셩산명경聖山明鏡 : 최병헌 작. 박문서관1922.
쌍련몽/雙蓮夢 : 작자미상. 한남서림1922.
양귀비1/楊貴妃 : 현령선 작. 광문사1922.
연광정/련광뎡鍊光亭 : 이종성 저작발행. 회동서관1922.
영산홍/暎山紅 : 이종린 작. 덕흥서림1922.
옥련의 눈물/玉蓮의눈물 : 김동진 작. 덕흥서림1922.
용매기연/룡믹긔연龍媒奇緣 : 정기성 편술. 광문서시1922.
월세계/月世界 : 현공렴 저작발행. 대창서원·보급서관1922.

이혼의 재판/리혼의재판離婚의裁判 : 김연배 작. 한양서관1922.
죄악의 씨/罪惡의씨 : 최연택 작. 문창사1922.
천리원정/쳔리원졍千里遠情 : 왕세창 저작발행. 신명서림1922.
최후의 악수/최후의악슈最後의握手 : 홍난파 작. 박문서관1922.
행로인/힝로인行路人 : 김승주 작. 광명서관1922.
화세계/화셰계花世界 : 선음자 작. 박문서관1922.

1923

경중화/경즁화鏡中花 : 김교제 작. 보문관1923.
고목화2/枯木花 : 유재익 저작발행. 한성도서주식회사1923.
낙락장송/落落長松 : 작자미상. 박문서관1923.
무정한 애인/無情한愛人 : 작자미상. 박문서관1923.
반항/反抗 : 춘성 작. 신민공론사1923.
비행의 미인/飛行의美人 : 박철혼 작. 영창서관·한흥서림·진흥서관1923.
사랑의 꿈/사랑의쑴 : 철혼 작. 영창서관1923.
사랑의 성공/사랑의成功 : 작자미상. 박문서관1923.
소양정/쇼양뎡昭陽亭 : 우산거사 작. 박문서관·신구서림1923.
시든 방초/시드른芳草 : 작자미상. 박문서관1923.
양장미인/洋裝美人 : 작자미상. 박문서관1923.
옥련당 : 박영운 작. 박문서관1923.
운명의 지환/運命의 指環 : 작자미상. 박문서관1923.
이화몽/리화몽梨花夢 : 지송욱 저작발행. 신구서림1923.
일륜명월/一輪明月 : 작자미상. 박문서관1923.
자유의 길/自由의길 : 정연규 작. 매일신보1923.3.25-6.15.
창송록죽/蒼松綠竹 : 백두용 편집발행. 한남서림1923.
천정가연/텬뎡가연天定佳緣 : 강하형 저작발행. 태화서관1923.

1924

가인기우/가인긔우佳人奇遇 : 현공렴 저작발행. 신명서림1924.
강상루/江上淚 : 김이태 작. 영창서관 1924.
검중화/검즁화劍中花 : 지송욱 저작발행. 박문서관1924.
망월루/望月樓 : 김재덕 저작발행. 신명서림1924.
무릉도원/武陵桃源 : 강의영 저작발행. 영창서관·덕흥서림1924.
설움의 빛/셜음의빗 : 전무길 작. 고려공사1924.
야광주/야광쥬夜光珠 : 작자미상. 세계서림1924.
연애의 승리자 : 고유상 저작발행. 회동서관1924.
옥련기담/옥련긔담玉蓮奇談 : 신원행퇴 저작발행. 동양대학당1924.
옥중금낭/옥즁금낭獄中錦囊 : 지송욱 저작발행. 신구서림·박문서관1924.
운명/運命 : 박준표 작. 박문서관1924.
의문의 시체/의문의시톄疑問의屍體 : 송완식 작. 영창서관1924.
장미화/薔薇花 : 박승엽 저작발행. 박문서관1924.
청춘홍안/靑春紅顔 : 작자미상. 대성서림1924.
춘몽2/春夢 : 해동초인 작. 박문서관1924.
쾌남아/快男兒 : 강의영 저작발행. 영창서관·한흥서림1924.
쾌활/快活 : 고유상 저작발행. 회동서관1924.
호상몽/湖上夢 : 손수근 작. 봉양서원1924.

1925

강명화 실기/康明花實記 : 이해관 작. 회동서관1925.
강명화의 설움/姜明花의셜음 : 박철혼 편. 영창서관·한흥서림1925.
강명화전1/康明花傳 : 해동초인 작. 신구서림·박문서관1925.
강상혼/江上魂 : 유석조 작. 황학서포·광문서관1925.
금낭이산/錦囊二山 : 강의영 저작발행. 영창서관·한흥서림·삼광서림1925.
단발미인/斷髮美人 : 노익환 저작발행. 신구서림·박문서관1925.
동정의 루/同情의淚 : 월파 작. 영창서관·한흥서림·삼광서림1925.
동정추월/洞庭秋月 : 경제당 작. 회동서관1925.
만고풍상/萬古風霜 : 강범형 저작발행. 화광서림1925.
매향/梅香 : 작자미상. 회동서관1925.
사랑의 싸움/사랑의싸홈 : 영창서관 편. 영창서관1925.
사촌몽/沙村夢 : 익명자 작. 회동서관1925.
산천초목/산쳔초목 : 이해조 작. 조선도서주식회사1925.
송죽/숑쥭松竹 : 김영한 작. 회동서관·광익서관1925.
애련모사/愛戀慕思 : 작자미상. 박문서관1925.
애인의 선물/愛人의선물 : 작자미상. 회동서관1925.
옥상화/玉上花 : 김송규 저작발행. 광한서림1925.
완월루/玩月樓 : 최석정 저작발행. 신구서림1925.
운명의 진주/운명의진쥬運命의眞珠 : 박철혼 작. 영창서관1925.
유정무정/有情無情 : 작자미상. 대성서림1925.
이봉빈전/리봉빈젼李鳳彬傳 : 김재덕 작. 경성서관1925.
이순신 실기/리슌신실긔李舜臣實記 : 최찬식 작. 박문서관1925. 영창서관·한흥서림1925.
이십춘광/이십츈광二十春光 : 박만희 작. 대성서림1925.
이팔청춘/이팔쳥츈二八靑春 : 강은형 저작발행. 대성서림1925.
일장춘몽/一場春夢 : 강의영 저작발행. 영창서관1925.
정부의 루/貞婦의淚 : 이소 작. 영창서관1925.
진정/眞情 : 나도향 작. 영창서관1925.
천리춘색/쳔리츈색千里春色 : 강은형 저작발행. 대성서림1925.
천정가연/텬뎡가연天定佳緣 : 강하형 저작발행. 박문서관1925.
청춘의 루/靑春의淚 : 월파 작. 영창서관1925.

청춘화/청츈화靑春花 : 무궁 작. 태화서관1925.
추풍감별곡/츄풍감별곡秋風感別曲 :
지송욱 저작발행. 동양서원1925.
춘광월/츈광월春光月 : 월파 작. 신구서림1925.
토의 간/兎의肝 : 해관자 산정.
조선도서주식회사1925. 회동서관1925.
해저의 비밀/海底의秘密 : 작자미상.
박문서관1925.
화도화/花桃花 : 작자미상. 회동서관1925.

1926

경포대/경포듸鏡浦臺 : 이종정 저작발행.
광동서국·동양서원1926.
금낭이산/錦囊二山 : 홍순필 저작발행.
경성서적업조합1926.
금수강산/금슈강산錦繡江山 : 노익환 저작발행.
신구서림1926.
금의환향/錦衣還鄕 : 노익환 저작발행.
신구서림1926.
꽃 같은 미인/꼿갓흔美人 : 노익환 저작발행.
신구서림1926.
대장부/大丈夫 : 이규용 작. 대성서림1926.
대포성/듸포셩大砲聲 : 김동진 저작발행.
덕흥서림1926.
덕성복/덕셩복德成福 : 이규용 작. 대성서림1926.
동령수송/동령슈숑冬嶺秀松 : 홍순필 저작발행.
조선도서주식회사1926
만국대회록/蠻國大會錄 : 송완식 작.
동양대학당1926.
무정세월/無情歲月 : 류운경 작. 태화서관1926.
무정한 청춘/무정한청츈無情한靑春 : 김상용 작.
영창서관·한흥서림·진흥서관1926.
미인의 자태/美人의姿態 : 노익환 저작발행.
신구서림1926.
박명한 미인/薄命한美人 : 강의영 저작발행.
영창서관1926.
백년한/빅년한百年恨 : 소운 작.
경성서적업조합1926.
백련화/白蓮花 : 해동초인 작.
조선도서주식회사1926.
봉황대/봉황듸鳳凰臺 : 노익형 저작발행.
박문서관1926.
비행여사/비행녀사飛行女史 : 안경호 작.
조선도서주식회사1926.
사시장춘/사시장츈四時長春 : 장야 작.
대성서림1926.
십생구사/十生九死 : 홍순필 저작발행.
경성서적업조합1926.
야광주/야광쥬夜光珠 : 작자미상. 대성서림1926.
양귀비1/楊貴妃 : 현령선 작. 경성서적업조합1926.
열정/熱情 : 백남신 작. 태화서관1926.
열정 껍질 벗는 사람/
렬정껍질벗는사람熱情껍질벗는사람 :
강의영 저작발행. 영창서관1926.
열정의 불길/熱情의불길 : 박승엽 작.
덕창서관1926.
오호천명/오호텬명嗚呼天命 : 월파 작.
영창서관1926.
유정의 루/유정의루有情의淚 : 이옥 작.
화광서림1926.
의인의 무덤/義人의墓 : 최연택 저작발행.
문창사1926.
의협의 아/義俠의兒 : 고유상 저작발행.
회동서관1926.
일지매/一枝梅 : 안경호 작.
조선도서주식회사1926. 박문서관1926.
자작 부인/子爵婦人 : 해동초인 작.
조선도서주식회사1926.
절세미인/絶世美人 : 작자미상. 대성서림1926.
처녀의 혼/쳐녀의혼處女의魂 : 노익환 저작발행.
신구서림1926.
추풍감별곡/츄풍감별곡秋風感別曲 :
지송욱 저작발행. 경성서적업조합1926.
추풍명월/秋風明月 : 최호정 저작발행.
한성서관1926.
칠도팔기/칠도팔긔七倒八起 : 이규용 작.
대성서림1926.
해혹/解惑 : 강의영 저작발행. 영창서관1926.

혈가사/血袈裟 : 호관 작. 울산인쇄소1926.
혈루몽/血淚夢 : 서병수 작. 대성서림1926.
호걸남자/豪傑男子 : 김동진 저작발행. 덕흥서림1926.
호사다마/好事多魔 : 이응환 작. 태화서관1926.
홍장군전/홍쟝군젼洪將軍傳 : 이해조 편집. 광학서포1926.
화용월태/화용월틱花容月態 : 강의영 저작발행. 영창서관1926.

1927

강명화전2/강명화젼康明花傳 : 이해관 작. 회동서관1927.
고락의 눈물/苦樂의눈물 : 강하형 저작발행. 태화서관1927.
꽃다운 청춘/쏫다운青春 : 영득 작. 백합사1927.
대동강/大同江 : 노익환 작. 신구서림1927.
무궁화 꽃송이/無窮花꽃송이 : 강의영 저작발행. 출판사불명1927.
무정한 설움1 : 월파 작. 시창서관1927.
봉선의 원한 : 조준경 저작발행. 보성서관1927.
설움의 사정/설음의사정 : 백남신 작. 대성서림1927.
애정/애졍愛情 : 고유상 저작발행. 회동서관1927.
오작교/烏鵲橋 : 작자미상. 회동서관1927.
윤심덕 일대기/尹心悳一代記 : 박철혼 편. 박문서관1927.
이대장전/리대장전李大將傳 : 금화산인 작. 매일신보1927.9.3-11.23.
일대명장 정충신/일대명장뎡충신一代名將鄭忠信 : 작자미상. 회동서관1927.
장한/쟝한長恨 : 신길구 작. 영창서관1927.
청춘남녀/청츈남녀青春男女 : 강의영 저작발행. 영창서관·한흥서림·진흥서관1927.
청춘의 희망/청춘의희망青春의希望 : 작자미상. 영창서관1927.
초로인생/쵸로인싱草露人生 : 이악 작. 화광서림1927.
탐화봉접/探花蜂蝶 : 안경호 작. 신구서림1927.
혈루/血淚 : 최환규 저작발행. 조선농민사본부1927.

1928

계명산/게명산鷄鳴山 : 강하형 저작발행. 태화서관1928.
다정다한/多情多恨 : 성원 작. 영창서관1928.
다정한 눈물/多情한눈물 : 작자미상. 대성서림1928.
도승사명당/道僧四溟堂 : 고유상 발행. 조선출판경찰월보1928.9.
독불장군 : 조재선 저작발행. 삼광서림1928.
무궁화/無窮花 : 이상협 작. 박문서관1928
백만불의 비밀/百萬弗의秘密 : 심천성 작. 창문당서점1928.
사랑의 꽃동산/사랑의쏫동산 : 김홍만 작. 대성서림1928.
사랑의 지옥/사랑의디옥 : 이서구 작. 매일신보1928.5.28-7.7.
소상강/蕭湘江 : 남궁준 저작발행. 조선도서주식회사1927.
오동추월/梧桐秋月 : 박철혼 작. 영창서관1928.
용과 용의 대격전/龍과龍의大激戰 : 연시몽인 작. 필사본유고1928.
일지화/一枝花 : 벽계산인 작. 대성서림1928.
장한의 루/長恨의淚 : 진녹성 작. 삼광서림1928.
적막강산/寂寞江山 : 작자미상. 대성서림1928.
절세가인/졀셰가인絶世佳人 : 작자미상. 경성서관1928.
제일강산/뎨일강산第一江山 : 강의영 저작발행. 영창서관1928.
짝사랑/짝사랑 : 정경석 작. 대성서림1928.
폐허의 울음/廢墟의울음 : 이용구 작. 청조사1928.
홍안박명/紅顏薄命 : 박철혼 작. 신구서림1928.
화연의 눈물/花蓮의눈물 : 작자미상. 영창서관1928.

1929

기사회생/起死回生 : 작자미상. 태화서관1929.

다정한 애인/다정한애인多情한愛人 :
　노익환 저작발행. 신구서림1929.
단종대왕 실기/端宗大王實記 : 김동진 저작발행.
　덕흥서림1929.
복마전/伏魔殿 : 김승묵 발행.
　조선출판경찰월보1929.1.
분홍 저고리 : 작자미상. 태화서관1929.
사랑의 노래 : 작자미상. 광한서림1929.
사육신전/사륙신젼死六臣傳 : 현수봉 작.
　신구서림1929.
생육신전/생륙신전生六臣傳 : 현수봉 작.
　신구서림1929.
생의 혈루/生의血淚 : 이두성 발행.
　조선출판경찰월보1929.6.
설홍전/셜홍젼薛弘傳 : 김병권 작.
　영창서관·한흥서림1929.
십생구사/十生九死 : 강하형 저작발행.
　대성서림1929.
애달픈 청춘/애달분青春 : 진녹성 작.
　광한서림1929.
연무정/戀無情 : 이소 작. 창문당서점1929.
열녀의 루/烈女의淚 : 박승엽 작. 태화서관1929.
영원의 루/永遠의淚 : 노익환 발행.
　조선출판경찰월보1929.2.
영원의 무정/永遠의無情 : 강의영 저작발행.
　영창서관1929.
원앙의 쌍/鴛鴦의雙 : 현공렴 저작발행.
　대창서원1929.
장한의 청춘/長恨의青春 : 송완식 발행.
　조선출판경찰월보1929.3.
절세미인 서시전/절세미인서시젼絶世美人西施傳 :
　김송규 저작발행. 광한서림1929.
정조/貞操 : 작자미상. 태화서관1929.
진정의 눈물/진정의눈물眞情의淚 : 작자미상.
　영창서관1929.
천강홍의장군/天降紅衣將軍 : 작자미상.
　회동서관1929.
청춘의 애정/青春의愛情 : 작자미상.
　신구서림1929.
청춘의 열정/청춘의렬정青春의熱情 :
　현병주 저작발행. 박문서관1929.
청춘의 탈야/青春의 奪夜 : 허도 발행.
　조선출판경찰월보1929.2.
포도대장 장지항과 의도 일지매 실기/
　포도대장장지항과의도일지매실긔
　捕盜大將張志恒과義盜一支梅實記 :
　이규용 작. 대성서림1929.
해상명월/海上明月 : 노익환 저작발행.
　신구서림1929.
홍경래 실기2/홍경릭실긔洪京來實記 :
　노익형 저작발행. 박문서관1929.
홍의동자/紅衣童子 : 작자미상. 회동서관1929.
화란춘성/화란츈셩 : 작자미상. 영창서관1929.

1930

가실전/가실젼嘉實傳 : 고병교 저작발행.
　회동서관·신명서림1930.
갑오시월지연/甲午十月之戀 : 김동진 발행.
　조선출판경찰월보1930.9.
결초보은/結草報恩 : 유연성 작. 대성서림1930.
구사일생 : 노익형 저작발행. 박문서관1930.
녹두장군/綠豆將軍 : 노익환 저작발행.
　신구서림1930.
동방화촉/洞房花燭 : 박준표 저작발행.
　박문서관1930.
무정한 애인 : 노익형 발행.
　조선출판경찰월보1930.10.
미남자/美男子 : 녹성 작. 영창서관1930.
번개 같은 도적/번개가튼盜賊 : 정도영 발행.
　조선출판경찰월보1930.9.
벽창호/壁窓戶 : 송경환 작. 동양대학당1930.
봄바람 : 작자미상. 대성서림1930.
봉제비 : 오중묵 발행. 조선출판경찰월보1930.6.
사계장춘/四季長春 : 고려공산당청년회 발행.
　조선출판경찰월보1930.1.
사랑은 쉽다 : 봉회 작. 백합사1930.
사랑을 위하여 : 김온섭 작. 발행소불명1930.
사랑의 무정/사랑의無情 :

노익형 발행. 조선출판경찰월보1930.12.
사랑의 보금자리 : 작자미상. 신구서림1930.
선죽교/션쥭교善竹橋 : 고유상 저작발행.
회동서관·삼문사서점·신명서림1930.
쌍신랑/雙新郎 : 김동진 저작발행. 덕흥서림1930.
애루몽/哀淚夢 : 박철혼 작. 박문서관1930.
엉터리들 : 송경환 발행.
조선출판경찰월보 1930.12.
연애의 불꽃/戀愛의불꼿 : 작자미상.
대성서림1930.
연애행진곡/戀愛行進曲 : 정도영 발행.
조선출판경찰월보1930.9.
월미도/月尾島 : 박철혼 작. 박문서관1930.
육혈포/륙혈포六穴砲 : 안경호 작. 태화서관1930.
일당백/一當百 : 윤용섭 저작발행. 세창서관1930.
자동차 연애/자동차련애自動車戀愛 :
노익형 저작발행. 박문서관1930.
젊은이의 노래 : 윤창순 작. 박루월 각색.
영창서관1930.
지성이면 감천/至誠이면感天 : 강은형 저작발행.
대성서림1930.
처녀의 설움/處女의설음 : 작자미상.
신구서림1930.
첫사랑의 시절 : 노익형 발행.
조선출판경찰월보1930.9.
청춘의 몽/靑春의夢 : 작자미상. 신구서림1930.
초생달 : 작자미상. 영창서관1930.
최정승 : 작자미상. 신구서림1930.
쾌남아 벽창호/快男兒벽창호 : 송경환 발행.
조선출판경찰월보1930.12.
탈춤 : 노익형 발행. 조선출판경찰월보1930.9.
한음과 오성/漢陰과鰲城 : 노익형 발행.
조선출판경찰월보1930.12.
홍장군전/홍쟝군전洪將軍傳 : 이해조 편집.
영창서관·한흥서림·진흥서관1930.
황국단풍/黃菊丹楓 : 작자미상. 신구서림1930.
황금세계/黃金世界 : 작자미상. 신구서림1930.
황혼의 눈물 : 작자미상. 신구서림1930.
회심곡/悔心曲 : 왕덕성 작. 박루월 각색.
영창서관1930.
효자도/孝子島 : 이윤혁 작. 대성서림1930.

1931

극야성/極夜聲 : 장석환 발행.
조선출판경찰월보1931.2.
꽃향기 좋은 무궁화/꼿향기조흔無窮花 :
전남렬 작. 영창서관1931.
낙화유수/落花流水 : 강의영 발행.
조선출판경찰월보1931.1.
다정의 루/多情의淚 : 작자미상. 신구서림1931.
무정의 한/無情의恨 : 작자미상. 태화서관1931.
무정한 동무/無情한동무 : 강범형 저작발행.
화광서림1931.
무정화/無情花 : 노익형 발행.
조선출판경찰월보1931.1.
백만불의 비밀/百萬弗의秘密 : 심천성 작.
영창서관1931.
번리화정서전/樊梨花征西傳 : 노익환 저작발행.
신구서림1931.
병든 청춘/病든靑春 : 춘성 작. 영창서관1931.
부벽루의 미인/浮碧樓의美人 : 김동진 저작발행.
덕흥서림1931.
사나이/사나희 : 나운규 작. 신구서림1931.
사랑의 비밀 : 작자미상. 신구서림1931.
사랑하는 그들 : 김진옥 발행.
조선출판경찰월보1931.2.
실연의 루/失戀의 淚 : 고병교 저작발행.
회동서관1931.
아세아의 대동란/亞細亞의大動亂 : 한강 발행.
조선출판경찰월보1931.6.
애의 희생자/愛의犧牲者 : 작자미상.
덕흥서림1931.
애인의 기봉/愛人의奇逢 : 작자미상.
태화서관1931.
연무정/戀無情 : 이소 작. 영창서관1931.
영원의 몽상/永遠의夢想 : 춘성 편. 영창서관1931.
용왕담/룡왕담龍王潭 : 노익환 저작발행.
신구서림1931.

의문의 사랑/疑問의사랑 : 이소 편. 영창서관1931.
이상의 낙원/理想의樂園 : 작자미상.
화광서림1931.
일목장군/一目將軍 : 작자미상. 화광서림1931.
임거정전/림거정전林巨丁傳 : 박철혼.
태화서관1931.
잘 있거라/잘잇거라 : 나운규 작. 신구서림1931.
참사랑은 이렇다/참사랑은이럿타! : 리소하 작.
태화서관1931.
청춘의 애인/青春의愛人 : 윤용섭 작.
세창서관1931.
편수미인/片手美人 : 이소 작. 영창서관1931.
편시춘/片時春 : 박승엽 작. 화광서림1931.
편연/片戀 : 강은형 발행. 조선출판경찰월보1931.2.
평안감사/平安監司 : 허도 작. 세창서관1931.
행화촌/杏花村 : 김송규 저작발행. 광한서림1931.
화월야/花月夜 : 화주 작. 태화서관1931.

1932

꿈속의 꿈/쑴속의쑴 : 명주 작. 태화서관1932.
애정의 루/愛情의淚 : 작자미상. 삼문사1932.
어머니1 : 박준표 작. 태화서관1932.
연애의 고투/戀愛의苦鬪 : 월파 작. 영창서관1932.
유곽의 루/유곽의눈물遊廓의淚 : 작자미상.
세창서관1932.
은하작교/銀河鵲橋 : 노익환 저작발행.
신구서림1932.
처녀의 눈물/處女의눈물 : 작자미상. 삼문사1932.
청춘의 미인/青春의美人 : 신종균 작.
태화서관1932.
청춘의 정사/청츈의정사青春의情史 : 김홍만 작.
대성서림1932.
청춘의 한/青春의恨 : 월파 작.
영창서관·한흥서림·진흥서관1932.
추산이항묵/秋山李恒默 : 박현실 발행.
조선출판경찰월보1932.9.
춘몽의 꽃/츈몽의꼿春夢의꼿 : 작자미상.
광한서림1932.

1933

꿀 같은 사랑/꿀갓흔사랑 : 작자미상.
덕홍서림1933.
몽금/夢金 : 윤백남 작. 대성서림1933.
바람개비/風車 : 강의영 발행.
조선출판경찰월보1933.9.
백의미인/白衣美人 : 김준환 저작발행.
덕홍서림1933.
사랑의 동무 : 작자미상. 영창서관1933.
사랑의 설움/사랑의설음사랑의煩惱 : 유석조 작.
화광서림1933.
설상가상/雪上加霜 : 철혼 작. 영창서관1933.
쌍옥랑/雙玉娘 : 작자미상. 덕홍서림1933.
아우성/亞友聲 : 지복문 발행.
조선출판경찰월보1933.8.
열녀문/렬녀문 : 작자미상. 세창서관1933.
우후명월/雨後明月 : 유석조 작. 영창서관1933.
인부의 사/人夫の死 : 강의영 발행.
조선출판경찰월보1933.9.
인의 루/人의淚 : 작자미상. 영창서관1933.
정든 애인/정든愛人 : 작자미상. 덕홍서림1933.
정숙의 루/貞淑의淚 : 작자미상. 영창서관1933.
조선의 아내/조선의안해朝鮮의안해 : 양고봉 작.
이문당1933.
진정의 눈물/진정의눈물眞情의淚 :
홍사설 저작발행. 영창서관·한흥서림1933.
천생배필/天生配匹 : 작자미상. 덕홍서림1933.
청춘남녀 깊은 정/青春男女깁흔정 : 작자미상.
덕홍서림1933.
청춘의 불 같은 연애/青春의불갓흔戀愛 :
작자미상. 덕홍서림1933.
청춘의 설움/青春의설음 : 이소 작. 영창서관1933.
청춘의 환희/青春의幻戲 : 작자미상.
영창서관1933.
최영숙의 눈물/崔英淑의눈물 : 작자미상.
영창서관1933.
표랑의 눈물 : 월파 작. 영창서관1933.
혁명가 손일선 실기/革命家孫逸仙實記 :
작자미상. 덕홍서림1933.

홍안의 루/紅顔의淚 : 작자미상. 덕흥서림1933.

1934

괴청년/怪青年 : 강의영 발행. 조선출판경찰월보1934.2.

농촌을 찾는 사람/農村을찾는사람 : 작자미상. 춘양사1934.

다정한 청춘/多情한青春 : 작자미상. 덕흥서림1934.

마점산 실기/마졈산실긔馬占山實記 : 김동진 저작발행. 덕흥서림1934.

만주의 꽃/滿洲의꼿 : 작자미상. 춘양사1934.

미인의 최후/美人의最後 : 작자미상. 덕흥서림1934.

박효랑전 : 김기홍 저작발행. 재전당서포1934.

백의청년/白衣青年 : 김동진 저작발행. 덕흥서림1934.

병자임진록/丙子壬辰錄 : 이종수 저작발행. 성문당서점1934.

비련의 눈물/悲戀의눈물 : 작자미상. 대성서림1934.

비련의 화상/悲戀의畵像 : 윤백남 작. 대성서림1934.

세상의 죄/世上의罪 : 성문당편집부 편. 성문당서점1934.

술은 눈물인가 한숨이련가/술은눈물인가한숨이란가 : 김정표 저작발행. 춘양사1934.

십생구사/十生九死 : 홍순필 저작발행. 세창서관1934.

쌍봉쟁화/쌍봉ᄉ화雙蜂爭花 : 김교제 작. 영창서관·한흥서림1934.

암야의 총소리/暗夜의총소리 : 이원규 작. 대성서림1934.

애인의 눈물/愛人의눈물 : 유석조 작. 영창서관1934.

영원한 사랑/永遠한사랑 : 영창서관 편. 영창서관1934.

유정한 사랑/有情한사랑 : 김동진 저작발행. 덕흥서림1934.

인간유정/人間有情 : 신태삼 저작발행. 춘양사1934.

인정의 루/人情의淚 : 월파 작. 영창서관1934.

장한애사/長恨哀史 : 김정표 저작발행. 춘양사1934.

천하기걸 허생과 홍총각/天下奇傑許生과洪總角 : 이원규 발행. 조선출판경찰월보1934.11.

청춘의 무정/青春의無情 : 작자미상. 덕흥서림1934.

청춘의 혈루/青春의血淚 : 김동진 저작발행. 덕흥서림1934.

청춘의 화몽/청츈의화몽青春의花夢 : 월파 작. 박문서관1934.

피눈물 : 성문당 편. 성문당서점1934.

한강의 비극/漢江의悲劇 : 작자미상. 춘양사1934.

허영의 눈물/虛榮의눈물 : 월파 작. 성문당서점1934.

황금의 실연/黃金의失戀 : 작자미상. 세창서관1934.

회개의 눈물/悔改의눈물 : 작자미상. 대성서림1934.

효녀의 루/孝女의淚 : 작자미상. 세창서관1934.

1935

강명화의 애사/康明花의哀史 : 작자미상. 세창서관1935.

강명화전3/康明花傳 : 강의영 저작발행. 영창서관·한흥서림·진흥서관1935.

그 여자의 비밀/그女子의秘密 : 작자미상. 성문당서점1935.

김월향전 : 작자미상. 영창서관1935.

꽃향기 무궁화/꼿향기無窮花 : 작자미상. 영창서관1935.

독부의 눈물/毒婦의淚 : 유성 작. 세창서관1935.

동정의 미인/同情의美人 : 작자미상. 세창서관1935.

마적과 처녀/馬賊과處女 : 작자미상.

세창서관1935.
말 못할 사정 : 영창서관 편. 영창서관1935.
매부를 죽이기까지/매부를죽이기까지 : 작자미상. 세창서관1935.
며느리의 죽음/며누리의죽엄 : 작자미상. 세창서관1935.
무정한 결혼/무정한결혼無情한結婚 : 이승철 작. 세창서관1935.
무정한 기적성/무정한긔적성無情한汽笛聲 : 이조승 작. 태화서관1935.
무정한 설움2/無情한설음 : 이소 작. 영창서관1935.
미남자의 눈물/美男子의淚 : 신태삼 편집발행. 세창서관1935.
미인의 정사/美人의情死 : 작자미상. 영창서관1935.
박명의 눈물 : 신태영 편. 영창서관1935.
백의인의 루/白衣人의淚 : 이원규 작. 세창서관1935.
백장미 : 영창서관 편. 영창서관1935.
북간도의 루/北間島의淚 : 작자미상. 세창서관1935.
불 같은 정열/불갓흔정열불갓흔情熱 : 박루월 작. 세창서관1935.
빈자의 사랑 : 이한태 편. 영창서관1935.
사랑의 꽃/사랑의쏫 : 작자미상. 영창서관1935.
사랑의 혈루 : 신태영 편. 영창서관1935.
세종대왕 실기/세종대왕실긔世宗大王實記 : 박준표 작. 세창서관1935.
승방의 루/僧房의淚 : 작자미상. 세창서관1935.
신월루/新月淚 : 온성영 작. 세창서관1935.
신일선의 눈물/申一仙의눈물 : 신태삼 저작발행. 세창서관1935.
아버지 찾는 칼/아버지찻는칼 : 이종수 저작발행. 성문당서점1935.
애인의 정사/愛人의情死 : 작자미상. 세창서관1935.
애정의 미인/愛情의美人 : 한태진 작. 세창서관1935.
연애의 루/戀愛의淚 : 작자미상. 세창서관1935.
영웅호걸 : 작자미상. 영창서관1935.
옥순의 죽음/옥순의죽엄 : 영창서관 편. 영창서관1935.
용정촌의 설움/용정촌의설음龍井村의淚 : 작자미상. 세창서관1935.
원앙의 꿈/원앙의쑴 : 작자미상. 덕흥서림1935.
유곽의 하룻밤/유곽의하로밤 : 이한태 편. 영창서관1935.
유정한 처녀/有情한處女 : 신태삼 편집발행. 세창서관1935.
이별의 루/리별의루離別의淚 : 루향 작. 세창서관1935.
절박한 일미 전쟁기/절박한日米戰爭記 : 작자미상. 삼문사1935.
천리타향 : 김연순 작. 영창서관1935.
청천백일2/青天白日 : 신태삼 편집발행. 세창서관1935.
청춘 시대/青春時代 : 노자영 작. 영창서관1935.
청춘의 보쌈/青春의보쌈 : 작자미상. 세창서관1935.
추월색/츄월식秋月色 : 최찬식 작. 박문서관1935.
표박의 비탄 : 춘성 편. 영창서관1935.
현철한 아내/현쳘한안애賢哲한我愛 : 작자미상. 세창서관1935.
혈루의 미인/혈누의미인血淚의美人 : 작자미상. 세창서관1935.
화류계의 설움/花柳界의설음 : 작자미상. 성문당서점1935.
화중왕/花中王 : 김교제 작. 영창서관1935.
황금의 눈물/黃金의淚 : 임하강 작. 세창서관1935.
황금의 몽/黃金의夢 : 신태삼 편집발행. 세창서관1935.
황금의 설움/黃金의설음 : 진녹성 작. 영창서관1935.
황삼랑/黃三囊 : 이종수 저작발행. 성문당서점1935.
흑의도/黑衣盜 : 고경상 저작발행. 삼문사1935.

1936

그날 밤 : 작자미상. 홍문서관1936.

그 여자의 애정/그女子의愛情 : 작자미상. 세창서관1936.
기생의 설움/妓生의설음 : 박루월 작. 세창서관1936.
남편 찾아 만주/男便차져滿州 : 작자미상. 세창서관1936.
녹의홍상/록의홍상綠衣紅裳 : 조준경 저작발행. 보성서관1936.
눈물에 지는 꽃/눈물에지는꼿 : 월파 작. 발행소불명1936.
능라도 총성/릉라도총셩綾羅島銃聲 : 김영제 저작발행. 명문당1936.
다정한 남매/多情한남매 : 조준경 편집발행. 보성서관1936.
달콤한 연애/달콤한戀愛 : 신태삼 편집발행. 세창서관1936.
만주에 핀 사랑/滿洲에핀사랑 : 동파 작. 세창서관1936.
무정한 미인/無情한美人 : 작자미상. 세창서관1936.
무정한 비곡/無情한悲曲 : 작자미상. 세창서관1936.
미인의 춘몽/미인의츈몽 : 홍병석 편집발행. 홍문서관1936.
백련유전기/白蓮流轉記 : 윤백남 작. 동아일보1936.2.22-8.28.
불쌍한 인생/불상한人生 : 홍병석 저작발행. 홍문서관1936.
빛나는 청춘/빗나는青春 : 작자미상. 성문당서점1936.
사랑에 속고 돈에 울고 : 작자미상. 세창서관1936.
승방애화/僧房哀花 : 작자미상. 세창서관1936.
악마의 루/惡魔의淚 : 신태삼 저작발행. 세창서관1936.
열정의 루/熱情의淚 : 백악 작. 세창서관1936.
옥동자/玉童子 : 작자미상. 대성서림1936.
은하에 흐르는 정열/은하에흐르는정렬銀河에흐르는情熱 : 작자미상. 세창서관1936.
인간의 눈물/인간의루人間의淚 : 홍병석 편집발행. 홍문서관1936.
장중보옥/掌中寶玉 : 작자미상. 대성서림1936.
청룡백호/青龍白虎 : 이종수 저작발행. 성문당서점1936.
청조와 춘산홍/青鳥와春山紅 : 작자미상. 대성서림1936.
태조대왕의 용몽/태조대왕의룡몽太祖大王의龍夢 : 이종수 저작발행. 성문당서점1936.

1937

그날 밤의 비밀 : 조준경 저작발행. 보성서관1937.
그 여자의 눈물/그女子의눈물 : 박루월 작. 이문당1937.
금전의 눈물/金錢의淚 : 이승규 저작발행. 중흥서관1937.
기생의 루/妓生의淚 : 신태삼 발행. 조선출판경찰월보1937.1.
데릴사위 : 조준경 저작발행. 보성서관1937.
무정의 꿈/無情의꿈 : 노익형 저작발행. 박문서관1937.
봄을 맞아 : 발행인 미상. 조선출판경찰월보1937.7.
사랑은 눈물인가 : 조준경 저작발행. 보성서관1937.
심부손 부인전/심부손부인젼沈富孫夫人傳 : 신태삼 저작발행. 세창서관1937.
아까운 청춘/앗가운青春 : 조준경 저작발행. 보성서관1937.
아름다운 황국/아름다운黃菊 : 발행인 미상. 조선출판경찰월보1937.7.
연은 루인가/戀은淚인가 : 조준경 발행. 조선출판경찰월보1937.5.
인생문답/人生問答 : 발행인 미상. 조선출판경찰월보1937.7.
죄 진 여자/죄진녀자罪진女子 : 박루월 작. 세창서관1937.

1938

금낭비화/錦囊秘話 : 최연택 발행.

조선출판경찰월보1938.3.
나는 살고 싶다 : 작자미상. 초판서지불명
☞「순정한 사랑」
마굴의 여신/마굴의녀신魔窟의女神 :
조준경 저작발행. 보성서관1938.
백련유전기/白蓮流轉記 : 윤백남 작.
한성도서주식회사1938.
백진주/白眞珠 : 홍병석 저작발행. 홍문서관1938.
순정을 찾아서/純情을차저서 : 조준경 저작발행.
보성서관1938.
순정한 사랑/純情한사랑 : 조준경 저작발행.
보성서관1938.
실연의 화원/失戀의花園 : 조준경 저작발행.
보성서관1938.
아리랑 고개 : 노익형 발행.
조선출판경찰월보1938.9.
안의 성/안의셩雁의聲 : 해동초인 작.
신구서림1938.
여점원의 비밀/녀점원의비밀女店員의秘密 :
조준경 저작발행. 보성서관1938.
인향전/仁香傳 : 노익형 저작발행. 박문서관1938.
카후에의 하룻밤/카후에의하로밤 :
조준경 저작발행. 보성서관1938.

1939
세기의 딸/世紀의딸 : 이무영 작.
동아일보1939.10.10-1940.8.11
순진한 남자/純眞한男子 : 조준경 저작발행.
보성서관1939.
안동의기/安東義妓 : 조일재 작.
매일신보1939.11.20-1940.5.21.
영자의 루/英子의淚 : 강봉회 저작발행.
백합사·동홍서관1939.
진심의 혈루/眞心의血淚 : 조준경 저작발행.
보성서관1939.
천추의 원혼/千秋의怨魂 : 조준경 저작발행.
보성서관1939.

1940
모란봉1/牧丹峰 : 이인직 작. 문장1940.2.

1941
무정의 설움/無情의설음 : 강의영 발행.
조선총독부금지단행본목록1941.
새로 핀 무궁화/새로핀無窮花 : 오천호 발행.
조선총독부금지단행본목록1941.
행복의 가정/幸福의 家庭 : 이인직 작.
영창서관1941.

1942
불쌍한 사람/불상한사람 : 청남 작. 영창서관1942.
영원한 무정/永遠한無情 : 강의영 작.
영창서관1942.
청춘몽/青春夢 : 청람 작. 영창서관1942.

1946
홍도야 울지 마라/紅桃야울지마라 : 박루월 작.
덕흥서림1946.

1947
무정한 방초 : 태화서관 편집발행. 1947.
섬색시/섬색씨 : 작자미상. 한종수 발행.
경향출판사1947.
압록강 삼미인/鴨綠江三美人 : 김완기 저작발행.
홍문서관1947.
어머니의 비밀 : 이종수 저작발행.
성문당서점1947.
철천지한/徹天之恨 : 김완기 저작발행.
홍문서관1947.
추월공산/秋月空山 : 김동진 저작발행.
덕흥서림1947.

1948
조선의 아내/조선의안해朝鮮의안해 : 양고봉 작.
평문사1948.

1949

세기의 딸/世紀의딸 : 이무영 작. 동진문화사1949.
천안 삼거리/天安三街里 : 작자미상. 삼중당1949.
청춘의 화원/青春의花園 : 진녹성 작. 광문서림1949.

1950

병자팔장사/丙子八壯士 : 유추강 작. 삼중당1950.

1952

꽃 한 송이 : 작자미상. 초판서지불명. 삼중당 대중문고(4)1952.

1953

무정의 눈물/無情의涙 : 박철혼 작. 영화출판사1953.

1957

지상의 비극 : 작자미상. 세창서관1957.

1972

강명화의 죽음/康明花의죽음 : 향민사편집부 편. 향민사1972 ☞ 「미인의 정사」.

연대미상 혹은 참조

견우직녀/牽牛織女 : 작자미상. 서지불명.
고학생의 설음 ☞ 「청춘의 한」
과거의 죄 ☞ 「형제」
눈물의 전당포/눈물의전당포典當鋪 : 윤백남 작. 서지불명.
눈물의 첫사랑 : 작자미상. 서지불명.
능라도의 봄/능나도의봄綾羅道의봄 : 작자미상. 초판서지불명.
동정상애/同情相愛 : 신태삼 저작발행. 세창서관.
뜨거운 애정/뜨거운愛情 : 작자미상. 초판서지불명.
만주의 혈루/滿州의血涙 ☞ 「만주에 핀 사랑」
모란봉3 ☞ 「눈물에 지는 꽃」
목포의 설움/木浦의설음 : 작자미상. 서지불명 ☞ 「백진주」
몽중몽2/夢中夢 : 작자미상. 명문당.
방산월/芳山月 : 작자미상. 초판서지불명.
백의처녀/白衣處女 : 작자미상. 출판사연도불명.
복수단/復讎團 : 작자미상. 초판서지불명.
비밀의 사랑/秘密의사랑 : 작자미상. 성문당서점.
삐삐 자유부인/BB自由夫人 : 작자미상. 서지불명.
사랑에 울고 돈에 속고 ☞ 「사랑에 속고 돈에 울고」
사랑에 취한 여자/사랑에취한녀자 : 작자미상. 초판서지불명.
사랑은 원수 : 작자미상. 초판서지불명.
상전벽해/상뎐벽해桑田碧海 : 박준규 저작발행. 박문서관.
상해야 잘 있거라/上海야잘잇거라 : 작자미상. 초판서지불명
세 동무 : 박루월 편. 영창서관.
소년의 탐험/쇼년의탐험 : 작자미상. 왕래서시.
수난의 여인/受難의女人 : 이원규 편술. 초판서지불명.
압록강을 건너서/鴨綠江을건너서 : 작자미상. 서지불명.
애정다한/愛情多恨 : 신태삼 저작발행. 초판서지불명.
용정촌/룡졍촌龍井村 : 해동초인 작.
월야의 미인/月夜의美人 : 작자미상. 초판서지불명.
의문/疑問 : 강의영 저작발행. 영창서관.
절세미인도/絶世美人圖 : 신흥서관 편. 신흥서관. 초판연도불명.
지상의 천국/地上의天國 : 작자미상. 백합사.
짝사랑의 죽음/짝사랑의죽엄 : 작자미상. 보성서관.
첩의 허물/妾의허물 : 조일재 작. 서지불명.
청춘회심/青春悔心 : 작자미상. 야사연구회.
추야월2/秋夜月 : 작자미상. 초판서지불명.
춘몽3/春夢 : 신흥서관 편. 신흥서관.
해명성/海明星 ☞ 「사랑을 위하여」

번역·번안소설 연도별 작품 목록

1894

인가귀도/引家歸道 : 그리피스 작. 올링거 역. 정동예수교회당1894.

장원량우상론/쟝원량우샹론張袁兩友相論 : 밀리네 작. 마포삼열 역. 경성정동예수교회당1894.

1895

나파륜전/拿破崙傳 : 원작미상. 역자미상. 한성순보1895.11.7-1896.1.26.

유옥역전/유옥역젼 : 작자미상. 이동 역. 필사본1895 ☞ 「만고기담」, 「삼촌설」, 「천일야기담」, 「홍등야화」, 「천일야화」

천로역정1/텬로력뎡 : 버니언 작. 게일 역. 삼문출판사1895.

1897

태서신사/태셔신사泰西新史 : 매킨지 작. 이제마태 역. 학부편집국1897.

1898

아국약사/俄國略史 : 감비적 작. 학부편집국 역. 학부편집국1898.

중일약사/中日略史 : 원작미상. 학부편집국 역. 학부편집국1898.

1899

미국독립사/미국독립ᄉ美國獨立史 : 시부에다모스 작. 현채 역. 황성신문사1899.

중동전기/中東戰記 : 채이강 작. 현채 역. 황성신문사1899.

파란말년전사/波蘭末年戰士 : 시부에다모스 작. 어용선 역. 탑인사1899.

1900

법국혁신전사/法國革新戰史 : 시부에다모스 작. 현채 역. 황성신문사1900.

1904

경국미담/經國美談 : 야노류케이 작. 일랑촌산인 역. 한성신보1904.10.4-11.2.

더 방가드/The Vanguard : 게일 작. FLEMING H. REVELL COMPANY1904.

1905

샛별전/ᄉᆡᆺ별젼 : 베어드 작. 야소교서회1905.

애급근세사/埃及近世史 : 시바시로 작. 장지연 역. 황성신문사1905.

장원량우상론/쟝원량우샹론張袁兩友相論 : 밀리네 작. 마포삼열 역. 대한예수교서회1905.

1906

갈소사전/匈加利愛國者喝蘇士傳 : 이시카와야스지로 작. 이보상 역. 조양보1906.11.10-?

법란서신사/法蘭西新史 : 매킨지 작. 현채 역. 홍학사1906.

비스막전/비스막傳 : 작자미상. 박용희 역. 태극학보1906.12.31-1907.5.21.

애국정신담1/愛國精神談 : 에밀라끼쯔스 작. 역자미상. 조양보1906.11.10-?

1907

국치전/국치젼 : 원작미상. 역자미상.

국문판대한매일신보1907.7.9-1908.6.9.
비사맥전/比斯麥傳 : 사사카와기요시 작. 황윤덕 역. 보성관1907.
비율빈전사/比律賓戰史 : 마리아노 폰세 작. 안국선 역. 보성관1907.
서사건국지1/瑞士建國誌 : 실러 작. 박은식 역. 대한매일신보사1907.
서사건국지2/셔ᄉᆞ건국지 : 실러 작. 김병현 역. 박문서관1907.
오위인 소역사/五偉人小歷史 : 사토쇼우키치 작. 이능우 역. 보성관1907.
월남망국사1/越南亡國史 : 소남자 술. 양계초 찬. 현채 역. 현공렴1907.
월남망국사2/월남망국ᄉᆞ : 소남자 술. 양계초 찬. 주시경 역. 로익형책사1907.
월남망국사3/월남망국ᄉᆞ : 소남자 술. 양계초 찬. 이상익 역. 현공렴1907.
애국정신담2/愛國精神談 : 에밀라끼쯔스 작. 노백린 역. 서우1907.1.1-9.1.
이솝스 우화 초역/이솝스寓話抄譯 : 이솝 작. 이형우 역. 대한유학생회학보1907.3.3-4.7.
이태리 건국 삼걸전1/伊太利建國三傑傳 : 매리어트 작. 신채호 역술. 장지연 교열. 광학서포1907.
이태리 독립사/意大利獨立史 : 마츠이히로키치 작. 김덕균 역. 일한도서인쇄주식회사1907.
해저여행 기담/海底旅行奇談 : 베른 작. 박용희 역. 태극학보1907.3.24-1908.5.24.

1908

가필드전/까퀴일트젼 : 나카자토야노스케 작. 현공렴 편찬발행. 현공렴1908.
갈소사전/匈加利愛國者噶蘇士傳 : 이시카와야스지로 작. 이보상 역. 중앙서관·박문서관1908.
걸리버 유람기/껄늬버유람긔葛利寶遊覽記 : 스위프트 작. 최남선 역. 소년1908.11-12.
경국미담/經國美談 : 야노류케이 작. 일랑촌산인 역. 현공렴1908
계명성/계명셩啓明星 : 의대 작. 반랑 역. 광학서포1908.
나파륜사/拿坡崙史 : 원작미상. 박문서관편집부 역술. 박문서관1908.
나파륜 전사/拿破崙戰史 : 노노무라 작. 유문상 역. 의진사1908.
로빈슨 표류기/나빈손표류기羅賓孫漂流記 : 디포 작. 김찬 역술. 의진사1908.
매국노 : 슈데르만 작. 역자미상. 대한매일신보1908.10.25-1909.7.14.
보법전기/普法戰記 : 작자미상. 현채 역. 현공렴1908.
설중매2/雪中梅 : 스에히로뎃초 작. 구연학 번안. 회동서관1908.
세계식민사/世界植民史 : 야마우치 작. 이채우 역술. 원영의 교열. 이채우1908.
애국정신/愛國精神 : 에밀라끼쯔스 작. 이채우 역. 중앙서관1908.
영법로토제국 가리미아 전사/英法露土諸國哥利米亞戰史 : 마쓰이히로키치 작. 유길준 역술. 광학서포1908.
음빙실자유서/飮氷室自由書 : 양계초 작. 전항기 역. 변형중 교열. 탑인사1908.
이태리 건국 삼결전2/이태리건국삼결전 : 매리어트 작. 주시경 역. 박문서관1908.
이태리 소년/伊太利少年 : 데아미치스 작. 이보상 역. 강문환 교열. 중앙서관1908.
중국혼/中國魂 : 양계초 작. 장지연 역. 대구석실포1908.
철세계/텰세계鐵世界 : 베른 작. 이해조 역. 회동서관1908.
피득대제/彼得大帝 : 사토노부야스 작. 김연창 역. 광학서포1908.
화성돈전/華盛頓傳 : 작자미상. 이해조 역. 회동서관1908.
후례두익 대왕 칠년전사/厚禮斗益大王七年戰史 : 시부에다모스 작. 유길준 역. 김상만1908.

1909

걸리버 유람기/썰늬버유람긔葛利寶遊覽記 : 스위프트 작. 최남선 역. 신문관1909.

로빈슨 무인절도 표류기1/로빈손無人絶島漂流記 : 디포 작. 최남선 역. 소년1909.2-9.

미국독립사/미국독립ᄉ美國獨立史 : 시부에다모스 작. 현채 역. 대한매일신보 1909.9.11-1909.3.5.

1910

세계역사/世界歷史 : 원작미상. 역자미상. 국한문판대한매일신보1910.6.3-9.27.

에이비시계/에이쎄시계ABC契 : 위고 작. 최남선 역. 소년1910.7 ☞ 「너 참 불쌍타」, 「레미제라블」, 「애사」, 「인간무정」, 「장발장」, 「장발장의 설움」

천로역정1/텬로력뎡 : 버니언 작. 게일 역. 장로교선교부1910.

1911

몽배금태조/夢拜金太祖 : 박은식 작. 필사본1911.

부란극림전/富蘭克林傳 : 원작미상. 이시후 편찬. 이철주 교열. 보급서관1911.

이소보의 공전격언/伊蘇普의空前格言 : 이솝 작. 송헌석 역. 보급서관1911.

1912

강철대왕전/鋼鐵大王傳 : 이사무이시이 작. 김용준 역. 현순 감수. 보급서관1912.

두견성/두견셩杜鵑聲 : 도쿠토미로카 작. 선우일 번안. 보급서관1912.

만인계 : 에지워스 작. 최남선 역. 신문관1912.

불쌍한 동무/불상ᄒᆞᆫ동무 : 위다 작. 최남선 역. 신문관1912.

불여귀/不如歸 : 도쿠토미로카 작. 조중환 역. 동경경성사서점1912.

비행선/비힝션飛行船 : 원작미상. 아속 역술. 동양서원1912.

십오 소호걸/십오쇼호걸十五少豪傑 : 베른 작. 민준호 역술발행. 동양서원1912.

쌍옥루/雙玉淚 : 기쿠치유호 작. 조일재 번안. 매일신보1912.7.17-1913.2.4.

유화우/류화우榴花雨 : 도쿠토미로카 작. 김우진 번안. 동양서원1912.

자랑의 단추 : 르페브르 작. 역자미상. 신문관1912.

재봉춘/ᄌᆡ봉츈再逢春 : 와타나베카테이 작. 리상협 번안. 동양서원1912.

지환당/指環黨 : 부아고베 작. 민준호 역술발행. 보급서관·동양서원1912.

1913

강태공 실기/강태공실긔姜太公實記 : 작자미상. 조선서관1913.

검둥의 설움/검둥의셜음 : 스토 작. 이광수 역. 신문관1913.

나폴륜과 푸로시아 왕후 : 엘 미울박 작. 리대위 역. 신한민보1913.12.19.-1914.1.1.

누구의 죄 : 에밀가보리오 작. 은국산인 번안. 보급서관1913 ☞ 「마심불심」

눈물 : 와타나베가테이 작. 이상협 번안. 매일신보1913.7.16-1914.1.21.

당태종전/唐太宗傳 : 작자미상. 동미서시1913.

도리원/桃李園 : 에밀가보리오 작. 역자미상. 박문서관1913.

만고기담/만고긔담萬古奇談 : 작자미상. 이상협 역. 매일신보1913.9.6-1914.6.7 ☞ 「천일야기담」, 「유옥역전」, 「천일야화」, 「홍등야화」, 「삼촌설」,

부레더릭 알버리와 그의 매/부레더릭알버리와그의ᄆᆡ : 보카치오 작. 역자미상. 신한민보1913.12.21-28 ☞ 「데카메론」

삼촌설/삼촌셜三寸舌 : 작자미상. 민준호 역. 동양서원1913 ☞ 「만고기담」, 「천일야기담」, 「유옥역전」, 「홍등야화」, 「천일야화」

쌍옥루/雙玉淚 : 기쿠치유호 작. 조일재 번안. 보급서관1913.

오호대장기/오호대장긔五虎大將記 : 작자미상. 조선서관1913.
일만 구천 방/一萬九千哤 : 들라누아 작. 김교제 역. 동양서원1913.
장자방 실기/쟝ᄌ방실긔張子房實記 : 작자미상. 박건회 역술. 유일서관1913.
장한몽1/長恨夢 : 오자키코요 작. 조일재 번안. 매일신보1913.5.13-10.1, 회동서관1913(상).
허풍선이 모험기담/허풍션이모험긔담 : 뷔르거 작. 최남선 역. 신문관1913.
홍보석/홍보셕紅寶石 : 원작미상. 보급서관 편역. 보급서관1913.
화용도 실기/華容道實記 : 작자미상. 조선서관1913. 신구서림1913.

1914

갱생/更生 :톨스토이 작. 최남선 역. 청춘1914.11 ☞「갓쥬사 애화 해당화」,「부활」,「부활한 카츄사」,「부할 후의 카츄사」,「해당화」
김태자전/김틱ᄌ뎐金太子傳 : 서유영 작. 녹동 역. 매일신보1914.6.10-11.14.
너 참 불쌍타 : 위고 작. 최남선 역. 청춘1914.10 ☞「레미제라블」,「ABC계」,「애사」,「장발장」,「인간무정」,「장발장의 설움」
단장록/斷腸錄 : 야나가와슌요 작. 조일재 번안. 매일신보1914.1.1-6.10.
몽결초한송/夢決楚漢訟 : 작자미상. 성문당서점1914. 신문관1914. 신구서림1914.
비봉담/飛鳳潭 : 원작미상, 조일재 번안. 매일신보1914.7.21-10.28.
실낙원1/失樂園 : 밀턴 작. 최남선 역. 청춘1914.12.
정부원/貞婦怨 : 브래든 작. 하몽 번안. 매일신보1914.10.29-1915.5.19.

1915

당태종전/唐太宗傳 : 작자미상. 동양서원1913.
돈기호 전기/頓基浩傳奇 : 세르반테스 작. 최남선 역. 청춘1915.1-2.
애국열혈/ᄋᆡ국열혈 : 엘미울박 작. 리대위 역. 신한민보1915.8.5-10.28.
울지경덕 실기/蔚遲敬德實記 : 작자미상. 역자미상. 한성서관1915. 조선서관1915. 유일서관1915.
제갈량/諸葛亮 : 현공렴 저작발행. 광익서관1915.
초한전/쵸한젼楚漢傳 : 홍순필 저작발행. 경성서적업조합1915.
캔터베리기/캔터베리記 : 초서 작. 최남선 역. 청춘1915.3-7.

1916

강태공 실기/강태공실긔姜太公實記 : 작자미상. 동미서시1916.
금향정기/금향졍긔錦香亭記 : 박건회 저작발행. 동미서시1916.
단장록/斷腸錄 : 야나가와슌요 작. 조일재 번안. 유일서관·한성서관·청송당서점1916(하).
만사성취/만ᄉ셩취萬事成就 : 길선주 작. 광명서관1916.
산양대전/山陽大戰 : 작자미상. 경성서적업조합1916.
야반의 경종/夜半의警鐘 : 시엔키에비치 작. 백낙천자 역. 신문계1916.6.
임종의 자백/臨終의自白 : 원작미상. 백낙천자 역. 신문계1916.8-9.
자연의 형벌/自然의刑罰 : 보카치오 작. 백낙천자 역. 신문계1916.2.
장한몽1/長恨夢 : 오자키코요 작. 조일재 번안. 유일서관·한성서관1916(중). 조선도서주식회사1916(하).
적벽가/赤壁歌 : 남궁준 저작발행. 유일서관1916. 경성서적업조합1916. 화광서림1916.
해왕성海王星 : 뒤마 작. 이상협 번안. 매일신보1916.2.10-1917.3.31 ☞「진주탑」
홍문연/鴻門宴 : 작자미상. 회동서관1916.

1917

관운장 실기/관운장실긔關雲長實記 : 작자미상.

광동서국1917.

눈물 : 와타나베가테이 작. 이상협 번안. 동아서관1917(하).

단장록/斷腸錄 : 야나가와슌요 작. 조일재 번안. 청송당서점·유일서관1917(중).

당태종전/唐太宗傳 : 작자미상. 신구서림1917.

산양대전/山陽大戰 : 작자미상. 광문서시1917.

영락성/영락셩永樂城 : 원작미상. 김도식 역. 긔독신보1917.7.4-12.5.

장비마초 실기/쟝비마쵸실긔張飛馬超實記 : 이종정 저작발행. 광동서국1917.

초한전/쵸한젼楚漢傳 : 홍순필 저작발행. 한성서관1917.

초한전쟁 실기/초한젼징실기楚漢戰爭實記 : 이종정 저작발행. 광동서국·태학서관1917.

홍루紅淚 : 뒤마피스 작. 진순성 번안. 매일신보1917.9.21-1918.1.16.

홍루지/紅淚池 : 원작미상. 이종린 번안. 회동서관1917.

화용도 실기/華容道實記 : 작자미상. 광동서국1917. 대창서원·보급서관1917.

1918

독행천리 오관참장기/독힝쳔리오관참장긔獨行千里五關斬將記 : 원작미상. 대창서원·보급서관1918.

무쌍언문 삼국지/無雙諺文三國誌 : 나관중 작. 박건회 편집. 대창서원·보급서관1918.

보기 싫은 오리 새끼/보기실흔오리쉭기 : 안데르센 작. 남궁벽 역. 긔독신보1918.4.17-8.21.

사랑/ᄉ랑 : 베전트 작. 해몽생 역. 태서문예신보1918.9.26-?

삼국대전/三國大戰 : 나관중 작. 역자미상. 영창서관1918.

애사1/ᄋ사哀史 : 위고 작. 민우보 역. 매일신보1918.7.28.-1919.2.8.

오자서 실기/오ᄌ셔실긔伍子胥實記 : 현공렴 저작발행. 대창서원·보급서관1918. 대창서원·한양서적업조합소·보급서관1918.

조자룡 실기/죠자룡실긔趙子龍實記 : 작자미상. 세창서관1918. 영창서관1918.

충복/忠僕 : 코난도일 작. 장두철 역. 태서문예신보1918.10.19-11.16.

항우전/항우젼項羽傳 : 김문연·이광종 저. 박문서관1918.

해당화海棠花 : 톨스토이 작. 박현환 초역. 신문관·광학서포1918 ☞ 「부활한 카츄사」, 「갓쥬사 애화 해당화」, 「부할 후의 카츄사」, 「해당화」, 「갱생」, 「부활」

홍루몽1/紅樓夢 : 조설근 작. 양건식 역. 매일신보1918.3.23-1918.10.4.

1919

기옥/긔옥奇獄 : 원작미상. 국여 역. 매일신보1919.1.15-3.1.

도화선/桃花扇 : 원작미상. 일명자 초역. 매일신보1919.5.4-5.16.

설중매1/셜즁미雪中梅 : 원작미상. 부춘산인 번안. 매일신보1919.6.2-8.31.

옥리혼/玉梨魂 : 서침아 작. 초우당주인 역. 매일신보1919.2.15-5.3.

주원장 창업 실기/쥬원쟝창업실긔朱元璋創業實記 : 정기성 저작발행. 대창서원1919. 박문서관·신구서림1919.

천로역정1/텬로력뎡 : 버니언 작. 게일 역. 조선야소교서회1919.

청춘의 사랑/青春의사랑 : 도스토옙스키 작. 홍난파 역. 삼광1919.2-1920.4.

하나님의 돈/하ᄂ님의돈 : 채프먼 작. 김태진·밀러 공역. 조선야소교서회1919.

1920

강태공전/강ᄐ공젼姜太公傳 : 작자미상. 대창서원·보급서관1920.

격야/隔夜 : 투르게네프 작. 현철 역. 개벽1920.6.25-1921.3.1.

명금1/名金 : 에머슨호 작. 윤병조 역.

신명서림1920.
발전/發展 : 작자미상. 격공생 번안.
조선일보1920.12.2.-1921.4.21.
부평초/浮萍草 : 엑토르말로 작. 민우보 번안.
동아일보1920.4.1-9.4.
서백리의 용소녀/西伯利의勇少女 : 코틴 작.
설원 역. 매일신보1920.9.14-10.9.
어디로 가나/어듸로가나 : 시엔키에비치 작.
도레미생 역. 매일신보1920.3.20-5.5.
제사박사/第四博士 : 밴다이크 작.
밀러·김동극 공역. 조선야소교서회1920.
천로역정2/텬로력졍(2권) : 버니언 작.
언더우드부인 역. 조선야소교서회1920.
초련/初戀 : 투르게네프 작. 빙허생 역.
조선일보1920.12.2-1921.1.23.
카이제루 실기/카이제루實記 : 원작미상.
송완식 역. 영창서관1920.
파우스트1/빠우스트 : 괴테 작. 극웅 역.
현대1920.2호(1). 1920.3호(2).
팔십만 년 후의 사회1/八十萬年後의社會 :
웰스 작. 김백악 역. 서울1920.6.
해왕성海王星 : 뒤마 작. 이상협 번안.
박문서관1920. 광익서관1920 ☞「진주탑」
희생/犧牲 : 다눈치오 작. 팔극원 역.
매일신보1920.1.27-6.25.

1921

누구의 죄 : 에밀가보리오 작. 은국산인 번안.
박문서관1921 ☞「마심불심」.
데모쓰테네쓰 : 토토키와타루 작.
한성도서주식회사출판부 역.
한성도서주식회사1921.
명금1/名金 : 에머슨호 작. 윤병조 역.
경성서관1921.
명금2/名金 : 에머슨호 작. 송완식 역.
영창서관1921.
무쌍언문 삼국지/無雙諺文三國誌 : 나관중 작.
박건회 편집. 조선서관1921.
백발/白髮 : 작자미상. 청황생 역.
조선일보1921.5.14-9.30 ☞「마인」, 「재활」,
「백발귀」, 「악마와 같이」, 「요부의 말로」
병중소마/병즁소마甁中小魔 : 스티븐슨 작.
언더우드부인 역. 조선야소교서회1921.
부운/浮雲 : 투르게네프 작. 빙허생 역.
조선일보1921.1.24-4.30.
붉은 실 : 코난 도일 작. 천리구 번안.
동아일보1921.7.4-10.10.
비파기/琵琶記 : 고명 작. 양건식 역.
신천지1921.8.
사랑의 한/愛의恨 : 셰익스피어 작. 정순규 역.
박문서관1921.
신성/新星 : 월레스 작. 홍기원 역.
그독신보1921.2.23-12.21.
어디로 가나/어듸로가나 : 시엔키에비치 작.
도레미생 역. 광익서관1921.
엘렌의 공/엘렌의功 : 리브 작. 천리구 역.
동아일보1921.2.21-7.1.
우주성 : 원작미상. 반야월 역. 신명서림1921.
인형의 가1/人形의家 : 입센 작. 백화·계강 합역.
매일신보1921.1.25-4.3.
지킬과 하이드/쎄클과하이드 : 스티븐슨 작.
언더우드부인 역. 조선야소교서회1921
☞「일신양인기」.
첫사랑 : 투르게네프 작. 홍난파 역.
한일서점1921.
칼멘 : 메리메 작. 나도향 역.
조선일보1921.11.16-12.5.
팔일삼1/813 : 르블랑 작. 운파 역.
조선일보1921.9.16-?
폴리아나/팔늬앤아 : 포터 작. 노블부인 역.
조선야소교서회1921.
하믈레트 : 셰익스피어 작. 현철 역.
개벽1921.5-12.

1922

구나라 태자/鳩那羅太子 : 작자미상. 김백금 역.
신천지1922.12.
노라 : 입센 작. 양백화 역. 영창서관1922.

대담강유 실기/大膽姜維實記 : 작자미상.
대창서원·보급서관1922. 회동서관1922.
더 클라우드 드림 오브 더 나인/
The Cloud Dream of the Nine : 김만중 작.
게일 역. Daniel O'Connor London1922.
루이 십육 세의 최후/路易十六世의最後 :
원작미상. 박서몽 역. 신천지1922.11.
무쇠탈 : 부아고베 작. 민태원 번안.
동아일보1922.1.1-6.20.
부활1/復活 : 톨스토이 작. 춘계생 역.
매일신보1922.7.15-1923.3.13.
비사맥과 독일제국/俾士麥과獨逸帝國 :
원작미상. 개양생 역. 박문서관1922.
사랑의 무덤 : 작자미상. 춘성·고월 공역.
광익서관1922.
산양대전/山陽大戰 : 작자미상. 박문서관1922.
대창서원·보급서관1922.
삼국대전/三國大戰 : 나관중 작. 역자미상.
덕흥서림1922.
소의 암영/小의暗影 : 원작미상. 진순성 번안.
동아일보1922.1.4-4.14.
손오공/孫悟空 : 오승은 작. 이규용 역.
회동서관·동양서원·박문서관·덕흥서림·한남서림·정직서관·대창서관·영창서관·한성서관·광동서국·광한서림1922.
애사2/哀史 : 위고 작. 홍난파 역. 박문서관1922
☞「너 참 불쌍타」,「장발장의 설움」,「ABC계」,
「인간무정」,「장발장」,「레미제라블」,
어버이와 아들/어버이와아달 : 투르게네프 작.
영한생 역. 매일신보1922.9.21-10.7.
여장부/녀장부女丈夫 : 부아고베 작. 운인 역.
동아일보1922.6.21-10.22.
유정/有情 : 작자미상. 백대진 번안.
매일신보1922.5.13-7.12.
인형의 가2/人形의家 : 입센 작. 이상수 역.
한성도서주식회사1922.
제갈량/諸葛亮 : 현공렴 저작발행. 박문서관1922.
조지 퓰러전/지요지퓰라젼 : 원작미상.
언더우드부인 역. 조선야소교서회1922.
주의 발자취/쥬의발자최 : 슈웰돈 작. 안성호 역.
긔독신보1922.4.5-1924.1.30.
죽음의 길 : 시엔키에비치 작. 민우보 역.
동아일보1922.11.28-1923.1.18.
첫사랑 : 투르게네프 작. 홍난파 역.
한일서점1922.
체르캇슈 : 고리키 작. 순성생 역.
동아일보1922.8.2-9.16.
최초의 성탄나무/最初의聖誕나무 : 밴다이크 작.
근곡생 역. 기독신문1922.12.20-1923.4.11.
한니발 : 오마치케이게츠 작. 김억 역.
한성도서주식회사1922.
해성월/海城月 : 셰익스피어 작. 오천경 역.
새동무사1922.
헬만과 도로데아/헬만과도로데아 : 괴테 작.
양하엽 역. 조선일보1922.12.1-31.
혈흔/血痕 : 아르치바셰프 작. 신뷘벌 역.
신생활1922.6-9.
형산옥/荊山玉 : 기쿠지간 작. 벽하 역.
조선일보1922.12.1-1923.6.20.
홍등야화 : 최승일 작. 박문서관1922
☞「삼촌설」,「천일야기담」,「만고기담」,
「유옥역전」,「천일야화」
효녀/孝女 : 코틴 작. 설원생 역. 신명서림1922.

1923

괴물/怪物 : 원작미상. 천리구 역.
동아일보1923.3.25-5.15.
금강석/금강셕金鋼石 : 원작미상. 역자미상.
고유상 저작발행. 회동서관1923.
농중미인/籠中美人 : 원작미상. 정순규 역.
박문서관1923.
눈물 : 와타나베가테이 작. 이상협 번안.
영창서관1923.
도화선 전기/挑花扇傳奇 : 공상임 작. 양백화 역.
동광1923.1.7.-5.27.
디오게네스의 유혹/띄오게네쓰의誘惑 :
빌헬름슈미트폰 작. 염상섭 역. 개벽1923.7.
마란희/馬蘭姬 : 프레보 작. 춘계생 역.

매일신보1923.4.11-8.13.
매국노의 자/賣國奴의子 : 슈데르만 작. 홍난파 역. 회동서관1923.
맥베스/막쎄스 : 셰익스피어 작. 양하엽 역. 조선일보1923.2.24-4.14.
몽중몽1/몽즁몽夢中夢 : 원작미상. 박영덕 역. 조선일보1923.9.29-1924.1.9.
무쇠탈 : 부아고베 작. 민태원 번안. 동아일보출판부1923.
불꽃/불쏫 : 기쿠치간 작. 이극성 역. 매일신보1923.12.5-1924.4.5.
사랑과 설움/사랑과설음 : 작자미상. 이상수 역. 문우당1923.
사로메 : 오스카 와일드 작. 양재명 역. 박문서관1923.
서정기/셔정기西征記 : 안경호 저작발행. 신구서림1923.
성전/聖戰 : 버니언 작. 일천 역편. 신생명1923.7-1924.1.
소년 벨테르의 비뇌/少年벨테르의悲惱 : 괴테 작. 백화 역. 매일신보1923.8.16-9.26.
암영/暗影 : 원작미상. 진학문 역. 동양서원1923 ☞「소의 암영」
양극 탐험기/兩極探險記 : 브루스 작. 게일·이창직·이원모 역. 조선야소교서회1923.
어둠의 힘 : 톨스토이 작. 이광수 역. 중앙서림1923.
엘렌의 공/엘렌의功 : 리브 작. 천리구 역. 신생활사1923.
요청산/遙青山 : 작자미상. 화검생 역. 매일신보1923.6.16-12.4.
유락황도기/류락황도긔 : 위스 작. 게일·이원모 역. 긔독신보1923.11.7-1924.7.9.
인육장사/人肉장사 : 엘리사베트 작. 이상수 역. 박문서관1923.
인조인/人造人 : 차페크 작. 이광수 역술. 동명1923.4.
일리아드 이야기/이리얫드이야기 : 호메로스 작. 노자영 역. 신생활사1923.
장발장의 설움/쨘빨쨘의설음 : 위고 작. 홍영후 역. 박문서관1923 ☞「너 참 불쌍타」, 「장발장」, 「레미제라블」, 「ABC계」, 「애사」, 「인간무정」
장생전/長生殿 : 홍승 작. 백화 역. 매일신보1923.10.3-1925.3.13.
재봉춘/지봉츈再逢春 : 와타나베카테이 작. 리상협 번안. 박문서관1923.
죽음의 나라로 : 시엔키에비치 작. 김억 역. 평양기독서원출판부1923 ☞「죽음의 길」
처녀의 서약/處女의誓約 : 샤토브리앙 작. 류금향 역. 조선일보1923.11.2-12.15.
청춘의 사랑/青春의사랑 : 도스토옙스키 작. 홍영후 저작발행. 신명서림·경성서관출판부·동양대학당서적부1923.
최후의 사랑/最後의사랑 : 시엔키에비치 작. 홍난파 역. 경성서관출판부·동양대학당서적부1923.
카이제루 외첩의 고백/카이데루外妾의告白 : 원작미상. 민우재 역. 조선일보1923.3.30-8.5.
하믈레트 : 셰익스피어 작. 현철 역. 박문서관1923.
희망의 서광/希望의曙光 : 제라드 작. 백수생 역. 긔독신보1923.4.18-1924.2.13.

1924

귀신탑 : 윌리엄슨 작. 리상수 번안. 매일신보1924.6.3-1925.2.7.
그 전날 밤2/그전날밤 : 투르게네프 작. 조명희 역. 조선일보1924.8.4-10.26.
기인기연/긔인긔연奇人奇緣 : 작자미상. 김낭운 역. 조선일보1924.10.30-1925.2.23.
나나1 : 졸라 작. 홍난파 역. 박문서관1924.
남방의 처녀/南邦의處女 : 원작미상. 염상섭 역술. 평문관1924.
당상연작/堂上燕雀 : 리튼 작. 안서 역. 동아일보1924.5.19-8.27.
데카메론 : 보카치오 작. 춘계생 역. 매일신보1924.12.7-1925.3.10 ☞

「부레더릭 알버리와 그의 매」
독일 궁중의 비밀/獨逸宮中의秘密 :
월리엄르케 작. 김추수 역. 조선도서1924.
디오게네스/지요케네스 : 슈미트폰 작.
양재명 역. 박문서관1924.
리어 왕과 그 딸들/리야王과그쌀들 :
셰익스피어 작. 역자미상. 신여성1924.8.
명금3/名金 : 에머슨호 작. 강하형 저작발행.
태화서관1924.
미인의 한/美人의恨 : 클레이 작. 유운인 번안.
동아일보1924.8.28-1925.1.8.
반역자의 모/叛逆者의母 : 고리키 작. 신태악 역.
평문관1924.
백발귀 : 원작미상. 이소 역. 영창서관1924.10.25
☞「요부의 말로」, 「악마와 가치」, 「재활」,
「마인」, 「백발」
베니스 상인/쎄니스商人 : 셰익스피어 작.
이상수 역. 조선도서주식회사1924 ☞「해성월」
사랑의 눈물2 : 뮈세 작. 홍영후 역. 박문서관1924.
삼주간/三週間 : 글린 작. 백화 역.
매일신보1924.3.18-6.8.
애의 력/愛의力 : 원작미상. 이민한 역.
조선일보1924.6.17-10.2.
여등의 배후로서/汝等의背後로셔 :
나카니시이노스케 작. 성해 역.
매일신보1924.6.27-11.8.
악마와 같이/악마와가티 : 작자미상. 현진건 역.
박문서관1924 ☞「마인」, 「백발」, 「백발귀」,
「요부의 말로」, 「재활」
오버 더 힐/오쌔듸힐 : 작자미상. 역자미상.
창문사1924.
오셀로/오델로Othelo : 셰익스피어 작.
전영택 역. 조선문단1924.11-1925.2.
왕소군/王昭君 : 곽말약 작. 양백화 역.
개벽1924.11-1925.1
월세계 여행/月世界旅行 : 베른 작. 신일용 역.
박문서관1924.
유락황도기/류락황도긔 : 위스 작.
게일·이원모 역. 조선야소교서회1924.
육의 영광/肉의榮光 : 돌로로사 작. 이고광 역.
영창서관1924.
장자방 실기/쟝ᄌ방실긔張子房實記 : 작자미상.
박건회 역술. 박문서관1924.
쾌한지도령/快漢智道令 : 뒤마 작. 염상섭 역.
시대일보1924.8.12-1925.1.3.
헬만과 도로데아/헬만과도로데아 : 괴테 작.
양하엽 역. 영창서관1924.
협웅록/俠雄錄 : 르블랑 작. 백화 역.
시대일보1924.3.31-9.9.

1925

가왕/假王 : 원작미상. 백안자 역.
조선일보1925.11.8-12.22.
강태공전/강ᄐᆡ공젼姜太公傳 : 작자미상.
회동서관1925.
군중=인간/群衆=人間 : 톨러 작. 역자미상.
시대일보1925.11.30.
그루소 표류기/그루소표루긔 : 디포 작.
게일·이원모 공역. 조선야소교서회1925.
그림동화 : 그림형제 작. 오천석 역.
한성도서주식회사1925.
기인기연/긔인긔연奇人奇緣 : 작자미상.
김낭운 역. 박문서관1925.
낙화/落花 : 부아고베 작. 봄바람 번안.
조선일보1925.3.2-8.30.
도화선 전기/挑花扇傳奇 : 공상임 작. 양백화 역.
시대일보1925.6.8,15,22,29.
몽결초한송/夢決楚漢訟 : 작자미상.
조선도서주식회사1925. 태한서림1925.
회동서관1925.
미인의 한/美人의恨 : 클레이 작. 유운인 번안.
박문서관1925.
바다의 처녀 : 베전트 작. 한정동 번안.
매일신보1925.5.9-1926.2.26.
부평초/浮萍草 : 엑토르말로 작. 민우보 번안.
박문서관1925.
사람은 무엇으로 사느냐 : 톨스토이 작. 나빈 역.
박문서관1925.

산양대전/山陽大戰 : 작자미상. 동양서원1925.
삼국대전/三國大戰 : 나관중 작. 역자미상.
동양서원1925.
서상가극/西廂歌劇 : 왕실보·관한경 작.
양백화 역. 조선문단1925.6-10.
세계문학걸작집/世界文學傑作集 :
호메로스 외 작. 오천원 역.
한성도서주식회사1925.
소공자 : 버넷 작. 노자영 역. 청조사1925.
소영웅/쇼영웅 : 버넷 작. 게일·이원모 역.
조선야소교서회1925.
신역 수호전/新譯水滸傳 : 시내암 작. 양백화 역.
신민1925.12-1926.10.
안나 카레니나 : 톨스토이 작. 역자미상.
시대일보1925.11.1.
암투/暗鬪 : 원작미상. 이소 역. 영창서관1925.
여장부/녀장부女丈夫 : 부아고베 작. 운인 역.
박문서관·신구서림1925.
연리지/련리지連理枝 : 생 피에르 작.
소요산인 역. 조선일보1925.1.27-4.2.
염복/艷福 : 모파상 작. 상화 역.
시대일보1925.7.4-12.25.
오호대장기/오호대장긔五虎大將記 : 작자미상.
회동서관1925.
와냐 아저씨1/와-냐아젓시 : 체호프 작.
역자미상. 시대일보1925.12.7.
와표전/臥豹傳 : 월터스코트 작. 게일 역.
조선야소교서회1925.
울지경덕 실기/蔚遲敬德實記 : 작자미상.
역자미상. 신구서림1925.
유랑인의 노래/流浪人의 노래 : 던튼 작.
김동인 번안. 동아일보1925.5.11-6.19.
인조노동자/人造勞働者 : 차페크 작. 박영희 역.
개벽1925.2-5.
장군탑/將軍塔 : 작자미상. 꽃이슬 역.
동아일보1925.8.9-10.4.
장비마초 실기/쟝비마쵸실긔張飛馬超實記 :
이종정 저작발행. 조선도서주식회사1925.
적벽대전/赤壁大戰 : 작자미상. 회동서관1925.
적수대/赤手袋 : 그랜트 작. 정순규 역.
박문서관1925.
첫날밤 : 투르게네프 작. 늘메 역.
시대일보1925.5.10-6.30.
청의야차/青衣夜叉 : 작자미상. 김낭운 역.
조선일보1925.8.31-1926.2.2.
초한전/쵸한젼楚漢傳 : 홍순필 저작발행.
박문서관1925.
칠진주/七珍珠 : 원작미상. 박준표 역.
박문서관1925.
칼레의 시민/칼레의市民 : 카이저 작. 역자미상.
시대일보1925.11.24.
파우스트2/ㅍㅏ우스트 : 괴테 작. 역자미상.
시대일보1925.12.29.
해왕성海王星 : 뒤마 작. 이상협 번안.
회동서관1925 ☞「진주탑」
화용도 실기/華容道實記 : 작자미상.
영창서관·한흥서림1925.
황부인전/황부인젼黃夫人傳 : 작자미상.
신구서림1925. 영창서관·한흥서림1925.

1926

강태공전/강틱공젼姜太公傳 : 작자미상.
경성서적업조합1926.
관운장 실기/관운장실긔關雲長實記 : 작자미상.
경성서적업조합1926.
당태종전/唐太宗傳 : 작자미상. 회동서관1926.
몽결초한송/夢決楚漢訟 : 작자미상.
경성서적업조합1926.
박행한 처녀/박행한쳐녀薄倖한處女 :
투르게네프 작. 조춘광 역. 박문서관1926.
번롱/飜弄 : 하디 작. 김기진 번안.
중외일보1926.11.17-12.24
☞「두 야심의 비극」,「더버빌의 테스」,「테스」
봄 물결 : 투르게네프 작. 최승일 역.
박문서관1926.
부활한 카추샤/復活한카쥬샤 : 톨스토이 작.
흑조생 역. 영창서관1926 ☞「갱생」,「부활」,
「갓쥬사 애화 해당화」,「부할 후의 카추사」,

「해당화」
부활 후의 카추샤/復活後의카츄샤 : 톨스토이 작. 이서구 역. 매일신보1926.6.28-9.26
☞「갓쥬사 애화 해당화」,「갱생」,「부활」,「부활한 카츄사」,「해당화」
서러운 이야기/셜은이야기 : 생피에르 작. 김벽호 역. 한성도서주식회사1926.
성탄의 환희/셩탄의환희 : 디킨스 작. 허아각 역. 조선야소교서회1926.
싯달타1/실달타 : 헤세 작. 양건식 역. 불교1926.4-12.
아라비아인의 천막/아라비아人의天幕 : 던세이니 작. 이하윤 역. 동광1926.8.
애의 낙원 : 원작미상. 채성석 역. 광문사1926.
여등의 배후로서/汝等의背後로셔 : 나카니시이노스케 작. 성해 역. 건설사1926.
여자의 한평생1/녀자의한평생 : 모파상 작. 김기진 역. 박문서관1926.
열풍/熱風 : 나카니시이노스케 작. 이익상 역. 조선일보1926.2.3-12.21.
영원의 사랑/永遠한사랑 : 원작미상. 월파 역. 영창서관·한흥서림1926.
인도인의 오막살이/印度人의오막사리 : 생피에르 작. 박내영 역. 매일신보1926.10.3-11.14.
일신양인기/일신량인긔一身兩人記 : 스티븐슨 작. 게일·이원모 역. 조선야소교서회1926.
장비마초 실기/쟝비마쵸실긔張飛馬超實記 : 이종정 저작발행. 경성서적업조합1926.
장자방 실기/쟝ᄌ방실긔張子房實記 : 작자미상. 박건회 역술. 회동서관1926.
제이의 접문/第二의接吻 : 기쿠지간 작. 이서구 번안. 매일신보1926.2.28-6.27.
조자룡 실기/죠자룡실긔趙子龍實記 : 작자미상. 덕흥서림1926. 조선도서주식회사1926.
천로역정1/텬로력뎡 : 버니언 작. 게일 역. 조선야소교서회1926.
천일야화/千一夜話 : 작자미상. 방정환 역. 어린이1926.3-5, 1926.10-12, 1927.7-10
☞「홍등야화」,「유옥역전」,「천일야기담」,「만고기담」,「삼촌설」
춘원/春怨 : 원작미상. 이소 역. 경성서관1926.
칼멘 : 메리메 작. 나도향 역. 박문서관1925.
팔십만 년 후의 사회2/八十萬年後의社會 : 웰스 작. 영주 역. 별건곤1926.11.
푸른 탄식/푸른嘆息 : 슈미트 작. 만우 역. 기독신문1926.1.13-9.1.
하니야 : 시엔키에비치 작. 취성생 역. 매일신보1926.9.27-1927.1.21.
홍문연/鴻門宴 : 작자미상. 경성서적업조합1926.

1927

걸리버 여행기/썰리봐旅行記 : 스위프트 작. 고장환 역. 아희생활1927.9-1927.12.
광야를 가는 자/曠野를가는者 : 원작미상. 김설월 번안. 중외일보1927.6.14-7.28.
괴상한 미인/怪常한美人 : 원작미상. 연성흠 역. 창신서관·예문사·백합사1927.
괴적/怪賊 : 스티븐슨 작. 김단정 번안. 중외일보?-1927.6.12.
나사렛 목수 예수/나사렛목슈예수 : 레이먼 작. 게일·이원모 공역. 조선야소교서회1927.
대담강유 실기/大膽姜維實記 : 작자미상. 경성서적업조합1927.
동도/東道 : 파커 작. 김영환 역. 신명서림1927
☞「연애의 불길」
동백꽃/동백쏫 : 뒤마피스 작. 나빈 역. 조선도서주식회사1927.
보도탐험기/寶島探險記 : 스티븐슨 작. 주요섭 역. 동아일보1927.2.25-4.29.
비파기/琵琶記 : 고명 작. 양건식 역. 동광1927.1-4, 7.
사랑의 학교1/사랑의學校 : 데아미치스 작. 적라산인 역. 신민1927.10-1928.2.
소복의 비밀/素服의秘密 : 원작미상. 낭림산인 역. 동아일보1927.5.5-8.14.
애의 개가/愛의凱歌 : 원작미상. 벽강생 번안.

매일신보1927.1.22-8.8.
연당의 비밀/蓮塘의秘密 : 원작미상.
박은파 번안. 성문당서점1927.
절름발이 친왕 : 어돈부인(미) 작.
조선야소교서회1927.
팔려 가는 아이/팔려가는아히 : 말로 작.
송창근 번안. 신한민보1927.5.5-8.4.
팔일삼2/813 : 르블랑 작. 양주동 역.
신민1927.2-4.
피 칠한 세균/피칠한細菌 : 카미 작. 근춘 역.
청년1927.4.
한넬레 : 하우프트만 작. 염형양 역.
현대평론1927.1.20.
흑준마/흑쥰마 : 스웰 작. 힐만 역.
조선야소교서회1927.

1928

고성의 비밀/古城의秘密 : 원작미상.
김낭운 역안. 조선도서주식회사1928.
사랑의 원수 : 르루 작. 최서해 번안.
중외일보1928.5.16-8.3.
순정/純情 : 작자미상. 남상일 번안.
매일신보1928.2.18-5.27.
신석 수호전/新釋水滸傳 : 시내암 작. 윤백남 역.
동아일보1928.5.1-1930.1.10.
재활/再活 : 원작미상. 현진건 역. 광한서림1928
☞ 「마인」, 「백발」, 「백발귀」, 「악마와 같이」, 「요부의 말로」
청춘의 난무 : 원작미상. 진순성 역. 백합사1928.
최후의 승리/最後의勝利 : 르블랑 작.
김낭운·단정 번안. 중외일보1928.1.30-5.15.
쿠오레 : 데아미치스 작. 고장환 역.
박문서관1928 ☞ 「사랑의 학교」

1929

관운장 실기/관운장실긔關雲長實記 : 작자미상.
박문서관·신구서림1929.
그 전날 밤1/그前날밤 : 투르게네프 작.
이태준 번안. 학생1929.8.
나나2 : 졸라 작. 심향산인 역.
조선일보1929.10.22-25.
당태종전/唐太宗傳 : 작자미상. 동양대학당1929.
더버빌의 테스/따바뷰의테스 : 하디 작.
심향산인 역. 조선일보1929.11.9 -15.
☞ 「두 야심의 비극」, 「번롱」, 「테스」
도리언 그레이의 초상/또리앙그레-肖像 :
오스카와일드 작. 심향산인 역.
조선일보1929.11.16.-17.
돈 좀 벌자면 아낙이난봉/돈좀벌쟈면안악이난봉 :
밀른 작. 노영창 역. 신흥1929.12.7.
만록총중 일점홍/만록총즁일뎜홍萬綠叢中一點紅 :
셰익스피어 작. 역자미상. 대창서원1929.
몬파리 : 원작미상. 역자미상. 광한서림1929.
영화 「몬파리」 대본. 단성사 상영1929.5.24.
부활2/復活 : 톨스토이 작. 심향산인 역.
조선일보1929.12.13-20.
비파기/琵琶記 : 고명 작. 양건식 역.
신생1929.5-6.
사막의 꽃/沙漠의꼿 : 커우드 작. 낭림산인 번안.
동아일보1929.12.3-1930.4.12.
사랑의 불길 : 원작미상. 김재덕 역.
경성서관1929.
사랑의 학교2/사랑의學校 : 데아미치스 작.
이정호 역. 동아일보1929.1.23-5.23.
사의 승리/死의勝利 : 다눈치오 작. 심향산인 역.
조선일보1929.11.5-8.
삼국연의/三國演義 : 나관중 작. 양백화 역.
매일신보1929.5.5-1931.9.21.
서상/西廂 : 왕실보·관한경 작. 양백화 역.
문예공론1929.5-7.
신역 서유기1/신역서유긔新譯西遊記 : 오승은 작.
동유생 역. 중외일보1929.2.15-1930.10.4.
싸닌 : 아르치바셰프 작. 심향산인 역.
조선일보1929.11.23-27.
아르네 : 비에른손 작. 심향산인 역.
조선일보1929.11.28-29.
어둠의 힘 : 톨스토이 작. 이광수 역.
광한서림1929.

여자의 한평생2/녀자의한평생 : 모파상 작. 심향산인 역. 조선일보1929.10.27-10.30.

연기/煙氣 : 투르게네프 작. 심향산인 역. 조선일보1929.10.9-10.

와냐 아저씨2/와니야아젓씨 : 체호프 작. 심향산인 역. 조선일보1929.12.1.

외제니 그랑데/우제니그란테 : 발자크 작. 심향산인 역. 조선일보1929.10.15-16.

일리아드1/일리앗드 : 호메로스 작. 심향산인 역. 조선일보1929.10.3-8.

제르미니/쩨르미니 : 공쿠르형제 작. 심향산인 역. 조선일보1929.12.6-?

죄와 벌1/罪와罰 : 도스토옙스키 작. 화산학인 역. 동아일보1929.9.11-20.

죄와 벌2/罪와罰 : 도스토옙스키 작. 심향산인 역. 조선일보1929.10.31-11.3.

춘희1/春姬 : 뒤마피스 작. 심향산인 역. 조선일보1929.11.19-22.

침종1/沈鍾 : 하우프트만 작. 화산학인 역. 동아일보1929.8.6-9.

침종2/沈鐘 : 하우프트만 작. 심향산인 역. 조선일보1929.12.11-12.

카르멘1 : 메리메 작. 심향산인 역. 조선일보1929.12.21-27.

크레테의 미궁/크레테의迷宮 : 김준상 작. 어린이1929.7,8,11.

폼페이의 끝날/폼페이의씃날 : 리튼 작. 심향산인 역. 조선일보1929.10.11-13.

해믈렛 : 셰익스피어 작. 심향산인 역. 조선일보1929.?.17-21.

호송마차/護送馬車 : 원작미상. 출몰생 역. 중외일보1929.10.8-1930.1.17.

1930

독원의 처녀/毒園의處女 : 원작미상. 최호동 편역. 영창서관1930.

동키호테와 걸리버 여행기/똥키호-테와껄리봐旅行記 : 세르반테스 외 작. 고장환 역. 박문서관1930.

두 야심의 비극/두野心의悲劇 : 하디 작. 최활 역. 대중공론1930.6-7,9 ☞ 「더버빌의 테스」, 「번롱」, 「테스」,

바보 이반/바보이빤 : 톨스토이 작. 박태원 역. 동아일보1930.12.6.-12.24.

범의 어금니 : 르블랑 작. 원동인 역. 조선일보1930.8.5-5.15.

불쌍한 남매/불상한남매 : 원작미상. 역자미상. 대성서림1930.

비련의 장미/悲戀의薔薇 : 원작미상. 최호동 편역. 영창서관1930.

사랑을 찾아서/사랑을차저서 : 후쿠다마사오 작. 박루월 역편. 영창서관1930.

사막의 꽃/沙漠의쏫 : 커우드 작. 낭림산인 번안. 해방사1930.

서부전선은 조용하다/西部戰線은조용ᄒᆞ다 : 레마르크 작. 피득 역. 조선야소교서회1930.

소인국 여행기/小人國旅行記 : 스위프트 작. 이은상 역. 신생1930.7·8합호.

신석 수호전/新釋水滸傳 : 시내암 작. 윤백남 역. 박문서관1930(상·중·하 3권).

아큐정전/阿Q正傳 : 루쉰 작. 백화 역. 조선일보1930.1.4-2.16.

염군/焰群 : 짐돌 작. 김병제 역. 조선중앙일보1930.9.2-9.27.

자살 클럽/自殺클럽 : 스티븐슨 작. 이하윤 역. 중외일보1930.2.13-4.23.

적벽가/赤壁歌 : 남궁준 저작발행. 덕흥서림1930.

천일야기담/千一夜奇談 : 작자미상. 소운 역. 매일신보1930.3.14-9.10 ☞ 「만고기담」, 「삼촌설」, 「유옥역전」, 「홍등야화」, 「천일야화」

최후의 사랑/最後의사랑 : 시엔키에비치 작. 홍난파 역. 창문당서점1930.

해적/海賊 : 사바티니 작. 방인근 역. 문운당1930.

홍루몽2/紅樓夢 : 조설근 작. 장지영 역. 조선일보1930.3.20-1931.5.21.

흉가의 비밀/凶家의秘密 : 랜돈 작. 역자미상. 별건곤1930.10-1931.2.

1931

난혼 재판/亂婚裁判 : 대미두이치 작. 한득수 역. 비판1931.11-1932.6.

양귀비2/楊貴妃 : 왕두칭 작. 양백화 역. 조선일보1931.5.20-6.26.

초당/草堂 : 강용흘 작. Charles Scribner's Sons, NewYork1931. 김성칠 역. 금룡도서주식회사1948.

탁문군/卓文君 : 곽말약 작. 양백화 역. 조선일보1931.4.29-5.14.

편의대의 그림자/便衣隊의그림자 : 숀오케이시 작. 장기제 역. 조선일보1931.8.21-9.22.

황금충/黃金蟲 : 앨런 포 작. 이하윤 역. 조선일보1931.6.17-7.17.

1932

베르테르의 설움/베르테르의서름 : 괴테 작. 박용철 역. 문예월간1932.3.

왕소군/王昭君 : 곽말약 작. 양백화 역. 매일신보1932.8.2-18.

적벽가/赤壁歌 : 남궁준 저작발행. 동양서원1932. 동양대학당1932.

전염/傳染 : 바르뷔스. 작 삼천리사편집국 역. 삼천리1932.1.

조국/祖國 : 제롬스키 작. 현진건 역. 신동아1932.3-7.

홍루몽2/紅樓夢 : 조설근 작. 장지영 역. 조선중앙일보1932.4.1-4.30.

1933

남잡이 제잡이 : 스코트 작. 돌대 역. 신생1933.10-11.

라볏 마퓻 내외의 사적/라볏마퓻내외의사젹 : 허바드 작. 윤가태 역. 조선야소교서회1933.

사랑의 학교2/사랑의學校 : 데아미치스 작. 이정호 역. 이문당1933.

셜록홈즈는 누구인가/쉘록크홈쓰는누구인가 : 코난도일 작. 붉은빛 역. 신동아1933.1-2

☞「붉은 실」

신곡/神曲 : 단테 작. 곽용오 역. 긔독신보1933.1.1-1933.2.1.

실낙원2/失樂園 : 밀턴 작. 곽용오 역. 긔독신보1933.3.8-4.5.

아기가 본 세상 : 베그너 작. 이헌구 역. 신여성1933.6-1934.4.

여자의 일생/女子의一生 : 모파상 작. 김자혜 역. 신가정1933.2.

연애의 불길/戀愛의불길 : 파커 작. 역자미상. 세창서관1933.

천로역정3/天路歷程 : 버니언 작. 곽용오 역. 긔독신보1933.2.8-22.

최후의 행복/最後의幸福 : 장쯔핑 작. 이경손 역. 중앙1933.11-1935.3.

춘희2/椿姬 : 뒤마피스 작. 김자혜 역. 신가정1933.3.

1934

낭인/狼人 : 키플링. 이원수 역. 신가정1934.9-10.

사막의 꽃/沙漠의꼿 : 커우드 작. 낭림산인 번안. 대성서림1934.

순례자의 가는 길 : 버니언 작. 반우거 역. 아희생활1934.4-1935.9.

신역 서유기2/新譯西遊記 : 오승은 작. 민태원 역. 박문서관1934

장 크리스토프/쟝·크리스토프 : 로맹롤랑 작. 이헌구 역. 조선일보1934.2.8-3.18.

청춘의 사랑/青春의사랑 : 도스토옙스키 작. 신태삼 저작발행. 세창서관1934.

파우스트3/빠우스트 : 괴테 작. 조희순 역. 중앙1934.9.

하멜 표류기/하멜漂流記 : 하멜 작. 이병도 역주. 한글1936.2-12.

1935

검둥의 설움/검둥의셜음 : 스토 작. 이광수 역. 삼천리 1935.9-1936.5.

로빈슨 무인절도 표류기2/로빈손무인절도표류기 : 디포 작. 역자미상. 한글1935.2-12.
매란방 : 원작미상. 역자미상. 세창서관1935.
무쇠탈 : 부아고베 작. 민태원 번안. 북성당1935.
무쌍언문 삼국지/無雙諺文三國誌 : 나관중 작. 박건회 편집. 박문서관1935.
벤허/벤후르 : 월레스 작. 나갈도 역. 카톨릭청년1935.12.25-1936.11.25.
삼국대전/三國大戰 : 나관중 작. 역자미상. 세창서관1935.
종림폭격/柊林爆擊 : 싱클레어 작. 역자미상. 신동아1935.9.
팔려 가는 아이/팔려가는아히 : 말로 작. 송창근 번안. 긔독신보1935.
홍등야화 : 최승일 작. 북성당1935.
조선문단사1935 ☞「삼촌설」,「천일야기담」,「만고기담」,「유옥역전」,「천일야화」

1936
대지1/大地 : 펄벅 작. 심훈 역. 사해공론1936.4-9 ☞「금색의 태양」
감람산의 혈루/橄欖山의血涙 : 에밀 루드비히 작. 김영의 역. 동광당서점1936.
마야의 황금성/魔耶의黃金城 : 원작미상. 복면아 역. 중앙1936.1-6.
명모유죄/明眸有罪 : 르블랑 작. 이헌구 역. 조광1936.5-8.
여자 대학생/女子大學生 : 웹스터 작. 전유덕 역. 신가정1936.9 ☞「여학생 일기」
왕자와 거지 : 마크트웨인 작. 최병화 역. 조선일보1936.10.28-12.27.
의문의 독사 사건/疑問의毒死事件 : 원작미상. 김환태 번안. 조광1936.9-1937.3.
장한몽2/長恨夢 : 작자미상. 세창서관1936.
천로역정4 : 버니언 작. 일기독신자 역. 복음신보1936.7.5-?

1937
극동의 전운/極東의戰雲 : 파블렌코 작. 함일보 역. 조광1937.10-11.
동양 사람 서양에 가다/East goes West : 강용흘 작. Charles Scribner's Sons1937.
빛나는 그 여자/빛나는그女子 : 원작미상. 박철혼 번안. 영창서관1937.
시네마의 노파/cinema의노파 : 이바네즈 작. 이종명 역. 철필1937.7.
양귀비3/楊貴妃 : 양백화 작. 월간야담1937.4-11.
여학생 일기/女學生日記 : 웹스터 작. 전유덕 역. 동아일보1937.10.21-12.17.
잃어진 보석/잃어진寶石 : 반다인 작. 김유정 역. 조광1937.6-11.
해 부인/海婦人 : 입센 작. 이상수 역. 한성도서주식회사1937.

1938
미인도2/美人圖 : 이든필포츠 작. 박노갑 번안. 농업조선1938.8-9.
선머슴 무용전/선머슴武勇傳 : 마크트웨인 작. 사우춘 역. 소년1938.1-8.
지붕 속의 왕녀/지붕속의王女 : 버넷 작. 이설 역. 소년1938.4-1939.3.

1939
베니스의 상인2 : 셰익스피어 작. 최정우 역. 박문서관1939.
보리와 병정/보리와兵丁 : 히노아시헤이 작. 니시무라신타로 역. 매일신문사1939.
붉은 장갑 : 그랜트 작. 심일재 역. 사해공론1939.4-?
빨강머리 : 르나르 작. 이헌구 역. 소년1939.9-1940.2.
삼국지/三國志 : 나관중 작. 한용운 역. 조선일보1939.11.01-1940.8.11.
서시/西施 : 작자미상. 환원 번안. 만몽일보1939.7.1-27.
장미수차 살인사건/薔薇水車殺人事件 : 이브다도아 작. 유령기자 역. 만선일보1939.12.1-1940.1.26.

지나소설집/支那小說集 : 박태원 편역.
인문사1939.
천로역정5 : 버니언 작. 오천영 역.
조선기독교서회1939.
파우스트4/빠우스트 : 괴테 작. 권환 역.
시학1939.5.
하멜 표류기/하멜漂流記 : 하멜 작. 이병도 역주.
박문서관1939.

1940

금색의 태양/金色의太陽 : 펄벅 외 작. 노자영 편역. 명성출판사1940.
낸의 비극/낸의悲劇 : 베이스필드 작. 박용철 역.
동광당서점1940.
대지2/大地 : 펄벅 작. 김성칠 역. 인문사1940.
르루주 사건/루루-쥬事件 : 에밀가보리오 작.
안회남 역. 조광사1940.
바보 이반/바보이빤 : 톨스토이 작.
박태원 역. 요양촌1940. 2, 3 ,4.
베니스의 상인1/베니스의商人 : 셰익스피어 작.
박용철 역. 동광당서점1940.
실리야 : 실란페 작. 역자미상. 문장1940.3.
인형의 집1/人形의집 : 입센 작. 박용철 역.
동광당서점1940.
일리아드2 : 호메로스 작. 임학수 역.
학예사1940(상).
테스/테쓰 : 하디 작. 백석 역. 조광사1940 ☞
「번롱」, 「두 야심의 비극」, 「더버빌의 테스」
호반의 처녀/湖畔의處女 : 라게를뢰프 작.
최재서 역. 인문평론1940.4-6.
홍두 레드 메인 일가/紅頭레드메인一家 :
이든필포츠 작. 김래성 역. 조광사1940.

1941

괴암성/怪巖城 : 르블랑 작. 김래성 번안.
조광1941.1-7,9.
메르시에의 죽음/메르시에의죽엄 : 뒤아멜 작.
이헌구 역. 삼천리1941.11.
바스카빌의 괴견/바스카빌의愧犬 : 코난도일 작.
이석훈 역. 조광사1941.
신역 삼국지/新譯三國志 : 나관중 작. 박태원 역.
신시대1941.4-1943.1.
아리랑 : 김산·님웨일즈 작.
NewYork:John Day1941.
이도애화/二都哀話 : 디킨스 작. 임학수 역.
조광사1941.
일리아드2 : 호메로스 작. 임학수 역.
학예사1941(하).
파리의 괴도/巴里의怪盜 : 프레데릭 작.
박태원 역. 조광사1941.
팔일삼의 비밀/813의秘密 : 르블랑 작. 방인근 역.
조광사1941.

1942

마굴/魔窟 : 이소생 작. 영창서관1942.
밀림유정/密林有情 : 바이코프 작. 백석 역.
조광1942.12-1943.2.
수호전/水滸傳 : 시내암 작. 박태원 역.
조광1942.8-1944.12.

1943

서유기/西遊記 : 오승은 작. 박태원 역.
신시대1943.6-1945.2.
신역 삼국지/新譯三國志 : 나관중 작. 박태원 역.
박문서관1943(1권).

1944

아리랑 : 김산·님웨일즈 작. 혜성 역.
독립1944.8.2-1945.8.29.
옥루몽 : 남영로 작. 서정주 역. 춘추1944.3-10.
팔월의 촌/八월의촌 : 천전 작. 적성 역.
독립1944.5.3-1945.3.28.

1945

신역 삼국지/新譯三國志 : 나관중 작. 박태원 역.
박문서관1945(2권).
천고의 비밀/千古의秘密(상) : 르블랑 작.
유두응 역. 동화당서점1945.

팔려 간 농민/팔려간農民 : 헬빈헷스 작. 선봉외어부 역. 선봉1945.12.

1946

똘똘이의 모험 : 마크트웨인 작. 김래성 번안. 영문사1946.

레미제라블/레미제라불 : 위고 작. 강소파 번안. 녹십자1946.1 ☞ 「너 참 불쌍타」, 「인간무정」, 「ABC계」, 「애사」, 「장발장」, 「장발장의 설움」

사랑의 학교3/사랑의 學校 : 데아미치스 작. 학생사 역. 학생사1946.

싯달타2/신달타 : 헤세 작. 김준섭 역. 웅변구락부1946.

아리랑 : 김산·님웨일즈 작. 신재돈 역. 신천지1946.10-1948.1.

압록강은 흐른다/Der Yalu Fliesst : 이미륵 작. R.Piper & Co.,Verlag/Munchen1946.

어머니와 아들 : 샤를르루이필리프 작. 이철 역. 적성1946.3-?

피노키오의 모험/피노치오의冒險 : 콜로디 작. 김상덕 역. 부인1946.11-1947.11.

1947

국제살인단/國際殺人團 : 애거사크리스티 작. 송규정 역. 신천지1947.8-11.

나의 대학/나의大學 : 고리키 작. 송범의 역. 창인사1947.

동물원의 사나이/動物園의사나이 : 다비드까넬 작. 장영소 역. 체신문화1947.1.1-1948.1.20.

보물섬/寶物섬 : 스티븐슨 작. 김희창 역. 문예서림1947 ☞ 「보도탐험기」

부활3/復活 : 톨스토이 작. 이석훈 역. 대성출판사1947.

심야의 공포/深夜의恐怖 : 코난도일 작. 김래성 역. 여명각1947.

어머니를 찾아 삼천리/어머니를차저三千里 : 데아미치스 작. 이원규 번안. 대성서림1947.

진주탑/眞珠塔 : 뒤마 작. 김래성 역. 백조사1947 ☞ 「해왕성」

항복 없는 백성/降伏없는백성 : 고르바토프 작. 이석훈 역. 창인사1947.

1948

감람나무 밭/橄欖나무밭 : 모파상 작. 최완복 역. 을유문화사1948.

검둥이 톰 아저씨/검동이톰아저씨 : 스토 작. 새얼 번안. 어린이1948.5-12.

동물농장/動物農場 : 오웰 작. 김길준 역. 국제문화협회1948.

마심불심/魔心佛心 : 에밀가보리오 작. 김래성 번안. 청운사1948 ☞ 「누구의 죄」

마인/魔人 : 작자미상. 현진건 역. 문언사1948 ☞ 「백발」, 「악마와 가치」, 「요부의 말로」, 「재활」, 「백발귀」

무쇠탈 : 부아고베 작. 민태원 번안. 덕홍서림1948.

바스카빌의 괴견/바스카빌의怪犬 : 코난도일 작. 이석훈 역. 야사연구회1948.

보굴왕/寶屈王 : 르블랑 작. 김래성 번안. 여명각1948. 평범사1948.

복면신사 : 에밀가보리오 작. 백철 역. 1948.

사랑의 학교4 : 데아미치스 작. 이영철 역. 아협1948.

사인도의 비밀/死人島의秘密 : 애거사크리스티 작. 김해랑 역. 경향출판사1948.

슬픈 기병/슬픈騎兵 : 하디 작. 임학수 역. 을유문화사1948.

심야의 음모/深夜의陰謀 : 코난도일 작. 이석훈 역. 세계서림1948.

어머니와 아들 : 샤를르루이필리프 작. 이철 역. 정음사1948.

오케이/O.K. : 필냐크 작. 김윤우 역. 삼성출판사1948.

이억만 원의 사랑/二億萬圓의사랑 : 르블랑 작. 노춘성 역. 문언사1948.

장발장/쟝발쟝 : 위고 작. 박계주 역. 소년1948.9-1949.12 ☞ 「너 참 불쌍타」,

「레미제라블」, 「ABC계」, 「애사」, 「인간무정」, 「장발장의 설움」
전원교향악/田園交響樂 : 지드 작. 안응열 역. 을유문화사1948.
젊은 베르테르의 슬픔 : 괴테 작. 현철민 역. 문예서림1948.
좁은 문 : 앙드레지드 작. 김병규 역. 을유문화사1948.
집 없는 아이 : 말로 작. 윤가온 역. 경향출판사1948.
초당/草堂 : 강용흘 작. 김성칠 역. 금룡도서주식회사1948.
카르멘2 : 메리메 작. 이휘영 역. 을유문화사1948.
흡혈귀/吸血鬼 : 코난도일 작. 박도일 역. 상호출판사1948.

1949

고요한 동 : 숄로호프 작. 이홍종·현덕 역. 대학출판사1949.
동북억류기/東北抑留記 : 기타가와마사오 작. 박일수 역. 조선중앙일보1949.3.23-4.15.
마심불심/魔心佛心 : 에밀가보리오 작. 김래성 번안. 해왕사1949 ☞ 「누구의 죄」
밤주막/밤酒幕 : 고리키 작. 함대훈 역. 조선공업문화사1949.
비밀의 가면 : 부아고베 작. 김래성 번안. 소년1949.3-11. 청운사1949.
사거두의 비밀 : 애거사크리스티 작. 역자미상. 정음사1949.
요부의 말로/妖婦의末路 : 작자미상. 현진건 역. 동문사서점1949 ☞ 「마인」, 「백발」, 「백발귀」, 「악마와 가치」, 「재활」
유년 시대/幼年時代 : 고리키 작. 이철 역. 정음사1949.
인간무정/人間無情 : 위고 작. 김광주 번안. 숭문사1949 ☞ 「너 참 불쌍타」, 「레미제라블」, 「애사」, 「ABC계」, 「장발장」, 「장발장의 설움」
인도의 보물/印度의寶物 : 코난도일 작. 역자미상. 호남문화사1949.
인생여로 : 신태삼 편. 세창서관1949.
인형의 집2/人形의집 : 입센 작. 허집 역. 조선공업문화사출판부1949.
진주탑/眞珠塔 : 뒤마 작. 김래성 역. 종로서원1949 ☞ 「해왕성」
팔일삼의 비밀/813의秘密 : 르블랑 작. 방인근 역. 문운당1949.
편수의 미인/편슈의미인片手의美人 : 부아고베 작. 광문서림1949.

1950

마야의 황금성/魔耶의黃金城 : 원작미상. 복면아 역. 정음사1950.
바람과 함께 가다 : 미첼 작. 역자미상. 부인경향1950.6.
사랑의 학교4 : 데아미치스 작. 이영철 역. 문장각1950.
삼총사/三銃士 : 뒤마 작. 민정호 번안. 문운당1950.
신역 삼국지/新譯三國志 : 나관중 작. 박태원 역. 정음사1950.
피노키오/피노치오 : 콜로디 작. 역자미상. 문장각1950.

1953

최후의 심판/最後의審判 : 르블랑 작. 김팔봉 번안. 세창서관1953.

연대미상 혹은 참조

가난한 사람들 ☞ 「청춘의 사랑」
가락지 이야기/가락지니야기 ☞ 「세계문학걸작집」
가련한 끼스몬다의 죽음/가련한끼스몬다의죽음 ☞ 「세계문학걸작집」
갓쥬사 애화 해당화/갓쥬샤哀話海棠花 ☞ 「갱생」, 「부활」, 「부활한 카츄사」, 「해당화」, 「부할 후의 카츄사」
거인국 표류기 ☞ 「걸리버 유람기」
검둥의 비애 ☞ 「검둥의 설움」
꿈을 쫓는 여인 ☞ 「슬픈 기병」

작품 찾아보기

한국근대소설사전

초판발행 2015년 1월 5일
초판 2쇄 2016년 8월 5일
지은이 송하춘
펴낸곳 고려대학교출판문화원
www.kupress.com
kupress@korea.ac.kr
02841 서울특별시 성북구 안암로 145
02-3290-4230, 4232
Fax 923-6311
찍은곳 (주)동화인쇄공사

ISBN 978-89-7641-867-8 91810

값 45,000원
* 잘못 만들어진 책은 바꿔드립니다.